中国高校社会科学 文萃

(第一辑·上卷)

《中国高校社会科学》编辑部　组编

编委会主任：王炳林

编委会副主任：赵　军　杨海英

编委会成员（按姓氏笔画为序）：

　　王云涛　王　婧　王群瑛　毛殊凡　朱志伟

　　汪立峰　李光伟　李彦姝　何　晶

目 录

繁荣发展高校哲学社会科学　为实现中国梦作出新贡献（代序） ………… 袁贵仁 / 1

第一辑·上卷

第一部分

谈谈文化传承创新 ……………………………………………………………… 杨　河 / 13
马克思经济思想的"历史路标"
　　——读马克思《1861—1863 年经济学手稿》 ………………………… 顾海良 / 28
一种批判性的审视："话语体系"何以能打造
　　——兼论中国特色社会主义理论创新中的一个方法论问题 ………… 叶险明 / 46
哲学：思想的前提批判 ………………………………………………………… 孙正聿 / 55
思想政治教育的根源探究 ……………………………………………………… 郑永廷 / 74
马克思"历史科学"的后黑格尔主义阐释 …………………………………… 王南湜 / 85
"转形"问题论争与 20 世纪马克思经济学在西方的命运
　　——纪念《资本论》第三卷发表 120 周年 …………………………… 顾海良 / 112
完善双重调节体系：市场决定性作用与政府作用 …………………………… 程恩富 / 129

第二部分

中国文明的哲学基础 …………………………………………………………… 陈　来 / 143
科学哲学史的结构和问题 ……………………………………………………… 刘大椿 / 159

早期现象学运动中的特奥多尔·利普斯与埃德蒙德·胡塞尔
——从移情心理学到同感现象学 ……………………………… 倪梁康 / 170
海德格尔的形式显示方法和《存在与时间》 ……………………… 张祥龙 / 181
经典、地域与思想传统
——以六世纪地论师与北方佛教中心为例 ………………………… 李四龙 / 209
国家社会主义、世界犹太集团与存在的历史
——关于海德格尔的黑色笔记本 ……………………… 理查德·沃林 / 223
历史中的哲学与哲学中的历史 ………………………… 杨　河　于品海 / 235
实用主义是相对主义吗？
——评威廉·詹姆斯的真理观 ……………………………… 尚建新 / 278

第三部分

晚明海洋意识的重构
——"东矿西珍"与白银货币化研究 …………………………… 万　明 / 299
清华简注释之商榷 ………………………………………………… 房德邻 / 318
明代吴淞江中下游的旱情敏感 …………………………………… 王建革 / 338
论李焘的历史编纂学成就
——以《续资治通鉴长编》为中心 ……………………… 陈其泰　屈宁 / 356
论文艺"公转"与"自转" ………………………………………… 董学文 / 371
互联网与集体记忆构建 …………………………………………… 胡百精 / 383
古代曲学中的"戏剧"概念 ………………………………………… 李　简 / 394
中国艺术公共领域的当代构建 …………………………………… 王一川 / 406

第一辑·下卷

第四部分

我国经济增长中的产业结构问题 ………………………… 刘　伟　张　辉 / 425
我国经济增长趋势和政策选择 ………………………… 刘元春　陈彦斌 / 449
论世界经济的结构变革 …………………………………………… 王跃生 / 470
谈判地位、价格加成与劳资博弈
——我国劳动报酬份额下降的微观机制分析 ……… 谢　攀　李文溥　刘　榆 / 483
企业内部收入差距的激励效应研究 ……………………………… 罗楚亮 / 497

第五部分

中国法律职业：成就、问题和反思
　　——数据分析的视角 ·· 朱景文 / 517
生态文明建设与环境法治 ·· 王树义　周　迪 / 536
"气候正义"与中国气候变化立法的目标和制度选择 ············ 王灿发　陈贻健 / 549
从规范冲突到协同共生：环境法治进程中的普适性难题及破解 ······ 钭晓东 / 567
市场主体法律制度的改革与完善 ·· 王利明 / 584
创新法治人才培养机制　全面推进依法治国 ······················· 黄　进 / 602
依法治国理论的新拓展 ·· 何勤华 / 607

第六部分

中国政府职能转变问题研究论纲 ······································ 朱光磊 / 615
社会协商与社会建设：以区分社会管理与社会治理为分析视角 ····· 林尚立 / 628
全面准确深入把握全面深化改革的总目标 ···························· 王浦劬 / 643
"族群问题的去政治化"争论之我见 ································· 谢立中 / 662
国家转型与现代政治：从中国把握中国政治 ·························· 林尚立 / 680

附录1：《中国高校社会科学》2013年总目录 ································· / 694
附录2：《中国高校社会科学》2014年总目录 ································· / 697
附录3：《中国高校社会科学》投稿须知 ······································ / 701

后　记 ·· / 703

繁荣发展高校哲学社会科学
为实现中国梦作出新贡献（代序）

教育部部长、党组书记　袁贵仁

哲学社会科学是人们认识世界、改造世界的重要工具，承载着传承文明、创新理论、咨政育人、服务社会的重大使命。高校是哲学社会科学的重要阵地。深入学习贯彻党的十八大精神，繁荣发展中国高校哲学社会科学，为实现中华民族伟大复兴的中国梦作出新的贡献，是我们应该担负起的时代重任。

一

人类社会历史是物质文明和精神文明相互统一的发展过程，科学是推动历史发展和社会进步的重要力量，自然科学和哲学社会科学是科学的两个不可或缺的方面，在人类社会发展进程中共同发挥着重大的作用。马克思指出："为了进行生产，人们相互之间便发生一定的联系和关系；只有在这些社会联系和社会关系的范围内，才会有他们对自然界的影响，才会有生产。"[①] 在一定意义上讲，人类对自身社会关系的认识和改造程度还制约着对自然界的认识和改造程度。

近代以来，人类开始了从农耕文明走向工业文明的现代化历程，认识自然和改造自然的能力不断提高，自然科学取得了巨大的进步。同时，在生产力的推动下，生产关系和上层建筑发生了深刻的变化，产生了一系列重大的社会问题，促使了哲学社会科学的巨大发展，特别是19世纪中叶马克思主义的产生，为人类解释社会和改造社会提供了一种崭新的世界观和方法论，是人类思想史的一个革命性变革。当今时代，世界多极化、经济全球化深入发展，文化多样化、社会信息化持续推进，科技革命孕育新突破，一方面，科学技术作为"第一生产力"的地位和作用更加明显；另一方面，哲学社会科学作为综合国力特别是文化软实力的重要组成部分的地位和作用也更加突出。

恩格斯指出："一个民族要想登上科学的高峰，究竟是不能离开理论思维的。"[②] 中华民族有着深厚的文化传统，源远流长、博大精深，积淀着中华民族最深层的精神追

---

① 《马克思恩格斯选集》第1卷，人民出版社，1995年，第344页。
② 《马克思恩格斯选集》第4卷，人民出版社，1995年，第285页。

求，形成了富有特色的哲学社会科学，其天人合一的自然观，仁爱民本的价值观，和合大同的理想观，发展变化的辩证观，诚信正义的社会观等，不仅为中华民族自强不息、发展壮大提供了思想智慧，也为人类文明进步做出了独特贡献；不仅成就了中华民族历史上的繁荣昌盛，也在当今时代产生着重要影响。

中国共产党是一个具有高度文化自觉和科学精神的政党。90多年来，我们党总是站在时代前列，以思想文化上的觉醒和觉悟、科学真理上的追寻和坚守，来把握前进方向、凝聚奋斗力量、推动事业发展。1840年鸦片战争以后，中国沦为半殖民地半封建社会，民族复兴成为中国近代史的主题，中国共产党紧紧依靠人民，把马克思主义基本原理同中国实际和时代特征结合起来，独立自主走自己的路，历经千辛万苦，付出各种代价，取得革命建设改革伟大胜利，开创和发展了中国特色社会主义，从根本上改变了中国人民和中华民族的前途命运，形成了马克思主义中国化的两大理论成果——毛泽东思想和中国特色社会主义理论体系，这是中国近代以来哲学社会科学重大的理论成果，也是推动中国哲学社会科学不断繁荣发展重要的理论指导。

党的十八大报告指出，在新的征程上，我们的责任更大、担子更重，必须以更加坚定的信念、更加顽强的努力，继续实现推进现代化建设、完成祖国统一、维护世界和平与促进共同发展这三大历史任务。在中国共产党成立一百年时全面建成小康社会，在新中国成立一百年时建成富强民主文明和谐的社会主义现代化国家。完成这一历史任务，需要我们努力推动哲学社会科学新的繁荣发展，在实践中毫不动摇坚持、与时俱进发展中国特色社会主义，不断丰富中国特色社会主义的实践特色、理论特色、民族特色、时代特色。

国运昌盛，文运必兴。古今中外的历史证明，经济大繁荣往往会带来思想文化的空前活跃，物质财富越是不断丰富，整个社会的物质生活水平越是不断提高，人们对于哲学社会科学的需要就会日益增长。当前，我国正处在全面建成小康社会、实现中华民族伟大复兴的重要历史时期，改革开放30多年来，中国经济持续高速发展，经济总量位居世界第二，为哲学社会科学的繁荣发展提供了条件；不断推进的经济体制和政治体制改革，带来了一系列社会转型的复杂问题，为哲学社会科学的繁荣发展拓展了研究空间；随着我国经济体制、社会结构、利益关系的深刻变化，人们的思想活动日趋活跃，新的观念、新的意识不断生成，为哲学社会科学的繁荣发展注入了活力；进入本世纪以来，城乡免费义务教育全面实现，职业教育快速发展，高等教育进入大众化阶段，农村教育得到加强，教育公平迈出重大步伐，教育的发展极大地提高了全民族素质，使得人民群众对于繁荣发展哲学社会科学的需要更加迫切也更加多样，为哲学社会科学的繁荣发展奠定了文化基础，提供了现实可能性。可以预见，中华民族伟大复兴必然伴随着中华文化和哲学社会科学的新的繁荣兴盛。

我们党一直高度重视哲学社会科学在建设中国特色社会主义、实现社会主义现代化和民族复兴中的重要作用。党的十六大以来，党中央就繁荣发展哲学社会科学作出了一系列重大决策。2004年初，中央印发《关于进一步繁荣发展哲学社会科学的意见》，组织实施马克思主义理论研究和建设工程。党的十七大对繁荣发展哲学社会科学作出战略部署，提出要大力推进学科体系创新、学术观点创新和科研方法创新。国家"十二五"规划纲要首次提出设立"哲学社会科学创新工程"，提出建设国家哲学社会科学创新体系的奋斗目标。《国家哲学社会科学研究"十二五"规划》进一步对"十二五"时期哲学社会科学研究的指导思想、方针原则、主要任务及保障措施等作出明确规定。党的十七届六中全会明确了繁荣发展哲学社会科学的具体任务："要巩固发展马克思主义理论学科，坚持基础研究和应用研究并重，传统学科和新兴学科、交叉学科并重，结合我国实际和时代特点，建设具有中国特色、中国风格、中国气派的哲学社会科学。坚持以重大现实问题为主攻方向，加强对全局性、战略性、前瞻性问题研究，加快哲学社会科学成果转化，更好服务经济社会发展。实施哲学社会科学创新工程，发挥国家哲学社会科学基金示范引导作用，推进学科体系、学术观点、科研方法创新，重点扶持立足中国特色社会主义实践的研究项目，着力推出代表国家水准、具有世界影响、经得起实践和历史检验的优秀成果。整合哲学社会科学研究力量，建设一批社会科学研究基地和国家重点实验室，建设一批具有专业优势的思想库，加强哲学社会科学信息化建设。"党的十八大从中国特色社会主义事业发展全局的高度，提出"发展哲学社会科学"，"建设哲学社会科学创新体系"。党中央的这些决策和部署，为哲学社会科学新的繁荣发展指明了前进方向，提供了强大支持，开辟了广阔前景。

二

高校是推进哲学社会科学繁荣发展的重要力量。目前，高校哲学社会科学研究队伍总人数约占全国哲学社会科学研究队伍的85%，是国家哲学社会科学事业的主力军和国家哲学社会科学创新体系建设的重要力量。

根据中央的总体部署，教育系统加强领导、精心组织、全面推进、成效显著，高校哲学社会科学在社会主义现代化建设进程中发挥了重大作用。高校广大哲学社会科学工作者以高度的历史使命感和责任感，投身于中国特色社会主义伟大实践，始终坚持正确方向，紧跟时代步伐，顺应实践要求，使高校哲学社会科学发展基础进一步夯实，发展能力显著增强，呈现了新气象，形成了五个体系，即一个较为全面的学科体系，一支较高素质的人才体系，一个由哲学社会科学创新基地、教育部人文社会科学重点研究基地、省属人文社会科学重点研究基地和校级人文社会科学研究基地构成的科研创新平台体系，一个高校哲学社会科学资助与研究条件支撑体系和一个教育、制度、监督、惩治相结合的学风建设工作体系。增强了四种能力：第一，学术研究和创新能力显著增强。推出了一批高水平论著，整理了一批传统文化典籍，翻译了一批国外学术精品。第二，社会服务能力显著增强。"十一五"期间，高校向各级政府部门、企事业单位提交的研究咨询报告 6 万多篇，一大批研究探索现实问题的成果直接服务国家大局、大事。第三，教育和宣传普及能力显著增强。分三批启动 93 本马克思主义理论研究和建设工程教材编写，开展了中国特色社会主义理论体系宣传普及活动。第四，国际学术交流对话能力显著增强。"十一五"期间，高校哲学社会科学领域在国际刊物发表学术文章约 2 万篇，近 800 部以中国学者为第一作者署名的著作被翻译成外文。这些成就的取得，为进一步探索高校哲学社会科学的发展规律，建立科学的工作机制，推动高校哲学社会科学新的繁荣发展奠定了很好的基础。

但是，我们也要清醒地看到，高校哲学社会科学研究的现有水平和创新能力与回应和解决中国经济建设、政治建设、文化建设、社会建设、生态文明建设和党的建设发展不断提出的新课题之间，与满足人民群众不断增长的精神文化需求之间还有很大的距离。在世情、国情、党情继续发生深刻变化的情况下，我们面临的发展机遇和风险挑战前所未有，需要高校哲学社会科学工作者去研究、阐释和回答；中国在改革发展中形成的独特道路和独特经验弥足珍贵，需要高校哲学社会科学工作者去总结、凝练和升华。如何准确把握当今世界发展趋势，更好地掌握发展主动权，增强国际话语权，维护国家意识形态安全和文化安全，推动中华文化"走出去"；如何准确把握我国的基本国情和发展的阶段性特征，深刻分析和研究解决发展中面临的新情况新问题，特别是经济建设、政治建设、文化建设、社会建设和生态文明建设协调推进中出现的重大理论和现实问题；如何准确把握党所处的国内外环境变化，研究总结党的建设经验，分析党治国理政的客观规律，探索新形势下加强党的建设的有效途径和方法；如何准确把握人们思想活动的特征，推动社会主义核心价值体系建设，坚定中国特色社会主义的道路自信、理论自信、制度自信；如何准确把握教育的发展规律和时代要求，深入研究促进教育公平、提高教育质量、深化人才培养体制和管理体制改革等重大问题，积极探索教育内涵式发展的新思路、新办法和新途径，为坚持和发展中国特色社会主义教育发展道路作出积极的理论贡献，这些都是高校哲学社会科学必须面对和应该努力回答的。

"问题就是时代的口号，是它表现自己精神状态的最实际的呼声。"① 面对这些新问题、新挑战和新任务，我们应该从党和国家事业发展的全局高度，进一步增强责任感和使命感，认真总结历史经验，大力发扬优良传统，切实发挥比较优势，努力推动高校哲学社会科学事业的更大发展。

---

① 《马克思恩格斯全集》第 40 卷，人民出版社，1982 年，第 289~290 页。

三

繁荣发展哲学社会科学是一个理论与实践相结合的过程，人民群众的生活实践是最深厚的土壤。恩格斯说："社会一旦有技术上的需要，这种需要就会比十所大学更能把科学推向前进。"① 这个观点同样适用于哲学社会科学。在当代中国，最广泛最深刻的社会实践，就是建设中国特色社会主义，实现社会主义现代化和民族复兴。高校哲学社会科学新的繁荣发展从根本上讲，取决于我们能不能够、以及如何能够进一步适应和回答这个伟大实践的需要，为中国特色社会主义伟大事业提供坚强的思想保证、强大的精神动力、坚实的理论基础和源源不断的人才支持。

为进一步推进高校哲学社会科学的繁荣发展，中共中央办公厅、国务院办公厅专门转发了《教育部关于深入推进高等学校哲学社会科学繁荣发展的意见》，明确了深入推进高等学校哲学社会科学繁荣发展的目标：到2020年，基本建成高等学校哲学社会科学创新体系，为国家哲学社会科学创新体系建设提供有力支撑，为全面建设小康社会、加快推进社会主义现代化、实现中华民族伟大复兴作出新贡献。为贯彻落实中央的战略部署，教育部制定了《高等学校哲学社会科学繁荣计划（2011—2020年）》等相关文件，为进一步推进高校哲学社会科学繁荣发展明确了工作方向、制定了具体工作方案、建立了相关工作机制。当前和今后一个时期，我们应该着重从以下方面入手，进一步加强高校哲学社会科学建设。

一是坚持以发展着的马克思主义为指导。马克思主义是时代精神的精华，它深刻揭示了人类社会发展规律，是关于无产阶级和全人类解放的学说。马克思主义进入中国后，促成了中国思想界新的启蒙和觉醒。中国的文化发展，在近代走过了漫长的曲折道路，如何在民族复兴的过程中使传统中国适应社会现代转型的需要，中国人尝试过很多主义，直到接受马克思主义，在精神上才由被动转入主动，形成了对待传统文化和外来文化的科学态度，把握到了具有时代精神的先进文化的发展方向。中国共产党在90余年的奋斗中，致力于马克思主义与中国实际相结合，在实践中不断深化马克思主义中国化，形成了新的重大的理论成果。高校哲学社会科学要坚持以马克思主义为指导，善于把马克思主义的立场、观点和方法贯穿到哲学社会科学工作的各个方面，进行自觉的理论创新，在促进哲学社会科学的发展中为推进马克思主义中国化做贡献。

二是坚持理论联系实际的学风。学风问题是一个对待马克思主义的态度问题，党的理论联系实际的优良学风体现了认识与实践相统一、矛盾的普遍性和矛盾的特殊性相连结的马克思主义的认识论和辩证法，是辩证唯物主义世界观在无产阶级政党作风

---

① 《马克思恩格斯选集》第4卷，人民出版社，1995年，第732页。

上的具体表现。毛泽东指出:"学风问题是领导机关、全体干部、全体党员的思想方法问题,是我们对待马克思列宁主义的态度问题,是全党同志的工作态度问题。既然是这样,学风问题就是一个非常重要的问题,就是第一个重要的问题。"①

学风决定着文风,文风反映学风。习近平同志在中央党校2010年春季学期第二批入学学员开学典礼上有一个关于努力克服不良文风,积极倡导优良文风的讲话,值得我们高校哲学社会科学工作者认真学习和思考。他指出,当前,在一些党政机关文件、一些领导干部讲话、一些理论文章中,文风上存在的问题仍然很突出,主要表现为长、空、假。长,就是有意无意地将文章、讲话添枝加叶,短话长说,看似面面俱到,实则离题万里。空,就是空话、套话多。假,就是夸大其词,言不由衷,虚与委蛇,文过饰非。习近平同志指出:党的历史经验证明,文风不正,危害极大。它严重影响真抓实干、影响执政成效,耗费大量时间和精力,耽误实际矛盾和问题的研究解决。不良文风蔓延开来,不仅损害讲话者、为文者自身形象,也降低党的威信,导致干部脱离群众,群众疏远干部,使党的理论和路线方针政策在群众中失去吸引力、感召力、亲和力。针对上面所说的不良文风的三个字,习近平同志就应该提倡什么样的文风也讲了三个字:短、实、新。短,就是要力求简短精练、直截了当,要言不烦、意尽言止,观点鲜明、重点突出。能够三言两语说清楚的事绝不拖泥带水,能够用短小篇幅阐明的道理绝不绕弯子。古人说"删繁就简三秋树",讲的就是这个意思。实,就是要讲符合实际的话不讲脱离实际的话,讲管用的话不讲虚话,讲有感而发的话不讲无病呻吟的话,讲反映自己判断的话不讲照本宣科的话,讲明白通俗的话不讲故作高深的话。新,就是力求思想深刻、富有新意,正所谓"领异标新二月花"。

习近平同志在这里讲的虽然主要是党的理论研究和宣传工作,但是对高校哲学社会科学也有重要的指导意义。马克思讲过:"理论一经掌握群众,也会变成物质力量。理论只要说服人,就能掌握群众;而理论只要彻底,就能说服人。所谓彻底,就是抓住事物的根本。"② 不深入实际,不深入群众,是不可能抓住事物的根本的。空谈误国,实干兴邦这个道理,也是我们在推动高校哲学社会科学繁荣发展中,反对主观主义、教条主义、形式主义和文牍主义的有力思想武器。

三是坚持"二为"方向和"双百"方针。哲学社会科学是讲学术道理的学问,学术道理是对社会发展规律的探索和认识,梁启超说:"夫学术者,天下之公器也。"就学术研究而言,要鼓励解放思想,允许自由讨论。1956年4月,毛泽东在中共中央政治局扩大会议上的总结讲话中指出:"艺术问题上的百花齐放,学术问题上的百家争鸣,我看应该成为我们的方针。……讲学术,这种学术也可以讲,那种学术也可以讲,

---

① 《毛泽东选集》第3卷,人民出版社,1991年,第813页。
② 《马克思恩格斯选集》第1卷,人民出版社,1995年,第9页。

不要拿一种学术压倒一切。你讲的如果是真理，信的人势必就会越来越多。"① 哲学社会科学又是源于现实为现实服务的学问，因此，贯彻"双百方针"，不是不讲是非，不讲原则，应该坚持为人民服务、为社会主义服务的方向，将百花齐放、百家争鸣与发展中国特色社会主义统一起来。在坚持正确政治方向的前提下，大力发扬学术自由和学术民主，提倡不同学术流派、不同学术观点相互切磋和争鸣，提倡说理充分的批评与反批评，营造尊重差异、包容多样、生动活泼、健康和谐的学术环境。

四是坚持育人为本的根本要求。《礼记》中的《大学》篇写道：大学之道，在明明德，在亲民，在止于至善。这是中国古代人文学者对教育精神的理解，教育担负着培育具有格物致知、修身齐家、治国平天下人才的历史使命。

今天，中国的高等教育在贯彻党的教育方针的过程中，紧紧围绕"培养什么人、怎样培养人"这个我国教育事业发展中必须解决好的根本问题，坚定不移走中国特色社会主义教育发展道路，开创了高等教育事业科学发展新局面。高校哲学社会科学的学科建设，必须坚持把育人为本放在首位，将以人为本作为教育改革和发展的战略主题，把促进人的全面发展、适应社会需要作为衡量教育质量的根本标准，把促进学生健康成长作为学校一切工作的出发点和落脚点。要贯彻德育为先、能力为重、全面发展的方针，帮助学生树立崇高理想和远大志向，优化知识结构，丰富社会实践，促进德智体美有机融合，提高学生综合素质。鼓励学生在掌握已知的基础上积极探索未知，在继承前人的基础上大胆超越前人。要加快解决经济社会发展对哲学社会科学高质量多样化人才需要与教育培养能力不足的矛盾，努力为国家培养信念执著、品德优良、知识丰富、本领过硬的哲学社会科学高素质专门人才和拔尖创新人才。

五是坚持改革创新的基本路径。创新是一个民族进步的灵魂，是一个国家兴旺发达的不竭动力，也是哲学社会科学的本质要求。科学的宗旨是探索未知世界，探求真理，创新知识是科学的使命。相比较自然界，人类社会的变化和发展节奏更快，因此，人们常说，理论是灰色的，而生活之树长青。哲学社会科学要充分发挥解释世界和改造世界的作用，必须深入实践，深入生活，更加注重理论创新。

要坚持解放思想和体制机制改革的统一。理论创新需要动力，解放思想是理论创新的内在思想动力，要坚持实践是检验真理的唯一标准，一切从实际出发，自觉地把思想认识从那些不合时宜的观念、做法和体制中解放出来，从对马克思主义的错误的和教条式的理解中解放出来，从主观主义和形而上学的桎梏中解放出来。体制机制改革是理论创新的现实发展动力，要加快重要领域和关键环节改革步伐，深化教育领域

---

① 《毛泽东文集》第 7 卷，人民出版社，1999 年，第 54~55 页。

综合改革，创新人才培养体制、办学体制、教育管理体制，改革质量评价和考试招生制度，改革教学内容、方法、手段，切实解决制约高校哲学社会科学发展的各种矛盾，不断增强高校哲学社会科学事业持续健康发展的活力。

要坚持传承和创新的统一。哲学社会科学是不断积累积淀的，传承是创新的基础，没有传承就没有创新；哲学社会科学又是不断发展进步的，创新是传承的方向，没有创新就没有传承的发扬。只有尊重历史、尊重传统，推陈出新、除旧布新，才能有所发展，有所前进。

要坚持民族性和世界性的统一。理论创新都是在综合基础上的创新，高校哲学社会科学的发展要有古今中外的大视野和海纳百川的胸怀，列宁指出："只有确切地了解人类全部发展过程所创造的文化，只有对这种文化加以改造，才能建设无产阶级的文化，没有这样的认识，我们就不能完成这项任务。"① 要坚持以我为主，兼收并蓄，综合创新，努力建构具有世界眼光、时代前沿、中国特色、民族情怀的高校哲学社会科学繁荣发展大格局。

要坚持个体探索和集体研究的统一。哲学社会科学的目的是在社会实践中敏锐地发现问题和创造性地解决问题。问题的最早发现和探索往往始于个体，但是在当今时代，任何一个重大的哲学社会科学问题的解决，都需要跨学科的综合研究。要将个体探索与集体研究结合起来，只有尊重个体，依靠集体才能出大智慧、大学问。

要坚持观点创新和体系创新的统一。哲学社会科学的创新最终要体现为观点的创新，但是要孕育出新的观点，又离不开整个学科的发展。要将观点创新和体系创新结合起来，以学科体系创新为基础，以学术观点创新为核心，以科研方法创新为手段，有机结合，整体推进。要坚持面向国家经济社会发展，针对国家急需的战略性问题、科学技术尖端领域的前瞻性问题、涉及国计民生的重大公益性问题以及区域经济社会发展的关键性问题，加强协同创新，努力建设具有中国特色、中国风格、中国气派的哲学社会科学创新体系。

六是坚持提高质量的核心任务。提高质量是哲学社会科学繁荣发展的生命线。哲学社会科学的教学与研究需要进行长期的知识积累和准备，切忌急功近利、粗制滥造、剽窃抄袭。要树立以提高质量为核心的思想观念，把促进人的全面发展、适应社会需要作为衡量哲学社会科学质量的根本标准，鼓励不同高校的哲学社会科学学科建设办出特色、办出水平，出名师，出精品，育英才。要建立以提高质量为导向的管理制度和工作机制，把提高质量贯穿于高校哲学社会科学教学、科研和社会服务全过程。

---

① 《列宁选集》第4卷，人民出版社，2012年，第285页。

学科建设是提高高校哲学社会科学质量的基础，要大力推进学科建设和学科创新，充分发挥马克思主义理论学科的引领作用，重点扶持基础学科，切实加强应用学科，积极发展交叉学科，着力培育新兴学科，逐步形成具有时代特点、结构合理、门类齐全的高校哲学社会科学学科体系。要着力实施跨学科联合，促进基础学科之间、基础学科和应用学科、哲学社会科学和自然科学之间的渗透融合，在推动各学科互为借鉴、共同发展中培育新的学科增长点。

七是坚持加强教师队伍建设。教育大计，教师为本，繁荣发展高校哲学社会科学，归根到底靠人才，靠队伍。努力造就一支热爱祖国、具有强烈使命感、学术作风严谨、理论功底扎实、富有创新精神的高素质教师队伍，是繁荣发展高校哲学社会科学的基本保障。

中国历来有尊师重道的传统，教师被赋予了很高的社会期待。唐代韩愈在《师说》中讲，"师者，所以传道授业解惑也"，将传道放在前面，这里讲的"道"，既包括学问道理，更包括人品道德。

高校哲学社会科学的教师是研究社会发展规律学问、讲授社会发展道理和做人道理的学者，承担着社会主义精神文明建设的重大责任。要坚持以德为上，围绕立德树人这个根本任务，深入思考"做什么样的学问、怎样做好学问"以及"当什么样的教师、怎样当好教师"。形成崇尚真知、追求至善，学为人师、行为世范，抵制庸俗、拒绝污染，学习先进、尊重平凡的良好氛围。要关爱学生，严谨笃学，淡泊名利，自尊自律，以人格魅力和学识魅力教育感染学生，做学生健康成长的指导者和引路人。

党的十八大以后，习近平总书记提出了实现中国梦的重要历史性课题，为我们描述了国家富强、民族振兴、人民幸福的美好前景。这是新的中央领导集体团结带领全党全国各族人民深入贯彻党的十八大精神，继续艰苦奋斗，不断推进中国特色社会主义事业，实现民族复兴的一个重要理念，反映了全党全国各族人民的意志和愿望，对于凝聚共识，坚定中国特色社会主义的道路自信、理论自信和制度自信具有重大意义。

习近平总书记指出：实现中华民族伟大复兴，就是中华民族近代以来最伟大的梦想。实现中国梦必须走中国道路，这就是中国特色社会主义道路。实现中国梦必须弘扬中国精神，这就是以爱国主义为核心的民族精神，以改革创新为核心的时代精神。实现中国梦必须凝聚中国力量，这就是中国各族人民大团结的力量。中国梦归根到底是人民的梦，必须紧紧依靠人民来实现，必须不断为人民造福。

1840年第一次鸦片战争以后，为了救亡图存，改变贫穷和落后，实现民族复兴，中国的志士仁人做了很多尝试，教育救国也是当时人们的一种努力，但是在旧的社会制度条件下，这种努力不可能从根本上解决问题，直到新民主主义革命胜利、新中国成立以后，教育在经济社会发展中的重要地位和作用才越来越充分体现出来，改革开放以后，教育兴国、人才强国成为社会主义现代化的发展战略。党的十八大报告强调指出：教育是民族振兴和社会进步的基石，要坚持教育优先发展的方针。坚定不移地贯彻教育优先发展方针，对于我们在中国共产党成立一百年时全面建成小康社会，在新中国成立一百年时建成富强民主文明和谐的社会主义现代化国家具有重要的意义。

当前，全国教育战线正在深入学习贯彻党的十八大精神，根据《国家中长期教育改革和发展规划纲要（2010—2020年）》的部署，按照面向现代化、面向世界、面向未来的要求，适应全面建成小康社会、建设创新型国家的需要，坚持育人为本，以改革创新为动力，以促进公平为重点，以提高质量为核心，全面实施素质教育，推动教育事业在新的历史起点上科学发展，加快从教育大国向教育强国、从人力资源大国向人力资源强国迈进，为中华民族伟大复兴和人类文明进步作出更大贡献。高校哲学社会科学工作者要抓住机遇，趁势而上，扎实工作，有大的作为，在中国梦的实现过程中，书写高校哲学社会科学繁荣发展的新篇章。

〔本文刊发于《中国高校社会科学》2013年第1期，责任编辑王群瑛〕

第一部分

谈谈文化传承创新

杨 河

文化是历史的主线、民族的血脉、人民的精神家园,文化传承创新是文化建设的基本内容和基本任务。认真探索新时期文化传承创新的规律与特点,对于推进社会主义文化大发展大繁荣,具有重要意义。

一

在最广泛的意义上,文化是人类在原始自然界基础上所创造的一切。这种创造过程,一方面使人类成为自然的"主人",另一方面也使自然具有"人化"的属性。人类在文化的这种对象化活动中也在"进化"着自身,于是有了我们今天称之为"历史"的东西。恩格斯说过:"最初的、从动物界分离出来的人,在一切本质方面是和动物本身一样不自由的;但是文化上的每一个进步,都是迈向自由的一步。"① 在这个历史过程中积淀和延续着的文化,是多样和多层的有机统一体,其中物质文化、制度文化和思想观念即精神文化是主要的内容。

所谓物质文化,主要是指人类的劳动及其所创造的物质生活资料。"文化"一词在拉丁文 cultura 中的原义是指农耕和对植物的培育。马克思指出:如果停止劳动,就是"任何一个民族,不用说一年,几个星期,也要灭亡"②。恩格斯也说,劳动"是一切人类生活的第一个基本条件,而且达到这样的程度,以致我们在某种意义上不得不说,劳动创造了人本身"③。可以说,人类历史就是一部劳动史,是劳动者的历史。

物质文化的创造过程是人的本质力量的对象化过程。马克思在《1844年经济学哲学手稿》中指出:"动物只是按照它所属的那个种的尺度和需要来建造,而人懂得按照任何一个种的尺度来进行生产,并且懂得处处都把内在的尺度运用于对象;因此,人

---

① 《马克思恩格斯选集》第3卷,人民出版社,1995年,第456页。
② 《马克思恩格斯选集》第4卷,人民出版社,1995年,第580页。
③ 《马克思恩格斯选集》第4卷,人民出版社,1995年,第373~374页。

也按照美的规律来构造。"① 人根据自己的目的和需要即内在尺度，遵循客观事物的属性和规律即外在尺度，通过实践活动改造客观事物，创造出适合自己生存和发展的新的事物和环境，将内在尺度和外在尺度结合、统一起来，这就是物质文化的形成。

物质文化的传承创新，就是在社会实践特别是生产实践的基础上，不断探索和解决两个规律（自然规律和美的规律）、两个尺度（外在尺度和内在尺度）的对立统一，在从必然王国到自由王国的历程中，有所发明、有所创造、有所前进。

人类历史的发展经过农业文明到工业文明的演进，一方面，科学技术日益显示出"第一生产力"的地位和作用，科技创新已经成为物质文化的传承与创新的主要途径；另一方面，生态问题日益显示出危机的特征，人与自然的关系已经成为物质文化的传承与创新的重大问题。能不能依靠科技进步来缓和和解决生态危机，形成新的生态文明，在一定意义上决定着物质文化传承创新的前途和命运。

所谓制度文化，主要是指人类在物质生产过程中所结成的各种社会关系的总和及其有组织的规范体系。作为社会存在物，人类总是生活在一定的社会关系中，马克思指出："为了进行生产，人们相互之间便发生一定的联系和关系；只有在这些社会联系和社会关系的范围内，才会有他们对自然界的影响，才会有生产。"② 这种社会关系一开始就潜在地具有制度的性质。新制度主义学派的主要代表、1993 年诺贝尔经济学奖得主道格拉斯·诺斯认为："制度是一个社会的游戏规则，更规范地说，它们是决定人们的相互关系的系列约束。制度是由非正式约束（道德的约束、禁忌、习惯、传统和行为准则）和正式的法规（宪法、法令、产权）组成的。"③ 文明的发展过程，在一定意义上就是社会关系的不断制度化过程。

在社会制度的起源上，恩格斯的看法是：历史中的决定性因素，"根据唯物主义观点，归根结蒂是直接生活的生产和再生产。但是，生产本身又有两种。一方面是生活资料即食物、衣服、住房以及为此所必需的工具的生产；另一方面是人自身的生产，即种的蕃衍。一定历史时代和一定地区内的人们生活于其下的社会制度，受着两种生产的制约：一方面受劳动的发展阶段的制约，另一方面受家庭的发展阶段的制约。劳动越不发展，劳动产品的数量、从而社会的财富越受限制，社会制度就越在较大程度上受血族关系的支配。"④

在恩格斯讲的两种生产的制约下，社会制度以经济、政治、教育、宗教等复杂、复合形式普遍地存在于一切民族、国家中。它最初表现于家庭，随着需要的发展和地

---

① 《马克思恩格斯选集》第 1 卷，人民出版社，1995 年，第 47 页。
② 《马克思恩格斯选集》第 1 卷，人民出版社，1995 年，第 344 页。
③ ［美］道格拉斯·C·诺斯：《经济史中的结构与变迁》陈郁、罗华平译，上海三联书店、上海人民出版社，1994 年，第 3 页。
④ 《马克思恩格斯选集》第 4 卷，人民出版社，1995 年，第 2 页。

域性、血族关系的打破，开始更多地表现在市民社会和国家中。在这些社会制度中，一方面体现着人类生产活动的要求，另一方面内化着人类对自身关系的认识。

从根本上讲，社会制度会随社会的发展而变化，但它又是相对稳定的规范体系，一经确立就会在相当长时期内制约人们的行为，即使存在的基础变化之后，还会在一定时期内发挥作用。可以说，正是制度文化的可变性和相对稳定性的统一，保证和维系着人类历史文化的延续和过渡。

制度文化的传承创新既要受制于人类生产活动的发展，还要受制于思想观念即精神文化的发展。因为制度文化一方面要服务于物质生活资料的生产，另一方面又是在一定的思想观念的指导下形成的。由于其可变性和相对稳定性兼而有之的特点，制度文化的传承创新要处理好稳定和改革的关系。稳定是量变、是常态、是基础，改革是质变、是异常、是进步。从量变到质变，是渐进过程和渐进过程的"中断"。由于社会发展的客观规律存在于人的自觉活动之中，制度文化更是凝聚着人的因素，面对稳定和改革关系的复杂问题，正确认识和处理好遵循客观规律的要求和努力发挥人的主观能动性的关系，是重要的历史经验。

所谓精神文化，主要是指与社会存在相对应的社会意识，是人类的精神生活及其形式和成果。社会意识是一个复杂的体系，从反映社会存在的程度和特点来看，包括社会心理和思想体系两个层次；从社会意识主体的范围来看，可以分为个体意识和群体意识；从对经济基础的关系上看，又可以划分为意识形态和非意识形态。

关于意识形态的形成过程，马克思认为，"意识起初只是对**直接的**可感知的环境的一种意识，是对处于开始意识到自身的个人之外的其他人和其他物的狭隘联系的一种意识。同时，它也是对自然界的一种意识"①。后来，随着社会生产力的发展，特别是以"物质劳动和精神劳动分离"为标志的真正意义上的分工的形成，"从这时候起意识**才能**现实地想象：它是和现存实践的意识不同的某种东西；它不用想象某种现实的东西就能**现实地**想象某种东西。从这时候起，意识才能摆脱世界而去构造'纯粹的'理论、神学、哲学、道德等等。"②

马克思在这里讲的是，作为社会意识的精神文化有两个特点：一是受制于社会存在，是对社会存在的反映。"人们是现实的、从事活动的人们，他们受自己的生产力和与之相适应的交往的一定发展——直到交往的最遥远的形态——所制约。意识［das Bewußtsein］在任何时候都只能是被意识到了的存在［das bewußte Sein］，而人们的存在就是他们的现实生活过程"③。二是具有相对独立性，有自身的发展规律。在分工和私有制存在的典型社会中，代表着一定阶级特别是统治阶级利益的意识形态中，"人们

---

① 《马克思恩格斯选集》第 1 卷，人民出版社，1995 年，第 81 页。
② 《马克思恩格斯选集》第 1 卷，人民出版社，1995 年，第 82 页。
③ 《马克思恩格斯选集》第 1 卷，人民出版社，1995 年，第 72 页。

和他们的关系就像在照相机中一样是倒立呈像的"①,"人们总是为自己造出关于自己本身、关于自己是何物或应当成为何物的种种虚假观念"②。这种虚假性是阶级社会中剥削阶级意识形态的固有特征,是剥削阶级维护自身统治"合法性"的需要,所以,"这种现象也是从人们生活的历史过程中产生的,正如物体在视网膜上的倒影是直接从人们生活的生理过程中产生的一样"③。除此之外,社会意识的相对独立性还广泛地体现在它的发展要受其内在的历史继承性和相互作用性的影响和制约。因此,精神文化的传承创新,一方面要植根于社会生活实践,与时俱进;另一方面要在历史继承的过程中依赖各种思想观念的相互作用,借鉴促进。意识形态是这样,非意识形态的自然科学、语言学、逻辑学等也是这样。

物质文化、制度文化和精神文化在现实生活中呈现出复杂纷繁、丰富多彩的表现形式,构成了一定社会的整体风貌。关于物质文化、制度文化和精神文化之间的关系,马克思在《〈政治经济学批判〉序言》中有一段经典论述:

"人们在自己生活的社会生产中发生一定的、必然的、不以他们的意志为转移的关系,即同他们的物质生产力的一定发展阶段相适合的生产关系。这些生产关系的总和构成社会的经济结构,即有法律的和政治的上层建筑竖立其上并有一定的社会意识形式与之相适应的现实基础。物质生活的生产方式制约着整个社会生活、政治生活和精神生活的过程。不是人们的意识决定人们的存在,相反,是人们的社会存在决定人们的意识。社会的物质生产力发展到一定阶段,便同它们一直在其中运动的现存生产关系或财产关系(这只是生产关系的法律用语)发生矛盾。于是这些关系便由生产力的发展形式变成生产力的桎梏。那时社会革命的时代就到来了。随着经济基础的变更,全部庞大的上层建筑也或慢或快地发生变革。在考察这些变革时,必须时刻把下面两者区别开来:一种是生产的经济条件方面所发生的物质的、可以用自然科学的精确性指明的变革,一种是人们借以意识到这个冲突并力求把它克服的那些法律的、政治的、宗教的、艺术的或哲学的,简言之,意识形态的形式。"④

为了避免对马克思这个重要思想的误读,恩格斯晚年特别指出:"……根据唯物史观,历史过程中的决定性因素**归根到底**是现实生活的生产和再生产。无论马克思或我都从来没有肯定过比这更多的东西。如果有人在这里加以歪曲,说经济是**唯一**决定性的因素,那么他就是把这个命题变成毫无内容的、抽象的、荒诞无稽的空话。"⑤ "政治、法、哲学、宗教、文学、艺术等等的发展是以经济发展为基础的。但是,它们又

---

① 《马克思恩格斯选集》第1卷,人民出版社,1995年,第72页。
② 《马克思恩格斯文集》第1卷,人民出版社,2009年,第509页。
③ 《马克思恩格斯选集》第1卷,人民出版社,1995年,第72页。
④ 《马克思恩格斯选集》第2卷,人民出版社,1995年,第32~33页。
⑤ 《马克思恩格斯选集》第4卷,人民出版社,1995年,第695~696页。

都互相作用并对经济基础发生作用。并非只有经济状况才是**原因，才是积极的**，其余一切都不过是消极的结果。这是在**归根到底**总是得到实现的经济必然性的基础上的互相作用。"①

这个思想，对于我们认识文化传承创新的规律和特点非常重要。我们既要充分认识物质文化的决定性作用，因为它是文化的基础，又要充分认识制度文化的建构性作用，因为它是文化结构，还要充分认识精神文化的指导性作用，因为它是文化的基因。

二

历史总是传承创新的统一，作为历史之灵魂的文化更是如此。文化传承，顾名思义，是指对形成于过去、延续至今天的文化的继承、传播和发扬。那么如何把握这个"过去"和"今天"？在时间的持续绵延中，"过去"和"现在"的区分不是静态而是动态、"过去""将来"在不断流逝，在不断到来，它们不断汇合又不断分离于"现在"，"现在"总是一个不断到来、又不断流逝的瞬间，稍纵即逝。

当然，我们可以在历史长河的意义上，将"现在"这个"瞬间"把握为一个时期、一个阶段甚至一个时代，文化的传承也就存在于历史全过程的每一个时期、阶段或时代。每一个时期、阶段或时代都会面对不同的"过去文化"，文化传承也就有着不同的内容和任务。

春秋战国时期，诸子百家学说是对包括周王朝之前的文化遗产的传承。而到了隋唐以后，文化传承已经有了佛教的因素，儒、释、道成为文化传承的主要内容，这在春秋战国时期是不可想象的。1840年鸦片战争以后，伴随着洋务运动、戊戌变法、辛亥革命的发生，西学东渐，民主与科学的思想悄然而至。1898年严复译介《天演论》和英国在华传教士李提摩太委托胡贻谷翻译英国人布莱克撰写的《泰西民法志》（即社会主义史）后，西方的进化论和马克思主义同时进入中国，促成中国思想界新的启蒙和觉醒。新文化五四运动以后，文化传承显然已经包括马克思主义在内的西学。因此，中国共产党在延安时期提出了建设民族的科学的大众的新民主主义革命文化，这在1840年以前的中国又是不可想象的。但是，这就是文化，就是"苟日新，日日新"的文化实践现给我们的文化传承。毛泽东在中国共产党六届六中全会上就指出："今天的中国是历史的中国的一个发展；我们是马克思主义的历史主义者，我们不应当割断历史。从孔夫子到孙中山，我们应当给以总结，承继这一份珍贵的遗产。这对于指导当前的伟大的运动，是有重要的帮助的。"②

毛泽东在这里讲的，"孔夫子"代表的是以儒学为主体的中国传统文化，"孙中

---

① 《马克思恩格斯选集》第4卷，人民出版社，1995年，第732页。
② 《毛泽东选集》第2卷，人民出版社，1991年，第534页。

山"代表的则是近代西潮影响下中国文化和思想所形成的新传统。对从"孔夫子"到"孙中山"这两千多年历史演进中的思想文化，我们都应该有所分析、有所继承。这里所体现的，是一个先进政党的历史胸怀和文化自觉。

自1840年鸦片战争中国社会从古代逐渐转入近现代以来已经170余年，中国社会发生了翻天覆地的变化。站在中华民族伟大复兴新的历史起点上，应该用新的眼界来看待历史文化的传承。从精神文化层面特别是世界观、价值观上论，应该主要有三个方面。

第一，马克思主义的世界观和方法论。

马克思主义本身是一种文化现象，又是先进文化发展的指导思想，因为它提供了一种科学的世界观和方法论。马克思主义进入中国后，促成了中国思想界新的启蒙和觉醒。中国共产党在90余年的奋斗中，致力于马克思主义与中国实际相结合，不断深化马克思主义中国化。中国的文化发展在近代走过了漫长的曲折道路，如何在民族复兴的过程中使传统文化适应社会现代转型的需要，中国人尝试过很多主义。直到接受马克思主义，在精神上才由被动转入主动，形成了对待传统文化和外来文化的科学态度，把握到具有时代精神的先进文化的发展方向。沿着这个方向，中国共产党领导各族人民在进行革命、建设和改革的历史实践中，创造了特色鲜明的革命文化。中国化的马克思主义已经成为中国当代文化的重要内容，成为全党全国人民团结奋斗的共同思想基础。

在新的形势下，我们只有坚持以马克思主义为指导，用发展着的马克思主义引领文化建设，才能在复杂的文化传承创新的过程中，辨析主流和支流、先进与落后、积极与消极、新生和腐朽，继往开来地走出一条代表中国人民根本利益和中国文化发展方向的文化传承创新道路。

第二，中国传统文化的人文智慧。

在世界几大文化体系中，中国传统文化体系具有不可替代的特殊地位，蕴含着极其深厚的人文底蕴和丰富的人文智慧，主要体现在：第一，天人合一的人文自然观，认为人与自然是和谐统一的，强调"万物一体"或是"道法自然"，崇尚仁爱万物、敬畏天命、顺应自然；第二，仁爱民本的人文价值观，认为爱人是普遍的道德原则，"民为贵、社稷次之、君为轻"，强调仁者爱人、民为邦本，崇尚"己欲立而立人、己欲达而达人"、"己所不欲，勿施于人"和"忧民之忧"、"与民同乐"；第三，和合大同的人文理想观，认为事物只有和、达到矛盾各方面差异的统一，才能存在和发展，人类社会制度的最高原则是和谐大同，强调和实生物、以和为贵，崇尚和而不同、天下为公、亲仁善邻；第四，发展变化的人文辩证观，认为事物都包含阴阳两个方面，这两方面的相互作用引起事物的变化，强调"一阴一阳之谓道"、"日新之谓盛德，生生之谓易"，崇尚自强不息、日新月异、革故鼎新；第五，诚信正义的人文社会观，认为诚信是立人之本、齐家之道、治国之法，正义是处理利益关系的基本原则，强调

"人而无信，不知其可也"、"民无信不立"、"君子义以为上"、"义，人之正路也"，崇尚立身诚为本，敬事而信、见利思义君子行义；等等。源远流长，绵延不绝，是中国文化传承创新的机体。

中国传统文化的人文思想智慧传播到世界特别是欧洲后，受到了许多思想家的重视。德国学者莱布尼茨、马克斯·韦伯、海德格尔，以及法国学者伏尔泰、英国学者汤因比等，专门研究过中国传统文化特别是哲学思想。上个世纪20年代，英国著名哲学家罗素在他的《中国问题》一书中写道："中国至高无上的伦理品质中的一些东西，现代世界极为需要。这些品质中我认为和气是第一位的。"20世纪以来，面对日益严重的生态危机和不断积累的社会矛盾，西方人在反思"工具理性"和资本的价值追求中，往往将眼光转向中国传统文化，希望从中国传统文化中得到解决人类生存问题的启迪和智慧，表明了中国传统文化的重要现实意义。

我们应当立足新的实践、顺应时代潮流、尊敬传统、继承传统，按照取其精华、去其糟粕，古为今用、推陈出新的要求，不断进行新的文化创造，使之不断发扬光大，成为孕育民族精神、推动文化建设的不竭源泉和动力。

第三，西方文化的理性精神。

理性主义是西方文化的传统，从古希腊柏拉图、亚里士多德为代表的哲学理性到文艺复兴的启蒙理性，再到西方资产阶级革命中的历史理性，理性主义成为西方文化的主流，渗透在经济和政治的各个领域。这种理性主义在其积极的意义上主要体现为：第一，科学进取精神，强调人在自然界中的主体地位，推崇"知识就是力量"，激励人们探索自然、利用自然、改造自然、征服自然；第二，自由平等精神，强调人生而平等，推崇"天赋人权"，激励人们热爱自由、向往自由、追求自由、为自由奋斗；第三，民主法制精神，强调多数人的意志，推崇"社会契约"，激励人们蔑视专制、否定专制、推翻专制、埋葬专制。

西方文化中的理性精神，曾经是西方资产阶级反对封建制度的思想武器，得到了马克思主义经典作家的高度评价。新文化运动中，中国先进知识分子举起的"科学"和"民主"两面旗帜，所体现的就是西方文化中的理性精神。这两面旗帜对中国社会的改造作用，一直延续至今天，还会影响到未来，已经深深融入到中国近现代文化的体内。

向西方和其他国家的优秀文化学习，吸取文化元素，不是权宜之计，不是一朝一夕之事，而是贯穿在中国现当代文化发展全过程的事情。这不仅是因为，全球化的展开，已经不存在可以置之度外的可能性选择，世界在进入中国，中国也在融入世界，纯粹的单一的封闭的民族文化早就不复存在，每一个国家和民族的文化都是多方面因素的复合体，是我中有你、你中有我；更重要的是因为，中华文化之所以生生不息、经久不衰，就在于它具有海纳百川、兼收并蓄的胸襟和传统。历史上，我们有过自我封闭、抱残守缺的时期，但是它留给中华文化的是落后和教训，开放包容、博采众长才是中华文化发展的主流和经验。

不可否认,在西方文化的理性精神中,有着西方资产阶级阶级局限性和历史局限性的烙印,渗透着以个人主义为核心的资产阶级思想意识,在后来发展起来的"理性至上"思潮中,也暴露出了西方理性主义的内在理论困境和时代缺失。这是我们学习和吸收中要注意分析和鉴别的,但是因噎废食是不可取的。毛泽东早就告诉我们:对待外来文化,应当以中国的实际需要为基础,如同我们对待食物一样,必须经过自己的口腔咀嚼和肠胃运动。以我为主、为我所用,把优秀的外来文化同我国的传统文化结合起来,实现中国化,才能赋予当今中国文化发展蓬勃生机,迎来辉煌前景。

中国文化的当代创新,植根于中国特色社会主义的伟大实践,一方面,需要我们在改革开放中科学认识"历史文化"的这三个方面的性质、地位和作用,促成它们之间的交流和交融,形成兼收并蓄、综合创新的新的文化形态;另一方面,需要我们在多元化的文化趋势中与时俱进地发展马克思主义世界观和方法论的指导价值、中国传统文化人文智慧的当代价值和西方理性精神的历史批判价值。

三

文化传承与文化创新是对立面的统一,没有传承就没有创新,因为文化是不断积累积淀的,传承是创新的基础;而没有创新也就没有真正的传承,因为文化又是不断延续延伸的,创新是传承的发展。贯通传承与创新的中介和纽带是"发扬"。对"过去文化"的发扬既是传承又是创新,因为发扬什么、怎样发扬,体现的是一种在新的时代条件下立足当前、面向未来的文化选择。

文化选择需要文化自觉,文化自觉来源于对文化发展规律的正确认识和把握。从精神层面讲文化,文化就是文化,它受制于社会经济生活又不等同于社会经济生活。因此,一方面,搞文化建设不能脱离社会经济生活的需要,不能脱离国情;另一方面,又不可以将它简单地还原于社会经济生活,用管理社会经济生活的方式来对待它。从人类与生俱在的现象来理解文化,它在历史的时间和空间上远远宽泛和久远于意识形态,意识形态仅仅是思想文化的发展在私有制和阶级存在条件下的一种表现形态。因此,在当代社会意识形态仍然存在并且发挥着重要作用的情况下,一方面,搞文化建设不能没有意识形态眼光,不能没有意识形态判断;另一方面,搞意识形态建设也不能没有文化视野,不能没有文化大局。在文化传承与文化创新中,既不能人为地"淡化"意识形态,也不能人为地"泛化"意识形态。

按照文化自身发展规律来把握文化传承与文化创新,应该注意处理好一些基本关系。

第一,在文化的延续上,要处理好传统与现代、历史与未来的关系。历史文化传统是一个民族的主体性精神家园,是文化自觉的根本,这种自觉都是当代性的。对历史文化传统的当代意义的认识,是从它的未来发展趋势上把握到的。因此,面向世界、面向未来、面向现代化,与时俱进,才是传统的发展方向。

第二,在文化的层次上,要处理好应用性和基础性的关系。应用性的精神文化,一方面主要体现在社会日常生活实践层面,人们喜闻乐见,大众性特点突出;另一方面主要体现在社会经济生活实践层面,利益价值多元,市场化特点突出。基础性的精神文化主要体现在哲学社会科学的学术学理层面,底蕴深厚、普遍性特点突出。文化需要世俗化,在一定意义上,世俗是文化的"本真"所在,世俗的社会生活是文化的海绵体,在这个领域中一切文化因素的应用皆有可能;文化也需要学理化,学理是文化的"精髓"所在,学理的研究是文化的命脉,在这个领域中一切文化因素都要经过"整理"。世俗中有学理,学理引导世俗,从世俗到学理,再从学理到世俗,一切文化的可能性才能在现实和历史中展开。

第三,在文化的内容上,要处理好科学与人文的关系。从表象上看,科学旨在求真,人文旨在求善,但是真理从来就渗透着人文价值,伦理也离不开科学理念。科学精神与人文精神在文化中的对立统一关系,是独美与共美的和谐。它们在实践中的要求应该是:展开对话、扩大兼容、发展综合、促进融通。

第四,在文化的旨趣上,要处理好高雅与通俗、普及与提高的关系。文化总是处在创造和接受的不断转化过程中,雅与俗是客观现象,雅俗共赏是文化多元性的生态要求;提倡高雅、尊重通俗、反对庸俗,在普及中提高、在提高中普及,才能真正满足人民群众不断增长的文化需要。

第五,在文化的格局上,要处理好民族性和世界性的关系。文化的存在和发展都是一般与个别的统一,文化的创新也都是在综合基础上的创新,富有生命力的、朝气蓬勃的民族文化都有着贯通古今、海纳百川的视野和胸怀。列宁指出:"只有确切地了解人类全部发展过程所创造的文化,只有对这种文化加以改造,才能建设无产阶级的文化,没有这样的认识,我们就不能完成这项任务。"[①] 要坚持以我为主、辨证分析、兼收并蓄,努力构建具有世界眼光、时代内涵、中国特色、民族情怀的文化发展格局。

第六,在文化的开放上,要处理好"引进来"与"走出去"、开放与防范的关系。有生命力的文化都体现着民族性与世界性的对立统一,开放是文化保持活力的内在要求,如果说"引进来"主要考验着一个民族的"文化自信",那么"走出去"则主要检验着一个民族的"文化自强"。这其中的真谛在于,只有平等的交融与对话,才能实现人类文化的共同繁荣,而平等的交融与对话需要尊重和保持各自的民族特色、民族特性。在当代世界文化格局还存在强弱高下的态势下,保护自己民族的文化主权和文化安全,是重大的责任和任务。

[①]《列宁选集》第 4 卷,人民出版社,2012 年,第 285 页。

第七，在文化的管理上，要进一步处理好行政管理与市场调节、社会效益与经济效益的关系。文化历来有两个功能，一是"化人"、"育人"，促进人本身趋于自由的教化；二是融入经济社会，促进经济社会趋于和谐的发展。这两个功能是统一的，而前一个功能是基本的，因为文化始终是人类一种精神上的内在需求，人类需要通过文化来启迪智慧和性灵、认识世界和人生、陶冶情趣和德行，获得思想上的教益和精神上的满足。在市场经济条件下，经济与文化的融合已成为当今社会发展的一种趋势。满足人民群众多层次、多方面的需求，要坚持为人民服务、为社会主义服务的方向和百花齐放、百家争鸣的方针，贴近实际、贴近生活、贴近群众，始终把社会效益放在首位，做到经济效益与社会效益相统一。

第八，在文化的发展上，要进一步处理好一元与多样、引领与包容的关系。像自然界一样，文化也是一种生态，多样性的和谐是必然的要求。与自然界又不同的是，文化生态是在有目的的人的活动中形成的，作为基础的经济发展必然性在根本上制约着文化的发展，在这个意义上，文化的发展总是有主流有方向的。确立什么样的指导思想关系到我国文化事业的性质与方向。积极探索以社会主义核心价值引领多样性思想文化潮流，尊重差异、包容多样、抵制错误、拒绝腐朽，决定着中国特色社会主义文化事业的兴衰成败。

四

文化传承创新是一个理论与实践相结合的过程，人民群众的生活实践是最深厚的土壤，思想理论是从中生长出的大树和果实，文化传承创新的最终成果要体现在理论知识（包括自然科学和人文社会科学）上，存在于语言的生成、转化和传播中。因此，结合社会生活的变化对语言和历史文本的学习、阅读、理解，是文化传承创新的基本任务。这个过程的专门化研究被称之为学术研究。

所谓学术，英文是 Academics，常见的意义是指进行高等教育和研究的科学与文化群体。1911 年，梁启超写过一篇文章叫《学与术》，其中有一段写道："学也者，观察事物而发明其真理者也；术也者，取所发明之真理而致诸用者也。"中国学者一般重在从"道"和"理"的层面上称谓"学术"，认为学术是人类的理性认知的系统化概括，是对存在物及其规律的学科化论证。在这个意义上，学术理论是文化的内核和底蕴，其中哲学思维方式尤为重要。恩格斯指出："一个民族要想登上科学的高峰，究竟是不能离开理论思维的。"[①] 中国学者王国维也说过："无论古今东西，其国民之文化苟达一定之程度者，无不有一种之哲学。人类一日存，此学即不能一日亡也。"[②]

---

① 《马克思恩格斯选集》第 4 卷，人民出版社，1995 年，第 285 页。
② 《王国维遗书》第 3 册，上海古籍出版社，1983 年，第 644～645 页。

世界上四大文化圈，古希腊罗马文化、阿拉伯文化、印度文化和中国文化，都有悠久丰富的学术理论传统。时至今日，唯中国的学术理论思想保留得最为完整。就其原因，从历史上看，一是中国的学者最为重视学术理论思想的传承。梁启超曾经说过："学术思想之在一国，犹人之有精神也。而政事、法律、风俗及历史上种种之现象，则其形质也。故欲觇其国文野强弱之程度如何，必于学术思想焉求之。"① 陈寅恪说，学术的兴替"实系吾民族精神上生死一大事者"②。李大钊1923年在庆祝北京大学建校周年之时也说："只有学术上的发展值得作大学的纪念，只有学术上的建树，值得北大万万岁的欢呼"，要求北大"从学术的发明上预备将来伟大的纪念品"。③ 二是中国的学者在长期的学术研读中，形成了自己的一套阅读本文的解释学方法。比如，贯穿在今文经学与古文经学之争、汉学与宋学之争以及程朱理学与陆王心学之争中的义理与考据之辨，体现着中国学者对于历史本文的理解旨趣；而与此相关的"尊德性而道问学"，强调要把两者合起来，把做学问归结为做人；被明末清初的儒家学者大加发扬的经世致用思想，反对学术研究脱离社会现实，强调把学术研究和现实的政治、经济和教育联系起来，以解释古代典籍为手段，发挥自己的学术政治见解；如此等等。这些做学问的方向、方法和途径，虽未经过像西方解释学那样的系统整理和概括，但是其内在的精神，对于中国古代文化特别是儒家文化的"一以贯之"，意义重大。三是中国的学者历来有一种强烈的面向社会的学术责任感。《周易》讲到："天行健，君子以自强不息"（乾卦），"地势坤，君子以厚德载物"（坤卦）。《礼记》写到："古之欲明明德于天下者，先治其国；欲治其国者，先齐其家；欲齐其家者，先修其身；欲修其身者，先正其心；欲正其心者，先诚其意；欲诚其意者，先致其知，致知在格物。物格而后知至，知至而后意诚，意诚而后心正，心正而后身修，身修而后家齐，家齐而后国治，国治而后天下平"。这都是将做人做学问与治理国家平定天下的宏图大业紧密联系起来。北宋著名理学家张载更是为学者开出了"为天地立心，为生民立命，为往圣继绝学，为万世开太平"的历史使命，这种"天人合一"的儒家襟怀和宏愿，使中国的文化发展，即使在极其艰难的境况下，也坚韧地维系着。

我们今天讲文化传承创新，仍然要坚持尊重学术，只要是严肃的学术探讨，都应该提倡和支持。教育是承担学术研究的重要社会部门，其中大学教育有着特殊的地位和作用，这是因为，大学作为以学科研究和人才培养为己任的专门文化机构，用严复和蔡元培的话讲，是保存和研究高深学问的地方。一方面，大学实现了对自然科学和人文社会科学的语言和历史文本的学习与研究的统一；另一方面，大学集中了整个社会大部分研究人员，产生出大部分研究成果。以哲学社会科学为例，据统计，中国高

---

① 梁启超：《饮冰室合集》文集之7，北京中华书局，1989年影印本，第1页。
② 《金明馆丛稿二编》，上海古籍出版社，1980年，第318页。
③ 转引自萧超然：《北京大学与五四运动》，北京大学出版社，1986年，第271、274页。

校哲学社会科学研究队伍占全国社科力量的三分之二以上，全国哲学社会科学领域80%以上的研究成果都集中在高校。

《礼记》中写道：大学之道，在明明德，在亲民，在止于至善。这也包含着中国古代学者对教育在文化传承创新中重要使命的理解。

今天的中国大学，自1898年第一所近代国立综合京师大学堂成立以来，在探索建立适合中国文化的现代大学制度中已经走过百余年历程。从京师大学堂章程中倡导的"中学为体，西学为用"、"中西会通、无得偏废"，到严复、蔡元培提出的"兼收并蓄，广纳众流，以成其大"和"思想自由，兼容并包"，再到新中国成立后院系调整，学习苏联，多次反复，直到"文化大革命"结束，中国高等教育在改革开放中按照邓小平提出的"三个面向"思想逐渐开辟出了新的发展道路。人才培养、科学研究、服务社会、文化传承创新成为高校的基本功能。

经过百余年的探索和积累，中国的高等教育已经进入大众化阶段，中国近现代大学的哲学社会科学在文化传承创新上已经形成自己的优势和特色，成为中国特色社会主义事业不可或缺的重要精神力量。但是，面对中国和世界的未来发展，大学的学术研究要进一步增强理论自觉和理论自信。

从历史上看，中国古代学术理论研究曾经长期坚守的自觉自信，在1840年鸦片战争后受到了极大的冲击。一方面，鸦片战争在暴露中国封建制度严重弊端的同时，也揭示了支撑这个制度的核心意识形态——儒学的历史局限性；另一方面，鸦片战争后中国的去向，在中国以往的文化典籍中找不到现成的答案。

随着鸦片战争的发生，民族复兴成为中国社会历史发展的主题。民族复兴的时代含义是指：解决帝国主义和中华民族、封建主义和人民大众的矛盾，走出半殖民地半封建社会的困境，使中华民族重新以强大的地位和形象屹立于世界民族之林。为此，必须完成三个历史性的转型：一是在文明形态上完成从农业文明向工业文明的转型，二是在制度安排上完成从封建专制向民主制的转型，三是在社会生活方式上完成从古代向近现代的转型。

那么，通过什么道路去实现民族复兴？挨打的教训首先启示给先进中国人的就是：向西方学习，走西方强国之路——资本主义。在帝国主义和封建主义的双重遏制下，这条路走得极其艰难险恶，先有"师夷长技"、"中体西用"的洋务运动，继之有"君主立宪"、"中西会通"的戊戌变法，最后在"推翻帝制"、"民主共和"的辛亥革命中做了总结，其间还发生过轰轰烈烈的太平天国运动。然而，这些试图走资本主义道路的努力都失败了。辛亥革命虽然推翻了清王朝的统治，结束了统治中国几千年的君主专制制度，带来了民主共和的思想，但是未能铲除帝国主义和封建势力在中国统治的根基，更没有改变中国半殖民地半封建社会的性质，其胜利成果最后还被袁世凯所篡夺。

辛亥革命的最后结局，使中国人在民族复兴的道路问题上陷入了困惑。正如毛泽东在纪念中国共产党二十八周年写的《论人民民主专政》中所指出的："自从一八四〇年鸦片战争失败那时起，先进的中国人，经过千辛万苦，向西方国家寻找真理。洪秀全、康有为、严复和孙中山，代表了在中国共产党出世以前向西方寻找真理的一派人物。……帝国主义的侵略打破了中国人学西方的迷梦。很奇怪，为什么先生老是侵略学生呢？中国人向西方学得很不少，但是行不通，理想总是不能实现。多次奋斗，包括辛亥革命那样全国规模的运动，都失败了。国家的情况一天一天坏，环境迫使人们活不下去。怀疑产生了，增长了，发展了。"①

正是在这个过程中，发生了第一次世界大战和俄国十月革命。第一次世界大战使中国人更加清楚地看到了资本主义发展到帝国主义阶段暴露出的剥削与掠夺的本质，而"十月革命一声炮响，给我们送来了马克思列宁主义。十月革命帮助了全世界的也帮助了中国的先进分子，用无产阶级的宇宙观作为观察国家命运的工具，重新考虑自己的问题。走俄国人的路——这就是结论"②。

在中国共产党的领导下，以马克思列宁主义为指导，经过新民主主义革命，中国进入了社会主义，在长期艰苦的奋斗努力中，走出了一条中国特色社会主义道路，形成了中国特色社会主义理论体系，确立了中国特色社会主义制度。这从根本上改变了中国人民和中华民族的前途命运，使具有5000多年文明历史的中国面貌焕然一新，中华民族伟大复兴展现出前所未有的光明前景。我国经济总量已经在世界排行第二位。英国广播公司网站近日刊文说，中国过去30年来的经济腾飞，是自英国工业革命在18世纪末开始后，世界见证过的最令人惊奇的经济变革，世界正越来越多地被中国改变。

这个过程，既是中国历史的创造过程，也是中国文化特别是中国意识形态的重建过程。在这个过程中，体现了中国共产党高度的理论自觉和理论自信，这就是将马克思列宁主义的基本原理与中国的实际相结合，产生了马克思主义中国化的两大理论成果——毛泽东思想和中国特色社会主义理论体系。

鸦片战争以后，中国文化理论自觉自信的重建，首先体现在中国共产党指导思想的与时俱进上，其根本原因，一方面与中国近现代历史的主题——民族复兴密切相关；另一方面，也与中国共产党对历史文本即马克思主义经典著作的学习、阅读、理解和研究的方式方法即学风密切相关。

早在新民主主义革命的早期，毛泽东就提出："马克思主义的'本本'是要学习的，但是必须同我国的实际情况相结合。"③ 其精神实质就是要反对教条主义。在这个过程中，逐渐形成了实事求是的思想路线。在这条思想路线的指导下，中国共产党在实践中确立了引导新民主主义革命胜利的理论、路线、方针、政策。

---

① 《毛泽东选集》第4卷，人民出版社，1991年，第1469~1470页。
② 《毛泽东选集》第4卷，人民出版社，1991年，第1471页。
③ 《毛泽东选集》第1卷，人民出版社，1991年，第111~112页。

进入社会主义社会以后，"什么是社会主义，怎样建设社会主义"的问题摆在了党的面前。中国特色社会主义道路，就是在不断探索和回答这个重大问题的过程中开辟和形成的。我们要坚持解放思想、实事求是、与时俱进，自觉地把思想认识从那些不合时宜的观念、做法和体制的束缚中解放出来，从对马克思主义的错误和教条式的理解中解放出来，从主观主义和形而上学的桎梏中解放出来，用发展着的马克思主义指导新的实践。这是开辟和确立中国特色社会主义道路、理论、制度的思想保证。其重要性，正如邓小平在1978年12月的中央工作会议上所指出的："一个党，一个国家，一个民族，如果一切从本本出发，思想僵化，迷信盛行，那它就不能前进，它的生机就停止了，就要亡党亡国。"[①] 中国共产党的这个重要历史经验，对于大学履行文化传承创新的职能、推进学术研究意义深远。

从哲学解释学的观点看，在学术研究中反对绝对化的教条主义之所以必要，是因为对历史文本阅读就是理解，任何理解都是历史文本的过去视域与阅读者的当代视域的一种融合过程，是创造性的理解，新思想的出现往往孕育其中，这种"视域的融合"越是开放，新思想出现的可能性就越大。开放意味着包容，意味着自由的探讨。这与中国共产党提倡的百花齐放百家争鸣是一致的。

1956年4月，毛泽东在中共中央政治局扩大会议上的总结讲话中指出："艺术问题上的百花齐放，学术问题上的百家争鸣，我看应该成为我们的方针。……讲学术，这种学术也可以讲，那种学术也可以讲，不要拿一种学术压倒一切，你讲的如果是真理，信的人势必就会越来越多"[②]。在这次会议上，他进一步解释道：现在春天来了嘛，一百种花都让它开放，不要只让几种花开放，还有几种花不让它开放，这就叫百花齐放。百家争鸣，是说春秋战国时代，两千年以前那个时候，有许多学派，诸子百家，大家自由争论。现在我们也需要这个。在中华人民共和国宪法范围之内，各种学术思想，正确的、错误的，让他们去说，不干涉他们。[③]

学术研究之所以要百花齐放百家争鸣，是因为学术的生命在于自由，这是思想的超越本性所在；学术的生命之所以在于自由，是因为学术是对规律的探索，这是认识的无限本性所在。马克思说："辩证法在对现存事物的肯定的理解中同时包含对现存事物的否定的理解，即对现存事物的必然灭亡的理解；辩证法对每一种既成的形式都是从不断的运动中，因而也是从它的暂时性方面去理解；辩证法不崇拜任何东西，按其本质来说，它是批判的和革命的。"[④] 这是学术研究应有的态度和思想方法。对学术自由的承认和尊重与否，是衡量一个社会文明程度的重要标志，也是中国特色社会主义

---

① 《邓小平文选》第2卷，人民出版社，1983年，第143页。
② 《毛泽东文集》第7卷，人民出版社，1999年，第54~55页。
③ 参见《中国共产党历史》第二卷上，中共党史出版社，2011年，第388页。
④ 《马克思恩格斯选集》第2卷，人民出版社，1995年，第112页。

历史进步性的重要体现。

当前,世情、国情、党情继续发生深刻变化,发展中国特色社会主义,建设文化强国是一项长期的艰巨的历史任务,我们要在中国共产党成立一百年时全面建成小康社会、在新中国成立一百年时建成富强民主文明和谐的社会主义现代化国家。一方面,需要坚定道路自信、理论自信、制度自信,既不走封闭僵化的老路,也不走改旗易帜的邪路;另一方面,需要与时俱进发展中国特色社会主义,不断丰富中国特色社会主义的实践特色、理论特色、民族特色、时代特色。

如何适应这种历史发展的需要,在学术研究中反对对待马克思主义、西方思想和中国传统文化的教条主义和虚无主义,逐步建立具有中国气派、中国风格的学术话语体系,为中国特色社会主义提供坚实的理论化论证,不断成就中国文化当代形态的深厚底蕴,是文化传承创新的重大历史任务。

〔作者杨河,教育部高等学校社会科学发展研究中心原主任、教授。本文刊发于《中国高校社会科学》2013年第1期,责任编辑毛殊凡。《新华文摘》2013年第17期转载〕

马克思经济思想的"历史路标"

——读马克思《1861—1863年经济学手稿》

顾海良

在《1861—1863年经济学手稿》(以下简称《手稿》)中,马克思认为,他对经济思想所作的"历史的评论",主要为了说明:"一方面,政治经济学家们以怎样的形式自行批判,另一方面,政治经济学规律最先以怎样的历史路标的形式被揭示出来并得到进一步发展。"①"历史路标",指的是经济思想发展中具有标识性的理论成果和成就。在这一意义上,《手稿》在马克思经济学体系结构演进、思想历史研究和理论原理创新上取得的显著成果和成就,无疑就是高耸于马克思经济思想发展中的"历史路标",是对马克思经济学作出"历史的评论"的经典文本。

一、《手稿》在马克思经济思想发展中的重要地位

马克思1859年出版的《政治经济学批判》第一分册,是他计划写作的《政治经济学批判》著作的开头部分。第一分册包括论述第一册《资本》第一篇"资本一般"的第1章"商品"和第2章"货币"。1861年8月,马克思以"《政治经济学批判》续"为标题,继续写作内容为第一篇"资本一般"第3章"资本"的第二分册。在写作过程中,马克思不断地接触和发现新的理论问题,以至认为:"要是隔一个月重看自己所写的一些东西,就会感到不满意,于是又得全部改写。"②这样,到1863年7月,马克思实际完成的是一部包括23个笔记本的近1400页的卷帙浩繁的手稿,其内容大大超出原先计划的第二分册的内容。这部手稿后来按马克思的写作时间,被称为《1861—1863年经济学手稿》。

按照马克思给《手稿》各笔记本的编号,《手稿》的内容大致可分为三部分。第一部分包含第Ⅰ到第Ⅴ这5个笔记本。这部分手稿收入《马克思恩格斯全集》中文版第一版第47卷。在这部分手稿中,马克思论述了"资本的生产过程"中的第1章"货币转化为资本"、第2章"绝对剩余价值"和第3章"相对剩余价值"的开头部分。大

---

① 《马克思恩格斯全集》第26卷第Ⅰ册,人民出版社,1972年,第367页。
② 《马克思恩格斯全集》第30卷,人民出版社,1975年,第617页。

约在1862年1月，马克思在写作第Ⅵ笔记本时，中断了对"相对剩余价值"的论述，开始写作"剩余价值理论"这一章。这一章是对之前阐述的剩余价值理论原理所作的理论史的考察。这是手稿的第二部分，它包括第Ⅵ到第ⅩⅤ共10个笔记本。这部分手稿后来被编辑为《剩余价值理论》（也称作《资本论》第四卷），收入《马克思恩格斯全集》中文第一版第26卷。第三部分包括第ⅩⅥ到第ⅩⅩⅢ共8个笔记本。在第ⅩⅥ和第ⅩⅦ笔记本上，马克思论述了原先计划中的"资本和利润"的内容。从第ⅩⅧ笔记本开始，马克思除了对商人资本和货币资本的某些问题作了补充论述外，回过来续写了由于写作"剩余价值理论"而中断的"相对剩余价值"章及以下各章。《手稿》的最后几个笔记本，包括马克思打算继续深入研究的有关理论问题的引文摘要。这部分手稿被收入《马克思恩格斯全集》中文版第一版第48卷。

把《手稿》称作马克思经济思想的"历史路标"，是由《手稿》的重要理论地位和意义所决定的。

第一，《手稿》是马克思对经济思想史探索的"历史路标"。在《手稿》中，马克思以对剩余价值理论为主线的经济思想史的研究，成为马克思经济学遗产中最辉煌的部分。在《手稿》中，《剩余价值理论》最初仅仅是作为剩余价值的理论史部分来写的。但是，在对剩余价值理论史的深入研究中，马克思越来越多地，而且必然越来越多地对剩余价值理论以外的理论史内容作出详尽的考察。因为马克思已经十分清楚地认识到："所有经济学家都犯了一个错误：他们不是就剩余价值的纯粹形式，不是就剩余价值本身，而是就利润和地租这些特殊形式来考察剩余价值。"① 《手稿》涉及从17世纪60年代威廉·配第到19世纪中叶大卫·李嘉图学派及各种经济学流派的主要的经济思想的"历史的评论"，对这200年间经济学发展的主要理论，特别是关于剩余价值和利润理论史、生产价格理论史、地租理论史等作了深入的研究。

第二，《手稿》是马克思经济学体系演进的"历史路标"。在《手稿》中，马克思经济学体系实现了从《政治经济学批判》"六册结构计划"向《资本论》"四卷结构"的过渡，成为马克思经济学体系演进的重要转折点。马克思在《〈政治经济学批判〉序言》一开始就提出"六册结构计划"的设想。他指出："我考察资产阶级经济制度是按照以下的顺序：**资本、土地所有制、雇佣劳动；国家、对外贸易、世界市场**。在前三项下，我研究现代资产阶级社会分成的三大阶级的经济生活条件；其他三项的相互联系是一目了然的。第一册论述资本，其第一篇由下列各章组成：（1）商品；（2）货币或简单流通；（3）资本一般。前两章构成本分册的内容。"②

在《手稿》中，马克思对《政治经济学批判》的"六册结构计划"作了重要的变动：一是决定将自己的经济学著作"以**资本论**为标题单独出版，而《政治经济学

---

① 《马克思恩格斯全集》第26卷第Ⅰ册，人民出版社，1972年，第7页。
② 《马克思恩格斯文集》第2卷，人民出版社，2009年，第588页。

批判》这个名称只作为副标题"①。二是提出《资本论》的基本结构。起先，马克思认为《资本论》只构成"六册结构计划"中《资本》册第一篇"资本一般"第3章"资本"的内容。这部分内容，"就是英国人称为'政治经济学原理'的东西。这是精髓（同第一部分合起来）"。② 但是，马克思很快就改变了这一想法。1863年1月初，马克思提出了《资本论》理论部分的三篇结构，并重新拟定了第一篇"资本的生产过程"和第三篇"资本和利润"的结构计划。这时，马克思把第一篇"资本的生产过程"细分为9章，把第三篇"资本和利润"细分为12章。③ 原来在《政治经济学批判》第一分册单独阐述的"商品，货币"，现在作为第一篇"资本的生产过程"第1章的"导言"，成为《资本论》开篇的内容。1863年1月的这一计划，是马克思对他经济学体系结构的新的构思，成为《资本论》理论叙述部分的最初的相对完整的结构。

第三，《手稿》是马克思在经济学中的重大发现和科学革命的"历史路标"。在《手稿》中，马克思在资本和剩余价值本质、剩余价值生产形式、劳动对资本的从属关系、生产劳动和非生产劳动、剩余价值转化为平均利润和价值转化为生产价格、社会资本再生产等一系列理论上都取得了重要进展，深化了马克思经济学理论及其体系。本文着重对这些理论进展作出概述。

二、对资本和剩余价值本质及其关系的探索

资本和剩余价值理论是《手稿》的主要内容。在《手稿》中，马克思以"资本最初的表现形式"，也是"资本的最一般形式"G—W—G 为基础，分析了产业资本和商业资本、借贷资本的产生、作用过程及相互转化关系。马克思认为，商业资本和生息资本尽管是历史上最古老的资本形式，但是，在资本主义生产方式的基础上，它们都表现为产业资本的"派生的、第二级的形式"。这是因为，"产业资本是在资产阶级社会占统治地位的资本主义关系的**基本形式**，其他一切形式都不过是从这个基本形式派生的，或者与它相比是次要的，——派生的，如生息资本；次要的，也就是执行某种特殊职能（属于资本的流通过程）的资本，如商业资本。所以，产业资本在它的产生过程中还必须使这些形式从属于自己，并把它们转化为它自己的派生的或特殊的职能。"④ 对资本的"基本形式"和资本"派生形式"关系的离析，是理解资本一般与资本特殊关系的关键，也是揭示剩余价值一般到剩余价值特殊（产业利润、商业利润、利息）转化的基础。

---

① 《马克思恩格斯全集》第30卷，人民出版社，1975年，第636页。
② 《马克思恩格斯全集》第30卷，人民出版社，1975年，第636页。
③ 参见《马克思恩格斯全集》第26卷第Ⅰ册，人民出版社，1972年，第446~447页。
④ 《马克思恩格斯全集》第26卷第Ⅲ册，人民出版社，1974年，第518~519页。

在资本形式的转化过程中，产业资本转化为商业资本，是资本的主要形式（生产过程）向资本的次要形式（流通过程）的转化；产业资本转化为借贷资本，则是职能资本（产业资本、商业资本）向非职能资本的转化。在借贷资本 G—G 的运动形式上，资本的一般形式 G—W—G 取得了最外在化的表现，成了一种"毫无内容的形式，不可理解的、神秘的形式"①。在这一过程中，资本的形式越来越和它的内在本质相异化，越来越与资本的本质失去联系。在借贷资本运动中，资本"取得了它的纯粹的拜物教形式"②。《手稿》对资本形式转化及其过程的理解，深刻揭示了资本的本质及其转化的、衍生的各种资本形式的关系与本质。

马克思在揭示资本外在化形式的同时，对资本的内在结构也作了探讨。《手稿》对固定资本和流动资本、不变资本和可变资本结构的分析，在经济思想史上首次揭示了资本两种不同有机构成的理论。马克思认为，不变资本和可变资本的构成是从资本的直接生产过程中产生的，它是"生产过程内部的资本有机构成"；固定资本和流动资本虽然也是对生产资本的结构划分，但是，它们借以划分的依据却是资本流通中价值的不同的转移方式，因而是流通过程产生的资本有机构成。因此，从资本主义再生产过程来看，"当我们说到不变资本和可变资本时，指的是资本最初的划分为活劳动和**物化劳动**，而**不是**流通过程中或流通过程对再生产的影响所引起的这种比例的变化。"③ 严格区分两种不同的资本构成，是马克思对资本理论探索的重大贡献。在马克思以前，古典经济学家在许多理论上失误的原因之一，就在于把由不变资本和可变资本构成造成的价值创造和价值增殖的经济后果，同由固定资本和流动资本构成造成的价值转移和价值补偿的经济后果混为一谈。

在《手稿》中，马克思还深入区分了不变资本和可变资本有机构成内部的两重形式：由活劳动量同所使用的生产资料量的对比关系决定的"资本的技术构成"；由资本各要素之间的价值比例关系决定的"资本的价值构成"。这是深入理解资本有机构成的两个"着眼点"。在这两重构成形式中，资本技术构成的变动起着决定性的作用。因此，马克思常常把仅仅是资本价值构成变化而资本技术构成没有变化的情况，称作资本有机构成没有发生变动。在这两重构成形式中，资本技术构成是资本有机构成的内在规定，资本价值构成则是资本有机构成的外在表现形式。资本有机构成的这一严格界定，对理解马克思资本有机构成理论及其现实意义是极为重要的。

在《手稿》中，马克思对资本结构的探讨同对剩余价值生产形式的研究是紧密地结合在一起的。在《1857—1858 年经济学手稿》中，马克思提出了剩余价值范畴，揭示了剩余价值的本质以及剩余价值的两种生产形式。在《手稿》中，马克思引入超额

---

① 《马克思恩格斯全集》第 26 卷第Ⅲ册，人民出版社，1974 年，第 517 页。
② 《马克思恩格斯全集》第 26 卷第Ⅲ册，人民出版社，1974 年，第 516 页。
③ 《马克思恩格斯全集》第 26 卷第Ⅲ册，人民出版社，1974 年，第 429 页。

剩余价值范畴，第一次阐明了绝对剩余价值生产和相对剩余价值生产两种形式之间的逻辑的和历史的转化"中介"。马克思认为，超额剩余价值实质就在于："用超过该生产阶段平均水平的更有生产效率的劳动方法**作为例外**生产出来的那个商品的**个别**价值，**低于**这个商品的一般的或社会的价值。"① 如剩余价值、绝对剩余价值和相对剩余价值范畴一样，超额剩余价值范畴也是由马克思首先提出来的。超额剩余价值范畴不仅揭示了绝对剩余价值到相对剩余价值的逻辑的和历史的转化关系，而且还凸显了资本推动生产力发展的直接目的和最终结果之间、追求个别价值增殖的内在动机和社会价值普遍降低外在结果之间、个别资本积累增长的冲动和全部资本价值贬损之间的内在矛盾和冲突。

三、劳动对资本的形式从属和实际从属关系的研究

劳动从属于资本的理论是《手稿》提出的重要的理论。马克思一直关注劳动对资本从属性质和形式的研究。在《1844年经济学哲学手稿》中，马克思从劳动异化的角度，考察过"分工使工人越来越片面化和从属化"的事实。在《雇佣劳动与资本》中，马克思已经把"雇佣劳动对资本的关系，工人遭受奴役的地位，资本家的统治"作为首位重要的问题提出来了。在《1857—1858年经济学手稿》中，马克思通过对资本主义生产方式发展阶段的研究，得出了资本是工人的对立面，所以文明的进步只会增大支配劳动的客观权力的结论。在《手稿》中，马克思系统地提出了劳动对资本的形式从属和实际从属的理论。

作为资本主义生产方式存在和发展的一般形式，劳动对资本的形式从属和绝对剩余价值生产有着同等的意义。这时，那种旧有的宗法的或以其他人身依附为基础的强制形式已经消除，劳动者和资本所有者在形式上都是"自由人"。在这一从属形式中，资本接受的只是从封建社会沿袭下来的现存的"生产方式"。这里所谓的"生产方式"，是指劳动过程中的劳动方式、工艺过程、劳动者的结合形式及生产资料运用的程度等方面的内容，也就是生产力的活动方式。但是，在这种从属形式中，劳动过程是在资本的监督和管理下进行，劳动的更大的连续性也发展起来了，劳动过程的性质已经发生了根本变化。

劳动对资本形式从属的典型形式，发生在与资本主义经济关系相适应的社会化大生产还没有建立起来的阶段，即资本主义发展的初期阶段。随着资本主义生产方式的实际发展，劳动对资本的形式从属也以相同的程度逐渐转化为劳动对资本的实际从属。劳动对资本的实际从属是直接生产过程中更大规模应用自然力、科学和机器的结果，

---

① 《马克思恩格斯全集》第48卷，人民出版社，1985年，第23页。

是科学技术的力量转化为资本力量的结果,是在相对剩余价值生产得到充分发展的基础上形成的。这时,雇佣劳动者的劳动,不仅在生产过程中完全从属于资本,成为发展起来的机器和机器的附属品;而且在消费过程中,他们的消费也从属于资本,成为资本再生产的必要要素。马克思认为,在劳动对资本的实际从属阶段,资本家必须是某一社会规模的生产资料的所有者或占有者,这种生产资料的所有制形式,对劳动来说就是"劳动的异己的所有制"。劳动对资本的实际从属,潜藏着资本主义经济关系自我扬弃的因素。因此,劳动对资本从属的理论,不仅揭示了雇佣劳动从属于资本的经济实质,而且还揭示了资本私有制转化为"联合起来的社会个人所有制"的思想,揭示了资本私有制最终将被扬弃的历史必然性。

四、对生产劳动和非生产劳动理论的探索

在《手稿》中,马克思对资本的生产性和非生产性的探讨,是同批判斯密的生产劳动和非生产劳动理论联系在一起的。斯密对生产劳动的理解具有二重性:一方面,斯密把生产劳动看作是"**把自己的生活费的价值和他的主人的利润,加到他所加工的材料的价值上**"①的劳动,斯密对生产劳动的这一理解是正确的,因为"他下了生产劳动是**直接同资本交换的劳动**这样一个定义","触及了问题的本质,抓住了要领"。②另一方面,斯密又把生产劳动同那种"固定和物化在一个特定的对象或可以出卖的商品中,而这个对象或商品在劳动结束后,至少还存在若干时候"的劳动联系在一起,只是从劳动的物质规定性、具体劳动形式及其结果上来定义生产劳动,"这里就超越了和社会形式有关的那个定义的范围,越出了用劳动者对资本主义生产的关系来给生产劳动者和非生产劳动者下定义的范围"③,从而在根本上混淆了从资本主义特殊生产方式来看的生产劳动同一般的生产劳动的区别。

在对斯密理论的批判中,马克思提出了自己的生产劳动和非生产劳动理论。首先,马克思强调:劳动作为生产劳动的特性只表现一定的社会生产关系。劳动的这种规定性,不是从劳动的内容或劳动的结果产生的,而是从劳动的一定的社会形式产生的。如马克思后来在《资本论》第一卷中所概括的:"生产工人的概念决不只包含活动和效果之间的关系,工人和劳动产品之间的关系,而且还包含一种特殊社会的、历史地产生的生产关系。"④《手稿》在资本主义社会生产关系的限界内,从两个主要方面论述了资本主义生产劳动的性质:其一,从资本主义生产实质来看,生产劳动是给使用劳

---

① 《马克思恩格斯全集》第 26 卷第 Ⅰ 册,人民出版社,1972 年,第 146 页。
② 《马克思恩格斯全集》第 26 卷第 Ⅰ 册,人民出版社,1972 年,第 148 页。
③ 《马克思恩格斯全集》第 26 卷第 Ⅰ 册,人民出版社,1972 年,第 153 页。
④ 《马克思恩格斯全集》第 23 卷,人民出版社,1972 年,第 556 页。

动的人生产剩余价值的劳动，或者说，是把客观劳动条件转化为资本，把客观劳动条件的所有者转化为资本家的劳动；其二，从资本主义生产过程的特征来看，生产劳动可以说是直接同作为资本的货币交换的劳动，或者说，是直接同资本交换的劳动。马克思对资本主义生产劳动性质的说明，揭示了资本主义生产劳动和非生产劳动理论的核心问题。

其次，《手稿》在论述资本主义生产劳动性质时多次强调，生产劳动和非生产劳动的区分，既同劳动独有的特殊性毫无关系，也同劳动的这种特殊性借以体现的特殊使用价值毫无关系。这就是说，在资本主义经济关系中，一定使用价值的物质产品，可以是生产劳动的结果，只要这一劳动是同资本相交换的；也可以是非生产劳动的结果，如果这一劳动只是同收入相交换。资本主义生产劳动的结果，可以表现为一定的物质产品形式，如雇佣工人为资本家生产的机床产品；也可以表现为一定的非物质产品形式，如被开设剧院的资本家雇佣的歌剧演员，他的演唱使剧院资本家获得利润，但这种生产劳动的结果并不表现为有形的物质产品。这是马克思阐述资本主义生产劳动理论时一直坚持的思想。但是，在马克思时代，资本主义生产中表现为非物质产品的生产劳动的比重还是微不足道的，因此，可以完全置之不理。

再次，《手稿》对资本主义总体工人的生产劳动性质作了探讨。马克思指出，在资本主义生产方式中，由于商品是由许多工人共同生产的，商品往往表现为劳动者总体进行生产的结果。这时，只要这些总体工人的劳动都是同资本交换的，他们就都是雇佣劳动者，就都是在这一特定意义上的生产工人。在《资本论》第一卷手稿中，马克思进一步认为，随着特殊资本主义生产方式的发展，总劳动过程的实际执行者不再是单个工人，而是日益以社会规模结合起来的劳动能力，这里既包括体力劳动也包括脑力劳动。"于是**劳动能力**的越来越多的**职能**被列在**生产劳动**的直接概念下，这种劳动能力的承担者也被列在**生产工人**的概念之下，即直接被资本剥削的和**从属**于资本价值增殖过程与生产过程本身的工人的概念下。"在这里，"单个工人作为这个总体工人的单纯成员的职能距直接体力劳动是远还是近，那都完全没有关系。"① 马克思的这些论述表明，资本主义总体工人的劳动是否属于生产劳动，完全是由这一总体劳动本身是否为资本生产剩余价值、是否与资本相交换确定的；总体工人中单个工人劳动是否属于生产劳动，完全取决于总体工人劳动的性质。

---

① 《马克思恩格斯全集》第49卷，人民出版社，1982年，第101页。

五、对社会资本再生产理论的研究

在《手稿》中,马克思社会资本再生产理论的创立,同对"斯密教条"和魁奈《经济表》的批判密切相关。

通过对"斯密教条"的批判,马克思提出了社会资本再生产理论的两个基本前提。所谓"斯密教条",就是斯密所提出的商品价值由工资、利润和地租三种收入构成的理论,对斯密以后的经济学家所产生的思想禁锢。与社会资本再生产理论发展相联系,《手稿》对"斯密教条"的批判集中在两个方面:

第一,"斯密教条"混淆了产品的价值和产品生产中劳动者新创造价值之间的区别。在《手稿》中,马克思对产品价值和产品价值中新创造价值部分作了严格区分,提出了社会总产品中价值构成的基本原理:年产品中所有作为可变资本构成工人收入的部分和作为剩余产品构成资本家的消费基金的部分都归结为新加劳动,而产品中其余所有代表不变资本的部分则归结为被保存的过去劳动,仅仅补偿不变资本。马克思依据劳动二重性原理,把商品价值区分为 c、v、m 三部分,说明了 c 和 (v+m) 之间的关系,从而科学地解决了社会资本再生产理论的一个基本前提。

第二,斯密不理解社会资本再生产中生产消费和生活消费的区别与联系,不理解与此相适应的生产资料实现和消费资料实现各自所具有的特殊规定性。马克思在《手稿》中认为,社会总产品实际上可以分作两部分,一部分是用于个人消费的生活消费品,另一部分是用于生产消费的生产资料。因此,按其最终用途,社会总产品可以分为用于生活消费的消费资料部分和用于生产消费的生产资料两大部分。与此相适应,社会生产部门也应该区分两大部类:生产消费资料的"A 部类"和生产生产资料的"B 部类"。"A 部类"的产品按其使用价值来说,代表全部年产品中每年加入个人消费的整个部分。按其交换价值来说,它代表生产者在一年内新加的劳动总量。"B 部类"提供的是只加入生产消费、作为生产资料加入生产过程的产品。《手稿》指出,"除了这两个部类之外,再也没有别的部类了。"① 这样,马克思科学地解决了社会资本再生产理论的另一个基本前提。

在《手稿》中,马克思对社会资本再生产的实现过程作了初步考察。《手稿》对"全部收入都作为收入花掉"即社会资本简单再生产的三个主要的交换过程作了考察:第一,"收入同收入的交换",这一交换使"A 部类"内部归于工人和资本家的"收入"(v+m) 得到实现;第二,"收入同资本的交换",即由"B 部类"归于工人和资本家的"收入"(v+m) 同"A 部类"作为不变资本的 c 相交换;第三,"资本同资本

---

① 参见《马克思恩格斯全集》第 26 卷第 I 册,人民出版社,1972 年,第 249、243 页。

的交换",这是"B部类"内部各资本家之间实现各自不变资本 c 的过程。这表明,马克思已经搞清了社会资本简单再生产实现的基本过程和条件。①

在《手稿》中,马克思对社会资本再生产实现过程的总体理解,是在批判魁奈《经济表》的基础上完成的。魁奈在 18 世纪 50 年代末制定的《经济表》中,就已尝试着对社会资本再生产过程作出概要的描述。马克思认为,尽管魁奈的《经济表》还存在着一些错误前提,但《经济表》所作的"尝试",是"一个极有天才的思想,毫无疑问是政治经济学至今所提出的一切思想中最有天才的思想"②。在马克思看来,《经济表》有意义的"尝试"就在于,它把资本的整个生产过程表现为再生产过程,把流通表现为仅仅是这个再生产过程的形式;把货币流通表现为仅仅是资本流通的一个要素;同时,把收入的起源、资本和收入之间的交换、再生产消费对最终消费的关系等等,都包括到这个再生产过程中,把生产者和消费者之间(实际上是资本和收入之间)的流通表现为这个再生产过程的要素。这一切都被概括在一张表上,而这张表实际上只有五条线,联结着六个出发点或归宿点。马克思对《经济表》的高度评价超过了那一时代所有的经济学家,同时,马克思由此在社会资本再生产理论上的创新也超过了那一时代所有的经济学家。

在对魁奈《经济表》深入研究的基础上,马克思在 1863 年 7 月 6 日给恩格斯的信中提到:他设计了一个"包括全部再生产过程"的"经济表",用以"代替"魁奈的《经济表》。③ 马克思在这封信中和在《手稿》中对"经济表"的解释,除了一些细节之外,实际上对社会资本简单再生产理论已经有了总体性的理解。首先,马克思已确定了理解社会资本再生产理论的两个基本前提:即社会总产品在价值上划分为不变资本、可变资本和剩余价值三部分,在实物形式上划分为第 I 部类(生活资料)和第 II 部类(生产资料)两大部类。其次,马克思已准确地概述了社会资本简单再生产的三个主要的交换过程:即第 I 部类内部的交换、第 II 部类内部的交换和两大部类之间的交换。马克思还在"社会总产品"形式上,表述了第 I 部类总产品等于两大部类中可变资本和剩余价值之和、第 II 部类总产品等于两大部类中不变资本之和的重要思路。最后,马克思还简要地阐明了社会资本再生产过程中货币回流运动的实质,进一步证明了他在对魁奈《经济表》分析中得到的那个重要的结论:"货币流通在这里表现为完全是由商品流通和商品再生产决定的,实际上是由资本的流通过程决定的。"④ 马克思对自己的"经济表"的解释,是马克思经济思想发展的"历史路标"。

---

① 参见《马克思恩格斯全集》第 26 卷第 I 册,人民出版社,1972 年,第 252~258 页。
② 《马克思恩格斯全集》第 26 卷第 I 册,人民出版社,1972 年,第 366 页。
③ 《马克思恩格斯全集》第 30 卷,人民出版社,1975 年,第 358 页。
④ 《马克思恩格斯全集》第 26 卷第 I 册,人民出版社,1972 年,第 324 页。

六、平均利润和生产价格理论的研究

平均利润和生产价格理论的形成,是《手稿》最显著的理论创新成果之一。在马克思经济学中,价值转化为生产价格的理论是劳动价值论和剩余价值论发展的综合成果。一方面,生产价格作为价值的转化形式,对其形成机制和形成过程的理解,是以劳动价值论为基础的,不理解价值实体、价值实现及其转化机制,就不可能搞清抽象层次上的价值向具体层次上的生产价格转化的逻辑过程;另一方面,生产价格中的平均利润是剩余价值的转化形式,离开了剩余价值理论就不可能搞清剩余价值到利润、利润到平均利润的内在转化关系。《手稿》在从资本一般转化为资本特殊的论述中,探讨了剩余价值一般向剩余价值的分支——利润、利息等等的转化过程;在对价值转化为生产价格的论述中,探讨了剩余价值转化为利润,利润转化为平均利润的序列过程。

在《手稿》中,马克思分析了剩余价值转化为利润和利润转化为平均利润的"两种转化"关系。第一种是剩余价值到利润、剩余价值率到利润率的转化,表现为剩余价值对产生剩余价值的所有单个资本的关系,而不管这些单个资本的各组成部分与剩余价值生产保持怎样的有机关系。第二种是利润到平均利润的转化,"这第二种转化所涉及的不再只是形式,而是除形式外还涉及实体本身,也就是说,改变利润的**绝对量**,从而改变在利润形式上表现出来的剩余价值的**绝对量**。第一种转化并没有触及这个**绝对量**。"① 经过这两种转化,剩余价值的内在规定性逐步地转化为利润、平均利润的外在规定性。这两种转化的结果就是,剩余价值和平均利润的内在联系在其外在化的形式上完成消逝了。

1862 年 6 月,在写作《手稿》第 X 笔记本时,马克思第一次通过例证系统地阐述了价值转化为生产价格的整体过程,揭示了"平均价格规律"(即生产价格规律)的本质。马克思假定,在资本 I 到资本 V 这五个部门,预付的资本相等,剩余价值率相同,但各自的资本的有机构成不同。这时,如果"这些商品按它们的价值交换",剩余价值率同各部门内的个别利润率之间已不相等,但是剩余价值量和利润量之间还是一致的。如果从所有这五个部门全部预付资本来考察,就形成平均利润率,平均利润率是以个别利润率为基础的。平均利润率的实质在于,"全部剩余价值必须不是按**各个**生产领域生产多少剩余价值的比例,而是按预付资本的**大小**的比例在它们之间进行分配。"② 这时,利润和剩余价值的内在联系完全消失。其间,"竞争的作用是把利润平均化,也就是使商品的**价值转化**为**平均价格**。"③ 在 1862 年 8 月 2 日给恩格斯的信中,马

---

① 《马克思恩格斯全集》第 48 卷,人民出版社,1985 年,第 284~285 页。
② 《马克思恩格斯全集》第 26 卷第 II 册,人民出版社,1973 年,第 66~67 页。
③ 《马克思恩格斯全集》第 26 卷第 II 册,人民出版社,1973 年,第 68 页。

克思对"详细叙述起来非常浩繁的问题用几句话"再次作了概述。① 这些都表明，在《手稿》中，马克思的生产价格理论已经形成。

马克思生产价格理论的形成，顺利地解决了李嘉图理论体系的根本矛盾。《手稿》提到，由于"李嘉图把不依各个生产领域使用的劳动量为转移的费用价格的平均化看作是价值本身的变形，从而把整个原理推翻了"②。对于等量资本获得等量利润这一经济现象，"如果想不经过任何中介过程就直接根据价值规律去理解这一现象……就是一个比用代数方法或许能求出的化圆为方问题更困难得多的问题。"③ 通过对一系列中介环节的分析，通过对价值本身的质的转化关系的分析，马克思已经科学地证明：等量资本获得等量利润是在生产价格规律作用形式的基础上形成的。在生产价格规律中，各部门资本家都依据统一的平均利润率，获得与各自预付资本量大小成比例的平均利润。各部门中商品的价值和生产价格的差额，主要是由各部门创造的剩余价值和获得的平均利润的差额引起的，归根到底是由剩余价值在各生产部门之间重新分配引起的。因此，等量资本获得等量利润的现实，并不是对劳动价值论的否定，相反是劳动价值论在资本主义经济关系一定发展阶段的具体表现。同样，生产价格理论的创立也绝不是劳动价值论的"终结"，相反是劳动价值论内在生命力的体现。

在《手稿》中，马克思最初也不打算论述地租问题。1862年6月，马克思在对生产价格理论研究中涉及洛贝尔图斯的地租理论时，才顺便对地租理论作了一些探讨，但仍然不打算作展开论述。但是，在1862年7月到8月间写作《手稿》第Ⅺ和第Ⅻ笔记本时，马克思在进一步搞清了生产价格理论之后，才一改初衷，打算把地租问题放在生产价格理论之后，作为价值和生产价格的区别的"例解"加以研究。

在《手稿》中，马克思批判了李嘉图等人的地租理论，科学地说明了绝对地租产生的原因、条件及其实现形式。首先，马克思认为，李嘉图之所以否认存在绝对地租，同他对资本主义土地所有权性质的理解有关。事实上，因为存在着土地所有权，资本才不得不把价值超过生产价格的余额让给土地所有者，绝对地租的存在是土地所有权造成的结果。其次，马克思指出，李嘉图否认存在绝对地租，还和他不理解生产价格理论有关。他认为，如果存在绝对地租（即与各类土地的肥沃程度无关的地租），那么农产品等等的出售价格就会由于高于生产价格而经常高于价值，这就会推翻价值规律。再次，马克思还依据资本有机构成理论，揭示了绝对地租形成的条件。马克思认为，由于农业资本有机构成低于社会平均资本构成，也由于土地私有权的垄断，使农业部门中高于平均利润的超额利润滞留在农业部门内，不能在全社会平均化。因此，农产品和别的产品不同，它不是按照自己的生产价格出卖，而是按照自己的价值出卖。这

---

① 参见《马克思恩格斯全集》第30卷，人民出版社，1975年，第266~269页。
② 《马克思恩格斯全集》第26卷第Ⅲ册，人民出版社，1974年，第23页。
③ 《马克思恩格斯全集》第26卷第Ⅲ册，人民出版社，1974年，第90页。

是资本主义生产下的正常现象，是土地所有权造成的后果。显然，构成农产品价值和农产品生产价格之间差额的超额利润，只是农业雇佣工人"无酬劳动量"的转化形式。

马克思认为，作为价值和生产价格区别的"例解"，"我必须**从理论上**证明的唯一的一点，是绝对地租在不违反价值规律的情况下的**可能性**"。① 但是，在《手稿》中，马克思还是对级差地租作了一定程度的论述，如区分了级差地租形成的原因和条件，分析了级差地租的实体及其实现形式。

七、对资本积累和经济危机理论的探索

在《手稿》中，马克思从资本主义经济运动趋势的高度，对资本积累理论作了新的论述。马克思认为，李嘉图把资本积累仅仅看作是资本收入转化为工资的观点，从一开始就是错误的。资本积累过程中，剩余价值既有转化为可变资本，也有转化为不变资本的。马克思证明，资本积累是资本主义生产方式的条件，资本积累中资本和雇佣工人之间对立关系存在着三种主要的趋势：一是劳动条件在作为资本的财产而"永恒化"的同时，也使"雇佣工人的地位永恒化"，使工人的剩余劳动时间"白白为他人劳动的命运永恒化"；二是资本积累通过使资本家及其同伙的相对财富增多而使工人的状况相对恶化；三是劳动条件以愈来愈庞大的形式、愈来愈作为社会力量，出现在单个工人面前，"对工人来说，象过去在小生产中那样，自己占有劳动条件的可能性已经不存在了。"② 这三种趋势就是资本积累比其物质结果更为重要的生产关系的结果。

《手稿》强调，资本积累也是"大资本通过消灭小资本而进行的积累"。因此，"把劳动条件转化为资本，然后把这种资本和某些资本以更大的规模再生产出来，最后把社会上许多地方形成的资本同它们的所有者分离开来，并把它们集中在大资本家手里"③，就是这一过程的必然趋势。这种趋势将以"对立和矛盾的极端形式"、"以异化的形式"表现出来，并将导致资本"变成了纯粹是过时的和不适当的特权，从而迅速趋于消灭"④。

在《手稿》中，马克思提出："要就危机来自作为资本的资本所**特有**的，而不是仅仅在资本作为商品和货币的存在中包含的资本的各种形式规定，来彻底考察潜在的危机的进一步发展。"⑤《手稿》对经济危机问题虽然没有能作出"彻底考察"，但还是概述了这一"彻底考察"的基本方法和思路。

---

① 《马克思恩格斯全集》第 30 卷，人民出版社，1975 年，第 276 页。
② 《马克思恩格斯全集》第 26 卷第Ⅲ册，人民出版社，1974 年，第 388～389 页。
③ 《马克思恩格斯全集》第 26 卷第Ⅲ册，人民出版社，1974 年，第 348 页。
④ 《马克思恩格斯全集》第 26 卷第Ⅲ册，人民出版社，1974 年，第 349 页。
⑤ 《马克思恩格斯全集》第 26 卷第Ⅱ册，人民出版社，1973 年，第 585 页。

在《1857—1858年经济学手稿》中，马克思已指出，简单商品生产条件下，在货币作为交换手段和支付手段的职能中，已经在两种形式上存在着危机的可能性。在《手稿》中，马克思进一步强调，经济危机的根源在于资本主义生产方式的矛盾，但危机的可能性已潜在地存在于简单商品经济的两种形式中。第一种是"商品形态变化本身，即买和卖的分离"形式①。在简单商品流通 W—G—W 中，W—G 和 G—W 发生着卖和买的两次形态变化，在时间上和空间上彼此可能分开。一些人可能卖而不买，他们在实现 W—G 转换后，并不立即实现 G—W 的转换；而另一些人就可能无法实现 W—G 的转换，他们的商品成了无人购买的过剩商品。这其中"包含着本质上相互补充的因素彼此割裂和分离的可能性"②。危机的可能性只存在于卖和买的分离，"相互联系和不可分离的因素彼此脱离，因此它们的统一要通过强制的方法实现，它们的相互联系要通过强加在它们的彼此独立性上的暴力来完成。**危机**无非是生产过程中已经彼此独立的阶段强制地实现统一"③。第二种形式是"货币作为支付手段的职能，这里货币在两个不同的、彼此分开的时刻执行两种不同的职能"④。这里的"两种不同的职能"是指货币作为支付手段在两个不同时刻分别起着的价值尺度和价值实现的职能。货币在执行支付手段时包含着一个直接的矛盾：在各种支付互相抵消时，货币只是观念地作为价值尺度发生作用；而在必须进行实际支付时，货币又充当交换价值的独立存在，需要实在的货币进行支付。货币在执行支付手段职能过程中，又使债务人和债权人之间形成连锁关系，一旦这种连锁关系中的一环断裂，即其中一部分债务人到期不能向债权人支付实在的货币，整个锁链就会断裂，以支付手段严重短缺为主要特征的货币危机具有可能性。《手稿》认为，在危机可能性的这两种形式中，在没有第二种可能性的情况下，第一种可能性能够出现，但在没有第一种可能性的情况下，第二种可能性却不可能出现。因此，第二种可能性比第一种可能性更具体些、具有更复杂的规定性；第二种可能性所发生的货币危机的性质，不只表现为商品卖不出去，而且还表现为以这一定的商品在一定期限内卖出为基础的一系列支付都不能实现。

《手稿》认为，以上两种形式变化只是"危机的**最抽象的形式**，没有内容，没有危机的内容丰富的起因"⑤。危机的可能性并不是危机必然发生的起因，危机的起因是由商品生产和商品交换在其中运动的社会生产方式的性质所决定的。危机的可能形式也不等同于引起危机的内容，即引起危机的基础。马克思认为，重要的是要研究，"为什

---

① 《马克思恩格斯全集》第 26 卷第 Ⅱ 册，人民出版社，1973 年，第 582 页。
② 《马克思恩格斯全集》第 26 卷第 Ⅱ 册，人民出版社，1973 年，第 580 页。
③ 《马克思恩格斯全集》第 26 卷第 Ⅱ 册，人民出版社，1973 年，第 581 页。
④ 《马克思恩格斯全集》第 26 卷第 Ⅱ 册，人民出版社，1973 年，第 582 页。
⑤ 《马克思恩格斯全集》第 26 卷第 Ⅱ 册，人民出版社，1973 年，第 581 页。

么**危机的抽象形式**，危机的可能性的形式会从可能性变为**现实性**。"①

危机的可能性转化为现实性的基础在于资本主义生产方式的一定发展，在于资本主义基本矛盾的充分发展。首先，如果撇开资本主义商品生产的内容，单从商品经济运行的形式上来看，全部商品资本和它包含的每一单个商品资本都要经历 W—G—W 的过程。"因此，只要资本**也**是商品并且只是商品，那末包含在这个形式中的危机的一般可能性，即买和卖的分离，也就包含在资本的运动中。"不同的是，现在这种运动形式的内容不再是单纯的商品和货币，而是具有资本规定性的商品资本和货币资本。而且，"不同资本的再生产过程或流通过程的这种相互连结和彼此交叉，一方面，由于分工而成为必然的，另一方面，又是偶然的，因此，对危机的内容的规定已经扩大了。"② 其次，在资本主义生产方式中，货币作为支付手段所产生的危机的形式上的可能性，获得了转化为规定性的实际基础。在资本主义经济发展的一定阶段上，一个接一个的支付锁链和抵销支付信用制度已得到充分发展。这时，一个锁链的断裂就可能导致整个支付机构的混乱，从而可能出现信用收缩或完全停止的紧迫时期，货币则突然作为唯一的支付手段和真正的价值存在，绝对地同商品相对立。再次，简单商品流通中潜在地存在的两种矛盾——买和卖的矛盾和货币作为支付手段的矛盾，在资本主义商品再生产过程中已实际地表现出来了。经济危机的内在必然性，通过资本主义生产的现实运动和竞争、信用等经济机制的作用表现出来了。最后，从资本主义社会再生产过程来看，存在于危机可能性中的卖和买的分离，转换成资本主义生产阶段和流通阶段的分离。因此，某些资产阶级经济学家否认危机时，必须强调生产阶段和流通阶段的统一性，极力否认这两个阶段在运动中的彼此分离。事实上，生产阶段和流通阶段是资本主义社会再生产中互相补充、互相对立的两个方面。"危机就是强制地使已经独立的因素恢复统一，并且强制地使实质上统一的因素变为独立的东西。"③ 因此，在理论体系的逻辑结构上，"危机还有许多因素、条件、可能性，只有在分析更加具体的关系，特别是分析资本的竞争和信用时，才能加以考察。"④ 也就是说，必须在对资本的直接生产过程、资本的流通过程以及资本总过程作了充分阐述的基础上，才能深入地阐明资本主义经济危机的内在必然性。

---

① 《马克思恩格斯全集》第 26 卷第 Ⅱ 册，人民出版社，1973 年，第 588 页。
② 《马克思恩格斯全集》第 26 卷第 Ⅱ 册，人民出版社，1973 年，第 582~583 页。
③ 《马克思恩格斯全集》第 26 卷第 Ⅱ 册，人民出版社，1973 年，第 586 页。
④ 《马克思恩格斯全集》第 26 卷第 Ⅱ 册，人民出版社，1973 年，第 609 页。

八、对科学技术和生产力理论的研究

《手稿》关于"机器。自然力和科学的应用"的研究成果,是马克思对科学技术的经济学意义理解的显著证明,也是马克思对科学技术在社会发展中革命性作用理解的充分体现。《手稿》的这些研究成果,成为那个年代社会科学对科学技术革命意义研究的最高成就。

《手稿》高度关注科学技术作为生产力发展因素的作用。马克思认为,科学在社会生产力发展中的直接后果是机器的产生和应用,而"机器劳动这一革命因素是直接由于需求超过了用以前的生产手段来满足这种需求的可能性而引起的"①。科学技术作为生产力的发展因素,集中地、也是根本地体现在直接生产过程中。马克思认为,只有建立在机器应用基础上的协作,才第一次使自然力——风、蒸汽、电,大规模地从属于直接的生产过程,使自然力成为社会劳动的因素。同时,自然力的广泛应用,也使科学成为直接生产过程的一种独立因素发挥作用。这样,生产过程成了科学的应用过程,科学则成为生产过程的重要因素。

《手稿》高度评价科学技术对社会经济关系发展的革命性作用。马克思认为,火药、指南针、印刷术这三大发明对封建制度瓦解起着革命作用,"火药把骑士阶层炸得粉碎,指南针打开了世界市场并建立了殖民地,而印刷术……变成科学复兴的手段,变成对精神发展创造必要前提的最强大的杠杆。"② 科学技术的发展对社会制度变革的巨大作用,表现为对没落的社会制度的摧毁上,同样也表现为对上升的社会制度的引领和推进作用上。《手稿》对科学和技术在工厂制度、劳动组织,乃至社会经济基础和上层建筑变革中的作用问题作了深刻的论述。通过对他那个时代的纺织、造纸、制针、机器制造等工业部门工艺过程大量资料的研究,马克思认为,作为机器生产特点的"自动化"和"联合化",将从根本上改变着传统的工厂制度及其相应的劳动制度,也就是改变着现实的生产关系。即如《手稿》指出的:"随着一旦已经发生的、表现为工艺革命的生产力革命,还实现着生产关系的革命。"③

《手稿》深刻分析了科学技术在资本主义经济关系中运用的前提和后果。一旦传统的生产手段无法满足资本获取利润的需要,资本就迫切地追求一种新的效率更高的生产工具的出现,这是资本主义社会生产力发展的基本动力。分工的出现和发展与生产技术构成的变化交织在一起,这种交互变化是交换的前提;而交换范围的扩大,直接导致了资本的最初形式——货币的出现。蒸汽机的发明及其在工业上的运用,使得资

---

① 《马克思恩格斯全集》第 47 卷,人民出版社,1979 年,第 472 页。
② 《马克思恩格斯全集》第 47 卷,人民出版社,1979 年,第 427 页。
③ 《马克思恩格斯全集》第 47 卷,人民出版社,1979 年,第 473 页。

本主义生产关系得以迅速发展；机器的大规模的运用，才真正使资本主义开始成熟，并在机器广泛应用的基础上，相对立的两大阶级——资产阶级和无产阶级才真正形成。所以，在资本主义生产关系的形成和发展过程中，生产力的发展，尤其是科学技术的应用起着关键性的作用。如《手稿》所指出的："对别人劳动（剩余劳动）的贪欲，并不是机器所有主的独特本性，它是推动整个资本主义生产的动机。"① 显然，机器的资本主义利用过程，就是围绕着对利润的占有展开的。

在《手稿》中，马克思对资本使用机器的基本过程作了如下概述。其一，机器的应用，使暂时还受旧生产方式支配的工人的必要劳动时间延长，也使他们的总工作日延长；其二，一旦机器开始被资本主义应用，一旦这些机器作为资本的形式成为同工人对立的独立力量，绝对劳动时间即总工作日不是缩短，而是延长了；其三，一旦竞争把用机器生产的商品价格降低到它的价值水平，机器的应用所以能够增加剩余价值即资本的利润，只是由于商品变得便宜而使工资价值或劳动力价值即再生产劳动力所必需的时间减少了，其中的另一种情况是机器的使用通过提高劳动强度的所谓"浓缩劳动时间"的办法增加绝对剩余价值；其四，机器体系代替简单协作；其五，为了抵制罢工和抵制提高工资的要求而发明和应用机器；其六，工人果敢地要求享有因采用机器而使自己的劳动生产率提高的一部分果实；其七，劳动的更大的连续性，废料等的利用，如果借助机器能提供更多的原料，在最后阶段就可以制造出更多的产品；其八，代替劳动。② 资本主义机器使用的基本过程，是资本的内在动机的现实表现，也是资本主义运用科学技术于生产过程的本质体现。

《手稿》对资本主义利用科学技术的内在动机和外在趋势作了深刻分析。资本主义生产的动机和唯一目的就是赚钱，实质上就是，"对别人劳动（剩余劳动）的贪欲"③，即对剩余价值的追求，使得资本产生了通过发展更有效率的生产工具以压低工人的工资，直接缩小雇佣工人的人数，以达到最大的竞争力和获取最大的剩余价值。所以，在资本主义经济现实中，机器的应用强烈关注的不只是生产效率的提高，更在于减少必要劳动和增加剩余劳动。马克思强调，资本愿意把科学作为重要的投资场所，因为科学在生产中的运用所带来的收益，是呈几何级数增长的。不仅如此，随着资本主义生产对科学利用程度的不断增长，对于科学的需求必然超过在自然状态下的科学的发展，如《手稿》所指出的："由于自然科学被资本用作致富手段，从而科学本身也成为那些发展科学的人的致富手段，所以，搞科学的人为了探索科学的**实际应用**而互相竞争。另一方面，**发明**成了一种特殊的职业。"④ 于是，科学从原先与技术相混合的状态

---

① 《马克思恩格斯全集》第 47 卷，人民出版社，1979 年，第 374 页。
② 参见《马克思恩格斯全集》第 47 卷，人民出版社，1979 年，第 372～390 页。
③ 《马克思恩格斯全集》第 47 卷，人民出版社，1979 年，第 374 页。
④ 《马克思恩格斯全集》第 47 卷，人民出版社，1979 年，第 572 页。

中独立出来，科学研究和发明成为社会的一种新的专门化分工。这一新的专门化分工，在资本的作用下，并受资本本质的制约，其结果既可能推进社会生产力的发展，也可能阻碍社会生产力的发展。"随着一旦已经发生的、表现为工艺革命的生产力革命，还实现着生产关系的革命。"① 科技革命可能使资本主义对其基本矛盾有了新的调节手段，但却不能改变资本主义生产关系成为生产力发展桎梏的本质趋势。

九、对未来社会经济关系的探索

在《手稿》中，马克思在对论述资本的形式从属到实际从属的历史过程中，对未来社会经济关系产生的必然性以及未来社会的"联合起来的个人所有制"的涵义作了深入阐述。

马克思认为，劳动形式上从属于资本向实际上从属于资本的过渡，与经济关系的必然的变革是联系在一起的。劳动对资本的实际从属，是生产力运动方式发生革命的结果，是直接生产过程中更大规模地应用自然力，科学和机器的结果，是科学技术力量转化为资本力量的结果。因此，"在这里不仅是形式方面发生了变化，而且劳动过程本身也发生了变化。一方面，只是现在才表现为特殊生产方式的资本主义生产方式，改变了物质生产的形态。另一方面，物质形态的这种变化构成资本主义关系发展的基础，所以与资本主义关系完全适合的形态只是与物质生产力的一定发展阶段相适应的。"②

劳动对资本的实际从属已经潜藏了资本主义私有制自身被扬弃的因素。因为在劳动对资本的实际从属阶段，"资本家必须是某一**社会规模**的生产资料的所有者或占有者，必须是某一价值量，某一集中起来的财产的所有者或占有者"。③ 这时，表现为资本家个人集中占有生产资料的所有制形式，而对劳动来说，它就是一种"劳动的**异己的所有制**"。④ 然而，对劳动的异己的所有制的否定，并不是回复到孤立的单个人的所有制，而是转化为联合起来的社会个人的所有制。马克思认为："资本家对这种劳动的**异己的所有制**，只有通过他的所有制改造为非孤立的单个人的所有制，也就是改造为**联合起来的社会个人**的所有制，才可能被消灭。"⑤ 这就是说，显然，这里所说的"联合起来的社会个人所有制"，同马克思后来所说的"个人所有制"具有同等的意义。

---

① 《马克思恩格斯全集》第 47 卷，人民出版社，1979 年，第 473 页。
② 《马克思恩格斯全集》第 48 卷，人民出版社，1985 年，第 18 页。
③ 《马克思恩格斯全集》第 48 卷，人民出版社，1985 年，第 19 页。
④ 《马克思恩格斯全集》第 48 卷，人民出版社，1985 年，第 21 页。
⑤ 《马克思恩格斯全集》第 48 卷，人民出版社，1985 年，第 21 页。

在《手稿》中，马克思认为，随着社会生产力的巨大发展，资本主义经济中"个别人占有生产条件不仅表现为一种不必要的事情，而且表现为和这种大规模生产不相容的事情"。资本主义生产方式发展中的这一"对立形式"，必然导致"社会地占有而不是作为各个私的个人占有这些生产资料"的结果，由此而得出的结论就是："资本主义所有制只是生产资料的这种公有制的对立的表现，即单个人对生产条件的所有制（从而对产品的所有制，因为产品不断转化为生产条件）遭到否定的对立的表现。"①

在对于未来社会的生产力和科学技术发展的研究中，马克思极为关注人与自然的物质变换过程的根本转变，以及由此而产生的人对自然力的大规模的有效的利用问题。科学的因素独立了出来，发明成了一种特殊的职业，自然力变成社会劳动的因素，人实现了对自然力的大规模利用。这时，科学作为生产的独立因素，使生产过程实际上成了科学的应用，科学成了生产过程的职能，"这样一来，**科学作为应用于生产的科学**同时就和**直接劳动相分离**"②，最初只是对资本有利的科学的这种分离和独立，将"成为**发展科学**和知识的**潜力的条件**"③。科学及其科学研究的独立有利于科学水平的快速提高，在未来的生产中科学和从事科学研究的人将越来越受到重视。未来社会为科学技术的发展提供了生产方式发展的新的空间，实现了人在生产过程中的新的解放。在马克思看来，"**自动工厂**是适应机器体系的完善的生产方式，而且它越是成为完备的机械体系，要靠人的劳动来完成的个别过程越少……它也就越完善。"④ 马克思预言，只有在"与机器相适应的生产方式"中，"自动工厂"才能"获得最纯粹最典型的表现"。

《手稿》对未来社会经济关系的这些独特的探索，对我们理解现代社会主义经济关系的本质及其运行都有着重要的理论意义。

〔作者顾海良，教育部原部长助理（副部级）、教授。本文刊发于《中国高校社会科学》2013 年第 2 期，责任编辑毛殊凡。人大复印资料《马克思列宁主义研究》2013 年第 10 期、《理论经济学》2013 年第 12 期转载〕

---

① 《马克思恩格斯全集》第 48 卷，人民出版社，1985 年，第 20~21 页。
② 《马克思恩格斯全集》第 47 卷，人民出版社，1979 年，第 570 页。
③ 《马克思恩格斯全集》第 47 卷，人民出版社，1979 年，第 598 页。
④ 《马克思恩格斯全集》第 47 卷，人民出版社，1979 年，第 518 页。

一种批判性的审视:"话语体系"何以能打造

——兼论中国特色社会主义理论创新中的一个方法论问题

叶险明

近年来,为了克服中国人文社会科学学术话语危机,各种强烈要求打造中国人文社会科学话语体系的呼声此起彼伏。然而,细微观之,在这种"热闹"的表层下却隐藏着一种深刻的学术危机,即:理论创新在整体上乏力,所以不得不在话语上大做文章。实际上,新的学术话语只是真正的理论创新的副产品,根本用不着去专门"打造"。如恩格斯所言:"一门科学提出的每一种新见解都包含这门科学的术语的革命。"① 这就是说,"术语的革命"内含在"新见解"中。进而言之,脱离理论内容的真正创新,中国人文社会科学的话语体系是打造不出来的。当然,笔者并不否认学术话语及其变化有其自身的特点,但这种特点归根结底是受理论创新规律制约的。要对中国人文社会科学学术话语目前的危机有客观、清醒的认识,必须首先批判性地审视中国人文社会科学内容创新的羁绊。因此,这里提出的问题是:造成中国人文社会科学内容创新在整体上乏力,从而导致其学术话语危机的原因是什么。由于篇幅所限,本文仅打算对其中两个最主要的原因(至少从目前来看)加以批判性审视。

一

话语的主体是人。学术话语的主体是学者或从事人文社会科学工作的人。学术话语变革是学术话语主体理论创新及其思维方式变革的直接表现。而这种理论创新及其思维方式的变革绝不是一种纯粹的"话语打造"问题。在从事人文社会科学工作的人的学术活动中,首先重要的是学者的价值观。对当代中国从事人文社会科学工作的人

---

① 《马克思恩格斯文集》第5卷,人民出版社,2009年,第32页。

来说，价值观就是指对待"中国问题"的立场和诉求①。

众所周知，今天的中国正处于发展的十字路口上，各种价值观的冲突深深地映现在学界的方方面面，中国人文社会科学工作者面临抉择。我把存在于中国学界的各种价值观大致分为五类。

一是中国"利益固化"的价值观。这种价值观为了维护既得利益，试图把我国改革开放在一定时期内所出现的"双轨制"凝固化和制度化，其主要表现是以各种方式拒绝和阻碍推进全面改革。如果人文社会科学工作者自觉或不自觉地接受这种价值观的影响，何谈理论创新。在《资本论》第1卷英文版的序言中，恩格斯批判了古典经济学把除了农业和手工业以外的所有"产业"都归结到"制造业"这个术语中的做法的非科学性和非历史性。这种做法掩盖和抹杀了经济史上两个大的、本质不同时期的区别，"即以手工分工为基础的真正工场手工业和以使用机器为基础的现代工业时期的区别"。由此，他指出："把现代资本主义生产只看做是人类经济史上一个暂时阶段的理论所使用的术语，和把这种生产形式看做是永恒的、最终的阶段的那些作者所惯用的术语，必然是不同的。"② 我以为，在当今中国发展的转折关头，"利益固化"的价值观对中国人文社会科学创新的阻碍作用最大。这不仅仅因为这种价值观的一些主体控制着许多经济、政治、文化以及社会舆论方面的资源，且在中国传统文化中有着根深蒂固的基础。

二是中国"西方中心主义"的价值观。这种价值观期望以西方社会的主流价值观来改造中国社会，其主要表现是：把西方社会的发展模式视为中国社会发展的唯一路径。中国的"新自由主义"可以算这方面的一个主要代表。把西方社会的发展模式视为中国社会发展的唯一路径，与马克思所说的"占有资本主义制度所创造的一切积极的成果"③ 不是一回事。前者带有"制度性"模仿的特点，而后者则是强调建设新的

---

① 我曾在有关文章中指出，"中国问题"由两个相互联系的部分构成："中国'从何处来'"和"中国'往何处去'"。"中国问题"的历史跨度是相当大的，其内容涉及社会生活各个领域，并会随着时代的发展而有所变化，但至少目前和可以预料的将来，"中国'从何处来'"是指：目前在全球化发展中的中国所遇到和积累起来的深层次的、全方位的经济、政治、社会、文化矛盾和冲突是如何形成的。这些矛盾在一定程度上愈演愈烈，从而构成了发展的瓶颈。在这个瓶颈中，我们既被发达资本主义国家早已基本解决的问题（如"官本位"或"等级本位"体制的问题）所严重困扰，也被发达资本主义国家没有解决也不可能解决的问题（如真正实现从形式到内容的平等、自由、公正、正义等）所严重困扰。"中国'往何处去'"是指：目前我国如何走出发展的瓶颈，即发展的具体路径和方向在哪里。"中国问题"既有其独特性，也有其世界历史性。（参见叶险明：《马克思哲学的话语革命与中国哲学的话语危机》，《哲学研究》2012年第12期）

② 《马克思恩格斯文集》第5卷，人民出版社，2009年，第33页。

③ 《马克思恩格斯文集》第3卷，人民出版社，2009年，第587页。应当说，在"占有资本主义制度所创造的一切积极的成果"方面，我们还是做得远远不够的。其原因是多方面的。关于这方面的问题，笔者将另撰文细论。

社会形态的基础性因素。中国的"西方中心主义"价值观往往打这方面的"擦边球",使人们难以对其有清晰的认识,如它常常在解决"中国问题"方面提出向西方国家学习。应当承认,目前我国在发展的转折时期的确需要批判性地借鉴西方国家有益的经验,但问题是:这种价值观在"向西方国家学习"的口号下,不仅仅是要照搬西方社会发展的"细节",而且试图把"基本制度"羞答答地"偷运进来"。为此,中国"西方中心主义"价值观把西方学界已经"过时"的和还"没有过时"的术语,一股脑儿搬运进来,在中国学界"兜售"得非常彻底。它往往把对"中国问题"的分析作为对西方理论范式的"注释",即用"中国经验"证明西方理论范式的"普适性"。

三是中国"民粹主义"的价值观。这种价值观试图开倒车,全面恢复"文革"及其以前的中国社会状况,其主要表现是:打着关注社会底层的旗号,以批判社会不公、腐败横行、道德缺失等为借口,全面否定中国改革的现实和历史。一般说来,中国的"新左派"是这种价值观的主要代表。"关注社会底层,批判社会不公、腐败横行、道德缺失"等,这本身并没有错,问题的关键是其中所体现的价值导向:否定中国改革的现实和历史。为此,中国"民粹主义"价值观在其术语上具有浓厚的"文革"色彩和或多或少的西方"新左翼"之形。应当承认,中国社会主义改革中的确存在种种愈演愈烈的矛盾和问题,但这是由改革贯彻的不彻底引发的,与要不要改革不是一个层面的问题。中国"民粹主义"的价值观在方法论上往往把这两个不同层面的问题混为一谈。事实上,目前我国的社会主义改革开放只有进行时,没有完成时,根本不存在要不要改革的问题。

四是中国"复古主义"的价值观。这种价值观在文化上具有强烈的"怀旧"心态,试图通过以在当今时代确立中国传统文化主导地位作为主要手段,来否定马克思主义在国家意识形态中的指导地位,其主要表现是:主张把中国传统文化上升到国家意识形态的地位,认为中国传统文化是世界上最优秀的文化,可以缓解乃至消除当代中国社会的各种矛盾和冲突。这种价值观有三个特点:"文化决定论"——祈望用纯粹的文化来化解当代中国乃至世界所存在的各方面的矛盾和问题。此其一。其二,"中国文化中心论"。这实际上是"西方中心主义"的翻版。其三,"幻觉式"的时空错位,以为当代社会的矛盾和问题在古代不存在,故就应该在思想观念上回到古代(似乎思想观念一回到古代,当代社会的矛盾和问题就不存在了)。中国"复古主义"价值观的问题所在,应是不言而喻的。正因为如此,这种价值观的学术用语离"现代中国"乃至"现代世界"是很"遥远"的。当然,中国传统文化特别是其中的优秀成分是我们建设中国特色社会主义、发展中国先进文化的重要资源,[①] 对此绝不能小觑,但这与中国"复古主义"价值观的主张是风马牛不相及的。

[①] 关于这方面的问题,请参见叶险明:《当代中国文化建设与当代中国先进文化》,《中国社会科学(英文版)》2008年第1期。

五是当代中国社会主义改革的价值观。恩格斯在 1890 年 8 月 21 日致奥托·冯·伯尼克的信中说道:"所谓'社会主义社会'不是一种一成不变的东西",而是"经常变化和改革的社会"。① 因此,当代中国社会主义改革价值观最根本的特点就在于:把中国社会主义社会视为"经常变化和改革的社会",坚持把不断深化改革视为当代中国社会发展的唯一出路。我认为,这种价值观在当前的主要表现是:强调包括经济体制、政治体制、文化体制、社会体制、生态文明体制和党的建设制度改革等的全面改革的进一步深入展开,以此使中国全面超越"瓶颈"状态(当然,在具体操作层面还有许多问题需要探讨)。这种价值观把自新中国成立以来的社会发展过程视为"间断性"与"非间断性"有机统一的过程。它既不菲薄改革以前的历史,也绝不留恋过去;既不美化改革的现实,也绝不因改革中的问题而退缩;既拒斥亦步亦趋地走西方社会发展道路,也注重批判性地汲取"资本主义制度所创造的一切积极的成果"。

毫无疑问,中国的人文社会科学工作者应选择第五种价值观,拒斥前四种价值观。因为,归根结底,中国人文社会科学的真正创新只能出自于这种价值观导向。然而,就我个人认为,目前问题的严峻性在于:由于种种原因,第五种价值观在中国人文社会科学创新中有被"边缘化"的危险。我以为,至少从目前来看,这是中国人文社会科学创新的一个问题。

说到这里,如果再回到本文开头所说的"深刻的学术危机",即"由于理论创新在整体上的乏力,而不得不在话语上大做文章",那么蕴涵在其中的意思也就更明确了:把打造人文社会科学的话语体系作为一种独立的口号提出来,这本身就是人文社会科学理论创新危机的直接表现。在一定意义上,中国人文社会科学在学术话语方面表现出来的"苍白",是其内容"苍白"的直接表现。或许有的人会对笔者的上述看法提出质疑:难道新的理论或理论创新不需要新的话语吗?当然需要,但它不是独立打造出来的,而是内容创新的一种自然显现。如果我们不解决"内容"问题,而只是在"内容"的表现形式方面"下工夫",其结果是不言而喻的。目前我国人文社会科学不是内容丰富而话语缺失的问题,而是整体创新乏力但却把"话语打造"的口号喊得震天价响的问题。在这种表面繁荣的背后隐藏着的是当代中国社会主义改革价值观和"中国问题意识"的缺失。"**语言**是思想的直接现实"。② 话语危机乃是思想乏力的直接表现。如果我们不在认识和解决"中国问题"上全力以赴,而只在"话语打造"上大张旗鼓,其结果必然是使思想越来越贫乏。

由上可见,人文社会科学工作主体的价值观在人文社会科学研究中起着不可替代的导向作用。当代中国社会主义改革价值观的确立程度,在整体上决定中国人文社会科学的创新程度。当然,当代中国社会主义改革价值观并非是明确后就能在中国人文

---

① 《马克思恩格斯文集》第 10 卷,人民出版社,2009 年,第 588 页。
② 《马克思恩格斯全集》第 3 卷,人民出版社,1960 年,第 525 页。

社会科学中自然而然地确立起来的,它需要通过一系列中介环节才能在具体的理论创新中表现出来,其中最为重要的环节就是"理论彻底"。

二

在当前中国学界,"话语打造"是与"理论自觉自信"直接联系在一起的。我们现在的逻辑是:只有理论自觉自信,才有"话语打造";只有"话语打造",才能坚持理论自觉自信。实际上,这两者没有什么直接的内在联系。理论自觉自信缘于理论彻底。马克思说:"理论一经掌握群众,也会变成物质力量。理论只要说服人,就能掌握群众;而理论只要彻底,就能说服人。"① 何谓"理论彻底"?我以为,它有两个相互联系的基本特征:理论的科学性,理论的相对完备性。当然,"理论彻底"是相对的,它永远不是一个完成了的状态。

对于当代社会主义中国来说,"理论自觉自信"首先是对中国特色社会主义理论的自觉自信。对中国特色社会主义理论的自觉自信是当代社会主义中国理论自觉自信的核心。如果缺乏对这一理论的自觉自信,那么我们的"理论自觉自信"就会遇到严峻的挑战。目前我国从上到下非常强调理论的自觉自信,这也从一个层面说明,我们遇到了"理论自觉自信"方面的危机。而克服这种危机是根本不可能靠"话语打造"的,而要靠"理论彻底"。只有理论彻底,才有理论自觉自信;只有理论基于现实、批判现实和超越现实,才有理论彻底。那么,既有的中国特色社会主义理论"彻底"吗?我的回答是:既"彻底"又"不彻底"。无论否认前者还是否认后者,都不是马克思主义的科学态度。说它"彻底"是指:在科学揭示当代中国社会的性质及其发展道路和发展方向方面是彻底的。说它"不彻底"是指:随着中国社会主义改革的深入以及解决"中国问题"的迫切性日趋凸显,既有的中国特色社会主义理论难以全面阐释当前中国深层矛盾形成、发展和解决的复杂性,故在一些重要环节上需要创新。因论题和笔者能力所限,本文仅打算对推进中国特色社会主义理论创新中的一个重要方法论问题陈一管之见,以进一步说明:在当代中国社会主义价值观引导下的中国特色社会主义理论创新,远不是所谓"话语打造"问题。

笔者这里所说的关于推进中国特色社会主义理论创新中的一个重要方法论问题,就是"科学社会主义理论逻辑和中国社会发展历史逻辑的辩证统一"问题。习近平同志强调:中国特色社会主义是"科学社会主义理论逻辑和中国社会发展历史逻辑的辩证统一"。这是完全正确的。从方法论上看,"科学社会主义理论逻辑和中国社会发展历史逻辑的辩证统一"必须有一个衔接点,否则,"辩证统一"就没有学理根据,从而

---

① 《马克思恩格斯文集》第 1 卷,人民出版社,2009 年,第 11 页。

"中国特色社会主义"的学理依据也就无从谈起。何谓"衔接点"？哲学方法论意义上的"衔接点"就是指"交汇"场所，这个场所显示了"统一双方"有差异的融合。这个"衔接点"是需要学界下苦功夫、花大力气来研究的。我以为，这里首先必须在方法论上搞清楚"科学社会主义理论逻辑"和"中国社会发展历史逻辑"各自的确切涵义是什么。

何谓"科学社会主义理论逻辑"？1874年，在致"弗里德里希·恩格斯先生的公开信"中，俄国民粹主义中最激进流派的代表彼·特卡乔夫①，责备恩格斯对"俄国没有'丝毫知识'，相反地，只表现出'愚昧无知'"，断言：俄国既没有无产阶级，也没有资产阶级，因而"可能轻而易举地、比西欧要容易得多地实现社会革命"。恩格斯1875年4月在《人民国家报》第43、44和45号上发表连载文章，在驳斥特卡乔夫谬论的过程中对"科学社会主义理论逻辑"作了这样的概括："现代社会主义力图实现的变革，简言之就是无产阶级战胜资产阶级，以及通过消灭一切阶级差别来建立新的社会组织。为此不但需要有能实现这个变革的无产阶级，而且还需要有使社会生产力发展到能够彻底消灭阶级差别的资产阶级。野蛮人和半野蛮人通常也没有任何阶级差别，每个民族都经历了这种状态。我们决不会想到要重新恢复这种状态，因为随着社会生产力的发展，从这种状态中必然要产生阶级差别。只有在社会生产力发展到一定程度，发展到甚至对我们现代条件来说也是很高的程度，才有可能把生产提高到这样的水平，以致使得阶级差别的消除成为真正的进步，使得这种消除可以持续下去，并且不致在社会的生产方式中引起停滞甚至倒退。但是生产力只有在资产阶级手中才达到了这样的发展程度。可见，就是从这一方面说来，资产阶级正如无产阶级本身一样，也是社会主义革命的一个必要的先决条件。因此，谁竟然断言在一个虽然没有无产阶级然而也没有资产阶级的国家里更容易进行这种革命，那就只不过证明，他还需要学一学关于社会主义的初步知识。"②毫无疑问，恩格斯以上所精辟概括的由马克思和他共同创立的"科学社会主义理论"的逻辑，是科学的。

何谓"中国社会发展历史逻辑"？我以为对其可以作这样的简单概括：在资本主义世界历史时代发展到一定阶段上（即"帝国主义阶段"），资本主义和现代化因素在中国虽然有了一定的发展，但由于受列强的各种方式的干涉以及军阀割据和腐败统治的阻碍，中国既无法获得民族独立和解放，也走不了相对独立的资本主义发展道路，故在十月革命的影响下和在以马克思主义为指导思想的中国共产党的领导下，中国人民

---

① 俄国民粹主义大体分为三大流派："宣传派"（拉甫罗夫为代表），"暴动派"（巴枯宁为代表）和"夺权派"（特卡乔夫为代表），其中以特卡乔夫为代表的"夺取派"最为激进。当然，这三个流派在基本思想原则上是息息相通的，即：崇尚人民运动，美化农村公社，把俄国社会特点绝对化，企图通过所谓特殊道路（公社途径），绕过资本主义，直接过渡到社会主义。

② 《马克思恩格斯文集》第3卷，人民出版社，2009年，第389~390页。

选择了走新民主主义发展道路,并在取得全国胜利的7年后开始进行了最初的社会主义建设,尔后,通过曲折中的发展和挫折(从中汲取了社会主义建设正反两个方面的经验),最终在一定的国际环境中走上了社会主义改革开放之路。所以,中国的社会主义发展道路,是中国社会发展历史逻辑延伸的必然结果。

"科学社会主义理论逻辑"凸显的是"真理性";"中国社会发展历史逻辑"凸显的是"必然性",这种"必然性"强调的是一个民族国家历史发展的不可逆性。而在考察"科学性"与"必然性"间的辩证统一、揭示其"衔接点"时,最忌讳的就是或用前者去硬套后者,或把后者作为前者的一个简单例证。我以为,如果要正确考察"科学社会主义理论逻辑"与"中国社会发展历史逻辑"辩证统一、揭示其"衔接点",就必须构建新的解释系统,而这种解释系统既不能从"科学社会主义理论逻辑"中直接搬来,也不能从"中国社会发展历史逻辑"中直接搬来,否则就会出现种种不能自圆其说且容易被各种错误思潮钻空子的"漏洞"。

"科学社会主义理论逻辑",其真理性一直被近现代世界历史及其发展总趋势所证实;"中国社会发展历史逻辑",其必然性是断然不可能为各种"假设"所推翻的。但问题是:资本主义及其发展程度,成为"科学社会主义理论逻辑"与"中国社会发展历史逻辑"之间的一道似乎难以跨越的"屏障"。为了"消除"这一"屏障",基于不同理念的解释系统便应运而生了。其中有两个解释系统在我国学界最具有代表性。

第一种解释系统的思路:"不通过资本主义制度的卡夫丁峡谷"→东方社会发展道路→中国社会主义初级阶段(中国特色社会主义理论和实践)。这是我国学界解释系统的一种思路。应当说,这一解释系统思路有其一定的合理因素,对我们在一定时期内认识"科学社会主义理论逻辑"与"中国社会发展历史逻辑"间的辩证统一关系,从而认识和把握"中国特色社会主义",是有一定意义的。但其也有明显的"漏洞"。随着当代中国马克思主义研究的深入特别是中国特色社会主义实践的发展,这种"漏洞"越来越凸显出来。首先,马克思晚年"不通过资本主义制度的卡夫丁峡谷"设想,其对象指的仅是已经被俄国资本主义包围的、尚未解体的"俄国村社",而不是整个俄国(在当时的马克思看来,俄国已经走上了资本主义发展道路,虽然尚未发展成为资本主义类型的国家)。实际上,马克思对"不通过资本主义制度的卡夫丁峡谷"所设定的条件是非常科学和严格的,如:西方无产阶级率先取得社会主义革命的胜利、俄国的人民革命在适当的时候发生(与西欧社会主义革命"相配合")等。惟其如此,其内部还尚未有资本主义因素的俄国农村公社才能"不通过资本主义制度的卡夫丁峡谷",而"占有资本主义制度所创造的一切积极的成果",否则"不通过资本主义制度的卡夫丁峡谷"就是一种民粹主义的空谈。可以认为,马克思关于俄国农村公社"不通过资本主义制度的卡夫丁峡谷"的条件特别是"占有资本主义制度所创造的一切积极的成果"的思想,是"科学社会主义理论逻辑"在马克思分析资本主义世界历史时代发展到一定阶段上的俄国革命形势中的一种表述,也可以认为这是对"科学社会主义理论逻辑"

的重要补充。因此,其二,从"不通过资本主义制度的卡夫丁峡谷"引申出所谓"东方社会发展道路"是很不严肃的。至少今天的世界历史发展表明,东方社会或非欧社会并没有一个统一的发展道路。所以,其三,把中国社会主义道路视为"不通过资本主义制度的卡夫丁峡谷"在新的历史条件下的延续,视为东方社会发展道路的代表,当然也就是不科学的。

第二种解释系统的思路:社会主义只能是资本主义充分发展的产物→任何民族国家都必须成为资本主义类型的国家→中国特色社会主义实际上是中国特色的"社会民主主义"或中国特色的资本主义→即便要搞马克思和恩格斯所说的"社会主义",那也是以后的事情。应当说,这种解释系统的思路在整体上是错误的,其主要缘由是:把资本主义及其发展同资本主义类型的国家混为一谈,把中国社会主义初级阶段中的非公有制经济的发展等同于资本主义制度;同时无视中国社会主义发展与马克思所说的"社会主义"间的联系。

从世界历史的角度看,"科学社会主义理论逻辑"是正确的,并一再被当代世界历史发展所证明。没有资本主义在世界历史范围的发展,就不可能有科学社会主义的产生和发展。但问题是:对于某个经济相对落后的国家来说,在具备了一定的条件下如何通过自身的努力而"占有资本主义制度所创造的一切积极的成果",把社会生产力和整个社会发展到使消灭阶级差别成为真正的进步,而不至于使"全部陈腐污浊的东西"在各个方面"死灰复燃"(这对走上了社会主义道路的经济相对落后国家威胁最大)的程度。这在由马克思和恩格斯所创立的科学社会主义理论的逻辑中是不能找到现成的具体答案的,必须在"科学社会主义理论逻辑"与"中国社会发展历史逻辑"之间构建新的解释系统。这一解释系统的核心内容就是:批判性地汲取"资本主义制度所创造的一切积极的成果",但必须尽可能地减少西方资本主义发展所经历的一切可怕波折和苦难,从而真正推动中国特色社会主义建设事业的发展。这正如列宁所言:"我们不能设想,除了建立在庞大的资本主义文化所获得的一切经验教训的基础上的社会主义,还有别的什么社会主义。"[①] 进而言之,"社会主义的中国特色"只有在这一基础上才能显示其本来应有的面貌。

对上述"核心内容"的确定,是以全面、正确地认识和把握这样一种复杂关系为其逻辑前提的,即最初的不很成熟的局部性的社会主义的发展[②]、批判性地汲取"资本主义制度所创造的一切积极的成果"与铲除内部所存在的封建主义的因素和力量间的关系。20 世纪初期以来社会主义理论和实践的正反两个方面的经验表明:对既有的社会主义国家的最大、最严峻的挑战往往不是来自于资本主义或"发达资本主义国家",

---

[①] 《列宁全集》第 34 卷,人民出版社,1985 年,第 252 页。

[②] 笔者这里所说的"最初的不很成熟的局部性的社会主义",是对中国社会主义初级阶段的一种世界历史性的表述。

而是来自于其内部存在着的大量的前资本主义的因素和力量（它们深深地积淀在社会生活的各个领域）。因此，围绕着"核心内容"，上述解释系统至少应对四个相互联系方面的问题作出科学回答（或探索）：如何科学定位最初的不很成熟的局部性的社会主义与资本主义间的关系？如何科学定位最初的不很成熟的局部性的社会主义与封建主义腐朽、没落的因素和力量间的关系？如何科学定位批判性地汲取"资本主义制度所创造的一切积极的成果"与发展资本主义的关系（包括在什么意义上和如何发展资本主义）？在观念上层建筑方面如何正确地体现对上述这三种关系的引导和驾驭？

对这四个相互联系方面问题（第一个方面问题是这四个相互方面问题中的核心）的科学回答，是正确把握"科学社会主义理论逻辑"与"中国社会发展历史逻辑"辩证统一"衔接点"的四个重要构成环节。我以为，如果这四个相互联系方面的问题在方法论上搞清楚了，那么我们不仅会丰富"科学社会主义理论逻辑"的规定性，同时也会在全面、正确认识"中国问题"方面把已取得的中国特色社会主义理论成果大大地向前推进一步。而伴随这种推进，我们也必将会在解决"中国问题"方面将中国特色社会主义实践大大地向前推进一步。

当然，上述这四个相互联系方面的问题，涉及"科学社会主义理论逻辑"与"中国社会发展历史逻辑"关系的方方面面，故对其全面探讨，并作出科学回答（这既是一个重大的基础理论性课题，又是一个重大的现实性课题），是本文所不能完成的，也是笔者所不能胜任的。但至此，笔者撰写该文的目的应该说是讲清楚了，即：不要执著于什么"话语打造"，而要树立当代中国社会主义改革的价值观，踏踏实实地研究具有世界历史意义的"中国问题"，推进中国特色社会主义理论的创新，并以此来带动整个中国人文社会科学的创新性发展。惟其如此，我们才能真正在国际学界获得自己应有的话语权。

〔作者叶险明，浙江师范大学马克思主义与全球化研究中心教授。本文刊发于《中国高校社会科学》2013年第4期，责任编辑毛殊凡。人大复印资料《中国特色社会主义理论》2014年第5期转载〕

哲学：思想的前提批判

孙正聿

在哲学发展史上，恩格斯不仅明确地提出"全部哲学，特别是近代哲学的重大的基本问题，是思维和存在的关系问题"①，而且深刻地揭示了作为哲学基本问题的"思维和存在的关系问题"的真实内涵："我们的主观思维和客观世界遵循同一些规律，因而两者的结果最终不能互相矛盾，而必须彼此一致，这个事实绝对地支配着我们的整个理论思维。这个事实是我们理论思维的不以意识为转移的和无条件的前提。"② 这就要求我们从理论思维的"不以意识为转移的和无条件的前提"去理解哲学的特殊的理论性质和活动方式。

人类的思想活动可以区分为两个基本的维度：一个是"构成思想"的维度，一个是"反思思想"的维度。哲学以外的人类的全部思想活动都是把思维和存在遵循同一些规律作为"不以意识为转移的和无条件的前提"，去"构成"关于世界的"思想"；哲学则是把人类全部思想活动所构成的关于世界的思想作为批判对象，追究思想构成自己的"不以意识为转移的和无条件的前提"。这就是哲学对思想的前提批判。

构成思想的前提，主要包括构成思想的基本信念、基本逻辑、基本方式、基本观念和哲学理念，因此，对思想的前提批判，主要表现在下述五个方面：一是对构成思想的基本信念的前提批判，即对"思维和存在的同一性"的前提批判；二是对构成思想的基本逻辑的前提批判，即对思想的外延逻辑、内涵逻辑及其实践基础的前提批判；三是对构成思想的基本方式的前提批判，即对常识、宗教、艺术和科学等人类把握世界的基本方式的前提批判；四是对构成思想的基本观念的前提批判，即对世界、历史、人生、真理、价值、发展、自由等基本观念的前提批判；五是对构成思想的哲学理念的前提批判，即对哲学本身的前提批判。这五个方面的"前提批判"，从总体上构成了哲学对思想的前提批判。在我看来，对思想的前提批判，既体现了哲学的特殊的理论性质和独特的活动方式，又展现了哲学发展的自我批判的活力和永不枯竭的理论空间。

---

① 《马克思恩格斯选集》第 4 卷，人民出版社，2012 年，第 229 页。
② 《马克思恩格斯选集》第 3 卷，人民出版社，2012 年，第 977 页。

一、构成思想的基本信念的前提批判

承诺"我们的主观思维和客观世界遵循同一些规律",是构成思想的基本信念;因此,对构成思想的"基本信念"的前提批判,直接地就是对"理论思维的不以意识为转移的和无条件的前提"的批判。

人类的实践活动、认知活动、评价活动和审美活动都隐匿着"不以意识为转移的和无条件的前提"——对"思维和存在的同一性"的"悬设"或"承诺"。这是思想构成自己的"基本信念",也是思想何以可能的"基本问题"。对构成思想的"基本信念"的前提批判,也就是对哲学自身的"基本问题"——思维和存在的关系问题——的前提批判。哲学对思想构成自己的"基本方式"、"基本观念"和"基本逻辑"的前提批判,都蕴含着对思想构成自己的"基本信念"的前提批判,从而使"思维和存在的关系问题"成为哲学自身的"重大的基本问题"。因此,对思想的前提批判,首要的是对构成思想的基本信念的前提批判,也就是对"思维和存在的同一性"的前提批判。

人们对思想的基本信念,最为普遍和最为朴素的"不以意识为转移"的前提,就是"不以意识为转移"地承诺思维与存在的直接同一,也就是承诺思维与存在的抽象同一。所谓思维与存在的抽象同一,就是非反思地看待思维与存在的关系,直接地承诺思维与存在的同一性。这具体地表现在,对于思维和存在的同一性,人们最为普遍、最为经常的提问方式是:有没有?是不是?这就是说,如果我在观念中认定有某物的存在,并且是某物的存在,而实际上确有某物的存在,并且就是某物的存在,那么就可以肯定思维与存在的同一性。这种"有"和"是"的同一性,就是在感觉中形成的"映象"与"对象"的同一性,也就是黑格尔所反思的"感性确定性"。

对于"感性确定性",黑格尔意味深长地用两个"好像"来概括人们对它的理解:其一,感性确定性"好像是最丰富的知识,甚至是一种无限丰富的知识";其二,感性确定性"又好像是最真实的知识","因为它对于对象还没有省略掉任何东西,而让对象整个的、完备地呈现在它面前"。然而,正因为是"好像",而不是"的确",所以黑格尔尖锐地指出:"事实上,这种确定性所提供的也可以说是最抽象、最贫乏的真理"①。那么,为什么"好像"是最丰富最真实的感性确定性反而是最抽象和最贫乏的真理?

"好像"是最丰富和最真实的感性确定性,之所以是最抽象、最贫乏的真理,黑格尔的论证是:一方面,"它对它所知道的仅仅说出了这么多:它存在着。而它的真理性仅仅包含着事情的存在";另一方面,"在这种确定性里,意识只是一个纯自我";因

---

① [德]黑格尔:《精神现象学》上,贺麟、王玖兴译,商务印书馆,1979年,第63页。

此,"在这种认识里,我只是一个纯粹的这一个,而对象也只是一个纯粹的这一个"①。这表明,感性确定性中的思维和存在的同一性,只是两方面的纯粹的"这一个"的同一,也就是纯粹的"这一个的我"与纯粹的"这一个的事物"的同一。对此,黑格尔深刻地指出,这种纯粹的"这一个"的同一,排斥了两方面的最丰富和最真实的内容:其一,"作为意识的我"并没有"在确知这事情中发展了我自己",也没有使我"通过各种方式开动脑筋去思索这事情"。②因此,这一个的"我"在感性确定性中,并不是最丰富和最真实的,而是最抽象和最贫乏的。其二,作为意识的我并没有把握到这事情的"诸多不同的质"及其本身具有"丰富的自身关联",也没有把握到这件事情"对别的事物的多方面的关系"③,因此,这一个的"事物"在感性确定性中,同样不是最丰富和最真实的,而是最抽象和最贫乏的。正因为感性确定性中的"我"和"事物"、"思维"和"存在"都是最抽象和最贫乏的,因此,这个单纯的直接性所构成的感性确定性的真理性,只能"好像"是最丰富和最真实的,而实质上是最抽象和最贫乏的。深入地思考和体会"感性确定性"的"丰富"与"贫乏"、"真实"与"抽象"的矛盾,对于我们在哲学思考的开端就运用矛盾分析的辩证思维去反思"理论思维的不以意识为转移的和无条件的前提",即反思"思维和存在的同一性",是具有启发性的。

值得深思的是,黑格尔对"感性确定性"的分析,并不仅限于揭露它的"最抽象"和"最贫乏"的本质,而且由此揭示了"感性确定性"的内在矛盾,并从而为其整个的关于认识的矛盾分析奠定了坚实的起点。黑格尔指出,由于"感性确定性"分裂为两个"这一个",即"作为自我的这一个和作为对象的这一个",因此,"无论作为自我或者作为对象的这一个都不仅仅是直接的",而且"同时是间接的"。这种间接性就在于:"自我通过一个他物,即事情而获得确定性,而事情通过一个他物即自我而具有确定性"④。

感性确定性成立于"自我"与"事情"的关系之中,就既不能离开"自我"去理解"事物",也不能离开"事物"去理解"自我",因此黑格尔提出,"我们的目的并不在于反复思考对象真正地是怎样,而只要考察感性确定性所包含的对象是怎样"。这样,黑格尔就把单纯的关于"意识外的存在"的思考转化为关于"意识界的存在"的"反思",从而凸显了认识的内在矛盾性,从思维与存在的矛盾关系去看待人的认识,而不是直观地从"对象"与"映象"的关系去看待人的认识。正因如此,黑格尔深刻地揭露了"表象思维"的本质:"表象思维的习惯可以称为一种物质的思维,一种偶然

---

① [德]黑格尔:《精神现象学》上,贺麟、王玖兴译,商务印书馆,1979年,第63页。
② [德]黑格尔:《精神现象学》上,贺麟、王玖兴译,商务印书馆,1979年,第63页。
③ [德]黑格尔:《精神现象学》上,贺麟、王玖兴译,商务印书馆,1979年,第63页。
④ [德]黑格尔:《精神现象学》上,贺麟、王玖兴译,商务印书馆,1979年,第64页。

的意识,它完全沉浸在材料里,因而很难从物质里将它自身摆脱出来而同时还能独立存在"①。正是通过揭示"最丰富"、"最真实"的感性确定性的"最抽象"、"最贫乏",黑格尔极为深刻地揭示了认识和知识的内在矛盾,并因而极为深刻地揭露了表象思维的思维和存在抽象同一的本质。

黑格尔对"表象思维"的批判,在哲学的意义上,就是对旧唯物主义的思维方式的批判。表象思维不只是人们的朴素的思维方式,而且是全部旧唯物主义的思维方式;或者更进一步说,正是旧唯物主义的思维方式,理论地表征了人们的朴素的思维方式。这正如马克思所说:"从前的一切唯物主义——包括费尔巴哈的唯物主义——的主要缺点是:对对象、现实、感性,只是从客体的或者直观的形式去理解,而不是把它们做人的感性活动,当做实践去理解,不是从主体方面去理解。"② 马克思所说的"只是从客体的或者直观的形式去理解",正是以表象思维为实质的旧唯物主义的直观反映论;而马克思所强调的不是"当做人的感性活动,当作实践去理解,不是从主体方面去理解",则显示了马克思对表象思维和以其为实质的直观反映论的实践论反思。马克思以实践观点的思维方式所展开的对旧唯物主义的批判,既深刻地表明了马克思主义哲学对德国古典哲学的真正的"继承"关系,又深刻地表明了马克思主义哲学对德国古典哲学的"革命"关系。

关于旧唯物主义的直观反映论,恩格斯从理论思维的"不以意识为转移的和无条件的前提"指出,"18世纪的唯物主义,由于它的本质上形而上学的性质,只是从内容方面研究这个前提。它只限于证明一切思维和知识的内容都应当来源于感性的经验,并且重新提出下面这个命题:感觉中未曾有过的东西,理智中也不存在。"③ 恩格斯的论断,深刻地揭露了旧唯物主义在"思维和存在的关系问题"中的局限性,这就是"只是"从"内容"方面而没有从"形式"方面去看待思维和存在的关系,只是承认"内容"来源于感性经验,而没有从"内容"与"形式"的矛盾去看待理论思维的"不以意识为转移的和无条件的前提",没有从"思维和存在的关系"去批判地反思这个"前提"。因此,这种直观反映论的思维方式只能是以表象思维所构成的思维和存在的抽象的同一。在批判直观反映论的思维和存在的抽象同一的同时,马克思恩格斯深刻地批判了唯心主义的思维和存在的抽象同一。马克思指出,唯心主义只是"抽象"地发展了"能动"的方面④;恩格斯指出,唯心主义"只是"从"形式"方面去看待思维和存在的关系⑤。这表明,无论是对旧唯物主义和唯心主义的批判,还是对德国古

---

① [德] 黑格尔:《精神现象学》上,贺麟、王玖兴译,商务印书馆,1979年,第40页。
② 《马克思恩格斯选集》第1卷,人民出版社,2012年,第137页。
③ 《马克思恩格斯选集》第3卷,人民出版社,2012年,第977页。
④ 参见《马克思恩格斯选集》第1卷,人民出版社,2012年,第137页。
⑤ 参见《马克思恩格斯选集》第3卷,人民出版社,2012年,第977页。

典哲学的批判继承，马克思和恩格斯是深刻一致的。

在对思维和存在的关系的理解中，思维和存在的抽象同一，与思维和存在的抽象对立，二者既是对立的两极，又是两极相通的。或者说，在思维和存在的抽象同一中，就隐含着思维和存在的抽象对立。这具体地表现为：在感觉层面上，映象与对象的抽象同一，就隐含着不同主体的映象与对象的抽象对立；在理性层面上，表象与思想的抽象同一，就隐含着不同主体的表象与思想的抽象对立；在价值层面上，实然与应然的抽象同一，就隐含着不同主体的价值判断的抽象对立；在规律层面上，思维和存在的抽象同一，就隐含着思维规律与存在规律的抽象对立。抽象的同一与抽象的对立，是思维中的对立着的"正题"和"反题"。由对"正题"的前提批判而进入对"反题"的前提批判，就是对"思维和存在的抽象对立"的前提批判。正是在对思维和存在的"抽象同一"和"抽象对立"的前提批判中，马克思主义哲学不断深入地反思了理论思维的"不以意识为转移的和无条件的前提"，即不断深入地反思了构成思想的"基本信念"——"思维和存在的同一性"。

二、构成思想的基本逻辑的前提批判

思维和存在的关系问题，从根本上说，是思维规律与存在规律的关系问题，也就是思维和存在是否"服从于同样的规律"的问题。因此，哲学对思想的前提批判，不仅指向对"思维和存在的同一性"的"基本信念"的前提批判，而且必然指向对构成思想的"基本逻辑"即思维规律的前提批判，并具体地表现为对思维的外延逻辑和内涵逻辑的前提批判。

作为外延逻辑的形式逻辑，它在自己的论域内有两类不予讨论的前提：其一是作为思想内容即概念内涵的"已知判断"何以可能；其二是作为思维形式即形式逻辑的"思维规则"何以可能。哲学对形式逻辑的前提批判，正是把形式逻辑的不证自明的前提作为自己的批判对象，为"思维和存在的同一性"探寻其逻辑基础。哲学对内涵逻辑的前提批判，则是把概念内涵的历史发展作为反思对象，揭示思维自己构成自己的逻辑。黑格尔的辩证法就是揭示思维构成自己的双重否定性，即思维否定自己的虚无性而形成自己的规定性的否定性，以及思维否定自己的规定性而在更深刻的层次上重构自己的规定性的否定性。思维构成自己的双重的否定性，展现了人类思维在建构性与反思性、规定性与否定性、渐进性与飞跃性的辩证统一中所实现的"思维和存在的一致"。马克思、恩格斯和列宁的辩证法则以"思维的最本质最切近的基础"——实践——为核心范畴和解释原则，揭示了思维逻辑何以具有"先入之见的巩固性和公理的性质"。

在人类的思想活动中，概念不仅是思维的"细胞"，而且是列宁所说的认识的"阶梯"和"支撑点"。由概念的外延所构成的外延逻辑或形式逻辑，由概念的内涵所构成的内涵逻辑或辩证逻辑，以及由概念的实践基础所构成的实践逻辑或生活逻辑，是构成思想的基本逻辑。对构成思想的基本逻辑的前提批判，主要是对形式逻辑、辩证逻辑和实践逻辑的前提批判。这里，集中展开对形式逻辑即外延逻辑的前提批判。

形式逻辑具有双重含义：其一是指人们在现实的思维活动中所运用的思维逻辑结构及其所遵循的思维规律和思维规则，这是自在意义上的形式逻辑；其二是指关于思维的逻辑结构及其规律和规则的科学，即通常所说的普通逻辑学，这是自为意义上的形式逻辑。对形式逻辑的前提批判，是以批判自为意义上的形式逻辑为中介，进而揭示隐藏于自在意义上的形式逻辑的内在矛盾。在这种批判性的揭示过程中，蕴含于理论思维前提中的"不以意识为转移的和无条件的前提"即思维规律与存在规律的内在矛盾得到更为深刻的显现。

在人们的现实思维活动中，总是"不自觉"地承诺了双重的思维和存在的同一性：一是在"内容"上"不以意识为转移"地承诺了思维规定与存在规定的同一性，也就是承诺了"我们的主观思维和客观世界遵循同一些规律，因而两者的结果最终不能互相矛盾，而必须彼此一致"；二是在"形式"上"不自觉"地承诺了思维的逻辑与存在的逻辑的同一性，这同样是承诺了"我们的主观思维和客观世界遵循同一些规律，因而两者的结果最终不能互相矛盾，而必须彼此一致"。正是由于人们在现实的思维活动中从"内容"和"形式"这两方面双重地承诺了思维和存在的同一性，才构成了"我们理论思维的不以意识为转移的和无条件的前提"。从"形式"方面看，形式逻辑是"暂时撇开思维内容"而专门研究"思维的形式结构"的科学，因而在形式逻辑的论域内，一是不讨论"推理中已知的判断"是否真实，二是不讨论形式逻辑本身何以可能。哲学对形式逻辑的前提批判，主要是对这两类前提的批判。

前提，在形式逻辑中被定义为"推理中已知的判断"。在形式推理过程中，人们所要求的是从作为已知判断的前提推出结论，所关切的是推理过程是否符合思维的规则，而不是思考作为已知判断的"前提"是否真实。这就是说，形式逻辑是以承诺或设定推理前提的已知性、真实性和确定性为前提的。即使形式逻辑并不作出这种承诺，它也是对前提的真实性采取"存而不论"或"置之不理"的态度。这两种态度其实是等值的：它们都以不考虑推理的前提为前提。由此便提出一个问题：在人类的历史发展中，作为所有"已知判断"的各种前提（也就是作为思维内容的各种知识）并不是固定不变的，而是历史地变化着的，那么，这种"已知判断"的更新或"推理前提"的变革是怎样实现的？这是形式逻辑不予讨论的第一类前提。从"思维和存在的关系问题"看，哲学所要探讨的恰恰是构成思想的概念是如何在自身的发展中实现思维和存在的统一，因此，形式逻辑不予讨论的作为"已知判断"的"前提"，恰恰是哲学对构成思想的形式逻辑的前提批判。

进一步思考，我们又会发现另一类问题，即：形式逻辑不仅对作为"已知判断"的前提不予讨论，而且对形式逻辑本身何以能够成立的前提也同样不予讨论。这就是说，形式逻辑并不讨论它为什么能够抽取"思维的形式结构"和提供思维的"规律和规则"。从"思维和存在的关系问题"看，形式逻辑所要求的思维活动的"规律和规则"，更为直接地构成了哲学对构成思想的形式逻辑的前提批判。

形式逻辑不仅是有前提的，而且是以它承诺的前提为前提的，这就是"理论思维的不以意识为转移的和无条件的前提"——思维和存在服从于同样的规律。形式逻辑是以承诺思维运演与思维对象之间具有某种异质同构性为前提的。形式逻辑以自己所承诺的这个根本性前提为前提，去研究思维的形式结构及其运演的规律和规则。如果没有这种承诺，人们又如何运用形式逻辑去思考和推论对象的复杂联系呢？在德国古典哲学的演进过程中，黑格尔立足于"抽象的同一"与"具体的同一"的区别，提出形式逻辑的同一律只是抽象理智的规律，而不是真正的思维规律，并具体地指出同一律被表述为"一切东西和它自身同一"或"甲是甲"，这个命题的形式自身就陷于矛盾。黑格尔说，因为一个命题总要说出主词与谓词之间的区别，而"甲是甲"的命题却没有做到它的形式所要求于它的。① 黑格尔认为，思维与存在的同一，就包含着思维和存在的"差别的内在的发生"，由这种具有内在差别的思维与存在的同一性所展开的思维运动的逻辑，是一个概念的自我否定的扬弃过程。这样，黑格尔在批判形式逻辑的出发点上，就把批判的锋芒指向了理论思维的前提"思维和存在的同一性"。对此，恩格斯更为深刻地指出："旧形而上学意义下的同一律是旧世界观的基本定律：$a = a$。每一事物都与自身同一。一切都是永恒的，太阳系、星体、有机体都是如此。这个定律在每一个别场合下都被自然研究一件一件地驳倒了，但是在理论上还保留着……。——抽象的同一性，像形而上学的一切范畴一样，足以满足日常应用……。但是，对综合性自然科学来说，即使在每一单个部门中，抽象的同一性也是完全不够用的……。"② 恩格斯对形式逻辑同一律的批判，是对"旧世界观的基本定律"的批判，也就是要求世界观理论超越"抽象的同一性"，形成辩证法的世界观理论。

列宁非常赞赏黑格尔所要求的内容与形式相统一的逻辑，并提出："逻辑不是关于思维的外在形式的学说，而是关于'一切物质的、自然的和精神的事物'的发展规律的学说，即关于世界的全部具体内容以及对它的认识的发展规律的学说，即对世界的认识的历史的总计、总和、结论。"③ 尤其值得注意的是，列宁更为明确地把对旧逻辑的批判升华为对理论思维前提的批判反思。列宁提出，"如果一切都发展着，那么这是否也同思维的最一般的概念和范畴有关？如果无关，那就是说，思维同存在没有联系。

---

① 参见［德］黑格尔：《小逻辑》，贺麟译，商务印书馆，1980年，第248页。
② 《马克思恩格斯选集》第3卷，人民出版社，2012年，第915页。
③ 《列宁全集》第55卷，人民出版社，1990年，第77页。

如果有关，那就是说，存在着具有客观意义的概念辩证法和认识辩证法。"① 在这里，列宁极为深刻地把作为世界观理论的辩证法与作为哲学基本问题的理论思维的前提联系起来。辩证法理论作为关于思维和存在的统一与发展的学说，它不是把形式逻辑中作为"已知判断"的前提当作凝固的东西，而是当作发展着的东西。任何概念、范畴、命题都只是"认识世界的过程中的梯级，是帮助我们认识和掌握自然现象之网的网上纽结"②。所有的这些"梯级"、"网上纽结"，都蕴含着思维与存在的矛盾，都具有内在的自我否定性，从而构成人类认识发展的逻辑。

　　思维和存在的同一性作为理论思维的前提，它直接地包含两个基本层次的问题。在其表层，是作为思维规定的概念、范畴、命题以及由它们的逻辑联结所构成的诸种理论体系是否表述存在的本质和规律的问题；在其深层，则是作为思维运演逻辑的思维形式、思维范畴、思维规则和思维规律所构成的思维运动能否描述存在运动规律的问题，也就是思维的"逻辑的式"何以具有客观性的问题。马克思主义以前的旧哲学，离开人的实践活动及其历史发展，都无法正确地回答这个问题。恩格斯说，18世纪的唯物主义"只限于证明一切思维和知识的内容都应当来源于感性的经验"，而没有从"形式"方面去思考思维和存在的关系问题。③ 这就是说，旧唯物主义还没有向自己提出"逻辑的式"的客观性问题。与旧唯物主义相反，唯心主义虽然从"形式"方面去思考思维和存在的关系问题，但是他们所说的"存在"只是"意识界的存在"，因此，他们又把"逻辑的式"归结为思维自我运动的逻辑。康德在批判近代哲学的过程中，把思维运动的逻辑与存在运动的逻辑对立起来，认为思维把握存在的逻辑只具有主观逻辑的意义，而不具有客观逻辑的意义。黑格尔反对康德把思维的逻辑与存在的逻辑对立起来，提出二者"自在地"就是"同一的"，并以这种自在的同一性为前提去展开思维的自我运动，而没有回答为什么思维与存在自在地就是"同一的"问题。因此恩格斯说，黑格尔"要证明的东西已经默默地包含在前提里面了"④。

　　很明显，在全部旧哲学对思维和存在的关系问题的哲学思考中，都只是从"思维"对"存在"或"存在"对"思维"的二者关系中去思考，因此，在思考"逻辑的式"的时候，也仍然没有跳出"思维"和"存在"的二者关系。这种思考的结果只能是或者直接断言"逻辑的式"就是存在的逻辑，或者断然否定"逻辑的式"表达存在的逻辑。问题恰恰在于，思维的最本质最切近的基础既不是思维本身，也不是与思维相对立的存在，而是构成思维和存在的"关系"的人类自身的实践活动。马克思说，人的"五官感觉的形成是迄今为止全部世界历史的产物"，"人对世界的任何一种人的关

---

① 《列宁全集》第55卷，人民出版社，1990年，第215页。
② 《列宁全集》第55卷，人民出版社，1990年，第78页。
③ 参见《马克思恩格斯选集》第4卷，人民出版社，2012年，第977页。
④ 《马克思恩格斯选集》第4卷，人民出版社，2012年，第231页。

系——视觉、听觉、嗅觉、味觉、触觉、思维、直观、情感、愿望、活动、爱，——总之，他的个体的一切器官，正像在形式上直接是社会的器官的那些器官一样，是通过自己的对象性关系，即通过自己同对象的关系而对对象的占有，对人的现实的占有；这些器官同对象的关系，是人的现实的实现"。① 与人的"五官感觉"的形成一样，离开人的实践活动的思维和存在的"关系"，无法作为现实的"关系"而存在。因此，离开人的实践活动去思考思维和存在的"关系"问题，也只能把二者的"关系"或者看做是"感性直观"的关系（旧唯物主义），或者看做是思维"自我认识"的关系（唯心主义）。在这两种思考方式中，都丢弃了"逻辑的式"的现实基础。

"逻辑的式"的现实基础是人类的实践活动。人的和人类的历史的实践是思维和存在的"交错点"。在论述"逻辑的范畴和人的实践"时，列宁明确地从实践论的视野提出了"逻辑的式"的问题。他说："人的实践活动必须亿万次地使人的意识去重复不同的逻辑的式，以便这些式能够获得公理的意义。"② 又说："人的实践经过亿万次的重复，在人的意识中以逻辑的式固定下来。这些式正是（而且只是）由于亿万次的重复才有着先入之见的巩固性和公理的性质。"③ 列宁的这些论述，深刻地揭示了思想构成自己的基本逻辑的实践基础，具有丰富的内涵和重大的意义。

首先，列宁提出了"逻辑的式"的来源问题。对这个问题，列宁十分明确地指出，"逻辑的式"来源于人类的实践活动。人类的实践活动也是一种"逻辑"，是一种表现为"感性活动"的逻辑、外部操作的逻辑。实践操作的逻辑，既受外部存在的制约，又受意识活动的制约；同时，它既改变外部存在，又变革意识活动。在这种既受思维和存在的制约、又改变思维和存在的"亿万次"的实践活动中，实践形成了自己的"逻辑"。与此同时，实践又使意识也"亿万次"地重复各种"不同的逻辑的式"，从而把实践的、外部操作的逻辑转化成意识的、思维运演的逻辑。

其次，列宁关于实践与"逻辑的式"的关系的论述，说明了"逻辑的式"为何具有"先入之见的巩固性和公理的性质"。列宁认为，"逻辑的式"既不是自己产生的，也不是突然形成的，而是"亿万次的"实践的产物。因此，"逻辑的式"的先入之见的巩固性和公理的性质，必须而且只能从人的"亿万次的"实践来说明。实践活动面向着客观世界，受到客观世界的制约和规范，并在改变客观世界的过程中不断地得到自我调整和自我实现。经过"亿万次"的调整与实现的实践活动的逻辑，与客观世界自在运动的逻辑构成了列宁所说的"相合线与相离线的彼此相接触的圆圈"，具有了按照客观世界的逻辑而改变客观世界的意义。而在人的实践活动中，又同时使人的意识"亿万次"地重复各种不同的逻辑的式，并使这些逻辑的式以思维

---

① 马克思：《1844 年经济学哲学手稿》，人民出版社，2000 年，第 87、85 页。
② 《列宁全集》第 55 卷，人民出版社，1990 年，第 160 页。
③ 《列宁全集》第 55 卷，人民出版社，1990 年，第 186 页。

规则、思维方式、思维运演的逻辑的形式固定下来。反过来，这种来源于人的实践活动的思维运演的逻辑，又成为调节、控制、规范人的实践活动的逻辑。这样，"逻辑的式"就获得了"先入之见的巩固性和公理的性质"。列宁的论述，以实践的观点回答了形式逻辑何以可能的"前提"，也以实践的观点回答了思维规律与存在规律"服从同样的规律"的现实基础。

三、构成思想的基本方式的前提批判

人的思想活动不仅遵循思维规律，而且是以自己把握世界的各种基本方式而构成关于世界的思想。所谓"人类把握世界的基本方式"，简洁地说，就是人类把"自在世界"变成自己的"世界图景"的方式。人类在其漫长的形成和演进的过程中，逐渐地形成了人与世界之间的特殊关系，即人类不仅是以其自然器官与世界发生自然的"关系"，而且特殊地以自己的"方式"为"中介"而与世界发生"属人"的"关系"。常识、宗教、艺术、科学和哲学等等，就是人类在实践活动的基础上所形成的与世界发生真实关系的"中介"，也就是人类"把握"世界的"基本方式"。人类的全部思想，都是由人类把握世界的各种基本方式——常识、宗教、艺术、科学和哲学——所构成的；因此，哲学对思想的前提批判，必然包括对构成思想的各种"基本方式"的前提批判。

人类把握世界的各种基本方式，在其直接性上，首先是为人类提供了丰富多彩的"世界图景"，即常识的、宗教的、艺术的、科学的和哲学的"世界图景"；而它们之所以能够提供各种各样的"世界图景"，则在于它们本身是人类把握世界的不同方式，即宗教的、艺术的、常识的、科学的和哲学的"基本方式"；这些基本方式不仅为人们提供各种各样的"世界图景"，而且为人们的思想和行为提供各自的"思维方式"和"价值规范"，即宗教的、艺术的、常识的、科学的和哲学的思维方式和价值规范。这样，人类把握世界的各种基本方式，就以"世界图景"、"思维方式"和"价值规范"的三重内涵而构成哲学反思的对象。

在人类把握世界的基本方式中，"常识"是人类世世代代的经验的产物，人们的经验世界在常识中得到最广泛的相互理解，人们的思想感情在常识中得到最普遍的相互沟通，人们的行为方式在常识中得到最直接的相互协调，人们的内心世界在常识中得到最便捷的自我认同，因而常识是规范人的思想与行为的最普遍的"前提"，并构成哲学的"前提批判"的直接对象。作为人类把握世界的一种基本方式，"宗教"的本质特征，在于对神的信仰。宗教中的神圣形象，把各种各样的力量统一为至高无上的力量，把各种各样的智能统一为洞察一切的智能，把各种各样的情感统一为至大无外的情感，把各种各样的价值统一为至善至美的价值。这样，宗教中的神圣形象，就成为一切力量的源泉，一切智能的根据，一切情感的标准，一切价值的尺度，人只有从这种异在的神圣形象中才能获得存在的根本意义。这就是马克思所说的人在"神圣形象"中的"自我异化"。哲学对宗教的前提批判，就是对宗教所构成的"颠倒的世界观"的批判。"艺术"作为人类把握世界的一种基本方式，它表现人类心灵的复杂性、丰富性和创造性，表现人与世界之间的丰富多彩的矛盾关系，表现人按照美的规律来塑造人和人的世界，哲学则把艺术活动及其产品作为反思的对象，揭示艺术所蕴含的人性的奥秘，论证艺术所表现的生活的意义与价值，阐发艺术所体现的人与世界之间的丰富关系，从而达到对世界与人生的深层把握。科学和哲学是人类把握世界的两种既相互联系又相互区别的理论思维方式。哲学对"科学"的前提批判，主要是对科学活动中的"思维和存在的关系问题"的反思，揭示科学活动及其研究成果所隐匿的世界观、认识论和方法论问题，进而实现对时代的科学精神和科学的社会功能的反思。哲学对自身的前提批判，主要是揭露哲学自身前提的内在矛盾，展现哲学前提自身的狭隘性、片面性和暂时性，论证它的历史进步性、历史局限性和新的历史可能性，促使人类以批判的、革命的态度去对待自己的全部思想和行为，以新的理论思维方式和价值观念体系去反观人类的历史和现实存在，从而塑造和引导新的时代精神。

在对思想的前提批判的意义上，哲学对人类把握世界的基本方式的前提批判，特别重要的是对常识、科学和哲学的三个层次的概念框架的批判。

人是认识世界和改造世界的主体。在人与世界之间的关系中，"概念"占有特殊的重要地位。概念既是人类思维的形式，又是人类认识的成果。概念以内涵与外延相统一的方式构成主体对客体的规定性的把握。因此，在人与世界的现实关系中，作为主体的人既要以概念的方式去把握、描述、解释和反思人与世界及其相互关系，又要以概念的方式去理解、解释、规范和反思人自己的思想与行为，还要以概念的方式去建构关于世界的规律性图景以及对世界的理想性、目的性要求。概念是人在思想中构筑经验世界的方式，也是将思想中的世界世世代代传递下去的社会遗传方式。概念是人类历史文化的"水库"，也是人类文明发展的"阶梯"和"支撑点"。人们从历史上承继下来的各种概念体系，直接地和深层地制约和规范着人们的历史性创造活动，制约和规范着人们对世界的理解，以及人们之间的相互理解和每个人的自我理解。在这个意义上，人类的文明史也就是概念的形成、演化、变革、更新和发展的历史。因此，哲学对人类把握世界的基本方式的前提批判，集中地表现为对人类把握世界的概念方式的前提批判。

人类把握世界的概念体系既是纷繁复杂的，又是历史发展的。但是，从人类用以把握世界的概念框架的层次性上看，却可以从总体上区分为三个最基本的层次，这就是常识性质的概念框架、科学性质的概念框架和哲学性质的概念框架。所谓"概念框架"是指人们用以构筑思想中的经验世界并用以整理思想中的概念的方式。人类用以把握和解释世界的任何一个概念，都不可能是孤立地构成思想中关于世界的规定，都不可能独立地使思想获得对世界的理解。恰恰相反，任何一个概念，它的"内涵"与

"外延"，它的"演化"与"发展"，都必须（和只能）是在特定的"概念框架"中获得与实现。这就是说，概念必须是"彼此联系的，并且联系于一个概念网络，依靠这个概念网络，它们依次得以理解，形成我们可以称之为概念框架或概念结构的东西"①。因此，人们如何描述和解释世界，人们怎样理解和规范自己，从深层上看，总是取决于人们所占有和使用的概念框架的不同性质以及所达到的不同水平。

概念框架的性质和水平具有不同的含义。所谓概念框架的性质，是指不同层次的概念框架所具有的特殊的性质。据此，正如前文所述，可以把概念框架分为三个基本层次，即常识性质的概念框架、科学性质的概念框架和哲学性质的概念框架。在不同层次的概念框架中，概念具有不同的性质。例如，人们经常使用物质这个概念，但它在常识的、科学的和哲学的三个不同层次的概念框架中，却具有不同的性质。在常识的概念框架中，物质是指各种具体的东西；在科学的概念框架中，物质是指构成世界的要素；而在哲学的概念框架中，物质则是指不依赖于人的意识而又为人的思想所把握的客观实在。同样，真善美和假恶丑等等，无不在不同层次的概念框架中具有不同的性质。例如，常识中的真与假直接指向的是经验对象的"有"或"无"；科学中的真与假则不仅仅是指向经验对象的"有"或"无"，更重要的是指向关于经验对象的思想的"对"或"错"；哲学中的真与假则不仅仅是指某个经验对象的是否存在，也不仅仅是指关于经验对象的某种思想是否成立，而且更为重要的是指思维和存在是否具有同一性，即思想是否具有客观性。不仅如此，哲学中的真善美是联系在一起的，哲学关于真的理解，总是某种真理观、价值观和历史观的统一。这表明，虽然人们都在使用"真"这个概念，但在不同的概念框架中，概念本身却具有不同的性质。这深刻地表明了，人类把握世界的基本方式在构成思想中的重大作用，以及哲学反思人类把握世界的基本方式的重大意义。

四、构成思想的基本观念的前提批判

构成思想的前提，不仅包括构成思想的基本信念、基本逻辑和基本方式，而且更为普遍地表现为构成思想的基本观念，即人们用以构筑思想的世界、历史、人生、真理、价值、发展、自由等基本观念。对构成思想的基本观念的前提批判，展现了哲学的思想前提批判的开阔的和开放的思想空间。这里仅以对"真"的前提批判而展现对构成思想的基本观念的前提批判。

人们经常向自己提出的问题是："这是真的吗？"对"真"的观念进行哲学反思，就会发现，我们是在各种不同的意义上使用"真"这个观念：其一，在最直接的意义

---

① [美] 瓦托夫斯基：《科学思想的概念基础》，范岱年等译，求实出版社，1986年，第6页。

上,"这是真的吗"所追问的是,"这"(例如这个人或这件事)是否"存在"。这里的"真"的含义是"有"或"存在",而对"真"的否定则是"无"或"非存在"。其二,"这是真的吗"并不是在是否"存在"的意义上的追问,而是对具体的"在者"的规定性的追问。或者说,在这种追问中,被追问的对象的"存在"不成问题,成为问题的是被追问的对象是否具有某种特定的规定性。其三,无论是关于事物是否"存在"或关于事物是否具有某种(某些)规定性的追问,总是关于"对象"的追问,而"这是真的吗"的第三层含义,则不是对"对象"的追问,而是对关于"对象"的表象和思想的追问。在这种追问中,成为问题的是关于"对象"的"表象"和"思想",即在认识主体的表象和思想中是否符合对象本身地再现了对象。其四,"这是真的吗"并不是对"对象"与"映象"的关系的追问,而是对作为"映象"的"表象"和"思想"的关系的追问。作为认识主体的人,既以"感性"机能"表象"对象的"感性存在",又以"理性"机能构成关于对象的"思想"。那么,究竟是"理性"所"思想"的对象的"本质"是真实的,还是"感性"所"表象"的对象的"现象"是真实的?其五,"这是真的吗"并不是对认识结果的"真"或"假"的追问,而是对认识主体关于认识对象的评价的追问。一个对象可以是"真实地""存在着",并且我们的表象和思想也"正确地"构成了关于它的"映象",但是,我们仍然可以发问:"这是真的吗?"这表明,这里所追问的"真",已经不是对对象是否"存在"的真,也不是映象和思想是否"正确"的真,而是我们关于"对象"及其"映象"的"评价":"好的"或"美的"才是"真的","坏的"或"丑的"则是"假的"。这就是哲学关于"真"的存在论、真理论和价值论相统一的追问。

总结关于"真"的上述五层含义,我们可以把"真"的问题概括为三个方面:一是"有没有"的问题,二是"对不对"的问题,三是"好不好"的问题。经过这样的分析、总结与概括,我们就会发现,"真"的概念是一个多义性的概念,"真"的问题是一个复杂的问题。从"真"的概念的多义性去看待"真"的问题,就需要把"有没有"、"对不对"、"好不好"这三个方面的问题联系起来,从存在论、认识论和价值论的统一中去理解"真",也就是从人与世界、思想与存在之间的整体关系中去理解"真"。

与对"真"的追问一样,哲学对思想的前提批判,表现为对所有的构成思想的基本观念的前提批判。例如,人们经常以一种毋庸置疑的态度说"规律是看不见的,又是可以被认识的"。"看不见"的规律何以能够"被认识"?我们认识到的"规律"是客观世界自身所具有的还是我们的思维逻辑的产物?这种规律性的认识如何被检验是否正确?这就是对"规律"这个基本观念的前提批判。又如,人们常常以一种不容争辩的口吻说"艺术是一种创造"。然而,何为"创造"?艺术"创造"了什么?"画家创造不出油彩和画布,音乐家创造不出震颤的乐音结构,诗人创造不出词语,舞蹈家创造不出身体和身体的动态"①，为什么把艺术称为"创造"呢？同样，当着人们说"科学发现"或"技术发明"的时候，何谓"发现"和"发明"？科学所"发现"的"规律"不是"客观存在"的吗？"客观存在"的"规律"为什么不是人人都能"发现"？科学是怎样"发现"规律的？人们常常以"真善美"和"假恶丑"来评论人的思想与行为，那么，何谓"真善美"？何谓"假恶丑"？区分"真善美"与"假恶丑"的标准是什么？这种区分的标准是绝对的还是相对的，是永恒的还是历史的，是客观的还是主观的？这就是对构成思想的基本观念的前提批判。

在思想的前提批判的理论空间中，具有直接的生成性和历史性的思想前提，是构成思想的各种基本观念。但是，对构成思想的基本观念的前提批判有三个方面的局限性：一是具有选择性，即局限于对某些构成思想的基本观念的前提批判；二是具有历史性，即局限于我们时代所达到的对这些基本观念的前提批判；三是具有意见性，即局限于发问者所把握到的我们时代对这些基本观念的前提批判。当然，这些局限性也在不同程度上适用于对构成思想的基本信念、基本方式、基本逻辑和哲学理念的前提批判。正是这种局限性，表明对思想的前提批判是行进中的哲学活动，而不是完成了的哲学理念。

五、构成思想的哲学理念的前提批判

每个时代的思想，都隐匿着构成其自身的基本观念，并深层地表现为该时代的哲学理念。因此，哲学对思想的前提批判，就不仅仅是对构成思想的基本信念、基本逻辑、基本方式和基本观念的前提批判，而且深层地指向对构成思想的哲学理念的前提批判。

在哲学的反思中，求索天、地、人的人与自然之辨，探寻你、我、他的人与社会之辨，反省知、情、意的人与自我之辨，追寻真、善、美的人与生活之辨，凝结成作为理论思维的哲学范畴。西方哲学的存在与非存在、本体与变体、主体与客体、感性与理性、经验与超验、思维与存在、自由与必然，中国哲学的天与地、内与外、体与用、道与器、理与欲、人与己、义与利、仁与智、知与行，无不凝聚了对"思维和存在的关系问题"的深层把握与理解。现代哲学对真理、规律、科学、文化、历史、语言、理性、价值、正义的批判性反思，对构成思想的基本观念展开了不断深化的前提批判，不仅由此构成了被称之为"部门哲学"的科学哲学、逻辑哲学、文化哲学、语言哲学、价值哲学、政治哲学以及法哲学、经济哲学、技术哲学、工程哲学、管理哲学、教育哲学等等，而且赋予这些基本观念以哲学理念的意义。哲学对自身构成思想

---

① ［美］苏珊·朗格：《艺术问题》，腾守尧等译，中国社会科学出版社，1983年，第1页。

的基本理念的前提批判，就是追究生活信念的前提，探寻经验常识的根据，反思历史进步的尺度，询问评价真善美的标准，从而变革人类的世界图景、思维方式、价值观念、审美情趣和整个生活方式，塑造和引导新的时代精神。

哲学的前提批判，是对思想构成自己的根据和原则的批判，因而必然指向对规范人的思想和行为的核心观念——世界观——的前提批判。因此，哲学对自身的前提批判，首要的问题是：何谓世界观？是人以"整个世界"为对象而观之，还是人以关于世界的思想为对象反过来而思之？具体言之，什么是世界观的"世"？是自然而然的世，还是人生在世的世？什么是世界观的"界"？"是无始无终"的界，还是人在途中的界？什么是世界观的"观"？是自然而然和无始无终的非人或超人的目光，还是人生在世和人在途中的人的目光？这表明，当我们把哲学作为被定义项而界说为"世界观理论"或"理论化的世界观"的时候，作为定义项的"世界观"本身并不是没有歧义的。事实上，正是由于人们对"世界观"赋予了各不相同的理解和解释，因而作为"世界观理论"的"哲学"也被赋予了迥然有别的理解和解释。因此，对世界观的前提批判，是阐释哲学的理论性质的最为直接的切入点，也是展开哲学的前提批判的最为恰当的切入点。

哲学的世界观的前提批判，就是对哲学本身所提供的人的"安身立命"之本或人生的"最高支撑点"的前提批判。对这些关乎人的"安身立命"之本的哲学理念的"前提批判"，是一种寻求、揭示和批判地反思人类全部活动的"前提"的思想活动，是一种把隐匿在思想之中的"看不见的手"揭露出来并予以批判的思想活动。这种"前提批判"的思想活动，具有推动社会进步的巨大的逻辑震撼力量和"改变世界"的现实力量。"如果不对假定的前提进行检验，将它们束之高阁，社会就会陷入僵化，信仰就会变成教条，想象就会变得呆滞，智慧就会陷入贫乏。社会如果躺在无人质疑的教条的温床上睡大觉，就有可能会渐渐烂掉。要激励想象，运用智慧，防止精神生活陷入贫瘠，要使对真理的追求（或者对正义的追求、对自我实现的追求）持之以恒，就必须对假设质疑，向前提挑战，至少应做到足以推动社会前进的水平。"[①] "向前提挑战"的哲学，绝不是远离生活的玄思和遐想，而是源于人的实践的存在方式。人类的实践活动，从根本上说，是人对世界的否定性统一的活动，是人在对世界的否定性统一中实现人的自身发展的活动。实践活动作为追求自己的目的的人类历史进程，人类的历史发展过程也就是实践活动的自我超越，即历史地否定已有的实践方式、实践经验和实践成果，又历史地创造新的实践方式、实践经验和实践成果。在实践自我超越的历史过程中，哲学思想作为实践活动中的新的世界图景、思维方式、价值观念和目的性要求而构成实践活动的内在否定性。这种内在否定性就是哲学对实践的批判性反

---

① ［英］麦基主编：《思想家》，周穗明等译，生活·读书·新知三联书店，1987年，第3～4页。

思和理想性引导。人是现实性的存在，但人又总是不满足于自己存在的现实，而总是要求把现实变成更加理想的现实。马克思说："光是思想力求成为现实是不够的，现实本身应当力求趋向思想。"①哲学正是以其理想性的世界图景和理想性的目的性要求而超越实践，形成引导人类走向未来的世界观，促进实践的自我超越。作为世界观理论的哲学的重大意义，就在于引导人们自觉地"对现存的一切进行无情的批判"，从而把现实变成更为理想的现实。正因如此，马克思才提出，任何真正的哲学不仅是"时代的精神上的精华"，而且是"文化的活的灵魂"②。

哲学作为"思想中的时代"，它是以"理论"的方式所把握到的"时代"，而不是关于时代的种种"表象"。对"思想"的"反思"，似乎是使哲学与现实拉开了"间距"，然而，正是由于这种"间距"，哲学才能够超越感觉的杂多性、表象的流变性、情感的狭隘性和意愿的主观性，从而全面地反映现实、深层地透视现实、理性地解释现实、理智地反观现实、理想地引导现实。一个明显的例证是，在当代，正是在以"发展观"为对象的哲学"反思"中，人们不断地深化了对"发展"的理解。从单纯的"经济发展"模式到"经济社会发展"模式，再从"经济社会发展"模式到"可持续发展"模式，"发展"被赋予了愈来愈深刻的思想内涵，从而不断地调整了人与世界之间的关系，塑造和引导了新的时代精神。

哲学作为人类思想的反思活动，从其产生开始，就具有反思的特性；但是，哲学的反思性，却是在哲学的发展进程中不断成熟和深化的。以"实践转向"和"语言转向"为标志的现代哲学，非但没有"拒斥"哲学反思，而是扩展和深化了哲学反思——对思想的前提批判。近代哲学的"认识论转向"使哲学关注对"观念"的反思，现代哲学的"语言转向"则使哲学集中于对"语言"的反思。对比"观念"与"语言"，我们首先会发现对"语言"反思的广度、深度和力度。如果说"观念"具有内在性、主观性、私人性、自然性、非自主性和非批判性，那么，"语言"则具有外在性、客观性、公共性、超自然性、自主性和可批判性与可解释性。因此，对语言的反思，是对人的文化性、社会性和历史性的存在的反思，也就是从"语言"出发的对人的实践的存在方式和发展方式的反思。在现代西方哲学中，"拒斥形而上学"、"观察渗透理论"、"本体论承诺"、"存在的遗忘"以及"合法的偏见"等命题，以现代性的哲学理念表征了刚刚过去的那个世纪，并以现代的哲学理念展开了哲学对自身的前提批判。

"拒斥形而上学"。在被怀特称为"分析的时代"的20世纪，是以对哲学的"形而上学"的"分析"为前提的。作为逻辑实证主义重要代表人物之一的卡尔纳普，通过对"语言职能"的分析，尖锐地向"形而上学"发问：如果作为"形而上学"的哲

---

① 《马克思恩格斯选集》第1卷，人民出版社，2012年，第11页。
② 参见《马克思恩格斯全集》第1卷，人民出版社，1995年，第220页。

学既不是充当语言的"表述"职能而像"科学"那样"表述"世界,又不是充当语言的"表达"职能而像"艺术"那样"表达"情感,这样的"形而上学"即"哲学"不是应当"拒斥"吗?我们并不赞同卡尔纳普的结论,但是,我们必须回应他对"形而上学"的"分析",也就是说,我们只有更为深刻地反思"形而上学",才能对"形而上学"作出当代"辩护"。事实上,当代的"形而上学复兴",正是在对"形而上学"的深切反思中推进的。

"观察渗透理论"。这个命题直接针对的是如何理解"理论"与"观察"的关系,但其深层却蕴含着对"拒斥形而上学"的"反拨"。我们并不赞同卡尔纳普的结论,正是因为在他的理论"前提"中就蕴含着深刻的矛盾:是否存在一种纯客观的"表述"经验事实的"科学"?现代科学哲学在它的发展过程中,以"观察渗透理论"这个"命题"否定了实证主义的幻想。"观察"总是作为历史文化存在的人的观察,人总是以自己的历史文化为背景而进行观察,因此,"没有中性的观察","观察总是负载理论","观察总是被理论'污染'"。对"观察"的"反思",变革了我们对"观察"及其所蕴含的主客关系、思存关系的理解。

"本体论承诺"。对于人们争论不休的"本体论"问题,逻辑实用主义创始人蒯因从对概念的分析即"反思"入手,简洁明快地提出,所谓"本体论"问题就是"何物存在"的问题,而人们在讨论这个问题的时候,则必须区别两种不同的问题:一是何物实际存在的问题,一是我们"说"何物存在的问题;前者是"本体论的事实"问题,后者则是"本体论的承诺"问题。[①] 蒯因在这里表达的对本体论问题的现代理解,触及了传统哲学本体论的症结所在,这就是把"本体论的承诺"当作了"本体论的事实"。我们同样并不完全赞同蒯因的观点,但是,我们不能不思考蒯因对"本体论"问题的"反思",不能不思考"本体论"所蕴含的"思维和存在的关系问题"。

"存在的遗忘"。这是在现代的哲学反思中,海德格尔对"存在"提出的重大问题。在《形而上学导论》中,海德格尔劈头就问:"究竟为什么在者在而无反倒不在?"[②]。在经验的意义上,这问题似乎并不存在:在者在,而无就是不在。对此,海德格尔以早就料到的口吻说,"绝大部分人根本就不会遇上这个问题",因为要"对此问题提问",首先就要"迫使自己进入这一发问状态中",[③] 而"不提这个问题,星球照样按照它的轨道运行","万物照样生机勃勃成长"。[④] 既然如此,为何非提这个问题不可呢?海德格尔说,因为这个问题是"首要问题":其一,它是"最广泛"的问题,"不仅涵括最广义的,现在的现成存在者,而且涵括以往的曾在者和未来的将在者";

---

① 参见 [美] 蒯因:《从逻辑的观点看》,江天骥等译,上海译文出版社,1987年,第1页。
② [德] 海德格尔:《形而上学导论》,熊伟等译,商务印书馆,1996年,第3页。
③ 参见 [美] 蒯因:《从逻辑的观点看》,江天骥等译,上海译文出版社,1987年,第1页。
④ 参见 [美] 蒯因:《从逻辑的观点看》,江天骥等译,上海译文出版社,1987年,第7页。

其二，它是"最深刻"的问题，是问"在者由何根据而来？在者处于何根据之上？在者照何根据行事？"其三，它是"最原始"的问题，"唯有一种在者，即提出这一问题的人，总是不断在这一追问中引人注目"。① 通过海德格尔对他称之为"首要问题"的"反思"，我们可以感受到"哲学活动就是对超乎寻常的东西作超乎寻常的发问"②。海德格尔的"提问"，最重要的是启发我们重新理解"哲学"。海德格尔十分自觉地指出，追问"无"的哲学必定是"不合时宜"的，因为"哲学或者远远超出它的当下现今，或者反过头来把这一现今与其先前以及起初的曾在联结起来"，从而"把时代置于自己的准绳之下"。但是，"这种不承认日常生活中的直接反响的东西，却能与民族历史的本真历程生发最内在的共振谐响。它甚至可能是这种共振谐响的先声"。③ 因此海德格尔提出，"哲学的真正功用恰恰就在于加重历史性此在以及从根本上说是加重绝对的在。艰深使得万事万物，使得存在者重新获得凝重（在）"，而"沉重艰深是一切伟大事物出现的基本条件之一"，正因如此，海德格尔颇为激动地提出，"所有的伟大事物都只能从伟大开端，甚至可以说其开端总是最伟大的"。④ 我们是否能够在对"无"的"反思"中，获得某种"凝重"和"伟大"呢？

"合法的偏见"。这更是一个值得深思的命题。在传统哲学的两极对立、非此即彼的思维方式中，"思想"只有"正确"与"错误"之分；但在伽达默尔的解释学"反思"中，却构成了一个振聋发聩的命题："合法的偏见"。把"偏见"视为"合法"，把"合法"视为"偏见"，这确实是对"合法"与"偏见"的现代理解。在哲学解释学看来，人所创造的"语言"并不是一种工具，而是人自己的存在方式。由"语言"构成的历史与现实之间、"历史视野"与"个人视野"之间，时时存在一种"张力"；人既在历史中接受、也在历史中更新"理解"的方式；历史文化对个人的占有与个人主体意识活动的统一，既构成理解方式的更新即历史的发展，也构成历史发展中的"合法的偏见"。正因为人类的实践活动总是以某种"合法的偏见"为前提，因此伽达默尔提出，"一切实践的最终含义，就是超越实践本身"，而"理论就是实践的反义词"，"对理论的赞美构成了对实践的反驳"。⑤ 在这里，正是由"合法的偏见"而引申出对"理论"和"实践"及其相互关系的理解。这种理解对于我们反思"理论"和"实践"的关系是富有启发性的。

通过对"拒斥形而上学"、"观察渗透理论"、"本体论承诺"、"存在的遗忘"、"合

---

① 参见［美］蒯因：《从逻辑的观点看》，江天骥等译，上海译文出版社，1987年，第4~5页。
② 参见［美］蒯因：《从逻辑的观点看》，江天骥等译，上海译文出版社，1987年，第15页。
③ 参见［美］蒯因：《从逻辑的观点看》，江天骥等译，上海译文出版社，1987年，第10页。
④ 参见［美］蒯因：《从逻辑的观点看》，江天骥等译，上海译文出版社，1987年，第17页。
⑤ ［德］伽达默尔：《赞美理论》，夏镇平等译，生活·读书·新知三联书店，1998年，第21、46页。

法的偏见"这些命题的"反思",我们可以感受到对思想的前提批判在现代哲学中的生命力。但是,在哲学发展史上,真正地"在人的实践中以及对这个实践的理解中"去"反思"全部理论问题的,则是由马克思和恩格斯创建的"新世界观"哲学。这种"新世界观",为我们提供了实践论的反思方式。

所谓实践论的反思方式,就是从人的思维的最本质最切近的基础——实践——出发,以实践观点的思维方式去揭示思维与存在、人与世界之间的矛盾关系,从而达到对思维与存在、人与世界之间的否定性统一的辩证理解。首先,实践论的反思方式,是基于人的悖论性存在的反思方式。人依赖于自然又超越于自然,人创造自己的历史又不能随心所欲,人是现实的存在又总是以自己的理想去改变现实,因而人及其"思想"总是处于矛盾之中。实践论的反思正是以人的实践的存在方式和发展方式为基础,不断地揭示人的悖论性的存在,从而深化人对自身存在方式的理解,推进哲学对思想的前提批判。其次,实践论的反思方式,是基于"为我关系"的反思方式。人的"生活"是"自己的意志和意识的对象",人的"生产"是"用内在固有的尺度来衡量对象"的生产,因此,人的"生活"和"生产"是以"我"的"自我意识"为前提的活动过程,是在改造世界的活动中"实现自我"和"发展自我"的过程,是把自在的世界变成"人化了的自然"或"属人的世界"的过程。实践论的反思方式,既是基于人对世界的"为我关系"的反思,又是以这种"为我关系"作为实质内容的反思方式,因而是对"思维和存在的关系"的内在矛盾的实践论反思。再次,实践论的反思方式,是基于人的存在方式和发展方式的"从后思索"的方式。马克思说:"对人类生活形式的思索,从而对它的科学分析,总是采取同实际发展相反的道路。这种思索是从事后开始的,就是说,是从发展过程的完成结果开始的"。① 因而,它是一种从发展了的形态去思索整体发展过程的方式,是以整个人类文明史为对象的实践论反思。最后,实践论的反思方式是"对现存的一切进行无情的批判"的彻底的辩证法的思维方式,它在对事物的"肯定"的理解中同时包含对它的"否定"的理解,也就是从历史的"暂时性"去看待现存的一切,包括从历史的"暂时性"去反思关于"一切"的"思想"。实践论的反思方式为哲学的思想前提批判提供了永不枯竭的理论空间。

〔作者孙正聿,吉林大学资深教授、教育部人文社会科学重点研究基地吉林大学哲学基础理论研究中心主任。本文刊发于《中国高校社会科学》2014年第2期,责任编辑毛殊凡。《中国社会科学文摘》2014年第8期转载〕

---

① 《马克思恩格斯全集》第23卷,人民出版社,1972年,第92页。

思想政治教育的根源探究

郑永廷

思想政治教育根源，也可称之为思想政治教育本源，就是要回答为什么各个社会、各种人群都有思想政治教育和都需要思想政治教育，也就是要研究思想政治教育产生和需要的必然性与普遍性问题。思想政治教育的根源研究，是思想政治教育学科的立论研究。

一、中国古代关于道德教育的根源探索

我国古代先哲从个体人性预设出发，探析了道德教育的根源。古代最先提出人性观念的是孔子。孔子关于"性相近，习相远"①的命题，把"人性"与教习相联系，在确立人具有人的本性的同时，也肯定教习对人性改变的作用，从而为教育，特别是道德教化作了论证。孔子以后，人性论探讨开始活跃起来。战国时代的世硕提出人性有善有恶的观点，这种善恶本性，在养育、教习下可以增长、发展，他说："举人之善性，养而致之则善长；性恶，养而致之则恶长。如此，则性各有阴阳，善恶在所养焉。"②这样，世硕不仅把道德善恶与人性善恶直接联系起来，而且直接从人性善恶的变化发展，为道德教育的存在与发展作了论证。与世硕人性有善有恶的主张相反，告子提出"人性无善无不善"观点，认为人性先天所赋，后天表现道德善恶是后天教化所致。于是，王充在评价告子的人性论时说："夫告子之言，谓人之性与水同也，使性若水，可以水喻性，犹金之为金，木之为木也。人善因善，恶亦因恶。初禀天然之姿，受纯一之质，故生而兆见，善恶可察。无分于善恶，可推移者，谓中人也。不善不恶，须教成者也。"③显然，在告子看来，人的"性"与生俱来，而"善"与"恶"的社会属性由后天教化所成。孟子对人性做了比较系统的论证，是著名的"性善论"者，他提出人之"四端"的观点，即"恻隐之心仁之端也，羞恶之心义之端也，辞让之心礼

---

① 《论语·阳货》。
② 《论衡·本性》。
③ 《论衡·本性》。

之端也,是非之心智之端也。"① 孟子认为,"四端"虽人所固有,但常受后天蒙蔽、压抑,需要社会的教化和个人的自我修养才能发挥出来。于是,孟子以"性善论"为道德教育和道德修养做了论证。荀子的人性预设,正好与孟子相反,主张"性恶论"。荀子说:"从人之性,顺人之情,必出于争夺,合于犯分乱理而归于暴。故必将有师法之分,礼义之道,然后出于辞让,合于文理,而归于治。"② 荀子认为,由于人性之恶,就需要有为师者对人施以教化使之"化性起伪"而向善。荀子从性恶论的角度为道德教育作了佐证。我国古代先哲,还从社会层面探索了德治的根源。孔子说:"为政以德,譬如北辰居其所而众星共之。""道之以政,齐之以刑,民免而无耻;道之以德,齐之以礼,有耻且格。"③ 孔子把德教放大到全社会而成为德治,形成了我国古代以德治国的传统。孟子认为:"得道者多助,失道者寡助,多助之至,天下顺之。"④ "以力服人者,非心服也,力不赡也;以德服人者,心悦而诚服也。"⑤ 孟子传承孔子的德教、德治思想,为社会治理探寻了根据。

综上所述,自孔子之后,我国古代先哲有坚持人性本善、人性本恶、人性有善有恶、人性无善无恶和人性善恶混杂等各种观点,尽管观点迥异,视角各有不同,但有两点是基本一致的。一是他们观察、分析的对象都是人,他们对人的本性研究,在当时的历史条件下只能作出主观的猜测和某种预设,不可能进行本质探讨和作出科学结论,这是时代的局限;但他们的共同点是注意到了人与动物的区别,这个区别就是人要向善,人要讲德,从本源上确认了人对善和德的需要。二是先哲们在探求人要向善和人要讲德的途径时,他们的主观猜测、预设和他们所处的地位,不可能使他们看到社会实践的作用,这也是时代局限;但他们都从不同角度为道德教育作了论证,这就确立了道德教育对人的作用与价值。正是先哲们的这些观点、理论,铸塑了我国传统文化的鲜明特征,形成了民族"伦理之邦"的美誉,并在悠长的历史进程中不断丰富和发展。

二、西方古代关于思想、政治、道德教育的根源探寻

西方古代从个体层面论证道德教育的普遍性,也是从人性论观点出发的。古希腊的柏拉图,同我国古代先哲一样,也通过人性预设为道德教育进行了论证。他提出人有理性、意志与欲望的天性,欲望是人的生理欲求,意志是喜怒哀乐以及坚韧、侵略

---

① 《孟子·公孙丑上》。
② 《荀子·性恶》。
③ 《论说·为政》。
④ 《孟子·公孙丑下》。
⑤ 《孟子·公孙丑上》。

等感情，惟独理性为人所特有，使人区别和高于动物，是人之天性最可贵的部分。柏拉图称人的欲望本能为人的兽性、野性，欲望中有必要与非必要两部分，必要的欲望不可避免且对人有用，非必要欲望非人之本性且对人有害。如果欲望部分脱离了理性的领导和监视，因追求肉体快乐变大变强而不再安守本分，企图去控制、支配那些它所不应该控制、支配的部分，就会使人沦为动物而毁灭整个生命。为此，柏拉图根据他设定的人性前提，提出了道德可教、知德合一的道德教育理论。这一理论认为，良好教育不仅可以戒除非必要欲望而使人保持应有本性，而且教育能唤起人来自理念世界的善德禀赋，人以教育为引导通过"回忆"而致知和进德。为此，人需要接受教育，教育者要承担以德化人的任务，并且自身要成为以德示范的善人。同时，柏拉图还有一个"性善论"假定，认为人都有舍恶趋善的本性，人不是天性为恶。但人在实际生活中是否行善和讲德，关键是他是否具有知善恶的能力；人能知善，一定行善，人能知恶，必能避恶，行恶者不是恶性使然，而是无知。因此，知识是善行的保证，是主宰人的真实力量。要获得关于善恶的知识和辨别善恶的能力，只能靠教育和学习。所以，柏拉图从人性的因素和性善两个假设，论证了教育的必然性与必要性。

在西方古代，更有影响的是柏拉图的学生亚里士多德。亚里士多德论证道德教育的起源与本质，也是从人性和社会两个层面展开的。对人性的研究，亚里士多德同其他先哲们一样，也以动物为参照。他认为，人区别于动物的特性，一是人有社会性，提出"人是政治动物"的著名论断，阐述了人的合群习性；二是人有理性，提出"人是理性动物"的命题，阐述了人能分辨善恶而动物则没有这个能力。亚里士多德关于人性的这两个命题，虽然在当时不可能有科学的论证，但比人性的善恶之争更接近人的本性。亚里士多德从人性命题出发，分别从社会和个体两个层面论述了道德教育的根源。从社会层面来看，他从"城邦"应当是"善邦"的目标出发，论述了城邦的善德不决定于神灵、命运，而是由人决定的。只有城邦中参与政事的公民都具有善德，全体公民个个都是善人，城邦才能成为善邦。为此，全社会都要重视教育，唯有教育才能把人们引向善德，才能保证城邦为善；惟有教育才能增强人的理性，节制人的欲望和抑制人的罪恶本性；惟有教育才能使城邦的每个人向善合群，达到城邦的统一。所以，亚里士多德把善德作为立国之基，把教育，主要是道德教育作为治国之本。

从个体层面来看，亚里士多德在《尼各马科伦理学》一书中，以一半的篇幅系统研究了人的德性的来源、类型与特点以及作用与价值。亚里士多德认为，人们之所以可以达德成善，源于三端，一是出生时所禀天赋，二是后天养成的习惯，三是内在的理性。人的天赋使人有接受善德的可能；而人的善德，包括理智德性和伦理德性两类，都来源于道德教化和道德训练。理智德性来自于道德教育，道德教育的核心问题就是培养人以理性节制情欲。因为人的发展程序是躯体先于灵魂，灵魂的非理性部分先于理性部分，情欲在人之初就已显现，而辩解和思想的机能要伴随其成长发展。身体从属于灵魂，灵魂的情欲部分受制于理性，才合乎人的天赋而有益；理性不能控制情欲，则违背人的天赋而有害。至于伦理德性,实际上是人的道德品质,亚里士多德认为既非神赐天授,也不可能自发产生,它像人掌握技术、学习弹琴、建造房子的道理一样,要通过实际训练才能获取。因此,道德品质来自于富有德性的活动,也就是来自于生活中的道德教育。亚里士多德这一活动、养成式教育,把道德品质的形成与发展植根于现实生活之中,离弃了道德根源中的神权主义而走向现实,对后来的道德教育产生了深远影响。

同我国古代先哲一样,古希腊先哲对德教、德治的探索也以人性预设为前提,既有价值也有局限。

西方中世纪处于宗教神学统治之中。马克思主义认为,"一切宗教都不过是支配着人们日常生活的外部力量在人们头脑中的幻想的反映,在这种反映中,人间的力量采用了超人间的力量的形式。"[①] 在古代,当人们对自然的力量、社会的本质难以认识和把握的时候,就会自发产生对这种外在力量的迷信与崇拜,并试图设想一个全能的神来控制外在力量。这是人类社会在发展进程中的一种矛盾现象,即人类科学技术不发达而无法征服自然,而人类可以想象出一个神来对付自然。尽管这种对付是无济于事的,但又体现了人类"意识"的"高明"。所有宗教所打的旗号都是惩恶扬善、讲道求德,所以,宗教通过宗教教育、宗教活动进行道德教育。那么宗教如何追寻与人之善德与教育的关联呢?宗教还是从人性预设开始,从个体和社会两个层面展开的。一般来说,宗教都以肯定神性、否定人性为特征。之所以倡导神性,除了神有力量之外,就是神是善的化身;之所以泯灭人性,除人性导致社会许多丑恶之外,就是人性趋恶。基督教把人性预设为极恶,设定人有"原罪"。按照基督教教义,人到尘世的主要目的是为了完成两个相互关联的任务,一是"赎罪",二是"积德"。赎罪必须讲德,积德为了赎罪。这样,宗教的人性恶论同一些先哲的性恶论一样,找到了对付"恶"的主要方式,这就是道德教育与宗教规则惩戒。宗教被统治者掌握之后,统治者一方面自诩为神的化身,使崇拜神性而丧失主体的人为之尊敬;另一方面设计出绝对"服从"、"俯首听命"、"安分守纪"、"克己禁欲"等"善德",从信念上控制人的行为,维护社会统治。所以,在宗教那里,道德教育也有着人性预设的神秘起源。这种论证本身,同宗教的本质一样,人间的道德教育作用采取了超人间力量的方式。

三、资本主义社会的学者关于思想、政治、道德教育的根源探析

西方进入资本主义社会后,一些学者进行了思想、政治、道德教育的根源探析,影响比较大的有培根、康德、赫尔巴特、杜威等。

---

① 《马克思恩格斯选集》第3卷,人民出版社,2012年,第703页。

培根对道德与道德教育的理想描绘。提出"知识就是力量"著名论断的实验科学始祖英国的哲学家培根,在《新大西岛》著作中从个体与社会两个层面描绘了理想的社会图景:人们最大限度地尊重和利用科学;人们德性"纯洁坚贞",充满虔诚和人道精神;这里没有妓院、娼寮,只有一切美德;这里的社会所见到的是忠诚、信赖和友谊。培根对美德、道德教育所作的理想描述,超越了以往思想家仅仅从人性的唯心预设出发来论述道德与道德教育的局限,第一次把美德与科学联系起来,提出与科学发展要求相一致的道德与道德教育问题。

康德为人的道德立法。德国古典哲学的奠基人康德,针对"知识就是力量"的观点提出"德性就是力量"的命题。康德提出了两种立法观点,一是为自然立法;二是为人类自己立法,即道德立法。康德在《实践理性批判》一书的结尾写道:"有两种伟大的事物,我们越是经常、越是执著地思考它们,我们心中就越是充满永远新鲜、有增无已的赞叹和敬畏——我们头上的灿烂星空,我们心中的道德法则。"① 康德对道德立法作了论证。他说,人之为人,人之高于动物,人之所以有尊严,唯一的区别是人有自由的道德实践。为此,"只有人是需要教育的生物",人只有依靠教育才能成其为人,人完全是教育的结果。康德的道德立法,既有价值也有局限,他把道德律同人本身等同起来,标志着价值概念突破了经济和科技的界限,为西方后来的人文科学发展开辟了道路;但他又陷入了二元论的矛盾之中,在他看来,道德介乎上帝与动物之间,理性的至善是上帝(与古代假设一致),而纯粹由欲望支配的行动是动物,人的道德特点就是实践理性与欲望的矛盾。

赫尔巴特的权威主义教育理论论证道德是人的内在需要。德国教育家赫尔巴特以康德的道德立法为前提,确立教育的最高目的是培养道德。他第一次提出道德的观念结构包括内心自由、完善、仁慈、正义和公平五种要素,还提出道德的内化是形成意志,由意志经陶冶、示范、赞许和责备形成性格,确认了道德是人的内在需要与主体建构。赫尔巴特还首次提出教育性教学理论,论述了德育与智育的不可分割性,即既没有"无教学的教育",也没有"无教育的教学":教学如果没有进行道德教育,只是一种没有目的的手段,相反,德育如果没有教学,就是一种失去了手段的目的。赫尔巴特确认道德是人的内在需要并探索了内化理论,这是他的贡献。但他的理论带有明显的宗教与外在强制的色彩,具有局限性。

杜威对道德需要与发展根源的探索。杜威以达尔文的进化论为依据,论证了道德和道德教育的根源。他认为,道德需要与发展的根源,是人与其社会环境的相互作用和人的积极构造,是人在合作中不断解决道德问题的探究过程。由于社会环境永远处于发展变化之中,因而道德也处在发展变化之中。杜威立足于社会生活的实际,论述

---

① [德]康德:《康德文集》,刘克苏等译,改革出版社,1997年,第29页。

道德起源与发展是一种进步,他阐述了道德既不是宗教所作出的一种至善至美的神性预设,也不是人性的先天禀赋,而是人在社会发展进程中的创造。杜威的社会生活道德起源论,逻辑演化出"教育即生活"、"教育即生长"、"教育即经验的改造"的教育起源观念,突破了传统道德教育脱离人与社会实际的惯性。但杜威以经验论哲学和实用主义伦理学为基础的道德教育起源论,同样存在明显局限。因为杜威认为,决定经验构造的并非客观世界,而是人的理性思维,道德依存于主体的解释框架;"教育即生活"、"学生中心论"和教育无目的,使道德教育陷于实用主义与相对主义,适应了培育资本主义社会个人主义价值的需要。

西方古代与资本主义社会关于思想政治教育的根源探索,从人与社会两个层面展开,人的层面从人性(善与恶、理性与兽性)出发论证,社会层面从社会规范、协调性出发论证,都得出了教育的必然性。从古代向现代的发展过程中,思想政治教育根源探索,从人性的主观猜想、假设到社会描述、主观经验,从对人的外在控制到人的内在需要,逐步由主观走向客观、外在走向内在。但西方古代与资本主义社会,由于对人性、人的本质与社会本质,不能进行科学揭示,因而在思想政治教育根源探索上存在历史局限。

四、思想政治教育学者关于思想政治教育根源研究的成果

思想政治教育学科创立之初,思想政治教育工作者为了解决教材编写、人才培养的当务之急,对思想政治教育根源研究尚未摆上议程,即使有学者提出这一问题,也没有开展系统研究。随着思想政治教育学科建设不断深入,以及思想政治教育深层次问题的显露,思想政治教育根源研究不断受到重视,一些学者着手研究并推出了有一定分量的成果。

比较早从哲学高度研究思想政治教育产生条件、理论根据、学科性质的成果,是张澍军2002年在人民出版社出版发行的《德育哲学引论》。作者把思想政治教育的对象缩小到在校学生,用了德育概念。该著作探索、阐释了德育产生的根据,以及德育的工具性本质、目的性本质和载体性本质等问题。他在著作中把德育哲学界定为:"德育哲学是关于德育观及其行为实践的哲学前提性问题的理论学说";把研究的主要任务界定为:"通过德育理论与哲学思维的有机契合,开展对于德育观及其实践运作的哲学研究,揭示人的德行修养的前提性根据和条件,揭示德育观形成、运演、发展的历史正当性和价值合理性,揭示德育运动规律的前提性根据和条件及其实现形式。"[①] 据此,他着重以三种哲学视野对德育本体论进行了研究:一是以社会哲学视野探讨德育所具

---

① 张澍军:《德育哲学引论》,人民出版社,2002年,主编前言第1页。

有的维系人类生存、规范社会运转、促进文明发展的工具性本质；以人学视野探讨德育所具有的人类自我塑造生成、使人从动物性存在不断提升到人性存在的目的性本质；以文化哲学视野探讨德育所具有的人类精神财富生产、积累、沿革和传导的载体性本质。《德育哲学引论》的体系建构，与《思想政治教育学原理》的体系建构相近，研究的内容比较多，但基础理论研究比《思想政治教育学原理》更为深入。

比较系统研究思想政治教育根源的成果，是李合亮2007年在人民出版社出版发行的《思想政治教育探本：关于其源起及本质的研究》。该著作从"元理论"的角度对思想政治教育"元意义"进行研究，主旨在于探讨思想政治教育的本性，探究"思想政治教育是什么"这一思想政治教育理论研究中最具有根本性和基础性的命题。该著作首先提出教育是人的存在与发展方式的命题，阐述了关于教育起源的认识，把教育的起源定位为人的需要。然后着重对思想政治教育的根源从三个层面切入开展研究：一是从一个人在社会中生存、发展对教化的需求，论述思想政治教育的根源；二是从统治阶级对意识形态控制力的强化，论述思想政治教育的社会需要；三是从对人的精神建构的影响与参与问题入手，论述思想政治教育的必要性与必然性。这三个方面，系统论述了思想政治教育与个人、阶级、社会的关系演化，展示了思想政治教育的工具性与目的性本质，揭示了思想政治教育存在与发展的根源。

比较集中研究思想政治教育根源的成果，是骆郁廷、杨威所提供的论文与著作。骆郁廷、杨威在《论思想政治教育的实践根源》论文中认为："思想政治教育的产生、存在和发展具有不以人的意志为转移的客观必然性，它的产生、存在和发展同社会实践有着本质的、必然的联系。社会实践是主观见之于客观的活动，思想政治教育是思想见之于行动的中心环节。思想政治教育是解决社会实践中思想与行动基本矛盾的关键。思想与行动的基本矛盾在社会实践中往往体现为自发与自觉、精神力量与物质力量、个体与群体、经济与政治的关系。处理好这些关系，进而解决社会实践中思想与行动的基本矛盾，都离不开思想政治教育。社会实践是思想政治教育产生、存在和发展的根源。"[①] 他们在《论思想政治教育的认识根源》论文中，论述了思想政治教育"源于认识活动的内在矛盾及其解决。解决认识过程中主观与客观的矛盾，实现主观与客观相符合、相一致，是思想政治教育产生的重要根源。解决认识过程中主观与客观的矛盾，自然要解决感性认识同理性认识的矛盾，实现感性认识向理性认识的飞跃，解决社会认识与个体认识之间的矛盾，实现社会认识向个体认识的转化，这些都需要进行思想政治教育。深刻分析和把握思想政治教育的认识根源，是增强思想政治教育自觉性和实效性的重要前提"[②]。杨威还研究了思想政治教育的价值根源，他在《论思

---

① 骆郁廷、杨威：《论思想政治教育的实践根源》，《武汉大学学报（哲学社会科学版）》2008年第5期。

② 骆郁廷、杨威：《论思想政治教育的认识根源》，《江汉论坛》2009年第10期。

想政治教育的价值根源》一文中阐述道:"思想政治教育根源于主体与客体的价值关系和价值活动中,主体自觉地满足其需要和利益的动机和活动是思想政治教育产生和发展的深层价值根源。满足人的发展需求和社会发展需求,满足人的思想道德素质的发展需求和全面发展的需求,满足社会全面、协调、可持续发展的需求,这是思想政治教育产生的价值逻辑。"① 杨威的《思想政治教育发生论》(中国社会科学出版社2009年版)专著专门研究了思想政治教育的根源。该著作认为,思想政治教育是人类实践活动、认识活动和价值活动发展的必然产物。思想政治教育的发生是在各种要素的交互作用中,在各种矛盾的推动下,遵循一定规律性的过程。现代化、市场经济、全球化和构建和谐社会是当前中国社会发展最为突出的客观历史现实,构成了思想政治教育发生、发展的时代语境。

五、马克思主义关于思想政治教育根源的科学揭示

要回答思想政治教育的根源或必然性问题,必须从社会与人的本质切入。因为体现社会与人的本质的因素和方式,必定是根源性的、必然性的。实践性、社会性、需要性,是社会与人的本质特性。这些特性既不是单一的,也不是单向的,而是多因素的辩证的。如果把这些特性作类型划分,则每一特性都涉及客观与主观、物质与精神、现实与目标这相互对应的两个领域。如果强调前一个领域的决定性而忽视后一个领域的相对独立性,则陷于机械唯物主义;如果强调后一个领域的决定性而忽视前一个领域,则陷于唯心主义。社会与人的本质特性及主观能动性,决定人有思想认识、思想关系、精神追求的需要,思想政治教育正是满足这种需要并体现和发展人的本质的根本方式。马克思主义关于人与社会的实践本质、社会本质、需要本质的理论,科学解决了人的认识、人的思想关系、人的精神需要产生的根源,并分别论述了人的认识与实践、人的思想关系与物质关系、人的精神需要与物质需要的辩证关系,从而对思想政治教育的根源进行了科学论证和揭示。

首先,马克思主义关于人性的论述,为思想政治教育存在与发展的根源找到了科学根据。马克思主义在人的研究上突破了传统人性预设的唯心论和形而上学理论范式,开始以人的社会存在和社会关系作为考察人性的基础,用马克思的话来说,就是"首先要研究人的一般本性,然后要研究在每个时代历史地发生了变化的人的本性"②。恩格斯也强调:"要从费尔巴哈的抽象的人转到现实的、活生生的人,就必须把这些人当作在历史中行动的人去研究。"③ 马克思主义对人的自然性、社会性、精神性分别作了

---

① 杨威:《论思想政治教育的价值根源》,《学校党建与思想教育》2011年第12期。
② 《马克思恩格斯全集》第23卷,人民出版社,1972年,第669页脚注。
③ 《马克思恩格斯全集》第21卷,人民出版社,1965年,第334页。

阐述，指出："人是**肉体的**、有自然力的、有生命的、现实的、感性的、对象性的存在物"①。"人是最名副其实的政治动物，不仅是一种合群的动物，而且是只有在社会中才能独立的动物。"② "人是能思想的存在物"③，"真正的人＝思维着的人的精神"④。马克思主义不仅论述了共同人性，还论述了具体人性，认为人永远是一切社会组织的本质，而这些组织就表现为人的现实普遍性。人的具体人性，主要是阶级性。因此，马克思主义所说的人，不是抽象的人，而是现实的人；马克思主义的人性论，以具体的社会性、阶级性超越了主观预设的抽象人性，以全面人性克服了片面人性。以马克思主义人性论为指导，才能真正找到人需要什么，才能以实践的对象性活动、以社会关系为基础和以人的精神需要为目的，找到思想政治教育的科学根据。

其次，马克思主义关于社会与人的实践性本质的探讨，论述了思想政治教育的根源。马克思主义认为，"动物仅仅**利用**外部自然界，简单地通过自身的存在在自然中引起变化；而人则通过他所作出的改变来使自然界为自己的目的服务，来**支配**自然界。这便是人同其他动物的最终的本质的差别，而造成这一差别的又是劳动。"⑤ 马克思强调："全部社会生活在本质上是实践的。"实践活动既是人认识世界的对象性活动，又是人改造世界的对象性活动；实践活动既是以物质为基础的活动，又是以目的为前导的活动；实践活动既要坚持"物的尺度"符合客观世界的规律性，又要坚持"人的尺度"符合人的目的性；实践活动既是创造物质资源的活动，又是创造精神财富的活动。因而，人在实践活动中，既要以物质作为基础，又要以思想作为先导，没有基础与人的能动，不可能有实践。所以，马克思主义以"实践"作为基础，科学揭示了社会与人需要物质与精神的根源。

再次，马克思主义关于人的社会性本质的探讨，论述了思想政治教育的根源。马克思说："人的本质不是单个人所固有的抽象物，在其现实性上，它是一切社会关系的总和。"⑥ "因为**人的本质是人的真正的社会联系**，所以人在积极实现自己**本质**的过程中**创造**、生产人的**社会联系**、社会本质"⑦。"社会关系分成物质的社会关系和思想的社会关系。思想的社会关系不过是物质的社会关系的上层建筑，而物质的社会关系是不以人的意志和意识为转移而形成的，是人维持生存的活动的（结果）形式。"⑧ 社会关系

---

① 《马克思恩格斯全集》第42卷，人民出版社，1979年，第168页。
② 《马克思恩格斯选集》第2卷，人民出版社，1995年，第2页。
③ 《马克思恩格斯全集》第1卷，人民出版社，1956年，第409页。
④ 《马克思恩格斯全集》第3卷，人民出版社，1960年，第56页脚注。
⑤ 《马克思恩格斯选集》第4卷，人民出版社，1995年，第383页。
⑥ 《马克思恩格斯选集》第1卷，人民出版社，1995年，第60页。
⑦ 《马克思恩格斯全集》第42卷，人民出版社，1979年，第24页。
⑧ 《列宁全集》第1卷，人民出版社，1984年，第120～121页。

的实质主要体现在这样几个方面：社会关系是人的创造和人的存在方式，是人的内在需要与外在制约；人类与个体社会关系都具有历史发展性，社会关系决定并推进人的发展；社会关系中物质的关系具有基础性、决定性作用，在此基础上形成的思想关系是物质关系的反映，是通过人们的意识而形成的。人的社会本质、精神本质既决定人对物质关系的需要，又决定人对思想关系的需要；社会关系的发展（包括新发展的关系——竞争关系、信息关系、虚拟关系等）是人的全面发展的需要与条件。思想政治教育就是为了满足人们建立合理物质关系与正确思想关系的需要。因为，"在社会历史领域内进行活动的，是具有意识的、经过思虑或凭激情行动的、追求某种目的的人；任何事情的发生都不是没有自觉的意图，没有预期的目的的。"① 人的目的性有眼前与长远、片面与全面、自发与自觉的区别；人的主观能动性发展，主要是人的全面性、长远性的目的确立；思想政治教育正是满足人们增强主观能动性需要的方式。

最后，马克思主义关于人的需要的探讨，论述了思想政治教育的根源。马克思恩格斯在谈到人类生存的第一个前提时指出："为了生活，首先就需要吃喝住穿以及其他一些东西。因此第一个历史活动就是生产满足这些需要的资料，即生产物质生活本身"，"第二个事实是，已经得到满足的第一个需要本身、满足需要的活动和已经获得的为满足需要而用的工具又引起新的需要，而这种新的需要的产生是第一个历史活动。"② "由于他们的**需要**即他们的本性，以及他们求得满足的方式，把他们联系起来（两性关系、交换、分工），所以他们**必然要**发生相互关系。"③ 这就是说，人的需要就是人的本性或本质。"我的劳动满足了**人的**需要，从而物化了**人的**本质，又创造了与另一个**人的**本质的需要相符合的物品。"④ 由此可以看出，马克思直接把人的需要与人的本质作为同一概念来使用。马克思不仅赋予人的需要前提性，而且赋予人的需要普遍性、永恒性和能动性。这充分表明，人的需要是人的内在的、本质的规定性，是人的全部生命活动的最终动力和内在根据，人的一切活动无非是要使自己的需要得到满足。所以，马克思特别强调：需要的发展是"**人的**本质力量的新的证明和**人的**本质的新的充实"⑤。离开了人的需要，人的一切实践活动和一切社会关系都将不复存在。

马克思和恩格斯在《德意志意识形态》一文中，把人的需要分成三个基本层次，即生存需要、享受需要和发展需要。马克思认为，人的全面发展是"人以一种全面的方式，也就是说，作为一个完整的人，占有自己的全面的本质"⑥。人的需要是全面的，

---

① 《马克思恩格斯选集》第4卷，人民出版社，1995年，第247页。
② 《马克思恩格斯选集》第1卷，人民出版社，1995年，第79页。
③ 《马克思恩格斯全集》第3卷，人民出版社，1965年，第514页。
④ 《马克思恩格斯全集》第42卷，人民出版社，1979年，第37页。
⑤ 《马克思恩格斯全集》第42卷，人民出版社，1979年，第132页。
⑥ 《马克思恩格斯全集》第42卷，人民出版社，1979年，第123页。

除了物质、社会需要外，还有精神需要，因为人是有目的、有意识、有信念的精神性存在。正是为了满足人的精神需要，人类才不断进行精神生产，获得了精神文明的优秀成果。这些成果，既有高级产品，如政治、法律、道德、哲学、文艺等社会意识形态，又有人们在日常生活中所形成的风俗习惯、礼仪、民族文化等，还有把这些精神成果转化为人们需要的各种教育活动，从而形成了人们的精神生活方式，丰富和促进人们整体精神世界和人的全面自由发展。

精神生活与物质生活作为人类生活的两个方面，是人对于对象的两种把握方式，即物质生活是对对象的物质性把握，而精神生活则是对对象的精神性把握。这两种把握方式的区别，并不在于精神生活是纯粹精神性、物质生活是纯粹物质性的，而在于物质活动是一种实在的活动过程，其中也包含着精神性因素；而精神活动则是非实在的象征性活动过程，其中也需要物质因素承载。因而，社会精神生活是人类社会生活的重要领域和系统，是满足人们精神需要的全部精神活动的总合。马克思主义不仅科学揭示了精神产生与发展的根源，赋予精神的相对独立性以及对实践与客观的反作用，而且揭示了人与社会的精神需要，以及通过思想政治教育方式满足这种需要，从而揭示了思想政治教育的根源。

〔作者郑永廷，中山大学社会科学教育学院教授、复旦大学特聘教授。本文刊发于《中国高校社会科学》2014年第3期，责任编辑毛殊凡。人大复印资料《思想政治教育》2014年第7期转载〕

马克思"历史科学"的后黑格尔主义阐释

王南湜

马克思在《德意志意识形态》(以下简称《形态》)所提出的"唯一的""历史科学"的概念,近年来在国内学界得到空前重视,研究者发表了一系列研究论文。但论者在对"历史科学"概念的阐释中,往往囿于马克思哲学阐释中流行的黑格尔主义路向,将之当成一个固定的思辨性的东西,而忽略这一概念的意义从《形态》到《资本论》的重大变迁,特别是忽略了由于"历史科学"意义的严格化所催逼出来的方法论上的革命性变化,即一种拟目的论历史解释方法的提出,以及由之而引导出的作为"历史科学"之补充的"价值科学"的必要性。基于此,很有必要对这一概念意义的变迁及其后果进行一种后黑格尔主义的考察和阐释,以跳出黑格尔主义阈限,深化对马克思思想的理解。

一、"历史科学"的科学性之意谓

马克思在《形态》中提出的"唯一的""历史科学"概念,长久以来并未被研究者所重视,只是在近年来才在国内学界得到可称得上是比较集中的讨论。但考察这些讨论,却不难注意到这些讨论似乎并未注意到马克思之提出"历史科学"概念且冠之以"唯一的"定语,到底所针对者为何,或者说,意欲何为。这一问题还可以换一种方式提出,那就是,马克思眼中的"科学"到底为何,在什么意义上"历史"能够成为"科学"?

对《形态》中关于"历史"何以能成为"科学"问题的忽略,直接地以对"唯一的""历史科学"概念与《形态》题为"费尔巴哈"的第一章的副标题"唯物主义观点与唯心主义观点的对立"之间关系的忽略而表现出来。众所周知,马克思在《形态》中声言"我们仅仅知道一门唯一的科学,即历史科学",并将第一卷第一章"费尔巴哈"题下标为"唯物主义观点与唯心主义观点的对立"。[①] 但是,人们对于这两个命题

---

① 《马克思恩格斯选集》第1卷,人民出版社,2012年,第141、146页。

的理解长期以来都只是分别开来的,且由于这种分别而阻碍了理解的深入。"对于前一命题,人们大多只是从科学对象或科学研究的历史性方面去理解的,而忽略了马克思所说的'历史科学'的独特意蕴,仍将其理论归类为他所极力要克服的思辨的历史哲学;而对于后者,人们大多也只是从一般的意义上理解为强调哲学上唯物主义与唯心主义的对立。而似乎罕有人意识到这两个提法之间所具有的内在关联,即唯物主义与唯心主义的对立同历史科学与历史哲学的对立之间的内在关联,特别是唯物主义与历史科学的内在关联。"① 如此一来,马克思在《形态》中"历史科学"的提法所包含的因恰切地理解"历史科学"概念所引导出的历史研究方法论之革命性的重大意义,也就被忽略了。

关于唯物主义之方法论意义,笔者曾在赵敦华教授工作的基础上指出:"以唯物主义方式还是以唯心主义方式解释世界,其根本差别无疑在于物质概念与精神概念的差别。但既然物质与精神这一对概念是从质料与理念或形式这一对概念演变而来的,那么,前二者之间的根本差别也就根源于后二者之间的根本差别。那么,质料与形式之间的根本差别是什么呢?根据亚里士多德的描述,其间的差别主要在于,首先,质料是基础,是被规定者,是潜能,而形式是上层,是规定者,是现实;其次,质料既然是被规定者,就是被动者,而形式既然是规定者,就是能动者;再次,质料既然是规定者、被动者,那就是可被改变的,而形式既然是规定者、施动者,便是永恒的,不变的。"② 基于质料与形式之间的这种差别,从可被规定、改变的基础、下层、潜能出发,去说明事物的动变,这便是唯物主义地解释世界;而从永恒的、不变的上层、目的、理念出发,去说明事物的动变,这便是唯心主义地解释世界。前者是一种基础条件论因果观,因为它基于既有存在、基于事实性;而后者因基于未来存在、基于规范性和目的性,则是一种目的论因果观。马克思的历史观正是从作为下位的人们的感性的物质活动的经济基础出发,去解释全部历史包括居于上位的人们的观念、目的等精神生活的发展变化过程,所以它是唯物主义的。

那么,这种意义上的唯物主义地解释世界与马克思所称的"历史科学"是何关系呢?我们看到,在《形态》中,马克思一方面将唯物主义与唯心主义对立起来,另一方面又将科学与思辨哲学对立起来;一方面将唯物主义与科学方法等同起来,另一方面将唯心主义与思辨哲学等同起来。这种对立和等同意味着什么呢?如果我们从方法论上去理解的话,一个合理的推测便是,在马克思看来,唯物主义与科学的一致性正在于二者都要求从事物存在的基础条件去说明事物,是一种基础条件论因果观;而唯心主义与思辨哲学的一致性则在于二者都以或隐或显的目的论去说明事物,是一种目的论因果观。正因为这种一致性,马克思才能把历史唯物主义视为与思辨的历史哲学

---

① 王南湜:《认真对待马克思的历史科学概念》,《哲学研究》2010年第1期。
② 王南湜:《认真对待马克思的历史科学概念》,《哲学研究》2010年第1期。

对立的历史科学;同时,才可能在与思辨唯心主义相反的意义上理解科学是等同于唯物主义的。

鉴于"科学"一词含义的复杂性,且其意义多有变化,现在进一步的问题是,马克思所说的"科学"与通常意义上的近代自然科学是否具有相同的含义?如果不具有相同或相似的含义,则通常将马克思所说的"历史科学"仍然视为一种"历史哲学",就全然是合理的,而马克思借"历史科学"概念将自己与黑格尔思辨哲学区别开的努力就是一种矫情的说法,或者至少是未能成功的,因而也就是不值得予以特别关注的。但事情似乎并非如人们通常理解的那样,更非现今人们站在后现代立场上对科学的贬斥性的模糊理解那样。通观马克思的全部著述,我们不难看到马克思对于科学的推崇。因此,我们必须从近代自然科学的意义上去理解马克思"历史科学"的含义。

这里之所以提到"近代自然科学",是因为"科学"概念在近代发生了根本性的变化。而这一概念的变化,标示着与古代相比,近代科学在性质上发生了根本变化。在古代,因科学与哲学尚未分离,所谓科学世界就是哲学家所理解的世界。在这种世界解释中,占据支配地位的是目的论,对一事物的理解首先是找出该事物的终极因或目的因。近代机械因果观念取代了目的论因果观念,科学意识发生了根本性变化。"在笛卡尔看来,物质世界的一切,其周围都被传递冲击的微粒所包围,一切都服从机械的因果性","笛卡尔排斥亚里士多德的目的因,结果就把因果关系普泛化了"。① 在此意义上便可以说,从古代到近代西方哲学历史的演变,其实质就是"关于原因的观念所发生的变化,这变化是从作为目的因的原因,变到作为冲击的原因"②。近代科学因果观念转变的意义非同小可,它意味着一种与古代截然不同的世界观念的形成,其核心之点是导致了数学语言在科学中的主导地位。近代科学开创者伽利略指出,自然这本书是以数学的语言来写的。笛卡尔更是"明确宣称,科学的本质是数学。他说,他'既不承认也不希望物理学中有任何原理不同于几何学和抽象数学中的原理,因为后者能解释一切自然现象,并且能对其中的一些现象给出证明。'"而这又是由于,"物质的最基本和最可靠的性质是形状、延展和在时空里的运动……运动本身是由于力作用在分子上的结果。笛卡尔相信这些力服从于不变的数学定律;而且由于延展和运动都可用数学表出,所以一切现象都可用数学描写出来。"③ 当伽利略说自然这部大书是用数学的语言写成的,这绝不仅仅是一个比喻,而是宣布了一条准则,凡是能用数学这种理性的典型形式处理的事物,便是真实而客观的,是第一性质,而凡是不能以之处理的,便只能被排除出来放到主观的、缺乏真实性的第二性质的领域中去。笛卡尔宣称

---

① [英]威尔逊:《简说哲学》,翁绍军译,上海人民出版社,2005年,第44页。
② [英]威尔逊:《简说哲学》,翁绍军译,上海人民出版社,2005年,"序"第Ⅳ页。
③ [美]克莱因:《古今数学思想》,张理京等译,上海科学技术出版社,1979年,第28、29页。

"科学的本质是数学",其意涵是完全一样的。于是,科学的数学化所导致的结果,便是基于第一性质和第二性质的两个世界观念的形成:前者被认为是绝对的、客观的、不变的和数学的,是知识的王国,而后者则是相对的、主观的、起伏不定和感觉得到的,是意见和假象的王国。①

既然数学化的近代科学所导致的结果是主客观世界的分裂,那么,马克思所说的"历史科学"还会是这种意义上的"科学"吗?对此,我们不能凭价值好恶来断定,而只能根据马克思自己的科学研究,特别是其政治经济学研究的性质来说明。马克思的《资本论》研究是建立在对古典政治经济学批判地继承和改造的基础上的,因而要断定马克思的科学观念,首先便须断定古典政治经济学的性质。古典经济学在某种意义上可以说是对于近代自然科学的一种向社会生活领域的推广。关于这一点,可从不同方面得到印证。首先是古典经济学家自身对这一学科的认识。这在古典经济学创始人威廉·配第那里表现得十分明显。他"认为一个国家的政治经济问题可仿照解剖学的原理加以测计,以此分析其职能,精确其数量,然后可以通过实践检验或演绎推理的方法来求得科学的结论。同时他认为社会发展有其客观的自然规律,并把探讨这种客观规律作为自己经济研究的目的。为了达到这个目的,他采用自然科学的方法,应用数字、重量、尺度来表达自己想说的问题,并据以探讨现象和规律的关系……这实际上是科学抽象方法的初步运用。配第也就是通过这种方法,去探讨了隐藏在纷繁复杂的资本主义现象背后的真实的东西"②。配第如此,其后的斯密和李嘉图就更是如此了。其次是马克思对古典经济学的评论。马克思写道:"真正的现代经济科学,只是当理论研究从流通过程转向生产过程的时候才开始。"③而配第等"早期古典学派的理论标识着这个过渡的开端"④。关于斯密,马克思写道:"在亚·斯密那里,政治经济学已发展为某种整体,它所包括的范围在一定程度上已经形成"。但斯密的"任务实际上是双重的。一方面,他试图深入研究资产阶级社会的内部生理学,另一方面,他试图既要部分地第一次描写这个社会外部表现出来的生活形式,描述它外部表现出来的联系,又要部分地为这些现象寻找术语和相应的理性概念,也就是说,部分地第一次在语言和思维过程中把它们再现出来"⑤。而只有到了李嘉图这里,才达到了完全的经济科学:"李嘉图终于在这些人中间出现了,他向科学大喝一声:'站住!'资产阶级制度的生理学——对这个制度的内在有机联系和生活过程的理解——的基础、出发点,是**价值决**

---

① 参见[美]伯特:《近代物理科学的形而上学基础》,徐向东译,北京大学出版社,2003年,第63页。
② 马涛:《经济思想史教程》,复旦大学出版社,2002年,第83~84页。
③ 《马克思恩格斯全集》第25卷,人民出版社,1974年,第376页。
④ 陈岱孙:《从古典经济学派到马克思》,北京大学出版社,1996年,第5页。
⑤ 《马克思恩格斯全集》第26卷第2册,人民出版社,1973年,第181~182页。

定于**劳动时间**这一规定。"① 对此，巴克豪斯在《现代经济分析史》中也做了大致相同的评论："斯密和李嘉图之间差别的主要原因是，李嘉图用的是长链的纯演绎法，而斯密用的却是同经验观察交错并存的短链论证方法"；"方法论方面最重要的变化是李嘉图引进了抽象的纯演绎的论证方法"。②

人们可能对古典经济学家和马克思所说的"科学"有疑问，认为它可能与自然科学所意味的东西有所不同。有研究者对此疑问做出回答："长期以来，在科学理论发展过程中，始终存在着物理学与经济学相互融合的发展趋势。早在十七世纪，托马斯·霍布斯就力图把伽利略和笛卡尔的运动规律从力学移植到人类学和国家理论中。十八世纪初的重农主义则模仿当时的机械装置的结构建立他们的绝对国家经济系统模型。古典经济学的创始人斯密创建的劳动价值理论，在某种特定条件下可类比于牛顿力学。"他们的结论是："牛顿力学是一个公认的科学理论体系，它不仅具有合理的逻辑系统，同时也经得起科学实验的检验。通过对古典经济学的劳动价值理论与物理学的牛顿力学之间的可类比性，以及相应的数学理论模型和实际案例的分析，说明古典经济学的劳动价值理论与牛顿力学在理论研究对象、基本理论假设、基本理论形式、主要的研究问题、主要理论结论等方面不仅是相同的，而且在实际上前者是后者的构成之一。与此同时，还依据古典经济学的数学模型建立了一个国民经济系统动态仿真模型（简称 SED 模型）。通过反复的实验证明，SED 模型能够逼真地模拟现代商品经济社会的复杂系统的实际运行状况。这一实证性的案例说明，古典经济学的劳动价值理论作为牛顿力学的构成，是一个逻辑合理和经得起实践检验的科学的理论体系。"③

马克思虽然对古典经济学有多方面的批判改造，但就其追求对于研究对象即资本主义社会之运行机制的精确描述而言，与古典经济学家并无根本之别。依据拉法格的回忆，马克思甚至对数学对于科学的意义给予了与伽利略、笛卡尔相近的评价："一种科学只有成功地运用数学时，才算达到了真正完善的地步"④。诚然，有人对拉法格的这一说法持怀疑态度，但从马克思总体思想来看，拉法格的表述应是可信的。也就是说，马克思所理解的"历史科学"与近代自然科学对于"科学"的狭义理解是同样的，而非古代哲学那种在有论证的知识意义上的广义的"科学"，更非黑格尔思辨哲学意义上的那种"科学"。

---

① 《马克思恩格斯全集》第 26 卷第 2 册，人民出版社，1973 年，第 183 页。
② [英] 巴克豪斯：《现代经济分析史》，晏智杰译，四川人民出版社，1992 年，第 35、33 页。
③ 吴杰、邝小明：《论古典经济学与物理学的关系及动态系统仿真》（Ⅰ）、（Ⅱ）、（Ⅲ），《计算机仿真》2012 年第 1、2、3 期。
④ [法] 拉法格：《回忆马克思恩格斯》，马集译，人民出版社，1973 年，第 7 页。

二、科学如何描述动变的感性世界

如果在马克思和古典经济学家那里的科学与牛顿力学属于同一类意义上的科学，那么，一个进一步的问题便是：这种数学化的科学意味着什么？诚然，古典经济学和马克思的《资本论》尚未达到如同牛顿物理学那样的数学化表述程度，但这只是程度的问题，而其在本质上是追求着这种精确性的。因而，近代科学的特征，也便是古典经济学和《资本论》的特征。

这里产生的问题是，如果如前所述，近代科学的特征，就是机械因果关系的普泛化，认为任何对于世界的解释只能依据能够数学化的严格决定论来进行的话，而这又是以预设世界的本质乃是一理性的结构为前提的——没有这种关于世界为理性存在的预设，要以数学化的机械决定论来描述世界就绝不是可想象的——那么，这如何能够与人们通常所见的处于川流不息的历史过程兼容，更不用说历史过程乃是人的有意识的活动所创造的？这意味着，我们要以一种本质上是超时空或超动静的理性结构去把握那川流不息的历史运动，而这是何等的方枘圆凿啊！如果世界本质上是一种数学化的理性结构，而任何这样的结构只能是超时空或超越变化的东西，那么，我们如何能够用这样一种超时空或超动静的东西去把握处于变化之中的历史过程？尽管看上去不可思议，科学的确就是把流变不息的现象世界把握为不变的数学结构的。一个典型的例子便是用微分方程对于运动的表述。人们往往误解了这一点，以为微积分的发明解决了芝诺所揭示的悖论，或者更一般地说，解决了对于运动的描述问题。但这种说法由于误解了微积分的本质而显得不大靠谱。这一点诚如一位学者所指出的那样："数学家的处理是一道命令：何谓运动？运动岂不就是位置与时间的一种对应么。他称变量之间的这样的对应为函数。运动的定律就正是一个函数，它实在是一切连续函数的典型。"但这函数乃是对于运动的一种并非如我们所感觉到的运动的描述。"然而这和一个运动着的物体是一样的吗？我们能够使其停在某一瞬间而不截断我们正在观察的运动吗？当然不能！"① 显然这并不是我们所感觉到的运动，而只是对现实运动的一种抽象的描述而已。因此，"数学上的运动只是静止状态的无限连续罢了，就是说，数学将运动力学还原为静力学的一个分支。完成这种转化的原理首先是由达兰贝尔在十八世纪系统表述出来的。把运动等同于一系列连续的静止状态，在这个过程中运动的物体保持平衡，这在表面上看来似乎是荒谬的。然而说运动是由静止状态所构成，和说长度是由无广延的点所构成，或时间是由无持续性的瞬间所构成，其荒谬程度并不多些

---

① [美] 丹齐克：《数，科学的语言》，苏仲湘译，商务印书馆，1985年，第105页。

或少些。"① 近代数学对于运动的描述，具有典范的意义。它表明数学化的科学对于世界的描述只能是一种基于抽象的理性结构的描述，而这与我们通过感官所感受到的运动是完全不同的。诚如一位数学史家所指出的那样，在最近几十年中，大多数数学家关于数学的定义，终于形成了一种共识，那就是"数学是研究模式的科学"②。而"模式"，自然只能是抽象的、超动静的。

事实上，早在希腊人那里就发现了静态或超动静的理性与流变的现象之间的悖谬关系，芝诺的"飞矢不动"等悖论，正是揭示了这一点。但芝诺所揭示出来的深刻问题，后来却往往被以某种所谓的辩证法方式消解掉了。当黑格尔指出，芝诺悖论的实质不在于有没有运动，而在于如何在概念的逻辑中表达运动时，他的见解是非常深刻的；但当他又认为，运动则意味着物体在一个地方同时又不在一个地方时，他就将这样一个极其深刻的哲学问题简化为一种离开了科学的思辨言说了。③ 黑格尔这一说法至少在马克思主义哲学传统中影响深远，这就不可避免地导致了对于马克思之追求对于历史加以"科学"把握之意向的忽视或误解，从而也就影响了对"历史科学"概念的理解。但科学并没有遵循黑格尔的这种辩证方式，而是仍然以自身的方式对运动进行把握。这便是用微分方程对于运动的刻画。因为按照黑格尔的那种辩证法方式，要在逻辑上刻画运动乃是不可能的。事实上，辩证法在哲学史上首先正是作为一种对于理论思维的否定因素而引入哲学的。芝诺悖论所揭示的，实质上是理论思维的有限性。芝诺悖论表明，理论思维在把握运动时遇到了不可克服的困难：事物明明是运动的，但理论思维却不能无矛盾地把握这一运动。芝诺悖论的实质是，对于一个运动物体，理性思维的描述必然会同时肯定两个互相矛盾的判断：a) 该物体在某一瞬间处在某点；b) 该物体在该瞬间不处在某点。而在一个理论体系中，是不能允许两个互相矛盾的命题存在的，因为逻辑学告诉我们，若允许在一个理论体系中存在互相矛盾的命题，就能够推出任何结论，而这就使得该理论体系失去了任何确定性而变得毫无意义。既然科学理论体系是排斥矛盾的，那么，它就必须在抽象的有限性和无效的超越有限的具体性之间做出选择，只能或者选择抽象、有限、片面，但却具有确定性，或者选择全面、无限、具体，然而却因失去了确定性而无效。既然人类理性是有限的，而不是如上帝那般是无限的，且人类从事理论活动的目的是正确地把握世界，以便进而有效地生存，而不是制造一大堆自相矛盾的概念，那么，选择确定从而有效的有限性便是

---

① ［美］丹齐克：《数，科学的语言》，苏仲湘译，商务印书馆，1985年，第106页。
② ［美］德福林：《数学的语言：化无形为可见》，洪万生等译，广西师范大学出版社，2013年，第3页。
③ 参见［德］黑格尔：《哲学史讲演录》第1卷，贺麟、王太庆译，商务印书馆，1959年，第288~289页。

不言而喻的事情了。正是对于确定性的追求这一点决定了科学理论体系对于任何矛盾的拒斥立场。科学的这一选择虽然不完满和令人遗憾，但正如前述丹齐克所指出的那样，这对只具备有限理性的人类来说，是无可奈何之事。若强求超越，则要么流于诗意的虚幻，要么陷入逻辑上的悖谬。

三、《德意志意识形态》中的"历史科学"

既然马克思所说的"历史科学"与一般意义上的近代科学同属一类而不同于古代科学，且近代科学的实质是一种对于流变的感性世界的超动静的模式化的描述，那么，我们考察马克思所追求的"历史科学"，在其思想发展的不同阶段在何种意义上得到实现，便只能依据其在何种程度上对于历史实现了这种超动静的模式化描述。为简单起见，我们主要考察"历史科学"这一概念首先提出的《形态》和马克思思想之最终表达的《资本论》。

在《形态》中，马克思虽然提出了"历史科学"的概念，甚至为了针对黑格尔思辨的历史哲学，而不惜将之归类于"实证科学"，但仔细考察马克思的方法论意图，还是能够看出他所欲发展的方法，并不是与自然科学全然等同的那种东西，而是试图提出一种新的唯物主义的方法论原则。而这一点是由"历史科学"的对象与自然科学的对象的根本性区别所决定的。诚然，自然科学的对象也是处于流变之中的自然现象，而非决然静止不变之物，但自然现象，特别是在近代得到比较充分研究的力学及物理化学现象，一般而言，其变化的主体是无生命的自然物，总是重复地遵循某种固定的模式或规则，可说是万变不离其宗。但历史现象却与之有根本不同，承载变化的主体是有生命的人，且是有意识地追求自己目标的人，因而，若是仅仅像自然科学家那样，借助于对历史现象的经验观察去发现其中的规律，便不可能抓住历史运行于其中的模式。因此，从《关于费尔巴哈的提纲》开始，马克思就将人的实践活动设定为历史科学的出发点。这一点在《形态》中得到了进一步的明确和强调。马克思新方法所欲描写的便是有意识的能动的人的活动模式，而不是一般自然科学所描述的无生命或无意识自然物运动的模式。显然，与描述无生命或无意识自然物运动的模式相比，描述有意识能动的人的活动模式，要困难得多。为此，就必须改变"经验观察"的出发点。旧唯物主义的出发点是感性存在，而马克思则将之转变为"感性活动"。这便既不同于思辨唯心主义的历史哲学，亦不同于旧唯物主义的单纯事实汇集。

从感性事物出发，这是所有唯物主义的基本原则，马克思的唯物主义自然也不例外。但如何进一步理解感性直接性，在不同的唯物主义那里就大不相同了。一切旧唯物主义实际上都是将感性直接性理解为感性存在，而马克思的唯物主义则与之根本不同，是将感性理解为感性活动。据此，马克思批评道："从前的一切唯物主义（包括费尔巴哈的唯物主义）的主要缺点是：对对象、现实、感性，只是从**客体**的或者**直观**的形式去理解，而不是把它们**当做感性的人的活动，当做实践**去理解"；"费尔巴哈不满意**抽象的思维**而喜欢**直观**；但是他把感性不是看做**实践**的、人的感性的活动"；"他从来没有把感性世界理解为构成这一世界的个人的全部活生生的感性**活动**"。① 这是因为，若将感性仅仅理解为感性存在，不可避免的结论就是只有感性之对象即感性客体才是直接性的存在，才是最为可靠的出发点；而若是将感性理解为感性活动，则情形就完全不同了：最为直接的存在并非感性对象本身，而是感性的人的活动。从此立场出发，感性对象本身只有置于感性活动之中时，才是具体的存在物，而若将之抽取出来，便只是抽象的存在物。因此，对于人而言，只有感性的人的活动才是最为直接性的存在，也只有从感性活动出发，才称得上真正是从"下层"出发去说明世界，也才称得上是真正的唯物主义。感性的人的活动首先就是从事生活资料生产和再生产的历史的活动，因而，从感性的人的活动出发，就意味着从现实的人类历史活动出发。就此而言，马克思的唯物主义的真正立足点正是现实的人类历史，而不是被从现实的人的感性活动中抽象出来的感性事物。旧唯物主义这种抽象的方法把感性客体从现实的感性活动中抽象出来，使之成为脱离历史的抽象物，即超历史的永恒范畴，自然也就无法把握现实的历史过程。

　　那么，从人的感性活动出发，便能够达到对于历史过程的科学把握，亦即对于人的活动模式的科学把握或"历史科学"吗？马克思在《形态》中曾经很乐观地写道："在思辨终止的地方，在现实生活面前，正是描述人们实践活动和实际发展过程的真正的实证科学开始的地方。关于意识的空话将终止，它们一定会被真正的知识所代替。"②但是，看来问题没有那么简单。

　　马克思对于其"历史科学"方法论做了如此描述："这种历史观就在于：从直接生活的物质生产出发阐述现实的生产过程，把同这种生产方式相联系的、它所产生的交往形式即各个不同阶段上的市民社会理解为整个历史的基础，从市民社会作为国家的活动描述市民社会，同时从市民社会出发阐明意识的所有各种不同理论的产物和形式，如宗教、哲学、道德等等，而且追溯它们产生的过程。这样做当然就能够完整地描述事物了（因而也能够描述事物的这些不同方面之间的相互作用）。这种历史观和唯心主义历史观不同，它不是在每个时代中寻找某种范畴，而是始终站在现实历史的**基础**上，不是从观念出发来解释实践，而是从物质实践出发来解释观念形态"。

　　进而，马克思确立了其"历史科学"的基本前提："第一个历史活动就是生产满足这些需要的资料，即生产物质生活本身"；"第二个事实是，已经得到满足的第一个需要本身、满足需要的活动和已经获得的为满足需要而用的工具又引起新的需要，而这

---

① 《马克思恩格斯选集》第 1 卷，人民出版社，2012 年，第 133、135、157~158 页。
② 《马克思恩格斯选集》第 1 卷，人民出版社，2012 年，第 153 页。

种新的需要的产生是第一个历史活动";"第三种关系"则是社会关系的生产和再生产;以及作为社会产物的意识。在此基础上,马克思开始了对于历史过程的解释:"由于生产效率的提高,需要的增长以及作为二者基础的人口的增多,这种绵羊意识或部落意识获得了进一步的发展和提高。与此同时分工也发展起来。"而"上述三个因素即生产力、社会状况和意识,彼此之间可能而且一定会发生矛盾,因为**分工**使精神活动和物质活动、享受和劳动、生产和消费由不同的个人来分担这种情况不仅成为可能,而且成为现实,而要使这三个因素彼此不发生矛盾,则只有再消灭分工。"马克思进而由分工解释了所有制的产生:"与这种分工同时出现的还有**分配**,而且是劳动及其产品的**不平等**的分配(无论在数量上或质量上);因而产生了所有制,它的萌芽和最初形式在家庭中已经出现,在那里妻子和儿女是丈夫的奴隶。"在分工与所有制的基础上,国家形式也得到了解释:"随着分工的发展也产生了单个人的利益或单个家庭的利益与所有互相交往的个人的共同利益之间的矛盾";而"正是由于特殊利益和共同利益之间的这种矛盾,共同利益才采取**国家**这种与实际的单个利益和全体利益相脱离的独立形式,同时采取虚幻的共同体的形式"。①

所有制形式的变迁,也取决于生产力与分工的发展:"一个民族内部的分工,首先引起工商业劳动同农业劳动的分离,从而也引起**城乡**的分离和城乡利益的对立。分工的进一步发展导致商业劳动同工业劳动的分离。同时,由于这些不同部门内部的分工,共同从事某种劳动的个人之间又形成不同的分工。这种种分工的相互关系取决于农业劳动、工业劳动和商业劳动的经营方式(父权制、奴隶制、等级、阶级)。在交往比较发达的条件下,同样的情况也会在各民族间的相互关系中出现。""分工发展的各个不同阶段,同时也就是所有制的各种不同形式。"② 迄今为止的所有制形式大致经过了如下几个阶段:"第一种所有制形式是部落所有制";"第二种所有制形式是古典古代的公社所有制和国家所有制";"第三种形式是封建的或等级的所有制";最后则由于分工的进一步发展导致"商人这一特殊阶级的形成",并逐步发展出现代资产阶级所有制来。③ 至此,马克思就大致上完成了对于迄今为止的历史过程的说明。

马克思对于历史过程的解释,如果对比以往的思辨的历史哲学或经验主义的历史描述,无疑是走上了"科学"的道路。因为这里不再是像他所批判的历史哲学那样,把"由人们的相互作用产生的,但是迄今为止对他们来说都作为完全异己的力量",用"思辨的、唯心的方式,也就是用幻想的方式解释为'类的自我产生'('作为主体的社会'),从而把所有前后相继、彼此相联的个人想象为从事自我产生这种神秘活动的

---

① 《马克思恩格斯选集》第1卷,人民出版社,2012年,第158~164页。
② 《马克思恩格斯选集》第1卷,人民出版社,2012年,第147~148页。
③ 《马克思恩格斯选集》第1卷,人民出版社,2012年,第148~151页。

唯一的个人",① 而是"从直接生活的物质生产出发阐述现实的生产过程"。但这种解释还只是走向"历史科学"的第一步，离前面所描述的"科学"标准还有相当的差距。所谓"科学"的解释，是要形成一种模式化的东西。《形态》中无疑已经有了一种模式化的东西，即以生产力和分工的发展去说明全部历史，但是，用这种模式去对历史过程进行说明，还相当笼统，还只是用分工的发展描述了不同所有制出现的极为一般的条件，依据这些条件，并不能充分地说明某种所有制何以会发生。

马克思在《形态》中对于历史的把握之所以尚未达到充分科学的程度，恐怕与这一时期的方法论有很大关联。由于其时的目标主要是批判思辨的历史哲学之方法，便不可避免的过多地强调经验观察，而忽略了他后来才明确意识到的真正的科学所要求的那种超动静或超时空模式化的特征。我们且看马克思此时关于经验观察与理论方法之间关系的论述："这种考察方法不是没有前提的。它从现实的前提出发，它一刻也不离开这种前提。它的前提是人，但不是处在某种虚幻的离群索居和固定不变状态中的人，而是处在现实的、可以通过经验观察到的、在一定条件下进行的发展过程中的人。只要描绘出这个能动的生活过程，历史就不再像那些本身还是抽象的经验论者所认为的那样，是一些僵死的事实的汇集，也不再像唯心主义者所认为的那样，是想象的主体的想象活动。"② 马克思甚至认为，"对现实的描述会使独立的哲学失去生存环境，能够取而代之的充其量不过是从对人类历史发展的考察中抽象出来的最一般的结果的概括。这些抽象本身离开了现实的历史就没有任何价值。它们只能对整理历史资料提供某些方便，指出历史资料的各个层次的顺序。但是这些抽象与哲学不同，它们绝不提供可以适用于各个历史时代的药方或公式。"③ 不难看出，马克思此时对于经验观察的强调，将方法论仅仅视为"充其量不过是从对人类历史发展的考察中抽象出来的最一般的结果的概括"，其作用是"只能对整理历史资料提供某些方便，指出历史资料的各个层次的顺序"，与后来在《资本论》研究中对于方法的重视，特别是对于仅仅限于经验归纳方法的批判，形成了极为鲜明的对比。

而且，事实上，尽管《形态》对于思辨的历史哲学进行了激烈的批判，但由于尚未发现各个历史时代的特殊的运行规律，马克思的分工理论似乎也提供了"可以适用于各个历史时代"的公式，因而在某种意义上还是不免保留了他所批判的历史哲学的痕迹。对比一下下面这段话与《1844年经济学哲学手稿》（下称《手稿》）中的劳动异化论史观，便不难看出马克思此时仍然未能全然摆脱思辨的历史哲学之方法："受分工制约的不同个人的共同活动产生了一种社会力量，即成倍增长的生产力。因为共同活动本身不是自愿地而是自然形成的，所以这种社会力量在这些个人看来就不是他们自

---

① 《马克思恩格斯选集》第1卷，人民出版社，2012年，第169~170页。
② 《马克思恩格斯选集》第1卷，人民出版社，2012年，第153页。
③ 《马克思恩格斯选集》第1卷，人民出版社，2012年，第153页。

身的联合力量,而是某种异己的、在他们之外的强制力量。关于这种力量的起源和发展趋向,他们一点也不了解;因而他们不再能驾驭这种力量,相反,这种力量现在却经历着一系列独特的、不仅不依赖于人们的意志和行为反而支配着人们的意志和行为的发展阶段。"① 无疑,《形态》对于异化论的论证,是基于生产力和分工发展而进行的,这与《手稿》中更多地基于思辨的推演有很大的不同,但就其得出的结果乃是"可以适用于各个历史时代"的公式而言,二者之间显然是具有更多的类同性的。以往的研究往往过分地夸大了两部著作之间的差异性,这一差异甚至被阿尔都塞视为"认识论断裂",但近年来一些学者(如渡边宪正、木村博、尾崎恭一等)的研究却表明其间的思想具有更大的连续性②。

四、《资本论》中的"历史科学"

那么,如何才能真正从历史哲学转变为"历史科学"呢?马克思是通过政治经济学研究来实现的。这一点是人们所熟知的。但是,熟知之中人们往往也忘记了追问一下,为什么政治经济学研究就能够实现这种转变呢?这里的关键还在于进一步规定"历史科学"得以可能的条件。这条件不是别的,就是人们耳熟能详的马克思在《政治经济学批判序言》中关于历史唯物主义方法的经典表述中所说的:"物质生活的生产方式制约着整个社会生活、政治生活和精神生活的过程。不是人们的意识决定人们的存在,相反,是人们的社会存在决定人们的意识。社会的物质生产力发展到一定阶段,便同它们一直在其中运动的现存生产关系或财产关系(这只是生产关系的法律用语)发生矛盾。于是这些关系便由生产力的发展形式变成生产力的桎梏。那时社会革命的时代就到来了。随着经济基础的变更,全部庞大的上层建筑也或慢或快地发生变革。在考察这些变革时,必须时刻把下面两者区别开来:一种是生产的经济条件方面所发生的物质的、可以用自然科学的精确性指明的变革,一种是人们借以意识到这个冲突并力求把它克服的那些法律的、政治的、宗教的、艺术的或哲学的,简言之,意识形态的形式。"③ 对于这段话,人们往往只是注重于前半段关于物质生活的生产方式制约着整个社会生活、政治生活和精神生活的过程,而忽略了后半段对于"生产的经济条

---

① 《马克思恩格斯选集》第1卷,人民出版社,2012年,第165页。

② 参见渡边宪正:《马克思对费尔巴哈批判的意义》,木村博:《宗教批判和自我意识》,尾崎恭一:《人类观的确立和对施蒂纳的批判》(见岩佐茂等编著:《〈德意志意识形态〉的世界》,北京师范大学出版社,2014年,第16~102页)。这里需要说明的是,本文作者虽然认同渡边宪正等人关于《形态》和《手稿》两部著作之间具有更大的关联性的观点,但却不完全认同他们所预设的《形态》与马克思后期著作中思想在基本原则上类同的观念。

③ 《马克思恩格斯选集》第2卷,人民出版社,2012年,第2~3页。

件方面所发生的物质的、可以用自然科学的精确性指明的变革",与"人们借以意识到这个冲突并力求把它克服的那些法律的、政治的、宗教的、艺术的或哲学的,简言之,意识形态的形式"之间所做的区分。而马克思正是借助于这一区分,为自己的"历史科学"划定了界线,那就是只有"生产的经济条件方面所发生的物质的""变革",才"可以用自然科学的精确性指明",而其他领域则只能属于非"科学"对象的"意识形态"领域。这一区分当然不意味着马克思不再研究或关注非"科学"的意识形态领域了,而是说,马克思将其"历史科学"限定在"可以用自然科学的精确性指明的变革"的经济生活领域,而对"人们借以意识到这个冲突并力求把它克服"的意识形态领域,则将以其他方式进行(至于这"其他方式"意味着什么,此处暂且按下,后面在适当的地方再行考察)。

关于马克思之转向政治经济学研究,人们一般是从历史唯物主义所认为的"物质生活的生产方式制约着整个社会生活、政治生活和精神生活的过程"去理解。这一理解无疑是正确的,但却忽略了一个关于"历史科学"何以可能的方法论问题。我们从以上引文中看到,马克思认为,正是在经济生活领域,才"可以用自然科学的精确性"去指明或描述其变化,从而也才能够实现他从早年起就追求的不同于思辨的历史哲学的"历史科学"。事实上,也正是这一对研究领域的限定,才使得"历史科学"真正成为可能。如果马克思不做出这一限定,像人们通常所理解的那样,将全部人类生活领域作为其"历史科学"的对象,那么,可以设想,这样的"历史科学"从根本上说是无以区别于思辨的历史哲学的。如果我们以学界现今多已接受的一个观念,即在《手稿》中存在着人本逻辑与科学逻辑之双重逻辑,而思辨性的异化论历史观便是人本逻辑之体现的话,那么,基于前述渡边宪正等人关于《手稿》与《形态》之间存在着更大的关联性的研究,我们似乎可以说,在《形态》中,科学逻辑虽然得到了相当的发展,但人本逻辑仍然在某种意义上持存着,且未能与科学逻辑区分开来。而只有对科学的对象做出限定,才能建立起与思辨的历史哲学划清界限的真正的"历史科学"来。

限定了科学的对象之后,进一步的工作便是政治经济学方法论的重构。

马克思在《政治经济学批判导言》关于方法论的部分,首先讨论了经济学的两条道路。其中,"第一条道路是经济学在它产生时期在历史上走过的道路。例如,17世纪的经济学家总是从生动的整体,从人口、民族、国家、若干国家等等开始,但是他们最后总是从分析中找出一些有决定意义的抽象的一般的关系,如分工、货币、价值等等。"第二条道路则是,"这些个别要素一旦多少确定下来和抽象出来,从劳动、分工、需要、交换价值等等这些简单的东西上升到国家、国际交换和世界市场的各种经济学体系就开始出现了。"尽管第一条道路是科学研究所需要的,但是,要达到"科学"地描述社会生活,这种"从实在和具体开始,从现实的前提开始,因而,例如在经济学上从作为全部社会生产行为的基础和主体的人口开始,似乎是正确的。但是,更仔细地考察起来,这是错误的"。① "后一种方法显然是科学上正确的方法。具体之所以具体,因为它是许多规定的综合,因而是多样性的统一。因此它在思维中表现为综合的过程,表现为结果,而不是表现为起点,虽然它是现实的起点,因而也是直观和表象的起点。在第一条道路上,完整的表象蒸发为抽象的规定;在第二条道路上,抽象的规定在思维行程中导致具体的再现。"②

关于政治经济学方法的两条道路问题,长期以来便是争论不休的话题。争论的焦点在于是否两条道路共同构成了马克思科学方法的全部,还是马克思只承认第二条道路。但这些争论一般都是从认识论上着眼的,基本上忽略了马克思此处的方法论考量。从认识论上看,马克思并不会否认第一条道路的在对事物认识过程中的不可或缺性,但问题是马克思此处关心的并非认识论问题,而是从方法论上看,如何才能达到真正"历史科学"的层面。而"科学"非他,就是对于对象达致一种超时空的模式化水平的描述。由此观之,第一条道路从"生动的整体"出发,虽然在过程结束时从中分析出了"抽象的一般的关系",但这一道路由以开始的生动的整体却是时空中的存在,因而还不是科学描述所要求的超时空的要素。只有这一条道路结束时所达到的"抽象的一般的关系",才是这样的要素。只有在第二条道路上,从抽象出来的诸如劳动、分工、需要、交换价值等等要素出发,将这些要素以某种方式组织起来,形成一个首尾一贯的理论体系,才能达到"许多规定的综合"和"多样性的统一",即"抽象的规定在思维行程中导致具体的再现"。但这里的具体不再是感性的生动的整体,而是思维中的具体,是由诸多抽象规定在一个理论框架中所构成的具体。这样一种思维具体,显然便是马克思所追求的"历史科学"对于历史过程的科学的把握。

这样一种思维具体一旦达到,"材料的生命一旦观念地反映出来,呈现在我们面前的就好像是一个先验的结构了"③。"先验的结构",这正是超时空的模式化的科学的规定性。当然,马克思这里说的是"好像是",而不是"是",这表明了马克思的唯物主义立场,即他随即指出的:"我的辩证方法,从根本上来说,不仅和黑格尔的辩证方法不同,而且和它截然相反。在黑格尔看来,思维过程,即他称为观念而甚至把它变成独立主体的思维过程,是现实事物的创造主,而现实事物只是思维过程的外部表现。我的看法则相反,观念的东西不外是移入人的头脑并在人的头脑中改造过的物质的东西而已。"④ 但这一"改造"非同小可,它使得时空中感性的具体转变成了超时空的思维中的具体。

正是基于这种超时空的"先验的结构"的考虑,马克思认为,"把经济范畴按它

---

① 《马克思恩格斯选集》第2卷,人民出版社,2012年,第700页。
② 《马克思恩格斯选集》第2卷,人民出版社,2012年,第701页。
③ 《马克思恩格斯全集》第23卷,人民出版社,1972年,第23~24页。
④ 《马克思恩格斯全集》第23卷,人民出版社,1972年,第24页。

们在历史上起决定作用的先后次序来排列是不行的，错误的。它们的次序倒是由它们在现代资产阶级社会中的相互关系决定的，这种关系同表现出来的它们的自然次序或者符合历史发展的次序恰好相反。问题不在于各种经济关系在不同社会形式的相继更替的序列中在历史上占有什么地位，更不在于它们在'观念上'（在关于历史运动的一个模糊的表象中）的次序。而在于它们在现代资产阶级社会内部的结构。"① 这种不同于历史上的先后次序的"内部的结构"，正是一种"先验的结构"，尽管它只是"好像是"。

五、"历史科学"如何把握历史过程

从以上描述我们可以看出，尽管《形态》中提出"历史科学"之概念，但只有到了《资本论》当中，才真正实现了对于历史的科学把握。而马克思观念中的"历史科学"之标准，不是别的，正是前述他对于《资本论》理论结构之描述："好像是"一种"先验的结构"。而一旦成为一种"先验的结构"，哪怕是"好像是"，也必定会具有两个互相关联的根本性特征：内在性以及由之带来的超时空性。

先说内在性。所谓内在性，是说在马克思看来，这种结构是人的思维对于实在世界把握的结构，而非实在世界自身的结构。这一看法与通常人们所理解的唯物主义似乎大相径庭：唯物主义不是认为思维是对于外部实在世界的反映吗？如果这些"先验的结构"不是对于外部世界的直接表达，这岂非成了唯心主义？但马克思还真的持这种观点。不仅如此，他还据此对黑格尔进行了批判，而黑格尔所持的，如上所述，恰恰是马克思声称与之相反的唯心主义。马克思在1847年8月写的未完成的经济学手稿《导言》中写道："黑格尔陷入幻觉，把实在理解为自我综合、自我深化和自我运动的思维的结果，其实，从抽象上升到具体的方法，只是思维用来掌握具体并把它当作一个精神上的具体再现出来的方式。但决不是具体本身的产生过程。"② 因此，在马克思看来，所谓唯心主义，不是别的，正是那种把这些"先验的结构"看作是实在自身的观念："在意识看来（而哲学意识就是被这样规定的：在它看来，正在理解着的思维是现实的人，因而，被理解了的世界本身才是现实的世界），范畴的运动表现为现实的生产行为（只可惜它从外界取得一种推动），而世界是这种生产行为的结果"③。当然，马克思也绝非主张这些"先验的结构"是思维的自由创造，与外部实在世界没有任何关系，而是认为，这一思维具体作为一种"先验的结构"，"只有在下面这个限度内才是正确的：具体总体作为思想总体、作为思想具体，事实上是思维的、理解的产物；

---

① 《马克思恩格斯全集》第46卷上，人民出版社，1979年，第45页。
② 《马克思恩格斯全集》第46卷上，人民出版社，1979年，第38页。
③ 《马克思恩格斯全集》第46卷上，人民出版社，1979年，第38~39页。

但是，决不是处于直观和表象之外或驾于其上而思维着的、自我产生着的概念的产物，而是把直观和表象加工成概念这一过程的产物。整体，当它在头脑中作为思想整体而出现时，是思维着的头脑的产物，这个头脑用它所专有的方式掌握世界，而这种方式是不同于对于世界的艺术的、宗教的、实践精神的掌握的。实在主体仍然是在头脑之外保持着它的独立性；只要这个头脑还仅仅是思辨地、理论地活动着。因此，就是在理论方法上，主体，即社会，也必须始终作为前提浮现在表象面前。"① 这样一来，马克思就在肯定"实在主体仍然是在头脑之外保持着它的独立性"的基础上，既与黑格尔的绝对唯心主义划清界限，亦将自己与那种流俗的唯物主义分割开来，从而也就为科学理论的内在性建立了一种唯物主义的本体论基础。

理论的内在化之所以必要，从根本上说是因为只有将理论的结构完全内在化，即完全与流变的感性世界分割开来，才能够达到以模式化的科学把握世界的目标。如果理论中的要素尚未与感性经验分割开来，而是关联于流变不息的感性经验，则所谓科学地描述世界便是不可能的。因为科学所要求的是确定性，甚至是绝对的确定性，而感性的经验之流则不可能是确定的。只有与处于时空之中流变的感性经验分割开来，将这些经验以超时空的模式化的结构重新建立起来，才能达到科学所要求的确定性。

科学所要求的这种确定性，并不仅仅是源于希腊人的一种关于世界之本质的想象，而且更重要的是它在近代工业社会发展的背景下，符合并满足了这一时代的要求。不同于传统的顺应自然的农业生产那种生活方式，现代工业生产是一种从根本上说来改变世界以符合人类需要的生活方式。要实现这种基于人的需要的重构，就必须将世界做如此具有确定性的把握。只有基于这种具有极大确定性或者说决定论性质的科学，这个被重构起来的世界才可能是确定的、可信的，从而才能够借助基于科学的技术手段加以改造，以供人类稳定地生存。如果像古代科学那样，只是为了能够解释世界，满足于一种心理上的对于世界的稳定感的需要，则并不必须将世界把握为全然确定的或决定论性的，而是既可以像希腊哲学那样将超时空的数、理念、形式作为世界的本源，也可以如中国古代哲学那样以流变的事物作为世界之本源的。张岱年先生指出，"中国哲学有一个根本一致的倾向，即承认变是宇宙中之一根本事实。变易是根本的，一切事物莫不在变易之中，而宇宙是一个变易不息的大流。"而这与"西洋及印度的哲学家，有认为变动是虚幻者"大不相同。② 郝大维、安乐哲亦言，中国古人持所谓"第一问题框架"，"或曰类比的、关联性思维"，"这一思维样式承认变化或过程要优于静止和不变性，并不妄断存在着一个构成事物一般秩序的最终原因，而且寻思以关联过程，而不是以主宰一切的动因或原则来说明事物的状态"。因此，仅就解释世界而言，将世界理解为大化流行、变易不测的东西，也同样能够满足理智的愉悦。但若要导向

---

① 《马克思恩格斯全集》第46卷上，人民出版社，1979年，第39页。
② 张岱年：《中国哲学大纲》，江苏教育出版社，2005年，第109、112页。

近代科学，则唯有源于古代希腊的所谓的"第二问题框架思维"，即"把'宇宙'理解为具有某种单一秩序的世界"，"断言静止比变化和运动更具有优先地位（用另外的话来说，就是崇尚的是'存在'而非'变易'）"，"明里暗里的主张，'世界'的千变万化是被这些解释为动因的东西所左右、所最终决定的"，才有可能。① 因为，归根到底，对于世界的控制必须以这个世界是确定的、决定论性的，从而具有可控制性才行。把世界理解为决定论性的，并不意味着世界自身就一定是全然决定论性的，但却一定至少在某种程度上是决定论的或以确定的因果关联为前提的。

科学理论作为一种"先验的结构"，并不排斥它有着感性经验的血缘。正如马克思所表述的那样，这种"先验的结构"不是别的，正是"把直观和表象加工成概念这一过程的产物"。但这一"加工"的结果，或者说"移入人的头脑并在人的头脑中改造过的物质的东西"，却与那些直接的感性经验有着天壤之别，因为时空中的感性经验由此被转换为了超时空的思维中的"先验的结构"，亦即外部感性经验被内在化了。近代以来的科学，虽然注重经验，但却不是简单的对于经验的直接描述，而正是一种以数学化的方式，将感性的经验提升、改造为超时空的"先验的结构"。

六、一种"拟历史目的论"

如果"历史科学"或一般而言的任何一种科学解释，意味着以超时空的理论结构去把握我们感受到的流变的实在世界，特别是把握由人的有意识的自由的活动所创造的、比之一般的存在更为不确定的历史世界，那么，这种超时空的模式化的"先验的结构"面对这川流不息的感性世界，所谓的把握是如何可能的呢？

所谓科学对于流变世界的把握，说到底，就是理性对于感性的把握，即通常所说的将感性的东西上升到理性的东西。但正如我们前面在讨论芝诺运动悖论和微积分对于运动的描述时引用的丹齐克有关论述中所指出的那样，"何谓运动？运动岂不就是位置与时间的一种对应么"。而且，更重要的是，微积分所描述的运动，并不就是我们所感觉到的运动，而只是理性对现实运动的一种抽象的把握而已。据此甚至还可以说，"数学上的运动只是静止状态的无限连续罢了……把运动等同于一系列连续的静止状态，在这个过程中运动的物体保持平衡，这在表面上看来似乎是荒谬的。然而说运动是由静止状态所构成，和说长度是由无广延的点所构成，或时间是由无持续性的瞬间所构成，其荒谬程度并不多些或少些。"② 我们也曾指出，近代数学之对于运动的描述，具有典范的意义，它表明数学化的科学对于世界的描述只能是一种基于抽象的理性结

---

① 参见郝大维、安乐哲：《期望中国：对中西文化的哲学思考》，学林出版社，2005年，"导言：期待论证"第6、7页。

② ［美］丹齐克：《数，科学的语言》，苏仲湘译，商务印书馆，1985年，第106页。

构的描述，而这与我们通过感官所感受到的运动是完全不同的。这种典范性就在于通过抽象化，将变化不已的感性世界之流截断，将之凝固成一种超时空的模式化的符号模型。在截断感性世界之流的意义上，我们也可以说科学是将运动的状态转化为了静止状态①或者说将时间空间化了。这种空间化有如对流动世界的摄像，将动态的世界变成了胶片中一幅幅静态的图片。这种抽象化也有如生理学中的动物解剖，将活生生的生命体变成了无生命的东西，再行观察各部分组织的构造及其间的关联。

一般的科学把握世界如此，马克思所追求的"历史科学"也不例外。我们从他对在这方面做出了显著成就的李嘉图的高度评价便可看出来。马克思指出，有两种政治经济学研究方法，"一种是深入研究资产阶级制度的内在联系，可以说是深入研究资产阶级制度的生理学，另一种则只是把生活过程中外部表现出来的东西，按照它表现出来的样子加以描写、分类、叙述并归入简单概括的概念规定之中。"但是，"这两种理解方法在斯密的著作中不仅安然并存，而且相互交错，不断自相矛盾"，②即斯密"一方面，他探索各种经济范畴的内在联系，或者说，资产阶级经济制度的隐蔽结构。另一方面，他同时又按照联系在竞争现象中表面上所表现的那个样子，也就是按照它在非科学的观察者眼中，同样在那些被实际卷入资产阶级生产过程并同这一过程有实际利害关系的人们眼中所表现的那个样子，把联系提出来"③。斯密虽然"在有些地方也揭示了现象的更为深刻的联系"，但是同时，他又天真地"用资本主义生产当事人的眼光来看待事物，完全按照这种当事人所看到和所设想的样子，按照事物决定这种当事人的实践活动的情况，按照事物实际上呈现出来的样子，来描绘事物"，这显然还是前科学的。与之相对比，李嘉图方法在科学上的意义就显出来了。"李嘉图的方法是这样的：李嘉图从商品的价值量决定于劳动时间这个规定出发，然后**研究**其他经济关系（其他经济范畴）是否同这个价值规定相**矛盾**，或者说，它们在多大的程度上改变着这个价值规定。"④"李嘉图从这一点出发，迫使科学抛弃原来的陈规旧套，要科学讲清楚：它所阐明和提出的其余范畴——生产关系和交往关系——同这个基础、这个出发点适合或矛盾到什么程度；一般说来，只是反映、再现过程的表现形式的科学以及这些表现本身，同资产阶级社会的内在联系即现实生理学所依据的，或者说成为它的出

---

① 显然，"科学是将运动的状态转化为了静止状态"这种表述是不很准确的。因为所谓静止是相对于运动而言的，若无运动，则何来静止？故如此说法，仍处在感性事物的动静这一层面，而未上升到超动静的理性层面。但这种说法亦有方便之处，且能够比较形象地表达出理性之将流变的感性世界凝固化为抽象符号结构之方式。而且，在西方将世界之本质视为静止而将运动视为表观的观念中，这种表述亦说得通。说近代数学化的科学是将时间空间化，亦与之相类似。
② 《马克思恩格斯全集》第26卷第2册，人民出版社，1973年，第182页。
③ 《马克思恩格斯全集》第26卷第2册，人民出版社，1973年，第181~182页。
④ 《马克思恩格斯全集》第26卷第2册，人民出版社，1973年，第181页。

发点的那个基础适合到什么程度；一般说来，这个制度的表面运动和它的实际运动之间的矛盾是怎么回事。李嘉图在科学上的巨大历史意义也就在这里……在政治经济学中，历史斗争和历史发展过程的根源被抓住了，并且被揭示出来了。"①

显然，李嘉图受到马克思如此高的评价，并非由于他比斯密提出了更为原创性的思想，而是由于他在政治经济学科学化的道路上，消除了斯密体系中的矛盾，将他所开创的工作推进到了一个新的高度。马克思写道："李嘉图著作（指其《政治经济学和赋税原理》——引者）的这两章包含着他对以往政治经济学的全部批判，他在这里同亚·斯密的贯串其全部著作的内在观察法和外在观察法之间的矛盾断然决裂，而且通过这种批判得出了一些崭新的惊人结果。因此，这头两章给人以高度的理论享受，因为它们简明扼要地批判了那些连篇累牍、把人引入歧途的老观念，从分散的各种各样的现象中吸取并集中了最本质的东西，使整个资产阶级经济体系都从属于一个基本规律。"② 所谓"从分散的各种各样的现象中吸取并集中了最本质的东西，使整个资产阶级经济体系都从属于一个基本规律"，不是别的，就是将对资产阶级社会的描述从在斯密那里尚存在的，"用资本主义生产当事人的眼光来看待事物"的方式，转变为用科学的观察者的眼光看待事物的方式。这一科学化的方向，也正是马克思倾其毕生精力要加以发展的。不难看出，马克思所大加赞扬的这一科学的看待事物的方式，其核心之处，正在于"使整个资产阶级经济体系都从属于一个基本规律"。这也就意味着，那种当事人眼光中所见的感性的流变在这里不再存在，而显现出的是一种"从属于一个基本规律"的逻辑体系。在这个体系之中，诸要素之间所具有的关系纯属一种超时空的模式化的逻辑关联。而马克思对李嘉图的批评，也正是由于他在推进斯密工作中的不完备性："人们一眼就可以看出这种方法的历史合理性，它在政治经济学史上的科学必然性，同时也可以看出它在科学上的不完备性，这种不完备性不仅表现在叙述的方式上（形式方面），而且导致错误的结论，因为这种方法跳过必要的中介环节，企图**直接**证明各种经济范畴相互一致。"③ 这是说，李嘉图之应受到批评之处，正是在于他未能基于一个基本规律，合乎逻辑地将"各种经济范畴"之间的关系推导出来，而是"跳过了必要的中介环节"，未能"一以贯之"或"从一而终"。

这种以模式化的超时空逻辑体系去把握流变的感性世界特别是历史世界或历史过程的方式，不可避免地会带来一个问题，那就是如何表达历史的变化？如果说在科学对于自然世界运动的描述中所出现的感性运动与理性结构之间的矛盾，还可以通过将其运动变化视为只是表现于感性表观的现象，而其动变模式亦即其本质是永恒不变的

---

① 《马克思恩格斯全集》第 26 卷第 2 册，人民出版社，1973 年，第 183 页。
② 《马克思恩格斯全集》第 26 卷第 2 册，人民出版社，1973 年，第 186 页。
③ 《马克思恩格斯全集》第 26 卷第 2 册，人民出版社，1973 年，第 181 页。

而得到消解的话，历史科学对于历史过程的把握中出现的类似矛盾却不可能如此简单地被消解掉。这是因为，历史世界不仅像自然世界那样是运动变化的，而且更重要的是，历史过程作为人类活动的结果，在时间的轴线上呈现为一种极其巨大的变化，这种变化无法将其抽象化为一种不变的模式而加以把握。在某种意义上，历史事件都具有一种独一无二的特性，而不像自然世界中所具有的明显的类同性。那么，如何面对这一问题呢？如果强行用一种抽象的模式化的原则去阐释历史地变化着的历史世界，则只能得到一些几乎毫无价值的所谓的科学"公式"；而如果强调历史过程的独一无二特性，排斥任何模式化的阐释，则又必将取消历史科学，或将历史科学变成类似于文学的叙事。对此难题，马克思提供了一种解决方式，那就是借助历史性地变化的生产方式这一概念，将历史过程划分为若干阶段或若干不同的模式。这是说，历史世界不仅在一般意义上是变化不息的，而且其变化模式也是处于变化之中的，从而是可以将之划分为若干阶段加以把握的。换言之，马克思的"历史科学"对于历史过程的把握，就是将历史划分为若干不同的模式，并对这不同的历史模式加以分别把握的理论体系。这种理论方式，虽然由于历史过程的特性，不能像在自然世界中所做的那样，用一种贯通全部历史世界的模式加以把握，但可以通过将历史过程划分为若干阶段，并将这些阶段抽象为不同的模式而加以分别的把握。这样，虽然就整个历史过程而言，由于生产方式的变化，可以被视为是变迁的，但就每一历史阶段而言，对于其生产方式的把握是可以抽象化为确定的模式的，从而便是符合科学之超时空的标准的。

但这样一来，又会带来一个问题，那就是作为对这些不同历史阶段之把握的不同的生产方式或模式之间的关系又该如何理解？当然，人们会说这些生产方式是历史地发展的，是一个从低到高的历史过程。但这种说法只是一种现象性的描述，并未脱离非科学观察者的当事人的眼界，而非科学的模式化的描述。但若试图将全部历史过程用一个统一的模式加以描述，则又堕入思辨的历史哲学的迷雾之中。对此问题，马克思亦如康德那样，提出了一种可称之为"拟历史目的论"的阐释方式。这就是马克思关于"人体解剖对于猴体解剖是一把钥匙"说的深刻理论意蕴。①

在谈到资产阶级社会与早先社会形式的关系时，马克思写道："资产阶级社会是历史上最发达的和最复杂的生产组织。因此，那些表现它的各种关系的范畴以及对于它的结构的理解，同时也能使我们透视一切已经覆灭的社会形式的结构和生产关系。资产阶级社会借这些社会形式的残片和因素建立起来，其中一部分是还未克服的遗物，继续在这里存留着，一部分原来只是征兆的东西，发展到具有充分意义，等等。人体

---

① 马克思之所以批评资产阶级经济学家的非历史性，并不是说要回到那种对于历史过程的直接描述，如同在斯密那里的那种从当事人眼光看问题的方式，而是批判他们没有看到生产方式的历史性，没有看到反映生产方式的经济范畴的历史性，而是将之视为永恒不变的。

解剖对于猴体解剖是一把钥匙。反过来说，低等动物身上表露的高等动物的征兆，只有在高等动物本身已被认识之后才能理解。因此，资产阶级经济为古代经济等等提供了钥匙。但是，决不是象那些抹杀一切历史差别、把一切社会形式都看成资产阶级社会形式的经济学家所理解的那样。人们认识了地租，就能理解代役租、什一税等等。但是不应当把它们等同起来。"① 不难看出，马克思在这里表达的意思涉及两个方面：一个方面是，由于资产阶级社会是借那些已经覆灭的"社会形式的残片和因素建立起来"，这些残片和因素只是在现代社会中才获得了比较充分的发展，才能显露出其"充分意义"，因此，可以从现代社会结构去透视那些已经覆灭了的社会结构，获得对那些已经不存在的社会结构的理解，此即对资产阶级社会这一"人体"的解剖，能够充作传统社会那些"猴体"解剖的"钥匙"的意思。但这个理解之所以可能，是因为那些已经覆灭的社会形式的残片和因素在现代社会中的存留和发挥着特定的功能。或者说，对传统社会的透视是通过这些残片和因素在现代社会中的功能而得到理解的，而不可能是如其在传统社会中所认为的那样去理解的。这又是因为："在一切社会形式中都有一种一定的生产决定其他一切生产的地位和影响，因而它的关系也决定其他一切关系的地位和影响。这是一种普照的光，它掩盖了一切其他色彩，改变着它们的特点。这是一种特殊的以太，它决定着它里面显露出来的一切存在的比重。"② 因此，马克思立即对这一理解的可能性做了限定："如果说资产阶级经济的范畴适用于一切其他社会形式这种说法是对的，那么，这也只能在一定意义上来理解。这些范畴可以在发展了的、萎缩了的、漫画式的种种形式上，总是在有本质区别的形式上，包含着这些社会形式。"这是说，在做这样的理解时，仍然必须首先肯定这些不同的社会形式之间的本质性差别，它们虽然各自构成了一个有机整体，但这些历史地存在的不同有机体之间并不能被理解为也构成了一个发展着的有机整体。也就是说，从"历史科学"的意义上，既然不同的历史阶段上存在的生产方式是各不相同的，是一种存在于不同历史阶段上各不相同的模式化的社会结构，其间并无一种内在的关联，那么，我们就不能在通常的意义上谈论"历史发展"。

但历史发展这一意象是不可能从人们的观念中被清除出去的，因而，就必须对这一概念做出符合"历史科学"之将历史把握为若干阶段性存在的生产方式或模式的新的规定。对此，马克思是这样规定的："所说的历史发展总是建立在这样的基础上的：最后的形式总是把过去的形式看成是向着自己发展的各个阶段，并且因为它很少而且只是在特定条件下才能够进行自我批判，——这里当然不是指作为崩溃时期出现的那

---

① 《马克思恩格斯全集》第 46 卷上，人民出版社，1979 年，第 43 页。
② 《马克思恩格斯全集》第 46 卷上，人民出版社，1979 年，第 44 页。

样的历史时期,——所以总是对过去的形式作片面的理解。"① 这就是说,人们所谓的历史发展,其实不过是站在自己的时代,以一种目的论的眼光,将"过去的形式看成是向着自己发展的各个阶段"。这也就是黑格尔的绝对精神自我展开、自我发展达成圆满的观念中所蕴含的东西,亦即其所阐发的"密纳发的猫头鹰黄昏的时候才起飞"的意蕴。在黑格尔的思辨哲学中,历史作为绝对精神之在时空中的展开,无疑是一个实体性的存在和发展过程。但马克思早就批判过黑格尔的实在的历史目的论:"黑格尔陷入幻觉,把实在理解为自我综合、自我深化和自我运动的思维的结果",这样的历史目的论是与"历史科学"完全不能相容的,因此,便不能将这种"历史发展"理解为一种实体性的变化,即一种实在的目的论,而只能理解为一种虚拟的目的论,也就是一种康德式的历史目的论。基于这种相似性,对于马克思的目的论观念,我们可以对比康德的目的论观念来加以理解。

康德在其《世界公民观点之下的普遍历史观念》中写道:"既然人类的努力,仍总的说来,并不像动物那样仅仅是出于本能,同时又不像有理性的世界公民那样是根据一种预定的计划而行进;因此看起来他们也就不可能有任何(多少是像蜜蜂或者海狸那样的)有计划的历史。当我们看到人类在世界的大舞台上表现出来的所作所为,我们就无法抑制自己的某种厌恶之情;而且尽管在个别人的身上随处都闪的着智慧,可是我们却发现,就其全体而论,一切归根到底都是由愚蠢、幼稚的虚荣、甚至还往往是由幼稚的罪恶和毁灭欲所交织成的;从而我们始终也弄不明白,对于我们这个如此之以优越而自诩的物种,我们自己究竟应该形成什么样的一种概念。对于哲学家来说,这里别无其它答案,除非是:既然他对于人类及其表演的整体,根本就不能假设有任何有理性的自己的目标,那末他就应该探讨他是否能在人类事物的这一悖谬的进程之中发现有某种自然的目标;根据这种自然的目标被创造出来的人虽则其行程并没有自己的计划,但却可能有一部服从某种确定的自然计划的历史。"② 这就是说,我们可以有一种目的论的理念,设定"一个被创造物的全部自然禀赋都注定了终究是要充分地并且合目的地发展出来的"③。这样,"人类的历史大体上可以看作是大自然的一项隐蔽计划的实现,为的是要奠定一种对内的、并且为此目的同时也就对外的完美的国家宪法,作为大自然的一再人类的身上充分发展其全部禀赋的唯一状态。"④ 但是,这种合目的性原则并不是客观的规律,并非构成性的,而仅仅是调节性的,即不能根据这一原则建构起一种客观的历史规律,而只能是为我们观察历史提供一种启示性的原则,

---

① 《马克思恩格斯全集》第46卷上,人民出版社,1979年,第43~44页。
② [德] 康德:《历史理性批判文集》,何兆武译,商务印书馆,1990年,第2页。
③ [德] 康德:《历史理性批判文集》,何兆武译,商务印书馆,1990年,第3页。
④ [德] 康德:《历史理性批判文集》,何兆武译,商务印书馆,1990年,第15页。

使我们在主观上将之视为按照某种目的发展的过程。因此,康德声明道:"说我是要以这种在一定程度上具有一条先天线索的世界历史观念来代替对于具体的、纯粹由经验而构成的历史的编撰工作,那就误解我的观点了。这仅仅是关于哲学的烦恼(当然它也还必须是十分熟悉历史的)从另外一种立脚点出发所能够探讨到的东西的一种想法而已。"①

卡西尔对此写道:"根据康德,'历史'概念在严格意义上仅仅存在于我们以这样的方式对某一系列事件的思考中,即我们不看它单个片刻或偶然联系的时间序列,而是将这一系列事件与一个理想的统一的内在目的联系在一起。只有当我们应用这一理念,这一不寻常的判断方式,并且坚持不变的时候,我们才能弄清楚历史进程在变化的相似河流之中、在纯属自然界的原因和结果的复杂关系里,所具有的独一无二性和自主性。在这种联系里很明显可以看到,历史目标的问题,在采用先验观的康德那里有着非同寻常的特殊性质,而这与那些采用惯常方式思考世界的人和传统的形而上学家的看法不同。正如我们仅能获得对自然界法则的有效性的充分洞察,我们也知道,既定的自然界没有法则,相反是某种法则概念创造和构成了自然界——因而,历史作为一套被编排完好的事实与事件,也就没有多少'意义'和某种特殊的'目的因'(telos)。相反,历史自身的'可能性',历史自身特殊的意义,来源于这类意义的假定。"②

这就是说,在康德这里,目的论并非一种在亚里士多德那里的实体性或实在性的目的论,亦非在其后的德国观念论那里发展起来的亦为实体性的思辨的目的论。因为在康德这里,主体是作为有限的理性存在者的人,而非无限理性的绝对存在者上帝,亦非无理性的动物。如果主体是上帝或别的什么绝对的存在者,那么,这种目的论便必定是实体性的,表现为一种建构性的力量;单纯依靠本能存在的动物则不可能提出目的观念来;而唯有作为有限的理性存在者的人,才既能提出一种目的观念,但又不能窥得实在世界的本真意图,从而只能有一种主观意义上的目的论理念作为理解历史过程的原则。

如果"康德根本没有打算把历史目的论说成是一种历史知识,就像他没有打算把审美鉴赏说成是一种知识一样……与其说康德进行了一种'历史理性批判',不如说康德用理性对历史知识进行了一种批判,即指出历史只有作为一种类比和臆测才有可能,而作为历史知识和历史规律则不可能"③,那么,提出这种历史目的论到底有何意义?如此理解的历史,并非增添我们的历史知识,而是要实现从自然到自由的过渡。卡西

---

① [德]康德:《历史理性批判文集》,何兆武译,商务印书馆,1990年,第20~21页。
② [德]卡西尔:《康德历史哲学的基础》,《世界哲学》2006年第3期。
③ 邓晓芒:《康德历史哲学"第四批判"和自由感》,《哲学研究》2004年第4期。

尔说得好,"'历史',首先真正存在于我们作为思考者所身处其中的那一系列行动中,而不是纯粹的事件系列中;不过,行动的观念包含有自由的观念。因而,康德历史哲学的原则预示了康德伦理学的原则,在那里历史哲学找到了自己的栖息地,自身也得到充分的阐明。"① 这就是说,康德的历史目的论是要导向对于自由或道德生活可能性的理解。

与之相类似,马克思的拟目的论方法亦可视为服务于对作为自由王国的未来理想社会之可能性的说明。建构作为人类自由王国的理想社会,是马克思全部实践与理论的终极目标。但通过对于思辨的历史哲学的批判而建构起类似于近代科学的模式化的"历史科学",却无法像《手稿》中所阐发的带有较强思辨性的历史哲学那样,由于内含一种历史目的论而能够轻易地说明理想社会的可能性。由于科学是排斥任何目的论的,近代科学的发展就是通过对古代目的论自然观的批判而建立起来的,因而,不像在《手稿》中那样将共产主义作为直接的论证目标,作为马克思"历史科学"之最高成果的《资本论》,并未像人们通常所认为的那样,致力于论证未来理想社会实现的必然性,而是将自己的理论目标限定在科学所能及的范围内,即只是通过利润率下降的规律来论证资本主义的不可能性。② 这就意味着,资本主义由于其内在的限制,在特定的条件下将不可能继续存在,但这并不意味着理想社会会自然地实现,而只是意味着在这种条件下,人们有可能去建构一种理想的社会。也就是说,理想社会的实现,并非一种自然的过程,而只能是在资本主义不可能的条件下,基于人的自由的抉择和在此前提下的积极的建构。从"历史科学"的视角看,历史本身并无什么目标或目的,所谓的历史目的,只能是人的自由的建构。而这种虚拟的历史目的论,便既避免了实体性目的论与历史科学的不相容,亦满足了人类建构理想社会之愿景实现的可能性条件。在此意义上,马克思的拟历史目的论可以说在批判黑格尔等人的实体性目的论的过程中,向康德的虚拟目的论的一种回归,当然,是基于其"历史科学"的回归,从而是在一种新的理论原则基础上的有限的而非全面的回归。就马克思的"拟历史目的论"指明了人类实现梦寐以求的自由发展的终极目的的可能性而言,且我们可以把这种人类自由发展的理想目的理解为一种人类学目的论的话,那么,也可以说这种"拟历史目的论"是一种向人类学目的论的过渡。显然,这一过渡与康德的虚拟目的论乃至一般目的论批判所具有的从理论理性向实践理性的过渡作用是类似的。

---

① [德]卡西尔:《康德历史哲学的基础》,《世界哲学》2006年第3期。
② 关于马克思的这一论证及其在现今全球化条件下的有效性的说明,可参见王南湜:《剩余价值、全球化与资本主义》(《中国社会科学》2012年第12期)一文中的有关讨论。

七、与"历史科学"构成互补的"价值科学"的必要性

"历史科学"的模式化的超时空结构以及由之而带来的"拟历史目的论"以及"人类学目的论",进而又引申出了一个更为根本性的问题,那就是"历史科学"与实在的历史世界的关系问题。

前面指出过,马克思在经济学手稿《导言》中批判了黑格尔陷入幻觉,把从抽象到具体的进展过程看作是实在自身的展开,而认为这一进展过程不过是"思维着的头脑的产物,这个头脑用它所专有的方式掌握世界,而这种方式是不同于对于世界的艺术的,宗教的,实践精神的掌握的"。这首先意味着,"历史科学"只是"思维着的头脑"对于历史世界的把握,而并非如黑格尔所认为的那样,是这一世界的自我展开、自我认识,亦即,"实在主体仍然是在头脑之外保持着它的独立性;只要这个头脑还仅仅是思辨地、理论地活动着。"① 但这也同时意味着,这种"历史科学"对于实在世界的把握仅仅是一种特定的亦即"思辨地、理论地"进行把握的方式,而非唯一可能的把握方式,与之不同的方式还有"艺术的,宗教的,实践精神的"把握方式。这样,这个"在头脑之外保持着它的独立性"的实在世界,在不同的把握方式中便会呈现为不同的形象。而这又进而意味着,任何一种把握方式所把握的世界形象,并不等于实在世界之本身,尽管任何一种把握方式所把握到的世界形象如果是一种真正的把握的话,都会是一种对于实在世界自身的在某种程度上的表达,即都会具有某种真理性。

马克思关于"实在主体仍然是在头脑之外保持着它的独立性;只要这个头脑还仅仅是思辨地、理论地活动着"的论断,往往被人们过度简单化地理解为一种常识性的唯物主义,但马克思这段论述中所包含的意思要比人们通常理解的丰富得多。就这句话而言,它不仅意味着,如果只是人们"思辨地、理论地活动着",实在世界自然就会保持其独立性,而且还意味着,如果人们不仅仅是"思辨地、理论地活动着",而是能动地、实践地活动着,则这个实在世界的独立性就有可能由此而被改变。但如前所述,理论地活动着的"历史科学"所把握的世界是模式化的超时空性的逻辑体系,这意味着这样一个世界是一个全然决定论的世界,在其中并未给偶然性和人的能动性留下余地。如此一来,从科学的眼光看世界,如果世界是决定论性的,则能动地改变世界就是不可能的事情,从而人不同于动物的创造历史的实践也就是不可能的。但如果理论地把握世界仅仅是人们把握世界的一种方式,这种把握方式所把握到的世界仅仅是实在世界的一种面相,那么,这也就表明决定论性的世界仅仅是理论地把握世界的结果,

---

① 《马克思恩格斯全集》第46卷上,人民出版社,1979年,第39页。

而实在世界自身并非便是决定论性的，而是至多只是在某种程度上具有显示为决定论性的规定而已，从而也就表明实际的历史过程的偶然性的存在，以及改变世界的前提条件即世界在某种程度上的非决定论性的可能性。

既然实在世界自身至少在某种程度上是非决定论性的，那这也就意味着人的行动至少在某种程度上是非决定论性的，从而对于有意识的人的行动来说，他便在某种程度上是可选择的、自由的。但自由的人从事改变世界的实践活动，由于世界在某种程度上又是决定论性的，因而人改变世界的活动便会产生某种确定的后果，而人改变世界的活动又是在主观上要指向某种理想的目标的，为此，便需要某些引导自由的人进行选择的原则，用以规范人的行动。因此，就马克思认为仅仅解释世界还不是根本性的，根本性的重要问题是就改变世界而言①，要使改变世界成为可能，不仅必须有一门模式化地描述世界的"历史科学"，而且还必须有一门描述人的选择规范的科学。就人的行为规范都是建基于某种价值原则之上而言，这门关于人的行为规范的科学可称之为"价值科学"。

如前所述，马克思自从在《形态》中提出了"历史科学"的概念以来，逐步地使之完备，在《资本论》中达到了成熟形态，并在《手稿》等著作中呈现为理论旨趣和实践旨趣的双重逻辑，但这只着重表现了理论旨趣一个方面，而实践旨趣方面则多体现于那些直接论述政治行动的著作之中——如《法兰西内战》、《路易·波拿巴的雾月十八日》等著作中对于政治能动性的精彩描述和分析。但是，这决不意味着马克思在《形态》之后逐步消除了实践旨趣而只关注于理论旨趣，而只是意味着马克思针对当时那些过多地诉诸价值原则、道德原则的伦理社会主义之类理论的空洞性，将主要精力放在建立一门尚不存在而又为社会主义运动能够健康发展所急需的"历史科学"上面，而并非放弃基于实践旨趣的"价值科学"。这从马克思后来在《资本论》、《哥达纲领批判》等著作中不时涉及规范性问题便可看出来。这就意味着，建立一门相关于"历史科学"的"价值科学"，至少在马克思理论的逻辑上是可能的。

从马克思之密切关注现实历史运动之对于理论的需求来看，一门相关于"历史科学"的"价值科学"之建构，不仅在一般意义上对于回应马克思关于重要的问题是改变世界的理论意图是必要的，而且在特殊意义上对于回应当今马克思主义哲学所面临的世界历史的巨大变化对于引导人们行动的规范性理论的需求，更是非常必要的。一个显著的例子便是，人们普遍意识到近几十年世界范围内政治哲学的复兴意味着现实

---

① 人们对于马克思的这一命题多有误解，或以为马克思只主张改变世界而反对解释世界，并以改变世界必先解释世界驳之，或以为重视实践而轻视理论。这些理解恐怕都是站在常识性的立场上去理解的，而未能注意到马克思这里所要解决的问题并不是要不要有解释世界的理论，而是认为解释世界的理论归根到底是从属于改变世界的实践活动的。

生活对于这一规范性理论的需求,且以极大的热情投入到这类理论讨论之中,马克思主义研究者自然也不例外。但令人遗憾的是,由于缺乏对马克思"历史科学"概念的深入理解,以及与之相应的"价值科学"的缺席,使得对于马克思主义政治哲学的讨论迄今为止并未取得多少有意义的进展。尽管有论者总是不断地宣称马克思有其政治哲学,甚至宣称马克思主义哲学本质上就是一种政治哲学,但当人们试图具体地描述这一政治哲学的理论架构时,却总是不得要领,甚至陷入概念混乱之中。因此,如果人们欲有效地推进马克思主义哲学发展,便须深入理解马克思"历史科学"的意义,深入理解"历史科学"概念的发展所必然导致的与之互补的"价值科学"的必要性,并由之建构起相关的"价值科学"体系,为马克思主义道德哲学、政治哲学的建构提供所必需的理论基础。

〔作者王南湜,南开大学哲学院教授。本文刊发于《中国高校社会科学》2014年第5期,责任编辑毛姝凡。人大复印资料《马克思列宁主义研究》2014年第11期转载〕

"转形"问题论争与20世纪马克思经济学在西方的命运

——纪念《资本论》第三卷发表120周年

顾海良

今年是《资本论》第三卷发表120周年。百余年来,围绕《资本论》第三卷的主要理论展开的论争,特别是关于"转形"问题的论争,成为20世纪马克思经济学在西方发展的集中体现。甚至可以说,"转形"问题论争的起伏跌宕,更是20世纪马克思经济学在西方经济理论界命运多舛的最为贴近的写照。[①]

一、"转形"问题论争的出现与对马克思经济学的"补充"

西方学者所谓的"转形"问题(The Transformation Problem),指的是马克思在《资本论》第一卷和第三卷中论述的价值转化为生产价格问题。"转形"问题论争的发端,可以追溯到1885年《资本论》第二卷出版和1894年《资本论》第三卷出版这一时期。[②] 20世纪初,"转形"问题论争开始以对《资本论》第三卷关于价值转化为生产价格理论"补充"的形式出现。

冯·博特凯维兹在1906年发表的《关于马克思体系中价值计算和价格计算问题》和1907年发表的《对马克思〈资本论〉第三卷基本理论结构的修正》这两篇文章中指出[③],除了明确加以说明的情况之外,马克思提到的价值实际上是交换关系的指数,

---

① 本文所用的部分资料选自《百年论争——20世纪西方学者马克思经济学研究述要》(顾海良主编、常庆欣副主编,经济科学出版社,2014年)。

② 参见顾海良:《恩格斯与"转形"问题的早期论争》,《当代经济研究》2014年第8期。

③ L. von Bortkiewicz, "Value and Price in the Marxian System", *International Economic Papers*, No. 2, 1952, pp. 5~60; "On the Correction of Marx's Fundamental Theoretical Construction in the Third Volume of Capi. tal", in: Paul M. Sweezy ed., *Karl Marx and the Close of his System*, New York: Augustus M. Kelley, 1949, pp. 197~221.

"这是价值概念的本质,因为只有这样它才能根据马克思的价值规律在量上加以决定"①;而生产价格同价值一样,"也是交换关系的指数",这时,"价值计算意味着按照价值规律决定商品交换关系,(生产)价格计算意味着按照利润率均等规律决定同样的交换关系"。② 他指出:"可以很容易地看出,马克思使用的涉及价值向生产价格转形的程序是错误的,因为这种程序没有严格地区分价值和(生产)价格计算的两个原理"。③ 在博特凯维兹看来,马克思对"转形"过程的论述,只涉及投入用价值量计算、产出用生产价格量计算的情况,没有探讨投入也按照生产价格计算的"转形"过程。博特凯维兹认为,马克思注意到这一难题,如《资本论》第三卷曾提到,从"总计"上看,"这一切总是归结为这样的情形:加入某种商品的剩余价值多多少,加入另一种商品的剩余价值就少多少,因此,商品生产价格中包含的偏离价值的情况会互相抵消。"马克思信守的方法论原则就是:"总的说来,在整个资本主义生产中,一般规律作为一种占统治地位的趋势,始终只是以一种极其错综复杂和近似的方式,作为从不断波动中得出的、但永远不能确定的平均数来发生作用。"④ 博特凯维兹误把马克思提出的需要解决的难题当作马克思不能解决的难题,据此试图用一组联立方程解决投入的成本价格在按生产价格计算时的"转形"过程和关系。博特凯维兹对"转形"问题的探索,基本上是在马克思已有论述基础上的"补充"或完善意义上的"修正"。

博特凯维兹的这两篇文章在当时并没有产生什么影响,经由保罗·斯威齐在1942年出版的《资本主义发展论》一书中的提示,⑤ 这两篇文章才受到关注。但是,如曼德尔所认为的,博特凯维兹的这两篇文章还是构成"转形"问题论争的"第一个重要的转折点"⑥。斯威齐对博特凯维兹文章的得失作了评价,并提出一个新的联立方程组,同样希望对马克思"转形"问题作出"补充"性的"修正"。

在斯威齐对"转形"问题提示和评价的影响下,20世纪40代末到50年代末,时有关于"转形"问题探索的新文献发表。如E.曼德尔所指出的,"一系列作者通过研究社会总产品在劳动分工的不同部门的分配,在各种各样的假定下,设计出不同的计

---

① L. von Bortkiewicz, "Value and Price in the Marxian System", in: Roberto Marchionatti ed., *Karl Marx: Criti. cal Responses*, Vol. 3, London; New York: Routledge, 1998, p. 239.

② L. von Bortkiewicz, "Value and Price in the Marxian System", in: Roberto Marchionatti ed., *Karl Marx: Criti. cal Responses*, Vol. 3, London; New York: Routledge, 1998, p. 239.

③ L. von Bortkiewicz, "Value and Price in the Marxian System", in: Roberto Marchionatti ed., *Karl Marx: Criti. cal Responses*, Vol. 3, London; New York: Routledge, 1998, p. 241.

④ 《马克思恩格斯文集》第7卷,人民出版社,2009年,第180~181页。

⑤ P. M. Sweezy, Theory of Capitalist Development, New York: Monthly Review Press, 1970; first published 1942, pp. 112~125.

⑥ Ernest Mandel, "Introduction", in: Ernest Mandel and Alan Freeman eds., *Ricardo, Marx, Sraffa: The Langs. ton Memorial Volume*, Schocken Books, 1985, p. ix.

算（生产）价格和价值的方法，得到了或多或少不同于马克思的结论"①。这"一系列作者"及其著述，主要有 J. 温特尼茨在 1948 年发表的《价值和价格：所谓"转形"问题的解决》、M. 多布 1955 年发表的《关于价值问题的探讨》、L. 米克 1956 年出版的《劳动价值学说史的研究》和同年发表的《关于"转形"的若干问题的探讨》，以及 F. 塞顿 1957 年发表的《关于"转形问题"》等。这一时期，对"转形"问题的新的探讨，主要限于马克思主义经济学研究的"学术"圈内，还是以"补充"马克思经济学既有理论为基本出发点，有着显著的"完善"或"修正"马克思经济学的取向。

温特尼茨认为，"'转形'问题和一个被广泛争论的问题相关，这就是，在产业资本主义和完全竞争背景下，产品价格结构能否按李嘉图和马克思假定的那样，从由劳动所决定的价值中合乎逻辑地推导出来"②。在他看来，马克思以价值为基础的投入资本来计算平均利润率确实存在问题，"如果我们以等价交换为基础，并认为在（生产）价格发生变化时始终保持利润率平均化，那么，马克思的'转形'方法就是正确的"，然而，"这种计算平均利润率的简单方法与资本主义的事实不相符合，因为资本主义生产一经确立，（生产）价格不再是由价值相等的交换条件决定，而是由利润率的平均实现来决定。"这样，"在产业资本主义一般情况下，要坚持资本家的投入必须以生产价格为前提来计算利润率的这一假设。"③ 据此，温特尼茨试图建立"一种令人满意的、不需要特殊设定的、直截了当的代数分析方法"④。他的结论就是："将这种'转形'方法应用于简单再生产的方程式，就会发现它不仅对于这种特殊的'转形'是不变的，而且对于每个以同样的方式影响投入和产出的'转形'也都是不变的。除此之外，这种'转形'还能在扩大再生产的条件下得到，因为上述等式仅仅设定了不同部门之间积累率的函数关系，在'转形'过程中，其关系也会发生相应变化。"⑤ 米克对温特尼茨的解决方法作了肯定性的评价，认为温特尼茨"清除了博特凯维兹解决方法中的冗余内容和不必要的假定"，而且"对那些持有将投入和产出的要素都考虑在内时价值就

---

① Ernest Mandel, "Introduction", in: Ernest Mandel and Alan Freeman eds., *Ricardo, Marx, Sraffa: The Langs. ton Memorial Volume*, Schocken Books, 1985, p. ix.

② J. Winternitz, "Values and Prices: A Solution of the So-called Transformation Problem", *The Economic Jour. nal*, Vol. 58, No. 230, Jun., 1948, p. 276.

③ J. Winternitz, "Values and Prices: A Solution of the So-called Transformation Problem", *The Economic Jour. nal*, Vol. 58, No. 230, Jun., 1948, p. 278.

④ J. Winternitz, "Values and Prices: A Solution of the So-called Transformation Problem", *The Economic Jour. nal*, Vol. 58, No. 230, Jun., 1948, p. 278.

⑤ J. Winternitz, "Values and Prices: A Solution of the So-called Transformation Problem", *The Economic Jour. nal*, Vol. 58, No. 230, Jun., 1948, p. 280.

不能转化为价格的观点的人来说，温特尼茨的解决方法是一个有效的回击"。①

与温特尼茨的论文发表相隔大约 10 年，塞顿在《关于"转形问题"》一文中，以里昂惕夫投入—产出分析为基本框架，将"转形"问题的分析建立在 n 部门经济中，并假设所有的 n 种产品可以作为投入用于所有的 n 个部门中。塞顿的研究在当时产生了较为广泛的影响。霍华德和金认为："塞顿的文章在'转形'问题的现代讨论中是一个界标，他提供了在许多部门经济中（生产）价格可以由劳动价值决定的证明，后来研究该问题的大多数的数量经济学家采纳了他的公式，所作的只是一些微小的变动。"②

塞顿在他论文结束处提出的一个"重要的告诫"，对后来"转形"问题在西方的发展有着重要的影响。他提出："马克思的'转形'过程概念的内在连续性和确定性，以及他由此概念引出的推论，经过本文的分析已完全证明是正确的。但是，构建其学说的理论基础却未经推敲，如果没有这些基本理论，整个'转形'理论将失去其本质的意义和存在的价值。据我所知，所有部门的剥削率都相等的假设就从未得到证实，而生产资本品的部门的资本有机构成比例一定会比其他部门高的假设也无法确认其真伪。最重要的是，整个剩余价值学说的理论基石，即对于除劳动力以外的其他生产要素的价值的否定，实质上是一种断言而不是一种真正的认识。对于未来的马克思经济学研究的重点，应该放在考察这些对理论构建有基础性意义的先入之见上，而不需再研究已经在本文中得到充分证明的逻辑结构。"③ 这一"重要的告诫"，成为后来"转形"问题论争的重点，关于价值向生产价格"转形"逻辑的探索转向了对劳动价值论这一"基础理论"本身的论争，关于"转形"问题论争的范围也由马克思主义经济学"圈子"延伸到整个西方经济学界，对马克思主义经济学的现代"解读"成为"转形"问题论争的新取向。

二、"转形"问题论争的延伸与对马克思经济学的现代"解读"

1960 年，P. 斯拉法的《用商品生产商品》的出版，使得"转形"问题论争发生了深刻变化。在《用商品生产商品》中，斯拉法构建了投入—产出方程体系，对新古典边际主义理论作出批判。在斯拉法模型中，价格和物质量之间的关系完全独立于价值，从而使得"转形"问题论争，"开始从对马克思的价值理论构建的技术性批判，转向对

---

① Ronald L. Meek, "Some Notes on the 'Transformation Problem'", *The Economic Journal*, Vol. 66, No. 261, Mar., 1956, pp. 102~103.

② ［英］M. C. 霍华德、［美］J. E. 金：《马克思主义经济学史：1929—1990》，顾海良、张新等译，中央编译出版社，2003 年，第 238 页。

③ F. Seton, "The 'Transformation Problem'", *The Review of Economic Studies*, Vol. 24, No. 3, Jun., 1957, p. 160.

经济分析上劳动价值论是不必要的、而且是应当被抛弃的证明"。① 对传统的"转形"问题论争,出现了认为价值体系是一种"多余的"解决方法的观点,尽管这里所讲的"多余的"不等于是"错误的"。如伊藤诚所评价的,这时,"参与论争的学者的数量及其多样性以及所考察的理论问题涉及的范围,都使得这次论争成为经济理论历史上最为显著的漫长的论争之一"。②

P. A. 萨缪尔逊在1971年发表的《理解马克思的剥削概念:马克思的价值与竞争价格间所谓转化问题概述》一文提出,沿着博特凯维兹—斯维齐的线路形成的成本价格转化为以生产价格计算的"转形"程序,只在一种特殊的情形下,即在所有资本都具有"相同的内部资本构成"的情形下,才是有效的;因而马克思的生产价格理论完全缺乏一般性,其结果与直接从用物质术语表示的投入—产出技术数据构建的价格方程体系得到的结果完全一样。他由此以调侃的口吻断言,"转形"问题的计算方法,不过是对"两个互不协调的理论体系的思考,写下一个,然后拿橡皮擦把它擦掉,填下另外一个。瞧!你已经完成了你的'转形'计算了"③。他的结论就是:"马克思《资本论》第一卷的劳动价值论似乎是一种迂回,对于理解竞争条件下的资本主义是不必要的。而剩余价值理论对于不完全竞争和垄断竞争的这两个重要问题的分析,也几乎或完全没有帮助。"④

萨缪尔森是1970年诺贝尔经济学奖得主,他在1971年提出"橡皮擦算法"的观点自然引起更多的关注。他的观点在很大程度上打破了自庞巴维克以来西方主流经济学一致认定的马克思价值理论是"错误的"成见,因而受到完全否定劳动价值论的一些主流经济学家的抨击。A. 勒纳认为,萨缪尔森对马克思劳动价值论作出了"不合理的让步"(illegal concessions),⑤ 因为这一"让步"暴露了庞巴维克观点是如此的失败,劳动价值论似乎变得是可以接受了,至少在逻辑上是可以接受的。从对劳动价值论是"错误的"指责转变为是"多余的"指责,不能为西方一些主流经济学家所容

---

① Ernest Mandel, "Introduction", in: Ernest Mandel and Alan Freeman eds., *Ricardo, Marx, Sraffa: The Langs. ton Memorial Volume*, Schocken Books, 1985, p. xi.

② Makoto Itoh, "The Value Controversy Reconsidered", in: Bruce Roberts and Susan Feiner eds., *Radical Eco. nomics*, Kluwer Academic Publishers, 1992, p. 53.

③ Paul A. Samuelson, "Understanding the Marxian Notion of Exploitation: A Summary of the So-Called Trans. formation Problem Between Marxian Values and Competitive Prices", *Journal of Economic Literature*, Vol. 9, No. 2, Jun., 1971, p. 400.

④ Paul A. Samuelson, "Understanding the Marxian Notion of Exploitation: A Summary of the So-Called Trans. formation Problem Between Marxian Values and Competitive Prices", *Journal of Economic Literature*, Vol. 9, No. 2, Jun., 1971, p. 408.

⑤ A. Lerner, "A Note on 'Understanding the Marxian Notion of Exploitation'", *Journal of Economic Literature*, Vol. 10, No. 1, 1972, pp. 50~61.

忍。G. 索斯沃斯则持相反的观点，他认为萨缪尔森的论述是对马克思的曲解，这一曲解无非是要极力说明马克思不过是一个"卑微的后李嘉图主义者"，因而马克思"不仅可以被忽视，而且应该被忽视"。萨缪尔森"打哈哈"式的用语，实际上是为了实现抵制当时对马克思经济学兴趣日益增加的政治目的。索斯沃斯认为，马克思经济学不是"像教给大多数学生相信的那样是一种简单而纯粹的政治辩护。尽管它需要发展，但它提供的是一种理解现实的更好的工具"①。

1973年，森岛通夫在《马克思的经济学》一书中认为，马克思的生产价格概念只有在产业是"线性相关"的情况下才是有效的；在实际工资水平和剥削率都存在的条件下，马克思的价值体系和（生产）价格体系并非互不相容。"如果加以修正和附加某些限制条件的话，马克思的很多命题是正确的，不过这些条件是相当严格的，因而人们会认为马克思在解决'转形'问题上是不成功的……但是马克思的'转形'问题并不是想要确立价值和价格之间的比例，相反，他是想证明个别的剥削与个别的利润不成比例。"②冯·魏茨泽克在《森岛通夫论马克思》一文中认为，森岛通夫对马克思的理论充满同情，这使他避免了像萨缪尔森这样的主流经济学家，在解释马克思理论时所犯的错误，"在把马克思经济学和现代数理经济学进行比较时，森岛通夫似乎基本认同了马克思的结论。在我看来，这远远好于我们的经济学家对待马克思的态度，他们根本就没有试图对马克思理论进行严肃的思考，而只是随大流去批评马克思的观点。"③

1974年，W. J. 鲍莫尔在《价值转形：马克思的"真实"含义》一文中认为，自博特凯维兹以来，对"转形"问题的量上的解决方法的论争，在马克思看来其实是无关紧要的问题；马克思"转形"问题的"真实意图"，是用数学模型说明通过竞争实现剩余价值在不同资本之间进行收入分配的问题，"转形"问题的关键在于剩余价值是如何转化为不同资本所有权收益的，如转化为利润、利息等等。对马克思的这一"真实意图"来说，鲍莫尔强调，价值以及价值到生产价格的"转形"是"必不可少的"前提。④

在新李嘉图主义学派中，伊恩·斯蒂德曼1977年在《按照斯拉法研究马克思》一书中，依据斯拉法《用商品生产商品》中提出的基本理论和方法，附和了萨缪尔森的观点，认为斯拉法体系是马克思体系的替代物。他认为，生产条件和支付给工人的实

---

① G. Southworth, "Samuelson on Marx: A Note, Review of Radical Political Economy", in: *Karl Marx's Econom. ics: Critical Assessments*, edited by Cunningham Wood, Vol. Ⅲ, p. 320.

② Michio Morishima, *Marx's Economics: A Dual Theory of Value and Growth*, Cambridge University Press, 1973, p. 85.

③ Von Weizsacker, "Morishima on Marx", *The Economic Journal*, Vol. 83, No. 322, Dec., 1973, p. 1253.

④ W. J. Baumol, "The Transformation of Values: What Marx 'Really' Meant: An Interpretation". *Journal of Eco. nomic Literature*, Vol. 12(1), March, 1974, pp. 51~62.

际工资这两者,均由商品的物质数量决定,进而决定利润率及商品的生产价格;各种商品中所包含的劳动数量本身也完全由生产条件所决定,因此,劳动价值不再能决定利润率或生产价格;在一个竞争性资本主义中,利润率不等于$S/(C+V)$,不存在从剩余价值到利润,从价值到生产价格的"转形",因为利润和生产价格可以无需考虑任何价值量而被决定;不需要价值度量也能决定社会劳动的配置。① 因此,他认为,"转形"问题完全不必求助于价值和剩余价值理论,劳动价值论是"多余的"和"不必要的","与其让劳动价值论绕着脖子阻碍思考,不如干脆将它丢在一边而集中精力发展出一种内部连贯一致的资本主义发展理论。"②

斯蒂德曼这种所谓"按照斯拉法"对马克思"转形"问题研究的结论,在西方经济学界引起激烈论争。伊藤诚在《联合生产:斯蒂德曼遗留的问题》一文中认为,斯蒂德曼把马克思价值理论的要点狭隘地归结为均衡价格的确定,并指责马克思的价值理论是自相矛盾的,这是由于斯蒂德曼忽视了价值形式理论,片面地从技术方面去理解价值概念。对于马克思来说,伊藤诚认为,"价值理论完全不是仅仅确定均衡价格的手段。它首先是一种用以阐明资本主义社会的历史规定性的理论"③,其本质在于阐明资本主义社会关系以及它的特殊形式和机制。

谢赫在1977年发表的《马克思的价值理论和"转形"问题》中指出,从博特凯维兹最初的"转形程序"论述,到后来塞顿"变体"的研究,"所有这些'解法'都存在着同样的基本缺陷,他们在证明'从价值推导出价格的形式上的可能性'的同时,明显地割断了马克思在他自己的'转形程序'中特别强调的(生产)价格和价值量之间的重要联系"。④ 谢赫强调,马克思的价值理论并不是对古典政治经济学价值理论的简单继承,而是一种完全不同的新学说。他以爱因斯坦的相对论对于牛顿力学的关系为例指出:"在爱因斯坦和牛顿之间有着广泛的差别,有着导源于不同的方法论、不同的分析目标等等上的区别,一直延伸到概念和计算上的区别。换句话说,在这两种分析方式上,有一个托马斯·库恩所说的'范式突破'(paradigm break)"。⑤ 在谢赫看来,"把'转形'问题简化为仅仅是计算问题,简直就是把马克思经济学转变为新古典

---

① [英]斯蒂德曼:《按照斯拉法研究马克思》,吴剑敏、史晋川译,商务印书馆,1991年,第2页。

② [美]伊恩·斯蒂德曼、保罗·斯威齐:《价值问题的论战》,陈东威译,商务印书馆,1990年,第10页。

③ [美]伊恩·斯蒂德曼、保罗·斯威齐:《价值问题的论战》,陈东威译,商务印书馆,1990年,第152页。

④ Anwar Shaikh, "Marx's Theory of Value and the 'Transformation Problem'", in: Jesse Schwartz ed., *The Sub. tle Anatomy of Capitalism*, Santa Monica: Goodyear Publishing Company, 1977, p. 107.

⑤ Anwar Shaikh, "Marx's Theory of Value and the 'Transformation Problem'", in: Jesse Schwartz ed., *The Sub. tle Anatomy of Capitalism*, Santa Monica: Goodyear Publishing Company, 1977, p. 107.

经济学……如果这样的话,马克思也就只能被看作是'多余的'了"。① 谢赫的主要结论就是:"'转形'不是'从价值到价格'的'转形',而不过是从价值的一种形式(直接价格)向另一种形式(生产价格)的转化";这里的"转形",是一种纯粹的形式变化,"从直接价格到生产价格的转化不涉及整个体系的任何实质性的变化";"马克思在这种价值理论的基础上推导出的规律,不能从以生产价格为起点的理论推导出来"。②

以萨缪尔森为代表的这种"多余性"观点,受到了西方一些马克思主义经济学家的批判,他们几乎无一例外地强调,马克思的价值理论不像其他类型的理论,并不只是为了决定均衡价格,更重要的是为了阐明资本和工人在剩余价值生产上的关系。因此,"如果在古典和马克思主义传统中,认为经济学作为社会科学的任务,在于揭示价格背后的以人类劳动为基础的社会关系的本质,那么劳动价值论不仅远远不是多余的,反而是必不可少的"。③ 但是,也必须看到,萨缪尔森和斯蒂德曼的观点也是对马克思主义经济学提出的严重挑战。如伊藤诚所认为的,20世纪70年代初开始的"转形"问题的新论争,"把由博特凯维兹定义的'转形'问题和庞巴维克传统中对劳动价值论的广泛质疑结合在了一起";由此而产生的诸如"多余性"这样的观点,"在年轻的西方学者中产生了意想不到的后果,这些学者现在意识到,马克思主义经济理论同新古典和新李嘉图主义经济学一样,可能值得进行数学分析。与此同时,他们被斯拉法沿着相同的思路进行的批判所感染"。④

三、"转形"问题论争的拓展与对马克思经济学的多维"重塑"

上个世纪80年代中期以来,"转形"问题论争呈现新的样式,进一步演变为新古典主义、新李嘉图主义和新马克思主义学派之间对抗的论争态势,伊藤诚将其评价为"转形"论争"三足鼎立"格局的出现。⑤ 对"转形"问题论争从补充性的"修正"到"多余性"和"重新构造"的论证,再到"多维塑造"的变化,成为理解20世纪

---

① Anwar Shaikh,"Marx's Theory of Value and the 'Transformation Problem'",in: Jesse Schwartz ed., *The Sub. tle Anatomy of Capitalism*,Santa Monica: Goodyear Publishing Company,1977,pp. 109~110.

② Anwar Shaikh,"Marx's Theory of Value and the 'Transformation Problem'",in: Jesse Schwartz ed., *The Sub. tle Anatomy of Capitalism*,Santa Monica: Goodyear Publishing Company,1977,p. 134.

③ Makoto Itoh,"The Value Controversy Reconsidered",in: *Radical Economics*,Bruce Roberts and Susan Feinereds.,Kluwer Academic Publishers,1992,pp. 59~60.

④ Makoto Itoh,"The Value Controversy Reconsidered",in: *Radical Economics*,Bruce Roberts and Susan Feinereds.,Kluwer Academic Publishers,1992,p. 59.

⑤ Makoto Itoh,"The Value Controversy Reconsidered",in: *Radical Economics*,Bruce Roberts and Susan Feinereds.,Kluwer Academic Publishers,1992,p. 53.

马克思经济学在西方演进的主要线索，也成为理解20世纪和21世纪之交马克思经济学在西方命运的基本视角。

斯拉法《用商品生产商品》的发表是新李嘉图主义这一经济思想流派产生的标识。新李嘉图主义尽管对新古典主义理论中的边际主义要素作了批判，但是它同新古典主义理论一样，坚持的还是均衡分析方法。因此，它必然同新古典主义理论一样，对资本主义发展的不平衡和相互联系的特征，不可能提供一种完全的和有效的分析工具。斯蒂德曼"按照斯拉法"对"转形"问题的探讨，受到多方面的质疑。R. D. 沃尔夫、A. 卡拉瑞和B. 罗伯茨认为，包括新李嘉图主义经济学在内的诸多经济学流派，草率地将马克思和李嘉图的理论都归于"古典经济学"框架之下，并将马克思理论仅仅看做是李嘉图学术观点的发展，而没有看到他们之间的区别。作为古典经济学家的李嘉图从来没有把资本主义当作一种独特的生产体系，而这恰恰是马克思坚持并试图加以证明的根本的社会理论观点；古典经济学把所思考的社会和经济现象当成是一种简单的自然秩序，而马克思则把对资本主义与对其他经济社会形态的研究完全区分开来。"为了这个目的，马克思不仅把劳动力看作一种商品，而且对他从古典理论中继承的价值概念进行了'转形'。"① 这一基本认识，在"转形"问题的新探索中，诸如"新解决方法"、沿着质的一面阐述问题、概率近似方法和"跨期一元体系"等中得到集中体现。

一是"新解决方法"或"新解释"问题。这是20世纪80年代产生的"转形"问题的新的论述。"新解释"的一些原创性贡献，主要体现在D. K. 弗利、G. 杜梅尼尔和A. 利皮兹等的相关著述中。② 弗利认为，从经济思想史的角度看，"劳动价值论堪比伽利略和牛顿在物理领域进行的哲学的和理论的创新。"③ 弗利按照自己对劳动价值论的理解，试图消弭他所认为的"转形"问题论争中的混乱和迷惘。与弗利相比，杜梅尼尔对劳动价值论理解的视角相对狭窄，把劳动价值论仅仅看作是一种剥削的社会学。他认为：" '转形'问题不是一个从价值引出生产价格的理论"，而"价值和（生产）价格之间的关系完全独立于利润率平均化的事实……并不意味着劳动价值论与分析资

---

① R. D. Wolff, A. Callari and B. Roberts, "A Marxian Alternative to The Traditional 'Transformation Problem'", Review of Radical Political Economics, Vol. 16, No. 2/3, Summer/Fall 1984. pp. 115~135. Also in: Karl Marx's Economics: Critical Assessments, Edited by Cunningham Wood, Vol. V, pp. 451~475, p. 116.

② D. K. Foley, "The Value of Money the Value of Labor Power and the Marxian Transformation Problem". Review of Radical Political Economics, Vol. 14, No. 2, 1982, pp. 37~47; G. Duménil, "Beyond the Transforma. tion Riddle: a Labor Theory of Value", Science and Society, 1983—1984, Vol. XLVII, No. 4. pp. 427~450; A. Lipietz, "The so-called 'transformation problem' revisited", Journal of Economic Theory, Vol. 26, No. 1, 1982, pp. 59~88.

③ Ducan Foley, "Recent developments in the labor theory of value", Review of Radical Political Economics, Vol. 32, No. 1, 2000, p. 2.

本主义无关。相反，对剥削理论而言，它是核心的内容"，因为"资本主义生产方式是建立在占有剩余劳动基础之上的阶级社会的一个新变种……从而价值概念是资本主义剥削理论的一个必要部分，也是马克思《资本论》分析中的一个首要目标"①。法因对此多有质疑，他指出："对于围绕价值形式展开的价值理论、劳动力价值、货币价值和结构及资本主义动态等关键问题，'新解释'一个都没有解决。更有甚者，'新解释'把劳动价值论搁在一边，并把它狭隘化为一种（静态）的剥削理论。"②

利皮兹对"转形"问题作出新的数学证明，提出"马克思'转形'定理"的三点结论："第一，对于每一个产出结构而言，存在着一种且仅仅存在一种可使利润平均化的资本主义价值再分配；第二，如果选择这样的计量单位，能使得以价值表示的价值增殖额等于纯产品的价格总值，那么利润总额就等于剩余价值总额；第三，平均利润率是剥削率、每个部门的生产技术函数以及社会劳动在部门间分配的函数，因而也是产出结构的函数。"③ 利皮兹沿用的尽管是"转形"问题论争中传统的数学方法，但他还是力求赋予这一论证多维"重塑"。

二是有关质的方面阐述问题的理论发展。这一理论强调价值分析的质的方面是理解"转形"问题的焦点。价值和生产价格之间的联系是抽象层次不同的范畴之间的转化，是一种抽象的不同层次之间的联系，而不是一种纯粹的逻辑上的数学程序。B.法因和 A.菲力欧对"转形"问题的质的解决方法作了积极探索。

法因和菲力欧指出，马克思的价值理论是无法在量的基础上建立起来的，并不像那些寻找数学方法来解决问题的人认为的那样。④ 他们认为，重要的是，价值是作为社会关系的结果而存在的，因此不是要在价值或价格体系之间作出选择，而是要对它们之间的关系进行理论上的认知和分析层面上的解释。质的解释当然也遇到了量的分析的支持者的批判，认为质的阐述为许多马克思主义者提供了"避难所"。显然，这种质的解释不可能终结有关"转形"问题的论争，实际上，马克思本人就高度重视价值理论量的方面的问题，马克思本人也非常关注价值和价格之间数量关系的分析。在马克思看来，对"转形"问题单纯地从量的方面或孤立地从质的方面的研究都是偏颇的，而且在"转形"问题上量的分析和质的研究也是难以分割的。

---

① G. Duménil and D. Lévy, *The economics of the profit rate: Competition, crises and historical tendencies incapitalism*. Aldershot, UK: Edward Elgar, 1993, pp. 48~49.

② B. Fine, "Transforming the Transformation Problem: Why the 'New Interpretation' Is a Wrong Turning", *Review of Radical Political Economics*, Vol. 36, No. 1, Winter 2004, p. 18.

③ A. Lipietz, "The So-Called 'Transformation Problem' Revisited", *Journal of Economic Theory*, Vol. 26 (1), Febru. ray 1982, pp. 58~59, in: *Karl Marx's Economics: Critical Assessments*, edited by Cunningham Wood, Vol. Ⅲ, p. 821.

④ B. Fine and A. Saad-Filho, *Marx's "Capital"* (Fifth Edition), London and New York: Pluto Press, 2010.

三是对"转形"问题的概率方法（probabilistic approach）的分析。这一分析较为直接地回应了斯蒂德曼在《按照斯拉法研究马克思》中提出的观点。E. 法杰恩和 M. 马考维在对这一统计方法的阐发中，提出了解决"转形"问题的新观点。① 在他们看来，有关这个问题的根本性的、同时也是最容易被误解的假定，就是平均利润率的假定。他们批判有关利润率假定中的决定论，提出了一种非决定论的模型。在这种模型中，利润率只能在概率的基础上决定。传统方法认为所有部门的利润率是相等的，是因为所有理论家都认为，通过竞争形成的利润率的均等化是一种真实存在的经验。事实上，利润率总是不同的，这一点从经验上和市场分析中看都是如此。

概率方法的分析认为，市场上的交换关系通过自由市场过程按照生产价格调整。商品的价格可以在买卖双方之间进行自由协商，但是价格的可变性受到一个未知参数的限制。这种方法与斯拉法方法不同的是，它认为生产价格不是研究的对象，存在的只是价值体系（生产的单个价值）和市场价格（在市场上形成的可观察得到的交换关系）。马克思认为，具体的交换关系受经济规律，尤其是价值规律的支配。这就意味着，即使市场价格是"开放的"，价值规律仍然支配和调节它们。价值和价格之间的联系可以模型化为一种概率计算，而这其中不存在绝对的均衡趋势。

四是对"转形"问题的"跨期一元体系解释"（Temporal Single System Interpretation，TSSI）。这一解释较多地利用数学工具，对马克思劳动价值论存在"内在不一致"及"多余的"观点作了反驳。在 TSSI 看来，先前关于"转形"问题的讨论，包括博特凯维兹、斯维齐、塞顿、森岛通夫和斯蒂德曼等的观点，几乎都是建立在以"同期"（simultaneous）为基础的"转形"模型上的，因此，都无法解释价值向价格转化的内涵。弗里曼、克莱曼和威尔斯等认为，建立在"同期"解释基础上的"转形"问题论争，把价值体系和生产价格体系看作是同时决定的，造成了这两个体系之间的分离，把"转形"问题转变为一个"虚假问题"（spurious prob. lem）。② 从这种"同期"视角出发，得出的只能是价值体系的"多余性"和放弃马克思经济学的结论。

TSSI 认为，"转形"是在时间顺序中发生的。在这一过程中，先要有一个由经济的技术条件决定的价值体系，以此为源头推导出价格体系，而后两个体系之间出现"跨期"联系。从总体上看，"跨期一元体系"与传统的"转形"问题的区别在于：在传统的"转形"问题中，价格与价值是两个各自独立的"二元体系"；且当期的价值

---

① E. Farjoun and M. Machover, *Laws of Chaos: A Probabilistic Approach to Political Economy*, London, 1983.

② A. Freeman, A. Kliman and A. Wells eds., *The New Value Controversy and the Foundations of Economics*, Edward Elgar Publishing, 2004.

"转形"与下期的"转形"基本上没有任何联系，是一种"单期的体系"。在 TSSI 中，价值体系与价格体系在时间维度中得到统一，每一期通过"转形"后得到的价格被看做是其后一期还未"转形"的价值，因而将原有的独立的、分裂的单期"二元体系"，综合为跨期的"一元体系"。之所以称之为"跨期"，是因为使用了非均衡的和动态的方法，强调建立在历期成本基础之上的价值和价格的相继决定，与建立在当期价值和价格基础上的同时计算相对应；之所以称之为"一元体系"，是因为价值和价格被决定时存在着相互依赖的关系。

克莱曼认为，"同期主义同物质主义交织在一起，难以分离"。[①] TSSI 认为的"物质主义"，是对斯蒂德曼所说的"以物质为基础的分析（physically based analysis）"和"物质数量方法（the physical quanti. ties approach）"的简称。物质主义认为，"物质数量"或者更精确地说技术和工人的实际工资，是价值、剩余价值、生产价格、平均利润以及利润率的唯一的直接决定因素。这里的技术指的是物质投入和物质产出之间的关系，实际工资指的是用物质度量的工资。当给定数量的投入与以前相比有了更大的产出时，技术进步就发生了。如果一个工人与以前相比能够消费更多的商品和服务，其实际工资就在上升，无论这种情况是发生在其货币工资增加还是商品和服务变得更加便宜条件下，都是如此。在克莱曼看来，所有的同期主义解释和理论都隶属于物质主义，揭示物质主义的理论失误是"非常重要的"。他认为，对"转形"问题论争中存在价值和生产价格之间"内部不一致"的观点几乎毫无例外都可以归结到这一点上，"同期主义和价值规律根本无法兼容，当把马克思的理论构建为一种同期主义理论时，毫无疑问马克思的价值理论就变得存在内部的不一致了"。[②] 如果表明马克思自己事实上是一个同期主义者，或者他犯下的错误必须通过同期主义的方法来修正，那么他的价值理论注定会存在内部不一致。TSSI 认为，自从博特凯维兹以来，整个"转形"问题论争完全被物质主义的错误解释所支配。

TSSI 被认为是一种严格的和"一般性马克思价值理论形式——一种用来分析马克思框架下的经济学的不同的范式"[③]。TSSI 模型被认为维护了马克思理论的内部一致性，并且证明了"在一种完全地一般的形式上马克思那些经常被批评为错误的命题"[④]，

[①] Andrew Kliman, *Reclaiming Marx's "Capital": A Refutation of the Myth of Inconsistency*, Lexington Books, 2007, p. 35.

[②] Andrew Kliman, *Reclaiming Marx's "Capital": A Refutation of the Myth of Inconsistency*, Lexington Books, 2007, p. 36.

[③] A. Freeman and G. Carchedi eds., *Marx and Non-equilibrium Economics*, Edward Elgar, 1996, p. xiii.

[④] A. Freeman and G. Carchedi eds., *Marx and Non-equilibrium Economics*, Edward Elgar, 1996, p. xviii.

这些评价使得 TSSI 与"新解释"相比成为一种"明显的值得推荐的更好的解释方法"①。维尼奇亚尼认为，在跨期一元方法下，"马克思的命题得到了维护：（1）所有马克思的总价值—总价格相等是成立的；（2）价值不可能为负；（3）利润不能是正的，除非剩余价值是正的；（4）价值生产不再和价格与利润决定无关；（5）利润率不随利润的分配而变化；（6）奢侈部门的生产影响一般利润率；（7）节约劳动的技术的变化会引起利润率的下降。"②

TSSI 对先前关于马克思"转形"问题所有解释的全盘否定，也招致多方面的激烈批判。TSSI 的批判者认为，TSSI 是对"拯救马克思"的进一步的"溃退"。G. 蒙乔维认为，TSSI 真正缺乏的是对斯拉法之后还需要劳动价值论的问题作出清晰的解释。③ 围绕 TSSI 的观点展开的论争，成为 21 世纪以来马克思价值理论和"转形"问题论争的焦点。莱伯曼把 TSSI 称为马克思主义的"新正统"。他指出，"马克思主义政治经济学中的新正统，超越了只是主张把马克思主义的基本概念作为继续发展批判性的和革命性社会科学的富有成效的基础。新正统马克思主义宣称，马克思的表述无论是价值理论还是对资本主义积累和危机的分析，是完全正确的；马克思并没有犯什么错误，他留给我们的体系在所有要素上都是完整的，马克思远远超越他的时代，但却在倒霉的 20 世纪被完全误解了"。④ 弗利在对《马克思和非均衡经济学》进行评论时认为："一元体系解释完全认可了马克思对转形问题的处理"。他的结论是："该书对马克思价值理论的阅读的贡献是巨大而坚实的。"但他们"在跨期一元体系的基础上建立的替代性例子、模型和方法等尝试，应该被认为是试探性的，还需要作出进一步的评判和修正"。⑤

四、"转形"问题视界中马克思经济学在西方命运的思考

在马克思经济学中，价值转化为生产价格的理论是劳动价值论和剩余价值论发展

---

① A. Kliman and T. McGlone, "A temporal single-system interpretation of Marx's value theory", *Review of Politi. cal Economy* 11, 1999, p. 35.

② Roberto Veneziani, "The Temporal Single-System Interpretation of Marx's Economics: A Critical Evaluation", *Metroeconomica*, Vol. 55, No. 1, 2004, p. 97.

③ G. Mongiovi, "Vulgar economy in Marxian garb: a critique of Temporal Single System Marxism", *Review of Radical Political Economics*, Vol. 34, No. 4, 2002, pp. 393~416.

④ David Laibman, "Rhetoric and Substance in Value Theory: An Appraisal of the New Orthodox Marxism", *Science & Society*, Vol. 64, No. 3, Fall 2000, p. 312.

⑤ Duncan K. Foley, "Review of *Marx and Non-equilibrium Economics* by A. Freeman and G. Carchedi (eds)", *Eastern Economic Journal*, Vol. 23, No. 4, 1997, p. 496.

紧密相连的成果。一方面，生产价格作为价值的转化形式，对其形成机制和形成过程的理解，是以劳动价值论为基础的，不理解价值实体、价值实现及其转化机制，就不可能搞清抽象层次上的价值向具体层次上的生产价格转化的逻辑过程；另一方面，生产价格中的平均利润是剩余价值的转化形式，是以剩余价值理论为前提的，不理解剩余价值的本质、来源和基本形式等基本问题，就不可能搞清剩余价值到利润、利润到平均利润的内在转化关系。因此，"转形"问题的论争，在根本上就是关于马克思劳动价值论和剩余价值论的科学内涵及其经济学意义的论争。

有关"转形"问题的论争已有超过百年的历史，是20世纪西方关于马克思经济学理论论争的焦点问题之一，但也是一个至今仍然悬而未决的问题。如果说"转形"问题百年论争有所共识的话，那就是马克思经济学理论意义上的"转形"问题确实是存在的。正是在对"转形"问题长期的热烈论争中，正是在参与论争各方在展示各自的理念、视角、方法、过程和结论中，才有可能发现马克思经济思想百年探究的轨迹，才有可能真正体会到马克思经济学历久弥新的理论价值和学术魅力所在。这不免使人想起20世纪中叶西方一位著名经济学家（同时也是一位顽固的马克思经济学的反对者）约瑟夫·熊彼特，在感慨于马克思经济学的"伟大"时所说的一番话。他谈到："大多数智力或想像力的创作，经过短的不过饭后一小时，长的达到一个世纪的时间，就永远消失了。但有一些创作却不是这样，它们遭受几度隐没，复又出现，它们不是作为文化遗产中不可辨认的成份而出现，而是穿着自己的服装，带着人们能看到的、摸到的自己的瘢痕而重现。这些创作，我们完全可以称之为伟大的创作——这个把伟大与生命力联结一起的称谓不会不恰当。从这个意义上说，无疑这伟大一词适合于马克思的理论。"[①] 确实，马克思经济学正是在其曲折的发展过程中，显示其"伟大的"理论上和学术上的感召力。

"转形"问题在西方经济学界论争的时落时起，与马克思经济学自身的"隐没"和"复兴"有着直接关系。西方主流经济学关注"转形"问题较多时，不只是学术兴趣上或新方法运用上的动力，更多的是对马克思经济学"复兴"的一种本能反应。例如，上个世纪70年代初，西方一些主流经济学家对"转形"问题的异常关注，不只是因为斯拉法主义的出现或新李嘉图主义的兴起，更多的是因为当时马克思经济学的"复兴"。K.屈内在出版于1972年的《经济学和马克思主义》一书中，曾对20世纪60年代末70年代初马克思经济学在西方"复兴"的原因和状况作过阐释。他认为，"有三个不同的理由可以说明我们谈论'马克思复兴'是适当的：第一，在当

---

① [美]约瑟夫·熊彼特：《资本主义、社会主义和民主》，吴良健译，商务印书馆，1999年，第43页。

前，由朋友和敌人围绕马克思展开的一般性辩论更加活跃；第二，'学术'经济学开始吸收由马克思发展起来的某些思想，特别是有关增长理论的思想；第三，现代经济学中出现的一些新的、非正统的经济学流派开始积极倡导'更高阶段'（在黑格尔或后马克思主义的意义上）的马克思主义"。而且马克思经济思想对当时西方经济学的发展，正产生着三个方面的影响：一是"马克思为现代宏观经济理论创建了基础"；二是"马克思不只是经济学研究中许多理论的先驱者，而且为继续发展这些理论奠定了基础"；三是"尽管马克思在未来的社会主义社会问题上保持沉默，但是马克思至少是在《政治经济学批判大纲》中对远至自动化时代的社会制度变革进行了概略的叙述"。① 屈内看到，西方不同的经济学流派"对马克思的批判的考察表明，拒绝马克思的理论通常不是因为这些理论的经济内容，而是因为这些理论的社会和政治含义"②。"转形"问题百年论争给我们的重要启示就是，西方的某些主流经济学对马克思经济学中诸如价值问题、剩余价值问题、"转形"问题等的"解决"，在根本上是要"终结"马克思经济学本身。

百余年来，"转形"问题以各种方式的解决和再解决，以及各种经济思想流派之间的交锋和再交锋，体现的正是马克思经济学在西方经济学界曲折发展的世纪历程。德赛认为，这一时期，"如果说，一直存在对'转形'问题的兴趣，那不是因为在技术上这个问题难以解决，而是因为不同的人希望从它的解决中或解决方法缺乏的内容中得出不同的东西"。③ 比如，对早先的庞巴维克来说，"转形"问题无法解决意味着马克思认为利润源自剥削的观点是错误的；后来的"主流经济学家把'转形'问题作为一个类似分析技术练习的问题加以解决，可能是希望证明这个问题是一个无关紧要的问题，可以在不丧失任何东西的情况下消去这个问题"④。而对于众多马克思主义者而言，如果这个问题在不提供资本主义的根本弊端和历史暂时性的本质的无可辩驳证据的情况下得以解决了，那将是非常令人遗憾和痛惜的。马克思主义者"继续反对'转形'问题可以被简化为一个数学的、数量的问题，并坚持提出和解决了'转形'问题中存

---

① Karl Kühne, *Economics and Marxism*, Vol. 1, English Translation Edition, translated by Robert Shaw, Macmil. lan Press Ltd., 1979, p. 3, p. 5.

② Karl Kühne, *Economics and Marxism*, Vol. 1, English Translation Edition, translated by Robert Shaw, Macmil. lan Press Ltd., 1979, p. 42.

③ Meghnad Desai, "The Transformation Problem", *Journal of Economic Surveys*, Vol. 2, No. 4. 1988, p. 297.

④ Meghnad Desai, "The Transformation Problem", *Journal of Economic Surveys*, Vol. 2, No. 4. 1988, p. 297.

在的错误的问题"①。当然，也有一些还想借助马克思经济学声誉、却打算放弃马克思经济学基本原理的人，他们"认为原来的转形问题像挂在左翼马克思主义者和马克思主义政党的脖子上的磨盘。他们认为这个问题中充满了错误的和教条式的利润理论和阶级斗争理论。如果利润率能够被证明不只是源自对劳动的剥削，那么就能够和非劳动要素形成联盟并能更好的赢取政治权力"②。显然，放弃劳动价值论和剩余价值论的马克思经济学，将失去它的灵魂和基石，也将失去它的当代功能和科学价值。如莫斯利所认为的："为了让马克思的颠覆性的剥削理论站不住脚，资本主义的意识形态有必要去表明马克思的理论无效之处，从而动摇其理论"。③

"转形"问题的百年论争表明，马克思经济学理论问题的论争，不能否认其中存在的经济学分析工具的新运用和方法的新突破的意义，不能模糊其中体现的意识形态之间的对立与纷争，但同时也不能忽视"回到马克思"、"重读"和"再重读"马克思经济学文本的重要意义。在对"转形"问题中"马克思的理论并不存在逻辑不一致之处"的辩护中，莫斯利认为，马克思在将不变资本和可变资本投入的价值转化为生产价格上并没有失败，而且他的两个总量等式总是能同时成立的。"争论中所谓的逻辑不一致性源于对马克思的理论的逻辑结构的误读，尤其是来自于对于不变和可变资本投入的决定方法的误读"。如果一个人能够正确地理解马克思的理论的逻辑结构，那么，他就能认识到马克思在《资本论》第三卷提出的生产价格理论不仅是完整的而且具有一致性。莫斯利的判断是："不存在'转形'问题，至少在马克思尚未解决这一问题的意义上是不存在的"。④ 在莫斯利看来，马克思已经解决了自己的"转形"问题，很多人提出的"转形"问题是他们自己的问题。马克思经济学也包括马克思整个理论的这一命运，或许是缺乏对马克思基本文本的把握和理解的结果。

---

① Meghnad Desai, "The Transformation Problem", *Journal of Economic Surveys*, Vol. 2, No. 4. 1988, p. 297.

② Meghnad Desai, "The Transformation Problem", *Journal of Economic Surveys*, Vol. 2, No. 4. 1988, p. 297.

③ Fred Moseley, "Recent Interpretations of the 'Transformation Problem'", *Rethinking Marxism*, Vol. 23, No. 2, April 2011, p. 186.

④ Fred Moseley, "Recent Interpretations of the 'Transformation Problem'", *Rethinking Marxism*, Vol. 23, No. 2, April 2011, p. 187.

回望 20 世纪马克思经济学在西方的命运，我们应该承认，"转形"问题（也包括劳动价值论和剩余价值论）这样的争论，大概只有在西方经济学境遇中才可能出现。在这种境遇下，对马克思经济学基本理论的质疑、反对乃至攻击才可能完全地暴露出来。这种境遇在这一时期的苏联和东欧国家的经济学界难以存在，当马克思经济学受到过多的非学术性的"保护"时，就难以在直面各种理论及其流派的交流、交融和交锋中推进自身的发展。例如，当马克思经济学缺乏现代分析手段时，就难以在理论经济学质态研究向量化分析转变中体现自身的时代性，也难以在同样的现代分析手段的学术平台上彰显马克思经济学自身的现代性。以西方经济学界的这种境遇为背景，展示"转形"问题论争的思想史过程，能够弥合这一时期我们对马克思经济学历史发展的隔膜，也能够开放我们对马克思经济学理论研究的新视域。

〔作者顾海良，教育部原部长助理（副部级）、教授。本文刊发于《中国高校社会科学》2014 年第 6 期，责任编辑毛姝凡。人大复印资料《理论经济学》2015 年第 2 期转载〕

完善双重调节体系：市场决定性作用与政府作用

程恩富

经济调节体系是经济运行机制的核心内容，对于资源优化配置具有关键性作用。习近平总书记在2013年"两会"的讲话中强调"两个更"：更加尊重市场规律，更好发挥政府作用。在十八届三中全会上，他更进一步强调要使市场在资源配置中起决定性作用和更好发挥政府作用，同时指出："我国实行的是社会主义市场经济体制，我们仍然要坚持发挥我国社会主义制度的优越性、发挥党和政府的积极作用。市场在资源配置中起决定性作用，并不是起全部作用。"① 发挥"两个作用"，不仅直接关系到促改革、稳增长、转方式、调结构、增效益、防风险等"经济新常态"的塑造，也直接关系到完全的竞争性市场机制能否真正解决高房价、高药价、乱涨价、低福利、贫富分化、就业困难、食药品安全、行贿受贿严重、劳资冲突频发、城镇化的质量不高等民生领域的迫切问题。市场与政府的关系问题，既是政治经济学的基本理论之一，又是深化经济体制改革和国民经济又好又快发展的关键。因此，认真研究这一问题具有重要现实意义。

一、关于逐步深化对市场与政府作用的认识问题

实践是检验真理的唯一标准，马克思主义科学理论是在实践中不断发展的。社会主义市场经济理论也是如此，我国对经济调节方式的探索也是逐步深化的。从空想社会主义开始，都把商品、货币、市场当作罪恶的渊薮。如温斯坦莱说："人类开始买卖之后，就会失去了自己的天真和纯洁"，"互相压迫和愚弄"。② 科学社会主义创始人认为旧社会在向共产主义社会过渡时期可以存在一定程度的商品货币关系和合作经济等，但资本主义市场经济发展实践，尔虞我诈、贫富分化、周期性经济危机等痼疾充分暴露，于是他们推想未来正式进入共产主义社会以后，"一旦社会占有了生产资料，商品

---

① 习近平：《关于〈中共中央关于全面深化改革若干重大问题的决定〉的说明》，《人民日报》2013年11月16日。

② [英]温斯坦莱：《温斯坦莱文选》，任国栋译，商务印书馆，1965年，第100页。

生产就将被消除，而产品对生产者的统治也将随之消除。社会生产内部的无政府状态将为有计划的自觉的组织所代替。"①

俄国十月革命后，面对"战时共产主义政策"中产生的经济困难，列宁及时提出以"市场、商业"作为社会经济基础的问题，甚至"我们不得不承认我们对社会主义的整个看法根本改变了"。② 列宁"新经济政策"的实践初步表明，生产力相对落后和社会经济的复杂状况，决定了经济建设不能越过商品生产和商品交换的阶段。列宁去世早，之后苏联在斯大林领导下建立起了严格的计划经济。

建国之初，我国借鉴苏联经验，也建立了计划经济体制。后来，虽然以毛泽东为代表的中国共产党人进行了积极的多方面探索，③ 但总体上是实行计划经济为主体的体制。由于资本主义市场经济和社会主义初级阶段计划经济都存在不可克服的缺陷，因而改革的客观目标是将社会主义基本经济制度和市场经济结合起来。

1978年改革开放以来，邓小平带领全党勇于探索，他本人也多次论述有关市场经济问题（1992年南方谈话之前讲了10次，之后又讲了2次——见《邓小平年谱》，共12次）。1992年，党的十四大终于提出我国经济体制改革的目标是建立社会主义市场经济体制。实践充分表明，市场是资源配置和经济调节的有效手段，资本主义可以用，社会主义也可以用。但社会主义市场经济的优越性在于，它可以通过公有制为主体的社会主义基本经济制度和更好发挥政府作用，解决资本主义市场经济已充分暴露的贫富分化、周期性经济危机等痼疾。从1992年以来，我国的年均经济增长率超过9%，迅速成为有重大国际影响力的经济大国。

经过20多年实践，我国社会主义市场经济体制已经初步建立并得到一定的完善，但仍然存在不少束缚市场主体活力、阻碍市场和价值规律充分发挥作用的弊端。主要表现在：其一，市场秩序不规范，以不正当手段谋取经济利益的现象广泛存在；其二，生产要素市场发展滞后，要素闲置、资源过度消费和大量有效需求得不到满足并存；其三，市场规则不统一，部门保护主义和地方保护主义大量存在；其四，市场竞争不充分，阻碍了优胜劣汰和结构调整等等。与此同时，市场调节本身的不足（自发性、盲目性、滞后性）亦明显暴露，比如非法经商、投机交易、生态危机、贫富分化、区域差距、高房价、高药价等等。这表明，我国政府调节的缺位、越位和错位亦大量存在。正如习近平总书记指出，"这些问题不解决好，完善的社会主义市场经济体制是难以形成的，转变发展方式、调整经济结构也是难以推进的。"④ 正是在这样的背景下，

---

① 《马克思恩格斯选集》第3卷，人民出版社，2012年，第815页。
② 《列宁全集》第42卷，人民出版社，1987年，第367页。
③ 程恩富等：《中国特色社会主义经济制度研究》，经济科学出版社，2013年，第140页。
④ 习近平：《正确发挥市场作用和政府作用推动经济社会持续健康发展》，《人民日报》2014年5月28日。

是否需要发挥市场在资源配置中的决定性作用和更好发挥政府作用的问题，就空前突出出来，成为当前解决经济社会发展中各种矛盾的一个总枢纽。

二、关于市场调节及其功能强弱点问题

价值规律是商品生产和商品交换的内在本质联系，市场经济是通过价值规律自行调节的经济体制和经济运行方式。市场调节功能会随着国民经济社会化程度和经济外向化程度的提高而不断增强，客观上要求在更大范围内和更大程度上重视价值规律及其表现方式即市场调节的作用。

所谓市场调节，就是通过价格、竞争和供求等机制的共同作用，调节商品和资源的供求，引导经济资源在社会各方面流动，并使经济利益在不同利益主体之间进行相应的分配，从而促进国民经济的增长和健康发展。具体来说，市场调节功能的强点或积极效应体现在五个方面：一是微观经济均衡功能，即市场引导自主决策个体的生产经营行为紧随现实需求的变化，从而能够在微观层面调节供求关系及其平衡；二是资源短期配置功能，即市场可以在短期内迅速引导经济资源向效益高的领域流动，直接影响经济主体的资源短期调配；三是市场信号传递功能，即市场可以通过价格信号反映市场供求、竞争强弱等情况，引导生产经营者快速和自主决策；四是科学技术创新功能，即市场可以引导生产经营者改进生产资料、提高生产技术水平和商品质量，提高社会生产力水平；五是局部利益驱动功能，即市场可以驱使生产者基于局部利益考虑来加强经营管理和内外部的合作，从而促进经济发展。

不过，市场调节也存在着自身难以克服的功能弱点。首先，易偏离宏观经济目标。由于市场调节具有自发性、滞后性和无序性，市场行为主体出于自身利益考虑，难以关心全社会的宏观经济整体目标和长远利益。其次，调节领域易受限。现实中并不是所有的领域都适合采用市场调节。与一般商品生产和交换领域不同，在某些因规模经济导致自然垄断的领域，如交通运输等基础设施，供水、供电等领域，完全采用市场调节的效果并不理想。在公益性和非营利性领域，如教育、卫生、环境保护、文化保护、基础研究、国防经济等，试图以市场调节起主导作用更会引起不良后果。其三，易导致贫富分化。如果社会的财富和收入分配问题完全交给市场来支配，实际上就是交给资本尤其是私人资本来支配，这势必导致"马太效应"的产生。四是产业协调难度较大。市场调节往往促使生产者更关注短期资源配置和短期收益状况，那些回收资金周期长、具有长远战略意义的基础产业往往被忽略，产能容易过剩。五是现实交易成本较大。在日益庞大的现代市场经济中，供需情况、交易价格等因素相互影响、变化频繁，必然导致市场主体花费大量的搜寻成本、决策成本、适应成本甚至是纠错成本，使微观个体和社会整体均承担较高的代价。

需要指出的是，西方经济理论界对市场调节功能的认识也是不断变化的。萨伊从

物物交换的商品经济出发，宣称"供给能够创造自己的需求"，主张市场调节万能论。斯密面对自由竞争资本主义的现实，主张让市场这只"无形的手"配置资源，其自由放任思想以个人利益与社会利益的内在一致为前提，却又囿于巩固资本利益的眼界，难以为全社会整体利益的实现提供有效的解决方案。针对垄断资本导致社会生产无序和失控的状态，新老凯恩斯主义主张政府对市场失灵领域的干预和弥补，确认市场功能的多种缺陷。而适应经济全球化背景下国际垄断资本扩张的需要，新自由主义则摒弃政府干预，主张"市场万能论"、"市场原教旨主义"和"唯市场化改革"（当代凯恩斯主义代表人物斯蒂格利茨和克鲁格曼等批评性用语）。总体而言，对于市场配置资源的功能缺陷，西方学者提出了诸如市场结构理论、公共产品论、外溢性或外部效应、信息不对称、市场不完全、分配不公等观点，值得重视。在实践中，从自由资本主义阶段到私人的或国家的垄断资本主义阶段，乃至资本主义全球化体系，市场配置资源的作用范围、程度并不相同，结果更是迥然有别。市场配置资源的作用在现实生活中并非没有约束条件，也不完全是自发地实现。19世纪以来，西方资本主义市场经济的众多大大小小经济危机、金融危机和财政危机，以及贫富对立等事实，均证实上述理论分析的客观性，证实市场功能的利弊需要有扬有弃。

三、关于政府调节及其功能强弱点问题

政府行为是现代经济活动的重要组成部分。什么是政府调节？广义的政府调节涵盖国家的立法机构和行政机构的调节，它等同于国家调节。在20世纪30年代西方大危机以后，政府对经济生活的干预和调节已成为各国经济运行中的常态现象。所谓政府调节，就是政府运用经济、法律、行政、劝导等手段调节各类经济主体的经济行为，以实现经济社会发展的整体和长远目标。政府调节不是随心所欲、杂乱无章而没有内在规律可循的，其内含按比例发展和有计划发展等规律。现代经济社会的持续健康发展，本质上要求在市场发挥资源配置决定性作用的同时，社会自觉地按照经济发展的总体目标进行宏观和中观的调控及微观规制。政府承担这一职能具有客观必然性。那么，政府调节的功能强弱点有哪些呢？

在宏观层面，政府科学调节功能的优势，在于制定和实现经济社会发展总体目标。政府调控的首要目标是宏观经济稳定。"科学的宏观调控，是发挥社会主义市场经济体制优势的内在要求，而这恰恰是政府的职能所在，解决这一领域的问题并不是市场这种手段的优势。"① 就业关系到社会稳定，但一般的市场主体并不关心就业总体状况；物价的稳定决定着市场价格信号的准确，而作为个体的市场经营者往往利用透明或不

---

① 周新城：《怎样理解"使市场在资源配置中起决定性作用"》，《思想理论教育导刊》2014年第1期。

透明的信号谋利;总供求均衡和国际收支平衡由千千万万的生产经营者的整体行为决定,而一般经营者没有能力和动力维持两者的均衡;国际收支失衡已经对某些国家,特别是发展中国家的经济形成巨大冲击,并产生了严重的负面影响;非公经济关注微观经济收益,难以通过市场调节来解决企业内部和全社会的贫富悬殊问题;单一市场主体关注的是微观经济效益,难以自觉增进全社会整体的经济效益、社会效益和生态效益。有学者指出:"政府职能和宏观调控的另一个层面,是整个经济、社会、文化、生态文明等建设方面的作用。这方面已远超出了资源配置的范围,不能都由市场决定"。① 实践也证明,在宏观经济社会发展目标的实现上,政府能够超脱单个企业出于短期和局部利益而作出的经济决策,因而能够更多地站在全局和整体角度调节资源配置和经济运行,从而保持宏观经济稳定,确保充分就业、物价稳定、总供求平衡、国际收支平衡、共同富裕以及人口、资源与环境可持续发展等目标的实现。

在中观层面,政府科学调节功能的优势,在于能够化解经济发展中产业结构和区域经济的发展不平衡问题。由于政府调节具备一定的前瞻性、全局性和战略性,在产业和区域发展上能够更注重协调发展和综合平衡。与市场调节过于注重资源的短期配置不同,政府调节可以注重弥补经济社会发展的"短板",注重投资于周期较长、战略意义大的新兴产业、关系国计民生的基础产业和区域发展战略。比如,政府可以通过财税政策等工具来促进新技术的大规模应用,加快淘汰落后产能,从而加快产业结构转型升级。我国珠三角、长三角、京津冀、中西部和东北部等区域经济和"带路经济"(长江带、陆上和海上丝绸之路)先后规划和较快发展,便与中央和地方政府的积极调控密切相关。

在微观层面,政府科学调节的功能优势,在于其必要的规制或监管的效能。现代市场经济的有序性和高效性,不能单纯地建立在市场主体的自觉和自律基础上。政府调节具有公正性和权威性,能够更好地规制经济主体的合法和诚信经营,也可以通过准入、惩罚、黑名单制度等经济和行政管理手段,来维护市场正常秩序。其中,事先、事中和事后的监管视情况不同而各司其职,缺一不可。如在最低工资制度、劳动者权益、环保评估等方面,政府利用政策和法规进行规范,便能有效保障劳动者的利益,维护社会公众的利益,这是市场调节所做不好的。

政府调节同样存在着失灵现象。就政府调节功能的劣势和不足而言,主要是与政府偏好的主观性、调节方向的转换机制、部门间的协调和调节承担者的动力机制有关。具体说来,一是政府调节的偏好不当,易于使政府调节的目标偏离全社会的要求。如"GDP"至上的偏好会导致盲目投资、过度招商引资和忽视民生及生态建设等。二是政府调节的程序不妥,易于使决策走向程序非民主化、措施延迟化和代价增大化,难以

---

① 卫兴华:《把握新一轮深化经济体制改革的理论指导和战略部署》,《党政干部学刊》2014年第1期。

及时和灵活地应对市场变动状况。三是政府调节的配套性弱，易于使调节目标受制于具体执行部门的利益和地方的利益，形成政策性内耗。四是政府调节的动力不足，易于使政府调节的主动性减弱，导致已暴露出来的矛盾和问题迁延日久和难以解决，导致政府机构的官僚作风，降低政府调节的效率。实践证明，目前政府非大部制的机构臃肿、过度审批、部门间的推诿、地方保护主义倾向等问题，在一定程度上会导致"定令不当"、"有令难行"的现象，使政府调节的科学性和有效性大打折扣。

四、关于市场与政府调节的不同特点问题

党的十八届三中全会提出了"市场在资源配置中决定性作用"和更好发挥政府作用，但某些舆论却对此片面理解，甚至进行某种新自由主义的解读。如有文章认为，提出市场起决定性作用，就是改革的突破口和路线图，基本经济制度、市场体系、政府职能和宏观调控等方面的改革，都要以此为标尺，认为需要摸着石头过河的改革也因此有了原则和检验尺度。因此，必须准确理解十八届三中全会和习近平总书记的中国特色社会主义"市场决定性作用论"的内涵。从总体上，它是强调市场与政府的双重调节，只不过市场与政府的作用和职能是有区别的，二者存在相辅相成的辩证关系。那么，市场与政府双重调节作用有什么不同特点呢？

一是在宏微观的不同层次上，中国特色社会主义"市场决定性作用论"强调，要采用国家的宏观调控和微观规制，来共同矫正某些"市场决定性作用"。习近平总书记指出，在我国社会主义市场经济中，市场在资源配置中起决定性作用，并不是起全部作用。要"健全以国家发展战略和规划为导向、以财政政策和货币政策为主要手段的宏观调控体系"[①]。价值规律的自发作用仍会带来消极后果，必须运用国家的宏观调控、微观规制，来避免或降低这些消极后果。宏观调控主要是通过财政、货币等经济手段和政策，以及必要的行政手段对投资和消费等市场活动，事先、事中或事后进行各种调节，以实现就业充分、物价稳定、结构合理和国际收支平衡等宏观经济目标。微观规制或调节主要是综合运用经济、法律、行政等手段对微观经济主体进行行为管理，以维护正常的市场竞争秩序、推动科技创新、发展自主知识产权、促进社会和谐以及保持生态良好，从而实现经济、政治、社会、文化和生态全面协调与可持续发展。

二是在"市场决定性作用"的物质资源范围上，正确含义是市场对一般资源的短期配置，与政府对地藏资源和基础设施等特殊资源的直接配置、与政府对不少一般资源的长期配置相结合。"市场决定性作用"的有效性，主要体现在价值规律通过短期利益的驱动对一般资源的短期配置，而政府配置资源的有效性，主要体现在对许多一般

---

① 《中共中央关于全面深化改革若干重大问题的决定》，《人民日报》2013 年 11 月 16 日。

资源的长期配置和对地藏资源、基础设施、交通运输等特殊资源的调控配置。因此，在一般资源的短期配置中，市场发挥完全的决定性作用。在某些一般资源的长期配置中，政府通过统筹短期利益与长远利益来实现规划配置。而由于地藏资源等特殊资源的不可再生性，政府则通过统筹短期利益与长远利益、局部利益与整体利益来加强这些资源的调控配置。具体生产经营项目的市场化操作不等于市场决定，因为市场决定的实质是微观经济主体自行决定资源的生产经营项目，而事实上不少涉及国计民生的重要项目往往先由政府规划决定，然后再进行市场化操作和运营。改革开放以来，曾经在稀土、煤炭等资源配置上实行"市场决定性作用"，结果导致资源的破坏性低效开采和低价在国际上销售，并造成暴富的"煤老板"和矿难频发现象，教训深刻。当前，钢铁、煤炭等行业的大规模产能过剩，居民住房的高房价与房地产"泡沫"并存，都与市场作用发挥过度和政府作用缺位有关。

除了上述两点之外，还需要从另外三个方面来分析市场与政府双重调节作用的特点。

一是关于在教育、文化和医疗卫生等非物质生产领域资源配置方面市场与政府的作用问题。这就是从第三个角度来分析了。一般文化资源和医疗卫生资源的配置可以发挥市场的决定性作用，但总体上说，在教育、文化、医疗卫生等非物质生产领域的资源配置中，政府的主导性作用应与市场的重要作用相结合。教育和文化大发展是经济社会发展的重要内容，是社会主义核心价值体系和核心价值观的主要载体，应把社会效益放在首位，并与经济效益相结合，因而通过市场作用来实现相关资源的配置要相对小一些。教育和文化中的许多项目对经济社会发展具有全局性、长期性的智力支持功能、文化传承功能、文化凝聚功能和文化导向功能，它只能通过政府发挥主导性作用，以实现非物质资源的高效配置。习近平总书记说得好，文化具有产业性质，但也具有意识形态属性，不管怎么改革，导向不能变，阵地不能丢！

二是关于资源配置所涉及的市场与政府关系问题。资源配置仅仅涉及市场与政府的关系吗？完整地说，资源配置有两个层面，一是市场配置与政府配置，二是私有配置与公有配置。从两种配置关系这第四个角度来分析，中国特色社会主义"市场决定性作用论"与公有制为主体的混合经济相联系。在质上和量上占优势的公有制为主体，是中国特色社会主义市场经济的内在要求，也是其本质特征。"在社会主义经济中，国有经济的作用不是像在资本主义制度中那样，主要从事私有企业不愿意经营的部门，补充私人企业和市场机制的不足，而是为了实现国民经济的持续稳定协调发展，巩固和完善社会主义制度"。[①] 党的十八届三中全会也明确指出："必须毫不动摇巩固和发展公有制经济，坚持公有制主体地位，发挥国有经济主导作用，不断增强国有经济活力、

[①] 刘国光：《社会主义市场经济与资本主义市场经济的两个根本性区别》，《红旗文稿》2010年第21期。

控制力、影响力。"① 如果公有制在社会主义经济中不再具有主体地位,政府调控能效便会大大削弱,便会严重影响到国家经济社会发展战略的实施,使国家缺乏保证人民群众根本利益和共同富裕的经济基础。那种主张既要大卖公有企业,又要大卖公立学校和公立医院的改革道路,属于新自由主义的典型措施。

现阶段,我国以公有制为主体、多种所有制共同发展的基本经济制度,就比以私有制为主体的当代资本主义经济制度更适合现代市场经济的内在要求,具有更高的绩效和公平。据此,对国有企业特别是中央企业,要继续加大支持力度。国有企业关乎国家经济命脉,关键时刻还得靠它们。美国等西方国家忌惮的就是中国共产党的强大。中国共产党强大的一个原因是我们国有企业是支持党的,提供着财力、物力、人力支持,掌握着国家经济命脉。这是我们的一个命门,不能被人家忽悠了。国有企业经营不是完全靠市场决定的,还要靠政治决定。认为国有企业必然就是一种不好的体制,出路只有"去国有企业"、"去国有化",这是不对的。数百年中外经济实践表明,公有制为主体、国有制为主导,就不会像各种资本主义模式那样,时常出现金融危机、经济危机和财政危机,以及贫富两极分化等。社会主义与资本主义在基本经济制度上具有决定意义的差别,就在于生产资料社会所有制结构,即在于以公有资本,还是以私有资本控股的混合所有制占优势。

可见,不能只讲混合所有制和非公经济的发展,而不讲公有经济要在改革中做优做强做大;不能只讲市场在资源配置中的决定性作用,而不讲政府的积极作用。那种曲解党的十八届三中全会精神和习近平总书记讲话精神的貌似改革的观点和措施,是极其错误的。从经济学上说,社会主义信念首先表现为公有制信念,以及由此决定的共同富裕信念。并且,经济决定政治,经济基础决定上层建筑,公有制是共产党执政等社会主义上层建筑的社会主义经济基础,是初级社会主义社会多种经济基础中的支柱和主体。

三是关于在分配领域市场与政府作用的特点问题。在分配领域,市场与政府的作用有什么特点?这就涉及第五个分析角度。在分配领域,市场与政府在财富和收入的多次分配领域各自发挥较大的调节作用。首先,在初次分配环节,市场通过价值规律的自发作用,对财富和收入的分配发挥较大调节作用,而政府则通过相关法律法规的制定和执行,对财富和收入的分配同样发挥一定的调节作用。只有这样,才能真正实现劳动收入在初次分配中的占比增加,切实维护劳动权益,实现"限高、提低、扩中"的目标。其次,在再分配环节,政府要发挥较大作用,对初次分配造成的贫富分化等问题进行矫正和调节,促进居民财富和收入的实际增长,与经济发展同步。过去,在城市居民住房问题上强调市场的决定性作用,结果导致房价大涨,开发商暴富,老百

---

① 《中国共产党十八届中央委员会第三次全体会议公报》,《人民日报》2013年11月13日。

姓意见极大，直到近几年才积极发挥政府的调节作用，使住房这一重要的民生保障问题出现转机。

五、关于深化改革要完善市场体系问题

市场的作用是通过市场体系来发挥的，深化改革又怎样完善这一体系呢？习近平总书记曾明确指出，"建设统一开放、竞争有序的市场体系，是使市场在资源配置中起决定性作用的基础。必须加快形成企业自主经营、公平竞争，消费者自由选择、自主消费，商品和要素自由流动、平等交换的现代市场体系，着力清除市场壁垒，提高资源配置效率和公平性。"① 可见，应将构建完善的市场体系放在基础性地位。概括起来，完善市场体系需要做到下列几点：

第一，完善要素市场体系。市场体系是由市场要素构成的市场客观有机系统。它是由消费品和生产资料等商品市场，资本、劳动力、技术、信息、房地产市场等要素市场，以及期货、拍卖、产权等特种交易市场之间相互联系、互为条件的有机整体。改革开放以来，我国商品市场发育较为充分，土地、资金、技术等要素市场发育滞后，要素价格不能反映稀缺程度和供求状况。十八届三中全会以来，将主攻方向放在三大方面：构建城乡统一的建设用地市场，完善金融市场体系，健全科技创新市场导向机制。应当说，这些都有很强的现实针对性。土地、资金、技术都是重要的生产要素，完善这些要素市场，就必然会对转变经济发展方式、优化资源配置、促进公平竞争、构建创新型国家产生一系列深远影响。

第二，建立公平开放透明的市场规则。公平开放透明的市场规则，是市场公平竞争的首要前提。只有着力清除各种市场壁垒，才能提高资源配置的效率。这就要求继续探索负面清单制度，统一市场准入，探索外商投资的准入管理模式，推进工商注册制度便利化，推进国内贸易流通体制改革，改革市场监管体系，健全市场退出机制等等。这对于反对地方保护，反对垄断行为和不正当竞争，建立诚信社会具有重要作用。

第三，完善主要由市场决定价格的机制。通过完善的市场体系形成价格，是市场促进资源优化配置的主要机制。价格能否灵活反映价值量变化、资源稀缺状况和供求变动，是市场体系完善与否的主要标志。因此，为了促进市场体系的完善，必须限定政府定价范围。一方面，应着力于明确政府定价范围，将它主要限定在重要公用事业、公益性服务、网络型自然垄断环节，并强调政府定价要提高透明度，接受社会监督；另一方面，应还原某些特殊资源的商品属性，推进水、石油、天然气、电力、交通、

---

① 《中共中央关于全面深化改革若干重大问题的决定》，《人民日报》2013年11月16日。

电信等领域价格改革，促进价格的市场化、规范化。当然，"政府不进行不当干预"并不等于政府不干预，关键在于是否适当有利于国计民生，这同样不能片面看待。

六、关于如何更好地发挥政府作用问题

党的十八届三中全会以来，理论界和经济界一些舆论基于对"市场决定"的片面理解，提出"有为政府"或政府作用也是由市场决定的观点，认为政府是实现"市场决定"的主要障碍，深化改革的"重心"或"中心"只是"政府改革"，而政府改革又简化为"简政放权"。在中央政治局第十五次集体学习会上，习近平总书记强调："在市场作用和政府作用的问题上，要讲辩证法、两点论，'看不见的手'和'看得见的手'都要用好"，"既不能用市场在资源配置中的决定性作用取代甚至否定政府作用，也不能用更好发挥政府作用取代甚至否定使市场在资源配置中起决定性作用。"[①] 怎么能够将"更好发挥政府作用"和坚持基本经济制度这类问题理解为由"市场决定"呢？片面强调简政放权亦不对。它应是一个健全宏观调控体系、全面正确履行政府职能、优化政府组织结构的系统工程，其核心是建设民主高效的法治政府和服务型政府。当下尤其应注重以下改革发展。

首先，健全宏观调控和微观规制体系。根据十八届三中全会的决定，我国的宏观调控架构将出现三大变化：一是针对一般经济主体而言，更加突出地强调国家发展战略和规划的导向地位，在对"主要手段"之一的表述上，用"货币政策"取代"金融政策"一词。二是针对地方政府影响中央宏观调控实效的难点问题，强调要完善考核评价体系，纠正单纯以经济增长速度定政绩的偏向，加大资源消耗、环境损害、生态效益、产能过剩等指标的权重，加强了对地方政府的约束。三是针对国际经济协调发展而言，强调形成参与国际宏观经济政策协调的机制，推动完善国际经济治理结构。眼下要突出解决食品药品等安全和价格，以及住房等方面规制。

其次，全面正确履行政府职能。科学高效的政府调节，以政府自身正确地履行职能为前提，必须适应宏观调控体系新变化的新要求。为了更好地释放市场潜能，限制部分政府权力确实是一个重要方向。凡是市场能有效调节的经济活动，一律取消审批，政府不能"越位"；同时，政府则要加强发展战略、规划、政策、标准等制定和实施，加强市场活动监管，加强各类公共服务提供，不能"缺位"。凡属事务性管理服务，原则上都要引入竞争机制，通过合同、委托等方式向社会购买，政府不能"错位"。

第三，优化政府组织结构。职能转变及其贯彻落实，又要求必须进一步优化政府组织结构。习近平总书记提出了"优化政府机构设置、职能配置、工作流程"，"完善

---

① 习近平：《正确发挥市场作用和政府作用推动经济社会持续健康发展》，《人民日报》2014年5月28日。

决策权、执行权、监督权既相互制约又相互协调的行政运行机制"，"严格控制机构编制，严格按规定职数配备领导干部，减少机构数量和领导职数"等相关思想。我国应尽快进行大部制改革，保留不超过20个国务院的组成部门，原来的一些直属行政部门也应缩减。应参照某些管理效能高的国家做法，减少各级政府部门的副职和编制，原则上禁止编制外的人员借调。应制定和实施严格的办事流程和时间表及奖惩措施，突出反对官僚主义和本位主义，将各级政府群众路线教育活动深入下去。

不少西方著名经济学家的观点，也值得注意。前几年，萨缪尔森建议，中国在市场与政府的作用关系上，不要过分偏向哪一方，应走中间道路。今年上半年，斯蒂格利茨在清华大学演讲时说，中国的市场作用太大，而政府的作用太小；中国对私人资本的收益也不收税，分配差距太大。

七、关于市场与政府作用的功能互补问题

市场与政府的作用和功能是此消彼长的吗？不是的。二者是层次、领域和功能不尽一致的经济调节方式和机制。总之，今后需要将市场决定性作用和更好发挥政府作用看作一个有机整体，而不是此消彼长的截然对立关系。既要用市场调节的优良功能去抑制"政府调节失灵"，又要用政府调节的优良功能来纠正"市场调节失灵"，从而形成作用较大的高效市场即强市场、作用较大的高效政府即强政府这一"双高"、"双强"格局。这样，既有利于发挥社会主义国家的良性调节功能，同时在顶层设计层面避免踏入新自由主义陷阱和遭遇金融经济危机风险。这根本不是某些中外新自由主义"市场决定作用论"所说的中国仍在搞"半统制经济"，也不是宣扬不要国家调控的竞争性市场机制的所谓"现代市场经济体制"，更不是搞各种凯恩斯主义者都猛烈抨击的市场原教旨主义"唯市场化"改革，废除必要的政府宏观调控和微观规制。

〔作者程恩富，中国社会科学院学部委员兼马克思主义研究学部主任、教授。本文刊发于《中国高校社会科学》2014年第6期，责任编辑毛姝凡。人大复印资料《国民经济管理》2015年第2期转载〕

第二部分

中国文明的哲学基础

陈 来

中华文明的哲学基础是什么？这个问题在中华文明当代复兴并走向世界的时代，是我们必须回答的问题。"哲学基础"或"哲学背景"的含义包含较广，可以从两个方面加以回答，一个是哲学思维与宇宙观的方面，一个是价值观和世界观的方面。本文专就前一个方面即哲学思维与宇宙观的方面来论述。

以黄河流域和长江流域为中心，农业在华北和华中两地最先发展，成为中国文明的基础。在新石器时代后期，不同文化区域的多元发展，逐渐形成了以中原为核心，以黄河长江文化为主体，联结周围区域文化的格局。故中国文明由多元的区系文明不断融合而成，其整合的模式是以中原华夏地区和华夏族的文明为核心，与周边互相吸收、互相融合而形成多元一体的文明格局。商代的文明已经是多元一体的格局，形成华夏文明中心的结构，并显示出文化的中国性。从夏商周三代文明来看，中国文明地域的广阔和整体规模的巨大，是与其他古文明很不相同的一个特色。在这个过程中，民族的融合也达到很高的程度，黄河流域的居民形成了华夏族，并与四方的夷狄蛮戎集团不断融合，到秦代时已达到6000万人口而成为汉族。[1] 中国文明的连续与扩大有多种原因，其中有内部的文化因素，如祖先崇拜，宗族、国家的同构等。

已有汉学家者指出，要了解中国文明，就必须理解这一文明的思想根基。[2] 他们的做法是追溯到中国文明形成之初，寻找当时建立的思维和观念对中国文明发展的重要影响，从而呈现中国文明的核心要素。在这些核心要素中，被认为最重要的，是理解中国人的宇宙观和世界观，了解中国人对时间、空间、因果性、人性的最基础的假定。这些世界观被认为与中国文明历史的各个方面都密切相关。

这种重视中国文明形成初期基本观念的看法，隐含着对于中国文明整体长久连续性的肯定，因为，如果这个文明是断裂的、异变的，仅仅关注文明形成初期就没有意义了。史华慈（Benjamin I. Schwartz）指出，过分重视早期文明时代往往受到批评，因为轴心时代以后到近代中国之间，中国历史发展中各领域都一直发生着重大变化，然

---

[1] 袁行霈、严文明主编：《中华文明史》第1卷，北京大学出版社，2006年，第4~5页。
[2] ［美］牟复礼：《中国思想之渊源》序言，王立刚译，北京大学出版社，2009年，第1页。

而他强调，中国历史的那些变化确实需要置于一种文明框架来看待，因为中国文明的框架并没有出现过西方式的全盘的质的决裂。① 也就是说，中国文明的总体框架是持久地连续的。这里所说的文明框架不仅包括外在的制度文化形式，也包含制度文化形式背后的观念特性。那么显然，这意味着作为中国文明的根基，其基本思维观念也是长久稳定和连续的。不过应当指出，西方汉学追溯到中国文明形成之初，去寻找当时建立的思维和观念对后世中国文明发展的重要影响，这种做法并不全面，因为文明的特色不仅要看其形成初期，还要看轴心时代，更要看这一文明成熟期的综合完整特色，成熟期文明更能彰显其全部内涵和特色。

很明显，与西方近代以来机械论的宇宙观相比，古代中国文明的哲学宇宙观是强调连续、动态、关联、关系、整体的观点，而不是重视静止、孤立、实体、主客二分的自我中心的哲学。从这种有机整体主义出发，宇宙的一切都是相互依存、相互联系的，每一事物都是在与他者的关系中显现自己的存在和价值，故人与自然、人与人、文化与文化应当建立共生和谐的关系。这种宇宙观体现在中国文化、文明的方方面面。

一、关联思维

法国社会人类学家葛兰言（Marcel Granet）20 世纪 30 年代在《中国的思维》一书中指出，中国人的思维把各种事物看成关联性的存在，并认为这是中国人思维的主要特性。② 70 年代美国汉学家牟复礼（Frederick W. Mote）则从另一个方向表达他对中国人世界观的看法。他认为，欧美民族认为宇宙和人是外在的造物主创造的，世界上大多数民族也都如此主张，然而只有中国文明早期形成期没有创世神话，"这在所有民族中，不论是古代的还是现代的，原始的还是开化的，中国人是唯一的。"③ 这意味着，中国是唯一没有早期创世神话的文明，中国人认为世界和人类不是出自造物主之手，而是自生自化的。与此相对，牟复礼提出，中国的宇宙生成论主张的是一个有机的过程，宇宙各个部分都从属于一个有机的整体，它们都参与到这个自生的生命过程的相互作用之中。④ 就是说，有机主义的自生论宇宙观和思维方式可以用来说明中国早期文明为何没有产生创世神话。这种相互作用有机整体的说法和葛兰言关联思维的说法是相通的。不过这种关联宇宙论形成于战国后期至汉代，并不能用来说明文明初期创世神话未出现，神话的发生应当早于哲学的宇宙观。牟复礼还认为，西方的创造的上帝来自"因果性"观念，而中国的有机的大化流行的观念是对"同时性"的重视，这是

---

① ［美］史华慈：《古代中国的思想世界》导言，程钢译，江苏人民出版社，2004 年，第 2 页。
② ［美］安乐哲：《和而不同：中西哲学的会通》，北京大学出版社，2009 年，第 202 页。
③ ［美］牟复礼：《中国思想之渊源》，王立刚译，北京大学出版社，2009 年，第 19 页。
④ ［美］牟复礼：《中国思想之渊源》，王立刚译，北京大学出版社，2009 年，第 21 页。

两种对世界和事物关系的解释。① 因此,"上古中国人构想的宇宙运作机制只须用内在的和谐与世界有机体各部分的平衡来解释就足以了"②,不需要创世的上帝。他承认中国与西方的这种分别。李约瑟(Joseph Needham)也曾以另外形式作过说明。他把中国古代思想比作如同怀特海式的(Whiteheadian)对网状关系的偏好、对过程的偏好,而认为受牛顿影响的西方偏好个别和因果链;前者把宇宙过程描述为相互交织的事件之网,后者把宇宙构想为一系列事件串成的因果之链。③

与此不同,史华慈认为,中国宇宙论多以出生、繁殖隐喻起源,而不采取创造(创世)的隐喻,这可能与农业文明的表达有关,但更可能是受祖先崇拜的影响。④ 就是说,他认为中国早期文明没有创世神话,确有很多繁殖隐喻,但这不是由于关联思维,而是由于祖先崇拜。其实史华慈认为祖先崇拜是中国宇宙论的隐喻起源,只能说明中国宇宙论与农业文明的作物生殖有关,还不能否定关联思维的作用。与此相联系,史华慈不认为关联思维对初期中国文明有作用,认为关联性宇宙论出现较晚,战国阴阳家的思想理论才表达了这一宇宙论,甲骨文、金文以及五经典籍都不能提供有力证据说明此前曾存在关联性宇宙论。先秦古书中只有在成书较晚的《左传》中才能找到这种思维的早期证据,即人类实践与天体运行相关。他认为,老子思想中出现了整体主义的世界观,但这种整体主义的基本发展走向与关联性宇宙论截然不同。⑤ 所以史华慈不太强调关联思维的重要性,他所理解的关联性思维似乎较为狭窄,专指事物相互感应的一类。

针对牟复礼的中国文明没有创世神话的论断,杜维明展开了他的"存有的连续"的讨论。他承认,一般来说中国人的宇宙论是一个有机体过程的理论,即,整个宇宙中的万物是一个整体,其组成部分既相互作用,又同时参与同一个生命过程的自我产生和发展。他指出,中国并非没有创世神话,只是中国思维更执着于存有的连续和自然的和谐;中国人的宇宙是动态的有机体,宇宙的实体是生命力——气,气是空间连续的物质力量,也是生命力量。杜维明强调连续性、动态性、整体性是把握中国宇宙观的三个要点,这是非常正确的。但他肯定中国宇宙论可以承认宇宙起源于太虚,则存有的连续性本身就仍无法回应牟复礼有关中国缺少创世神话的疑问。⑥ 而且与史华慈立场相近,杜维明也没有提及关联性宇宙观的重要性。其实,既然杜维明承认中国宇宙观是有机体过程的宇宙观,而有机性与关联性相通,则注重关联性应成为中国宇宙

---

① [美]牟复礼:《中国思想之渊源》,王立刚译,北京大学出版社,2009年,第23页。
② [美]牟复礼:《中国思想之渊源》,王立刚译,北京大学出版社,2009年,第26页。
③ [美]牟复礼:《中国思想之渊源》,王立刚译,北京大学出版社,2009年,第30~31页。
④ [美]史华慈:《古代中国的思想世界》,程钢译,江苏人民出版社,2004年,第25页。
⑤ [美]史华慈:《古代中国的思想世界》,程钢译,江苏人民出版社,2004年,第367页。
⑥ 《杜维明文集》第5卷,郭齐勇、郑文龙编,武汉出版社,2002年,第4页。

论的第四个要点。

就关联性思维（Correlative Thinking）而言，李约瑟无疑是此说的主要提倡者。他认为至少在汉代，阴阳、五行、天人感应这些思想不是迷信，也不是原始思维，而是中国文明的某种特性即有机主义。所谓有机主义是指这样的看法：事物各部分相互关联、协调，进而具有不可分的统一性。汉代思维的特点是，象征的相互联系或对应组成一个巨大模式，事物的运行并不必然是由于其他在先的事物的推动，而是在永恒运动循环的宇宙中被赋予内在运动本性，运动对它们而言是不可避免的。另一方面，事物都是有赖于整个世界有机体而存在的一部分，它们相互反应与其说是由于机械的推动或作用，毋宁说是由于一种自然的共鸣。① 李约瑟认为这是一种特有的思想方式，在这种协调的思维中，各种概念不是相互对立、分别，而是相互影响、作用，这种相互的影响、作用不是由于机械的原因，而是由于相互的感应。在这样一种世界观里，和谐被认为是自发的世界秩序的基本原则，宇宙整体是一个没有外来主宰者的各种意志的有序和谐。全宇宙各个组成部分都自发而协调地合作，没有任何机械的强制。所以在这种世界观中线性相继的观念从属于相互依赖的观念。② 李约瑟的说法是对葛兰言的阐释，既然线性相继的观念不重要，创造神话自然不发达。

把欧洲汉学和美国汉学加以比较，我们似乎可以说，欧洲的汉学家强调关联性思维的意义，而美国汉学家更注重社会文化（如孝与祖先崇拜）的意义。在宇宙论上，李约瑟强调存在的动态性、整体性，杜维明强调存在的连续性，而实际上中国的宇宙论思维既强调连续性、动态性，又强调整体性、关联性。

就文明初期的文化形式而言，卡西尔（Ernst Cassier）注重的是神话思维，认为神话表达的是一种"生命一体化"的信念，生命的一体化沟通了各种各样的个别生命形式，使所有生命形式都具有亲族关系。③ 生命的一体性与不间断的统一性这个原则适用于同时性秩序也适用于连续性秩序，一代代的人形成一不间断的链条，上一阶段的生命被新的说明所保存，现在、过去、未来没有明确的分界线。原始神话的交感联系注重情感，而希腊多神论开始用理性来研究人，成为"伦理交感"的形式，它战胜了"生命一体化的原始感情"。④ 可见，关联性有两种，一种是神话思维的原始的关联性，包括巫术式的联想；另一种是哲学思维的关联性，是更高一级的关联性。我们关注的正是后者，即哲学的关联性思维。与历史的维新路径相似，中国的思维发展也包含了

---

① [英]李约瑟：《中国科学技术史》第2卷，科学出版社、上海古籍出版社，1990年，第305页。
② [英]李约瑟：《中国科学技术史》第2卷，科学出版社、上海古籍出版社，1990年，第308、531、304页。
③ [德]卡西尔：《人论》，甘阳译，上海译文出版社，1986年，第105页。
④ [德]卡西尔：《人论》，甘阳译，上海译文出版社，1986年，第130页。

这个方面,即思维的发展不是一个战胜一个,而是原始的生命的一体化的原则被保存在轴心时代以后思想的发展中成为其一部分;但生命交感升华为伦理交感,宗教或神话的交感转变为哲学的感通,在更高的层次上持久地保留了交感互动的特性。因此,神话思维中生命一体化的母题,在一定条件下,可以在文明的后续发展中、在更高的文化形式中得以保留,并进而成为一种哲学的宇宙观。关联思维在其他文明中也存在过,但在中国的战国后期把神话时代的关联思维发展为哲学的关联性宇宙建构,这是不同于其他文明的。汉代的关联性宇宙建构,在思维上正是承继了神话时代生命一体化的思维而在更高层次的发展,成为中国宇宙观的一个特色。

二、一气充塞

中国哲学思维发展甚早,并且连续两千多年不曾间断。就其对宇宙、世界的总体理解及其所反映的思维方式而言,具有一些突出的特色,其中最突出的是,中国宇宙论的结构特色与"气"的观念密不可分。

关于存在世界的把握,在中国哲学中,气论是一个基本的形态。气的哲学是中国古代存在论的主要形态。气在本源的意义上是物质性的元素,宇宙论的气论代表了中国哲学从物质性的范畴解释世界构成的努力。在中国哲学中,"物"指个体的实物,"质"指具有固定形体的东西,有固定形体的"质"是由"气"构成的,未成形的"气"则是构成物体的材料。① 中国哲学中所说的"气",是指最微细而且流动的存在物。西方哲学的原子论认为一切事物都是由微小固体组成的,原子是一种最后的不可分割的物质微粒;中国哲学的气论则认为一切物体都是气的聚结与消散。气论与原子论的一个基本不同是,原子论必须假设在原子外另有虚空,虚空给原子提供了运动的可能;而气论反对有空无的虚空,认为任何虚空都充满了气。中国思想的气论与西方思想的原子论成为一种有意义的对照。在这个问题上,张岱年先生指出:"中国古代哲学中讲气,强调气的运动变化,肯定气的连续性存在,肯定气与虚空的统一,这些都是与西方物质观念的不同。"②

中国古代的"气"概念来源于烟气、蒸气、雾气、云气等,如东汉的《说文解字》称:"气,云气也"。气的观念是在对那些具体物气加以一般化后所得到的一个自然哲学概念,就自然哲学的意义而言,它仍然与平常所谓空气、大气的意义相近。把中国气论和西方原子论对照的一个明显结论,就是原子论表达的是物质的不连续的性质,而气论所反映的是物质的连续的性质。应当说,注重气的连续性,从哲学上反映了中国文明对事物连续性的重视。这与中国文明被称为"连续性文明"的特点也有密

---

① 程宜山:《中国古代元气学说》序,湖北人民出版社,1986年,第1页。
② 张岱年:《开展中国哲学固有概念范畴的研究》,《中国哲学史研究》1982年1期。

切的关系。考古人类学家张光直也正是在这个意义上强调：中国古代文明之所以是一个连续性的文明与中国文明中重视"存有的连续"有关，也与早期文明的整体性宇宙观有关。①

气作为一种连续性的存在，在中国哲学中有许多表达。如荀子说"充盈大宇而不窕"②，意即云气充满宇宙而无间断，指示出气是连续的存在。宋代张载说"太虚不能无气"、"知太虚即气，则无无"，③ 强调虚空充满气，或虚空是气的一种存在形式。王廷相说"天地未判，元气混涵，清虚无间，造化之元机也。"④ 这里虽然是就天地未分化时而言，而"无间"即是表达连续、无间断之意。方以智说"气无间隙"⑤，王夫之更明确说明"阴阳二气充满太虚，此外更无他物，亦无间隙"⑥。这些都是对古代关于气是连续性存在这一观念的继续发展。朱子也说过"此气流行充塞"，"充塞周遍"，"充塞天地"，充塞宇宙，"无一息之间断，无一毫之空阙"，主张天地之间一气流行充塞，这种连续性是强调气的空间的连续充满和时间的连续不断。⑦

由于气是连续的存在，而不是原子式的独立个体，因而中国哲学的主流世界观倾向是强调对于气的存在要从整体上把握；不是强调还原到原子式的个体，而是注重整体的存在、系统的存在。因此中国哲学中常常有所谓"一气流行"、"一气未分"的说法，"一气"既表示未分化，也表示整体性，而"流行"则表示气总是处在一种流动的状态之中。朱子言"如一气之周乎天地之间，万物散殊虽或不同，而未始离乎气之一"⑧，罗钦顺说"盖通天地，亘古今，无非一气而已。气本一也，而一动一静，一往一来，以阖一辟，一升一降，循环无已"⑨，刘宗周说"盈天地间，一气而已"⑩，黄宗羲说"天地之间，只有一气充周，生人生物"⑪。一气即整个世界为一连续、整全、流动之实在。这种宇宙论为儒家、道家等各派哲学所共有，是中国哲学宇宙观的基本立场。存在的整体即是人与世界的统一，即是人与宇宙的统一。近代哲学的二元分裂破坏了这种原始的统一性，在现代之后的时代，人类应当返回作为人与宇宙统一性的存

---

① 张光直：《连续与破裂：一个文明起源新说的草稿》，见《中国青铜时代》，生活·读书·新知三联书店，1999年。
② 《荀子·赋篇》。
③ 张载：《正蒙·太和》。
④ 王廷相：《慎言·道体》。
⑤ 方以智：《物理小识·光论》。
⑥ 王夫之：《张子正蒙注·太和》。
⑦ 《朱文公文集·答吕子约》等。
⑧ 《朱子语类》卷27。
⑨ 罗钦顺：《困知记》。
⑩ 《刘宗周全集·语录》。
⑪ 黄宗羲：《孟子师说》。

在整体。同时，在中国文化中，个人不是原子，是社会关系连续体中的关联性存在一方，这种理解得到了气论哲学的有力支持。

三、阴阳互补

阴阳的观念比气的观念出现的更早。阴与阳的观念在西周初年已经出现，最初是指日光照射的向背，向日为阳，背日为阴。《易经》中则把阴阳作为整个世界的两种基本势力或事物之中对立的两个方面。最著名的古代阴阳论的论断见于《易传》之《系辞》。《系辞上》说"一阴一阳之谓道"，指阴阳的对立分别与交互作用是宇宙存在变化的普遍法则。《说卦》把阴阳普遍化："立天之道曰阴与阳，立地之道曰柔与刚，立人之道曰仁与义"，认为阴阳的对立和互补是天道，地道和人道都受此原理支配。《庄子》中已经有阴阳生成论："至阴肃肃，至阳赫赫。肃肃出乎天，赫赫发乎地，两者交通成和而物生焉"。①

在西周末期，不仅以阴阳为宇宙的两种普遍的基本对立，也把阴阳的观念和气的观念结合起来。战国时代如庄子说"阴阳者，气之大者也"②，把阴作为阴气，阳作为阳气，产生了"二气"的观念。《易传》中发挥了这一思想，不仅提出气分为阴阳，同时强调二气相感。如《象传》说"二气感应以相与……天地感而万物化生"，③ 荀子也认为："天地合而万物生，阴阳接而变化起。"④ 阴阳二气作为宇宙最基本的构成性要素，不仅相互对立，而且相互作用、相互感应，阴阳二者的相互配合使万物得以生成，使变化成为可能。阴阳的对立互补是世界存在与变化的根源。用关联的语言来说，阴阳是最基本的关联要素。

汉代以后，阴阳的观念成为中国哲学根深蒂固的基本特征。董仲舒说，"天地之气，合而为一，分为阴阳，判为四时，列为五行"。⑤ 在汉代思想当中，阴阳、五行、四时都是天地之气的不同分化形式形态，同时阴阳与五行、四时、五方、五色、五味等有高度的关联性，由此发展出一套关联宇宙图示的建构。除了阴阳之间的相互作用和相互补充外，五行之间也被理解为相生相克，既相互促进又相互制约。宋代周敦颐依然如此主张："分阴分阳，两仪立焉。阳变阴合，而生水火木金土"⑥，"二气五行，

---

① 《庄子·田子方》。
② 《庄子·则阳》。
③ 《象传·咸卦》。
④ 《荀子·礼论》。
⑤ 董仲舒：《春秋繁露·五行相生》。
⑥ 周敦颐：《太极图说》。

化生万物；五殊二实，二本则一"①。宋代以来，没有一个哲学家不受阴阳观念影响，新儒学哲学家尤依赖于《易传》的阴阳哲学而不断发展阴阳的世界观。如邵雍言："动之始则阳生焉，动之极则阴生焉，一阴一阳交而天之用见之矣。"②又说："阳下交于阴，阴上交于阳，四象生焉。阳交于阴、阴交于阳而生天之四象。"③ 无论阴阳的"接"，或阴阳的"交"，哲学上都是指阴阳的相互作用。这种作用不是冲突对立，而是感合、相互吸引和配合。当然，就阴阳二者的本来规定而言，一般来说阳居主动，阴居被动，但"二气"哲学的宇宙生成论中并不强调这种差别。如朱子论阴阳二气云："天地只是一气，便自分阴阳，缘有阴阳二气相感，化生万物，故事物未尝无对。"④ 再如张载的名言："一物两体，气也。一故神，两在故不测。两故化，推行于一。"⑤ 一物两体即是说一气之中包含阴阳两个方面；一故神是说阴阳结合为整体才能实现运动的妙用；两故化是说一气中包含阴阳互动所以气有化生的功能。而清代的戴震说："一阴一阳，流行不已，夫是之谓道而已。"⑥ 干脆把"道"理解为阴阳二气流行不已的过程。

　　在先秦《管子》中早有对阴阳作用的认识："春夏秋冬，阴阳之推移也；时之短长，阴阳之利用也；日夜之易，阴阳之化也。"⑦ 阴阳被视为自然世界各种现象变化推移的动力和根源。张载说"气有阴阳，推行有渐为化，合一不测为神"，他还说"阴阳之气，则循环迭至，聚散相荡，升降相求，氤氲相揉，盖相兼相制，欲一之而不能。此所以屈伸无方，运行不息，莫或使之一"⑧。朱子云："阳中有阴，阴中有阳；阳极生阴，阴极生阳，所以神化无穷。"⑨ 所以，阴阳相互联结、相互作用、相互转化，由此构成的动态的整体变化是中国人宇宙观的普遍意识，影响到中国文明的各个方面。如中医是最充分地运用阴阳五行学说构建人体生命和疾病的理论说明，明代中医张景岳就指出："盖阳不独立，必得阴而后成。……阴不自专，必得阳而后行。……此于对待之中，而复有互藏之道。"⑩ 阴阳互相包含、相互作用，阴阳的平衡构成整体的健康。从这个意义上讲，中医是整体主义和关联思维的集中体现的代表。

---

① 周敦颐：《通书・理性命第二十二》。
② 邵雍：《观物内篇》。
③ 邵雍：《观物外篇》。
④ 《朱子语类》卷53。
⑤ 张载：《正蒙・参两》。
⑥ 戴震：《孟子字义疏证》。
⑦ 《管子・乘马第五》。
⑧ 张载：《正蒙・参两》。
⑨ 《朱子语类》卷98。
⑩ 张景岳：《类经》阴阳类。

宇宙是各种物体相互联系的总体，更简单地说，是包含阴阳互补互动的整体。阴阳彼此为对方提供存在条件，阴阳的相互结合构成了世界及其运动。葛瑞汉（A. C. Graham）指出："正如人们早已知道的那样，中国人倾向于把对立双方看做是互补的，而西方人则强调二者的冲突。"[1] 人类世界的一切问题都根源于如何处理各种对立面的关系，中国文明古老的阴阳平衡思维是古代中国的基本思维方式，在现代仍然有其普遍的意义。

四、变化生生

中国哲学的宇宙观与西方机械论宇宙观的另一最大不同在于，它是强调"生生"的宇宙观。以《易经》为代表的宇宙观始终把宇宙看成一个生生不息的运动过程。把宇宙看成一个变易不息的大流，孔子已经予以揭示："逝者如斯夫，不舍昼夜！"[2] 逝逝不已就是运动变化不已，我们所在的世界是一个如同大河奔流一般的运动总体，一切都在流动变化之中，流动、变化是普遍的。庄子也说："物之生也，若骤若驰，无动而不变，无时而不移。"[3] "万物化作，萌区有状，盛衰之杀，变化之流也。"[4]

解释《易经》的《易传》十翼，以《系辞传》最为突出。《系辞传》全力强调变易的意义："易穷则变，变则通，通则久"，"为道也屡迁。变动不居，周流注虚，上下无常，刚柔相易，不可为曲要，唯变所适"[5]。世界不断变化、转化，永不静止。对于这样一个变动不已的宇宙，人不可以订立死板的公式去对待它，一切必须随变化而适应。《易经》为中国文明确立了这样的宇宙观：整个世界，从最小的东西到最大的东西，都处于永恒的产生和转化之中，处于不断的流动变易之中，处于无休止的运动和变化之中。整个世界，特别是自然界，被看做是在永恒的流动和循环中变动着的。在这种总观点下，世界绝对不变的见解是不可理解的。事物不是常住不变的，变易是存在的基本方式，存在就是流动和变化。正是这种变易的哲学支持着中国文明不断"与时俱进"的发展，与时俱进就是适应变化、与变化俱进。

以《周易》的宇宙观为代表，中国哲学越来越强调变化是绝对的，而变化包含有确定的倾向。《易传》中包含的哲学观点认为，变化不是没有内容的，变化的重要内容是"生生"。换言之，在宇宙的大化流行中，不断有新的东西生成，这是变易的本质。宇宙不是死一般的寂静，而是充满着创造的活力。这一点《系辞》说得最清楚："天地

---

[1] ［英］葛瑞汉：《论道者》，张海晏译，中国社会科学出版社，2003年，第379页。
[2] 《论语·子罕》。
[3] 《庄子·秋水》。
[4] 《庄子·天道》。
[5] 《易传·系辞下》。

之大德曰生"①，"富有之谓大业，日新之谓盛德。生生之谓易"②。因此，变化包含创新，永久的变易包含永远的革新，日新就是不断地创新，生生赋予了变易以更深刻的东西，变易是生命的不断充实、成长、更新和展开。"天行健"是生生不已之大易流行，这种宇宙观是中国文化精神"自强不息"的基础。

生生的观念同样渗透在宋以后的新儒家思想中，如周敦颐说："二气交感，化生万物，万物生生而变化无穷焉。"③ 程颢说："'生生之谓易'，是天之所以为道也。天只是以生为道"④。这是以生生为宇宙最根本的法则，以生生为天道、天理的内容。程颐也重视生生，他说："天地之化，自然生生不穷"⑤，把生生化育看作自然的、无休止的过程。

可见，在中国哲学中，变化之流即是生命之流，而这一生命之流是以气的连续统一为载体的。宋明理学的宇宙观特别重视"大化流行"，大化流行也往往说成"气化流行"，如戴震说："一阴一阳，其生生乎"⑥，"在天地，则气化流行，生生不息，是谓道"⑦。气本身就是能动的流体，气的运行过程就是道。大化流行是一完整的连续体的活动，而万物是此连续体的不可分割的组成部分。这里显示出中国哲学宇宙观的生成论特征。按照《周易》系统的哲学，天地万物是在时间的进程中逐渐生成并变易着的，它可能是从某种混沌中产生出来的东西，是某种发展起来的东西，某种逐渐生成的东西，生成就是 becoming。所以，不是 being 而是 becoming 才是中国哲学的基本问题意识，《周易》的哲学才是中国文明的哲学之根。从这个观点来看，生成是自己的生成，阴阳、五行的相互作用就是生成的基本机制，而不是由自然界之外的主宰者的创造或外来推动力一下子造成的东西。绝对不变的实体是不存在的。

从这里，我们能更深刻地理解牟复礼提出的中国文明缺少早期创世神话的问题，这确实在本质上是一个关乎思维方式的问题。只不过，缺少创世神话的原因主要还不是像杜维明所说的存在的连续的问题，而是生成论思维主导的问题。没有创世神话表示不重视外在力量，表示更重视生成、生化和它的内在动因。世界是它自己的根源，自生自化的生成论成为中国世界观的主流，《周易》的原理本身就包含了这一倾向。正如安乐哲（Roger Ames）所指出的，希腊更偏重静止，所以需要借助因果关系解释变化；中国则主张世界本来自然地就是过程和变化，自然的生成，因而不需要外在原则

---

① 《易传·系辞下》。
② 《易传·系辞上》。
③ 周敦颐：《太极图说》。
④ 《二程遗书》卷2上。
⑤ 《二程遗书》卷15。
⑥ 戴震：《原善》。
⑦ 戴震：《孟子字义疏证》。

去解释变化。① "天行健,君子以自强不息",如果《周易》的这句话是中国文化精神的体现,那么生生日新的宇宙观正是这个精神的哲学写照。

五、自然天理

牟复礼认为中国直到进入文明初期都没有出现过创世神话,并以此作为中国文明思维方式的一个路径依赖。其实,尽管他指出中国缺少创世神话这一点是对的,但这并不意味着中国没有宇宙发生说,也不意味着中国古代认为宇宙是一永恒的存在。天地万物如何产生、存在,也是古代中国哲学家思考的问题,屈原的《天问》最明显地表达出中国古代哲学对宇宙起源、构成的兴趣:

> 遂古之初,谁传道之?
> 上下未形,何由考之?
> 冥昭瞢暗,谁能极之?
> 冯翼惟像,何以识之?
> 明明暗暗,惟时何为?
> 阴阳三合,何本何化?
> 圜则九重,孰营度之?
> 惟兹何功,孰初作之?

当然,中国哲学的主流看法虽然认为天地万物不是永恒存在着,而是有其发生历史的,但天地万物的发生不是由一个外在于宇宙的人格力量所创造的。在中国哲学家看来,天地万物如果有一个开始,这个开始也是自生、自然的。的确,在中国思想中,一般来说,不认为天地是被创造出来的,不认为人是被创造出来的,不认为宇宙时空是被创造出来的,尤其不认为存在着外在于宇宙的创造者——上帝。主张天地不是被创造出来的,不等于主张天地是永恒的,例如汉代道家的宇宙论并不认为天地是永恒存在的,而是认为从虚空中逐渐生成气,又由气的凝聚而生成天地。所以我们所在的这个世界,不是被创造出来的,而是化生出来的。

那么存在着宇宙之内的主宰者吗?回答不是否定的。商周时代承认帝或天为宇宙之内的至上神,但早期中国文明中的"上帝"不是创造宇宙和人的神,而是宇宙之内的主宰者,中国上古的"上帝"和"天"也没有被赋予创造宇宙的能力。不管是原因还是结果,西周以人为中心的立场的兴起必然削弱发明创世神话的冲动。所以早期中

---

① [美]安乐哲:《和而不同:比较哲学与中西会通》,北京大学出版社,2002年,第45页。

国文明的"帝"不是宇宙之外的创造之神,而是宇宙之内的事务主宰。就人不是上帝所创造的这一点来说,中国文明中"人"的地位必然高于基督教文明中"人"的地位。"人受天地之中以生"①的古老观念,表示在气论的背景之下,人可以获得高于宇宙内其他一切事物和生命形式的地位,"人最为天下贵"②。至少,如中国哲学中易学哲学所主张的,人是与天、地并立的"三才"之一。天人相感、天人相通,所有中国哲学中"天—人"的说法,都是指人的理性、人性、价值使人可以超出万物,与天构成一对关系。中国哲学本来就有"与天地参"的传统,人能参与天地化育,参与大化流行,故"参与"论是十分"中国"的。人既能参与天的生成,又能与天相感相通,这在西方人看来是多么奇特的思想啊。

理学中也出现了一种主张,代表者如邵雍和朱熹,认为我们所在的这个宇宙或天地不是永恒的,它在消灭之后会有一个新的宇宙或天地代替它;同样,在它之前也曾经有一个旧的宇宙或天地存在。这意味着,一切生成的东西都会走向消亡,而这种生成与消亡借助"气"的聚散来说明,是非常自然的。古人所说的天地可以是今天所说的太阳系或宇宙,它是按照自然的途径生成的,而在它消亡之后,也一定会有另一个天地按照自然的途径再生成出来,这个循环是没有穷尽的,在这里也不需要造物主的概念。在这个意义上,李约瑟称中国的世界观和宇宙模式"没有主宰却和谐有序"是有理由的,却又是不准确的。从新儒学的观点来看,首先,主宰是有的,但主宰是宇宙内的主宰,不是创造宇宙的主宰。对于宇宙来说,主宰不是超越的,而是内在的。其次,这个主宰,商周时为"帝"为"天",但宋代以来宇宙内的主宰已经被理性化,这就是"理"或"天理"。对"理"的推尊成为一千年来成熟的中国文明的主导性观念,理被视为宇宙、社会的普适原理和法则。

众所周知,朱熹是肯定"理"的最有代表性的哲学家。朱熹说过:"所谓主宰者,即是理也"③。与朱熹一样,元代的吴澄也是以太极为"道",为"至极之理"。他说:"太极与此气非有两物,只是主宰此气者便是,非别有一物在气中而主宰之也。"④吴澄仍然用"主宰"一词界定理,这一方面是由于理气论与人性论的牵连,另一方面也是理学形上学词汇的误用。无论如何,这种主宰说只是功能意义上的,没有任何实体的意义。明代罗钦顺指出,朱熹的理气观有严重失误,断言理并不是形而上的实体,而是气之运动的条理。他说:"理只是气之理,当于气之转折处观之。往而来,来而住,便是转折处也。夫往而不能不来,来而不能不往,有莫知其所以然而然,若有一物主

---

① 见于《左传》成公13年刘康公所说。
② 《荀子·王制》。
③ 《朱子语类》卷1。
④ 《吴文正集》卷2。

宰乎其间而使之然者，此理之所以名也。"① 罗钦顺认为，气是不断变化运动的，气之往复变易，有其内在的根据。从程颐到朱熹都认为，理对于气的作用正像一个作往复运动物体的操纵者，支配着气的往而复、复而往的变化运行。罗钦顺提出，从功能上看，理虽然支配着气的运动，但理并不是神，也不是气之中的另一实体。更重要的是，他提出"若有一物主宰乎其间"，即理的这种支配作用类似主宰的作用，但实际上并非真的有一主宰者。

所以，在成熟的中国文明时期，哲学已经越来越显示出一种立场，即宇宙虽然不是由外在主宰者创生的，是无始无终的，所谓"动静无端、阴阳无始"，但受到一种主宰性力量的引导和制约，这种力量是宇宙之内的主宰，但此主宰不是神，而是道或理。李约瑟认为中国的宇宙观是"没有主宰的秩序"，这种说法并不确切。在宋明新儒家的哲学中，宇宙之外没有主宰，宇宙之内也没有人格主宰，但"道"或"理"被理解为宇宙之内的一种主宰、调控力量，天地万物、人类社会的存在和运动都受到它的支配。理不仅是天地的本源、事物的规律，也是最高的价值。这种类似自然法的普遍性理论使得理学能够成为近古时代中国社会文明价值的有力的支撑。同时，这种物理普遍存在于事物之中的观念以及在此基础上发展出来的格物穷理思想，也是中国科技文明得以在近代以前长期发达的理性基础。

理的作用是关系的调控，因此理与其说是实体，毋宁说是关系的体现。中国哲学的特点之一是注重关系，而非注重实体。实体思维倾向于把宇宙万物还原为某种原初状态，还原为某种最小实体单位。这种思维注重结果的既定实体状态，或者追求一个永无变化的实体，一个与其他事物没有关系的绝对实体，而不关注生成化育的过程。关系思维则把事物理解为动态的关系，每一具体的存在都处在一种不可分离的关系之中，都以与其发生关系的他者为根据。在理学中，天理即天道，天道的生生之理以"感通"为其实现方式。《周易》咸卦"天地感而万物化生"，感通是万物相互关系的状态，是比感应更为哲学化的概念。感应可以是甲感彼应，没有直接的相互作用，而感通是直接的相互作用。因此，在社会伦理上，注重关系的立场必然不是个人本位的立场。它主张在个人与其他对象结成的关系中，不是以自我为中心，而是以自我为出发点，互以对方为重。

从这种有机整体主义出发，宇宙的一切都是相互依存、相互联系的，每一事物都在与他者的关系中显现自己的存在和价值，故人与自然、人与人、文化与文化应当建立共生和谐的关系。

---

① 罗钦顺:《困知记》。

六、天人合一

天人合一的观念认为天与人不是仅仅对待的,一方面天与人有分别,有对待,另一方面,从更高的观点来看,天与人构成了统一的整体,二者息息相关,没有间隔,这就是"天人合一"。这种天人合一的思想虽然可以看做是神话时代生命一体化思维的哲学升华,但更具有排除主体—客体对立的意义。

从道的角度看,天是人道的根源。人伦人道出于天与天道,人性来自天命的赋予,这个意义上的天人贯通一致的关系被称作"天人相通"。天人相通是广义的天人合一的一种表达方式。张载是最重视天人合一思想的,他说:"天人异用,不足以言诚;天人异知,不足以尽明。所谓诚明者,性与天道不见乎大小之别也。"[1] 这是说天之用与人之用没有差异,只有认识到这一点才能言"诚"。诚就是宇宙的真实。天之知与人之知也没有分别,不了解这一点就不能发挥"明"。明就是人的理性。所以他主张人性与天道没有大小的差别,是一致的。他进一步说:"儒者则因明致诚,因诚致明,故天人合一,致学而可以成圣,得天而未始遗人",又说:"性者万物之一源"。[2]

天道与人道的同一性、天道与人性的同一性,是张载阐发的天人合一思想。这种思想在北宋已经十分普遍,二程兄弟也都分享了这样的思想,如程明道说:"人与天地一物也,而人特自小之,何耶?"[3] "天人本无二,不必言合"[4]。程伊川也说:"道未始有天人之别"[5],"天地人只一道也,才通其一,则余皆通"[6]。这都是强调天人合一、天人相通。如程颢所见,天与人是直接统一的,如果说人不能认识这一点,那主要是由于人在天地面前降低了自己的地位。这种哲学与绝对二分的形上学不同,人与自然、天道的一致,表达了统一整体的智慧,在这种智慧中,天地万物共同构成一个不可分割的统一的整体。同时,在这种思想支配下,哲学不认为本体和现象世界是割裂的,不认为本体和生活世界是割裂的,本体即在现象中显现,不离开生活现象。

张载的《西铭》主张,天地的交合生成了世界,赋予了人的身体和本性,所有人都是天地生育的子女;不仅如此,万物和人类一样,也是天地所生。因此,他人都是自己的同胞,万物都是自己的朋友,人与人、人与万物、人与自然应成为共生和谐的整体。事实和价值不是对立,而是一致的。这又涉及"万物一体"的思想。张载认为,

---

[1] 张载:《正蒙·诚明》。
[2] 张载:《正蒙·诚明》。
[3] 《二程遗书》卷11。
[4] 《二程遗书》卷6。
[5] 《二程遗书》卷22上。
[6] 《二程遗书》卷18。

人和物都是由气构成的，宇宙中的一切都与自己有直接的关系，故从个人的角度来看，天地就是我的父母，民众即是我的同胞，万物都是我的朋友，等等。这种思想以气为基础的高度的关联性论证了儒家伦理，指出尊敬高年长者，抚育孤幼弱小，都是自己对这个宇宙大家庭和这个家庭的亲属的义务。《西铭》的这种思想可以说就是"万物一体"的思想。因而，在古代思想中可以明显看到，一定的宇宙观倾向于一定的价值观，或者一定的宇宙观基于一定的价值观，二者往往是相互联系的，关联性宇宙观和关联性价值正是这样的关系。

程颢的一段语录把这个意思说得更简明，而且把它与仁结合起来："医书言手足痿痹为不仁，此言最善名状。仁者，以天地万物为一体，莫非己也。认得为己，何所不至？若不有诸己，自不与己相干，如手足不仁，气已不贯，皆不属己。……如是观仁，可以得仁之体"①。在程颢看来，仁就是一种精神境界，是一种以万物为一体的精神境界；不仅是一体，而且是以"己"为基点，要把天地万物都看成是与"己"息息相通的，正如人能感受手、足是属于"己"的一部分一样。"万物一体"的思想是宇宙关联性的最高的伦理的体现，它既指示出个人对关联整体的义务，也指示出追求整体的和谐是人的根本目标。

这种仁的一体境界与纯粹的存在论的万物一体观之不同，在于此种境界并非指示一种实在，而指向一种慈悯的情怀，即亲亲、仁民、爱物，以此境界实现人的社会义务。但程颢的这个境界思想与其存在论和宇宙论仍有密切关系，他说："万物之生意最可观，此元者善之长也，斯所谓仁也。"② 这表示，宇宙观的"生生"是他的一体境界和人格精神的基础。

这种对一体和谐的追求在中国古代宇宙论中就已经表达出来，如西周的史伯说："夫和实生物，同则不继。以他平他谓之和，故能丰长而物归之。"③ 不同事物的调和、融合才能生成繁盛的、新的事物。差别性、多样性、他性的存在是事物生长的前提，多样性的调和是生生的根本条件。《系辞》"阴阳合德"的说法包含了阴阳的融合。《庄子》说阴阳"两者交通成和，而万物生焉"，以和为生成的根本。荀子说"阴阳大化，风雨博施，万物各得其和以生"，"和"被认为是事物生成的必要条件；又说"天地合而万物生，阴阳接而变化起"，其意亦即"阴阳和而万物生"。阴阳的调和是中国古代宇宙论最普遍的理想。

以上所说的这些哲学的思维渗透在中国文化的各个方面，对中国文明的整体起到了支撑作用，可谓是中国文明的哲学背景。在本文结束的时候，我想就关联思维到关联价值再说几句。关联思维即普遍联系的思维，其特点就是对一般人只看到分别、分

---

① 《二程遗书》卷2上。
② 《二程遗书》卷11。
③ 《国语·郑语》。

立、无关的事物能看到其相互联系,特别是把天、地、人、万事万物看成关联的整体。关联是互动、和谐的基础,互动、和谐是关联的本质要求。葛瑞汉认为关联思维是汉代思维的突出特色,宋代理学兴起后中国哲学的宇宙观发生了巨大的范式转换。这个转换就是,对天地万物的观察和思考,用性理的主宰决定代替了元气的自然感通。其实,汉代和宋代的思想不是对立的,汉代的关联宇宙论建构作为统一的宇宙观,具有支持天下政治统一的意义;宋代的理学是在新的佛教挑战面前和隋唐以来新的制度变革下强化儒家思想的体系,它的理性化体系使中华文明在更成熟的高度上获得了一体化的统一。应当说,尽管以"天人感应"为特色的关联宇宙建构的高峰是在汉代,但关注事物的普遍联系,关注事物的相互依存、相互关系、相互作用、相互影响、相互感通,关注整体与部分间的相互包含,早已成为中国思维的重要特性。因此,虽然汉代的元气论后来被宋明的理气论所取代,但中国人注重关联性的思维并没有改变,改变的只是关联性表达的理论形态和关联性所体现的领域和形式。而且注重关联性不仅是中国文明的思维方式,也反映了中国文明的价值取向。轴心时代以后中国文明的基本价值,可以说都是以此种宇宙观为基础发展起来的。今天,面对西方现代性的问题,我们提倡东西方思想的多元互补,提倡对交互伦理、关联社群、合作政治、共生和谐的追求,必须珍视多元文明的价值,扩大人类解决困境的选择。[①] 就这个意义上来说,重温中国文明的世界观是有益的。

〔作者陈来,清华大学国学研究院院长、教授。本文刊发于《中国高校社会科学》2013年第1期,责任编辑朱志伟。《新华文摘》2013年第14期转载〕

---

① 强调关联性价值,并不是要整体替代近代个人主义、权利意识,而是发扬关联性价值,与个人主义和权利意识形成良性的互补。

科学哲学史的结构和问题

刘大椿

哲学研究一向以史论结合为重要特征。例外的是，科学哲学的研究虽然在观点、体系、领域、流派等方面已经有丰富的积累，且争论激烈，进展也令人印象深刻，然而，科学哲学史的研究水平和研究成果却并不与之相称，急待引起充分重视。本文试图对科学哲学史研究的蕴含、态势、可能的突破空间等问题进行探讨，对相关文献作一概要梳理，并尝试给科学哲学史研究提出一个初步的框架。

一、对科学哲学史研究的总体把握

在西方分类传统中，广义的科学哲学包含三部分：自然哲学、一般性科学哲学和分支性科学哲学。科学哲学发展的历史则可大致分为前科学哲学阶段、科学哲学发展阶段、后现代科学哲学兴起并发生影响阶段。当然，这三个阶段不是严格区分的，而且有许多交叉。其中，科学哲学发展阶段包括所谓正统科学哲学，但也常把历史主义科学哲学和建构主义科学哲学的发展涵盖在内。尽管也有人主张把建构主义归入后现代，但后现代科学哲学的主要特征是对正统科学哲学的批判、解构或者说另类科学哲学的兴起。可以认为，科学哲学发展阶段的总态势是从科学的哲学转向对科学的哲学探讨，后现代科学哲学阶段的重要特点是对科学的解构，当下的重要态势则是从理论优位的科学哲学走向实践优位的科学实践哲学、从科学哲学走向科学文化哲学。

从学派流变来看，科学哲学内容庞杂，大致包括：孔德领衔的第一代实证主义（最早开始大规模使用"科学的哲学"术语）、马赫主义、预设主义（赫歇尔、惠威尔、彭加勒、迪昂）、逻辑原子主义（罗素、早期维特根斯坦）、逻辑实证主义（石里克、卡尔纳普、赖辛巴哈、亨普尔）、证伪主义（波普尔）、操作主义（布里奇曼）、逻辑实用主义（奎因、罗蒂）、历史主义（库恩、拉卡托斯）、科学实在论与反科学实在论（夏皮尔、普特南、范·弗拉森）、建构主义（SSK、卡特赖特、劳斯）等。

其实，成熟的现代科学哲学是从维也纳学派开始的，但若说对科学的哲学反思，科学哲学早在实证主义之前就已经存在，其历史甚至可以追溯到亚里士多德。实证哲学之前是漫长的前科学哲学阶段，这一时期的科学哲学思想主要是以自然哲学的形态存在的。19世纪的实证哲学自觉地试图把科学以至科学的哲学与形而上学区分开来，科学哲学逐渐进入了正统科学哲学阶段。作为当代知识论最主要形式之一的逻辑实证主义是科学哲学历史的一个分界点，完整的科学哲学理论体系得以形成。但是，逻辑实证主义在科学哲学界内部和外部都受到严重质疑。于是，正统科学哲学开始由逻辑主义向历史主义转化，并成为现代科学哲学发展的主流。这时出现了许多新思想、新理论，可谓群星灿烂，其中最重要的代表人物应数波普尔和库恩。与此同时和之后，另一种根本不同的倾向开始引人注目，那就是对正统科学哲学乃至科学本身进行全面质疑和批判的一种新潮流，它们已经不是仅仅某些观点和部分诉求与正统科学哲学相左，而是其基本立场和目标与后者完全相反了。由于它们与传统科学哲学的追求格格不入，却也是对科学的某种哲学反思，故可称为另类科学哲学。其代表人物包括从科学哲学营垒里冲出去的费耶阿本德，也包括海德格尔、福柯、马尔库塞、哈贝马斯等原先不被认为属于科学哲学的思想家。他们关于科学的思想资源日益受到关注，并开始影响科学哲学的发展。另类的资源和人物非常庞杂，无法以某人或某理论作代表。例如，虽然费耶阿本德前后属于两个对立的营垒，绝对是一个标杆式的人物，但在具体观点上，他与其他另类科学哲学家也并不能达成共识。在正统科学哲学之后，还有一些十分值得重视的进展，例如统称为科学知识社会学（SSK）的社会建构主义的科学哲学，其中有十分另类的，如后殖民主义观点，也有与传统科学哲学诉求保有基本接续关系的，如爱丁堡学派。因而这个在正统科学哲学之后各种观点并存碰撞的"战国"时代，可称为后现代科学哲学发展阶段。从对科学的基本立场来看，科学哲学史大致体现了一种从辩护、批判（解构）到审度的流变。

纵观逻辑经验主义之后的科学哲学，最具影响力的范式是自然主义、历史主义、新实验哲学和新经验主义（包括建构论与后建构论的科学论）。有鉴于此，在分支科学哲学即具体科学的哲学问题的研究中，趋势是不再寻求一种从一般到特殊的总体性的研究框架，而是转向以自然为界限、以历史为参照、以实践为导向等新的共识性纲领；既努力将包括形而上学在内的哲学反思聚焦于具体的科学内容和理论框架，立足于科学探究的现有结果厘清乃至筛选抽象的哲学概念，进而超越各种似是而非的哲学观点上的对立；又自觉将科学视为知识与行动的统一，将科学知识视为具有历史和实践维度的人工物，进而对科学的基础和科学的实践展开一种更加开放和更具启发性的哲学反思。

从科学哲学的实践转向与哲学背景的重组来看，当代分支科学哲学问题与一般科学哲学问题的关系日益密切，形成了相互论证和互相支撑之势。这使得相关研究越来越多地聚焦于真实的科学实践过程，将研究的重心从科学理论转向科学实践。在一般科学哲学中，为了克服表征主义对理论的偏好，新实验哲学和新经验主义更加重视从能动者的视角探讨科学对其研究对象的介入与操控，进而凸显科学的技术性和物质实践性，有关仪器及其度量的知识已经成为主流的科学哲学论题。在具体的分支科学哲学中，数学实践中的哲学问题、物理实验中的形而上学问题、生物实验中的哲学问题等也都有专著出版。这种实践转向可看作是历史主义、自然主义和新经验主义等新的科学哲学范式发展的必然结果。以数学哲学为例，尽管对数学基础以及抽象的哲学问题的数学例证的探讨仍然是主流，但由于受到拉卡托斯等人的影响，一些数学哲学家开始关注历史和实践等域境，致力于超越基础主义和逻辑主义，探讨"真的数学哲学"和"数学实践哲学"，将理论的触角伸向可视化、图表推理、计算机在数学中的作用、数学物理等应用层面。无疑，数学基础与数学实践哲学是可以相得益彰的，两者之间的关系实际上已经不是树干与枝叶之类的隐喻可以概括，就问题的提出而言，它们实际上是互为源流的。

更为重要的是，对科学实践的重视从根本上明确了分支科学哲学中问题研究的前提是具有历史性的有条件的科学实践，而非无历史性的抽象的哲学概念、范畴和命题。正是鉴于既有的哲学资源不足以应对科学实践过程中产生的诸多问题，研究者开始将新实用主义与现象学及后现象学等思想资源纳入科学哲学的研究之中，使其哲学背景得到重组。在一些分支科学哲学（如数学哲学、认知科学哲学）中，现象学成为重要的理论资源：一方面，海德格尔和梅洛—庞蒂等人的思想受到高度重视，认知与思想的过程不再被视为笛卡尔式二元表征，而被视为以人的经验为中心、与身体及作为身体延伸到相关仪器的包含具身性、分布性和延展性的过程；另一方面，后期维特根斯坦关于意义根植于语言和文化的观念也得到认可。研究者希望这些哲学背景的重组有助于克服人工智能领域停滞不前的困境。

但是，就现在科学哲学史研究来说，用哲学史的形式梳理科学哲学基本线索、基本问题、基本方法和基本观点的著作较少，囊括自前科学哲学阶段至当代前沿发展的有力著作更是付诸阙如。既有相关研究基本上是以正统科学哲学的整体框架和辩护立场为基础，或者在此基础上做局部改进和调整，未能在理论框架和基本立场上走出窠臼，以更客观、全面和理性地反映科学哲学的学科发展历程。而且，这些研究对于科学哲学 20 世纪末 21 世纪初最新发展潮流注意不够，尤其是不能将另类科学哲学思潮与正统观点、过渡观点整合起来加以理解，不能较准确地把握科学哲学的未来发展趋势。虽然有些研究成果已经开始打破英美分析传统与欧陆人文传统的人为隔绝，但对欧陆科学哲学的思想资源的关注还应进一步加强，比如法国科学史传统、德国知识社会学传统等。此外，既有相关研究常常忽视非西方科学哲学的历史发展，比如中国科学哲学史问题，特别是中国自然辩证法的发展对中国当代思想变化的影响。因此，当下中国的科学哲学史研究的着力点甚多，具有重大的理论价值。

首先，科学哲学史研究对于科学技术哲学二级学科的定位意义重大。科学哲学是科学技术哲学这一二级学科的基础性分支，向整个学科辐射基本立场、基本问题、基本观点和基本方法。科学技术哲学（自然辩证法）一直秉承"大口袋"的发展战略，曾经为诸多新学科如软科学、决策学、控制论、系统论等提供驻足之地，在 20 世纪末

21世纪初又急速分化，形成了科学哲学、技术哲学、科学技术史、自然哲学、科学、技术与社会（STS）、科技政策管理、科技文化学等诸多分支，相互之间差别很大，整个学科逐渐陷入分裂的态势。最近十多年来受各种新思潮、新观点的冲击，作为基础主干的科学哲学不能及时对之加以消化、吸收和升华，学科形相在一定程度上有些模糊，进而导致整个二级学科愈加发散。因此，以科学哲学史的方式厘定科学哲学的主流进而稳定该二级学科恰逢其时。

其次，科学哲学史研究对于扩大科学哲学基本内容意义重大。长期以来，中国科学技术哲学界把科学哲学主要限定于英美分析哲学尤其是逻辑实证主义及其修正批评的范围之内。20世纪70年代，主张科学社会建构观点的科学知识社会学（SSK）在西方兴起。与SSK一同受到关注的还有大量原本不在科学哲学传统中的科学技术论，比如海德格尔、哈贝马斯、福柯等人的科学技术论，它们大多属于欧陆人文主义传统。这些新科学哲学思想一反传统科学哲学，以对科学的尖锐批评而著称，引起了科学家和正统科学哲学家的严重不满，导致了两派在90年代的大论战。科学哲学史的研究，有助于查漏补缺，克服绝对化和片面性。例如，英美并非没有非分析的科学技术论，像美国的技治主义；而欧陆也并非没有分析的科学技术论，只是它们至今没有得到中国科学技术哲学界足够的关注。

最后，一部详尽的科学哲学史著作在整个哲学史、思想史领域亦是填补空白的创举。以史带论，描摹思想，是哲学研究的基本传统。作为哲学重要分支的科学哲学没有一部公认、全面、融贯的哲学史专著，不能说不是一大遗憾。当今乃科学时代，科学无处不在，任何真正有力的哲学思考均不能避开科学。于是，在当下语境中，对于理解人类的历史性生存境遇并展望未来的发展之路，科学哲学的历史钩沉不可或缺。

二、国内外研究文献综述

黑格尔曾断言，哲学就是哲学史。在此观念下，西方哲学各分支皆以史为学科核心基础，如西方哲学史、西方伦理思想史、西方宗教思想史、西方美学思想史等。一般说，哲学史以时间分期为经线，辅以国别划分和问题流变为纬线，力图呈现出朝着某个方向——或者趋向真理，或者问题解决，或者破除束缚——的思想进步图景。

科学哲学是当代西方哲学最重要的流派之一。在19世纪末20世纪上半叶，整个西方哲学领域几成以科学哲学为根本的科学主义思潮与人本主义思潮双峰对峙的局面。[①]然而，自卡尔纳普《科学哲学导论》伊始，"科学哲学"同题总论著作基本均为问题学框架（即以学科核心问题为框架阐述学科基本理论），鲜见有名的学科史著作，这与

---

① 参见夏基松：《现代西方哲学教程新编》引论，高等教育出版社，1998年。

西方哲学其他学科以史为基殊为不同。科学哲学呈现"问题学"的形式，有诸多原因。成熟的科学哲学毕竟诞生不到百年，时间较短，难以成史；而且，科学哲学几经发散、变形、分化和转折，除了以科学为研究对象之外，其余范围难以划定，学科史不如问题学便于操作。

经典的科学哲学总论著作有卡尔纳普的《科学哲学导论》、赖辛巴哈的《科学哲学的兴起》、亨普尔的《自然科学的哲学》。《科学哲学导论》数十年来声名显赫，成为科学哲学专业学生的最重要入门著作。该书包括6篇：1）规律，解释与概率；2）测量与定量语言；3）空间的结构；4）因果性与决定论；5）理论规律与理论概念；6）超越决定论的彼岸。《科学哲学的兴起》同样定位为"科学哲学的入门书"，主张排斥形而上学，走向科学的哲学。该书包括"思辨哲学的根源"和"科学哲学的成果"，前者站在逻辑实证主义的立场批判思辨哲学，后者勾勒了科学哲学的概貌，主要包括数学哲学、时间、自然规律、实在论、逻辑学、科学预测等内容。《自然科学的哲学》"对现代科学方法论和自然科学哲学的一些中心论题提供了一个导论"，主要包括7章：1）科学研究：发明与检验；2）假说的检验：它的逻辑及其效力；3）确证和可接受性的标准；4）定律及其于科学解释中的作用；5）理论和理论的解释；6）概念的形成；7）理论的还原。作者从科学史上挑选了最恰当、典型且生动的案例对这些问题作了通俗的解说。上述三本著作均属于正统科学哲学著作，在之后数十年之中厘定了学科的基本框架和基本问题。但是它们也存在诸多不足：一是成书较早，不及描述科学哲学在20世纪70年代之后发生的重要转变；二是拘囿于逻辑实证主义，较少关照其他学派的观点；三是局限于英美分析传统和科学的哲学的立场，没有注意到同时代欧陆哲学家对科学的哲学反思。

之后科学哲学蓬勃发展，科学哲学总论著作有所突破，却并未打破正统科学哲学的问题框框，不能及时地更新最新发展，许多最新问题逐渐被纳入科学史、科学社会学、科学文化学等独立的新学科分支。哈雷的牛津大学哲学系教材《科学哲学导论》（Rom Harré, *The Philosophies of Science: An Introductory Survey*, Oxford University Press, 1985）包括7章：1）科学哲学；2）科学推理的形式；3）科学知识；4）形而上学理论；5）微粒论传统；6）说明；7）科学与社会。A. F. 查尔默斯在概论性的名著《科学究竟是什么》（A. F. Chalmers, *What is this thing called Science*, University of Queensland, 1999）的第三版中增加了贝叶斯方法、新实验主义以及新经验主义（如卡特莱特）对规律的讨论，并分别辟专章讨论。罗森伯格的《当代科学哲学导论》（Alex Rosenberg, *Philosophy of Science: A Contemporary Introduction*, Routledge, 2000）主要内容包括6章：1）说明、因果性和定律；2）科学说明及其问题；3）科学理论的结构与形而上学；4）科学理论化的认识论；5）历史与后实证主义的挑战；6）科学的本性与哲学的基本问题。

近年来，科学哲学呈现明显的发散性发展态势，科学哲学由以物理学为典范的一般的科学哲学的"帝国"拓展至一般的科学哲学与具体的分支科学哲学相结合而发展的"共和国",这给科学哲学总论著作的写作增加了颇大的难度。目前虽然出版了若干整合性的研究成果,但尚未有能一举囊括当代科学哲学主流并得到公认的总论性著作问世。兹举几个例子说明时下科学哲学的发散性。阿尔霍夫的《科学哲学导引》(Fritz Allhoff ed., *Philosophies of the Sciences: A Guide*, Blackwell Publishing Ltd., 2010) 主要包括3部分:1) 精确科学哲学(逻辑哲学、数学哲学、概率哲学);2) 自然科学哲学(物理学哲学、化学哲学、生物学哲学、地球科学哲学);3) 行为和社会科学哲学(认知科学哲学、心理学哲学、社会学哲学、经济学哲学)。劳特里奇出版的《科学哲学》(Stathis Psillos, Martin Curd ed., *The Routledge Companion to Philosophy of Science*, Routledge, 2008) 主要包括6个部分:1) 历史的和哲学的语境(奎因之后的科学认识论、哲学史和科学哲学史、形而上学、语言哲学、科学哲学中逻辑的角色、批判理性主义、科学哲学的历史转向、逻辑经验主义、实用主义与科学);2) 争论(贝叶斯主义、确证、经验主义、本质主义和自然种类、科学伦理学、实验、解释、科学主义的女性主义方法、最有解释力的推理、自然法则、自然主义、实在论/反实在论、相对主义和科学、科学方法、科学的社会研究、理论的结构、科学的理论变化、弱决定论、科学中的价值);3) 概念(因果性、决定论、证据、功能、理想化、测量、机制、模型、观察、预测、还原、科学表征、科学发现、空间和时间、对称、似真性、统合、好理论的善);4) 具体科学(生物学、化学、认知科学、经济学、数学、物理学、心理学、社会科学)。可见,在原有的一般的科学哲学问题学的框架下很难将科学哲学最新发展状况准确地反映出来。爱思唯尔新近出版的鸿篇巨制《科学哲学手册》(*Handbook of The Philosophy of Science Series*, Elsevier, 2011) 则囊括了一般的科学哲学、物理学哲学、生物哲学、数学哲学、化学与药理学哲学、统计哲学、信息哲学、技术与工程哲学、复杂系统哲学、生态哲学、心理与认知科学哲学、经济学哲学、语言哲学、人类学与社会学哲学、医学哲学等16卷,涵盖了几乎所有的科学领域中的哲学问题。W. H. 牛顿-史密斯的《科学哲学指南》(成素梅、殷杰译,上海科技教育出版社,2006年) 是对当代科学哲学最新研究进展的全面而权威性的概述。全书提出了81个条目,涵盖了科学哲学整个领域的著名人物、关键术语和重要论题与问题三大类型。亚历山大·伯德的《科学哲学》(贾玉树、荣小雪译,中国人民大学出版社,2008年)介绍了自然规律、自然种类、说明、理论、实在论、最佳说明推论、归纳、反归纳主义、概率、科学方法与进步等问题。斯蒂芬·P. 特纳,保罗·罗思主编的《社会科学哲学》(杨富斌译,中国人民大学出版社,2009年)内容涉及当今社会科学哲学的整个领域,包括后现代主义、科学研究、女权主义哲学、对社会生活的进化论说明、理性选择论、实践理论和因果模型学说等。

虽然关于科学哲学的论著很多,但哲学史形态的科学哲学总论却少之又少,只是一些著名的当代哲学史著作的部分章节有科学哲学史的内容。比如,施泰格缪勒的

《当代哲学主流》第一册有关章节包括第九章"现代经验主义：鲁道夫·卡尔纳普和维也纳学派"和第十章"基础研究和当代分析哲学"，主要论及马赫、阿芬纳留斯、石里克、卡尔纳普、纽拉特、波普尔、亨普尔、帕普、古德曼、费格尔等人。第二册有关章节包括第三章"后实证主义本体论、精神哲学、科学哲学和语言哲学的新途径"，主要论及威拉德、奎因、克里普克、普特南等人。第三册的内容基本上与科学哲学有关：第一章"宇宙哲学"，第二章"生命的进化：J.莫诺、M.埃根、H.库恩的理论"，第三章"知识的演进：非积累性的知识进步与理论动力学。关于托马斯·库恩的理论"。但是，此类著作毕竟是当代哲学史总论，科学哲学史只是其中一部分，在论述的全面性和深入性方面难免存在缺陷。

在汉语学术界，与"科学哲学"同题的著作很多，较流行的有刘大椿的《科学哲学》（人民出版社，1998年；中国人民大学出版社，2006年）。同样，哲学史形态的科学哲学总论著作也不少，例如《当代西方科学哲学述评（第2版）》（舒炜光、邱仁宗主编，中国人民大学出版社，2007年）、《思想的攻防——另类科学的兴起和演化》（刘大椿、刘永谋著，中国人民大学出版社，2010年）。《科学哲学》是国内科学哲学的基础性读物，涉及科学哲学的历史演变、科学哲学的基本内容和框架、科学哲学的目的与方法以及中国科学哲学的特殊问题等内容，主要包括6章：1）科学的逻辑结构；2）科学实验与时空构架；3）科学的意义和基础；4）科学发现的逻辑；5）元科学的重构；6）对中国科学与哲学的反思。该书梳理了正统科学哲学的主要成果，并结合中国实际进行了阐发，只是基本局限于正统科学哲学的范围内。《当代西方科学哲学述评》是对科学哲学领域各个重要学派主要代表人物的思想和学术的述评，包括逻辑实证主义、否证论、历史主义和实在论四大学派的石里克、卡尔纳普、亨普尔、科恩、波普尔、拉卡托斯、沃金斯、图尔明、库恩、费耶阿本德、劳丹、瓦托夫斯基、本格、普特南、夏皮尔等人，第2版增加了费耶阿本德之后的科学哲学某些问题的讨论。该书是标准的科学哲学史著作，涉及20世纪70年代以前现代科学哲学的主流，但没能关照前科学哲学，对科学哲学最新发展也不及评述。《思想的攻防》认真梳理了20世纪70年代之后科学哲学领域兴起的激进的新科学哲学浪潮，以另类科学哲学为名梳理了其中的主要思想及其地位、问题、相互关系，提出了"从辩护到审度"的主张。该书主要内容包括：1）海德格尔：技术的本质与救渡；2）从贝尔与马尔库塞看科学决定论的两极；3）哈贝马斯：技术理性与"意识形态"；4）费耶阿本德：另类科学哲学的标杆；5）福柯：知识—权力的共生与解构；6）斜看科学的后现代知识分子：以列维纳斯、利奥塔、德勒兹为例；7）罗蒂：从"自然之镜"到"反讽"和"自由"；8）索卡尔事件：卫道者的无奈与另类的尴尬；9）另类科学哲学的启迪。该书尝试把科学哲学最新思想资源纳入学科领域，但由于主题所限，目光主要集中于近30年来科学哲学发展中激进的一端。另外，汉语学术界中，关于中国科学哲学史研究，于光远的《一个哲学学派正在中国兴起》颇有影响，主要内容包括：1）这个学派是马克思主义哲学的学派；2）这个学派属于马克思主义哲学中"自然辩证法"的部分；3）这个学派的特点必然导致特别关心社会问题——特别是中国经济文化建设；4）这个学派特别重视在实践中讲求聪明，倡导发展一种社会意识形态聪明学；5）这个学派坚决反对迷信、反对伪科学，特别反对所谓人体特异功能；6）这个学派的学科建设问题；7）这个学派的建立做了大量组织工作和联盟工作。

三、科学哲学史的研究框架和基本取向

科学哲学史的研究框架涉及问题、对象和主要内容。研究的问题涉及科学哲学孕育、诞生、发展的历史进程与基本脉络。研究的对象是科学哲学，即关于科学的哲学思考，包括科学哲学发展各阶段典型代表人物和学派的科学哲学思想，其特点和主题转变；也包括各分支科学哲学的发展，其历史演变和特点等。研究的主要内容则可归结为如下五个关联板块。

1. 科学哲学的兴起：从自然哲学到科学哲学。基本内容包括：亚里士多德、笛卡尔、培根、莱布尼茨、圣西门等哲学家的科学哲学思想研究；伽利略、牛顿等科学家的科学哲学思想研究；前科学哲学的主旨、特点、问题和方法；孔德等第一代实证主义者的科学哲学思想研究；马赫等第二代实证主义者的科学哲学思想研究；逻辑实证主义研究；逻辑原子主义研究；预设主义研究；正统科学哲学的主旨、特点、问题和方法。

2. 现代科学哲学的发展：流派与分支。基本内容包括：一般性科学哲学的发展，表现为相继出现的各个流派研究，如证伪主义研究；操作主义研究；科学哲学的历史主义转向研究；过程哲学研究；历史主义研究；逻辑实用主义研究；科学哲学的建构主义转向研究；新历史主义研究，科学实在论与反科学实在论研究；知识社会学研究；建构主义科学哲学的主旨、特点、问题和方法研究。分支性科学哲学的发展近年来生气勃勃、方兴未艾，引人注目的如数学哲学、物理学哲学、生物学哲学、系统科学哲学、认知科学哲学、社会科学哲学等等。

3. 后现代科学哲学的发展与问题。基本内容包括：海德格尔科学哲学思想研究；马尔库塞、哈贝马斯等法兰克福学派代表人物科学哲学思想研究；福柯、利奥塔、德里达等人的后现代主义科学哲学思想研究；费耶阿本德、罗蒂等分析哲学叛逆者的科学哲学思想研究；女性主义科学哲学研究；后殖民主义科学哲学研究；生态主义科学哲学研究；媒介生态学科学哲学思想研究；技治主义研究；另类科学哲学的主旨、特点、问题和方法；后现代科学哲学基本格局和未来走向研究。

4. 科学哲学史中的基本问题及其流变。基本内容包括：科学划界问题与科学哲学的基本立场；一般科学哲学的主题（科学理论、模型与实验）与研究进路；科学元概念的历史分析；分支性科学哲学的发展与问题；科学精神与科学的价值反思。

5. 中国科学哲学的演化和问题。基本内容包括：中国古代自然哲学思想；西学东渐与现代中国科学哲学的诞生、成长和问题。根据国内科学哲学研究和发展的状况，其具体探讨包括中国科学哲学的基础理论史、分支科学哲学史、科学方法论史以及科学哲学社会史四个方面。

其中内容 1、2、3 可以看作纵向的动态研究，大致按照时间顺序依次研究前科学哲学、现代科学哲学（包括正统科学哲学、历史主义科学哲学、部分建构主义科学哲学，还包括若干重要的分支性科学哲学）、后现代科学哲学。每一时期的研究大致以学派为基点，每个学派以代表人物为轴线展开。内容 4 是以基本问题为关注点的横向断面研究，这些问题在各个不同时期均有回应，通过对提问方式和应答方式流变的研究，反映科学哲学基本观点的演变。而内容 5 则是对中国科学哲学史的专门研究。

目前科学哲学史研究的重点和难点可归纳为以下几个方面：

1. 科学哲学基本发展脉络的把握。科学哲学史的研究极大地扩展了传统科学哲学的范围，因而内容庞杂，横亘英美分析和欧陆人文两大传统，各家各派出发点、范式和主旨差异极大，有些甚至极端对立、互不认可。因此，如果不对科学哲学的基本发展脉络予以创造性的梳理和厘定，科学哲学史很可能沦为某种零散、孤立的观点汇编，相互之间的关系得不到澄清，学科的进展得不到体现，未来的发展方向也难以预计，很难体现研究的价值。因而，必须要在对科学哲学史总体把握的基础上推进人物、学派和问题研究，使之成为一块"整钢"。

2. 前科学哲学的审视和研究。目前，该领域的研究相对单薄、零散，未见完整、系统的研究成果。从那些先哲，诸如亚里士多德、笛卡尔、培根、康德和圣西门等人的总体思想中撷取科学哲学思想，本身亦与对科学哲学的总体理解相关。

3. 另类科学哲学的划定和研究。应该说，属于另类科学哲学的各种思潮大多数并不直接属于科学哲学。但是近 30 年来，另类科学哲学思想对传统的科学哲学影响甚巨，甚至在很大程度上改变了科学哲学的基本立场、基本问题和叙述方式。除了对科学的解构和批判性反思之外，这些另类科学哲学思潮相互之间关系并不十分密切，观点差异很大甚至相互冲突。如何划定另类科学哲学的范围，寻找相互之间的联系，客观评价其意义，恰当指出其缺陷和不足，均为颇有难度又工作量甚大的任务。

4. 中国科学哲学史的梳理和研究。过去一百年间，科学哲学在中国引进和发展，卓有成效但道路曲折；而自 20 世纪 30 年代恩格斯《自然辩证法》传入中国，又开启了中国自然辩证法研究历程，颇具特色。学界虽一直有总结科学哲学和自然辩证法在中国发展历史的呼声，但尚无全面、深入的研究成果面世。此研究需要收集文本、会议资料、当事人回忆录、口述史等异质材料，并结合专家座谈、元老恳谈等多种研究形式，处理好科学哲学史与自然辩证法史研究之间的关系，并在全球化语境中加以审思。

在此研究背景下，科学哲学史研究应坚持以下几种基本取向：

1. 融贯问题学与学派史。科学哲学总论有问题学的叙述传统，学派史的叙述方式比较缺乏。问题学直面核心问题的提出、应答、流变、增生和转换，而学派史以代表人物先后出场顺序自然呈现观点的继承、更新、进步和断裂。两者结合，一纵一横，视角更为完整，叙述更为丰满。

2. 整合分析传统与人文传统。科学技术哲学长期以来被局限于分析传统中，以逻辑实证主义及其发展、回应和批判为主流。分析传统被看作英美哲学传统，大陆哲学则多被贴上人文哲学的标签，因而非分析的科学技术论往往被排除在科学哲学的学科视域之外。20世纪后期，科学技术哲学开始把目光投向分析哲学传统之外的欧陆哲学资源，海德格尔、福柯、马尔库塞、哈贝马斯、利奥塔和德勒兹等原先被排斥在科学哲学之外的思想家的思想资源日渐受到关注，学界开始回顾性地把科学技术论分成分析—英美和人文—欧陆两大阵营。典型的比如劳斯认为，英美科学哲学家继承了分析传统，热衷于为科学制定明确的认识目标、方法及推论形式，担负起对科学作批判性反思的任务，这种反思基本都局限在科学事业的内部；欧陆科学哲学家则继承了人文传统，往往否定自然科学的完美性，主要思索科学与其他社会实践形式的关系，关注自然科学的社会、心理和政治等非传统认识论的方面。科学哲学史的研究要打破科学哲学界长期形成的英美分析传统和欧陆人文传统之间的隔阂。

3. 走向审度科学的基本立场。应当以怎样的立场对科学进行哲学反思？恰当的态度是审度。不是折中主义，而是整合对立观点，从而做出针对性的选择。实际上，辩护者与批判（解构）者的激烈辩驳，催生了一种比较宽容的、平和的、但不失基本坚持的科学哲学倾向。从历史发展来看，科学论也是大致经历了一个对科学从辩护到审度的转变。科学论产生之初，主要宗旨是为科学辩护，即证明自然科学的合理性，并试图用科学方法改造人文社会科学，甚至把非科学问题划归为无意义命题。辩护科学的思路在逻辑实证主义那里发展到了顶峰。但到20世纪下半叶，对科学的质疑愈演愈烈，甚至走向全盘否定科学的极端，出现了形形色色的"反科学论"。但是，对科学的全盘否定显然是不能贯彻到底的，也是与常识和现实需要不一致的，很快便引起了反弹，20世纪末的"科学大战"就是佐证。对待科学、科学哲学不能一味地辩护，也不能一味地解构，而是要走向谨慎的、历史的和具体的审度。所谓"谨慎"，就是摒弃先入为主的情绪。所谓"历史"，就是随着时代变迁不断审视科学，不能对科学下一劳永逸的断语。所谓"具体"，就是要对不同领域、不同地区、不同民族、不同对象的科学问题区别对待。这样作出的选择方能在特定的时空条件下站稳脚跟。

总之，科学哲学史的研究应立足于第一手文献资料的梳理，以集成和整合国内外科学哲学史研究的第二手资料为抓手，以理清科学哲学的发展脉络与流变史为目标，采取广泛调研、挖掘提炼、互动协同、分进合围的路线推进。

必须强调，对科学的哲学反思并非西方所专有，实际上，中国科学哲学既有自己独特的传统，在近现代又与西方科学哲学有深刻的互动。现代中国科学哲学的产生既是西方自然科学的器物、制度以及背后一整套相关思想、观念传入中国的结果，亦是西方文明与中国文明交流和碰撞的产物，因而又深深地打上了中国文化的烙印。不可否认，现代中国科学哲学催生于西学东渐，但很快就激起了科玄争论等标志性的东西文化碰撞事件。由于深受中国传统思想如儒道天人哲学的影响，而且因为马克思主义传统的自然辩证法的长期作用，在中国成为主流的科学哲学思想形成了自身独特的发展历程。

〔作者刘大椿，中国人民大学图书馆馆长、教授。本文刊发于《中国高校社会科学》2013年第3期，责任编辑朱志伟。《新华文摘》2014年第4期、人大复印资料《科学技术哲学》2014年第1期转载〕

早期现象学运动中的
特奥多尔·利普斯与埃德蒙德·胡塞尔

——从移情心理学到同感现象学

倪梁康

一、引论

特奥多尔·利普斯（Theodor Lipps，1851—1914）是现象学运动，特别是早期现象学运动的重要人物，与胡塞尔以及现象学运动有多重联系：他是胡塞尔老师卡尔·施通普夫在慕尼黑大学的系统哲学教席的继任者，又是马克斯·舍勒、阿道夫·莱纳赫、莫里茨·盖格尔、亚历山大·普凡德尔、赫特维希·马特乌斯、特奥多尔·康拉德、约翰内斯·道伯特等人的老师（或是他们博士论文的指导老师，或是他们任教资格论文的指导老师）。他的主要著作有：《心灵生活的基本事实》（1883）、《逻辑学的基本特征》（1893）、《空间审美学与几何——光学的欺罔》（1897）、《滑稽与幽默》（1898）、《伦理学的基本问题十讲》（1899）、《论感受、意愿与思维》（1902）、《心理学指南》（1903）、《审美学》（1903—1906）、《论同感》（1913）等。可以说，现象学运动第一阶段的骨干成员是由利普斯的学生构成的，而且他自己也在很大程度上参与了这一时期的现象学运动。

利普斯出生于德国的瓦尔哈本，1874 年在波恩大学以"论赫巴特的本体论"为题获得了博士学位。1877 年利普斯在波恩担任了三年的哲学副教授，后于 1890 年在布雷斯劳（现为波兰的弗罗茨瓦夫）担任了四年的哲学正教授，最后于 1894 年应聘至慕尼黑大学哲学系，接任卡尔·施通普夫的系统哲学讲座教授的位置，直至 1914 年因病去世。

利普斯一生在两个领域留下其最重要的哲学思想痕迹：审美学与心理学，而这两个方面的工作归根结底又可以通过一个带有他的烙印的核心概念得到内在的联结："同感"。这个词的德文原文是"Einfühlung"，本意是"感受到……之中"，或"设身处地地感受到"、"为他人的感受"，等等。在心理学的汉译中大都被译作"移情"。与此对应的英文应当是"feeling into"，但今天越来越多的心理学家使用"empathy"一词。这个词的使用源自冯特的学生、心理学家铁钦纳（Edward Bradford Titchener，1867—1927），他在将利普斯的"Einfühlung"译成英文时选择了一个古希腊词"ἐμπάθεια"。① 后来在将它译回德文时，又被译作"Empathie"。②

一般认为，关于同感的科学理论是由利普斯首次提出的。施洛斯贝格（Matthias Schloßberger）还将利普斯的学说视作至此为止"考虑最为周全、拟订最为广泛的同感理论"，并据此认为"在将同感确定为审美论和认识论的概念方面，他的认识论解释学也许做出了最大贡献。"③ 这个同感理论很快便在胡塞尔、舍勒、施泰因那里产生影响。由此观之，利普斯之所以可以被视为现象学运动的一个成员，原因不仅在于早期现象学运动的成员多半是他的学生，而且也因为他本人通过自己的同感理论研究而在现象学的情感分析和交互主体现象学分析方向上所起的作用。有理由说，"没有利普斯的著作，无论是胡塞尔的研究还是舍勒的研究都是无法想象的。"也正因为如此，"利普斯今天已经几乎全然被忘却。但无论如何还在胡塞尔哲学中受到关注。"④

二、胡塞尔对利普斯的影响

胡塞尔与利普斯的关联肇始于《逻辑研究》。胡塞尔在其第一卷《纯粹逻辑学导引》中将利普斯视作逻辑心理主义的一个重要而典型的代表人物，多次引用和批评利普斯在其《认识论的任务》一文与《逻辑学的基本特征》一书中的相关论点。

在波恩大学任私人讲师期间，利普斯便在《心灵生活的基本事实》一书中提出，"全面的科学有两种：自然科学与哲学，即外经验的科学与内经验的科学"，而"建基

---

① 参见：E. B. Titchener, *Lectures on the Experimental Psychology of Thought Processes*, New York: The Macmillan Co., 1909, pp. 21~22.

② 在利普斯这里，以及在胡塞尔、舍勒等哲学家的相关理论的翻译中，笔者没有采用心理学的汉译"移情"，而是用了"同感"。这一方面是因为这个词的含义在他们那里要远大于它后来为心理学所理解和接受的范围，也远超出"情"的范围；另一方面则是基于在它与"同情"（Sympathie）概念之间存在一种若即若离的关系。（对这两个概念的讨论可以参见：N. Eisenberg, "Empathy and Sympathy", in: M. Lewis and J. M. Haviland-Jones(eds.), *Handbook of Emotions*, New York/London: Guilford Press, 2000, pp. 677~691. 利普斯自己也将同情纳入同感的范畴："同情（Sympathie）是同感，是一同体验（Miterleben）"。参见利普斯：《美与艺术的心理学》，汉堡、莱比锡，1903 年，第 564 页。）最后，中文的"同感"（如"深有同感"）一词超出道德情感的语境，带有认知理解方面的含义，而且也与舍勒后来的再造词"同一感"（Einsfühlen）相呼应。当然，"同感"与"移情"这两种中文译名都不能与德文的原文完全对应，尤其是在遭遇"einfühlen"的被动态"eingefühlt"时，"被同感的"和"被移情的"都不能说是恰当的翻译。

③ ［德］马蒂亚斯·施洛斯贝格：《他人经验——人类共在中的感受》（*Die Erfahrung des Anderen: Gefühle im menschlichen Miteinander*），慕尼黑：奥尔登堡学院出版社，2005 年，第 62 页。

④ ［德］马蒂亚斯·施洛斯贝格：《他人经验——人类共在中的感受》（*Die Erfahrung des Anderen: Gefühle im menschlichen Miteinander*），慕尼黑：奥尔登堡学院出版社，2005 年，第 62 页注 1。

于内经验之上的有心理学、逻辑学、审美学、伦理学连同与它们相联结的学科。"① 后来在《逻辑学的基本特征》一书中，利普斯更明确表示："逻辑学是一门心理学的学科，同样确定的是：认识只出现在心理中，并且，在认识中得到完善的思维是一个心理的发生。"②

事实上这是逻辑心理主义最为典型的表达，胡塞尔将其称作原本的和彻底的心理主义："他（利普斯——作者注）的逻辑学所倡导的心理主义愈是原本、愈是彻底，他所做的那些妥协便愈是令人生厌，他便愈深地陷入到逻辑学的所有分裂之中；自贝内克以后，利普斯在这方面几乎是独一无二的。"③胡塞尔认为正是利普斯等人的出色工作，使得在心理主义与反心理主义的对峙中心理主义占得了上风，从而一直将其本身内含的问题掩藏起来："观念主义的批判也许在对原则问题的考虑上会引起人们的不安；但大多数人只要看一眼从穆勒到埃德曼和利普斯的一系列可观的著作就会重新恢复他们动摇不定的信念。"④ 在研究了《逻辑研究》之后，利普斯显然开始认真地考虑胡塞尔的批评与抨击，也可以说，胡塞尔的批判对他显然深有触动——至少他觉得有必要对自己的立场再做审查。起先他在 1903 年的一篇文章⑤中做出了一个最初的让步性表态。此时胡塞尔已经应聘到哥廷根大学哲学系任教，他原先在哈勒大学哲学系的同事、新康德主义者 A. 里尔于 1903 年 6 月 8 日写信给他，告知利普斯态度的转变："您或许可以对利普斯（一位极其认真的研究者）在'心理学争论点'中所做的让步感到满意了……如果逻辑学不建基于心理学之上，即不依赖于心理学的方法，那么人们是否还在说，它属于心理学，这就是完全次要的了……利普斯恰恰处在这个回撤的过程中——为此我们不必与他在语词上做纠缠。"⑥ 此后不久，里尔于 1904 年 5 月 15 日再次致函胡塞尔，告知利普斯的另一个明确的表态："您大概读到了利普斯所写的对您的论述：'我认为胡塞尔是一个特别敏锐和深刻的思想者'，而且在前一句中他声明，

---

① ［德］利普斯：《心灵生活的基本事实》（*Grundtatsachen des Seelenlebens*），波恩，1883 年，第 4、3 页。

② ［德］利普斯：《逻辑学的基本特征》，1893 年，第 3 节。

③ ［德］胡塞尔：《逻辑研究》第一卷，倪梁康译，上海译文出版社，1994 年，A137/B137，第 119~120 页。

④ ［德］胡塞尔：《逻辑研究》第一卷，倪梁康译，上海译文出版社，1994 年，A211~212/B211~212，第 184 页。

⑤ ［德］利普斯：《"心理学争论点"的继续》，《心理学与感官生理学杂志》第三十一辑，1903 年，第 78 页。

⑥ 《胡塞尔书信集》第 V 卷，第 198 页。

从您那里学到了东西。"①

毫无疑问,利普斯通过《逻辑研究》了解了胡塞尔的敏锐和深刻,并极为重视胡塞尔的批评,因而在逻辑学与心理学的关系问题上态度有所转变。他与马赫一样②,属于在《逻辑研究》中受到胡塞尔的心理主义指责,意识到自己立场可能导致的理论困境,因而在一定程度上乐于接受这种批评,而后做出一定改变的重要的心理学家。

利普斯实际上并没有完全理解胡塞尔的现象学思维方式,也没有完全理解胡塞尔在《逻辑研究》第一卷中批判心理主义、在第二卷中又回过来用描述心理学的方式去讨论心理学问题的做法。这与海德格尔在初读《逻辑研究》时的困惑是基本一致的。③因此,在1903年12月8日致胡塞尔的信中,利普斯告诉胡塞尔:"我觉得,我们总的说来在本质上是一致的",而他之所以有这种感觉很可能是因为,"有时我也觉得它们[即胡塞尔的术语]是心理主义的。有一次我曾半玩笑、半认真地对我的那些——极其勤奋地研究着您的《[逻辑]研究》的——较为专业的学生们说,须要有一个人去写一篇题为'胡塞尔的心理主义'的争论文章。"④ 对此,埃尔玛·霍伦斯坦曾指出:"当然,从这封信中可以看出,他(利普斯——作者注)并不理解,在证明了逻辑学的自主性之后,仍然会有一个合法的'心理学'问题留存下来,即超越论哲学的问题:逻辑的客观观念性如何能够成为思维者的认识财富。"⑤ 而且实际上这不只是超越论哲学的问题,也是意向性现象学的问题,以及本质直观现象学的问题。利普斯心理学与胡塞尔现象学观点之间的差异在这里已经得到明显的表露。

胡塞尔曾在1917年6月12日为莱纳赫撰写的悼念文字中概括地回顾了在利普斯及

---

① 参见《胡塞尔书信集》第V卷第199页。利普斯的原话是:"此外,我近年来学到了一些东西。接下来我觉得自己有义务除冯特之外还提到一个人,他以某种方式构成冯特的最极端的对立面,我指的是埃德蒙德·胡塞尔,一位特别敏锐和深刻的思想家。"[利普斯:《心理学的任务:一个回应》(Die Aufgabe der Psychologie: eine Erwiderung),《文献汇报》(Beiträge zur allgemeinen Zeitung)第101期,1904年5月3日,第202页。]

② 威廉·冯特曾将他们两人都视为下列心理主义观点的"最坚定的倡导者":"整个哲学都成为心理学。审美学是美与艺术的心理学,伦理学是道德意愿的心理学,逻辑学是概念构成和思想联结的心理学,如此等等。"而马赫与利普斯的区别只是在于,前者已经将心理学的考察运用在自然科学的领域,并且获得了许多自然研究者的掌声;而后者则基本上还将此立场局限于所谓的精神科学领域。(参见冯特:《心理主义与逻辑主义》(Psychologismus und Logizismus),《短篇论文集》,莱比锡:恩格曼出版社,1910年,第515页。)——笔者在即将刊发的论文《心理主义与逻辑主义的纠结——对胡塞尔与冯特之间相关争论的思想史重审》中对此有更为详细的论述。

③ 参见[德]海德格尔:《面向思的事情》,陈小文、孙周兴译,商务印书馆,1999年,第94页。

④ 《胡塞尔书信集》第II卷,第121页。

⑤ [瑞]霍伦斯坦:《编者引论》,见胡塞尔:《逻辑研究》第一卷,倪梁康译,上海译文出版社,1999年,第94页。

其学生和自己之间的这段思想因缘:"莱纳赫最初的哲学训练是在慕尼黑通过 Th. 利普斯而获得的,他在任何时候都始终对这位重要思想家抱有极大的尊敬,尽管他在大学期间就已经在根本上脱离了利普斯的哲学。他加入了利普斯学生的群组,这些学生捍卫我的《逻辑研究》的方法信念,反对他们的老师的心理主义,并一同影响了利普斯在其最后发展时期的重要哲学转变。"①

但归根结底,超越论哲学的问题在利普斯的学生们那里也未得到解决,并且在很大程度上构成了胡塞尔与慕尼黑学派和哥廷根学派之间的分歧和差异。总体而言,早期现象学运动的多半重要成员虽然看起来都是从利普斯而来,并且与现象学结成反心理主义的同盟,但实际上他们在胡塞尔完成超越论哲学转向后并未跟随胡塞尔,而是最终或多或少地留在了或者说回到了利普斯。

无论如何,利普斯的基本立场由于胡塞尔在《逻辑研究》中的批评发生了一定的变化,以至于胡塞尔在 1913 年《逻辑研究》的第二版中已经可以说:"自这部著作发表以来,有几位我视作(逻辑)心理主义代表人物的著述者从根本上改变了他们的立场。例如,Th. 利普斯自 1902 年以来在他那些极为重要和独创的著述中所表述的观点便完全不同于那些他在这里被引用的著作所具有的观点。"②

三、利普斯对胡塞尔的影响

利普斯通过《逻辑研究》开始关注胡塞尔的工作。1903 年,他将自己新发表的著作《心理学指南》寄给胡塞尔,随之与胡塞尔建立起联系。从胡塞尔在相关研究手稿中的表述来看,利普斯在同感研究方面对胡塞尔积极的和实质的影响主要是通过这部著作完成的。③ 胡塞尔仔细研究过的另一篇利普斯的文章是《再论同感》,④ 并对其做了五页纸的速记摘录(手稿:KV2)。除此之外,胡塞尔在其手稿中还列出他所知道的利普斯含有"同感"分析的著述:《伦理学基本问题》,1899 年第一版、1905 年第二版;《审美学》第一卷,1903 年;《审美学》第二卷,1906 年;《心理学研究》辑刊第一卷,1907 年;《单一与关系——关于统觉心理学的一个概述》,莱比锡,1902 年,等

---

① [德] 胡塞尔:《文章与讲演(1911—1921 年)》,倪梁康译,人民出版社,2009 年,第 329 页。
② [德] 胡塞尔:《逻辑研究》第一卷,倪梁康译,上海译文出版社,1999 年,BXIII。
③ 胡塞尔应当拥有这部书的前三个版本:1903 年第一版、1906 年第二版和 1909 年第三版,因为他在其研究手稿中先后引用过这三个版本。参见《胡塞尔全集》第十三卷,《交互主体性现象学》第一卷,海牙:马尔梯努斯·奈伊霍夫出版社,1973 年,第 39、70 页。
④ 参见利普斯:《再论同感》(Weiteres zur Einfühlung),《总体心理学文库》(*Archiv Für Die Gesamte Psychologie*)第四辑,1905 年,第 465~519 页。

等。胡塞尔显然十分熟悉利普斯1907年之前关于"同感"问题的所有思考,[①] 但可能没有读过利普斯发表在他自己主编的《心理学研究》辑刊第二卷（1913年）上名为《论同感》的长篇论述。利普斯去世前一年出版的这部专论应当是他对同感行为所做的最后的、也是最系统和最全面的分析。[②]

如前所述，同感是利普斯的哲学—心理学研究系统中的核心概念。在《心理学指南》中，利普斯将同感视为认识的三个来源之一："认识领域有三个。我知道事物、知道我自己，以及我知道有其他自我。第一种认识来源于感性感知。第二种认识来源于内感知，即是说，对自我连同其规定性、欲求体验、活动、行为与感受、因而同时也包括它与对象之关系的直接的、或在回忆中被看到的、反观的把握。最后，第三种认识方式的来源是同感。"[③] 这里可以看出，对利普斯而言，"同感"意味着一种认识方式，既不同于对外部事物及其规定性的感性的、直向的认识，也不同于对内心自我及其规定性的体验的、反思的认识，而是一种特殊的、涉及他人的认识方式或认识过程。

这样的定义已经超出了"同感（Einfühlung, empathy）"一词的字面含义，它主要表明某种情感过程。利普斯既赋予"同感"一词以认知过程的含义，也赋予它以情感过程的含义。他解释说："我在这里是在这样一个意义上接受这个语词，这个意义在根本上要比这个语词所能允许的要更为宽泛；即是说，我是在'对我的一个与我有别的对象一般的客体化'的意义上接受这个语词，无论这个被客体化的东西是否配得上狭义的、真正的意义上的一个感受的名称。"[④] 这个意义上的"同感"后来也被胡塞尔运用在"对他人的经验"的交互主体性现象学分析中。

胡塞尔在"同感"标题下进行的现象学意识分析研究肇始于1905年，与利普斯的影响直接相关。按照胡塞尔《交互主体性现象学》三卷本编者耿宁的说法，"在探究胡塞尔对陌生经验的辨析时立即要提到特奥多尔·利普斯的名字"，因为"一切迹象表

[①] 详见胡塞尔：《交互主体性的现象学》第一卷，第76页，编者注2。

[②] 利普斯的《论同感》(Zur Einfühlung) 作为其第二册和第三册发表于《心理学研究》第二卷（莱比锡：威廉·恩格曼出版社，1913年，第111~491页）。这部有着380页篇幅的著作完全致力于同感行为的结构分析、种类区分、范围界定，以及它与其他类似行为的相同与差异的确定。应当说，这部书甚至比梅洛-庞蒂的《感知现象学》更配得上《同感现象学》的称号。它十分突出地体现着现象学的意识结构描述与把握的特点。与这部《论同感》形成鲜明对照的是日本人小野泽精一等人所著的《气的思想：中国自然观与人的概念的发展》（东京，1978年）：前者是对非历史的、无变化的结构的横向把握，后者主要是对中国思想史上关于气的思想的产生与流变之脉络的纵向梳理。它们构成两种最基本的问学方式。

[③] ［德］利普斯：《心理学指南》(Leitfaden der Psychologie)，莱比锡，1909年第三版，第222页。

[④] ［德］利普斯：《心理学指南》(Leitfaden der Psychologie)，莱比锡，1909年第三版，第222页。

明,胡塞尔大约是自 1905 年起并且主要是在与特奥多尔·利普斯的辨析中开始研究'同感'问题。也许他当时受到亚历山大·普凡德尔和约翰内斯·道伯特的外部推动,这两人在 1905 年夏与胡塞尔聚会于西费尔德。"① 此后,胡塞尔在这个方向上的研究和思考一直延续着,直至 1938 年去世都未曾停止过。他的相关研究手稿由耿宁编辑和整理,以《交互主体性现象学》为题分三卷出版,即《胡塞尔全集》第十三、十四、十五卷。②

最初胡塞尔在与此相关的研究中使用得较多的术语是同感,此后还有陌生感知、陌生经验、他人经验、交互主体性等等。即使在胡塞尔意识到"同感是一个错误的表达"③之后,他仍然或多或少地坚持对这个术语的使用。在胡塞尔一生对感知或经验所做的分析中,陌生感知与事物感知、自我感知一起构成最基本的意识行为种类,基本上可以对应于前面所说的利普斯对三个认识领域的划分:同感、外感知、内感知。④

1905 年对于胡塞尔的交互主体性问题研究来说是至关重要的一年。这一年,促使他关注同感问题的人可能有三位:利普斯、狄尔泰和迈农。利普斯对胡塞尔影响无疑是最大的,也是最早的。耿宁注意到,在对利普斯"再论同感"文章所做的五页纸速记摘录(手稿:KV2)中,胡塞尔没有像以往那样加入自己的评注,而是完全做逐字逐句的摘录,这很可能是因为胡塞尔在阅读这篇文章时尚未在同感问题上持有自己的立场。⑤

1905 年至 1910 年,在胡塞尔开始初步形成自己的同感理解时,他与利普斯在同感理论的理解上已经处在对立的位置。同感的问题归根结底是对他人的理解何以可能的问题。在利普斯之前试图解决这个问题的主要理论是类比推理论,这种理论把我们对

---

① 耿宁:《编者引论》,见《胡塞尔全集》第十三卷,《交互主体性现象学》第一卷,第 XXV、XVII 页。

② 胡塞尔的《交互主体性现象学》文稿按其撰写时间分为三卷出版:第一卷:1905~1920 年,第二卷:1921~1928 年,第三卷:1929~1935 年。如前所述,胡塞尔在交互主体性问题上的研究并非到 1935 年截止;只是因为 1935 年以后的交互主体性问题研究文稿与《欧洲科学的危机与超越论的现象学》有内在关联,因而被纳入《危机》(《全集》第六卷)以及《危机补充卷》(《全集》第二十九卷)出版。

③ 参见胡塞尔:《交互主体性的现象学》第一卷,第 335~339 页。

④ 关于胡塞尔对这三种感知的结构具体分析可以参见笔者《自识与反思》一书的第二十讲:"胡塞尔(1):意识的共现结构与自我的可疑性"(倪梁康:《自识与反思——近现代西方哲学的基本问题》,商务印书馆,2006 年,第 368~386 页)。

⑤ 参见耿宁:《编者引论》,见《胡塞尔全集》第十三卷,《交互主体性现象学》第一卷,第 XXVI 页。

他人的理解建基于陌生经验的间接性基础上,① 而这恰恰是利普斯试图通过同感理论来反驳和克服的。利普斯所说的同感是指:"在我统摄一个对象的同时,作为从属于它的、或处在它这个被统摄的对象中的、作为它的一个组成部分,我会体验到我的内心状态的一种特定方式。这个方式看起来是在它之中一同被给予的,是在它之中传诉给我的。"② 这里所说的在对象之中一同被给予我的特定方式,可以是意愿的表达方式,也可以是感受的表达方式。因此,我将自己投入到我统摄的对象之中,并体验和领会它的心灵表达;应当可以说:这个对象的表达(Ausdruck)同时也是我的印象(Eindruck)。这就是我们经验他人的最基本方式。

胡塞尔虽然接受了同感的说法,但并不认可利普斯的同感理论。他对利普斯的关注从一开始的不持立场很快过渡到持否定的立场。胡塞尔认为,同感的基本出发点在于对他人的"驱体"(Körper)以及"身体"(Leib)的感知。"身体"在这里是指有灵魂的"驱体"。因此,首先将他人的"驱体"把握为有感觉的"驱体",而后在此基础上将他人的驱体理解为他人的身体,即另一个与我的自我相似的自我的实存,再后才理解他人的某个心灵的"表达"。③ 这是胡塞尔对他人的经验的现象学描述和理解,也构成他对利普斯的主要批评,因为这同时意味着:胡塞尔认为利普斯的同感理论并没有深入到他人经验的根源和底层,即胡塞尔所说的"感官学的(ästhesiologisch)层面"④。除此之外,胡塞尔对利普斯的另一个批评是利普斯没有对"表达"做更细致的区分。⑤

在耿宁看来,胡塞尔对利普斯的同感理论的批评首先基于他对利普斯整个哲学的总体批评:"利普斯诉诸于生命表述和陌生表达活动之模仿的'美妙而不可进一步说明的本能',据此而将同感解释成一种'现象学式的无知的庇护所',对此胡塞尔予以驳斥,并且用根据'证明之主导线索'进行的现象学澄清来取而代之。由于胡塞尔提出这个要求,因而对他来说事关'同感'的'首要前提'。"⑥ 就此而论,胡塞尔与利普

---

① 参见马蒂亚斯·施洛斯贝格:《他人经验——人类共在中的感受》(*Die Erfahrung des Anderen: Gefühle im menschlichen Miteinander*),慕尼黑:奥尔登堡学院出版社,2005年,第58页。

② [德]利普斯:《心理学指南》(*Leitfaden der Psychologie*),莱比锡,1909年第三版,第223页。

③ 参见胡塞尔《交互主体性现象学》第一卷第74页(手稿:E13II,第161a页):"可以看到,利普斯完完全全地固持在心灵表述之表达的问题上,并且对此视而不见:对一个他人的感知首先预设了将身体之为身体的理解,以及首先是在精神主体意义上的身体与主体的关系。必须先有身体性,而后才有陌生的精神性被构造出来,它以身体的方式表达自己。"

④ 参见胡塞尔:《交互主体性现象学》第一卷,第30页。

⑤ 参见胡塞尔:《交互主体性现象学》第一卷,第76页。

⑥ 耿宁:《编者引论》,见胡塞尔:《交互主体性现象学》第一卷,第XXIX页,以及该书正文部分,第24页。

斯的分歧首先是在目标设定与问题起点方面的分歧,这也可以说是方法层面的根本分歧;相比之下,其他的分歧都显得次要。①

其他分歧之所以是次要的,原因很可能在于,在胡塞尔与利普斯和狄尔泰的同感理论之间有一些共同的地方:同感仍然只是对自己而非他人的直接感受。或者用施洛斯贝格的话来说,"同感理论的运作也带有这样一个假设,对于每一个自我来说都只有它自己的心理内涵才是直接可达及的。"② 在胡塞尔、狄尔泰、利普斯的相关理论中都隐含地预设了这一点。施洛斯贝格认为:胡塞尔的交互主体性理论与利普斯和狄尔泰一样最后以失败告终,因为他无法解决他人经验的循环性问题;只有舍勒在胡塞尔奠定的现象学基础上开出了一条可以更好的解决这个问题的新途径。③

利普斯对胡塞尔在同感理论上的影响,或者说胡塞尔对利普斯同感理论的辨析,看起来一直延续到二十年代。在胡塞尔交互主体性现象学对利普斯同感理论的总体批判与继承的问题上,还有做进一步系统的和专门的研究的必要。

四、结语

除同感理论外,利普斯对胡塞尔的可能影响还体现在胡塞尔对其《逻辑研究》第一版的修订上。利普斯在1903年致胡塞尔的信中曾提出直接的修改建议:"我只是在此期间难以习惯您的术语,我觉得它们可以更简单些。"④ 在术语运用与阐释方面做出改进或许是胡塞尔在修订第一版的过程中所抱有的首要意向之一。对此可以引述舍勒的一封信为证:"也许,在第二版中——利普斯对它非常好奇——对您的'行为'(Akt)和'行为形式'(Aktform)概念的更为详细的阐明以及对现象学目标的更为详细的陈述——就如您曾对我口头所辨析过的那样——会驱散这种奇特的[心理主义]恐惧。"⑤

总体而言,胡塞尔与利普斯之间存在一种十分微妙复杂的个人关系。即使对其心理主义立场和心理学研究结论大多持批判的态度,胡塞尔自始至终都对利普斯十分尊敬。印证胡塞尔对利普斯的尊敬的一个辅助例子是胡塞尔对利普斯的《人性论》德译本的表态:利普斯的同感理论在很大程度上受到他翻译的休谟《人性论》中相关思想

---

① 参见耿宁:《编者引论》,见胡塞尔:《交互主体性现象学》第一卷,第XXX页。
② [德]马蒂亚斯·施洛斯贝格:《他人经验——人类共在中的感受》(*Die Erfahrung des Anderen: Gefühle im menschlichen Miteinander*),慕尼黑:奥尔登堡学院出版社,2005年,第58页。
③ 参见[德]马蒂亚斯·施洛斯贝格:《他人经验——人类共在中的感受》(*Die Erfahrung des Anderen: Gefühle im menschlichen Miteinander*),慕尼黑:奥尔登堡学院出版社,2005年,第9~19页。
④ 《胡塞尔书信集》第Ⅱ卷,第121页。
⑤ 《胡塞尔书信集》第Ⅱ卷,第212~213页。

的影响。直至今日，利普斯的休谟《人性论》德译本仍然是迈纳出版社闻名遐迩的《哲学图书馆》系列中的标准译本。胡塞尔在《逻辑研究》中引用《人性论》时曾特别说明："我引用的是利普斯的功德无量的德译本《人性论》，但用'观念'（Idee）取代了'表象'（Vorstellung）。我们仍可以继续保留利普斯用特殊的表象概念（Vorstellungsbegriff）来翻译休谟这个术语的做法。"① 而与此形成对照的是，胡塞尔对其他英国经验主义著作的德译本评价甚低。按照施皮格伯格的回忆和舒曼的说明，在1924—1925年冬季学期为高年级学生开设的现象学练习课的第一堂课上，胡塞尔便"告诫参加者，要阅读作为现象学之最佳引论的英国经验主义者文本的原文，并且避免阅读'有毒的'德译本，尤其是基尔希曼的德译本。"②

而在利普斯方面，他在现象学运动中的位置随着运动的逐步展开显得日趋尴尬。最初，很可能是通过利普斯的学生约翰内斯·道伯特的中介，利普斯在1903年便与胡塞尔有书信往来。他在著述中对胡塞尔的意识描述与分析的才华的赞佩也溢于言表。1904年，胡塞尔应利普斯的邀请去慕尼黑，在利普斯组织的"心理学学会"做了讲演，并与利普斯等人会见。1905年，胡塞尔在路过慕尼黑时与利普斯见面会谈，随后去了西费尔德，与道伯特和利普斯的另一位学生普凡德尔等人会面，随之而来的便是慕尼黑的利普斯学生的"背叛"和向哥廷根的胡塞尔的"投奔"。首先是利普斯的"心理学学会"成为慕尼黑"现象学研究的培植场"，此后是慕尼黑对哥廷根的"入侵"：几乎利普斯的所有学生，包括他的外甥特奥多尔·康拉德都转而来到哥廷根，成为胡塞尔的学生。这个事件的直接结果是现象学运动的慕尼黑学派与哥廷根学派的形成。1913年参与胡塞尔主编的《哲学与现象学研究年刊》的四位合作者：盖格尔、普凡德尔、莱纳赫、舍勒，无一例外都是利普斯的学生。

在此过程中，胡塞尔与利普斯的关系于1905年前后应当说是较为密切的，两人之间有较多的合作。例如利普斯曾于1906年推荐特奥多尔·莱辛去胡塞尔那里做任教资格的考试，而胡塞尔则于1906年推荐马克斯·舍勒去利普斯那里做任教资格论文。双方往来密切。但同样是在1906年，利普斯与他已经处在胡塞尔的影响下的学生之间的紧张与冲突已经无法再掩饰。

在利普斯与他转向现象学的学生之间的紧张关系并没有维续下去，或者至少可以说没有得到加强，主要是因为利普斯自1909年起健康状况开始变坏。胡塞尔曾在1909年9月初路过慕尼黑时再次拜访利普斯与普凡德尔，这时利普斯已经在寻医治疗。此后在胡塞尔与慕尼黑学生之间的书信交往中常常有时好时坏的消息传来。利普斯很快

---

① 胡塞尔：《逻辑研究》第一卷。——事实上胡塞尔也用"功德无量"（verdienstvoll）来形容利普斯对同感的阐释。（参见胡塞尔：《交互主体性现象学》第一卷，第70页）

② 参见舒曼的编者注，见施皮格伯格：《作为大学生在胡塞尔身旁：施皮格伯格写于1924/25年冬的一封家书》，《胡塞尔研究》第2期，1985年，第239页。

便不再能够进行教学活动，渐渐退出学界。学生们与他之间的争论和冲突随即平息，取而代之的是对他的关心和怜悯。

当胡塞尔、普凡德尔、道伯特和慕尼黑现象学家莫里茨·盖格于1911—1912年冬在累根斯堡相聚，具体筹备期刊的出版时，普凡德尔原初计划将他编辑的利普斯纪念文集①作为现象学期刊来维续，但在"累根斯堡协商"中最终"为了'年刊'而放弃了这个计划"②。在代表现象学运动的《年刊》的创办过程中，这可能是唯一一次在《年刊》（或现象学）与利普斯之间选择了前者的案例。后来在创刊问题的具体讨论中可以看到利普斯的学生们，尤其是普凡德尔，一再要求在操作中顾及利普斯的感受，例如希望"避免给人以从利普斯那里逃离的印象"等等。普凡德尔在给胡塞尔的信中明确写道："我们的意见并不是要求利普斯教授先生参与进来；我们只是不想在我们这位敬爱的、现在如此痛苦的老师这里引起这样的怀疑，好像我们现在想要逃离开他。维持原计划可以在相当大的程度上排除这样的可能性。"③

在《哲学与现象学研究年刊》创刊号出版后不久，特奥多尔·利普斯便因病去世（1914年10月17日），享年63岁。

回顾这段历史，或许我们可以在争执与冲突的硝烟飘散之后更清楚地看到：利普斯的学生实际上在胡塞尔完成超越论哲学转向后并未完全跟随胡塞尔前行，而是仍然以某种方式留在了或者说回到了利普斯。例如，盖格尔对同感和美感的现象学探讨，普凡德尔对意愿的现象学探讨，舍勒对同感与同情等等意识行为的现象学研究，康拉德的语言学研究与审美学研究，都在很大程度上都是对利普斯的问题研究的继续和发展。慕尼黑学派的工作，在总体上可以说是将带有利普斯烙印的心理学转变成了现象学的心理学。

当然，从移情心理学到同感现象学这个转变已经非同小可。在经过胡塞尔这位意识描述天才之光的沐浴与洗礼之后，慕尼黑与哥廷根的现象学家以各自不同的方式在各自不同的领域为后人留下了自己的思想与精神遗产。现象学的慕尼黑学派和哥廷根学派始终还因此而受到人们的关注。

〔作者倪梁康，中山大学哲学系教授。本文刊发于《中国高校社会科学》2013年第3期，责任编辑朱志伟。人大复印资料《外国哲学》2014年第1期转载〕

---

① 后来该文集单独出版，即亚历山大·普凡德尔编：《慕尼黑哲学论文集——由其原先的学生们献给 Th. 利普斯六十寿辰》（*Münchener Philosophische Abhandlungen. Theodor Lipps zu seinem sechzigsten Geburtstag gewidmetvonfrüherenSchülern*），莱比锡，1911年。
② 《胡塞尔书信集》第 II 卷，第142页。
③ 《胡塞尔书信集》第 II 卷，第143页。

海德格尔的形式显示方法和《存在与时间》

张祥龙

要理解海德格尔的著作,对许多人来讲,特别是对习惯于传统西方哲学方法的人来讲,是很困难的。甚至对那些研究他思想的学者们而言,尽管可以熟悉他那些著名的著作,知道他的许多观点,但具有哲理严格性地领会他的思想堂奥,却也是一个挑战。造成这种困难的原因,除了其他因素之外,最主要的恐怕还是不明了他的主导思想方法。

在这方面,海德格尔本人要担负一定的责任,因为他在其主要著作《存在与时间》和其他一系列生前发表的著作中,没有清楚地交待其方法。有的地方好像交待了,但语焉而未详,徒增困惑。比如在《存在与时间》导言中,他用第 7 节来阐发"此研究的现象学方法"[1],它就是:"让那显示自身者,以从它本身来显示它自身的方式,被从它本身那里被看到。"[2] 即便联系到上下文(那里对"现象学"这个词的两部分做了希腊词源学的追究,并将这种方法简括为"朝向事情本身!"),读者也很难领会被这么样充满了"自身"和"本身"的方法的真意。没有与其他哲学方法的比较,没有对此方法的内在步骤和结构的交待,没有具体的例证,读者如何区分他所讲的"事情本身"与唯理论、经验论、唯物论等传统所讲的事情本身的区别呢?困难不是完全不可逾越,但毕竟没有提供开门的钥匙。这样,"到 1929 年,事情已经很清楚,《存在与时间》中讨论的存在问题被人们误解了。"作为补救,海德格尔马上出版了《康德书》,以便"在康德那里寻求对我所提出的存在问题的辩护"。[3] 但水似乎越搅越浑,连《康德书》也遭到新康德主义者的抨击。于是海德格尔只有慨叹学术工匠们无法理解"在思想者

---

[1] M. Heidegger, *Sein und Zeit*, Achtzehnte Auflage, Tübingen: Max Niemeyer Verlag, 2001, S. 27. 中译文由本文作者所译。以下未标明中译文来源者,同此。

[2] M. Heidegger, *Sein und Zeit*, Achtzehnte Auflage, Tübingen: Max Niemeyer Verlag, 2001, S. 34. 此句的德文是:"Das was sich zeigt, so wie es sich von ihm selbst her zeigt, von ihm selbst her sehen lassen."

[3] M. Heidegger, *Kant und das Problem der Metaphysik*, *Gesamtausgabe*, Band 3, Frandfurt am Main: V. Klostermann, 1991, S. xiv.

之间发生的思意深长的对话"① 了。

为了听懂这种思意深长的对话,更为了理解海德格尔本人的著作和思想,我们应该在他那里找到对自家方法的更加明晰、更加有对比视野的说明。幸运的是,从上个世纪八十年代末到九十年代中期,海德格尔早期在弗莱堡大学授课的讲课稿(1919—1923)出版了,这期间还有克兹尔(T. Kisiel)的开创性研究著作《海德格尔〈存在与时间〉的起源》(1993年)的出版。这些文献帮助我们深入了解到海德格尔初次形成自己方法时的思想特点,特别是对当时被他称作"形式显示"或"形式指引"(die formale Anzeige)的思想方法的比较清楚的表达。在写作《海德格尔思想与中国天道》(1996年)一书的晚期,我接触到了这批材料中的一部分,受到相当的启发和鼓舞,对我之前的海德格尔研究的总体特质也更有信心,因为这个方法除了对我有新的提示之外,还印证了以前摸索出来的东西。后来,在一些文章和《海德格尔传》中,我一再阐发这个方法,引起了中文学术界的兴趣。这许多年来,出现了一些有关的研究和翻译。但是,我感到对于这个方法还有再做深入细致阐释的必要,因为它虽然提供了关键性的"指引",但其本身也包涵着相当大的解释空间。尤其是,因为它"形式的"空旷,所以特别需要在具体的例子中表现其生机,而且实际上,这些运用就属于此方法的本意。海德格尔的那些早期著作虽然也给出了运用事例,但还远远不够,只有到了《存在与时间》这样巨著的海水里,形式显示这条龙才能尽显其腾云兴雨的妙处。

所以,下文将首先介绍这个方法出现的背景,然后更详审地揭示它的特征。接下来,就要通过这个方法来解释《存在与时间》的基本特点和一些关键词(可称作是"形式显示词")包含的思路,以便更贴切地展示它的思想活力和独特之处。

一、为什么会提出此方法

海德格尔提出这么一个极不寻常的革命性方法有许多原因,他青年时期就表露出的思想品性就是其中之一。我们可以谈"诗品"、"人品",当然也可以讲"思品",而海德格尔的思品在西方哲学家中应该是最原色的,最靠近生命的原初形态。借用他早年一篇关于同乡亚伯拉罕·克拉哈神父的短文中的一个描述就是:"纯朴、清晰和真实"(schlicht, klar und wahr)②。他反对一切对生命或人生的人为割裂,比如主体与客体的割裂、文化与土地的割裂、知识与信仰的割裂,反对通过它们追求一种自以为得

---

① M. Heidegger, *Kant und das Problem der Metaphysik*, *Gesamtausgabe*, Band 3, Frandfurt am Main: V. Klostermann, 1991, S. xvii.

② M. Heidegger, *Aus der Erfahrung des Denkens* (1910 – 1976), *Gesamtausgabe*, Band 13, Frankfurt am Main: V. Klostermann, 1983, S. 1. 有关此亚伯拉罕·克拉哈的情况及海德格尔与他的关系,可参见张祥龙之《海德格尔传》(商务印书馆,2007年)第二章,其中颇有些与此"描述"相关的东西。

到了启蒙真谛或现代教养的轻浮生活。在早年关于 J. 约根森的《生活的谎言和生活的真理》（1910 年）的书评①中，他称赞约根森从表面上"幸福"的"生活的谎言"转向了似乎很"苦痛的"的"生活的真理"。然而，年轻海德格尔毕竟相信这样一条"生物学的基本原则"，即："真理一定会导向幸福，而谎言一定导向毁灭。"②

有人爱说海德格尔的本色是农民。如果不带有现代人的轻蔑，这话也不算错，因为他自小生活在乡间村镇，而且他对土地、田野小路和大自然有着深情挚爱（这从他后来写的《田野路》③等文章和许多诗篇中都可看出）。1907 年夏，正是在这田野路上，上高中的海德格尔收到了格约伯神父送给他的布伦塔诺的书——《论存在对于亚里士多德的多种含义》，由此走上了探讨"存在原意"的思想道路。整体打量海德格尔的人生和思想就可知，他自小爱走的田野路，后来常爬的通往托特瑙小屋（他的山间居所）的山路，与他的现象学之路、语言之路，乃至他涉足的老庄的"道—路"④，是无法分开的。因此，他的思想之路或思想方式就一定会尽其所能地不离开生命之路和自然之路，而这正是形式显示方法的特征。

另一个促使海德格尔追求新方法的动因，是胡塞尔的现象学及其遇到的困难。海德格尔很早就在思索，亚里士多德讲的存在哪种才是真正原本的。上大学后接触到胡塞尔的著作，他开始模糊地感觉到一些方法上的门道。虽然胡塞尔的现象学是意识化的，但那要摆脱掉、"还原"掉一切非直接经验的控制，从意识的直观处来"看"的方法取向（这取向是否充分实现了是另一回事），对海德格尔很有吸引力。特别是胡塞尔追究意识的源头，达到了内时间意识，发现了其中的原初"晕"（Hof）发生结构，并由此涉入在显意识之前的、有超主体化可能（但并未充分实现）的发生现象学，应该对海德格尔有过提示作用；虽然海德格尔说到胡塞尔对他的重大影响时，强调的是《逻辑研究》的"范畴直观"学说，而讲到与他自己的时间思想相关者时，强调主要是康德《纯粹理性批判》第一版，但就海德格尔自己的独门秘术——形式显示——的形成而言，胡塞尔的内意识时间观应该是起过作用的。所以，当胡塞尔看到海德格尔的《存在与时间》手稿时，就让他为自己编辑出版《内时间意识的现象学讲座》（1928 年），这其间不无深意。

---

① M. Heidegger, *Reden und andere Zeugnisse eines Lebensweges* (1910 – 1976), Gesamtausgabe, Band 16, Frankfurt am Main: V. Klostermann, 2000, S. 3~6.

② M. Heidegger, *Reden und andere Zeugnisse eines Lebensweges* (1910 – 1976), Gesamtausgabe, Band 16, Frankfurt am Main: V. Klostermann, 2000, S. 5.

③ M. Heidegger, *Reden und andere Zeugnisse eines Lebensweges* (1910 – 1976), Gesamtausgabe, Band 16, Frankfurt am Main: V. Klostermann, 2000, S. 87~90.

④ M. Heidegger, *Unterwegs zur Sprache* (1950 – 1959), *Gesamtausgabe*, Band 12, Frankfurt am Main: V. Klostermann, 1985, S. 187/198. 斜线后的是该书边页码，即老版页码。

但是，胡塞尔的意识现象学中影响过海德格尔的因素，如直观第一、内在发生结构等，一直受到胡塞尔本人的主体主义、经验主义和反思对象化思维倾向的束缚，这使得他的学说呈现出某种不一致，并进而受到他人的批评。其中与海德格尔最有关系的批评者是新康德主义学者那托普（P. Natorp）。在海德格尔看来，那托普对胡塞尔现象学的批评集中在其方法，也就是胡塞尔在《观念 I》中所说的对"体验之流"（Erlebnisstrom）进行"反思性描述"（reflektiven Deskription）的现象学方法①。这批评包含两个要点，即"反思"和"描述"各自都会扭曲或丧失真正的体验之流。

首先，"在反思中，这些［体验］就不再被体验（erlebt）而是被观看（erblickt）了，而这正是此反思或反观的题内之义。我们将［反思］体验插入直接体验，又将这体验从直接体验中摆放出来；于是我们就在正流动着的体验之流中抓取，抓取出一个或更多的体验来，这也就是说，我们'止住了这流'，正如那托普所说的。"② 这批评既尖锐又巧妙。既然如胡塞尔所言任何现象学活动都要在反思意识中进行，那么现象学的经验或体验就不可能是原初的体验，达不到它期待的"事情本身"，因为反思是一种反观，总会将那原本是流动着的体验变成被观看的对象，也就"止住了"、改变了、丧失了这体验之流。"在反思中，我们使它［即前反思的纯体验］站在那里，我们朝向它，将它变成一个客体或普遍对象。这也就是说，在反思中我们进入了理论的状态。而一切理论的态度，在我们看来，都是一种去生命化（entlebendes）。"③ 因此，在现象学的反思意识中，不管如何对这意识进行现象学还原，或如何进行本质直观，都没有现象学许诺的那种纯直观的、绝对被给予的活生生的体验，有的只是新康德主义者也会同意的那种由知性范畴、理论前提共同参与建构的，甚至受到文化和价值观影响的经验。

其次，任何描述都会使体验概念化、普遍化和抽象化。"由于描述已经运作在概念（Begriffen）中，它就是一种通过普遍性对某物的改写（Umschreiben），是'概括'（那托普）。它已经预设了某种概念构造，因此也就预设了'抽象'（那托普）和理论，也就是'中介'（那托普）。描述根本就是不可直接化的，它必定与凭借规则的认知相关。"④ 从某个角度来看，这是很有见地的看法，可以破除各种经验主义和实证主义对

---

① M. Heidegger, *Zur Bestimmung der Philosophie*, *Gesamtausgabe*, Band 56/57, Frankfurt am Main: V. Klostermann, 1999（1987）, S. 99～100.

② M. Heidegger, *Zur Bestimmung der Philosophie*, *Gesamtausgabe*, Band 56/57, Frankfurt am Main: V. Klostermann, 1999（1987）, S. 100～101. 另外，为方便理解，本文将部分文字置于中括号内作补充说明，下同。

③ M. Heidegger, *Zur Bestimmung der Philosophie*, *Gesamtausgabe*, Band 56/57, Frankfurt am Main: V. Klostermann, 1999（1987）, S. 100.

④ M. Heidegger, *Zur Bestimmung der Philosophie*, *Gesamtausgabe*, Band 56/57, Frankfurt am Main: V. Klostermann, 1999（1987）, S. 101.

直接描述客观性的迷信，而二十世纪的分析哲学和科学哲学要一再冲破这种迷信，才能得到一些实质性进展。另一位新康德主义学者哈特曼也断言："所有的语词表达都是总体化（generalisierend），一种从普遍性（Algemeinheiten）来并为了取得普遍性的铸造。而概念则是［获得］普遍性的逻辑手段。"① 如果情况真是这样，那么就不会有非概念化或非普遍性的理性语言表达，现象学期待的纯描述就是梦幻泡影。

海德格尔在其讲课稿《哲学的观念和世界观问题》（1919 年战争急需学期）的第 19 节概述了那托普在《胡塞尔的〈纯粹现象学观念〉》一文和《普通心理学》第一卷等处表达的这些尖锐的批判性意见。我们知道，海德格尔正是在这一年比较明确地形成了自己的思想风格和基本特点，而此讲课稿正是代表"哲学家海德格尔的出现"的重要文献。海德格尔极其重视那托普和其他新康德主义者对现象学的这种方法论挑战，在此讲稿和其后的一系列讲稿中或明或暗地全力应对。正是在设法避开、化解和反转这种似乎不可抵御的犀利攻击之中，海德格尔锻造出了自己独特的哲学方法，一种可以不丧失体验之流并具有非概念化表达能力的思想方法。

二、实际生活经验

（一）什么样的体验可以应对那托普挑战

海德格尔应对这种批评的基本策略是：找到那样一种人类的原初体验，这种体验本身就是可领会的，也就是毋须事后的、体验流之外的反思就可以得到理解，而且还可以得到语言的表达。换言之，这种原初经验不需要抽象化、对象化就可以被现象学地直接体验到的，并且可以通过非概念化和非普遍化的方式被某种言语明白地说出，它们因而是可以进入哲学活动和思想传承的。所以，在这种原初的、流动着的经验自身里，就可以发现现象学方法的原初动因。

海德格尔认为自己找到了这种经验，以各种方式称呼它，比如称它为"饱满的生活（或生命）本身"（vollen Leben selbst）、"不被减弱的'生命（或生活）推动力'"（ungeschwächten 'Lebensschwungkraft'）或"生活（或生命）的湍流体验"（strömenden Erlebens des Lebens）②，在 1920 年之后的一段时间中，还常称之为"实际生活经验"（die faktische Lebenserfahrung），其中的"实际的"一词一直到《存在与时间》还大量出现。而对于这种更原发意义上的现象学方法，他一开始也有多种称呼，比如"形式刻划"（formale Charakterisierung）、"解释学的直观"（hermeneutische Intuition）、"实际

---

① M. Heidegger, *Zur Bestimmung der Philosophie*, *Gesamtausgabe*, Band 56/57, Frankfurt am Main: V. Klostermann, 1999(1987), S.101.

② M. Heidegger, *Zur Bestimmung der Philosophie*, *Gesamtausgabe*, Band 56/57, Frankfurt am Main: V. Klostermann, 1999(1987), S.115~116.

性的解释学"（Hermeneutik der Faktizität），但比较常用的还是"形式显示"（die formale Anzeige）。在《存在与时间》中，"形式显示"这个词有七八次完整的出现，而"形式的"这个词则大量出现，行使着"形式显示"的表达功能。

所以，要理解形式显示的方法，必先明了这种原初经验指的是怎样一种体验，尤其是要明了，这种经验必须避免怎样的陷阱才有可能克服那托普指出的那些反悖。那托普批评的一个要害就是指责现象学方法中的反思、表达与体验流的背离。为什么会有这背离呢？因为前两者是静止的，而体验流是动的，所以前两者的目光和表达中介会"止住"、"改写"后者。那么，为什么前两者是静止的呢？因为它们脱开了后者，站在后者之外来"抓取"后者，以供己用。那它们为什么要站到体验流之外来认知和表达呢？因为它们以自身为主体，将体验只当作"客体"或"普遍对象"来把握。也就是说，它们将"自己"——反思者和表达者——当作最高的"一"，而被反思和被表达的体验则是被统辖的"多"；自己是主动的，而体验是被动的。于是，体验流失去了流动的、生成着、蕴涵丰富可能性的自身，转而服从主体观察者和表达者的逻辑中心地位。这样一来，反思表达者和体验流的关系，就只能由概念、抽象、理论和普遍化这些固定化、切割化和贫乏化的方式来管制了。

由此看来，要避开"那托普［所言的］背离"，就只有撤掉主体与客体、普遍与特殊、主动与被动的分离，转而让它们互依互动甚至相互转换起来。它要求主体认识客体之时，自身可以又成为客体，而被认识者却可以占据暂时的主导地位。这似乎违背了西方哲学正统范式的基本运作方式，也违背了这种范式中的常识。普遍与特殊、一般与个别也可以相互换位，那是一番怎样的哲理风景？主动地去意愿、行动和认知之时，又同时是被动的，而被动者却反倒可以在某个意义上成为主动的，这样的互动和"循环"里边哪里还有思想王国的王法或逻辑？"彼出于是，是亦因彼。彼是方生之说也。"（《庄子·齐物论》）但要逃避开以上讲的这些背离，就必须进入这样一种似乎不可能的体验，而且要在这似乎没有王法的蛮荒境域中找到那"纯朴、清晰和真实"的"田野路"，也就是要找到思想和表达的更原本的理路。

海德格尔发现，要达到这种体验或经验没有别的办法，只有让观察者、表达者或思想与语言完全投入到体验流中去，因为只有在根本意义上的流里边，以上的"相互转换"才有可能出现。

（二）借助胡塞尔的直观原则和原意识学说

海德格尔从胡塞尔那里找到了反驳那托普的出发点："那托普并没有看到［胡塞尔讲的］在其原始被给予性中的体验领域"，这个体验领域的原始被给予方式就是直观："现象学态度的原则中的原则［见胡塞尔《观念I》24节］乃是：对于一切在直观中原本地给予的东西，要如其给出的那样去接受。这一点不能为任何一种理论本身所改变，因为这个原则中的原则本身不再是理论性的东西；在其中表达出现象学的基本态度和生活态度：对生命的体验同感（Sympathie）！这乃是原始意向（Urintention）。"①

海德格尔对胡塞尔讲的那个直观原则做了"生命体验同感"的再解释，并视之为"原始意向"，也就是比前期和中期的胡塞尔常讲的那种主动意向性更原发的意向性。海德格尔为胡塞尔的辩护并非是不真诚的，因为胡塞尔的直观意向性学说中的确隐藏着（虽然并没有充分揭示）海德格尔追求的那种体验。这隐藏着的东西首先就是胡塞尔讲的"原意识"（Urbewußtsein）②，即在我们进行意向活动时对这个活动的同步意识，一种非对象化的"意识到"（bewußt）。胡塞尔在《内时间意识现象学》的附录中写道："每个行为都是关于某物的意识，但每个行为也被意识到。……即使它当然还没有被设定、被意指。"③ 这句话的意思是：当我们实施任何意向行为，比如看一块红色时，我们的意识必定同时也"意识到"这个行为，但不是以"设定"、"意指"等对象化方式，而是以不经意的、非对象化的边缘方式意识到它。正是由于有了这个伴随的非对象意识，我们才可能将这个"看一块红"的行为保持在（隐）意识中，以至于可以事后回忆它或反思它。因此"，每个行为都可以被再造，在每个对作为一个感知的行为的'内'意识中，都包含着一个可能的再造意识，例如一个可能的再回忆。"④ 这种原意识或同步意识，对于那正在进行着的"对某物的意识"而言，是"高"一层的元意识。但关键是，这同步意识不是反思对象式的高层意识，否则就会层层意识下去导致无穷后退；它是一个出自意识结构本性的"惚恍"意识，其中有物，即此"看到红"的行为及其前后文，但不是可是可非的对象之物，而是无须再加以意识和辨识的恍惚之物，因而也就到此为止，"已而不知其然谓之道"（《庄子·齐物论》）了。就此而言，原意识不是更高阶的（显）意识，而是一种准意识（Quasi-bewußtsein）或晕意识，或以上引文中讲的"对生命的体验同感"。它可能比"看一块红"的意识更高阶，如果事后被回忆、被反思出来；但也可能或必定更低阶，事后被沉淀于意识深处。那些依据它而可能的再造意识，比如事后反思、事后回忆，就都是对象化的意识。

什么是那造就了原意识的意识结构呢？内时间意识。所有的意向行为、原意识保

---

① ［德］马丁·海德格尔：《形式显示的现象学：海德格尔早期弗莱堡文选》，孙周兴编译，同济大学出版社，2004 年，第 16 页；M. Heidegger, *Zur Bestimmung der Philosophie*, *Gesamtausgabe*, Band 56/57, Frankfurt am Main: V. Klostermann, 1999(1987), S. 216.

② 关于这个"原意识"在胡塞尔那里与"反思"的关系，参见倪梁康的《自识与反思》（商务印书馆，2002 年），特别是第 21 讲，其中有详细的讨论和分析。

③ ［德］埃德蒙德·胡塞尔：《内时间意识现象学》，倪梁康译，商务印书馆，2010 年，第 188 页；E. Husserl, *Zur Phänomenologie des inner Zeitbewusstseins*(1893 – 1917), herausgegeben von R. Boehm, *Husserliana*, Band X, Hague: Martinus Nijhoff, 1966, S. 126.

④ ［德］埃德蒙德·胡塞尔：《内时间意识现象学》，倪梁康译，商务印书馆，2010 年，第 188 页；E. Husserl, *Zur Phänomenologie des inner Zeitbewusstseins*(1893 – 1917), herausgegeben von R. Boehm, *Husserliana*, Band X, Hague: Martinus Nijhoff, 1966, S. 126~127.

存和再造行为都是在这条"唯一的意识流"①中或"时间意识的统一"②中进行的。因为它,我们的意识就绝不会只进行一阶意向活动,而不进行半阶、一点五阶的意向伴随活动,或二阶、三阶的再造活动。因此,不但胡塞尔要到这里来寻找所有意识活动的源头,海德格尔也要在时间性中理解"缘在"(Dasein,一般译作"此在")的本性和存在的本意。

无论如何,在海德格尔和胡塞尔看来,我们是一种时间化的存在者,不管是在意识结构的意义上,还是在缘在生存的意义上,而这种时间化使我们有原意识体验,一个那托普没有看到的体验领域。这种体验不是对象化的体验,而是随时间之流承载的诸般意向行为而浮沉和潜构冥通的体验晕,因而说它是完全主动的或被动的、普遍的或特殊的,就都不合适了。正是在这里,海德格尔看到了那使"现象学态度的原则中的原则"可能的缘直观方式,也就是不离当下进行的行为而非对象化地意识到它的方式。由此,他也开始看到一种新的方法的可能,并在真正形成它时超出了胡塞尔的现象学。

(三) 实际生活经验的含义与特征

海德格尔在《宗教现象学导论》(1920年至1921年冬季学期讲稿)中比较正式地阐发了实际生活经验及其特征。他写道:"朝向哲学之路的起点是实际生活经验(*die faktische Lebenserfahrung*)。"③ 这个复合词中的"经验"(Erfahrung)一词的含义中有一个"去经验"和"被经验"的耦合,而这正是上文分析什么样的体验才能克服"那托普背离"时指出的特征。海德格尔写道:"什么叫做'实际生活经验'?'经验'表示:(1)经验着的行为。(2)通过这行为而被经验者。我们将这个词特意在其双重含义上使用,即经验着的自身(Selbst)与被经验者不像[经验]事物那样被撕裂开来,而这正是实际生活经验所表达的根本性意思",所以,这种经验并不意味着"去认知"什么,不管是某种对象还是对象间的关系,而是"相遇时的明白"(Sich-Auseinander-Setzen),即参与塑造和维持住被经验者的发生结构(Gestalt),"它同时具有主动和被动的含义"。④

---

① [德]埃德蒙德·胡塞尔:《内时间意识现象学》,倪梁康译,商务印书馆,2010年,第127页;E. Husserl, *Zur Phänomenologie des inner Zeitbewusstseins*(1893–1917), herausgegeben von R. Boehm, *Husserliana*, Band X, Hague: Martinus Nijhoff, 1966, S. 80.

② [德]埃德蒙德·胡塞尔:《内时间意识现象学》,倪梁康译,商务印书馆,2010年,第192页;E. Husserl, *Zur Phänomenologie des inner Zeitbewusstseins*(1893–1917), herausgegeben von R. Boehm, *Husserliana*, Band X, Hague: Martinus Nijhoff, 1966, S. 130.

③ M. Heidegger, *Phänomenologie des Religiösen Lebens*, *Gesamtausgabe*, Band 60, Frankfurt am Main: V. Klostermann, 1995, S. 10.

④ M. Heidegger, *Phänomenologie des Religiösen Lebens*, *Gesamtausgabe*, Band 60, Frankfurt am Main: V. Klostermann, 1995, S. 9.

而"实际的"这个词既不指自然实在的,也不指因果关系决定的或事物实在的。它与特定认识论的前提无关,而只应作"历史的"、也就是人遭遇的非对象情境的状态来理解。

"生活"(Leben)这个词又可译为"生命"(本文中两者可以互换),它意味着一种超出理论规范的直接体验,表明海德格尔受到生命哲学的影响。"当脱弃生命时,才有概念";同时又须看出"自在生命的绝对可理解性。生命并不是非理性的。"① 后来胡塞尔也提出了"生活世界"的思想。生活经验要比认知经验多,它指"人类朝向世界的既主动又被动的整个姿态(Stellung)",因而,实际生活经验所经验到的内容(Gehalt)"就是'世界',不是'客体'"②,包括我们遭遇到的物质性的"周遭世界"(Umwelt)、人际性的"共同世界"(Mitwelt)和我的"自身世界"(Selbstwelt)等。

实际生活经验是朝向哲学之路的起点,但哲学要完全进入那条路,需要一种翻转(Umwendung),但这种翻转不是研究对象意义上的翻转,比如新康德主义(包括那托普)所讲的从客体化翻转到主体化,而是一种更根本的真态转化(Umwandlung)③,也就是说,不仅要从对于某种对象——不管是客体还是主体——的关注转变到非对象化的生活经验方式,而且要更进一步,挣脱实际生活经验的下沉或脱落(abfallend)④倾向,将这种经验的生发意义的原初机制揭示出来,而这就是形式显示要做的了。就此而言,实际生活经验是哲学从中涌出(entspringt)和向其深处涌回(zurückspringt)的根基⑤。

实际生活经验有三个特征。第一,这经验是"不计较"(Indifferenz)的⑥,也就是只专注于、投身于经验的内容——世界化而非客体化的内容,而完全不在乎经验的方式。比如在日常活的实际生活经验中,我们沉浸于世域化的经验内容中,毫不关注如何经验到它们,根本不考虑是以主观的还是客观的、普遍的还是特殊的、心理的还是

---

① [德]马丁·海德格尔:《形式显示的现象学:海德格尔早期弗莱堡文选》,孙周兴编译,同济大学出版社,2004年,第18~19页;M. Heidegger, *Zur Bestimmung der Philosophie*, *Gesamtausgabe*, Band 56/57, Frankfurt am Main:V. Klostermann,1999(1987),S. 219.

② M. Heidegger, *Phänomenologie des Religiösen Lebens*, *Gesamtausgabe*, Band 60, Frankfurt am Main:V. Klostermann,1995,S. 11.

③ M. Heidegger, *Phänomenologie des Religiösen Lebens*, *Gesamtausgabe*, Band 60, Frankfurt am Main:V. Klostermann,1995,S. 10.

④ M. Heidegger, *Phänomenologie des Religiösen Lebens*, *Gesamtausgabe*, Band 60, Frankfurt am Main:V. Klostermann,1995,S. 16.

⑤ M. Heidegger, *Phänomenologie des Religiösen Lebens*, *Gesamtausgabe*, Band 60, Frankfurt am Main:V. Klostermann,1995,S. 15.

⑥ M. Heidegger, *Phänomenologie des Religiösen Lebens*, *Gesamtausgabe*, Band 60, Frankfurt am Main:V. Klostermann,1995,S. 12.

物理的、分析的还是整合的方式来经验。这正是海德格尔的师兄拉斯克讲的那种作为"赤裸生活"的"投入"（Hingabe）体验。① 关于这类体验的日常生活表现，海德格尔举过一例，就是"看到讲台（或座位）"的经验。他在1919年讲稿中这样陈述它："诸位［听课的学生们］在习惯的时间，习惯地走进这个教室，走向您们习惯的座位。您们抓住这个'看见您们的座位'的体验，或者您们同样也能实行我本人的态度：走进教室，看到讲台。"② 在这个极其普通的生活经验中，就有一些不计较。比如："'我'看到了什么呢？一些直角相切的棕色平面么？不是的［我根本就不计较那些平面和颜色本身，以及对它的体验方式］。我看到的是某种不同的东西。那么，是一个箱子，而且是一个用小木箱组装起来的大箱子么？绝对不是的［那也没被计较］。"③ 经验主义者或实证还原论者常常说，我们先感知到纯粹的感觉材料比如颜色，感知到最简单的直观形式对象比如讲台向我显示的平面，然后通过联想将它们组合为物理对象比如箱子，然后再赋予文化和价值色彩比如讲台。这些都是理论态度框架切割出来的经验，不是生活经验或实际体验："在纯粹的体验中也没有人们所说的奠基联系，仿佛我先是看见棕色的相切的平面，这些平面然后向我呈现为箱子，然后向我呈现为桌子，然后是大学里的桌子，然后是讲台，以至于好像是我给这个箱子贴上了讲台标签似的。"④

这里既有对胡塞尔直观学说的支持，也隐含着对其中意向构成层次说的某种批评。胡塞尔会说，我们在看到桌子的侧显或棕色平面时，同时就看到了立方的桌子；但他不会认为我们直接感知到了讲台，这需要更高阶的文化赋意和意向构成。海德格尔则认为，实际生活经验会不在乎、不计较这种层次或经验方式的不同，一蹴而就："所有这一切都是糟糕的、曲解的解释，是对体验中的纯粹观审（Hineinschauen）的歪曲。我是几乎一下子就看见了这个讲台：我不只是孤立地看到它，我看到这个桌子，这对我来说放得太高了［海德格尔是个矮个子——作者注］。我看到上面放着一本书，直接对我造成妨碍（是一本书，而绝不是一些堆叠起来的散页，上面撒上了黑色的污点），

---

① 张祥龙：《海德格尔传》，商务印书馆，2007年，第88页。
② ［德］马丁·海德格尔：《形式显示的现象学：海德格尔早期弗莱堡文选》，孙周兴编译，同济大学出版社，2004年，第8～9页；M. Heidegger, *Zur Bestimmung der Philosophie*, *Gesamtausgabe*, Band 56/57, Frankfurt am Main：V. Klostermann, 1999(1987)，S. 70～71.
③ ［德］马丁·海德格尔：《形式显示的现象学：海德格尔早期弗莱堡文选》，孙周兴编译，同济大学出版社，2004年，第9页；M. Heidegger, *Zur Bestimmung der Philosophie*, *Gesamtausgabe*, Band 56/57, Frankfurt am Main：V. Klostermann, 1999(1987)，S. 71.
④ ［德］马丁·海德格尔：《形式显示的现象学：海德格尔早期弗莱堡文选》，孙周兴编译，同济大学出版社，2004年，第9页；M. Heidegger, *Zur Bestimmung der Philosophie*, *Gesamtausgabe*, Band 56/57, Frankfurt am Main：V. Klostermann, 1999(1987)，S. 71.

我在一种定向、光线中,在一个背景中看到这个讲台。"① 实际经验者不仅一下子就看见了这个讲台,而且不是将它作为客体来看到的,因为他同时看到了讲台周边的东西和环境。实际上,他看到的是一个有焦点和围绕带的周遭情境化的内容,并会顺延消融于下一个变化了的经验境况里,"区别和重心转换也都完全处于这内容里边"②。

因此,实际生活经验的第二个特征是它具有"自足性"(Selbstgenügsamkeit)。因为其不计较或无视对象给予方式的特点,它无往而不通,无处不可到。换言之,它不会承认外在的超越,就像胡塞尔讲的原意识学说那样,不会诉诸任何形式的无穷后退,因为这种经验里边不仅有客体、主体,甚至还有形而上学、神学这些退化了、板结了的经验,而且还有整整一个意义充足、让生命任意追逐的世界。这样,它的第三个特征就是"有意义状态"(Bedeutsamkeit)。人在这种经验中体验到的一切内容,经验到的周遭世界、共同世界或自身世界,都充满了意义,不管你觉得它是虚妄的还是真实的。这种有意义状态要先于一切认识论所讲的东西。意义还不是观念、概念、主体、客体这些脱生命化的东西,与受控于理论的价值也不同③,它是一种形势化意义。"这种有意义状态决定了被经验的内容本身。以这种有意义状态的方式,我经验着我的所有实际生活的形势(faktischen Lebenssituationen)。当我询问,在这实际生活经验中,我是如何经验我自己的,情况就明朗了:这里没有理论!"④ 在歌德的《浮士德》中,魔鬼对大学生说:"可爱的朋友,一切理论都是灰色的,/只有生命的金树长青。"⑤ 如果将这"理论"如海德格尔那样理解为概念化、抽象化的体系,那么上帝也会这样告诉大学生的。

三、形式显示

(一) 源自实际生活经验

形式显示就是对实际生活(或生命)及其经验的显示。海德格尔早在 1919 年就说

---

① [德] 马丁·海德格尔:《形式显示的现象学:海德格尔早期弗莱堡文选》,孙周兴编译,同济大学出版社,2004 年,第 9 页;M. Heidegger, *Zur Bestimmung der Philosophie*, *Gesamtausgabe*, Band 56/57, Frankfurt am Main: V. Klostermann, 1999(1987), S. 71.

② M. Heidegger, *Phänomenologie des Religiösen Lebens*, *Gesamtausgabe*, Band 60, Frankfurt am Main: V. Klostermann, 1995, S. 12.

③ M. Heidegger, *Phänomenologie des Religiösen Lebens*, *Gesamtausgabe*, Band 60, Frankfurt am Main: V. Klostermann, 1995, S. 16.

④ M. Heidegger, *Phänomenologie des Religiösen Lebens*, *Gesamtausgabe*, Band 60, Frankfurt am Main: V. Klostermann, 1995, S. 13.

⑤ Johann Wolfgang Goethe, *Die Faustdichtungen*, Zürich und Stuttgart: Artemis Verlag, 1962, S. 203. 德文原文是:"Mephistopheles: 'Grau, teurer Freund, ist alle Theorie, / Und grün des Lebens goldner Baum.'"。

道:"可见有一种对体验的[非对象反思的]体验,尽管那托普还从未预见……如果人们现象学地和直观地置身于自在生命、它的动因化和趋向之中,那么就会出现一种可能性,即理解生命之为生命的可能性。这样的话,也就显示出自在生命的*绝对可理解性*①。生命并不是非理性的。(这与理性主义!!毫不相干。)"② 那托普和几乎所有受西方哲学传统范式束缚的哲学家都想当然地认为,原初生命的体验流是盲目的,对这种体验的认知或再体验只能是流外的更高阶反思,只能通过再造此流、中止此流得到适合于人类概念理性的认识。换言之,人类的知识只能是脱生命化的。海德格尔对此说"不对!"他要求哲学"置身于自在生命"(Leben an sich)的湍流之中,感受它本身的"动因化和趋向",那才会"显示出"这自在生命的"绝对可理解性"。这种显示自在生命或实际生活经验本身的动因和趋向,使之成为可理解者的方式,就是形式显示。所以海德格尔接着讲道:"作为体验的体验、对生命的理解,现象学的直观乃是*解释学的直观*……自在生命的内在历史性构成解释学的直观。"③

这种"解释学的直观"就是形式显示的早期说法,它是对生命或生活本身的内在历史性、也就是内在的时间性的显示。海德格尔在1922年的《那托普报告》中表达了同样的意思:"实际的人类缘在④本身是以一种*显示方式*[anzeigenderweise]得到规定的……哲学研究在其*实行*[Vollzug]中使当下具体的生命存在在其自身那里共同到其时机……这样一种共同到时(Mitzeitigung)的可能性基础就在于:哲学研究是实际生命的一种基本运动的明确实行,而且总是保持在实际生命之中。"⑤ 从这段话里,可以看出海德格尔正经历语词上的过渡,从更早的"体验"、"实际体验"、"实际生活经验"等术语向《存在与时间》的用语靠拢,已经出现了"缘在",但还未放弃"生命"或"生活"。而这里的"显示"和"哲学研究"就指形式显示。"*实行*"这个词是形式显示的一个关键,意味着将实际生命本身的生成方式时机化地实现出来、展现出来。

---

① 此"绝对可理解性"的德文是斜体加强,中译文漏掉了,在此补上。以下遇此情况将直接加上,不再注明。
② [德]马丁·海德格尔:《形式显示的现象学:海德格尔早期弗莱堡文选》,孙周兴编译,同济大学出版社,2004年,第19页;M. Heidegger, *Zur Bestimmung der Philosophie*, *Gesamtausgabe*, Band 56/57, Frankfurt am Main: V. Klostermann, 1999(1987), S. 219.
③ [德]马丁·海德格尔:《形式显示的现象学:海德格尔早期弗莱堡文选》,孙周兴编译,同济大学出版社,2004年,第19页;M. Heidegger, *Zur Bestimmung der Philosophie*, *Gesamtausgabe*, Band 56/57, Frankfurt am Main: V. Klostermann, 1999(1987), S. 219.
④ 原译文为"人类此在",为了保持本文用语的基本一致,这里改为"人类缘在"。以下皆同。在此向译者致歉。
⑤ [德]马丁·海德格尔:《形式显示的现象学:海德格尔早期弗莱堡文选》,孙周兴编译,同济大学出版社,2004年,第80页;M. Heidegger, *Phänomenologische Interpretationen zu Aristoteles*(人们习称其为《那托普报告》), herausgegeben von Günther Neumann, Stuttgart: Philipp Reclam jun., 2003, S. 13.

这个以形式显示来揭示实际生活真义的意思，从 1919 年到 1923 年，海德格尔从不同角度、用不同词语不断地讲到。

（二）两个区分之一：总体化与形式化的区分

关于形式显示的特点，海德格尔在《宗教现象学导论》里通过两个区分做了清楚的说明，即形式化（Formalisierung）与总体化（Generalisierung）的区分，以及形式显示与形式化的区分。总体化可以看作是造成种属层级系列的抽象概念化或普遍化。它寻找某个范围内成员间的共同点，比如红花、红霞、红旗、红布等的共同点——红色；再找到红色、黄色、蓝色等的共同点或普遍化属性——颜色；再在颜色、触觉性质、听觉性质等中间找出共同点，即感性性质（sinnliche Qualität）①。对于很多传统西方哲学家而言，这个总体化的上升过程可以一直做下去，抽象共同点涉及的成员范围或外延越来越大，共同点或概念的内涵越来越窄，由此形成一个层级系列，比如"红、颜色、感性性质、体验、属、种、本质"②，直到最高的概念或范畴，比如存在，其外延最大，涉及一切分为种属层级的存在者，而其内涵最少。但胡塞尔明确指出，这种能总体化到头的想法是错误的。③ 所以海德格尔写道：

> 这里存在着一个断裂：从"红"向"颜色"的过渡和从"颜色"向"感性性质"的过渡是总体化，——而从"感性性质"向"本质"的过渡则是形式化。人们会问："感性性质"这个规定是否在同一个意义上规定了"颜色"，就如同"对象"[Gegenstand]这个形式规定对任意某个对象的规定一样？显然不是的。④

这是由于任何总体化总是基于某种物体集合域或"实事领域"，由此而向上抽象，形成一个等级金字塔，而形式化就没有这种实物基础及其层级，也就不受限于它们。于是情况是这样的：

---

① [德]马丁·海德格尔：《形式显示的现象学：海德格尔早期弗莱堡文选》，孙周兴编译，同济大学出版社，2004 年，第 67 页；M. Heidegger, *Phänomenologie des Religiösen Lebens*, *Gesamtausgabe*, Band 60, Frankfurt am Main: V. Klostermann, 1995, S. 58.

② [德]马丁·海德格尔：《形式显示的现象学：海德格尔早期弗莱堡文选》，孙周兴编译，同济大学出版社，2004 年，第 68 页；M. Heidegger, *Phänomenologie des Religiösen Lebens*, *Gesamtausgabe*, Band 60, Frankfurt am Main: V. Klostermann, 1995, S. 58.

③ E. Husserl, *Ideen zu einer reinen Phänomenologie und phänomenologischen Philosophie*, *Erstes Buch*, *Allgemeine Einführung in die reine Phänomenologie*, Neu hrsg. von K. Schumann, The Hague: M. Nijhoff, 1976, § 13.

④ [德]马丁·海德格尔：《形式显示的现象学：海德格尔早期弗莱堡文选》，孙周兴编译，同济大学出版社，2004 年，第 68 页；M. Heidegger, *Phänomenologie des Religiösen Lebens*, *Gesamtausgabe*, Band 60, Frankfurt am Main: V. Klostermann, 1995, S. 58.

总体化在实行中受制于一个特定的实事领域（Sachgebiet）。一般性（Generalitäten）的等级秩序（属和种）是依据实事（sachhaltig）而得到规定的。与实事联系的符合是本质性的。而在形式化那里情形就不同了：比如说："这块石头是一个对象"。在这里，姿态（Einstellung）并不受制于实事状态（并不受制于实质事物［materiellen Dinge］以及诸如此类东西的区域），而是摆脱了实事的。①

这里所谓"依据实事的"中的"实事"（Sache）意味着"物体"或"物体化的什么"（sachhaltige Was），与他后来讲"朝向实事本身！"（Zu den Sachen selbst！）② 中的"实事"或"事情"，虽然字面一样，但意思大不相同。那个"实事"指原初的、正在发生着的现象，还不可客体化，还不是个"什么"。而形式化摆脱了这种实事基础及其实事区域，全靠"姿态关联"来构成相关语词。海德格尔接着写道：

它［形式述谓］起于姿态关联（Einstellungsbezug）本身的意义。我并不从对象中看出"什么规定性"（Wasbestimmtheit），相反地，我在某种程度上"注"视着对象的规定性（Bestimmtheit）。我必须从"什么内容"那里掉转目光，而只去看：对象是一个被给予的、合乎姿态地被把握的对象。所以，形式化起源于纯粹姿态关联本身的关联意义，而决不起源于"一般什么内容"（Wasgehalt überhaupt）。③

"对象"——而非"客体"（Objekt）——为什么"起源于纯粹姿态关联本身的关联意义，而决不起源于'一般什么内容'"呢？首先是因为"对象"的含义并不从抽象出一切对象的共同点而来。"对象"没有实事领域与之对应，也就无从抽象出其所有成员的共同点或"什么内容"。按传统哲学的看法，我们要先熟悉实事领域的（哪怕部分）成员，才能发现它们的共同点。但我们在知道任何"对象"而非仅仅"这块石头"、"红颜色"、"感性性质"之前，就已经知道了对象的含义。如何知道的呢？凭借对象与认知者之间相对而立（gegen-Stand）的姿态关联。正如海德格尔的师兄拉斯克

---

① ［德］马丁·海德格尔：《形式显示的现象学：海德格尔早期弗莱堡文选》，孙周兴编译，同济大学出版社，2004 年，第 68 页；M. Heidegger, *Phänomenologie des Religiösen Lebens*, *Gesamtausgabe*, Band 60, Frankfurt am Main：V. Klostermann, 1995, S. 58.

② M. Heidegger, *Sein und Zeit*, Achtzehnte Auflage, Tübingen：Max Niemeyer Verlag, 2001, S. 27.

③ ［德］马丁·海德格尔：《形式显示的现象学：海德格尔早期弗莱堡文选》，孙周兴编译，同济大学出版社，2004 年，第 68 页；M. Heidegger, *Phänomenologie des Religiösen Lebens*, *Gesamtausgabe*, Band 60, Frankfurt am Main：V. Klostermann, 1995, S. 58~59.

讲到他所谓的"反思范畴"时说的：对象就意味着"关联着主体性的'站在对面'"①。它是认知结构或语言意义结构的一部分，由这结构中各项单元的姿态关系而来，无须到结构之外寻找实事领域的基底。因此，说"这石头是一块花岗岩"与说"这石头是一个对象"就是属于不同逻辑语法类型的两种说法，因为前者的谓词即"花岗岩"表示一种实事领域，而后者的谓词即"对象"则不是，它是一个形式化语词。

（三）两个区分之二：形式化与形式显示的区分

形式显示的方法就来自形式化的进一步极度关联化，也就是将形式化更彻底地姿态关联化、势域（Situation）化或形势化。形式化还不是实际生活经验本身的表达，所以还不能应对那托普的方法论挑战。它还是一种间接的普遍化，它的关联意义还是"*被构形*［ausformt］而成为一个'区域'与之相应的形式的对象范畴"②。这种"构形"（Ausformung）造就出形式对象化的排序和相应的领域，因为其"本身却不是原始的，而只是对一种关联的构形"，于是它就造就了"形式—存在学的东西（mathesis universalis［普遍数理］）的理论"③。而"在'形式存在学'中，人们已经意指着一个对象性地被构形的东西。'*形式的区域*'在更广意义上也是一个'*实事领域*'"④。换言之，形式化没有充分实行出（vollziehen，Vollzug）姿态关联的本真含义或缘发生的意义。"在形式存在学的范畴中表达出来的那种关联意义的多样性（Bezugssinns-Mannigfaltigkeit［关联意义的流形性］）说明了在其关联意义中的非本真的理论姿态。"⑤ "看一眼整个哲学史就可发现，对对象性之物的形式规定完全支配了哲学。"⑥

---

① 张祥龙：《海德格尔传》，商务印书馆，2007年，第91页。此语出自拉斯克的《著作集》第2卷第72～73页。

② ［德］马丁·海德格尔：《形式显示的现象学：海德格尔早期弗莱堡文选》，孙周兴编译，同济大学出版社，2004年，第71页；M. Heidegger, *Phänomenologie des Religiösen Lebens*, Gesamtausgabe, Band 60, Frankfurt am Main: V. Klostermann, 1995, S. 61.

③ ［德］马丁·海德格尔：《形式显示的现象学：海德格尔早期弗莱堡文选》，孙周兴编译，同济大学出版社，2004年，第71页；M. Heidegger, *Phänomenologie des Religiösen Lebens*, Gesamtausgabe, Band 60, Frankfurt am Main: V. Klostermann, 1995, S. 62.

④ ［德］马丁·海德格尔：《形式显示的现象学：海德格尔早期弗莱堡文选》，孙周兴编译，同济大学出版社，2004年，第69页；M. Heidegger, *Phänomenologie des Religiösen Lebens*, Gesamtausgabe, Band 60, Frankfurt am Main: V. Klostermann, 1995, S. 59.

⑤ ［德］马丁·海德格尔：《形式显示的现象学：海德格尔早期弗莱堡文选》，孙周兴编译，同济大学出版社，2004年，第69页；M. Heidegger, *Phänomenologie des Religiösen Lebens*, Gesamtausgabe, Band 60, Frankfurt am Main: V. Klostermann, 1995, S. 59.

⑥ ［德］马丁·海德格尔：《形式显示的现象学：海德格尔早期弗莱堡文选》，孙周兴编译，同济大学出版社，2004年，第73页；M. Heidegger, *Phänomenologie des Religiösen Lebens*, Gesamtausgabe, Band 60, Frankfurt am Main: V. Klostermann, 1995, S. 63.

这里就需要形式显示来拯救形式化中的关联意义，突破将它构形化的理论倾向。"形式化与总体化的共性在于，它们都处于'普遍的'这种意义中，而形式显示却与普遍性毫无干系。在'形式显示'中，'形式的'一词的含义是更为原始的。"① 为何是更原始的呢？因为这"形式"在此就意味着纯关联，而绝不让它被构形为层级秩序化的对象领域（这种做法已经隐含了主客对峙的存在预设），即便是形式化的领域也不行。要达到这一不寻常的思想方法境界，让关联成为存在论的源头，而不仅是对于什么的关联，"显示"或"指引"就是必不可少的。于是我们读到这一段重要的话："作为方法环节，形式显示属于现象学的阐明本身。为什么把它叫做'形式的'呢？形式的东西就是某种合乎关联的东西（etwas Bezugsmäßiges）。显示是要先行显示出现象的关联——却是在一种否定的意义上，可以说是为了警告！一个现象必须这样被预先给出，以至于它的关联意义被保持在悬而不定中。"②

在二十年代初的数年间，海德格尔一直认为，以"形式显示"为语词代表的（其他的表达还有"形式刻划"、"解释学的直观"、"实际性的解释学"等）那种方法是真正到位的现象学方法，与胡塞尔的直观构成法、还原法乃至意向性的形式化方法有继承的关系，但同时又比后者彻底得多。所以这里他要讲"形式显示属于现象学的阐明本身"，也要讲"现象本身就只能在形式上得到显示"。③ 而他对"形式的"和"显示"的说明则表明了这种方法的海德格尔特性，即它要将"现象的关联"先于一切对象化地显示（"先行显示"）出来，以使得那现象的关联意义被就其自身地看到，而不旁落到任何外在于这现象关联的东西上。因而需要"否定"和"警告"，因为要脱开这现象自身含有的关联的理论态度或躲避态度实在太强大了，以至于它可以在两千年中"完全支配了哲学"。

（四）形式显示与实际生活经验的一体二维

就此，我们看到海德格尔讲的形式显示与实际生活经验的内在一体性。海德格尔心目的原初现象就是实际生活或实际生命的经验，上述引文中的"现象的关联"就是这自在生命或生活本身带有的趋向，而这种关联的实行就来自于生命趋向的动因。但是，由于上文提及的实际生活经验本身就含有的"脱落［开这经验最深动机］的"或

---

① ［德］马丁·海德格尔：《形式显示的现象学：海德格尔早期弗莱堡文选》，孙周兴编译，同济大学出版社，2004年，第69页；M. Heidegger, *Phänomenologie des Religiösen Lebens*, *Gesamtausgabe*, Band 60, Frankfurt am Main: V. Klostermann, 1995, S. 59.

② ［德］马丁·海德格尔：《形式显示的现象学：海德格尔早期弗莱堡文选》，孙周兴编译，同济大学出版社，2004年，第73页；M. Heidegger, *Phänomenologie des Religiösen Lebens*, *Gesamtausgabe*, Band 60, Frankfurt am Main: V. Klostermann, 1995, S. 63~64.

③ ［德］马丁·海德格尔：《形式显示的现象学：海德格尔早期弗莱堡文选》，孙周兴编译，同济大学出版社，2004年，第72页；M. Heidegger, *Phänomenologie des Religiösen Lebens*, *Gesamtausgabe*, Band 60, Frankfurt am Main: V. Klostermann, 1995, S. 63.

"沉沦的"（abfallend）倾向，人们经常看不到这生命现象自身的而非理论或生存体制框架加给的意义，所以需要形式显示来开显这现象或经验的底蕴。"这种预防措施的必然性是从实际生命经验的沉沦性趋向中得出来的，实际生命经验总是有滑入客观化因素之中的危险，而我们却必须从中把现象提取出来。"①

实际生活经验的三个特征，即不计较、自足和总有意义，正是形式显示要加以显示的特性，而这种显示也同时是对生活自身关联意义的原始实行。第一，这不计较意味着对于任何脱开人的实际生存情境的理论分类——主客分开、显现（主动）与被显现（被动）分开、奠基与被奠基分开、具体与抽象分开——的漠视，而形式显示正是要漠视一切总体化的实事领域分立，或普遍与特殊的分裂，同时，为了将形式化中包含的关联构意的潜质更充分得多地发挥出来，还需不计较形式化构形造成的诸形式领域的分立，比如传统哲学中的范畴的分立。以这种方式，形式显示深入到实际生活经验的最原初的动机和世界化内容的实行中，参与到其中原本的关联意义当场实现，并同时将它们揭示出来，而不是事后反思出来。因此，第二，形式显示也像实际生活经验那样有其自足性，因为它根本就不顾及在生活情境自身的意义实现之外的超越性附加，它有自己的发生动因和实现途径。第三，这种形式显示当然总处于有意义状态中，因为它不是显示和构造观念、概念、规则这些可以变得无意义的东西，而是实现出、显示出生命的原初意义，具有生命或生活情境的直接可理解性、上瘾性。

以这些方式，形式显示向人们提示出他们不经意领会到的和活在其中的东西，并于参与之中展示出其实现的先行方式，一种将自身世界境域化而非实事领域化的方式。由于一开始就活在意义的实行中，所以它必有自己的语言表达方式，一种情境化的、当场生成化的说话方式。总之，形式显示是对实际生活经验的活体展示。它将那托普对现象学方法的反驳化解于无形之中，因为它表明，我们最原初的体验可以在其发生着的生命流中得到发生式的理解和语境表达，不必受事后反思的刹止和概念表达的窜改，并可以由此"实行出"或实现出原体验的关联含义和形势化的语言表达。就此而言，形式显示的确就是解释学的形势显示。"实际生命不仅作为有意蕴的事件以及世界的重要性（Wichtigkeit）来［以形式显示的方式］看待自己和关注自己，而且，只要它与自身说话，那它也就说着世界的语言（Sprache der Welt）"②，因为它乃是"解释学处境的显示"（Anzeige der hermeneutischen Situation；此 "Situa-

---

① ［德］马丁·海德格尔：《形式显示的现象学：海德格尔早期弗莱堡文选》，孙周兴编译，同济大学出版社，2004年，第73页；M. Heidegger, *Phänomenologie des Religiösen Lebens*, *Gesamtausgabe*, Band 60, Frankfurt am Main: V. Klostermann, 1995, S. 64.

② ［德］马丁·海德格尔：《形式显示的现象学：海德格尔早期弗莱堡文选》，孙周兴编译，同济大学出版社，2004年，第86页；M. Heidegger, *Phänomenologische Interpretationen zu Aristoteles*, herausgegeben von Günther Neumann, Stuttgart: Philipp Reclam jun., 2003, S. 21.

tion"又可译作"形势")①。

(五) 形式显示的现象学时间依据

如果我们还要追究这形式显示的实行为何可以实现,或者追究这种实行的内在机制,那么答案只能到生命的时间性中去找。在这最根本处,海德格尔还是受到了胡塞尔的影响。现象或实际生命的实行性可以理解为最原发的综合。它与康德讲的先天综合不同,因为它不是先天形式保证的规范式的下行综合,也不是以某种现成的经验单位比如"印象"、"感觉观念"为基础的联想式的上行综合,而是不预设任何外于实际经验者的纯生命形势的居间综合或自足中和。这种综合只能在现象学时间中找到可直接领会的综合机制或实行机制。

胡塞尔讲的非对象、非事后反思的原意识或原本的自身意识,只有依据他的内时间意识流的学说才可得到发生学的或发生机制上的解释。如此论断是因为,只有这种既构造时间对象又构造自身的晕叠加造成的统一时间流,才有当时与过去、将来的互补交织成的回旋余地(Spielraum),一个比所有存在者从本质上更丰富的意识空间,也因此才能让人在不顾其他一切地当下体验某个对象或情境时,同时意识到或边缘地体验到这个当下体验。而这一切都源自时间意识的晕发生结构,也就是原印象与保持(Retention,回伸、滞留)和预持(Protention,前伸、前摄)之间那种区别中的互映互成。尽管胡塞尔的原印象优先说还带有经验主义的尾巴,先验自我立极说还有先验主义的寒气,但这内时间学说的流喻结构造成的整体思想气韵还是烘托出了一个自足的缘发生机制。这不仅为胡塞尔的诸学说、特别是后期发生现象学诸说如"生活世界"提供了他心目中的终极辩护,而且势必会深刻影响到海德格尔。比如海德格尔所乐道的胡氏"范畴直观"对他的影响,如没有这个辩护则不过只是一个说法而已。

对于原印象的保持或滞留,不是对一个与该保持分立的存在者的保持性表象,否则就只能叫做回忆或事后回忆②。保持是原印象的直接意识投影,与原印象有区别——否则时间就不会有前后相继,但又不是存在者之间的区别——不然时间就不是意识流而只是意象串。它是一种原回忆、原想象,在原印象还未对象化之际就"不计较"地影射住了"它",将其边缘化地涵蕴起来,由此造就了第一综合或第一实行,所以这种保持意味着一种原发生,没有独立存在者时的意蕴发生。而预持或前摄也是或更是这

---

① [德] 马丁·海德格尔:《形式显示的现象学:海德格尔早期弗莱堡文选》,孙周兴编译,同济大学出版社,2004年,第76页;M. Heidegger, *Phänomenologische Interpretationen zu Aristoteles*, herausgegeben von Günther Neumann, Stuttgart: Philipp Reclam jun., 2003, S. 7.

② [德] 埃德蒙德·胡塞尔:《内时间意识现象学》,倪梁康译,商务印书馆,2010年,第175页;E. Husserl, *Zur Phänomenologie des inner Zeitbewusstseins* (1893 – 1917), herausgegeben von R. Boehm, *Husserliana*, Band X, Hague: Martinus Nijhoff, 1966, S. 118.

个意思,在原印象还没有作为一个分立的存在者出现之际就预持了它。所以胡塞尔将这三相互相影映的结构称作"时间晕"(Zeithof)①。"晕"意味着三相之间没有现成的界线,只有中心与边缘的过渡乃至中心本身的推移和晕化,所以保持与保持、预持与预持之间也没有现成的界线,这样就势必有对保持的保持和对预持的预持,由此而形成一道时晕流。因此,内时间是最原本的发生和实行的机制,一切意识活动都最终源于它,是它的变体。

胡塞尔严格区别了作为保持的原回忆和事后的再回忆,视后者或事后回忆为原晕圈之外的再造,已经不再具有保持的原发和生动,这给那托普攻击他的现象学反思方法留下了把柄,因为这反思明显地脱开了原发生晕圈,是一种类似于事后回忆的再造,尽管它的根子是处于晕圈中的原意识。如前所说,这原意识本可以应对那托普挑战,但由于它被局限于以原印象或当下点为中心的晕圈中,就帮不上什么大忙了。反思必超出原意识,成年人必失去童心。海德格尔的实际生活经验本身的形式显示说,志在将这时晕扩充到人的整个生命处境,让那因为狭义晕圈中的原意识舒展为解释学形势或形式显示。于是他依此时间的晕本性,很合理地去掉了原印象或当下的特权地位(后来德里达也有类似的去除,但其后果与海德格尔的不同)。这不仅将造就这时晕的三相更充分地相互影射化或相互缘起化,而且特别突出将来的地位,使得这时晕所依据的非对象化的原综合更加虚极而作,由此而将人的全部实际生活世界通通时晕化或缘发生化,再在其不计较、自足和总有意蕴的一气相通中,区分真态的和不真态的时化方式、生存方式或形式显示方式,以解释人生和世界的千般情态和万种气象。

四、形式显示中的《存在与时间》

(一)过渡

形式显示乃《存在与时间》的方法之魂。"实际的人类缘在本身是以一种显示方式得到规定的。……因为[运用形式显示方法的]哲学研究本身构成实际生命的一种特定方式,而且作为这样一种方式,哲学研究在其实行中使当下具体的生命存在在其自身那里共同到其时机,而不是首先通过某种事后追加的'应用'。这样一种共同到时的可能性基础就在于:哲学研究是实际生命的一种基本运动的明确实行,而且总是保持

---

① [德]埃德蒙德·胡塞尔:《内时间意识现象学》,倪梁康译,商务印书馆,2010年,第76页;E. Husserl, *Zur Phänomenologie des inner Zeitbewusstseins*(1893-1917), herausgegeben von R. Boehm, *Husserliana*, Band X, Hague: Martinus Nijhoff, 1966, S. 35.

在实际生命之中。"① 海德格尔这段话写于 1922 年申请马堡大学教职之际。它明白展示出上文介绍的海德格尔早期弗莱堡大学时期的思想话语("实际的"、"生命"、"显示")与马堡大学时期开始写作《存在与时间》的话语("缘在"、"到时")的内在联系,并以"实际的人类缘在本身"的"[形式]显示方式"而"共同到时"。这"共同到时"表现出海德格尔要将胡塞尔讲的时晕机制扩充到理解整个"具体的生命存在"中去的方法论意向。它要揭示的生命存在不是"事后追加的",而是当下的共同到其时机,还正在相互影射、相互交织中生发原意义,因为它绝不脱开这絪缊化醇的"实际生命"或"实际生活",而只是将这实际生命的基本运动加以"明确实行"。

而在作于 1923 年的《存在学[论](实际性的解释学)》(《全集》第 63 卷)的讲稿中,海德格尔写道:"对这种研究而言,缘在(当下本己的缘在)处身其中的先行具有,可以在形式显示中得到表述:缘在(实际生命)乃是在一个世界中存在(Sein in einer Welt)。"② 很清楚,后来在《存在与时间》中唱主角的"缘在"就是他早期讲的"实际生命"或"实际生活经验",更准确地说,是实际生活的一种形式显示式的表达,表示这种生活或生命的"存在于缘境"(Da-sein)或"就是其缘境"(sein Da ist)③的存在论特征。它处身于其中的先行具有(Vorhabe),就是实际生活经验的那些先于任何总体化和形式化而具有的特质和表现方式,所以它们"可以在形式显示中得到表述"。这些特性在这里被表述为"在一个世界中存在",而"世界"及"在世界中存在"正是时晕在实际生命中的内容表现,表现为周遭世界、共同世界和自身世界,是纯境域化的三相(被抛入世—已经缘在、沉沦于世—当下缘在、领会此世—将来缘在)交织构意的发生结构,由"生存"(Existenz)指示,并在"牵挂"(Sorge)和"时间性"中得到完整的形式显示。

(二)存在意义、缘在的存在发问和现象学方法

《存在与时间》一开头,当"重提"④ 存在问题时,当揭示"存在问题的形式结构"⑤ 时,海德格尔就表现出明确的形式显示的方法意向。"存在的问题[性]"为什么被人们遗忘了?因为他们将存在当作一个可以被总体化的概念,也就是种属意义上

---

① [德]马丁·海德格尔:《形式显示的现象学:海德格尔早期弗莱堡文选》,孙周兴编译,同济大学出版社,2004 年,第 80 页;M. Heidegger, *Phänomenologische Interpretationen zu Aristoteles*, herausgegeben von Günther Neumann, Stuttgart: Philipp Reclam jun., 2003, S. 13.

② [德]马丁·海德格尔:《形式显示的现象学:海德格尔早期弗莱堡文选》,孙周兴编译,同济大学出版社,2004 年,第 136 页;M. Heidegger, *Ontologie (Hermeneutik der Faktizität)*, *Gesamtausgabe*, Band 63, Frankfurt am Main: V. Klostermann, 1995, S. 80.

③ M. Heidegger, *Sein und Zeit*, Achtzehnte Auflage, Tübingen: Max Niemeyer Verlag, 2001, S. 139.

④ M. Heidegger, *Sein und Zeit*, Achtzehnte Auflage, Tübingen: Max Niemeyer Verlag, 2001, S. 1.

⑤ M. Heidegger, *Sein und Zeit*, Achtzehnte Auflage, Tübingen: Max Niemeyer Verlag, 2001, S. 5.

的最普遍概念，或当作一个不可再定义的最高的形式化概念，或当作不言自明的概念①，而不知它只能在原发的实际生命的形势关联中被实行出来。而追问存在问题的形式（显示）结构就透露出这"实行"的特征。"发问"（Fragen）这现象本身就是一个有所实行的表达形式，因为当我们真诚发问时，对所问者是什么还不知道，所以无法对它做总体化乃至形式化的操作，但我们又已经受到了所问者的引导，经验到了或实行出了所问者的意义，所以发问乃是思想的虔诚所在。对于存在意义的发问就更是如此，其中当场回旋的实行性更明白，因为发问中的"是"（ist，存在于）就是"存在"（sein，是）的变体。海德格尔写道：

> 我们不知道"存在"表明的是什么。但当我们发问道："什么是'存在'？"时，我们就已经置身于对这"是"或"存在"的某种理解中了，尽管还不能从概念上确定这"是"或"存在"指的是什么。②

这正是存在问题的形式独特处和冥会暗通处，因为它将发问现象中的非概念化和非形式化的先行的意义实行发挥到了极致，以至于每个人都对这问题的含义乃至存在的意义有某种"平均的和惚恍的"③领会。换言之，人的实际生活经验已经不计较一切对象化地长处于存在意义的领会状态中，而形式显示的现象学方法就是要将这种尚不真态但原发的晕境领会，而不是任何经过理论规范过的存在领会，带入到不失其生机的澄明之中。而这"带入澄明"的途径则是"一种合乎它自身的揭示方式"（eine eigene Aufweisungsart）④，其契机就是那样一种存在者。这个存在者最能发问，或者说，发问就是它的一种根本存在方式，也就是它的存在本性的表露方式。"因此，要将存在问题充分地突显出来，就要使这样一个存在者———一个发问着的存在者——在其存在中变得明了。对这个问题的发问就是这种存在者本身的存在模式，而此发问就由这个存在者所发问的东西，即存在，从根本上支配着的。我们本身就总已经是这样的一种存在者，它在其他的可能之外还具有发问的存在可能性。我们就用缘在来表示这种存在者。"⑤所以缘在就是这样一种存在者，在它那种能活在发问里的存在中，也就是在它总能不顾其他一切地领会了存在的问题意义（而不是对这问题给出个"什么"的答案）的生存状态中，它与存在本身有着生死与共的关联，乃至对这关联的充分实行的可能性。

---

① M. Heidegger, *Sein und Zeit*, Achtzehnte Auflage, Tübingen: Max Niemeyer Verlag, 2001, S. 3~4.
② M. Heidegger, *Sein und Zeit*, Achtzehnte Auflage, Tübingen: Max Niemeyer Verlag, 2001, S. 5.
③ M. Heidegger, *Sein und Zeit*, Achtzehnte Auflage, Tübingen: Max Niemeyer Verlag, 2001, S. 5.
④ M. Heidegger, *Sein und Zeit*, Achtzehnte Auflage, Tübingen: Max Niemeyer Verlag, 2001, S. 6.
⑤ M. Heidegger, *Sein und Zeit*, Achtzehnte Auflage, Tübingen: Max Niemeyer Verlag, 2001, S. 7.

本文开篇提到的那个对现象学方法的晦涩表述——"让那显示自身者,以从它本身来显示它自身的方式,被从它本身那里看到。"——如果置于应对那托普挑战的"实际生命自身的形式显示"的视野中,则马上显示出重要的方法论意义。"它本身"不是传统哲学心目的实体本身或主体本身,而是实际生命经验本身,所以必有不计较、自足和总有意义的特点。无论多么混沌地漠视所有理论分离,如何完全地投入这经验内容(世界)而不及意识反思,它总能从自身生发出意义,总能具有某种或真或幻的自身领会,也就总能在形式显示中让人明确地、即从它本身那里看到它的自身显示。这"显示"既是领会着的,也是在语言中表达着的。可以想见,这种领会和表达会是如何微妙地发生,实现为一团相互交织、影射而充满回旋的时云境气。我们阅读《存在与时间》时,一开始感到的最大困难就是这种回旋的晕气,而一旦得其形式显示或(解释学的)形势显示的诀窍,就会获得极大的理性(而非理论)启发甚至欣享,因为它打开了一个前所未闻的思想和语言的世界和时机化境域,让那用概念和形式化说不出来的意蕴被遭遇到。

(三) 生存、牵挂的形式显示

在《存在与时间》这本书里,"形式显示"这个词完整地出现了数次,而"形式的"(formal)或"显示"(zeigen, anzeigen)则更多得多,它们行使着表达"形式显示"的功能。而且"实际生活经验"不再完整现身,"实际的"(faktisch)或"实际性"(Faktizität)这类词则成为它的替身,行使着它的功能。但迄今绝大多数阅读者尚未对它们产生方法上的敏感。为了讨论的直接相关性,下文将从一段使用了"形式显示"的引文开始以下的分析。海德格尔在第二分部的开头写道:

> 此存在分析将生存当作主导线索,而这生存被以先行把握的方式指明为是缘在的本性。这"生存"以形式显示的方式表明:此缘在乃是作为领会着的能存在(verstehendes Seinkönnen)而存在的,而这"能存在"在其存在中与自己的存在相关联。我自身就向来是如此存在着的存在者。将牵挂现象突出出来,使我们得以观看到生存的具体状况,也就是观看到这种生存状况与缘在的实际性及沉沦同样原初的联系。①

海德格尔的"存在分析"之所以将"生存"当作主导线索,是因为它能形式显示出缘在的本性,也就是以先于一切总体概念化和形式本体化的方式指明缘在是领会着的能存在,而这"能存在"就意味着"总是它的可能性"②,总在"去存在"(Zu-

---

① M. Heidegger, *Sein und Zeit*, Achtzehnte Auflage, Tübingen: Max Niemeyer Verlag, 2001, S. 231.
② 请参考: M. Heidegger, *Sein und Zeit*, Achtzehnte Auflage, Tübingen: Max Niemeyer Verlag, 2001, S. 12。

sein）中获得"我的"先行着的生生自身①。所以生存绝不现成，而是只在实际生活本身的趋向关联中实行出自身的意义和身份，因而它作为表达式是个形式显示词。要读出这些海德格尔行话的哲理含义，一个有效的方式就是回溯到上文层层开显的意思中去。缘在作为人的实际生活经验有自己原发的（而非反思中的）意义生发机制，总处于前观念化的有意义的和领会着的状况中，总是不顾（不计较）一切地先行存在了，或不顾所有存在者的分离性而存在了，所以它就总能有意义地是其可能性，也不在乎是哪种可能，在此意义上它是自足的和自由的，"在其存在中与自己的存在相关联"，所以它是一种"领会着的能存在"。

而这里提及的牵挂，将生存的形式显示结构表露地更清楚。它是个准时间化的三相互缘的晕结构，总领第一分部中对于缘在"存在于世界之中"的多层次多向度的诸分析，能让人观看到生存的具体的形式显示状况，看到生存与缘在的实际性和沉沦的根本的（"同样原初的"）联系。尽管实际生命有沉沦倾向，但它还是要比理论化的总体化和形式化更"能存在"，因为它首先是其可能性，浸于并遭遇到世界境域性，而不仅仅是这世界中存在者的现成性或生命流外边的反思性。

由此可见，实际生活经验的形式显示方法通过"生存"、"缘在"、"牵挂"等词依然活在《存在与时间》之中，尽管"形式显示"这个词的完整现身已经罕见，在二十年代初期的众讲稿出版之前，人们即便在此书中读到它，也几乎都忽视之，看不到它在此大作中亦幻亦真的通透妙用。

海德格尔对于"牵挂"是这样阐述的：

> 因此，缘在的存在论整体结构具有一种形式［显示的］生存论的整体性（die formal existenziale Ganzheit）。它只能在下述结构中被表达。缘在的存在说的是：作为存在于（世界内所遭遇着的存在者）的状态里的、已经在（此世界）之中的先于自身（Sich-vorweg-schon-sein-in-(der-Welt-) als Sein-bei (innerweltlich begegnendem Seienden)。这样的存在满足了牵挂这个称谓的意义，它只能被纯存在论和生存论地运用。②

牵挂是缘在的存在或缘在的本性所在，它表明的乃是缘在在世的形式显示的或生存论的整体结构，因而对于理解此书来说极其重要。而这个结构——"作为存在于（世界内所遭遇着的存在者）的状态里的、已经在（此世界）之中的先于自身"——也的确表现出典型的形式显示的特点。它既非实体化，亦非形式化，而是纯姿态关联

---

① M. Heidegger, *Sein und Zeit*, Achtzehnte Auflage, Tübingen: Max Niemeyer Verlag, 2001, S. 42.

② M. Heidegger, *Sein und Zeit*, Achtzehnte Auflage, Tübingen: Max Niemeyer Verlag, 2001, S. 192.

的实行,特别是括弧外的话。而且,它是一个"就其本性而言不可扯裂的整体"①,是由三相——存在于、已经在、先于——互补交缠而实行出的一个晕境,既是生存空间之晕,又是生存时间之晕。此晕境不只是一个胡塞尔意义上的时间晕圈(以当下为焦点而成其晕),而是一个以"先"(Vor-)为重心的整个缘在世界和意蕴世界的生存晕境。所以海德格尔阐发的所有实际缘在现象,就其比较原初的维度——比如缘在的"去存在"性、"称手性"、"处身情态"性、"共在"性、"意蕴"性、"牵念"性、"闲谈"性等等——而言,无不是晕境缘发生型的,有着曲调那样的前后互补而当场生成的泛音流韵,是"诗意之思"。而他揭示的诸真态的(eigentlich)缘在方式,就具有特别鲜明的"先行"朝向。

(四)"循环"的先结构:加达默尔和扎哈维的失准

由于这牵挂中有三相的交织回旋,又以"先于自身"来领头,所以它似乎涉入了某种"循环"(Zirkel)②。如果"已经"与"先于"相互需要,那么这就似乎是个开不了头的恶性循环了。而"先于自身"本身似乎就有循环:一个先于自身的状态还没有自身,也就不会有对这自身的先于,所以这"先于"和"自身"似乎在相互需要中恶性循环了。这也是许多人不理解甚至诟病海德格尔的"生存"和"理解"(Verstehen)学说中的"先结构"(Vor-Struktur)的症结所在。如果理解、解释和意义总是需要一个先有(Vorhabe)、先视(Vorsicht)和先握(Vorgriff)的开启③,那么除了先入之见(Vorurteil,成见、偏见、前见)之外,真正的理解还可能吗?或者,如果这先有中已经有了理解或意义,那么它与理解又形成了循环④。其实,这种先结构的问题与以上讨论过的现象学反思涉入的"[事]后结构"的问题是类似的,它们似乎都陷入了必会失去原初经验的困境。

但这种困境是由于将缘在的生存和牵挂本性加以总体化、形式化或现成对象化造成的。在实际生活经验本身的形式显示视野中,根本就没有什么恶性循环,只有生出原意义和理解的回旋、交织的晕发生机制。换言之,这里的"循环"是晕发生型的,不是封闭的逻辑式的。"就理解和解释造成了'缘'(Da)之存在的生存论状况而言,'意义'就应该被当作开启的形式[显示]—生存论的支架,而这开启就属于理解。"⑤"在理解中的'循环'就属于意义的结构,这意义现象植根于缘在的生存论状态,即植根于解释着的理解。这样一种存在者——它作为'在世界中存在'与它的存在本身关

---

① M. Heidegger, *Sein und Zeit*, Achtzehnte Auflage, Tübingen: Max Niemeyer Verlag, 2001, S. 193.

② M. Heidegger, *Sein und Zeit*, Achtzehnte Auflage, Tübingen: Max Niemeyer Verlag, 2001, S. 314~315.

③ M. Heidegger, *Sein und Zeit*, Achtzehnte Auflage, Tübingen: Max Niemeyer Verlag, 2001, S. 151.

④ M. Heidegger, *Sein und Zeit*, Achtzehnte Auflage, Tübingen: Max Niemeyer Verlag, 2001, S. 153.

⑤ M. Heidegger, *Sein und Zeit*, Achtzehnte Auflage, Tübingen: Max Niemeyer Verlag, 2001, S. 151.

联着——就具有一个存在论的循环结构。"① 缘在（Dasein）本身确有一个循环结构：其存在必在其缘境中呈现，而其缘境不"去存在"又焉能成其境？②

可能由于不知或未能理解形式显示的方法要害，后人极少能真的领会这个"循环"着的先结构或前结构，甚至海德格尔的弟子加达默尔（Hans-Georg Gadamer）在《真理与方法》中也错会了它。他在"诠［解］释学循环和前见问题"这一小节中写道："当海德格尔在所谓对'这里存在'的东西的'阅读'中揭示理解的前结构时，他是给出了一种完全正确的现象学描述。……一切理解都必然包含某种前见……实际上前见就是一种判断［Urteil］，它是在一切对于事情具有决定性作用的要素被最后考察之前被给予的。……所以，'前见'其实并不意味着一种错误的判断，它的概念包含它可以具有肯定的和否定的价值。"③ 这种对海德格尔的前结构学说的解释，丧失了本文力求打开的那样一个思想和方法的维度，也就是先结构或前结构的时晕发生的形式显示的维度，将它形式化为了某种事前判断、"正当的成见"④ 或"传统"⑤，并在这个意义上当作是理解的条件⑥。然而，海德格尔的形式显示的前结构不是判断，也不是事前判断意义上的视域，那已经是理论化和意义对象化的产物了。为了"防御"这种倾向，海德格尔在1923年写道："如果人们把［表述'先行具有'的］形式显示看作固定的、普遍的命题，并且用它来作建构性的和辩证的演绎和幻想，那么，它就始终被误解了。……［所以现象学要］拒斥那些表面看来类似的、因而从自身蜂拥而来的视位。"⑦

扎哈维《主体性和自身性》一书第四章对"现象学反思"引出的方法问题及相关的应对努力作了概述。他强调有不同类型的反思，"一些仅仅起凸现作用，而另一些则

---

① M. Heidegger, *Sein und Zeit*, Achtzehnte Auflage, Tübingen: Max Niemeyer Verlag, 2001, S. 153.
② 参考 M. Heidegger, *Sein und Zeit*, Achtzehnte Auflage, Tübingen: Max Niemeyer Verlag, 2001, S. 7。
③ ［德］汉斯－格奥尔格·加达默尔：《真理与方法》，洪汉鼎译，上海译文出版社，1999年，第346~347页。
④ ［德］汉斯－格奥尔格·加达默尔：《真理与方法》，洪汉鼎译，上海译文出版社，1999年，第347页。
⑤ ［德］汉斯－格奥尔格·加达默尔：《真理与方法》，洪汉鼎译，上海译文出版社，1999年，第354页。
⑥ ［德］汉斯－格奥尔格·加达默尔：《真理与方法》，洪汉鼎译，上海译文出版社，1999年，第355页。
⑦ ［德］马丁·海德格尔：《形式显示的现象学：海德格尔早期弗莱堡文选》，孙周兴编译，同济大学出版社，2004年，第136页；M. Heidegger, *Ontologie (Hermeneutik der Faktizität)*, *Gesamtausgabe*, Band 63, Frankfurt am Main: V. Klostermann, 1995, S. 80.

会产生歪曲或具体化。"① 但是他的这样一个结论,即"海德格尔解释学的直观事实上也不过是一种类型的反思"②,却失之笼统。即使考虑到此书对"反思"意义的扩大使用,这种判断也可能会遮蔽掉一些关键性的新思路,而它们正是我们这篇文章要开示的。

按照胡塞尔等现象学家的看法,反思指意识脱开当下体验的发生晕圈后回头打量、审视这个体验,也就是对它的再造式观看。如前所示,这种反思当然是源于此晕圈及其带有的非反思的当场原意识,并由于时间流的整体晕结构而与之有某种内在关联,不然哪有"反"(返)回去"思"的可能?但毕竟,对绝大多数哲学家(包括胡塞尔、萨特等)而言,这种反思使得被反思的体验不再处于活的晕结构中,成为了某种意义上的被思对象,于是"反思呈现给我们的是一种自身变更甚至自身异化"③。而海德格尔的形式显示方法是要让现象学的思想不离开广义的体验发生晕境,投入现象学的发生性"循环",也就是将在胡塞尔那里只能当下具有的原意识带入广阔的生存化思想天地。于是就要求这思想不离实际生活经验的意义发生结构,超出总体化和形式化,直接在晕境化的纯形势关联中实行出原发的领会和表达。所以它甚至不止于仅仅让体验本身凸现(扎哈维笔下冯·赫尔曼的海德格尔解释),而是要参与到实际生活经验的原—缘发生中,"看"到这看的活动正在参与造就的"使之能被看"的原意或缘存在。尽管形式显示着的思想有晕境中的回涌或回握,但这毕竟不同于晕境外、"循环"外的再现与回想。前者是不离意义生发晕境的"热思",而后者是脱了境(或"脱生命化")的"冷思"。情况似乎是:扎哈维理解的所有反思还是一种冷思,至多是"温思",而不是海德格尔形式显示化的热思。即使我们容忍"热反思"这样的表达,但它的含义与扎哈维书中讲的各种类型的反思还是有重大不同。

说到底,这前结构还不是可命题化的前提和前见,也不可被再造、变更为反思对象,因为它来自牵挂的或实际缘在的"先于自身",而这先于自身就意味着先于、超出任何现成的自身而总是它的可能性或"能存在"④。对它的贴切理解可以借鉴胡塞尔时晕学说中的"前摄"或"预持"。在原印象还没有实在地出现时,时间意识就先行地影射和前摄出了"它",一个还没有现成自身的它。虽然成人们的前见多半与其所处的"传统"有关,但即便婴儿也有的前摄却是原发的、晕化的,尽管这也不是康

---

① [丹]丹·扎哈维:《主体性和自身性:对第一人称视角的探究》,蔡文菁译,上海译文出版社,2008年,第122页。
② [丹]丹·扎哈维:《主体性和自身性:对第一人称视角的探究》,蔡文菁译,上海译文出版社,2008年,第122页。
③ [丹]丹·扎哈维:《主体性和自身性:对第一人称视角的探究》,蔡文菁译,上海译文出版社,2008年,第121页。
④ M. Heidegger, *Sein und Zeit*, Achtzehnte Auflage, Tübingen: Max Niemeyer Verlag, 2001, S. 192.

德讲的先天普遍有效的形式与范畴。它与滞留一起使得当下乃至整个时晕可能。深究这前摄的含义，必会威胁原印象的特权"原"地位，所以胡塞尔即便在讨论内时间意识时也尽量少地阐发和追究前摄，只将它当作与滞留等值的翻转。可海德格尔却在这"前"面发现了应对那托普的发生结构，所以抓住这"先行具有"不放，在《存在与时间》中（特别是在它的第二分部讨论缘在真态的存在方式时）将它突出到了无以复加的地步。

（五）时间性

人这种缘在居然能够在活着的时候，活生生地实际经验到还未现实到来的自身死亡，因而能够生存于其中的就是这种自身终结的可能性。"只要缘在存在，它就已经持续地是它的'还没有'（Noch-nicht），也就总已经是它的终结（Ende）。用死亡来意味着的终结并不指这个缘在的'已经结束'（Zu-Endesein），而是这种存在者的'朝向终结的存在'（Sein zum Ende）。一旦这个缘在存在了，它就将死亡承受为一种存在的方式。'一个人刚一出生，就老得足以去死。'"① 所以缘在就是一种"朝向死亡的存在"（dasSein zum Tode），实际上也就是活在不可逃避的可能性中的存在。自身死亡是缘在存在的方式，也是它理解到自身的深邃可能和人生的存在意义的方式。这些都不是加达默尔的"前见"可以见到的。这样的前结构在一切先有的判断和视域融合之前，在一切晕外反思之前，就已经领会到许多关键性的东西了。这种"是它的'还没有'"的生存姿态，使得这种缘在可以听到前观念、前判断、前反思的"良知的声音"，并在事情还没有现实出现之前做出"先行的决断"（vorlaufende Entschlossenheit）。由此，海德格尔就达到了"时间性"这个形式显示的高潮："以将来的方式回到自身上来，此决断在当前化中将自身带入［生存解释学的］形势里。这个已在（Gewesenheit，已经存在）源于将来（Zukunft）；这也就是说，这个已在的（说得更准确些，是已经存在着的）将来从自身中释放出此当前（Gegenwart）。我们称这样一个统一的现象——已在着的和当前化着的将来——为时间性（Zeitlichkeit）。"② 这时间性就是牵挂的真态含义，具有我们以上分析的牵挂的一切特点，只是更突出"将来"这个引领着整个时间性的时相，因为至此，海德格尔相信他已经成功地将缘在的完整的解释学形势置入了先行具有之中，而这正是当年海德格尔为形式显示设立的思想目标③。而且，此时间性的整体时晕性也得到了强调。

---

① M. Heidegger, *Sein und Zeit*, Achtzehnte Auflage, Tübingen: Max Niemeyer Verlag, 2001, S. 192.

② M. Heidegger, *Sein und Zeit*, Achtzehnte Auflage, Tübingen: Max Niemeyer Verlag, 2001, S. 326.

③ ［德］马丁·海德格尔：《形式显示的现象学：海德格尔早期弗莱堡文选》，孙周兴编译，同济大学出版社，2004年，第136页；M. Heidegger, *Ontologie (Hermeneutik der Faktizität)*, *Gesamtausgabe*, Band 63, Frankfurt am Main: V. Klostermann, 1995, S. 80.

将来、已在、当前表示这样一些现象上的特点:"去朝向自身"(Auf-sich-zu)、"回到"(Zurückauf)和"让与……遭遇"(Begegnenlassen von)。"去……"、"到……""与……"这些现象将时间性作为彻头彻尾的 ekstatikon(位移、站出去)而公开出来。时间性就是这种原本的在自身之中并为了自身地"出离自身"。因此,我们称将来、已在、当前这些已被刻画的现象为时间性的诸"出神态"(Ekstasen)。此时间性并非先是一个存在者,然后才开始从自身··里走出来;情况倒是:它的本性就是在诸出神态的协调统一中的时机化(Zeitigung)。①

时间性的三相被看作"出神态",它们原发的协调统一就是"原本的在自身之中并为了自身地'出离自身'"。

这种源自胡塞尔内时间意识乃至康德的先验想象力构造的时间纯象的时晕思想,至此已经蔚成大观,回荡于缘在的全部生存境域或解释学处境之中。所以《存在与时间》对缘在遭遇周遭世界、共同世界和自身世界的各种存在方式的阐释,处处都有思想的出神和际会,无论其愚智真幻,皆有一气——时气——相通。仔细阅读可知,为了赢得三相之间不亚于胡塞尔讲的时晕的那种原发互构、区别中的互补共兴的晕境界,海德格尔使出通身解数,从缘在最日用而不知、浑然而不觉的"牵念"和"牵心"的生活方式,到哲学史上关注的问题如"主体"、"世界"、"自我"、"真理"、"存在"等,再到最个体化(不同于主体化)的真态经验,都探查和开显出它们实际生命的血脉气机,即它们形式显示的实行空间和时流几微。其理路之新,用语之奇,取穴之精,运思成文之互映共鸣,达到了出神入晕的境界。其中不是没有败笔,也不是没有内在困难,但它挥洒出的这一生命本身的思想气韵,激发出的哲理新潮,却足以将二十世纪的哲学界摇荡起来。不管无数被它眩晕化者的抱怨,也不顾那些依恋总体化、形式化、主体性、形而上学者的拒斥谴责,这海潮至今也还不平息。但一切的关键,还在得其原发的动机和显明这动机的方法,由此才能"任他[可比喻海德格尔的行话]巨力来打我,牵动四两拨千斤。引进落空合即出,粘连黏随不丢[不]顶。"(《太极拳经·打手歌》)②

[作者张祥龙,山东大学哲学与社会发展学院教授。本文刊发于《中国高校社会科学》2014年第1期,责任编辑朱志伟。人大复印资料《外国哲学》2014年第3期转载]

---

① M. Heidegger, *Sein und Zeit*, Achtzehnte Auflage, Tübingen: Max Niemeyer Verlag, 2001, S. 329.
② 杨澄甫等:《太极拳选编》"太极拳术"部分,中国书店,1984年,第69页。

经典、地域与思想传统

——以六世纪地论师与北方佛教中心为例

李四龙

南北朝中后期出现的地论师主要研究《十地经论》，对中国佛教的发展具有十分重要的意义，影响到此后天台宗、三论宗、华严宗与唯识宗，乃至律宗、净土宗等佛教宗派的形成。这个学派主要在中国北方地区活动，尤其是在东魏、北齐时期的首都邺城。中国古代的邺城，位于现在河北省最南端的临漳县西、河南省安阳市北，现在被当地人称为"六朝古都"①。这座被很多国人遗忘的古都，见证了中国佛教的兴衰，特别是在北朝时期，这里堪称中国北方最重要的政治、经济、文化中心之一。活动于此的地论师在当时佛教界的地位无与伦比，声望如日中天。

本文主要依据道宣所著《续高僧传》，叙述北朝邺城地论师的活动与思想，藉此分析印度佛典的传译与讲习在僧团内部形成的师承关系，并探讨这种师承关系对佛教中心的确立与佛教宗派的形成产生的影响。

一、洛阳译经与思想差异

地论师的出现与《十地经论》（以下简称《十地》）②的传译直接相关。《十地经论》这部属于印度唯识学派的典籍，是世亲解释《华严经·十地品》的名篇，诠解菩萨十地之义，被译出之后即有一批专门研究、传播这部论典的僧人，即所谓"地论师"。传说在印度，无著讲授《十地品》，他的弟弟世亲听后因受启发而撰此论。依据吕澂的说法，"无著大约是在公元400—470年，世亲大约是公元420—500年。"如果这个推算成立，那么可以说，中国佛教界是在第一时间译出了世亲的论著，传播当时印度佛教最新的思想理论。现存《十地》译本附有崔光的序文，内称北魏永平元年至四年（508—511），菩提流支（道希）、勒那摩提（宝意）主持翻译，佛陀扇多担任传

---

① 邺城初建于春秋时期，从东汉末年到南北朝，先后有曹魏、后赵、冉魏、前燕、东魏、北齐六个王朝定都于此。

② 《十地经论》现在常被简称为《地论》，但在《续高僧传》等古代典籍里通常被称作《十地》或《十地论》，本文故以《十地》简称。

语，僧俗十余人在洛阳"太极紫庭"，历时四年，译成十二卷《十地经论》。① 序文作者崔光官拜侍中，担任笔受，他的记载也就成了大家普遍接受的观点。如此说来，地论师的出现，至少要从公元508年开始算起。

然而，关于《十地》的译者、翻译地点，素有多种异说，有观点甚至认为当时存在《十地》的其他译本。道宣《续高僧传》卷二十一"慧光传"说："会佛陀任少林寺主，勒那初译《十地》，至后合翻，事在别传。"法藏《华严经传记》卷二因袭旧说："会佛陀、勒那初译《十地》，光乃命章开释，独最其功。"北魏太和十八年（494）十月迁都洛阳，少林寺是因随军南迁的佛陀禅师而建，其之落成是在此后。又据海云《大法师行记》，勒那摩提是在太和二十二年（498）向慧光传授《十地》②。依据新出土的慧光墓志铭，此时慧光三十岁，正值盛年。③ 因此，洛阳译经文前十年，慧光在新落成的少林寺里，已跟勒那摩提系统学习《十地》，尽管我们还无法断定当初有没有完整的《十地》译本。照此说来，地论师的出现，应该是从公元498年算起。

费长房所著《历代三宝纪》卷九记载，勒那摩提"正始五年（508）来在洛阳殿内译。初菩提流支助传，后以相争，因各别译"④。若能顾及此前在少林寺的传译，费长房突出勒那的贡献，似较合理。但这与崔光序文所说的菩提流支主译矛盾，也与《续高僧传》卷一"菩提流支传"不符⑤。不过，崔光的说法并非无懈可击。道宣在《续高僧传》卷七"道宠传"里说，"菩提留支初翻《十地》，在紫极殿；勒那摩提在太极殿。"这里提到的两个地名"紫极殿"、"太极殿"，与崔光所说的"太极紫庭"酷似，而且"太极"在前，这一说法似又暗示勒那摩提主译。

上述这些说法的模糊之处是，菩提流支、勒那摩提，谁是主译？是否存在"别翻"？依据各种僧传史料，菩提流支的语言功底较好，勒那摩提的理解能力较强；勒那先到中国介绍《十地》，流支则又晚于勒那去世，因此，现在的通行本，完全有可能是在流支的主导下厘定两人翻译的结果。前文提到的种种异说，其背后最关键之处是，他们俩人的翻译是否存在根本的差异？最离奇的说法是，在洛阳翻译《十地》时，菩提流支在紫极殿翻译，勒那摩提在太极殿翻译，彼此不许沟通，最后两个译本对勘，仅有一字之差。⑥ 这个说法是在刻意说明两位译者并没有理解上的分歧，甚至可以说是

---

① 参见《十地经论》序，《大正藏》第26册，第123页上。
② 海云：《大法师行记》（灵裕碑文），见《全唐文》卷九百四。
③ 参见明海：《新出土的慧光大师墓志铭》，《中国禅学》第4卷，中华书局，2006年9月。
④ 费长房：《历代三宝纪》卷九，《大正藏》第49册，第86页中。
⑤ 《续高僧传》卷一"菩提流支传"称：菩提流支、勒那摩提、佛陀扇多三处别翻，然后"参校"，合成通部。也就是说，我们目前能看到的版本，是经"后人"整理的结果。依据其他文献，"后人"或许是指慧光。
⑥ 参见《续高僧传》卷七"道宠传"，《大正藏》第50册，第482页中。流支译"有不二尽"，勒那译作"定不二不尽"。

高度一致。但历史上的实际情况是，两派的门人分道扬镳，并在中国佛教史上形成地论师的南道系与北道系①。有趣的是，这个离奇的说法出现在人才并不兴旺的北道系代表人物道宠的传记里，而在南道系代表人物慧光的传记里，两位译者之间的差异则被高调宣扬。

菩提流支、勒那摩提都是中国佛教史上卓有贡献的人物。菩提流支，北天竺人，北魏宣武帝永平初年来到洛阳，住永宁寺，后随东魏移居邺城，最后不知所终。从洛阳到邺城，期间二十余年，流支译有经论39部127卷，主要传播印度瑜伽行派的经典与思想，包括《金刚经》、《弥勒菩萨所问经》、《胜思惟梵天所问经》、《深密解脱经》、《入楞伽经》、《大萨遮尼乾子所说经》、《十地经论》、《法华经论》、《宝积经论》、《金刚仙论》等②。道宠向菩提流支求学，成为北道系地论师的发端。

勒那摩提，中天竺人，比菩提流支稍早一些来华，译出经典6部24卷③。道宣在《续高僧传》"菩提流支传"里说，勒那的"慧解"高于菩提流支，奉敕讲解《华严经》，颇能发挥经文"精义"，是当时著名的华严学者。在这篇传记里，勒那的结局，竟然是因为讲解《华严经》太好而被天帝召请，"含笑熙怡，告众辞诀，奄然卒于法座"。依《续高僧传》"道宠传"，勒那仅有三位弟子，其中慧光传承他的教法与律法，成为南道系地论师的发端。

其实，勒那、流支两人的经历有很多交集。像《十地经论》、《法华经论》、《宝积经论》和《宝性论》，在经录里两人都有各自的译本。而且两人分头翻译《宝积经论》的情形与传译《十地经论》十分相似。然而，在《续高僧传》里，勒那摩提被附记在菩提流支传，并没有单独的传记。在道宣的笔下，菩提流支"洞善方言，兼工咒术"，无人能比，勒那摩提则是不善语言，却有很高的悟性。两人因天资上的差异，在翻译《十地》时难免会有分歧。所幸勒那的弟子慧光通晓梵语，且早已熟悉《十地》的内

---

① 南北两道的说法，一般都说从相州去洛阳的通道，有南有北，两家沿着两道各别发展而得名。这是所谓的"邺下说"或"相州说"。另外一种说法，南北道地论师在魏都洛阳时期即已分裂，可能是因勒那摩提与菩提流支分居在当时御道街的南北，因而形成道南、道北两系，此即"洛下说"。

"南北两道"，在湛然《法华文句记》里被解说成从相州（邺都）通往洛阳的南北二道：道宠系散布在北道，慧光系散布在南道。吕澂认为，这一说法不甚可信。在他看来，《地论》之分为两派，在洛阳时就已经如此。他还引用布施浩岳的观点佐证自己的看法，参见《中国佛学源流略讲》第七讲。南北二道的考证，中国、日本的学者现在已有很多文章，这里不拟细谈。不过，吕澂在引道宣《续高僧传》"道宠传"时，实际上断句有问题，他把"故使洛下有南北两途"和后面两句"当现两说自斯始也，四宗五宗亦仍此起"连在一起。若查原文，那句话应与前面的"宠在道北教牢宜四人，光在道南教凭范十人"相连，旨在补充说明何谓"道北"、"道南"。因此，湛然当年的解说是有效的。

② 参见费长房：《历代三宝纪》卷九。
③ 参见费长房：《历代三宝纪》卷九。

容。他凭借优秀的语言功底,"通其两诤",协调勒那与流支的分歧,又能"取舍由悟,纲领存焉"(《续高僧传》"慧光传")。

慧光对两位译师的取舍,有自己的理解,但其基本立场源自勒那摩提所精通的《华严经》,并综合其所擅长的《四分律》等佛典。慧光十三岁出家,其弟子群星灿烂,活跃在北方的政治中心,邺城与嵩洛地区。慧光一系的佛学,在当时成了显学。他所擅长的律学、华严学,最终得到发扬光大。相对而言,道宠出家前是北朝大儒熊安生的高足,俗名张宾,才艺俱佳,但并无多少佛法的基础。他向流支请益佛法,原是出于好奇:传闻流支与勒那对《十地》的翻译仅有一字之差。若是勒那在世,料想道宠亦会前往求证。道宠得到流支的真传以后,"随闻出疏",热心传播《十地》,名震邺都。但在他的传记里,除了这部佛典,再没有记载其他的学佛经历。差不多而立之年才出家的道宠,后来得到自己出家前的门生、当时已经发达的魏收、邢子才、杨休之等的巨额供养。在他的门下,能够传道的学生据说多达千余人。这个僧团的追随者很多,但他们的思想并没有明确的立场,以至于并没有涌现多少史上留名的高僧。而且,最有声望的学生并没有在京城立足,而是去了山西的并州①。

道宠一系的佛学,可依据其门人的经历略有所知。志念,被视为道宠之后最有代表性的北道系地论师。在他的传记里,道宣说他先随"道场"② 法师学习《大智度论》,后随道宠学习《十地经论》,此后深究小乘毗昙。这篇传记,多少反映了道宠僧团的学风:他们主要继承当时北方地区的佛学传统,关注罗什传译的《大智度论》,倾向于般若经系统,深究有部毗昙,擅长名相分析。而与之相对的南道系则更倾向于佛学思想的诠释。

这种学风上的差异,并非勒那摩提与菩提流支所为,而是反映出慧光、道宠等具有不同的佛学结构和知识背景。以往的传世文献往往直接说明他们之间的思想差异,这种知识结构的差异并没有得到重视。道宣《续高僧传》将他们的分歧概括为两点:"当现两说"、"四宗五宗"("道宠传")。四宗、五宗,是说地论师内部有不同的判教主张,但差异并不很大。他们在佛学上最主要的差异是"当现两说",即所谓"当常"或"现常"。玄奘《谢高昌王表》说,"远人来译,音训不同,去圣时遥,义类差舛,遂使双林一味之旨,分成当现二常;大乘不二之宗,析为南北两道。纷纭诤论,凡数

---

① 并州是代表地方势力的重镇,这个地方曾经是尔朱氏发家的地方,曾经是撼动北魏政权的地方,还是后来李唐发家的龙兴之地。

② 圣凯将之训为"道场",并依慧影《大智度论疏》认为,道场是慧光弟子,因与菩提流支有过节而苦读《大智度论》。也就是说,在通常所说的慧光弟子以外,出现了一位久被遗忘的道场。圣凯认为,地论学派的内部分裂,应该始于道场与法上之间。但其论文并没有最终说明道场与道宠究竟是两人或同一人,因此本文暂不采纳这一新论。关于这一新论,参见圣凯:《地论学派南北道新探》,见 2013 年 7 月韩国金刚大学"宗派佛教成立期的中国佛教思想之展开"会议论文集。

百年。率土怀疑，莫有匠决。"① 玄奘所说的"当现二常"，未必确指地论师的观点，但该词的内容应该是针对当时"佛性"或"涅槃"问题上的争议。

当常与现常之争，即是佛性始起和本有之辩，在佛教徒看来是修行的终极问题，也是南北朝《涅槃经》研究留给他们的话题。数百年间，论者莫衷一是。以"当现"概括这场争议，说明地论师所处的佛学背景，是《涅槃经》普遍流行的时代，这在他们的佛学结构里有明显的表现。他们都很重视《涅槃经》，在众生成佛的框架之内讨论菩萨十地的问题。

地论师从北魏到初唐，代不乏人。这些僧人当时并没有传宗定祖的做法，往往学无常师。但是在此过程中，依据不同的师承关系，出现了数个颇有影响的僧团。

二、师承关系与僧团流动

北魏永熙三年（534）冬十月，高欢立清河王子善（时年11岁）为帝，改元"天平"，从洛阳迁都于邺，始立东魏，改相州为司州。在此背景下，邺城成为东魏的新都，旧都洛阳的高僧纷纷迁来，当地的佛教迎来空前的发展机遇，邺城迅速成为中国北方佛教中心，"宇内英杰，咸归厥邦"。当时，"都下大寺略计四千，见（现）住僧尼仅将八万。讲席相距，二百有余。在众常听出过一万。"② 当时，菩提流支去了邺城，勒那摩提的嗣法弟子慧光也住在邺城。在之前和之时，应该已有广义的地论师，即潜心研究《十地》的法师，但是，地论师的蓬勃发展主要是在东魏、北齐时期的邺城。正如汤用彤所言："及孝静迁邺，僧人与之俱徙。于是《地论》之学，转以邺城为中心。"③

南道系地论宗，严格来讲应该始自慧光，算为第一代。这位关键人物，在当时很有影响，在洛阳和邺城都是政府依赖的僧官。他精研律学，弘扬《四分律》，史称"光统律师"。他的弟子很多，人才辈出，著名的主要包括：法上（495—580）、道凭（488—559）、昙遵（480—564?）、僧范（476—555）、慧顺（487—558?）、灵询（482—550?）、僧达（475—556）、道慎（515—579）、安廪（507—583）、昙衍（503—558）、昙隐、洪理、道云、道晖等。其中有十位弟子备受推仰，尤其是以法上、道凭最为优秀，算为第二代。法上担任魏、齐两代僧统；道凭慧解过人，有"凭师法相，上公文句，一代希宝"之誉。法上的主要弟子有慧远（523—592）、法存、融智等，道凭门下有灵裕（518—608），昙遵门下有昙迁（542—607），这些慧光的再传弟

---

① 慧立、彦悰：《大慈恩寺三藏法师传》卷一，《大正藏》第50册，第225页下。
② 参见道宣：《续高僧传》卷十"靖嵩传"；另见汤用彤：《汉魏两晋南北朝佛教史》，中华书局，1983年，第377页。
③ 汤用彤：《汉魏两晋南北朝佛教史》，中华书局，1983年，第378页。

子算为第三代。净影慧远①被现在的学者称为隋代三大师之一，与天台智者、三论吉藏并称，其《大乘义章》堪称南北朝佛学的集大成。在他门下，有灵璨（548—618）、慧迁（548—626）、善胄（550—620）、宝安、智嶷、智徽（560—638）、辩相、玄鉴、道颜、僧昕等，这些算是第四代。在华严宗兴起以后，南道系逐渐式微。

北道系地论宗传自菩提流支，流支门下弟子道宠名扬邺下，算是第一代。道宠的学生主要有志念、僧休、法继、诞礼②、牢宜、儒果等，算是第二代。志念（535—608）是第二代中最突出的一位，其弟子极多，《续高僧传》说知名者有"慧达、法景、法楞、十力、圆经、法达、智起、僧鸾、僧藏、静观、宝超、神素、道杰"等五百余人。道宣说，这些人"九土扬名，五乘驰德，精穷内外，御化一方"（"志念传"），学识与教化都很突出。他们算是北道系的第三代，但殊为可惜的是，他们的实际情况并不为人所知。北道系在摄论宗流行以后，逐渐与之融合，淡出了人们的视野。

公元534年东魏定都邺城，公元550年北齐取代东魏，其间是邺城佛教的繁盛时期。北齐承光元年（577）正月，北周破邺灭北齐，又以司州为相州，开始禁传佛教。北周末年，杨坚毁邺城，迁州治于安阳，邺城佛教的影响力从此一落千丈。据最新的考古报告，2012年邺城考古队在邺南城遗址北吴庄清理石造像埋藏坑，出土石造像2895件，造像碎片数千件，时代主要是在东魏、北齐时期，而北魏及唐代造像并不多③。这份考古报告，证实邺城佛教的黄金时期是在东魏和北齐，也就是公元534年到577年。

下文将主要依据《续高僧传》考察地论师在邺城的活动。这一时期的地论师，可被简约为五大群体：慧光僧团（慧光及其门人，包括部分再传弟子）、道宠僧团（包括他的再传弟子）、法上僧团、慧远僧团和灵裕僧团。严格说来，邺城时期的慧远还没有自己的势力，但因其以后的卓越影响，在此一并列入。

1. 慧光僧团

慧光，定州长卢人，十三岁随父到洛阳，跟从佛陀扇多受三归，后来列席勒那、

---

① 慧远入隋以后常住长安净影寺，故有"净影慧远"之称。
② 《续高僧传》卷十一"志念传"将"诞礼休继"并称，列为志念在向道长学习《大智度论》时的同学。"休继"分别代表僧休、法继，因此，"诞礼"或许也指两位僧人，而非一人。"靖嵩传"提及道猷、法诞面受《成》、《杂》两论。诞，或许是指"法诞"。"礼"指何人，尚不可查。在"志念传"还提到志念的师弟志湛。道宣在道宠传还提及一种说法，"宠在道北教牢宜四人，光在道南教凭范十人"。这种说法，暗示在道宠门下有四位高足。但是究为何人？不得而知。
③ 邺城考古队：《河北省邺城遗址赵彭城北朝佛寺及北吴庄佛教造像埋藏坑考古发掘与收获》，《中国文物报》2013年3月15日。

流支传译《十地经论》的译场。初在洛阳，任国僧都；后被召入邺都，任国统①。依据近年出土的墓志（《魏故昭玄沙门大统墓志铭》），慧光在元象元年（538）三月在邺京大觉寺示寂，世寿七十。他的离世，当时被认为是"灵山丧宝，法宇摧梁"，门徒崩号，学子悲恋。其影响之大，可见一斑。在道宣看来，慧光善于"开剖章途，解散词义"，无人能比。慧光初学律宗，晚通理教，道宣誉之为"当锋之领袖"、"万叶之师模"②。

慧光门下弟子各有擅长：法上、道凭、僧范等传承地论学；洪理、道晖、道云等传承四分律学。还有的弟子去了南方，如僧达受梁武帝崇敬，曾讲《华严》、《十地》；安廪入陈地，宣讲《大集经》。诸多弟子中，法上的影响力最广泛，综理东魏、北齐佛教近四十年，声誉甚至远及高句丽国。

道凭，平恩人，十二岁出家，初诵《维摩》，后学《涅槃》，复究《成实》。继闻慧光弘扬戒律，因往听讲，停留十年，后住邺西宝山寺，敷讲《地论》、《涅槃》、《华严》、《四分》。在道宣的笔下，慧光说法，道凭最能契合，所谓"慧光道凭蹑迹通轨"。道凭的门人中最著名的是灵裕。

僧范，平乡人，俗名李洪范，博览群书，世有高名。二十九岁听讲《涅槃》，因此前往邺城出家，又往洛阳学习《法华》、《华严》，在慧光门下受业，尝讲《华严》、《十地》、《地持》、《维摩》、《胜鬘》等经，卒于邺东大觉寺。

昙遵，河北人，两度出家，后投慧光门下，七十余岁被推为"国都"，后转为"统"，卒于邺下。他的门人昙迁，最初精研《华严》、《十地》和《楞伽》等，后遇北周武帝毁佛，南渡扬州，住道场寺，讨论唯识义旨，接触《摄大乘论》，遂以摄论为宗，成为北地摄论宗的开创者。

慧顺，俗姓崔，《十地经论》序文作者、侍中崔光之弟，年二十五在洛阳依慧光出家，擅讲《十地》、《地持》、《华严》、《维摩》，并立疏记，终于邺下总持寺。

灵询，渔阳人，少年入道，学习《成实》、《涅槃》，后随慧光学习十余年，撰有《维摩疏记》。东魏迁邺，灵询游历燕赵，曾任国都，魏末任并州僧统，齐初卒于晋阳。

道慎，高阳人，十四岁出家，入洛阳从慧光学《十地》，专于《涅槃》，曾任国都，善于辩对，卒于邺城定国寺。

僧达，上谷人，十五岁出家，倾心律学，到洛阳依勒那摩提学习《十地》。勒那圆寂以后，又从慧光学习，擅讲《华严》、《四分》、《十地》、《地持》。到南方讲法以后，又应请回到北方邺城，住于专为他修造的洪谷寺、定寇寺，颇有神通，道宣将之编入"习禅"篇。

---

① 《隋书·百官志》：北齐置昭玄寺，掌诸佛教，置大统一人，统一人，都维那三人。而在天保年间，大统一人，统九人，所谓"国置十统"。

② 《续高僧传》卷十五，《大正藏》第50册，第548页中。

2. 道宠僧团

北道系出众的人才远不及南道系，道宠之后仅志念、神素、道杰等数人，事迹稍显，在《续高僧传》有传。

道宠，原先学儒，当时与李洪范齐名，后来归心佛法。菩提流支授以《十地》，受教三年，后能随闻作疏。在他多达千余人的弟子里，以志念为最。

志念，冀州信都人，受具足戒后，到邺城问道。在依道宠学习《十地》以前，还曾学习《大智度论》，后来还跟时有"毗昙孔子"之称的慧嵩①学习毗昙。他对毗昙学有着特别的爱好，向道猷、智洪、晃觉、散魏等名家求学，名声竟在道猷之上。志念擅讲《心论》，撰有《迦延、杂心论疏》及《广钞》各九卷，从学者数百人。北周武帝灭佛，志念逃至海边，重读小乘论典，疑虑廓销。后来长期居住并州晋阳，曾随隋汉王谅出使京城长安，盛况空前。可以想见，志念在当时实际上是一位毗昙学的宗师。在他的传记里提到，汲郡洪该、赵郡法懿、漳滨怀正、襄国道深、魏郡慧休、河间圆粲、俊仪善住、汝南慧凝、高城道照、洛寿明儒、海岱圆常、上谷慧藏，跟他学习毗昙深有心得。

3. 法上僧团

法上，朝歌人，十二岁出家，十五岁就能开讲《法华》，后来专究《涅槃》，在慧光门下受具足戒，撰有《十地论义疏》、《大乘义章》等。他到邺都时，年已四十岁。应魏大将军高澄之请，住相州定国寺、邺西合水寺（修定寺）。当时北方佛教臻于鼎盛，僧传里说，法上所部僧尼二百余万。北周灭北齐后灭佛，法上易服隐于俗中，依旧修习净业。

法上的弟子有法存、融智、慧远等，其中融智擅讲《涅槃》及《十地》，慧远后来则是佛门领袖，影响还在乃师之上。融智的事迹，附见于《续高僧传》"靖嵩传"。据说，融智常讲《涅槃》及《十地》，学徒五百，靖嵩因此随学。数年之后，北周武帝灭佛，靖嵩到南方避难，在建业遇到真谛的弟子法泰，学习新译《摄大乘论》、《俱舍论》等，从而改为摄论宗。

4. 慧远僧团

在法上的弟子里，慧远的成就最大。慧远，敦煌人，十三岁出家，二十岁依法上为和上、慧顺为阇黎，受具足戒。先跟慧光弟子昙隐学习五年《四分律》，后来随侍法上七年。据说，慧远"七夏在邺，创讲《十地》，一举荣问，众倾余席。"（"慧远传"）北周灭北齐，在邺聚集众僧议废佛教，慧远抗声争辩，后来隐居，诵《法华》、《维摩》等经。隋文帝开皇七年（587），敕召入关，圆寂于开皇十二年（592），年七十岁。

---

① 慧嵩虽以毗昙著称，到了南方建业，还曾开讲《地持》、《十地》。事见《续高僧传》卷十一"保恭传"。

慧远学识渊博，注解《十地》、《地持》、《华严》、《涅槃》、《维摩》、《胜鬘》等经，又造《大乘义章》。陈寅恪特别推崇这部《大乘义章》，誉之为"六朝佛教之总汇"，"或胜于《大乘法苑义林章》、《宗镜录》二书也"，把慧远推为"综贯包罗数百年间南北两朝诸家宗派学说异同之人"。① 慧远门下有灵璨（548—618）、慧迁（548—626）、善胄（550—620）、智徽（560—638）、辩相、玄鉴等十余人。其中，灵璨继住净影寺，擅讲《十地》、《涅槃》。灵璨、善胄、慧迁在开皇年间担任"五众"的十地众主。

不过，《续高僧传》卷十二说："自迁之殁后，《十地》一部，绝闻关壤。"也就是说，慧迁之后，《十地》在关中地区近乎绝响，影响式微。相反，《摄论》在长安"弥见弘演"（"明诞传"），学人渐渐先读《摄论》，再学《地论》（"道璨传"）。

5. 灵裕僧团

灵裕，定州人，二十岁时，前往邺都跟随道凭学习《地论》，也曾从学于法上。他还精于《华严》和《涅槃》，著有《十地论疏》。灵裕弟子很多，包括青彡渊、惠休、道昂、灵智、昙荣、道辩等。他的法脉在隋唐之际相当兴旺，演化出华严宗。青彡渊擅讲《华严》、《地持》、《涅槃》、《十地》，弟子有法琳、法侃、智正、普安等。

智正，定州安喜人，十一岁出家，开皇十年（590）和昙迁同到长安，常讲《华严》、《摄论》、《楞伽》、《胜鬘》、《唯识》等经论，著有《华严疏》十卷，他的弟子有智现、智俨。这位智俨（602—668），即是华严宗实际创立者贤首法藏的师父，被尊为华严二祖。

综合上述，南道系慧光僧团内部可以分出两大传承：（1）"法上—慧远"僧团，担任僧官，社会影响广泛，继承慧光在体制内的衣钵，并在慧远的努力下，其佛学思想成为南道派的主流；此外，"法上—融智—靖嵩"的法脉当时亦有影响；（2）"道凭—灵裕"僧团，隐修民间，不慕京华，其后学渐成华严宗，大放异彩。慧光一系僧人的影响，大多是在邺城—嵩洛—长安，在不同时期均依附当时的政治中心，与主流社会关系密切，僧团内部人才济济，事迹昭彰。北道系"道宠—志念"僧团，后来主要是在山西并州一带活动，远离全国政治中心，依附地方势力。他们的信众虽多，但大多钻研名相，隐而不显。

无论是南道系还是北道系，其活动区域基本是在北方四大佛教中心之间流动，即：嵩洛—邺城—长安—并州。从他们的流动轨迹来看，南道系是在全国政治中心之间平移，不断地在京城之间活动，始终能与政治权贵、知识精英为伍，有较强的宗教性；北道系僧人则往往偏好研究，学术色彩较浓，他们所依附的政治力量一旦失势，则只能不断下潜民间，既有可能继续潜心治学，也有可能蜕变为没有任何学术诉求的纯粹

---

① 陈寅恪：《大乘义章书后》，见《金明馆丛稿二编》，上海古籍出版社，1980年，第161页。

信仰。

当然，公元 6 世纪的北方地论师，也有可能溢出上述四大佛教中心。个别僧人越过政治上南北分治的壁垒，流向南方，最后往往改为摄论师。当时著名的摄论师昙迁、靖嵩，论其师承，最初源于南道系地论师，但都在南渡以后改宗。这也说明，北道系地论师后来大多转为摄论师，这并不具有佛学理论上的必然性，更多的是反映了南方佛学对北方的影响。下潜民间的北道系，其流动性要比南道系大，吸收新思想的机会比南道系多，动力也会更强一些。

三、邺城讲习与佛学结构

需要说明的是，即便是在兴盛的年代，地论师也只是广义的地论师，仅表明他们之间存在以《十地》为纽带的师承关系。其实，地论师中很多人并不专精《十地》，有的虽然熟悉该论，但可能更擅长其他佛典。他们的知识结构相当全面，彼此之间并不相同，甚至很不相同。在邺城，流风所及，其他僧人也有可能钻研《十地》。以下主要依据《续高僧传》，统计这些僧人所学的佛典及其讲经和著述的情况，藉此反映当时邺城流传的主要佛典，以及地论师的佛学知识结构。

1. 地论师系统的佛学结构

僧名	所学佛典	讲经诵经	主要著述	资料出处
慧光	华严、涅槃、维摩、十地、地持、四分律		胜鬘、遗教、温室、仁王般若；	《续高僧传》卷二十一
僧范	涅槃、法华、华严	华严、十地、地持、维摩、胜鬘	涅槃论、大品论、地持述	《续高僧传》卷八
昙遵		十地、维摩、胜鬘		《续高僧传》卷八、卷十(智闰传)
慧顺		十地、地持、华严、维摩	各类讲经的疏记	《续高僧传》卷八
道凭	维摩、涅槃、成实	十地、涅槃、华严、四分		《续高僧传》卷八
法上		十地、地持、楞伽、涅槃、维摩、胜鬘	增一法数、佛性论、大乘义章、众经录	《续高僧传》卷八
道慎	十地、涅槃			《续高僧传》卷八
僧达	十地	华严、四分、十地、地持		《续高僧传》卷十六
道宠*	十地			《续高僧传》卷七
志念*	大智度论、十地、毗昙	大智度论、心论、迦延本经	迦延杂心论疏、广钞	《续高僧传》卷十一
慧远	四分律、十论	十地、地持、华严、涅槃、维摩、胜鬘、法华	大乘义章	《续高僧传》卷八
融智		涅槃、十地		《续高僧传》卷十"靖嵩传"

僧名	所学佛典	讲经诵经	主要著述	资料出处
昙迁	胜鬘、华严、十地、维摩、楞伽、地持、起信、唯识论、萨婆多部、摄论		摄论、楞伽、起信、唯识等疏,华严明难品玄解	《续高僧传》卷十八
靖嵩	涅槃、十地、律学、成实、杂心	婆沙、迦延、舍利弗	摄论疏、杂心疏、九识三藏三聚戒二生死等玄义	《续高僧传》卷十"义解篇"
灵裕	华严、涅槃、十地、律部			华严、涅槃、十地、律部

带＊者为北道系地论师

以上罗列的佛学结构，其依据仅为《续高僧传》，相关信息并不完整。不过仅就此表而论，南道系与北道系的区别已很明显：(1)南道系普遍重视讲经，北道系则重视讲论。以现在大学的情况类比，北道系重视佛学理论研究，南道系则喜欢教学上课。直到隋、初唐，重论的僧人通常要学"《智论》、《十地》、《地持》、《成实》、《毗昙》"(参见《续高僧传》卷十一"道宗传")。(2)除了南北二道共同推崇的《十地》，南道系最重视《华严》、《涅槃》、《地持》、《胜鬘》，爱讲《维摩诘经》。

令人印象深刻的是，地论师对《法华经》并不重视。这在一定程度上说明，为什么特别推崇《法华经》的天台宗创始人慧思，要到南方去发展。而且，隋代设立的"五众"中也没有《法华经》的位置。

因此，地论师的知识结构相当丰富，他们的思想并不仅限于《十地经论》，还深受当时流行的《涅槃经》或《大智度论》、有部毗昙的影响，后期的地论师甚至还受到《摄论》的影响。在这方面最典型的例子，莫过于净影慧远。

现在通常都把慧远视为地论宗名匠，继承法上法脉，实则慧运兼究《涅槃》、《摄论》及《三论》。在他身上，兼有多种佛学传统。特别是到晚年，慧远颇为关注《摄论》。现代佛教学者韩镜清甚至把他列为"《起信论》师"，这个观点引起学者的争议。不过，慧远及其门人高度重视《涅槃经》，却是确凿无疑的。①台湾学者蓝吉富依据《续高僧传》列出慧远十八位弟子（宝儒、灵璨、慧畅、净业、善胄、辩相、慧迁、智徽、玄鉴、行等、宝安、明璨、僧昕、道嵩、智嶷、道颜、灵璨、慧畅）所擅长的佛典，进而得出结论："慧远门人之习《涅槃》者有十八人，而习《十地经论》者，仅有八人。"②直到隋代，《涅槃经》还是中国佛教界最关注的对象。在此前提下，有的学生喜欢研究《十地》，有的则倾向于《摄论》。譬如，辩相在少林寺依止慧远，学习《十地》等大小三藏，特别专研《涅槃》，后来去南方，更学《摄论》及《毗昙》，造诣精深（事见《续高僧传》卷十二）。

---

① 参见蓝吉富：《隋代佛教史述论》，台湾商务印书馆，1993年，第200~206页。韩镜清的观点，见于他的名篇《净影八识义述》。

② 蓝吉富：《隋代佛教史述论》，台湾商务印书馆，1993年，第203~204页。

这种佛学兴趣与知识结构，可以参照当时在长安的昙延（516—588）。昙延，蒲州桑泉（山西临晋）人，年十六岁，闻妙法师讲《涅槃》而剃度出家。后来还听《华严》、《大智度论》、《十地》、《地持》、《佛性》、《宝性》等诸部，北周武帝赐任国统。昙延著有《涅槃义疏》十五卷、《宝性论疏》、《胜鬘经疏》等，今多不传，仅存《涅槃义疏》片断与《起信论义疏》上卷（《续高僧传》卷八）。

隋文帝按照戒定慧三学的思路，依次设立涅槃众、地论众（含《华严经》）、大论众（主要指《大智度论》，包括《大品般若经》）、讲律众、禅门众。这种安排，明显是尊重北朝地论师的佛学传统。实际上，地论师的佛学结构是北朝佛学的集大成。在南北朝初期，有部毗昙受到空前的重视；同时，罗什译传的龙树思想广泛传播。南方较重视"三论"，北方还兼重《大智度论》。直到北齐，僧人讲起学问之事，还常以《大智度论》为首。作为两者的过渡，《成实论》在南北朝备受关注，《涅槃经》则在南北朝实际上居于主导地位，始终最受重视。不过在北方，由《十地经论》所代表的《华严》系统成为北朝佛教的特色。

道宣在《续高僧传》"慧藏传"里提到，当时大家心目里的学经次第，是"《智论》、《十地》、《华严》、《般若》等经论"。这个次第基本反映出了南道系地论师的知识结构，而北道系还要增加毗昙学的内容，无论是小乘有部或大乘毗昙。

2. "十地"学者的佛学结构

依据《续高僧传》的记载，在邺都生活的僧人，很多也爱学习《十地》。这部僧传还记载，一些传承并不清楚的僧人也在弘传《十地》，他们主要分布在隋、初唐，往往同时宣扬《摄大乘论》，我们不妨把他们称为地论师以外的"十地"学者。

作为地论师佛学结构的对比项，下文将首先列出数位邺城僧人的佛学结构，他们游学邺都，传记里有他们学习或讲解《十地》的记载；其次将再从《续高僧传》摘出北方僧人学习《十地》的情况。

邺城"十地"学者

僧名	所学佛典	讲经诵经	主要著述	资料出处
彦琮	须大拏经、大方等经、十地、法华	无量寿经、大智论、仁王经、大品、法华、维摩、楞伽、摄论	辩教论、众经目录	《续高僧传》卷二"译经篇"
智脱	华严、十地、成实、毗昙论	大品、涅槃、净名、思益、成论	成实论疏、释二乘名教、净名疏	《续高僧传》卷九"义解篇"
智闰	十地、华严、涅槃、四分、小论、三论			《续高僧传》卷十"义解篇"
智梵	大论、十地			
灵幹	毗尼	华严、十地		《续高僧传》卷十二"义解篇"

隋、初唐"十地"学者

僧名	所学佛典	讲经诵经	主要著述	资料出处
静藏	摄论、十地			《续高僧传》卷十二
昙藏		地持、十地		《续高僧传》卷十二
功迥		十地、胜鬘、法华、佛地、般若	法华疏、佛地疏、般若疏、无性摄论疏	
僧猛		十地		《续高僧传》卷二十三
明诞		十地、地持、摄论		十地、地持、摄论
道璨	摄论、华严、十地			《续高僧传》卷二十六
明芬		十地		《续高僧传》卷二十六
圆超	十地、涅槃			《续高僧传》卷二十六

依据上文所列两表可知，邺城的僧人弘传《十地》，通常会结合《大智度论》和《毗昙》，而隋、初唐僧人弘传《十地》，常与《华严》和《摄论》有关。这就反映出邺城较多地保留罗什（344—413，或说350—409）的佛学传统，而到隋、初唐，真谛（499—569）佛学的影响显著上升。也就是说，在研究《十地》的僧人中间，当时有以真谛所传的法相唯识学替代罗什所传的般若中观学的倾向。这种思想倾向，明显表现在当时刚刚兴起的华严宗里。这也在一定程度上能说明，南道系地论师最终融入华严宗的必然性。

比起这些"十地"学者，地论师显然更重视《涅槃经》，这是南北朝时期带有普遍性的时代风气：在《涅槃经》的思想背景里，探讨菩萨的修行地位、诸佛的涅槃境界，论证众生的成佛条件。在现存的地论师论著里，特别是近年在敦煌遗书里发现的写本里①，可以很清楚地看出，他们素以"五门"梳理自己的佛学思想，即：佛性门、众生门、修道门、诸谛门、融门。其中，"佛性"最受关注，是其首要的问题，复以"修道"为重点，以"圆融"为归宿。

与此同时，非地论师系统的"十地"学者还很推崇《法华经》，有的僧人甚至讲授《法华》五十余遍（《续高僧传》"功迥传"），这说明除了《涅槃经》和《华严经》，当时还有强大的《法华经》信仰。推崇《法华》、《涅槃》，恰好也是智𫖮（538—598）创立天台宗的思想基础。

由此说来，邺城地论师有其相对稳定的佛学结构，能以《十地经论》为主导，融会其他佛典。随着时代的变迁，僧团在不同的佛教中心之间流动，地论师的思想传统，不论是南道系还是北道系，都在发生变化。他们的佛学结构一旦发生根本的变化，地

---

① 参见青木隆、方广锠、池田将则、石井公成、山口弘江整理：《藏外地论宗文献集成》，韩国金刚大学，2012年。

论师的传承随即瓦解,而有中国特色的佛教宗派却有可能就此涌现。

结语　宗派首先取决于经典诠释

南北朝时期有六个佛教中心:以建康为中心,以嵩洛、邺城为中心,以荆州为中心,以庐山为中心,以长安为中心,以南海为中心。① 这些佛教中心与周围地区的边际并不十分明确,内部也有复杂的互动关系。嵩洛、邺城是北朝最大的佛教中心,元魏在公元534年解体以后,洛阳的中心地位让给了邺城。天台宗的出现,与建康(今南京)这个佛教中心关系最密切,而其思想来源则与邺城这个北方佛教中心联系最紧密。智𫖮成长的年代,正是地论师如日中天的时候,他们的判教思想和修道理论,对智𫖮产生了直接的影响。

纵观本文前述克制,地论师在邺城得到了全面的发展,成为在东魏、北齐时期最耀眼的佛教学派。这个学派随后形成各具特色的五大僧团,分别以慧光、道宠、法上、慧远、灵裕为领袖,其后学遍及北方四大佛学重镇:邺城、洛阳、长安及并州。在普遍重视《涅槃经》的佛学氛围里,从邺城回流到洛阳的地论师,大多还保留重视《十地》的传统;而到长安以后,逐渐重视《摄论》,其佛学结构发生重大变化,促成了华严宗的形成。

也就是说,佛教宗派首先取决于经典诠释,而经典的诠释又依赖于他们的佛学结构。僧团在不同地域间的流动往往促成这种佛学结构的改变,从而生成新的思想传统。公元6世纪地论师的重要性,源自他们在北方佛教中心之间的流动,为中国佛教随后的创宗立派奠定了思想基础。

〔作者李四龙,北京大学哲学系教授。本文刊发于《中国高校社会科学》2014年第1期,责任编辑朱志伟。人大复印资料《宗教》2014年第2期转载〕

---

① 参见李四龙:《天台智者研究》,北京大学出版社,2003年,第28~30页。

国家社会主义、世界犹太集团与存在的历史*

——关于海德格尔的黑色笔记本

理查德·沃林

一

最近，马丁·海德格尔（Martin Heidegger）"黑色笔记本"（Black Notebooks）的前三卷在巨大的争议声中于德国出版。全部"黑色笔记本"将构成卷帙浩繁的《海德格尔全集》的最后八卷。完整出版后，这套全集将高达102卷，远超出康德、黑格尔或尼采全集的卷数。海德格尔，这位自诩为自赫拉克利特以来西方传统中最伟大的思想家，在生命的最后日子里，仔细地规划了自己全部著作的出版顺序（不按年代排序），并将"黑色笔记本"选定为整套全集的终结部分。

"黑色笔记本"得名于海德格尔用于写作的以黑色封皮装订的笔记本。数十年来，作为海德格尔文字遗产的守护者，他的儿子赫尔曼（Hermann）和弗莱堡哲学家弗里德里希·威廉·冯·赫尔曼（Friedrich-Wilhelm von Herrmann）对这批著作的存在守口如瓶。个中缘由不难理解。因为这批著作揭示了海德格尔在20世纪三四十年代对布尔什维克主义、国家社会主义和由英美等西方势力所代表的"世界犹太集团"的不光彩行为的全心沉迷。

关于海德格尔政治立场的丑闻当然不是什么新话题，至少可以追溯到1933年他被纳粹任命为弗莱堡大学校长时发表的就职演说。在演说中，海德格尔主张，为了德意志民族的历史命运，要牺牲大学的自治（一年后海德格尔辞去校长一职，但仍保留国家社会主义党的党籍至1945年）。后续关于海德格尔在多大程度上支持纳粹主义的争论，可以说开始于战后弗莱堡的"清除纳粹"诉讼程序。在鉴定报告中，海德格尔多年的朋友和同事雅斯贝尔斯（Karl Jaspers）将他描述为一个虚无主义者，一个"间或能以一种秘密且非凡的方式击中哲学思想的核心"的非批判的神秘主义者。然而，雅

---

* 世界犹太集团（World Jewry），德文为Weltjudentum，字面意思是"全世界犹太人"。它是一个反犹主义用语，带有强烈的贬义色彩。反犹主义者认为，散落于世界的犹太人不会效忠他们所身处的国家，而是作为一个集体实施着统治世界的阴谋。纳粹在其反犹宣传中亦使用这一指称。鉴于上述内涵，本文将其译为"世界犹太集团"。——译者注

斯贝尔斯还这样写道:

> 那些帮助国家社会主义掌权的人必须受到责问,这是绝对必要的。海德格尔是为数不多已这样做的教授之一……在我看来,海德格尔的思维方式在本质上是非自由的、专断的、不易交流的,这种思维方式在今天对教育的影响是灾难性的……当然,海德格尔并未识破国家社会主义领导者的所有真实的力量和目标……但他的言行方式却与国家社会主义的特征有某种亲缘性,这使他的过失便于理解。

海德格尔随即被开除出大学并被禁止从事教学活动,直到1951年他才被重新接纳并允许再次从事教学。

海德格尔对纳粹究竟抱有多大程度的同情,这种同情具有何种意义,关于这些问题新近的争论是由雨果·奥特(Hugo Ott)、维克多·法里阿斯(Victor Farias)、伊曼纽尔·法耶(Emmanuel Faye)等人的证据确凿的研究引发的。然而,海德格尔的信徒在每一次的回应中,都将这位哲学家的思想与他令人难堪的政治纠葛分而论之。正如雅斯贝尔斯指出的,这种策略从来没有彻底使人信服过。与已经发表的演讲和理论著述相比,"黑色笔记本"现在所提供的内容使我们能够走近海德格尔最隐秘的哲学思想,即这位哲学家隐居在他的黑森林滑雪小屋时所详细阐发的、内容广泛的"被遮蔽的学说"。

因此,与报道相反,"黑色笔记本"并非只是关于偶然的或不成熟的思想的纲要。相反地,从纯粹海德格尔式的"存在的历史"的角度来看,这些笔记本总体上构成了对当代本质问题的持续性反思。因此,从这点上看,我们不再有充分的理由对海德格尔种族主义的倾向等闲视之,如乔纳森·雷(JonathanRee)最近所做的那样,宣称这位弗莱堡的哲人只是"那种常见于20世纪二三十年代、像劳伦斯(D. H. Lawrence)、艾略特(T. S. Eliot)、以斯拉·庞德(Ezra Pound)一样的文化反犹主义者"。德国记者托马斯·阿舍伊尔(Thomas Assheuer)则敏锐地指出:

> 承认海德格尔的反犹主义但仅仅是为了永久性地将反犹主义排除在他的哲学之外的解释把戏再也没有说服力了。"黑色笔记本"中反犹太人的敌意并不是后来产生的想法,恰恰相反,它构成了(海德格尔)哲学诊断的基础。

随着"黑色笔记本"的出版,现已成为不容置疑地清楚的一点是:对于非德意志民族——英国人、俄国人、法国人、美国人,特别是犹太人——的种族偏见处于海德格尔哲学工程的中心,因为这种偏见与他在《存在与时间》(1927)中就已经使用的、持续在20世纪30年代的演讲和研讨会上所津津乐道的"民族"概念是分不开的。海德格尔认为德意志民族具有本体论意义上的优越性，这支撑着他的以下政治见解：可以正当地以"存在的历史"之名迫害劣等民族。"黑色笔记本"的编辑彼得·特拉夫尼（Peter Trawny）在其小书《海德格尔与犹太世界阴谋论之谜》中也有力地论证了这一点。

二

在其晚年的重要文本之一《关于人道主义的书信》（1947）中，当海德格尔不得不界定"存在"这一关键概念时，他写道："存在者是否以及如何显现，上帝与诸神或历史与自然是否以及如何进入存在的澄明、是否以及如何在场和不在场，都不由人来决定。存在者的到来在于存在的命运。"这句话似乎表明，人类不可避免地依赖于某种莫可名状的、神秘的更高的力量。我们不可能知道人们如何去验证甚或评价这样的话语。在刚刚引用的这段话中，海德格尔忘了告诉我们，"诸神"是谁，他们是如何产生的，又如何对人类事务产生影响。海德格尔关于"人类"、"命运"和"存在的历史"的许多关键论断都回避了说明性的论证，而更多的是对我们必须被动服从的某种模糊的神性和超世俗力量之属性的飘缈揣测。就这方面而言，海德格尔晚年的思想非常明确地体现出对人类自主的放弃。

由于海德格尔将自柏拉图以来的哲学史视作"衰落的历史"，所以他并不拘泥于这一传统中的核心概念和标准。因此，他在描述万物所仰仗的"存在"之属性时所说的话超出了我们的理解范围："然而存在——什么是存在？存在就是存在本身。将来的思必须学习去体验存在和言说存在。"但是如果存在只能被界定为自我同一的，即"存在就是存在本身"，那么我们人类如何去理解它多样的显现呢？海德格尔声称拥有关于存在样态的更高的洞见，但这些洞见仍然是缺乏论证的，它们——常常以似乎完全武断的方式——超出了经常被海德格尔所取笑的人类基本理解能力。

在"黑色笔记本"的反哲学的论证中，海德格尔透过现代人彻底"被存在遗弃"这一视角来看待理性、个人主义和民主。他关于"不在场"的模糊观点引起了同样蒙昧的诸种批判形式。令人反感的不仅是海德格尔对"理想民族"的种族主义情感。他试图将哲学建立在难以理解的概念和术语之上，这也使他的思想及体现其思想的著作问题重重。

当雅斯贝尔斯说海德格尔的思维是"非自由的、专断的、不易交流的"时，他所指的正是这种缺乏根据、神秘主义的论说风格。事实上，雅斯贝尔斯对海德格尔的批评可能比他自己意识到的还要有远见。这种思维不仅在教育方面对刚经历二战的德国学生是灾难性的，而且就很多方面而言，在今天仍是如此。海德格尔的哲学风格尤其容易形成门徒和崇拜，它所培育出的是被动的接受和狂热的忠诚，而非个体自主和积极公民身份（active citizenship）的美德。

三

"黑色笔记本"反映了海德格尔对1933年德国所谓"国家革命"的热情,用他自己的话说,他期望这一革命成为"我们德国此在的彻底转型"。"此在"是海德格尔用于描述人之"在世界中存在"的术语。早些时候,海德格尔公开承认过他自己的存在哲学与纳粹世界观之间的亲缘性:"关于此在的形而上学必须以一种与其内部结构相一致的方式深化自身,并延伸至'关于'历史的民族的元政治学。"即便是在二战最激烈的时候,当欧洲城市成为废墟,斯拉夫民族成为德意志帝国的奴隶时,海德格尔仍然坚持认为,如果救赎会到来,那也是来自于德国人。在他看来,德国人与希腊人是仅有的真正的历史的民族。

在就任弗莱堡大学校长的就职演说中,海德格尔用其经典著作《存在与时间》(1927)及其相关著作中的存在主义术语为自己对纳粹政权的支持作辩护。海德格尔认为,他的存在哲学的优越性源于它扎根于生命或存在之中。而值得注意的是,纳粹主义所建基的民族意识形态以"扎根于土地"(Bodenstandigkeit)的美德为基础。并且,在海德格尔看来,这就是国家社会主义与他自己的"基本本体论"根深蒂固的亲缘性之所在。在其就职演说中,海德格尔庆祝国家社会主义再次唤醒了原生的大地和鲜血的力量(erd-und bluthaftige Krafte)。

这种对本体论意义上的扎根(rootedness)的专注使海德格尔走向纳粹,同样是这种专注解释了他在哲学上对犹太人的厌恶。犹太人作为"世界公民"(cosmopolitans),天生缺乏海德格尔最看重的东西:扎根(Bodenstandigkeit),这是一种扎根于存在的民族归属感。在1934年的一次学术研讨会上,海德格尔谴责犹太民族由于自身的无根性,不能领会德国"空间"(Raum)的存在品质。在"黑色笔记本"中,他笃定地认为,扎根于土地赋予我们在存在上与我们的"血缘"和"祖先"相关联的结构。

作为圣经一神教的鼻祖,犹太人还发明了宗教普遍主义,这一立场为海德格尔所深恶。一切造物只有一个上帝的假定阻碍了存在归属感的具体结构——此在、情绪和日常,也阻碍了民族、种族和扎根于土地的具体结构。在海德格尔看来,任何形式的普遍主义都是"唯心主义"或"主体性哲学"的残余,而这些正是他致力于通过转向存在问题而予以"消灭"的——他喜欢使用暴力和军事的修辞。

海德格尔对犹太人的厌恶当然具有一定的背景和历史。在德国反犹圈子里的一种普遍共识是,犹太人是腐蚀性的现代性精神的首要载体,这种精神与抽象思想的过剩有关。由此,犹太人必须为现代性的诸多堕落倾向负直接责任,尤其要为与从有机共同体(Gemeinschaft)到现代大众社会(Gesellschaft)的重大转变相关联的混乱负责。这样的反犹偏见虽然长久以来一直是普遍的倾向,但这些偏见在一战中同盟国战败之后达到了狂热的程度。正是在这个时候，出现了"背后一刀"（stab-in-the-back）的传说①，指控犹太小人们要对德国的战败负责。

在魏玛时期，也就是海德格尔形成成熟的世界观之时，有一本畅销书是斯宾格勒（Oswald Spengler）的《西方的没落》。斯宾格勒对欧洲衰落的狂热解说恰好与战后德国文化上的消沉情绪完全一致。他在充满激情的哀叹中指明了一连串我们今天已熟知的问题根源：种族融合、现代城市生活将人连根拔起的特征、共同体及信仰的相继丧失，还有以牺牲健康活力的人类本能生活为代价的贫瘠的理智主义的胜利。海德格尔是斯宾格勒著作的鉴赏家。他在"黑色笔记本"中写道："我从未看到任何能证明斯宾格勒不正确的证据。"他在探讨斯宾格勒时指出，人类只有在"衰落"或"死亡"（Untergang）中才能自由地体验存在的真理。海德格尔继续写道："衰落并不是应该感到害怕的事情，因为历史衰落的根本前提是伟大。"

在两次世界大战之间的德国，对文明的斯宾格勒式批判（Zivilisationskritik）与对理性的激进批判齐头并进，而这两种批判都与"世界犹太集团"这一贬义的概念纠缠在一起。海德格尔曾这样写道："只有当我们认识到，被尊崇了几个世纪之久的理性是思想最顽固的敌人时，思才真正开始。"在"黑色笔记本"中，海德格尔的反犹主义变得更加执著，正如他对犹太人"计算"和"算账"的精神特质的反复批判所证明的那样。在《西方的没落》中，斯宾格勒曾断言："在西方，比其他任何差异性都要重要的，莫过于哥特时期的那种理想种族……与犹太人之间的差异性。"

海德格尔哲学首要的批判对象之一是新康德主义。新康德主义当时已成为德意志第二帝国的半官方哲学，其重要代表人物是科亨（Hermann Cohen）。科亨在 1919 年出版了他的最后一部著作《源于犹太教的理性宗教》。正如标题所暗示的，科亨的这部论著是对西方理性主义源头的犹太一神教的辩护。然而，根据海德格尔的思维方式，新康德主义是脱离了生命的哲学的完美化身，是一种贫瘠的理智主义。基于此，海德格尔坚决地站在了兴盛的生命哲学浪潮这一边，反对过时的、无生命的理性宗教。

海德格尔在《存在与时间》及其他早期著作中对从人类存在的真实状况中抽象出来的知识理论的批判具有很强的原创性，并至今仍是重要的。勒维纳斯（Emmanual Levinas）曾敏锐地指出，以"在世界中存在"而非笛卡尔的"我思故我在"作为出发点，海德格尔的存在哲学得以变革先验哲学事业。但是不难看出，在这位哲学家的头脑中，上述诸多相互重叠的哲学和文化主题是如何混乱地交缠在一起的。于是，如果现代性是始源之恩典的一种"堕落"，并且如果主要元凶在于西方理性主义无可挽回的胜利的话，那么似乎结论就是，犹太人是幕后黑手。因此，从一开始，海德格尔的基本本体论就深深地、不可避免地带有意识形态色彩。

---

① 指的是纳粹关于是犹太人的背叛造成了德国在第一次世界大战中的战败的相关宣传。——译者注

长久以来，海德格尔的拥护者们声称，他的反犹主义只是其晚期思想中一种模棱两可的进展，是大师本人很快纠正了的一个令人惋惜的过失，与他思想的权威性之间没有任何内在的、本质的关联。现在海德格尔反犹主义的过失已被承认，我们又被反复告知，可以安全地吸收他对于技术的不良影响以及现代人的被遗弃状态的重要警示。但是，我们必须牢记的关键点在于，海德格尔对理性、主体性、现代技术和西方文明的衰落的猛烈批判都是一种拒斥理性、民主和个人主义的世界观的一部分，而这种世界观的单个元素在历史上和主题上都是不可分离的。在"黑色笔记本"中一段充斥着反犹主义成见的文字里，海德格尔公开宣称：

当代犹太人……在力量上的增长是基于这一事实：西方形而上学，特别是在它的现代形态中，为空洞的理性和计算能力的扩散提供了温床。由此，这种空洞的理性和计算能力在"精神"中谋取到立足之地，却不能在被遮蔽的决断王国中获得掌控。

海德格尔对这段冗长的批判总结道："未来的决断和追问越是源生的、发端的，对于这一'种族'（即犹太人）来说就越是难以通达。"这段话大致是在 1939 年写下的。

四

在就任弗莱堡大学校长期间，海德格尔提出了一系列政治变革，为的是使德国高等教育符合"扎根于土地"的价值。他强调并盛赞"服务"理念：军事服务、劳动服务以及知识服务。特别是劳动能够有助于治愈德国学生过剩的理智主义，使他们的精力集中于"民族共同体"（Volksgemeinschaft）的价值上。在所有这些方面，海德格尔都看到了他的哲学与纳粹关于民族、共同体、领导权、等级、命运和斗争（Kampf）的意识形态之间重要的亲缘性。他后来在"黑色笔记本"中说道，"大地的高级冲动（Zwang）"只有在"一个民族塑造世界的力量（Macht）中"才能实现。值得一提的是，上述诸多纳粹理想或雏形的纳粹理想早在《存在与时间》中，当海德格尔探讨"历史性"时就曾出现过。因此，早在 20 世纪 20 年代末期，海德格尔所说的关于本真的历史的存在的标准，就包括对民族的尽忠、对自己"这一代"的忠诚、对历史的"共同体"（Gemeinschaft）的忠贞、"选择自己的英雄"的能力和听从命运召唤的能力。

就此而言，认可海德格尔存在哲学的主要障碍之一就在于，他所界定的"历史性"与他关于民族（Volk）的观念以及由此伴生的全部种族主义和反民主偏见是密不可分的。在海德格尔看来，只有民族（Volker/peoples）才可能是"历史的"，因为只有民族才扎根于土地，才具有共同的血统。海德格尔曾指出："血液的声音源自于人的基本情绪，并且，通过劳动对我们此在的塑造整体上与这一过程相关联。"与民族理念相反的那些道德和法律概念,包括民主和人权,仅仅是空洞的抽象物。在"黑色笔记本"中,海德格尔的这些关注点变得更加偏执。

海德格尔的辩护者试图将其哲学与政治观点区别开来(甚至对其早期哲学和晚期哲学分而论之)的做法必然惨遭失败。这种失败源于海德格尔哲学自身的本性,他的哲学与此在的历史情境有关并从中获得灵感。甚至在海德格尔加入纳粹党之前,他的思想中已经包含了民族的意识形态主题。《存在与时间》的部分章节表达了同斯宾格勒以及包括施密特(Carl Schmitt)和荣格尔(Ernst Jünger)等在内的其他当代德国思想家一样的反自由的、法西斯式的立场。海德格尔与他们最主要的不同在于,他反民主的情感被他对基本本体论的论述所掩盖。

五

在"黑色笔记本"中,存在问题成为海德格尔对 20 世纪 30 年代的政治做出过激判断的出发点。无论海德格尔把目光置于何处,他洞察到的总是同样的历史——本体意义上的堕落及其同样具有重大意义的实体化了的和不合格的存在。他偏好用"谋制"(Machenschaft)① 这个词来形容这种文化上的衰落状况,这个词大致可被转译为"诡计",同时也意味着"伪造"和"制造"。海德格尔在 1930 年代的著作中弥漫着对这种诡计的哀叹:

> 俄国人和美国人是一样的,都有着枯燥的技术疯狂和不受限制的普通人的组织。人的生命……滑入了一个缺乏本质源泉之深度的世界……流行的维度就是广度和数量。智力不再意味着富于天赋,而且是耗费巨大的天赋,而是仅仅意味着每个人都能学习的东西……这就是我们称之为"魔鬼般的东西"(在具有破坏性的恶的意义上)的攻击。

在这里,如同在其他许多地方一样,海德格尔的存在的历史,带着天启的话语,近乎陷入了一种颠倒的神学。对于斯大林治下的俄国或罗斯福新政时期的美国,他其实没告诉我们什么(尽管关于希特勒治下的德国,他可以告诉我们比他自己意识到的更多的东西)。似乎所有"本质的"东西都提前被初始的、神秘的"存在的遣送"(sendings of Being)决定了。在这里有必要回顾一下海德格尔在《关于人道主义的书信》中所说的话:从基本本体论的角度来看,人类将毫无价值。哈贝马斯(Jürgen Habermas)这样写道:"关于存在的命题的空乏的言论要求对命运的服从。它实践—政

---

① 此处采用的是孙周兴先生在《世界哲学》2010 年第 3 期发表的《后神学的神思——海德格尔〈哲学论稿〉中的上帝问题》一文中的译法。——译者注

治的方面在于服从一个神秘模糊的权威的广泛的意愿。晚年海德格尔的修辞弥补了文本自身所缺乏的命题内容，它引导和训练其受众与伪神圣的力量打交道。"

在"黑色笔记本"中，海德格尔对作为"命运"的存在的错乱敬畏有时达到了荒谬的程度。比如，他把神圣的力量归属于以字母 H 开头的名字：赫拉克利特、荷尔德林、黑格尔。然而希特勒似乎也属于这个系列，当然还有海德格尔自己。海德格尔还沉迷于某种没有根据的数字命理预言，推测说 2300 年将出现全球被"美国主义"（Americanism）统治的最终"决定"（Entscheidung）。他还预言，他的名字将于 2327 年，也就是《存在与时间》出版第 400 周年，从被湮灭的遗忘中重现。

海德格尔认为，苏联、美国和英国是诡计的化身，是"世界犹太集团"——"这种类型的人，其世界历史性的目标就是要将所有存在者从存在中连根拔起"——之精神的表达。在海德格尔看来，"诡计"的问题在于"它导致了彻底的连根拔起，并因此导致民族的自我异化"。他还认为，"世界犹太集团在任何地方都是无法掌控的，它不需要诉诸武力"——因为，它大概已经暗地里渗透进全球所有的权利中心——"相反，我们德国人则要牺牲我们民族中种族上最有天赋的代表"。换句话说，在海德格尔看来，"世界犹太集团"在二战中毫厘未损地占尽了好处。

根据海德格尔的观点，世界犹太集团的另一虚伪面表现在，"自远古以来，犹太人就凭借其专门的计算天赋按照种族原则生活，现在他们则保卫自己，抵制那同样的种族原则的不受限制的应用"——指的是纳粹残酷的、迫害性的种族主义立法。海德格尔一再断言，是国际犹太人的阴谋造成了秘密的、精心策划的"去根化"的世界历史过程——世界上的民族与他们土地里的根相异化。因此，海德格尔认为，国家社会主义对犹太人的种族迫害在根本上是可以自我辩护的。在《存在的历史》中，海德格尔提出，"叩问（世界）犹太集团特有的全球犯罪的倾向的基础将是重要的"。

"黑色笔记本"已确证，在 20 世纪 30 年代，海德格尔的哲学语言已吸收了国家社会主义的"斗争"和"消灭"（Kampf und Vernichtung）等修辞。他写道："一切事物都必须被（归于）彻底毁灭，在此之前，要消灭文化。"在另一处，他又说："真理并非适合所有人，而只适合强者。"通过举例说明，海德格尔赞扬了那些"使用武力而在历史的存在中成为佼佼者的暴力之人（die Gewalttatige）"。在"黑色笔记本"中，他主张一种哲学式"培育"（Zuchtung）的实践，宣称"对高级的以及最高级的思想形态的培育是最重要的——比单纯的知识的交流（Kenntnismitteilung）更为重要"。在表达对德国大学的蔑视的同时，海德格尔指出，"两年的军事服役比四学期的'学习'更有助于为科学作准备"。

海德格尔这样写道，"黑色笔记本"意在表明在实现"源始的询问"（anfangliche Fragen）模式的斗争中的"秘密的进步和防卫的位置"（unscheinbare Vorposten-und Nachhutstellungen）。他表示："所有（本真的）哲学都是内在于人的，都是一团强烈的火。"

六

在 20 世纪 30 年代末，纳粹的侵略导致了一系列危机，将欧洲推到了战争的边缘，而海德格尔政治判断的意识形态狂热也随之升高。通过宣传"幸福"、"理性"和"文化"具有的低劣、技术—工具的价值，"西方革命"导致了"非人格化的力量的独裁"，即那种对在当代世界占主导的"关于无限制的计划和计算的纯粹的授权"。令人难以置信的是，海德格尔将布尔什维克主义称作英国革命的顶峰。他说："现代性的特征是对所有存在的完全的、无情的伪造（Machenschaft）。"海德格尔断定，一旦从其"政治的、社会的和宗教的形式"中抽离出来，英国和苏联共和国就是一样的，都遵循同样的技术统治世界的无情逻辑。海德格尔宣称，"英国布尔什维克主义的资产阶级基督教形式"必须被"消灭"。在这段令人迷惑的、充满妄想的不着边际的话里，海德格尔对于现实政治判断的彻底无能暴露无遗。

虽然海德格尔很善于挑剔非德国文化，但奇怪的是，尽管置身其中，他对纳粹德国的掠夺和种族灭绝行径却无动于衷。在 20 世纪 40 年代初，他发现有关苏联暴行的报道非常可怕，但对于纳粹国防军和别动队在东部的恶行，却完全保持沉默。他为德国对待捷克斯洛伐克和波兰的非人道方式辩护，宣称如果法国和英国取得胜利，也会以同样的方式对待德国人。然而，从存在的历史的角度来看，法国人和英国人取得胜利将会更糟：法国无疑将会把它的"非历史性"强加给德国人。英国人很可能也同样如此，将所触及之一切变成一个"巨大的商业公司"。因此，只有德国人的胜利才能保证他所描绘的"向沉思的过渡"，从而迈出朝向"另一种开端"的第一步。

海德格尔为"美国主义"向全球的扩散感到惶恐，他将其起源的地域称为"灾难地"（das Katastro-phenhaft），他的这种惶恐与该时期的观点也很近似。"在美国主义中"，他说，"虚无主义达到了顶峰。"美国人将"虚无（Nichtigkeit）的状态"迎接为"自己的未来"，因为他们在每个人都"幸福"的表象中毁掉了一切。当然，海德格尔从未付出哪怕最微小的努力去调查一下美国——它的政治、文化和知识分子的性格——因为"存在的历史"这一立场已经告诉他一切所需要知道的事了。

在这些著述中，海德格尔关于我们"被存在遗弃"的概念——本质上是用基本本体论的语言重述了的斯宾格勒的"没落"概念——凝结为一种偏执，并坚决地将所有与它有关的事物都包纳其中。尽管海德格尔喜欢把自己晚年的哲学称作"思"（Denken），但实际上真正的思想几乎无迹可寻。相反，我们一再看到的仅仅是对古怪教条和意识形态偏见的咒语般的、道德迟钝的重述。

鉴于海德格尔所信奉的民族概念伴生了对非德意志民族的无情的文化轻蔑，"黑色笔记本"中所充斥的发自其肺腑的反犹主义也就不足为奇了。"世界犹太集团"这一概念的贬义特征并不是偶然，而是与对诡计、计算、"美国主义"和技术疯狂的猛烈批判相一致。在海德格尔看来，上述这些界定了现代世界的状况。

在《哲学自传》（*Philosophische Autobiographie*）中，雅斯贝尔斯叙述了一段与海德格尔的对话，其间谈到了"犹太人问题"。当雅斯贝尔斯对《锡安长老会纪要》① 一书表示轻蔑并认为这只是反犹主义的胡话时，海德格尔却回应道："一个危险的国际犹太人联盟是真的存在的"。鉴于海德格尔对现代性狂烈的、带有偏见的批判，除了犹太人，还有谁能为各式各样、无所不在的没落表现负主要责任呢？

七

令人好奇的是，在如下这样一个事实面前，即，如《黑色笔记本》明确肯定的那样，海德格尔热情地支持一个其全部意图在于用历史学家弗里德兰德（Saul Friedlander）的话说即"救赎的反犹主义"的政权，他的支持者竟还能质疑其对反犹主义的深切信奉。而且，在纳粹执政的 12 年间，海德格尔并非一个无辜的旁观者，他也没有选择孤独的"内在移民"（inner emigration）②。相反，他是一个把义务尽到最后一刻的纳粹党员。在任大学校长期间，海德格尔几乎没有为他作为纳粹政权最热忱的知识分子代言人之一而感到后悔。在一次演讲中，他甚至称赞希特勒是"当前和未来德国的现实和法"。在"黑色笔记本"中，他几乎从未动摇过对希特勒的支持。他认为，"元首唤醒了新的现实，使我们（德国人）的'思'重新回到正确的道路上并为其灌注了新的活力"，这是"好运的降临"。海德格尔显然还非常珍视他与希特勒都出生于 1889 年这一事实——他对这一事实的解释是，这表明他们两人的"命运"是相互交织的——这一点被证明是真的，尽管和他想象的不一样。

还有一个事实同样令人不安：在许多场合，海德格尔都表达了他与纳粹政权无所匹敌地残忍野蛮的民族精神的团结一致。他在"黑色笔记本"中指出："国家社会主义是一种野蛮的原则。这其中存在着它的本质和成为伟大的能力。危险并不在于（纳粹主义）本身，而在于通过真善美的说教使其成为无害的东西。"这呼应了尼采在《权力意志》中对"二十世纪野蛮人"的到来的预言式的召唤："一个支配性的种族只有从可怕而暴力的开端中才能成长起来。二十世纪的野蛮人何在？"如同公元 5 世纪欧洲的汪达尔人和西哥特人给罗马的衰落带来致命一击，海德格尔希望，纳粹在实现自己的命运时不会被关于"真、善、美"的说教带离正轨。

---

① 《锡安长老会纪要》是二十世纪初在沙俄出版的一本反犹主题的书，作者不详，描述的是"犹太人征服世界"的阴谋的具体计划。——译者注

② "内在移民"是阿伦特提出的概念，它指的是一个人身在德国但其行为却仿佛不属于这个国度，感觉上像是移民；另一方面，他又并没有真的移民，而只是退缩到了内在的领域，退缩到思想和情感的个体性之中。——译者注

在就任大学校长期间，海德格尔毫不含糊地剥夺犹太教员的教职，或谴责那些他视为政治上不可靠的学者。自一开始，海德格尔就是纳粹政权可恶的反犹举措和政策的见证者：从1933年4月的反犹抵制活动，到随后严苛的职业剥夺，到1935年明文规定德国犹太人丧失公民权的纽伦堡种族法案，到水晶之夜的迫害和掠夺，再到1940至1941年间对犹太人的驱逐，这些措施最后成功地使德国成为无犹之地。而无论是在其演讲、著作还是通信中，海德格尔都没有表示过对这些政策的任何反对意见。

甚至在战后，即使在许多学生的恳求之下，海德格尔仍拒绝与纳粹政权断绝关系。在写给马尔库塞（Herbert Marcuse）的信中，海德格尔说，同盟国犯下的暴行也是一样的可怕，而且德国人民对纳粹的暴行并不知情。海德格尔的话毫无疑问是似是而非的。即使如德雷斯顿轰炸和东京大轰炸之可怕，亦远逊于奥斯维辛集中营、特雷布林卡灭绝营和巴比亚尔大屠杀。虽然公众不一定都知道"最终解决方案"①，但纳粹对犹太人大规模的迫害和驱逐行为却是人尽皆知的。难道海德格尔不知道德国那50万犹太人去了哪里吗？

认为像海德格尔那样（甚至在他辞去大学校长后）在纳粹德国极具危害性的意识形态氛围中担任着公职，却没有共享纳粹政权迫害性的反犹世界观的观点说到底完全是一种妄想。"黑色笔记本"之所以非常重要，是因为它向我们提供了海德格尔自己对纳粹的辩护——这一辩护绝非临时的或偶然的，而是直接从他"存在的历史"的学说中萌生出来的。海德格尔这样说道："巨人症的最隐秘、也许也是最古老的形式之一"（在于）"计算、一意孤行以及造成犹太人的无世界性（worldlessness）的混合物的充满活力的历史性。"考虑到存在的扎根对海德格尔的重要性，像犹太人这种"无世界"的民族就没有存在的空间。实际上，"无世界性"是海德格尔在其他地方用来描述像动物和无生命物体这样的"缺乏世界的"（weltarm）② 存在物的"贫穷世界"时所用的一个词。

海德格尔存在哲学中所弥漫的等级和排外倾向为残忍的统治和迫害大开方便之门。这并非只是海德格尔偶然的政治判断，而是从他独特的"存在的政治学"（Seinspolitik）中推演出来的。甚至在战后，海德格尔仍继续坚持他所谓的国家社会主义的"内在的真理和伟大"。他认为，由于他的教导被忽略，这种伟大无法最终实现，但这一点并不能开脱他的罪名。

---

① "最终解决方案"是第二次世界大战期间纳粹德国针对欧洲犹太人的系统化的种族灭绝的计划及其实施，并导致最后的、最致命的最终解决方案阶段。阿道夫·希特勒把它称作："犹太人问题的最终解决方案"。（摘自维基百科）——译者注

② 此处采用的是张一兵在《南京大学学报（人文社科版）》2012年第3期发表的《探索海德格尔之路中的迷失和可能的光亮》一文中的译法。——译者注

八

　　海德格尔哲学中对于国家社会主义的党派倾向并非一系列偶然的过失或偶尔的误判，而是对哲学、推理和思考在最深远意义上的背叛。正如马尔库塞在20世纪40年代末写给海德格尔的信中所说：

　　　　一位哲学家也许会在政治事务上被蒙蔽……但他决不会在一个杀害了数百万犹太人而仅仅因为他们是犹太人的政权上被蒙蔽，这个政权把恐怖变成了日常现象，把属于精神、自由和真理的观念的一切都变为其血腥的反面。

　　让马尔库塞感到惊讶和不安的是，即便到了战后，海德格尔似乎仍无法从本质上得出上述结论。相反，他完全否认一切现有证据，包括对纳粹死亡营的恐怖揭露。他仍然坚持认为，国家社会主义是德国的正确进程——是与他自己的存在哲学最接近的政治道路。《海德格尔全集》中"黑色笔记本"的出版是对这种倔强的坚持的明证。海德格尔对纳粹运动的挑剔之处仅仅在于，它没能实现指派给它的、如同他的存在哲学中所描述的那种崇高的历史命运。换句话说，第二次世界大战之后，海德格尔仍傲慢地认为，并非他抛弃了希特勒，而是希特勒让他失望了！鉴于包含在"黑色笔记本"中的令人不安的内情，任何在探讨海德格尔的思想遗产时对其政治愚昧轻描淡写或予以弱化的做法都将是有罪的，而且在更广泛的意义上，将使这位哲学大师所开启的哲学背叛持续下去。

　　〔作者理查德·沃林（Richard Wolin），纽约城市大学研究生院历史与政治科学杰出教授；译者李旸，北京大学马克思主义学院讲师；校者杨河，教育部高等学校社会科学发展研究中心原主任、北京大学教授。本文刊发于《中国高校社会科学》2014年第4期，责任编辑朱志伟。人大复印资料《外国哲学》2014年第10期转载〕

历史中的哲学与哲学中的历史

杨 河　于品海

哲学是把握在思想中的历史，因而也是把握在思想中的时代。1842年6月，马克思在《科隆日报》第179号的社论中写下了这样一段话："哲学家并不像蘑菇那样是从地里冒出来的，他们是自己的时代，自己的人民的产物。人民的最美好、最珍贵、最隐蔽的精髓都汇集在哲学思想里。……任何真正的哲学都是自己时代的精神上的精华，因此，必然会出现这样的时代：那时哲学不仅在内部通过自己的内容，而且在外部通过自己的表现，同自己时代的现实世界接触并相互作用。那时，哲学不再是同其他各特定体系相对的特定体系，而变成面对世界的一般哲学，变成当代世界的哲学。各种外部表现证明，哲学正获得这样的意义，哲学正变成文化的活的灵魂，哲学正在世界化，而世界正在哲学化，——这样的外部表现在一切时代里曾经是相同的。"①

马克思在这里表达了他对哲学的看法：哲学的理论思维不同于人们的日常思维，它是时代的产物又是时代精神的精华，它源于人民群众又集中了人民群众思想的精髓，它属于文化又是文化的活的灵魂，它离不开世界又致力于改造世界。

人们常常用马克思的这个看法来说明马克思哲学的品格，这无疑是对的。此外，这也同样适用于我们对历史上哲学发展过程的研究：探讨哲学如何通过历史展开自己现实的本质特征，以及历史如何通过哲学集中自己精神的精华。

一

数十万年之前，人猿相揖别，人类以其逐渐形成的认知能力、实践能力和社会组织能力确立了在自然界"顶天立地"的支配地位，在改造世界中开始了对世界的探究和诠释。

人类面对和生存于其中的世界，是一个处在不断运动变化过程中的存在。正如恩格斯指出的那样："当我们通过思维来考察自然界或人类历史或我们自己的精神活动的

---

① 《马克思恩格斯全集》第1卷，人民出版社，1995年，第219~220页。

时候，首先呈现在我们眼前的，是一幅由种种联系和相互作用无穷无尽地交织起来的画面，其中没有任何东西是不动的和不变的，而是一切都在运动、变化、生成和消逝。"①

亚里士多德在《形而上学》中说："古今来人们开始哲理探索，都应起于对自然万物的惊异；他们先是惊异于种种迷惑的现象，逐渐积累一点一滴的解释，对一些较重大的问题，例如日月与星的运行以及宇宙之创生，作成说明。"②

其实，人类的一切智慧和知识都始于"惊异"。从这种"惊异"中最初生成的文化形态是原始宗教和神话，这是生产力非常低下的历史阶段人类精神生活的精髓，然而，它却蕴含着人类未来文化发展的萌芽因素。在对超自然神秘力量的种种想象和崇拜中，是人类对周围世界复杂现象生灭变化原因和自身命运的理解，正是这种理解，保护和支撑着人之初脆弱的生存自信和命运自信。

原始宗教和神话作为原始人的世界观，是哲学世界观的母体。随着人类对自然认识和支配能力的逐渐增强以及社会关系的日益复杂化，人的智力特别是抽象思维能力也相应得到了提高，原始宗教和神话中"思"的因素相对独立地发展了起来。在社会分工的作用下，私有制作为一种新的适合生产力发展要求的生产关系形成了，历史终于走到了需要思想家和能够产生思想家的阶段。

哲学家常常将思看作哲学的事情，这是对的，正如黑格尔所说："哲学本身正是人的精神的故乡；我们在哲学里所从事的，乃是思想；乃是我们内在的东西，乃是摆脱一切特殊性的自由精神"③。但是不要误解思只是属于哲学，人类不同于动物的本质特征之一就是人有思想，所以黑格尔又说："人类自身具有目的，就是因为他自身中具有'神圣'的东西——那便是我们从开始就称做'理性'的东西。又从它的活动和自决的力量，称做自由"④。马克思肯定了黑格尔的看法，进一步指出，凡是"思"的存在之处，总是有"我"，这是人与外部世界的特定关系："凡是有某种关系存在的地方，这种关系都是为我而存在的；动物不对什么东西发生'**关系**'，而且根本没有'**关系**'；对于动物来说，它对他物的关系不是作为关系存在的"⑤。

但是哲学所思与一般知识所思又有所不同，它基于一般知识所思又更抽象于一般知识所思，是对一般常识所思和知识所思的再思或反思。在似乎远离具体事物的思中体现了一种不受具体事物约束的更大的"思"的普遍性，亚里士多德将它称为"自

---

① 《马克思恩格斯选集》第3卷，人民出版社，2012年，第395页。
② [古希腊] 亚里士多德：《形而上学》，吴寿彭译，商务印书馆，1995年，第5页。
③ [德] 黑格尔：《哲学史讲演录》第1卷，贺麟、王太庆译，商务印书馆，1981年，第159页。
④ [德] 黑格尔：《历史哲学》，王造时译，上海书店出版社，2001年，第34页。
⑤ 《马克思恩格斯选集》第1卷，人民出版社，2012年，第161页。

由"的学问,他说:每一个人在本性上都想求知,出于本性的求知是为知而知、为智慧而求智慧的思辨的活动,不服从任何物质利益和外在目的,因而是最自由的学问。

哲学之思是一种智慧,智慧是生活中的道理。智慧与聪明的不同之处在于它需要生活阅历的积累,是经验过的生活道理。黑格尔曾经说过:"老人讲的那些宗教真理,虽然小孩子也会讲,可是对于老人来说,这些宗教真理包含着他全部生活的意义。即使这小孩也懂宗教的内容,可是对他来说,在这个宗教真理之外,还存在着全部生活和整个世界。"①

智慧与具体知识的不同则在于它没有被实用化,不能提供直接解决具体生活问题的方案,但它又确如星辰照亮我们,是无用之大用的生活道理;② 智慧与说教不同,它没有僵化的体系,而如林中空地,随光而展开敞亮,是流动着的生活故事;智慧有大小之分,小智慧是比较特殊的,大智慧是比较普遍的,哲学是大智慧,是根本性的生活道理。智慧之于人,犹如水之于自然界一样,与生俱在而又润物无声。在这个意义上,哲学所思是每个人都具有的,诚如柏拉图所说,哲学是人的天性。

每个人都具有哲学之思并不意味着每个人都是哲学家,哲学家是专门研究哲学之思并将哲学之思做成学问的人。哲学将思作为自己的事情,哲学家就要研究思的本性,即思的起源、思的发展和思的命运。这种研究后来被理论化、系统化为本体论的研究(思什么)、认识论的研究(能否思)、方法论的研究(如何思),形成了不同的哲学体系,在一代一代的传承和创新中,与生产和生活历史的发展相适应,循着自己相对独立的发展规律,有了哲学史。

二

大约在公元前 800 至前 200 年之间,在诸多古代文明中,中国、印度和希腊产生出了今天我们称为哲学的学问。德国哲学家雅斯贝尔斯注意到了人类精神发展在历史地理上的这种共同性,在 1949 年出版的《历史的起源与目标》中提出,公元前 800 至公元前 200 年之间,尤其是公元前 600 至前 300 年之间,是人类文明的"轴心时代",是人类文明精神的重大突破时期。在中国,诞生了孔子、老子、庄子、墨子等各派思想家;在印度,出现了《奥义书》和佛陀(Buddha),探究了怀疑主义、唯物主义、诡辩派和虚无主义等哲学思想;在伊朗,出现了查拉图斯特拉创立的琐罗亚斯德教(亦称袄教),将人世生活视为善与恶的斗争;巴勒斯坦出现了以利亚、以赛亚等先知;希腊则贤哲如云,其中有荷马,哲学家巴门尼德、赫拉克利特和柏拉图,许多悲剧作者,

---

① [德]黑格尔:《小逻辑》,贺麟译,商务印书馆,1980 年,第 423 页。
② 冯友兰在《中国哲学简史》中讲:按照中国哲学的传统,它的功用不在于增加关于实际信息的积极的知识,而在于提高精神的境界——达到超乎现世的境界,获得高于道德价值的价值。

以及修昔底德和阿基米德等。数世纪内，这些名字所包含的一切，几乎同时在中国、印度和西方这三个相互隔绝的地区发展起来。

雅斯贝尔斯认为，中国、印度和西方几乎同时产生哲学思想的原因在于：伴随着古代文明的神话时代过去了，人类体验到世界的恐怖和自身的软弱，看到了自己能力的限度，在力求解放和拯救的努力中意识到了自己整体的存在及其根本性的问题，于是，反思产生了，思想成为它自己的对象。在对最高目标绝对的追求中有了对自我和历史的认识，人类创立了赖以生存的世界宗教，迈出了走向普遍性的步伐。

雅斯贝尔斯指出，向这一历史性开端的复归是中国、印度和西方不断发生的事情。直至今日，"人类一直靠轴心期所产生、思考和创造的一切而生存。每一次新的飞跃都回顾这一时期，并被它重燃火焰。轴心期潜力的苏醒和对轴心期潜力的回忆，或曰复兴，总是提供了精神动力"[1]。

雅斯贝尔斯关于人类文明的"轴心时代"的论述，提出了一个重要的思想：尽管世界不同民族和地区的文化差异是巨大的，但是人类文明的发展总是有着一定的共同性，哲学所思的根本问题，本质上是一致的，而这些根本问题一旦被人类自觉意识到，就会成为不同民族和地区哲学发展史中反复被研究的共同问题。

雅斯贝尔斯的这个看法是有一定道理的。以中西哲学思想的历史发展为例，尽管旨趣、思路、内容、特点多有不同，但是其内在的共同性是客观存在的。第一，哲学所思的根本问题都是天、地、人、神共同构成的世界之存在的本性问题。这里讲的"神"，不是说哲学要塑造一个哲学的神或论证神如何创世，而是要对未知的神秘领域或神学的宗教意识进行哲学分析。第二，哲学所思的基本趋向都是形而上。用中国哲学的话讲就是要研究"道"而非"器"的问题。[2] 为什么哲学研究会追问"道"？这与人的理性相关。康德曾指出，对事物运动变化终极原因和条件追求的形而上学倾向是人类理性的本性。海德格尔也说："只消我们存在，我们就总是已经处于形而上学中的"[3]。第三，哲学所思的本质特征都是概念思维。即使像西方早期哲学家讲的"水"、"火"、"数"，中国早期哲学典籍所说的"太极"、"易"、"象"等，虽然有一些感性的特征，但都已经是哲学的概念。所以康德又说，形而上学的性质决定了这门学问"是根本凌驾于经验教导之上的，亦即是凭借单纯概念的"[4]。

哲学的这些共同性，是我们将中国和西方的哲学都称之为哲学的学理根据，也是

---

[1] [德] 雅斯贝尔斯：《历史的起源和目标》，华夏出版社，1989年，第14页。
[2] 《易经》讲"形而上者谓之道，形而下者谓之器"。
[3] [德] 海德格尔：《形而上学是什么？》，见洪谦主编：《西方现代资产阶级哲学论著选辑》，商务印书馆，1964年，第359页。
[4] [德] 康德：《纯粹理性批判》，邓晓芒译，杨祖陶校，人民出版社，2004年，第二版序第14页。

我们可以设想哲学的世界化和世界化的哲学的基本前提。哲学的这种共同性，是人类文明共同性的重要体现。但是，由于各个民族、国家的经济政治发展道路不同，历史文化传统不同，哲学思想在各个民族、国家的存在和发展也必然会有自己的不同特点。

三

在雅斯贝尔斯所讲的"轴心时代"，古希腊罗马哲学和中国哲学各自呈现出丰富多彩的景象。[①]

产生于公元前6世纪左右的古希腊罗马哲学，得益于比较发达的希腊奴隶社会经济政治文化，在东方埃及和巴比伦的影响下，形成了一批最早探讨宇宙本原的学者群体，如伊奥尼亚学派、毕达哥拉斯学派、爱利亚学派和原子论者等，他们的哲学思想一般被称为自然哲学。这个"自然"，还不是我们现在常常认为是作为自然事物总和的自然界，而是指事物运动变化的本性，亚里士多德后来就明确地把它定义为"运动和变化的本原"。阿那克萨戈拉的"奴斯"（又译作"心灵"）、赫拉克利特的"逻各斯"、毕达哥拉斯的"数"、巴门尼德的"存在"等，都是对事物运动变化的本性的解释。

这些看法的真实性受到了普罗泰戈拉、高尔吉亚等被称为智者的"有智慧的人"的质疑，相对主义和怀疑论开始萌生，导致哲学家将目光从自然转向人自身。

苏格拉底肯定人有获得确定知识的可能性，这个可能性存在于"认识你自己"中。他把公共利益作为哲学的目标，提出了"德性"这个内在于心灵的原则，认为这是先天与世界本原相符合的原则，是真理的根据，灵魂就是通过人与人之间的对话，清除蒙蔽，借助于德性去发现事物的真理，因此，"德性就是知识"，知善必然行善。在这里，苏格拉底已经为柏拉图"理念论"的产生准备好了"助产"的条件。

柏拉图综合了以往希腊哲学的成果，吸收了哲学家关于感官世界和非感官世界两方面的观点，将苏格拉底内在于心灵的伦理原则扩展化和外在化，在个别的、可感的事物之外设定了一个普遍的、可知的理念世界，于是世界被二重化了。苏格拉底的伦理原则在两个方面得到了论证：知识之所以具有确定性，是因为理念独立于可感事物；灵魂之所以潜在地预先具有知识，是因为它属于永恒的理念序列。在整合了以往本原论和认识论、伦理学和政治观后，柏拉图的理念论成为了希腊哲学第一个完整的、成熟的理论体系。

亚里士多德以"吾爱吾师，吾更爱真理"的信念，批评了老师柏拉图的理念论，在克服柏拉图轻视感性经验和运动变化等不足的努力中，创立了自己的哲学体系，提出了研究"存在"（或"有"）本身及其属性的第一哲学即后人所谓的形而上学。他从

---

① 文中西方哲学的部分内容，参考了赵敦华所著《西方哲学简史》（北京大学出版社，2001年）和《现代西方哲学新编》（北京大学出版社，2001年）。

形式逻辑的分析中论证了"存在"的实体意义,形成了关于第一实体的两种理论,试图用有目的的发展、通过潜能到现实的转化在理念和感官事物、普遍与个别之间建立起了联系,使一与多的辩证关系得到了系统化的解释,对后世形而上学的发展产生了深远的影响。他关于"纯形式"与"纯质料"的看法,又为欧洲中世纪哲学预留了课题。

公元前322年,亚里士多德逝世后,希腊文化逐渐与罗马文化相结合。希腊文明衰退过程中的社会动荡和不安,使这一时期的哲学家在长时间讨论伦理问题后又转向了宗教问题,形成了各种怀疑主义、新毕达哥拉斯主义及新柏拉图主义。以奥古斯丁等为代表的基督教哲学即"教父哲学"的出现,是希伯来文化与希腊文化最早的一种融合形态,拉开了欧洲中世纪哲学的序幕。

"轴心时代"的中国哲学,大体是指先秦的中国哲学思想,以春秋战国时期诸子百家的兴起为最盛。

东周春秋时期,随着社会经济的发展,西周社会以血缘氏族为基础的政治制度逐渐解体,在长期发展中融合积淀出的文化认同促使了汉民族共同体的形成。一些具有最初文化自觉的读书人开始思考天道、世变、人生等方面的问题。原先被贵族垄断的文化教育逐渐走入民间,促成了各种思想流派的形成。以老子学说、孔子学说为代表的中国早期哲学思想应运而生。

产生于殷周之际的《易经》将早期八卦观念系统化,以乾(天)、坤(地)、震(雷)、巽(风)、坎(水)、离(火)、艮(山)、兑(泽)八种基本的自然现象说明宇宙的生成及万物间的联系和变易,讲"易有太极,是生两仪,两仪生四象,四象生八卦"(《易经·系辞上传》第11章),强调"生生之谓易"(《易经·系辞上传》第5章),又讲"是以立天之道,曰阴曰阳;立地之道,曰柔曰刚;立人之道,曰仁曰义,兼三才而两之,故《易》六通而成卦"(《易经·说卦传》第2章),强调与天地合一、与自然和谐的精神,奠定了中国哲学思想的基础。

老子继之而论天道,以为"天下万物生于'有','有'生于'无'"(《老子》第40章),"道"即是有无统一之本来;道无名,不可言说,"独立而不改,周行而不殆"(《老子》第25章);道生化万物,德养育万物,却"生而不有,为而不恃,长而不宰"(《老子》第10章),无为而无不为;道之运行在于对立面转化,"反者,道之动"(《老子》第40章);宇宙间有道、天、地、人"四大",人居其中之一,"人法地,地法天,天法道,道法自然"(《老子》第25章);尊道顺德即为"朴"、"无为"、"抱朴"为理想人生原则。

老子的《道德经》仅用五千字就描绘出一个比较系统的本体论思想体系,其中的宇宙观念、人生哲理、辩证思维通过严谨的逻辑、精美的文字、玄妙的隐喻,吸引了一代又一代学者不懈研究以图其究竟,影响了后来整个中国哲学的发展。近代以后,老子的思想被介绍到国外,引起了西方学者包括海德格尔很大的研究兴趣,成为东方智慧的重要代表。

庄子继承了老子关于"道"的思想，并有所发挥。讲"物物者非物"(《庄子·外篇·知北游》)，道也；"道"自本自根又遍在万物，无所不在又自然无为。在此基础上，庄子提出了齐万物、泯是非、一生死的以道观物的认识论和超越经验事物之间、"我"与"非我"之间区别的与道合一的绝对自由。

与老庄不同，孔子重人道而讲"仁"，建立了儒家学说，意在引导社会的道德实践和政治实践，以为"仁"即"爱人"。他提出"己欲立而立人，己欲达而达人"(《论语·雍也》)，"己所不欲，勿施于人"(《论语·卫灵公》)的"忠恕"之道和"致中和，天地位焉，万物育焉"(《礼记·中庸》)，既不偏不倚、无过不及又"和而不同"的中庸之道；在政治实践上，以为推行"仁政"应以"礼"为规范，"克己复礼为仁"，又主张"正名"，强调"君君、臣臣、父父、子子"(《论语·颜渊》)；在个人的道德实践和政治实践中，则要求格物致知、诚意正心、修身齐家、治国平天下。

冯友兰说："西方对孔子的了解，可能超过了对其他任何中国人的了解"，"他自以为是继承古代文化并使之垂之永久的人，与他同时的一些人也这么认为。他的工作是以述为作，这使得他的学派重新解释了前代的文化。他坚持了古代中他认为是最好的东西，又创立了一个有力的传统，一直传到最近的时代"。①

孟子在孔子"仁"学的基础上深入探讨人性问题，提出"仁义礼智"，论证人性善。同时代的告子则主张"性无善无不善也"。荀子肯定人都有满足欲望的要求，主张人性恶，据此提出"化性起伪"，用礼义法度等去引导和改造人的自然本性，使人格提高。这些见解，体现了中国哲学在人性论上丰富多样的思想资源。

儒学以其现实的生活态度和经世致用的伦理思想与政治理论，较好地适应了当时社会经济政治文化变革的需要和知识分子发展的要求，其文化地位和作用逐渐得到了广泛的认同，成为中国哲学思想的主流。

先秦时期除了老庄和孔孟的哲学思想外，还有主张"兼相爱，交相利"的墨家思想，主张法、术、势结合的法家思想，主张阴阳五行的阴阳家思想以及主张"名"、"实"之辩的名家思想等等，这构成了中国先秦哲学思想百家争鸣的盛况。

黑格尔在《历史哲学》中说，古代西方人注重精神的自由，印度人注重纯粹的"想象"，中国人注重"道"之实用。这种比较并不很准确，但也的确涉及到了中西哲学思维方式的一些不同。所谓中国人注重"道"之"实用"，应该是指中国哲学比较侧重于将大道理用于道德和政治实践。《中庸》中讲的"尊德性而道问学，致广大而尽精微，极高明而道中庸"，②《礼记》中讲的"物格而后知至，知至而后意诚，意诚而

---

① 冯友兰：《中国哲学简史》，北京大学出版社，2013年，第48、49页。
② 《四书五经》(全注全译)第4册，袁祖社等编，线装书局，2002年，第29页。完整表述为："故君子尊德性而道问学，致广大而尽精微，极高明而道中庸，温故而知新，敦厚以崇礼"。

后心正，心正而后身修，修身而后家齐，家齐而后国治，国治而后天下平"等，就是对中国哲学思想特点和使命的概括。黑格尔在谈到希腊哲学时说："如果我们对希腊人有家园之感，就应该对他们的哲学特别有家园之感"①。恩格斯也说："在希腊哲学的多种多样的形式中，几乎可以发现以后的所有看法的胚胎、萌芽。"② 这些评价，也同样适用于说明先秦哲学在中国哲学思想发展中的地位和影响。

四

公元476年，西罗马帝国灭亡，欧洲进入了"中世纪"即封建社会。在这一千年左右的历史期间，罗马天主教经济上占据当时西欧土地的三分之一，政治上与世俗王权分庭抗礼，思想文化上则实现全面的垄断。这种思想文化态势的形成，与基督教在罗马帝国经济衰败过程中，将罗马古典文化和日耳曼文化结合起来所发挥的作用有着密切的关系。

这段历史，被一些史学家称为科学思想与文化思想被压制的黑暗时代，而哲学也未能幸免：不但希腊文和拉丁文的哲学典籍大量流失，就连早期基督教的"教父哲学"也少有人问津，学问的研究似乎离人们远去。直到进入11世纪以后，随着西欧封建制度的巩固和发展，文化教育才开始复苏。对神学问题的研究与对语法、修辞和逻辑的学习结合起来，"教父哲学"中的一些哲学概念和命题被重新分析，产生了具有新的风格的哲学形态——经院哲学。

从基督教哲学（教父哲学）到经院哲学，中世纪哲学在其整个发展过程中，讨论的基本问题是理性和信仰的关系问题，大体经历了三个阶段：在基督教哲学（教父哲学）阶段，以奥古斯丁为代表的看法是："基督教是真正的哲学"，作为真正的哲学，基督教不完全否认哲学的价值，但是要将哲学特别是柏拉图主义中与基督教一致的理性思想融入基督教，为我所用；在早期经院哲学阶段，以安瑟尔谟为代表的看法是："信仰寻求理性"，辩证法可以作为论证神学问题的理性工具，既不能没有信仰，也不能没有理性，但理性可能出错，信仰不可能出错，因此，要用信仰引导理性，"信仰，然后理解"；在后期经院哲学阶段，以托马斯·阿奎那为代表的看法是：哲学和神学是研究同一对象的两门不同科学，均以上帝及其创世活动为对象，哲学以理性认识，神学靠天启认识，哲学独立于神学，又服务于信仰。

在理性和信仰关系问题的讨论中，唯名论和唯实论围绕"共相是否独立存在"这一问题展开了长时期的争论。这场争论可以视为柏拉图哲学与亚里士多德哲学在一般

---

① ［德］黑格尔：《哲学史讲演录》第1卷，贺麟、王太庆译，商务印书馆，1959年，第159页。

② 《马克思恩格斯文集》第9卷，人民出版社，2009年，第439页。

和个别关系问题上的分歧在中世纪的延续，但是却有了更广泛的理论意义和现实意义。在后来的发展中，唯名论逐渐从注重教条和逻辑思辨走向了注重批判和现实经验，最终从内部瓦解了经院哲学，使西方哲学开始向近代过渡，这在一定意义上也体现了哲学理性所具有的潜在力量。

当西方哲学在中世纪披上宗教外衣缓慢前行的同时，中国哲学却步入了自己的繁荣发展时期。

公元前221年秦统一中国，实行"车同轨，书同文，行同伦"。为了构建大一统的国家意识形态，秦始皇焚书坑儒，崇尚法家思想，"以法为教，以吏为师"，形成治国理念和方略。然重法而轻德，为政失之于暴戾，短短10余年光景，即被揭竿而起的农民起义军推翻。

继之而起的汉王朝，汲取秦亡的教训，缓和矛盾，休养生息，黄老之学盛行。汉武帝时董仲舒倡导"罢黜百家，独尊儒术"，以儒学为宗，吸收阴阳五行学说的天人感应论，儒学逐渐成为国家的统治思想，注解儒家经典的经学始成正统。其后谶纬之学兴起，王充等人则以天道自然的观点非之。东汉后期，社会危机频繁发生，魏晋南北朝300多年的社会动荡中，儒学的统治地位受到撼动。何晏、王弼继承老子思想，倡以"无为本说"，进而提出"名教出于自然"，富于思辨性的玄学应运而生。这一时期，佛教在中国逐渐传播，道教体系逐步建立。天人、心性、形神、有无、古今等关系在新的文化氛围中得到深入讨论，一些新的哲学范畴、概念和命题被提了出来。这是中国哲学思想大变动大动荡时期，预示着中国哲学发展新格局的形成。

历史总是在乱和治的对立统一中发展。魏晋之后，经隋朝过渡，迎来了唐代这个中国封建社会的鼎盛时期。隋唐统治者采取了儒、释、道兼容的政策，使三教得以互相批判又互相吸收。佛教的心性论、韩愈的道统观、柳宗元和刘禹锡的天人关系说等各抒己见，争鸣互动。儒释道三家并立局面的形成，是我国哲学思想多元化传统新的整合与展开，体现了中华文明和而不同的宏大包容性。陈寅恪曾说："至李唐之世，遂成固定之制度。如国家有庆典，则召集三教之学士，讲论于殿庭，是其一例。故自晋至今，言中国之思想，可以儒释道三教代表之。此虽通俗之谈，然稽之旧史之事实，验以今世之人情，则三教之说，要为不易之论。"①

宋明时期，一方面，中国封建专制制度进一步强化，科学、艺术等高度发展；另一方面，民族矛盾、阶级矛盾错综复杂。明中叶以后出现了资本主义萌芽。在农业生产和商品经济发展的推动下，手工业中出现了从个体小生产向工场手工业发展的趋势，经济重心逐渐南移。兴起于北宋、发展于南宋的宋明理学成为儒学的新形态，这是对隋唐以来由于佛、老学说兴起而逐渐式微的儒学的一种复兴，是中国哲学思想走到成

---

① 《冯友兰〈中国哲学史〉（下册）审查报告》，见张桂生、张步洲编：《陈寅恪学术文化随笔》，中国青年出版社，1996年，第15～16页。编著文后注为：《金明馆丛稿二编》，1932年。

熟时期的重要标志。

　　理学虽然是儒学的传承，但是由于融入了佛学和道家的思想，提升了儒学的形而上性质，已经有了全新的面目，这是它得以成功地回应佛老挑战而使儒学重新走上正统地位的重要原因。在继承和综合周敦颐、邵雍和张载思想的基础上，程朱理学和陆王心学形成营垒。程朱理学讲"性即理"，认为"未有天地之先，毕竟也只是理"（《朱子语类·理气上·太极天地上》），主张"即物而穷其理"；陆王心学讲"心即理"，认为"心外无物"、"心外无理"，主张"明体心"、"致良知"。从程朱理学发展到陆王心学，更体现出对传统儒学的改造，其根本的目的是力求解决汉末以来逐渐加深的社会信仰危机和道德危机，体现了中国封建社会后期中国哲学应对复杂社会问题和文化问题所具有的智慧，深刻地影响了中国封建社会后半期的社会发展和文化走势。陈寅恪高度评价宋明理学，认为"中国自秦以后，迄于今日，其思想之演变历程，至繁至久。要之，只为一大事因缘，即新儒学之产生，及其传衍而已。"①

　　历史上但凡改造之学问，总有一些离经叛道的味道，在清前期和中期的一些学者看来，宋明理学即是如此。顾炎武责之流于"清谈"，黄宗羲诟之"不以六经为根柢，束书而从事於游谈"②，戴震更批评其"是以大道失而行事乖"③。以这些批评者的见解，理学家的失误就在于割裂了"修齐治平"之间的有机整体联系，走上了"穷理"之途，使"内圣"与"外王"对立起来，背离了儒学经世致用的传统。陆王心学也走了同一条路，从最初强调"心"之主观能动性，发展到后期只致力于"心学"本身，不问世事。

　　对理学治学方法的检讨最终导致了考据学即汉学的复兴。梁启超在谈到其历史原因时讲了四点："第一，承明学极空疏之后，人心厌倦，相率返于沈实。第二，经大乱后，社会比较的安宁，故人得有余裕以自厉于学。第三，异族入主中夏，有志节者耻立乎其朝，故刊落声华，专集精力以治朴学。第四，旧学派权威既坠，新学派系统未成，无'定于一尊'之弊，故自由之研究精神特盛。"④

　　中国学术的考据传统发源甚早，主要是对古籍加以整理、校勘、注疏、辑佚等，汉之经注，唐之义疏，都离不开考据。梁启超称"其治学根本方法，在'实事求是'、'无征不信'。其研究范围，以经学为中心，而衍及小学、音韵、史学、天算、水地、典章制度、金石、校勘、辑逸等等；而引证取材，多极于两汉，故亦有'汉学'之

---

　　① 《冯友兰〈中国哲学史〉（下册）审查报告》，见张桂生、张步洲编：《陈寅恪学术文化随笔》，中国青年出版社，1996年，第15页。编著文后注为：《金明馆丛稿二编》，1932年。
　　② 《清史稿》卷四百八十，列传二百六十七，儒林一，第13105页。
　　③ 《与某书》，《戴震全集》第1册，清华大学出版社，1991年，第211页。
　　④ 梁启超：《清代学术概论》，上海古籍出版社，1998年，第27页。

目"①。

乾嘉汉学将中国古代的考据学推到了顶峰。据梁启超分期，启蒙期有顾炎武、黄宗羲、王夫之、颜元等，全盛期有惠栋、戴震、王念孙等，蜕分期有康有为、梁启超等。梁启超称"其在我国，自秦以后，确能成为时代思潮者，则汉之经学、隋唐之佛学、宋及明之理学、清之考证学，四者而已。"②他称赞这些学者"为学问而学问"的精神，"治一业终身以之，铢积寸累，先难后获，无形中受一种人格的观感，使吾辈奋兴向学"。③他把这种学风概括为十大特点："一、凡立一义，必凭证据；无证据而以臆度者，在所必摈。二、选择证据，以古为尚。以汉唐证据难宋明，不以宋明证据难汉唐；据汉魏可以难唐，据汉可以难魏晋，据先秦西汉可以难东汉。以经证经，可以难一切传记。三、孤证不为定说。其无反证者姑存之，得有续证则渐信之，遇有力之反证则弃之。四、隐匿证据或曲解证据，皆认为不德。五、最喜罗列事项之同类者，为比较的研究，而求得其公则。六、凡采用旧说，必明引之，剿说认为大不德。七、所见不合，则相辩诘，虽弟子驳难本师，亦所不避，受之者从不以为忤。八、辩诘以本问题为范围，词旨务笃实温厚。虽不肯枉自己意见，同时仍尊重别人意见。有盛气凌轹，或支离牵涉，或影射讥笑者，认为不德。九、喜专治一业，为"窄而深"的研究。十、文体贵朴实简絜，最忌'言有枝叶'"。④梁启超的这些概括，从西方解释学的观点看，已有所系统化，或许可以看作"中国解释学"的一种形态。

清代学者如此热心于"故纸堆"，一说是为了逃避文字狱的迫害，但是更深层的原因应该还是学者"志图匡复"的"经世之务"追求以及考据学本身所具有的生命力和吸引力。对于这种学问的时代意义，梁启超以西方文艺复兴喻之，称："'清代思潮'果何物耶？简单言之：则对于宋明理学之一大反动，而以'复古'为其职志者也。其动机及其内容，皆与欧洲之'文艺复兴'绝相类。而欧洲当'文艺复兴期'经过以后所发生之新影响，则我国今日正见端焉"。⑤这种看法有一定道理，因为正是乾嘉汉学对古代典籍的系统整理和对传统文化的全面总结，才使得中国数千年来许多专门学问得到发掘和彰显。但是这种发掘和彰显却没有像文艺复兴那样带来一个新的时代，相反，当这些学者关起门来把考据学的学问做到前无古人的时候，清王朝的国运却在闭关自守中走了下坡路。

清王朝建立之初，欧洲的社会大变革就已经在孕育中发生。从16世纪开始，科学技术在欧洲得到了迅速的发展。社会劳动分工的拓展促进了商品生产，新航路的开辟

---

① 梁启超：《清代学术概论》，上海古籍出版社，1998年，第5页。
② 梁启超：《清代学术概论》，上海古籍出版社，1998年，第1页。
③ 梁启超：《清代学术概论》，上海古籍出版社，1998年，第48页。
④ 梁启超：《清代学术概论》，上海古籍出版社，1998年，第47页。
⑤ 梁启超：《清代学术概论》，上海古籍出版社，1998年，第3页。

和新大陆的发现,扩大了世界市场,进一步刺激了经济的发展。在变化着的历史条件作用下,封建社会自给自足的小生产方式逐渐瓦解,资本主义生产方式逐步形成。18世纪后半期,由于蒸汽机的发明、改良和应用,英国率先开始了产业革命,随后向整个欧洲和北美扩展,实现了从传统农业社会转向现代工业社会的转变。马克思在谈到这个巨大变化的时代意义时指出:"资产阶级在它的不到一百年的阶级统治中所创造的生产力,比过去一切世代创造的全部生产力还要多,还要大。"① 这就足以导致旧制度的瓦解和新制度的诞生。

当时代的走向在发生根本性变化的时候,刚好是清朝的乾隆中叶,这个王朝在闭关自守中循着几千年历代王朝的旧有轨迹运行,在历史规律的作用下开始走向由盛而衰。相对于正在上升时期的欧洲列强,中国丧失了与世界同进步的历史机遇,我们的文明古国明显落后了。

五

欧洲人比我们晚约 700 年左右进入封建社会,又比我们早约 400 年左右走出封建社会,他们的历史发展中或许缺乏中国大一统封建社会制度中与农业文明紧密相关的一些具有稳定性结构的因素。商贸和海洋文明的发达使得欧洲各国在中世纪频频发生的宗教和军事冲突中保持着一种变革现状的冲动,这种冲动也渗透在哲学的生命中,一旦具备一定历史条件就会表现出来。15 世纪发端于意大利的文艺复兴运动、16 世纪从德国开始而后席卷欧洲各国的宗教改革运动和 18 世纪从法国兴起的启蒙运动就是证明。

布克哈特在《意大利文艺复兴时期的文化》中把文艺复兴的成果概括为"世界的发现和人的发现"这两大主题。② 这可以作为我们审视西方近现代哲学发展的两条相互联系的主线。

人的发现是指对人本身存在地位和意义的认识从神学教条的束缚中解放出来,使人能够在大自然的阳光下显露出自己的意志和力量。人虽然仍然被视为上帝的创造物,但已经不是一般的创造物,而是上帝的杰作。早期人文主义者阿尔伯蒂如是说:"上帝赋予人理智、可教性、记忆和理性,这些神圣性质使人能研究、辨识、认识需要避免或趋向的东西,使他以最好的方式保存自己,除了这些无价的、可企羡的伟大礼物之外,上帝还给予人的精神和心灵另外一种能力,这就是沉思。为了限制贪婪与无度,上帝还给人谦和与荣誉的欲望。另外,上帝在人心之中建立了把人类联结在社会之中

---

① 《马克思恩格斯选集》第 1 卷,人民出版社,2012 年,第 405 页。
② [瑞士] 雅各布·布克哈特:《意大利文艺复兴时期的文化》,何新译,马香雪校,商务印书馆,1979 年,第 280~352 页。

的坚固纽带，这就是正义、平等、自由和互爱。"① 这里借用上帝的创造能力表达出的，正是影响久远的人文主义思想。这个基本思想在新开设的学校教育中得到了培育和传播，通过恢复以古典拉丁文为主的人文学科教育、重新诠释柏拉图哲学和亚里士多德哲学、着力培养与中世纪的经院学者不同的思想家、积极倡导新的生活方式等途径而逐渐产生起了广泛的影响。

世界的发展即自然的发现是指对自然本身存在地位和意义的认识从神学教条的束缚中解放出来，使自然在人的面前显露出自己生机勃勃的景象。这一时期，自然虽然也还被视为上帝的创造物，但是被进一步重新解读为：上帝之书写了两遍，一遍写在《圣经》之中，一遍写在自然之中。研究自然可以得到比神学更多的关于上帝的知识，因为上帝是在万物的运动中展开的，而运动就是自然的显著特征。

1535年哥白尼提出日心学说，标志着近代自然科学的诞生。随着伽利略、开普勒、牛顿等人的思想相继问世，自然科学走出了神学的阴影，以自然哲学的面貌，鼓励和倡导探索自然奥秘的求真精神和观察实验的求实精神，突破了经院哲学的禁锢，给人类描绘出了一幅客观的世界图景，打开了知识的新的窗口。

近代自然科学和人文科学的兴起，将科学与自由两大时代精神的关系问题提到了哲学的面前，牛顿和卢梭分别论证了它们存在的意义和价值。科学是对自然的认识，一切自然现象包括人在内，都为自然法则的必然性所决定；而意志自由又是人的尊严、价值和道德的基础，属于人的精神性活动，不能用力学的规律解释，甚至不能用认知理性来解释。

对科学与自由相互关系的认识，涉及到对人的丰富完整性和历史动力的重新认识，也涉及到对理性复杂性及其知识成果的重新认识，近代哲学由此将研究的重点从古代和中世纪的本体论转向了认识论。一方面，如笛卡尔所说，要"重新开始从根本做起"②，"在科学上建立一些牢固的、经久的东西"③；另一方面，科学也需要哲学为其可靠性做出认识论的论证。

最初的研究大都以自然科学为范式，按照自然科学研究方法的要求，以笛卡尔和培根为始作俑者，形成了两种不同的认识论研究倾向：一种比较重视自然科学的数学方法，以天赋观念为起点，以追求必然真理为目标，将观念的内在特征作为真理的标准；另一种则比较重视自然科学的实验方法，以观察经验为起点，强调真理的或然性，将观念与经验的符合作为真理的标准。前者被称为唯理论，后者被称为经验论，这种

---

① 转引自赵敦华：《西方哲学简史》，北京大学出版社，2001年，第161~162页。
② 北京大学哲学系外国哲学教研室编译：《西方哲学原著选读》上，商务印书馆，1981年，第366页。
③ 北京大学哲学系外国哲学教研室编译：《西方哲学原著选读》上，商务印书馆，1981年，第365页。

研究视角和研究方法的不同奠定了人们后来习惯讲的欧洲大陆哲学与英美哲学的分野。

康德看到了唯理论和经验论各执一端的片面性及其带来的形而上学危机,要求对理性进行批判性考察。他的看法是:理性超越经验去构建形而上学是不合法的,经验论对这种努力的怀疑有一定道理,但是不能克服形而上学的独断论,因为来自理性的独断论是不可能被经验所驳倒的,而要使形而上学成为一门科学,就需要为理性找到普遍性的原则。这个原则旨在克服以客体(对象)为中心的认识论模式所带来的问题——主观思想何以能够把握独立于主观思想的客观存在?进而为科学的形而上学的建立提供"导论"。在《纯粹理性批判》中,这个原则被表达为:一切经验领域知识的可能性都建立在"对象依照我们的知识"这个前提下,认识对象即是"关于对象的先天知识"。康德把他自己提出的这种思维方式转化称为"哥白尼式的革命"。

康德认为,理性在自然领域的运用是被经验所限定的必然,而在道德实践领域,理性因摆脱了经验的约束而自由。善良意志的自律作为绝对命令"任何时候都要按照与普遍规律相一致的准则行为"①,由此推论出"在任何时候都不应把自己和他人仅仅当作工具,而应该永远看作自身就是目的"②和"每个有理性东西的意志的观念都是普遍立法意志的观念"③。为了期望幸福和道德的和谐一致即至善的实现,康德认为有必要设定上帝的存在。

黑格尔不同意康德等以往哲学家为哲学研究预设一个基本原则作为前提的做法,认为"哲学是独立自为的,因而自己创造自己的对象,自己提供自己的对象。而且哲学开端所采取的直接的观点,必须在哲学体系发挥的过程里,转变成为终点,亦即成为最后的结论。当哲学达到这个终点时,也就是哲学重新达到其起点而回归到了它自身。这样一来,哲学就俨然是一个自己返回到自己的圆圈"④。为此,黑格尔提出了三个重要观点。一是"实体即主体"。实体不是现成的、被给予的存在或永恒不变的本质,而是具有自己设定自身,并在克服矛盾对立面的发展中实现自身的辩证运动主体。二是"真理是全体"。真理是历史发展的全过程,每一个哲学体系都是真理的一个环节,后起的哲学比以前的体系更加高级,所有哲学体系的全体构成了科学真理。三是"辩证法是科学认识的灵魂"。辩证法是绝对精神的客观运动,既是历史的本质和规律,又是认识论的对象,因此,辩证法、历史与认识论是统一的。

与康德对自由的论证有所不同,黑格尔将自由置于哲学的整体性中。在他看来,绝对精神的本性就是自由,这种自由不是现成的,而是在绝对精神自己的辩证发展中实现出来的,是被认识的必然,是绝对精神自在自为的存在和自我创造的统一。

---

① [德]康德:《首先形而上学原理》,苗力田译,上海人民出版社,1986年,第87页。
② [德]康德:《首先形而上学原理》,苗力田译,上海人民出版社,1986年,第86页。
③ [德]康德:《首先形而上学原理》,苗力田译,上海人民出版社,1986年,第83页。
④ [德]黑格尔:《小逻辑》,贺麟译,商务印书馆,1980年,第59页。

总的来讲，思想史是随着经济史的发展而发展的，但是，思想史也有自身相对独立的发展规律。由于特殊的历史文化原因，"经济上落后的国家在哲学上仍然能够演奏第一小提琴：18世纪的法国对英国来说是如此（法国人是以英国哲学为依据的），后来的德国对英法两国来说也是如此"①。在当时经济政治发展相对落后的德国，康德哲学和黑格尔哲学尽管有着各自不同的体系内容，但是都肯定了人类理性本身有着对科学与自由亦即必然与自由的理解，将从对必然的超越中获得自由、实现自由视为理性的根本使命，这里所表达的，正是启蒙精神的精髓。

从本质上讲，18世纪欧洲兴起的启蒙运动是一个更为彻底的理性主义思潮。启蒙学者已经不再借上帝之口来讲人的发现和自然的发现的道理，他们的理性主义是"非常革命"的，"他们不承认任何外界的权威，不管这种权威是什么样的。宗教、自然观、社会、国家制度，一切都受到了最无情的批判；一切都必须在理性的法庭面前为自己的存在作辩护或者放弃存在的权利。思维着的知性成了衡量一切的唯一尺度。"②

启蒙时期所倡导的这种更加彻底地去除蒙昧的理性就是现代理性，它要求的科学、民主、法治、自由、平等、公正等世俗社会的理念就是西方现代化的纲领，这些新的理念体现着不同于过去时代的现代性。启蒙运动以来，科学技术、市场经济、民主政治、多元文化、法治社会的兴起，正是启蒙理性通过资本主义的发展而实现自身的轨迹。

黑格尔继康德之后，以其独特的思想洞见，阐释了启蒙理性的本质要求和历史走向，但是，由于以绝对精神而不是现实人的历史活动为出发点，将逻辑学赋予本体论的性质，人类社会发展在哲学上的论证，就不是历史的逻辑而是逻辑的历史：世界不过是逻辑概念的异化或回归，历史不过是"理性的狡计"的实现。个人活动及其动机尽管得到了尊重，但是在绝对精神自由目的的实现中仍然不过是工具或手段。这种对理性的绝对化阐释反而背离了启蒙理性的初衷，压抑甚至贬低了人，从而使得德国古典哲学在黑格尔那里以体系的完成形式走到了自己的"终结"。

黑格尔哲学的命运在一定意义上也是整个西方传统哲学的历史遭遇。最初，人们在生活实践中对世界的感受和对历史过程的体验是生动和具体的，这些与生活同在的思想构成了人生命的活的灵魂。苏格拉底之后，哲学家对世界本质追求的本体论旨趣将人的理性从思想中剥离出来，正如巴雷特所言："理性完全从无意识的原始水准超拔出来，乃是希腊人的成就"③。这种本体论的旨趣与希腊人对生活方式和知识的追求是紧密联系在一起的，契约文化和城邦民主制的发展要求人们善于论证和辩论，这使得

---

① 《马克思恩格斯选集》第4卷，人民出版社，2012年，第612页。
② 《马克思恩格斯选集》第3卷，人民出版社，2012年，第391页。
③ [美] 威廉·巴雷特：《非理性的人》，段德智译，陈修斋校，上海译文出版社，1992年，第83页。

逻辑学和修辞学得到了发展；而数学在描述世界方面所具有的简约性和奇妙性，又形成了人们对"数"的敬仰：在一些哲学家眼中，数学被视为学术成就的代表，可以"迫使灵魂使用纯粹理性通向真理本身"①。这些都潜移默化地影响了希腊人对存在的领悟。

进入近代以后，在知识问题的导向下，隐含在柏拉图哲学世界二重化预设中的主客二分思维方式进一步展开为心灵与肉体、精神与物质、思维与存在的对立。从笛卡尔确立"我思"和洛克确立"心灵"开始，理性随着主体性哲学的发展逐渐统治了几乎整个西方思想文化界。理性对蒙昧的胜利和以理性为基础的数学和实验自然科学取得的一系列辉煌成就，使很多思想家不仅将理性看作衡量一切的尺度，而且看作存在的本质，一方面，人成为了人格化的理性，另一方面，世界和历史成为了理性化的存在。这种对理性的理解和运用，又成为人文社会科学学科理论得以建构的重要基础和出发点，在这些理论中，人被理性化为"经济人"或"自然人"。随着这些理论上升为意识形态，对理性的倡导转化为对理性的迷信；为科学论证的理性主义哲学转化为凌驾于科学之上的思辨形而上学体系；以主客统一为旨归的知识理性转化为主客分裂、异化的历史理性。

黑格尔之后，对以理性主义为基础的思辨唯心主义的反思和批判成为必然，其主要推动力在于，第一，19世纪下半期以后自然科学的发展，已经从分门别类研究自然过程进入到了综合统一研究自然过程的阶段。细胞学说、能量守恒和转化定律、生物进化论及其他重要科学发现都突破了原有的科学研究模式的界限，使得传统哲学对于自然的哲学研究成为多余甚至累赘。恩格斯指出，当自然科学对生物和非生物的研究"已经进展到可以向前迈出决定性的一步，即可以过渡到系统地研究这些事物在自然界本身中所发生的变化的时候，在哲学领域内也就响起了旧形而上学的丧钟"②。第二，资本主义经济危机的发生和阶级矛盾冲突在经济、政治、文化、社会等方面的表现，动摇了人们对资本主义社会的理想信念，使理性主义哲学的社会历史基础受到了质疑。这两个历史因素分别指向了传统理性主义哲学的时代危机：失去研究对象的危机和失去历史价值的危机。

"但哪里有危险，哪里也生拯救。"③1831年黑格尔逝世以后，黑格尔学派内部围绕宗教性质问题的争论引发了激进派与保守派、唯物论与唯心论的矛盾，最终导致了黑格尔哲学体系的解体和黑格尔学派的分裂。建立无所不包的哲学体系的追求成为思想史的过去，绝对的思辨的唯心主义受到了普遍的批判，西方哲学进入了现代发展阶段。在众多思潮和流派的生成和发展中，基本的趋势是返回到人的现实生活去寻求哲

---

① [古希腊]柏拉图：《理想国》，郭斌和、张竹明译，商务印书馆，1986年，第289页。
② 《马克思恩格斯选集》第4卷，人民出版社，2012年，第251页。
③ [德]海德格尔：《荷尔德林诗的阐释》，孙周兴译，商务印书馆，2000年，第21页。

学问题的解答和哲学发展的出路。这种返回大体上是沿着三条路径进行：

一条是马克思开启的路径：返回到人的实践生活世界。

马克思认为，"我们开始要谈的前提不是任意提出的，不是教条，而是一些只有在臆想中才能撇开的现实前提。这是一些现实的个人，是他们的活动和他们的物质生活条件，包括他们已有的和由他们自己的活动创造出来的物质生活条件。因此，这些前提可以用纯粹经验的方法来确认。"① "在思辨终止的地方，在现实生活面前，正是描述人们实践活动和实际发展过程的真正的实证科学开始的地方。关于意识的空话将终止，它们一定会被真正的知识所代替。对现实的描述会使独立的哲学失去生存环境，能够取而代之的充其量不过是从对人类历史发展的考察中抽象出来的最一般的结果的概括"②。

在马克思的哲学里，人的存在方式是感性的实践活动，人的本质和人类生存的意义存在于人通过实践活动建立起的与对象世界的关系中，因此，"社会生活在本质上是实践的。凡是把理论诱入神秘主义的神秘东西，都能在人的实践中以及对这种实践的理解中得到合理的解决"。③

过去的哲学家"只是用不同的方式**解释**世界，而问题在于**改变**世界"④，"对**实践的**唯物主义者即**共产主义者**来说，全部问题都在于使现存世界革命化，实际地反对并改变现存的事物"⑤。因此，对黑格尔思辨唯心主义哲学的理论批判只有在转化为历史的和现实的批判中才能显示出它的时代意义；隐藏在思辨历史理性背后的资本逻辑及其历史命运，只有在生产力的发展达到消灭旧的社会分工和私有制的阶段才能终结，才能有"每个人的自由发展是一切人的自由发展的条件"⑥ 的社会的出现。这并不是人类理性的自我展开过程，恰恰相反，理性只有在适合历史客观过程的意义上才是正确的。

另一条是尼采开启的路径：返回到人的日常生活世界。

受叔本华思想的影响，尼采与马克思一样，也敏锐地感受到了资本主义社会的精神危机以及这种危机在传统哲学中的表现，然而却对此做出了与马克思不同的解读和回应。

尼采将欧洲文明的危机归结为对早期希腊文化价值的否定。这种虚无主义表现为苏格拉底辩证法产生以来的希腊理性主义传统、基督教形成以后的宗教道德传统和启

---

① 《马克思恩格斯选集》第1卷，人民出版社，2012年，第146页。
② 《马克思恩格斯选集》第1卷，人民出版社，2012年，第153页。
③ 《马克思恩格斯选集》第1卷，人民出版社，2012年，第139~140页。
④ 《马克思恩格斯选集》第1卷，人民出版社，2012年，第140页。
⑤ 《马克思恩格斯选集》第1卷，人民出版社，2012年，第155页。
⑥ 《马克思恩格斯选集》第1卷，人民出版社，2012年，第422页。

蒙运动兴起中发展出来的现代主义文化传统。他认为，无论是追溯到孔子、柏拉图，还是追溯到犹太教、基督教，"迄今被用来使人类变得道德的所有手段，究其根源，是非道德的。"① 因此，必须重估一切价值，而新的健康的、刚强的价值就存在于人的现实生活世界的生命活动中。他说："倘若我们谈论生命的价值，我们是在生命的激励，在生命的视阈中谈论的：生命自身迫使我们设定价值，倘若我们设定价值，那么生命自身通过我们进行评价"②。生命的最高价值是强力意志，这是最大的善和一切真理的标准，在希腊早期文化中就体现在赫拉克利特关于火的哲学和希腊神话中酒神狄奥尼索斯的精神里。

在尼采的话语中，理性主义的弊端就是迷信逻辑而否定生命活生生的过程，"几千年来哲学家们处理过的一切，是概念的木乃伊；没有什么真实的东西生动活泼地出自他们之手"③，结果是既扼杀了事物的生灭变化也扼杀了人的生命力量，造成了人的精神的深重痛苦。

尼采哲学存在一些极端的倾向和自相矛盾的问题，这使得他很"不合时宜"，然而他对后世的影响是不能低估的。人们可以不同意尼采的非理性主义，但是却不能不受他对理性主义形而上学批判的影响。叔本华、克尔凯郭尔、尼采是黑格尔之后较早关注生命和人生问题、致力从非理性主义立场批判思辨形而上学的哲学家。在他们之后，让哲学走出传统理性主义的思维模式、从抽象的思辨领域返回人的日常生活（生存）世界的路径逐渐得到了很多哲学家的认可。

这条路径在19、20世纪之交的新旧哲学交替过程中得到了进一步的拓展。生命哲学改造了传统形而上学的"存在"概念，代之以"生命之流"的绵延"生成"；新康德主义虽然坚持了康德先验论，却也更加重视对人的文化世界的认识；功利主义不再执著于建立在理性基础上的社会契约论，把"情感论"的道德原则扩大到了社会政治领域；实用主义要求将形而上学从云霄高处拉下到经验的低层，把知识的对象理解为人与环境之间交互作用的"事件"；弗洛伊德的精神分析则深入到了人的潜意识，试图从人的原始冲动和各种本能，以及同本能有关的各种欲望中，寻求支配人的整个心理和行为动机的根源。

然而，这些对传统哲学的批判在后来的哲学家看来虽然颇有建树，但仍然没有超出传统哲学的框架。这不仅在于他们批判理性的武器仍然是理性，还在于这种批判不过是用一种新的绝对存在（例如尼采的"强力意志"）取代了原来的绝对的存在。借用海德格尔评价萨特哲学的话讲就是："这种对一个形而上学命题的颠倒依然是一个形而上学命题。作为这个形而上学的命题，它就与形而上学一起固执于存在之真理的被

---

① [德] 尼采：《偶像的黄昏》，卫茂平译，华东师范大学出版社，2007年，第96页。
② [德] 尼采：《偶像的黄昏》，卫茂平译，华东师范大学出版社，2007年，第72~73页。
③ [德] 尼采：《偶像的黄昏》，卫茂平译，华东师范大学出版社，2007年，第54页。

遗忘状态中。"①

经过新旧哲学交替过渡，逐渐发展出了英美分析哲学和欧洲大陆哲学两大流派。

分析哲学家认为，有意义的哲学活动只是对语言进行分析，这个看法被称为西方哲学在认识论转向后的又一次转向——语言学转向。它可以被看作是对哲学危机的一种回应，即在神学、自然科学、心理学先后从哲学的研究领域退出、哲学的研究对象成为问题的时候，通过语言分析重新进入传统哲学的理论领域，赋予它们以新的意义。

在探讨语言的意义时，弗雷格、罗素、维特根斯坦最初均致力于语言的逻辑分析，既用哲学论证语言逻辑的客观基础，又用语言逻辑解决哲学的基本问题。但是这些分析都遇到了困难，因为原有的哲学理论并不能充分说明语言逻辑对象的客观性，而语言逻辑也不能充分说明哲学基本问题的真实性。分析哲学家本来是要论证原来的哲学命题是无意义的，②但是为了逻辑的需要，又不得不利用这些命题作为"攀登的梯子"，用维特根斯坦的话说就是："当他用这些命题为梯阶而超越了它们时，就会终于认识到它们是无意义的。（可以说，在登上高处之后他必须把梯子扔掉）。他必须超越这些命题，然后他就会正确看待世界。"③ 问题是：如何超越这些命题呢？

第二次世界大战以后，对战争的非人性反道德性质的反思影响到了分析哲学的发展，追求一概排斥伦理道德普遍价值的纯粹逻辑分析及其追求确定性标准的倾向开始得到扭转。人们意识到，真理往往蕴涵在日常生活中，普通人的意见实际上在构成意义的标准，因此，应该尊重在日常生活中表现出的社会习惯和文化兴趣，这是恢复和保持西方传统文化的需要。于是，语言分析的方向从早期的逻辑分析转向了日常语言分析，维特根斯坦后期思想中的语言—游戏说又成为了代表。这一理论的实质是强调语言与人们日常生活的联系以及在日常生活中运用语言的多样性。维特根斯坦对此的解释是："在这里，'语言游戏'一词的用意在于突出下列这个事实，即语言的述说乃是一种活动，或是一种生活形式的一个部分。"④ 因此，"一个词的意义就是它在语言中的使用"⑤。

语言用法的多样性并不意味着可以随意使用语言，否则将使得语言不可理解和交流，因而遵守规则是必需的。语言使用的规则是人们生活中约定俗成的，遵守规则就是遵守人们习以为常的生活方式。在维特根斯坦看来，几千年来困惑哲学家的哲学问

---

① ［德］海德格尔：《路标》，孙周兴译，商务印书馆，2000年，第386页。
② 受维特根斯坦《逻辑哲学论》思想影响的维也纳学派的逻辑实证主义认为，按照证实原则，形而上学的命题既不属于分析命题，也不属于可以被经验证实的命题，无事实与之对应，因而是没有任何意义的"伪命题"。
③ ［德］维特根斯坦：《逻辑哲学论》，贺绍甲译，商务印书馆，2002年，第105页。
④ ［德］维特根斯坦：《哲学研究》，李步楼译，陈维杭校，商务印书馆，2004年，第17页。
⑤ ［德］维特根斯坦：《哲学研究》，李步楼译，陈维杭校，商务印书馆，2004年，第31页。

题是一种瘤疾。问题的产生不是因为知识的贫乏或无知,而是由于哲学家在运用语言里的"特殊词汇"时采取了追求一般而忽略特殊的思维方式。哲学问题根源于对语言意义的误解,哲学的当下主要任务就是返回人们的日常生活,通过纠正对日常语言的误用来消除哲学问题。

现代欧洲大陆哲学也从对哲学危机的反思中走出了自己的历程,这种思想的反思在发展中越来越紧密地与历史的反思结合了起来。20世纪初的二三十年间,欧洲陷入了经济危机、政治危机和战争危机之中,胡塞尔亲历了第一次世界大战的浩劫,对战争暴露出的欧洲文明危机有深刻的感受。在胡塞尔看来,欧洲文明的危机带有根本性和总体性,是人性的危机即"欧洲人性本身在其文化生活的整个意义方面,在其整个'实存'方面的危机"①。危机使"理性与一般存在者之间最深刻的本质联系的世界问题,这个一切迷中之迷,一定会变成真正的主题"。②

胡塞尔认为,"理性与一般存在者之间最深刻的本质联系"这一危机的根源可以追溯到文艺复兴,一方面,借助于文艺复兴时期哲学理念的新构想,欧洲人的自律性得以奠定,这种自律性就是"将古希腊罗马人当成最值得羡慕的典范","从自由的理性,从普遍哲学的洞察出发,重新塑造人的整个环境,人的政治的和社会的存在。"③ 另一方面,文化复兴中兴起的近代科学由于其实证主义将科学的理念归结为纯粹事实的客观主义倾向,使得科学正在丧失对生活的意义和对文艺复兴以来新形成的欧洲人的指导作用,这是科学的危机,也是哲学的危机,"哲学在我们今天正面临被怀疑论、非理性主义和神秘主义压倒的危险。"④ 而哲学和科学的真正使命"应该是揭示人类本身'与生俱来的'普遍理性的历史运动"。⑤

因此,对"理性与一般存在者之间最深刻的本质联系的世界问题,这个一切迷中之迷"解答的可能性就在于,对科学和哲学危机的根源进行目的论的—历史的考察,"从科学的客观主义——不仅是近代的客观主义,而且还有以前数千年所有哲学中的客

---

① [德]胡塞尔:《欧洲科学的危机与超越论的现象学》,王炳文译,商务印书馆,2011年,第25页。
② [德]胡塞尔:《欧洲科学的危机与超越论的现象学》,王炳文译,商务印书馆,2011年,第26~27页。
③ [德]胡塞尔:《欧洲科学的危机与超越论的现象学》,王炳文译,商务印书馆,2011年,第20页。
④ [德]胡塞尔:《欧洲科学的危机与超越论的现象学》,王炳文译,商务印书馆,2011年,第15页。
⑤ [德]胡塞尔:《欧洲科学的危机与超越论的现象学》,王炳文译,商务印书馆,2011年,第29页。

观主义——向超越论的主观主义的转变。"① 这种转变已经存在于笛卡尔、休谟和康德哲学研究的努力中，但是，这些哲学家都没有达到"哥白尼式转向"的真正意义，因为他们没有按照严格科学的精神深入研究构造一切存在物意义的绝对主观性以及把握这种主观性的方法，只是为胡塞尔自己的现象学超越论哲学的产生做了准备。

所谓现象学超越论哲学"是这样一种哲学，这种哲学与前科学的以及科学的客观主义相反，回溯到作为一切客观的意义构成和存在有效性的原初所在地的进行认识的主观性，并试图将存在着的世界理解为意义的和有效性的构成物，并试图以这种方式将一种全新的科学态度和一种全新的哲学引上轨道。"②

那么如何才能达到现象学超越论哲学呢？胡塞尔提出的一条路径是"从预先给定的生活世界出发进行回溯而达到"③。

所谓"生活世界"，是指"主观的构成物，是正在经历着的生活的，前科学的生活的成就"，④ 与客观的科学世界相比较，它有三个基本的特点：一是预先存在的有效性。它是在科学进行有目的的主题化研究之前就"预先存在着的有效世界"，是人们一直生活于其中的"日常生活世界"或"周围世界"，是理论反思的基础和科学世界赖以发生的根基，"例如，对于物理学家来说，这个周围世界就是他在其中看到的他的测量工具、听到的节拍声、观测到的量值等等的世界，此外这个周围世界是他知道他自己连同他的全部活动和他的全部理论思维都包括于其中的周围世界"⑤。二是主观构成的先验性。它不是一个客观的世界，而是相对于人的生活经验而有效的世界，人的主观经验有个别性和偶然性，生活世界有着这些偶然经验中的一般结构和普遍本质，这是生活世界中先验的东西，这种先验性是一切科学的先验性包括数学的先验性得以产生的前提和基础。三是直观的原初自明性。它是一个非抽象的、只能通过知觉实际地被给予的、总是被经验到并能被经验到的世界，是"作为原则上可直观东西之全域"，世界本身不是作为一个对象被感知的，而是作为已经被感知和可能被感知的对象的无限延伸的背景视域（地平线）在我们意识中呈现的。它虽然包含着每个人的直接经验，但是并非为某个人所独有，由于心灵本质的移情即对他人的知觉作用，每一自我—主观

---

① ［德］胡塞尔：《欧洲科学的危机与超越论的现象学》，王炳文译，商务印书馆，2011年，第91页。

② ［德］胡塞尔：《欧洲科学的危机与超越论的现象学》，王炳文译，商务印书馆，2011年，第128页。

③ ［德］胡塞尔：《欧洲科学的危机与超越论的现象学》，王炳文译，商务印书馆，2011年，第131页。

④ ［德］胡塞尔：《欧洲科学的危机与超越论的现象学》，王炳文译，商务印书馆，2011年，第91页。

⑤ ［德］胡塞尔：《欧洲科学的危机与超越论的现象学》，王炳文译，商务印书馆，2011年，第153~154页。

也与"其他的在意向上相互联结的心灵共同处于共同体之中,也就是说,也处于一种纯粹意向的,由于固有本质而内在地紧密联系之中,即主观间共同性的联系之中"①。从而形成了我们共有的知觉世界即一个"交互主体性"或"主观间性"中的世界。"这种被自明地给予的东西,根据情况,或是在知觉中作为在直接现前中的'它自身'被经验到的东西,或是在回忆中作为它自身而被想起的东西。"② 生活世界的原初自明性是一切自然科学理论的客观的—逻辑的自明性根据的源泉。

生活世界虽然是我们的日常活动的周围世界,却不是现成的摆在眼前的东西,对它的价值和意义的把握取决于现象学的方法和态度,这是因为自从伽利略和牛顿将世界力学数学化后,在人们眼中,自然界存在的根据就不再在其本身的丰富性中而是在力学和数学的确定性中了,科学世界的抽象性本来源于生活世界的直观性,但是生活在科学世界的人们却忘记了这些,在他们眼中,世界总是已经被科学化了的图景。

现象学的方法和态度是"返回事物本身"③,这个"事物本身"不是传统哲学所意味的现象背后的本质,而是事物如其所是在意识中的显现,现象学就是要面向意识中的事实,关注呈现于直观中的事物的显现方式。这种关注需要对客观的科学进而对朴素的自然的态度即"直接地指向当时给定的对象的,因而是进入到世界地平线中的生活之方式",实行"彻底改变的超越论的悬搁"。④ 排除一切客观的和科学的看法,对"以前那样作为自然存在的人生活于预先给定的世界之不断实现的有效性……采取克制态度"。⑤ 胡塞尔指出:"更具体地说,向建构这一预先被给予的世界的先验主体性的回溯是分两个阶段进行的:1. 从预先被给予的世界及其一切意义积淀物、及其科学和科学规定回溯到原始生活世界;2. 从生活世界追溯到它本身由之产生的那些主观作用。"⑥

通过悬搁的现象学还原,最后我们看到,对科学世界被遮蔽的意义世界的追溯,将达到"先验的主观自我"。在由悬搁而达到的集中注意于相互关联的纯粹现象的态度中,世界即客观的东西本身包括人的存在都转变为主观的现象。在全部意向关联之复

---

① [德] 胡塞尔:《欧洲科学的危机与超越论的现象学》,王炳文译,商务印书馆,2011年,第296页。

② [德] 胡塞尔:《欧洲科学的危机与超越论的现象学》,王炳文译,商务印书馆,2011年,第161页。

③ [德] 胡塞尔:《纯粹现象学通论》,李幼蒸译,商务印书馆,1992年,第75页。

④ [德] 胡塞尔:《欧洲科学的危机与超越论的现象学》,王炳文译,商务印书馆,2011年,第181、187页。

⑤ [德] 胡塞尔:《欧洲科学的危机与超越论的现象学》,王炳文译,商务印书馆,2011年,第187页。

⑥ [德] 胡塞尔:《经验与判断——逻辑谱系学研究》,兰德格雷贝编,邓晓芒、张廷国译,生活·读书·新知三联书店,1999年,第67~68页。

杂的、多层次的活动系统中，自我具有绝对的唯一性，处于一切构成的中心地位，在向这个自我——主观的回溯的意向性"分析"中，"我们才第一次获得了世界与在人类中客观化了的超越论的主观性之间的相互联系。"① 而"一旦达到了自我，我们就会认识到，我们处于一种自明性的领域，要向它背后追问是毫无意义。"②

至此，我们看到了"理性与一般存在者之间最深刻的本质联系的世界问题，这个一切迷中之迷"的解答，这就是，理性本身赋予存在者以意义。在此之前，自然科学将生活世界当作是"不言而喻"的前提，不断从中构思出新的间接真理，但是却从来没有发问过，生活世界在什么意义上是"不言而喻"的，因此，自然科学的合理性问题，就始终处在悬而未决中。生活世界的显现使这一问题得以根本性的解决，自然科学所构建的"客观的、真正的"世界是理论的—逻辑的产物，原则上不能知觉和经验，而主观的生活世界则是可直观的领域。一切思想的构成物，只有回溯到这种原初自明性才具有真正的真理性。

在这里，胡塞尔丝毫没有贬低自然科学客观真理地位和作用的意思，毋宁说是对科学之客观性的充分论证，当然，这是现象学的论证。在这之前，哲学在客观性论证的问题上已经走过了漫长的路程，由于这一问题关系到知识的可靠性和人类生存的信念，从古希腊哲学始，就受到了高度的重视。柏拉图和黑格尔等将它置于理念或绝对精神的存在基础上，笛卡尔和康德等将它置于先验自我存在的基础上，旧唯物主义将它置于世界的自在存在基础上，在胡塞尔看来，这些看法都没有从根本上解决知识客观性之自明性根源问题，因为他们都没有意识到自明性的两个不可分割的基本条件：经验直观与先验主观，只有在两者统一的生活世界里，客观性问题的解决才有了最终的归宿。因此，超越论的观念论并不否认世界的现实存在，而仅仅是阐明"一切世间的东西都有其超越论的相关者，关于这后者的每一个新发现，在人的研究者，即心理学家看来，都是对于世界中的人的新规定"，在这个意义上，超越论"不仅是为世界构成的历史充实了一种新的科学，而且还全面地充实了世界的内容，它本身就是一种世界历史过程。"③

胡塞尔早年受其老师布伦塔诺"意向性"学说的影响，研究纯粹意识的意向性结构，提出"返回事物本身"，反对将任何形而上学或自然科学的论断作为自己研究的前提，专注于"自身被给出"的"自明""现象"的显现方式，通过对意向性作发生学

---

① [德] 胡塞尔：《欧洲科学的危机与超越论的现象学》，王炳文译，商务印书馆，2011年，第236~237页。
② [德] 胡塞尔：《欧洲科学的危机与超越论的现象学》，王炳文译，商务印书馆，2011年，第238页。
③ [德] 胡塞尔：《欧洲科学的危机与超越论的现象学》，王炳文译，商务印书馆，2011年，第328页。

的研究，从现象学还原的纯粹意识状态追寻意识结构的根据——"纯粹自我"，致力于使哲学成为一门真正地探究本原的"严格科学"。晚年他提出"生活世界"作为研究主题，将现象学从纯粹心理学的分析领域延伸到社会历史的分析领域，使现象学具有了更广阔的人类历史文化发展的精神视野，也厘定了整个现象学运动的走向。"生活世界"这一概念被后来的哲学家如海德格尔、伽达默尔、哈贝马斯等所接受并加以改造性的运用，尽管这些运用或多或少地偏离了胡塞尔的先验现象学的立场，但是，转向生活世界成为20世纪以来哲学重要主题，却是一个不争的事实。

胡塞尔是在西方哲学的理性主义传统受到广泛批评的时候，公开为其辩护的哲学家，他指出："哲学不是别的，而是（理性主义），是彻头彻尾的理性主义，但它是按照意向与充实的运动之不同阶段自身加以区分了的理性主义；它是从哲学最初在人类中出现开始的，处于不断自身阐明的运动之中的理性（ratio），在此以前，人类与生俱来的理性（Vernunft）尚完全处于隐蔽状态中，处于黑夜的昏暗状态中。"[①] 超越论现象学的任务就是通过"悬搁"、还原，使生活世界和心理学本来所是的东西成为可理解的，揭示出科学一直立于其上却被忘却的意义基础，提供重新理解主观与存在者关系的可能性。使始于希腊、发展于文艺复兴的理性信仰重新确立起来并通过哲学向自身复归，指导人类实现自我认识而成为其所是的存在。

胡塞尔的现象学以其新的概念话语，较全面地体现了西方哲学在事物、观念和语言上的研究趋向和要求，不仅对现代哲学，而且对其他人文社会科学都产生了重大影响。德国现象学学会主席海尔德教授说："现象学是我们这个世纪的思维传统，它最先具备了解决那些在向下一个千年过渡的过程中所出现的急迫任务的哲学技能。这个任务在于，在下面这两条道路之间找到一条中间道路：第一条道路是以'后现代的'方式解脱所有规范性的约束；第二条道路则是那种最终会将所有个体强行纳入自身之中的理性大全主义。而对于各种文化之间的关系来说，这个寻找中间道路的任务则意味着，必须维持在下面两种趋向之间的有益张力：第一种趋向是整个人类正在无阻止地结合为一个统一体，胡塞尔曾希望这个统一体能够发展成为一个大全的理性共同体；第二种趋向则在于，在不同的文化中仍存在着这样一个需要，即在这个世界范围的联合过程中，各种文化不失去自己固有的面目。在这种情况下，现象学作为'现象的逻各斯'可以指明一条道路；因为胡塞尔从一开始便把现象学理解为一种理性的说明（逻各斯），它的意义正是在于澄清并维护所有现象的固有本质和固有权利。所以，欧洲的理性传统可以与一种无保留的、交互文化的开放性结合为一体"。[②]

[①] ［德］胡塞尔：《欧洲科学的危机与超越论的现象学》，王炳文译，商务印书馆，2011年，第334~335页。

[②] ［德］克劳斯·黑尔德：《致中国读者》，见［德］胡塞尔：《现象学的方法》，倪梁康译，上海译文出版社，1994年。

海德格尔接受了现象学"面向事物本身"的观念，但改变了胡塞尔的研究方向。现象不再被理解为在意识的意向活动中显现的对象，而是人的存在，显现就是人对自身存在方式的领悟。这个研究方向改变的原因是，在海德格尔看来，胡塞尔现象学的初衷是要使形而上学走出旧的传统而成为一门彻底严密的科学，但对主观意识活动的执著又使之最终回到了先验哲学的旧路。因而，尽管他与康德不同，不是将"先验"仅仅视为"经验"的前提和条件，而是视为本身就彻底化的"经验"，也仍然带有德国唯心主义的烙印。

在《存在与时间》的"基础存在论"中，海德格尔批评传统哲学没有分清"存在"与"存在者"，用对"存在者"的研究遮蔽了对"存在"本身的研究。那么如何才能进入对"存在"的研究呢？海德格尔认为，必须从对存在有所领悟的存在者入手，人是唯一关心其他存在者的存在、因而是能够对存在的一般意义提出问题的存在者。他用"此在"指称人这样的存在者，意味着"此在"是存在论分析的出发点。人的本质不是预先规定好了的东西，而是在其生存活动中形成的。"此在的本质在于他的存在"，其存在方式是在时间中显现出的"在世界之中"的存在。一方面，"世界"不是独立于人的存在，而是人的存在的方式，是其他事物向人显现的结构。事物首先作为日常生活中"应手之物"的"器具"被使用着，只有在使用过程出现了问题而中断时，"应手之物"的生活"器具"才转化为"现成在手之物"的认识对象。另一方面，"此在"不是独立于他人的孤立的"我"在，而是"与他人共在"。非本真的"共在"或是自我消失于他人之中或是自我代替他人，本真的"共在"则是自我保持与他人距离的"超脱"。与此相应，此在在时间中存在状态是"烦"，非本真的"烦"是"畏"，本真的"烦"是"面对死亡的决断"。在海德格尔这个基础存在论中，日常生活的生存过程向我们展现了人的时间性存在本质，从这个本质中透露出的存在的一般意义，颠倒了传统形而上学对存在与时间关系的理解。

后期的海德格尔另辟蹊径，从真理问题入手，将对存在意义的思考从"此在"转向语言和艺术。在海德格尔看来，真理的本质是自由，自由意味着真理可以包容各种可能性，如同"林中空地"，是遮蔽和去蔽两种可能性的张力所敞开的场所。语言在希腊文 Logos（逻各斯）中不仅意为"言说"，还意为把所涉的东西通过言谈公开出来。从本源上讲，语言显示的正是存在既敞开又隐匿的意义，因此，"存在在思想中达乎语言。语言是存在之家。人居住在语言的寓所中"[①]。然而，在当今时代，技术的无限制扩张已经成为人所不能控制的"框架"，人的存在意义被技术的发展连根拔起，语言的技术化、工具化使得古希腊中存在和思想本源的统一被遗忘了。不过，这种无家可归也敞开了家园的意义，在召唤语言之思。这与传统形而上学的反思不同，不是将存在

---

① ［德］海德格尔：《路标》，孙周兴译，商务印书馆，2001年，第366页。

归结为逻辑的存在而探寻存在的逻辑本质,而是要"反思存在本身并且跟随着它的本性,它就能显现为被时间的达到所保存着的在场之天命的赠礼"①。因此,"唯当我们已经体会到,千百年来被人们颂扬不绝的理性乃是思想的最顽冥的敌人,这时候,思想才能启程"②。思的任务就在于:不顾及形而上学而思存在,投身到"本有(Ereignis)"之中,响应存在者之存在,倾听存在之劝说,"把作为语言的语言带向语言"③。

在海德格尔的哲学中,传统形而上学通过黑格尔哲学集中表达出的将一切存在者对象化的理性思维受到了根本性的追问。在此之前,尼采已经对这种反思性思维进行了批判,然而在海德格尔看来,尼采将权力意志绝对化,使他重新回到了形而上学,是"西方最后一个形而上学家"。④ 海德格尔在胡塞尔区分客观的科学世界与主观的生活世界看法的基础上,将意识的意向性结构进一步"还原"为此在"在世界之中存在"的生存形态,对传统形而上学的对象化思维进行了更为彻底的审视。与胡塞尔并不否认客观的科学世界存在的地位一样,海德格尔也不是要彻底清除主客二分的对象化思维,而是反对将其视为唯一的和究竟至极的思维方式,他通过对人的日常生活世界的存在论分析,揭示了这种思维方式的局限性及其形成原因,说明了它不过是奠基此在"在世界之中存在"上的一种"认识"和"实践"的样态。这就解开了困惑哲学家的"反思"之谜,或许我们可以说,西方哲学在"存在者"的理性思维道路上经过两千多年的长途跋涉之后,终于在海德格尔哲学中走出了对象化反思的困境,返回到了存在事情本身。

沿着海德格尔的现象学思路,伽达默尔改造了施莱尔马赫和狄尔泰的解释学理论,建立了存在本体论的哲学解释学。在伽达默尔看来,理解不是朝向给定对象的主观认识行为,而是"此在"的存在方式,属于被理解者的存在;真理不是主客观的符合,而是存在的敞亮即对人生意义的本真阐明;存在展露自身历史不再被理性所预定,而是"此在"在时间中的展开;被理解的历史既不是人的主观创造,也不是过去时空的客观再现,而是理解者的现在视域与对象的各种过去视域在相互影响、相互"融合"中的不断生成流动的"效果历史"。在"视域融合"中,现实与历史、主体与客体、自我与他者构成了一个无限开放的统一整体;真正将文本和解释者、传统和现在贯通起来的"中介"是语言,语言表达了人与世界的一切历史和现实的关系,"能被理解的

---

① [德] 海德格尔:《时间与存在》,《海德格尔选集》上,孙周兴选编,生活·读书·新知上海三联书店,1996年,第684页。

② [德] 海德格尔:《尼采的话"上帝死了"》,《海德格尔选集》下,孙周兴选编,生活·读书·新知上海三联书店,1996年,第819页。

③ [德] 海德格尔:《在通向语言的途中》,孙周兴译,商务印书馆,2004年,第239页。

④ [德] 海德格尔:《尼采的话"上帝死了"》,《海德格尔选集》下,孙周兴选编,生活·读书·新知上海三联书店,1996年,第763页。

存在就是语言"①。

受胡塞尔和海德格尔现象学的影响,存在主义思潮在20世纪50年代和60年代广泛流行于欧洲。萨特继海德格尔提出"此在的本质在于他的存在"之后,提出了"存在先于本质"的命题,将自由选择看作属于有意识的存在结构,认为人类的自由先于人的本质,并且使人的本质成为可能,由此拒绝了一切形式的决定论。雅斯贝尔斯虽然承认上帝是不可超越的存在者,但是关注的却是人的"生存"意义。他把人的生存理解为面向未来可能性的实现过程,认为人的自由就在于不断超越既定条件限制,认识到真实的自我,在内心获得心灵的安宁。存在主义的这种人道主义情怀产生的深层的历史原因,是两次大战留给欧洲人难以忘怀的恐惧、焦虑、烦恼、孤独、荒谬等的心理体验,以及对这种体验的反思和对个人自由、责任的重新认识。

如果说英美分析哲学和欧洲大陆哲学对黑格尔所代表的思辨理性主义的批判还主要是致力于为哲学的发展另辟新路、解决传统哲学的困境,那么,一些后现代主义者则在批判传统哲学的路上走得更远。他们把尼采、马克思和弗洛伊德作为效仿的"怀疑大师",以否定、解构和颠覆的方式全面批判了自柏拉图以来特别是启蒙运动以来西方理性主义哲学的立场、观点和方法。李奥塔在话语体系上反对"宏大叙事"和"元话语",主张"细小叙事"和具体话语;福柯反对对理性、社会和人的一般研究,主张以精神病、惩罚和性等专题研究取而代之;德里达反对逻各斯中心主义,拒绝语音和文字的二元对立,主张解构理性主义传统。这些后现代主义哲学家在反对普遍化、同一性、等级体系、本质论,肯定差异化、多元性、非中心、生成论等问题上的见解,对于人们反思社会生活和文化生活,具有重要的启迪意义。但是对传统的过激否定和颠覆常常会带来相对主义和虚无主义,这使得他们的思想既可能偏离哲学的旨趣,也可能偏离生活的旨趣,这也许可以看作是以尼采为代表的、返回到人的日常生活世界的路径在不断分延中的一种比较特殊的走向。

在返回到人的现实生活的努力中,还有一条重要路径,这就是马克斯·韦伯开启的路径:返回到人的价值生活世界。

韦伯将黑格尔哲学的"理性"概念运用于社会学研究,提出"合理性"概念以说明资本主义发展。他思考的问题是:为什么欧洲之外的国家没有走上西方所特有的发展道路?韦伯认为,这是因为西方特有的一种理性主义,它渗透在社会、文化和个人生活中。

社会的理性化特征主要体现在社会经济和行政的组织与运行形式中。在经济方面,是资本主义企业健全的会计制度、有效安排自由劳动力和对科学技术的利用;在行政方面,则是官僚系统依照法律进行管理的体制机制。文化的理性化特征主要体现为世

---

① [德]伽达默尔:《真理与方法》下,洪汉鼎译,上海译文出版社,2004年,第615页。

界的祛魅即宗教世界观图景的消除和世俗文化的产生。现代科学技术、文学艺术和具有普遍规范性的伦理学等是随之形成的不同文化价值领域。个人理性化的特征主要体现为天职观念和为职业劳动献身的资本主义精神，这种精神来自基督教新教伦理的禁欲主义，是现代文化的宗教根源："一个人对天职负有责任——乃是资产阶级文化的社会伦理中最具代表性的东西，而且在某种意义上说，它是资产阶级文化的根本基础"①。

韦伯区分了两类合理性行为：一种是目的合理性，另一种是价值合理性。目的合理性是"通过对外界事物的情况和其他人的举止的期待，并利用这种期待作为'条件'或者作为"手段"，以期实现自己合乎理性所争取和考虑的作为成果的目的。"②它包括合理地权衡确立行为的目的即选择合理性，以及合理地选择实现目的的手段、工具即工具合理性，工具合理性和选择合理性又被统称为形式合理性。价值合理性是"通过有意识地对一个特定的举止的——伦理的、美学的、宗教的或作为任何其他阐释的——无条件的固有价值的纯粹信仰，不管是否取得成就"③，因而被称为实质合理性。

韦伯认为，资本主义社会的产生和发展，是价值合理性逐渐衰落，目的合理性逐渐占据主导地位的过程。这既与科学技术发展的数学化倾向有关，也与理性观念自身的内在倾向有关。在科学技术发展的影响下，理性内在的目的与价值、目的与手段之间的统一关系可能发生分离。当实现目的的手段发展成熟并占有支配地位后，它们就可能自主地以自身的发展为目的。韦伯以新教伦理与资本主义精神的关系为例解读了这种情况：新教伦理强调勤俭和刻苦等职业道德，要求教徒通过世俗工作的成功营利来荣耀上帝，这促进了资本主义的产生和发展，但当资本主义逐渐成熟之后，宗教的动力开始减弱甚至消失，手段变成了目的，为营利而营利，原有的宗教目的被人遗忘了。

韦伯将科学技术视为工具合理性的基础，认为科学研究最初是服务于人对自然的认识和利用，以改善和提高人自身的物质生活条件，满足人对生活价值和意义的追求，但是当发展到一定程度，便取得自主的支配性，对控制手段的单纯追求取代了对真理和创造福祉的追求。这种技术理性渗透到了工业资本主义社会生活的各个方面，并通过物质和精神的文化系统实现和发展自身。官僚政治就是为着可计算的效率这个目的而建立起来的，在这个目的的支配下，"合理性组织着并控制着物和人、工厂和整个科层、工作和闲暇"④。

---

① [德] 马克斯·韦伯：《新教伦理与资本主义精神》，于晓、陈维纲等译，生活·读书·新知三联书店，1987年，第38页。
② [德] 马克斯·韦伯：《经济与社会》上，林荣远译，商务印书馆，1997年，第56页。
③ [德] 马克斯·韦伯：《经济与社会》上，林荣远译，商务印书馆，1997年，第56页。
④ [美] 马尔库塞：《现代文明与人的困境——马尔库塞文集》，李小兵等译，生活·读书·新知上海三联书店，1989年，第81页。

在技术的统治下，社会被管理控制地如同机械运行的机器，人如同机器上的螺丝钉。这一方面可能导致意义的丧失即不能够对世界作整体的把握和提供对人生的终极意义的解释，另一方面可能导致自由的丧失即人失去了独立的精神价值，异化为金钱和利益的奴隶。对此，韦伯感慨道："天职责任的观念，在我们的生活中也像死去的宗教信仰一样，只是幽灵般地徘徊着。当竭尽天职已不再与精神的和文化的最高价值发生直接联系的时候，或者，从另一方面说，当天职观念已转化为经济冲动，从而也就不再感受到了的时候，一般地讲，个人也就根本不会再试图找什么理由为之辩护了"①。由于科学技术只能保证手段的正确，不能反省、批判其追求的目的，因此，韦伯主张对科学技术的发展理念进行检讨。

韦伯看到的问题其实早在启蒙时期就被卢梭察觉到。他指出：人之所以高于禽兽不在理性，而在良心，无良心的理性只会导致可悲地做错一桩又一桩事。② 而后，休谟在他的哲学研究中区分了事实判断和价值判断，提出了事实判断不能推导出价值判断的"休谟法则"。③ 韦伯的论述可以说是"接着说"，但却因为时代的变化和对问题新的洞察产生了重大的影响。他的合理性理论及其留下的现代性难题，成为西方马克思主义对现代性进行批判性思考的重要出发点。

卢卡奇从马克思《资本论》对商品拜物教的分析中推导出"物化"概念，认为资本主义的合理化过程就是物化或异化的过程，技术理性作为资本力量已渗透到社会生活的各个领域，成了组织化的统治原则，造成了资本主义的种种异化现象。

霍克海默和阿多诺在《启蒙辩证法》中，明确地将理性的工具化作为批判的着力点，对启蒙精神进行了深入反思，认为被启蒙摧毁的神话就是启蒙自身的产物，因为启蒙和神话一样，都是寻求一种统一的秩序。启蒙的这种矛盾运动源于自身内部理性的发展趋势，具有批判和超越精神的客观理性，在启蒙运动中分裂出自己的对立面——主观的形式理性，这种主观的形式理性追求的是一种对人和自然加以统治的知识形式，把对世界的思维和对世界的数学计算混为一谈，以后者取代前者，把数学化的程序变成思维的程序，使理性或思维被转化成物或工具。这种工具理性将神话中的同一性逻辑加以极端化，使之成为社会生活一体化的力量，导致理性本身丧失了社会

---

① ［德］马克斯·韦伯：《新教伦理与资本主义精神》，于晓、陈维纲等译，生活·读书·新知三联书店，1987年，第142页。

② ［法］卢梭：《爱弥儿》，李平沤译，商务印书馆，1978年，第417页。

③ 参阅［英］休谟：《人性论》，关文运译，郑之骧校，商务印书馆，1980年，第509页："……可是突然之间，我却大吃一惊地发现，我所遇到的不再是命题中通常的'是'与'不是'等连系词，而是没有一个命题不是由一个'应该'或一个'不应该'联系起来的。这个变化虽是不知不觉的，却是有极其重大的关系的。因为这个应该与不应该既然表示一种新的关系或肯定，所以就必需加以论述和说明；同时对于这种似乎完全不可思议的事情，即这个新关系如何能由完全不同的另外一些关系推出来的，也应当举出理由加以说明……"。

批判的功能。在工具理性的总体化逻辑中，数字化的数量关系统治着一切，等价原则成为市民社会的基本准则，自然事物在工业过程中变成可以再现的和可替换的，人被设定为一种被统计的因素，科学、艺术、道德等都成为抽象普遍性的意识形态的牺牲品。理性的工具化发展及其对日常生活的渗透已经成为不可避免的历史趋势，其极端表现就是法西斯主义和现代极权主义的兴起。

马尔库塞认为，在晚期资本主义社会，由于科学迅猛发展，技术统治取代了政治统治，政治权力借助技术的力量使特定个人和集团之间的利益冲突逐渐淡化，国家的目的被普遍接受，整个社会在趋同化的过程中正在变成只有肯定、没有对抗的单向度社会，生活在这种社会里的人也都丧失了具有创造性的社会批判能力，成为维护、肯定现存社会秩序的单向度的人。

哈贝马斯也继承了韦伯的现代性理论。他曾坦言：从理论的发展史来说，马克斯·韦伯是我理论的出发点。① 他同意卢卡奇和法兰克福学派前人对工具理性的批判，认为西方理性化进程主要表现为技术理性的发展及其在各个生活领域的全面渗透，而技术理性本身无法解决生活世界的价值观问题。但是，他不同意因为工具理性产生的社会弊端，就全盘否定启蒙理性和现代主义的价值。

在哈贝马斯看来，霍克海默、阿多诺的批判存在的主要的问题是：如同尼采一样，把对工具理性的批判错误地扩大化为对全部科学的拒绝和简化为大众文化批判，因此，未能正确认识到资产阶级启蒙运动中被确立并被工具化的文化现代性的合理内涵，如推动科学不断超越的理论动力、法律和道德的普遍主义基础以及审美经验的创造性等等。在哈贝马斯看来，霍克海默、阿多诺和马尔库塞把马克思批判意识形态基础的方法用来批判理性的基础，把启蒙解除神话"迷魅"的手段用来对付启蒙本身，这种对工具理性进行的所谓"总体性批判"混淆了现代性与前现代性的一个重大区别：工具理性虽然在现代化进程中占据了主导地位，但是并不像前现代社会中的神话和宗教那样排斥和否定其他价值领域的存在和发展。

哈贝马斯认为，一切批判都必须建立在理性基础之上，但理性基础上的批判不可能是总体性的，因为理性不是单一的，它有两个相互联系和互补的方面：工具性和交往性。这两个方面是理性发挥不同作用的两种功能，与现代社会技术进步和道德进步两个并行的要求相适应，它们之间的有效平衡关系是现代社会保持稳定性的重要条件。在这个意义上，现代性的问题就不仅仅是反思启蒙理性，更重要的是重新认识和整合理性。如果将现代性视为启蒙未完成的事业，主要问题就是现代社会中遵循工具理性运作逻辑的系统和遵循交往理性运作逻辑的生活世界之间出现了不平衡性，工具理性压抑了交往理性，系统的运行逻辑侵入了生活世界，干扰和扭曲了生活世界的整合能

---

① 《现代性的地平线——哈贝马斯访谈录》，李安东、段怀清译，上海人民出版社，1997年，第59页。

力。问题解决的出路应该是：拓展交往理性的领域，开掘生活世界的潜能，重建两者之间的平衡，使人类文明在科技进步中保持自身的存在意义和价值。为此，哈贝马斯区分"早期资本主义"和"晚期资本主义"，认为在经济的繁荣发展中，阶级冲突正在妥协转化为一种文化冲突。他主张在政治、法律、道德等领域实现协商原则，全面重建以交往理性为基础、可以通过民主参与与协商对话而形成言语共识的民主社会公共领域，以解决晚期资本主义社会面临的诸多危机。

哈贝马斯始终坚持认为，现代性仍然是一项"未竟事业"，把异化的社会现实当成资本主义社会发展的必然过程，提出"重建历史唯物主义"，试图通过"交往行为理论"重新回到"生活世界"以实现"社会进化"。这些观点和看法体现了对理性的一种较为客观和历史的态度，在西方思想界产生了很大的影响，被誉为"当代最有影响力的思想家"和"后工业革命的最伟大的哲学家"，引起了正在观察、分析和研究西方现代社会问题和中国社会转型问题的中国知识界很大的兴趣和关注。

六

西方近现代哲学从对理性的推崇走向对理性的批判，是在西方历史文化发展的内在逻辑中进行的，这个内在逻辑的连续性，一是因为文艺复兴将中世纪暂时断裂的古希腊文化与新时期文化的发展重新连接了起来，使理性主义这个西方文化的主线得以传承延续；二是因为西方近代资本主义的发生发展完全是其内生的自然历史过程，使社会基本矛盾这个历史发展的动力得以规律性地展开。因此，西方近现代哲学可以在历史文化的诸多张力中，沿着理性主义批判与反思的轨迹，不断推进对西方现代化及其现代性的认识，保持理论研究上相对完整的系统性。由于特殊的历史原因，中国没有独立发展出自己的资本主义社会形态，它的近现代历史，是在帝国主义入侵所带来的"西方文明"的冲击下，从封建社会走向半殖民地半封建社会，又从半殖民地半封建社会走向社会主义社会的过程，社会的巨大变革，提出了改造旧制度意识形态的思想任务，也改变中国哲学的原有发展道路，为了重构社会意识形态，如何整合古今中西的问题成为中国近现代哲学面对的重大问题，从政治和学术两个层面影响着中国哲学的未来发展。

1840年的鸦片战争中断了中国从封建社会缓慢向资本主义发展的自然历史进程，中国陷入了半殖215民地半封建的境地。中华民族是一个具有悠久历史和灿烂文化的伟大民族，在人类社会发展的历史上曾经长期处于领先地位，只是到了清代才由盛转衰。17世纪中叶建立起来的清王朝，在康熙经雍正至乾隆的130多年间，经过励精图治和休养生息，社会经济迅速发展，耕地和人口成倍增长，形成了中华民族自唐宋以来又一个辉煌时期，史称"康乾盛世"。有关研究表明，甚至在嘉庆与道光年间的1820年前后，中国的经济总量仍接近占当时世界经济总量的30%，但是仅仅20年以后，中国就在鸦片战争的失败中迅速衰落了,原因何在呢?从根本上讲,就是落后于时代。

中国落后的根源在于旧的社会制度束缚了生产力的发展。两千多年的封建制度到清王朝后期已经成为强弩之末,政治黑暗、民生凋敝、国防空虚、财政拮据、社会动荡,陷入了严重危机。龚自珍对其境况做了这样的描述:"自乾隆末年以来,官吏士民,狼艰狈蹶,不士、不农、不工、不商之人,十将五六。……自京师始,概乎四方,大抵富户变贫户,贫户变饿者。四民之首,奔走下贱。各省大局,岌岌乎皆不可以支月日,奚暇问年岁?"① 社会已经处于"日之将夕"、"大乱"将起的"衰世",可谓是金玉其外,败絮其中。

鸦片战争带来的落后挨打、积贫积弱和被帝国主义瓜分的危险唤醒了中国人救亡图存的民族意识,民族复兴成为中国近代史的开篇主题,其基本要求就是解决帝国主义和中华民族、封建主义和人民大众的矛盾,改变半殖民地半封建社会状况,从古代的农耕文明走向现代的工业文明,使中华民族重新以强大的形象立于世界民族之林。适应这一主题的要求,思想文化领域的变革拉开了序幕。

伴随着鸦片战争发生而逐渐展开的西学东渐,使西方哲学思想特别是近代以来的哲学思想通过多种途径缓慢而持续地进入了中国思想界,形成了中西文化碰撞的重要内容。1919年"五四"运动以前,中国文化思想战线上的论争,主要是资产阶级新文化和封建阶级旧文化的论争,也就是新学与旧学、西学与中学之争。鸦片战争时期,以林则徐、龚自珍、魏源等为代表的一批开明的地主阶级思想家"睁眼看世界",较早认识到封建社会意识形态的危机。他们以所谓"三世"变易观为理论依据,提倡经世致用,针砭时弊,在经济上军事上主张学习西方的先进技术,在政治上要求改革。魏源认为"变古愈尽,便民愈甚",提出"师夷长技以制夷",开洋务运动之先河;太平天国运动时期,洪秀全、洪仁玕等人从西方基督教那里吸取了"上帝"观念和"平等"思想,提出农民的革命要求,主张以革命的方式推翻清王朝的封建统治,从体制外部冲击了封建政治制度及其意识形态。太平天国运动以后,从旧的封建士大夫营垒里分化出一批具有新思想的知识分子,其代表人物康有为、梁启超、谭嗣同、严复等,提倡西学,主张变革,在酝酿筹划维新变法的过程中提出了比较系统的资产阶级哲学思想,其重要内容就是对西方进化论的解读和诠释。

1898年严复翻译的《天演论》给中国知识界带来巨大影响,这是19世纪初西学东渐触发中国思想启蒙的重大事件。洋务派正是通过引入进化论,将如何对待西方文化的争论从中外之争转化为古今之争,才在意识形态上占有了优势,取得了合理性。洋务派的口号是"中学为体,西学为用",而严复则将西方政治法律制度概括为"自由为体,民主为用",以比较中西制度之优劣。这些看法,是民族复兴之"中国向何处去"

---

① 《龚自珍全集》,上海人民出版社,1975年,第106页。

这一重大问题在哲学思想上的反映和要求。中国学者对进化论的兴趣，与西方近代自然科学的传入和影响有很大的关系。正是人类对于自然界认识的新的成果，打开了当时中国人的眼界，使他们开始从新的角度认识自然和社会。这一时期的许多思想家都不同程度地将西方电、磁、热、光等学说引入自己的思想体系，用来阐明自己的宇宙观。而随着这些宇宙观的形成，哲学认识论和方法论的问题也引起了高度关注。1895年，严复在《论世变之亟》中提出，西方人富强的根本，不在于器物技术，也不在于自然科学理论，"苟扼要而谈，不外于学术则黜伪而崇真，于刑政则屈私以为公而已"①。他批评中国旧学"不离文字"、"求诸方寸"、重演绎轻归纳，"外籀甚多，内籀绝少"，陆王心学更是"向壁虚造"、"强物就我"，故中国的学术都"语焉不详，择焉不精，散见错出，皆非成体之学而已矣"，② 因此必须对中国传统认识方式进行变革，培养中国人的"尚实心习"，再造中国学术。

然而，循着向西方学习的现代化道路在洋务运动、戊戌变法和辛亥革命中都没有被开辟出来。中国思想界在改造和构建新的文化形态上开始出现了分野：

一方面，一些学者在涉猎西学之后，对传统的反思更加注重批判，新文化运动在袁世凯恢复帝制、"尊孔读经"的压迫下奋而兴起，民主与科学作为封建制度意识形态的对立面成为启蒙的旗帜。这是个很大的历史反差，民主和科学是西方启蒙理性的重要主张，当西方思想界已经在酝酿对启蒙理性进行批判反思的时候，中国思想界却正在接受西方启蒙理性的思想，这种思想发展的不平衡性根源于历史发展的不平衡性。新文化运动的发生进一步推进了西学东渐，马克思主义、自由主义、无政府主义、实用主义、逻辑实证主义、唯意志论、新康德主义、新黑格尔主义、生命哲学等思潮汇成一代新学，走出了一代具有新思想的学者。

另一方面，一些学者在涉猎西学之后，则对传统的反思更加注重继承，又重新回归到传统。继先秦、宋明之后，被称为儒学发展第三代的"新儒学"悄然兴起。广义的新儒家思想可以上溯到洋务运动中"中学为体，西学为用"观点的提出，继之有戊戌变法中康有为、梁启超等人托古改制的社会改良思想，然后有孙文将西方政治思想与儒家政治思想结合的籍古创制主张。新文化五四运动中，面对政治危机和文化危机的交织变化，梁漱溟、冯友兰、张君劢、熊十力等人在三民主义包含儒学的文化指向和政治基础上，开始进行具有"新"的现实意义的儒学研究，其目标是在汇通中西文化的前提下解释和发展儒学。梁漱溟的"中国文化复兴"说、冯友兰的"新理学"、熊十力的"新唯识论"、张君劢的"东方精神文明"论、贺麟的"新心学"等，或是援佛入儒，融陆王心学，或是接着宋明理学讲，基本上都是以儒学的"内圣外王"为根据，一方面致力于对儒家思想与佛学、道家思想之间的关系作出新的理论诠释，进

---

① 《论世变之亟：严复集》，胡伟希选注，辽宁人民出版社，1994年，第3页。
② 《论世变之亟：严复集》，胡伟希选注，辽宁人民出版社，1994年，第71页。

一步发掘儒家文化永恒的思想价值；另一方面致力于将西方哲学思想融汇在儒学之中，以中学解释西学，进而肯定中国传统哲学也可发展出民主与科学等现代思想，其后继者甚至希望在世界现代化的背景下，从儒家的"心性之学"开发出"政治主体"，走出一条"儒家资本主义"的道路。这些主张揉进了不少学者自己的观点，与中国历史的实际发展存在着不小的差距，但是其中学者对中国传统文化的坚守和执著、"不忘本来民族之地位"[①] 的精神，还是应该得到尊重的。

这一时期中国思想文化领域中的哲学思潮迭起，这固然与当时的政治格局正处于大调整的过渡期有关，也与中国知识分子对哲学学术思想地位和作用的认识有密切关系。这种认识，既有他们对中西哲学不同旨趣的认同，更有他们对中西哲学共同倾向的肯定。张之洞早在《劝学篇》中就指出："窃惟古来世运之明晦、人才之盛衰，其表在政，其里在学"[②]。梁启超在《论中国学术思想变迁之大势》中说："学术思想之在一国，犹人之有精神也；而政事、法律、风俗及历史上种种之现象，则其形质也。故欲觇其国文野强弱之程度如何，必于学术思想焉求之"[③]。王国维在《奏定经学科大学文学科大学章程书后》写道："无论古今东西，其国民之文化苟达一定之程度者，无不有一种之哲学。而所谓哲学家者，亦无不受国民之尊敬，而国民亦以是为轻重"；他列举中外一些哲学家的思想对于历史之重要意义后又说：这些思想"每为历代学者研究之题目，足以见形而上学之需要之存在。而人类一日存，此学即不能一日亡也。而中国之有此数人，其为历史上之光，宁他事所可比哉！"[④]

辛亥革命以后，孙中山写下了"世界潮流，浩浩荡荡，顺之则昌，逆之则亡"的名言，这既是对推翻清王朝统治和袁世凯倒行逆施结局的总结，又是对中国未来发展的警示。孙中山写下此言的第二年，俄国爆发了十月革命，革命的胜利使当时在中国前途问题上陷于困惑的先进知识分子看到了新的前途和希望。毛泽东说："十月革命一声炮响，给我们送来了马克思列宁主义。十月革命帮助了全世界的也帮助了中国的先进分子，用无产阶级的宇宙观作为观察国家命运的工具，重新考虑自己的问题。走俄国人的路——这就是结论。"[⑤]

马克思主义来到中国，最早可以追溯到1898年英国在华传教士李提摩太委托胡贻谷翻译的英国人布莱克撰写的《泰西民法志》（即社会主义史）的出版，第一次在中

[①] 1932年，陈寅恪在冯友兰《中国哲学史》（下册）审查报告中郑重指出，吸收外来文化，"其真能于思想上自成系统，有所收获者，必须一方面吸收输入外来之学说，一方面不忘本来民族之地位"。

[②] 张之洞：《劝学篇》序，罗炳良主编，华夏出版社，2002年，第2页。

[③] 梁启超：《论中国学术思想变迁之大势》，上海古籍出版社，2001年，第4页。

[④] 《王国维文集》第3卷，姚淦铭、王燕编，中国文史出版社，1997年，第70页。

[⑤] 《毛泽东选集》第4卷，人民出版社，1991年，第1471页。

国介绍了马克思和恩格斯的生平和思想。1901年至1911年辛亥革命前后，一批留日学生和流亡人士如梁启超等在日本接触和研究了马克思主义。经他们介绍，马克思主义开始被中国思想界初步认识。俄国十月革命的胜利和中国新文化运动的发展，促进了人们的思想解放，加速了中国人民的觉醒。从1918年夏天起，李大钊先后发表了《法俄革命之比较观》、《庶民的胜利》等介绍俄国十月革命的文章，标志着马克思主义在中国传播的开始。

五四运动前后，中国工人阶级开始作为独立政治力量走上中国政治舞台，显示出自己领导民主主义革命的意志和力量，为马克思主义在中国的传播奠定了基础。这一期间，通过李大钊、陈独秀、李达、蔡和森、毛泽东、瞿秋白等人的努力，马克思主义哲学唯物史观的基本思想如社会存在决定社会意识的观点、生产力决定生产关系、经济基础决定上层建筑的观点、阶级斗争和无产阶级专政的观点、人民群众创造历史的观点等得到了广泛的传播。但是，在中国这个经历了两千多年封建社会后又深陷半殖民地半封建状况的东方大国传播马克思主义并非易事，思想文化领域各种思潮的交流交锋在所难免。1919年7月胡适发表《多研究些问题，少谈些主义》，引发"问题与主义"的论战，继之又先后有关于"社会主义"的论战和关于"无政府主义"的论战。1923年中国思想界又展开了一方以张君劢、梁启超等为代表的"玄学派"，一方以丁文江、胡适等为代表的"科学派"之间的"科学与玄学"亦称"科学与人生观"的论战。1924年以后，还有过围绕"国家主义"的论战和围绕"三民主义"哲学基础的论战，等等。在这些论战中，古今中外的思想文化问题交织在一起，中国传统文化、西方文化与马克思主义之间的不同倾向交织在一起，这是中国现实社会矛盾和冲突的复杂性在哲学思想上的深刻反映，体现了鸦片战争以来中国主流意识形态重构的艰巨性。

实践是检验理论正确与否的唯一标准。从中国革命历史实践中最终选择出来的指导思想是马克思主义。新民主主义革命的胜利和中国特色社会主义道路的开辟，使中华民族在争取国家独立之后又走向了富强之路，证明了马克思主义可以与中国实际相结合，社会主义适合中国的国情。九十多年来，中国共产党依靠中国人民，把马克思主义基本原理同中国实际和时代特征结合起来，坚持辩证唯物论的实事求是思想路线，独立自主走自己的路，历经千辛万苦，付出各种代价，取得了革命建设和改革的伟大胜利，从根本上改变了中国人民和中华民族的前途命运。

七

今天，中国比历史上任何时候都更接近民族复兴的目标，这是鸦片战争以来170多年中国人民前赴后继的结果，更是其中改革开放30多年的成果。1987年，邓小平在谈到改革开放的必要性和重要性时说："现在世界突飞猛进地发展，科技领域更是如此，中国有句老话叫'日新月异'，真是这种情况。我们要赶上时代，这是改革要达到的目的"①。英国广播公司网站曾刊文说，中国过去30年的经济腾飞，是自英国工业革命在18世纪末开始后，世界见证过的最令人惊奇的经济变革，世界正越来越多地被中国改变。

中国通过改革开放在不长的时间取得如此令世界瞩目的成就的根本原因是找到了适合自己发展的道路，对这条道路做出现代文明的阐释，是中国哲学社会科学的任务。

根据马克思的唯物史观，人类文明是人类社会在生产力与生产关系、经济基础与上层建筑的矛盾运动中，从必然王国走向自由王国的过程，代表着人类文化发展的进步方向。恩格斯说："最初的、从动物界分离出来的人，在一切本质方面是和动物本身一样不自由的；但是文化上的每一个进步，都是迈向自由的一步。"②

资本主义的产生和发展，相对于封建制度的落后和衰败，代表着人类文明一个新时代的到来，这个新时代在历史时空上的展开被称为"现代化"，其本质特征被称为"现代性"。如果我们将"现代化"历史地理解为从农耕文明向工业文明的转化，那么"现代性"就是工业文明即现代文明在经济、政治和文化上的本质特征。这些本质特征从历史的发展上看是连续和断裂的对立统一，从社会的发展上看是传统和非传统的对立统一，从思想的发展上看是继承和创新的对立统一。现代性在其表现形态上，既是客观的，是现代化的客观本质特征；又是主观的，是现代人对现代时空的主观认知和价值判断。在这个意义上，现代性是主客观的统一。从理想上讲，现代性应该是人类活动合目的性与合规律性在实践发展中的统一，在这个意义上，随着现代化在科技推动下不断升级延伸，现代性的确又总是未完成的。

马克思没有关于"现代性"的专门论著，但是有着对"现代性"的深刻理解。在马克思看来，正如一切文明都是一种矛盾过程一样，现代工业文明也包含着自身的矛盾，体现在"世界历史"的形成和发展中。一方面，世界历史的形成是生产力在资本主义历史条件下获得巨大解放和发展的结果，使得"过去那种地方的和民族的自给自足和闭关自守状态，被各民族的各方面的互相往来和各方面的互相依赖所代替了"，人们交往活动范围越是扩大，民族之间的原始封闭状态和自然形成的分工越是被打破，一切国家的生产和消费越是成为世界性的，"历史也就越是成为世界历史"③。由于生产工具的迅速改进和交通的极其便利，资产阶级利用廉价商品这个重炮"征服了野蛮人最顽强的仇外心理"，把一切民族都卷到文明中来，"它迫使一切民族——如果它们不想灭亡的话——采用资产阶级的生产方式；它迫使它们在自己那里推行所谓的文明，

---

① 《邓小平文选》第3卷，人民出版社，1993年，第242页。
② 《马克思恩格斯选集》第3卷，人民出版社，2012年，第492页。
③ 《马克思恩格斯选集》第1卷，人民出版社，2012年，第168页。

即变成资产者。一句话,它按照自己的面貌为自己创造出一个世界"①。另一方面,生产力所推动的世界历史的发展又势必超越资产阶级的眼界和资本主义的历史阶段,因为从本质上讲,"**整个所谓世界历史**不外是人通过人的劳动而诞生的过程,是自然界对人来说的生成过程。"② 而资本主义生产关系却难以满足人的自由对生产力进一步发展的要求,相反,不过是用新的异化劳动取代了过去的劳动异化。于是,"我们眼前又进行着类似的运动。资产阶级的生产关系和交换关系,这个曾经仿佛用法术创造了如此庞大的生产资料和交换手段的现代资产阶级社会,现在像一个魔法师一样不能再支配自己用法术呼唤出来的魔鬼了。几十年来的工业和商业的历史,只不过是现代生产力反抗现代生产关系、反抗作为资产阶级及其统治的存在条件的所有制关系的历史。"资产阶级用来推翻封建制度的武器,现在却对准了资产阶级自己,"它还产生了将要运用这种武器的人——现代的工人,即**无产者**。"③ 而"无产阶级只有**在世界历史意义上**才能存在,就像共产主义——它的事业——只有作为'世界历史性的'存在才有可能实现一样。"④ 超越资本主义历史阶段的世界历史发展,将指向这样一种社会,"在那里,每个人的自由发展是一切人的自由发展的条件。"⑤

可以看出,马克思对"现代性"问题的思考有着两个基本的方面:批判和建构。

其所以是批判的,是因为马克思揭示了现代文明的生成与资本主义发生发展的内在联系。这种联系表明,由于资本主义的历史局限性,始于文艺复兴的现代文明在资本主义条件下的展开过程中会不可避免地走向终结,因而,对现代文明发展规律的揭示应该立足于对资本主义社会形态的剖析。在马克思看来,现代文明演进过程中已经发生、正在发生和将要发生的一切也与辩证法有着内在联系,这种联系表明,现代文明的历史命运决定于其内在的肯定方面与否定方面的矛盾关系。因而,对现代文明现存事物的肯定的理解中同时应该包含对它的否定的理解,即对现存事物的必然灭亡和转变为新的事物的理解。

其所以是建构的,是因为马克思认为,现代文明在资本主义条件下的终结并不意味着现代文明的完全终结,它将在世界历史的过程中延续下去,这将是现代文明在社会主义和共产主义形态中新的建构。这种历史必然性实现的条件就在于生产力的持续发展,"无论哪一个社会形态,在它所能容纳的全部生产力发挥出来以前,是决不会灭亡的;而新的更高的生产关系,在它的物质存在条件在旧社会的胎胞里成熟以前,是

---

① 《马克思恩格斯选集》第1卷,人民出版社,2012年,第404页。
② 《马克思恩格斯文集》第1卷,人民出版社,2009年,第196页。
③ 《马克思恩格斯选集》第1卷,人民出版社,2012年,第406页。
④ 《马克思恩格斯选集》第1卷,人民出版社,2012年,第166~167页。
⑤ 《马克思恩格斯选集》第1卷,人民出版社,2012年,第422页。

决不会出现的。"①

今天,我们仍然生活在马克思所论证的世界历史过程的现代文明中,主要原因在于,第一,在科技革命推动下,尽管技术社会形态始终处在不断进步中,但是还没有导致马克思曾经讲过的"手推磨产生的是封建主的社会,蒸汽磨产生的是工业资本家的社会"②那样一种引发时代文明根本性的变化出现。当今社会生产力的发展水平虽然已经远远超越了"蒸汽磨"的历史阶段,但社会主义作为资本主义发展的必然产物,仍然与资本主义建立在不断发展的同一技术社会形态上,两者是动态发展的同一技术社会形态基础上的两种不同经济社会形态。它们之间在社会物质技术问题上的矛盾和对立在于:谁能够通过制度的比较优势在不断解放和发展生产力中代表先进生产力的发展方向、创造出更高的劳动生产率而引领时代的发展。第二,现代文明所要求的民族国家、市场经济、民主政治、多元文化、法治社会、和谐世界等基本方面的建设还在矛盾和冲突中进行,世界的东西之间和南北之间的问题仍然尖锐存在,社会主义作为现代文明新的发展力量,应该在实践中创造比资本主义更好的满足实现这些方面建设的历史条件。第三,人类还没有解决更没有超越马克思当年对现代文明批判中提出的问题即从"政治解放"走向"人类解放"。因此,我们与马克思仍然处于同一时代中,马克思主义没有过时,仍然保存着解释世界和改造世界的强大生命力。

但是,这并不意味着时代没有昨天和今天。与马克思所处的时代的昨天相比较,他所揭示的历史规律在时代今天的实现形式上已经发生了很大的变化。这些变化体现在世界历史过程一系列重大事件的发生中,其中具有比较突出影响的,一是两次世界大战的爆发。经济和政治危机所导致的战争动摇了欧洲文明的基石,引发了革命,分别产生了俄国社会主义国家和中国及东欧社会主义国家,形成了社会主义和资本主义两大阵营的对峙。二是新的科技革命和经济全球化的形成。第二次世界大战后以西方发达国家为主导的经济全球化在科技革命的推动下逐渐形成并迅速扩展,"苏联模式"的社会主义受到严峻挑战,苏联在内外矛盾的作用下解体,世界政治走向了多极化。三是中国特色社会主义的兴起。在总结"文化大革命"和苏东剧变教训的基础上,中国特色社会主义通过改革开放实践生成兴起,对世界历史的发展注入了新的理念和动力。

在这些历史性的变化中,资本主义和社会主义都经历了曲折和考验,分别发展出新的现代历史形态,使当今世界在"冷战"结束以后,出现了社会主义和资本主义在世界多极化中长期共存、相互对立、彼此借鉴、各自发展的国际格局。

立足于中国现代化的进程,从哲学上认识这些历史性的变化,应该把握好一些基本的关系:

---

① 《马克思恩格斯选集》第2卷,人民出版社,2012年,第3页。
② 《马克思恩格斯选集》第1卷,人民出版社,2012年,第222页。

一是历史表象和历史本质的关系。

现代文明的发展过程中,产生了丰富的历史表象,也随之产生了对这些历史表象的多种多样的解读和诠释。我们已经看到,西方思想家多从理性的发展、人性的矛盾、文明(文化)的冲突、意识形态的蜕变等角度来理解形成历史表象的内在原因,这些解读和诠释是有意义的,但又是不够的。因为很明显,战争与和平、危机与复苏、富裕与贫穷、奴役与自由、民主与专制、守旧与革命等复杂对立的历史表象是很难从一些泛泛而谈的一般理念和价值判断中得到解答的。借用海德格尔的话语讲,这些解读和诠释尽管不无道理,却或许还是停留于"存在者"层面,没有深入到"存在"本身。回到历史"存在"的本身,需要我们如实考察资本逻辑的形成机制和历史走向,在历史规律的维度上说明这些表象的深层经济原因和阶级内容,这里的"问题所涉及的,与其说是个别人物,即使是非常杰出的人物的动机,不如说是使广大群众、使整个整个的民族,并且在每一民族中间又是使整个整个阶级行动起来的动机;而且也不是短暂的爆发和转瞬即逝的火光,而是持久的、引起重大历史变迁的行动"①。在这个意义上,理解中国的现代化,应该到近代以来世界历史发展对中国的深刻影响和中国人民为改变落后面貌而进行的艰难奋斗中去寻求答案。

二是历史实践和历史理论的关系。

历史规律是在人的实践活动中形成和表现出来的,人的实践活动造就了生产力与生产关系、经济基础与上层建筑的矛盾运动,历史规律就寓于其中。离开了在实践中对社会基本矛盾的认识,就不可能有对历史规律的把握。

对一个国家和民族而言,当社会处在相对稳定的发展时期,社会基本矛盾的解决大都是通过改革实现的,这是我们理解现代文明演进的重要线索。历史证明,现代文明过程中世界格局的形成和变化在很大程度上是大国竞争的结果,而大国的兴衰又在很大程度上取决于它们的改革能力。当今世界,改革在世界格局形成和变化中举足轻重的作用更加突出。资本主义和社会主义都在力图通过改革调整自己,一方面要适应科技进步的要求而赢得更大的发展机遇,另一方面要适应社会进步的要求而解决经济增长、政治稳定、社会和谐、生态优化、医疗保障,教育就业等一系列问题,避免"现代化陷阱"和人类生存发展的危机。

从理论上讲,社会主义制度在改革上具有更大的内动力,这是中国最重要的后发优势,但是从实践上讲,这种制度性的后发优势又只有在改革中才能充分体现出来,因为只有改革才能发展和完善社会主义制度,因此,说到底,改革是我们后发优势的基础所在。30多年来,中国经济社会发生的重大变化,最主要的动力就是改革开放带给我们的解放和发展生产力的后发优势。习近平指出:35年来,我们党靠什么来振奋

---

① 《马克思恩格斯选集》第4卷,人民出版社,2012年,第255~256页。

民心、统一思想、凝聚力量？靠什么来激发全体人民的创造精神和创造活力？靠什么来实现我国经济社会快速发展、在与资本主义竞争中赢得比较优势？靠的就是改革开放。在这个意义上，理解中国的现代化，应该到中国的改革开放实践中去寻求答案。

三是历史一般和历史的个别的关系。

历史过程是具体的，历史规律在不同国家和民族有着不同的表现形式，因此，不同国家和民族有不同的发展道路，这是一般与个别的关系。

当一个国家和民族在选择自己的发展道路时，既是被动的又是主动的。其所以是被动的，是因为"人们自己创造自己的历史，但是他们并不是随心所欲地创造，并不是在他们自己选定的条件下创造，而是在直接碰到的、既定的、从过去承继下来的条件下创造。"① 其所以又是主动的，是因为"人是全部人类活动和全部人类关系的本质、基础……'历史'并不是把人当做达到自己目的的工具来利用的某种特殊的人格。历史不过是追求着自己目的的人的活动而已。"②

随着现代化在世界不同国家的推进和发展，人们越来越清楚地看到，在发展道路上没有一个放之四海而皆准的统一模式。韦伯曾经断言，不同宗教的影响是造成东西方经济文化发展差距的主要原因。新教伦理促进了资本主义、官僚制度、法制民主的形成和发展，构成了西方现代化的重要推动力，儒家文化则由于异于新教伦理而不能产生出资本主义精神，中国的现代化也无法在儒家文化的土壤中生长起来。然而，东亚经济的崛起却证明这个"韦伯命题"的根据是不充分的。

1989年，西方一些研究机构针对拉美国家和东欧转轨国家的发展提出了一整套新自由主义的政治经济理论即所谓"华盛顿共识"，要求这些国家实行"政府角色最小化、快速私有化和自由化"。但是，随着拉美国家经济泡沫的破裂和发展的停滞、俄罗斯等东欧国家"休克疗法"的失效、席卷整个资本主义世界的金融危机的爆发，新自由主义的神话开始破灭，"华盛顿共识"受到了严肃的质疑。

20世纪30年代，苏联在建设社会主义的探索中，确定了以重工业为重点、以粗放式发展为主要增长方式、高速度发展国民经济的经济发展战略和建立在所有制高度国有化基础上、中央高度集中计划的经济管理体制。这种发展战略和管理体制在历史上取得重大成效的时候曾经被一些人视为社会主义的通用"模式"，认为不搞苏联模式就是对社会主义的离经叛道。中国特色社会主义的兴起却用事实说明，简单照搬"苏联模式"才是对社会主义的误解。30多年来，中国共产党领导中国人民坚持将科学社会主义与中国实际相结合，"摸着石头过河"，通过渐进性的改革取得了经济的持续增长和社会的长足进步，走出了一条自己的发展道路。在这个意义上，理解中国的现代化，应该到中国独特的文化传统，独特的历史命运，独特的基本国情中去寻求答案。

---

① 《马克思恩格斯选集》第1卷，人民出版社，2012年，第669页。
② 《马克思恩格斯全集》第2卷，人民出版社，1957年，第118~119页。

习近平指出:"中国特色社会主义是科学社会主义理论逻辑和中国社会发展历史逻辑的辩证统一,是历史的结论、人民的选择。"① 这是对中国现代化道路的方向和历史必然性的说明。这条道路的探索和开辟贯穿在新中国成立以来两个 30 年的历史进程中,将这两个历史阶段连接起来的主题就是在经济文化比较落后的中国如何建设、巩固和发展社会主义。

改革开放伊始,邓小平就指出:"社会主义究竟是个什么样子,苏联搞了很多年,也并没有完全搞清楚。可能列宁的思路比较好,搞了个新经济政策,但是后来苏联的模式僵化了。"② 又说:"现在的方针政策,就是对'文化大革命'进行总结的结果。最根本的一条经验教训,就是要弄清什么叫社会主义和共产主义,怎样搞社会主义。"③ 这个重大问题的提出,酝酿于 30 多年前的那场广泛的思想解放运动中。围绕马克思主义哲学关于真理标准问题的大讨论,使中国共产党实事求是的思想路线得以恢复,于是有了十一届三中全会,有了改革开放,有了今天的中国。

中国的发展还在继续,这种继续仍然要依靠在全面深化改革开放中不断推进对"什么叫社会主义和共产主义,怎样搞社会主义"这个时代问题的探索和回答。30 多年的持续发展,中国社会在短短几十年的时间走过了西方百余年时间走过的路程,然而,正如历史上没有任何一条道路是平坦笔直的一样,中国社会的发展在取得举世瞩目成就的同时也积累了很多矛盾和问题,这些矛盾和问题是中国社会在从传统型向现代型转变的社会历史发展过程中难以避免而又必须解决的,④ 与西方发达国家在现代化过程中遇到的矛盾和问题相比较既有相似的情况,也有前所未有的情况。解决这些矛盾和问题,需要更加凝聚全社会的价值共识,也需要更加明确长远的改革目标。为此,中国共产党第十八次全国代表大会提出在新的历史条件下夺取中国特色社会主义新胜利必须牢牢把握八个基本要求即必须坚持人民主体地位、必须坚持解放和发展社会生产力、必须坚持推进改革开放、必须坚持维护社会公平正义、必须坚持走共同富裕道路、必须坚持促进社会和谐、必须坚持和平发展、必须坚持党的领导。提出要倡导富强、民主、文明、和谐,倡导自由、平等、公正、法治,倡导爱国、敬业、诚信、友善,积极培育和践行社会主义核心价值观。十八届三中全会将全面深化改革的总目标

---

① 中共中央宣传部:《习近平总书记系列重要讲话读本》,学习出版社、人民出版社,2014 年,第 10 页。
② 《邓小平文选》第 3 卷,人民出版社,1993 年,第 139 页。
③ 《邓小平文选》第 3 卷,人民出版社,1993 年,第 223 页。
④ 学界的一些观点认为,当前中国社会正处在全面转型期,其主要标志是中国社会正在从计划经济社会向社会主义市场经济社会转化,正在从农业社会向工业社会和知识经济社会转化,正在从乡村社会(或城乡二元结构社会)向城镇化社会转化,正在从封闭半封闭社会向开放社会转化,正在从同质单一性社会向异质多样性社会转化,正在从法治比较薄弱的社会向法治社会转化。

确定为完善和发展中国特色社会主义制度,推进国家治理体系和治理能力现代化,强调必须更加注重改革的系统性、整体性、协同性,加快发展社会主义市场经济、民主政治、先进文化、和谐社会、生态文明,让一切劳动、知识、技术、管理、资本的活力竞相迸发,让一切创造社会财富的源泉充分涌流,让发展成果更多更公平惠及全体人民。这些论述,体现了中国当下对现代性的认识和实现现代化的努力。

纵观世界现代化的历史,人类文明在演进中一直在破解如何在实现经济增长的同时不断推进社会公平正义、实现共同富裕这个难题。中国特色社会主义事业发展的世界历史实践意义很可能在于:中国将通过"只有进行时,没有完成时"的改革,持续发挥出制度的优越性,先于其他国家找到经济持续增长与社会公平正义、人民共同富裕协调一致的发展道路,从而改变国际竞争的格局和规则,深刻影响世界历史的进程,在赶上时代、实现中华民族伟大复兴中国梦的同时引领时代的发展。

在这个历史潮流中,中国哲学何为?毛泽东在新中国成立前夕写的《唯心史观的破产》中说,从1840年的鸦片战争到五四运动前的70多年中,中国人没有什么思想武器可以抗御帝国主义,旧的顽固的封建主义的思想不行,借用西方资产阶级革命时代的思想也不行,直到"中国人学会了马克思列宁主义以后,中国人在精神上就由被动转入主动"①。正是在马克思主义实践作用的影响下,中国哲学在古今中西文化的冲突中逐渐形成了对待传统文化和外来文化的科学态度和构建中国哲学新形态的发展方向。今天,面对中国在现代化过程中的重新崛起,一方面,如前所述,中国当代哲学要对中国特色社会主义事业的兴起做出人类现代文明的论证,阐释其现代性的理念,构筑中国现代化的思想自觉,引导和提升中华民族的精神境界和价值追求,为解答人类生存和发展的重大问题提供思想智慧;另一方面,中国当代哲学要以马克思主义科学的世界观和方法论指导中国经济、政治、文化、社会和生态文明建设,促进人文社会科学通过实事求是的调查研究和总结概括提炼,形成具有中国特色的理论范式和话语体系,提升中国文化的软实力和世界影响力,以引导实践的发展。

中国当代哲学要承担起这个使命,这是中国哲学的历史传统。900多年以前,北宋哲学家张载写下"为天地立心,为生民立命,为往圣继绝学,为万世开太平"的词句,体现了中国哲学家一以贯之的使命自觉。今天,中国哲学应该继往开来,面向世界,面向未来,面向现代化,与时俱进地丰富发展而不是僵化照搬马克思主义的指导思想;继承创新而不是复制粘贴中国传统文化的人文智慧;借鉴参考而不是套用移植西方的理性文化。在不同文明的对话中综合创新哲学思想,在哲学思想的综合创新中开展文明的对话,在继承、守望和丰富中华民族的精神家园中真正成为时代精神的精华。

---

① 《毛泽东选集》第4卷,人民出版社,1991年,第1516页。

正如发展中国特色社会主义是一项长期的艰巨的历史任务,必须准备进行具有许多新的历史特点的伟大斗争一样,中国当代哲学实现综合创新,构建中国当代精神文化也还任重道远,在这个过程中,我们需要不断坚定自信,更需要坚持不懈的努力。

〔作者杨河,教育部高等学校社会科学发展研究中心原主任、北京大学教授;于品海,北京大学博士研究生。本文刊发于《中国高校社会科学》2014年第4期,责任编辑朱志伟。《新华文摘》2014年第24期转载〕

实用主义是相对主义吗?
——评威廉·詹姆斯的真理观

尚新建

一、问题的严重性

1907年12月28日,美国哲学学会(American Philosophy Association)在康乃尔大学(Cornell University)举行年会。威廉·詹姆斯出席会议,并参加了以"真理的意义与标准"为题的专题讨论会。据博道格纳(Francesca Bordogna)教授记叙,会议焦点"完全集中于实用主义的真理概念,结果,这一概念遭到每一个与会人员的抨击——除詹姆斯外"。[1]尽管会议的前几个月,詹姆斯的《实用主义》一书刚刚出版发行,不过,学界对其真理论的批评已经持续了好几年。可以说,詹姆斯的实用主义真理论一经问世,便受到来自各方面的激烈批判。

令人惊讶的是,批判居然持续了百余年。时至今日,还有学者每每返回詹姆斯的真理论,或猛烈予以抨击,或竭力为其辩护,有时甚至掀起不大不小的辩论热潮。所以如此,绝非西方哲学家好古怀旧,实乃实用主义的真理论牵动了哲学的重要问题。一个不容忽略的事实是,实用主义的真理论一诞生,便与传统的真理符合论和融贯说并列,形成三足鼎立之势,直至上世纪下半叶。[2]正如欧林(Doris Olin)的正确评价:"在詹姆斯所有的哲学成就中,正是真理学说吸引了批评者的最大注意,而且,其真理学说通常也被看作詹姆斯对哲学做出的最具原创性、最重大的贡献。"[3]

哲学家争论的一个焦点问题是,詹姆斯的真理论是否是相对主义。许多人给予肯定的回答。譬如,罗素将认识论的实用主义等同于认识论的相对主义,认为实用主义

---

[1] Francesca Bordogna, *William James at the Boundaries: Philosophy, Science, and the Geography of Knowledge*, Chicago: The University of Chicago Press, 2008, p. 137.

[2] 直到紧缩主义(deflationary theory)出现,才从根本上改变了三足鼎立的态势图。参见 M. P. Lynch ed., *The Nature of Truth: Classic and Contemporary Perspectives*, Cambridge: the MIT Press, 2001, pp. 1~6。

[3] 参见 Doris Olin ed., *William James: Pragmatism, in Focus*, Introduction, London: Routledge, 1992, p. 5。

主张"真理等于有用"就是主张"不存在客观真理",① 甚而批评詹姆斯的实用主义学说建立在"怀疑主义的基础上"。② 罗蒂明确指出,"'相对主义'是实在论者用于称呼实用主义的传统别号";他也认为"实用主义主张一种相对主义",尽管对什么是"相对主义",他与实在论者的理解有别。③ 谢弗勒(Israel Scheffler)更是将实用主义,尤其是詹姆斯的真理论,描述为"相对主义基本原则的具体体现"。④ 因此,林奇(M. P. Lynch)在总结詹姆斯真理论时这样概括:"对詹姆斯的典型指责是:他坚持一种相对主义。"⑤ 并指出,詹姆斯的"实用主义理论似乎充满了危险,有可能陷入最激进的相对主义"。⑥ 在很长一段时间里,我国大多数学者也以这样或那样的形式,将詹姆斯的真理论理解为相对主义、怀疑主义或不可知论,加以拒斥。⑦

"相对主义"是一个相当严厉的指控。一般说来,"相对主义"认为,任何思想、经验、价值等,甚至包括实在(reality),之所以成立,都是在一定程度上相对另一物而言的。推及认识论,"知识(以及/或真理)是相对的——相对于时间、地点、社会、文化、历史时代、概念图式或架构,或者,相对于个人的训练或信念——因而,所谓知识,均依赖于这些变量的一个或多个值"。⑧ 其结果必然否认普遍真理的存在:既然一切观点同样有效,没有哪个享有特权,那么一切信念都可以成为真理。不同信念"相对于不同标准,可以同样为真"。⑨ 一切真理都是相对的。

按照这种理解,西方最早的相对主义者当属古希腊哲学家普罗泰戈拉。他的著名论断"人是万物尺度",被当作"唯我论"的典型代表,屡遭攻击。柏拉图认为,这无异于主张"事物对我呈现出对我的样子,对你则呈现出对你的样子",世上没有本身如一的事物,一切都是相对的。⑩ 倘若如此,哪里还有什么真理。柏拉图反问道:"他(普罗泰戈拉——作者注)怎么不在《真理》开篇宣称,'猪是万物的尺度','狒狒是

---

① 参见[英]波普尔:《猜想与反驳》,傅季重等译,上海译文出版社,1986年,第5页。

② [英]罗素:《西方哲学史》下,马元德译,商务印书馆,1976年,第377页。

③ 参见 Richard Rorty, "Solidarity or Objectivity?", in: *Relativism: Interpretation and Confrontation*, ed. by Michael Krausz, Indiana: University of North Dame Press, 1989, p. 37。

④ Israel Scheffler, *Four Pragmatists*, New York: Humanities Press, 1974, p. 110.

⑤ M. P. Lynch ed., *The Nature of Truth: Classic and Contemporary Perspectives*, Cambridge: the MIT Press, 2001, p. 186.

⑥ M. P. Lynch, *True to Life: Why Truth Matters*, Cambridge: the MIT Press, 2004, p. 67.

⑦ 参见杨寿堪、王成兵:《实用主义在中国》,首都师范大学出版社,第131、140~141、161页。

⑧ H. Siegel, "Relativism", in: *A Companion to Epistemology*, ed. by Jonathan Dancy and Ernest Sosa, Oxford: Blackwell, 1992, pp. 428~429.

⑨ M. P. Lynch, *True to Life: Why Truth Matters*, Cambridge: the MIT Press, 2004, p. 31.

⑩ [古希腊]柏拉图:《泰阿泰德》,152a。

万物的尺度'"这样或许更能清楚地表明,"实际上,他的聪明才智还不如一只蝌蚪"。① 柏拉图措辞辛辣、刻薄,表现出极大的愤慨与轻蔑。这种态度并非没有道理,因为在他看来,普罗泰戈拉的相对主义必然瓦解哲学与知识的根基。所谓"爱智慧"(φιλο-σοφια)中的智慧(σοφια),绝非什么谋略或机智,而是指掌握真理的认识。追求真理,才是哲学和知识的最终目标。巴门尼德的"真理之路"所以将 Being 设定为世界的本原,正是为了证明千变万化的现象背后有亘古不变的"一",思想(理性)把握的只能是"一",唯独普遍的、必然的认识,才具有实在的根据,才配称为"真理"。② 巴门尼德的学说不管有什么缺陷,至少揭示了哲学的基本问题,阐明了知识的性质和真理的条件。粗略地说,两千多年的西方哲学史,都是围绕这些问题展开的,都试图在不同程度上维护"真理之路"。西方的理性思维和科学精神,甚至整个西方文明,便建立在这一基础上。相对主义主张"真理取决于观点",很容易否认任何真理,与怀疑主义同流合污,因而"充满危险,将终结我们迄今所知的西方文明"。③ 由此不难理解,普罗泰戈拉的相对主义为什么令柏拉图如此忧心忡忡了。

若将相对主义原则扩展至实践领域(如道德和政治领域),问题恐怕更加严重。最典型的例子莫过于卡尔·施密特(Carl Schmitt)。按照施密特的观点,启蒙之后的伦理和政治再无真理可言,一切都取决于"信从"(conviction),类似于宗教热情。生活无非是强者与弱者、敌与友之间的争斗,强者获胜。"……每个人必须从自身立场出发,面对具体的情况做出决定:对方的歧异性是否意味着消除自己的生活方式,以便奋起抗争,维护自己至关重要的生活方式。"④ 斗争中,弱者必然让位于强者。这里似乎没有真假、对错问题,打拼的是实力。双方可以尽其所能,不择手段。成者王败者寇,强势者始终占据主导:强权即真理。这种结果显然与现代西方主流价值格格不入,难怪一些西方学者将道德和政治的相对主义与独裁主义和极权主义联系在一起呢。⑤ 而且即便在相对主义呈蔓延之势的今天,大多数哲学家依然保持着高度的警惕。奥格雷迪(Paul O'Grady)这样描述:"几乎没有哪个哲学家愿意被人称作相对主义者;几乎每一个人都反对相对主义——无论它是什么。甚至那些被同仁称作典型相对主义者的哲学

---

① [古希腊] 柏拉图:《泰阿泰德》,161c。
② 参见《西方哲学原著选读》上,北京大学哲学系外国哲学史教研室编译,商务印书馆,1981年,第30~34页。
③ Allan Bloom 语,转引自 M. P. Lynch, *True to Life*: *Why Truth Matters*, Cambridge: the MIT Press, 2004, p. 31。
④ Carl Schmitt, *The Concept of the Political*: *Expanded Edition*, trans. by George Schwab, New Jersey: Rutgers University Press, 1976, p. 27.
⑤ 参见 Cheryl Misak, *Truth*, *Politics*, *Morality*: *Pragmatism and Deliberation*, London: Routledge, 2000, pp. 9~12。

家，也极力予以否认，同时对他们心目中的相对主义，发起猛烈攻击。"①

因此，回答"实用主义是否是相对主义"的问题，并非单纯地为实用主义"正名"，更重要的是从理论上厘清实用主义与相对主义的区别，修正人们对实用主义的种种误解。事实上，20世纪后叶风靡英美哲学界的客观主义与相对主义的激烈论战，始终与对实用主义的评价和探讨密切联系在一起。本文将集中考察詹姆斯的真理论，借以证明实用主义并非相对主义。

二、有用即真理？

最容易引起人们误解，将实用主义与相对主义混为一谈的文本依据，或许是詹姆斯《实用主义》中的一段话：

> 简言之，"真的"不过是我们思维的一种便利方法，正如"对的"不过是我们行为的一种便利方法一样。便利几乎是任何形式的；而且是长远的和整个过程中的便利；满足眼前一切经验的便利，未必同样满意地满足后来的一切经验。我们知道，经验有许多法子**沸腾溢出**（Boiling Over），驱使我们修正现有的公式。②

人们往往根据这个"简言之"的概述，更加"简单地"将"真的"等同于"便利的"。而所谓"便利的"（expedient），则被理解为"权宜之计"，即认为"真的"意味着"具有好的效果"，③ 用通俗的说法，就是"有用的"。詹姆斯本人似乎也为此提供了文本支持。他说：

> 掌握真理，其本身决非目的，不过是为了满足其他生命之需的初步手段而已。我在森林里迷了路，挨饥受饿，忽然发现一条好像有牛蹄印迹的小路，这时最重要的是我应该想到，小路的尽头一定有人家，因为如果我这样想，并沿着它走下去，我就会得救。这里，真实的思想是有用的，因为作为思想对象的房子是有用的。所以，真观念的实践价值主要来源于其对象对我们的实践价值。④

---

① Paul O'Grady, *Relativism*, Montreal: McGill-Queen's University Press, 2002, p. 3.
② [美]詹姆斯：《实用主义》，陈羽纶、孙瑞禾译，商务印书馆，1979年，第114页。（译文有改动，依据 James, "Pragmatism", in: Doris Olin ed., *William James: Pragmatism, in Focus*, London: Routledge, 1992, p. 109。后引均同。）
③ 参见 H. Putnam, *Pragmatism: An Open Question*, Oxford: Blackwell, 1995, p. 9.
④ [美]詹姆斯：《实用主义》，陈羽纶、孙瑞禾译，商务印书馆，1979年，第104页。（James, "Pragmatism", in: Doris Olin ed., *William James: Pragmatism, in Focus*, London: Routledge, 1992, p. 101.）

因此，有些哲学家将詹姆斯所谓"真观念"等同于"有用的"，似乎并非毫无理由。例如，摩尔（G. E. Moore）指出，詹姆斯的真理论试图确立以下两个陈述：（1）我们的所有真观念都是有用的；（2）我们的所有有用的观念都是真的。① 倘若如此，詹姆斯的真理论无疑是错误的，至少是含混不清的。

首先，连詹姆斯自己也承认，"多种多样的具体真理只有在便利的时候，才需要被承认"，② 所以并非每一个真观念任何时候对每个人都是有用的。如果某个特定的真观念有时候是有用的，那么，必定有时候没有用，但确实又存在着，甚至近在咫尺。正如"二加二等于四"有时候非常有用，能够帮助人们正确地进行计算；不过，有时候或在有些场合，它毫无用处，但你又无法否认它的存在。③ 其次，所有有用的观念都是真的吗？显然不是。有不少反例证明，一些有用的观念是虚假的。例如，战争中为了迷惑敌人，我方常常透露我军位置的错误观念；对于我方，这个错误观念很有用，能够帮助我们取得胜利，但它并不因其有用而成为真的。再如，一个人相信自己的手表准确，而事实是他的表走慢了；他对手表的错误观念致使他错过正点的火车，结果躲过一场车祸灾难。这种歪打正着的事情并不稀罕，"充分表明我们有用的观念并非每一个都是真的。"④ 总而言之，仅用几个实例便可证明，以上两个陈述是"极其愚蠢的"。⑤

之所以"愚蠢"，倒不在于它们违反常识，而主要因为它们悖理。根据摩尔的判断，詹姆斯"无疑试图肯定真理与功用之间有某种联系"，从而发现所有真理具有一个独特属性，即赢利（paying）。也就是说，詹姆斯对实用主义真理论的兴趣，几乎全部在于提供一个标准，以便将真观念与假观念区分开来。这个标准就是"赢利"："每一个真观念至少赢利一次，而且，每一个至少赢利一次的观念都是真的"。⑥ 然而，假如这就是实用主义的真理标准，那么，其主观性和相对性就十分明显。既然按照摩尔的看法，所谓"有用"或"赢利"是针对不同群体或个人而言的，甚至相同的观念，其

---

① G. E. Moore, "Professor James's 'Pragmatism'", in: Doris Olin ed., *William James: Pragmatism, in Focus*, London: Routledge, 1992, p. 163.

② [美]詹姆斯：《实用主义》，陈羽纶、孙瑞禾译，商务印书馆，1979年，第119页。（James, "Pragmatism", in: DorisOlin ed., *William James: Pragmatism, in Focus*, London: Routledge, 1992, p. 113.）

③ 参见 G. E. Moore, "Professor James's 'Pragmatism'", in: Doris Olin ed., *William James: Pragmatism, in Focus*, London: Routledge, 1992, pp. 169~170。

④ 参见 G. E. Moore, "Professor James's 'Pragmatism'", in: Doris Olin ed., *William James: Pragmatism, in Focus*, London: Routledge, 1992, p. 173。

⑤ 参见 G. E. Moore, "Professor James's 'Pragmatism'", in: Doris Olin ed., *William James: Pragmatism, in Focus*, London: Routledge, 1992, p. 174。

⑥ 参见 G. E. Moore, "Professor James's 'Pragmatism'", in: Doris Olin ed., *William James: Pragmatism, in Focus*, London: Routledge, 1992, pp. 175, 178, 179。

有用或赢利与否，亦随时间和空间的不同而不断发生变化，于是，真理自然也是相对的。摩尔所理解的詹姆斯原本企图提供一个普遍的、统一的真理标准，结果，符合这一标准的真理，却是因时因地因人而异。

不过，已有不少哲学家指出，摩尔曲解了詹姆斯，认为他自己扎了个稻草人，然后展开猛烈的攻击，其批评完全是无的放矢。① 詹姆斯对摩尔等人的批评也不以为然，认为他们"虽殚精竭虑，却几乎非常悲哀，根本无法理解他们企图拒斥的主题"。② 摩尔的最大误解，是把"实用"或"便利"孤立起来，将其作为詹姆斯所谓"真理"的唯一属性或唯一标准。事实上，已有多位学者指出这一点。詹姆斯也曾反驳说："这种对实用主义者观点的恶搞，只取其论域中的一个元素，完全忽略其他的元素，实在难以原谅。构成这一论域的词项，明确反对对该论域界定的知识功能，进行任何非实在论的解释。"③ 詹姆斯甚至宣称："我对真理的阐述是实在论的，而且，追随常识的认识论二元主义（the epistemological dualism of common sense）。"④ 这里所说的"实在论"指真理符合论，即真理是观念或信念与实在相符合。他在《实用主义》一书中指出：

> 任何辞典都会告诉你们，真理是我们某些观念的属性。它意味着观念与"实在"的"符合"，而虚假则意味着不相符合。实用主义者和理智主义者都接受这个定义，将其看作理所当然的事。只有问到"符合"究竟是什么意思？"实在"一词作为我们观念与之相符合的东西又是什么意思？这时候，他们才开始争论起来。⑤

不难看出，实用主义与它所反对的理智主义（Intellectualism），具有共同的实在论基础。普特南将其称作詹姆斯的"实在论元素"。⑥ 塞耶尔（H. S. Thayer）干脆把詹姆

---

① 参见 T. L. S. Sprigge,"James, Aboutness and his British Critics", in: A. Malachowski ed., *Pragmatism*, Vol. III, London: SAGE Publications, 2004; M. Perkins,"Note on the Pragmatic Theory of Truth" and D. C. Phillips,"Was William James Telling the Truth After All?", in: Doris Olin ed., *William James: Pragmatism, in Focus*, London: Routledge, 1992; H. Putnam,"James's Theory of Truth", in: R. A. Putnam ed., *The Cambridge Companion to William James*, Cambridge: Harvard University Press, 1997。

② James, *The Meaning of Truth*, Cambridge: Harvard University Press, 1975, p. 10.

③ James, *The Meaning of Truth*, Cambridge: Harvard University Press, 1975, p. 104.

④ James, *The Meaning of Truth*, Cambridge: Harvard University Press, 1975, p. 117.

⑤ [美] 詹姆斯:《实用主义》，陈羽纶、孙瑞禾译，商务印书馆，1979年，第101~102页。(James,"Pragmatism", in: Do. ris Olin ed., *William James: Pragmatism, in Focus*, London: Routledge, 1992, p. 99.)

⑥ 参见 H. Putnam,"James's Theory of Truth", in: R. A. Putnam ed., *The Cambridge Companion to William James*, Cambridge: Harvard University Press, 1997, p. 166.

斯的真理论一分为二，分为"认知真理"（cognitive truth）与"实用真理"（pragmatic truth）两个阶段。前者指抽象的辞典真理，尽管"很少哲学的价值"，却同样"为詹姆斯所接受"；后者则指詹姆斯倡导的真理学说。这种划分固然有些僵硬，但凸显了实在论要素的重要地位。在塞耶尔看来，"认知真理是实用真理的必要条件，并非充分条件"。① 因此，要正确理解实用主义真理的"有用"性质，断不能脱离这种实在论元素，否则，必将走向主观主义和相对主义，甚至陷入鄙陋的"成王败寇"的泥淖。

不过，实用主义决不停留在"认知真理"的阶段。"通常的认识论只满足于一种模糊的表述，即观念必须'类似'或'符合'；实用主义则坚持更具体的阐述，询问这种'符合'在细节上究竟意味着什么。"② 正是在这个问题上，实用主义与理智主义分道扬镳。

理智主义用临摹解释"符合"，认为真观念必须"临摹"实在。临摹实在意味着在我之外，独立存在着某种东西，主体的观念准确地反映这个东西的方方面面。这是一种表象主义的观点。在詹姆斯看来，"临摹"暗示着，"'真理'实质上意味着一种惰性的静止关系。当你得到了事物的真观念，事情就结束了。你已经占有了，你已经知道了，你已经实现了你思想的目标。在心灵上，你已经抵达了你应该到的地方；你已经服从了你的绝对命令；你的理性的目的达到顶点，无须继续攀登了"。③ 临摹是为了获得真观念，而且，仅仅为了获得真观念。一旦获得了它们，一切目的便都达到了。这些真观念似乎根本不需要兑现，即，不需要它们发生实效。

但问题在于，我们真的能够临摹外界的东西吗？不需要兑现的真观念果然是真的吗？换句话说，临摹在我之外的事物可能吗？詹姆斯认为，根本不可能。他举例说，假如墙壁上挂着一座钟，我们用观念临摹这座钟，会发生什么呢？闭上眼睛想象那座钟，我们充其量只能临摹那座钟的外表，如钟面。但是，一座钟绝不只是这些，它有内在的机械部件，有部件之间的精巧结构，有这些可见结构背后的巧妙设计。所有这一切都不是我们能够临摹的，除非你是钟表匠，或者钟表设计师，否则，你对一座钟的内部一无所知。至于钟的"计时功能"或者发条的"弹性"，就更难想象如何临摹了。既然我们只能临摹这座钟的某些部分，临摹就是片面的。片面的临摹可能真实吗？"如果我们的观念不能准确地摹拟观念的对象，所谓与对象符合又意味着什么呢？"④ 或

---

① H. S. Thayer,"Introduction",in：James,*The Meaning of Truth*,Cambridge：Harvard University Press,1975,pp. xxvii ~ xxviii.

② James,*The Meaning of Truth*,Cambridge：Harvard University Press,1975,p. 104.

③ [美]詹姆斯：《实用主义》，陈羽纶、孙瑞禾译，商务印书馆，1979 年，第 102 页。（James,"Pragmatism",in：DorisOlin ed.,*William James：Pragmatism,in Focus*,London：Routledge,1992,p. 100.）

④ [美]詹姆斯：《实用主义》，陈羽纶、孙瑞禾译，商务印书馆，1979 年，第 102 页。（James,"Pragmatism",in：DorisOlin ed.,*William James：Pragmatism,in Focus*,London：Routledge,1992,p. 100.）

许，我们可以像笛卡尔主义者那样宣称，只要是上帝让我们这样想的，我们的观念就是真的。这也不过是"服从你的绝对命令"而已。或者服从，或者片面摹拟，这就是詹姆斯为理智主义真理观描绘的一幅画像。尽管这样的描绘多少有些漫画味道，因为自笛卡尔以来的近代哲学的真理观，并非用一两句话可以定论，但是，这种描绘确实触及传统的真理符合论的要害。

实用主义对"符合"的解释一方面要坚持实在论，另一方面则比理智主义更具分析性和反思精神。詹姆斯说：

> 广义地说，与实在"相符合"**只能意味着我们获得指引，或者径直通向实在，或者抵达实在的周围，或者与实在发生工作的接触**（working touch）**，以至于同不相符合时相比较，能够更好地操纵实在或与它相关的事物。无论在理智上还是实践上，都更好！**……的确，临摹实在是与实在相符合的一个十分重要的方面，但远非本质的方面。其实质是被引导的过程。①

詹姆斯的"符合"定义包含两点：（1）观念必然被引向实在；（2）这种引导必然会产生良好的效果（即有用），令人满意。无疑，这种理解明显不同于理智主义的静态临摹。按照这个定义，任何观念，只要能够引导人们有效地处理实在或相关事物，能够使人们的生活适合整个实在的环境，产生令人满意的效果，那就是与实在"相符合"，就是满足了"符合"的要求。如果说，理智主义的"符合"定义仅仅消极地表明，实在方面没有什么矛盾之物干扰我们的观念指导行为，那么，实用主义的"符合"定义则积极地指出，观念与实在"相符合"将在理智和实践中产生怎样的现实效应。因此，实用主义更强调引导过程的具体化："指引"指在经验世界中发生的具体的经验作用；"满意"（satisfaction）指活生生的具体个人在其信念中发现的现实的满足。正是在这里，反实用主义者批评实用主义陷入了相对主义和主观主义。

詹姆斯反驳说，实用主义的批评者"似乎有义务明确告诉我们，这些满意作为我们的主观感受，为什么就不能给予（yield）'客观的'真理"②。与满意结伴而行的信念，通过思想和行为的连续验证过程，展示其如何与实在现实地"相符合"，远比单纯使用抽象的"符合"之类的词汇更具体，更生动。那些批评者如同黑格尔所说的蠢人，想要水果，却拒绝苹果、梨子和樱桃，因为它们都不是抽象的水果。究其原因，是因为他们将"不可或缺的（indispensible）"与"充分的（sufficient）"混为一谈。"实用主义者称满意对于建构真理是不可或缺的，但我屡屡说过，满意是不充分的，除非它

---

① ［美］詹姆斯：《实用主义》，陈羽纶、孙瑞禾译，商务印书馆，1979 年，第 109 页。（James, "Pragmatism", in: DorisOlin ed., *William James: Pragmatism, in Focus*, London: Routledge, 1992, p. 105.）

② James, *The Meaning of Truth*, Cambridge: Harvard University Press, 1975, p. 105.

伴随着引向实在。倘若假设的实在被排除在实用主义者的论域之外，那么，留存的信念无论多么令人满意，他都会直接将其称作谬误。"①

三、真理等于证实过程？

将"符合"理解为产生良好效果的引导过程，是否可以洗刷人们加给实用主义的"相对主义"污名？

事情恐怕没有那么简单。

在詹姆斯看来，所谓的"引导"（leading）过程即"起作用"（working）的过程。因此，任何观念，只要能够导向实际效果或者发生现实的效应，便是真观念。正如詹姆斯所说："真观念是我们能够吸收，使之生效，加以认证和证实的观念；假观念则不能。"② 有人据此认为，实用主义真理论的核心可以概括为"证实"（verification），更有甚者将真理等同于证实。③

然而，由此生出许多麻烦。

摩尔和罗素均列举反例，证明（1）有许多陈述或信念，从来没有且将来也不会被证实或证伪，并非不能，而是因为无人费力去验证。詹姆斯把这些陈述归于不真不假，但这违背了排中律。（2）陈述的证实状态可以随时间的变化而不同，一时可被证实，另一时则被证伪。因此，一个陈述可以既真又假，有悖于真理的普遍性原则。④ 这样理解真理，很难逃脱相对主义的指责。

珀金斯（M. Perkins）竭力为詹姆斯辩护，否认詹姆斯将真理等同于证实，而试图用"真理等同于可证实性"（verifiability）取而代之。⑤ 这里所谓的"可证实性"，并非仅指"理论上能够被证实或证伪"，而是意味着："p是可证实的=在不确定的长期过

---

① James, *The Meaning of Truth*, Cambridge: Harvard University Press, 1975, p. 106.

② [美] 詹姆斯：《实用主义》，陈羽纶、孙瑞禾译，商务印书馆，1979年，第103页。（James, "Pragmatism", in: DorisOlin ed., *William James: Pragmatism, in Focus*, London: Routledge, 1992, p. 100.）

③ 参见 J. B. Pratt, "Truth and its Verification"; G. E. Moore, "Professor James's 'Pragmatism'"; B. Russell, "Wil. liam James's Conception of Truth"; M. Perkins, "Notes on the Pragmatic Theory of Truth"; in: Doris Olined., *William James: Pragmatism, in Focus*, London: Routledge, 1992。其中，珀金斯（M. Perkins）将实用主义真理论批评者的观点总结为三个论断："（1）真理等同于证实；（2）真的即有用的，或令人满意的，或成功的（信念）；（3）一个信念或陈述的真假并非固定的或永恒的，而是可变的。"并认为后两者是"（1）的必然推论"（p.213）。

④ 参见 G. E. Moore, "Professor James's 'Pragmatism'"; B. Russell, "William James's Conception of Truth"; in: Doris Olin ed., *William James: Pragmatism, in Focus*, London: Routledge, 1992。

⑤ M. Perkins, "Notes on the Pragmatic Theory of Truth", in: Doris Olin ed., *William James: Pragmatism, in Focus*, London: Routledge, 1992, p. 215.

程中，假如对 p 进行细致的验证，那么，它就会获得程度越来越高的证实（确认）。"①下文将会证明，珀金斯的理解是有道理的。

詹姆斯确实明确说过："事前的（ante rem）真理仅仅意味着可证实性。"② 然而，普拉特（J. B. Pratt）早在 1907 年便对此断然否定过。他说："在我看来，作为'可证实性'的真理概念，实质上是非实用主义的。它与人们通常接受的实用主义真理观的显著特征，几乎完全互不相容。因为可证实性不是一个过程，并未包含在任何人的经验中，而是超越每一个有限经验的一个或一组条件。"③ 普拉特的意思很明显：可证实性需要借助经验之外的事实，而证实过程则是主观经验的。他企图将"证实过程"与实用主义的真理捆绑在一起，从而将其限制在主观经验的范围，甚至等同于当下的心理过程。结果可想而知。普拉特在《真理及其证实》一文中，像摩尔和罗素一样，利用具体的实例揭示实用主义如何陷入相对主义的矛盾，最终归于荒谬。④

詹姆斯的《普拉特教授论真理》一文，直接回应普拉特的批评，亦可看作是对摩尔和罗素等人作出的回应。他在文中对普拉特的强暴行径深表愤慨，声称"自己从未遇到过这么野蛮的人"，居然可以"随心所欲地定义词汇"。他说："假如采用我的朋友普拉特的实用主义定义，那么我只能站在反实用主义一边。"他再一次澄清自己的真理观点：

> 真理实质上是两事物之间的关系，一边是观念，另一边是观念之外的实在。这种关系同其他关系一样，具有其**根基**（fundamentum），即孕育经验情况的母体，无论心理的还是物理的，都可发现相关项深深根植于其中。⑤

很明显，真理并不像普拉特认为的那样，是什么纯粹的心理事件，完全存在于思考者的个人经验中。真理是观念与实在的关系，因而必然涉及两者。问题的关键在于孕育和产生这种真理关系的根基。这种根基是经验世界的存在，构成或提供现实的条件，引导并决定经验事件的展开和走向。观念与对象的关系完全进入这种经验过程，随时准备着受阻，或者顺利通过。例如"继承人"与"遗产"之间发生关系，其根基

---

① M. Perkins,"Notes on the Pragmatic Theory of Truth", in: Doris Olin ed., *William James*: *Pragmatism*, *in Focus*, London: Routledge, 1992, p. 215.

② [美]詹姆斯：《实用主义》，陈羽纶、孙瑞禾译，商务印书馆，1979 年，第 112 页。(James, "Pragmatism", in: DorisOlin ed., *William James*: *Pragmatism*, *in Focus*, London: Routledge, 1992, p. 108.)

③ J. B. Pratt, "Truth and its Verification", in: Doris Olin ed., *William James*: *Pragmatism*, *in Focus*, London: Routledge, 1992, p. 156.

④ 参见 J. B. Pratt, "Truth and its Verification", in: Doris Olin ed., *William James*: *Pragmatism*, *in Focus*, Lon. don: Routledge, 1992, p. 156。

⑤ James, *The Meaning of Truth*, Cambridge: Harvard University Press, 1975, p. 91.

是一个经验的世界：其中曾经具有遗嘱人，现在又有了遗嘱和执行人。正是这个经验的世界，提供某种条件或事实，引导人们围绕着观念与对象展开证实过程。正如在执行人实际地划分遗产之前，我们可以称某人为"继承人"，并将其按继承人对待一样，当一个观念虽经过多次证实，但证实过程没有彻底完成之时，我们依然应当相信它实际上是真的。"有许多类似的事例，都是用潜在性说明现实性，看不出为什么不能这样做。"① 因此，

> 一个观念的真实性，必然意味着该观念具有**某种确定的东西，决定其运作（work）的趋向**，而且的确导向这一对象，并非那一对象。毫无疑问，观念中具有这种东西，就好像人身上具有某种东西，可以解释他趋于死亡的倾向，也好像面包中具有某种东西，可以说明其趋于营养的倾向。②

根据詹姆斯的以上论述，人们完全有理由拒斥普拉特的误读，不再把证实过程归结为纯粹主观的心理事件，而是看作现实的、具体的运作过程。并且，为了避免不当论述引发的困难，我们同样有理由接受珀金斯的解释，将詹姆斯的真理等同于"可证实性"。"可证实性"的优势在于，它不仅为现实的、具体的证实过程铺平道路，引导人们进入主观经验之外的客观世界，而且可以作为一个陈述的属性，让人们借以判别真假。正如珀金斯所说：

> 可证实性指每一个陈述确实具有或确实没有的一种属性，无论该陈述曾经或将来是否被现实地加以证实。而且，陈述具有的这种属性是一劳永逸的。不可能在今年不确定的很长一段时间里被确认，在明年不确定的很长一段时间里则不被确认。可证实性是陈述的属性，从一开始并始终存在于该陈述中，即便可能从未现实地得到验证，因而从未获得任何特定的证实。它是表示倾向的属性（dispositional property），因而一旦等同于真理，矛盾律和排中律便发挥效力。③

不容否认，詹姆斯的文本有时也直接把真理说成"证实过程"，但那只是简单化、模糊的表述，并非严格的定义。倘若我们同意前面所引珀金斯关于"可证实性"的定义，将其作为詹姆斯对"真理"的严格表达，那么，不难看到其中必须包含三个基本要素：(1) "**假如…那么就会…**"的条件形式；(2) "长期过程"概念；(3) "证实过

---

① James, *The Meaning of Truth*, Cambridge: Harvard University Press, 1975, p. 91.
② James, *The Meaning of Truth*, Cambridge: Harvard University Press, 1975, p. 96.
③ M. Perkins, "Notes on the Pragmatic Theory of Truth", in: Doris Olin ed., *William James: Pragmatism, in Focus*, London: Routledge, 1992, p. 216.

程"概念。要正确理解詹姆斯的"真理",这三个要素缺一不可。① 人们所以常常忽略(1)和(2),是因为"证实过程"概念与成功的行为或有用的实践密切相关,而这一点恰恰是实用主义真理观的新颖之处,为詹姆斯所特别强调。甚至"可证实性",也依赖于现实的证实活动。用詹姆斯的话说:"我们某些观念或信念的真理,当其证实活动处于间歇阶段时,变成了观念或信念的一种习性(habit)。但是,这些证实活动是全部事情的根源,是任何习性在间歇时期得以存在的条件。"② 于是,进一步的合理推论似乎是:"真理**降临**到(happens to)观念身上。观念**变成**了(becomes)真的,是诸多事件将它**制作**(made)成真的。它的真实性实际上是一个事件,一个过程:即它证实自身的过程,使它**成为**真的**过程**(verification)。"③ 然而,这种推论显然是错误的:一个信念或论断的真值是一回事,而证实信念或论断是真或假的过程则是不同的另一回事,不能将二者混为一谈。从逻辑上看,信念或论断的真值不同于证实过程,且先于证实过程。证实过程既不等于真理,亦不创造真理。

詹姆斯强调证实过程的意图十分明显,就是要凸显真理对具体实践活动的依赖以及二者之间的密切联系。因此在他看来,表明如何抵达真理同时也多少表明了真理是什么。尽管二者厘然有别,然而一旦进入具体的现实世界,二者便无法分离。具体的实践活动在观念与实在之间产生一系列中介作用,使它们发生具体的真理关系。观念的抽象内容只有通过具体的中介事件才得以展现,才能指向实在,适应实在,符合实在。按照詹姆斯的表述,实用主义与批评者之间的主要争执"就在于具体与抽象的对抗"。④ 实用主义特别强调,"概念仅仅是一类具体特殊项的抽象,这些特殊项涵盖了这一概念的全部指称,"所以在实践中,对每一个概念的理解,无非是将其抽象性质分解为若干具体的所指(denota)。⑤ 证实过程就是抽象观念现实化的过程,致使"联接观念与对象的抽象性质得以具体展开,发生实际的效力"。⑥ 正是在这个意义上,詹姆斯将证实活动看作"是全部事情的根源",并且断言:"无论在逻辑秩序上还是存在的秩序上,行动中的真理都处于优先地位"。⑦ 不过,他并没有摒弃理智主义坚持的抽象或

---

① 参见 M. Perkins,"Notes on the Pragmatic Theory of Truth",in:Doris Olin ed.,*William James*:*Pragmatism*,*in Focus*,London:Routledge,1992,p. 217。

② [美]詹姆斯:《实用主义》,陈羽纶、孙瑞禾译,商务印书馆,1979 年,第 114 页。(James,"Pragmatism",in:DorisOlin ed.,*William James*:*Pragmatism*,*in Focus*,London:Routledge,1992,p. 109.)

③ [美]詹姆斯:《实用主义》,陈羽纶、孙瑞禾译,商务印书馆,1979 年,第 103 页。(James,"Pragmatism",in:DorisOlin ed.,*William James*:*Pragmatism*,*in Focus*,London:Routledge,1992,p. 100.)

④ James,*The Meaning of Truth*,Cambridge:Harvard University Press,1975,p. 109.

⑤ 参见 M. Perkins,"Notes on the Pragmatic Theory of Truth",in:Doris Olin ed.,*William James*:*Pragmatism*,*in Focus*,London:Routledge,1992,p. 219。

⑥ James,*The Meaning of Truth*,Cambridge:Harvard University Press,1975,p. 109.

⑦ James,*The Meaning of Truth*,Cambridge:Harvard University Press,1975,p. 111.

本质真理，真理仍然是信念或论断本身的性质。他所说的"行动中的真理"无非是要挑明：信念或论断的真理必须在现实的实践活动中获得证实。可以说，"实用主义真理包含了全部理智主义真理，并增加了许多其他东西。理智主义真理只是**潜在**的实用主义真理"。① 二者的分歧在于：理智主义在潜在的真理面前停滞不前，而实用主义则继续前行，寻求其现实的、具体的证实。不难看出，真理的命题形式仍然是必要的，然而，重心却落在"证实过程"上。因此，珀金斯的"可证实性"定义是可取的，其因素（1）通过陈述的属性，保留必要的形式条件，同时将证实活动的可能性作为核心内容，直接引向现实的证实活动。因素（2）包含潜在的真理得以实现的过程，并明确指出这个过程是长期的，甚至没有终结。因素（3）则是陈述的属性现实化的结果，是其真理性的最终标准，但并非真理本身。珀金斯概括说：

> 在最初的分析中，真理是观念或陈述与事实之间的抽象关系——决定某种类（sort）潜在互动的关系。但是，在最后的分析中……没有任何抽象关系。詹姆斯为抽象关系（可证实性）的原型所能发现的唯一具体关系是**现实的**证实关系，因此，他将可证实性归结为一类具体的证实过程。结果无疑流于过分的简单化，然而，这是一般抽象理论的结果，并非真理论的结果。原初的真理概念依然是可证实性。②

即便承认"真理**降临**到观念身上"，承认"诸多事件将观念**制作**成真的"，我们依然不能将真理等同于证实过程。普特南（H. Putnam）提出两点理由：（1）当詹姆斯说证实过程将观念"制作成真的"或使真理"降临"时，实际意味着，新的经验通过回溯过程使过去的观念成为真的。一个观念的真只局限于一定的经验范围，超出了这个范围，便成为假的。比如，现代科学经验证实，托勒密体系绝对是假的，但是曾经在若干个世纪里，这个体系是真的。不过必须特别强调，这里的"是"（was）只能是过去时态。也就是说，它的真是相对的。（2）尽管任一特定的证实过程都会在某一时刻结束，但是，观念的自我证实的过程却没有终结。新的经验总是不断地超越已经证实的论断，绝对真理只能由未来的经验加以证实。詹姆斯清楚地意识到，"证实"有时态，而"真理"没有时态。③ 一个信念或论断"与实在相符合"，即成为真的，不能脱离其证实过程，只能取决于现实的、具体的经验关系发生，即观念与实在之间实际地

---

① James, *The Meaning of Truth*, Cambridge: Harvard University Press, 1975, p. 111.

② M. Perkins, "Notes on the Pragmatic Theory of Truth", in: Doris Olin ed., *William James: Pragmatism, in Focus*, London: Routledge, 1992, pp. 219～220.

③ 参见 H. Putnam, "James's Theory of Truth", in: R. A. Putnam ed., *The Cambridge Companion to William James*, Cambridge University Press, 1997, pp. 177～178。

出现证实的关系。从证实的过程看,观念被"制作成真的",真理"降临"到观念身上,但是,被证实的真观念是具体的,真理则是永恒的。毫无疑问,这只能进一步证明,真理并不等于证实过程。

四、仅有辩护,并无真理?

倘若詹姆斯认为,一个信念或观念要在现实中被证实为真,必然受到具体条件的限制,其真理性仅仅局限于一定的经验范围,且随着时空的变化而变化,原来证明的真理,现在或将来很可能变成谬误,那么这难道不正是证明了詹姆斯加入相对主义者的阵营,承认真理是相对的吗?

答案是否定的。

詹姆斯在《真理的意义》中称这种误解最为普遍,是人们将实用主义与实证主义混为一谈的结果:

> 怀疑主义、实证主义和不可知论赞同一般的独断理性主义,事先假定每个人都知道"真理"一词的涵义,不做进一步解释。然而,前几种学说主张或宣称,实在的真理、绝对的真理是我们无法获得的,我们只能勉强拿出相对的或现象的真理,当作绝对真理的最好替代品。怀疑主义认为这种状态无法令人满意,实证主义和不可知论则心满意足,说实在的真理是酸葡萄,认为对于我们的"实践"目的而言,现象的真理已经足够了。
>
> 事实上,没有什么比实用主义所说的真理离这种观点更遥远了……实用主义做出的回答试图包括人们所能设想的最全面的真理,既有最具相对性、最不完善的那些描述的真理,也有"绝对的真理",倘若你愿意这样称呼的话。①

詹姆斯与实证主义者最重要的区别,是他明确承认有绝对真理存在。实证主义者满足于现实的证实活动,止步于相对真理或现象真理,詹姆斯则坚持在理论上继续追问:理想的真理概念究竟是什么?真理如果确实存在应该是什么样?这些问题并非主体探索过程中的心理学问题,而是普遍的逻辑学问题,属于纯粹思辨的领域。"它不是关于任何实在的理论,也不探讨哪种知识现实可能的问题。它是抽象的,完全脱离特定的词项,并且,规定它们二者之间可能的关系具有什么性质。"② 绝对真理引导人们回归认识论的维度。反实用主义者无视詹姆斯的这些论述,望文生义,以为"实用主义"的重心落在"实用"上,其本质就是诉诸行动。于是,"实用主义"似乎变成一

---

① James, *The Meaning of Truth*, Cambridge: Harvard University Press, 1975, p. 100.

② James, *The Meaning of Truth*, Cambridge: Harvard University Press, 1975, pp. 100~101.

个粗鄙的字眼,好像实用主义者都是些急功近利的势利之徒,每每谈论观念"发生效用"时,无非是说观念在物理环境中产生的效用,诸如行动的成败、投机的得失、生意的盈亏等等,完全脱离了理论领域。事实上,在詹姆斯看来,理论的诉求才是首要的,是其最初的动机,而与行动的关联则是次生的,有赖于人类认识论的大厦。换句话说,如果人们把绝对真理作为追求理想目标或参照标准,就需要通过当下的人类信念系统同化新的经验,在已有的人类知识系统的基础上不断更新,不断前进。

詹姆斯认为,人类的知识和真理系统由两部分构成,一部分是经验提供的秩序:这一经验会向我们预示下一个经验,其秩序是实在通过经验展示的,倘若"谁的信念无视这种秩序,反复无常,定要遭殃";① 另一部分是纯粹心灵观念之间的关系,在这个领域,"信念是绝对的,或者无条件的",倘若它们是真的,就或者被称作定义,或者被称原则。② 这些真理定义和原则,是建构逻辑和数学的观念系统,是组织感性经验事实的必要条件。无论经验的秩序还是观念之间的抽象关系,都对我们的心灵具有强制性,不依人的主观意志为转移。因此,经验为我们提供的新观念,必须嫁接在原来的知识和观念体系上,最大保留或最少干扰旧的观念,使新旧观念调和,彼此交织在一起。如此,"这个新观念被作为真观念使用"。③ 无疑,詹姆斯在这里强调:只有以原有的信念体系为基础,我们才能设立区分真假的标准;然而,经验总会超越旧的边界,使我们不断改变或修正已有的信念体系。詹姆斯强调的恰恰是真理功能的两个独立变项:(1) 原有的知识体系;(2) 我们的观念。二者作为实在(reality),必须彼此配合才能提供有效的真理标准。正是我们的观念,"为人类行动敞开更大的窗户(因为我们的观念是行动的驱动者),也同样更加拓展思想的原创性。然而,这扇窗户建立在先前认识论的大厦上,没有什么事情比忽略这一点更愚蠢了"。④

一旦回到认识论的维度,詹姆斯的"绝对真理"的意义和作用便凸显出来。他指出:

> 实用主义者界定了"绝对真理"的意义。他说,绝对真理表示一套理想的公式,所有的意见经历了长期的经验过程,有望趋同于(converge)这些公式。在这个绝对真理的定义中,他不仅假设意见有趋同倾向,趋向于终极的一致(consen-

---

① [美]詹姆斯:《实用主义》,陈羽纶、孙瑞禾译,商务印书馆,1979 年,第 105 页。(James, "Pragmatism", in: DorisOlin ed., *William James: Pragmatism, in Focus*, London: Routledge, 1992, p. 102.)

② [美]詹姆斯:《实用主义》,陈羽纶、孙瑞禾译,商务印书馆,1979 年,第 107 页。(James, "Pragmatism", in: DorisOlin ed., *William James: Pragmatism, in Focus*, London: Routledge, 1992, p. 104.)

③ [美]詹姆斯:《实用主义》,陈羽纶、孙瑞禾译,商务印书馆,1979 年,第 34 页。(James, "Pragmatism", in: DorisOlin ed., *William James: Pragmatism, in Focus*, London: Routledge, 1992, p. 45.)

④ James, *The Meaning of Truth*, Cambridge: Harvard University Press, 1975, p. 102.

sus），而且同样假设了定义的其他因素，是借助预测从所期许的真结论引出的。①

"绝对"真的，意味着以后不会再为经验所改变，它是一个理想的会聚点，我们想象的一切暂时的真理，某一天都在这一点聚合。它的绝配是完美的智慧者，是绝对完整的经验；如果这些理想能够实现，它们将会一起全部实现。②

不难看出，在詹姆斯眼里，绝对真理是认知的一种范导性理想（regulative ideal）或原则（regulativeprinciple）。所谓"范导性理想"是一种规范（norm），告诉言语行为者若要达到目标，应当如何行为。用描述性语言表达，范导性理想所描述的是一种理想条件、一种理想状态，这里的"理想"与"现实"相对照。绝对真理作为范导性理想，引导人们将真理作为认知的终极目标，驱使人们永无止境地去追求。正如波普（K. R. Popper）指出的：

> 客观真理或绝对真理理论有一大优点，即允许我们说——赞同克塞诺芬尼（Xenophanes）——我们追求真理，却不知道什么时候才能发现真理；我们没有真理的标准，却仍然可将真理观念作为范导性原则，接受其指引。③

即便人们现实中永远无法获得绝对真理，但是承认它的存在，却明确表达一种客观真理的态度：一个判断或信念的真，不依人的主观意志为转移，即便现实中无人相信，它也可能是真的。而人们现在有充分理由相信为真的论断，却很可能是假的，或者将在未来证明是假的。人们意见的最终趋同以及期待达到的终极一致，正是这种客观性的体现，因而规范着追求真理者的探索过程，将客观性或真理与知识辩护（justification）的社会实践联系起来。

然而问题在于，范导性理想（绝对真理）规范的这种联系能否保证拒绝相对主义？因为有人进一步质疑，客观性或真理究竟如何与知识辩护的社会实践相关联。既然现实中没有绝对真理，人们实际达成的一致均不能作为真理的标准，那么，难道真像波普所说的，根本"没有真理的标准"？或者，真像有人主张的那样，"凡打算将客观性或真理与社会实践相联系的企图，无论情愿与否，都引导我们走向坏的相对主义"？这里"坏的相对主义"（bad relativism）即前文所规定的相对主义，其意义是指"实在中没有真理（除了对我或对我的集团而言的真理），没有客观事实，也没有普遍有效的断

---

① James, *The Meaning of Truth*, Cambridge: Harvard University Press, 1975, pp. 143~144.
② [美]詹姆斯：《实用主义》，陈羽纶、孙瑞禾译，商务印书馆，1979年，第114页。(James, "Pragmatism", in: DorisOlin ed., *William James: Pragmatism, in Focus*, London: Routledge, 1992, p. 109.)
③ K. R. Popper, *Conjectures and Refutations*, New York: Macmillan, 1979, p. 226.

言"。①

那么，如何才能摆脱"相对主义"这个纠缠不休的梦魇？

首先，仅就詹姆斯而言，"没有真理的标准"这类指控显然不正确。正如前文所指出的，詹姆斯或许认为，他的实用主义恰恰要重新提出真理的标准。更何况，他的真理论背后有其"彻底经验主义"的形而上学支撑，借以保证观念与实在"相符合"，尽管这里的"符合"不同于传统的解释。普特南认为："詹姆斯赞同'存在即被感知'的口号，既然人们直接知悉（acquaint）实在，印象就不单纯在心灵中；既然'存在即被感知'，那么，所有的一切都是不单纯存在于心灵中的那些印象……实在只是'纯粹经验'之流。"② 不仅如此，高度抽象的概念与其对象的间接关系，也必须回到纯粹经验之流，由经验流提供原材料。因为实用主义认为："最成功地回归有限的感觉之流，最容易地扩展与某个特定的大小波澜合流，是最真实的。这种合流不仅证明理智的运作始终是真实的（正如加法可以'证明'，减法已经正确地被演算），而且，按照实用主义的观点，它构成了我们称之为真的一切。只有当它们成功或不成功地引导我们再次返回感觉经验，我们的抽象和共相才能说是真的或假的。"③ 难怪詹姆斯在澄清反对者对实用主义的误解时再三表白，自己"始终是一个认识论的实在论者"！④

其次，即便暂时脱离形而上学层面，仅仅考虑辩护的实践过程，我们同样有理由认为实用主义并非必然陷入"坏的相对主义"。这里的关键是不能将辩护与真理混为一谈，因为这种等同相当于取消真理。罗蒂的一些言论就是利用这种混淆严重误导人们。他以实用主义的名义，宣称只有辩护，并无真理。在他眼里，人们所说的真理太崇高，"既不能被认知，亦无法作为追求目标"，应该摈弃。人们"能够认知并因而能够系统操作的"，只有辩护。如果说真理与辩护之间有什么区别，那么，唯一能够产生实践效果的区别是"老听众与新听众的区别"。⑤ 这种可错论的性质完全可以单独由辩护承载，无须真理。如此，也就不难理解，人们何以将罗蒂当作"相对主义者"猛烈批评，而不睬他的矢口否认。

事实上，罗蒂的这种观点与实用主义相去甚远。实用主义坚持认为，没有什么东西能够阻止我们按照事物的实在性质认识它们。不过，在实际的辩护过程中，获得这种认识只能是不断地进行批评探索的结果。这是一个可错的过程，但仍然可以获得关

---

① Richard J. Bernstein, *The Pragmatic Turn*, Malden: Polity Press, 2010, p. 109.

② H. Putnam, "James's Theory of Truth", in: R. A. Putnam ed., *The Cambridge Companion to William James*, Cambridge University Press, 1997, p. 174.

③ James, *Essays in Radical Empiricism*, New York: Longmans, Green & Co., 1912, p. 98.

④ James, *The Meaning of Truth*, Cambridge: Harvard University Press, 1975, p. 106.

⑤ Rorty, "Universality and Truth", in: Robert B. Brandom ed., *Rorty and His Critics*, Malden: Blackwell Publishers, 2000, pp. 2, 4.

于实在的知识。其中的张力，正是实用主义试图阐述和解释的。伯恩斯坦（Richard J. Bernstein）敏锐地看到这一点，揭示了包括詹姆斯在内的新老实用主义者如何努力坚持客观性或真理的概念。他指出，在实用主义者看来，尽管真理与辩护之间有内在的关联，但二者仍有区别，这意味着需要某些条件，致使在此条件下得以辩护的论断必然是真的。问题是，这种条件是什么。坦率地说，詹姆斯没有直接讨论这个问题。不过，他的实用主义为后来的继承者奠定了理论基础，提供了解决问题的基本原则和资源。20世纪实用主义的演变，都或多或少依赖于这个问题的展开。本文将只勾勒詹姆斯之后的实用主义解决这一问题的基本线索，表明其拒斥相对主义的努力。

根据伯恩斯坦的描述，① 围绕这一问题，米塞克（Cheryl Misak）曾经重构皮尔斯的信念理论，试图避免诉诸任何假设的终极目标或理想条件，其代价是无法断言我们当下的信念现实中是真的。似乎谈论"真信念"必须采取主观的形式，这样才可能避免被未来的经验和论证颠覆。普特南、哈贝马斯和阿佩尔（Karl-Otto Apel）等人则采取另一种策略，将现存的辩护实践与辩护的理想条件严格区分，认为唯独后者才刻画真理的特性，即在理想的认识论条件下可被合理接受的性质。理想条件并非遥远的乌托邦目标，而是具有实际的效应，会影响我们日常的交往和论证过程。然而，一旦试图清晰地阐述这些理想条件，便每每流于对当下我们认为最好辩护标准的"赞美"（glorification）。因为倘若没有非历史的标准让我们能够一劳永逸地判定"好的理由"或"更好理由"，辩护的标准问题总是不断发生变化，且根本无法为我们所预见，那么，尽管我们承认可以具有"理想的"认知条件之类的模糊概念，它们往往也只能变成空洞的美丽修辞。于是，问题转化为：谈论"没有范导性观念的实用主义"实际上是否可能？换言之，捍卫实用主义主张的关于辩护、真理、客观性的理论实际上是否可能？伯恩斯坦列举魏尔默（Albrecht Wellmer）和布兰德姆（Robert B. Brandom）的工作，充分肯定他们为此做出的努力。他们二人坚持认为，无须范导性观念，人们同样可以阐明有意义的规范性真理概念。魏尔默诉诸辩护实践的公共性，通过不同言说者的第一人称视角，证明只要辩护人采取的态度具有规范结果，就能说明"好的理由"。布兰德姆从重新理解主体间性出发，认为客观性在于一种视角形式，而并不在于无视角或跨视角的内容。客观性视角结构的基本特征是指认者与被指者之间的状态和态度彼此对称。因此，人们在概念推理的社会实践结构中，构筑"单纯的"主观事项与客观事项之间的区别。伯恩斯坦最后得出结论："人们能够发展实用主义关于辩护、真理、主体间性和客观性的理论构想，使其不再诉诸探索的最终目的，不再诉诸辩护的理想条件，从而不会走向'坏的相对主义'或约定主义。"②

---

① 此自然段的论述借鉴伯恩斯坦的研究成果，参见 Richard J. Bernstein, *The Pragmatic Turn*, Malden: Polity Press, 2010, pp. 106~124。

② Richard J. Bernstein, *The Pragmatic Turn*, Malden: Polity Press, 2010, p. 124.

结　语

麦卡锡（Michael H. McCarthy）在《哲学的危机》中宣称："黑格尔强调的历史意识开启了启蒙的第二阶段，而且，这种做法有效地向现代性最初的自我理解提出挑战。"① 这种挑战导致哲学的危机，同时亦刺激哲学寻找新的出路，重新塑造自身的形态。实用主义正是这种背景下发生的一场哲学运动。因此，实用主义从诞生之日起，便与黑格尔的历史主义遥相呼应，② 强调演变和实践理性的概念，并"将其推及认识论、语义学和心灵哲学等理论范围"，③ 结果自然偏离传统哲学。如果说，第一启蒙的哲学旨趣在于纯化理性，试图摆脱权威和传统，祛除历史和文化的痕迹，使理性能够自主地表明：现实发生的何以必然发生，现实的存在何以是必然的，那么，第二启蒙的哲学（如实用主义）旨趣则恰恰相反，它们试图淡化理性的纯洁性，将或然的因素引入理性，因而强调偶然性、特殊性和相对性。于是，人们对理性、知识和科学的性质，产生与传统哲学截然不同的理解，其范围也发生重大变化。不过，正如布兰德姆正确指出的，实用主义始终坚信"理性是人类生活中的至尊力量"。④ 因此，它一方面从新的旨趣出发重塑哲学形态，另一方面则在新的形态中竭力维护科学的严格性，坚守理性的边界。詹姆斯的真理论正是这种尝试的产物，是用一种新的理论范式抗拒相对主义。尽管由此引发的论战至今仍未结束，而且，实用主义最终能否完全拒斥相对主义亦没有最后的定论，然而令人欣慰的是，实用主义正在努力利用各种理论资源，积极地呵护理性，追求真理。

〔作者尚新建，北京大学哲学系教授、外国哲学研究所所长。本文刊发于《中国高校社会科学》2014 年第 5 期，责任编辑朱志伟。人大复印资料《外国哲学》2014 年第 11 期转载〕

---

① Michael H. McCarthy, *The Crisis of Philosophy*, Albany: State University of New York Press, p. xv.
② 尽管实用主义的创始人不承认与黑格尔哲学的直接联系，甚至激烈反对黑格尔主义，但事实上二者关系密切。参见 Richard J. Bernstein, *Praxis and Action*, Philadelphia: University of Pennsylvania Press, 1971, Part III; Robert B. Brandom, *Perspectives on Pragmatism: Classical, Recent, and Contemporary*, Cambridge: Harvard University Press, 2011。
③ Robert B. Brandom, *Perspectives on Pragmatism: Classical, Recent, and Contemporary*, Cambridge: Harvard University Press, 2011, p. 35.
④ Robert B. Brandom, *Perspectives on Pragmatism: Classical, Recent, and Contemporary*, Cambridge: Harvard University Press, 2011, p. 36.

❋ 第三部分 ❋

晚明海洋意识的重构

——"东矿西珍"与白银货币化研究

万 明

16世纪，海洋成为时代的主题，一个整体的世界从海上连接起来，海上活动成为最令人瞩目的国际现象，历史上首次出现了空前规模的全球贸易。在这一时代背景下，晚明中国出现了张燮《东西洋考》一书，卷首萧基《小引》中有这样一段话："其指南所至，风艛所屯，西产多珍，东产多矿。"① 晚明海上贸易具有"东矿西珍"的特征，遂使晚明人海洋意识的重构跃然纸上。

15世纪初，郑和下西洋突显了西洋的地位，反映了中国对外交往的重心所在。自古以来，西方就是中外交往的主要趋向。② 然而，16世纪以后，东洋凸显出来，至少是取得了与西洋平起平坐的地位。事实上，这种异峰突起，已含有超越西洋的意味。在明朝人的海洋意识里，东洋的凸显是如何形成的？无论从时间上还是空间上，16世纪以后的海上贸易都是中国与世界连接的关节点。更重要的是，当中国的赋役改革达到顶峰——一条鞭法出现时，一个全球市场体系已初露端倪，"东矿西珍"的海上贸易结构直接影响了中国和世界。中外学界对于晚明海上贸易已有诸多研究成果，然而明朝人的海洋意识及由此引申的"东矿西珍"问题没有引起学者关注；晚明东西洋海上贸易商品结构的变化、特征以及背后推力等问题，也缺乏专门考察。笔者在相关研究基础上，以此专文聚焦晚明人海洋意识的重构，具体考察东西洋概念的变化，比较晚明与明初的海上贸易商品结构，探讨晚明东西洋贸易形成的"东矿西珍"实态，进而探寻东洋凸显及其特征背后的推力所在，揭示16世纪中国与世界的互动关系及其历史进程，以见教于方家。

---

① 张燮：《东西洋考》，中华书局，1981年，第11页。书成于万历四十五年（1617），前有萧基、周起、王起宗三序。萧基，字大美，又字汝城，江西泰和人，万历四十一年（1613）进士，任漳州府推官（萧彦：《掖垣人鉴》，人民出版社，1957年，第68页）。
② 参见万明：《释西洋：郑和下西洋深远影响的探析》，《南洋问题研究》2004年第4期。

一、东西洋概念及其变化的梳理

考察东矿西珍，首先要确认萧基所谓的"西产多珍，东产多矿"中的"西"与"东"的含义。这里的"西"与"东"，无疑是指西洋、东洋。因此，首先要确定明朝人海洋意识中对于西洋与东洋的概念。

中外学界聚焦于东西洋的分界，争议纷纭，莫衷一是。① 由于标准不同，分歧迭见。学界的争议孰是孰非？这只能从明朝人的海洋意识出发，以明朝人的认识为判断依据。在明朝人的观念中，大致可归纳为两种认识：一种是以苏门答腊以西海域为西洋，以东为东洋，这以明初马欢《瀛涯胜览》为代表②；另一种以文莱以西为西洋，以东为东洋，这以晚明张燮《东西洋考》为代表③。以上两种认识的形成，均出自明朝文献，那么问题的焦点就在于东西洋名称在不同时期确有不同含义。

元朝《大德南海志》与《岛夷志略》中，已有小东洋、大东洋、小西洋和西洋的多种称谓，说明自元朝以来东西洋名称出现并通行于世。明永乐三年（1405）至宣德八年（1433）郑和七次下西洋，其出使次数之多，规模之大，航程之远，地域之广，影响之深，史无前例，史称"盛事"。郑和下西洋的随行者马欢所著《瀛涯胜览》明确记载，明朝人是以南浡里国为东西洋的分界，它位于今天的印度尼西亚苏门答腊岛西北的帽山，帽山以西被认为是西洋，也就是说今天的印度洋才被称之为西洋，当年叫做"那没黎洋"。按照明初人的海洋意识，帽山以西是西洋，以东就是东洋。④ 当时的苏门答腊岛也就是"东洋之尽处"。永乐年间有东洋冯嘉施兰和浡泥国、吕宋国使臣

---

① 山本达郎（《东西洋という称呼の起源に就いこ》，《东洋学报》第二十一卷一号，1933年）、宫崎市定（《南洋を东西洋に分つ根据に就いこ》，《东洋史研究》第七卷四号，1942年）、洪建新（《郑和航海前后东、西洋地域概念考》，见《郑和下西洋论文集》第1集，人民交通出版社，1985年）、沈福伟（《郑和时代的东西洋考》，见《郑和下西洋论文集》第2集，南京大学出版社，1985年）、刘迎胜、陈佳荣（《东洋与西洋的由来》、《郑和航行时期的东西洋》，见《走向海洋的中国人》，海潮出版社，1996年）讨论重心均为东西洋的分界。
② 马欢著，万明校注：《明钞本〈瀛涯胜览〉校注》，海洋出版社，2005年，第50页。
③ 张燮：《东西洋考》，中华书局，1981年，第102页。
④ 马欢著，万明校注：《明钞本〈瀛涯胜览〉校注》，海洋出版社，2005年，第50页。自郑和下西洋以后，西洋的概念就开始发生演变（万明：《释"西洋"——郑和下西洋深远影响的探析》，《南洋问题研究》2004年第4期）。虽然在晚明文献中形成了以文莱划界的东西洋主流认识，但在明末记载中仍见有用明初东洋概念的，如吕毖《明朝小史》卷17《崇祯纪》中以爪哇为东洋："爪哇国古名阇婆自古城顺风二十昼夜可至。其国地广人稠甲兵为东洋诸番之雄"，即为一例。

来朝之事。① 冯嘉施兰、吕宋位于今菲律宾群岛,浡泥则是位于今加里曼丹岛北部的古国。而当时人将朝鲜称为东洋朝鲜国。② 可见,明初人们把东自朝鲜半岛,西至苏门答腊岛,包括今朝鲜、日本、菲律宾、印度尼西亚和马来半岛,以及中南半岛诸国,统称为东洋。

郑和七下西洋以后,西洋凸显,"西洋之迹,著自郑和"③。在下西洋影响下,东西洋概念很快发生了变化。马欢云"往西洋诸番",费信载"历览西洋诸番之国",而巩珍所著《西洋番国志》,顾名思义是将下西洋所到国家和地区,包括占城、爪哇、旧港、马六甲乃至榜葛拉国、忽鲁谟厮国、天方国,一律列入了西洋诸番国。换言之,他把下西洋所至诸国都列入"西洋"界限内,极大地扩展了"西洋"的范围。此后,约作于正德十五年(1520)的《西洋朝贡典录》更进一步将"朝贡之国甚著者"全列入"西洋"的范围,编辑的23国,包括广阔的区域,其中列有东洋的浡泥国、苏禄国、琉球国。④ 于是"西洋"不仅极大的彰显,而且前所未有地扩大到包括东西洋,乃至海外各国之义了。笔者曾对"西洋"一词作了专门考释,指出郑和下西洋产生极为深远的影响,其后明朝人将郑和所到之处乃至极西之地都称为西洋。⑤ 在明朝人的海洋意识中,西洋已包括原来划分在东洋范围里的国家,西洋由此凸显。

那么,改变这种观念,东洋彰显出来,又始自何时?这是研究明代中外关系史应该厘清的问题。

在晚明人的海洋意识中,海上世界仍然划分为东西洋,但东西洋概念与明初已经完全不同。一般来说,今人对于晚明人东西洋分界概念的认识来自张燮《东西洋考》,其中记载:"文莱,即婆罗国,东洋尽处,西洋所自起也"⑥,明确地说晚明以文莱为东西洋的界限。就此而言,晚明的东西洋划分较明初确实发生了重大变化。不少学者以此认为明初对东西洋的划分是以文莱为界,或以明初概念校正晚明概念,或以晚明概念纠正明初概念,实际上都是没有厘清时空变化的因素,因而产生了对明人概念的误解。

以往学界几乎形成一种固定的认识,即《东西洋考》中的东西洋就是晚明人海洋

---

① 《明太宗实录》卷58:"东洋冯嘉施兰土酋嘉马银等来朝,赐钞币有差",永乐四年八月丁酉,第848页;卷82:"赐浡泥国王麻那惹加那乃及于阗、东洋等处使臣",永乐六年八月癸卯,第1108页;卷110,赐"东洋冯加施兰、吕宋国"使臣,永乐八年十一月丁丑,第1411页,台北"中研院"史语所,1962年。

② 《明太宗实录》卷89:"浙江定海卫百户唐鉴等亦追至东洋朝鲜国义州界",永乐七年三月壬申,台北"中研院"史语所,1962年,第1184页。

③ 黄省曾著,谢方校注:《西洋朝贡典录·自序》,中华书局,1982年,第5页。

④ 参见黄省曾著,谢方校注:《西洋朝贡典录》,中华书局,1982年,第44~47、50~54页。

⑤ 参见万明:《释西洋:郑和下西洋深远影响的探析》,《南洋问题研究》2004年第4期。

⑥ 张燮:《东西洋考》,中华书局,1981年,第102页。

意识中的东西洋。事实是否如此呢？为了评价晚明人对东西洋的认识，必须对这部书中的三个问题细加考索：第一，《东西洋考》中的东西洋范围界定从何而来？第二，当时是否只有《东西洋考》中涉及的东西洋贸易？换言之，《东西洋考》中的东西洋划分及范围是否包括当时全部海上贸易？第三，《东西洋考》是一部什么性质的书？

这需要从文本进行考察。《东西洋考》首列《西洋列国考》，次列《东洋列国考》，以下分为《外纪考》、《饷税考》、《税珰考》、《舟师考》、《艺文考》和《逸事考》。

《西洋列国考》列有15国：交趾、占城、暹罗、下港、柬埔寨、大泥、旧港、麻六甲、哑齐、彭亨、柔佛、丁机宜、思吉港、文郎马神、迟闷。附带所属之地9处：清化、顺化、广南、新州、提夷、六坤、加留吧、吉兰丹、詹卑。《东洋列国考》列有7国：吕宋、苏禄、猫里务、沙瑶呐哔啴、美洛居、文莱。附带所属之地12处：大港、南旺、玳瑁、中邦、吕蓬、磨荖央、以宁、屋党、朔雾、高药、网巾礁老、班隘。

以上共43个国家和地区。① 此外，在《外纪考》中列有"日本"和"红毛番"。日本列其物产有："金、银（僧裔然曰：东奥州产黄金，西别岛出白银，以为贡赋）"等。红毛番列其物产有："金、银钱、琥珀、玛瑙、玻璃、天鹅绒、琐服、哆啰嗹、刀"②，云："商舶未有抵其地者。特暹罗、爪哇、渤尼之间与相互市"③。

再看书中的东西洋"针路"。张燮在《东西洋考·舟师考》中叙述了"西洋针路"和"东洋针路"。据此可知，"东洋"与"西洋"的区分，基本依据在于贸易航线的划分：西洋针路从漳州月港出发，最远至爪哇岛南的池闷；东洋针路从太武山分道，经台湾、澎湖至菲律宾群岛，最远到东、西洋的交界文莱。如果认为透过东西洋针路，就可以了解16世纪中外交通的概貌，是不确切的。向达先生指出："明代以交趾、柬埔寨、暹罗以西今马来半岛、苏门答腊、爪哇、小巽他群岛，以至于印度、波斯、阿拉伯为西洋，今日本、菲律宾、加里曼丹、摩鹿加群岛为东洋。"④ 这是后世学者所解读的晚明整体东西洋的概念。这一概念与《东西洋考》中的概念有明显不同。

以往学界忽视了一个重要问题，《东西洋考》只是部分地反映了当时明朝人海洋意识中的东西洋概念，东西洋范围的认定与东西洋针路，都只是明朝官方开海限定与许可贸易的范围，并非晚明人海洋意识中对东西洋的整体认识。对此，《东西洋考》的《凡例》中说得很清楚："列国各立一传，如史体。其后附载山川、方物，如《一统志》体，以其为舶政而设，故交易终焉。"⑤ 又云："集中所载，皆贾舶所之。若琉球、朝鲜，虽我天朝属国，然贾人所未尝往，亦不掇入。或曰日本、红夷，何以特书？书

---

① 张燮：《东西洋考》，中华书局，1981年，第1~108页。
② 张燮：《东西洋考》，中华书局，1981年，第125、130页。
③ 张燮：《东西洋考》，中华书局，1981年，第130页。
④ 向达整理：《两种海道针经·序言》，中华书局，1961年，第7页。
⑤ 张燮：《东西洋考》，中华书局，1981年，第20页。

其梗贾舶者也。"① "为舶政而设"正是《东西洋考》记述列国的主要目的。

由上可以从晚明人的语境中解析时人对东西洋的两种认识：一是来自《东西洋考》中的内容部分，一是来自其书前萧基《小引》。至此，晚明东西洋的概念可以说出现了广义与狭义之分。狭义的东西洋，即"集中所载，皆贾舶所之"，是当时明朝官方设定的划分海上贸易区域的特定概念。这种东西洋概念是特殊所指。正如《东西洋考》中东西洋列国考与二洋针路所显示，明朝开海于福建漳州月港的东西洋贸易，并不包括位于东洋的日本、琉球、朝鲜和位于西洋的荷兰人所在的巴达维亚（今印度尼西亚雅加达）。这样的特定概念，明显不是明朝人对东西洋的整体认识。广义的东西洋，也就是萧基《小引》中所谓"东矿西珍"的东西洋，显示出当时海上贸易的整体特征，这显然超出了书中所记载的东西洋针路，完整地包括了东洋的日本和在西洋活动的荷兰人在亚洲所占据的地理范围。

实际上，晚明人海洋意识中的东西洋概念来自传统方位的划分和贸易地理格局的现实，晚明的东西洋概念经历了重构的过程。关于这一点，在时人的海洋意识中，不可能完全游离于传统地理概念之外，也不可能不了解贸易地理格局的现实。《东西洋考》以日本为外纪，不在航海贸易范围之列，乃至又云琉球、朝鲜"贾人所未尝往"，这皆与历史事实不符。日本位于东洋，由于倭寇一直存在，明朝官方不允许与日本贸易，但日本出产白银，在嘉靖年间已经闻名遐迩，时有繁盛的对日私人海上贸易为证，下面还将述及。萧基《小引》中的"东产多矿"，应包括日本在内。至于琉球、朝鲜"贾人所未尝往"，是因为二者不在漳州月港所规定的针路之列。

从时间上早于《东西洋考》的《顺风相送》②来看，《东西洋考》所述的东西洋贸易范围也存在问题。《顺风相送》具体记录了日本、琉球、吕宋、吉里地闷等东洋的往返针路，也记载了去印度洋的六条针路，只是对印度洋的针路记载较为简略。③ 此书可作为《东西洋考》所涉的东西洋概念并非明朝人完整的东西洋认识的一个佐证。明代成、弘年间私人海上贸易兴起，超出国家允许的贸易范围，而《东西洋考》是在地方官授意下修撰的，反映了东西洋贸易由官方控制的部分。成、弘以后，官与商在海上贸易有激烈博弈。月港开海是官商博弈的结果，当时私商盛行，官方没有掌控全部海上贸易，开海只是以官方所能掌控的范围为主。这里反映出官方与民间的认识角度不同。

---

① 张燮：《东西洋考》，中华书局，1981年，第20页。
② 明抄本《顺风相送》，16世纪成书，但可认为始撰于永乐初年，因为这一抄本依据的是永乐初年的古本。琉球人程顺则的《指南广义》是一部1708年辑汇的航海专书，其中《针路条记》来自康熙二十二年（1683）册封使团传授的《航海针法》部分，其源头明确记载为明代永乐元年郑和等"前往东西二洋等处"，可为佐证。《指南广义》琉球大学仲原文库本，系海洋出版社刘义杰先生惠赐电子版，在此谨致谢忱。
③ 向达整理：《两种海道针经》之甲种，中华书局，1961年，第13~99页。

二、晚明海上贸易模式及其变化

晚明中国社会内部涌动变革的潜流，国内商品货币经济发展，白银货币化加速进行，白银需求使市场扩大到海外成为必然。有识之士已看到开海是大势所趋，私人海外贸易已成燎原之火，只能因势利导，以保利权。① 于是有隆庆元年（1567）福建巡抚涂泽民上疏"准贩东、西二洋"，得到明廷允准。② 隆庆开海是明代海上政策变化的枢纽，也是明代国际贸易制度之一大变化。贸易模式从官方朝贡贸易为主向民间私人海上贸易为主转变，由此中国海商出洋贸易合法化，正式进入了国际贸易的行列，而一种新的东西洋贸易网络"上以佐帑需，下以广生遂"③ 也开始正式运行。《东西洋考》由此应运而生。

海上贸易的新格局是直接或间接引起制度变迁的一个重要因素。反言之，新的制度安排和实施，又直接关系着海上贸易结构的形态和演变趋势。明朝将海上划分为东西洋两个贸易区域。万历十七年（1589），福建巡抚周寀对东西洋船引的数量、航行港口和船数做了具体规定：

东洋44只，包括：吕宋16只，屋同、沙瑶、玳瑁、宿务、文莱、南旺、大港、呐哗啴各2只；磨荖央，笔架山、密雁、中邦、以宁、麻里吕、米六合、高药、武运、福河仑、岸塘、吕篷各1只。

西洋44只，包括：下港、暹罗、旧港、交趾各4；柬埔寨、丁机宜、顺塔、占城各3只；麻六甲、顺化各2只；大呢、乌丁礁林、新洲、哑齐、交留吧、思吉港、方林郎、彭亨、广南、吧哪彭西、陆坤各1只。

以上总共88只。船引的管理，万历二十一年（1593），福建巡抚许孚远又做了增加：占陂、高趾州、篱木、高堤里邻、吉连单、柔佛、古宁邦、日隶、安丁、义里迟闷、苏禄、班隘各1引。于是"后以私贩者多，增至百一十引矣"④，达到了"引船百余只，货物亿万计"⑤此后船引数续有增加，至万历二十五年（1597）巡抚金学增又议增加引数："东西洋引及鸡笼、淡水、占婆、高址州等处共引一百十七张，请再增二

---

① 参见万明：《中国融入世界的步履：明与清前期海外政策比较研究》，社会科学文献出版社，2000年，第242~244页。
② 张燮：《东西洋考》，中华书局，1981年，第131页。
③ 张燮：《东西洋考》，中华书局，1981年，第16页。
④ 顾炎武：《天下郡国利病书》，《四部丛刊三编》史部第7册（原编第26册），上海书店，1935年，第100页。
⑤ 许孚远：《敬和堂集·疏通海禁疏》，见陈子龙等辑：《明经世文编》第5册，中华书局，1962年，第4332页。

十张，发该道收，则引内国道东西听各商填注，毋容狡猾高下其手"，此时已达137引。①

事实上，当时的出洋船只远远超过了官方规定的数目。如万历五年（1577）春，漳州海澄陈宾松的商船往交趾买卖，到顺化地方贸易，其时已有福建来航停泊的船只13艘。其时距隆庆开海十年，即使寻至万历十七年（1589）的规定，顺化也只有2艘，而此年则超多至13艘。② 这说明晚明无船引的出海商船数量激增，远远超出有船引的商船数目。原因是作为海上贸易主体的民间海商，为海上贸易利润所趋，走私贸易仍然大量存在，至崇祯初年有万历末"海舶千计"之说。③

给以船引之地是官方允许贸易的区域，代表了开海以后中国商船在东西洋活动的地区及主要贸易港口。东洋方向主要是在今天的菲律宾群岛、加里曼丹岛一带，只有米六合是在马鲁古群岛。值得注意的是，虽然东洋没有包括日本贸易，即与日本的贸易当时仍然不合法，然而日本有白银矿产资源，中国有巨大的白银需求，中国与日本的海上贸易大量存在，直至明末。据统计：1623年9月，澳门有小船7艘，中国大陆有三四十艘前往日本，运送大量绢丝及绢制品。④ 还有不少自漳州出发的船只在出洋后转向日本。这样一个东洋贸易活动的主要区域，直接或间接与日本、美洲的白银矿产资源相联系。

还有一个典型例证，即漳州青花瓷的崛起。16世纪下半叶，在景德镇青花瓷取得了中国瓷器主流地位，开始走向世界之时，在闽南诞生了另一个似乎不那么引人注目，但意义决不亚于前者的青花瓷之乡——漳州窑。明初，江西景德镇是瓷器制造重镇，也是青花瓷制造的中心，当时福建漳州的瓷器制造尽管已经存在，但无法与景德镇相比。晚明月港开海以后，仅平和一县，现在发掘的窑址已有数十处。为何晚明漳州青花瓷会异军突起，在外销上几乎达到与景德镇并驾齐驱的地位？一般认为，漳州窑的发展与隆庆初年在漳州月港的开海密切相关，这是毋庸置疑的。但从贸易全球化开端时期中国社会内部变革的标志之一——白银货币化与世界格局变迁紧密相联系的视角来看，漳州青花瓷的崛起作为社会文化现象，是晚明中国海洋文化——闽南文化非比寻常的爆发式发展与传播的典型例证，更是晚明前所未有的繁盛的海上瓷银贸易的典型例证。

---

① 《明神宗实录》卷316，万历二十五年十一月庚戌，台北"中研院"史语所，1962年，第5899页。
② 侯继高：《全浙兵制》卷2，附录《近报倭警》，旧抄本。
③ 《崇祯长编》卷41，崇祯三年十二月乙巳，《明实录》附录，台北"中研院"史语所，1962年，第2456页。
④ ［日］村上直次郎原译，郭辉译：《巴达维亚城日记》第1册，台湾文献委员会，1989年，第23页。

既然《东西洋考》中的东西洋概念是明朝官方允许贸易的东西洋市场，以此与萧基所云"东矿西珍"的东西洋概念比较，最基本的区别显示了出来，即《东西洋考》的东西洋不包括矿源丰富的日本，而萧基所云的"东产多矿"包括日本。日本与美洲的白银确实在晚明都大量流入中国，但有一点至关重要：日本白银输入在前，美洲白银流入在后。准贩东西洋是隆庆开海的主要内容，这无疑是构成东西洋特定区域概念的主要原因。但是"东产多矿"，白银流入中国并不始自隆庆开海。这一点下面还将述及。

海上通商贸易的考量是《东西洋考》的主要写作动机之一。正如谢方先生认为它是海外贸易"通商指南"性质的书。① 但还应注意此书所涉的是官方允许贸易的东西洋范围内的通商贸易。《东西洋考》先后应海澄县令陶镕、漳州府督饷别驾王起宗之请撰写完成，由漳州地方官主持刻印出版，表明这部书地方官修的色彩浓厚。

因此，晚明人东西洋概念与明初相比发生了很大变化，不能将二者混淆。晚明东洋得到彰显，与郑和下西洋以后凸显的西洋平起平坐，呈现出与明初迥然不同的格局与面貌。《东西洋考》反映了晚明人海洋意识中关于东西洋新概念的形成，也反映了晚明中国海上贸易模式的变化。

三、传统东西洋商品结构的改变

从某种意义上说，"东矿西珍"即东西洋的海上贸易结构。晚明海上贸易以东西洋贸易区域的面貌出现，与晚明人的东西洋范围概念发生变化相联系，晚明海上贸易的商品结构也发生了重大改变。

明初海上贸易的商品，马欢《瀛涯胜览》中有详细记录。将其与晚明张燮《东西洋考》记载的贸易商品进行比较，可以清楚地看出海上贸易商品结构的变迁主要发生在晚明的东洋。

长期以来，物产作为商品，是商人们关注的焦点。郑和下西洋，当时西洋输入中国的商品主要是香料和奇珍异兽，体现了远距离海上贸易的特性是奢侈品贸易。郑和下西洋时期，海外物产进入交流的主要有以下品种：

犀角、象牙、伽蓝香、金子、宝石、红马厮肯的石、苏木、乌木、降真香、绵布、乳酪、玳瑁、肉豆蔻、鹤顶、荜拔、黄蜡、胡椒、野犀牛、珊瑚、锡、珍珠、香货、西洋布、花巾、海鱼、宝石与珍珠厢宝带、丝嵌手巾、织金方帕、龙涎香、椰子、乳香、血竭、芦荟、没药、安息香、苏合油、木鳖子、骆驼、猫睛

---

① 张燮：《东西洋考·前言》，中华书局，1981年，第4页。

石、各色雅姑、金珀、蔷薇露、沉香、檀香、俺八儿香、琥珀、狮子、麒麟、花福鹿、金钱豹、驼鸡、白鸠、金银生活、熟食、彩帛、书籍、金厢宝带、蛇角、苇布、姜黄布、布罗、布纱、沙塌儿、兜罗锦、绢、剌石、祖把碧、祖母喇、金刚钻、金珀珠、神珀、蜡珀、黑珀（番名撒白值）、美玉器皿、水晶器皿、十样锦剪绒花毯、各色棱幅、撒哈剌、氆罗、氆纱。①

以上总共80种。有些是一类商品的名称，如"金银生活"，实际进入流通的单项商品还要更多。以上进入商品交易的大都是西洋各国的特殊产品，以珍奇为主要构成。其中也包括传统西域地区的珍奇特产。

综合而言，明初进口物品值得特别留意的有以下六类：

第一，香料药物类，主要有伽蓝香、降真香、沉香、檀香、俺八儿香、龙涎香、安息香、没药、肉豆蔻、胡椒、苏木等。②

第二，珍宝类，主要有犀角、象牙、珍珠、珊瑚等。

第三，珍禽兽类，主要有狮子、麒麟、花福鹿、金钱豹、驼鸡、白鸠等。

第四，工艺品类，主要有宝石与珍珠厢宝带、丝嵌手巾、织金方帕、西洋布、美玉器皿、水晶器皿、十样锦剪绒花毯、各色棱幅、撒哈剌、氆罗、氆纱等。

第五，矿产类，主要有金、宝石、金刚钻、锡等。

第六，日用品类，主要有乳酪、海鱼等。

从这些类物资的进口，可以看出古代中外物资交流的连续性。

中国进入交流的商品主要有：青磁盘碗、纻丝、绫绡、烧珠、麝香、花绢、铜钱、布帛、色绢、樟脑、锦绮等。其中以青花瓷器、丝绸、麝香、铜钱最为重要。除了麝香以外，其它都是中国特有的人工产品，深受海外各国欢迎。以中国的手工业制品换取西洋海外奇珍仍是传统海上贸易的商品结构。

晚明中国出口商品结构没有发生大的变化，如果说有变化的话，是量的增加，如丝和瓷都有更多的出口。以下主要比较进口商品结构方面。

《东西洋考》记录万历十七年（1589）漳州月港税收调整时的交易商品有84种：

---

① 马欢著，万明校注：《明钞本瀛涯胜览校注》诸国条，海洋出版社，2005年。

② 参见马欢著，万明校注：《明钞本瀛涯胜览校注》，海洋出版社，2005年，第77、10、45、20页。物品都是产自马欢亲身所到的西洋各国的土特产品。如乳香主要产自非洲和阿拉伯半岛，没药主要产自阿拉伯和东非索马里，安息香主要出自伊朗，见于该书阿丹国条；乌木原产自印度与马来半岛，马欢记载以占城国的"绝胜他国出者"，见该书占城国条；胡椒原产南亚、东南亚，见于该书苏门答剌国条；热带地区产品檀香、肉豆蔻、荜拨，均见于该书爪哇国条。以下各类均见于诸国条，不另注。

胡椒、象牙、苏木（分为东洋、西洋）、檀香、奇楠香、犀角、沉香、没药、玳瑁、肉豆蔻、冰片、燕窝、鹤顶、荜拔、黄蜡、鹿皮、子绵、番被、孔雀尾、竹布、嘉文席、番藤席、大风子、阿片、交趾绢、槟榔、水藤、白藤、牛角、牛皮、藤黄、黑铅、番锡、番藤、乌木、紫檀、紫憬、珠母壳、番米、降真、白豆蔻、血竭、孩子茶、束香、乳香、木香、番金、丁香、鹦鹉螺、毕布、锁服、阿魏、芦荟、马钱、椰子、海菜、没石子、虎豹皮、龟筒、苏合油、安息香、鹿角、番纸、暹罗红纱、棕竹、沙鱼皮、螺蚆、獐皮、獭皮、尖尾螺、番泥瓶、丁香枝、明角、马尾、鹿脯、磺土、花草、油麻、黄丝、锦魴鱼皮、柑庶乌、排草、钱铜。①

还有"先年不见开载"，《东西洋考》作为附记的商品32种：

　　哆罗哔、番镜、番铜镜、红铜、烂铜、土丝布、粗丝布、西洋布、东京乌布、八丁荠、青花笔筒、青琉璃笔筒、白琉璃盏、琉璃瓶、莺哥、草席、漆、红花米、犀牛皮、马皮、蛇皮、猿皮、沙鱼翅、翠鸟皮、樟脑、虾米、火炬、棕竹枯、绿豆、黍仔、胖大子、石花。②

　　以上商品总共116种。其中有一些是来自欧洲的商品，如哆罗哔、番镜、番铜镜等，说明此时西方扩张东来有所增加。"先年不见开载"的新增商品中也有不少属于一般生活日用品，如草席、漆、虾米、绿豆等。值得注意的是米、铜的进口。明朝开海以后，海上贸易的内容明显地反映了当时社会需求的实态，即民生日用类的增加。

　　将晚明商品结构与明初相比较，可以得出以下认识：

　　第一，晚明西洋商品的变化不大。从海上贸易的商品来看，胡椒、苏木、象牙、檀香、犀角、沉香、没药、玳瑁等西洋特产珍奇消费品并没有任何变化，虽然也有如冰片、燕窝等明初没有的新种类，但也属于珍奇的范围。由此可知，与明初西洋官方贸易的商品比较，晚明西洋民间私人海上贸易中的商品品种没有太多的改变。明初西洋海上贸易的远距离奢侈品贸易性质，在晚明西洋商品输入上仍很明显，但增加的一般日常用品的输入，反映了中国市场对海上贸易的消费需求。

　　第二，晚明东洋商品结构发生了重大变化。与明初海上贸易商品结构相比较，最重要的区别在于明初没有白银的大量进口，而大规模的白银输入是晚明东洋贸易的特征。以往在计算贸易额的时候，均不把白银计算在内，但当时的白银不但是货币，而且本身也是商品，其主要来源于日本与美洲银矿的输出，满足了中国市场的巨大需求。

---

① 张燮：《东西洋考》，中华书局，1981年，第141~143页。
② 张燮：《东西洋考》，中华书局，1981年，第146页。

四、"东矿西珍"实态的考察

根据文献记载,晚明海上贸易之利,以东洋最富,即以银为贵。关于这一点,在明朝人的海洋意识中有清楚的认识。明末何乔远《开洋海议》云:

> 佛郎机之地,本在西洋,吕宋不过海岛一浮沤耳,其民皆耕种为业,佛郎机夺其地开市于此,人遂名吕宋,而亦名东洋……此皆据今日吕宋、红夷二夷入我近地而论,此所谓东洋者也。此外尚有暹逻、柬埔寨、广南、顺化以及日本倭,所谓西洋也。暹逻出犀角、象牙、苏木、胡椒如加留巴,又出西国米、燕窝,他番所无。柬埔寨、广南、顺化亦出苏木、胡椒。日本国法所禁,无人敢通,然悉奸阑出物,私往交趾诸处,日本转手贩鬻,实则与中国贸易矣。而其国有银名长锜,别无他物,我人得其长锜银以归,将至中国,则凿沉其舟,负银而趋,而我给引被其混冒,我则不能周知。要之,总有利存焉。而比者日本之人亦杂住台湾之中,以私贸易,我亦不能禁,此东洋之大略也。①

这里不仅明确了东西洋在明末的划分,而且详细记述了东西洋特产,值得注意的是,特别提及日本除了白银"别无他物"的特征。

何乔远《请开海事疏》中谈及"开洋之利",细述东西洋贸易商品情形,再次说明东西洋贸易的不同之处:

> 臣请言开洋之利,盖海外之夷,有大西洋,有东洋。大西洋则暹逻、柬埔寨、顺化、哩摩诸国道,其国产苏木、胡椒、犀角、象齿、沉檀、片脑诸货物,是皆我中国所需。东洋则吕宋,其夷佛郎机也。其国有银山出银,夷人铸作银钱独盛。我中国人若往贩大西洋,则以其所产货物相抵,若贩吕宋,则单是得其银钱而已。是两夷人者皆好服用中国绫段杂缯,其土不蚕,惟藉中国之丝为用。湖丝到彼,亦自能织精好段匹,鏊凿如花如鳞,服之以为华好。是以中国湖丝百斤值银百两者,至彼悉得价可二三百两。而江西之磁器,臣福建之糖品、果品诸物,皆所嗜好。②

---

① 何乔远:《镜山全集》之《开洋海议(崇祯三年在南都作)》,日本内阁文库藏明崇祯刊本,第13~15页。由于《镜山全集》一书笔者未得见,此文所引诸条,幸得徐晓望先生帮助,在此谨致谢忱。

② 何乔远:《镜山全集》卷23《请开海事疏》,日本内阁文库藏明崇祯刊本,第31~32页。

这里突出了与吕宋贸易中可以获得的银钱，实际上，这也就是通过吕宋与美洲的丝银—瓷银贸易。

晚明泉州籍内阁大学士李廷机曾云："所通乃吕宋诸番，每以贱恶什物贸易其银钱，满载而归，往往致富，而又有以彼为乐土而久留。"① 这也是东洋海上贸易以中国商品交易银钱的例证。清初人对晚明中国前往西洋船只折往东洋贸易的情形也有评述，王胜时说："闻往时闽中巨室，皆擅海舶之利，西至欧罗巴，东至日本之吕宋、长岐，每一舶至，则钱货充牣。先朝禁通日本，然东之利倍蓰于西，海舶出海时，先向西洋行，行既远，乃复折而入东洋。嗜利走死，习以为常，以是富甲天下。"②

明朝在漳州月港的加增饷征收，印证了海上贸易商品结构发生的变迁。《东西洋考》记载："加增饷者，东洋吕宋，地无他产，夷人悉用银钱易货，故归船白银钱外，无他携来，即有货亦无几。故商人回澳，征水陆二饷外，属吕宋船者，每船更征银百五十两，谓之加征。后诸商苦难，万历十八年，量减至百二十两。"③ 加增饷是福建漳州月港专门为出洋到吕宋的商船所设商税，是一种附加税。征收对象是船主。由于当时西班牙人占据菲律宾群岛，开辟了吕宋到墨西哥的航线，以墨西哥银元购买中国生丝等商货，因此至吕宋贸易的中国海商在归国时几乎不载货物，而运回大量墨西哥银元即白银。鉴于此，明朝特地设置了加增饷。

事实证明，中外海商在东洋的最大利益是白银的获取。晚明海上贸易东西洋新格局在明初郑和下西洋西洋凸显之后，转向东洋地位明显上升，出现了东洋的凸显，这是东洋贸易结构的变化使然。

从出洋船只的分配比例上看，虽然表面上明朝规定的东西洋出洋船只是对等分配的，似乎二者没有差别。然而根据前述东洋与西洋的国家数目，显示出东西洋并不对等，西洋国家远比东洋国家多出一倍有余。这说明从出洋船只的制度安排上，东洋已经占上风。通过月港，中国商品大规模输出，大量白银输入，这种新的东西洋贸易结构变化，凸显了具有白银资源的东洋在海上贸易中的重要地位。

正是由于这个缘故，万历二十五年（1597），泉州人提出分贩东西洋，由泉州抽东洋饷税，漳州抽西洋饷税。史载："泉人以兵饷匮乏，泉观察议分漳贩西洋，泉贩东洋，各画陇无相搀越，欲于中左所设官抽饷，如漳例"。④ 当时立即遭到漳州府的强烈反对，"力言其不可"，于是分贩之议不行。

值得注意的是，当隆庆初年明朝海外政策做出大幅度调整，在福建漳州开放海禁，

---

① 李廷机：《李文节集》卷14《报徐石楼》，明人文集丛刊本，台北文海出版社，1970年，第1304页。
② 王胜时：《漫游纪略》卷1《闽游》，江苏广陵古籍刻印社，1983年，第5页。
③ 张燮：《东西洋考》，中华书局，1981年，第132页。
④ 张燮：《东西洋考》，中华书局，1981年，第133页。

允许中国商民出海贸易,伴随这一调整趋势,明朝在广东对澳门政策也基本定型,澳门拥有了广州外港的历史地位,促使澳门迅速成为远东重要的国际贸易中转港。① 澳门本身虽然不在东洋范围之内,但葡萄牙人经营的澳门贸易航线中最为活跃的是对日贸易航线,也就是说澳门海上贸易得利最为丰厚的是来自于东洋贸易,并由此进入澳门的黄金时期。澳门也参与马尼拉的美洲白银贸易,也就是葡萄牙人参与美洲白银运行相关的贸易活动。就此而言,澳门在东洋贸易中也占有重要地位。②

晚明"东矿西珍"之说的出现,印证了东洋的凸显,这无疑是海上贸易的一个重大转折点。从某种意义上说,"东矿西珍"即东西洋的主要商品贸易结构。西洋主要显示了传统贸易的连续性,虽然由于西方人东来出现了变化,但相对东洋来说,西洋商品贸易结构的变化不大,反衬了东洋商品贸易结构变化巨大。概括而言,16世纪是东洋凸显的时代,而东洋的凸显,得力于"东产多矿",即白银的输入。

商品结构发生的变化,主要是关系国计民生的贵金属白银的加入,极大地改变了传统进口商品的性质。当时输入中国的白银不只是来自东洋,西洋商船也带来大量货币白银。海上贸易出口商品结构反映出国家的经济技术发展水平、产业结构状况、资源情况以及在国际分工中的地位和对外竞争力,随着晚明商品货币经济的发展,海上贸易呈现多样化发展的趋势。进口以白银为主,是以中国出口产品交易得来,当时最重要的出口商品是丝绸、瓷器,反映了这一时期中国手工业的迅速发展态势。当时丝绸在海外已经可以大量织造,中国的出口以生丝或半成品为主,在中国产品中惟有瓷器独步世界,以青花瓷为代表,出口比重急剧上升,数量巨大。生产青花瓷的窑场几乎遍及全国各地,就是最好的证明。③

商品结构的变化在一定程度上反映了晚明时期中国社会商品货币经济的发展状况。过去占进口比重最大的胡椒、苏木等香料和珍宝类,在晚明所占进口总值的比重相对减少,到万历年间,虽然仍有进口,但相对白银的输入,已经退居次要地位。这在历史上是史无前例的,反映了中国商品货币经济确实有了较快的发展,以及海上贸易领域和国际市场的不断扩大。西方一直无法以大宗产品换取中国丝绸、瓷器等商品,只能采取以白银交易。从某种意义上说,是中国的丝瓷在根本上改变了进出口贸易的基本格局和结构,促使大量白银流入中国。

---

① 参见万明:《中葡早期关系史》,社会科学文献出版社,2001年,第77~113页。
② 参见万明:《中国融入世界的步履:明与清前期海外政策比较研究》,社会科学文献出版社,2000年,第281~282页。
③ 参见万明:《明代青花瓷崛起的轨迹:从文明交流走向社会时尚》,《故宫博物院院刊》2008年第6期;万明:《万里同风:明代青花瓷崛起的历程》,见《逐波泛海:十六至十七世纪中国陶瓷外销与物质文明扩散国际学术研讨会论文集》(未刊),2011年5月;万明:《明代青花瓷的展开:以时空为视点》,《历史研究》2012年第5期。

16世纪,海上贸易地理格局、贸易模式与商品结构都已经发生了明显的改观,中国正在经历一场商品货币经济引发的社会经济变迁,乃至国家的变迁。白银在海上贸易中不再是无足轻重,而是一系列互相关联的国家与社会变迁现象中首先应该引起注意的现象。它使得海上贸易迥然不同于过去。这一变化说明,发展到嘉、隆、万年间,中国海上贸易已达到最高点,而此时与明初以盛大的下西洋为标志的官方为海上贸易主体不同,是以繁盛的私人海上贸易为主体。

从商品货币经济发展的角度来看,东矿西珍反映了晚明海上贸易商品结构的变化,这一结构变化在晚明海上贸易制度变迁的过程中出现,标志着东洋的凸显与白银的巨大社会需求有着直接联系。货币流通是由商品流通引起的,货币流通的规模是由商品流通的规模和速度决定的。隆庆开海以后,民间私人海上贸易合法化,进入大规模迅速发展的阶段。月港鼎盛时期对外通商达40多个国家和地区,事实上通商地区和国家还不仅是官方记载的这些。从16世纪40年代白银成为中国市场流通领域的主币以来,海上贸易的交换手段也随之发生了根本转变,白银在海上国际贸易中具有了主币的地位,开始与世界货币接轨。海上贸易商品交换所得主要是白银。白银既是商品,又是货币。东洋成为中国民间海上贸易获取白银资源的主要地区,在这一区域进行贸易活动的葡萄牙人、西班牙人、荷兰人等主要以白银购买中国商品,进行中转贸易获利。中国正是以自身的经济实力,以独步世界的丝瓷产品参与波澜壮阔的全球化进程。

五、"东矿西珍"的背后推力

《东西洋考》云:"市舶之设,始于唐宋,大率夷人入市中国,中国而商于夷,未有今日之伙者也。"① 在时人眼里,晚明海上贸易达到空前繁盛,"其捆载珍奇,故异物不足述,而所贸金钱,岁无虑数十万"。② 东矿西珍正是海上贸易发生历史性变化的概括,其出现并非偶然。

资本主义扩张使得各个国家和民族的"自给自足和闭关自守状态,被各民族的各方面的互相依赖所代替",从而使"一切国家的生产和消费都成为世界性的了"。③ 明初中国海上贸易的主要对象是西洋与东洋,下西洋使西洋凸显,主要是东南亚印度洋周边区域。晚明处于全球化的开端时期,世界正在形成一个整体,联系世界主要大洲的国际贸易网络也正在形成。全球化(Globalization)也称经济全球化(Economic Globalization),指地理上分散于全球的经济活动开始综合和一体化的现象,是当代世界经济的重要特征之一。世界经济日益成为紧密联系的一个整体,开端于16世纪,海上贸

---

① 张燮:《东西洋考》,中华书局,1981年,第153~154页。
② 张燮:《东西洋考·周起元序》,中华书局,1981年,第17页。
③ 《马克思恩格斯选集》第1卷,人民出版社,1975年,第254~255页。

易的发展使世界联系在一起,各国和各地区对外联系的广度和深度达到了空前水平。在那个世纪里,中国经历了从区域史到全球史的过程。探讨区域史与全球史的连接,白银是一个关节点。

道格拉斯·诺斯曾说:"历史是至关重要的。人们过去做出的决策决定现在可能的选择。要理解经济实绩随时间变化而显现出来的差异,就需要了解经济的演变。"[①] 东洋航路早已开辟,但在明初不如西洋发达,只是到了晚明才凸显出来。原因何在?过去给以的解释归纳起来,在内是由于福建地狭人稠,山多田少,对海上贸易需求巨大;在外是东洋诸国社会经济落后,可供贸易的物品匮乏,至明后期才发达起来。大多数学者归之于西方东来的因素,特别是西班牙占据马尼拉及其太平洋航路的开辟。笔者认为仅仅这些还不够,还应看到中国社会整体变迁的大背景,唯有如此,才能完整解释晚明海上贸易结构的变迁。关注东洋凸显,特别要关注"东矿西珍"出现的背后推力。

海上贸易的发展和大规模的商品货币流通,是晚明中国社会经济发展中两个最显著的特征。晚明东西洋贸易呈现出非常不同的特征,是一个值得注意的国际经济现象。贸易商品结构的变化是决定东西洋贸易不平衡的根本原因。以"东矿西珍"为特征的海上贸易新格局形成的背后,蕴含着中国社会经济变迁的深层需求,与中国本土白银货币化的发展进程有着密不可分的联系。

东洋凸显背后的推力可以分为中国社会内部和外部两方面。内部的推力主要体现在明代白银货币化,是中国国内市场萌发的作用;外部的推力则主要表现在外银的大量流入,是世界市场的作用。二者之间存在互动关系。

学界一般认为东西洋针路变化是时代和社会环境变化的结果,而没有关注变化背后的推力。海上贸易结构变化不是自然形成的历史过程,而是具有深厚的中国内部社会经济变迁的背景。从明代白银货币化看晚明东西洋贸易商品结构变化的问题,可以迎刃而解。当时海外输入的白银主要有两个源头,一是日本,一是美洲,二者均是明代社会迫切需求的白银货币资源所在地。日本的白银通过中国海商和澳门葡萄牙人的贸易输入,美洲白银则主要是通过西班牙占据的吕宋输入中国,有中国海商的参与。

明代白银货币化的基本奠定,不是出现在美洲白银到来以后,而是在它之前。因此,有必要关注日本银矿的开发时间。2007年列入《世界遗产名录》的日本石见银山遗址表明,石见银矿从1526年(明朝嘉靖五年)开始了400多年的开采历史,那里从日本战国时代后期到江户时代前期是日本最大的银矿山,17世纪银产量占世界银总产量的三分之一。石见银山的开发时期与日本经济史上的商业发展时期重叠,那里冶炼加工的白银当时不仅作为货币在日本国内流通,而且还支持着日本与葡萄牙、荷兰东

---

① [美] 道格拉斯·诺斯:《经济史中的结构与变迁》,陈郁等译,上海三联书店、上海人民出版社,1994年,序言第1页。

印度公司以及中国商人之间的贸易往来。① 石见银山的开发时期与中国私人海上贸易的发展史也是重叠的。明代舟山双屿国际自由贸易港的兴起,是中日私人海上贸易繁盛的历史见证。根据明代朱纨《甓余杂记》和葡萄牙费尔南·门德斯·平托《远游记》的记载,舟山双屿自1520年代一度活跃兴起,成为国际贸易中心港,以私商云集的私人海上贸易而闻名中外,连接了国内市场和国际市场。双屿在1540年代积聚的私商大群数千人,小群数百人。一至夏季,大海船多达数百艘,乘风破浪,蔽江而下,多时甚至达到1294艘。关注中国与世界历史发生重大变化的关联,以中国本土社会变迁与世界现实变革的历史潮流相融通为主要解释模式,舟山双屿港的兴起并非偶然。嘉靖初年,白银货币化已经呈现出基本奠定了白银为流通领域主币的态势,白银渗透到整个社会,促使各阶层产生了对白银的需求,出现:"司计者日夜忧烦,遑遑以匮乏为虑者,岂布帛、五谷不足之谓哉,谓银两不足耳。夫银者,寒之不可衣,饥之不可食,又非衣食之所自出也,不过贸迁以通衣食之用尔。而铜钱亦贸迁以通用,与银异质而通神者。犹云南不用钱,而用海巴。三者不同而致用则一焉。今独奈何用银而废钱?惟时天下之用钱者,曾不什一,而钱法一政久矣其不举矣。钱益废,则银益独行"②。朝贡贸易不能满足需要,中外私人海上贸易蓬勃兴起,舟山双屿港得以凸显。这标志着中国国内市场发展,迅速向海外拓展,中国海商参与了世界市场体系最初的建构过程。③

嘉靖二十五年(1546),"以往日本市易"为风所漂至朝鲜,被解送回国的"下海通番"福建人,即超过千人以上。④ 从时间上看,可以认为由于中国社会内部对于白银的巨大需求,促发了中国私人海上贸易的蓬勃兴起,直接刺激了日本银矿的大开发。日本出产白银的巅峰时期为16世纪中期至17世纪初,开采业兴盛时,仅生野和石见每年就上缴白银一二万公斤。丰臣秀吉统治日本时,佐渡和石见的金银矿开采迅速。佐渡每年上缴白银1万贯左右,石见上缴四五千贯。⑤ 中国的白银需求对日本与美洲的白

---

① 陈君勇、陆春燕:《领略自然和文化精粹:联合国教科文组织2007年新增世界遗产欣赏》,《科学生活》2007年第10期。

② 靳学颜:《讲求财用疏》,见陈子龙等:《明经世文编》第4册,中华书局,1962年,第3145页。

③ (明)朱纨:《甓余杂记》,明刻本;[葡萄牙]费尔南·门德斯·平托:《远游记》,金国平译,澳门,1999年。参见万明:《明代嘉靖年间的宁波港》,《海交史研究》2002年第2期;万明:《全球化视野下的明代舟山双屿港》,见《城市与中外民族文化交流》(《中外关系史论丛》第20辑),陕西师范大学出版社,2013年。

④ 《明世宗实录》卷321,嘉靖二十六年三月乙卯,台北"中研院"史语所,1962年,第5963页。

⑤ [日]岩生成一:《日本的历史》卷14《锁国》,"中央"公论社,1966年,第159页。

银大开发，有直接或间接的影响和作用，中国本身通过白银货币化，主动走向了世界。①

明代中国白银经历了从非法货币到合法货币，乃至形成完全货币形态的历程。② 明代成、弘之际是中国白银货币化自下而上到自上而下开始全面铺开的时期，同时也是郑和下西洋时代海外物品胡椒、苏木等在皇家府库枯竭之时。③ 从那时开始，民间私人海上贸易蓬勃发展的大趋势突破制度的障碍，极大地显现了出来。嘉靖初年，伴随白银在全国市场流通中形成主币，而本土矿藏储量严重不足，于是巨大的内需促发了走向海外的寻求，拉动了海外白银的大量流入。这时白银的主要来源是日本银矿，可以认为，中国扩大的私人海上贸易引发了日本的银矿大开发。率先到达中国沿海的葡萄牙人也参与其中，但毕竟不是海上贸易的主体。繁盛的私人海上贸易也导致嘉靖年间海上争夺战以倭寇为形式爆发，暴露了明朝官方应对海上危机的乏力，使得朝堂之上关于海上事宜的争议纷纭。总之，16世纪，无论在中国社会内部还是在外部，都突出了白银货币的特殊意义。明代白银货币化是一个中国社会内部经济结构变化的过程，这一过程与世界历史变革的大背景相互关联。

中外学者对白银流入中国数量的估计做了大量研究，然而往往忽略了西方人到达美洲首先追求的是黄金而不是白银，是以低估了中国本土社会经济变迁的影响与作用。关注白银输入的时间问题，不能忽略一个重要的时间差，那就是美洲白银的输入要晚于日本白银的输入30年。美洲白银是在西班牙人占据马尼拉以后，在万历二年（1574）才开始大量开采运输的，而日本的银矿开发是在明代嘉靖初年，也就是16世纪20年代已经开始兴盛起来。这个时间差是重要的分界，由此可以分别白银流入中国的两个阶段，而不是笼统地看待两个来源。关注到这一点，并与明代白银货币化进程联系起来考察，可以作出如下分期：第一是日本白银流入时期，开始于1520年代，在1540年代达到高潮。日本白银对于嘉靖初年基本奠定白银作为流通领域主币的白银需求供应起了重要作用。第二是美洲白银流入时期，开始于1570年代，此后与日本来源的白银汇合，达到了外银输入中国的高潮期。外银对于中国持续稳定以白银作为流通领域主币起了重要作用，由此也对明朝赋役—财政改革与中国货币财政的开端起了重要作用。④

---

① 参见万明：《明代白银货币化——中国与世界连接的新视角》，《河北学刊》2004年第3期。
② 万明：《明代白银货币化与中外变革》，见万明主编：《晚明社会变迁：问题与研究》，商务印书馆，2005年，第143~246页。
③ 参见万明：《郑和下西洋终止相关史实考辨》，《暨南大学学报》2005年第6期。
④ 参见万明：《明代财政体系转型——张居正改革的重新诠释》，《中国社会科学报》2012年7月4日。

总之，在全球化开端的大背景下，从市场发育、商品流通和货币经济发展三个方面考察晚明中国社会经济的发展轨迹与特点，不难看出，晚明中国经济最具时代意义和历史意义的发展之一是白银货币化，也即中国社会经济向货币经济的转化过程。白银成为流通领域的主币，成为统一的货币计算单位，并且作为一种通用的结算方式用于国际贸易，这在中国是史无前例的，在中国货币史上是一个划时代的变化。明代通过白银货币化积极参与和推动了全球化进程。

与之相联系，社会变迁相伴而行。商品货币经济的发展带来的是多方面的影响，有正面的，也有负面的，晚明社会面貌光怪陆离，发生了重大改观。由此产生巨大的社会需求，促使全国市场迅速形成以后，扩大到世界范围成为必然，并推动中国主动地走向世界。在全球市场初步形成过程中，外银通过繁盛的海上贸易流入中国，完全奠定了白银在全社会作为普遍流通主币的地位。白银货币化成为晚明国家与社会变迁与转型的重要标志。原有国际贸易关系重组，海上贸易商品结构发生重大改变，是中外双重变迁的反映。晚明国家与社会的一切变化，包括明朝人海洋意识的重构，都是内外交汇大变局下形成的。

结　论

本文可以归纳以下两点认识：

第一，万历年间修撰的《东西洋考》中的东西洋概念，是官方允许贸易的东西洋贸易范围的海域划分，并不是晚明人对于东西洋的完整认识，只是当时狭义的东西洋概念。日本是"东矿西珍"所谓"矿"的主要来源之一，且相对美洲白银，日本对中国来说是首先出现的白银资源，私人海上贸易与葡萄牙在澳门经营的对日贸易取得了巨大的商业利润。萧基《小引》基于晚明人对于东西洋的完整认识，所云"东矿西珍"，遂使东洋彰显出来，可以作为广义的东西洋概念。

第二，明代白银货币化是贸易商品结构演变，乃至晚明人海洋意识中东西洋位置转换的背后推力。晚明与明初海上贸易商品结构比较，西洋变化不大，东洋变化重大，主要是东洋的矿产开发，导致大规模白银流入中国，从而在晚明海上贸易中凸显了东洋。从明初郑和下西洋后西洋的凸显，到晚明国际贸易商品结构变迁后东洋的凸显，呈现出海上贸易从西洋向东洋重心转变的态势。追寻晚明商品结构变化与"东矿西珍"背后的推力，根本原因在于中国社会内部经济结构的变迁。通过考察东西洋两个贸易区域的维度关系，以及晚明与明初两个不同阶段的贸易商品的变化，印证了这些变化与明代白银货币化有着直接的关联，白银货币化显示出中国国家和社会变迁与世界变革紧密联系。伴随白银货币化进程同步的，是晚明海上贸易进入前所未有的规模与白银需求态势，这也与中国商品大规模开发生产密切相连。中国先有自身的白银货币化进程，才产生对于白银的强劲需求，紧接着依托自身商品的发展潜力，丝瓷等跨洋远播，吸引了大量外银的流入，遂使白银成为晚明流通领域主币的地位得以稳定延续。白银货币化这一历史性变化是不可逆转的，直至1935年，中国的白银作为主币才退出历史舞台。

在16、17世纪全球化开端时期，世界格局发生重大变动，晚明人海洋意识的重构，国际贸易新的商品结构"东矿西珍"的形成，可以作为国际海上活动进入一个新的历史阶段，明代中国参与了波澜壮阔的全球化进程的历史见证。

〔作者万明，中国社会科学院历史研究所研究员。本文刊发于《中国高校社会科学》2013年第4期，责任编辑李光伟。人大复印资料《明清史》2014年第3期转载〕

清华简注释之商榷

房德邻

笔者研读了清华简《周武王有疾周公所自以代王之志（金縢）》、《耆夜》[①] 的注释，发现有很多错误，这些错误关系到简文的真伪，有深入讨论的必要。

一、《周武王有疾周公所自以代王之志（金縢）》的注释问题

整理者加的篇题是《周武王有疾周公所自以代王之志（金縢）》，但是竹简原来只在背面有篇题《周武王有疾周公所自以代王之志》，并没有"（金縢）"，"（金縢）"是整理者加上的，因为整理者认为简文就是今本《尚书》的《金縢》。整理者在篇首的《说明》中说："全篇简文与《尚书》的《金縢》大致相合，当系《金縢》篇的战国写本。"事实上，简文所写的故事与《金縢》不同，并非大致相合。以下对读两篇的第一部分（本文主要讨论第一部分）。

今本《金縢》：

  既克商二年，王有疾弗豫。二公曰："我其为王穆卜。"周公曰："未可以戚我先王。"公乃自以为功，为三坛同墠。为坛於南方，北面，周公立焉。植璧秉珪，乃告大王、王季、文王。史乃册，祝曰："惟尔元孙某，遘厉虐疾。若尔三王是有丕子之责于天，以旦代某之身。予仁若考能，多材多艺，能事鬼神。乃元孙不若旦多材多艺，不能事鬼神。乃命于帝庭，敷佑四方，用能定尔子孙于下地。四方之民罔不祗畏。呜呼！无坠天之降宝命，我先王亦永有依归。今我即命于元龟，尔之许我，我其以璧与珪归俟尔命；尔不许我，我乃屏璧与珪。"乃卜三龟，一习吉。启籥见书，乃并是吉。公曰："体！王其罔害。予小子新命于三王，惟永终是图。兹攸俟，能念予一人。"公归，乃纳册于金縢之匮中。王翼日乃瘳。武王既丧，管叔及其群弟乃流言于国曰："公将不利于孺子。"

[①] 李学勤主编：《清华大学藏战国竹简（壹）》，中西书局，2010 年。

简文：

　　武王既克殷三年，王不瘳（豫）① 有迟。二公告周公曰："我其为王穆卜。"周公曰："未可以戚吾先王。"周公乃为三坛同墠，为一坛於南方，周公立焉，秉璧植珪。史乃册，祝告先王曰："尔元孙发也，遘害虐疾。尔毋乃有备子之责在上？惟尔元孙发也，不若旦也。是佞若巧能，多材多艺，能事鬼神。命于帝庭，溥有四方，以定尔子孙于下地。尔之许我，我则晋璧与珪。尔不我许，我乃以璧与珪归。"周公乃纳其所为功自以代王之说于金縢之匮，乃命执事人曰："勿敢言。"就后武王陟，成王犹幼在位。管叔及其群兄弟乃流言于邦曰："公将不利于孺子。"

　　比较两文，可以发现有很多不同。整理者也注意到两者有不同，其《说明》指出："本篇简文的内容与传世今本《金縢》篇有一些重要的不同，如记载周武王系在'既克殷三年后'生病，与今本作'二年'不同；简文中没有今本《金縢》篇中涉及占卜的文句；周公居东为三年而非今本中的二年"。整理者所列举的这三点不同，还不是最重要的不同，最重要的不同是：今本《金縢》写周公祝告之后"王翼日乃瘳"（第二天武王病好了），而简文写周公祝告之后"就后武王陟"（之后武王升天了）。对于这一点不同，整理者在注释"就后武王陟"时说："此句今本及《鲁世家》并无，今本有'王翼日乃瘳'，《鲁世家》略同。"一笔带过。

　　为什么《金縢》是"王翼日乃瘳"，而简文是"就后武王陟"？因为两篇讲了两个不同的故事。

　　今本《金縢》讲的是：武王克殷后，身患重病，周公为之向先三王（太王、王季、文王）祝告，希望代替武王死，让武王继续治理天下。祝告后，周公占卜，是吉兆。第二天武王的病就好了。我们可以把这个故事概括为"周公欲代武王死的故事"。这个故事在《史记》中也有记载。

　　简文讲的是：武王克殷后，身患重病，周公为之向先王祝告，表示希望由他周公旦来做代理王，治理天下。祝告后武王就死了。我们可以把这个故事概括为"周公欲作摄政王的故事"。这个故事在史书中没有记载，仅见于清华简。

　　简文是根据《金縢》改写的，主要改写了以下三点：

　　第一，今本讲的是周公欲代武王死的故事，所以周公的祝告辞中有欲代武王死和希望先三王不让武王死的文句：（1）"以旦代某（按：指武王）之身"。（2）"呜呼！无坠天之降宝命，我先王亦永有所依归。"意思是：如果不救武王，就会使上天受命的武王陨坠；如果救武王，不使其陨坠，则我先王亦永有依归，为宗庙之主。而简文讲

---

① 简文的"瘳"是古文经用字，而今文经用字是"豫"。

的是周公欲作摄政王的故事,周公不代武王死,所以删除了上引两句。

第二,今本周公祝告希望先三王命武王于帝庭,继续治理天下,文曰:"予仁若考能,多材多艺,能事鬼神。乃元孙不若旦多材多艺,不能事鬼神。乃命于帝庭,敷佑四方,用能定尔子孙于下地,四方之民,罔不祗畏。"这一段的叙述逻辑是:先说周公旦有优点能事鬼神,再说武王有缺点不能事鬼神,最后说"乃命于帝庭",此句"命"字后面没有宾语,承前可知省略的是武王,是"乃命武王于帝庭"。如果把"命"解释为"受命",则此句承前省略了主语武王,是"乃武王受命于帝庭"。而简文将这一段改为:"惟尔元孙发也,不若旦也。是佞若巧能,多材多艺,能事鬼神。乃命于帝庭,溥有四方,以定尔子孙于下地。"简文的叙述逻辑与今本不同,它先说武王不如旦,再说旦多材多艺能事鬼神,然后说"乃命于帝庭","命"字后面没有宾语,承前可知省略的是周公旦,是"乃命周公旦于帝庭",如果"命"解释为"受命",则承前省略了主语周公旦,是"乃周公旦受命于帝庭"。周公希望继武王而作受命之子,溥有四方,以安定先王子孙于下地。

第三,改"王翼日乃瘳"为"就后武王陟"。简文在"就后武王陟"一句之后,接写"成王犹幼在位",暗示周公作了摄政王。

有上面这三点修改,简文就编造出周公欲作摄政王的故事。简文的可疑之处还有几个例子:

1. 今本写周公占卜:(1)在祝告词中有"今我即命于元龟"。(2)在祝告后,史家叙述:"乃卜三龟,一习吉。启籥见书,乃并是吉。公曰:'体,王其罔害'。"简文删除了这些文句,不写占卜。整理者在《说明》和注释中都指出了简文没写占卜,与今本不同,但是没有追究为什么简文不写占卜。李学勤对此有解释:"由此看来,清华简与传世本《金縢》应分属于不同的流传系统。"① 意思是写占卜和不写占卜,只是流传的写本不同。这是一种猜测性的解释。

殷周的贵族逢事必卜,殷墟甲骨文就是占卜的记录。武王重病,如此大事,周公怎么能不占卜以问吉凶?但是简文把《金縢》改写为周公欲作摄政王的故事,这就无法写占卜了:周公向先王祝告他欲在武王死后作代理王,祝告之后武王就死了,"成王犹幼在位",周公作了摄政王,他祝告的愿望实现了,如果占卜,应当是"吉"卦,但是武王死了,怎么能是"吉"卦?所以简文只好不写占卜。但是不写占卜,简文就暴露出改写《金縢》的漏洞来。

第一,《金縢》先说"二公曰:'我其为王穆卜。'"后面接着写周公亲自为武王占卜,前后照应。简文也是先说"二公告周公曰:'我其为王穆卜。'"后面写周公只祝告却不占卜,前后矛盾。如果二公质问周公为什么不占卜,他怎么回答?站在简文的

---

① 李学勤:《清华简九篇综述》,《文物》2010年第5期。

立场上，就不应当写"二公告周公曰：'我其为王穆卜'"，而应当改写为"二公告周公曰：'我其为王祷。'"这样才能和后面周公祝告而不占卜相照应。但是简文作者照抄《金縢》的"我其为王穆卜"，这是考虑不周而出现的漏洞。

第二，今本《金縢》周公祝告辞最后一段："今我即命于元龟，尔之许我，我其以璧与珪归俟尔命；尔不许我，我乃屏璧与珪。"孔颖达正义："我与三王人神道隔，许我以否不可知，今我就受三王之命于彼大龟，卜其吉凶。吉则许我，凶则为不许我。尔之许我，使卜得吉兆，旦死而发生，我其以璧与圭归家待汝神命，我死当以圭璧事神。尔不许我，使卜兆不吉，发死而旦生，我乃屏去璧之与圭。言不得事神，当藏圭璧也。"周公在祝告中表示，他将通过占卜知道三王是否答应他代武王死，从而决定是否用圭与璧事神。

简文删除"今我即命于元龟"，保留后面的句子，但是修改为："尔之许我，我则晋璧与珪。尔不我许，我乃以璧与珪归。"意思是："尔先王如果答应我的要求，我现在就把璧与珪晋献给你们；如果不答应我，我就把璧与珪带回去，不晋献给你们。"周公不占卜了，他就不知道先王是否答应他的愿望了，他怎么还说"尔之许我"如何、"尔不我许"如何？这是简文作者在删改时考虑不周而出现的漏洞。

还有一个漏洞：今本《金縢》周公说，如果先王答应他的要求，他就把璧与珪带回家去，等待先王召唤，他死时就以璧与珪事神。而简文周公说，如果先王答应他的要求，他就当场把璧与珪晋献给先王。他当场怎么晋献？他"秉璧植珪"，怎么能让先王得到璧与珪？

站在简文的立场上，在删除"今我即命于元龟"之后，也必须连同后面的"许我"、"不许我"的句子也删掉。

以上分析表明，简文不写占卜，并非因为它是另外一个"流传系统"，而是因为简文作者有意改写《金縢》造成的。

2. 简文："就后武王陟，成王犹幼在位，管叔及其群兄弟乃流言于邦。"今本《金縢》与之对应的文句是："武王既丧，管叔及其群弟乃流言于国。"《史记·鲁世家》也作"管叔及其群弟流言于国"。简文的"群兄弟"，在《金縢》和《鲁世家》都作"群弟"，简文多一"兄"字。整理者为"群兄弟"作注："群兄弟，今本作'群弟'。《史记·管蔡世家》云：'武王同母兄弟十人……其长子曰伯邑考，次曰武王发，次曰管叔鲜，次曰周公旦，次曰蔡叔度。'"据此可知，管叔排行老三，他有两个哥哥，大哥伯邑考，二哥武王发，所以简文添加的一个"兄"字是指伯邑考，简文与《管蔡世家》相符。但整理者是断章取义。我们把整理者在"次曰蔡叔度"之后省略的文字添上，结论就不同了。省略的文字是："次曰曹叔振铎，次曰成叔武，次曰霍叔处，次曰康叔封，次曰冉季载。冉季载最少。同母昆弟十人。唯发、旦贤，左右辅文王，故文王舍伯邑考，而以发为太子。及文王崩而发立，是为武王。伯邑考既已前卒矣。"在武王初立时，伯邑考先已死去。所以简文写"群兄弟"与《管蔡世家》所记并不相符，伯邑考早死了，怎么还能和管叔等制造流言呢？整理者发现简文所写与《管蔡世家》不符，用省略号把伯邑考早死删掉，使读者误以为简文所写与《管蔡世家》相符。

不仅《管蔡世家》记载伯邑考早死，其他文献也有记载。如《逸周书·世俘解》记：武王克殷，格于庙，"王烈祖自太王、太伯、王季、虞公、文王、邑考以列升"。在武王克殷后所供奉的先人中有伯邑考。通常认为《世俘解》是西周文献。

汉代以后文献也都记伯邑考早死，并且生出许多故事。如《帝王世纪》说："纣既囚文王，文王之长子曰伯邑考，质于殷，为纣御。纣烹以为羹，赐文王。曰：'圣人当不食其子羹。'文王得而食之。纣曰：'谁谓西伯圣者，食其子羹尚不知也。'"①《封神演义》采纳传说，并加演绎，遂使伯邑考被妲己和纣王害死的故事家喻户晓。

既然伯邑考早死，他就不能在武王死后和他的两个弟弟一起制造周公的流言，所以简文凭添一个"兄"字，与古代文献记载不符。

简文的"群兄弟"是根据《金縢》的"群弟"和相关的传注改写的。由于前文已说明简文是据《金縢》改写而成，所以也就知道"群兄弟"是据"群弟"改写而成，并且知道为什么这样改写：

今本《金縢》说"管叔及其群弟乃流言于国"，没有具体说有几个弟弟参与其事，但是"兽三为群"，所以"群弟"至少也是指三个弟弟。然而，伪孔安国传说"群弟"是指蔡叔和霍叔，只有两个弟弟，这与"群"字不符。所以孔颖达正义为之解释说："兽三为群"，两个弟弟不能称"群弟"，但是加上管叔本人正是三人，故可称"群"。这种解释太勉强。简文作者在改写《金縢》时，知道"群弟"不通，所以添加一个"兄"字，符合"兽三为群"。这样写潜藏的意思是：伯邑考并没有在武王登基前死去，只是文王没有传位给他，而传位给二子姬发（武王），在武王死后，伯邑考对周公摄政不满，就和管叔等一起制造流言，但是汉代学者从正统观念出发，硬说伯邑考早死，并且删除了"群兄弟"的"兄"字，所以《金縢》是汉代人改写的本子，而简文才是周代的原本。

3. 整理者在《说明》中介绍篇题说："第十四支简背下端有篇题《周武王有疾周公所自以代王之志》。全篇简文与《尚书》的《金縢》大致相合，当系《金縢》篇的战国写本。简文不用《金縢》作为篇题，疑抄写者可能没有见过《书序》。"这也是猜测性的解释。

简文的篇题与《书序》无关。由于简文改写成周公欲作摄政王的故事，所以另拟篇题《周武王有疾周公所自以代王之志》，用以概括文章的主题，并且提醒读者不要把它混同于《金縢》。

但是这个长达14个字的篇题本身就是作伪的证据。今所见《尚书》的篇题108

---

① （晋）皇甫谧撰、（清）宋翔凤集校：《帝王世纪》卷5，清光绪贵筑杨氏刻训纂堂丛书本。

个，其中有 3 篇题为 5 个字，其他均为 2—4 个字。十三经的篇题（有些篇题是后人所拟）全部在 1—5 字之间。先秦文献或者没有篇题，或者有短篇题，这是由当时的书写条件决定的。简牍通常一篇文章为一卷，卷起来以后在背面题写几个字，以提示是哪一篇文章，所以用字很少，并不像后世用长篇题来概括文章的内容。① 从中国书籍的历史看，篇题是先秦时用字最简，以后渐繁，乃至出现副标题。先秦的篇题没有经历由繁入简的过程，所以此长达 14 个字的篇题不是战国人所拟。

篇题 14 个字的前 3 个字是"周武王"。本朝（国）人称本朝（国）帝王时不冠以朝（国）名，历朝历代皆然，概莫能外。在周代作者的著作中只偶然出现"周文王"、"周武王"，都是在与殷对举时使用的。而简文的篇题并不与殷对举，所以不应当出现"周武王"。简文写"周武王"是不懂书例。

4. 整理者在《说明》中说："《金縢》篇见于西汉初年伏生所传的今文《尚书》，但自西汉以来，学者对其理解颇多歧异。"接下去所写的就是本文前面引述的简文与今本《金縢》的三点不同：克殷三年、不写占卜、居东三年。整理者了解《金縢》的学术史，知道它"颇多歧异"，便用它来解释简文和今本《金縢》为什么会有不同。如此，则所列举的三点不同以及没有列举的不同点，都不需要追究为什么不同了。

简文与今本《金縢》所有的不同点，从所讲故事的不同，到用词用字的不同，都不是偶然形成的，而是简文作者有意识设计的。如：

（1）今本说"武王克商二年……武王既丧"，似说武王死于克商二年。《史记·封禅书》也说："武王克殷二年，天下未宁而崩。"而《淮南子·要略》："武王立三年而崩。"究竟是二年死还是三年死，争论不休。而简文："武王既克殷三年……就后武王死陟。"可证是三年死。

（2）今本说"周公居东二年"，而《诗·东山》说周公居东三年东征（"我徂东山……自我不见，于今三年。"）两者记载的年代不同，引出许多争论的问题。而简文作"居东三年"，与《东山》相同。争论解决了。

（3）王夫之指出：周公又祈又卜，这与礼制不合，古代无且祈且卜之礼。祈是请命于神鬼，卜是问于龟之灵，先三王不主龟之灵，所以周公只应当为武王卜，无需祈。② 简文把《金縢》改写为周公欲作摄政王的故事，只写周公为自己祈，不写卜，以合乎礼制。

（4）简文"群兄弟"，比今本的"群弟"多一兄，回应了孔颖达的"兽三为群"。

（5）简文"流言于邦"与今本"流言于国"不同，以此证明简文是古本，而今本是汉人改写的，汉人避讳"刘邦"，改"邦"为"国"。

---

① 今本《战国策》篇题长，这是出版者添加的，而它本无篇题，马王堆汉墓出土的帛书《战国策》27 篇均无篇题。

② （清）王夫之：《尚书稗疏》卷 4《金縢》，清文渊阁四库全书本。

(6) 今本"武王既丧",武王死用"丧"字,而《史记》、《淮南子》等写武王死都用"崩"。周礼规定天子死用"崩",但武王是西周初年死的,该用"丧"还是"崩"?简文写"就后武王陟","丧"和"崩"都不正确。

(7) 今本"惟尔元孙某",《史记·鲁世家》作"惟尔之孙王发"。后世研究者认为,今本的"元孙某"应当是"元孙发",因为周公向先王祝告,应当称武王的名字"发",但是成王开匮得到周公的祝告文,读时读为"某",以避讳父王名,史官录之,成为"元孙某"。江声、王国维等持此说。简文作"惟尔元孙发也",证实了江、王等之说。

(8) 今本写周公向三王祝告时"植璧秉珪",《史记·鲁世家》作"戴璧秉圭"。两者的不同记载引起后世学者的讨论,但不能确定哪一种记载是正确的,甚至不明白"植璧秉圭"是什么意思。简文写为"秉璧植珪",以此证明今本和《史记》都是错误的。但是这个"秉璧植珪"暴露出简文作者对先秦"五瑞"的无知。"五瑞"就是"珪、璧、琮、璜、璋"五种玉质礼器,其形制不同,意义有别。璧是圆形的玉,象天。国君用它聘问,也用它礼神。用璧来礼神时,是将其置于坛上,即"植璧"。"珪"是长条形的,上端作三角形,由于持有者的身份不同而长短不一。周公有桓珪,长九寸。珪是信物,所谓"珪以信质"。周公在筑坛祝告时,今本记其仪式是"植璧秉珪",宋代陈经对此解释说:"璧所以礼神。植璧者,置之于神位之前也。圭所以自执,秉圭者,周公执之。"① 长九寸的珪是表示周公身份的,他在礼神时必须手秉,而不能植于坛上。

(9)《金縢》虽然是今文《尚书》,但是有学者怀疑其内容的真实性。三国谯周、宋代程颐、明代王廉和张孚敬、清代王夫之和袁枚等都有质疑。谯周并认为《金縢》是汉代人所著,袁枚表示认同。②

学者的质疑主要有两点:第一,周公知道人的夭寿有数,他不会祝告欲代武王死,如后世的村巫里媪。③ 第二,《金縢》后半部分说,周公摄政以后,成王对他的忠诚有怀疑,但是在开启金縢之匮看到里面所藏周公的祝告辞之后,为周公的忠诚感动了。王夫之认为这种说法不合理:周公欲代武王死的祝告辞只表明他忠于武王,不表明他忠于成王,所以祝告辞并不能释成王之疑。④ 简文针对上面的两点质疑而改写周公的祝告词,他不代武王死了,而欲作摄政王,这回应了第一点质疑。当成王开启金縢之匮看到祝告辞之后,明白了周公作摄政王的良苦用心,原来是为周家之天下着想,所谓

---

① (宋)陈经:《尚书详解》卷26,清武英殿聚珍版图书本。
② (清)袁枚《金縢辨下》:"善乎,谯周之言曰:'《尚书》遭秦火,多缺失,学者谈《金縢》都难凭信。'斯得之矣。"(《小仓山房集》文集卷22,清乾隆刻增修本)
③ (清)袁枚:《小仓山房集》文集卷22《金縢辨下》,清乾隆刻增修本。
④ (清)王夫之:《尚书稗疏》卷4《金縢》,清文渊阁四库全书本。

"勤劳王家",因此释疑,这回应了第二点质疑。

简文作者做这样一些有针对性的修改,就是要让读者相信,简文是秦火之前的古本,而今本《金縢》是秦火之后难以凭信的改写本。①

二、《耆夜》的注释问题

《耆夜》原文:

> 武王八年,征伐鄎(耆),大戡之。还,乃饮至于文大(太)室。毕公高为客,召公保奭为夹,周公叔旦为主,辛公諐甲为立(位),作策逸为东尚(堂)之客,吕上(尚)甫(父)命为司政(正),监饮酒。王夜(舍)爵酬毕公,作歌一终曰《乐乐旨酒》:"乐乐旨酒,宴以二公。恁仁兄弟,庶民和同。方臧方武,穆穆克邦。嘉爵速饮,后爵乃从。"王夜爵酬周公,作歌一终曰《輶乘》:"輶乘既饬,人服余不胄。嗟士奋甲,繄民之秀。方臧方武,克燮仇雠。嘉爵速饮,后爵乃复。"周公夜爵酬毕公,作歌一终曰《赑赑(英英)》:"赑赑戎服,臧武赳赳。毖精谋猷,裕德乃求。王有旨酒,我忧以飶。既醉又侑,明日勿稻。"周公或夜爵酬王,作祝诵一终曰《明明上帝》:"明明上帝,临下之光。丕显来格,歆厥禋盟。於……月有盈缺,岁有歇行。作兹祝诵,万寿亡疆。"周公秉爵未饮,蟋蟀趎(骤)降于尚(堂),周公作歌一终曰《蟋蟀》:"……(房按:此处省略了《蟋蟀》歌三章二十四句。)"

《耆夜》篇的注释大体有以下三类问题:

(一)当注不注

整理者有选择地注释词语,如:

1. 周公酬毕公作歌《英英》:"毖精谋猷,裕德乃求。"整理者注"谋猷"和"裕德乃求",却不注"毖精"一词。"毖精"不见于先秦文献,而始见于宋代,它是由"毖慎"和"精虔"缩略而成,其产生经过了漫长的过程。

先秦文献中无"毖慎"一词,只有"毖"和"慎"两个单音词。"毖"字多义,其中之一是"慎"的意思。如《诗·桑柔》"为谋为毖",《诗·小毖》"予其惩而毖后患",《书·大诰》"天亦惟用勤毖我"。《尔雅·释诂》释"毖"为"慎也"。毛传对上引《桑柔》、《小毖》的两个"毖"字均注"慎也"。许慎《说文解字》沿袭《尔

---

① 本节的部分内容取自笔者的《〈清华大学藏战国竹简〉(壹)收录的〈周武王有疾周公所自以代王之志(金縢)〉是伪作》(《故宫博物院院刊》2013年第6期),但角度不同。

雅》也作"毖，慎也"。后人受"毖慎也"的影响，造出双音词"毖慎"，它首见于宋代，并流行开来。如宋代韩维《太常博士俞珹可屯田员外郎》引谕旨："毋忘毖慎之思"①。明代沈德符《万历野获编·评论·吕焦二书》："君子处末世，即著书立言，亦当毖慎，况其它乎？"② 清代邹漪《金忠节传》："躬自察饬，毖慎有加。"③ "毖慎"也作"慎毖"。如宋代王安石录《皇侄右卫大将军蕲州防御使从古登州防御使制》："往践宠荣，愈思慎毖"④。清代昭梿《啸亭杂录·军机大臣》："然后机务慎毖，议政之弊始革。"⑤

"精虔"一词始见于唐末五代。《全唐文》共出现11次"精虔"，时间从唐僖宗李儇至后汉。如僖宗《祈晴敕》："仍令河南府差官，应有灵迹处，精虔祈止。"⑥ 后唐闵帝李从厚《令三京诸道祭山川祠庙诏》："宜令三京诸道，州府界内名山、大川、祠庙有益于民者，以时精虔祭祀，称朕意焉。"⑦《全唐文》中的11个"精虔"全都用于宗教语境中。

宋以后，"精虔"一词不仅用于宗教，也用于儒学和世俗。如宋代颜复《上哲宗论孔子后凡五事》："俎豆之事，势难精虔。"⑧ 明代申时行《武清侯赠太傅安国公谥恭简李公神道碑铭》："而公慎毖、精虔、敬共、匪懈，无不当上心者。"⑨

在"毖慎"和"精虔"这两个词出现以后，又出现了缩略词"毖精"或"精毖"。如宋代洪咨夔录《刘克庄且又除枢密院编修官兼权侍右郎官制》："敕具官某……摄事郎潜，精毖简通。"⑩ 明代过庭训《本朝分省人物考·周子义》："至是务加精毖"⑪。清代方孝标《游净慈庵记》："中甚精毖，而客鲜得窥。"⑫

从"毖精"一词产生的过程来看，它是个演生词，不可能在先秦产生。简文作者不知道"毖精"一词产生的经过，误当做先秦用语而写入周公的《英英》诗中，让周公赞扬毕公有"毖精"的良好品质。

---

① （宋）韩维：《南阳集》卷17《外制》，文渊阁四库全书补配文津阁四库全书本。
② （明）沈德符：《万历野获编》卷25，清道光七年姚氏刻同治八年补修本。
③ （清）邹漪：《启祯野乘一集》卷12，明崇祯刻清康熙重修本。
④ （宋）王安石：《临川集》卷51，四部丛刊景明嘉靖本。
⑤ （清）昭梿：《啸亭杂录》，中华书局，1980年，第121页。
⑥ （清）董诰编：《全唐文》卷104，清嘉庆内府刻本。
⑦ （清）董诰编：《全唐文》卷113，清嘉庆内府刻本。
⑧ （宋）赵汝愚编：《诸臣奏议》卷91《礼乐门》，宋淳祐刻本元明递修本。
⑨ （明）申时行：《赐闲堂集》卷20，明万历年间刻本。
⑩ （宋）洪咨夔：《平斋文集》卷23，四部丛刊续编本。
⑪ （明）过庭训：《本朝分省人物考》卷28，明天启年间刻本。
⑫ （清）方孝标：《光启堂文集》，清刻本。

2. 武王酬周公作歌《辐乘》："嗟①士奋甲，繄民之秀。"整理者辨认字形，却不注"奋甲"和"繄民之秀"。

这里的"奋甲"一词是用来形容武士勇敢的。在这种意义上使用的"奋甲"不见于先秦文献，而始见于明代，并且仅见于明代。明代人所用的"奋甲"一词是分别来描写鱼龙和武士的。描写鱼龙，如吴国伦《登大别山歌》："大别分明一老龙，蜿蜒百里如行空。昂头奋甲吐烟雾"。②《凌虚阁在天池寺西》："蛟龙奋甲去作雨"③。赵世显《庐山赋》："鲮鲤奋甲而张喉"④。描写武士，如韩雍《赠赵征夷凯还京师》："将军奋甲独先登，百万雄兵谁敢后？"⑤刘珝《都察院右都御史致仕韩公墓志铭》："公觇其将急，遂奋甲先登，士鱼贯而进。"⑥魏时亮《议处兵戎要务疏》："而我师我旅未闻有一人奋甲挽弓而向之者，盖由平日不竭思计处之过耳。"⑦明代人既用"奋甲"来描写鱼龙，又用来描写武士，是因为鱼龙和武士都有"甲"，鱼龙身有鳞甲，武士身着铁甲，此铁甲当时流行称为"鱼鳞甲"或"龙鳞甲"。明代流行"龙鳞甲"、"鱼鳞甲"、"奋甲"，这与明代的物质条件有关。明代军服式样"大体同宋、元时期相近，但较之已有进步，而且多数以钢铁为主。所有这一切，都得益于明代钢铁冶炼技术的进步，以及相关的官营或民营钢铁手工业的发展"⑧。明代的军服以钢铁为主，缀以鳞片的铁鳞甲就比较普遍，也就流行称铁甲为"鱼鳞甲"或"龙鳞甲"，因此也就借鉴"鱼龙奋甲"而造出"武士奋甲"。明代之前，虽然从唐代就出现了"龙鳞甲"、"细鳞甲"之名，但在唐宋元并不流行，也没有出现描写鱼龙的"奋甲"一词，也没有产生武士"奋甲"。至清代，武士不着铁甲，而着棉甲，不用"奋甲"来描写武士勇敢，仍用汉唐流行的"奋身"一词。如《清史稿·冯子材传》："诸军以子材年七十奋身陷阵，皆感奋殊死斗。"《清史稿·田兴胜传》："兴胜横刀跃马，奋身进飞，登寨墙。"

从以上考辨可以看出，描写武士勇敢的"奋甲"是产生于特定的社会环境和语境中的。其社会环境是明代因为钢铁发达而使武士普遍身着鱼鳞甲、龙鳞甲，其语境是明代人创造了"奋甲"一词来形容鱼龙，所以能将"奋甲"移用到武士身上。

---

① 整理者隶定此字为虞，通"嗟"。
② （明）吴国伦：《甔甀洞稿》卷9，明万历年间刻本。
③ （明）吴国伦：《甔甀洞稿》卷21，明万历年间刻本。
④ （明）赵世显：《芝园稿》卷1《赋》，明万历年间刻本。
⑤ （明）韩雍：《襄毅文集》卷2，文渊阁四库全书本。
⑥ （明）饶毅编：《吴都文粹续集》卷39，文渊阁四库全书补配文津阁四库全书本。
⑦ （明）陈子龙编：《明经世文编》卷370，明崇祯平霞堂刻本。
⑧ 陈高华、徐吉军主编：《中国服饰通史》，宁波出版社，2002年，第468页。

《耆夜》写武王八年事,那时武士不穿铁鳞甲,而穿皮革甲,所以不能用"奋甲"来形容。简文作者可能不知道西周武士不着铁甲,误用了明代的"奋甲"。

"嗟士奋甲"的下接句是"繄民之秀"。这上下两句是从《国语·齐语》"其秀民之能为士者,必足赖也"和韦昭注"秀民,民之秀出者也"中化出的。《齐语》说秀民能为士,简文说奋甲之士乃"民之秀","民之秀"就是韦昭注的"民之秀出者"。韦昭是三国时人。

3. 简文:"周公或夜爵酬王,作祝诵一终曰《明明上帝》:"明明上帝,临下之光。"整理者不注这两句。"明明上帝"不见于先秦文献,而首见于《晋书·挚虞传》所引挚虞《太康颂》:"明明上帝,临下有赫。"《太康颂》这两句源于《诗·皇矣》的"皇矣上帝,临下有赫"。《皇矣》是为"美周"而作,赞扬"周世世修德"①,而《太康颂》是为"美晋德"而作②,所以用"皇矣"的诗意诗句,仅改"皇矣上帝"为"明明上帝",而"明明"一词又源于《诗·小明》的"明明上天,照临下土"。

在挚虞《太康颂》之后,"明明上帝"成为习用句,如唐朝张说《为河内王作祭陆冀州文》:"明明上帝,仁覆悯下。"③张廷珪《因旱上直言疏》:"明明上帝,照临下土。"④ 五代窦俨《贞元泗州大水论》:"明明上帝,不骏其德。"⑤ 在传世文献中大量使用"明明上帝",其源头是挚虞的《太康颂》。

"临下之光"仅见于南宋李廷忠(字橘山)为庆贺光宗赵惇登基而作的《贺皇帝御正殿表》:"巍巍乎,宅中之势;穆穆然,临下之光。"⑥ "临下之光"是从《诗·皇矣》"临下有赫"及郑玄笺"天之视天下赫然甚明"两句化出。

简文作者联缀"明明上帝"和"临下之光"为上下句,之所以把这两个句子联缀为上下句,是借鉴了《诗·皇矣》的"皇矣上帝,临下有赫",但是为避免雷同,用挚虞的"明明上帝"换"皇矣上帝",用宋廷忠的"临下之光"换"临下有赫"。

4. 简文:"吕上(尚)甫(父)命为司政(正)。"注释"吕尚父":"吕尚父,《史记·齐太公世家》称'吕尚'或'师尚父'云:'本姓姜氏,从其封姓,故曰吕尚。'上博简《武王践阼》作'师上父'。"这似乎是说"吕尚父"仅见于简文,而不见于其他文献,所以得用《史记》和上博简来证明"吕尚父"就是"吕尚"、"师尚父"。如此注释掩盖了简文作伪。"吕尚父"是"吕尚"的习用名之一,首见于唐代文

---

① 《诗·皇矣》毛序。
② 《晋书·挚虞传》。
③ (唐)张说:《张燕公集》文集卷23,四部丛刊本。
④ (清)董诰编:《全唐文》卷269,清嘉庆内府刻本。
⑤ (清)董诰编:《全唐文》卷863,清嘉庆内府刻本。
⑥ (宋)李廷忠:《橘山四六》卷14,文渊阁四库全书本。

献,以后沿用。如唐代杨遂《唐故朔方节度十将游击将军左内率府率臧府君(晔)墓志铭并序》:"公有二子,长曰昌裔,晓张留侯之三略,兼吕尚父之六韬。"① 崔儒《严先生钓台记》:"则吕尚父不应饵鱼"②。五代诗人孟宾于《蟠溪怀古》:"良哉吕尚父,深隐始归周。"③ 此后,"吕尚父"这个名字流行开来,现代作家也常用。汪曾祺写过一篇散文《严子陵钓台》,引用了崔儒的"则吕尚父不应饵鱼……"一段话。这篇散文被几十种"散文选集"收录,又被十几种高中语文阅读或辅导书籍收录,高中生也知道"吕尚父"。

既然唐代文献中已经出现"吕尚父",整理者就应当注出来。整理者之所以避而不注,是因为一旦注出,就会引起读者的疑问:《清华简》号称战国简,为什么不用周人所用"师尚父"、"吕尚"等称呼,而用唐代才出现的"吕尚父"?因为简文作者看到古代文献中的吕尚有多种称呼,选用了"吕尚父",以为"尚父"是字,以字行表示尊重,但是他没搞清楚"吕尚父"晚出,从而露出作伪的马脚。

(二) 注而不辨

这里的"不辨"是指不辨真伪。对于来路不明的简牍,不能只注释字义、词义,还须从真伪的角度进行辨析。

1. 周公作《明明上帝》:"月有盈缺"。整理者在辨别"盈"和"缺"这两个字形之后,说:"后世常言'月有盈缺。'"整理者注意到简文的"月有盈缺"不见于先秦文献,而后世常用,但是没有追究为什么会出现这种现象。先秦文献中不见"盈缺(阙)"一词,更不见用"盈缺(阙)"来描写月相的词句。最先分别用"盈"和"阙"来描写月相的是《礼记·礼运》:"播五行于四时,和而后月生也。是以三五而盈,三五而阙。""盈"、"阙"尚未连用成词。《礼运》成篇约在秦统一中国之后。东汉末年郑玄为《周礼·保章氏》中的"保章氏掌天星,以志星辰日月之变动"作注时,用了"月有亏盈(房按:一作盈亏)"。唐代贾公彦疏:"云'月有亏盈'者,此则《礼运》所云'三五而盈,三五而阙'也。"④ 郑玄之后,用"亏盈"、"盈阙"来描写月相的句子大量出现。如晋人范望为汉代扬雄《太玄经》"月不常,或失之行"作注说:"月有亏盈,故不常也。"⑤ 宋代杨万里《国势》:"然日有中昃,月有盈缺,

---

① 吴钢主编:《全唐文补遗》第1集,三秦出版社,1994年,第230页。
② (宋)董弅编:《严陵集》,文渊阁四库全书本。崔儒文末署兴元元年(784)夏四月景辰建。
③ (清)曹寅编:《全唐诗》卷740,文渊阁四库全书本。
④ 《周礼疏》卷26,清嘉庆二十年南昌府学重刊宋本十三经注疏本。
⑤ (汉)扬雄撰、(晋)范望注:《太玄经》卷4,四部丛刊本。

天之道也，而况国乎？"① 元代戴侗说："月有盈阙，象其阙以别于日也。"② 清代周广业说："正如月有盈阙，星有隐见，未得与太阳比曜也。"③

从东汉郑玄的"月有亏盈"到清代周广业的"月有盈阙"等句子，其源头都是《礼记·礼运》的"三五而盈，三五而阙"，所以"月有盈缺"是个演生词，它不可能产生于先秦。简文袭用了后世常言的"月有盈缺"。

2. 简文："作策逸为东尚（堂）之客"。注释："作策逸即作册逸。《书·洛诰》：'王命作册逸祝册，惟告周公其后。王宾，杀禋咸格，王入太室，祼。王命周公后，作册逸诰，在十有二月。'作册逸即史佚。"整理者认为简文的"作策逸"就是《洛诰》的"作册逸"，但是没有追究为什么《洛诰》是"作册"，而简文是"作策"。

"策"与"册"通假，却不同，这涉及经今古文字问题。《汉书·律历志》引《洛诰》"命作策"，而不是"命作册"，皮锡瑞据此认为"作策"为今文，"作册"为古文。④ 金德建详考"册"与"策"，认为"作策"是今文，"作册"是古文。⑤ 他们的结论为现存金文所证实，金文中有"作册"四十多个，无一"作策"。⑥

简文作者没有研究过"作册"和"作策"的今古文用字问题，误把今文的"作策逸"写入战国简。

3. 简文：周公"作祝诵一终曰《明明上帝》："作兹祝诵，万寿亡疆。"整理者注"作祝诵"："'作祝诵'与《诗·节南山》'家父作诵'、《崧高》'吉甫作诵'用法相近。'诵'指诗篇，'祝诵'即颂祝的诗篇。"整理者用《诗经》来解释"祝诵"，使"祝诵"与先秦的用语相合，而不用世后流行的"祝诵（颂）"来解释"祝诵"，因此不能揭露简文作伪。

整理者没有看到简文的"作祝诵一终"与歌词中的"作兹祝诵，万寿亡疆"两句有关系。歌词中的"万寿亡疆"是祝诵（颂）武王的句子，所以上句说"作兹祝诵（颂）"。因为歌词中有祝诵（颂）句，所以这首歌是祝诵（颂）之歌，称"作祝诵（之歌）一终曰《明明上帝》"。《耆夜》写武王和周公共作五首祝酒歌，其中四首没有祝颂句，不是祝颂歌，所以通称"作歌一终"，而《明明上帝》有祝颂武王的句子，所以特别称这一首为"作祝诵（之歌）一终"。五首都是"歌"，并非四首是"作歌一

---

① （宋）杨万里：《诚斋集》卷87，四部丛刊本。
② （元）戴侗：《六书故》卷2《天文上》，文渊阁四库全书本。
③ （清）周广业：《蓬庐文钞》卷8《杂著》，1940年印。
④ （清）皮锡瑞：《今文〈尚书〉考证》卷18，清光绪刻师伏堂丛书本。
⑤ 参见金德建《经今古文字考》之《八〈史记〉引今文本〈尚书〉考》、《二十论东汉古文本〈尚书〉出于杜林》和《二十三〈汉书〉引古文本〈尚书〉考》，齐鲁社社，1986年。
⑥ 详见《殷周金文集成》和《近出殷周金文集录》、《近出殷周金文集录》二编。

终",一首是"作诗一终"。

所以讨论"祝诵"得讨论歌词中的祝愿句"作兹祝诵,万寿亡疆"。双音词"祝诵"不见于先秦文献,而首见于晋人的道教著作中,但是道教所用的"祝诵"的"诵",意思是念念有词,所以"诵"不通"颂","祝诵"不能写作"祝颂"。"祝诵"在"祝愿"、"祝颂"的意义上使用始见于北宋,常用于信的末尾。如范仲淹《与晏尚书》末尾写道:"伏惟为国自重,卑情祝颂之至。"① 毕仲游的信末尾处常用"下情祝颂之至"②、"卑情惓惓,颂祝之至"③、"卑情惓惓,祝诵之至"④ 等。

至南宋,朱熹等在研究《诗经》时使用"祝颂"或"颂祝",来概括一类诗句。如朱熹论《行苇》:"如云'酌以大斗,以祈黄耇',亦是欢合之时祝寿之意,序者遂以为养老乞言,岂知'祈'字本只是祝颂其高寿,无乞言意也。""末章祝颂其既饮此酒,皆得享夫长寿。"⑤(《大雅·行苇》最末两句是:"寿考维祺,以介景福。")论《蓼萧》:"'其德不爽',则'寿考不忘'矣,褒美而祝颂之,又因以劝戒之也。"⑥ 受朱熹的影响,他的弟子潘时举和辅广以及学者李樗、黄熏(又作櫄或壎)和吕祖谦等也用"祝颂""一词来分析《诗经》。如李樗说:"盖所谓'万寿无疆'、'天子万年'皆是祝颂之辞,未必有是寿。"⑦

南宋朱熹等人开始用"祝颂"一词来分析诗经,使这个词具有了文体意义。后来,潘自牧根据朱熹等的说法,在其书中专门立"祝颂"一目作为一种独立的文体,引《诗·小雅·天保》中的"如月之恒,如日之升。如南山之寿……如松柏之茂"⑧ 等作为例句来说明。元代朱公迁为发明朱熹的《诗集传》而编纂《诗经疏义》,用"祝颂"或"颂祝"15 个,论《诗经》中的"万寿无疆"、"万年无疆"等祝颂句。⑨ "祝颂"成为研究《诗经》的一个重要概念。

具有文体意义的"祝颂"也作"祝诵"。如清代唐秉钧《读古解题》:"如《鲁颂》之《駉駜》等篇则当时用以祝诵僖公,为《颂》之变,故胡氏有曰:'后世文人献颂,

---

① 《范仲淹全集》上,凤凰出版社,2004 年,第 621 页。
② (宋)毕仲游:《问候熊舍人启》,《西台集》卷 9,清武英殿聚珍版丛书本。
③ (宋)毕仲游:《上安枢密太尉》,《西台集》卷 10,清武英殿聚珍版丛书本。
④ (宋)毕仲游:《上范彝叟右丞》,《西台集》卷 11,清武英殿聚珍版丛书本。
⑤ (宋)黎靖德:《朱子语类》卷 80,明成化九年陈炜刻本。
⑥ (宋)辅广:《诗童子问》诗卷 9,文渊阁四库全书本。
⑦ 《四库提要》说:"《毛诗集解》四十二卷(内府藏本)不著编录人名氏,集宋李樗、黄熏两家《诗》解为一编。"本文所引为文渊阁四库全书本,卷 41,署李樗撰。
⑧ (宋)潘自牧:《记纂渊海》卷 74,文渊阁四库全书本。
⑨ (元)朱公迁:《诗经疏义》,文渊阁四库全书本。

特效《鲁颂》而已。'"① 翟灏编《通俗编》卷10立《祝诵》目，下列祝诵语句，有"天下太平"、"风调雨顺"、"国富民安"、"万寿无疆"、"千秋万岁"等。在"万寿无疆"条下注："《诗》凡六见：《豳风·七月》与《小雅》之《天保》、《南山有台》、《楚茨》、《信南山》、《甫田》是也。"② 《诗经》中的"万寿无疆"是最有代表性的"祝诵"句。

到明代，"祝颂"一词进入文人所写的祝诵诗文中，常与祝颂的词句连用。如刘大夏《端午日感怀》："感怀吟罢无他事，祝颂君王有万年。"③ 胡广《圣孝瑞应歌》："书成愿得磨崖镌，祝颂皇图亿万年。"④ 余学夔《恭纪瑞应甘露》："小臣祝颂如华封，千秋万岁歌时雍。"⑤

简文的"作兹祝诵，万寿亡疆"像是明代人的写法，写了"万寿亡疆"，还特别说明是"祝诵（颂）"。如果《明明上帝》真是周人写的，那就应当如《诗经》只写"万寿无疆"，而不特别说明"作兹祝诵（颂）"。不但《诗经》的作者不会特别说明"祝诵（颂）"，宋之前的作者也都不会特别说明"祝诵"，这可以《乐府诗集》证明。北宋末年郭茂倩编纂的《乐府诗集》收录从汉至五代的"燕射歌辞"、"郊庙歌辞"等，可谓搜罗殆尽，其中有大量的祝诵（颂）诗句，但是没有出现"祝诵（颂）"一词。

简文作者很可能袭用了《毛诗集解》卷41的"盖所谓'万寿无疆'、'天子万年'皆是祝颂之辞"这一段话，改"万寿无疆"为"万寿亡疆"，改"祝颂之辞"为"作兹祝诵"。

4. 简文最后以周公作歌《蟋蟀》作结。注释："《蟋蟀》，诗篇名。从内容看，和《诗·唐风·蟋蟀》有很密切的关系，部分文句可以对读。"整理者在篇首的《说明》中指出，周公的《蟋蟀》诗与《诗·蟋蟀》"可以对比研究，弥足珍贵"。整理者看出简文的《蟋蟀》和《诗·蟋蟀》有对应关系，但是没从真伪的角度辨析简文是袭用了《诗·蟋蟀》的三章二十四句（但略有修改）。

《诗·蟋蟀》大意是：某人在深秋夜静之时听到户外堂阶上蟋蟀鸣叫，想到"岁聿其逝"、"日月其迈"，未免忧伤，又想应当乘农闲及时行乐，但是不能过分，应"好乐勿荒"。简文抄袭这首诗，改作者为周公，但是有一处困难：原诗是诗人听到户外堂

---

① （清）唐秉钧：《文房肆考图说》卷6《读古解题》，清乾隆刻本。
② （清）翟灏编：《通俗编》，清乾隆十六年翟氏无不宜斋刻本。
③ （明）曹学佺编：《石仓历代诗选》卷391《明诗次集二五》，文渊阁四库全书补配文津阁四库全书本。
④ （明）胡广：《胡文穆公文集》卷9，清乾隆十五年刻本。
⑤ （明）余学夔：《北轩集》卷14《七言古诗》，清乾隆三十四年余沛章等刻本。

阶上蟋蟀鸣叫而引起诗兴，这与周公宴饮的环境不符。周公在宴饮时作这首诗，必须亲眼看见蟋蟀而引起诗兴，所以简文改原诗的起兴句"蟋蟀在堂"而为："周公秉爵未饮，蟋蟀骤降于堂，周公作歌一终曰《蟋蟀》：蟋蟀在堂……蟋蟀在席……蟋蟀在舒（墙）"，让周公亲眼看见一只活蹦乱跳的蟋蟀而引起诗兴。这种修改是"屈就己意"。①之所以会出现屈就己意的现象，是因为作伪者做文时需要袭用古代文献中的词句，但是那些词句并不能自然而然地适合伪文，所以不得不做些修改，以适合伪文，因此伪文中所袭用的词句虽然与原文有对应关系，意思却不尽相同，这就是"屈就己意"。简文改《诗·蟋蟀》听蟋蟀起兴为见蟋蟀起兴，适合了周公饮酒的环境，却不合理。蟋蟀胆小，怕光怕声，轻轻的脚步，轻轻地拨动草叶，都能把它吓跑，它不可能凑热闹来赴燕乐而骤降于堂。

简文写武王、周公共作歌五首，是在一献礼时互相敬酒时作的。但是按照周代饮酒礼制的规定，一献礼上不能作歌。《仪礼》中的《乡饮酒礼》、《乡射》、《燕礼》、《大射》、《聘礼》都记载宴饮开始时由主、宾（有的饮酒礼有副宾"介"）行一献礼，按规定的"献"、"酢"、"酬"的仪式和动作进行，不能作歌。《乡射·记》："古者于旅也语。"郑玄注："礼成乐备乃可以言语，先王礼乐之道也。"在饮酒礼的正礼（一献礼）和正乐（乐工奏规定的歌乐）阶段，主、宾不可以言语，至"旅时"即众宾饮酒（"无算爵"）时可以言语。所谓言语主要是赋诗歌。在《诗经》等先秦文献和《乐府诗集》中有大量的宴饮诗歌，但是没有一首是在一献礼时作的，也没有一首是以献主的身份作的。简文的周公是献主，是替武王向客人献酒的当差人，没有资格作歌。

（三）曲为辩解

《耆夜》写伐耆归来宴饮，这涉及周代的饮酒礼制度。整理者认为《耆夜》写的是燕礼，在注释中多次引用《仪礼·燕礼》来解释简文，但错误较多。如：

1. 简文："召公保奭为夹（介）"。这是说召公为介，介就是酒席上的副宾。整理者解释召公在燕礼上的席位说："以《燕礼》例之，应为武王席在阼阶上……召公为介，辅毕公之礼，席在西阶上，东面"。这是说《燕礼》上记载了介的席位"在西阶上，东面"。但是《燕礼》没有这段话。燕礼不设介，因为燕礼是私宴，仪式简单，只设一宾一主，由宾主行献、酢、酬一献礼。《仪礼》对于哪种饮酒礼设介，哪种不设介，讲得很清楚。《乡饮酒礼》设介，郑玄为之注："介，席西阶上，东面。"整理者把郑玄的注说成是《燕礼》，以证明简文的"召公为介"合乎《燕礼》。

2. 简文："吕上（尚）甫（父）命为司政（正），监饮酒。"注释比较长，分为三

---

① 阎若璩揭露伪古文改窜孟子所引《尚书》文句说："而晚作伪书者必须多方改窜，以与己一类。"（《古文尚书疏证》卷1，清乾隆十年刻，同治六年汪氏振绮堂重修本）。

段。第一段解释名字"吕尚父",第二段解释"司正",第三段解释吕尚父为什么可以被任命为司正。第一段解释名字,前文已讨论过,这里讨论后两段。

注释的第三段:"胡匡衷《仪礼释官》:'按《国语》"晋献公飲大夫酒,令司正实爵"。注曰:"司正,正宾主之礼者也。"其职无常官,饮酒则设之。'"整理者引清代胡匡衷,就是要用他的"其职无常官,饮酒则设之"这两句话,证明简文写吕尚父为司正是合理的:既然司正无常官,吕尚父也可以当。

但整理者所引的两句话断章取义。胡匡衷在这两句话之后接着写道:"《乡饮酒义》:'一人扬觯,乃立司正焉,知其能和乐而不流也。'注:'立司正以正礼,则礼不失可知。'乡饮酒及乡射以主人之相为司正,燕礼'射人为摈'则射人为司正,大射'大射正摈'则大射正为司正,以其主于正礼,故皆使相礼者为之。"① 乡饮酒礼和乡射礼以相为司正,燕礼以射人为司正,大射礼以大射正为司正,相、射人、大射正都是礼官,他们在宴饮开始之正礼的时候就做主持人,至宴饮后期众宾饮酒(无算爵)的时候被任命为司正,因此司正是由礼官担任的,在不同的饮酒礼上由不同的礼官来兼任。胡匡衷说的"(司正)其职无常官,饮酒则设之"是说职官中没有"司正",至宴饮时才设,是由主持正礼的礼官相、射人、大射正在无算爵时兼任的。在燕礼上,胡匡衷明确说是"射人为司正"。吕尚父在武王继位后为"文武师",是重臣,不是下大夫射人,所以他不应当在燕礼上担任司正。

上引胡匡衷的话是他为《乡饮酒礼》的"作相为司正"一句所加的按语。按说整理者不需要看《乡饮酒礼》的按语,而看《燕礼》的按语就可以了。胡在解释《燕礼》的"司正"时是引《燕礼》的原文和郑玄的注来说明的:"'射人自阼阶下请立司正,公许,射人遂为司正。'注:'君许其请,因命用为司正。君三举爵,乐备作矣,将留宾饮酒,更立司正以监之,察仪法也。射人俱相礼,其事同。'"② 整理者当然看到这一段,知道简文"吕尚父命为司正"与周礼不符,所以又去看乡饮酒礼的按语,摘引"其职无常官,饮酒则设之"。

按照注释的规则,不应当引清代学者胡匡衷的话,而应当引《燕礼》。《燕礼》说:"射人自阼阶下请立司正,公许,射人遂为司正。"射人是常设官,为下大夫,是夏官司马的下属,在燕礼上担任礼官,之所以称为"射人",是因为周人射事和燕事常常交替进行,设官时只有"射人"。射人在燕礼开始时就出场了,是仪式的主持者之

---

① (清)胡匡衷:《仪礼释官》卷1,《续修四库全书》第89册,上海古籍出版社,1996年,第323页。
② (清)胡匡衷:《仪礼释官》卷1,《续修四库全书》第89册,上海古籍出版社,1996年,第334页。

一,但在正礼、正乐完成之后进入众宾饮酒(即无算爵)时,他被任命为司正,监察众宾饮酒,使众宾不失礼。

注释的第二段:"《仪礼》的《乡饮酒》、《乡射》、《燕礼》、《大射》四篇皆有'司正',立司正在行一献之礼、作乐之后,行无算爵之前。"整理者只引《仪礼》的四篇怎样说,却不说简文所写是否与之相符,这就使读者误以为简文所写与《仪礼》的四篇相符了。简文未写众宾饮酒的"无算爵",只写了主宾敬酒的正礼"一献礼",所以简文的司正吕尚父是监察一献礼而不是监察无算爵。这与《仪礼》四篇的司正不合,四篇皆说"立司正在行一献之礼、作乐之后,行无算爵之前"。整理者也认为《耆夜》写的是一献礼,其注释说:"周公为主人,献宾,献君,自酢于君。"这是一献礼的仪式。

3. 简文:"毕公高为客"。注释:"《史记·周本纪》:'武王即位,太公望为师,周公旦为辅,召公、毕公之徒左右王师,修文王绪业。'……毕公高在饮酒中为客,可能是由于任伐耆的主将,功劳最大的缘故。"整理者用猜测的语气解释毕公高为客的原因,而不引《燕礼》来说明。

《燕礼》规定只能以大夫为宾,而不能以公卿为宾。《燕礼·记》:"与卿燕则大夫为宾,与大夫燕亦大夫为宾。"前一句说,如果燕礼上所宴请的对象是卿,就不能以卿为宾,而另找一位级别低的士大夫为宾;后一句说,如果燕礼所宴请的对象是大夫甲,就不能以甲为宾,而另找大夫乙为宾。《国语·鲁语》有一实例:"公父文伯饮南宫敬叔酒,以露睹父为客。"南宫敬叔和露睹父都是鲁大夫,公欲宴请南宫敬叔,却不以之为宾,而另请露睹父为宾。燕礼之所以有上面的规定,是因为燕礼是在路寝举行的私宴,它的礼仪与在庙堂举行的正宴飨礼不同。燕礼礼轻,设宴的主人(称"正主")不向宾敬酒,故不以所欲宴请的对象为宾,而另外命一位大夫为宾,这样正主就可以不向他敬酒了,而命膳宰(一说宰夫)代替自己向他敬酒。此时膳宰称为主人(也称"献主"),献主和宾行一献礼,正主和所欲安宴请的对象在席位上轻松地观看。

毕高的身份是公,所以他不能在燕礼上为宾。整理者解释说:"毕公高在饮酒中为客,可能是由于任伐耆的主将,功劳最大的缘故。"但是燕礼不以所欲宴者为宾,所以功劳最大的毕公就不应成为燕礼上的宾。

4. 简文:"周公叔旦为宝(主)"。整理者解释为什么以周公为主人说:"据《仪礼》,君不与臣抗礼,故诸侯燕礼膳宰为主人。此次饮至之礼,而使周公为主,盖尊毕公。"《仪礼》云云,不准确。《仪礼》的正文中没有"君不与臣抗礼",此句原是"臣莫敢与君亢礼"。它出于《礼记·燕义》:"设宾主,饮酒之礼也。使宰夫为献主,臣莫敢与君亢礼也。不以公卿为宾而以大夫为宾为疑也,明嫌之义也。"这是解释为什么在燕礼上以宰夫为献主:燕礼不以公卿为宾而以大夫为宾,大夫的地位低,他不敢与君行对等礼（"抗礼"），所以君不给他献酒，而命宰夫（一说膳宰）为献主，由宰夫和宾行一献礼。

读《耆夜》的饮酒礼，首先会看到武王先给客人毕公敬酒，并且作歌，这是与臣行对等礼（"抗礼"，又称"敌礼"），它与《礼记·燕义》的"臣莫敢与君亢礼"不合。注释应当指出：燕礼设献主是以君不亲自向客人敬酒为前提的，但是简文写武王向客人毕高敬酒了，就不应当命周公为主人了。

在传世文献中记载的古代饮酒礼，无论哪一种饮酒礼，如果君亲献，就不设献主，设献主，君就不亲献，而没有君亲献还设献主的。

整理者在注释"周公叔旦为主"一句时还说："以《燕礼》例之，应为武王席在阼阶上……周公为主人，献宾，献君，自酢于君。"这是说献主周公在一献礼上的表现符合《燕礼》。但是事实上完全不符。"献宾"，《燕礼》的主人献宾是替君献宾，前提是君不亲献，而简文的周公是继武王亲献之后第二次献宾，这不是替武王献宾，是周公自己献宾，宾毕公因此得到两次献酒；"献君"，《燕礼》是主人先献君，然后自酢，而简文却是武王先向主人周公献酒，献主周公成了"被献主"，然后周公回敬武王，回敬就不是献君，而是酢君；"自酢于君"，《燕礼》的主人因为君不回敬酒（君不与臣抗礼），只好自酢，权当君回敬，而简文武王先向周公献酒，周公也回敬即酢君，因此他就不应当再自酢了，可是周公却又自酢（"举爵未饮"），是多饮了一爵。总之，简文的献主周公，在武王亲献之后再敬酒，这与《燕礼》所设的献主完全不同，所以不能"以《燕礼》例之"。

5. 简文："饮至于文大室"。注释："《左传》桓公二年：'凡公行，告于宗庙；反行，饮至、舍爵、策勋焉，礼也。'说的是诸侯，王礼也应如此。杨伯峻《春秋左传注》说，师返，于宗庙'祭告后，合群臣饮酒，谓之饮至'，又解释'舍爵'说：'设置酒杯，犹言饮酒'，均与简文相合。文太室，祭祀文王的太室。《书·洛诰》：'王入太室，裸。'疏：'太室，室之大者也。故为清庙，庙有五室，中央曰太室。'"这段注释大体是正确的①，但是它与全文注释中的"燕礼"各条矛盾。

燕礼不在庙堂举行，而在路寝举行。《燕礼》："膳宰具官馔于寝东。"郑玄注："寝，露寝。"又《燕礼·记》："燕，朝服于寝。"郑玄注："燕于路寝，相亲昵。"贾公彦疏："云'燕于路寝，相亲昵'也，知燕于寝者，以其飨在庙，明燕在寝私处可知也。"飨礼和燕礼的一个重要不同就是地点不同，这是由两种礼的性质决定的：飨礼是正式的饮酒礼，燕礼是私宴。《聘礼》记载了这两种礼的明显区别。当异国使团来访

---

① 将"舍爵"解释为"设置酒杯，犹言饮酒"并不正确；按照杜预的解释，"舍爵"是饮酒后置下空爵。"舍爵"暂不讨论。

时，东道国君在庙堂举行欢迎宴，为"聘飨"，由使团的首长为宾，某一成员为介（副宾），东道国君亲自为宾和介献酒，行一献礼；当使团离开时，在路寝举行欢送宴，为"聘燕"，由使团的某一成员为宾，而首长不为宾，也不设介，东道国君不亲献，而由膳宰为献主，和宾行一献礼。简文既然写了"饮至于文大室"一句，就表明其所写的饮酒礼是飨礼，而不是燕礼。

其实，简文作者的本意不是写一场"燕礼"，而是写一场"饮至礼"。"饮至"一词在传世的先秦文献中仅见于《左传》。如前引《左传》桓公二年："凡公行，告于宗庙；反行，饮至、舍爵、策勋焉，礼也。"《左传》共出现4次"饮至"，都只有这一概念，而没有实例，在先秦的其他传世文献中也没有实例。简文写了"饮至于文大庙"的实例，正可以填补这一空白。由于传世文献中没有饮至礼的实例，《仪礼》、《礼记》、《周礼》也都没有提到"饮至"。可以参考的只有金文《小盂鼎铭文》，它记康王时盂伐鬼方得胜归来，献俘，之后在周庙饮酒，正是《左传》所说的"饮至"，其文曰："以□入于周庙。盂以□□□□□入三门，即立中廷，北向。盂告。费伯即位……即咸，宾即位，献宾。王乎赞盂，王以□□□进宾"①。这个饮酒过程很费解：盂是宾，还是宾另有所指？"献宾"、"进宾"是两次向宾敬酒，还是一次？说不清楚。所以不能依照这篇铭文来编写饮至礼，作者只好参考《仪礼》。他设"客"、"介"，这是参考了《乡饮酒礼》等；又以周公为主，这是参考了《燕礼》，但是他有意不写成燕礼，而让身为公的毕高为客，召公为介，让武王给客毕公敬酒，又给献主周公敬酒，让武王和周公在一献礼上作歌。这些都不是燕礼，并且不属于已知的任何一种饮酒礼，它是简文作者编造的一种谁都没见过的"饮至礼"。

以上所举两篇简文的注释错误，有意无意地掩盖了简文的作伪。换言之，由于这些错误的注释，整理者就把伪简注释成真简了。

〔作者房德邻，北京师范大学历史学院特聘教授、北京大学历史系教授。本文刊发于《中国高校社会科学》2014年第2期，责任编辑李光伟。人大复印资料《先秦、秦汉史》2014年第3期转载〕

---

① 《殷周金文集成》第5册，中华书局，1985年，第2839页。

明代吴淞江中下游的旱情敏感

王建革

一、长期的形势

吴淞江古称吴江,这一地区是最经典的江南稻作区,五代以来水网纵横,不为水旱所扰,是江南最早期的稳定水乡,有稳定的稻作产量而不受降水的影响。宋代以后,整个地区旱涝灾害不断增加;到明代,中下游地区甚至在局部出现了旱地化,旱涝敏感极为强烈。长期以来,学术界倾向于将明清时期江南水环境变化的过程称为干田化。干田化概念为日本学者所提出,大泽正昭、足立启二、北田英人、滨岛敦俊等都对此有论述。李伯重将他们的概念归纳为二点:第一,干田化过程形成于明代;第二,干田化基本上就是改造低洼圩田,改造低湿地。李伯重自己也认为干田化是水利加强的一种变化。① 这种说法没有从水环境和地貌的整体变化分析问题,只谈了圩田内变化。另外,干旱化也不是从明代开始,而是几乎伴随着江南开发的全过程。本文基于环境史的视野,着眼于吴淞江下游的地貌变化形势分析干田化引起的旱涝敏感。干田化过程不仅包括圩田开发和沼泽地的减少,更涉及一些水田变成旱地,水稻田变成棉田或其他作物田的问题。江南主体水环境的历史涉及旱涝与水利变化,对这个过程进行研究,有非常重要的学术价值和现实意义。

自宋代开始,吴淞江水流形势因长桥的修建而产生了大的变化,这种变化影响了旱涝。吴江长桥横截水流,使淤积大大加速,淤积地随后成为圩田,多水地带的圩田易生涝灾。堤东落淤使运河东部地势渐高,湖西水流也缓慢落淤,形成大量湖田,长桥西部生成落淤和湖田。吴江县的陆淤区域因此越来越大,逐步形成现代吴江县。单锷认为横截江流的吴江长桥导致吴淞江流域水灾加重。"自庆历二年,欲便粮运,遂筑北堤,横截江流五六十里,遂致震泽之水,常溢而不泄,浸灌三州之田","自熙宁八年迄今十四载,其田即未有可耕之日,岁岁诉潦,民益憔悴。"在苏轼和单锷生活的年代,涝灾频繁发生,涝灾损失大于吴江陆淤所产生的农业收益,"自吴江筑岸,已后十

---

① 李伯重:《江南农业的发展 1620—1850》,王湘云译,上海古籍出版社,2007 年,第 32 页。

年之间，熟无一二。欲具验之，阅三州岁赋所入之数，则可见矣。"两岸的淤积使吴江地区出现了沙积，下游江流缓慢，潮水倒灌，出现了潮淤。"每至五六月之间，湍流峻急之时，视之则吴江岸之东，水常低岸西之水不下一二尺。此堤岸阻水之迹，自可览也。又觇岸东江尾与海相接之处，污淀茭芦丛生，沙泥涨塞，而又江岸之东，自筑岸以来，沙涨成一村。"① 这种淤积使易涝之区从吴淞江向周边地区扩散。随着吴江长桥周边的淤积和整个吴淞江水流形势的改变，太湖东部地区整体的旱涝分布也有所变化。南宋时期，开发程度加强，旱涝出现频繁。据浙西提举司徐宜的观察："昔之中田，今为上田，昔之下田，今为中田，昔之草荡，今为下田"。这种变化了的地势，使水旱灾害的强度出现两极分化，易成大旱或大涝："极于宝庆之水，嘉熙之旱，大为邑民之病。"② 元代重开吴淞江即为解决由吴淞江水流形成所发生的旱涝问题。不断的陆淤终于使吴淞江在明初发生了一次重要改变，而这次改变所引起的旱涝变化更为剧烈。

明初夏原吉开黄浦江以后，黄浦江逐步代替吴淞江下游的干流，原有的吴淞江反而成了一条排水量较小的水道，形成了江浦转换。原吴淞江下游地区从千灯浦到安亭一带的地区，在长期的潮淤作用下，形成了一个明显高地区域。从现代技术绘制的详细地形图中，人们可以看到冈身地带的中间有一个低地区，这就是吴淞江出海的故道区，也是早期的"沪渎"。吴淞江中下游冈身东部的水流可南可北，终归入这一古老的沪渎区出冈身入海。现代的黄浦江，也正是从南部入此沪渎的。冈身以西的低洼泖淀区，有一个宽约10公里，向西延伸的高地地带（见下页图）。这是历史上吴淞江中下游河道所在。由于海潮的倒流，泥沙沉积，低地中的故道成为高地。这一地带的高度在海拔2.2—2.3米，周边低地在1.7—1.8米左右。这一故道区与冈身沪渎区相连，沪渎故道的标高在1.8—1.9米左右，冈身标高一般都在2.2—3.3米，古人讲吴淞古江宽阔，这一古河道在现代地图上的实测也宽达数里或十里多。③

正是这一高地地区及其周边地带，在明代江南的水网与河道的变化时对旱涝形成一种特有的敏感。原吴淞江古道区的高地形成及其由此发生的旱情敏感导致了一系列变化，不仅有水利技术倾向，还有农业种植业和赋税政策的变化。四县的高起地区不断出现干田化和荒田化。"昆山之东南隅，嘉定之西南隅，青浦之西北隅，华亭之北

---

① 《录进单锷吴中水利书》，《苏文忠公全集》"东坡奏议"卷9，明成化刻本。
② 《肇域志》，《顾炎武全集》，上海古籍出版社，2011年，第476~477页。
③ 这一高地的区域在地图东西长20多公里，以外冈、方泰、黄渡、华新一线与冈身地区相连接，东到千灯浦，南北宽约10公里，冈身地带恰与西部相连的低洼河道区。据张修桂先生鉴定，这是6000 BP – 3000BP阶段的古吴淞江河道。参见中国科学院南京地理研究所、水利电力部太湖流域管理局编：《太湖流域水系与地形图》，1987年。

隅，昔日沃壤，今皆硗确莫耕。"① 下图所示的位于昆山与嘉定等地区低地中的高地区，也因水环境的变化而产生了一系列经济与社会的变化。

二、明初的水文变化

这一高地既与长期以来的水文变化有关，也与吴淞江长期的感潮淤积有关。郑侨曾言："吴淞古江，故道深广，可敌千浦。向之积潦，尚或壅滞，议者但以开数十浦为策，而不知临江滨海，地势高仰，徒劳无益。"② 郑侨指出了吴淞江中下游入冈身之前的高地形势。那其实是以前积累而成的高地区，但从宋代以后，随着一些河道的淤塞，

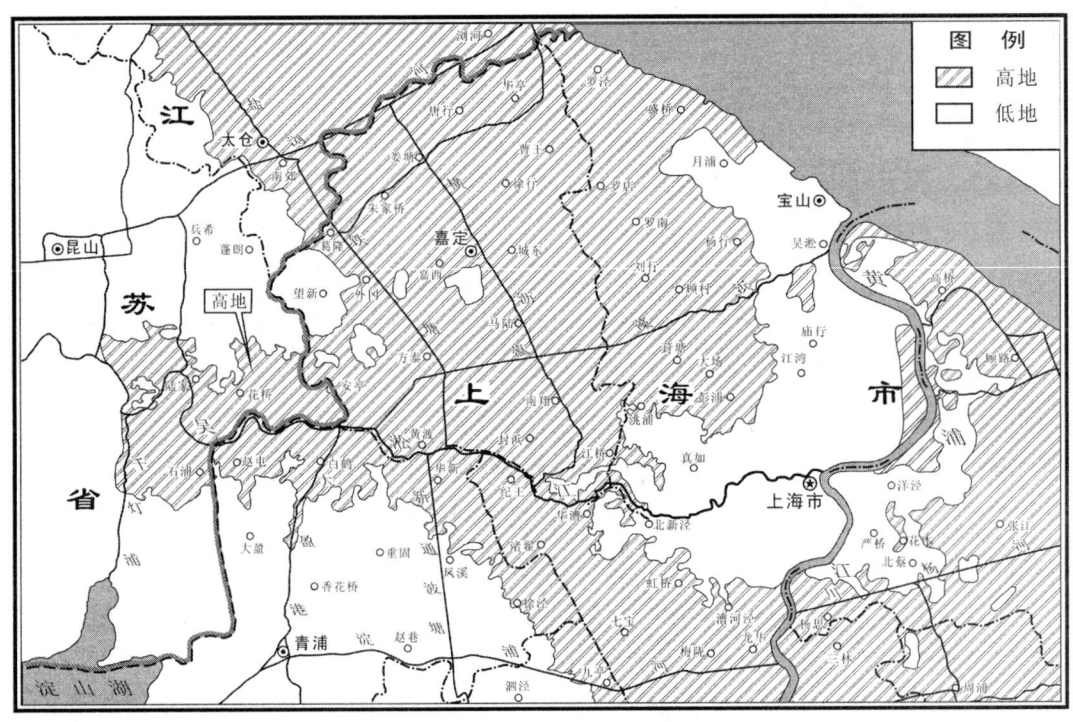

太湖东部吴淞江故道区地形图

资料来源：中国科学院南京地理研究所、水利电力部太湖流域管理局编：《太湖流域水系与地形图》，1987年。

出水主要靠吴淞江主河道，而主河道区的淤积越来越严重。元代由于吴淞江的淤积，南部地区的水流得到加强。松江府一带上海县有了对旱灾的敏感。特别是上海县一带的水流发生这样的变化："自淀山湖筑捺围岸成田，水道狭窄，黄浦港以西，潮涨淤浅水不能泄，每遇小雨，诸水所会，即成一壑，田禾淹没，所以华亭每罹水患，稍遇天旱，上海则有旱伤，是故灾伤无岁无之。"可以看出，宋元时期水环境的变迁已经使吴

---

① 康熙《娄江志》卷下《吴荃原三江》。
② （宋）范成大：《吴郡志》卷19《水利下》。

淞江下游地区开始出现旱情敏感了。当时的黄浦江非常小，元延祐七年（1320）六至七月，"雨既绝无潮又竭。欲求一点半点雨，不啻农夫眼中血。滔滔黄浦如沟渠，田家争水如争珠。数车相接接不到，稻田一旦成沙塗"①。到了明代，黄浦江成为主流，泄水更快，吴淞江中下游一带，特别是吴淞江两岸的旱情更为敏感。旱情敏感是江南水乡的一种环境变化，它不仅引起了水利与农业的变化，赋税与社会也发生了相应的变化。南宋时期，吴淞江地区关乎南宋的经济与政治命脉，吴淞江的疏导受到重视，但其淤塞之势仍然加重。下游水港更加难治。这一地区的人口在元代出现了衰退，水利工程的防水灾能力大减，吴淞江周边地区的河网在淤塞加重的环境下难以出水。潘应武曾描述淀山湖北一带入吴淞江水网的状况："自庙儿头港至赵屯浦一百余里，共有港浦一十三条，今皆淤浅。惟有道褐浦、石浦最低下，取江颇近，水势甚便。"元时的淤塞速度特别快，当时的耆老俱曰："十年前潮水往来，近方湮塞。"②

吴淞江在元代日益淤塞，加上这时期雨量偏多，吴淞江流域出现了更多的水灾。这一阶段处于南宋中后期到明中叶之间的一个湿润期。③ 由于水利失修，这时期水灾增多。至元三到六年（1266—1269），年年水灾，至正元年到十一年（1341—1352），年年水灾。④ 从降雨量变化上看，这时期不可能年年降雨量超常，正是河网淤塞，积水不排，才会造成连年水灾。吴淞江的水灾到明初依旧严重。南宋以后吴淞江出水困难，反而使吴淞江中下游水网区的旱灾相对较轻。以吴淞江为主干道的水网较后期水流大变时肯定有更充足的水流。这时期的水灾与吴淞江下游的地理形势和水利状态相关。长期以来，治水者不得不在吴淞江两岸的河港设法疏导。吴淞江周边水网也在潮水与清流不盛的状态下严重淤塞，周文英看到了一条宽大的河港，试图另辟水路："善治水者必识其源流可也。尝经行太仓刘家港及吴淞江之左右，登高眺远，随流寻源。为今之计，莫若因水势之所趋，顺其性而疏导之则易于成功。刘家港南有一港名南石桥港，近年天然深阔，直通刘家港西南，通横塘以至夏驾浦入吴淞江，其中间有纡回穿狭处，若使疏浚深阔，则太湖泄水一大路也。"他认为吴淞江的出水之路有问题，应从浏家港和娄江的方向另辟水路，分吴淞江水势以成太湖的出水通道："今弃吴淞江东南涂之地姑置勿论，而专意于江之东北刘家港，即古娄江，三江之一也。地深港阔，此三吴东北泄水之尾闾。"⑤ 明初夏原吉治水正是在元代的这种水流形势下进行的。这时，由于

---

① 正德《松江府志》卷6《田赋上》。
② 《天下郡国利病书》，《顾炎武全集》第12册，上海古籍出版社，2011年，第427页。
③ 中国科学院南京地理与湖泊研究所：《太湖》，海洋出版社，1993年，第139页。
④ （明）张国维：《吴中水利全书》卷8《水年》，文渊阁《四库全书》史部，第578册，上海古籍出版社，1987年，第315页。
⑤ （明）张国维：《吴中水利全书》卷21《周文英论三吴水利》，文渊阁《四库全书》史部，第578册，上海古籍出版社，1987年，第764页。

吴江一带的湖田发展，东流水流愈加受阻，东太湖水流在周边山区水土流失增加的情况下受到淤积，这一切都使得吴淞江主干河道的排水愈加困难，宋元时吴淞江下游河道已难以发挥正常的功能。夏原吉利用吴淞江南部的一些河道进行改河治理，并对吴淞江的上下游形势作了一番描述：

> 吴淞江延袤二百五十余里，广一百百十余丈，西接太湖，东通大海。前代屡疏导之，取缔当潮汐之冲，沙泥淤积，屡浚屡塞，不能经久。自吴江之长桥至吴江长桥至夏驾浦（下界），约百二十余里，虽云通流，多有浅狭之处。自夏驾浦抵上海县南跄浦口，一百三十余里，潮沙壅障，茭芦丛生，已成平陆。欲即开浚，工费浩大，且澱沙游泥，浮泛动荡，难以施工。臣等相视得嘉定之刘家港，即古娄江，径通大海，常熟之白茅港，径入大江，皆系大川，水流迅急。宜浚吴淞江南北两岸安亭等浦港，引太湖诸水入刘家、白茅二港，使注江海。又松江大黄浦乃通吴淞要道，今下流壅遏难疏，旁有范家浜至南跄浦口，可径达海，宜浚令深阔，上接大黄浦，以达湖泖之水。①

在这种情况下，夏原吉向吴淞江南北两个方向分流疏水，当他开了黄浦江时，并不知道将会发生的后果。他开凿上海南部的范家浜，使范家浜与古黄浦江联为一体，使黄浦江、范家浜和吴淞江冈身出海河道形成一体。随着河道的刷深，黄浦江取代了原有原吴淞江中下游河段，不但成为原吴淞江地区主要的出水河道，也成为嘉兴一带河道的出水通道。这一水流的改变被称为江浦转换。

江浦转换不仅改变了吴淞江的主流状态，更改变了整个太湖地区的水网出水的功能与结构。由于排水速度提高，吴淞江水网区涨溢出水的局面在一定程度上被改变，虽然有一时的排水泄水之效，但影响了江南水乡的溢流排水的局面，使水网注水与充水的功能大大减低。这次水利工程出现了一个意外的结果，那就是中部河网区的水流量向黄浦江逐步集中，以致黄浦江成为下游的出水主干道，出太湖的水流也通过各路河道向淀山湖和三泖一带集中，最后汇集黄浦江，尽管太湖出水加快，却破坏了原有的水利、水流与旱涝的基本生态格局。水归黄浦江以后，黄浦江负担了太湖流域80%的泄水量。② 由于黄浦不淤而吴淞江淤，这种转换的程度是逐步加强的。林应训言："黄浦总会杭、嘉二郡之水，又有殿山、泖荡诸水从上灌之，是以流皆清驶，足以敌潮，虽有浑浊，不能淤也。惟吴淞江不然。其源出于长桥、石塘之下，经庞山湖、九里湖而入，今长桥、石塘二处则湮塞矣，庞山、九里二湖则滩涨矣，其来已微。又其中为新洋江、下界浦街道上挈其水以入刘家河，其势益弱经，其与潮遇也，安能胜其

---

① 《天下郡国利病书》，《顾炎武全集》第12册，上海古籍出版社，2011年，第428页。
② 《太湖水利史稿》，河海大学出版社，1993年，第278页。

汹涌，而涤其浊流耶？"① 吴淞旧江以前阔二百余丈，明末旧江淤为二，"自县（上海县）治东北宋家港口，迤从嘉定青浦，青浦入昆山界，共百余里，淤不通舟。夏尚书相度难治，权于夏驾浦开通，以达至吴塘。而江之东段，田弃民流矣。江水亦从新洋江北行，并所开之西段，日就湮塞。隆庆间，巡抚海公东自宋家港口，西至黄渡镇，浚及六十里。黄渡以相四十余里，功未及施而止。自后，淀湖诸荡之水犹未与江相接"。因主流已归黄浦，淀山湖之水不与吴淞江相接。到明末年间，又一次疏通了原吴淞江中下游河段。"万历五年，疏请自黄渡镇西阙家墳起，直抵慢水港，以及淀山诸口。北浚大瓦、夏驾、吴塘、安亭等浦，南浚赵屯、蟠龙、横沥等塘，导水入江，仍于分夺江源去处，各置石锸，启闭以时。归宿湖水于江。由昆山入青浦，入嘉定，出宋家港，与黄浦之水相合，直出坳鹳嘴，以纳于海。"② 这次疏浚只是缓解了旧江中下游的淤塞而已。其实，正是黄浦开后出现了旱情的加重。张弼在《治水议》中这样说：

> 松江，泽国，水利为重。而其水道之要者，则吴淞江也，黄浦也。吴淞江一道，昔人论之已详。然当时惟患垫溺，而详于疏导之方，不虑旱暵，未及节蓄之策。黄浦未开，有垫溺而无旱暵耳。黄浦之开，则自永乐四年叶钱塘发之，夏忠靖公成之，其利甚大。去年水潦，闻父老言："较之永乐三年之水，今年尚少三四尺。"何昔之水反多，今之水反少耶？盖昔黄浦未开，洩水之道隘，今以黄浦既通，而洩水之道径耳。然水势急于此由缓于彼，黄浦潮势奔激，洩水益径，则淞江潮势平缓，停注淤泥，洩水日隘，故黄浦之阔渐倍于旧，吴淞江狭处仅若沟渠矣。③

时人谈了一个重要的问题，就是永乐年间的河流改道在一代人的时间内使水流环境发生了重大的变化，从涝环境变成一个较为不涝的环境，并在淤塞的情况下形成局部干旱环境。吴淞江两岸的圩田不能上水，出现了旱象。为了使中间的旱地可以得到灌溉以种水稻，治水者试图恢复吴淞江出水干道的地位。这种建议在吴淞江愈淤愈高的情况下越来越不可行。北部的排水也越来越走简单疏浚之路，真正通水的主干只有几条，多数塘浦呈死水化状态，旱涝无常。吕光洵言：

> 昔人治之，高下曲尽其制，既于下流之地疏为塘浦诸湖之水由此以入于江，江由东以入于海，而又畎引江潮流行于冈陇之外，是以潴洩有法，而水旱皆不为患。近年以来，纵浦横塘多湮塞不治，惟二江颇通，一曰黄浦，一曰刘家河，然

---

① 康熙《松江府志》卷16《水利下》。
② 崇祯《松江府志》卷5《水》。
③ 康熙《松江府志》卷15《水利上》。

> 太湖诸水源多而势盛，二江不足以泄之，而冈陇支河又多壅绝，无资灌溉，于是高下俱病。①

尽管南北河网可以通过疏浚而相通，吴淞江周边地区成了少水多沙之地，降雨量一有不足，便旱象丛生，两岸的居民马上感受到生活危机，这就是典型的旱灾敏感。因为水乡环境为之一变，丰水环境不再，这一地区变得像江南中的北方旱地了。由于淤塞加重，涝时积水，旱时无水。在嘉定一带，旱情最为严重。这一地区的水乡生境从很早就随着水网的淤塞而衰退，最好的时候大约在隋唐时期。"按隋志：川泽沃衍，有海陆之饶，故今高下悉田，稻色多种，食物所出，水陆毕备。"② 宋代以后，由于上游吴江长桥的修建，水流开始受到影响，这一地区也肯定会受到影响，清流减弱，必然带来浊流增强，淤塞加重。尽管水利发生了变化，但昆山周边地区和嘉定西部地区仍处于丰水状态。隆兴三年（1165）大水时，范成大认为昆山一带地势较低："昆山常受三江具区之委以入于海，其野甚平，而苦霖潦，时至则水多，高居必以横塘纵浦疏浚四出，然后民得污邪而耕之。今岁久弗浚涂泥沟满，夫地愈下而脉络壅底，则其沈湎独甚于它邑。"③ 范成大的描述说明南宋时期这一地区只是处于一种淤塞下的易涝状态，由于吴淞江主流流经于此，四围高地在淤塞下易旱也易涝，因为太湖出水主要集中在吴淞江，水源泉充足，旱情不像后期那样严重。昆山一带的圩田之旁，还有各种各样的植茭之区，说明水面之宽："昆山附田，故皆有茭葑。近岁骑军就牧，斩刈殆尽。明年陈根复苗，芽叶已微，而牧者又至矣。"茭草成为牧草，使隄岸的保护受到了影响，"卑缺之岸，以方张不制之水临之，无有全理。今马牧既未能免，顾陂泺漫生之茭，不可以顷亩计，独令敕附堤者，犹不乏军兴，宜与主将之了了者，通知利害，明立表识，使樵斤无得过此，其茭所不产处，即置葑田，傅之今。独筑堤而不议留茭，犹不得为出万全也，夫既作堤以捍水，植茭以护堤，又疏港浦以利水之，往来三说，具举无遗策矣"④。所以，南宋时期的昆山一带，还有一定的陂泺之湖泊，有蓄水之区，旱情形成之后，亦可应对。

明代吴淞江的改道使昆山一带的高地大量形成，整个吴淞江中下游地区的全面淤积和旱情的加强也与明代的气候周期以及整体的水利状态相关。明初的吴淞江地区仍然持续着元代的湿润气候，河道水网对水灾敏感。洪武年间4次大水，1次海溢。到永乐年间，吴中持续水灾，22年间有12次大水，只有1次旱灾，夏原吉治水正是在这种

---

① 《三吴水考》卷10，文渊阁《四库全书》史部，第577册，上海古籍出版社，1987年，第371页。
② 至正《昆山郡志》卷6《土贡》。
③ 万历《重修昆山县志》卷2《水利》。
④ （明）姚文灏：《浙西水利书》卷1《范文穆公水利图序》，民国豫章丛书本。

情况下发生的。所以,他的治水思想一定是疏而排水,不是蓄水防旱。宣德年间,10年中有5次水灾,2次旱情。① 这阶段苏州知府况仲根据吴淞江改道的形势进行水利应对,发生水灾时,况仲的斜坡作法基本上就是"傍河车戽"。宣德七年(1432),他陈述了当时的水灾形势,把水灾与淤塞相结合:"近见苏、松、嘉、湖四府地方,内有太湖、傍山湖、阳城湖、沙湖、昆承湖六处地方,广阔约量三千余里。设遇天雨连绵,湖水泛涨,淹没田地。究期出水原委,东南出嘉定县吴淞江;东出昆山县刘家港;东北出常熟县白茆港。永乐初年间,湖水泛涨,各县无收。钦差户部尚书夏原吉等提督疏浚,民得其利。今因年久,各港海潮汹涌,积涨沙涂,兼以各处出水泾河淤塞,虽经疏浚,人力不敷,水利少通,实为民患。"② 他所描述的吴淞江主泓仍然在嘉定,而不是黄浦江,可见黄浦江水流的优势也是慢慢增长的,而原吴淞江河道已淤,水流向北部浏河一带集中的现象经常出现,故这时期水灾的影响仍占很大比重。宣德年间水流尚充足,高地旱情不严重,但旱情一旦出现,很难抗御。宣德八年(1433),况仲奏陈:

> 看得本府所属长洲等七县,自去年冬月直至今春,雨泽不降,湖荡河渠尽皆浅涩,潮水不通,人民车戽水浆,以下种子。不期四月初旬以来,愈加亢旱,又兼东南风昼夜不息,小麦结穗将熟者,各被吹摆落地。高阜去处,秧苗俱各干死。人民缺食,不能措办种谷。蒙钦差行在工部右侍郎周忱督遣治农官,着落粮长、粮头劝借种谷,于吴塘等河近水去处,总种秧苗,欲候得二度翻耕,分给民人插莳。后至五月十日,虽曾略得微雨,入地不满二寸,旋复天晴风急,半日之间,又成赤地。常年插莳,俱在芒种以前,今者芒种节令已过,续下秧苗,又加枯老,田地无水翻耕,不得及时栽莳。③

宣德八年的旱灾广及太湖东部。吴江处于源头地区,水环境更为丰足,那里的水戽无法保证收成,可见的确是干旱的气候持续较长引起的全局性干旱。干旱持续,河水愈加枯干,农民无水翻耕。在沿海地区,干旱使潮水不通,无以抗旱,"自春至夏无雨,湖荡河渠尽皆浅涩,潮水不通,人民车戽水浆以下种子。四月初旬以来,愈加亢旱"④。河道有水,与潮水相通才会有潮水的顶托灌溉,旱灾之时,水流断流,无法形成潮灌。尽管这次旱情比较严重,但由于淤塞对水旱都敏感,故这时水灾仍占主导地

---

① (明)张国维:《吴中水利全书》卷8《水年》,文渊阁《四库全书》史部,第578册,上海古籍出版社,1987年,第316页。
② (明)况仲:《况太守集》,江苏人民出版社,1983年,第93~94页。
③ (明)况仲:《况太守集》,江苏人民出版社,1983年,第97~98页。
④ (明)况仲:《况太守集》,江苏人民出版社,1983年,第98页。

位。为防水灾,况仲将过去的大圩拆了,以往防水灾的办法是全局性地筑大圩,抬高水位,排水吴淞江,吴淞江排水入海。由于吴淞江不再是主流,这种高圩岸或说高河道水位的传统办法也失去了意义。北宋时郏亶视大圩岸崩坏为灾,况仲时视大圩完好为灾,因为大圩不能让农民直接车水救灾。客观上讲,这时的纵向大圩与河道,反而阻塞了水流排黄浦江,拆圩更有利于排水减灾。夏原吉对太湖水流格局的改变,使得吴淞江出水变为多路汇水黄浦江出水的格局。宣德七年,况仲力主废圩:

切见本府吴江等七县地方,滨临湖海,田地低洼。每田一圩多则六七千亩,少则三四千。四围高筑圩岸,圩内各分岸塍。遇有旱涝,傍河车戽。递年多圩内人民于各处泾河罱取淤泥浇壅田亩,以致傍河田地渐积高阜,旱涝不堪车戽。傍河高田数少,略得成熟;中间低田数多,全没无收,似此民难。如蒙准言,乞敕大臣该部计议,行移本府,着落治农官员踏勘,但有此等大圩田地,分作小圩,各以五百亩为率。圩旁深浚泾河,坚筑夹岸,通接外河,以便车戽。①

大圩原为抬高低地的水位以注吴淞江出水通道。吴淞江主泓道丧失了排水功能,况仲才会拆圩以利车戽。农民罱泥堆于岸上,因种稻的需要,也会将泥运于田中,长期的积累,傍河地区渐成高阜之地。这部分泥的来源是感潮淤塞,罱泥是将潮淤之泥土堆于田间的过程,清淤必然培高田地与圩岸。况仲分圩后,外河水道深入田间,罱泥使泥土分散于田间,而在大圩时期,罱泥只培高了大河道旁的大圩之岸。在潮淤加强的情况下,分圩后的小河旱时会彻底断流,无水可引,分圩在一定程度上也加重了旱灾。如果有较大的外河,旱时可以引水灌溉,越到后期,河道本身的蓄水能力越低,淤积也更加严重,这样只能导致旱涝敏感度增加。分圩可以使水网深入田间,水灾时有一时的排水之效。吴淞江故道被废后,分圩的趋势一直持续着。嘉靖年间,王同祖仍然强调分圩:"盖东南水田皆以岸塍为裹,外通水道,以时蓄洩。在宋谓之围田,皆有字号名色。然圩田之置,随地形广狭、水道远近为之大小,一圩之田,多或至于二三千亩,少或不及百亩。小圩之田,民力易集,塍岸易完。或时遇水,则车戽易遍,水潦易去,虽有巨浸,莫能为害。"为了把大圩分成小圩,要求"圩田中傍界岸筑为径塍,或画十字形,或廿字形,或三十字形,或井字形,各随田之多寡为率,如此则取土甚便,为力甚轻,不必开河费田而圩岸修矣"②。分圩的好处只存于一时之间,区域农田对旱涝的敏感度必因此而提高,故水旱灾害的频次增加。水网淤塞,水利与河道的蓄水能力下降,促使水旱灾害快速转化。降雨量稍多,会形成涝灾,而降雨量稍减,便会发生旱情。如果河道与河网有充足的水量,可以相对地抑制灾变的快速转化。

---

① (明)况仲:《况太守集》,江苏人民出版社,1983年,第93~94页。
② 康熙《松江府志》卷16《水利下》。

东太湖地区的高地与低地实有各自分解旱涝灾害的风险。昆山的周鸣凤言："吴中之田，近湖沿江，地皆卑下。平时积水已多，一遇害久雨，众水毕集，常有水患。近山沿海，地皆高阜，不能引江湖之水，以资灌溉，常有旱灾。昔人治高田之法，有塘，有溇，有潭，凡潴水以灌田者，皆是也。"① 地处江南水乡，治水工程只在涝时出现，水乡出现了旱灾，由于低地之区分布广泛，旱情只存在局部。从明代松江府的灾赈情况看，洪武到万历年间，没有旱灾赈济。② 人们对水灾不但会进行灾赈，而且要兴修水利工程，治水工程又兼具抗旱之效。故治水工程兴起后，涝年较多的时候，旱年也较少。江南的农民对旱灾的敏感性长期以来较低，因为水乡的旱灾难有效果。河网形成以后，小农在小田块内生产，一个乡内低田与高田的互惠功能难以实现，农民在微地貌上有了旱灾敏感的差异。河道淤塞到一定程度，整个地区对水旱灾害都是敏感的，在涨起的高地，旱灾敏感性在提高。

三、明中叶的旱情

正统到正德年间水灾居多，嘉靖以降，旱情开始增多。分析嘉靖年间的水旱灾情，一定程度上也可以看出这时的水利状态与水旱的关系。明中叶左右的吴淞江周边地形处于潮淤不断、沙积不断的过程。正德年间，水流的转向已十分明显。正德《松江府志》说："今松江自吴江长桥东流至尹山，北流至甫里，东北流至殿山。北合赵屯浦，又东合大盈浦，又东合顾会浦，又东合菘子浦、盘龙浦，凡五大浦。至宋家桥转东南流，与黄浦会而入海。"由此可以看出，原吴淞江水域的水流，已经转向在中下游转向黄浦江，当然，更多的水流也不向吴淞江汇流，而直接经过南部的湖泊与三泖地带入黄浦。由于感潮，转向后的水流也形成许多的潮淤与积沙。明代袁凯有诗曰："西起吴江东海浦，茫茫沙塗皆沃土。当时此物不归官，尽养此地饥民户。红尖小麦亩二石，荻芦轮囷竟三尺。纷纷赤线何足论，瓜芋青秧密如栉。饥民得此不复饥，昔无一物今五衣。子孙相仍二十载，饱暖得与平民齐。"③ 潮淤形成的土地养活了一些饥民，但这种形势也为嘉靖年间的旱灾埋下了伏笔。

江南地区在嘉靖年间呈现出历史上前所未有的旱象，旱灾的频度大大增加。开始的三年几乎每年都出现水旱灾，旱灾频率是100%，可谓100%的旱灾敏感。嘉靖元年（1522）春，"大旱，河渠枯涸，三月至六月，大水成巨浸。吴中田畴并没，七月湖涨，吴江城外及简村三十里内一望无际。"这是一次典型的水旱快速转化，河道枯干因旱灾区的河道细而淤，接着水多成涝，也是因淤积不排而生。到了嘉靖二年（1523），仍然

---

① 崇祯《松江府志》卷18《水利下》。
② 崇祯《松江府志》卷13《荒政》。
③ 正德《松江府志》卷2《水上》。

处于这样一种状态:"夏大旱,溪湖见底,妨稼。七月,湖海泛溢,漂溺民居。"嘉靖三年(1524),仍然如此:"夏先旱,后大水,伤稼。"嘉靖初年的这种先旱后涝的现象说明夏天的干旱,除了气候的原因外,还有河道长期淤塞之因素。由于河道淤塞,河道蓄水量甚少,自然的小湖泊和小水塘也已经基本开发完毕,无水可蓄,自然易旱;而河道淤塞的情况下,夏秋之季又极易遭受水灾。嘉靖四至十五年(1525—1536),旱情进一步发展,这其间甚至出现了秋季之旱,这 12 年中,一共有 6 次旱灾记录,2 次水灾记录。这一阶段的旱灾频率是 50%,也就是 50% 的旱灾敏感。嘉靖十四年(1535),"春雨夏旱秋大水"。这完全是一种没有任何抵御能力的水利状态。嘉靖十六至二十年(1537—1541),这 5 年稍微偏涝,但仍有快速的水旱交替,嘉靖十八年(1539),"春夏大旱,闰七年,湖海水溢,平地涌波数尺,田多坍没"。这是第三阶段。嘉靖二十二至二十八年(1543—1549),又呈现严重的旱象,7 年中发生了 6 次旱情,旱灾的频率达到 86%。由于水利不修,嘉靖二十八年高低乡各受旱灾和涝灾,"太湖水溢,低乡害稼,高乡苦旱"。这是第四阶段。嘉靖二十九至四十五年(1550—1566),这 16 年中旱涝较以前为少,所发生的几次灾害基本上是水灾多,旱灾少,这是第五阶段,属旱涝不敏感阶段。这种现象是真正意义上的雨量引起的干旱,但也与水利、河道的能力有关系。嘉靖年间,旱情加重。嘉靖以后,旱情稍减,水灾偏多。[①] 这正是吴淞江改道黄浦后,泄水的益处彰显之后,河网淤塞开始加重的时期。尽管这种后果相对滞后,但在吴淞江周边地区已经很明显了。由于清水量的减少,潮淤的积累也经过了一个半世纪,气候转旱,旱情便在这种环境下被放大。

在吴淞江周边的水网区,旱情都有一定程度的发生,由于黄浦江水流偏急,没有缓和水流那样可以形成局部的丰水环境,故吴淞江南部地区也会因失灌而发生旱灾。水利失修,海潮倒灌,同样也可以无法灌溉而形成灾害。从理论上讲,这样也可以引潮灌溉,只不过时机掌握得好,可以灌到水面上的清水。旱情的同时潮水又盛,灾情不免就扩大了。徐阶曾描述了万历年间因海塘失修引起的海水倒灌,当时华亭又发生了旱灾:"万历三年夏五月晦,海大风鼓涛,山立怒号而西注,败塘于澉阙、于白沙,漂没庐舍百十区,潮乘其缺日再入,流溢四境。潮味咸,所过禾麦豆蔬立枯,适岁旱,民不得灌溉。"[②] 这是由海塘失修而引起的潮灾,同时加剧了旱灾。

嘉定一带的高地旱情可以通过水利网络的疏通得以缓解。由于清水日弱,潮浑之水益强,淤塞的加强年盛一年,水利的作用也弱化了。"自松江既堙,清水罕至,舟楫灌溉,咸资潮水。宋人引清障浊之法,已不可施于今。每岁所开塘浦,还为潮汐之所

[①] (明)张国维:《吴中水利全书》卷 8《水年》,文渊阁《四库全书》史部,第 578 册,上海古籍出版社,1987 年,第 318~319 页。

[②] 康熙《松江府志》卷 16《水利下》。

填淤,三岁而浅,四岁而埋,五岁又须重浚,亦无一劳永逸之术。"① 在海潮区,由于支河淤塞更加严重,河道与小湖泊蓄淡水的能力越加下降,使旱情加重。冈身一带长期设坝堰或设闸引潮溉灌,在河道与水量正常的时候,一定量的蓄水使冈身区可以稳定地渡过一般旱情。毛节卿谈到一种河道与农业灌溉状态,他认为在这种状态下没有旱灾:"每河阔三丈者,置闸一座,六丈者置闸二座,多寡以是为差。每闸各置亭一所,岁拨闸夫二名和房近闸居民世掌其事,有失则罪之。每九月至二月,常川扃闭,朔望则启中闸以通海船,傍开月河低堰以通小舟之行,小港者或湖水溢下,则潮退而悉启之。其三月至八月,高田用水则启闸以进潮,或雨泽满盈,足以灌溉,则亦闭之以清江流。庶舟无往来之阻,田无苦旱之灾。高乡岁免疏浚而低田亦减三年二水之忧矣。"这种状态的平稳是暂时平稳,由于河网的淤塞愈加严重,平衡难以寻求:"今高乡支河在在湮塞,旱年则从外塘搬水以救苗,民是劳止。"② 在这种情况下,这一地区对气候干旱的敏感性大大提高了。许多治水官员认为夏原吉改流犯了大错误,多次提议重开吴淞江。由于普遍的淤积,恢复吴淞江的可能性几乎不存在。自夏原吉治水以后,潮淤也非常严重,"数年以来,浑潮日渐阻室";出水也开始不利:"盖低乡支河之水容受众流,比田反高,而田反在支河水面之下,若非圩岸以围之,而支河不通,则荡然巨浸,遂不可田。"③ 宋元时期那种以吴淞江为主的治水格局的条件已经不存在,潮沙的淤积已使吴淞江与主干塘浦起不到传统的作用,小水即涝,小干即旱。

旱情的强化使官方的治水目标从一味疏导转向旱涝两备。嘉靖初年,颜如环的开吴淞江计划就认为应该旱涝两备。当时吴淞江之水已南北二分,原河道经"先年累次修浚,乐简易而畏烦难,以致二处淤塞不通。询访耆老,咸谓当于新洋、下界口各置一闸,冬春常闭,秋夏淫涝,开之以分洩水势,或旱干开之以通引灌溉,庶几江流常通,旱涝有备"。置闸是旱涝二备的水利措施,蓄水使旱涝两备。嘉靖二年,谢琛也强调置闸。其实,闸制的历史很古老,但当时的"旧制板闸、夫卒之设,围岸之筑,皆未全备,是以诸浦之壅塞如故。近年虽有带管金事,官既不专,名亦虚设,以至水利日废"④。他建议闸制,是因旱情增多所致。当然,高地地区的疏治仍有效果,但旱涝两备的疏治一般要求支河发达。万历七年(1579)的一次水利工程使吴淞江下游的广大地区受惠许多。吴淞江故道区在通流中田土复垦,"江之在境内淤塞者,于万历五年同时疏治十余里,沿江荒田,日就垦辟,内田亦治"。明末的水流以淀山湖出水水流为

---

① 万历《嘉定县志》卷20《文苑》。
② (明)张国维:《吴中水利全书》卷21,文渊阁《四库全书》史部,第578册,上海古籍出版社,1987年,第780~781页。
③ 《三吴水考》卷10,文渊阁《四库全书》史部,第577册,上海古籍出版社,1987年,第369页。
④ 康熙《松江府志》卷16《水利下》。

大,"湖西圩田,日就剥削",许多湖港也被淤塞,万历年间的疏通使水流有所畅通。这次治水疏淤使黄浦江一带的水网疏通时干枝齐治。在黄浦江附近地区可以引潮灌溉,一旦淤塞也灌溉难行,旱灾易成。在沙冈一带,"南沙冈北引浦水入腹为利,南截南桥塘,直抵柘林所。潮沙淤塞,灌溉失资。于万历七年疏浚深阔"①。

四、次生的变化

在不断发生旱情敏感的同时,昆山干田化情形日益加强,"自吴淞壅淤,则西南之水横溢,白茆阻塞,则东北之水进来,仅娄江一线,纤纤徐徐,引注入海,而近已填塞于海沙。则为昆山计,将如之何?四境田畴惟东南壤接嘉定者高亢苦旱,其南境之邻长洲、青浦者,即多卑洼,至于北乡皆障水成田,水弥弥行田外,常高于田数尺"②,部分地区干田化的情形非常明显。归有光对这个现象有很深入的观察,他看出吴淞江水网上下游之间水网的水流变化:"吴淞江为三州太湖出水之大道,水之经流也。江之南北岸二百五十埯间,支流数百,引以灌溉。自顷水利不修,经河既湮,支流亦塞。然自长桥以东,上流之水犹驶。迨夏贺口至安亭,过嘉定、青浦之境,中间不绝如线。是以两县之田与安亭连界者,无不荒。"③ 这一区域正是长期淤积形成的高地地区。在这一地区,首先可以肯定的是,旱涝灾害因水环境的改变而增长。明代王锡爵《永折漕粮碑记》讲到嘉定的情况时指出:

> 吴淞南襟,娄江北带,皆在数十里之内,故淫潦泛溢之祸,常为诸县最,然而其民曾不得灌溉之利,米谷之入尚不足以自饱,而岁出十四万石以漕京师,非取之他县不能办也。盖他县之水皆江湖之清波,而嘉定独潮汐之所出入,浊泥浮沙日有积焉。余尝考其地志,塘浦之在界中者,凡三千余,昔人以治水为大政,故二百年常通流不废。正嘉之际,其遗烈犹有存者。至于今湮没者十八九,其存者如衣带而已。是以其民独托命于木绵,木绵之性,喜与水田相代,而嘉定之植数,十年不能易也。④

这里提到了水灾加强,由于灌溉难以进行,旱灾也会大大增加。这一地区,"清流既壅,浑潮日涨。水利不通,农田渐荒"。当时海寇入侵江南,官方认为把河道的入海口堵死即可,但归有光指出当时的河道已经十分萎缩,倭兵不可能从河道进兵,进兵

---

① 崇祯《松江府志》卷5《水》。
② 光绪《昆新两县续修合志》卷46《艺文四》。
③ (明)归有光:《震川先生集》,上海古籍出版社,2007年,第168页。
④ 万历《嘉定县志》卷19《文苑一》。

时直接走陆地即可。他认为这是二十多年以来的水环境变化所致:"二十年以来,松江日就枯涸。惟独昆山之东、常熟之北,江海高仰之亩,岁苦旱矣。腹内之民,宴然不知。逐谓江之通塞,无关利害,今则既见之矣。"降雨量增大的年份,旱地难以排水,这些旱地作物也会受涝。归有光还描述了一次大水灾的状态:"大水没路,不通人行,遂至音问隔绝。此乡征连年亢旱,今岁却种花豆。淫雨潦烂,奈无圩岸,横水泛滥,莫能措手。昨两日雨止,觉水退一二寸。一年所望花豆,已无有矣。方令人番耕,买秧插莳,倍费工本,又太后时。然不无万一之望。人来言,西乡极恇扰。非是此地高强,此间人耐荒,西乡人不耐荒耳。"① 这一带只有吴淞江是出水干道,尽管有一时之干旱,因众水汇流吴淞江,河网充水,仍有稻作之利。吴淞江不再是太湖出水干道以后,水网失水,旱情就无法改变了。无论南部、北部,稻作都因干旱受影响。旱灾下的人们也开始流离失所。昆山三区之田,"田大土荒莱,居民逃窜,岁逋日积,十数年来,官于兹土者,未尝不觉人以为尤,而不能为吾民终岁之计"。归有光认为可以减少税额以招回流民。他也要求进一步开水利,如果吴淞江不开,"数年之后,不独三区,而三州之民皆病也"。吴淞江在黄浦夺流以后,更加淤塞,加上豪民占垦,水利不兴,高地地区难以抵挡旱灾的打击。"低乡之民,虽遇大水,有鱼鳖荌芡之利。长流采捕,可以度日。高乡之民,一遇亢旱,弥望黄茅白苇而已。低乡水退,次年以膏沃倍收,瘠土之民,艰难百倍。"② 张应武言:"载地既高,而江形又直,建瓴东注,自安亭港至李家洪,萦迂境内,百有余里。塘浦左右股引,足于清水而亦无壅溢之患。五季以前,江乡号称乐土。自吴江石堤既筑,清水之出于湖口者日微,不足以荡涤潮沙,松江屡浚屡埋。"③ 农民开始致力于棉花的种植以图摆脱困局:"嘉定承五湖之委,居三江之间,而三面诸浦,噏吸浊流。朝潮夕汐,日就淀淤。于是言水利,则苦浚治之费;论田功,则忧灌溉之艰。故称沙瘠之地,其田不得与他州县比。"④ 徐学谟言:"扬州厥土下下,吾乡居扬州一隅,赋额特重。岁供几当天下之半,然而民能勉力委输,犹幸不困者,以下下则宜稻也。嘉定濒海硗瘠,不下而高,土不宜稻,况潮汐四通,则沟洫易淤,飓风时作,则荡析为虞。余生七十年来,所见全稔之秋,犹未数数也。"⑤

旱地化趋势和旱地作物使高地地区的农业发生了变化。首先,棉花种植代替了原有的水稻种植。种稻下降,植棉在宋元以后大大加强。早期的高地地区往往是一岁二熟的麦稻两收之田。《王祯农书》记载的是高田早熟而种麦。"高田早熟,八月燥耕而

---

① (明)归有光:《震川先生集》,上海古籍出版社,2007年,第161、178、903页。
② (明)归有光:《震川先生集》,上海古籍出版社,2007年,第167~179页。
③ 万历《嘉定县志》卷19《文苑一》。
④ 万历《嘉定县志》卷5《田赋》。
⑤ 万历《嘉定县志》卷19《文苑一》。

燠之，以种二麦。其法：起墢为疄，两疄之间，自成一畎。一段耕毕，以锄横截其疄，泄利其水，谓之'腰沟'。二麦既收，然后平沟畎，蓄水深耕，俗谓之'再熟田'。下田既熟，十月收刈既毕，即乘天晴无水而耕之，节其水之浅深，常令块堡半出水面，日曝雪冻，土乃酥碎。仲春土膏脉起，即再耕治。"① 到了明清时期，这种麦稻两熟或两收的情形很难再现。太仓地区植棉较多，这一地区表面上是受浏河的影响，其实也是吴淞江水网的波及之区。

按顾殷重从州守白公开浚朱泾、刘家港，著《娄江志》、《新刘河志》，于乡党之利病得失，盖拳拳矣。是时滨河之田二八九十都俱沃衍肥美，称上产。今河道淤塞，田日瘠，民日贫，岁收不及向时远甚。向田一亩价十千者，今裁得三之一，二八九十遂为下产，则水利之不修也。论者谓太仓地宜木棉，喜燥而恶湿，似水利在所缓，此甚不然，稻可岁岁种，而棉不可岁岁种，种棉久则土瘠，而棉恶善治田者。间一、二岁易之，以均田之肥瘠而休养。其粪种库水之费，盖木棉不喜粪壅，如遇雨泽平均，草菜不起之岁，种棉一亩不过费缗钱一贯而已足，种稻之费四之，水治田熟，民岁有蓄积，其力足以粪田，故种稻者多稻，多则田沃，田沃则岁收常倍，水利不修则田入少，民无蓄积，力不能种稻则种棉，种棉久而土无力，收亦日薄，民亦愈贫。②

种稻不兴是因为水利不兴，而水利不兴实是水环境变化所致，吴淞江改道，河网的充水环境不再，故河淤而民种植，收入也减少。吴淞江无清水之盛，海潮大盛，淤塞大增，因此也引起旱情的增长。王在晋言："其刘家河海潮之入，由盐铁到湖川，而东北自七鸦港入者，亦从花浦、杨林及湖川而相会合，浑砂泥淬，酿成堙堰。高田无灌溉则枯，低田逢水潦则没。故茜泾一带几成圻莽，舟航既陁，桔橰多废。迩年郊原四望，遍地皆棉。种棉久则土膏竭，而腴田化为瘠壤，一逢水旱虫螟，尽仰藉于转耀。"③ 种棉久而土壤发生变化，整个高地越来越像北方的旱地。这样的旱地与作物的搭配，对旱灾的抵抗能力增加了，棉花对旱灾的敏感度与水稻相比大为下降。与棉花相比，水稻可以抵御水灾，棉花与豆类对水灾的抵抗能力相对较差，一旦雨量增加，高地很快产生对水灾的敏感。旱灾使人们不修圩岸，水灾后人们又想种稻，他们想恢复以前的生境与水田种植。恢复后的水稻又产生旱灾敏感，本是江南水乡，水灾是常态，高地的人引潮灌溉，仍种有部分水稻，水稻对旱灾又非常敏感。旱情到来时，棉花、水稻都要歉收。总之，这一江南水乡中的旱地板块，作物的多样性也增加了对旱

---

① （元）王祯撰、缪启愉译注：《东鲁王氏农书译注》，上海古籍出版社，1994年，第468页。
② 嘉庆《直隶太仓州志》卷20《水利下》。
③ 《天下郡国利病书》，《顾炎武全集》第12册，上海古籍出版社，2011年，第546页。

涝灾害的敏感度，常处于左右不得的状态。万历年间，林应训也发现了这一地区旱地化趋势，有农民直接向他陈述田地不再成为稻田的情形：

> 为开浚吴淞江中段，久驻昆山县地方，时时亲到江上，督率工程，每一到江，则有该县十二等保区民潘环等群然泣告：本区安亭地方与嘉定县连界，地方沙瘠，花稻薄收，近来钱粮无措，男妇流移，举该区万余亩之地，俱成荒芜。①

清中叶的《安亭志》载："吾安亭吴淞江环其前，娄江绕其后，而所资为灌溉、舟楫之便者，则有瓦浦、徐公、吴塘、顾浦诸小港，在五季之世，江乡一乐国也，自吴淞、娄江湮塞不通，而诸小港亦塞，田卒荒芜，即不免民就逃亡。"② 清人知道从丰水环境变成干旱环境，不但稻作不成，许多生态湿地的资源也不再有，低地地区有野生食物资源，冈身高地则无，环境一变，人们也因此难以应对灾变。归有光讲到安亭一带的高田生态：

> 安亭镇在昆山东南偏，以北三区石田，岁收于他乡最下。往者周文襄公特为优假；规画县赋，以岁布予之，务纡其力，民以乐业。其后县官克去岁布，敛以常额，会水利益废不治。田高，枯不蓄水，卒然雨潦，又无所泄。屡经水旱，百姓愁苦失业。然有司习闻其贫下，凡议宽恤，犹先三区云。③

由此可以看出，地方政府很早就开始为三区的民众减轻负担，但由于江南赋重，所减的内容也只是以布易粮，百姓也只好努力植棉纺织以适应变化了的生态，一旦地方官改征粮税，马上就会出现民不堪负的现象。正德末年，官方的强迫更加严重，许多田地荒废。大户人家被逼死者众多，群众逃散。到了大旱时，灾情尤为突出。"嘉靖乙未，岁大旱，野无青草。官督赋如常，民狼顾四走，将空其地。"④ 归有光感觉到旱情的加重始于嘉靖年间，认为应该不惜人力与工本以完成塘浦的疏浚，其实旱情与河道的淤积密切相连，而人们所理解的开河，往往是为了防涝。他为了解决自己家乡的旱情，也不断以防涝为借口要求开河："若惜区区涨沙菱芦之地，虽岁岁开浦而支本不正，水终横行。今自嘉靖以来，岁多旱而少水，愚民以为不复见白水之患。余

---

① （清）陈树德、孙岱：《安亭志》卷3《田赋》。
② （清）陈树德、孙岱：《安亭志》卷2《水道》。
③ （明）归有光：《震川先生集》，上海古籍出版社，2007年，第561页。
④ （明）归有光：《震川先生集》，上海古籍出版社，2007年，第561～562页。

尝闻正德四年秋，雨七日夜，吴中遂成巨浸，设使如汉建始间，霖雨三十日，将如之何。"①

旱地作物的兴起带来赋税征改方式的争论，田地已种植棉花，仍征水稻必然引起贫困的加剧。故常有官员为赋税问题上奏。嘉定高地的旱田荒废情况时有发生，"自吴淞江湮而遂人之法不讲，于是十六等都六区三扇田率污莱"，官方以征收折色的方式代替征稻，有利于地方的稳定。但有时水田在水利复兴时得以复垦，官方又欲复征前税，官民因此发生冲突。一位朱知府在讲嘉定一带的水利、土质与赋税的关系时说："地形高阜，素称沙瘠，其十六等都共六区三扇者，则又沙瘠之极。向赖吴淞江潮汐灌溉。嘉隆以来，本港淤塞，旱涝莫救，竟成废土，以故当事者目为下区。编派催征，每从宽减，而一邑之民亦甘为之代赔矣。既而吴淞江大挑之后，则水利渐得开垦渐熟，六区之民正宜力田以给公上，乃复恃故有荒区之名，屡为无厌之乞，无怪乎阖邑士民曹起而角之，若聚讼然也。"②当地乡绅经常申请官府改征折色，因为嘉定已经成为棉区。万历十一年（1583），嘉定乡绅所说的情况，完全将嘉定说成水乡中的旱乡："各州县地势平衍，多种稻禾，即以所产供其所轮，公私两便。惟嘉定一县，三面濒海，高阜亢瘠，下注流沙。贮木既难，车戽尤梗，版籍虽存田额，其实专种木绵，涝则尽淳，旱则全槁，加以飓灾时作，十岁九荒，小人之依全倚花布。"③可以看出，明代中后期的嘉定，完全处于一种灾荒敏感状态，这是长期以来吴淞江淤塞引起的。明末知县朱廷益这样描述全县的情况："其宜种稻禾田地止一千三百一十一顷六十余亩，堪种花豆田地一万三百七十二顷五十余亩。复集乡耆父老酌议，得本县地形高亢，土脉沙瘠。种稻之田约止十分之一，其余止堪种花荳。但遇霪雨，则易于腐烂；遇旱燥，则易于枯槁。又海啸之虞，不得有秋，十年之内，荒歉恒居五六。用是，小民日至流移，粮长日至疲困。"④在嘉靖年间旱灾加重时，又有倭乱，水利衰退使旱灾的效果被放大。万历年间的知县韩浚言："本县地滨江海，斥卤高亢，较之各属之地，独称沙瘠，此通邑为然，不特六区二扇也。乃六区三扇之议，则始于嘉靖间盖倭乱之后，河道淤塞，田地荒芜。"⑤嘉靖三十一年（1552）以后，倭乱尤为严重，其中有一年的情形也正值旱情："盖沿江沿海地方，久为寇巢，固宜残破，而腹里之地则自正月、四月以至六月，家至户到，任其搜掳，恣其焚烧。及贼势少退，正欲返归故乡，掇拾煨烬，而八月二四日之变，则文倏然突至，逃避无及，况大兵万余，屯扎往返，虽草根亦且不留，

---

① （明）张国维：《吴中水利全书》卷21，文渊阁《四库全书》史部，第578册，上海古籍出版社，1987年，第778页。
② 万历《嘉定县志》卷7《田赋考下》。
③ 万历《嘉定县志》卷7《田赋考下》。
④ 万历《嘉定县志》卷7《田赋考下》。
⑤ 万历《嘉定县志》卷7《田赋考下》。

而又何望其花荳之收获也。天道亢旱，地方伤残，他县所同，而八月十四日之变，八月二十二日之败，竭膏脂以供大兵，弃江东以资巨寇，则他县之所无，而嘉定之所独也。"[1] 在倭乱和抗倭军队的介入下，旱灾稍现，农业生产便受到严重影响，故旱灾的程度被进一步强化。

结 语

综上所述，古代江南水乡如果出现了水利与地势的改变，极容易在旱灾的诱导下出现重大变化。尽管这种变化在古代是小规模的，但水文与水利的变化仍然引起了区域社会与民众生活的重大改变。传统时代的乡绅与民众为了恢复吴淞江高地区的水乡特色，做出大量努力。有意思的是，现代的江南和上海附近地区，其水文与水流发生了更大的变化，由于现代技术的发展，没有产生对人们城居生活的重大改变，即使在农村，在现代灌溉技术下，旱象下的江南仍然可以保证水稻的种植。值得重视的是，生态变化会带来不可意想的结果。一些危险似乎在逼近，水环境与周边的色调在改变，江南大部分地区由于工业化和城镇化的影响，已经出现了大规模的旱地化倾向；水质、土壤污染的发展也将江南的水文生态带到一个不可知的危险境地。现在，江南水乡失去了许多旧有的特色。明代的轻微淤塞都会影响到局部水乡特色的消失，现在的这种大规模改变一定会长期地改变水乡的传统色调。也许，江南传统水乡色调的消失，将带来更多不可预知的后果。

〔作者王建革，复旦大学历史地理研究所教授。本文刊发于《中国高校社会科学》2014年第3期，责任编辑李光伟。人大复印资料《明清史》2014年第7期转载〕

---

[1] 万历《嘉定县志》卷15《兵防考上》。

论李焘的历史编纂学成就

——以《续资治通鉴长编》为中心

陈其泰　屈　宁

作为中国古代史学史上规模最大的编年体史著，《续资治通鉴长编》（以下简称《长编》）自成书以来，一直为世人所推崇。周必大称其"考证异同，罕见其比"。叶适认为"《春秋》之后，才有此书"[1]。清人既称赞其"淹贯详赡，固读史者考证之林"[2]，又叹服其直书笔法，甚至将李焘奉为宋儒修史第一人。[3] 这些论述对于体察李氏之史学思想和成就，均有重要的参考价值，惜未深入展开论述。近今学者之研究，除集中探讨李氏生平学术及《长编》之撰述经过、版本沿革、史料取材外，多从文献学角度进行订讹规过。[4] 至于全书编纂学特色，尤其是在编年体史书发展沿革过程中所处的重要地位，在事实、褒贬、文采等方面的显著特点，及与同时期《资治通鉴》、《建炎以来系年要录》（以下简称《要录》）等同体裁史书之异同，尚缺乏全面考察。而这些问题，恰是本文所要着力探研之处。

---

[1] （宋）叶适：《水心文集》卷12《巽岩集序》，中华书局，1961年，第210页。

[2] （清）纪昀、永瑢等：《四库全书总目》卷47《史部·编年类·续资治通鉴长编提要》，中华书局，1965年，第424页。

[3] （清）朱彝尊：《曝书亭集》卷45《书李氏〈续通鉴长编〉后》，四部丛刊初编缩印本，商务印书馆，1936年。

[4] 有关论著主要有方壮猷：《南宋编年史家二李年谱》，《史学史研究》1981年第1期；刘复生：《李焘和〈续资治通鉴长编〉的编纂》，《史学史研究》1981年第3期；顾吉辰、俞如云：《〈续资治通鉴长编〉版本沿革及其史料价值》，《西北师院学报》1983年第3期；张孟伦：《李焘和〈续资治通鉴长编〉》，《上海师范大学学报》1983年第4期；裴汝诚、许沛藻：《〈续资治通鉴长编〉考略》，中华书局，1985年；蔡崇榜：《南宋编年史家二李史学研究浅见》，《史学史研究》1986年第2期；徐规：《〈续资治通鉴长编〉评介》，见《中国史学名著评介》第2卷，山东教育出版社，1990年；燕永成：《今七朝本〈续资治通鉴长编〉探源》，《古籍整理研究学刊》1994年第5期等。

一、慨然以史自任

在中国历史上，时代剧变之际，王朝鼎革之时，往往是私家修史活跃的时期。靖康之祸，宋室南迁，对南宋史家创痛尤深，其忧患意识较之北宋史家更显深沉、浓郁，史学"垂鉴"、"资治"之用，被最大程度地彰显出来，极大地推动了当代史的纂修。一时间，李焘之《长编》、李心传之《要录》、徐梦莘之《三朝北盟会编》（以下简称《会编》），竞相迭出，前后相继，成为南宋历史编纂学的一个显著时代特点。其中，《长编》堪称私修当代史的前驱之作。

李焘能以一己之力纂成北宋一代信史，上继司马光之《通鉴》，下启私修当代史之先河，很大程度上得益于其深厚的家学渊源。李焘，字仁甫，一字子真，号巽岩，谥文简，眉州丹棱（今属四川）人。徽宗政和五年（1115）生人，高宗绍兴八年（1138）进士及第，任华阳主簿，在蜀为官凡二十载。孝宗乾道三年（1167），应荐入京，授兵部员外郎、兼国史院编修。不久外迁鄂、蜀、赣等地为官，后往来于京师与地方之间。孝宗淳熙十年（1183），因修史有功，进敷文阁直学士、兼侍讲、同修国史。翌年，病逝于临安。当北宋之时，文网较松，官修实录及国史在民间传抄较广，加之印刷业的高度发展，极大地推动了史料的流传，藏书修史之风随之而起，至南宋更蔚为大观。李焘之家乡四川眉州，即为当时雕版印刷之中心地区，文化氛围尤其浓厚，其父李中为大观三年（1109）进士，政和五年知仙井监，后累官至左朝奉散大夫，为政廉直，尤通习宋朝典故，"家藏书数万卷"①。李焘自幼天资聪颖，深受家学熏陶，青年时期即博涉经传，尤重史学，"如嗜饮食"②，"于本朝故事，尤切欣慕"③。又私淑司马光、范祖禹之学行，素有经世之志。弱冠之年即著《两汉鉴》。绍兴五年（1135），追念靖康之祸，作《反正议》十五篇，所论皆救时之大务。绍兴十七年（1147），丁忧还乡，闭户著书，以为"百官沿革，公卿除拜，皆事之最大者"④，乃仿司马光《百官公卿表》成《续皇朝百官公卿表》，起自建隆，迄于靖康，凡142年。"《长编》之书，

---

① （宋）周必大：《文忠集》卷66《敷文阁学士李文简公神道碑》，景印文渊阁《四库全书》本，台湾商务印书馆，1983年。
② （宋）楼钥：《攻媿集》卷94《少傅观文殿大学士致仕益国公赠太师谥文忠周公神道碑》，丛书集成初编本，中华书局，1985年。
③ （宋）李焘：《进〈长编〉奏状》，（元）马端临：《文献通考》卷193《经籍考二十》。
④ （宋）李焘：《百官公卿表》序，（元）马端临：《文献通考》卷202《经籍考二十九》。

盖始于此"①。其后，李焘相继于孝宗隆兴元年（1163）、孝宗乾道四年（1168）、孝宗淳熙元年（1174）、孝宗淳熙九年（1182）累次进呈史稿，凡980卷，又别为《事目》10卷，《举要》68卷，《总目》5卷，共1063卷。前后"网罗收拾垂四十年"②。后人称其"平生生死文字间"③，诚为知言。

此书之撰述宗旨主要有二：一是有感本朝"学士大夫各信所传，不考诸实录、正史，分错难信……家自为说"之修史缺陷，"发愤讨论，使众说咸会于一"④；二是详载熙宁以来之"大征伐"、"大废置"等"关天下之利害者"⑤。前者体现出其力成一代信史之志，后者则是其历史垂鉴思想和经世情怀的集中流露。而这两点，均是李焘治史之主要旨趣所在，"以宋臣言宋事"，既能"继南、董之笔"，直书其事，又能"援《春秋》之义"，⑥彰善瘅恶，殊为难得。

需要特别指出的是，李焘一生究心于史，与其对官方修史积弊的深刻洞察直接相关。孝宗年间，李焘于兼修国史任上谏言重修《徽宗实录》曰："祖宗实录皆不但一修，此故事也。……神宗、哲宗两朝（实录）所以四修、再修，与太祖、太宗（实录）异，盖不独于事实有所漏略而已，又辄以私意变乱是非。绍兴初，不得不为辩白也。诬谤虽则辩白，而漏略固在，然犹愈于近所修《徽宗实录》。……徽宗一朝大典，治忽所关最大，若不就今文字未尽沦落，尚可着意收拾，同力整顿，日复一日，必至是非混乱，忠义枉遭埋没，奸谀反得恣睢，史官之罪大矣！"⑦内中饱含着对本朝某些身任史职者刻意隐晦、篡改史事之卑劣行径的强烈不满。这里只要联系一下南宋初年的史馆格局即可明白，所谓"以私意变乱是非"者，当系指秦桧等权贵之臣，李焘既恶其擅权误国，又恨其淆乱国史，郁怏孤愤之际，"博览群书，搜罗百氏，慨然以史自任"⑧，这一作法，也是南宋诸多有识史家治史情怀的真实写照。

---

① （宋）周必大：《文忠集》卷66《敷文阁学士李文简公神道碑》，景印文渊阁《四库全书》本，台湾商务印书馆，1983年。

② （宋）李焘：《进〈长编〉奏状（淳熙九年）》，（元）马端临：《文献通考》卷193《经籍考二十》。

③ （元）脱脱等：《宋史》卷388《李焘传》。

④ （宋）李焘：《进〈长编〉奏状（隆兴元年）》，（元）马端临：《文献通考》卷193《经籍考二十》。

⑤ （宋）李焘：《进〈长编〉奏状（淳熙元年）》，（元）马端临：《文献通考》卷193《经籍考二十》。

⑥ （清）孙原湘：《天真阁集》卷43《李氏〈续通鉴长编〉跋》，《续修四库全书》景印本，上海古籍出版社，1995年。

⑦ 《宋会要辑稿·职官》一八之六九《请求重行刊修徽宗实录札子》，中华书局，1957年。

⑧ （元）脱脱等：《宋史》卷388《李焘传》。

作为一部宋人所撰最为详实的北宋史，《长编》成书后，一直为世人所重，后不幸散佚，今通行本乃清代四库馆臣据《永乐大典》抄出，重为编次而成，计520卷，然已缺熙宁至绍圣年间部分史实及徽、钦宗二朝全部史事，殊为可惜。不过，李焘之编纂思想、著述体系、历史见识等，依然清晰可见。以下主要从撰述体例、内容特色、历史叙事三个方面，对全书之编纂学成就作具体论述。

二、言事相兼，人物突出

作为中国最古老的一种史书体裁，编年体至宋代已臻完备，前有《通鉴》一类的通史巨著横空出世，后有《长编》、《要录》、《会编》等断代史著竞相迭出，其在时间和内容上前后相继，交相辉映，集中体现出史家对这一体裁的偏爱。诚如李焘所言："事日月年之相系，在史家固良法也！"① 其年经月纬，无有重复，善于储存和排比历史知识的优点，与两宋史家志存一代信史之著史旨趣，尤为契合。

从编纂学的角度来看，这一时期史家对编年体之运用已相当灵活自如，尤其注重吸收纪传、纪事本末等体裁优点，以补编年体分散系事、难以展现历史全景和人物全貌之缺失，成功做到了言事相兼，人物突出。而《长编》在记载时人言论、交代史事原委、刻画人物风貌方面，尤为突出。

注重记载时人言论，以烘托和指陈历史时势，是当代史著述的显著特点，也是明显区别于通史著述之处。《汉书》与《史记》相比，其"论其施行之语著于篇"② 的撰述原则使其在载录时人言论方面远胜于后者。同样，《长编》较之《通鉴》，亦以突显时人言动见长。举凡皇帝诏令、大臣建言、君臣对话，凡关系国运、切中时弊者，莫不详著之，在铺陈和烘托历史背景和历史时势的同时，亦巧妙地将个人看法寄寓其中。对此撰述手法，下文会详作论述。

在记事方面，《长编》往往于重要事目下附载其缘由经过、始末原委，这种"追叙"的手法，《左传》首开先河，至宋代，更为史家所重。如仁宗天圣四年（1026）八月，诏修泰州捍海堰。对此事之经过，书中记曰：

> 先是，堰久废不治，岁患海涛冒民田，监西溪盐税范仲淹言于发运副使张纶，请修复之。纶奏以仲淹知兴化县，总其役。难者谓涛患息则积潦必为灾，纶曰：涛之患十九，而潦之灾十一，获多亡少，岂不可乎？役既兴，会大雨雪，惊涛汹

---

① （宋）李焘：《汉纪》跋，（元）马端临：《文献通考》卷193《经籍考二十》。
② 《汉书》卷49《晁错传》。

汹且至，役夫散走，旋泞而死者百余人。众哗言堰不可复，诏遣中使按视，将罢之。又诏淮南转运使胡令仪同仲淹度其可否，令仪力主仲淹议。而仲淹寻以忧去，犹为书抵纶，言复堰之利。纶表三请，愿身自总役。乃命纶兼权知泰州，筑堰自小海寨东南至耿庄，凡一百八十里，而于运河置闸，纳潮水以通漕。逾年堰成，流逋归者二千六百余户。①

作为仁宗乃至北宋一朝在治河防患方面的一个重要缩影，李焘以凝练的文笔，将此次修堰缘起、中途所遇阻力、最终通漕便民的结局，有条不紊地一一道来，尤其集中写出了范仲淹、张纶等人面对雨雪并至、役夫散失等一系列困难挫折，以及反对者之重重刁难，始终不言放弃、坚守河堤的从容与坚毅，给人以极大的震撼力。又如仁宗庆历四年（1044）六月，范仲淹出为陕西、河东路宣抚使一事，书中亦详载其始末原委：

  始，范仲淹以忤吕夷简，放逐者数年，士大夫持二人曲直，交指为朋党。及陕西用兵，天子以仲淹士望所属，拔用护边。及夷简罢，召还倚以为治，中外想望其功业，而仲淹亦感激眷遇，以天下为己任，遂与富弼日夜谋虑，兴致太平。然规摹阔大，论者以为难行。及按察使多所举劾，人心不自安；任子恩薄，磨勘法密，侥幸者不便；于是谤毁浸盛，而朋党之论，滋不可解。然仲淹、弼守所议弗变。
  先是，石介奏记于弼，责以行伊、周之事，夏竦怨介斥己，又欲因是倾弼等，乃使女奴阴习介书，久之习成，遂改伊、周曰伊、霍，而伪作介为弼撰废立诏草，飞语上闻。帝虽不信，而仲淹、弼始恐惧，不敢自安于朝，皆请出按西北边，未许。适有边奏，仲淹固请行，乃使宣抚陕西、河东。②

作为北宋前期之军国大事，庆历新政可谓全书记载之重点。李焘在集中交待出范仲淹、富弼等主持新政者从不惧非议、坚持己见到最终不堪反对派之重重阻挠、谤议诋毁乃至中伤陷害，无奈之下自请外调之苦衷的同时，也将个人态度巧妙地熔铸于行文之中，其中既饱含着对范仲淹"以天下为己任"之情怀的欣赏，也流露出对新政"规摹阔大"，于重压之下终难施行的无奈。

  这种强调首尾连贯的叙事手法，不仅为李焘所重，也是南宋时期其他史家所惯用的笔法。与李焘大约同时期的李心传便明确提出"备其始末"③ 的撰述宗旨，稍晚的袁

---

① （宋）李焘：《续资治通鉴长编》卷104，中华书局，2004年，第2419页。
② （宋）李焘：《续资治通鉴长编》卷150，中华书局，2004年，第3637页。
③ （宋）李心传：《建炎以来系年要录》卷1，中华书局，1956年。

枢则以"区别其事而贯通之"①的原则改编《通鉴》，首创纪事本末体。凡此等等，均系晚唐以来"以备时之语言而尽事之本末"②的呼声在史学实践上的集中体现，也是两宋历史编纂学的一个重要时代特点。

在记人方面，李焘凡叙重要人物之事迹，惯以小传形式仔细交代其生平经历，从而凸显出众多贤臣良相之丰满形象和历史作用。如太宗至道二年（996）四月，朝廷派遣按察使至川、峡诸州考核地方吏治，"多不治者"，惟知遂州通判查道等七人"以称职闻"。于此事目下，李焘备载查道之生平要事：

> 道事母至孝，母尝病，思鳜羹，方冬苦寒，市之不获。道泣祷于河，凿冰脱巾下取之，得鳜尺许以馈焉。刺臂血，写佛经。母病寻愈。及母卒，绝意名宦，游五台，将落发为僧。一夕，震雷破柱，道坐其下，了无怖色，寺僧异之，咸劝以仕。乃从进士得官，为馆陶尉。廉介，与妻采野蔬杂米为薄粥以疗饥。税过期不办，州召县吏悉枷之。既出门，它吏皆脱去，道独荷之，自下乡督税。乡之富民盛具酒馔以待之，道不食，杖其富民，于是余民大惊，遄税立办。
>
> 时寇盗尚有伏岩谷依险为栅者，其酋何彦忠集二百余众，止西充之大木槽，彀弓露刃。诏书招谕未下，咸请发兵殄之。道曰：彼愚人也，惧罪，欲延数刻命耳，其党岂无诖误耶？即微服单马，从仆不持尺铁，间关林壑间百里许，直趋贼所。初悉惊畏，持满外向。道神色自若，据胡床而坐，谕以诏意。或识之曰：郡守也，尝闻其仁，是宁害我者！乃相率投兵罗拜，号呼请罪，悉给券归农。③

从篇幅和行文来看，此段文字不失为一篇精彩的人物传记，与《宋史·查道传》相比，亦毫不逊色。其中，侍奉老母、平定民乱二事均为《宋史》之重要史料来源。震惊寺僧、下乡督税二事可补《宋史》之阙。而且，叙事流畅生动，无论是负枷秉公，不避权贵，还是深入贼穴，严词警劝，均娓娓道来，毫无拖沓冗赘之感，细致刻画出一位事母至孝、清苦建志、清廉耿介、足智果敢的宋初贤臣形象。

另如真宗景德元年（1004）六月，右仆射、平章事李沆病卒。对于这位宋初"圣相"，李焘亦以传记形式载其生平行事，内不乏细致入微的细节叙述。如真宗即位之初，参知政事王旦责其建言过细，烦扰上听，李沆以"人主少年，当使知人间疾苦。不然，血气方刚，不留意声色犬马，则土木、甲兵、祷祠之事作矣"之由斥之；及与西夏交兵，面对王旦"安得企见太平"之忧，李沆再以"国家强敌外患，适足为警惧，异日天下晏然，人臣率职，未必高拱无事"之论励之；真宗问其治国用人之道，以

---

① （元）脱脱等：《宋史》卷389《袁枢传》。
② （唐）黄埔湜：《编年纪传论》，（宋）李昉等编：《文苑英华》卷742，中华书局，1966年。
③ （宋）李焘：《续资治通鉴长编》卷39，中华书局，2004年，第831~832页。

"不用浮薄新进喜事之人"答之。① 凡此诸事,李焘均以朴实的史笔一一道出,集中凸显出李沆心系天下、奉公职守、不敢稍懈的直臣风范。

对于李沆立身处世之节行,李焘亦不惜笔墨予以叙述。真宗一朝,"密进封章"似成惯例,而李沆却深耻之,答上曰:"臣备位宰相,公事当公言之。苟背同列,密有所启,此非谗即佞,臣实嫉此事,岂复自为之耶?"② 面对官场之中复杂繁琐的人际交往,李沆往往退而避之,士人多有归咎,家人苦心相劝,他始终不以为意,不为所动,慨然答曰:"通籍之子,坐起拜揖,尚周章失措,即席必自论功最,希宠奖,此又何足与语乎?苟勉强酬答,则世所谓笼罩之事,吾未能也。"③ 其坦荡胸襟、磊落之风、高远之志,尽显无疑。

这种集中记载北宋忠臣良相生平行事的手法,在书中屡屡可见,既彰显出李焘在"任贤用人"问题上的主要态度,也流露出其对南宋君主重用直臣贤士、远离奸佞小人进而实现中兴大业的深切寄望。司马迁秉承父亲遗命,于《史记》中集中写出了"明主、贤君、忠臣、死义之士"④;李焘亦不逊前贤,所撰《长编》起到了警醒世人的重要作用。

三、详载"天下之大利害"

《长编》之史料价值,久为学界所公认。而作为一名怀有强烈忧患意识和经世情怀的史家,李焘在记载北宋历史时,并非平均用力,平铺直叙,而是有明显的着力点,即如上文所言,重点关注诸如"大征伐"、"大废置"等"关天下之大利害者",这既是全书在内容上的显著特色,也是最能体现李焘著史旨趣和历史思想之处。

北宋立国,积贫积弱,内忧外患,危机重重,而最为突出的问题莫过于边事、吏治、河患三事,而此三者均为李焘在书中重点关注和着力记载的内容。

其一,关于边事。北宋一朝,始终面临来自西夏、辽、金等边境少数民族政权的威胁,强敌环伺之下,北宋君臣一直视边患为首要大事,而众臣围绕"战"与"和"所展开的争论,亦从未歇止。由于《长编》中徽宗、钦宗两朝卷帙已散佚,李焘对宋、金关系之记载及看法亦无由得知,然有关宋、夏及宋、辽关系之记载,却得以完整保留下来。李焘不仅备载战事经过及议和过程,而且尤其重视通过辑录时人奏疏的方式,烘托和指陈历史时势,寄寓个人的历史思想。如仁宗庆历四年五月,宋、夏双方议和之际,书载韩琦、范仲淹于崇政殿奏对元昊请和事:

---

① (宋)李焘:《续资治通鉴长编》卷56,中华书局,2004年,第1243页。
② (宋)李焘:《续资治通鉴长编》卷56,中华书局,2004年,第1243页。
③ (宋)李焘:《续资治通鉴长编》卷56,中华书局,2004年,第1244页。
④ 《史记》卷130《太史公自序》。

> 今元昊虽暂求通顺，后如物力稍宽，则又有长驱深入、并吞关辅之心。……
> 和与不和，俱为大患。然则为今之谋者，莫若择帅练兵，日计用武之策，以和好
> 为权宜，以战守为实务。彼知我有谋有备，不敢轻举，而盟约可固；如不我知，
> 轻负盟约，我则乘彼之骄，可因可击，未必能为中国之害。……元昊外倚北敌，
> 屡乘战胜，而乃辄求通顺，实图休息，所获者大利，所屈者虚称，然犹干请多端，
> 奸谋未测。国家以生灵为念，不可不纳。……元昊未叛时，受朝廷恩信甚厚，尚
> 或时扰边境，今累次大举，曾无沮败，乃遽请和，实畜阴计，非屈伏之志也。今
> 若以权宜许之，更当严作守备。①

此次奏论不仅有力地烘托出议和关键时刻的紧张形势，而且集中体现出以韩、范等人为代表的庆历革新派在宋、夏关系问题上的重要见解，奏对中对西夏佯为请和、实图休息之策的指陈，可谓切中肯綮，"所获者大利，所屈者虚称"一句，尤能凸显出有识之士对此次战争失利的深刻总结，而他们所提出的"择帅练兵，日计用武，以和好为权宜，以战守为实务"之策，以及"密为经略、再议兵屯、专于选将、急于教战、训练义勇、修京师外城、密定讨伐之谋"等七项举措，是思虑周密的两全之计，李焘不惜笔墨，予以详载，体现出他对这一边事策略的高度重视与认可。

另如真宗景德元年之宋、辽交战，也是全书在记述边事问题上的重要篇章。李焘除全面交代战事经过及双方胜负外，对于关乎战局态势走向的关键战役、关键人物，更是以详实的篇幅予以凸显，显示出深邃的历史眼光。

景德元年十一月，临清失陷，澶州三面被围，形势岌岌可危，宋军意外击杀辽军主将萧挞览，不仅力挫辽军锐气，亦使萧太后进一步坚定了议和之心。对于这场扭转战争局势、促成宋辽合议的关键战役，书中记曰："契丹既陷德清，是日，率众抵澶州北，直犯大阵，围合三面，轻骑由西北隅突进。李继隆等整军成列以御之，分伏劲弩，控扼要害。其统军顺国王挞览，有机勇，所将皆精锐，方为先锋，异其旗帜，躬出督战。威虎军头张瑰守床子弩，弩潜发，挞览中额陨，其徒数十百辈竞前舆曳至寨，是夜，挞览死。敌大挫衄，退却不敢动，但时遣轻骑来觇王师。"②篇幅虽短，却将战势的陡然扭转，宋军的顽强抗敌，辽军突失主帅后的惊慌失措，如实而生动地展现出来，堪称全书在叙述战争场面上颇为精彩的一例。

对于澶渊之盟的历史影响和寇准的历史地位问题，李焘颇为关注，在详细记载盟约达成过程及寇准言行的同时，又于注文中相继附载陈莹中、范仲淹等人的看法，指出："当时若无寇准，天下分为南北矣。然寇莱公岂为孤注之计哉！……寇准之功不在于主亲征之说，而在于当时画策欲百年无事之计。向使其言获用，不惟无庆历之侮，

---

① （宋）李焘：《续资治通鉴长编》卷149，中华书局，2004年，第3597~3598页。
② （宋）李焘：《续资治通鉴长编》卷58，中华书局，2004年，第1286~1287页。

亦无靖康之祸矣。我宋之安,景德之役也。靖康之役,亦景德之役误之也。""寇莱公澶州之役,而能左右天子不动如山,天下谓之大忠。"① 在集中肯定寇准为国远虑之忠义气节的同时,亦饱含着对靖康亡国之痛及北宋"守内虚外"之策的深沉省思。

从宋、夏合议到澶渊之盟,从庆历之侮到靖康之祸,对于困扰北宋的边患问题,李焘备极关注,而他在处理边疆民族关系上的态度,可从书中所收录的众多时人奏言中可见一斑,尤其是仁宗庆历四年八月,他引范仲淹语曰:"臣窃观史籍,见前代帝王与戎狄结和通好,礼意甚重,非志不高而力不足也,盖惧边事不息,困耗生民,用兵久之,必生他变,而为社稷之忧。……退移兵马,减省粮草,苏我生民,勤我稼穑,选将练士,使国富民强,以待四夷之变。此帝王有道之术,社稷无穷之福也。如欲与敌人理曲直、决胜负,以耗兆民,以危天下,语之则易,行之实难。"② 综观全书,李焘对范仲淹之立身行事颇为欣赏,范氏这段评论宋、夏关系的话,在很大程度上可视为李焘民族思想的集中体现,概而言之,就是既要重视边防,不盲目妥协,又不滥施兵革,不劳民以烦。而这一看法与司马迁所推崇"坚边设候,结和通使,休宁北陲"③的策略,杜佑所倡导"来则御之,去则备之"④ 的方针,前后相承,代表了古代进步史家在处理边疆民族问题上的冷静思考和理性认识。

其二,关于吏治。唐代韩琬有言:"量事置官,量官置人,使官称其人,须人不虚位。"⑤ 吏治问题是关乎王朝盛衰的大事。北宋官僚队伍极为庞大,庸滥之官充斥其中,如同蠹虫一样腐蚀国家肌体,虽然有识之士积极谏言救弊,庆历新政、熙宁变法亦均将整饬吏治、裁撤冗员视为头等大事,然积重难返,终未解决。对此,李焘极为关注,不仅详载各时期官吏之迁升黜置情况,更为重要的是,通过节录大臣奏论,相继表达出他对整顿吏治之重要性、具体措施及失败原因的看法。

在他看来,北宋积贫积弱,"公私困急"局面的形成,与"官吏冗滥"问题直接相关。⑥ 而"选举之路未精,补荫之门太广,恩倖之路未塞,因缘之弊未除"⑦ 则是造成这一严重问题的具体原因所在。仁宗至和二年(1055)九月,其引欧阳修奏论曰:

唐制明经、进士及第,每岁不得过五十人,今三四年间,放四五百人。校年累举,不责词艺,谓之恩泽者又四五百人。……荒唐浅陋被恩命者,不可胜数。

---

① (宋)李焘:《续资治通鉴长编》卷58,中华书局,2004年,第1298~1299页。
② (宋)李焘:《续资治通鉴长编》卷151,中华书局,2004年,第3692页。
③ 《史记》卷25《律书第三》。
④ (唐)杜佑:《通典》卷185《〈边防〉序》,中华书局,1988年,第4980页。
⑤ (唐)杜佑:《通典》卷40《职官二十二》,中华书局,1988年,第1106~1107页。
⑥ (宋)李焘:《续资治通鉴长编》卷143,中华书局,2004年,第3464页。
⑦ (宋)李焘:《续资治通鉴长编》卷181,中华书局,2004年,第4375页。

诸科虽专记诵，责其义理，一所不知。加之生长田亩，不习政术，临民治众，能晓事者十无一二，岁亦放五百余人。……今使俗吏得任子弟，率多骄矜，不通古今。今文武官三司副使、知杂御史、少监、刺史、合门使以上，岁任一子；带职员外郎、诸司副使以上，三岁得任一子。文武两班可任子者，比之祖宗朝，多逾数倍。遂使绮纨子弟，充塞仕途，遭逢子孙，皆在仕宦，稚儿外姻，并沾簪笏之荣。①

这深刻道出了北宋前期在选拔官吏方面存在的严重积弊：在人员上既无明确限制，"昔以一官治之者，今析而为四五，昔以一吏主之者，今增而为六七"②，导致各机构严重超编；又不加严格考核，大开补荫之门，肆启恩幸之风，致使"不通义理"、"不习政术"者及不学无术的纨绔子弟，充塞仕途，结果"官愈多而吏愈众，禄愈广而事愈烦"③，人数愈加冗滥，效率每况愈下。

针对这一情况，他极力强调"省官节用"之重要性和迫切性。仁宗庆历三年（1043）九月，欧阳修建言裁撤冗官，提出"民之科率十分减九"、"吏员清简，差遣流通"、"中材之人可使劝惧"、"不过期月，民受其赐"④ 等多条去除冗官之利，对此，李焘详为辑录，表现出对这一建议的肯定。至于具体办法，主要有三：一是加大考核力度，仿汉之刺举、唐之黜陟使、考课使之旧例及祖宗朝考课院之制，强化按察使之职，"纠举年老、病患、赃污、不材四色之人，并行澄汰"，从而达到"其恶者黜，其善者升，中才之人尽使警励"之目的。⑤ 二是严格控制官吏人数，"立成定额，俟将来吏人年满转出，或死亡事故，更不补填，及额而止"，杜绝"人溢于事"现象的发生。⑥ 三是强调宰相既肩负荐选人才之要责，当尽心职守，无所容阿。其尽职与否，直接关乎吏治风气的好坏："宰相裁抑奔竞之流，则风俗敦厚，人知止足；宰相用憸佞之士，则贪荣冒进，激成浑波。"⑦ 所论皆针砭时弊，切中肯綮。

至于吏治改革缘何难以见效，北宋谏官多有论述，而李焘尤重欧阳修之看法："入仕之门杂，补进之路多，士大夫皆以为患，而言者不为少，事未宣行而物论交兴者，何也？盖侥幸厚者未尝裁损，恩泽薄者先议减除。……大凡立法自贵者始，则人无怨心。请先自嫔御、宗室及两府大臣，以至带职员外郎、诸司副使以上及内臣之家，一

---

① （宋）李焘：《续资治通鉴长编》卷181，中华书局，2004年，第4375页。
② （宋）李焘：《续资治通鉴长编》卷415，中华书局，2004年，第10082页。
③ （宋）李焘：《续资治通鉴长编》卷415，中华书局，2004年，第10082页。
④ （宋）李焘：《续资治通鉴长编》卷143，中华书局，2004年，第3465~3466页。
⑤ （宋）李焘：《续资治通鉴长编》卷143，中华书局，2004年，第3464页。
⑥ （宋）李焘：《续资治通鉴长编》卷444，中华书局，2004年，第10697~10698页。
⑦ （宋）李焘：《续资治通鉴长编》卷163，中华书局，2004年，第3937页。

切裁减之，十年当见成效。尚循旧贯，不图改为，而欲望起治道、清仕途，不可得已。"① 宗室贵族、权贵大臣不为表率，整个吏治改革自然难以收到实效。李焘借欧阳修之言道出对北宋吏治改革无功而返之症结所在的同时，亦饱含着对南宋吏治问题的忧思。

其三，关于河患。治河素来是关乎古代王朝国计民生的大事，北宋时期，黄河先后四次迁徙改道，河决河溢情况屡有发生，进一步加剧了北宋积贫积弱的社会形势，时人即有"自古竭天下之力以事河者，莫如本朝"② 之叹。北宋治河之争从未歇止，且与激烈的党争相终始。对此国患，李焘同样予以密切关注，在如实记载各朝河患情况的同时，亦详为辑录大臣有关治河之论，表现出深沉的忧患意识。

北宋河患的加剧，除长期以来因河沙淤积而引发决口等自然原因外，亦与北宋君臣无视自然规律、强行"回河"等人为因素直接相关，而后者恰是李焘重点关注和探讨的问题。与前代相比，北宋黄河下游已普遍升高，河水改道北流已成必然之势。仁宗景祐元年（1034）横陇河的出现，庆历八年（1048）澶州商胡埽决口，均是明显例证。嘉祐五年（1060），更是出现前所未见的东流与北流并存的二股河。面对此种情形，不少大臣不仅视若无睹，而且出于保证汴河漕运和抵御契丹的考虑，提出堵塞北流、强行东流的"回河"之策，结果事与愿违，河患愈加泛滥。如嘉祐元年（1056）四月，李仲昌等强行堵塞商胡北流，导水入六塔河，导致"隘不能容，是夕复决，溺兵夫、漂刍藁不可胜计"③。对于此类人为原因所酿惨剧，李焘不仅在书中有集中记载，而且巧妙地借助时人奏论表现出个人见解。

如仁宗至和二年九月，他引欧阳修语曰："今谓故道可复者，但见河北水患，而欲还之京东。然不思天禧以来河水屡决之因，所以未知故道有不可复之势。……河本泥沙，无不淤之理。淤澱之势，常先下流。下流淤高，水行不快渐壅，乃决上流之低下处，此其势之常也。然避高就下，水之本性，故河流已弃之道，自古难复。"④ 哲宗元祐四年（1089）正月，他又引范百禄、赵君锡等人奏论曰："治水之道无他，惟在顺其就下之性而已。……高高下下，乃天地之性，若高者强之使下，下者强之使高，则是逆天地之性。逆天地之性，则必害天地之生民，蠹天下之生物。自古以来，未有如此而能成功立事、兴利除害者也。"⑤ 值得注意的是，真宗以后，河争之论，不绝于朝，"回河"一派甚至一度占据主动，得到皇帝支持，然李焘对各种强调回复京东故道之利的长篇大论晦而从略，对于欧阳修、范百禄、苏辙等反对派的建言却详为载录，其态

---

① （宋）李焘：《续资治通鉴长编》卷181，中华书局，2004年，第4376页。
② （元）脱脱等：《宋史》卷93《河渠志·黄河下》。
③ （宋）李焘：《续资治通鉴长编》卷182，中华书局，2004年，第4400页。
④ （宋）李焘：《续资治通鉴长编》卷181，中华书局，2004年，第4371~4372页。
⑤ （宋）李焘：《续资治通鉴长编》卷421，中华书局，2004年，第10196~10197页。

度已显而易见,概而言之,就是尊重自然规律,顺水之性,引水就下,因势利导,以生灵为念。为此,他极力反对动辄大兴苦役、开河凿渠之举,认为不仅于事无补,且"困国劳人"①,有"财困力敝"②之忧。惟有"因水所在,增治隄防,疏其下流,浚以入海,则可以无决溢散漫之虞"③。这一认识,即便现在看来,犹不过时。

除上述所论三个方面外,李焘对北宋财政、练兵、民怨、修史诸问题亦有集中记载,他一生究心史学,并不仅仅满足于纂成一代信史,而更冀望梳理出一代兴衰治乱之迹,为当世取鉴,而这也是全书之重要思想价值所在。

四、历史叙事特色

中国古代史学素有重视历史叙事手法,讲求文采的传统。《左传》以善写战争、外交场面,注重刻画人物风貌,烘托历史场景著称,"言近而旨远,辞浅而义深,虽发语已殚,而含意未尽"④,是为简洁含蓄之美。司马迁著《史记》,于先秦史事不仅以《左传》为主要史料来源,在文风上亦吸收左氏叙事特点而有所发展,笔势纵放而收发自如,文直事核而颇具奇气,被誉为"史家之绝唱",是为灵动之美。此后,班固之《汉书》、陈寿之《三国志》、范晔之《后汉书》、沈约之《宋书》等,均不乏文采生动的精彩篇章。及至唐宋时期,随着著史体例和方法的渐趋成熟,史家愈加重视历史叙事之重要性,将其视作关乎史书能否传信久远的关键因素之一,从而在理论方面得出了不少重要认识。刘知幾首次将历史叙事作为史书审美的关键一环提了出来,认为:"史之称美者,以叙事为先","国史之美者,以叙事为工。"⑤宋人吴缜亦将文采与事实、褒贬一同视作"为史之要",强调"事实、褒贬既得矣,必资文采以行之,夫然后成史"⑥。以两宋史学而言,司马光之《资治通鉴》可谓这一时期以文采见长的上乘佳作,而《长编》作为踵继《通鉴》之作,在历史叙事方面也达到了较高的水平。书中无论是对重要史事的叙述,还是对重大历史场景的烘托,还是对历史人物形貌和心态的刻画,均能娓娓道来,显得从容、紧凑、耐人寻味。

如太宗太平兴国三年(978)五月"吴越纳土"事,作为北宋初年的军政大事,也是宋太宗剪灭各地割据政权、巩固中央集权的一个缩影,李焘用凝练的文笔,生动地道出了整个事件的始末:

---

① (宋)李焘:《续资治通鉴长编》卷181,中华书局,2004年,第4373页。
② (宋)李焘:《续资治通鉴长编》卷421,中华书局,2004年,第10196页。
③ (宋)李焘:《续资治通鉴长编》卷181,中华书局,2004年,第4374页。
④ (唐)刘知幾:《史通》卷6《叙事》,(清)浦起龙释本,上海古籍出版社,1978年。
⑤ (唐)刘知幾:《史通》卷6《叙事》,(清)浦起龙释本,上海古籍出版社,1978年。
⑥ (宋)吴缜:《〈新唐书纠谬〉序》,丛书集成初编本,中华书局,1985年。

初，吴越王俶将入朝，尽辇其府实而行，分为五十进，犀象、锦绮、金银、珠贝、茶荈及服御器用之物逾钜万计。俶意求反国，故厚其贡奉以悦朝廷。宰相卢多逊劝上留俶不遣。凡三十余进，不获命。会陈洪进纳土，俶恐惧，乃籍其国兵甲献之。是日，复上表乞罢所封吴越国及解天下兵马大元帅之职，寝书诏不名之制，且求归本道，上不许。俶不知所为，崔仁冀曰：朝廷意可知矣，大王不速纳土，祸且至。俶左右争言不可，仁冀厉声曰：今已在人掌握中，去国千里，惟有羽翼乃能飞去耳！俶独与仁冀决策，遂上表献所管十三州、一军。上御乾元殿受朝，如冬、正仪。俶退朝，将吏僚属始知之，千余人皆恸哭曰：吾王不归矣！凡得县八十六，户五十五万六百八，兵十一万五千三十六。①

此段文字虽短，却甚为精彩，在详细刻画各个历史人物神色、心境的同时，自然地烘托出北宋国威显赫、各地割据政权纷纷纳土称臣的历史形势。吴越王钱俶谨小慎微、曲意逢迎、心急如焚，卢多逊深谋足智，宋太宗坚定自若，崔仁冀临危不乱，均表现得细致而传神，尤其是文末对北宋和吴越君臣之截然不同心境的强烈比照，尤具渲染力。

另如真宗景德元年宋辽交战事，对于澶渊之盟促成之经过，尤其是宋真宗于两军酣战之际在亲征前线一事上左右摇摆、迟疑不定之心绪的描述，可谓细致入微。起初，寇准已决亲征之议，参知政事王钦若、签书枢密院事陈尧叟以辽军深入为由相阻挠，分别奏上请幸江陵、成都，宋真宗犹豫难决，问寇准。时王、陈二人在旁，寇准佯为不知，怒斥筹划合议之策者当斩，力劝宋真宗车驾亲征，勿可"委弃宗社，远之楚、蜀"，"上乃止，二人由是怨准。"② 十一月，辽军深入南下，逼近澶州，众臣复提暂幸金陵之议，行宫内人亦劝上速还京师，"上意稍惑"。寇准力排众议，坚称："惟可进尺，不可退寸"，"上意未决"③。寇准复联合殿前都指挥使高琼再次入对，共陈形势之危急，侍御在侧的王应昌亦相附和，宋真宗始决意北上。对于宋真宗的"回心转意"，书中记载尤为详实、生动：

> 准出，遇殿前都指挥使高琼门屏间，谓曰：太尉受国厚恩，今日有以报乎？对曰：琼武人，诚愿效死。准复入对，琼随入，立庭下，准曰：陛下不以臣言为然，盍试问琼等？遂申前议，词气慷慨。琼仰奏曰：寇准言是。且曰：随驾军士父母妻子尽在京师，必不肯弃而南行，中道即亡去耳。愿陛下亟幸澶州，臣等效死，敌不难破。准又言：机会不可失，宜趣驾。时王应昌带御器械侍侧，上顾之，

---

① （宋）李焘：《续资治通鉴长编》卷19，中华书局，2004年，第427页。
② （宋）李焘：《续资治通鉴长编》卷57，中华书局，2004年，第1267页。
③ （宋）李焘：《续资治通鉴长编》卷58，中华书局，2004年，第1284~1285页。

应昌曰：陛下奉将天讨，所向必克，若逗遛不进，恐敌势益张。或且驻跸河南，发诏督王超等进军，寇当自退矣。上意遂决。①

及至澶州南城，宋真宗"以驿舍为行宫，将止焉"。寇准、高琼相继"固请幸北城"，"麾卫士进辇"。"至浮桥，犹驻车未进，琼乃执挝筑辇夫背曰：何不亟行！今已至此，尚何疑焉？上乃命进辇。既至，登北城门楼，张黄龙旂，诸军皆呼万岁，声闻数十里，气势百倍，敌相视益怖骇。"这几段记载可以说是全书中颇为精彩的细节描写，从"上乃止"，到"上意稍惑"，到"上意遂决"，到"将止焉"，到"驻车未进"，再到"乃命进辇"，十分细致地展现出宋真宗在亲征一事上复杂的心理斗争，进而映衬出他优柔寡断、怯懦多疑的性格特点，而其他人物之形貌、节行，如寇准之沉着冷静、深谋远虑、高琼之勇武刚毅、忠贞果敢、王、陈二人之胆小怕事、一味求和，亦——凸显，形成了颇为鲜明的对照。宋辽议和之际紧张而敏感的历史形势，战、和两方博弈对较的历史场景，亦随之清晰而真实地展现在读者面前。

再如太平兴国四年（979）宋太宗亲征北汉，结束五代十国分裂局面一事，书中亦以洗练的史笔交待攻讨太原这一关键战事的主要经过："夜漏未尽，上幸城西，督诸将攻城。天武军校荊嗣率众先登，手刃数贼，足贯双箭，手中礮，碎齿二，上见之，亟召下，赐以锦袍银带。……上每躬擐甲胄，蒙犯矢石，指挥戎旅，左右有谏者，上曰：将士争效命于锋镝之下，朕岂忍坐观！诸军闻之，人百其勇，皆冒死先登。凡控弦之士数十万，列阵于乘舆前，蹲甲交射，矢集太原城上如猬毛焉。……癸未，幸城南，督诸将急攻，士奋怒，争乘城，不可遏。上恐屠其城，因麾众少退。城中人犹欲固守，左仆射致仕马峰以病卧家，舁入见北汉主，流涕以兴亡论之，北汉主乃降。"② 此段文字堪称全书在叙述战争场景又一出彩之处，宋太宗镇定自若、指挥有素，北宋将士奋勇争先、舍身忘死，双方攻守激战，北汉亡国情状，均有条不紊地展现出来，读来有身临其境之感。

上述所举数例，乃全书历史叙事特点的几个缩影，集中展现出李焘在这方面的匠心。重视文字表述，强调历史叙事之美，不仅是李焘，也是两宋史家共同的史学旨趣，他们的著作不约而同地呈现出一种似能再现历史般的真实感和厚重感。杨万里称读袁枢之《通鉴纪事本末》，"如生乎其时，亲见乎其事，使人喜，使人悲，使人鼓舞，未既而继之以叹且泣也。"③ 梁启超称赞司马光文笔"飞动"，所撰《通鉴》"事本呆板，

---

① （宋）李焘：《续资治通鉴长编》卷58，中华书局，2004年，第1285页。
② （宋）李焘：《续资治通鉴长编》卷20，中华书局，2004年，第449~451页。
③ （宋）杨万里：《〈通鉴纪事本末〉序》，（宋）袁枢：《通鉴纪事本末》，中华书局，1955年。

而文章生动,便字字都活跃纸上……百读不厌"①。可谓集中道出了宋代史家在历史叙事上的突出成就,而这些评价,若放置李焘身上,也是不为过的。

结　语

综上可以看出,《长编》确为一部匠心独运的史学巨著,在中国古代编年体撰述的沿革过程中占有极重要的地位。对此,比李焘年代稍晚的南宋理学家叶适将其视为在撰述思想上最能师法孔子、踵继《春秋》之作,理由是:

> 自史法坏,谱牒绝,百家异传,与《诗》、《书》、《春秋》并行。而汉至五季,事多在记。后史官常狼狈收拾,仅能成篇。呜呼!其何以信天下也!《通鉴》虽幸复古,然由千有余岁之后追战国、秦、汉之前则远矣,疑词误说流于人心久矣,方将钩索质验,贯殊析同,力诚劳而势难一矣。及公据变复之会,乘岁月之存,断自本朝,凡实录、正史、官文书,无不是正,就一律也;而又家录、野记,旁互参审,毫发不使遁逸,邪正心迹,随卷较然。夫孔子所以正时月日必取于《春秋》者,近而其书具也,今惟《续通鉴》为然尔。②

叶适此论,不免有扬焘抑光之疑,但对体察《长编》之编纂特色和历史地位不无启发。与《通鉴》相比,其乘时记载当代史事,寓论于史,褒贬自现,确实更近于《春秋》。而且李焘尝言:"某既不自料,故追光作,将以昭明祖宗之盛德大业,使众说咸会于一,不敢凿空架虚,荧惑视听,固当事事谨其月日,如古《春秋》,乃可传信。"③ 明言以继《春秋》为己任。以此来看,《长编》当可视为在著述旨趣上远绍《春秋》、在内容与方法上近承《通鉴》之作。而且,就编纂体例而言,其记言胜于《通鉴》,记人则较《要录》更为突出,称其为中国古代规模最大、内容最为详实、体例最为灵活的私修编年体史著,是恰如其分的。而李焘不直言《续通鉴》,但谓《长编》,确有谦抑之意。

〔作者陈其泰,北京师范大学历史学院教授;屈宁,山东大学历史文化学院副教授。本文刊发于《中国高校社会科学》2014年第5期,责任编辑李光伟。人大复印资料《历史学》2014年第12期转载〕

---

① 梁启超:《中国历史研究法补编》,见《饮冰室合集》第12册,中华书局,1989年,第27页。
② (宋)叶适:《水心文集》卷12《巽岩集序》,中华书局,1961年,第210页。
③ (宋)李焘:《〈百官公卿表〉序》,(元)马端临:《文献通考》卷202《经籍考二十九》。

论文艺"公转"与"自转"

董学文

一、"公转"与"自转"相统一思想体现了马克思文艺观的基本特征

马克思的文艺观是在批判继承前人学说的基础上进行革命变革的。这种变革,除了价值取向和范畴术语的更新外,最根本的特征就是将唯物的辩证法应用到文艺学说之中,从而使文艺学成为一门科学。如何理解马克思文艺学说的框架体系及其特征,多年来学界是存在分歧的。准确把握马克思文艺学说的原型与流变,依然是个现实的理论问题。无疑,马克思把全部西方文艺学和美学传统都纳入了自己的批判视野。同样无疑的是,马克思又是最早最成功地超越和颠覆先前各种形而上学的文艺观的。是什么使马克思的文艺观超越前人又大放异彩呢?怎样勾勒马克思文艺观的整体面貌才能既不外于也不低于马克思文艺观的原初形态呢?解决这个问题,显然是马克思主义文艺理论研究的重大使命。

在《反杜林论》"序言"中,恩格斯曾经说过:"马克思和我,可以说是唯一把自觉的辩证法从德国唯心主义哲学中拯救出来并运用于唯物主义的自然观和历史观的人。"① 此话可以看作理解马克思文艺观的一把钥匙。这句话中的"唯一"、"自觉的辩证法"、"拯救"、"运用"、"历史观"等字眼,清楚地表明马克思、恩格斯将辩证法和唯物论注入自然和历史研究是自己的理论追求。或者可以说,正是在这一点上,马克思同各种唯心论和机械论划清了界限。如果把这一思想运用到文艺上,那么,说从马克思开始才以普遍联系和对立统一的观点观察文艺现象和文艺问题,既不赞成单纯的"内部研究",也不赞成单纯的"外部研究",而是力图将这两者辩证有机地结合起来,应该是可以成立的。

我们知道,在《第六届莱茵省议会的辩论》中,马克思曾讲过这样一段话:"在宇宙系统中,每一个单独的行星一面自转,同时又围绕太阳运转,同样,在自由的系统

---

① 《马克思恩格斯文集》第9卷,人民出版社,2009年,第13页。

中，它的每个领域也是一面自转，同时又围绕自由这一太阳中心运转。"① 这是一个比喻性的说明。文学艺术无疑是属于"自由的系统"的，它也应当符合这一"公转"和"自转"的规律。也就是说，文艺的"公转"和"自转"，各自不是孤立运行的，而是同时发生、不能分离的。"公转"和"自转"说，它内里是唯物辩证法。这个规律的表述，已经同对精神现象的各种形而上学论完全不同了。我们可以称它是文艺学领域的哥白尼"日心说"取代托勒密"地心说"式的一场革命。哥白尼曾经这样说道："处于行星中间的是太阳，在这极美丽的殿堂中，谁能把这个火炬放到更好的地位，使它的光明同时照到整个体系呢？……这样，我们就发现在这一秩序的安排下，宇宙里有一种奇妙的对称，轨道的大小与运动都有一定的谐和关系，这样的情形是用别的方法达不到的。"② 我们还不能说哥白尼的思想体现了唯物辩证法，但确已有了近代的科学因素和辩证因素。毛泽东也曾谈到过这个问题，他说："事物在运动中。地球绕太阳转，自转成日，公转成年。哥白尼的时代，在欧洲只有几个人相信哥白尼的学说，例如伽利略、开普勒，在中国一个人也没有。不过宋朝辛弃疾写的一首词里说，当月亮从我们这里落下去的时候，它照亮着别的地方。晋朝的张华在他的一首诗里也写到'太仪斡运，天回地游'。"③ 这里，毛泽东是通过文艺作品讲自然规律，其中的道理对文艺学和其他社会科学也是适用的。

这里值得一提的是，中国学者在 20 世纪 40 年代后期，就有人从文艺的角度谈过同马克思的这种"公转"、"自转"思想相似的看法。这位学者就是著名文艺理论家杨晦先生。他在《论文艺运动与社会运动》一文中讲道："要是打个比喻来说，文艺好比是地球，社会好比是太阳。我们现在都知道地球有随太阳的公转，也有地球的自转。其实，就是文艺也有文艺的公转律和自转律的。文艺发展受社会发展限定，文艺不能不受社会的支配，这中间是有一种文艺跟社会间的公转律存在；同时，文艺本身也有文艺自己的一种发展法则，这就是文艺自转律。"④ 杨晦先生的这个观点是否受到了马克思的启迪，现不得而知。因为马克思比他早讲了 105 年，至今也没有他引证马克思上述文献资料的任何证据。况且，当时马克思的那段话还没有中译文，他也没有可能读到《第六届莱茵省议会的辩论》的德文原文。唯一可以解释的是，那就是由于对事物相互联系、辩证运动思想的认识一致，使他们相隔百年亦所见略同。两者的区别，只是一个从哲学角度阐发，一个从文艺角度论述，彼此的道理则是相通的。

---

① 《马克思恩格斯全集》第 1 卷，人民出版社，1995 年，第 191 页。
② ［英］W. C. 丹皮儿：《科学史及其与哲学和宗教的关系》，李珩译，商务印书馆，1975 年，第 172 页。
③ 《毛泽东文集》第 8 卷，人民出版社，1999 年，第 391～392 页。
④ 《杨晦文学论集》，北京大学出版社，1985 年，第 249 页。

可以说，文艺的"公转"和"自转"相统一的思想，正是马克思文艺观的一个体现。为什么这么讲？我们不妨来分析一下马克思上面说的那段话。马克思所说的"自由的系统"，是个大系统，无疑是包括文学艺术在内的。既然包括在内，那么我们就得承认而且必须注意文艺运动中同时存在着的"自转"和"公转"的两个方面。人们的一般思维在考察具体文艺现象和文艺问题时，往往会比较重点或集中地谈论"自转"和"公转"的某一个方面。历史上的文艺学说——不论是西方还是东方——其实大体上也都是这么做的。比较而言，黑格尔是个例外，他的思维方式不同于所有其他思想家的地方，是他的思维方式有着巨大的历史感做基础。"形式尽管是那么抽象和唯心，他的思想发展却总是与世界历史的发展平行着，而后者按他的本意只是前者的验证。真正的关系因此颠倒了，头脚倒置了，可是实在的内容却到处渗透到哲学中……他是第一个想证明历史中有一种发展、有一种内在联系的人，尽管他的历史哲学中的许多东西现在我们看来十分古怪，如果把他的前辈，甚至把那些在他以后敢于对历史作总的思考的人同他相比，他的基本观点的宏伟，就是在今天也还值得钦佩。在《现象学》、《美学》、《哲学史》中，到处贯穿着这种宏伟的历史观，到处是历史地、在同历史的一定的（虽然是抽象地歪曲了的）联系中来处理材料的。"① 这一划时代的历史观，成为马克思"新的唯物主义世界观的直接的理论前提，单单由于这种历史观，也就为逻辑方法提供了一个出发点。如果这个被遗忘了的辩证法从'纯粹思维'的观点出发就已经得出这样的结果，而且，如果它轻而易举地就结束了过去的全部逻辑学和形而上学，那么，在它里面除了诡辩和烦琐言辞之外一定还有别的东西。但是，对这个方法的批判不是小事，全部官方哲学过去害怕而且现在还害怕干这件事。"② 那么是谁干了"这件事"并完成了这个"批判"任务？是谁把这种"头脚倒置"的辩证法又重新"颠倒"过来？显然是马克思。用恩格斯的话来说："马克思过去和现在都是唯一能够担当起这样一件工作的人，这就是从黑格尔逻辑学中把包含着黑格尔在这方面的真正发现的内核剥出来，使辩证方法摆脱它的唯心主义的外壳并把辩证方法在使它成为唯一正确的思想发展形式的简单形态上建立起来。"③ 马克思对于政治经济学的批判，是以这个方法做基础的；他对于文艺学和其他社会科学的批判，同样也是以这个方法做基础的。我们只有从这里入手，才能发现并认识马克思文艺观整体特征的依据。

这是一种辩证法，它要求的是在考察文艺问题的时候，应有"公转"和"自转"相联系、相统一的观念，应把文艺的"公转"和"自转"都放在稳实的唯物论人文基础之上，不能顾此失彼。如果采取"单打一"的方式，只强调其中的一面而排斥另一面，或者只是从精神世界去寻找"公转"与"自转"的动力，那么就有可能不是犯庸

---

① 《马克思恩格斯文集》第2卷，人民出版社，2009年，第602页。
② 《马克思恩格斯文集》第2卷，人民出版社，2009年，第602页。
③ 《马克思恩格斯文集》第2卷，人民出版社，2009年，第602~603页。

俗社会学或形式主义的毛病,就是犯唯心论或唯情论的毛病。文艺学研究中,这两个方面的缺点和弱点给我们带来的教训,实在是太深刻了。相当长的时间里,文艺理论上不是片面强调文艺与社会的关系、文艺与生活的关系,就是片面强调文艺"不要贴近现实",要"从政治的裤腰带上解下来"、"回到文艺本身";不是强调"文学就是历史",就是强调它的"永恒"、它的"审美性"。其实,依据马克思的观点,这两种偏向都是离开了唯物辩证法的。

值得强调的是,马克思讲的是"一面自转"、"一面公转",即"公转"中有"自转"、"自转"中有"公转",并不是只有一种运动、一种旋转。马克思讲的那个被围绕的中心——"太阳",对于文艺来说,就是"社会",就是人类"生活",亦可说就是"历史"。文艺在语言、形式、韵律、题材等方面也有其自身的演化规律,也有相对的独立性。但这些规律和独立性,同"公转"、同外因不是隔绝的,而是有着内在联系的。换种说法,就是文艺不能不绕着"太阳"转,否则它就"飞"跑了,飞到宇宙苍穹中去了;文艺也是不能仅仅自我旋转的,否则它就会被"太阳"吸收熔化,或变得没有昼夜变换和四季循环了。如果这个解释基本符合事实,那么文艺理论研究就不能单纯讲授或迷恋"公转律",也不能单纯讲授或迷恋"自转律",更不能把所谓的"外部研究"和"内部研究"[①]绝缘分割、对立起来。科学的态度应是在二者的辩证统一中揭示各种文艺问题的答案。

二、"公转"与"自转"相统一思想在马克思、恩格斯批评活动中的运用

文艺"公转"、"自转"相统一的思想,在马克思的文艺批评活动中得到了充分体现。以往我们在研究马克思文艺观的时候,从这个视角的考察不多。现在看来,调整一下角度,我们会有许多新的发现。

在评论拉萨尔的历史剧《弗兰茨·冯·济金根》的时候,马克思说:我应当称赞结构和情节,在这方面,它比任何现代德国剧本都高明。但是,对该剧本构想的悲剧性冲突的本质的表达,马克思是不认可的。他对拉萨尔讲道:"我只能完全赞成把这个冲突当做一部现代悲剧的中心点。但是我问自己:你所探讨的主题是否适合于表现这种冲突?"马克思认为,其中人物济金根还有胡登——济金根的主要顾问和朋友,济金根的女儿玛丽亚的情人——的覆灭,"并不是由于他的狡诈,他的覆灭是因为他作为骑士和作为垂死阶级的代表起来反对现存制度,或者说得更确切些,反对现存制度的新形式。"而济金根"实际上只不过是一个唐·吉诃德,虽然是被历史认可了的唐·吉诃

---

① [美] 韦勒克、沃伦:《文学理论》,刘象愚等译,三联书店,1984年。

德。他在骑士纷争的幌子下发动叛乱,这只意味着,他是按骑士的方式发动叛乱的。如果他以另外的方式发动叛乱,他就必须在一开始发动的时候直接诉诸城市和农民,就是说,正好要诉诸那些本身的发展就等于否定骑士制度的阶级。"马克思指出,作者一方面使人物"变成当代思想的传播者;另一方面又在实际上代表着反动阶级的利益"。因此,认为这些贵族代表"不应当像在你的剧本中那样占去全部注意力,农民和城市革命分子(特别是农民的代表)倒是应当构成十分重要的积极的背景。这样,你就能够在更高得多的程度上用最朴素的形式恰恰把最现代的思想表现出来,而现在除宗教自由以外,实际上,市民的统一就是你的主要思想。这样,你就得更加莎士比亚化,而我认为,你的最大缺点就是席勒式地把个人变成时代精神的单纯的传声筒。"[1] 通过马克思的这个分析,我们不难概括出其文艺"公转"与"自转"相统一的批评法则。在创作上他要求作家艺术家遵循文艺"公转"和"自转"相统一的原则,或者说,他希望作家艺术家要遵循艺术逻辑和历史逻辑统一律。

恩格斯也评价过拉萨尔的剧本《济金根》,其批评思路和视角跟马克思完全一致。一方面,恩格斯肯定作品在"自转"上的成绩,说"现在到处都缺乏美的文学,我难得读到这类作品",读了你的《济金根》我"情绪激动不已"。"为了有一个不偏不倚、完全'批判的'态度",恩格斯还把《济金根》"借给了几个相识的人(这里还有几个多少有些文学修养的德国人)",自己则反复读上三四遍,并认为"当前德国的任何一个官方诗人都远远不能写出这样一个剧本"。"如果首先谈形式的话,那么,对情节的巧妙安排和剧本的从头到尾的戏剧性使我惊叹不已"[2],等等。但另一方面,恩格斯也坦率地指出其不足,那就是"德国戏剧具有较大的思想深度和自觉的历史内容,同莎士比亚剧作的情节的生动性和丰富性的完美融合,大概只有在将来才能达到,而且也许根本不是由德国人来达到的。无论如何,我认为这种融合正是戏剧的未来。"恩格斯给拉萨尔出主意,建议他"应当改进的是,要更多地通过剧情本身的进程"使人物的动机和历史潮流"生动地、积极地,所谓自然而然地表现出来",防止人物描写陷入"现在流行的恶劣的个性化",因为"这种个性化不过是玩弄小聪明而已,并且是垂死的模仿文学的一个本质的标记"。此外,恩格斯还说"我觉得刻画一个人物不仅应表现他做什么,而且应表现他怎样做","古代人的性格描绘在今天已经不够用了"。[3] 在戏剧的历史内容上,他则指出:"在我看来,即使就您对戏剧的观点(您大概已经知道,您的观点在我看来是非常抽象而又不够现实的)而言,农民运动也是值得进一步研究的"。剧本"没有充分表现农民的鼓动在当时已经达到的高潮。我认为,我们不应当为了观念的东西而忘掉现实主义的东西,为了席勒而忘掉莎士比亚,根据我对戏剧的这

---

[1] 《马克思恩格斯文集》第 10 卷,人民出版社,2009 年,第 171 页。
[2] 《马克思恩格斯文集》第 10 卷,人民出版社,2009 年,第 172~173 页。
[3] 《马克思恩格斯文集》第 10 卷,人民出版社,2009 年,第 174~175 页。

种看法，介绍那时的五光十色的平民社会，会提供完全不同的材料使剧本生动起来，会给在前台表演的贵族的国民运动提供一幅十分宝贵的背景，只有在这种情况下，才会使这个运动本身显出本来的面目。""我觉得，由于您把农民运动放到次要的地位，所以您在一个方面对贵族的国民运动作了不正确的描写，同时您也就忽视了在济金根命运中的真正悲剧的因素。"那么，真正的悲剧因素是什么呢？那就是夹在贵族和农民之间的骑士起义的矛盾性，使他们不可能不失败。恩格斯说，"在我看来，这就构成了历史的必然要求和这个要求实际上不可能实现之间的悲剧性冲突。您忽略了这一因素，把这个悲剧性的冲突缩小到相当有限的范围之内"。[①] 这里引证的文字较长，但充分说明了恩格斯在分析作品时，同样是把文艺的"自转律"和"公转律"合情合理地联系起来、统一起来的。恩格斯的分析表明，文艺的"自转"处理不好，会出问题；文艺的"公转"处理不好，也会出问题。任何一部文艺作品，都需要辩证地处理这两者的关系。

众所周知，"美学观点和史学观点"是马克思主义经典作家"非常高的亦即最高的"批评标准。[②] 在这个标准中，"美学观点"和"史学观点"是两个问题还是一个整体，学界一直莫衷一是。如果从"公转"和"自转"相统一的角度看，"美学观点和史学观点"，就是你中有我、我中有你，就是审美和历史的统一，就是"自转"和"公转"的统一。如果简单地把它理解为内容和形式关系的观点，那就与传统文论没有什么区别了。"美学观点和史学观点"，是把"公转"和"自转"的观点具体化，是把辩证法和唯物史观切实落实到了文艺上。

来看批评实例。恩格斯在评价诗人歌德时，曾说德国的政论家格律恩把歌德变成了费尔巴哈的弟子，变成了所谓"真正的社会主义"者。恩格斯指出："关于歌德本人我们当然无法在这里详谈。我们要注意的只有一点。歌德在自己的作品中，对当时的德国社会的态度是带有两重性的。有时他对它是敌视的；如在'伊菲姬尼亚'里和在意大利旅行的整个期间，他讨厌它，企图逃避它；他像葛兹、普罗米修斯和浮士德一样地反对它，向它投以靡非斯特非勒司的辛辣的嘲笑。有时又相反，如在'温和的讽刺诗'诗集里的大部分诗篇中和在许多散文作品中，他亲近它，'迁就'它，在'化装游行'里他称赞它，特别是在所有谈到法国革命的著作里，他甚至保护它，帮助它抵抗那向它冲来的历史浪潮。问题不仅仅在于，歌德承认德国生活中的某些方面而反对他所敌视的另一方面。这常常不过是他的各种情绪的表现而已；在他心中经常进行着天才诗人和法兰克福市议员的谨慎的儿子、可敬的魏玛的枢密顾问之间的斗争；前者讨厌周围环境的鄙俗气，而后者却不得不对这种鄙俗气妥协，迁就。因此，歌德有时非常伟大，有时非常渺小；有时是叛逆的、爱嘲笑的、鄙视世界的天才，有时则是

---

① 《马克思恩格斯文集》第10卷，人民出版社，2009年，第176~177页。
② 《马克思恩格斯文集》第10卷，人民出版社，2009年，第177页。

谨小慎微、事事知足、胸襟狭隘的庸人。连歌德也无力战胜德国的鄙俗气;相反,倒是鄙俗气战胜了他……歌德过于博学,天性过于活跃,过于富有血肉,因此不能像席勒那样逃向康德的理想来摆脱鄙俗气;他过于敏锐,因此不能不看到这种逃跑归根到底不过是以夸张的庸俗气来代替平凡的鄙俗气。他的气质、他的精力、他的全部精神意向都把他推向实际生活,而他所接触的实际生活却是很可怜的。他的生活环境是他应该鄙视的,但是他又始终被困在这个他所能活动的唯一的生活环境里。歌德总是面临着这种进退维谷的境地,而且愈到晚年,这个伟大的诗人愈是疲于斗争,愈是向平庸的魏玛大臣让步。我们并不像白尔尼和门采尔那样责备歌德不是自由主义者,我们是嫌他有时居然是个庸人;我们并不是责备他没有热心争取德国的自由,而是嫌他由于对当代一切伟大的历史浪潮所产生的庸人的恐惧心理而牺牲了自己有时从心底出现的较正确的美感"[1]。恩格斯还说,他这样讲"决不是从道德、党派的观点来责备歌德,而只是从美学的历史的观点来责备他;我们并不是用道德的、政治的、或'人的'尺度来衡量他"[2],这不同样又是从文艺的"公转律"和"自转律"统一的角度,即从"美学的历史的观点"结合的角度来分析作家作品吗?可以说这才是马克思主义批评观中的要义和精华。只要"公转"和"自转"和谐统一了,作品就会成功;只要"公转"和"自转"游离或悖谬了,作品就会有缺陷甚至失败。在这个规律面前,天才诗人歌德也是不能例外的。

恩格斯这段话中嫌弃歌德"由于对当代一切伟大的历史浪潮所产生的庸人的恐惧心理而牺牲了自己有时从心底出现的较正确的美感"这一句,可说是把文艺的"公转"和"自转"相统一的规律用活了。这句话中包含多么了不起的艺术和美学辩证法。在"伟大的历史浪潮"面前,倘若认识不到"公转"的必然性,像"议员"一样产生"庸人的恐惧心理",那就会"牺牲"自己真实的"美感";而这种"美感",本是可能而且应当"从心底"涌现出来的,是可能成为文艺"自转"的良好产物的。对这种现象,人们无须从"道德"的、"政治"的、"党派"的或抽象"人的"尺度,也能衡量和判断出作品的好坏优劣。而这个衡量的标尺不是别的,就是"美学的历史的"统一观点,就是"公转"和"自转"的运动规律。如果这一观点、这一规律真成了理论的"显微镜"和"望远镜",那么,各个时期文艺创作上的成败得失、优劣粗细,文艺理论上的科学水准与合理成分,也就能看得一清二楚了。目前,我们的有些作品和评论,显得苍白无力,眼界狭窄,低俗无聊,缺乏文采,很多情况下就是由于不能正确处理"公转"和"自转"的关系,在巨大的"历史浪潮"面前产生"庸人的恐惧心理"造成的。有些作品和评论,看到的只是细枝末节,只是欲望和肉体,只是阴霾和龌龊,在惊心动魄的历史潮流和社会巨变面前,像一个小家子气的"俗人"一样,喋喋不休,

---

[1] 《马克思恩格斯全集》第4卷,人民出版社,1958年,第256~257页。
[2] 《马克思恩格斯全集》第4卷,人民出版社,1958年,第257页。

心理恐慌，甘居末流，把一切都归咎于"人性"或"身体"的表演，看不到这背后的历史"公转"趋势和波涛汹涌的时代浪潮，迷信于回归"内心"，回归"自我"，回归所谓"艺术本体"，不会在"自转"中"公转"，也不会在"公转"中"自转"，不把"美学的历史的"作为统一的标准，这怎能不让思想境界低下，本应有的"正确的美感"也荡然无存呢？

三、经典作家有关"公转"和"自转"相统一思想的其他理论表述

可以说，由于"公转"和"自转"统一论是唯物辩证法和唯物史观在文艺思想上的形象表达，据此，我们发现经典作家有关文艺的许多论述都对这一思想有所渗透，使之见解达到了前人没有达到的高度。

马克思说："现代英国的一批杰出的小说家，他们在自己卓越的、描写生动的书籍中向世界揭示的政治和社会真理，比起一切职业政客、政论家和道德家所揭示的加在一起还要多。"① 为什么会这样？这就是文学作品某种程度上接近"美学"和"历史"统一的结果。恩格斯认为，巴尔扎克"比过去、现在和未来的一切左拉都要伟大得多"，原因就是他实现了文学"公转"和"自转"的结合。巴尔扎克"在《人间喜剧》里给我们提供了一部法国'社会'（注意是打了引号的"社会"——引者注），特别是巴黎上流社会的无比精彩的现实主义历史"。他描写了贵族社会"这个在他看来是模范社会的最后残余怎样在庸俗的、满身铜臭的暴发户的逼攻之下逐渐屈服，或者被这种暴发户所腐蚀；他描写了贵妇人怎样让位给为了金钱或衣着而给自己的丈夫戴绿帽子的资产阶级妇女。围绕着这幅中心图画，他汇编了一部完整的法国社会的历史，我从这里，甚至在经济细节方面（诸如革命以后动产和不动产的重新分配）所学到的东西，也要比从当时所有职业的史学家、经济学家和统计学家那里学到的全部东西还要多。不错，巴尔扎克在政治上是一个正统派；他的伟大作品是对上流社会无可阻挡的衰落的一曲无尽的挽歌；他对注定要灭亡的那个阶级寄予了全部的同情。但是，尽管如此，当他让他所深切同情的那些贵族男女行动起来的时候，他的嘲笑空前尖刻，他的讽刺空前辛辣。而他经常毫不掩饰地赞赏的唯一的一批人，却正是他政治上的死对头，圣玛丽修道院的共和党英雄们，这些人在那时（1830—1836年）的确是人民群众的代表。这样，巴尔扎克就不得不违背自己的阶级同情和政治偏见；他看到了他心爱的贵族们灭亡的必然性，把他们描写成不配有更好命运的人……这一切我认为是现实主义的最伟大的胜利之一，是老巴尔扎克最大的特点之一。"② 在恩格斯的眼里，正是由于巴尔

---

① 《马克思恩格斯全集》第10卷，人民出版社，1968年，第686页。
② 《马克思恩格斯文集》第10卷，人民出版社，2009年，第571页。

扎克遵循了文艺"公转"和"自转"的统一律,并能把"自转"放到"公转"中去展示,没有犯"纯形式"、"纯审美"或"唯意志"论的通病,他才能自觉不自觉地"违背自己的阶级同情和政治偏见",才能意识到历史发展的"必然性",才能使自己的作品具有史诗般的价值。相反,英国女作家哈克奈斯在中篇小说《城市姑娘》中,就没能创造出"典型环境中的典型人物",或者说她在小说处理"公转"和"自转"的时候产生了分裂性矛盾。恩格斯说:"如果要我提出什么批评的话,那就是,您的小说也许还不够现实主义。据我看来,现实主义的意思是,除细节的真实外,还要真实地再现典型环境中的典型人物。您的人物,就他们本身而言,是够典型的;但是环绕着这些人物并促使他们行动的环境,也许就不是那样典型了。在《城市姑娘》里,工人阶级是以消极群众的形象出现的,他们无力自助,甚至没有试图作出自助的努力。想使他们摆脱其贫困而麻木的处境的一切企图都来自外面,来自上面。如果说这种描写在1800年前后或1810年前后,即在圣西门和罗伯特·欧文时代是恰如其分的,那么,在1887年,在一个有幸参加了战斗无产阶级的大部分斗争差不多50年之久的人看来,就不可能是恰如其分的了。"恩格斯接着还说:"我决不是责备您没有写出一部直截了当的社会主义的小说,一部像我们德国人所说的'倾向性小说',来鼓吹作者的社会观点和政治观点。我决不是这个意思。作者的见解越隐蔽,对艺术作品来说就越好。我所指的现实主义甚至可以不顾作者的见解而表露出来。"① 稍加思索就会发现,恩格斯这不还是在提倡"美学"和"历史"的统一,还是在坚持"自转"和"公转"要一致吗?"作者的见解越隐蔽,对艺术作品来说就越好",不就是强调实现"公转"和"自转"要尽量做到天衣无缝吗?如果我们不从这个角度理解经典作家的文艺思想,那就很难得出正确的结论。由此推之,那种把经典作家的文艺思想笼统说成是"社会历史批评"的观点,是不够确切的。

马克思、恩格斯文艺观的最大特点,不是简单地重视社会和历史作用,这一点在他们之前早就有人做到了。他们的文艺思想,当然也不像有论者宣称的那样,仅仅重视艺术和审美。他们在文艺理论上创造性的推进之处,是在彻底唯物论的基础上坚持了辩证法的运用。其后的马克思主义文论家,大多也是在这点上显出其特色的。列宁评论老托尔斯泰,先后写了七篇文章,这在马克思主义文论史上极为罕见。可是,仔细分析列宁的思想,一言以蔽之可以说主要就是指出老托尔斯泰作品的矛盾是在实现"公转"和"自转"关系中出现的,是在力求达到"美学"和"历史"的一致中造成的。列宁说:"托尔斯泰的作品、观点、学说、学派中的矛盾的确是显著的。一方面,是一个天才的艺术家,不仅创作了无与伦比的俄国生活的图画,而且创作了世界文学中第一流的作品;另一方面,是一个发狂地信仰基督的地主。一方面,他对社会上的

---

① 《马克思恩格斯文集》第10卷,人民出版社,2009年,第570页。

撒谎和虚伪提出了非常有力的、直率的、真诚的抗议；另一方面，是一个'托尔斯泰主义者'，即一个颓唐的、歇斯底里的可怜虫……一方面，无情地批判了资本主义的剥削，揭露了政府的暴虐以及法庭和国家管理机关的滑稽剧，暴露了财富的增加和文明的成就同工人群众的穷困、野蛮和痛苦的加剧之间极其深刻的矛盾；另一方面，疯狂地鼓吹'不'用暴力'抵抗邪恶'。一方面，是最清醒的现实主义，撕下了一切假面具；另一方面，鼓吹世界上最卑鄙龌龊的东西之一，即宗教，力求让有道德信念的神父代替有官职的神父，这就是说，培养一种最精巧的因而是特别恶劣的僧侣主义。"[①]列宁指出，托尔斯泰处在这样的矛盾中，绝对不能理解工人运动和工人运动在争取社会主义的斗争中所起的作用，而且也绝对不能理解俄国的革命，这是不言而喻的。但是，托尔斯泰观点和学说中的矛盾不是偶然的，而是19世纪最后30多年俄国实际生活所处的矛盾条件的表现。"作为一个发明救世新术的先知，托尔斯泰是可笑的，所以国内外的那些偏偏想把他学说中最弱的一面变成一种教义的'托尔斯泰主义者'是十分可怜的。作为俄国千百万农民在俄国资产阶级革命快要到来的时候的思想和情绪的表现者，托尔斯泰是伟大的。"[②] 托尔斯泰的作品反映了强烈的仇恨，反映了已经成熟的农民对美好生活的向往和摆脱过去的愿望，同时也反映了耽于幻想、缺乏政治素养、革命意志不坚定这些不成熟性。正是在这个意义上，列宁把托尔斯泰的作品看作反映农民在俄国革命中的历史活动所处的各种矛盾条件的一面"镜子"；也正是在这个意义上，列宁说托尔斯泰在自己的作品里能以提出这么多的重大问题，能以达到这样巨大的艺术力量，"从而使他的作品在世界文学中占有第一流的地位。由于托尔斯泰的天才的描述，一个受农奴主压迫的国家的革命准备时期，成了全人类艺术发展中向前迈进的一步。"[③] 这里，列宁又把文艺的"公转"和"自转"、"美学的"和"历史的"两个方面辩证地统一起来加以考察了。列宁所以称托尔斯泰"创作了世界文学中第一流的作品"，除了无与伦比的、高超绝妙的语言和艺术技巧技能外，显然是同他"作为俄国千百万农民在俄国资产阶级革命快要到来的时候的思想和情绪的表现者"是分不开的。在列宁这里，我们看到了马克思文艺观的赓续与真传。

四、"公转"与"自转"相统一思想对文艺学研究的意义

"公转"、"自转"统一论，有很强的理论张力，有深厚的哲理依据。它同马克思的许多理论论述是内里相通、彼此呼应的。在《〈政治经济学批判〉导言》中，马克

[①] 《列宁选集》第2卷，人民出版社，1995年，第242页。
[②] 《列宁选集》第20卷，人民出版社，1989年，第244页。
[③] 《列宁全集》第20卷，人民出版社，1989年，第19页。

思曾提出著名的"物质生产的发展例如同艺术发展的不平衡关系"① 命题。如何理解这种"不平衡",如何解释为什么会产生这种"不平衡",学界有多种界说和意见。但是,从"公转"和"自转"律的角度来阐发,至今还没有出现过。笔者以为,承认文艺是在"公转"和"自转"这两个相互联系又相互制约的规律中辩证运动,至少可以成为解释产生这两种生产发展"不平衡关系"的一个原因。马克思这里说的"不平衡"是一种"关系",不是一种"规律"。把这种"不平衡"解释成"规律",是不符合马克思原意,也是不准确的。正因为有"公转"律和"自转"律,所以马克思才会说"关于艺术,大家知道,它的一定的繁盛时期决不是同社会的一般发展成比例的,因而也决不是同仿佛是社会组织的骨骼的物质基础的一般发展成比例的。"② 正因为文艺有"公转"和"自转"两个序列,虽彼此不能分离,但有时"公转"因素会突出一些,有时"自转"因素会突出一些,所以认为绝对的"平衡"才不符合辩证法。马克思对此有如下的说明,即"随着经济基础的变更,全部庞大的上层建筑也或慢或快地发生变革。"③ 为什么会有"或慢或快"的现象,即所谓"不平衡"现象,就是因为"政治、法、哲学、宗教、文学、艺术等等的发展是以经济发展为基础的。但是,它们又都互相作用并对经济基础发生作用。这并不是说,只有经济状况才是原因,才是积极的,其余一切都不过是消极的结果,而是说,这是在归根结底不断为自己开辟道路的经济必然性的基础上的相互作用。"④ 以文艺来说,它颇像"坐地日行八万里,巡天遥看一千河"⑤ 的地球,必须进行"公转",可它在这种"公转"中又不停地"自转",这才是文艺运动的全貌。正是这一点,使各式形而上学的理论相形见绌。

对物质生产发展与艺术发展之间的"不平衡关系",恩格斯还有个形象的描绘。他说:"我们所研究的领域越是远离经济,越是接近于纯粹抽象的意识形态,我们就越是发现它在自己的发展中表现为偶然现象,它的曲线就越是曲折。如果您画出曲线的中轴线,您就会发现,所考察的时间越长,所考察的范围越广,这个轴线就越是接近经济发展的轴线,就越是同后者平行而进。"⑥ 如果这个描绘是客观真理,那么,任何无视和背离这个既"平行"又"曲折"法则的文论学说,都难是科学的。同理,不把文艺的"公转"和"自转"解释成相互联系中的对立统一,也是缺乏辩证法思维的。

恩格斯对创作问题还有个判断,他说有些"诗人本想叙述故事,但是却失败得实在悲惨",原因就是不能"把要叙述的事实同一般的环境联系起来,并从而使这些事实

---

① 《马克思恩格斯文集》第 8 卷,人民出版社,2009 年,第 34 页。
② 《马克思恩格斯文集》第 8 卷,人民出版社,2009 年,第 34 页。
③ 《马克思恩格斯文集》第 2 卷,人民出版社,2009 年,第 592 页。
④ 《马克思恩格斯文集》第 10 卷,人民出版社,2009 年,第 668 页。
⑤ 《毛泽东诗词集》,中央文献出版社,2003 年,第 89 页。
⑥ 《马克思恩格斯文集》第 10 卷,人民出版社,2009 年,第 669 页。

中所包含的一切特殊的和意味深长的方面显露出来"。这些人"无论是散文家或者是诗人，都缺乏一种讲故事的人所必需的才能，这是由于他们的整个世界观模糊不定的缘故。"① 严格说来，"整个世界观"的焦点就是本体观。作家艺术家的世界观"模糊不定"，那是他的本体观"模糊不定"。本体观"模糊不定"，对文艺来说就是看不清楚"公转"和"自转"关系，不懂得辩证法。看不清"公转"和"自转"关系，作家艺术家对世界、对文艺的认识就注定是低层次的。经典作家把"叙述"问题和"讲故事"的才能提升到世界观的高度，这为后来的理论发展开辟了一条新路。

我们可以得出结论，文艺"公转"和"自转"相统一的思想，将会对文艺理论的体系形态带来重要变化。它将打破现有的本质论、作品论、创作论、发展论、价值论等板块结构，把文艺的自身发展法则同受社会支配的发展法则有机地结合起来；它将改变现有文论的建构模式和方法，颠覆所谓"内部研究"和"外部研究"的分立局面，使唯物辩证法在阐释文艺问题上显出强大的威力；它将开辟一些新的探讨领域和论述范畴，解答一些难以解答的问题，克服片面性和绝对化，真正实现科学意义上的文论"综合创新"；它将给文艺批评增添新的武器和活力，使文艺批评摆脱常见的老生常谈和陈词滥调，具有科学的眼光和诱人的魅力。

〔作者董学文，北京大学中文系教授。本文刊发于《中国高校社会科学》2014年第2期，责任编辑王婧。人大复印资料《文艺理论》2014年第5期转载〕

---

① 《马克思恩格斯全集》第4卷，人民出版社，1958年，第237页。

互联网与集体记忆构建

胡百精

集体记忆是族群认同的基本依据,是共同体合法性的重要来源。拥有集体记忆未必能够构建和维系一个族群,而集体记忆的消失则注定造成共同体的孱弱、分裂和覆灭。对大多数族群而言,集体记忆意味着基于"我们"的话语和行动而形成的共同的命运感、共通的文化血缘和共持的价值信念。国家层面也是如此,按照英国社会学者史密斯(A. D. Smith)的观点,除历史形成的领土因素外,现代民族国家是一个"法律—政治"共同体,也是一个"历史—文化"共同体。[1] 前者仰赖于国家机器的普遍强加及其合法性论证,后者凭的则是集体经验、历史记忆和共享的文化符号。在民族国家主体性和自我认同的形塑中,集体记忆乃是凝聚性的文化结构,对内促进认同与融合,对外实现区隔与"划界"。

互联网正在剧烈改造社会发展现实,深度干预人类文明的未来图景,同时也从"当下"出发重写历史、传统和集体记忆。谓之重写,至少存在两个理由:一是互联网重构了人类的时间与空间观念,而时空观的变革必然带来诸如"我是谁,从何处来,向何处去"之类根本问题的再次发问;二是互联网使大众成为集体记忆的生产者,精英在集体记忆的唤醒、转述和创造上的垄断地位被弱化,而大众书写和权力关系调整必然改变集体记忆的形态、载体、建构机制和消费方式。总体而观,互联网引发了包括民族国家在内的族群认同和合法性危机,集体记忆的重写、解构既是这一危机的反映,也是加剧危机的重要因素之一。因此,如何构建互联网时代的集体记忆已然成为一个重要而紧迫的社会和文化议题。

一、时空虚化与语境再造

记忆起初是一个心理学概念,用以说明个体如何在头脑中留存和理解往事。1925年,法国社会学者哈布瓦赫(Maurice Halbwachs)将个体记忆放大至社会群体层面进行

---

[1] Smith, Anthony, *National Identity*, London: University of Nevada Press, 1991, p.11.

考察，提出了集体记忆概念：一个特定社会群体之成员共享往事的过程和结果。哈布瓦赫认为，保证集体记忆传承的条件是社会交往，"人们通常正是在社会之中才获得他们的记忆的。也正是在社会中，他们才能进行回忆、识别和对记忆加以定位。"① 实际上，哈布瓦赫延续了他的导师涂尔干（Emile Durkheim）的"集体意识"概念，后者认为并不存在纯粹的个人记忆，记忆皆是社会成员在交往中因共同利益、共同需求和共同价值而形成的思想意识。在20世纪80年代，美国社会学者康纳顿（Paul Connerton）呼应了哈布瓦赫和涂尔干，提出人类历史文化之中持存着集体记忆或曰社会记忆。他强调，"任何社会秩序下的参与者必须具有一个共同的记忆"，"我们对现在的体验，大多取决于我们对过去的了解；我们有关过去的形象，通常服务于现存社会秩序的合法化。"②

集体记忆既是实在的，也是建构的。一个婴儿刚开口说话，族群传统的语言、习惯和祖先的灵魂便开始复活。这一方面意味着婴儿习得了集体记忆指涉的实在之物，一方面也表征着集体记忆所承载的情感、文化和信念在当下语境的重构。作为实在的证据，集体记忆成就了一种依循时间序列的定向认同：在历史的某些时刻，"我们"一同经历了伟大与平庸、庄严与屈辱、辉煌与苦难，那里有永当铭记的事件、英雄和力量。哪怕历史的原貌早已支离破碎，这些记忆却光明朗耀，照亮"我们"脚下的来路。而作为主观建构的意义体系，集体记忆则超越了对具体历史情境的叙述，具有精神、象征和文化上"内在规定性"的价值。在族群的文化再生产中，集体记忆及其承载的传统价值得以存续，同时也会基于族群的现实需要而被重构。合理的重构自然是必要的，但颠覆集体记忆则意味着背叛历史，并将导致族群当下的认同和信仰危机。

除了作为"证据"和"意义"这两种文化向度的解释外，如果把眼光投向现实，集体记忆更为直接的功能乃是族群经验和教训的累积。集体记忆为族群提供了相对平稳、可靠的生活策略、成功智慧和苦难禁忌。后世之所以能够站在先辈的肩膀上，一个重要的原因正是先辈把有关生之艰辛和欢愉的记忆，当作思想遗产传了下去。

总体而观，集体记忆具有如下属性：一是社会性。集体记忆是族群成员对历史的共同记忆，是在族群成员的互动、交往中形成的普遍感念和标准叙事，而非个体化的旧梦重温。二是客观性。集体记忆提供了族群存在和发展的历史证据，是族群历史经验和教训的重要载体。三是建构性。集体记忆是族群文化传承、更生的重要精神内容和意义之源。简言之，集体记忆是一个族群对自身历史的共同认知和标准叙事，是族群存在和发展的证据、智慧和意义的重要来源。显然，集体记忆是特定历史时空的产

---

① [法]莫里斯·哈布瓦赫：《论集体记忆》，毕然、郭金华译，上海人民出版社，2002年，第68~69页。

② [美]保罗·康纳顿：《社会如何记忆》，纳日碧力戈译，上海人民出版社，2000年，导论第3~4页。

物，并经漫长时间、特定空间的检验和沉淀，成为一个族群区隔于他者的思想资源和价值理由。

互联网对集体记忆传承和建构机制的改变，正是从突破时空边界开始的。在互联网引发的诸多社会历史变革中，最直接的便是"用时间消灭空间"。万物的来去皆有其时间，而互联网的"实时"信息传播和人际交往带来了时间的极大"压缩"，"形同造成时间序列及时间本身的消失"。① 时间被压缩到若有若无，空间则被扩充到广大无边。在技术上，互联网将分布在世界各个角落的亿万网民连缀一体，为人类交往、合作创造了空前的便利。

然而，正如近现代文明史所展现的那样，包括互联网在内的根本性技术革新，往往需要以一时的文化混沌、价值衰微为代价。在传统时代，任何事件发生后，当事者必有一定时间和余地思考解释和解决方案，相关事实和意见总是要在"随后"、"后来"得以充分的叙述和重构。而今，这种余地越来越小：互联网使说与听、传与受实时同步，一切都处在当下直播状态；事实与意见被同时生产和扩散，事实尚在"发生中"，情感调性、道德框架、价值底色即已凝结。这般容不得"随后"的交往，可能弱化我们严肃思考、认真对话、庄重生活和保持"友谊地久天长"的能力，导致我们生活在人与人、人与物、人与社会关系的最表面。持存性、延续性时间观念的黯淡，已经在互联网时代脆弱的爱情、性、家庭和各种社会关系中充分显现。

在空间上，互联网首先突破了地理空间的边界，地球是平的，我们都站在"地球村"的广场上，听得到彼此，看得见对方。其次，互联网创造了一个崭新的生活和交往场域——虚拟空间，它并非现实空间的简单投射，而是拥有自己的规则、结构和价值。不仅如此，微博、微信、facebook、twitter 等社交媒体突破了虚拟与现实空间的边界。"线上"、"线下"双重生活世界之间的疏离、断裂得以弥合，"谁更真实"已然不重要，真正值得考量的是如何拓展言说和行动的可能性。

时空虚化导致传统族群失去了既往安身立命的家园——稳定的地缘、社会关系和文化网络逐渐消隐。一旦从有形的时空语境、稳定的社会关系中走出来，个体便成为虚化时空中的"观光客"、"流浪者"，传统族群认同就会弱化和瓦解。而新族群的构建并不容易，从时间之维看，"一切还来不及体验和反思，就已经消失了，难以言说的焦虑和难以承受的空虚随之而起"②；从空间之维看，人与人的相遇和相识变得越来越容易，却不过是交往于当下的陌生人。在重构族群、再造社会团结、维系共同体生活的诸多可能性中，形塑集体记忆乃是不可或缺的任务和途径。所谓观光客或陌生人，并非素不相识，而是缺少像传统时代那样牢靠的集体记忆，"他们不再是同一块布上扯

---

① ［美］曼纽尔·卡斯特：《网络社会的崛起》，夏铸九等译，社会科学文献出版社，2001年，第530页。

② 但海剑：《简论现代性背景下的网络传播的时空困境》，《理论月刊》2011年第1期。

下来的一小片,而是有自己不同的颜色和花色。"① 就挑战而论,互联网对集体记忆的生产和消费至少带来了如下影响。

一是集体记忆的价值去魅。"实时"、"当下"、浅思考、浅交往消解了集体记忆的历史纵深感以及附着其上的情感和审美品质、伦理和信仰价值。在互联网的冲击下,集体记忆走向平面化和庸常化,褪去了历史乌托邦的诗意。那些堪为族群价值认同和合法性来源的集体记忆,应是持久沉淀、庄重刻写和神圣操演的产物,应在康纳顿所说的身体实践和纪念仪式中得以传播和延续。互联网语境下漂泊的身体实践,无心停驻在任何时刻、事件和人物上。海量的信息生产、选择和接收,错综复杂的社会关系重构,也降低了所有事物在人们记忆中的相对重要性。即使是北京奥运会、上海世博会等重大历史事件,也可能在众声喧哗和一时欢腾后退出集体记忆的中心画面。此外,互联网造就了真正意义上的大众时代或曰"常人社会",怀疑、狂欢、戏谑以及对宏大叙事的反抗,加剧了公共仪式的形式化、空洞化、虚无化,使集体记忆失去了重要的依凭和载体。

二是集体记忆的断裂和冲突。每一个集体记忆都是特定群体的专属财富,是特定时空语境下的建构性实在,以之实现凝聚和划界。互联网跨越了地理空间、虚实空间的边界,在几乎所有重大事件上,他者、异域的观察和评价都会介入"我们"、集体记忆的构建。在很多情况下,外来者的质询和挑衅甚至会颠覆既有的集体记忆框架和版本。当集体记忆变得含混、异质,必然损减其凝摄力和号召力。这不只是一个社会内部不同族群的境遇,民族国家层面也在历此巨变。在互联网的推动下,"我们的世界,以及我们的生活,正在被全球化和认同的冲突性趋势所塑造",一方面是国家主义开始让位,一方面则是不同族群为捍卫文化的独特性、多样性而修筑战壕。② 这有助于形塑广泛的世界记忆,提升人类共同体的价值和命运感,但也可能以不同族群之间的文化冲突、族群内部的认同断裂为代价。

三是社会记忆"窄化"为社会记录。互联网拥有无可比拟的信息存储和即时检索功能,大数据和社会化计算技术更是为信息挖掘和使用提供了前所未有的便利。在"双刃剑"的另一面,如是信息生产机制也造成了只"记录"、不"记忆"的文化困境。记忆是内化的,记录是外在的。前者将对象之物转化为人之认知、心理和性格的一部分,因而具有内源性价值;后者将对象之物交付给存储和检索技术,便利、周全却失去了灵韵。譬如,唐诗宋词曾是中国人最为重要的文化记忆之一,互联网搜索引擎免除了人们在之前时代的诵读之苦,但同时也剥夺了诗词熏染之下的人格、灵韵之美。当集体记忆窄化为社会记录,文化再生产也就简化为知识的存续和累加。

---

① 崔卫平:《我们时代的叙事》,花城出版社,2008年,第2页。
② [美]曼纽尔·卡斯特:《认同的力量》,曹荣湘译,社会科学文献出版社,第1页。

二、权力变革与大众书写

当历史进入记忆，它便不再是自己。哈布瓦赫早就提出，集体记忆定格于过去，却由当下所限定，并且规约未来。人们如何建构和叙述过去，在很大程度上取决于现实的理念、利益和期待。美国学者施瓦茨（Barry Schwartz）检验了集体记忆的"现实中心论"，他在研究几代美国人对林肯的记忆时发现，林肯所代表的美国价值观在代际间得到了相对完整的传承，但每一代人心中又各有不同的林肯。林肯以多样的形象和姿态活在岁月中，接受时光流转的投射和建构。我国学者的一些研究结论也与此相契："历史记忆表达的常常是他们对现实生活的历史背景的解释，而不是历史事实本身，但在那样的场景中，常常可以更深刻地理解过去如何被现在创造出来。"①

关键问题是，谁可以成为集体记忆的构建者和讲述者？谁拥有唤醒集体记忆以解释现实的权力？这就涉及集体记忆与权力的关系问题。福柯（Michel Foucault）认为，"记忆是斗争的重要因素之一……谁控制了人们的记忆，谁就控制了人们的行为脉络。因此，占有记忆，控制它，管理它，是生死攸关的。"② 德里达（Jacques Derrida）则更明确地指出，"从过去到现在"的记忆建构就是一个权力运作过程，就是"过去"和权力一同"重获光明和重新开始生命运动的过程"。③

实际上，"谁在建构集体记忆"是学界普遍关心的问题，国内外的相关研究给出了相同的答案：族群中的精英。这一点仅从一些代表性学术成果的论题中即可得到印证，诸如《村庄精英的行动场域、组织、话语与记忆》、《集体记忆与精英行动》、《地方精英与族群认同——一个村庄族群记忆的研究》。"这些人中有知识分子、商人、地方官员、医生或者其他有财富、有权力、有影响和受过良好教育的人……他们通过对地方历史的重新诠释，可以有选择地强化某些地方认同的符号，从而主观地建构起一套与现实认同相符合的'历史'。"④ 民族国家层面也是如此，生成集体记忆的权力场域总是为精英所主导。

在传统时代，得出上述结论——精英从现实出发重塑集体记忆——乃是理所当然的。以权力视角看，集体记忆本身即意味着结构性失忆，那些无法用来解释和合法化

---

① 陈春声：《走向历史现场》，《读书》2006年第9期。
② ［法］米歇尔·福柯：《疯癫与文明》，刘北成、杨远婴译，生活·读书·新知三联书店，2007年，第97页。
③ ［法］雅克·德里达：《多义的记忆：为保罗德曼而作》，蒋梓骅译，中央编译出版社，1999年，第75页。
④ 于鹏杰：《地方精英与族群认同——一个村庄族群记忆的研究》，《青海民族研究》2008年第1期。

"现实"的历史元素,在充当历史"立法者"的精英那里往往"视而不见",进而灰飞烟灭。以官方档案为代表的制度性记忆尤其如此,大众往往只获准见闻感知有利于巩固权力合法性、形塑主流意识形态的部分内容。康纳顿认为,极权主义的一个重要特征就是操纵"社会忘却",国家机器被系统地用来剥夺公民的记忆。① 当然,普罗大众有时也会发起反抗。在当局控制的典籍档案、文史资料和新闻媒体拒绝了一些历史事实后,传说、"野史"和谣言便在民间记忆的领地"春风吹又生"。

如今,互联网初步实现了"人人皆可发言"的技术民主,集体记忆也进入了大众书写时代。"历史上从未有哪一个时代,如今天这样,能让普通个体拥有如此之大的话语权。"② 互联网特别是社交媒体重新分配了社会话语权,并因此改造了社会关系和社会结构。在大众获得充分话语权后,精英对真相和真理的垄断被打破,有关集体记忆书写和阐释的话语权亦被重新分配。互联网时代向精英施加的焦虑和惶惑,也许堪比印刷术在中世纪后期开启的知识平民化时代。彼时,印刷术终结了贵族和僧侣对知识、教育的垄断,大众开始占有越来越多的教育资源,知识迅速普及,宗教革命、思想革命和政治革命随之发生。

在互联网平台上,由于大众的介入,既有的集体记忆不断被补充和解构——重现和"篡改"的成本越来越低;正在生成的集体记忆则陷入多元话语竞争,精英与大众之间、大众之中的不同社群和个体之间,皆可针对特定事件的叙述和解释展开竞争。从大众一端看,互联网促成的精英对集体记忆书写和阐释权力的让渡是令人欢喜的,大众的积极参与和充分表达意味着书写"完整历史"、"完整记忆"的更大可能性。从精英尤其是统治集团一端看,话语权的失落固然令人沮丧,而更可忧惧者乃是众声喧哗下集体记忆的危机和混乱,以及由此引发的认同和合法性危机。欢喜者和失落者将共同见证如下变化。

一是公共舆论主导集体记忆。在互联网时代,官方档案和专业精英的记录与解释依然是构成集体记忆的基础素材,却不再是唯一的叙述框架和真相版本。它们必须适当地进入公共舆论场域,与大众书写的框架和版本展开角逐、协商、融汇。在这个场域,大众可以生产、加工自己的素材,可以根据重要性、显著性和贴近性等原则自主决定对历史和现实的"见"与"不见"。毫无疑问,舆论未必总是正确、准确,大众对叙事张力和表达快感的渴望甚至会压倒对真实性的追求。然而舆论"就在那里",时刻准备着对历史事件做出强势表达,并使之沉淀、固化为集体记忆。在引导公共生活和社会交往方面,公共舆论所凝结的集体记忆通常比档案馆、图书室的文牍更加有力和直接。倘若精英话语在公共舆论中缺席,或者说缺少必要的社会化,集体记忆便任

---

① [美] 保罗·康纳顿:《社会如何记忆》,纳日碧力戈译,上海人民出版社,2000年,第10页。
② 《聚焦网络舆论生态系列访谈》"编者按",《人民日报》2011年10月25日。

由人们在公共舆论中涂写了。洋务运动、维新变法、辛亥革命、抗日战争、解放战争、朝鲜战争、"三年自然灾害"、"文化大革命"以及改革开放以来重大政治经济事件在互联网上均出现了"民间化"重写和再现,部分内容已然对年轻一代的记忆和认同产生了深刻影响。

二是常人社会消费集体记忆。互联网使大众成为表达者和行动者,人们的日常生活世界、生活政治得以向社会系统、公共空间延展。这意味着精英记忆不但要介入公共舆论,而且要创造适应常人社会的叙事内容和表达形态。在传统时代,精英记忆的文本大多用来呈现大事件、大人物以及阶级、民族、国家层面的制度性议程,即英国社会学者吉登斯(Anthony Giddens)宣称的有关解放政治的宏大叙事;而在互联网时代,除了解放政治,人们也呼唤指向个体之身体、性、自我、安全、心灵、审美、德性、信仰、认同等问题的生活政治。"生活政治的关怀,预示了未来一种影响深远的变迁,实质上这是在现代性社会秩序形式发展的'另一边'发生的。"[①] 与解放政治相适应的集体记忆大多关心压迫与反抗、奴役与解放、贫弱与富足、落后与进步等宏观议程;与生活政治相适应的集体记忆则看重微观层面的"我们如何生活",观照个体的生活方式和在世状态。实际上,互联网时代的集体记忆就是要让常人也成为主角,为常人提供生活路线图和生命的镜像。

三是集体记忆的部落化。通过人人发言和重构社会关系两种机制,互联网正在构建多元的、全新的族群。一起公共事件、一种生活方式、一个兴趣爱好、一个微群皆可建立和维系一个"部落"。作为整体的现代社会正在被互联网部落化,在市场营销、新闻传播等领域,"受众"业已被细化为"分众"、"小众"、"精众"。同时,一个人可以充当多个部落的成员,"后现代人类陷入的关系网比以往任何时候都更复杂,更具流变性……个人身份不再被视为一种事实,而是一项从未完成的任务。"[②] 这些部落可能存续数年,也可能仅仅维系数月、数日,它们往往只能形成幻灭的、支离破碎的集体记忆。一个人穿梭于多个部落,却未必获得坚实、持久的认同感、归属感,特别是价值上的皈依感。部落之间并不存在乌托邦式的通途,利益、文化上的疏离和对抗在所难免。在对抗中,集体记忆既是一个部落强化内部认同的工具,也是与其他部落进行斗争的武器。从表面上看,这与集体记忆的传统功能并无不同,但是鉴于互联网部落的巨大数量、复杂关系和脆弱结构,集体记忆之争将加剧现代社会系统的离散。在文化层面,互联网部落"离散了国家、民族、阶级、社团组织、家庭等所有现代既定的

---

① [英] 安东尼·吉登斯:《现代性与自我认同》,赵旭东、方文译,生活·读书·新知三联书店,1998年,第252页。

② [荷] 约斯·德·穆尔:《赛博空间的奥德赛:走向虚拟本体论与人类学》,麦永雄译,广西师范大学出版社,2007年,第159页。

社会关系制约,进一步削弱了由民族国家苦心经营几个世纪的集体认同"①。

需要补充的是,部落化的另外一个结果是对官方和专业精英书写的集体记忆的忽视和拒斥。每一个部落都有自己的边界,书写一个统摄所有部落的宏大集体记忆越来越难。官方和专业的精英话语不再是唯一的中心,哪里有故事、仪式和行动,哪里才是中心。

三、多元协商与构建共同体

集体记忆的解构,既是现代认同和合法性危机的反映,也是加剧危机的因素之一。"我们是谁"的危机在互联网时代的社会文化转型中再次爆发,并具化为族群的离散和个体切身的孤独、焦虑。

从微观上看,集体记忆存在如下构成要素:一是可以被讲述的故事文本,包括确定的价值主题,从"当初……"到"后来……"的因果逻辑和叙事结构,代表性人物和冲突性情节等;二是可以反复使用、重现的象征符号,承载族群的意义体系和"共同理解",能够不证自明、自然而然地表征内部认同和外部区隔;三是可以操演的集体行动和纪念仪式,周期性地制造"集体欢腾",以纪念和复活过去,并激励人们从当下奔赴未来。在互联网革命中,集体记忆的上述构成要素遭到了严重冲击:文本陷入版本混乱、歧义纷然的状态,每一个书写者、阐释者都宣称自己掌握了至关重要的事实和意见;符号泛滥,意义消逝,人们只能抓取一些关键词、流行词指代共同谈论的事件和情境;在互联网平台上,以竞赛(如奥运会)、征服(如抗震救灾、发射飞船)和加冕(如庆典、换届选举)为主题的传统公共仪式往往遭到极端世俗化解构,喧嚣的舆论场域经常不节制地驱逐崇高和"神性"。

在宏观层面,集体记忆的解构其实是自启蒙运动以来共同体危机的一个缩影。启蒙运动把人从神权和君权中解放出来,成为认知和权利的主体,从而开创了一个远离神性、高度理性的现代社会。在现代化进程中,人类创造了空前的物质繁荣,也遭遇了一些"绕不过去"的危机。譬如工具理性和市场逻辑导致道德、审美和信仰衰微,"在进步中失去信仰"成为现代社会的普遍病症。而一旦缺少价值理想的感召和凝聚,个体便沦为孤独游弋的原子。又如,工业化、城市化离散了由血缘、地缘及相关集体记忆维系的传统共同体——互联网将如是离散推向了一个"新高潮",自然也瓦解了传统共同体生活。

由于集体记忆承载着共同体最重要的一些文化和政治资源——大事件、仪式、符号、意义、德性、智性、"神性"等,因此唤醒旧的、形塑新的集体记忆便成为再造社

---

① 郭台辉:《共同体:一种想象出来的安全感——鲍曼对共同体主义的批评》,《现代哲学》2007年第5期。

会团结、重建共同体生活的基本方案之一。实际上,方案正潜隐于前述诸多挑战之中——困境本身即酝酿着创造和超越的可能性。以下从主体、途径和内容等三个范畴切入,探讨互联网时代构建集体记忆的可能性。

一是促进多元协商。互联网拉开了多元协商时代的帷幕。站在这个时代的入口,官方和专业精英面临两个选择:退回到"定于一尊"的传统时代,至少要加强对于多元意见的控制;积极拥抱多元协商时代。就集体记忆而言,第一种选择包括正向和负向两种控制手段。正向控制即通过提供、展示包括档案在内的"主流记忆"塑造符合主流意识形态的"记忆中心",反向控制即通过遮蔽历史、割断记忆或消除负面意见来强化既存的社会秩序。① 事实上,近年的互联网技术和公共舆论发展实践已然表明,退回到封闭时代是不可能的,控制亦收效甚微或适得其反。对话、协商乃是互联网时代的主题、气质和价值安排。第二种选择正与这一主题相契,众声喧哗并不值得忧惧,关键在于能否将之转化为理性、建设性的多元协商。换言之,官方和专业精英应珍惜多元的开放、进步和民主价值。

多元协商坚持三个基本理念:首先,承认现代社会存在多元主体、多元价值和多元意见,主张多元主体之间放弃"压服",而以"说服"的方式解决问题。其次,多元价值乃是平等的,彼此不可简单通约,而且也不必通约,"面对自由、正义、幸福和爱等价值,以及不同价值发生冲突时,人们应该平等地对待每一种合理的价值……不存在一种在所有情境中都具有优先地位的价值。"② 最后,多元意见的相遇和融汇可以增益公共之善,而这又包括两种情况:多元主体、多元价值达成了共识,真相和真理在意见交换之中得以呈现和共享;多元意见虽未达成充分共识,但是协商——而非"压服"——本身就是值得珍惜的美好价值。协商既是坚持多元价值、促进各方协同解决问题的手段,它本身也承载着开放、平等、参与的德性与智慧。

这些理念同样适用于互联网时代集体记忆的书写和阐释。精英和大众之间的权力关系变革理应是一个对话、协商过程,集体记忆藉由协商实现从"官方记录"为主型向多元丰富的社会资源体系发展。③ 未经均衡对话,官方和专业精英构建的集体记忆很可能被排拒在公共舆论之外,甚至被认为是可疑、可笑的;未经充分协商,大众书写的记忆文本必然是驳杂、碎片化的,亦无以成为再造社会团结、族群认同的有效依凭。在多元协商时代的"初级阶段",喧嚷和冲撞是不可避免的,混沌需要时间生成秩序。这也许是一个新时代开掘认同与合法性之源所必须付出的代价。

---

① 丁华东:《论档案与社会记忆控制》,《档案学通讯》2011年第3期。
② 陈家刚:《多元主义、公民社会与理性:协商民主要素分析》,《天津行政学院学报》2008年第4期。
③ 冯惠玲:《档案记忆观、资源观与"中国记忆"数字资源建设》,《档案学通讯》2012年第3期。

二是构建公共领域。多元协商意味着将互联网、传统媒体及其他表达平台构建为公共领域。按照阿伦特（Hannah Arendt）、哈贝马斯（Jurgen Habermas）等人的观点，公共领域是介于国家系统与私人领域之间的一个场域，公民可以在其中交流信息和意见，形成一种类似公共舆论的网络或机制，以维护整体利益和公共福祉。藉由公共领域，私人的焦虑可以上升为公共议题，公共议题亦可融入私人的生活世界。而在多元主体之间，各方皆拥有平等的表达权利，依循交往（沟通）理性。哈贝马斯认为，"沟通理性是一种互为主体的理性，它同实践理性都肯认主体的能力，但它要求行动的合理性，以及主体之间沟通批判的有效性。"① 他提出，为了确保沟通的有效性，对话者之间应该坚持一些基本的理性原则，譬如表达形式上的可理解性、内容上的真实性、道德上的正当性和情感上的真诚性。

在英国社会学者鲍曼（Zygmunt Bauman）看来，构建公共领域正是在现代社会再造共同体的基本途径。鲍曼认为，共同体的核心价值在于为个体提供亲密关系、安全庇护、确定性秩序和信任资产，而这也会限制个体自我建构、自我决定的自由。传统共同体衰落的一个重要原因，正是个体过度依附于共同体并丧失了自由；及至现代社会充满不确定性、不安全感，人们又泛起了重返共同体的乡愁。因此，重建共同体的最大困境就是如何平衡自由与安全的关系。"确定性总是要求牺牲自由，而自由又只有以确定性为代价才能扩大。"② 在追寻与悖谬的张力下，现代社会形成了鲍曼所称的两种病态的共同体：一是类似于"隔离区"的共同体，偏执地将共同体成员与外界区隔开来，通过排除异质性来换取简单的归属感和安全感；二是"美学的共同体"，即围绕特定偶像或焦点事件形成的临时共同体，为人们提供可"当下"体验的安全和确定性。

"真正共同体"的形成，则有赖于构建公共领域。在公共领域中，个体与共同体、自由与安全处于持续的对话状态。依循交往理性的对话，乃是一个互动、互生的过程，一方面避免以共同体的名义泯灭个体的尊严和自由，一方面也为身心漂泊的个体指明确定性的归途。如是，自由与安全两种价值大抵可以动态平衡地共处、共持于共同体之中。按照这些主张，集体记忆的构建存在两个指向：关于生活世界和生活政治的微观记忆，表征个体的生存智慧和自由意志；关于共同体在解放、秩序、认同、合法性等问题上的宏观记忆，表征共同体的历史进路、价值传承和对确定性的追求。

三是重新彰显价值理性。现代认同与合法性危机的一个重要根源在于工具理性过度膨胀，而价值理性衰微凋敝。工具理性强调科技进步、效率优先、财富增长、社会繁荣和功利至上，价值理性则重视审美、道德、信仰等精神价值和终极追求。在社会发展中，工具理性不足以成为认同与合法性的持久、全部理由，"当人们从财富增长带

---

① 黄瑞琪主编：《沟通、批判和实践：哈伯马斯八十论集》，台湾允晨文化实业股份有限公司，2010年，第370页。

② ［英］齐格蒙特·鲍曼：《共同体》，欧阳景根译，江苏人民出版社，2007年，第18页。

来的最初惊喜中平静下来，并逐渐感受到社会不公、道德沦丧、灵韵黯淡和信仰缺失之苦，繁荣就不再是现代性的唯一合法性理由。"① 欲重建认同和合法性，务必重新彰显价值理性。所欲重彰者，至少包括伦理、审美和精神信仰三个关键范畴。作为族群意义体系的重要载体，集体记忆的书写和阐释要直面前述"祛魅"、窄化等问题，在伦理、审美和信仰上重新找到价值入口。

重新彰显价值理性以形塑集体记忆，应是一项积极、主动的社会和文化工程。1999年9月21日，台湾发生7.3级强震，造成2321人死亡，这是台湾近百年来最严重的一次地震灾难。10月8日，台湾成立了"九二一震灾集体记忆工作推动小组"，旨在通过重建记忆来重建心灵，培育民众"面对历史的价值观"。工作小组提出，"人民应该勇于接受每次地牛翻腾所留下的惨痛教训，并将每次的宝贵经验世代传承下去，以见证人民辛苦生活于这片土地的最高价值。"②

互联网创造了崭新的时空语境和权力关系，"振动了各种制度，转变了各种文化，创造了财富又引发了贫困，激发了贪婪、创新和希望，同时又强化了苦难，输入了绝望。不管你是否有勇气面对，它的确是一个新世界。"③ 在这个新世界里，重新彰显价值理性的希望与滑向后现代价值虚无主义的风险交织在一起。互联网赋予多元主体以前所未有的表达和行动机会，同时也把构建人类命运共同体的使命和义务交付给每一个个体。多元主体的积极行动将点燃希望，逐渐化解风险，构筑新世界的价值理性和意义体系。这本身就是一个创造历史和集体记忆的过程：为"祛魅"者"加魅"，为崇高留有一席之地。

〔作者简介：胡百精，中国人民大学公共传播研究所副所长、新闻学院副教授。本文刊发于《中国高校社会科学》2014年第3期，责任编辑王婧。人大复印资料《社会学》2014年第8期转载〕

---

① 胡百精：《风险社会、对话主义与重建现代性——"非典"以来中国公共关系发展的语境与路径》，《国际新闻界》2013年第4期。
② 曹宗铭：《文史工作者凝聚地震集体记忆》，《联合报》1999年10月10日。
③ ［美］曼纽尔·卡斯特：《认同的力量》，曹荣湘译，社会科学文献出版社，2006年，第1页。

古代曲学中的"戏剧"概念

李 简

"戏剧"一词从汉语言中的普通词汇，随戏曲的发展而成为曲学的基本概念①，用以指称戏文、杂剧、传奇、京剧等传统戏曲，其内涵概括了传统戏曲的特点，其形成过程折射着戏曲的发展。不同时代曲学家们对"戏剧"概念的体认与戏曲发展的阶段性面貌紧密相连。

一、"戏剧"一词的出现和涵义的日益丰富

"戏剧"一词，最早出自唐代杜牧的诗作《西江怀古》："魏帝缝囊真戏剧，苻坚投棰更荒唐"。所言"戏剧"乃"游戏"、"儿戏"之意。至唐末前蜀时期杜光庭所编撰的《仙传拾遗》，其中所用"戏剧"一词，已包含演出的意思："与父母往连水省亲，至县，有音乐戏剧，众皆观之，定独不往。父母曰：'此戏甚盛，亲表皆去，汝何独不看邪？'"②此处的"戏剧"即有"杂戏"、"伎艺表演"之意。宋代至清代，"戏剧"一词始终有"游戏"之意；与此同时，其"演剧"、"伎艺表演"之意也日益加强，多被用来指称杂剧、传奇等传统戏曲，逐渐成为曲学理论中的一个重要概念。

宋人使用"戏剧"一词时，多用其"游戏"之意。王安石的《次韵叶致远置洲田以诗言志四首》其二云："若将有限计无涯，自困真同算海沙。随顺世缘聊戏剧，莫言河渚是吾家。"③

---

① "戏曲"、"传统戏曲"在本文中指宋元南戏、元明杂剧、明清传奇以至包括近代的京剧和所有地方戏在内的中国传统戏剧文化。参见张庚：《中国戏曲》，《中国大百科全书·戏曲曲艺卷》，中国大百科全书出版社，1983年，第1页。

② （宋）李昉等编：《太平广记》卷74《张定》，中华书局，1961年，第465页。《张定》篇末云："乾符中，父母犹在。"乾符（874~888），唐僖宗年号。

③ （宋）王安石著，李壁笺注，高克勤点校：《王荆文公诗笺注》下，上海古籍出版社，2010年，第1057页。

宋释惠洪《冷斋夜话》卷三"诗说烟波缥缈处"云:"予自并州还故里,馆延福寺。寺前有小溪,风物类斜川,予儿童时戏剧处也。"①

同在宋代,用"戏剧"来表达"伎艺表演"之意也时而可以见到。比如杨时云:

> 余在潭州浏阳,方官散青苗时,凡酒肆、食店,与夫俳优戏剧之罔民财者,悉有以禁之,散钱已,然后令如故。②

元代亦然。"戏剧"一词既常被用来表示"游戏"之意:"神仙中人世莫识,政以文章为戏剧"③,也被用来指称"表演伎艺"、"传统戏曲",比如黎廷瑞《丙申上元喜晴孤坐怀旧二十韵》云:

> 新年半月雨不止,此夕一晴天所借。草市冬冬村鼓闹,竹檐烂烂华灯挂。颠狂社舞喧戏剧,落魄儒冠寄嘲骂。亦知陋俗多浮薄,尚喜疲甿少闲暇。④

马端临《文献通考》卷一百四十四"舞衣"云:

> 流传既久,南唐之时,优伶遂有乞取大殷皇帝平天冠为戏,以资笑噱者。盖后世之视舞同乎戏剧,而又因其误以平冕为舞服,遂亦以戏衫视冕矣。⑤

至明清两代,"戏剧"一词的"游戏"之意仍在使用,明人李东阳说:"贤哉东陵老,爱此时自适。指麾儿子辈,已足支大敌。旁观但坐啸,信手聊戏剧。安得从之游,清谈澹终夕。"⑥ 所言"戏剧",即为"游戏"之意。

《四库全书总目》称《圣贤图赞》:

---

① (宋)释惠洪著,黄进德批注:《冷斋夜话》卷3,凤凰出版社,2009年,第53页。
② (宋)杨时:《龟山集》卷10,见王云五主编:《四库全书珍本四集》本,台湾商务印书馆,1969年。
③ (元)黄溍著,王颋点校:《黄溍集》卷2《题李坦之诗卷》,浙江古籍出版社,2013年,第55页。
④ (清)史简编:《鄱阳五家集》卷3,见王云五主编:《四库全书珍本十集》本,台湾商务印书馆,1969年。
⑤ (元)马端临:《文献通考》卷144《乐考十七》,浙江古籍出版社,2000年,第1269页。
⑥ (明)李东阳:《怀麓堂集》卷6《题邵翁碁墅卷》,上海古籍出版社,1991年,第50页。

> 其图画诸贤，多执书卷，既非古简策之制。而樊须名须，即作一多髯像。梁鳣字叔鱼，即作手持一鱼像。尤如戏剧，其妄决矣。①

文中所谓"戏剧"亦取"儿戏"之意。同时，"戏剧"也指称各种表演伎艺、杂戏表演。明人徐应秋言"唐人戏剧"：

> 唐人诗中往往有纪当时戏剧，如弄钵头，张祐诗曰："两边角子羊门里，犹学容儿弄钵头。"长竿，张祐诗曰："倾城人看长竿出，一拔初成赵解愁。"刘晏诗："惟有长竿妙入神。"椀舞，张祐诗曰："揭手便拈金椀舞，上皇惊笑悖拏儿。"热戏，祐诗："热戏争心剧火烧，铜锤暗执不相饶。"弄老人，顾况诗："此生不复为年少，今日从他弄老人。"弄邰翁伯，卢纶诗："何须更看邰翁伯，即我此身如此人。"簸钱，王建诗："暂向玉花阶上坐，簸钱赢得两三筹。"宫棋，建诗："宫棋布局不依经，黑白分明子数停。"巡收，张籍诗："趁行移手巡收尽，数数看谁得最多。"弄参军，薛能诗："此日杨花初似雪，女儿弦管弄参军。"弄化生，能诗："芙蓉殿上中元日，水拍银盆弄化生。"弄獬狖，罗隐诗："何如买取獬狖弄，一笑君王便着绯。"②

其笔下的"戏剧"即包括弄钵头、长竿、椀舞、热戏、弄老人、弄邰翁伯、簸钱、宫棋、巡收、弄参军、弄化生、弄獬狖等诸种杂戏、游戏。

而"戏剧"指称"传统戏曲"的情况也经常可见。比如明人程敏政云：

> 文秀既戒行李出都门，余因与之约曰："第他日复得谒告南归，子当市柳鱼豆酒，坐我皇华馆上，呼取伶人，作韩王孙受辱戏剧，相与大醉十日，然后放巨舰，入清河，下长淮，问古战场及骚人钓游处，相从赋咏，以寻旧盟。"③

显然，从"戏剧"一词的运用来看，自唐迄清，指称"伎艺表演"、"传统戏曲"的用法随戏曲的发展而渐多，至明清时，"戏剧"已常用来指称杂剧、传奇等传统戏曲。

---

① （清）永瑢等：《四库全书总目》卷59，中华书局，1965年，第533页。
② （明）徐应秋：《玉芝堂谈荟》卷31，上海古籍出版社，1993年，第758页。
③ （明）程敏政：《篁墩文集》卷21《送内兄林文秀之官淮阴序》，上海古籍出版社，1991年，第367页。

二、作为曲学概念的"戏剧"

作为曲学概念的"戏剧"的使用,与戏曲创作、演出的发展,与人们对中国传统戏曲面貌日益清晰的把握密切相连。而在曲学家对"戏剧"的体认与论说中,亦可看出中国传统戏曲在不同历史阶段的发展特点,体现了中国传统戏曲的发展轨迹。

1. 元代曲学家甚少使用"戏剧"一词来指称古代戏曲

元代的曲学家对戏曲体制形态的认识比较清晰。一方面,他们已经注意到散曲与杂剧的区分,元人陶宗仪说:

> 稗官废而传奇作,传奇作而戏曲继。金季国初,乐府犹宋词之流,传奇犹宋戏曲之变,世传谓之杂剧。金章宗时董解元所编《西厢记》,世代未远,尚罕有人能解之者,况今杂剧中曲调之冗乎?①

在这段话中,陶宗仪对"乐府"与"传奇"分而言说,体现出对散曲与杂剧之不同的认识。"乐府犹宋词之流","乐府"在此指歌辞,尤指文人所作的散曲。"乐府犹宋词之流",强调了曲(尤其是散曲)的歌辞性质,指出了其与宋词的联系。

同时,这段话还强调了元杂剧与小说、宋戏曲的一致性。"稗官废而传奇作,传奇作而戏曲继。"这里的"传奇"指传奇小说,"戏曲"指宋杂剧。"传奇犹宋戏曲之变","传奇"指元杂剧,"宋戏曲"指宋杂剧。"传奇犹宋戏曲之变",是将元杂剧与宋戏曲并列而观。在以上表述中,陶宗仪把稗官、传奇小说和宋杂剧、元杂剧放到了一条发展线索上。这样陈说的重要着眼点之一是"故事",即以"故事"作为传奇小说、宋杂剧、元杂剧的共同特点。正如李昌集先生所言:"以传奇为本位,将戏曲作为一种具有与小说意义相同的'故事'而理解与评价。"② 不但如此,在这样一个变化序列中,在"传奇犹宋戏曲之变"的判断中,其实还包含了陶宗仪对宋杂剧与元杂剧二者演出间联系的认识。

另一方面,他们对"戏剧"的表演特点已有较为明确的表述。夏庭芝(元末人)在他的《青楼集志》中说:"唐时有传奇,皆文人所编,犹野史也,但资谐笑耳。宋之戏文,乃有唱念,有诨。金则院本、杂剧合而为一。至我朝乃分院本、杂剧而为二。"③

---

① (元)陶宗仪:《辍耕录·杂剧曲名》,见余为民、孙蓉蓉主编:《历代曲话汇编——编中国古典戏曲论著集成》唐宋元编,黄山书社,2006年,第450页。
② 李昌集:《中国古代曲学史》第1卷,华东师范大学出版社,1997年,第80页。
③ 余为民、孙蓉蓉主编:《历代曲话汇编——编中国古典戏曲论著集成》唐宋元编,黄山书社,2006年,第469页。

夏庭芝将唐传奇、宋戏文、金元院本、元杂剧划为同一类进行讨论，这中间可能同样含有对"故事"元素的关注。而更重要的是在这种"类'的叙述中，夏庭芝注意到了戏文表演中的唱念与诨，指出戏文表演的几个要素：歌唱、道白、插科打诨等；他看到了戏文与唐传奇，即戏曲与小说的区别，从表演的角度，对戏曲与小说作出了区分。

胡祗遹（1227—1293）曾指出杂剧为院本之变："乐音与政通，而伎剧亦随时所尚而变。近代教坊，院本之外，再变而为杂剧。"① 这番话，同样指出了杂剧与教坊院本在表演上的承续性。

元代曲学家对故事、唱、念、诨这样一些杂剧、戏文特点的拈出，表现出他们对戏曲面貌的把握、对戏曲与小说差别的认识；指出了宋戏文、元杂剧对故事的表现，以及在表演上对宋杂剧、金院本的承袭；梳理了中国戏曲歌唱、念白、插科打诨相结合的表演方式。他们对"诨"的强调，抓住了中国传统戏曲的特点，突出了宋元南戏、元杂剧和宋杂剧、金院本的关系。他们的论说在中国戏曲发展的第一个黄金时期，揭示了戏曲产生的重要路径。但是，在元代曲学家的相关论述中，甚少使用"戏剧"一词来指称古代戏曲，大多是以杂剧、传奇、戏文、南戏来相称。

2. 作为曲学概念的"戏剧"，在明代的使用频率大为增加，其内涵得到充分、清晰的表达

至明代，人们对戏曲特点的认识更加明确。在明代曲学家的论述中，戏曲的诸要素、戏曲表演的特点得到充分、全面的探讨。李贽《明珠记总评》云："传奇有曲，有白，有介，有诨，如耳、目、口、鼻不可相废。"② 他以人之耳、目、口、鼻为喻，将曲、白、介、诨视为传奇不可或缺的元素。袁宏道对《紫钗记》的评论表达了同样的看法："传奇自有曲白介诨，《紫钗》止有曲耳，白殊可厌也，诨间有之，不能开人笑口。若所谓介，作者尚未梦见在。可恨！可恨！"③ 在这里，"曲白介诨"被看做是古代戏曲的基本要素及评价标准。明人程羽文在《盛明杂剧序》中也谈到他对传统戏曲的体认：

曲者，歌之变，乐声也；戏者，舞之变，乐容也。……上古有歌舞而无戏曲，战国、秦、汉始创优伶……变歌之五音以成声，变舞之八佾以成数，而曰外，曰末，曰净，曰丑，曰生，曰旦六人者出焉。凡天地间知愚贤否、贵贱寿夭、男女

---

① 余为民、孙蓉蓉主编：《历代曲话汇编——编中国古典戏曲论著集成》唐宋元编，黄山书社，2006 年，第 217 页。

② 余为民、孙蓉蓉主编：《历代曲话汇编——编中国古典戏曲论著集成》明代编第 1 集，黄山书社，2009 年，第 552 页。

③ 余为民、孙蓉蓉主编：《历代曲话汇编——编中国古典戏曲论著集成》明代编第 2 集，黄山书社，2009 年，第 413 页。

华夷，有一事可传，有一节可录，新陈言于牍中，活死迹于场上，谁真谁假，是夜是年，总不出六人搬弄。①

歌、舞、脚色（外末净丑生旦）、故事、搬弄，即程羽文所概括的古代戏曲的基本要素与形态特点。

如果与元代曲学家关于传统戏曲的认识相对照，可以看出，明人的认识更加突出了场上搬演，对于中国戏曲表演特点的认识更全面、周到。李贽、袁宏道所说的"曲、白、介、诨"与夏庭芝的"唱念与诨"相似，但对"介"的提出与强调，体现了明人对戏曲场上表演特点的切实把握，指出了戏曲扮演、演出中人物动作这些关键因素。程羽文对歌舞、故事、脚色、搬弄的论述，尤其是对脚色与场上搬演的关注，也抓住了中国戏曲的表演特点。

在这样的大背景下，散曲与传统戏曲的区别变得明确②，而作为曲学概念的"戏剧"，在明代的使用频率大为增加，多被用来指称传统戏曲。明人叶盛《水东日记》云："甚者晋王休徵、宋吕文穆、王龟龄诸名贤，至百态诬饰，作为戏剧，以为佐酒乐客之具。"③何良俊云："余家自先祖以来即有戏剧。我辈有识后，即延二师儒训以经学。又有乐工二人教童子声乐，习箫鼓弦索。"④

在明代曲学家中，有两位对于"戏剧"概念的阐述尤其值得关注。一位是胡应麟，另一位是王骥德。胡应麟对"曲"和"剧"区分得非常清楚。他说：

> 世所盛行宋、元词、曲，咸以昉于唐末，然实陈、隋始之。盖齐、梁月露之体矜华角丽，固已兆端，至陈、隋二主并富才情，俱涵声色，所为长短歌行率宋人词中语也，炀之《春江》、《玉树》等篇尤近，至《望江南》诸阕，唐、宋、元

---

① 余为民、孙蓉蓉主编：《历代曲话汇编——编中国古典戏曲论著集成》明代编第3集，黄山书社，2009年，第423页。

② "散曲"这一称名最早见于明初朱有燉的《诚斋乐府》。在现存曲学文献中，明人常以散曲与杂剧、传奇对举。比如王世贞的《曲藻》云："周宪王者，定王子也。好临摹古书帖，晓音律。所作杂剧凡三十余种，散曲百余，虽才情未至，而音调颇谐，至今中原弦索多用之。"（余为民、孙蓉蓉主编：《历代曲话汇编——编中国古典戏曲论著集成》明代编第1集，黄山书社，2009年，第519页）明人吕天成《曲品》以传奇与散曲对举："不作传奇，而作散曲者。"（吕天成撰，吴书荫校注：《曲品校注》卷上，中华书局，1990年，第128页）明人王骥德《曲律》，谈及作家作品时，亦把剧作与散曲分述，如云："史叔考撰《合纱》、《樱桃》……又散曲曰《齿雪余香》，凡十二种"（王骥德：《曲律》卷4《杂论第三十九下》，见余为民、孙蓉蓉主编：《历代曲话汇编——编中国古典戏曲论著集成》明代编第2集，黄山书社，2009年，第127页。）

③ （明）叶盛撰：《水东日记》卷21《小说戏文》，中华书局，1980年，第214页。

④ （明）何良俊：《四友斋丛说》卷13《史九》，中华书局，1959年，第110页。

人沿袭至今。词曲滥觞实始斯际。

六朝、五季始若不侔，而末极相类。陈、隋二主固鲁、卫之政，乃南唐、孟蜀二后主于词、曲皆致工，蜀则韦庄在昶前，唐则冯、韩诸人唱酬煜世，并宋、元滥觞也。①

这里讨论的是"曲"的部分，他将宋元词曲视为同源一脉的产物，上溯至陈、隋，加以单独论述。对于"剧"，胡应麟论述了"戏剧"的构成因素，强调歌曲、故事、搬演三要素。在论述中，胡应麟首先对元陶宗仪的说法加以纠正：

传奇之名不知起自何代，陶宗仪谓唐为传奇，宋为戏诨，元为杂剧，非也。唐所谓"传奇"自是小说书名，裴铏所撰，中如蓝桥等记诗词家至今用之，然什九诞妄寓言也。其书颇事藻绘而体气俳弱，盖晚唐文类尔，然中绝无歌曲、乐府若今所谓戏剧者，何得以传奇为唐名？或以中事迹相类，后人取为戏剧张本，因展转为此称不可知。范文正记岳阳楼，宋人讥曰传奇体，则固以为文也。②

胡应麟不满意陶宗仪"以传奇为唐名"，与"戏剧"并列。胡应麟认为"唐所谓传奇自是小说书名"，不同于今之"戏剧"，"盖晚唐文类尔"，不似今之"戏剧"有歌曲乐府。"然中绝无歌曲乐府，若今所谓戏剧者"强调了"戏剧"殊异于小说的特点正在于有歌曲乐府。同时，胡应麟虽然认为唐传奇不同于今之"戏剧"，但仍然认可唐传奇与"戏剧"在内容上的联系，所谓"事迹相类"，其联系就是故事。在这段话中，胡应麟指出了"戏剧"的两个基本要素：歌曲与故事。

胡应麟进而以搬演为切入点，提出了自己的见解：

今世俗搬演戏文，盖元人杂剧之变，而元人杂剧之类戏文者，又金人词说之变也。杂剧自唐、宋、金、元迄明皆有之，独戏文《西厢》作祖，《西厢》出金董解元，然实弦唱、小戏之类，至元王、关所撰乃可登场搬演。③

唐制如《霓裳》等舞度数至多，而名号妆束不可深考，《乐府杂录》开元中黄幡绰、张野狐善弄参军，参军，即后世副净也（见《辍耕录》）；范传康、上官

---

① （明）胡应麟：《少室山房笔丛》卷41《庄岳委谈》下，上海书店出版社，2001年，第423页。
② （明）胡应麟：《少室山房笔丛》卷41《庄岳委谈》下，上海书店出版社，2001年，第424页。
③ （明）胡应麟：《少室山房笔丛》卷41《庄岳委谈》下，上海书店出版社，2001年，第424~425页。

唐卿、吕敬迁三人弄假妇人，假妇人即后世装旦也。至后唐庄宗自傅粉墨，称李天下，大率与近世同，特所搬演多是杂剧短套，非必如近日戏文也。(观安节《乐府杂录》称假妇人，则知唐时无旦名也)①

唐世所谓优伶杂剧，妆服、节套大略可见，宋之杂剧盖亦若斯。元院本但有词无曲，故词第属之歌人，此类以供戏弄而已。至元人曲调大兴，凡诸杂剧皆名曲寓焉，而教坊名妓亦多习之，清歌妙舞悉隶是中，唐宋诸词殆于废尽。又一变而赡缛，遂为南之戏文，而唐宋所谓杂剧至元而流为院本，今教坊尚遗习，仅足一笑云。(梨园字面见《乐府杂录》)②

胡应麟以"戏剧"指称传奇戏曲（戏文），将传奇看作元人杂剧之变。从这三段话中，我们看到胡应麟对杂剧、戏文诸"戏剧"特点的认识：一是场上搬演、优伶扮演。他认为"戏剧"与词说、弦唱小戏、唐宋杂剧是不同的。"独戏文《西厢》作祖，《西厢》出金董解元，然实弦唱小戏之类，至元王、关所撰乃可登场搬演。"胡应麟指出"董西厢"与杂剧《西厢记》之不同，就在于杂剧是"登场搬演"。二是强调歌舞的重要角色。他把唐宋金元迄明都有的优伶杂剧与元人杂剧、南之戏文加以区分，指出歌舞之于"戏剧"的重要性："至元人曲调大兴，凡诸杂剧皆名曲寓焉，而教坊名妓亦多习之，清歌妙舞悉隶是中。"

在明代的曲学论述中，涉及"戏剧"这一概念，还有一位必须提及的曲学家，即王骥德。他在其《曲律》中没有使用"戏剧"一词，但数度言及"剧戏"。与宋人陈旸以"剧戏"指称宋杂剧不同③，王骥德所说的"剧戏"是"剧"与"戏"、北剧与南戏的合称："剧之与戏，南北故自异体。北剧仅一人唱，南戏则各唱。"④

"剧戏"二字概括了当时两种最重要的戏曲形式，王骥德在《曲律》中把"剧戏"作为一个重要的曲学概念来使用，对"剧戏"的特点亦有明确的论述。"剧戏"有插科打诨之意："大略曲冷不闹场处，得净、丑间插一科，可博人哄堂，亦是剧戏眼

---

① （明）胡应麟：《少室山房笔丛》卷41《庄岳委谈》下，上海书店出版社，2001年，第425页。

② （明）胡应麟：《少室山房笔丛》卷41《庄岳委谈》下，上海书店出版社，2001年，第426~427页。

③ （宋）陈旸《乐书》卷186《剧戏》云："圣朝戏乐鼓吹部，杂剧员四十二。云韶部，杂剧员二十四。钧容直，杂剧员四十。亦一时之制也。"（王云五主编：《四库全书珍本九集》本，台湾商务印书馆，1969年）以"剧戏"来指称宋时的杂剧。

④ （明）王骥德：《曲律》卷3《论剧戏第三十》，见余为民、孙蓉蓉主编：《历代曲话汇编——编中国古典戏曲论著集成》明代编第2集，黄山书社，2009年，第96页。

目。"① "剧戏"不可过施文采,应通俗易懂:"作剧戏,亦须令老妪解得,方入众耳,此即本色之说也。"② "剧戏"是虚实相辅相成的产物:"剧戏之道,出之贵实,而用之贵虚。"③ 其中最重要的阐述当属下面这段话:

> 古之优人,第以谐谑滑稽供人主喜笑,未有并曲与白而歌舞登场如今之戏子者;又皆优人自造科套,非如今日习现成本子,俟主人拣择,而日日此伎俩也。即金章宗时,董解元所为《西厢记》,亦第是一人倚弦索以唱,而间以说白。至元而始有剧戏,如今之所搬演者。④

在这段话中,王骥德指出"剧戏"这一艺术形式至元代才出现,区分了谐语、说唱与"剧戏",指出"剧戏"的组成要素为曲、白、歌舞登场与剧本。从此番对"剧戏"的判断出发,明确阐述了古之优人与今之戏子、古代优戏与今之"剧戏"的不同:

(1) 谐谑滑稽不同于今之"剧戏",今之"剧戏"的表演特点是"并曲与白而歌舞登场"。

(2) 临时自编的滑稽段子,与排演现成本子、主人选择、日日此伎俩存在区别。"剧戏"有写好的剧本,不是即兴的,是由主人来选择并反复演出的。

(3) "董西厢"只是一人倚弦索以唱,间以说白,而元代的剧戏是扮演。这里实际上指出说唱、自说自唱和戏曲中人物当场扮演的区别。

王骥德的"剧戏"概念对当时搬演的传统戏曲的形态做出了清楚的界定,与曲学中的"戏剧"概念涵义相同。但随着古代戏曲的发展,尤其是传奇的日渐繁盛,以及杂剧与传奇界限的逐渐模糊,"剧戏"这个名称遂与"戏剧"合流,⑤ 并最终为"戏

---

① (明) 王骥德:《曲律》卷3《论插科第》,见余为民、孙蓉蓉主编:《历代曲话汇编——编中国古典戏曲论著集成》明代编第2集,黄山书社,2009年,第100页。

② (明) 王骥德:《曲律》卷3《杂论第三十九上》,见余为民、孙蓉蓉主编:《历代曲话汇编——编中国古典戏曲论著集成》明代编第2集,黄山书社,2009年,第114页。

③ (明) 王骥德:《曲律》卷3《杂论第三十九上》,见余为民、孙蓉蓉主编:《历代曲话汇编——编中国古典戏曲论著集成》明代编第2集,黄山书社,2009年,第114页。

④ (明) 王骥德:《曲律》卷3《杂论第三十九上》,见余为民、孙蓉蓉主编:《历代曲话汇编——编中国古典戏曲论著集成》明代编第2集,黄山书社,2009年,第109~110页。

⑤ "戏曲"一词,在古代曲学论述中有时被用来指"戏中之曲",比如"《三籁》分天、地、人三册,时曲、戏曲,尽属撷精掇华"。(李玉:《南音三籁序》,见余为民、孙蓉蓉主编:《历代曲话汇编——编中国古典戏曲论著集成》清代编第1集,黄山书社,2008年,第107页) 有时指"并曲与白而歌舞登场"的传统戏曲,如南戏:"至咸淳,永嘉戏曲出,泼少年化之,而后淫哇盛,正音歇。"(刘埙:《词人吴用章传》,见李修生主编:《全元文》册10,卷349,江苏古籍出版,1999年,第401页)

剧"这一名称所取代。

在上面引述的材料中，胡应麟的"至元王、关所撰乃可登场搬演"，王骥德的"并曲与白而歌舞登场"，都较元代人更明确强调了"登场"的问题。不但如此，胡应麟对"戏剧"与小说、唐宋杂剧的区分，对"戏剧"脚色扮演的关注，王骥德对"剧戏"与滑稽表演、与说唱的区分，都显示了论者对"戏剧"特点的深入体味。总之，在明代曲学家那里，"戏剧"作为曲学的重要概念，得到清晰的把握。

另外，王骥德对"现成本子"的论述是明代曲学家有关"戏剧"特点认识中颇为独到的一点。他把古代优人演出时的自我设计内容、即兴发挥，和明代演出时的现成本子、主人的选择和反复的搬演相对比。王骥德对剧本的强调和重视，体现出明代后期剧本创作的繁盛，凸显了剧本在戏曲演出中的重要地位，同时，也把"戏剧"（"剧戏"）和戏弄严格地区分开来。至于"俟主人拣择"，则既反映出家班的繁荣、文人在戏曲演出中的主导作用，也透露出明代戏曲演出中演员的被动地位。

3. 清人对"戏剧"概念的内涵没有做出进一步补充，但演出被给予更多关注

清代曲学家继续使用"戏剧"一词来指称传统戏曲：

> 试观王实甫、高东嘉之戏剧，妇孺辈皆能言之，而名公巨卿之鸿编大集，或毕世不入经生之目，则其他可知矣。①

又如："今戏剧演《时迁偷鸡》，科诨有'皮包骨头人'之语"。② 不过，清人一般只是以此来称呼传统戏曲，在"戏剧"概念的内涵上，没有做出新的补充，只是承袭着前代学者的论述。

其中平步青（1832—1896）是一位值得注意的文人，他在讨论传统戏曲时一再使用"戏剧"这一概念。《小栖霞说稗》"双娶"云："传奇戏剧，一生多娶二旦，且有三、四、五、六不止者，人率以无稽非真事置之。"③《鱼水缘》云："越中有《双鱼坠》戏剧，关目略同……殆即本此而芟去枝叶耳。"④ 而其所言的"戏剧"，指那些常充满虚构的作品，如"花关索、王桃、王悦、鲍三娘"条云："梨园戏剧所演人之事，

---

① （清）黄周星：《人天乐自序》，见余为民、孙蓉蓉主编：《历代曲话汇编——编中国古典戏曲论著集成》清代编第1集，黄山书社，2008年，第226~227页。

② （清）焦循：《剧说》卷4，见余为民、孙蓉蓉主编：《历代曲话汇编——编中国古典戏曲论著集成》清代编第3集，黄山书社，2008年，第421页。

③ 余为民、孙蓉蓉主编：《历代曲话汇编——编中国古典戏曲论著集成》清代编第4集，黄山书社，2008年，第480页。

④ 余为民、孙蓉蓉主编：《历代曲话汇编——编中国古典戏曲论著集成》清代编第4集，黄山书社，2008年，第500页。

十九寓言；而实事可以演剧者，反多湮灭。"① 也指一种扮演故事的演出：

> 戏剧扮演古事，唐时已有。……若《蜀志·许慈传》云："先主愍其若斯，群僚大会，使倡家假为二子之容，仿其讼斗之状，酒酣乐作，以为嬉戏。"则仍《左传》鱼里观优，《史记》夹谷侏儒之旧，非扮演故事，并不得以倡家二字，谓今女戏之缘起也。②

另外，又有铁桥山人（生卒不详）谈到"戏剧"的"贵肖真"："戏剧场中贵肖真，毋贪艳冶可怡人。哀音妆出悲肠断，确像当年骨肉亲。"③

清代时"戏剧"概念的内涵已非常明确，清人基本没有做出进一步的补充，但演出的部分还是被论者给予更多关注，比如上引"戏剧场中贵肖真"、"戏剧扮演古事"、"梨园戏剧所演人之事"等，都突出了"演"这个角度，这与当时戏曲演出的发达密切相关。而在有关传统戏曲特点的论述中，梁廷枏的论说也颇具代表性：

> 古人歌者、舞者各自为一，两不照应；至唐人《柘枝词》、《莲花镟歌》，则舞者所执与歌人所歌之词稍有相应矣，犹羌无故实也；至宋赵令畤作商调鼓子词，谱《西厢》传奇，始有事实矣，然尚无演白也；至董解元作《西厢》搊弹词，曲中夹白，搊弹、念、唱统属一人，然尚未以人扮演也；金人仿辽大乐之制而作清乐，中有连厢词，则扮演有人矣，犹然习舞者不唱、司唱者不舞也；至元曲则歌舞合于一人，然一折自首至末皆以其人专唱，非正末则正旦，唱者为主而白者为宾，则连厢之法未尽变也；今之杂色上场，无不可唱，此实起于元末、明初，其由来亦久矣。④

梁廷枏以歌、舞、故实、白、扮演为戏曲的几大要素，以演故实、歌舞合于一人、以人扮演、各色可唱等，为构成戏曲的必要条件。并以歌舞为线索，描述了戏曲的发展脉络：古之歌舞各自为→唐之舞者所执与歌人所歌之词稍相应而无故实→宋之有事

---

① 余为民、孙蓉蓉主编：《历代曲话汇编——编中国古典戏曲论著集成》清代编第4集，黄山书社，2008年，第485页。
② 余为民、孙蓉蓉主编：《历代曲话汇编——编中国古典戏曲论著集成》清代编第4集，黄山书社，2008年，第483页。
③ 余为民、孙蓉蓉主编：《历代曲话汇编——编中国古典戏曲论著集成》清代编第4集，黄山书社，2008年，第731页。
④ 余为民、孙蓉蓉主编：《历代曲话汇编——编中国古典戏曲论著集成》清代编第4集，黄山书社，2008年，第54页。

实，无演白→金之或有曲与白而无扮演，或有扮演而歌舞非一人→元之歌舞合于一人，但自首至末一人专唱→元末、明初的杂色上场，无不可唱。

清代戏曲演出发达，梁廷枏对歌、舞、白、故事、扮演的强调，对歌舞合一、各色可唱的说明，正是基于对当时戏曲演出特点的认识与概括。

在清代的"戏剧"认知中，对"演出"的关注增加，对"现成本子"（剧本）的关注锐减，反映出中国戏曲的重大变迁，即随着戏曲的发展，演员、场上之曲逐渐成为曲坛的中心。一方面，人们对演出环节日益关注和重视，另一方面，文人的剧本创作渐入低潮，文人与戏曲的关系发生变化，文人不再像王骥德所说处于"主人"的位置。

通过分析曲学历史上"戏剧"一词涵义日渐丰富的过程，考察"戏剧"概念与元明清三代曲学家对"戏剧"形态的认识与论说的关系，我们看到，随着戏曲的发展，汉语言中的"戏剧"一词，在明清时期已被频繁用来指称中国的传统戏曲。而在曲学论述中，明清两代广泛使用"戏剧"这一概念，用以指称戏文、传奇、杂剧等多种体式。"搬演"在明代被强调后，即成为对"戏剧"体认的重要一环。明代曲学家对"戏剧"的认知已充分把握了中国古代戏曲的特点，即中国传统戏曲包含着歌舞、念白、科介、诨、故事、扮演诸因素。古代的曲学概念"戏剧"以及古代曲学家对于"戏剧"的论说，与日后王国维的相关论述颇多吻合之处。王国维在《宋元戏曲考》中指出："后代之戏剧，必合言语、动作、歌唱，以演一故事，而后戏剧之意义始全。故真戏剧必与戏曲相表里。"[1] 这一对"真戏剧"的定义，强调了故事、歌唱、科范、道白、扮演五个因素（"合言语、动作、歌唱，以演一故事"正是"扮演"），与传统曲学中对"戏剧"的判断相一致。

近代以来，在西方戏剧的参照下，在对戏剧演出、对中国传统戏曲更全面的认识之下，传统曲学中的"戏剧"概念在文学批评中的使用有了新的变化，或言某种意义上的回归。戏剧被用来指称更广泛的表演艺术形式，包括戏弄、傀儡剧、滑稽剧、杂剧、传奇、昆曲、京剧等等。而"戏曲"则在传统曲学与近代日本的影响下，在世界文学的参照系中，成为指称中国传统戏曲的特定概念。曲学批评中"戏剧"概念在近代的变化，可以视为中国文学理论概念演变的一个缩影。

〔作者李简，北京大学中文系副教授。本文刊发于《中国高校社会科学》2014年第4期，责任编辑李彦姝。人大复印资料《舞台艺术（戏曲、戏剧）》2014年第6期转载〕

---

[1] 王国维撰，马美信疏证：《宋元戏曲史疏证》，复旦大学出版社，2004年，第57页。

中国艺术公共领域的当代构建

王一川

改革开放以来,在国家化艺术与个人化艺术之间,逐渐兴起了一个有着一定缓冲及调节作用的中间地带,从而为艺术家的艺术创作和公众的艺术鉴赏及评论开辟出一定的自由空间,这就是艺术公共领域。这一领域在中国诚然不是始于改革开放时代,但确实是伴随这个时代的到来才逐步得以复苏的,也正是这种复苏推进了当代中国艺术的繁荣发展。探讨当前中国艺术公共领域问题,有利于弄清艺术持久繁荣背后的社会公正、公平环境及其相关机制因素,因而具有必要性。出于集中思考艺术公共性及其相关问题的考虑,笔者于2009年首度提出艺术公赏力概念[①]。这里考察中国艺术公共领域问题,正是希望由此而对艺术公赏力的社会环境及机制提出一种观察。

一、公共领域理论的来由

人们今天谈论艺术公共领域,总会上溯到基本的公共领域概念。后者在当代学术界的流行当与德国哲学家尤尔根·哈贝马斯有关,他的公共领域理论及其对"资产阶级公共领域"(bourgeois publicsphere,又可音译为布尔乔亚公共领域)的专门研究,起到了一种开拓性作用。而他的理论源头,又可追溯至包括政治哲学家汉娜·阿伦特在内的众多理论先驱。因此,这里有必要先对阿伦特和哈贝马斯的公共领域研究做简要回顾。

汉娜·阿伦特在《人的境况》(1958)一书里标举公共领域(public domain)概念。其中的"公共"一词被她赋予了两重基本含义:第一,是指"任何在公共场合出现的东西能被所有人看到和听到,有最大程度的公开性",这意味着"去私人化(deprivatized)和去个人化(deindividualized)"[②]。第二,"表示世界本身,就世界对我们所有人来说是共同的,并且不同于我们在它里面拥有的一个私人处所而言"。对于由这两

[①] 王一川:《论艺术公赏力——艺术学与美学的一个新关键词》,《当代文坛》2009年第4期。
[②] [美]汉娜·阿伦特:《人的境况》,王寅丽译,上海世纪出版集团、上海人民出版社,2009年,第32页。

种意义引申出来的公共领域概念,她给出了一个形象而确切的比喻:围桌而坐的人们。这就是说,仿佛有一张桌子放在围它而坐的人们中间,这桌子既能聚拢人们,又能让他们之间彼此保持一定的距离,从而既相互联系又彼此分开。如此,公共领域的作用就明确了:"作为共同世界的公共领域既把我们聚拢在一起,又防止我们倾倒在彼此身上。"① 这样的公共领域,是指人们的行动(action)得以具体实现的场所,是一种人们相互之间展开平等对话、共同参与行动但又能够保持彼此独立性的政治空间。在阿伦特看来,人生的意义在于参与公共领域,与同类一起行动,从而超越低级层次的劳动与工作而达到更高层次。"只有一个公共领域的存在,和世界随之转化为一个使人们聚拢起来和彼此联系的事物的共同体,才完全依赖于持久性。如果世界要包含一个公共领域,它就不能只为一代人而建,只为活着的人做规划,它必须超越有死之人的生命长度。"② 政治以及公共领域的存在引导人们抵达伟大、辉煌乃至不朽。正是人们潜在的超越尘世的不朽愿望,产生了政治,从而也产生了可以实际地通向不朽的途径即公共领域。"正是公共领域的公开性,能历经几百年的时间,把那些人们想从时间的自然侵蚀下挽救出来的东西,包容下来,并使其熠熠生辉。在我们之前的许多世代,人们进入公共领域,是因为他们想让他们自己拥有或与他人共有的东西,比他们的现世生命更长久,不过这样的时代现如今已经一去不复返了。"③ 阿伦特由此推论说,自古希腊以来,西方政治就不配再称为政治了,人们只有劳动而无行动,只有行政而无政治,因为,日益扩张的"私人领域"导致了"公共领域"的日益萎缩,公共领域在现代已然式微了。

在阿伦特看来,公共领域是个人获取人生意义的重要途径,不过,更要紧的是,这条途径不是简单地把人引向完全泯灭相互差异的同一性,而是引向对差异性或异质性的尊重和维护。人们在公共领域中参与政治,总是要通过语言行为,具体说,就是通过交流和讨论,同其他人发生关联,由此成为交往共同体中的成员。"公共领域的实在性依赖于无数视角和方面的同时在场,在其中,一个公共领域自行呈现,对此是无法用任何共同尺度或标尺预先设计的。因为公共世界是一个所有人共同聚会的场所,每个出场的人在里面有不同的位置,一个人的位置也不同于另一个人的,就像两个物体占据不同位置一样。被他人看到或听到的意义来自于这个事实:每个人都是从不同角度来看和听的。这就是公共生活的意义。……只有事物被许多人从不同角度观看而

---

① [美]汉娜·阿伦特:《人的境况》,王寅丽译,上海世纪出版集团、上海人民出版社,2009年,第34页。

② [美]汉娜·阿伦特:《人的境况》,王寅丽译,上海世纪出版集团、上海人民出版社,2009年,第36页。

③ [美]汉娜·阿伦特:《人的境况》,王寅丽译,上海世纪出版集团、上海人民出版社,2009年,第36页。

不改变它们的同一性,以至于聚集在它周围的人知道他们从纯粹的多样性中看到的是同一个东西,只有在这样的地方,世界的实在性才能真实可靠地出现。"① 在这里,人们总是携带着多元和差异的基因在公共领域中相遇,这种公共领域的特点,不在于人与人之间达成意见的完全一致,而在于确认并尊重如下差异性事实:"虽然每个人有不同的立场,从而有不同视角,但他们却总是关注着同一对象。"② 这表明,阿伦特认为公共领域的共同性不在于达成共识,而在于面对共同关注的同一对象时,能够尊重彼此观点的多元性和差异性。

哈贝马斯在 1962 年推出《公共领域的结构转型》一书,继阿伦特之后把公共领域(public sphere)作为自己的社会交往行为理论的重要一环加以探讨。他在对公共领域的兴衰作历史考察的基础上,做出了更加系统和细致的分析,提出了一系列相关概念,如"代表型公共领域"、"文学公共领域"、"政治公共领域"等,由此发展了公共领域理论。不过,与阿伦特的公共领域概念从人的政治性出发,突出人与人之间相遇的异质性(多元及差异)、强调多元及差异是政治生活的本质不同,哈贝马斯的公共领域理论则致力于将作为公众的、彼此具有差异性的私人聚集在一起,就公共事务进行对话、协商,实现社会交往,最后达成相互共识。所以,与阿伦特强调尊重各自观点与意见不同,哈贝马斯寻求消除相互差异而达到一致。这一点构成了这两种公共领域理论的显著差别。

还应看到,哈贝马斯的公共领域理论,主要是在"资产阶级公共领域"意义上展开的:"资产阶级公共领域首先可以理解为一个私人集合而成的公众的领域;但私人随即就要求这一受上层控制的公共领域反对公共权力机关自身,以便就基本上已经属于私人,但仍然具有公共性质的商品交换和社会劳动领域中的一般交换规则等问题同公共权力机关展开讨论。这种政治讨论手段,即公开批判,的确是史无前例,前所未有。"③ 显然,哈贝马斯的公共领域指的是介乎国家与社会之间公民参与公共事务的场所,而剧院、博物馆、音乐厅及咖啡馆、茶室、沙龙等恰是公共领域得以集中显现的地方。在哈贝马斯看来,正是国家与社会的分离构成资产阶级公共领域产生的前提。在国家与社会的张力场中,私人逐渐聚集起来,成为相对独立的公共领域。

从阿伦特到哈贝马斯,两人的公共领域理论之间的差异不妨简化为一对形象比喻:始终围桌而坐的众人与最终去掉桌子的众人。对阿伦特而言,如果被众人围住的桌子

---

① [美] 汉娜·阿伦特:《人的境况》,王寅丽译,上海世纪出版集团、上海人民出版社,2009年,第 38 页。
② [美] 汉娜·阿伦特:《人的境况》,王寅丽译,上海世纪出版集团、上海人民出版社,2009年,第 38 页。
③ [德] 尤尔根·哈贝马斯:《公共领域的结构转型》,曹卫东、王晓珏、刘北城、宋伟杰译,学林出版社,1999 年,第 32 页。

好比能始终保障众人之间开展公正自由辩论的必要社会规范的话,那么,公共领域就是一种人们共同参与公开且平等辩论的政治生活状态。由于众人之间的多元和差异是无法消除和不必消除的,因而被大家围坐的桌子不能被搬开,而是必须始终放置在众人中间。但对哈贝马斯而言,他主张的公共领域理论则仿佛致力于让围桌而坐的人们通过社会交往而抽掉那张分离他们的桌子,使得他们最终并肩而坐,或手拉手前行。这样的比喻难免有其蹩脚之处,但毕竟可以约略地指出,阿伦特的公共领域理论更突出人与人之间的差异,而哈贝马斯的公共领域理论则寻求化解人与人之间差异的鸿沟而实现相互沟通。前者以古希腊政治生活为理想典范,后者带有明显的当代乌托邦拯救意味。

尽管如此,无论是阿伦特还是哈贝马斯,他们所谈论的公共领域显然都打上了西方社会的浓重烙印,或者说是西方社会公共领域现实状况的理论投影,但能否直接用来把握中国的现实状况,还需要具体分析。不过,有一点是可以基本肯定的,这就是,公共领域宛如人们得以围坐在四周的一张桌子。这张桌子具有一种标志性作用:它既是人们之间彼此距离(多元化及差异)的呈现和保障,又是对其相互交流及形成共识的可能性的揭示。假如真的搬走这张桌子,那么人与人之间的距离(多元化及差异)就似乎不再被承认了,而所谓公共领域也就不复存在了。可见,这张桌子,实际上对公共领域的存在具有十分必要和重要的实际价值及象征意义。

按照阿伦特等人的论述推导,就艺术公共领域来看,桌子这一比喻,应当有如下多重含义:第一,人与人之间总是存在差异或不同,这是毋庸置疑的和一时难以根本改变的,而任何共识或一致性诉求都不能掩盖这一几乎是永久性或绝对性的事实;第二,存在相互差异的人与人之间总有着与他人沟通的强烈渴望,以便缓解或化解这种差异之感;第三,这种相互沟通的达成必须确保是在公正和平等的情况下,也就是务必在公平规则下进行;第四,人与人之间的公平沟通不宜仅仅以双方或多方之间口头承诺的方式进行,而是需要在双方或多方之间的一种客观中介规则保障的情境下进行,就像数人之间的沟通不宜直接以身体器官的接触而展开,而是需要在中间摆一张桌子使其保持距离一样;第五,这种客观中介规则保障既确认人与人之间存在隔阂,又确认他们存在沟通的可能性;第六,这种客观中介规则的必要性和重要性在于,它可以确保人与人之间展开公平对话、力求差异中的沟通;第七,一旦去掉这种客观中介规则的保障,人与人之间的差异中的沟通就不存在了。理解上面这几重含义,我们可以更深入剖析当前中国艺术公共领域的基本状况。

二、中国艺术公共领域的复苏式构建

在中国,这张人们可以围坐在四周展开对话的桌子究竟是怎样的呢?尽管有关公共领域的讨论已持续多年,但对公共领域在中国是何时形成的,却存在争议,据学者研究，至少存在三种意见。一种意见是，中国自明代以来特别是晚清社会就已逐步发展出公共领域。另一种则持质疑乃至反对态度，认为中国社会在近代还不曾出现足以同国家形成对抗的自治空间。①跳出这对争议观点，还存在第三种意见，这是由美国学者黄宗智首先提出的。他认为，研究中国史不宜从西方近代社会经验中直接抽离出国家与社会二元对立的理念，而应采用"国家/第三领域/社会"的三元模式。由此，他主张用"第三领域"（thethird realm）概念去代替"公共领域"。在这里，"第三领域"是依照哈贝马斯的"在国家和社会之间存在一个双方都参与其间的区域"这一模式而提出的，是指一个"政府与社会成员都参与其中并相互作用的空间"，这个空间"具有超出国家与社会之外的自身特性和自身逻辑的存在"。②受国外学界的影响，国内学者也对公共领域理论作过一些讨论，并大致形成两种观点：一种考察近代中国公共领域的形成，重点关注学会、报纸、学校、集会等；另一种则侧重于考察政治领域，主要运用公共领域理论对会馆、公所和商会等机构组织展开研究。③

鉴于在现代中国社会，艺术公共领域的形成时间是一个难以达成一致意见的问题领域，这里不妨暂且把这个问题悬搁起来，转而直接考虑如下两方面问题：一是现代中国艺术公共领域的呈现及其作用；二是改革开放以来中国艺术公共领域的复苏及持续构建。

首先来看现代中国艺术公共领域的呈现及其作用。以梁启超和陈独秀先后于1902年和1915年创办《新小说》杂志和《青年》杂志（第二期起更名为《新青年》）为鲜明的标志，当锐意革新的早期现代知识分子创办现代学术杂志并发表现代文艺作品及理论文章时，现代中国艺术公共领域就已经诞生了。其根据就在于，这批知识分子可以利用现代传媒作为舆论阵地来自由发表文艺作品或政治主张了。而到1921年中国最具影响力的两大文艺社团"文学研究会"和"创造社"成立，当现代知识分子深深地懂得要效法现代西方知识分子以社团姿态和现代传媒平台来从事文艺创作与批评活动时，现代中国艺术公共领域的活跃呈现及其所产生的巨大社会启蒙作用，就更应当是不容置疑的了。

其次来看改革开放时代中国艺术公共领域的形成。这种形成，严格说来只是恢复或重建，也就是恢复或重建现代中国艺术公共领域及其作用。在改革开放之初的1978年及之前，艺术领域起主导作用的力量是国家意志，那时还不存在真正意义上的艺术

---

① 余新忠：《中国的民间力量与公共领域——近年中美关于近世市民社会研究的回顾与思考》，《学习与探索》1999年第4期。

② 黄宗智：《中国的"公共领域"与"市民社会"？——国家与社会间的第三领域》，见邓正来等编：《国家与市民社会》，中央编译出版社，2002年，第420~443页。

③ 陈梅龙、苏冲：《近代中国公共领域初探》，《学术论坛》2005年第11期。

公共领域。从毛泽东于1951年亲笔修改《人民日报》社论《应当重视电影〈武训传〉的讨论》时起直到1978年改革开放启动前夕，中国艺术公共领域出现了一段长达二十余年的断裂。那一时期的艺术界人士，例如艺术家或文艺青年等，即便有公共言论，也只能是在有限的个人领域、家庭领域或控制相对松散的边缘领域发布及传播。因此，那时的艺术在准确的意义上属于一种国家化艺术或国家性艺术，也就是理论、创作、鉴赏和批评完全服从于国家意志的艺术。改革开放以来，中国艺术公共领域得到了复苏性构建，原因或动因有以下几方面：

第一，中国艺术公共领域的复苏性构建，首要地来自国家艺术管理战略及其政策的主动改变，关键之一是国家针对包括艺术家在内的知识分子政策的改变，而这又是出于国家改革开放的特定需要。在改革开放之前的相当长一段时间内，艺术家被归入小资产阶级或资产阶级知识分子阵营，被要求自觉地以工农阶级为典范实行"改造"和"自我改造"。进入改革开放时代，以邓小平为首的国家领导者，需要团结调动包括艺术家在内的整个知识界全力以赴地为改革开放和经济建设服务，因而制定并全面执行知识分子是工人阶级一部分的政策。首先是坚决承认知识分子是"劳动者"："一定要在党内造成一种空气：尊重知识，尊重人才。要反对不尊重知识分子的错误思想。不论脑力劳动，体力劳动，都是劳动。从事脑力劳动的人也是劳动者。将来，脑力劳动和体力劳动更分不开来。发达的资本主义国家有许多工人的工作就是按电钮，一站好几小时，这既是紧张的、聚精会神的脑力劳动，也是辛苦的体力劳动。要重视知识，重视从事脑力劳动的人，要承认这些人是劳动者。"[①] 邓小平在总结历史经验教训的基础上重新阐释毛泽东的知识分子政策："应该承认，毛泽东同志曾经把他们看作是资产阶级的一部分。这样的话我们现在不能继续讲。但是从整个革命和建设过程来看，毛泽东同志是重视知识分子的作用的。"[②] 邓小平进而宣布把知识分子纳入"工人阶级"这个历史主体的队伍之中："我国工人阶级的地位已经大大加强，我国农民已经是有二十多年历史的集体农民。工农联盟将在社会主义现代化建设的新的基础上更加巩固和发展。我国广大的知识分子，包括从旧社会过来的老知识分子的绝大多数，已经成为工人阶级的一部分，正在努力自觉地为社会主义事业服务。"[③] 邓小平把知识分子视为工人阶级的一部分，一举将知识分子从革命对象即"资产阶级"的角色，重新提升到精英阶层的地位上，使其重新获得思想自由权和艺术创作权，例如，一批作家如从维熙、张贤亮和王蒙等相继复出。艺术家作为"工人阶级的一部分"重新发挥主体作用，

---

① 《邓小平文选》第2卷，人民出版社，1994年，第41页。
② 《邓小平文选》第2卷，人民出版社，1994年，第43页。
③ 《邓小平文选》第2卷，人民出版社，1994年，第185~186页。

在艺术领域重新获得了自由思想及创作的权利。

进一步看,邓小平通过调整国家文艺政策,有力地促进了艺术公共领域的重建:一方面,他宣布坚决杜绝国家直接干预文艺创作的行政弊端:"党对文艺工作的领导,不是发号施令,不是要求文学艺术从属于临时的、具体的、直接的政治任务,而是根据文学艺术的特征和发展规律,帮助文艺工作者获得条件来不断繁荣文学艺术事业,提高文学艺术水平,创作出无愧于我们伟大人民、伟大时代的优秀的文学艺术作品和表演艺术成果。……文艺这种复杂的精神劳动,非常需要文艺家发挥个人的创造精神。写什么和怎样写,只能由文艺家在艺术实践中去探索和逐步求得解决。在这方面,不要横加干涉。"① 另一方面,他宣布把创作自由归还给文艺家:"我们要继续坚持毛泽东同志提出的文艺为最广大的人民群众、首先为工农兵服务的方向,坚持百花齐放、推陈出新、洋为中用、古为今用的方针,在艺术创作上提倡不同形式和风格的自由发展,在艺术理论上提倡不同观点和学派的自由讨论。"② 这实际上就意味着艺术家的艺术创作自由和艺术理论及批评自由的全面重建。邓小平还指出:"不继续提文艺从属于政治这样的口号,因为这个口号容易成为对文艺进行横加干涉的理论根据,长期的实践证明它对文艺的发展利少害多。但是,这当然不是说文艺可以脱离政治。文艺是不可能脱离政治的。"③ 如此,正是在这一国家艺术新政实施过程中,艺术公共领域开始复苏和强势生长。

第二,与国家艺术管理措施的宽松化有关。改革开放以来,国家对艺术创作成功的奖励与对艺术创作失败的惩戒,都采取了新的宽松化政策,从而为艺术公共领域的形成铺平了道路,扫清了障碍。国家对认为成功的艺术创作,不再沿用过去对"八部样板戏"和浩然等那样的褒奖政策(被不适当地奉为唯一正确的艺术创作标本,并号召所有艺术家只能照此典范进行创作,而不得有其它创作道路)。同理,国家即使对某些有违主流意识形态的艺术创作,也不再像过去那样采取政治或法律手段向当事人施压,而只是限于采取有所节制的惩戒措施。对国家文艺政策的重大调整,邓小平有明确的自觉:"当然,对待当前出现的问题,要接受过去的教训,不能搞运动。对于这些犯错误的人,每个人错误的性质如何,程度如何,如何认识,如何处理,都要有所区别,恰如其分。批评的方法要讲究,分寸要适当,不要搞围攻、搞运动。但是不做思想工作,不搞批评和自我批评一定不行。批评的武器一定不能丢。"④ 他还进一步告诫

---

① 《邓小平文选》第 2 卷,人民出版社,1994 年,第 213 页。
② 《邓小平文选》第 2 卷,人民出版社,1994 年,第 210 页。
③ 《邓小平文选》第 2 卷,人民出版社,1994 年,第 255~256 页。
④ 《邓小平文选》第 2 卷,人民出版社,1994 年,第 390 页。

说："对待这些问题，我们不能再走老路，不能再搞什么政治运动，但一定要掌握好批评的武器。"① 这样做的结果之一，就是一个不再完全受制于国家意志的艺术自由空间，也就是艺术公共领域，开始逐步恢复和加强了。

第三，得益于知识界对思想自由的呼唤。随着国家知识分子政策及艺术管理政策的松动，知识界对思想自由或言论自由发出了日甚一日的热烈呼唤。文学、历史学、哲学、政治学、经济学、社会学等领域都从自身视角出发对思想自由加以合法性论证，例如谈论"异化"、"人性论"或"人道主义"等，促进了艺术界创作、评论自由的实现。

第四，受惠于市场经济及其相关社会和文化环境的发展。1985年以来市场经济的迅速发展，特别是邓小平视察南方讲话所引领的市场经济建设提速，给中国全社会带来了新的发展活力，并释放出一系列新的可能性，从而给艺术公共领域建构提供了更开阔的自由空间。这主要表现在，越来越活跃的市场经济在国家意志与私人意愿（或个人意愿）之间拓展出一片居间地带，便于两者展开对话与调和，而正是在此过程中，艺术公共领域得以快速生长。

第五，出于艺术界自身的变革需要。要挣脱"文革"时期的艺术创作桎梏，就需要探索新的艺术表现形式、手段，吸纳新的艺术创作理念，使得艺术家可以自由地从事艺术变革。这样的艺术变革行动，假如没有艺术公共领域的保障，是不可能完成的。从牛棚里"归来"的作家巴金，发起了一场"说真话"的自省和动员。他以八年多时间完成五卷本《随想录》（1978至1987），把"说真话"及"真实性"视为艺术家的生命。他真诚地相信艺术家可以讲真话、艺术可以建立真实性："于是我下了决心：不再说假话！然后又是：要多说真话！"他还留下这样的诤言："讲出了真话，我可以心安理得地离开人世了。可以说，这五卷书就是用真话建立起来的揭露'文革'的'博物馆'吧。"② 这里的所谓"说真话"，其实就是艺术家说自己想说的话，也就等于要争取在艺术公共领域内发言的权利。

与老作家巴金的话题集中于艺术家创作态度上的真诚不同，一些更年轻的艺术家则偏重于搅动长期被视为禁区的艺术形式的变革浪潮。画家吴冠中就极力强调"形式美"的重要性："美，形式美，已是科学，是可分析、解剖的。对具有独特成就的作者或作品造型手法的分析，在西方美术学院中早已成为平常的讲授内容，但在我国的美术院校中尚属禁区，青年学生对这一主要专业知识的无知程度是惊人的！"他呼吁把遭到禁锢的形式美重新解放出来，准许研究其科学性，并倡导由此重新总结和发展自身

---

① 《邓小平文选》第2卷，人民出版社，1994年，第391页。
② 巴金：《随想录（1—5集）》，人民文学出版社，2000年，第Ⅵ、Ⅺ页。

的美术传统:"广大美术工作者希望开放欧洲现代绘画,要大谈特谈形式美的科学性,这是造型艺术的显微镜和解剖刀,要用它来总结我们的传统,丰富发展我们的传统。"在此基础上,他得出如下结论:"我认为形式美是美术教学的主要内容,描画对象的能力只是绘画手法之一,它始终是辅助捕捉对象美感的手段,居于从属地位。而如何认识、理解对象的美感,分析并掌握构成其美感的形式因素,应是美术教学的一个重要环节、美术院校学生的主食!"① 美术界对形式美的自由探讨热潮,与"文革"时代及此前占统治地位的内容美学相比,无疑在客观上传达出艺术公共领域复苏的信息。

而这种信息并非仅仅在美术界透露出来,在电影界也可明显地感受到:"我们的电影艺术战线至今不能形成一种局面,一种风气,就是理直气壮地、大张旗鼓地大讲电影的艺术性,大讲电影的表现技巧,大讲电影美学,大讲电影语言。……我们常见的一些评论文章,一般都是偏重于思想内容的分析。即使偶然有一些坚持研究'艺术特色'的文章,也往往是泛泛地从形式如何为内容服务这个角度作些分析,至于形式本身,很少有人做深入的研究。"② 这些论者呼吁电影艺术语言的革新:"立即开展对电影艺术的表现形式这一方面的研究工作。而这一研究工作的十分重要的一个方面就是认真分析、研究、总结世界电影艺术语言的变化和发展,寻找其中的某些规律性,以便借鉴和从中汲取营养,以促进我们电影语言的更新和进步,促进我们的电影艺术更快地发展。"③ 这种对艺术形式变革的呼吁,透露出艺术家争取艺术创作自由的努力,而同样也等于是在要求建立同时超乎国家意志和私人行为之上的居间的艺术公共领域,以便让艺术家能真正找到一张围坐在一起展开公平对话的桌子。

此外,还应该补充的是,中国当代艺术公共领域的形成也可以被视为全球化进程的中国化结果。其实,改革开放固然是中国自身面向世界开放的自觉过程,但也同时可以视为从西方发达国家发动而后扩展到全世界的全球化进程在中国实施本土化策略的过程。也就是说,中国当代艺术公共领域的形成,与一直在寻求进入中国的全球化势力的艺术化呈现有关。如果说,改革开放之前的中国,由于政治、经济和文化领域一度只向以苏联为代表的东欧社会主义阵营(加上亚洲的近邻朝鲜和越南)开放,因而全球化程度很低,属于全球化进程的中国化(或地方化)的衰弱期或停滞期;那么可以说,改革开放时代则属于来自欧美的艺术公共领域的全球化进程在中国获得地方

---

① 吴冠中:《绘画的形式美》,《美术》1979 年第 5 期。
② 张暖忻、李陀:《谈电影语言的现代化》,《电影艺术》1979 年第 3 期,见丁亚平主编:《百年中国电影理论文选》下,文化艺术出版社,2003 年,第 12~13 页。
③ 张暖忻、李陀:《谈电影语言的现代化》,《电影艺术》1979 年第 3 期,见丁亚平主编:《百年中国电影理论文选》下,文化艺术出版社,2003 年,第 13 页。

化的过程。伴随自外输入的全球化艺术公共领域相关知识的传播，中国艺术公共领域获得了持续的富有感召力的参考范本。

由于上述几方面（当然不限于此）的共同作用，当代中国艺术公共领域逐渐形成或重建起来。虽然这个过程不是一蹴而就的，并且始终伴随阻碍或反对的力量，但毕竟这项任重道远的事业已经在稳步推进了。至少在20世纪80年代中期，中国艺术公共领域已经在一边复苏一边发挥自己的作用了。也就是说，至少从那时起，对中国艺术家和公众来说，那张大家可以围坐在一起的桌子已修复完成。

三、艺术公共领域的存在要素

如何认识当代中国艺术公共领域的实质呢？我们知道，当代中国在国家与个人之间尚缺少西方意义上那种相对独立而又能发挥中介作用的社会组织范畴（如宗教界、社会团体及其它民间力量），因而针对公共领域在中国的问题就需做具体的审慎考察。

可以说，艺术公共领域在当代中国，是在艺术创作、生产、营销、鉴赏及消费上具有一定自由度的中间地带。这是政府管理者、艺术家、艺术企业家、艺术商界、艺术消费者（含收藏家）、艺术媒体和艺术批评家（含策展人）等多方力量展开博弈的竞技场域，宛如一张人们可围坐对话的桌子。如果不是从历时的演变角度而是从共时的聚集角度看，当代中国艺术公共领域的存在，也就是那张桌子的存在，是由若干要素或层面综合构成的。简要地看，这些要素应当包含下列方面：国家改革战略、政府艺术政策、市场经济环境、艺术传媒平台、艺术家和公众等。其中，国家改革战略、政府艺术政策、市场经济环境、艺术传媒平台相对说来更偏于客体条件一面；艺术家和公众则更偏于主体条件一面。

1. 国家改革战略。这里的国家改革战略，是指国家有关政治、经济、文化和社会等方面的以改革开放为核心的战略规划及相关部署。例如，党的十一届三中全会（1978）和十二届三中全会（1984）所分别启动的改革开放进程和城市经济体制改革进程，带来了中国政治、经济、文化和社会等的巨大转型。这样的巨大转型由于可以在国家意志与个人意愿之间开辟出广阔的自由空间，自然会有助于艺术公共领域的生成和运行，从而为艺术创作和批评在20世纪80年代的繁荣确立了国家制度保障。假如没有这样两次国家战略部署，就不会出现20世纪70年代末期至80年代前期的"伤痕艺术"热潮和80年代中后期的诸多艺术新潮（"寻根文学"、"第三代诗"、"先锋小说"、电影"第五代"、85美术新潮、新潮音乐、实验戏剧等）蓬勃兴旺的局面。新世纪以来，党的十七大报告制定了"提高我国国家文化软实力"的发展战略（2007），十七届六中全会则审议通过了《中共中央关于深化文化体制改革推动社会主义文化大发展大繁荣若干重大问题的决定》（2011），分别从国家战略的高度为艺术在社会生活中作用的提升提供了来自国家层面的战略要求和保障，从而在客观上等于为中国艺术公共领域的建构提供了有利条件。

2. 政府艺术政策。这是政府艺术管理政策的简称，由政府艺术管理机构出面，代表国家意志行使艺术管理职责，以此促进艺术公共领域的生长和运行。邓小平《在中国文学艺术工作者第四次代表大会上的祝词》（1979）可以说是改革开放以来第一份重要且至今仍有其历史性意义的政府艺术政策文献，特别是其提出的保障艺术界两大自由（艺术创作上的"自由发展"和艺术理论上的"自由讨论"）的方针及具体保障性政策，等于从政府管理层面自觉而有效地推动了中国艺术公共领域的建构。

当然，政府艺术政策既有开放的一面，又有限制的一面。2011年和2013年，原国家广播电影电视总局先后出台两项政策文件，一个是《关于进一步加强电视上星综合频道节目管理的意见》，其主要内容是规定各地方卫视在17：00至22：00黄金时段娱乐节目每周播出不得超过3次，另一个是《关于做好2014年电视上星综合频道节目编排和备案工作的通知》，规定每家卫视每年新引进版权模式节目不得超过1个，卫视歌唱类节目黄金档最多保留4档。这两项分别被媒体称为"限娱令"和"加强版限娱令"的政府艺术管理文件，都旨在加强电视台娱乐节目调控力度，防止过度娱乐化和低俗化倾向，以满足公众多样化和高品位的收视需求，从而直接影响电视艺术节目的制作、观看和营销等。

3. 市场经济环境。对艺术公共领域的建构而言，市场经济的作用具有复杂性。一方面，它并非艺术的天然温床，反而可能以市场价格去取代或牺牲艺术在公平、正义、责任等社会价值上的诉求；另一方面，它也非艺术的天敌，而是可以通过市场杠杆，在国家意志与个人意愿之间开辟出一个具有中间、中立或中介作用的调和地带，有助于艺术自由不受无论是来自国家意志还是个人意愿的非理性干预。市场经济环境既可以助长"为金钱而艺术"的倾向，也可以推动"为人民而艺术"的倾向，也就是所谓"为人民币而艺术"还是"为人民而艺术"的不同选择。市场经济环境恰如一柄双刃剑，既可以保障也可以瓦解艺术公共领域的建构。一幅画到底价值几何？一部电影或电视剧是否会受到观众喜欢？一部长篇小说能否被读者接受？这些似乎完全是市场说了算，但其实，在市场的背后，隐藏着的是诸多非艺术因素之间的暗中较量。不能把市场经济环境对艺术公共领域的影响想得太理想，也不能想得太悲观，无论如何，在当今时代，市场经济环境对于艺术公共领域的建构和维护来说是不可或缺的客观要素之一。关键还是社会各界如何以合理的规则去保障处于市场经济环境中的艺术能给参与其中的艺术家和公众都带来公平感。

4. 艺术传媒平台。随着传媒技术的不断发展演变，艺术所赖以传输的媒体为艺术公共领域的建构提供了公共媒介平台。这些传播媒体既包括传统媒体如书籍、报纸、杂志、广播、电影和电视，也包括新兴媒体如国际互联网及其相关的移动网络、数字技术等，它们分别依托相应的传媒产业而生存和发挥作用，成为艺术公共领域所必需的开放性作用场所。在不同时代，艺术传媒平台的特点有所不同。在改革开放之初的20世纪80年代，书籍、报纸、杂志、广播、电影等传统的传媒平台承担了艺术公共领域建构的重任；进入90年代，以电视连续剧《渴望》的热播为标志，电视艺术迅速走向发达，成为艺术公共领域中开放和公平的经常性场所；进入21世纪以来，互联网及其相关的网络平台等新兴传媒势力则充当了艺术公共领域的惯常性场所。值得重视的一点在于，与过去的传媒平台偏重于艺术家（传者）对公众（受者）实施单向传播相比，如今以国际互联网为代表的新兴传媒势力，则越来越注重艺术家与公众之间的双向互动。它们凭借自身网络平台的开放、公正、快捷、便利等技术条件，为艺术家和公众双方的沟通建立起高效的双向互动平台。这种双向互动的意义在于，艺术家特权受到一定程度的削弱，而公众的艺术权利得到一定程度的加强。也正是由于国际互联网的全球传播特性，当今时代任何一个开放的国家要想取消艺术公共领域而恢复艺术强制，仅就传媒技术本身而言都是难以奏效的。

5. 艺术家。这是指艺术公共领域中艺术作品的创造者，当然也是对公众实施影响的艺术信息的传递者。相对于前面几个要素而言，艺术家属于艺术公共领域中的两大主体要素之一，他们通过特定的艺术行为去创作艺术品以便影响公众，从而成为艺术公共领域的一大核心角色。艺术家的艺术行为包含诸多方面：

第一，艺术品。作为艺术家创作行为的结晶，艺术品可以通过其艺术形象系统或明或暗地传达艺术家本人的创作倾向、艺术观念和社会意识等。这些思想或主张往往存在于艺术品蕴藉丰厚的艺术形象系统中，通过它们得以间接地呈现，而并非直接说出。某些艺术品的产生及被认可，可以折射出艺术公共领域的开放与公平程度。影片《芙蓉镇》（1986）讲述一名右派（秦书田）和一名新富农（胡玉音）的故事，由此对"文革"及此前的"反右"等政治运动进行了影像反思，触及了当时中国政治生态中的某些重大问题。其结尾有关疯子敲锣大喊"运动啦！运动啦！"的巧妙设计，宛如警钟长鸣，试图唤醒全社会对极"左"思潮的警觉。这部影片尽管引发了内部争议，但其最终摄制完成并获第七届金鸡奖最佳故事片、最佳女主角、最佳女配角和最佳美术奖等四项大奖，在一定程度上佐证了其时中国艺术公共领域的开放度和公平度，从一个侧面见证了中国艺术公共领域的复苏与新进展。

第二，艺术活动。艺术家参与其中的艺术思潮、艺术流派、艺术社团、艺术书刊、艺术展演等艺术活动,往往能够彰显艺术家本人的思想及主张。从20世纪70年代末期到90年代,先后涌现出"伤痕艺术"、"反思艺术"、85美术新潮、新潮音乐、89现代美术等诸多艺术思潮,还有"寻根小说"、"第五代"、"先锋小说"等艺术流派,以及"厦门达达"、"第三代诗"、"他们"、"海上诗群"、"莽汉主义"、"整体主义"、"非非主义"等艺术社团。特别是1985年众多艺术社团风起云涌的局面,凸显出那个年代中国艺术公共领域的开放及活跃程度。艺术社团一经成立,就必然要开展艺术活动,而出版艺术书刊、进行艺术展演等,必然成为其存在的标志。85美术新潮中就成立了"北方艺术群体"、"厦门达达"、"浙江池社"等美术社团,涌现出王广义、高名潞、徐冰、舒群、张晓刚、毛旭辉等风云人物,诞生了具有前卫意识的《美术思潮》、《美术报》、《画家》等美术报刊,并引发传统权威刊物《美术》、《江苏画刊》、《美术研究》等专辟版面加以关注。艺术活动的自由举办,正像古代的"兰亭雅集"、"西园雅集"等文人唱和的结社活动一般,显示了艺术公共领域的勃兴状态。

第三,艺术生活。这是指由居住场所、艺术创作、艺术交流等环节构成的艺术家日常生活方式。从20世纪90年代起,北京曾先后出现过圆明园艺术村、宋庄艺术村等艺术家集中居住的村落。一位亲历者这样记述圆明园艺术村:"圆明园艺术村发展的鼎盛时期是1993至1994年,那时各类艺术家约有300余人,我去时其鼎盛时期刚刚过去,那时候虽然人已不多,但画家们仍然无拘无束地创作,悠游自在地生活,圆明园原有的那种蓬蓬勃勃的生气还有。里面主要的一部分创作力量大多都还在。那时,我所住的院子里除了画家外还有音乐家。他们有时在福海岸边聚会,有时又在树林里弹唱跳舞。……记得我的南侧房里住过一位画家,我经常见他每天只吃两顿饭,每顿一个馒头或一个饼子,喝些开水充饥,依然每天勤奋作画,乐此不疲。当时这样的现象很普遍,可见那时圆明园的风气。"[①] 艺术家们能聚居在此,自甘贫寒地过自己愿意过的艺术生活,画画、写歌、唱歌、跳舞、聚会等,表明艺术公共领域处在较为活跃的状态中。

这位亲历者还这样反思艺术村存在的原因:"那时的社会改革开放虽然已有十年之久,但数十年来人们根深蒂固的思想观念还没有彻底的动摇。但文化艺术作为时代的风雨表,作为学术和精神自由的表征,其发展已很敏感。全国各地的艺术家,特别是一些基层或平民艺术家,已强烈地要求和呼唤打破官本位,打破旧的各种管束和条条框框,实现艺术创作的平等和自由。他们十分渴望寻求一个平等的艺术园地,去追求

[①] 胡达生:《我所知道的圆明园艺术村》,雅昌艺术网:http://artist.artron.net/20130424/n441104.html,访问日期:2014年9月16日。

艺术的自由，去实现自己真正属于自我的创造。"① 这里关于"实现艺术创作的平等和自由"、"寻求一个平等的艺术园地，去追求艺术的自由，去实现自己真正属于自我的创造"等切身体会和反思，当然是出于个人视角，但毕竟也有一定的代表性。如今，90年代意义上的艺术村已几近消失，取而代之的是新的艺术群落和艺术集聚区，例如北京的798艺术区等。相较而言，圆明园艺术村多是自发的和规避政府管理的，虽然个人享有更多自由但也容易陷入无序状况；如今的798艺术区虽然起初是自发形成，但后来迅速被纳入政府的文化（创意）产业管理渠道中，不同程度地获得了政府优惠政策的扶持，走上了正规的发展轨道。从昔日艺术村到今日艺术区，一字之差，集中凸显的是民间自发性艺术与政府规范管理下的产业化艺术的不同（在极简易对比的意义上）。

6. 公众。这是艺术公共领域的两大主体之一，一般属于艺术公共领域中的艺术鉴赏者和评论者。如今互联网时代的公众，与过去相比，已经变得多种多样。简要地分析，可以归纳出至少四种类型：旁观型、入场型、参与型和互动型。

第一类是旁观型公众。他们只需从旁观照艺术品而不必直接介入其创作过程，更不会改变作品的内容。公众阅读鲁迅的小说《狂人日记》、观赏徐悲鸿的绘画《田横五百士》、观看陈凯歌执导的影片《黄土地》等，这些鉴赏行为不会导致艺术品的内容发生任何实质性的改变。

第二类是入场型公众。他们入场观看表演，从而配合和帮助艺术家完成作品。那些作品虽然已经预先创作、设计或编排完毕，甚至已经形成完整的剧本，但必须依赖于观众的入场观赏才能最终完成。入场型公众，意味着要实际地进入表演现场，与艺术家面对面地相遇而观赏。他们的角色是双重的：既要以旁观态度去观赏，又要以见证人或击赏者姿态去助推演出最终精彩、圆满地完成。他们的入场诚然不至于导致艺术品的实际内容发生多少改变，但可以直接影响其完成的质量及精彩程度。假如没有进入剧场的公众，那么音乐会、舞蹈演出、戏曲表演等艺术创作即使预先设计或编排得再高超，也只能等于半成品。观看当今京剧《梁祝》，青衣名角张火丁其人还没现身，"戏迷"的喝彩声就已响起来，这肯定会给予演员以强烈的内心激励。每遇精彩或动情处，"戏迷"们势必尽情喝彩，而演员在这种与观众的激情互动中，更是会竭尽全力，力求以完美的艺术表演去回报自己的忠实"戏迷"。观众的喝彩声诚然不可能改变作品的情节、唱腔、动作等具体内容，但完全可以影响演员表演的整体质量及其圆满程度。

---

① 胡达生：《我所知道的圆明园艺术村》，雅昌艺术网：http://artist.artron.net/20130424/n441104.html，访问日期：2014年9月16日。

第三类是参与型公众。他们处在与旁观型公众对应的另一端，不满足于仅仅旁观，而是积极响应艺术家有意识的召唤，实际地介入艺术创作过程，并且与艺术家和其他公众一道参与完成艺术品创作。德国艺术家博伊斯的《给卡塞尔的7000棵橡树》，就是艺术家及其家人同当地居民一道合作完成的。艺术家的"作品"起初只是一个设计方案，只有当公众实际地参与植树过程，并共同完成7000株橡树的种植后，这件作品才算最终完成。当然，艺术家的真正意图在于，以此去履行其"人人都是艺术家"的艺术理念。显然，这件作品深层的艺术理念，倘若离开了该市公众的实际参与，是不会真正实现的。

第四类是互动型公众。这是专门针对当今国际互联网时代的特定公众群体及其特殊作用来说的，是指那些实际参与艺术品的改编、制作、播映、展演、海选或评论等环节的公众。网民常常是这类公众的主干。当今的网民公众，常常通过网络评选或评论，参与艺术品的创作及批评，或通过走入影院观影拉动票房，来支持自己所钟爱的艺术品的完成。郭敬明执导的《小时代》系列正是这样的影片，那些观众堪称郭敬明作品的铁杆"粉丝"，以忠诚捍卫偶像的姿态力推其票房。还有的互动型公众，往往通过特立独行的批评去改变公众对于艺术品的观赏印象，在公众中培植出新的鉴赏效果。网民的《〈山楂树之恋〉之泡妞技术全攻略》就以"任何时代任何社会，爱情都离不开金钱和物质"这一独特的主题诠释，向艾米、张艺谋等原著者和导演的艺术品发起了尖锐挑战。更突出的实例，莫过于2005年底至2006年初胡戈通过网络平台以短片《一个馒头引发的血案》向陈凯歌执导的影片《无极》所发起的挑战。此外，当下一大批选秀节目的完成及其造成的轰动性效应，也极大地得益于、甚至依赖于普通公众基于网络、手机短信等传媒平台的投票参与，他们的参与可能会直接影响、甚至改变选秀的结果。

如果说，前两类公众更多地归属于传统媒体占主导时代的艺术，那么后两类公众则更多地归属于新兴媒体占主导时代的艺术。相比而言，后两类公众更能体现当下公众与艺术品相遇时所产生的新特点，也更能契合当下艺术公共领域的新特点：艺术的自由极大地依赖于艺术家和公众的自由创造、自由参与，以及自由而公平地实现双向互动。

如上有关当今中国艺术公共领域的六要素的划分，自然属于一种极简化式描述，目的只在于简略地呈现艺术公共领域的当前状况。

四、艺术公共领域的机制与实质

在当今中国艺术公共领域的实际运行中,上述存在要素往往不会彼此孤立地单独发挥作用,而是呈现为错综复杂的相互冲突与调和的局面,这就需要考虑艺术公共领域的运行机制及其社会法治保障问题。换言之,那张人们可围坐而谈的桌子的修复完成及其作用的发挥,不能依赖于简单的行政命令,而是需要社会法治机制的保障和维护。简要地看,当今中国艺术公共领域的运行机制,可以从如下几组需要调节的关系范畴中加以把握:政府管理与审美自律、商业消费与社会关怀、全球时尚与地方传统、媒体自由与艺术伦理等。

第一,政府管理与审美自律。代表国家意志的政府艺术管理行为,与代表个人意愿的艺术家及公众的审美自律或审美自主性诉求之间,往往存在这样或那样的冲突。假如其中任何一方完全抑制或战胜另一方,使其完全无法声张,那么,艺术公共领域中的平衡态会丧失,而艺术公共领域实际上也会消失或名存实亡。因此,要维护政府管理与审美自律双方之间的相对平衡态,就需要倚靠法治条件下的协商机制。

第二,商业消费与社会关怀。这是从艺术家及文化产业角度来说的,是指他们的商业动机与社会责任感之间的协调状态。简单地讲,就是通常所谓"为人民币而艺术"还是"为人民而艺术"的问题,但实际的情形远为复杂多样。商业消费是市场经济环境中的必然现象,它既非社会关怀的天然盟友,也非其天敌,而是可以利用的条件;而社会关怀则是艺术家和文化产业在适应商业消费时所必须同时承担的责任或履行的义务。

第三,全球时尚与地方传统。在全球化浪潮中乘势而来的外来文化艺术时尚(简称全球时尚),与对此加以竭力抵抗的地方文化艺术传统(简称地方传统)之间,常常会形成矛盾。如今,对全球时尚简单地"视若洪水猛兽"而"御敌于国门之外",已难以奏效,因为我们毕竟早已进入媒体自由的年代,国际互联网无所不在的开放性为全球时尚的无孔不入提供了便利条件。从积极的角度看,全球时尚有可能激发起地方传统的一种自我开发姿态:借助于全球时尚风的冲击,且退且战地重新激活、发掘或提炼出自身那些足以同全球时尚相抗衡或对话的要素来。

第四,媒体自由与艺术伦理。这里的媒体自由,实际上是指媒体信息自由,是指传统媒体和新兴媒体等传媒平台所建构的信息交流的开放性或无限制性,包括提供巨量信息、匿名发送和接收信息、传者和受者的即时双向互动、去时空化等等。当今世界正处于似乎无边的媒体自由环境中,这就给似乎无限的艺术自由提供了便利条件。而艺术伦理则与媒体自由相对,代表一种从事艺术活动时需要承担的社会责任。伦理之"伦",繁体字为倫,形声字,从人,仑(lún)声,本义是指辈、类,也有条理、顺序的意思。伦,主要是指人伦,即人与人的关系。伦理,简单讲就是指做人的道理,具体是指处理国家与个人、个人与个人、个人与社群等关系时应遵循的道理和准则。它由一系列指向言行的观念、规范或准则组成,包括人的情感、意志、欲望、幻想、理智等,涉及人的人生观和价值观等方面。艺术伦理,是指从事艺术时需遵循的做人道理和行事准则。例如,在一些娱乐类电视真人秀节目中,有的选手杜撰个人身世以吸引评委及公众眼球,这一现象暴露出的艺术伦理问题值得我们深思。虽然要考虑娱乐节目的收视率,但面对公众,艺术从业人员(如真人秀演员)必须遵守起码的合法、真诚、公正、公平等原则,因为这直接牵扯到包括艺术家在内的公民的基本伦理修养问题,更事关艺术公共领域能否健康、有序地运行。

上面一直在讨论当代中国艺术公共领域的来由、建构、存在要素和运行机制等,那么,艺术公共领域问题的实质到底在哪里?

要认识这个问题,首先应回过头来反思一个再简单不过的概念问题:人们为什么既不用艺术国家领域概念,也不用艺术个人领域概念,而是一定要用艺术公共领域概念呢?显然,单就这个问题来看,答案已变得很清楚了:就当今人类艺术生活来说,重要的不再是让艺术从属于高高在上的国家意志,也不再是让它归属于特立独行的个人意愿,而是宁愿将艺术交付于以上两者的居间领域或中介地带,正是在那里,人们可以享受到充分且高品质的艺术自由。当然,严格说来,这里的艺术自由,不能仅仅被视为艺术家的个人创作自由,也不能仅仅被视为文化产业中艺术生产的机构自由,当然亦不能仅仅被视为公众的鉴赏自由或评论自由,而应当被视为以上多方面的综合,也就是以他人(或他者)艺术自由为自我(或我者)艺术自由前提的相互的艺术自由,即艺术公共自由。如前所述,为艺术公共自由的实现而打造一张"桌子",集中代表了艺术公共领域当代构建的意义。

由此看,艺术公共领域的存在,其实质在于建构和维护公民与艺术活动相关的公共自由。而妥善处理政府管理与审美自律、商业消费与社会关怀、全球时尚与地方传统、媒体自由与艺术伦理之间的关系,恰恰是为了维护这种艺术公共自由。只有处理好以上几种关系,并依赖于法治化社会中介机制的建立,人们围坐的桌子才会更加牢固,中国艺术公共领域的发展才会更加活跃和繁荣。

〔作者王一川,北京大学艺术学院教授。本文刊发于《中国高校社会科学》2014年第6期,责任编辑李彦姝。人大复印资料《文艺理论》2015年第1期转载〕

图书在版编目（CIP）数据

中国高校社会科学文萃（第一辑）/《中国高校社会科学》编辑部 组编. —北京：中央编译出版社，2015.11

ISBN 978-7-5117-2802-9

Ⅰ.①中… Ⅱ.①中… Ⅲ.①社会科学-文集 Ⅳ.①C53

中国版本图书馆 CIP 数据核字（2015）第 246982 号

中国高校社会科学文萃（第一辑）

出 版 人：	刘明清
出版统筹：	董 巍
责任编辑：	冯 章
责任印制：	尹 珺
出版发行：	中央编译出版社
地　　址：	北京西城区车公庄大街乙 5 号鸿儒大厦 B 座（100044）
电　　话：	（010）52612345（总编室）　（010）52612351（编辑室）
	（010）52612316（发行部）　（010）52612317（网络销售）
	（010）52612346（馆配部）　（010）55626985（读者服务部）
传　　真：	（010）66515838
经　　销：	全国新华书店
印　　刷：	北京中兴印刷有限公司印刷
开　　本：	787 毫米×1092 毫米　1/16
字　　数：	989 千字
印　　张：	44.5
版　　次：	2015 年 11 月第 1 版第 1 次印刷
定　　价：	120.00 元
网　　址：	www.cctphome.com　　邮　箱：cctp@cctphome.com
新浪微博：	@中央编译出版社　　微　信：中央编译出版社（ID：cctphome）
淘宝店铺：	中央编译出版社直销店（http：//shop108367160.taobao.com）　（010）52612349

本社常年法律顾问：北京嘉润律师事务所律师　李敬伟　问小牛
凡有印装质量问题，本社负责调换。电话：（010）55626985

中国高校社会科学文萃

(第一辑·下卷)

《中国高校社会科学》编辑部 组编

编委会主任：王炳林

编委会副主任：赵 军 杨海英

编委会成员（按姓氏笔画为序）：

王云涛 王 婧 王群瑛 毛殊凡 朱志伟
汪立峰 李光伟 李彦姝 何 晶

第四部分

我国经济增长中的产业结构问题

刘 伟 张 辉

如果说经济规模的扩张，如 GDP 的规模及增长，主要体现一国经济发展的数量变化，那么经济结构的演进，如产业结构、区域结构、需求结构、要素结构等方面的演变，则主要体现一国经济发展的质态变化。对于发展中国家来说，实现一定时期内 GDP 量的高速增长并不困难，真正困难的在于能否在增长中实现经济结构的演进。GDP 总量的规模扩大甚至领先并不意味着经济强盛，是否实现现代化的根本在于结构高度的现代化。本文讨论的是中国改革开放以来经济增长中结构高度的演变，进而分析结构演变对经济增长的作用，在此基础上阐释结构演进对中国经济可持续发展的意义以及实现结构转变需要创造的条件。

一、我国经济增长中的产业结构高度演进

（一）结构高度的含义及测量方法

产业结构是指在特定的技术和制度条件下，一国或地区的各产业在国民经济中的比重及相互间的经济联系。从供给方面看，产业结构包括产品结构、部门投入产出结构、技术结构、产值结构、就业结构、要素结构等；从需求方面看，产业结构体现消费结构、收入分配结构、进出口结构等方面的特征。产业结构高度提升或称高级化进展，是指在经济发展中按照一定历史条件下现代化目标的需求，遵循经济发展的内在逻辑，产业结构顺向的升级进程，如三大产业间，第一产业、第二产业、第三产业在经济发展不同阶段，在国民经济中占优势比重并起主导作用的依次替代的程度；又如部门产品结构间，初级产品、中间产品、最终产品在经济发展不同阶段，在国民经济中占优势比重并起主导作用的依次替代的程度；再如技术结构上，劳动密集、资本密集、技术密集和知识密集产业在经济发展不同阶段，在国民经济中占优势比重并起主导作用的依次替代程度；等等。特别需要指出的是，产业结构高度表现的是产业间的比例关系，但比例关系的演变动因在于效率的改变，尤其是劳动生产率的提升，结构高度的变化是效率变化的函数，脱离劳动生产率及效率的提升，干预性地提高产业结构高度，加快结构升级，带来的只能是"虚高度"，这种"虚高度"必定会被经济发

展的历史逻辑匡正过来，不过这种匡正会伴随资源配置的巨大损失（如上世纪50年代我国的大跃进强行提升工业特别是钢铁等重工业的比重）。所以，产业结构高度的测度需要从量的比例关系和质的劳动生产率提高两方面的统一中进行，结构变化本质上应是要素从劳动生产率较低的产业、部门、领域、地区向较高的方面转移。将比例关系和劳动生产率的乘积作为产业结构高度的测度指标，则产业结构高度 H 为：

$$H = \sum V_{it} \times LP_{it} \tag{1}$$

这里 i 处于一个开放的集合中，它可以为 1、2、3，代表三大产业，也可以为 1、2、…、m，代表 m 种部门，i 的集合可以不断增大。式中 V_{it} 是 t 时间内产业 i 的产值在 GDP 中所占比重，LP_{it} 是 t 时间内产业 i 的劳动生产率。这个公式所表达的产业结构高度的内涵，是指一个经济中劳动生产率较高的产业所占比重较大，则其产业结构高度值 H 就较大。根据这一公式，以完成工业化作为节点，一国产业结构高度 H 值越接近 1，表明其越接近工业化完成，发展中国家通常都小于 1，即未完成工业化，而发达国家则显著大于 1，即后工业化深入。

一般来说，劳动生产率是一个有量纲的数值，而产业的产值比重则是一个没有量纲的数值，因此，需要将"劳动生产率"标准化，标准化劳动生产率如公式（2）所示。

$$LP_{it}^N = \frac{LP_{it} - LP_{ib}}{LP_{if} - LP_{ib}} \tag{2}$$

式中 LP_{it}^N 是国家或地区 N 标准化的劳动生产率，LP_{if} 是工业化完成时第 i 产业的劳动生产率，LP_{ib} 是工业化开始时产业 i 的劳动生产率，LP_{it} 是国家或地区 N 在时点 t 直接计算的产业 i 的劳动生产率（$LP_{it} = VA_i/L_i$），即产业 i 的增加值与就业人数的比值。同时，以钱纳里（Chenery，1986）的标准结构模型作为划分标准，工业化的起点为人均收入 706 美元，终点为人均收入 10584 美元（原文是以 1970 年美元计算，工业化起点为 140 美元，终点是 2100 美元，本文将其换算为金融危机之前的 2005 年美元，通过美国的 *CPI* 数据可知，1970 年美元换算成 2005 年美元的换算因子为 5.04，本文中所有其他美元数据都以 2005 年美元计算），在这一点之后经济将进入发达经济阶段（世界银行 2005 年划分的发达和不发达国家的人均收入的标准是 10725 美元，与本文 10584 美元的差异很小，可以忽略；此外世界银行在不同时期给出的发达与不发达经济的人均收入拐点的标准是不断调整的，比如 2005 年为 10725 美元，进入 2011 年则为 12475 美元，一般来说按相应的换算因子折算，不同时期换算得到的人均收入标准，与世界银行调整的划分标准基本上是一致的，本文以金融危机前的 2005 年美元为基准，是考虑到金融危机对美元产生的冲击及不稳定性）。由此，我们得到工业化进程中起点和终点上的劳动生产率标准（表1，见下页）。

表1　工业化进程中的劳动生产率的标准

	劳动生产率 (1970年美元)	劳动生产率 (2005年美元)	劳动生产率 (2005年人民币)
工业化起点：人均收入为706美元(2005年美元)			
第一产业	70	352	2570
第二产业	292	1473	10755
第三产业	340	1714	12509
工业化终点：人均收入为10584美元(2005年美元)			
第一产业	1442	7268	53058
第二产业	3833	19320	141036
第三产业	1344	6773	49441

工业化未完成的发展中国家的产业 i 的劳动生产率与完成工业化的国家和发达经济存在差距，在各产业标准化的劳动生产率加权平均基础上，求和计算所得到的产业结构高度，表明一个发展中国家产业结构与工业化完成状态的产业结构高度的离差，成为一种既可用于横向比较也可用于纵向比较的指标。

（二）我国产业结构高度达到的水平及特点

运用公式（1）和（2），代入相关国家基础数据，我们计算出以下典型国家和中国在2010年达到的产业结构高度（表2）。

表2　2010年典型国家产业结构高度（H）

	第一产业 LP_{1t}^N	第二产业 LP_{2t}^N	第三产业 LP_{3t}^N	产业结构高度 H
中国	0.147	0.462	1.015	0.666
德国	6.149	4.145	16.556	13.184
法国	8.247	3.840	17.174	14.480
英国	6.565	3.826	12.340	10.503
美国	11.226	5.183	16.671	14.147
新加坡	-0.057	3.420	8.513	7.071
日本	4.164	4.126	14.825	11.669
韩国	2.011	2.812	5.971	4.718
泰国	0.196	0.590	0.803	0.633
巴西	0.329	0.364	1.161	0.904
印度尼西亚	0.295	0.709	0.576	0.596

首先，从表2中可以看出，无论第二产业结构高度还是我国产业结构总体高度，都表明我国仍是一个工业化未完成的发展中国家。表2显示，越是发达的经济体，其产业结构高度越是大于1，表明其后工业化和现代化水平越深入，越是不发达的经济体，其产业结构高度越是小于1，表明其仍未实现工业化，这就从效率意义上验证了产

业结构高度与经济发展水平和阶段是有内在联系的。我国截至 2010 年的产业结构高度 H 值为 0.666，表明按当代国际标准意义上的工业化完成水平，我国的工业化进程到 2010 年已实现了 2/3 以上。我们提出到 2020 年实现 GDP 总量人均水平较 2010 年按不变价格增长一倍的经济数量扩张目标的同时，基本实现工业化（新型）的结构升级目标。以现在的工业化水平和进展速度，是完全可能的。

其次，我国现阶段产业结构高度的重要特点是不同产业之间的劳动生产率（现代化的水平）不均衡。到 2010 年第三产业的现代化水平明显高于第一和第二产业（LP_{3t}^N 为 1.015），同时，第一产业的现代化水平与第二、第三产业存在显著差距（LP_{1t}^N 为 0.147），第二产业的现代化水平与国际社会比较不仅远低于发达国家，而且在发展中国家中也不算突出，LP_{2t}^N 仅为 0.462，显著低于发达国家（美国为 5.183，德国为 4.145，日本为 4.126），甚至低于泰国、印尼等（泰国为 0.590，印尼为 0.709）。虽然我国 GDP 总量已位列世界第二，占全球经济总量已近 10%，人均 GDP 水平也显著增加，但从产业结构高度所体现的经济发展质态来看，我国现阶段仍是一个工业化并未完成，但已进入工业化中后期加速发展阶段的发展中国家。

其三，我国产业结构高度水平在不同省市间也存在显著失衡。我们将 2010 年我国不同典型地区的三次产业的数据代入公式（1）、（2），结果如表 3 所示。表 3 表明，我国省际之间产业结构高度存在显著差距，各地区的产业结构高度与其经济发展水平是一致的，尤其与人均 GDP 水平相关性较高。东部沿海地区的产业结构高度显著地高于中西部地区，其中上海、北京、天津、江苏、广东等 5 省市产业结构高度 H 值已大于 1，表明这些省市总体上已经基本实现当代工业化目标；山东、浙江、福建、辽宁等 4 省产业结构高度 H 值已超过 0.9，接近于 1，表明这些省已接近基本完成工业化；而中西部地区的河南、湖北、陕西、四川、贵州等省产业结构高度 H 值显著小于 1，与实现工业化目标仍有较大距离。

表 3　2010 年我国不同地区的产业结构高度 H

	第一产业 LP_{1t}^N	第二产业 LP_{2t}^N	第三产业 LP_{3t}^N	产业结构高度 H
上海	0.485	1.292	3.905	2.783
北京	0.275	0.730	2.194	1.826
天津	0.277	0.830	1.769	1.253
江苏	0.440	0.589	2.005	1.166
广东	0.212	0.672	1.786	1.151
山东	0.255	0.681	1.511	0.946
浙江	0.316	0.412	1.615	0.931
福建	0.315	0.528	1.535	0.908
辽宁	0.347	0.700	1.342	0.907

(续表)

	第一产业 LP_{1t}^N	第二产业 LP_{2t}^N	第三产业 LP_{3t}^N	产业结构高度 H
陕西	0.146	0.656	1.077	0.760
河北	0.247	0.479	1.231	0.713
青海	0.136	0.659	0.715	0.626
湖北	0.347	0.484	0.758	0.569
河南	0.154	0.417	0.640	0.443
四川	0.147	0.415	0.488	0.402
贵州	0.039	0.335	0.211	0.236

其四，我国产业结构高度提升所推动的工业化进程，其实体产业效率基础较薄弱，不同产业间的效率差距显著，对产业结构高度提升的拉动作用在三大产业间存在显著差距。从表2和表3的数据看，到2010年尽管我国总体上已进入工业化后期，产业结构高度H值已达0.666，甚至上海、北京、天津、江苏、广东已大于山东、浙江、福建、辽宁也已接近1，但第一产业的劳动生产率水平与当代工业化目标完成时应有的第一产业劳动生产率水平差距很大，全国第一产业的 LP_{1t}^N 值仅为0.147，与发达国家差距显著，从省际数据看，即使第一产业劳动生产率（LP_{1t}^N）最高的上海，也仅为0.485，没有任何省达到1；第二产业的劳动生产率也普遍不高，全国第二产业 LP_{2t}^N 仅为0.462，远未达到1，与发达国家更是有成倍的差距（2010年美国 LP_{2t}^N 为5.183），从省际数据看，除上海 LP_{2t}^N（1.292）超过1外，其他省市均小于1，也就是说尚未达到当代工业化完成目标时应有的第二产业劳动生产率水平。从效率意义上说，我国第一、第二产业距离实现工业化目标的效率要求仍有很大距离，事实上，我国产业劳动生产率提高所拉动的产业结构高度的提升，第三产业在其中起到了很强的带动作用，到2010年全国总体上第三产业的劳动生产率 LP_{3t}^N 超过1（达1.015），已高出当代实现工业化目标时所要求的第三产业劳动生产率水平，从而对提高我国产业结构高度起到了突出的作用。也就是说，我国现阶段第一、第二产业劳动生产率水平与产业结构高度所体现的工业化实现程度是不相称的，尤其是第一产业劳动生产率，显著落后于工业化实现程度所要求的水平，第二产业劳动生产率水平提升虽强于第一产业，但总体上也低于工业化进展阶段所要求的水平，除个别省市（上海）外，也都与实现当代工业化目标所要求的第二产业劳动生产率有较大差距。

（三）我国产业结构高度演变的过程及特点（1978~2010年）

我们将1978年至2010年间我国的相关数据代入公式（1）、（2），得到33年间我国产业结构高度值H的演变状况（表4，见下页）。

表4 中国1978~2010年产业结构高度演进

	第一产业 LP_{1t}^N	第二产业 LP_{2t}^N	第三产业 LP_{3t}^N	产业结构高度 H
1978	-0.015	0.015	-0.095	-0.020
1979	-0.007	0.018	-0.112	-0.018
1980	-0.008	0.018	-0.118	-0.019
1981	-0.004	0.014	-0.119	-0.021
1982	-0.001	0.014	-0.111	-0.018
1983	0.003	0.018	-0.102	-0.014
1984	0.011	0.022	-0.076	-0.006
1985	0.010	0.025	-0.025	0.006
1986	0.011	0.025	-0.016	0.009
1987	0.014	0.028	-0.007	0.014
1988	0.012	0.029	-0.005	0.014
1989	0.007	0.025	-0.004	0.011
1990	0.007	0.014	-0.037	-0.004
1991	0.007	0.025	0.007	0.015
1992	0.009	0.042	0.045	0.036
1993	0.012	0.062	0.051	0.048
1994	0.020	0.071	0.048	0.053
1995	0.028	0.082	0.037	0.056
1996	0.035	0.090	0.041	0.063
1997	0.035	0.099	0.075	0.079
1998	0.037	0.107	0.122	0.100
1999	0.036	0.122	0.170	0.126
2000	0.036	0.145	0.220	0.158
2001	0.039	0.162	0.284	0.194
2002	0.043	0.195	0.340	0.234
2003	0.048	0.230	0.391	0.273
2004	0.071	0.258	0.433	0.304
2005	0.084	0.288	0.498	0.346
2006	0.095	0.321	0.620	0.418
2007	0.107	0.352	0.762	0.498
2008	0.119	0.386	0.843	0.552
2009	0.133	0.420	0.918	0.603
2010	0.147	0.462	1.015	0.666

表4的数据显示,改革开放以来33年间我国产业结构高度的演进具有阶段性特征:一是1985年之前,我国产业结构高度提升速度不显著,基本上处在停滞、徘徊状态,尽管期间第二产业劳动生产率$LP_{2ت}^{N}$在不断上升,但经济总体上仍处在为工业化起飞做准备的阶段(起飞前的准备期),从1985年开始,我国进入工业化起飞期。二是自1985年至1998年,产业结构高度开始稳步提升,除个别年份(1989~1991)出现波动外,工业化进程是持续的,产业结构高度值年均增长约为0.6个百分点。三是自1998年起至2004年,产业结构高度演进进入加速期,年均产业结构高度值提升4.7个百分点,我国经济高速增长的同时,产业结构演变也在加速,尤其是第三产业的比重增加和劳动生产率水平的上升,对推动我国产业结构高度上升起到了突出的作用。四是2005年以后,由于人口红利临近消失拐点、劳动力成本上升等发展条件的变化,以及市场化进程的深入、国际化程度的提高等体制条件的变化,总体上劳动生产率提高的速度进一步提高,产业结构高度演进速度进一步加快,2005~2010年产业结构高度年均提升6.4个百分点。①

总的来说,新时期以来,我国经济不仅有规模上的迅速增长(年均GDP增长率高达9.8%左右,截至2012年GDP总量已近52万亿元,按可比价计是1978年的24倍多),同时也有经济结构上的深刻变化,即质态演进上的发展,并且结构高度演进始终处于不断加速状态,如果在2020年实现新型工业化目标之前,我国发展方式转变能够相应加快,那么,我国产业结构高度演进的速度会进一步提升。

二、产业结构演进对劳动生产率的影响

产业结构演变是效率改变的函数,而效率提升又取决于技术进步和制度创新,或者说在技术创新和以社会主义市场经济为导向的制度改革过程中,我国实现了经济高速增长,同时也提升着我国产业结构高度,而产业结构高度的提升又会反过来进一步从效率上影响经济增长。

(一)我国产业结构演变对劳动生产率增长的贡献及特点(1978~2011年)

运用"转换份额分析"(Shift-share Analysis)的方法,可以将结构变迁效应从劳动

---

① 这一部分的主要内容曾以《中国产业结构高度与工业化进程和地区差异的考察》为题目(作者为刘伟、张辉、黄泽华),发表于《经济学动态》2008年第11期,但当时的数据是截至2005年之前,本文将分析年份延长到2010年,增加了新的数据并重新做了测算,发现了一些新的变化和特点。

生产率增长中分解出来。① 令经济总体的劳动生产率为 LP^t，其中 LP_i^t 是指各个产业部门的劳动生产率，上标 t 表示时期，下标 i 表示不同的产业部门（$i=1,2,3$），分别代表第一、第二、第三产业，LP_i^t 表示产业 i 的中期劳动生产率，S_i^t 为 t 期第 i 产业的劳动所占份额。

总体劳动生产率可以表示为：

$$LP^t = \sum_{i=1}^{n} LP_i^t S_i^t \tag{3}$$

根据公式（3），可以推知 t 期的总体劳动生产率相对于 0 期的增长率为：

$$\frac{LP^t - LP^o}{LP^0} = \frac{\sum_{i=1}^{n}(S_i^t - S_i^0)LP_i^0 + \sum_{i=1}^{n}(LP_i^t - LP_i^o)(S_i^t - S_i^o) + \sum_{i=1}^{n}(LP_i^t - LP_i^o)S_i^o}{LP^o} \tag{4}$$

公式（4）中的分子项中的三项若分别除以 LP^o，则可分解为以下三项：

一是（4）式右边分子项中的第一项除以 LP^0（即 $[\sum_{i=1}^{n}(S_i^t - S_i^o)LP_i^o]/LP^o$）是静态结构变迁效应，度量的劳动要素从劳动生产率较低的产业流向劳动生产率较高的产业所引起的总体劳动生产率的净提升。如果劳动要素从生产率越低的产业流向越高的产业 i，则第 i 产业在 t 期内份额变化值大于 0，其静态结构变迁效应也越大。

二是（4）式右边分子项中的第二项除以 LP^o（即 $[\sum_{i=1}^{n}(LP_i^t - LP_i^o)(S_i^t - S_i^o)]/LP^o$）是动态结构变迁效应，与第一项不同，它表现了劳动要素移动引起的动态效应，度量的是劳动要素从劳动生产率增长速度较慢的产业流向增长速度较快的产业所引起的总体劳动生产率的净提升。如果劳动要素从劳动生产率增长速度越低的产业流向增长速度越高的产业 i，那么第 i 产业在 t 期内的份额变化值大于 0，其动态结构变迁效应也越高。

三是（4）式右边分子项中的第三项除以 LP^o（即 $[\sum_{i=1}^{n}(LP_i^t - LP_i^o)S_i^o]/LP^o$）是生产率增长效应，它是由各个产业内部的技术效率变化和技术进步等因素所导致的各个产业内部的劳动生产率增长。

将我国 1978~2011 年的相关数据代入公式（4），可计算出我国这一时期总体劳动生产率的增长率，同时也可根据公式（4）分别求出三次产业的静态结构变迁效应、动

---

① 最近运用这一方法分析新型工业经济和转型经济的结构变迁效应的研究主要有 Fagerberg（2000）、Timmer（2000）和 Peneder（2003）等。参见（1）Fagerberg Jan,"Technological progress, structural change and productivity growth: a comparative study", *Structural Change and Economic Dynamics*, 2000(11), pp.393~411.（2）Timmer P. M., Szirmai A.,"Productivity growth in Asian manufacturing: the structural bonus hypothesis examined", *Structural Change and Economic Dynamics*, 2000(11), pp.371~392.（3）Peneder Michael,"Industrial Structure and Aggregate Growth", *Structural Change and Economic Dynamics*, 2003(14), pp.427~448.

态结构变迁效应和生产率增长效应(见表5)。

表5 应用转换份额分析的结构变迁效应矩阵(百分比形式)①

1978~2011年	列加总	静态结构变迁效应	动态结构变迁效应	产业内生产率增长效应
行加总	100	= 5.9(e1)	35.0(e2)	59.1(e3)
		=	=	=
第一产业	8.4(p1)	-1.3(x11)	-10(x12)	19.7(x13)
第二产业	46.5(p2)	3.1(x21)	18.0(x22)	25.5(x23)
第三产业	45.1(p3)	4.1(x31)	27.0(x32)	14.0(x33)

从表5可见,包括静态和动态在内的结构变迁效应之和在1978~2011年期间我国劳动生产率增长中起到的作用程度为40.9%。从三大产业来看:首先,第一产业的结构变迁效应是负值,因为农村劳动力不断从农业部门流出,劳动份额呈现负向变化,不过与结构变迁效应相比,第一产业内的生产率增长效应更为显著(x13 > x11 + x12),即第一产业的劳动份额下降1%,而导致整体经济的劳动生产率的增长大于1%,说明第一产业内的制度变革和技术进步共同推动了劳动生产率的上升;其次,第二产业的结构变迁效应是正值,但低于第二产业内的生产率增长效应(x23 > x21 + x22),这说明第二产业劳动生产率增长在更大程度上取决于产业内技术效率和技术进步速度加快等因素,或者说,对于第二产业而言,产业内的技术效率上升和技术进步带动的劳动生产率上升程度大于因结构变迁导致产业间资源配置效率提高而引起的劳动生产率提升程度;其三,第三产业的结构变迁效应最为显著,因为第三产业吸纳了大量从农业流出的剩余劳动力,其就业人口从1978年的0.5亿上升到2011年的2.7亿,劳动份额从12%上升到35.7%,相对于剩余劳动力滞留于农村而言,其流入第三产业极大地提升了我国资源配置效率,农村剩余劳动力劳动生产率的提高也相应带动了经济总体劳动生产率的提升,第三产业的结构变迁效应大于产业内生产率增长效应(x31 + x32 > x33),表明在第三产业劳动生产率的提高中,结构变迁效应所产生的产业间资源配置效率的优化和提高起的贡献作用最突出,高于产业内的技术效率变化和技术进步带来的增长效应所起的拉动作用。

(二)结构变迁效应对劳动生产率提升的贡献率的变化趋势

上面我们分析了1978~2011年我国结构变迁效应对劳动生产率提升所起的作用以及不同产业中的不同特点,下面我们进一步考察结构变迁效应对劳动生产率提升作用程度在不同阶段的变化及趋势。所谓结构变迁效应贡献率指的是当结构变迁效应和劳动生产率都为正值时,结构变迁效应占劳动生产率增长率的比例(当结构变迁效应为负值时,则其贡献率为零)。我们把1978~2011年划分为7个时段,1978~1985年、

---

① 表内数值后括号内的变量是用以指代该数值的矩阵变量。

1985～1988年、1988～1991年、1991～1998年、1998～2002年、2002～2006年、2006～2011年[①],我们在每一个波动周期内计算结构变迁效应的贡献率,以平滑结构变迁效应的波动性,使结构变迁效应的贡献率可度量。

首先,考察经济总体中结构变迁效应对总体劳动生产率提升所起的作用程度(贡献率),总体上看,结构变迁效应的贡献率由于受到宏观经济波动的影响,显现出明显的波动性,但从长期看,结构变迁效应的贡献率在波动中显现下降的趋势(见表6)。

表6 不同阶段结构变迁效应对劳动生产率增长率的贡献率变化

年份	结构变迁效应贡献率(%)
1978～1985	35
1985～1988	50
1988～1991	20
1991～1998	30
1998～2002	1
2002～2006	30
2006～2011	20

表6显示:(1)结构变迁效应贡献率在不同阶段的波动性较大,高时可达50%(1985～1988年),低时可趋近于零(1998～2002年);(2)在长期中显示出逐渐降低的趋势。这一趋势的发生需要我们深入研究。

其次,考察第一产业的结构变迁效应对劳动生产率提升的贡献率变化特点(见表7)。

表7 第一产业的结构变迁效应变化趋势

年份	劳动生产率增长率	结构变迁效应	生产率增长效应
1978～1985	0.140	-0.055	0.195
1985～1988	-0.004	-0.014	0.010
1988～1991	-0.019	0.001	-0.020
1991～1998	0.062	-0.061	0.123
1998～2002	0.014	0.001	0.013
2002～2006	0.047	-0.032	0.079
2006～2011	0.090	-0.046	0.132

表7显示,在1978～1985年,由于农村经济改革推动了效率提升,农村劳动力开始流出,因此结构效应为负值,但农业内部生产率增长效应达到0.195,从而拉动整个

---

① 基于我们对1978～2011年我国经济周期波动的判断,尽可能在每一时段内包含较系统的经济周期特点。

农业劳动生产率增长率为正值(0.140)。在随后的两个阶段(1985~1988年、1988~1991年),农业部门剩余劳动力总体上仍是流出,所以结构效应为负值或很低(-0.014、0.001),而同期产业内的技术进步带来的生产率增长效应未有显著提升(0.010、-0.020),进而导致这一时期总体上第一产业劳动生产率增长率为负值。在两个经济低迷期(1988~1991年、1998~2002年),第一产业结构变迁效应是正值,表明这两个时期第一产业的劳动份额比重在上升,这是结构演进意义上的发展的停滞。但自1991年后第一产业的劳动生产率增长率始终是正值,尤其是1991~1998年、2002~2006年和2006~2011年,第一产业技术进步带来的生产率增长效应保持了较高水平。在一定的劳动生产率水平下劳动力从农业部门的流出,使农业的结构变迁效应对农产业劳动生产率的影响表现为负值,即降低了农业劳动生产率。但与此同时,农业劳动生产率在上升,表明农业内的技术进步带来的农业生产率增长效应大于结构变迁带来的负效应,因此,可以说我国农业就业比重的下降(从1978年的70%以上降至2011年的36.7%)是建立在农业劳动生产率持续提升的基础上的,或者说正是农业劳动生产率的提升为农业劳动力向非农产业转移创造了可能。

其三,考察第二产业结构变迁对劳动生产率提升的贡献率(见表8)。

表8 第二产业结构变迁效应对劳动生产率提升的贡献率

年份	结构变迁效应贡献率(%)	生产率增长效应贡献率(%)
1978~1985	68.4	31.6
1985~1988	68.1	31.9
1988~1991	56.3	43.7
1991~1998	18.5	81.5
1998~2002	0	100
2002~2006	35.8	64.2
2006~2011	30.5	69.5

表8显示出第二产业结构变迁效应对劳动生产率提升的贡献率的波动。在1991年前的四个阶段,第二产业的结构变迁效应的贡献率超过50%(依次为68.4%、68.1%、56.3%),表明在这一时期,第二产业劳动生产率提升主要是依靠结构变迁效应拉动,即主要由结构变迁形成的资源配置结构优化而导致,这与改革开放所形成的制度变革推动结构变化加快有关,也与当时的短缺经济有关。在短缺的条件下,市场机制开始发育,计划经济有所松动,使得大量的资源迅速地流入第二产业,使其结构变迁效应迅速扩张,进而结构变迁效应对劳动生产率上升做出了首要贡献。进入九十年代之后,第二产业的结构变迁效应贡献率开始下降,表明在这一时期,第二产业竞争加剧,供不应求的状况逐渐扭转,第二产业的技术研发、产业升级越来越为其发展的首要,而劳动力份额的流入形成的结构变迁效应贡献率逐渐降为次要,产业的市场

有效需求越是不足，其劳动生产率的提升越是依赖于产业内的技术进步带来的生产率提升，依赖于技术创新带来的结构升级，不可能在原有技术、产品、产业结构不变的基础上依靠扩大要素投入量拉动劳动生产率提升。其中最为典型的是1998~2002年，受亚洲金融危机影响和内需不足的困扰，第二产业的结构变迁效应贡献率接近于零，产业内生产率增长效应占据了全部产业劳动生产率提升的贡献率份额。一般来讲，结构变迁效应和产业内生产率增长效应相互间存在这样的逻辑联系，结构变动加快，更多的资源从其他产业流入本产业，根本原因是本产业的效率和发展速度相对更高，而效率本身取决于产业的技术进步和市场需求状况，当产业的技术进步不断加快，那么，产业内的生产率增长效应会不断增大，这种产业内的生产率增长效应增大积累到一定程度，会使本产业的效率逐渐高出其他产业的效率，这样就会吸引要素从其他产业领域流入本产业，这种流入加速，就会提高本产业的结构变迁效应贡献率。经过一段结构变迁效应提升加速后，产业效率优势所导致的要素流入量增长会逐渐趋于均衡和稳定（这既受产业间竞争，进而趋于均衡的影响，也受市场供求状况的约束），相应的结构变迁效应会减弱，而与此相对应，产业内生产率增长效应会相对提升，尤其是在产业面对的市场有效需求饱和条件下，产业内的竞争会加剧，从而推动技术进步加快，促使产业内生产率增长效应增大。这种提升累积到一定程度又会反过来推动产业结构升级，提升产业的绝对和相对效率，进而又一轮拉动产业结构变迁效应的增长，两者之间在长期内形成这种相互依赖、相互联系的交替领先的格局。因此，我国第二产业的结构变迁效应对其劳动生产率的贡献率由1978~1985年的68.4%，到1985~1988年的68.1%，再到1988~1991年的56.3%，自1991~1998年开始降至18.5%，

相应产业内生产率增长效应贡献率上升至81.5%，直到1998~2002年生产率增长效应贡献率达到100%，而后开始了逐渐下降，而结构变迁效应贡献率逐渐回升，2002~2006年和2006~2011年，结构变迁效应贡献率回升到35.8%和30.5%。

其四，考察第三产业结构变迁效应（见表9）。

表9 第三产业结构变迁效应的贡献率

年份	劳动生产率增长率	结构变迁效应贡献率(%)	生产率增长效应贡献率(%)
1978~1985	0.186	62.5	37.5
1985~1988	0.046	60.3	39.7
1988~1991	0.022	49.4	50.6
1991~1998	0.297	62.3	37.7
1998~2002	0.209	18.2	81.8
2002~2006	0.204	34.0	66.0
2006~2011	0.486	17.7	82.3

表9显示了第三产业结构变迁效应对产业劳动生产率增长的贡献率波动状况。波动规律与第二产业基本相同，结构变迁效应贡献率与产业内生产率增长效应贡

献率相互之间总体上呈现交替领先的格局。在 1978～1998 年之前，第三产业的结构变迁效应贡献率占优，除 1988～1991 年与生产率增长效应贡献率基本持平外（49.4%：50.6%），其余年份都占 60% 以上。1998～2002 年，结构变迁效应贡献率呈显著下降趋势（18.2%），产业内生产率增长率成为主要拉动劳动生产率提升的力量（81.8%），而后结构变迁效应贡献率又开始回升，2002～2006 年回升到 34%，与第二产业不同的是进入 2006～2011 年，第三产业的结构变迁效应贡献率回升出现了较大波动（17.7%）。与第二产业的另一不同点在于，第三产业的结构变迁效应贡献率由占据首位到退居产业内生产率增长效应贡献率之后在时间上要晚些，第二产业是在 1991～1998 年出现的，而第三产业则是在 1998～2002 年开始的。也就是说，第二产业市场有效需求不足在 1991～1998 年就已出现，因而迫使第二产业内部竞争加剧，技术进步和新产品开发及结构升级加快，从而产业内生产率的增长率在 1991～1998 年便成为拉动产业劳动生产率的首要力量，而第三产业出现市场有效需求不足，进而市场竞争加剧相对迟些，是在 1998 年之后的事情。因此，产业内生产率增长效应超越结构变迁效应成为拉动劳动生产率提高的首要力量，是在 1998 年之后。

三、产业结构演进对全要素生产率的影响（1986～2007 年）

（一）结构变迁对全要素生产率贡献的测度

全要素生产率（TFP）是把资本和劳动生产要素投入量对产出的贡献扣除之后，其他各种要素综合地对产出做出的贡献，这里的其他各种要素主要包括知识增进、技术改变、资源配置结构优化、规模经济提升等，全要素生产率的增长率为产出增长率减去资本和劳动投入量增长率对产出增长率的贡献后的余额。在一个非均衡的经济中，不同产业部门之间的要素边际生产率不相等，要素在不同产业部门间的流动促使要素从低生产率部门流向相对高生产率的部门，进而提高全要素生产率，这就是产业结构变迁通过优化资源配置结构形成的全要素生产率的增长。总产出的增长在扣除资本和劳动投入实现的部分后形成的全要素生产率，可以分解为两部分，一部分是各个产业部门的平均全要素生产率增长，另一部分则是结构变迁带来的全要素效率增长。因此，计算结构变迁对全要素生产率的贡献，基本方法便是对照总量水平（aggregatelevel）的全要素生产率（TFP）增长率和部门水平（sectorallevel）的全要素生产率（TFP）增长率之间的差异。[①]

---

① 参照 Syrquin(1984) 使用的全要素生产率分解式，即 Syrquin, M., "Resource allocation and productivitygrowth", in: Syrquin, M., Taylor L., Westphal L. E. eds., *Economic Structure Performance Essays in Honor of Hollis B. Chenery*, Academic Press, 1984, pp. 75～101.

总量水平的 TFP 增长率 $G(A)$ 与部门水平的 TFP 增长率加权平均值 $\Sigma \rho_i G(A_i)$ 之差，就是结构变迁对经济增长的贡献，即在全要素生产率提升中产业结构演变所起的作用。因此，结构变迁效应 TSE（Total Structural Effect）的计算公式为：

$$TSE = G(A) - \Sigma \rho_i G(A_i) = \Sigma \rho_i \alpha_i G(k_i) + \Sigma \rho_i \beta_i G(l_i) \tag{5}$$

式（5）中 k_i、l_i 分别代表各产业部门的资本、劳动在资本与劳动投入总量中占的比重，公式（5）右边第一项（$\Sigma \rho_i \alpha_i G(k_i)$）表示各产业部门的劳动要素的结构变迁对全要素生产率的贡献，第二项（$\Sigma \rho_i \beta_i G(l_i)$）表示各产业部门的资本要素的结构变迁对全要素生产率的贡献，进一步整理可得出产业结构变迁对全要素生产率的贡献：

$$TSE = \frac{1}{Y} \Sigma \dot{K}_i [f(K_i) - f(K)] + \frac{1}{Y} \Sigma \dot{L}_i [f(L_i) - f(L)] = A(f_K) + A(f_L) \tag{6}$$

式（6）中 $f(K_i)$ 和 $f(L_i)$ 分别表示第 i 产业部门的资本和劳动的边际产出，而 $f(K)$ 和 $f(L)$ 分别表示经济总体的资本和劳动的边际产出，$A(f_K)$ 和 $A(f_L)$ 分别表示资本和劳动要素市场的产业结构变迁效应，即分别表示资本和劳动在不同产业部门之间流动带来的全要素生产率的增长。如果资本和劳动要素在可以获得高于平均水平的边际报酬的产业中比重上升得快，则资本和劳动的结构变迁效应就相对较高；反之，要素在只能获得低于平均水平的边际报酬的产业中比重增长得快，要素的结构变迁效应相应就较低；当经济中不同产业部门的资本和劳动要素的边际产出趋同时，资本 $A(f_K)$ 和劳动 $A(f_L)$ 要素的产业结构变迁效应会趋向于零，结构总效应 TSE 会消失，总量水平的全要素生产率 TFP 增长率 $G(A)$ 和各产业部门的 TFP 增长率的加权平均值 $\Sigma \rho_i G(A_i)$ 会相等。①

运用式（6）求解我国结构变迁的全要素生产率增长效应，在数据上要求计算经济总体和各产业的资本及劳动的边际报酬，计算经济总体和资本及劳动的产出弹性，计算经济总体和各产业部门的资本及劳动的存量和变化，所需要的数据基本上可以从国家统计局公布的全国投入产出表中找到（目前有 1987 年、1990 年、1992 年、1995 年、1997 年、2002 年、2007 年共七张投入产出表），或者在《中国统计年鉴》中找到。② 具体测算结果如表 10（见下页）。

---

① 具体公式的推导可参见刘伟、张辉：《中国经济增长中的产业结构变迁和技术进步》，《经济研究》2008 年第 11 期。该文计算年份截至 2002 年，主要是因为需要依靠国家统计局公布的投入产出表数据，而那时见到最新的投入产出表是 2002 年的，本文的分析则运用原有方法和公式，引入 2007 年（最新公布截止年份）投入产出表数据，做出进一步考察。

② 存在问题的是"资本存量"的计算，在这里引用薛俊波（2007）的计算方法，即永续盘存法，我们利用投入产出表数据计算历年的资本存量（参见薛俊波：《中国 17 部门资本存量的核算研究》，《统计研究》2007 年第 7 期），本文所用数据口径与薛俊波在投入产出表的基础上估算的资本存量基本一致。

表10 不同因素对经济增长率的贡献（%）

年份	劳动增长的贡献率	资本增长的贡献率	全要素生产率增长贡献率	其中	
				产业结构变迁效应	净技术进步效应
1986~1990	10.7	84.2	5.1	—	—
1990~1992	9.1	79.5	11.4	58.2	41.8
1992~1995	5.9	80.4	13.7	42.3	57.7
1995~1997	5.6	74.3	20.1	34.9	65.1
1997~2002	3.5	68	28.5	11.3	88.7
2002~2007	1.2	59.9	38.9	10.8	89.2

（二）结构变迁对全要素生产率贡献的变动趋势

表10表明两个趋势：(1) 在我国经济增长中，要素投入增长的贡献率和全要素生产率增长的贡献率相比较，前者具有逐渐降低趋势，而后者则有逐渐提高的趋势。这说明在我国新时期以来的经济增长趋势中，并非始终主要依靠劳动和资本投入量的扩大，而是在全要素生产率贡献率不断上升的过程中实现高速增长，进而我国的经济增长不仅是要素投入量的扩张，同时有全要素生产率提升的支持，这与克鲁格曼所批评的东亚部分国家或地区主要依靠要素投入拉动增长而效率并无提升的情况是不同的。克鲁格曼（1994）在其《亚洲奇迹的神话》中指出，大部分东亚国家和地区的经济增长主要依靠要素投入量增长，而不是依靠要素生产率提升，因此不可持续。1997年的亚洲金融危机形成的东亚泡沫，在一定程度上印证了这一观点，引起了国际国内学术界的高度关注，进而引发了对中国高速增长的要素效率是否提升的质疑。从我们的分析看，如果说我国经济增长在1998年之前具有主要依靠要素投入量扩大拉动的特征，那么1998年之后的增长则越来越体现为通过要素生产率提高来拉动，从长期趋势看，要素生产率的贡献是持续提高的，而要素量投入的贡献相对来说是趋于下降的。(2) 在全要素生产率内部，产业结构变迁效应呈现逐渐下降的趋势，而净技术进步效应相应地持续上升。产业结构效应提高主要依靠两个力量，一是产业间竞争形成的效率差别的推动或吸引，使产业结构变化可能加快，二是体制改革带来的市场机制发育促进并实现资源在产业间自由充分的流动。在我国进入新时期内，由于以往计划经济体制下资源配置结构不合理，脱离效率原则，所以，在体制改革展开特别是市场化进程开始之后，资源迅速地通过市场竞争机制从效率低的产业流向效率高的产业，进而在全要素生产率的贡献率中，产业结构效应作用突出；若在短缺经济下，对产品需求旺盛，产业内的竞争并不剧烈，技术创新和技术进步压力尚不严重，因此，产业内的净技术进步效应在全要素生产率增长贡献率中的作用相对较弱。不过，随着市场需求的变化，短缺经济状况的改善和克服，尤其是当有效需求出现严重疲软（如1997年亚洲金融危机冲击和2008年世界金融危机冲击下我国内需不足的矛盾十分突出）时，产业内竞争

加剧，技术进步速度加快，净技术进步效应对全要素生产率增长所起的作用增强。特别需要指出的是，在全要素生产率增长内部这种产业结构变迁效应与净技术进步效应间的彼消此长的趋势，似乎反映出我国要素效率的提升从主要依靠市场化的改革带来的制度性力量逐渐转向主要依靠竞争带来的技术进步的力量。事实上，对于处于体制转轨中的非均衡的我国经济而言，产业结构变迁效应和净技术进步效率对全要素生产率的作用程度交替变化是正常的。当产业间效率差别显著、结构性非均衡突出时，产业结构变化有可能加速，当有一定的市场化改革的体制支持时，基于效率基础的结构升级更为加快，产业结构变迁效应作用更为显著；当经过一段产业间结构迅速变化，产业间要素的效率差距逐渐缩小，或者同时体制性活力不足，资源在产业间基于效率差别的流动会放缓，产业结构变迁效应就会降低，而对产业内技术进步要求更为迫切。尤其是在市场需求不足的条件下，产业内技术进步会加速，因而净技术进步效率会提升，当产业内净技术进步效应提升积累到一定程度，长期内不同产业间的要素生产率差异会出现新的不均衡格局，产业间效率水平在新的基础上会进一步扩大，如果存在合理的体制条件，特别是政府与市场能够协调，便会推动产业结构在新的水平下进一步升级，结构变迁效应会再次增大，直到新的均衡格局出现，净技术进步效应会重新加速并开始新的累积。我国经济中出现的产业结构变迁效应作用逐渐降低和净技术进步效应逐渐增强的趋势表明，一方面，当市场有效需求不足，产业间要素效率差异逐渐缩小，或者说缺乏显著效率突出的产业拉动整个产业结构升级时，不能也不应主要依靠投入量扩张拉动增长，否则便是结构不变的重复建设，势必导致低水平的产能过剩，而应主要依靠各产业内的技术进步，依靠产业内部效率的提升来促进经济发展；另一方面，当产业间要素效率明显存在差异，或不同产业由于产业内技术进步积累不同而出现新的产业结构差异，要素边际产出差距在新的技术结构下重新拉大，就应当也必须通过深化体制改革完善竞争秩序，以保证并推动产业结构加速升级。

四、我国经济增长中的突出的结构性矛盾

现阶段我国经济增长中面临的突出结构性矛盾主要表现在以下几方面：

第一，总体上看，我国经济增长的水平高于结构升级的水平，或者说结构演进相对滞后，对经济有效均衡增长产生了深刻影响。

尽管我国经济高速增长过程中产业结构发生了深刻的变化，但结构演进与经济增长要求之间仍有相当大的不适应。一方面，不仅与发达国家相比，更重要的是与同我国经济增长水平大体相当的发展中国家相比，我国产业结构高度与其均存在显著或比较显著的差异；另一方面，结构高度的相对滞后已深刻约束限制了经济总量的扩张，使我国投资需求有效增长遇到深刻的结构约束。表11（见下页）显示的是我国现阶段产业结构与发达国家和发展中国家相比较的状况。

表11 2010年中国与世界不同国家国内生产总值构成（%）

国别	第一产业	第二产业	第三产业
高收入国	1.5	25.1	73.4
中等收入国	9.7	34.3	67.5
下中等收入国	10	34.1	55.8
低收入穷国	25.7	24.4	49.9
中国	9.5	44.6	45.9

资料来源：世界银行WDI数据库，转引自国家统计局《国际统计年鉴2011》，其中部分国家的数据是2009及2008年的数据。关于中国的数据中，第二产业比重为44.6%，与我国国家统计局的《中国统计年鉴》中的46%略有差别，在进行国际比较时，我们统一采用国际组织公布的数据。

从经济规模和人均GDP水平看，我国已进入上中等收入阶段。2012年我国GDP总量已近52万亿元，按汇率法折算已达8万亿美元左右，占全球GDP比重在10%左右，居世界第二位；人均GDP已达3.8万元左右，折算为美元已达5800美元左右，已超过当代世界中等收入国家平均线（3400美元），若按购买力评估法（PPP方法），据世界银行测算，2009年我国就已达到6710国际元，也已超过当代中等收入国家的平均水平（6340国际元），按世界银行2011年划分标准，人均国民收入1025美元以下为低收入国（共36个国家），人均1026~4035美元为下中等收入国（共54个国家），人均4036~12475美元为上中等收入国（共54个国家），12476美元以上为高收入国（共70个国家）。与我国经济增长水平相比，我国结构演进的高度相对滞后，特别是第三产业比重仅为45.9%，不仅低于当代中等收入国的平均水平（67.5%），甚至低于当代低收入国（49.9%），与之相对应的则是我国第二产业比重显著高出经济发展阶段的正常水平：高收入国平均为25%，中等收入国为34.3%，我国则为44.6%，在当代世界只有中低收入水平的东亚和太平洋国家达此高度（44%）。也就是说，虽然我国人均国民收入已达到上中等收入水平，但我国的产业结构仍与中低收入国家的结构更为接近。这种结构演进滞后于经济增长的状况，对我国经济增长中的投资与消费结构失衡、市场化滞后，特别是市场机制所需要的服务业发展落后、信息化对新型工业化和城镇化的促进融合作用不足等等，都有着深刻的联系，从而制约着我国经济发展的可持续性。

第二，就业结构与增加值结构差距过高，二元结构性特征突出，表明我国经济的高速增长，在一定程度上是以加剧发展上的失衡为代价的，而这种失衡的加剧，又会成为制约经济可持续成长的重要因素。

从就业结构高度演进来看，我国经济增长过程中，就业结构发生着深刻的变化，特别是第一产业就业比重从改革初期的70%以上（相当于当代低收入穷国的状况）降至现阶段的36%左右，但总的来看，我国第一产业就业比重之高，第三产业就业比重之低，与我国经济增长所达到的水平不相称。如果说我国三大产业增加值结构高度滞后于经济增长水平,那么就业结构高度滞后程度就更大,表12显示的是我国产值结构与就业结构对照。

表12 我国产值与就业结构变化

年份	增加值结构(%)			就业结构(%)			产值比重/就业比重		
	第一产业	第二产业	第三产业	第一产业	第二产业	第三产业	第一产业	第二产业	第三产业
1978	28.2	47.9	23.9	70.5	17.3	12.2	0.40	2.77	1.96
1992	21.8	43.4	34.8	58.5	21.7	19.8	0.37	2.00	1.76
2000	15.1	45.9	39	50	22.5	27.5	0.30	2.04	1.42
2011	10	46.6	43.3	36.7	28.7	34.6	0.27	1.62	1.25

表12显示,我国第一产业就业比重持续下降,第二产业就业比重基本稳定,第三产业就业比重上升幅度最大(2011年比1978年提升了22.4个百分点)。这也印证了前文分析产业劳动生产率的增长率中,第一产业的结构变迁效应为负值(劳动力净流出),第二产业为正值,但低于第三产业劳动生产率增长中的结构变迁效应(劳动力更多地流向了第三产业)。首先,比较而言,我国就业结构高度低于增加值结构高度,这说明一方面是增加值高度演进带动就业结构提升,另一方面增加值结构高度缺乏足够的产业劳动生产率上升的支持。钱纳里曾利用101个国家1950~1970年的资料构造出一个经济发展不同阶段的标准结构,若以我国现阶段的增加值结构中的第一产业比重与其对照,我国已超过人均2000美元(1970年美元)发展阶段,但按第一产业就业比重对照,我国仅处于400~600美元阶段,这也表明我国经济二元化结构特征显著。[①]其次,在这一过程中,各产业产值比重与就业比重在逐渐接近,但相互间差距仍是显著的,这从一定意义上反映出我国产业间劳动生产率的失衡。第一产业的产值比重显著低于其就业比重,并且两者相互间差距仍然在扩大,没有任何收敛趋势,该比重在1978~2011年已从0.4演变为0.27,二者失衡现象进一步加剧;第二产业的产值比重与就业比重差距最为突出(2011年为46.6%:28.7%),并且在长期变化中有轻微的缩小趋势(2000年之前第二产业产值比重较就业比重的差距更为突出);第三产业的产值比重高出就业比重的差距虽不及第二产业悬殊,但相互间接近的速度却较为迅速,两者之比,从1978年的1.96,持续降至2011年的1.25。一般而言,产业产值比重与就业比重应逐渐趋于一致,这是产业间劳动生产率趋于均衡的趋势,也是产业间发展均衡的重要体现。美国2008年三大产业的产值比依次为1.1%、20%、78.9%,相对应的就业比重依次为2.3%、23.2%、74.5%。当代发达国家第一产业的产值比重和就业比重大都在5%左右,第三产业的产值比重和就业比重大都在70%以上,第二产业的

---

① Chenery H. B., Syrquin M, *Patterns of Development: 1955 – 1975*, Oxford University Press, 1977.

产值比重和就业比重大都在20%以上，产值比与就业比基本上也都是相似的。① 我国三大产业的产值比重和就业比重相去较远，且长期里虽有接近的趋向，但速度并不显著，由此产生一系列增长中的失衡现象，突出的一点是在国民收入的初次分配中加剧收入分配的失衡，第一产业的就业比重为37.6%，而同期增加值比重为10.1%，这意味着37.6%的从业者在初次分配中只能分得10.1%的增加值，而第二、第三产业的产值比均高于就业比，尤其是第二产业就业比重为28.7%，却在初次分配中分得46.8%的增加值，这种结构失衡是我国城乡居民收入差距之所以显著的重要原因。而正是城乡居民收入差距构成中国居民收入差距扩大的首要原因，能解释居民收入差距的40%以上。② 而居民收入差距的扩大又是消费需求增长乏力的根本原因，消费需求疲软恰是我国现阶段内需不足进而导致增长乏力的重要原因。

如果进一步考察期间产业劳动者报酬上升速度与劳动生产率上升速度，将会发现劳动者报酬上升速度缺乏足够的劳动生产率提升的支持。据测算，1992～2010年我国就业人员劳动报酬年均劳动报酬增长14.5%（按现行价计，若剔除价格上涨因素，实际增长要低于此水平），其中第一产业从业人员报酬以年均增长18.1%居首位，第三产业人均报酬以年增长率为11.6%居其次，最迟缓的是第二产业，人均从业劳动者报酬年增长率为11.1%。③ 这表明，我国进入中等收入发展阶段，要素成本包括劳动力成本已进入加速提升阶段，如果劳动生产率的提升不加速，在短期内会形成巨大的成本推动的通货膨胀压力，长期内会使经济增长的可持续性受到严重削弱。正如本文第一部分所分析的，我国产业结构高度提升所推动的工业化进程中，实体产业效率基础较为薄弱，尽管我国产业结构高度所体现的工业化进程与当代世界工业化完成水平相比，已经进入后期（产业结构高度H值已达0.666），上海、北京、天津、江苏、广东等已基本实现了工业化（H值已达到1），但第一产业的劳动生产率水平与当代实现工业化目标时应有的水平相去甚远，第一产业劳动生产率较低（LP_{1t}^N仅为0.147，显著小于1，即显著小于当代实现工业化目标时的第一产业标准劳动生产率）。第二产业的劳动生产率也普遍与当代世界工业化标准要求相差显著（LP_{2t}^N仅为0.462，同样显著小于1），换句话说，与我国工业化进程中的产业结构演进达到的高度相比，实体产业的劳动生产率尚未达到相应工业化进程应有的水平，在一定意义上意味着存在脱离劳动生产率水平的产业结构"虚高度"，这是要素成本上升而劳动生产率上升相对低于成本上升速度，进而导致经济增长出现"泡沫"的根本原因。

---

① 美国的数据来自美国商务部经济分析局NIPA数据，发达国家的数据来自世界银行《世界发展报告》。
② 刘伟：《促进经济增长均衡与转变发展方式》，《学术月刊》2013年第2期。
③ 北京大学国民经济核算与增长研究中心：《中国经济增长报告（2012）》，北京大学出版社，2012年。

第三，三次产业的成本结构（收入结构）深刻影响初次收入分配结构，进而影响需求结构，由此影响资源配置的结构效率。

增加值的成本结构，反映的是生产要素从初次分配中得到的收入。劳动者的收入是劳动报酬；生产税净额（间接税净额）是政府征税形成的收入；企业的收入则分为两部分，一是盈余，二是折旧。表13给出的是1997年和2007年我国三次产业的成本结构。

表13 1997年和2007年我国三次产业成本结构（%）

年份	内容	第一产业	第二产业	第三产业	国内生产总值
1997	增加值合计	100	100	100	100
	劳动者报酬	88.04	44.43	51.34	54.87
	生产税净额	2.94	17.52	13.44	13.53
	固定资产折旧	3.97	14.23	19.15	13.62
	营业盈余	5.05	23.81	16.06	17.97
2007	增加值合计	100	100	100	100
	劳动者报酬	94.84	34.2	35.84	41.36
	生产税净额	0.17	20.08	11.14	14.48
	固定资产折旧	4.99	13.5	17.17	14.0
	营业盈余	0	32.22	35.86	30.15

资料来源：根据国家统计局公布的投入产出表数据整理。

这种成本结构的特征在于：首先，各产业间差距显著。以2007年为例，第一产业的增加值成本构成中劳动者报酬比例达到94.84%，而第二产业和第三产业的增加值中的劳动者报酬比例则在35%左右，而在生产税净额上第一产业几乎为零（0.17%），第二产业和第三产业则分别为20%和11%以上。其次，虽然劳动者报酬在GDP中所占比重最高，为41.36%，但从绝对水平看并不高，中国现阶段经济成长中劳动成本仍处在相对较低阶段（美国劳动者报酬占GDP比重为55%左右[①]）。分产业看，第一产业很高，现在已达94.84%（这一部分包含了部分购买农用生产资料的收入），但第一产业的平均收入水平低，从而对整个成本（收入）结构影响较低。第二、第三产业占的比重较大，但这两个产业的增加值中，劳动报酬占比却比较低（分别为34.2%和35.5%），而从营业盈余（资本要素所带来的直接收入）来看，第一产业接近于零，第二、第三产业增加值中营业盈余所占比重相当高，接近甚至超过劳动报酬占比，这表明在我国初次分配中，相当大的部分首先成为资本要素的收入，再加上企业的折旧，

[①] 北京大学国民经济核算与增长研究中心：《中国经济增长报告（2012）》，北京大学出版社，2012年。

企业收入（营业盈余加折旧）占比达到44.15%，远远大于劳动者报酬占比（41.36%），这就决定了企业在国民收入的初次分配中具有更大的支配权。再加上政府收入（生产税净额占14.48%），更多的国民收入将通过企业和政府转化为积累，并形成投资，通过高积累、高投资带动高增长，其风险在于，如果资本和劳动之间的收入分配比例失衡，劳动者的收入占比过低会导致消费需求增长与经济增长不相适应，进而投资形成的产能难以找到有效需求，形成产能过剩。

从动态上看，以2007年与1997年作比较，企业和政府的收入所占比重在上升，而劳动者报酬所占比重在下降，特别是在非农产业中，第二产业的劳动报酬占比下降了10%左右，相应地企业营业盈余占比上升10%左右，说明在利益分享上，企业资本所得大于劳动者所得的增速。在第三产业中这种现象更为突出，劳动者报酬在第三产业增加值中所占比重下降近20%，相应地企业盈余比重提高了近20%。这与我国第三产业的发展越来越强调资本密集的现代服务业优先发展有关。相比较而言，政府生产税净额比重提高并不显著（不到一个百分点），但需注意，生产税净额并非政府税收收入的全部，在再分配过程中，劳动者报酬和企业营业盈余中还需支付税赋（个人和企业所得税等）。因此，静态地看，我国各产业中劳动报酬占比仍偏低；动态地看，其增长速度也偏低，所以消费需求相对疲软及相应的生产能力过剩便会由此而加剧。

第四，我国产业结构上存在"反效率配置"现象，不仅使已有的资源配置效率落差没能更有力地推动资源从低效率部门向高效率部门转移，而且扩大了资源配置的产业结构性效率差异。

利用1992年和2007年我国投入产出表，可计算出各个产业的资本和劳动所占份额、各个产业的资本和劳动的边际报酬以及各个产业的劳动生产率和资本劳动比。表14、表15、表16的结果显示了各产业的资源反配置效率的状态。这些反效率的资源配置的存在，使得我国不同产业间已有的资源配置效率落差未能充分利用，即资源未能有效地从效率低的产业及时流向效率高的产业，反而扩大了资源配置效率的落差，也就是加大了产业间效率差距。这既有发展上的原因，更有体制上的原因，关键在于市场竞争不充分，限制了资源在产业间的流动。[①]

表14（见下页）显示，从资本份额来看，第一、第三产业资本所占份额都在下降，第二产业资本份额在上升，表明在此期间资本主要向第二产业集中，不仅新增资本主要在第二产业中形成，甚至部分旧有资本也向第二产业转移，但同时，经济总体和实体产业的资本边际报酬（元/1元资本）普遍下降。因边际报酬近似为毛利率，毛利率普遍相应下降，其中，第一产业的毛利润率下降最快，第二产业资本边际报酬也显著

[①] 张军（2002）认为，资本深化导致的资本边际报酬递减加速，是20世纪90年代中后期我国GDP增长率下降的主要原因（参见张军：《增长、资本形成与技术选择：解释中国经济增长下降的长期因素》，《经济学季刊》2002年第1期）。

下降，但相对下降速度慢于第一产业，只有第三产业的毛利润略有上升（资本边际报酬从0.217上升为0.262），但其绝对水平始终低于第二产业。实体产业的资本边际报酬递减并加速，表明各产业的资本深化加速，资本产出比提高较快，进而资本边际报酬递减。这意味着，投资需求的增长将会趋缓，产出增长率可能会下降，或者说，若无技术进步加速，若无产业间资源流动加速即产业结构升级，继续扩大投资必然带来资本边际报酬递减加速，从而市场性（非政府性）投资需求会趋于减缓，加剧内需不足，从而影响经济持续增长率。①

表14 资本的结构变迁

	资本投入变化（亿元）	1992年资本投入占份额(%)	2007年资本投入占份额(%)	1992年资本边际报酬（元/1元资本）	2007年资本边际报酬（元/1元资本）
经济总体	184015.5	100	100	0.336	0.293
第一产业	6530.5	5.1	3.8	0.413	0.072
第二产业	93731.5	38.9	48.7	0.498	0.341
第三产业	83753.6	56	47.4	0.217	0.262

表15 劳动要素的结构变迁

	劳动投入变化（万人）	1992年劳动投入占份额(%)	2007年劳动投入占份额(%)	1992年劳动的边际报酬（元/人）	2007年劳动的边际报酬（元/人）
经济总体	9169	100	100	1712	6408
第一产业	−7968	58.5	40.8	1197	3879
第二产业	5831	21.7	26.8	2462	9993
第三产业	11306	19.8	32.4	2412	6627

表15显示，第一产业的劳动份额显著下降，表明劳动要素正从农村农业流向城市非农产业，这是工业化和城市化加速的重要体现，但第二产业劳动所占份额从高于第三产业变为低于第三产业，表明第二产业吸纳劳动的速度在下降，资本可能在挤出劳动。尽管表14显示第二产业的资本边际报酬高于第三产业，但是，一方面，第二产业的劳动边际报酬显著高于第三产业，第二产业中劳动份额被显著挤出进入劳动生产率相对低的其他产业，这本身意味着经济中劳动生产率结构效应的损失；另一方面，第二产业中资本边际报酬绝对水平虽然高于第三产业，但动态地看，其资本边际报酬处于加速递减中，而第三产业的资本边际报酬水平虽低于第二产业，却处在上升中。若继续加大资本向第二产业的集中，意味着资本从边际报酬上升领域向边际报酬递减加速领域进一步集中，这本身便会推动资本配置效率逐渐降低。

---

① 表14、表15、表16的数据均依据国家统计局公布的投入产出表数据计算。

表16 资本劳动比和劳动生产率

	资本劳动比(单位:万元/人)		劳动生产率(单位:元/人)	
	1992年	2007年	1992年	2007年
经济总体	0.62	3.03	3786	15478
第一产业	0.05	0.28	1421	4086
第二产业	1.11	5.50	7964	27340
第三产业	1.74	4.43	6191	20013

表16显示，1992～2007年间，第三产业的资本劳动比从高于第二产业变为低于第二产业，表明第三产业吸纳了更多劳动。如果说第二产业是资本挤出了劳动，那么第三产业就是劳动相对地挤出了资本，这期间，第三产业的就业弹性为0.079，而第二产业的就业弹性为0.042，第三产业创造就业的能力大体是第二产业的两倍。但是，第三产业中劳动生产率不仅绝对水平低于第二产业（表15中第二产业劳动边际报酬水平始终显著高于第三产业），而且，劳动生产率上升的速度也低于第二产业（第二、第三产业的劳动边际报酬都在上升，但第二产业上升速度快于第三产业）。这表明，正如本文前面所分析的，第三产业的劳动生产率增长主要是依赖规模扩张，其技术密集度和资本密集度都有待提高。在这种状态下，如果劳动不断被从生产率高的第二产业挤出进入生产率相对低的第三产业，那么自然会形成劳动生产率增长率的结构性损失，而资本又同时难以加快进入亟待提高资本密集度的第三产业，却不断加快挤入资本边际报酬递减加快的第二产业，自然会逐渐导致资本效率的结构性损失。这种要素反效率配置存在的原因是多方面的，但作为经济转轨中的国家，关键在于市场化不够深入和完善。一方面，要素市场不发育，特别是资本市场、劳动市场发育不充分，竞争秩序不完备，限制了要素按效率要求的市场流动；另一方面，宏观调控中的政策导向与经济发展中的产业实际效率水平及要求相互脱节，特别是一些政府行为的投资背离市场效率要求，包括地区间的结构趋同以及大量重复建设等，都是形成要素反效率配置的重要原因。

五、结论

本文分析表明：（1）我国经济高速增长不仅是GDP规模的迅速扩张，同时伴有产业结构演进，即不是单纯的增长，同时实现了质态的发展；（2）但在这一过程中，我国产业结构演进的速度和达到的高度，相对滞后于经济增长的速度和达到的水平；（3）我国经济增长并非单纯依靠要素投入量的扩张，同时具有产业结构演进带来的效率上升的支持，进而不同于克鲁格曼等所批评的东亚泡沫；（4）无论在劳动生产率的增长率上还是在全要素生产率增长率上，我国都具有产业结构变迁效应和净技术进步效应,但在进入新世纪之前,结构变迁效应作用程度超过净技术进步效应,进入新世纪之后由于结构变迁效应作用逐渐降低,净技术进步效应作用程度相应提升,但近年又出现交替性的波动;(5)我国产业结构存在的突出矛盾根源在于效率水平低,包括产业内的技术进步和产业间的要素配置性效率都亟待提高,否则无以克服一系列结构性矛盾,而这些深层次的结构性矛盾是形成我国宏观经济失衡(现阶段的通胀与经济"下行"并存的双重风险)的根本原因;(6)因此,转变发展方式是克服失衡、实现可持续发展的关键,发展方式转变主要在于结构调整,结构战略性调整首先要依靠技术创新,技术创新形成产业效率上升,其累积性效应形成产业间效率落差增大,即产业结构升级动力增强,空间扩大,推动结构演进,提升结构变迁效应;(7)无论是产业内的技术进步还是产业间的结构变迁,在制度上都需要构建具有公平竞争性的市场机制,尤其是要素市场的培育,都需要完善市场竞争秩序,包括主体秩序(企业制度)、交易秩序(价格制度)等,当然,完善市场秩序的关键在于协调政府与市场的关系。正因为如此,深化以社会主义市场经济体制为目标的改革开放,是我国现阶段实现转变发展方式的根本。

〔作者刘伟,北京大学副校长、教授;张辉,北京大学经济学院副院长、副教授。本文刊发于《中国高校社会科学》2013年第1期,责任编辑汪立峰。人大复印资料《国民经济管理》2013年第8期转载〕

我国经济增长趋势和政策选择

刘元春　陈彦斌

一、引言

改革开放以来,我国经济发展取得了举世瞩目的伟大成就。1978~2011年,我国平均经济增速高达9.98%,GDP总量的世界排名由第10位跃居至第2位,[①②] 占世界经济比重由1980年的1.9%稳步升至2011年的约10%。[③] 而在当前,我国经济增长状况发生了显著变化,经济增速出现明显下滑。2008~2011年的平均经济增速比2000~2007年降低了0.9个百分点,也比改革开放以来(1978~2011)的长期均值低0.38个百分点。2012年前3季度,经济增速延续了2011年逐季回落的趋势,并在多重因素的持续作用下出现了超预期回落。学界普遍认为当前的经济增速放缓具有长期化趋势,我国正处于由高速增长阶段过渡至中速增长阶段的新时期。[④⑤] 但是同时也需要注意到,当前宏观经济形势已经出现了明显的积极变化,经济增长于2012年9月开始"触底反弹",并在十八大换届效应、存货周期逆转、消费持续增长、外需小幅回升、投资持续加码等因素的作用下,重返复苏的轨道。

那么,未来经济增长的趋势究竟如何?决定经济走势的主要因素是什么?如何选择稳增长的宏观经济政策?回答这些问题对于推动我国经济顺利进入平稳、较快、可持续发展的轨道具有重要意义。本文首先使用增长核算分析框架考察我国经济增长的未来走势,确认了未来我国经济增速存在下行的总体趋势。之后本文进一步从出口、投资、生产成本、TFP和政府作用等五个方面阐述决定未来经济增速放缓这一总体趋

---

① 本文数据引用除特别标示外,均来源于中国人民大学经济研究所和中诚咨询。
② 数据来自于世界银行数据库和http://finance.people.com.cn/GB/70846/18078324.html。限于一些国家数据的可得性,1978年参与排名的国家数量是136个,已包括所有主要国家。
③ 数据来自IMF的World Economic Outlook Database(2012年4月)和http://finance.people.com.cn/GB/70846/18078324.html。
④ 刘世锦:《增长速度下台阶与发展方式转变》,《经济学动态》2011年第5期。
⑤ World Bank, *China 2030*: *Building a Modern, Harmonious and Creative High-Income Society*, 2012.

势的主要原因。进一步的,本文将分析在未来中期内对我国经济增长具有重要促进作用的积极因素,正是这些因素会在未来推动我国经济超越当前以"低增长"、"低贸易"和"高物价"等为内涵的"新常态",步入"次高速增长期"。最后,本文提出稳增长的政策选择。

二、未来我国经济增长放缓的总体趋势

本节将对我国"十二五"(2011~2015年)和"十三五"(2016~2020年)时期的潜在经济增长率进行预测。我们的预测可以被理解为在一系列关于未来的合理假设之下,考察经济体的表现。[①] 预测数值的理论和现实价值并不是准确地给出未来经济增速的数值,而是为理解未来中长期我国经济增长的总体趋势提供一个定量的参考,同时也有益于考察真实的经济增速偏离预测值的原因以及如何进一步改进预测模型。[②]

我们的预测方法是:首先使用类似于 Wilson and Stupnytska、Perkins and Rawsk 和 Lee and Hong[③] 的增长核算预测框架,将对经济增长的预测分解为对资本、劳动力、人力资本和 TFP 这四方面增长动力的预测,之后借鉴 Maddison[④]、Perkins and Rawsk、张延群等[⑤]的预测思想,分析决定资本、劳动力、人力资本和 TFP 历史运动轨迹的主要因素在未来将发生何种变化,从而预测其未来走势对于历史运动轨迹的偏离。

按照我们关于未来资本、劳动力、人力资本和 TFP 变化趋势的判断,将未来我国经济的基准情形设定如下:[⑥] (1) 我国资本积累速度不断加快的趋势将会终止,资本增速将逐渐回落至长期均值水平:资本存量增速将在"十二五"时期由 2000~2010 年间 15.62% 的高平均增速下滑至 1990~1999 年间的平均增速 11.06%,并在"十三五"时期进一步下滑至 1979~1989 年间的平均增速 8.29%。(2) 未来潜在就业人数的变化趋

---

① Wilson, D., A. Stupnytska, *The N - 11: More Than an Acronym*, Global Economics Paper No. 153, Gold man Sachs Economic Research, New York, 2007.

② Perkins, D. H., E. Rawski, "Forecasting China's Economic Growth to 2025", Loren Brandt, Thomas G·Rawski, eds., *China's Great Economic Transformation*, Cambridge University Press, 2008.

③ Lee, J., K. Hong, "Economic Growth in Asia: Determinants and Prospects", Asian Development Bank Working Paper Series No. 220, 2010, September.

④ Maddison, *Contours of the World Economy*, 1 - 2030 AD, Oxford University Press, 2007.

⑤ 张延群、娄峰:《中国经济中长期增长潜力分析与预测:2008—2020 年》,《数量经济技术经济研究》2009 年第 12 期。

⑥ 为了提高预测的准确性,本文在预测时主要关注中长期经济增长趋势,不考虑短期冲击的影响,因此将潜在增长率作为分析和预测的对象。预测中所使用的就业、人力资本和 TFP 指标也都是趋势值,计算趋势值的方法,参见郭庆旺、贾俊雪:《中国潜在产出与产出缺口的估算》,《经济研究》2004 年第 5 期。

势与联合国（2010）所预测的劳动年龄人口变化趋势相同（相当于假设未来的趋势劳动参与率和自然失业率不变），即潜在就业人数增速由 2010 年的 0.82% 逐步下降至 2020 年的 -0.21%。（3）假设人力资本存量（趋势值）将延续 1990~2010 年的变化趋势，"十二五"和"十三五"时期的年平均增速分别较其上个时期[1]下降 0.075 个百分点，分别达到 0.73% 和 0.65%。（4）TFP（趋势值）增速在 2000~2010 年已经大幅降低至历史最低水平（2.2%），未来预计难以出现明显改观；再考虑到未来我国仍然属于赶超型的新兴市场经济国家，TFP 增速进一步显著下降的可能性较小。因此假设 2011~2020 年间的 TFP 增速将保持在 2.2% 的水平，这接近于 Kuijs[2]、Lee and Hong 对同时期 TFP 增速所作的预测（分别是 2.3% 和 2.36%）。

接下来，还需要设定偏离基准情形的悲观情形和乐观情形，以考察未来经济增速的下界和上界。在悲观情形下：（1）资本存量增速在"十二五"和"十三五"时期分别较基准情形下降 1 个百分点。（2）假设未来我国无法再维持以往的高劳动参与率，每年的潜在就业人数增速较基准情形下降 0.05 个百分点。（3）人力资本变化趋势同基准情形。在基准情形中，我国 2020 年的人均受教育年数仍然远低于发达国家 2011 年水平，[3] 因此未来的人力资本增速应该不会显著低于基准情形。（4）TFP 增速将在"十二五"和"十三五"时期延续 1979~1999 年[4]和 2000~2010 年这两个时间段之间的变化趋势，即年平均增速较上个时期下降 0.3 个百分点。

在乐观情形下：（1）资本存量增速在"十二五"和"十三五"时期分别较基准情形提高 1 个百分点。（2）潜在就业人数的变化趋势同基准情形。因为我们认为即使是在乐观情形下，未来的趋势劳动参与率也不可能在原有的高水平上再提高，自然失业率也不会出现显著改变。（3）人力资本增速和 TFP 增速都可以保持 1979~2010 年的平均增速（此增速显著高于基准情形）。

基于上述对各种情形的设定，使用与陈彦斌等相同的增长核算公式，[5] 可以得到，我国"十二五"和"十三五"时期的潜在平均经济增速将分别位于区间 7.41%~9.49% 和 5.39%~7.8%，基准情形下的潜在增速分别是 8.23% 和 6.5%（表 1，见下

---

[1] "上个时期"的具体含义是：2000~2010 年的上个时期是 1990~1999 年，"十二五"的上个时期是 2000~2010 年，"十三五"的上个时期是指"十二五"，以下同。

[2] World Bank, *China 2030: Building a Modern, Harmonious and Creative High-Income Society*, 2012.

[3] 数据来自于联合国人类发展报告（2011）。

[4] 如果将时间段 1979~1999 年改为 1989~1999 年，那么"十二五"和"十三五"时期的 TFP 增速将分别降至 1.75% 和 1.31%，这样的 TFP 增速对于中国这样的新兴经济体来说是过低的。

[5] 计算公式是：$dY_t/Y_t = dA_t/A_t + adK_t/K_t = (1-a)(dE_t/E_t + dL_t/L_t)$，其中 Y 是总产出（GDP），K 是资本存量，E 是人力资本存量，L 是劳动力数量，A 是 TFP，α 是资本的产出弹性（本文的估计值是 0.4874）。参见陈彦斌、姚一旻：《中国经济增长的源泉：1978—2007 年》，《经济理论与经济管理》2010 年第 5 期。

页）。本文的预测结果在已有研究所显示的预测区间之内：与世界银行、Kuijs 和张延群等所作的预测比较接近；较之 Wilson and Stupnytska、Maddison、Lee and Hong、Eichengreen, Park and Shin 的预测更加乐观，而相对于 Fogel、Lin 的预测结果则更加悲观（表2）。

表1　2011~2020年潜在GDP增速预测（%）

	1979~1989年	1990~1999年	2000~2010年	预测					
				2011~2015年			2016~2020年		
				基准	悲观	乐观	基准	悲观	乐观
潜在GDP	9.68	9.69	10.54	8.23	7.41	9.49	6.5	5.39	7.8
资本	8.29	11.06	15.62	11.06	10.06	12.06	8.29	7.29	9.29
潜在劳动力	3.45	1.41	0.61	0.52	0.47	0.52	-0.14	-0.19	-0.14
人力资本(趋势值)	2.74	0.96	0.8	0.73	0.73	1.52	0.65	0.65	1.52
TFP(趋势值)	2.47	3.09	2.2	2.2	1.9	2.57	2.2	1.6	2.57

表2　其他研究者对未来中国经济的主要预测结果

研究者	预测期间(年)	预测值(%)
世界银行(2012)	2011~2015	8.6
	2016~2020	7
Lin(2011)	2011~2030	8
Eichengreen, Park and Shin(2011)	2011~2020	6.1~7
	2021~2030	5~6.2
Lee and Hong(2010)	2011~2020	6.09(基准情形)或7(改革情形)
张延群、娄峰(2009)	2011~2015	8.3
	2016~2020	6.7
Kuijs(2009)	2010~2015	8.4
	2016~2020	7
Perkins and Rawsk(2008)	2006~2015	6~8
	2016~2025	5~7
Maddison(2007)	2003~2030	4.98
Fogel(2007)	2000~2040	8.4
Wilson and Stupnytska(2007)	2006~2015	7.7
	2015~2020	5.4

根据预测结果可以发现，未来我国经济增长的总体趋势是逐步放缓的：在没有出现重大经济波动的基准情形下，我国"十二五"和"十三五"时期的潜在经济增速较2000~2010年分别下滑2.3和4个百分点。即使是在较为乐观的情形下，"十二五"和

"十三五"期间的潜在经济增速也将分别下滑1.1和2.7个百分点;而如果在较为悲观的情形下,则下滑幅度将分别高达3.1和5.2个百分点。

需要补充说明的是,从国际横向比较来看,未来我国经济增速仍然处于较高水平,相对经济实力可以获得较快的提高。如果将除我国未来经济增速以外的其他变量设定为《经济学人》杂志采用的预测数值,即将2011~2020年的美国经济增速设定为2.5%,人民币年均升值3%,中国和美国的年均通胀率分别设定为4%和1.5%,那么在基准情形下,中国的GDP总量将在2019年超过美国,成为世界第一大经济体;在乐观情形和悲观情形下则分别在2018和2020年超过美国(图1)。此外,基准情形下我国人均GDP在2019年达到13041美元(以2010年的不变美元计价),首次超过世界银行在2010年所设定的高收入国家标准,可以近似地认为步入高收入国家行列;在乐观和悲观情形下则分别是在2018和2020年达到高收入国家标准(图2)。①

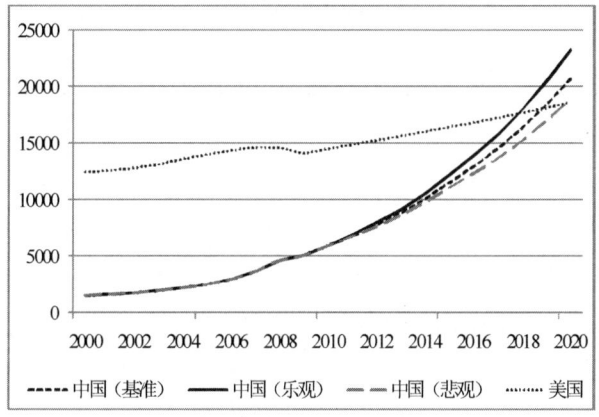

图1 中美GDP对比(十亿美元)

注:以2010年的不变美元计算。

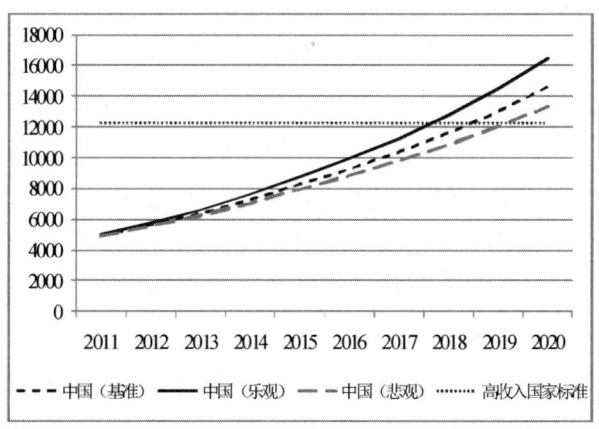

图2 2011~2020年中国人均GDP①(美元)

---

① 高收入国家标准采用的是世界银行在2010年设定的人均GNI数据,与人均GDP数据略有差别,可以大致作为富裕程度的参考;2011~2020年的人均GDP数据以2010年的不变美元计算,因此与世界银行2010年设定的高收入国家标准具有较好的可比性;人口数据来自联合国人口数据库。

三、导致未来经济增速趋势性放缓的原因

为了考察我国经济增速趋势性放缓的原因,本节将首先分析长期以来拉动我国经济增长最重要的两大需求:出口和投资;其次从劳动力、资金供给、资源环境和TFP这些重要的供给面因素进行研究;最后考虑政府未来对经济增长的推动作用将可能发生怎样的变化。

1. 出口增速将由于全球技术进步速度减缓、发达国家深陷债务困境以及我国突出的大国经济特征而大幅下滑。当前我国出口形势恶化:出口增速由2000~2007年的24.8%降至2008~2010年的6.5%,大幅下降了18.3个百分点;净出口对经济增长的平均贡献率也相应由10.5%下降至-6.9%,大幅下降了17.4个百分点(表3)。预计未来出口疲软的状态仍将持续。造成出口增速下滑的原因有以下三方面:

表3 我国出口对经济增长的作用:1979~2010年(%)

指标	总时间段	子时间段			
	1979~2010年	1979~1989年	1990~1999年	2000~2007年	2008~2010年
出口增速	23.7	25.5	26.1	24.8	6.5
净出口对GDP贡献率	6.7	4	10.7	10.5	-6.9

第一,全球技术进步速度减缓将从根本上降低全球潜在经济增速,抑制我国外部需求的扩大。上世纪后半段,以核能、航空航天以及信息技术等为代表的第三次科技革命推动经济实现了持续较快增长,使得世界经济总体上处于一轮长波经济增长的繁荣期。经济增长繁荣促使世界市场上消费旺盛,为我国提供了有利的外需环境。

而在当前,第三次科技革命技术创新浪潮已经逐渐结束,新的技术创新浪潮尚未出现,致使在未来较长时期内世界技术创新难以出现飞跃式、突破性进展,世界经济将步入潜在经济增长率下降的漫长过程。一般来说,在技术革命刚刚出现时,技术创新的"蜂聚"现象十分明显,但是目前还没有观察到这一现象:OECD专利技术申请数量增长率从1998年左右就基本处于下滑趋势,而且从2007年开始连续出现负增长(图3,见下页);在各技术领域,美国专利商标局(USPTO)专利申请的增长率在新世纪以后也大幅度下降(表4,见下页)。

第二,发达国家深陷债务困境,对我国商品和劳务的需求增速将趋于降低。长期以来,欧盟和美国是我国最主要的两大贸易伙伴,而在当前以及未来较长时期内,严峻的债务问题将使得发达国家对我国商品和劳务的需求不会再保持以往的快速增长,我国难以再依赖发达国家的高消费来实现出口额的高增长。

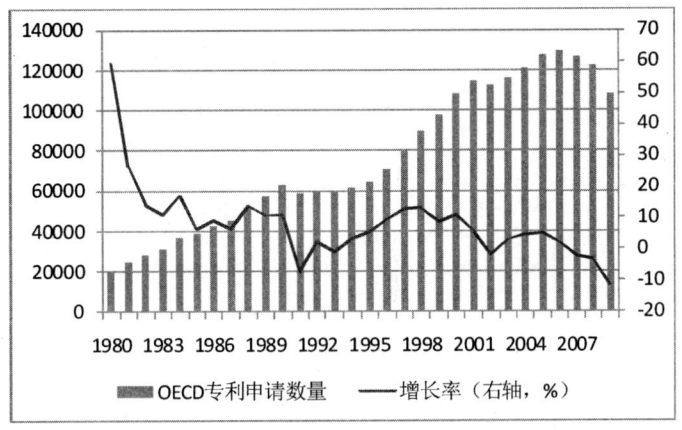

图3 OECD专利申请情况

数据来源：OECD.Start。

表4 各技术领域USPTO年专利申请比重及平均增长率（%）

技术领域	占总量的比重（2006年）	平均增长率		
		1990~2006年	1990~2000年	2000~2006年
生物技术	1.97	-5.15	7.58	-23.10
网络与电信	21.80	-5.54	6.12	-22.19
纳米技术	0.37	-4.30	13.79	-28.28
污染与废物管理	1.02	-4.76	6.68	-21.17
应对气候变迁	0.17	-5.38	6.18	-21.92
人类生活需要	10.87	-5.11	6.72	-21.99
作业与运输	1.58	-5.23	7.58	-23.28
化学与冶金	14.31	-4.63	6.24	-20.34
纺织与造纸	9.52	-4.71	7.31	-21.83
固定建筑物	0.41	-5.09	7.46	-22.84
机械工程与光热	1.54	-4.32	6.36	-19.78
物理	2.77	-4.72	6.22	-20.50
电学	7.26	-4.65	6.13	-20.23

资料来源：中国人民大学经济研究所，《中国宏观经济分析与预测（2011年第四季度）》，2011。

一是发达国家居民部门的还债压力使得居民消费增速大幅下滑，减少了对中国商品和劳务的需求。金融危机使发达国家居民的资产负债表严重恶化，因此居民部门在当前和未来较长的一段时期内将会处于重建储蓄和积累财产以偿还债务的阶段，致使以往的负债型消费模式无法持续，消费陷入疲软。例如，美国居民债务占可支配收入的比重从 2007 年的 133% 下降到 2011 年一季度的 119%,[①] 居民储蓄率从 2000~2007 年的平均 2.8% 上升到 2011 年的 4.7% 和 2012 年一季度的 3.9%（图 4）。[②]

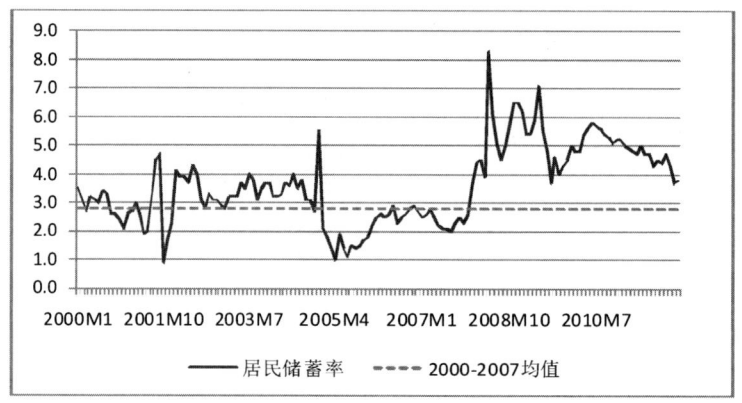

图 4　美国的居民储蓄率（%）

数据来源：美联储。

二是发达国家政府部门的债务困境将对我国出口增长造成严重的不利影响。当前欧洲是政府债务困境的重灾区，美国和日本等其他发达国家的债务问题也十分严峻。发达国家的债务困境难以在短期内得到有效解决，据 IMF 估计，发达国家政府总债务占 GDP 比重在 2011~2017 年都将处于历史高位（图 5）。发达国家的政府债务困境将

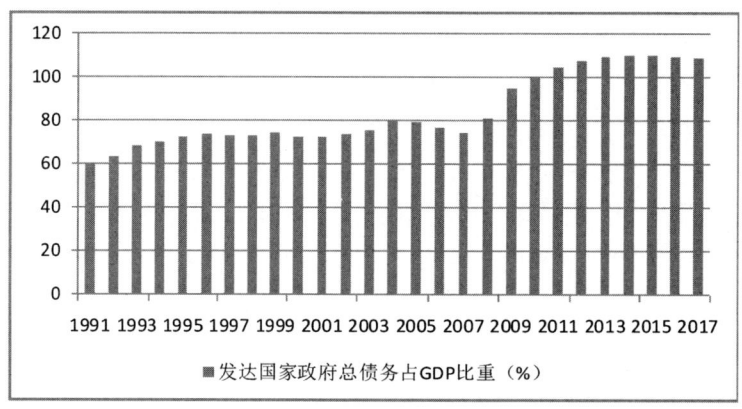

图 5　发达国家政府总债务占 GDP 比重

数据来源：IMF，World Economic Outlook Database（2012 年 4 月）。

加剧发达国家甚至全球经济衰退风险，抑制我国出口增长。政府债务困境将迫使发达国家实施更加严格的增税或削减政府支出等财政紧缩政策，直接降低总需求规模；同时高政府债务还限制了政府采用财政政策应对短期经济波动的能力，一旦经济在负面冲击下出现过度下滑，政府可能难以出台足够规模的刺激计划。此外，发达国家金融

---

① 数据来源：http://finance.sina.com.cn/stock/usstock/c/20110912/033310466226.shtml。

② 数据是根据月度数据计算的平均值。

部门之间联系密切,风险传导途径多样,因此发达国家政府债务困境将对债券市场、股票市场以及银行业等都会形成较大的冲击,提高金融市场的整体风险,并通过金融加速器效应增大实体经济发展的风险。

第三,当前我国突出的大国经济特征决定了出口规模难以继续高速扩张。经过长期高速发展之后,我国在当前已经具有突出的大国经济特征:经济总量占世界经济比重由1980年的1.9%升至2010年的9.4%;① 出口额在世界出口总额中所占比重在1999~2008年间平均年增长23%,② 并于2009年成为全球第一大出口国。根据Guo and N'Diaye的计算,③ 当前我国出口占世界市场的份额在10%左右,即使我国未来的实际出口增速保持于中等水平(平均约15%),那么在2020年我国的出口占世界市场的份额也将高达约15%。而对于日本、韩国等经历过高速出口导向型经济增长的亚洲新型工业化国家,其在各自的历史发展轨迹中占世界市场份额的峰值也仅为10%左右。可见,当前我国已经形成庞大的出口规模,未来出口规模的进一步快速增长将可能接近世界市场吸收能力的上限,是国外需求所难以消化的,而且国际贸易市场中竞争的显著加剧和贸易摩擦的大幅增多等诸多限制因素也将会随之出现。因此我国出口导向型战略难以持续,出口规模难以继续高速扩张。

2. 投资增速将由于工业化进一步提高的空间明显收窄、投资效率出现恶化趋势和"出口—投资"联动机制的消失而显著放缓。改革开放以来,高投资增速促使我国资本得以快速积累,为经济增长提供了重要的动力源泉。1979~2009年间我国实际投资年均增速高达12.24%,是发达国家平均水平的4倍多;投资占GDP比重平均为38.68%,比发达国家的平均水平高出约20个百分点(表5)。而在未来,我国投资增速将出现显著放缓,主要原因是:

表5 1979~2009年世界主要国家投资平均增速和投资占GDP比重平均值(%)

国别	中国	加拿大	法国	德国	意大利	日本	英国	美国
投资增速	12.24	3.28	1.95	0.45	1.42	1.19	2.74	2.84
投资占GDP比重	38.68	20.86	20.29	21.03	21.49	27.56	17.69	18.96

注:(1)计算"投资增速"所用的数据来自OECD和中经网,投资使用实际固定资本形成总额。其中德国的数据起始自1992年。(2)计算"投资占GDP比重"所用的数据来自CEIC,投资使用支出法GDP中的总资本形成。

---

① 数据来自IMF的World Economic Outlook Database(2012年4月)。
② 陈先进:《中国:全球出口新第一》,《环球财经》2010年第3期。
③ Guo K.,P. N'Diaye,"Is China's Export-Oriented Growth Sustainable?",IMF working paper,WP/09/172,2009.

第一,当前我国工业化进一步提高的空间明显收窄,通过提高工业化程度推动投资的发展模式可能会遇到很大困难。从世界各国的工业化程度对比来看,中国在2007年的工业化率已经显著高于除马来西亚以外的其他国家自1970年以来的峰值,进一步提高工业化率的空间有限。另外,从工业化时间来看,上世纪完成工业化的主要经济体,其工业化进程平均耗时15至20年。① 相比之下,中国的工业化进程从1978年起至今已超过30年,即便是重化工业化从1991年起也走过了20年,因此,当前中国的工业化进程很可能已走到后期,进一步提升的潜力明显缩小。

第二,当前我国投资效率出现恶化趋势,低效率投资所带来的低回报将阻碍投资的增加。以投资和增量产出之比计算得到的增量资本产出率(又称边际资本产出比例)是反映投资效率的一个有效指标,该指标反映了一单位的GDP增量需要多少单位的投资来拉动。增量资本产出率越高,意味着投资效率越低。该比率的国际平均水平是2,而我国的增量资本产出率始终高于国际平均水平,并从1992年的2.4稳步提高到2007年的4.2(图6)。当前该比率由于超常高水平的投资增速而猛增到2008年的6.26、2009年创纪录的7.8和2010年的7.3。由此可见,我国当前的投资效率出现了恶化趋势,投资的低回报导致了低投资收益,必然会阻碍投资的增加。

图6 我国实际增量资本产出率(%)变化趋势:1992~2010年

第三,"出口—投资"联动机制的消失使得投资收益降低,从而抑制投资需求。改革开放以来,我国外部需求的快速增长有效弥补了高储蓄所带来的国内消费不足问题,缓解了国内消费不足对投资增长的制约,形成了由外部需求消化生产能力的"出口—投资"联动机制。而在未来,外部需求的大幅萎缩将使我国很难延续这一发展模式。

3. 以往低成本优势将被人口老龄化加速、储蓄率高位回落和资源环境承载能力降低等因素逐渐削弱。

---

① 参见[美]钱纳里、鲁宾逊、赛尔奎因:《工业化和经济增长的比较研究》,吴奇等译,上海三联书店、上海人民出版社,1995年。

第一，劳动力成本将由于人口老龄化加速而进入长期上升通道。有利的生产型人口结构使我国改革开放之后劳动年龄人口数量大量增加，压低了劳动力成本。20世纪70年代之后，随着经济和社会发展以及计划生育政策的实施，我国总和生育率由6%左右大幅下降至1.6%~1.8%。① 总和生育率的下降使少儿抚养比由1980年的59.9%迅速降低至2010年的27%，带动总人口抚养比大幅下降（图7），劳动人口比重快速提高，数量也随之大幅增加。

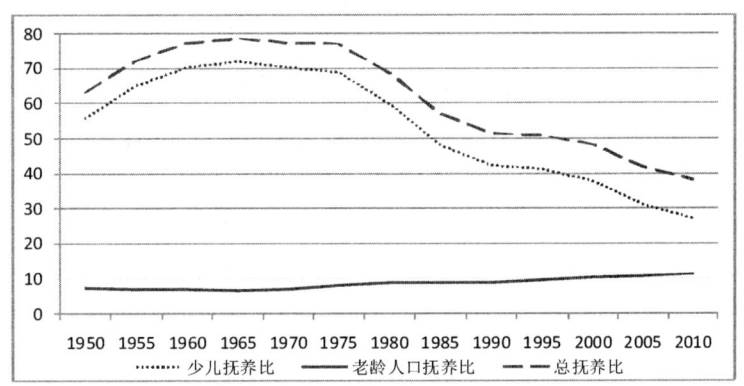

图7 我国人口抚养比（%）的变化趋势（1950~2010年）

注：（1）少儿抚养比是指0~14岁人口占劳动人口比重；老龄人口抚养比是指65岁以上人口占劳动人口比重；总抚养比则为二者之和。（2）数据来源：联合国人口数据库。

而在当前，人口结构步入了拐点时期，未来劳动力供给增速的迅速减小将带动劳动力成本进入长期上升通道。根据联合国的数据，在人口老龄化加速的作用下，我国劳动年龄人口（15至64岁）数量增速在当前处于迅速下降阶段，并可能自2017年起转为负增长。具体而言，劳动年龄人口总数增长率将会由2010年的0.9%下降到2016年的0.06%，其后增长率将由正转负；劳动年龄人口总量在2020年将下降为9.89亿，比最高峰的2016年减少0.8%（图8）。

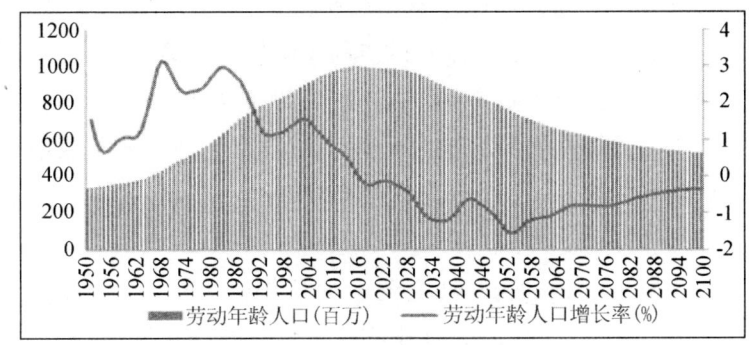

图8 中国劳动年龄人口数量及增长率预测（1950~2100年）

数据来源：联合国《世界人口展望（2010）》。

---

① 蔡昉：《人口转变、人口红利与刘易斯转折点》，《经济研究》2010年第4期。

第二，利率将由于储蓄率的高位回落而趋于升高。改革开放以来，高储蓄为我国经济发展提供了充裕而廉价的资金来源。1978~2009年我国平均总储蓄率高达40.7%，远高于世界平均水平（21.74%）和主要发达国家的平均水平（如英国和美国平均总储蓄率分别只有15.85%和16.25%）。高储蓄为我国经济发展提供了充裕的资金来源，直接增加了可贷资金的供给规模，通过改变可贷资金市场供求状况压低了金融市场整体利率，① 降低了企业的投资成本。从国际对比可以发现，过去30年我国实际贷款利率相对于世界主要经济体长期保持在低水平：1980~2010年我国平均实际贷款利率低于世界主要发达国家1至6个百分点，而且这一特征在各个细分的时间段也基本成立（表6）。

表6 近30年世界主要国家实际利率（%）

	时间段	中国	美国	加拿大	法国	德国	日本	英国	意大利
	1980~2010	1.97	5.20	4.84	5.20	8.13	3.56	3.12	5.35
分阶段	1980~1989	2.31	6.74	6.59	4.07	7.28	4.05	3.93	5.15
	1990~1999	1.73	5.61	5.95	6.56	8.69	3.54	4.14	7.63
	2000~2010	1.89	3.42	2.25	4.71	9.08	3.12	1.45	3.47

注：(1) 数据来源：世界银行。(2) 实际利率是经过GDP平减指数调整后的贷款利率。

而在未来，储蓄率将由高位回落，进而带动实际利率上升。具体而言，未来国民储蓄中的家庭、企业和政府储蓄三个部分都将趋于降低。引起居民储蓄率下降的因素主要有：人口红利逐渐消退；房屋价格上涨幅度将逐步趋缓，为买房而储蓄的压力可能会削弱；社会安全网的建设和金融深化将降低居民的预防性储蓄；新一代人的消费观念和信用卡等新消费模式的普及。政府储蓄将存在较大的下降压力：中国当前的税负水平已经处于高位，财政收入难以继续保持过去的高速增长，而政府的消费性支出却可能由于老龄化进程加速和其他民生支出的扩大保持高速增长。同时，未来劳动报酬、企业支付的财产收入净额等企业成本的提高将降低企业储蓄。

第三，资源环境成本将由于资源和环境承载能力的严重降低而显著提高。中国长期粗放型的经济增长方式伴随着资源的高消耗和污染物的高排放，致使当前和未来面临资源品紧缺和环境恶化问题。当前我国资源品供需矛盾紧张，主要体现为资源品的对外依存度大幅提高。以石油为例，我国原油对外依存度已经由1993年的6%上升至2011年的55.2%。② 如不加强勘查和转变经济发展方式，未来资源品短缺现象将进一步加剧：预计在2020年，我国石油的对外依存度将上升到60%；45种主要矿产中的

---

① 我国利率并未完全市场化，但是可贷资金总量的增加仍然是压低市场利率的基本动力（陆磊：《论银行体系的流动性过剩》，《金融研究》2007年第1期）。

② 数据来源：http://www.cpcia.org.cn/html/19/20123/103052.html。

19种将出现不同程度的短缺（其中11种为国民经济支柱性矿产），例如，根据国土资源部数据，我国铁矿石的对外依存度将在40%左右，铜和钾的对外依存度将保持在70%左右。[①] 同时，当前我国生态环境也已经迅速恶化：例如，2010年的较清洁海域面积比2003年减少了47.3%，人均二氧化碳排放量国际排名由1990年的88位上升至2008年的77位。[②] 对于生态环境的治理和修复过程是困难和漫长的，未来的环境问题将持续保持严峻。

资源短缺和环境恶化将显著提高经济增长的资源环境成本。资源品供给能力的严重削弱会推高资源品价格，增加企业的生产成本。生态环境的恶化和人民对生活环境越来越高的要求迫使我国必须降低经济增长的环境成本：一是在生产过程中强调减少污染，这就需要应用施加额外环保要求的生产技术；二是加大对已经造成的污染的治理，这需要政府加强对企业污染排放的税费征收。而这两类措施都将显著增加企业的生产成本。

4. TFP增速将可能由于制度红利的衰减和技术进步放缓而显著下降。

第一，当前制度红利由于进一步推进市场化改革的难度和风险大幅提升而可能步入较长期的衰减阶段。市场化改革是决定当代中国经济走向的关键因素，30多年来我国进行了家庭联产承包责任制、建立经济特区、国有企业改革、金融体系改革等具有决定意义的市场化改革。市场化改革通过改变资源配置方式和激发微观主体的积极性而释放出巨大的制度红利。[③] 然而，当前制度红利出现了明显衰减，我国市场化指数在1981～1999年的平均增速是13.7%，而进入21世纪以后年增幅则普遍降至5%以下，且基本保持递减状态，未来可能也难以改观。

究其原因，我国的市场化改革基本遵循"由易到难、由经到政"的路径，[④] 而前期相对简单的、低成本的改革阶段已经结束。目前，政府与市场、国有企业与非国有企业等的边界已通过持续的博弈形成了相对稳定的状态，如果要改变这种状态以进一步深化改革，则要求对经济体制和政治体制同时进行改革，其难度和风险将大幅增加。一是政府在改革中的尴尬角色是未来改革的一大阻力。与前期的改革相同，未来进一步的改革仍将是由政府主导的自上而下的改革，而改革的方向则正是政府逐步退出竞争性经济领域。不过，仍须指出的是，一些自利性的官员必然希望继续利用自己的权力分享市场发展过程中的经济利益，而不愿意轻易退出市场。因此，张孝德等认为，

---

① 国土资源部：《全国矿产资源规划（2008～2015年）》，2009。
② 数据来自联合国千年发展目标指标。
③ 吴敬琏：《中国模式还是过渡性体制？》，2011-10-17，http://comments.caijing.com.cn/2011-10-17/110898467.html。
④ 邓聿文：《全面改革的可能性及政改限度》，2012-1-9，http://comments.caijing.com.cn/2012-01-09/111596526.html。

市场化改革的进一步推进将面临来自改革主导者自身的威胁。① 二是当前我国在经济转型过程中形成了许多具有过渡性特征的体制以及与之相适应的既得利益集团。既得利益集团希望将过渡性体制长期化而反对进一步推进改革。② 因此，进一步的改革需要打破现有的利益格局，触及大量深层次的利益关系，这就必然会面临更高的难度和风险。

　　第二，当前技术进步出现放缓趋势，未来可能难以出现突破性进展。改革开放初期，关于科技发展和人才培养的政策导向和社会环境发生了重大的有利转变，我国的技术水平从一个低起点开始起步，迅速追赶世界先进水平，产生了丰厚的经济效益。1979～2007年，技术进步对经济增长的平均贡献率达到较高的9.6%。③ 而在当前，技术进步趋缓，对经济增长的推动力也相应明显趋于减弱，技术进步对经济增长的贡献率由1990～1999年的14.3%大幅下降至2000～2007年的7.9%，④ 而且这一趋势预计在未来也将可能长期持续。

　　技术进步放缓的原因主要有三个方面。一是前文所述的世界性技术进步在较长时期内处于低谷。二是我国当前和未来对外部知识和技术的吸收能力由于追赶潜力的减弱而明显减小。我国经济长期以来处于技术发展的追赶阶段，对外部知识和技术的吸收是获取技术进步的主要方式，而吸收能力基本上和追赶潜力（与世界先进国家的收入差距和技术水平的差距）成正比。中国当前与世界先进国家的技术差距和经济差距较之以往已经大幅缩小，这就意味着对外部知识和技术的吸收变得更加困难。⑤ 三是当前中国自主创新能力不足，未来获得显著提高的难度较大。当前中国已经步入技术追赶阶段的后期，并在未来将进一步向世界技术前沿靠近，因此自主创新在技术进步中的重要性大大提高。⑥ 然而当前中国自主创新能力严重不足，很多关键核心技术和高端技术设备的对外技术依存度过高，例如电子信息领域的对外技术依存度超过80%。⑦ 自主创新的核心动力来自于私营企业而非政府的规划和干预，因此当前和未来中国的技

---

① 张孝德：《拐点转型与中国模式再创新》，《经济研究参考》2011年第25期。
② 孙立平：《既得利益集团滥用了改革》，2012-1-4，http://comments.caijing.com.cn/2012-01-04/111589105.html。
③ 陈彦斌、姚一旻：《中国经济增长的源泉：1978—2007年》，《经济理论与经济管理》2010年第5期。
④ 陈彦斌、姚一旻：《中国经济增长的源泉：1978—2007年》，《经济理论与经济管理》2010年第5期。
⑤ 冯玉明：《自主创新：新兴工业化经济体的经验与中国的前景》，《新华文摘》2007年第11期。
⑥ 郭熙保、肖利平：《技术转移、自主创新与技术追赶方式转变》，《华中科技大学学报》2007年第4期。
⑦ 数据来自http://news.xinhuanet.com/fortune/2011-09/20/c_122059853.htm。

术进步更加依赖于良好的市场环境以及私营企业实力的壮大。① 而在未来较长时期内，政府很可能仍然对经济运行具有较强的影响力，不利于自主创新能力的提高。

5. 政府对经济增长的推动作用将可能有所减弱。

改革开放以来，政府在实现经济高速增长强烈意愿的驱动下，运用其强大能力通过推动投资扩张来刺激经济增长：一是政府通过运用对资金、土地、矿产、能源等重要经济资源的支配权降低了企业的各种投资成本；二是政府经常同时采用扩张性的货币政策和财政政策刺激投资增长。政府推动经济高速增长的强烈意愿来自于经济增长是提高居民生活水平和国家实力的根本，是执政党的执政基础和合法性的有力保障。② 在未来，政府对经济增长的推动作用将可能有所减弱。未来很多民生问题无法再单纯依靠经济增长来解决，政府工作的重心将因此由推动经济增长向社会建设等民生领域转移。同时，市场化改革将是未来我国发展的大趋势，政府对于金融市场、资源品市场和其他经济活动的干预能力将在一系列市场化改革过程中被逐渐削弱。

四、经济增长在未来中期内将会超越"新常态"

"新常态"是目前宏观经济分析所热议的概念，其核心含义是指：目前中国的潜在经济增速已经出现大幅度下滑，"7.5%左右的经济增速"、"2%以上的通货膨胀"可能就是中国经济的"新常态"。从我们的预测数值可以发现，我国"十二五"时期的潜在平均经济增速基准预测值是8.23%，这一数值是明显高于"新常态"水平的。这是因为我们在预测过程中，不但考虑到了决定未来潜在经济增速放缓这一总体趋势的各种负面因素，也注意到一些积极因素仍然会在中期内发挥重要作用。这些积极的因素包括中国消费具有稳步增长的动力、人口红利在中端劳动力充分利用下的再释放、中高端产品比较优势的构建和产业在中国内部的梯度转移等，我们认为这些积极因素将会推动宏观经济在中期内超越悲观主义的"新常态"。

1. "收入—消费台阶效应"将继续在未来中期内促进国内消费稳步增长，从而对经济增长形成有力的支撑。当前我国的需求结构持续改善，国内消费对经济增长的拉动力显著增强（表7，见下页）。消费对GDP的贡献率从2003~2007年的38.5%上升到2008~2012年的46.9%，上升幅度达到8.4个百分点。尤其是在2011和2012年，消费的贡献率出现大幅上升，而投资和外需的贡献率都呈现大幅下降的趋势。事实上，消费的持续逆势上扬正是促使我国宏观经济在2012年9月出现"触底反弹"的重要因素。由此可见，近几年我国消费领域在整体经济低迷时依然保持繁荣景象，这一现象

---

① World Bank, *China 2030: Building a Modern, Harmonious, and Creative High-Income Society*, 2012.
② 苏福兵、陶然：《东亚发展视角下的中国发展模式》，《中国宏观经济分析与预测报告（2012年第一季度）》，2012。

的出现得益于政策引导，但更加重要的是由于"收入—消费台阶效应"这一阶段性结构变化开始发挥作用，预计未来消费将在这一效应的作用下继续发挥支撑经济增长的重要作用。

表7 内外需对国内生产总值增长的贡献率和拉动

年份	内需						外需	
	最终消费支出		资本形成总额		合计			
	贡献率(%)	拉动(百分点)	贡献率(%)	拉动(百分点)	贡献率(%)	拉动(百分点)	拉动(百分点)	贡献率(%)
2003	35.8	3.6	63.2	6.3	99	9.9	1.0	0.1
2004	39.5	4.0	54.5	5.5	94	9.5	6.0	0.6
2005	37.9	4.3	39.0	4.4	76.9	8.7	23.1	2.6
2006	40.0	5.1	43.9	5.6	83.9	10.7	16.1	2.0
2007	39.2	5.6	42.7	6.1	81.9	11.7	18.1	2.5
2008	43.5	4.2	47.5	4.6	91	8.8	9.0	0.8
2009	47.6	4.4	91.3	8.4	138.9	12.8	-38.9	-3.6
2010	36.8	3.8	54.0	5.6	90.8	9.4	9.2	0.9
2011	51.6	4.7	54.2	5.0	105.8	9.7	-5.8	-0.5
2012	55	4.4	50	4.0	105	8.4	-8	-0.4

2. 当前的低端劳动力市场供求关系紧张并不意味着我国人口红利的全面消退，而是意味着人口红利的形式发生转变；在未来中期内，人口红利在中端劳动力充分利用下的再释放仍然可以促进我国经济增长。我国劳动力供求状况具有明显的结构性特征——低端劳动力供给不足而中端劳动力供给过剩。

事实上，低端劳动力的供应不足在较大程度上并非是由需求相对增长过快导致的，而是因为我国教育事业在近20年的高速发展导致传统低端劳动力的潜在供给在经过高中、大专、本科以及研究生教育之后，转换为教育存量和潜在的中高端新增劳动力。例如高中及以上学历人口占适龄流动人口的比重从1995年的2.5%上升到2011年的14.5%，总量直接增加了接近1亿人口，而大专以上的占比则从0.5%上升到5.3%（图9）。这种变化是导致目前大专以上的需求供给比从2006年的1.05下降到目前的0.9，大专和本科生学历的失业率高达13.4%和11.9%的主要原因（图10，见下页）。

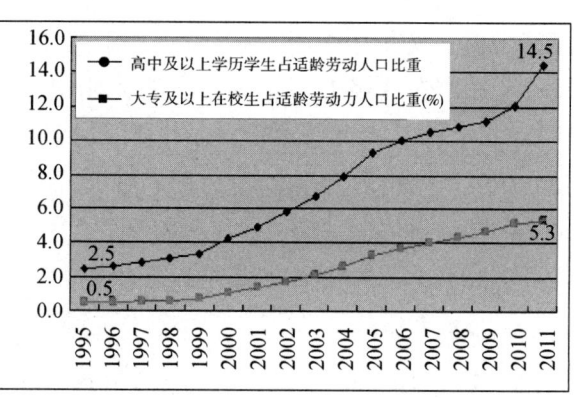

图9 适龄劳动人口结构因教育发生重大变化

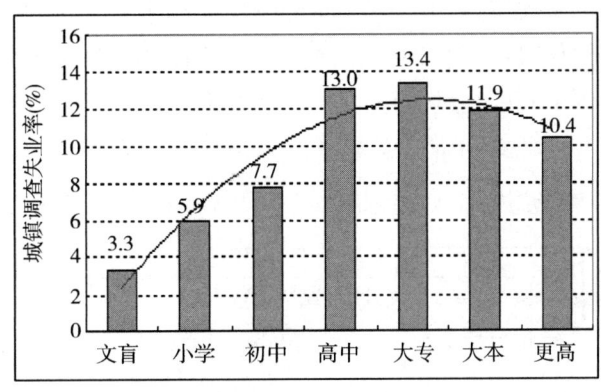

图 10　不同学历人口的失业率

可见，目前我国教育的发展使得刘易斯拐点加速到来，但这时的刘易斯拐点并不意味着我国人口红利的消失，因为它只是用中高端劳动力的失业替代了低端劳动力的失业和农村剩余劳动力。它只是意味着人口红利的形式发生转变：即从农村剩余劳动力转移型的人口红利转变为具有人力资本的人口红利，或者说从低端劳动力转移带来的人口红利转变为中端具有人力资本的人口红利。只要我国产业逐步进行升级，大量廉价的、受过较高等教育的劳动力将得到有效利用，资源再配置的效应将再度显现。中高端制造业的繁荣将进一步显化我国教育大国与人口大国产生的叠加效应，也将进一步孕育出我国在中高端制造业上的新比较优势。

3. 由于中高端产品比较优势的构建、产业在我国内部的梯度转移和生产效率的持续提高，我国将可能继续在国际贸易中保持较强的比较优势。从数据上看，当前我国在国际贸易中的比较优势并没有丧失，突出体现为我国的出口占全球的比重逐渐增加（图11）。到2011年，我国实现对外出口和进口总值分别达1.9万亿美元和1.74万亿美元，在世界出口和进口贸易中的比重达到10.47%和9.55%，成为世界贸易的第一大出口国和第二大进口国。

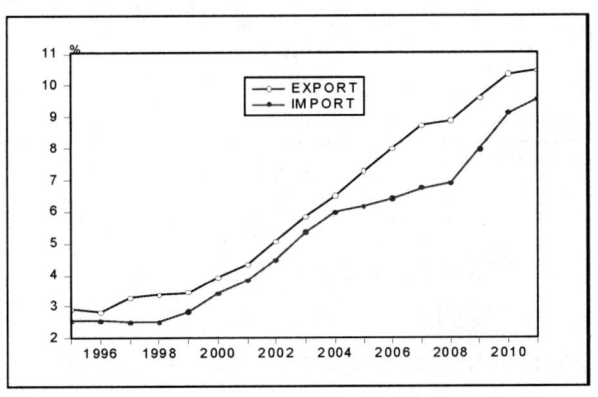

图 11　中国对外出口和进口占世界出口和进口贸易中的比重

未来三方面因素将使得我国继续保持在国际贸易中较强的比较优势,一是未来我国中高端产品的比较优势可能会逐步加强,在一定程度上抵消低端劳动力成本上升和资源环境成本上升等不利因素的影响。目前我国出口结构的变动趋势是高技术产品的出口占比大幅度提升,劳动和资源密集产品的出口占比持续下滑,并且这种结构变动是趋势性的。这反映出我国中高端产品的比较优势正在逐步构建(图12)。

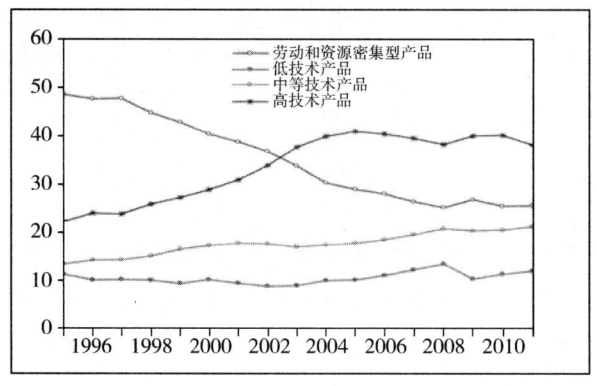

图12 我国对外出口贸易的技术结构

二是产业在我国内部的梯度转移不仅延长了我国比较优势的生命期,同时也为我国的比较优势创造了新的基础。目前我国区域内梯度转移的规模远远大于向其他国家转移的规模,贸易转移到其他国家的量十分有限,并不足以对我国市场构成威胁。在成本因素的推动下,大量劳动力密集型产业已经向中西部快速转移。东部劳动密集型产业产值占全国的比重在2003年达到高峰,高达87%左右,而这个比重在

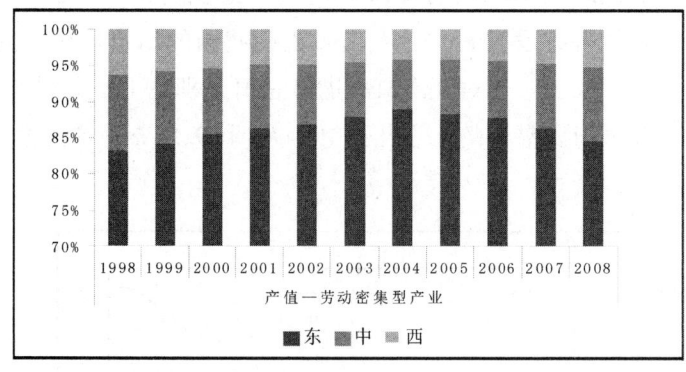

图13 地区间产业转移

2008年仅为84%,下降了3个百分点(图13)。这种产业转移在2008~2012年发生得更为迅猛。一个十分重要的例证就是,中部农民工到省外打工的比重出现明显下降,从2010年的69.1%下降到2011年的67.2%(表8,见下页)。这种变化导致的另一个变化就是,中西部的出口增速大幅度上扬,全国出口的中心迅速向西部转移。例如在2012年1~9月,东部出口增速仅为5%左右,而西南部出口增速却达到了45%(图14,见下页)。

表8 不同地区外出农民工在省内外务工的分布（%）

地区	2011年		2010年	
	省内	省外	省内	省外
全国	52.9	47.1	49.7	50.3
东部地区	83.4	16.6	80.3	19.7
中部地区	32.8	67.2	30.9	69.1
西部地区	43.0	57.0	43.1	56.9

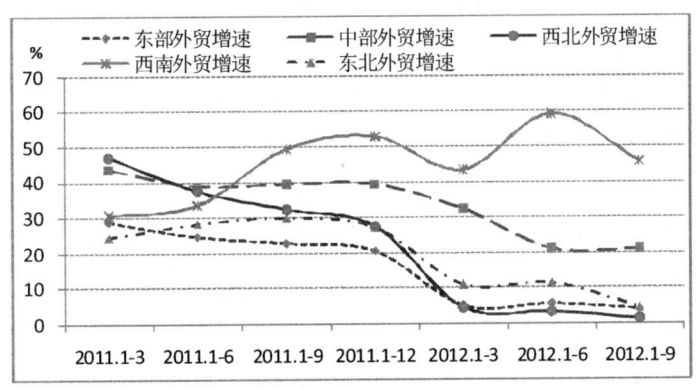

图14 2011～2012年各区域外贸总额增速

三是如果未来生产效率能够在改革进程中获得持续的提高，那么我国的单位产品成本仍然具有竞争力。东盟十国的劳动力成本比我国平均低30%，但单位产品的劳动力费用却略高于我国，其核心原因是我国工业的生产效率在快速提升，导致单位产品的成本并没有明显增长。而这种效率来源于技术进步、市场的扩大所导致的范围经济和规模经济，以及建立在管理水平和技术进步基础上的宏观和微观的效率增进等。因此，我们必须看到生产效率的提升可以为我们提供的巨大竞争空间。

五、"稳增长"目标下的政策选择

未来我国宏观经济存在潜在经济增速放缓的大趋势，同时也具有在中期内超越"新常态"的积极因素。据此，我们提出两方面的政策建议：一是通过行政体制改革加快转变经济增长方式，将经济增速维持于合意的较快水平，防止出现"硬着陆"；二是应当在试探中来找寻我国合意的经济增长速度，并充分发掘宏观经济中的积极因素，而不能简单教条地让"新常态"悲观主义蔓延。

1. 推进行政体制改革以促进经济增长方式转变，将经济增速维持于合意的较快水平。以往的经济增长方式无法再持续，为了将经济增速维持于合意的较快水平，防止出现"硬着陆"，就必须加快转变经济增长方式，在传统增长动力逐渐衰减的过程中及时通过技术进步、制度变革和扩大国内居民消费等途径为经济增长提供新的动力。

在推动经济增长方式转变的过程中，政府不能将目标过度定位在最终的结构指标上，而应重视市场化改革、相对价格调整、激励机制改革等中间目标的管理。因此，行政体制改革正是转变经济增长方式的关键。行政体制改革的核心内容是政府角色与定位的转型，即由发展主义型政府转变为公共服务型政府。这将重新划定政府和市场的边界，避免政府对微观经济的过多干预，促进市场化改革进一步深入推进。

行政体制改革对于推动经济增长方式转变的重要意义在于：行政体制改革将经济发展的主导权由政府转移到企业和居民，建立起更加公平高效的市场经济制度，可以从根本上激发经济发展的内在活力，有利于促进技术进步和其他经济运行效率的提高，可以避免由于政府的扭曲性政策而导致的低效率投资和产业结构失衡，可以减少权力寻租、促进机会平等，有利于缓解贫富差距并刺激居民消费等。具体来说，应该从以下几方面推进行政体制改革：

第一，进行政府自身改革。继续深化行政审批制度改革：在进一步清理、减少和调整行政审批事项的同时，强化对审批权力运行的监督和制约，并改进和创新行政审批服务方式，提高审批透明度和效率。

完善对地方政府的考核制度：改变以 GDP 为核心的相对目标考核体系，提高地方政府考核体系中的市场经济法制建设、监督管理效率和公共服务水平等指标所占权重。

进行财政体制改革：要将财政支出主要应用于公共服务而不是经济建设，大幅提高维护市场秩序、教育与培训、医疗卫生、环境治理、公共文化建设等公共服务性支出所占比重；此外，按照财权与事权相匹配的要求进一步理顺各级政府间财政分配关系，为地方政府的基本公共服务提供相应的财力保证。

第二，进行要素市场改革。逐步推动能源和矿产等资源品价格改革，建立起市场化的资源品价格形成机制，使其能够合理反映市场供求关系、资源稀缺程度和环境污染成本。在保持金融体系稳定的前提下积极推动利率市场化改革，提高金融市场效率，减少金融市场扭曲。

第三，深化垄断行业改革。要吸取以往落实"非公36条"时全面开花，但成效很小的教训，采取重点行业重点突破的方法，显示新一届政府在打破垄断和投资壁垒上的决心和勇气，要利用重点领域的突破性改革来免除"改革疲劳症"带来的不利冲击。

第四，加快推进大型国有企业改革。目前国有企业主要集中于大企业层面，未来应着重针对目前大型国有企业日常经营中严重的非市场因素（如企业领导人的人事任命权等企业重大决策由政府决定）进行改革，建立现代企业制度，完善公司治理架构，使企业成为真正意义上的市场竞争主体。

2. 应当在试探中来找寻中国合意的经济增长速度，并充分发掘宏观经济中的积极因素，而不能简单教条地让"新常态"悲观主义蔓延。尽管我国经济潜在增速具有逐步放缓的大趋势，但是也需要注意到一些积极的因素，如中国消费具有稳步增长的动力、人口红利在中端劳动力充分利用下的再释放、中高端产品比较优势的构建和产业在中国内部的梯度转移等。因此我们不认为中国已步入了悲观主义的"新常态"。

那么在经济政策方面,一是在战略上不仅要重视各种结构趋势性力量带来的下行压力,同时还必须看到我国在结构转换过程中的巨大上行力量,不能让战略悲观主义过度蔓延。二是不要把低端劳动力市场的刘易斯拐点和人口负担系数上扬所带来的不利因素绝对化,适龄劳动人口因教育而出现的巨大结构调整可能孕育着我国第二次人口红利的到来。强化中高端产业的发展和提高中端劳动力的劳动参与度应当是当前政策的核心要点之一,例如应该把强化中西部大学生的就业提升到更高的战略层面。三是要利用各种财税政策强化产业梯度转移中的产业升级,积极构建中国在新区域和新产业的新比较优势。

〔作者刘元春,中国人民大学经济学院副院长、教授;陈彦斌,中国人民大学经济学院教授。本文刊发于《中国高校社会科学》2013年第2期,责任编辑汪立峰。人大复印资料《国民经济管理》2013年第11期转载〕

论世界经济的结构变革

王跃生

新世纪以来,特别是全球金融危机爆发以来,世界经济正在经历一场深刻变化。这种变化涉及方方面面,表现林林总总,但最大的变化无疑是世界经济版图中经济力量对比变化和世界经济结构变革。其主要表现是:发达国家在世界经济总量中的份额不断下降,其作为世界经济增长火车头的作用已大大降低;发展中国家,特别是以中国为代表的新兴大国(金砖国家)和其他新兴经济体在世界经济中的地位和影响力不断上升,日益成为世界经济增长的重要推动力量。由于这种力量对比此消彼长的变化,世界经济总体结构正从以发达国家为核心的"中心—外围结构"①,逐渐演变为一种更复杂的"双循环结构",即以发达国家为核心的传统"中心—外围循环"与发展中国家之间的新经济循环共存的结构。

总体而言,世界经济双循环结构只是初露端倪,尚在形成之中,且多有变局,但世界经济的结构变革以及发展中国家力量的增强则是不争的事实。认真研究这一变革,充分认识和理解既有世界经济结构的矛盾和双循环结构的出现及其形成过程,并采取积极的战略应对和推动这一进程,对于世界经济的平衡与可持续发展,以及我国经济的转型升级与可持续发展,都具有重大意义。

一、传统世界经济的"中心—外围结构"

现有的世界经济格局形成于二战以后,是以美国和美元为中心的一元结构。战后初期,美国凭借其在政治、经济、军事等方面的全方位巨大优势,击败了英国的挑战,建立了以美国和美元为核心的国际经济体系,进而把广大发展中国家纳入这一体系,

---

① "中心—外围理论"(Core and Periphery Theory)是最早由阿根廷经济学家劳尔·普雷维什在20世纪50年代提出的一种理论模式,借以描述战后初期发展中国家特别是拉美国家对美国等发达国家的经济依附关系。我们认为,尽管这一概念历来多有争议,其内涵与本文亦不完全一致,但大致可以借用来表述传统世界经济结构的特点。

形成了按照发达程度和与中心国家经济联系紧密程度由近及远涟漪式展开的世界经济"中心—外围结构"。以美国为代表的主要发达国家居于世界经济体系核心,它们是技术创新、产业引领、规则制定、资源配置和全球治理中心,广大外围国家则充当资源来源地、市场倾销地和加工制造者角色。随着经济发展和产业更替,中心国家逐渐将进入大规模生产阶段的中低端制造业转移到外圈的外围国家(如20世纪60年代的日本,70、80年代的亚洲"四小龙"),再由这些国家转向更外圈的外围国家(80年代的亚洲"四小虎",90年代的中国等)。通过一轮轮全球产业转移,中心国家逐渐向外围国家转移价值创造能力低的产业和生产环节,自己则始终控制着最具有价值创造能力的资源、产业和环节,全球分工与经济循环逐渐形成。由于中心国家始终控制着价值链上游,外围国家总是充当廉价的辅助和补充角色,主要发达国家与广大发展中国家之间经济发展水平呈现巨大不平衡,并且收入差距不断拉大。只有少数国家可以通过这种"中心—外围"关系与产业转移获得较快发展,跻身中等发达国家行列。与此同时,也应当注意到,这一"中心—外围结构"并不是结构单一、一成不变的,而是结构复杂、不断变化的。比如,随着前东欧社会主义国家的经济转轨,这些国家也被先后纳入世界经济体系中,使体系不断扩大;而一些特别落后的国家(如所谓最不发达国家)由于经济极度不发达,基本上游离于世界经济体系之外,没有加入这一循环,成为被遗忘的角落;此外在总体的大循环内部也会形成小的循环,如美洲的经济循环、欧洲国家之间的循环、东亚的经济循环等等。尽管如此,总体而言,世界经济的"中心—外围循环"结构是清晰的,大格局也未改变。

世界经济"中心—外围结构"的形成是以发达国家特别是美国的巨大经济优势为基础的,通过战后初期形成的一系列有利于中心国家的制度安排和治理结构得以维系。"中心—外围结构"的核心是国际货币金融体系、国际贸易体系、国际生产体系以及国际经济决策与协调机制。

以美元为核心的战后国际货币体系——布雷顿森林体系,以及与之协调配套的国际货币基金组织(IMF)和世界银行(世行),是以美国为代表的发达国家维系战后世界经济格局的主要制度基础。通过该体系,美元获得了世界货币地位,一方面保证了全球货币体系相对稳定,另一方面则为美国通过美元霸权地位执行利己的货币政策以控制全球经济创造了条件。布雷顿森林体系解体后形成的"后布雷顿森林体系"(牙买加体系)依然保留了布雷顿森林体系下美元的大部分特权,美国得以继续执行以往政策,并一直延续至今。这种美元一家独大的格局实际上也是后来全球经济失衡与金融危机产生的根源。

传统世界经济格局的另一个支柱是关税和贸易总协定(GATT)/世贸组织

(WTO)。虽然在国际贸易体系中,美欧等发达国家的特权不如在货币金融领域那么明显,发达国家之间对国际贸易制度与政策走向的偏好也不完全一致,但它们作为这一体系的创立者和主要规则制定者,必定会在妥协的基础上制定对自身有利的规则,后来者则只能接受既有规则。GATT被WTO取代后,贸易政策从货物贸易转向服务贸易和知识产权贸易,无一不是主要发达国家的意志体现和利益所系。GATT和WTO所发起的多轮谈判,从议题的提出到谈判结果,都掌握在发达国家手中。广大发展中国家的贸易条件,初级产品和资源价格,一般加工制造与品牌、技术等价值链环节的增值能力变化等,也都掌握在中心国家手中。

国际分工与生产体系并不像国际货币金融体系和国际贸易体系那样通过某种明确的制度和机构来维系,而是相对"自发形成",在市场无形之手的作用下实现资源配置。但是,发达国家凭借技术、资金、企业竞争力等优势始终控制着科技创新与产业发展的制高点,通过"美国—西欧/日本—四小龙—其他发展中国家"的梯次转移形成全球生产体系,这一特点是十分明确的。在这一过程中,发达国家的跨国公司充当执行者,通过国际知识产权制度、专利制度确保中心国家始终处于国际生产体系顶端,获取最大价值。如果外围国家试图阻止国际资本进入,保护本国产业,中心国家便会通过投资自由化、开放市场、国际投资协定等工具打破其壁垒,发展利己的国际生产体系。

联合国的一些专门机构、G7等全球性和多边性国际经济组织,包括IMF、WTO、世行等,以及由此形成的全球经济决策机制与协调机制更是美国等发达国家的俱乐部和交易场所。中心国家对这些机构拥有绝对控制权,决定全球经济政策与经济事务,外围国家或者仅仅是一般参与者,或者只是旁观者,对全球经济秩序和政策影响甚微。通过这些机构与机制,发达国家控制着全球货币政策、资本流动、国际规则,进一步强化了其作为世界经济中心的地位。

除以上这些制度性的机制外,中心国家还通过双边或多边国际协定、发展援助、经济思潮、文化影响、意识形态等软性力量,更大程度上强化了自己的国际经济中心地位,将世界大多数国家纳入既有国际经济体系的循环。

不过,应该承认,二战后所形成的这一世界经济秩序和结构尽管并不合理,但确是当时全球经济力量对比的体现。它创造了一个相对稳定的国际经济环境,避免了恶性竞争与过度波动,保证了世界经济在相当长时间内的稳定和发展,形成了战后世界经济顺利发展几十年的黄金时代。这从全球经济增长、国际贸易与国际直接投资发展、人均收入水平不断提升等方面都可以得到证明。

然而,同样必须指出,战后形成的世界经济结构尽管具有必然性,却也只是当时情况的体现。随着全球经济发展与经济格局的变化，特别是 21 世纪以来全球经济翻天覆地的变革，中国等新兴大国的崛起与经济力量对比的变化，战后形成的世界经济秩序已经很难适应当前的世界经济状况，更与世界经济未来发展的要求相矛盾。

二、世界经济的结构性矛盾与金融危机

世界经济"中心—外围结构"与当前世界经济发展格局相矛盾，其最集中的表现是宏观失衡。"中心—外围"格局内在的前提是中心国家占有世界经济的绝大部分份额（存量），并且充当世界经济增长火车头的角色，对全球经济增长做出大部分贡献（增量）。然而，这一基本前提，随着新兴国家特别是中国等新兴大国的崛起已经不复存在。

众所周知，新世纪以来，美国经济由于产业空心化和长期过度举债、过度消费，处于持续低迷状态。2008 年爆发的金融危机对美国经济造成沉重打击，美国至今未完全走出危机。欧盟经济由于成本居高不下、制造业外流、福利制度的拖累以及财政货币制度弹性缺失，其增长潜力比美国更差，最终陷入欧债危机。日本则陷于近二十余年的经济停滞，"安倍经济学"只是一味推行货币贬值政策，缺乏结构变革，很难解决日本的结构性问题。研究者一般认为，发达国家经济将在较长时期内处于长周期的下行区间。[①] 与此形成鲜明对照的是，中国等金砖国家以及其他新兴国家经济发展迅速，在世界经济中的地位不断上升。就经济总量而言，按美元汇率计算，2012 年金砖五国 GDP 占全球比重已达到 20.5%，接近美国的份额；而 20 国集团中的 11 个发展中国家[②]在全球经济总量中的份额在 2010 年即达到 25.2%，超过美国的份额（表 1，见下页）。如果按照购买力平价计算，金砖五国 GDP 占全球比重早在 2006 年就超过美国份额（两者分别为 21.3% 和 21.2%）；新兴经济体 11 国在全球经济总量中的份额在 2009 年即达到 33.6%，超过 1/3；2012 年，金砖五国和新兴经济体 11 国 GDP 的全球份额分别为美国的 1.5 倍和 2.0 倍（表 2，见下页）。虽然最近两年包括金砖国家在内的新兴经济体受全球经济不景气影响，发展速度有所降低，但发达国家降低更甚，甚至陷于负增长，新兴经济体在世界经济中地位不断提升的格局和趋势没有任何变化。

---

① 朱邦宁：《世界经济将在较长时期内处于长周期的下行区间——兼谈我国经济发展的战略机遇期问题》，《新视野》2013 年第 1 期。

② 这 11 个国家被称为新兴经济体 11 国或者 E–11，是全球经济影响力最大和经济增长最快的发展中国家，包括中国、巴西、印度、俄罗斯、南非、阿根廷、印度尼西亚、韩国、墨西哥、沙特阿拉伯、土耳其。

表1 金砖五国和新兴经济体11国GDP及其全球占比（按美元汇率，2003~2012年）

（单位：万亿美元,%）

		2003	2004	2005	2006	2007	2008	2009	2010	2011	2012
世界		37.59	42.29	45.73	49.54	55.88	61.34	58.08	63.41	70.37	71.67
美国		11.09	11.80	12.56	13.31	13.96	14.22	13.90	14.42	14.99	15.68
中国		1.64	1.93	2.26	2.71	3.49	4.52	4.99	5.93	7.32	8.23
巴西		0.55	0.66	0.88	1.09	1.37	1.65	1.62	2.14	2.48	2.25
印度		0.62	0.72	0.83	0.95	1.24	1.22	1.37	1.71	1.87	1.84
俄罗斯		0.43	0.59	0.76	0.99	1.30	1.66	1.22	1.52	1.90	2.01
南非		0.17	0.22	0.25	0.26	0.29	0.27	0.28	0.36	0.40	0.38
阿根廷		0.13	0.15	0.18	0.21	0.26	0.33	0.31	0.37	0.45	0.47
印度尼西亚		0.23	0.26	0.29	0.36	0.43	0.51	0.54	0.71	0.85	0.88
韩国		0.64	0.72	0.84	0.95	1.05	0.93	0.83	1.01	1.11	1.13
墨西哥		0.70	0.76	0.85	0.95	1.04	1.09	0.88	1.04	1.16	1.18
沙特阿拉伯		0.21	0.25	0.32	0.36	0.38	0.48	0.38	0.45	0.58	0.72
土耳其		0.30	0.39	0.48	0.53	0.65	0.73	0.61	0.73	0.77	0.79
金砖国家	合值	3.41	4.13	4.98	6.00	7.69	9.33	9.48	11.67	13.97	14.72
	份额	9.1	9.8	10.9	12.1	13.8	15.2	16.3	18.4	19.9	20.5
新兴11国	合值	5.64	6.66	7.95	9.37	11.50	13.40	13.04	15.98	18.89	19.89
	份额	15.0	15.8	17.4	18.9	20.6	21.8	22.5	25.2	26.8	27.8
美国份额		29.5	27.9	27.5	26.9	25.0	23.2	23.9	22.7	21.3	21.9

资料来源：世界银行WDI数据库，并根据有关数据计算。

表2 金砖五国和新兴经济体11国GDP及其全球占比（按PPP，2003~2012年）

（单位：万亿国际元,%）

	2003	2004	2005	2006	2007	2008	2009	2010	2011	2012
世界	49.28	53.12	57.31	62.72	67.94	71.84	72.10	76.64	81.35	85.89
美国	11.09	11.80	12.56	13.31	13.96	14.22	13.90	14.42	14.99	15.68
中国	4.12	4.66	5.36	6.24	7.33	8.22	9.05	10.12	11.30	12.47
巴西	1.37	1.48	1.58	1.70	1.85	1.99	2.00	2.18	2.29	2.37
印度	2.01	2.23	2.52	2.84	3.21	3.41	3.73	4.18	4.54	4.79
俄罗斯	1.34	1.47	1.70	2.13	2.38	2.88	2.73	2.96	3.20	3.37
南非	0.35	0.37	0.41	0.44	0.48	0.51	0.51	0.53	0.56	0.59
阿根廷	0.33	0.37	0.42	0.47	0.57	0.72	0.67	0.81	0.98	1.04
印度尼西亚	0.60	0.65	0.71	0.77	0.84	0.91	0.96	1.03	1.13	1.22
韩国	0.97	1.04	1.10	1.17	1.27	1.31	1.31	1.41	1.48	1.54

(续表)

		2003	2004	2005	2006	2007	2008	2009	2010	2011	2012
墨西哥		1.11	1.19	1.30	1.45	1.54	1.63	1.61	1.72	1.91	2.02
沙特阿拉伯		0.42	0.45	0.49	0.52	0.55	0.58	0.59	0.63	0.68	0.82
土耳其		0.59	0.69	0.78	0.89	0.98	1.07	1.04	1.15	1.26	1.36
金砖国家	合值	9.18	10.23	11.57	13.35	15.26	17.00	18.02	19.97	21.89	23.59
	份额	18.6	19.3	20.2	21.3	22.5	23.7	25.0	26.1	26.9	27.5
新兴11国	合值	13.19	14.61	16.36	18.62	21.00	23.22	24.20	26.72	29.33	31.59
	份额	26.8	27.5	28.5	29.7	30.9	32.2	33.6	34.9	36.1	36.8
美国份额		22.5	22.2	21.9	21.2	20.6	19.8	19.3	18.8	18.4	18.3

资料来源：世界银行 WDI 数据库，并根据有关数据计算。

如果从对世界经济增长的贡献（增量）来看，新兴国家的作用更为显著。据有关统计，新世纪以来，中国对于世界经济增长的贡献平均达到 20% 以上，2012 年则达到 1/3 以上。而整个金砖国家对世界经济增长的贡献在 2010 年即达到 60%，今后若干年有望一直维持在 60% 以上。[1] 由此可见，无论从绝对实力还是从发展趋势来看，新兴国家已经在世界经济中占有举足轻重地位。但是，在旧格局中它们长期处于边缘地位，仅仅作为既有秩序和规则的接受者，这显然是不公平的、失衡的和难以持久的，对世界经济的长期发展也是不利的。这是传统世界经济结构矛盾的集中表现。

传统世界经济结构的矛盾还表现在国际金融体系、国际贸易体系、国际货币制度、国际经济决策机制的失衡上。如前所述，世界经济体系中货币金融体系和贸易规则通过 IMF、世行、WTO 等掌握在发达国家手中。美元一家独大充当主要国际货币的局面与美国不断衰落的经济实力和日益增长的巨额国际收支逆差越来越不协调，只能靠发行货币、举借外债维持。而拥有最大国际收支盈余和外汇储备的一些新兴国家对国际货币体系没有发言权，只能被迫将资金廉价借贷给最富有的国家，这更违背常理。在贸易方面，当中国等新兴国家已经成为世界最重要贸易国、大宗商品最大买家和制成品最大卖家的时候，对相关产品价格几乎完全没有影响力，仅仅充当价格接受者，而既不出售也不购买这些资源的发达国家的金融交易所控制了价格和交易，使贸易条件不断恶化，这是不合理的。至于国际经济协调方面，主要国际经济治理机构都掌握在发达国家手中，新兴国家基本上被排斥在国际决策之外。同时，一些发达经济体常常利用国际规则甚至国内法律制裁其他国家，贸易战、货币战暗流涌动，在这种背景下，很难想象会有利益一致、共渡难关的国际经济政策协调。此次美国次贷危机特别是欧

---

[1] 林跃勤、周文主编：《新兴经济体蓝皮书：金砖国家发展报告 2012》，社会科学文献出版社，2013 年。

债危机后全球经济政策的明争暗斗就是例证。

由此可见，在世界经济格局已经发生重大变化的情况下，传统的世界经济"中心—外围结构"面临诸多矛盾。世界经济失衡就是这种矛盾的集中表现。而国际金融危机的一再发生，包括美国次贷危机和欧债危机，都是世界经济失衡的结果。正是国际经济失衡与美元的霸权地位使美国在长期巨额负债的情况下得以维持超低利率并刺激房地产业的畸形发展，才酿成美国次贷危机；正是实体产业大举向新兴国家转移后形成空心化而欧洲仍然维持着高福利、高负债，才使欧债危机最终爆发。以往的货币金融危机多发生在外围国家，此次的次贷危机和欧债危机则发生于世界经济与金融的中心，是结构矛盾的总爆发，说明整个体系已然出现问题。危机以后全球经济迟迟未能复苏，陷入长期低迷状态，也是世界经济结构矛盾未得到调整的表现。在世界经济结构矛盾得不到明显缓和的情境下，一味地推行宽松政策，各国竞相贬值货币，大打货币战，在贸易上推行保护主义，以及所谓的再工业化，只能是饮鸩止渴、以邻为壑，埋下更大危机的隐患。

实际上，世界经济的结构矛盾、旧秩序与新格局的失衡等问题，近年来已越来越受到重视。国际社会也采取了一些改革措施，试图缓解失衡。IMF和世界银行投票权与股份的改革，中国等新兴国家话语权的增强，G20对G7的替代，全球经济协调的加强，都是这种变化的表现。然而，这种变化并没有根本改变既有的世界经济体系。以美元为核心的国际货币金融体系基本未变，美欧仍然控制着两大国际机构的主导权，新兴国家在世界经济治理中充当陪衬的局面仍然没有打破。议论多时的国际货币体系改革几无进展，对美元和美国金融中心的依赖并未改变，全球分工格局依旧。近几年来，美联储的货币政策的任何变动，无论是实行QE（"量化宽松"政策），还是试图退出QE，都会引起全球经济的巨大恐慌，这是"中心—外围结构"依然强盛的证明。国际社会一有风吹草动，国际资本必然撤离发展中国家，回流中心国家。当前新兴经济体面临的资本外流和经济衰退问题，也是受这种结构影响的表现。

三、世界经济的结构变革：走向双循环

如前所述，当前形势下，既有世界经济结构已经不适应世界经济发展的新格局、新需要，但改变既有结构绝非易事。在这一结构中发达国家不会轻易放弃自身利益，推进诸如国际货币制度重大改革、国际经济决策民主化、增加对发展中国家的投资与援助、放宽知识产权保护障碍加快技术转让等等政策。新兴经济体期待上述变革但无力单边改变这一体系结构。然而，如果"中心—外围循环"的结构不改变，外围国家依附于中心国家、充当加工制造基地的局面就难以改变，新兴经济体的转型升级和可持续发展就难以实现，国际经济失衡的基础也就难以消除。对于我国来说，基于我国经济发展方式与我国的国际经济角色的内在一致性，全球经济的整体性和各国之间的

紧密相互依存性，以及我国经济已深深嵌入世界经济结构当中的现实，要实现我国经济转型升级，改变低端加工制造角色和过分依赖发达国家市场的出口加工型增长模式，除了我国自身经济发展战略的转变之外，还必须改变我国在世界经济中的角色，实现我国经济转型升级与世界经济结构调整的同步推进，否则我国经济转型也将困难重重①。

不过，在世界经济既有结构短期内难以根本改变的情况下，中国和其他新兴经济体并非无所作为。我们有可能利用已有的经济基础和条件，探索一条实现自身经济转型升级、促进经济可持续发展，同时逐步改变世界经济失衡结构的途径。事实上，经过新世纪以来十几年的发展，特别是国际金融危机以来中国对外经济关系的战略调整，这一道路已初露端倪，即通过发展中国家之间迅速发展的经济联系与合作，形成发展中国家之间的经济循环，与世界经济的原有循环有机结合，使世界经济从"中心—外围结构"走向"双循环结构"。

所谓世界经济双循环结构，是相对于传统的"中心—外围"单循环结构而言的。它是指参与构成世界经济整体的各国经济，通过贸易、投资、产业合作、要素流动，以及区域一体化等经济联系形式，形成两个既密切关联又相对独立的循环圈。两者像锁链一样相扣，构成一个类似"8"字的双环。

双循环之一是以美国等发达国家为中心、以中国等新兴经济体为外围的循环。发达国家通过资本、技术等生产要素输出，将大部分加工制造业、生产服务业等转移到新兴国家，或者直接向后者外包（购买）制成品与生产性服务；新兴国家则向前者输出制成品和生产性服务，以此带动本国经济发展与就业，并将大规模出口形成的贸易盈余和资本流入带来的外汇储备以债券和其他间接投资形式回流到中心国家，构成后者维持技术创新优势和资本输出的来源，并使后者保持经济的高负债运行。这一循环其实就是久已存在的"中心—外围循环"，其结果就是前文论述的国际经济失衡。当然，这一循环本身也是动态的、不断变化的。譬如近一两年出现的国际直接投资从外围国家回流中心国家、从外围国家转向更边缘国家的情况，以及国际热钱撤出新兴经济体，就是循环不断调整和波动的表现。②

---

① 关于中国经济转型升级与世界经济结构调整的内在一致性，可以从以下方面得到体现：世界必须找到替代中国的大规模、高效率、低成本生产者；中国必须获得合适的新角色和发展空间；世界必须能够承受中国的转变。这是一个专门问题，这里不再展开论述。

② 我们认为，近几年出现的以美国再工业化政策为代表的高端制造业资本回流现象并没有改变国际分工和"中心—外围循环"的格局，只是国际间基于比较优势的产业再配置的表现。类似的变化在几十年来多次出现过。至于国际热钱（短期资本）的流入流出，更是金融市场的正常现象，不足以改变国际分工与经济循环的大局。

双循环中的另一个循环是在发展中国家之间展开的经济循环。近年来，伴随着中国等新兴大国的崛起，贸易、投资和区域合作的加速发展，特别是金融危机以来全球经济实力和版图的改变，一个新的循环逐渐形成：中国等经济发展迅速、制造业较为发达的新兴国家，通过到资源丰富的其他发展中国家进行直接投资，开发并进口本国所需要的资源和初级产品，输出制成品，形成发展中国家之间的资源与制成品贸易循环；同时，将本国逐渐过剩和失去竞争优势的产业转移到原来处于世界经济体系偏远角落的亚非拉发展中国家，譬如东南亚/南亚国家和撒哈拉以南非洲国家，形成投资以及生产分工的循环。中国等新兴国家通过资源进口、产品和资本输出与产业转移，一方面大大改善了有关国家的贸易条件，带动当地的工业化和经济发展，另一方面有利于解决自身所面临的资源短缺、产能过剩、环境恶化、成本上升等难题。在这一循环中，中国等新兴国家处于相对主导方，亚非拉国家处于跟随方，根据经济和产业发展水平形成发展中国家内部的国际分工，优势互补，共同发展。

世界经济的双循环结构并不是两个孤立的循环，而是紧密联结、互为条件的。使世界经济的两个循环联结起来的，或者说处于两环相交位置的，就是以中国为代表的且具有双重角色的新兴大国。仅以中国为例，一方面，中国是世界经济"中心—外围循环"的关键环节，曾经在全球经济失衡中积累了巨额贸易顺差和外汇储备，又由于失衡而面临诸多问题。中国在传统循环中处于下游和边缘，接受中心国投资和产业转移，又将大部分国际收支盈余投资于发达国家资本市场。在此过程中，中国形成了具有相当规模和水平的产业基础特别是制造业基础，同时依靠出口积累了巨额外汇储备。离开中国，"中心—外围循环"和全球失衡的格局将发生很大改变。另一方面，中国具备推动新循环形成的必要性和可能性，有条件充当新循环的中心。从必要性来讲，中国要实现经济转型升级和可持续发展，就需要摆脱单纯的世界加工厂的角色，这就必须有替代者来承担中国以往的这一角色，并承接中国产业的外部转移。此外，中国还需要从外部世界获得更多的与新兴产业相关的技术、资源、资金，更为重要的是，必须让世界接受中国的角色改变。单靠中国国内产业向中西部转移和压缩投资不可能实现上述目标，仅靠国内研发也是不够的，而必须从经济结构的内外一致性来考虑问题。建立与发展中国家的新经济循环，就是这种改变的前提。从可能性来说，中国发达的制造业基础、充足的资本和外汇、与亚非拉国家经济的互补性、中国与发展中国家的良好政治关系和共同利益，都为中国推进与亚非拉之间的新循环创造了有利条件。反观发达国家，尽管它们以前是亚非拉的宗主国和主要投资方，但其日益空心化的经济结构及其与亚非拉发展中国家的巨大经济落差，使其难以建立起与这些国家的经济一体化关系。近年来中国与非洲贸易和投资关系紧密程度及规模发展迅速，并成为非洲第一大贸易伙伴，就是很好的证明（表3，见下页）。

表3 中国和部分欧美国家与非洲的贸易金额及份额（2003~2012年）

（单位：亿美元，%）

		2003	2004	2005	2006	2007	2008	2009	2010	2011	2012
中国	金额	160.1	306.0	409.8	558.5	735.0	1047.7	847.6	1282.7	1702.0	1723.0
	份额	4.3	6.2	6.6	7.4	8.3	9.1	10.5	12.3	13.7	13.1
美国	金额	645.6	950.0	1320.4	1617.1	1853.5	2225.0	1268.9	1726.1	1905.5	1604.5
	份额	17.2	19.3	21.3	21.4	21.1	19.3	15.8	16.5	15.4	12.2
意大利	金额	327.6	412.8	521.9	622.7	719.6	914.1	639.2	776.7	746.6	760.1
	份额	8.8	8.4	8.4	8.2	8.2	7.9	8.0	7.4	6.0	5.8
法国	金额	327.2	374.1	450.0	499.9	572.5	775.6	556.0	624.1	748.9	697.0
	份额	8.7	7.6	7.3	6.6	6.5	6.7	6.9	6.0	6.0	5.3
英国	金额	218.1	269.1	294.0	337.7	357.9	405.9	289.8	345.8	438.4	634.6
	份额	5.8	5.5	4.7	4.5	4.1	3.5	3.6	3.3	3.5	4.8
德国	金额	195.4	233.3	305.5	361.2	377.9	519.7	345.5	404.8	517.2	561.3
	份额	5.2	4.7	4.9	4.8	4.3	4.5	4.3	3.9	4.2	4.3

资料来源：UNCTAD数据库，并根据有关数据计算。

世界经济双循环的出现，是在经济全球化时代产业转移进一步深化、新兴大国崛起并推动产业转移多样化、中国面临经济转型升级，以及亚非拉国家迫切需要推动经济发展和工业化等一系列背景下自发形成的一种新现象。但是，这一现象不断发展，并逐渐成为一种重要趋势，也与中国及其他发展中国家政府的大力推进密不可分，是在传统"中心—外围结构"难以根本改变的情况下发展中国家探索世界结构变革的一种尝试。

由于主要发达国家在科技、产业、金融、制度等方面的优势长期存在，以美元为核心的国际货币体系以及以发达国家为中心的世界经济循环也将长期存在。发达国家与新兴国家特别是亚太地区新兴国家的经济联系和分工合作日益紧密，很难隔断。这种合作是一种双赢合作，也是世界经济结构中最主要的循环，其特点是：发达国家主导国际分工，通过金融业、设计与高端制造业、技术创新等控制产业链上游，外围国家则承担加工制造、生产服务等功能。

但是，由于世界经济结构不合理和发展长期不平衡，许多发展中国家特别是缺乏一定经济发展基础、在上一轮国际产业转移中已经被边缘化的发展中国家，难以在这一循环中获得发展机会，甚至根本未能进入循环，被置身于迅速发展的世界经济之外。譬如，非洲特别是撒哈拉以南非洲曾被称为"被遗忘的大陆"，经济发展长期滞后，尚未开始大规模工业化进程。发达国家随着大规模产业转移的结束以及产业空心化、经济结构软化等特点的日趋显著，与处于边缘的亚非拉发展中国家难以找到大规模合作的机会与交集。

按照历次国际产业转移的一般规律，亚非拉边缘发展中国家应等到新兴国家的产业成熟度达到一定高度以后，在新一轮的产业转移中获得发展机会。然而，与以往不同的是，20世纪90年代以来这次产业转移的承接国家是中国、印度等大国而不是"四小龙"、"四小虎"之类的中小国家。由于中、印等新兴国家经济规模较大，且内部发展不平衡，其工业化和经济起飞也将是长期的过程。如果等到中、印等国工业化完成后，相关产业再向亚非拉转移，那么后者将长期被世界经济的发展所抛弃。同时，如果中、印等大国不在工业化尚未完成前就及时展开产业升级，自身的大国优势也就得不到发挥，可持续发展也会困难重重。这就是说，中国等新兴大国工业化过程的长期性以及自身的巨大规模和发展不平衡等特点，决定其在本国工业化并未完成的时候既有必要也有可能实现较大规模的对外产业转移，在继续保持与中心国家的产业转移与分工循环的同时，即可展开与亚非拉发展中国家的产业转移与分工合作，形成与亚非拉国家的新循环。可见，双循环的形成是由中国等发展中大国的非平衡发展特点所决定的。

正是在上述背景下，中国、印度等亚洲新兴大国与亚非拉发展中国家之间的贸易与投资合作迅速崛起。我们从美国作为发达国家代表与中国作为新兴国家代表同非洲国家经贸关系的此消彼长中就可以看到这一趋势。安永会计师事务所发布的《2013非洲吸引力调查报告》显示：2007年以来，新兴经济体对非直接投资总体增长了20.7%，同期发达经济体对非直接投资总体增长率只有8.4%；2012年，新兴经济体对非直接投资超过发达国家，其中，中国对非投资增长28%，美国和法国则分别下降22%和39%。[①]

事实上，中国与亚非拉国家的关系不仅限于贸易和投资，而且有着更广泛、更丰富的内容。譬如，中国对非洲国家的经济援助、金融合作，中国在非洲设立的紧密经济合作区，中国与周边国家设立自由贸易区、开展货币互换等金融合作，中国与东盟、非洲、其他金砖国家等建立的多边合作组织和机制，都属于这种合作的重要内容。通过这些广泛而紧密的经济合作，中国与广大发展中国家之间日益紧密的经济联系和经济循环正在形成，并真实地改变着世界经济的结构与面貌。

世界经济结构从"中心—外围"单一循环走向双循环结构，对于世界经济的总体平衡与可持续发展、中国等新兴大国经济的转型升级与可持续发展，以及亚非拉发展中国家的工业化与经济发展，都具有重要意义。

---

① 转引自苑基荣：《中国投资成非洲发展催化剂》，《人民日报》2013年5月8日。

从世界经济总体来看，双循环格局的形成和发展，将有助于解决长期存在且不断加剧的全球经济失衡问题，实现全球经济再平衡。以美国为代表的发达国家虽然一再强调要实现全球经济再平衡，但它们不愿在世界经济结构调整上做出让步，并始终希望发展中国家充当廉价商品和服务供应者的角色。中国等新兴大国与其他发展中国家经济关系的发展，将大大改变其过分依赖欧美市场的贸易结构，促进贸易平衡的实现。同时，如果中国向亚非拉国家的投资与产业转移能够顺利推进，变中国对发达国家的出口为亚非拉国家对欧美的出口，将进一步改善发展中国家与发达国家贸易失衡的局面。投资方面，中国通过对亚非拉国家的直接投资可以大大改善国际收支盈余过多投资于美国资本市场形成的金融失衡局面，也为发达国家高端资本进一步流入中国留出空间。与此同时，全球经济失衡的逐渐缓和，也为发达国家特别是美国改变过度举债、畸形消费的经济结构创造条件。不仅如此，在发展中国家之间的经济循环形成一定规模，减少对发达国家资金、技术、市场的依赖后，当发展中国家之间的货币金融合作以及开发性金融机构发展到可以部分替代世界银行与 IMF 作用时，发展中国家作为整体在世界经济中的话语权将大大提升，对发达国家的依赖将会减少，这有助于促进国际经济秩序的改革与合理化。

从中国等新兴大国的角度看，世界经济双循环的形成，将大大有助于自身经济的转型升级与可持续发展。以中国为例，中国长期处于国际产业链末端，靠低成本出口和制造业过度投资维持经济增长，经济转型升级面临诸多困难，原因之一就是既有世界经济结构的限制。当中国的产业成熟度已经达到可以大规模实现产业转移并已积累了大量过剩产能时，将部分成熟产业转移到工业化程度更低的发展中国家，以留出空间和资源重点发展战略性新兴产业，无疑是经济转型升级的要义。至于通过发展与亚非拉国家的经济关系改善贸易结构，缓解与发达国家的贸易摩擦，获取稳定的资源保障，对于中国发展对外经济关系都是具有重要意义的战略举措。

最后，从亚非拉发展中国家来看，发展中国家经济循环的形成对于亚非拉发展中国家经济发展的推动作用无疑是巨大的。事实上，近年来中国、印度等新兴国家的经济发展对资源的大量进口已经大大改善了资源丰富的发展中国家的贸易条件，促进了其资源相关产业的发展。未来这种关系的影响将更大。当然，仅有资源丰裕国家的发展还不够，广大资源贫乏的发展中国家也需要加快经济发展。即使是资源丰裕国，也不能仅靠高价出售资源，而应当在资源产业的带动下，促进资源深加工及其他产业的发展。发展中国家之间紧密合作与经济循环，恰好可以起到这样的作用。一方面，发展中国家资源丰富、劳动力充裕的自然禀赋为新兴国家的对外投资和产业转移提供了重要条件，而新兴国家的适用性技术、对资源的需求引致的投资都十分契合当地的经济发展需要。双方在经济上互有需要,互补性很强。另一方面,中国等新兴国家经济发展的道路和成功经验,也必然随着经济联系与合作的加强转移到亚非拉国家,对这些国家的工业化、现代化和经济起飞产生重要影响。因此,新兴大国与亚非拉发展中国家经济关系的发展和经济循环的形成,必将积极促进落后国家的经济发展,从而形成互利、双赢的局面。

〔作者王跃生,北京大学经济学院国际经济与贸易系主任、教授。本文刊发于《中国高校社会科学》2013年第4期,责任编辑汪立峰。人大复印资料《世界经济导刊》2014年第2期转载〕

谈判地位、价格加成与劳资博弈
——我国劳动报酬份额下降的微观机制分析

谢 攀 李文溥 刘 榆

一、引言

观察中国近35年劳动报酬占GDP份额的变化趋势,可以发现,20世纪90年代中期和21世纪前十年的中后期是两个分水岭(图1,见下页)。1978年,劳动者报酬占比低于50%(49.66%),改革开放后逐渐提高,1984年达到53.57%,其后缓慢回落至1989年的51.51%,1990年升至53.42%,1995年以后逐年下降并延续至2007年的39.74%。2008年以来,劳动报酬占比开始回升,目前在45%左右,但依然低于改革开放初期的比重。从劳动报酬的结构上看,改革开放前大部分劳动报酬表现为非工资收入,改革开放后,随着工业化和城市化的进程加快,劳动报酬则逐步向工资收入转移,从而引起劳动收入份额增加。① 向书坚、杨少华和徐学清等对1978~1995年间中国要素分配份额的研究也得到了类似结果。② 跨国研究发现,最近20年中,劳动收入份额不仅在大多数国家呈下降的趋势,而且在金融危机中往往急剧下降,以后仅部分回升。③

对于这一变化趋势的研究,现有文献主要从产业结构、技术进步等宏观层面展开。白重恩、钱震杰发现劳动收入份额自1995年下降了约10个百分点,认为其主要原因是农业部门向非农业部门转型的产业结构性变化和工业部门的劳动份额降低,国有企业改制和垄断程度的增加等非技术因素是工业部门劳动份额降低的主要原因。④ 罗长远、

---

① 参见李扬:《收入功能分配的调整:对国民收入分配向个人倾斜现象的思考》,《经济研究》1992年第7期。
② 向书坚:《我国功能收入分配格局分析》,《当代经济科学(陕西财经学院学报)》1997第5期;杨少华、徐学清:《居民劳动报酬对功能收入分配的影响分析》,《运筹与管理》2000第3期。
③ Ishac Diwan, "Labor Shares and Financial Crises", Mimeo, The World Bank, 1999, November.
④ 白重恩、钱震杰:《我国资本收入份额影响因素及变化原因分析——基于省际面板数据的研究》,《清华大学学报(哲学社会科学版)》2009年第4期。

张军的分析得到类似的结论，认为1996年之后劳动收入占比的下降与工业化达到一定高度之后现代化推进速度较慢有关，第一产业比重不断下降，第三产业发展比较缓慢，三次产业的劳动收入占比下降也是重要原因。① 黄先海和徐圣从技术进步的角度进行研究，强调资本深化能提高劳动收入比重，但大于0且小于1的乘数效应缩小了其对劳动收入比重的正向拉动作用，劳动节约型技术进步是劳动密集型和资本密集型部门劳动报酬比重下降的最主要原因。② 运用中国1987~2004年省级面板数据，通过对联立方程模型进行三阶段最小二乘分析，罗长远、张军进一步发现，FDI、经济发展水平以及民营化都不利于劳动收入占比的改善。资本密集型产品进口、财政支出以及物质资本和人力资本积累对劳动收入占比起促进作用。③

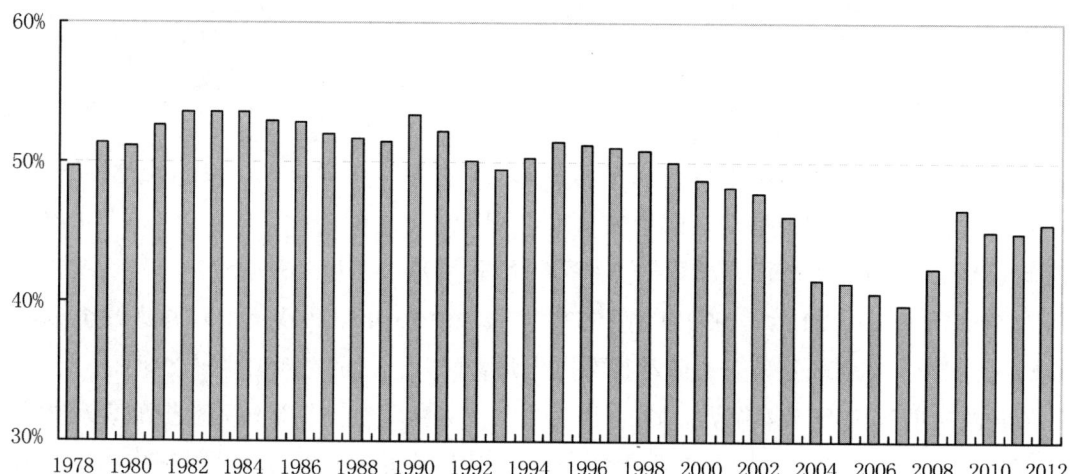

图1 GDP中劳动者报酬的比重

资料来源：作者利用Hsieh和Li（1999）、《中国统计年鉴》、CEIC数据计算整理；1992年之前的数据来自Hsieh和Li（1999）；1993~2004年采用《中国国内生产总值核算历史资料：1952~2004》；2005~2007年采用《中国统计年鉴》的数据；2008~2012年数据则源自CEIC数据库。

这些宏观层面的研究对理解我国近20年来的劳动报酬占比下降提供了有益的认识，但是，任何宏观经济现象都有其微观基础及体制、机制背景，宏观经济现象的微观基础研究有利于宏观经济分析的深化。Gomme等应用基于两种类型代理人、工人和

---

① 罗长远、张军：《经济发展中的劳动收入占比——基于中国产业数据的实证研究》，《中国社会科学》2009年第4期。
② 黄先海、徐圣：《中国劳动收入比重下降成因分析——基于劳动节约型技术进步的视角》，《经济研究》2009年第7期。
③ 罗长远、张军：《劳动收入占比下降的经济学解释——基于中国省级面板数据的分析》，《管理世界》2009年第5期。

企业家的 RBC 模型较好地解释了战后美国劳动收入份额的反周期变动。[①] 假设产品市场垄断竞争决定经济租金规模，劳动力市场讨价还价决定租金分配，Blanchard 和 Giavazzi 发现 20 世纪 80 年代欧洲诸国的失业率上升和劳动份额下降是由劳动力市场放宽管制导致工人谈判力量相对降低引起的。[②] 中国自 1995 年以来的劳动报酬份额下降，是劳动力市场要素价格扭曲的集中体现。如不从扭曲要素比价的微观基础入手，剖析劳动报酬份额下降的根本原因，似乎难以真正洞悉中国经济内部结构失衡的本质。近期，一些研究开始转向对要素市场扭曲的微观基础的讨论。[③] 我们通过对国民收入分配格局的梳理和发展相似阶段的国际间比较发现，劳动报酬份额的决定不仅与劳动力市场相关，而且与产品市场密不可分。仅仅从产业结构变迁、技术进步等宏观视角，或从劳动供给与需求出发得到的均衡工资和工人数对现实的解释力是有限的。因此，本文拟从劳动力市场和产品市场结合的角度，对中国在 20 世纪 90 年代中期以来劳动报酬份额下降的成因进行微观机制研究。首先，分析两个市场同时均衡的条件下，劳动报酬份额的决定机制。其次，推导出理解劳动报酬份额下降的假说：中国劳动报酬份额的显著下降，是劳动力市场上工人谈判力量下降和产品市场上价格加成上升共同作用的结果。再次，通过对中国经验事实的观察来初步考证这一假说。最后是结论和政策含义。

二、劳动报酬份额决定的均衡分析

（一）模型设定

为了更好地揭示劳动力市场和产品市场对劳动报酬的影响，本文参考 Blanchard 和 Giavazzi（2003）的设定方式来分析中国劳动报酬份额的决定机制。将工人的效用函数、厂商的生产函数、工人与厂商之间讨价还价的基本形式设定如下：

1. 工人

存在 L 个工人（消费者），每一期工人的效用函数为：

$$V = [m^{-1/\sigma} \sum_{i=1}^{m} C_i^{(\sigma-1)/\sigma}]^{\sigma/(\sigma-1)} \tag{1}$$

[①] Gomme, P. & J. Greenwood, "On the cyclical allocation of risk", *Journal of Economic Dynamics and Control*, 1995, Vol. 19, Issue 1~2, pp. 91~124.

[②] Blanchard, Giavazzi, "Macroeconomic Effects of Regulation and Deregulation in Goods and Labor Markets", *Quarterly Journal of Economics*, 2003, Vol. 118, No. 3, pp. 895~896.

[③] Hsieh, Chang-Tai & Klenow, Peter J, "Misallocation and Manufacturing TFP in China and India", *The Quarterly Journal of Economics*, 2009, Vol. CXXIV, Issue 4, pp. 1403~1448；朱喜、史清华、盖庆恩：《要素配置扭曲与农业全要素生产率》，《经济研究》2011 第 5 期；杨振、陈甫军：《中国制造业资源误置及福利损失测度》，《经济研究》2013 第 3 期。

其中，$\sigma = \bar{\sigma} g(m)$，$g'(\cdot) > 0$，$\bar{\sigma}$是常数，$m$是产品的种类（短期外生给定，长期由市场进入成本内生决定），C_i为工人消费产品i的数量。如此设定效用函数，有两点经济含义。第一，假定消费存在对称性，即工人以相等的比例消费m种产品，因此，工人消费产品i的数量$C_i = C/m$，从而效用$V = C$。也就是说，产品种类的增多并不直接增加效用。第二，产品种类增多将增加产品间的替代弹性，从而间接地影响厂商面临的需求价格弹性。这缘于此处对σ的假设，像Hotelling模型那样，此处σ是m的增函数，而不是像Dixit-Stiglitz框架中为常数。所以，如果放松管制将吸引厂商加入，丰富产品种类。当然，这一作用是通过削弱厂商垄断力量得以发挥的。

每一期，工人供给0或1单位劳动，并且将所有收入都用于消费（本文不考虑储蓄，即不存在跨期选择）。于是，工人的预算约束为：

$$\sum_{m=1}^{4} P_i C_i = W N^s + P f(U)(1 - N^s),$$

此处，N^s为工人的劳动供给。当工人不工作时，$N^s = 0$；工作时，$N^s = 1$, $f'(\cdot) < 0$，P为消费价格指数：

$$P \equiv \left(\frac{1}{m} \sum_{i=1}^{m} P_i^{1-\sigma} \right)^{1/(1-\sigma)}$$

消费支出在工人工作时等于劳动收入，不工作时等于非劳动所得。工人未被雇佣时的保留工资是失业率u的减函数。基于消费对称性的假设，$C_i = C/m$，代入上方的工人预算约束，从而将工人每一期的效用进一步改写为：

$$(W/P - f(u)) N^s + f(u)$$

其中，第一项表示就业时的劳动报酬。与以往文献不同，此处为剔除保留工资后的实际报酬，它进一步反映了劳动者基于对失业率的研判来衡量实际收入水平；第二项表示工人未就业时的保留工资。如果市场工资尚未达到工人对其边际闲暇价值的估计，那么工人宁愿不工作，也不愿意接受水平低于自己设定的最低薪酬去工作，即"保留"自己的劳动力。

2. 厂商

假设每个厂商只生产一种产品，即厂商数目与差异化产品种类相等，那么，厂商i的生产函数可以表示为：

$$Y_i = N_i^d$$

其中，N_i^d表示厂商的劳动投入数量。为聚焦劳动力供求的影响，此处暂不考虑资本，产量也不存在直接或间接的影响。因此，在完全竞争条件下，劳动的生产率恒等于1。每个厂商由一名企业家经营，其效用函数与（1）式给出的消费者效用函数相同。每一期，厂商获得的利润全部用于消费。厂商i的名义利润记为$P_i Y_i - W_i N_i^d$，或等价表示为$(P_i - W_i) N_i^d$。

3. 讨价还价

每一期，每个厂商与 L/m 个工人就工资进行讨价还价，工人们可以选择工作或待业。此处，假设厂商与工人之间的讨价还价采用纳什议价（Nash bargaining）形式：厂商 i 与工人共同选择工资和就业水平，从而最大化他们收益对数的几何平均：

$$\beta\log((W_i - Pf(u))N_i^s) + (1-\beta)\log((P_i - W_i)N_i^d) \tag{2}$$

（2）式第一项表示工人在厂商 i 工作获得的收益（在消费对称性的假设下），第二项表示厂商 i 的利润，β 反映工人议价能力的相对强弱。当工人议价能力较强时（即 β 较高），对分配经济租金（rents）享有更多话语权，那么工人至少在短期内不必承受就业下降的痛苦，从而可以获得较高的工资。

（二）短期均衡分析

短期内厂商数量（即产品数量）被视为给定的，长期则由市场进入条件决定。厂商和工人对租金的短期分配决定了厂商长期的均衡数量。尽管经历多轮行政审批改革后，我国的行政审批事项大幅精简。但是现实中，不仅在垄断行业，而且在竞争性领域，仍有一些部门和地区利用"红头文件"、规章等行政资源，以登记、备案、年检、监制、认定、审定以及准销证、准运证等形式，变相设置审批事项，直接或间接地阻碍要素流动，为市场竞争制造障碍。本文将厂商面临的此类障碍统一视为进入成本，并记为 c，为方便起见，假设影子成本 c 与产出 Y（或就业 N）成比例。

1. 短期局部均衡

给定工人和企业家的偏好，对产品 i 的需求可以表示为：

$$Y_i = (Y/m)(P_i/P)^{-\sigma} \tag{3}$$

其中，Y 是总需求（总产出），Y_i 是对产品 i 的需求，在相对价格为 1 时，厂商面临的需求为总需求的 $1/m$，相对价格的需求弹性为 $(-\sigma)$。给定 Y、P 和失业率 u，厂商 i 和工人们选择就业 N_i、价格 P_i 和工资 W_i，从而最大化（2）式，可得：

$$\frac{P_i}{P} = (1+\mu(m))f(u) \tag{4}$$

其中，$\mu(m)$ 是相对价格对保留工资的加成，具体可以表示为：

$$\mu(m) = 1/(\overline{\sigma g(m)} - 1), \mu'(m) < 0$$

实际工资可以表示为：

$$\frac{W_i}{P} = (1-\beta)f(u) + \beta(P_i/P)$$

将（4）代入上式得到：

$$\frac{W_i}{P} = [1 + \beta\mu(m)]f(u) \tag{5}$$

（5）式意味着短期局部均衡时，实际工资是 β 和 μ 的增函数。对此有以下两点经济含义：第一，β 越高，总租金中归属工人的份额就越大。因为保留工资不受影响，故此时工资增加对就业没有影响。第二，μ 越高，实际工资就越高。厂商因价格加成的上升而获得更多的租金，租金及其增量中的一定比例便可以实际工资增加的形式分配给工人。

2. 短期一般均衡

局部均衡时，每个厂商自由地选择相对价格 P_i/P，但在一般均衡时，并非所有的厂商都可选择大于 1 的相对价格。在消费对称性的假设下，一般均衡时所有产品的价格都必须相等。因此，将 $P_i/P=1$ 代入（4）式，可得：

$$1 = (1+\mu(m))f(u) \tag{6}$$

短期内厂商的数量给定，故 $\sigma = \bar{\sigma}g(m)$ 是给定的，从而 $\mu(m)$ 也是给定的。(6) 式决定了均衡的失业率。故将 $f(u) = 1/(1+\mu(m))$ 代入（5）式，可得短期一般均衡时的实际工资：

$$W_i/P = (1+\mu(m)\beta)/(1+\mu(m)) \tag{7}$$

（7）式的经济含义有两点：第一，与局部均衡相同，实际工资仍是 β 的增函数。第二，与局部均衡不同，此时有两种效应在共同起作用，实际工资现在是 μ 的减函数。第一种效应是上文阐述的局部均衡效应，即更高的价格加成意味着厂商利润率的提高。在这些企业从业的工人能分享到较多经济租金，从而带来更高的实际工资。第二种效应是一般均衡效应。厂商获得的所有租金都源自消费者，由于一些厂商产品价格加成的上升（既包括价格加成绝对比例上升，也包括价格加成相对比例的上升，即其涨幅超过市场平均水平情形），消费者必须为购买这些厂商的产品支付得更多。因此，工人虽有可能以劳动者的身份受益，却一定会以消费者的身份受损。尤其是对在竞争性领域和体制外部门就业的劳动者而言，不仅无缘分享经济租金相对上涨的收益，还要承受消费价格总水平上升的压力，显然处于绝对弱势，故实际工资下降。

（三）长期均衡分析

在长期，经济租金决定了厂商选择进入还是退出，租金必须覆盖进入成本。在给定进入成本与产量成比例的假设下，这一条件可以表示为如下的简化形式：

$$(\mu(m)(1-\beta))/(1+\mu(m)) = c \tag{8}$$

单位工人利润必须等于影子成本 c。(8) 式决定了产品市场和劳动力市场均衡时产品 m 的数量。

使用 $\mu(m)$ 的定义，(8) 式可以改写为如下的形式：

$$\bar{\sigma}g(m) = (1-\beta)/c \tag{9}$$

给定 $g'(\cdot) > 0$，均衡的产品数量是 $\bar{\sigma}$ 的减函数：对给定数量的厂商来说，更多的竞争意味着租金的下降，进入市场的吸引力变小。厂商数量也是 β 的减函数：更小比例的租金归属厂商，也使得进入市场的吸引力下降。并且，厂商数量还是 c 的减函数：更高的进入成本要求更高的租金，导致更少的企业。

将（8）式解得的成本加成 $\mu(m) = \dfrac{c}{1-\beta-c}$ 代入（6）式，失业率可以表示为：

$$f(u) = 1 - c/(1-\beta) \tag{10}$$

更高的 c 或更高的 β，要求更高的成本加成覆盖市场进入成本，因此均衡的保留工资更少，从而失业率更高。

最后，将从（8）式中得到成本加成 $\mu(m) = \dfrac{c}{1-\beta-c}$ 代入（7）式，得到实际工资为：

$$W_i/P = 1 - c \tag{11}$$

表 1 劳动力市场和产品市场管制对工资和就业的影响

均衡类型		管制影响变量	β上升	μ上升	总效应
短期	局部均衡	工资	+	+	+
		就业	无	无	无
	一般均衡	工资	+	−	−
		就业	无	无	无
长期	一般均衡	工资	−	−	−
		就业	−	−	−

资料来源：根据前文整理。

生产率等于 1，每单位产出中厂商必须获得 c，以覆盖进入成本。因此，实际工资等于 $1-c$。经济含义有以下两点：第一，因为厂商长期的供给具有完全弹性，β 增加便不再增加实际工资。较高的 β 意味着对厂商较低的租金，在给定进入成本的情形下，导致较少的厂商、较高的成本加成和较低的保留工资，从而抬高失业率。第二，成本加成 μ 不再是外生的参数，而是由长期均衡时的 β 和 c 决定的。μ 的增加来自 c 的增加，导致实际工资下降。而且 c 现在的增加还将导致失业率的上升。更高的 c 导致更少的厂商、更高的价格加成和更低的保留工资，从而产生更高的失业率。

三、不同放松管制方式的影响分析

（一）产品市场放松管制

1. 产品市场放松管制：$\bar{\sigma}$ 上升

给定厂商数量，假设政府通过增强产品市场的竞争来提高需求弹性。短期内面临更富需求弹性的厂商将选择降低价格加成，促使实际工资的上升和失业率的下降。然而，从长期看，这个令人可喜的效应将消失，因为给定进入成本不变，利润率下降导致厂商数量减少，长期利润率会回到放松管制前的水平。由于利润率返回其初始水平，价格加成从而也回到初始水平。这意味着，失业率和实际工资也回到放松管制前的水平。总之，产品市场上这种类型的放松管制最终将事与愿违：短期的有利效应随着时间将会消失，经济重返放松管制前的均衡。将进入成本视为给定，考虑 $\bar{\sigma}$ 的变化，这类事与愿违的情形尤为明显。

2. 产品市场放松管制：c 下降

实践中，许多管制措施也可能影响 c。例如，将 c 视为限制厂商数量的影子成本（如政府将某个市场通过"红头文件"、"规章"、"管理办法"等形式赋予少数几家企业经营），即使 $\bar{\sigma}$ 上升，这些处于垄断地位的企业也仍然会留在这个市场。更一般地，影子成本 c 将随利润率一比一地同步下降，从而产生短期和长期放松管制的有利影响。然而，这些结果表明：对一个存在进入限制的经济来说，如果不减少限制，而以其他方式增加竞争程度，在一定程度上对租金产生的效应将事与愿违。假设短期内厂商数量是固定的，市场进入成本 c 的下降在短期内没有作用，但是，在长期内将吸引潜在的厂商进入，从而带来较高的需求弹性和较低的成本加成，因此，将导致失业减少和实际工资上升。这类产品市场放松管制之所以能起到作用，是因为它从根本上来解决问题，降低了厂商进入和留在市场中的租金，允许更多的竞争，从而减少失业并提高实际工资。

应该注意到，以上这两类产品市场放松管制的措施对实际工资或就业都不存在跨期选择问题。在短期内，第一种类型的放松管制措施带来较高的实际工资和较低的失业率，但在长期内没有作用。第二种则没有短期效应，但在长期内会引起实际工资上升，失业率降低。

（二）劳动力市场放松管制

由于工人对厂商的谈判力下降，短期内工人将放弃一些租金，由（7）式可知，工人实际工资下降，利润率上升。由于失业率仍然是由（6）式决定的，故这种要素收入分配的变化对失业率没有影响。因此，短期内工人的利益明显受损。长期内，在利润率重新等于 c 之前，租金中更多的份额留给厂商，故吸引潜在厂商进入市场。新厂商进入，竞争增加，价格加成下降，将带来失业率下降和实际工资上升。长期内失业率低于放松管制前的水平，实际工资也返回到放松管制前的初始水平。因 β 下降导致的实际工资短期下降恰好通过价格加成下降得到补偿。

总之，劳动力市场管制放松是通过租金分配转向有利于厂商的变化起作用的，它将导致长期竞争增加和失业减少。因此，短期内工人谈判力量的改变不过是在工人和厂商之间重新分配了租金。但长期而言，通过改变利润导致厂商的进入或退出，将引起失业水平的变化。与产品市场放松管制相比，劳动力市场放松管制伴随着明显的跨期选择，即以短期较低的实际工资换取长期较少的失业。

表2 产品市场和劳动力市场放松管制对工资和就业的影响

均衡类型	放松管制影响 变量	产品市场		劳动力市场
		$\bar{\sigma}$ 上升	c 下降	β 下降
短期	工资	+	没有作用	-
	失业	-	没有作用	无影响/+*
长期	工资	-	+	+
	失业	+	-	-
效应		返回放松规制前的均衡		

资料来源：根据前文整理。

注：*表示在线性效用函数假设下，β下降对失业"无影响"，而在凹效用函数假设下β下降导致失业上升。推导过程参见 Blanchard, Giavazzi, "Macroeconomic Effects of Regulation and Deregulation in Goods and Labor Markets", *Quarterly Journal of Economics*, 2003, Vol. 118, No. 3, pp. 895 – 896。

四、劳动报酬份额下降的原因

如前文图1所示，中国近35年劳动者报酬占 GDP 的比重，在1978年为49.66%，1990年上升到53.42%，1995年开始逐年下降。此外，20世纪90年代中期以来，自然失业率出现较大幅度的上升趋势。采用三角模型（Triangle Model）估计不同时段的自然失业率，结果显示，1978～1984年为3.79%，1985～1988年为0.33%，1989～1995年为1.77%，1995年以后为4.43%。[1] 另一种采用 Kalman 技术估计结果也基本相近。[2] 针对劳动报酬下降和自然失业率上升的问题，一些观点认为，这是由于工资上升，不仅带来资本对劳动的替代，而且促使厂商转向劳动节约型的技术进步，从而避免劳动成本增加。这与 Acemoglu 对过去60年技术进步偏向的观察也是一致的。[3] 这一解释的主要问题在于，劳动报酬份额在80年代初上升之后进入变化相对平稳的时期并延续至90年代中期之前，累积的工资增长率远小于累积的全要素生产率增长率。除非厂商预期未来工资显著上升，否则很难解释为什么厂商依然对过去工资的增加作出反应。基

---

[1] 蔡昉选取不同时段的虚拟变量来划分改革阶段，即把1985年作为城市经济改革的开始年份，把1988年作为全面改革的开始年份，而把1996年作为触及就业的国有企业改革开始年份。参见蔡昉、都阳、高文书：《就业弹性、自然失业和宏观经济政策——为什么经济增长没有带来显性就业》，《经济研究》2004年第9期。

[2] 参见曾湘泉、于泳：《中国自然失业率的测量与解析》，《中国社会科学》2006年第4期。

[3] Acemoglu 认为有价格效应和市场规模效应是影响技术进步偏向的两个主要因素。不同要素间的替代弹性决定技术进步和要素价格对要素相对供给变化的反应。参见 Daron Acemoglu, "Cross-country Inequality Trends", *The Economic Journal*, 2003, Vol. 113, Issue 485: F121～F149。

于劳动力市场和产品市场均衡的分析框架,给定简单的线性生产技术,根据定义,劳动生产率等于1,从而劳动报酬份额等于工资,将(8)代入(11)可得:

$$\alpha = (1+\mu\beta)/(1+\mu)$$
$$= 1 + \frac{(\beta-1)}{1+\frac{1}{\mu}} \quad (12)$$

(12)式为在两部门一般均衡框架下理解劳动报酬份额的决定提供了一个可能的逻辑:20世纪90年代中期以来中国劳动报酬份额显著下降,是劳动力市场上工人谈判力量下降和产品市场价格加成能力上升共同作用的结果。从理论模型推导的这一逻辑是否能得到中国经验事实的支持呢?以下分别从劳动力市场和产品市场来考察工人谈判地位的演变和价格加成上升的幅度。

(一)工人的工资议价能力下降

由(12)式可知,β下降意味着工人对厂商的谈判力降低。从上一节的分析得知,工人对厂商的谈判力下降不仅导致短期劳动报酬份额的降低,而且在更一般的凹效用函数假设下,还导致失业增加。尽管成熟的市场经济国家通行的劳动力讨价还价机制在我国至今尚未形成,但这并不意味着我国工人的工资议价行为不存在。改革开放以来,我国工人的工资议价行为始终存在,但在不同时期、不同部门因体制背景不同,表现方式不同,议价能力也不同。如果以20世纪90年代中期为分水岭,将改革开放迄今划分为两个阶段,可以看出,伴随城市就业和工资制度的一次次改革,两个阶段工人的议价能力和实际地位在"工人—企业—国家"之间的博弈中呈现出截然不同的格局。

在前一个阶段(1978~1991年),我国工人主要就业于国企及城市集体企业,仍然保留计划经济时的"终身"身份,在国家对企业放权让利、企业打破僵化工资制度过程中逐步获益。具体可以分为两个子阶段,第一子阶段(1978~1984年):解放思想,恢复按劳分配原则。这一阶段重新确立了按劳分配原则,并调整了国营企业管理体制。第二个子阶段(1985~1991年):打破两个"大锅饭",调整分配关系。随着国营企业普遍实行承包经营责任制,结合第二次利改税,工资分配实行了重大改革。一是在全国推行了企业工资总额同经济效益挂钩办法,开始探索运用地区、行业工资总挂钩等手段调控企业工资总量,与机关事业单位工资分配脱钩,实行分类分级工资管理体制。二是国家发布国营企业参考工资标准,打破僵化的八级工资制度,许多企业试行了浮动工资制、结构工资制、岗位工资制等基本工资制度,内部分配形式逐步实现灵活多样。在这个阶段,企业员工因"终身"身份,在工资议价中处于相对有利地位。在"职工—企业—政府"的双重博弈过程中,政府不敌企业,承包制包盈不包亏;企业不敌职工，工资侵蚀利润。这导致了国民收入分配结构的根本性调整，国有企业亏损大面积上升，企业资产负债率接近100%，三角债使国民经济潜伏着风险。[①]

正因为如此，1992年以后，国有经济配置领域实行了战略性调整。竞争性领域的大部分国有企业以不同方式改制，非国有经济在竞争性领域的占比不断提高。职工与企业的关系从此发生重大变化：垄断性行业的国有企业基本上延续既有的"工资侵蚀利润"模式，职工收入不断提高，然而，失去"终身"身份保护的竞争性领域企业的城市职工谈判地位急剧下降，收入增长缓慢。尤其从90年代末以来，随着经济全球化步伐加快，全球制造业中心转移，国内工业化、城市化的进程加快，大量进城务工的农村劳动力与数千万的国企下岗职工一起涌入城镇劳动力市场。贸易和投资壁垒的降低加剧了熟练工人、资本所有者和专业人士与非熟练工人之间的不对称，并使贸易部门更大地暴露在国际竞争的压力之下。彻底摆脱了指令性计划、僵化的就业和工资制度的企业和工人通过劳动力市场进行双向选择和工资调节。在这一阶段，竞争性部门的工人失去了延续到前一阶段的"终身"身份，但"自组织"性质的工会并没有真正形成，加之一些地方政府为实现GDP及财政收入最大化，不计成本地招商引资，在劳资关系上向资本倾斜。所以在与企业的新一轮博弈中，工人处于弱势，导致企业的收入分配向资方倾斜。其结果，一方面是竞争性部门与垄断性部门的收入差距不断扩大[②]，另一方面是全部劳动报酬占GDP之比逐渐下降。

（二）厂商价格加成上升

价格加成幅度通常由厂商自主设定，由（8）式知，产品市场和劳动力市场同时达到长期均衡时，

$$\mu = c/(1-\beta-c)$$
$$= \frac{1}{\frac{1}{c}(1-\beta)-1}$$

这意味着 μ 的增加可能源自以下两个方面。

第一，与销售成本相比，销售收入的更快增长直接提高了价格加成[③]。根据Wind资讯数据，1998年以来，分布在国民经济各个行业和30个省、直辖市和自治区上市公司的价格加成逐步上升，尽管由于加入WTO，2003年之后的价格加成小幅回落，但依

---

① 参见李文溥：《国有经济优化配置论》，经济科学出版社，1999年，第291~292页。
② 参见李文溥、王燕武、郑建清：《劳动力市场分化与行业间工资差距变动趋势研究》，《山东大学学报（哲学社会科学版）》2013年第5期。
③ markup是对每个企业计算，表示企业的垄断能力，markup = （销售收入 – 销售成本）/销售收入。

然保持在 0.43 以上，是 1998 年的 1.5 倍（图 2）。其中，国资属性上市公司（包括中央国有企业、地方国有企业）2012 年价格加成幅度较 1998 年增长了近三成，对所属行业的控制力与影响力逐步增强。更一般地，从全行业观察，全国私营企业与规模以上企业之间的价格加成缺口从 1998 年的 18.7% 持续扩大至 2002 年的 44.7%①，之后有所收窄，但大多数年份都保持在两位数以上，这说明，相对于非国有企业，国有企业的价格加成能力上升了。规模以上企业是工业发展的主力军，"三年攻坚"完成后，规模以上企业里国有企业数量大幅下降，但值得注意的是，尽管国企营收占比和利润占比呈现"双降"，但企业数量占比却逆势上升②。国企因其地位特殊，实际上对劳动、资本、土地、能源等生产要素往往具有较强议价能力。基于要素比价扭曲的低成本扩张，短期内固然增加了利润，但也锁定了严重依赖"投资驱动"的增长模式，为长期可持续发展埋下了隐患。

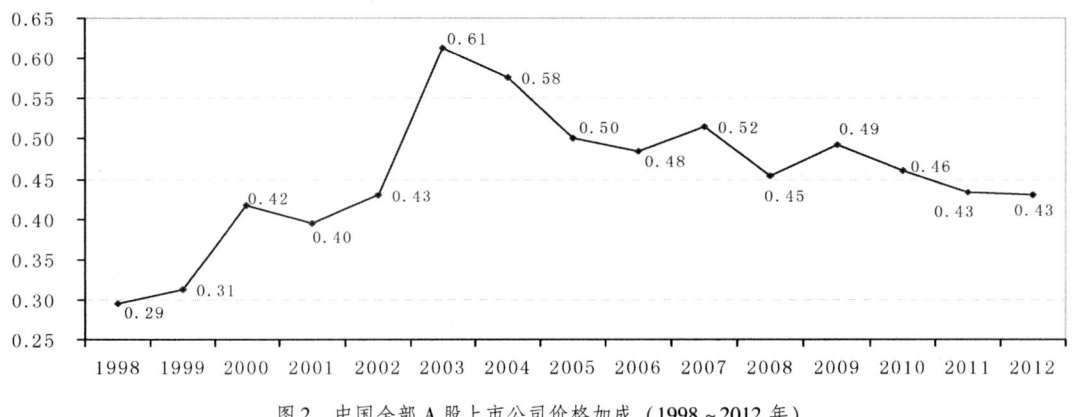

图 2 中国全部 A 股上市公司价格加成（1998~2012 年）

数据来源：根据 Wind 资讯数据库整理计算。

第二，即使不考虑工人谈判力的影响，市场进入成本上升也会引致价格加成增加。首先，正如十八大报告所指出的，各种所有制依法平等使用生产要素，公平参与市场竞争，同等受到法律保护，至今仍有待实现，需要通过全面深化经济体制改革来推进。这也证明了市场进入障碍的存在。我们的另一研究发现，近 20 年来，中国的劳动力市场出现了多元化，分隔程度趋于上升。垄断性部门与竞争性部门、垄断性部门之间的

---

① 此处定义的规模以上企业与私营企业的价格加成缺口 =（规模以上企业价格加成 − 私营企业价格加成）/私营企业价格加成。

② 2011 年国企营业收入占规模以上企业比率、利润总额占规模以上企业比率为 16.25% 和 12.40%，分别较 2004 年下降了 6.8 和 6.53 个百分点。而国企数量占规模以上企业的比率却从 2.22% 升至 3.03%。

阻隔程度正不断提高，说明这些部门之间的进入成本在上升。① 它势必推动垄断性部门的价格加成能力上升。其次，从微观经营活动看，根据 Wind 资讯数据，2008 年两税合并实施以来，内外资企业间价格加成的缺口显著收窄②，从 2007 年接近峰值的 110%，大幅下降至 2012 年的 36%。尽管上市公司数量和覆盖面有限，但颇具代表性的行业龙头数据说明，先前实施多年的内外资企业差别所得税率客观上使得外资企业税负偏轻，内资企业税负偏重，这在一定程度上抑制了内资企业的市场进入，驱使内资企业通过降低劳动力成本等多种手段来抬高加成幅度。据统计，1999 年以来，制造业劳动报酬水平年递增 10% 以上，但是，我国制造业单位产出劳动力成本（ULC）呈下降趋势，2009 年的 ULC 甚至不及 1999 年的 90%③。最后，随着未来"营改增"试点地区和行业的扩围，各地二、三产业间的抵扣链条将彻底打通，增值税的中性效应有望进一步发挥，市场进入的税收壁垒将显著下降，为维持价格加成幅度而压低劳动力成本的现象将得到明显改善。

五、结论与政策含义

本文将工人与厂商博弈中实际工资的决定过程，纳入产品市场和劳动力市场同时均衡的框架下进行分析，得到以下几点结论：

（1）劳动报酬份额决定的短期均衡分析表明，当产品价格加成上升时，消费者必须为购买这些产品支付得更多。因此，工人有可能以劳动者的身份受益，却一定会以消费者的身份受损。长期均衡分析进一步发现，长期均衡时的价格加成是由工人谈判力和市场进入成本共同决定的，市场进入成本增加，不仅导致实际工资下降，还将导致失业率上升。

（2）产品市场放松管制的措施对实际工资或就业都不存在跨期选择，而劳动力市场管制放松具有明显的跨期选择效应，即可以短期内较低的实际工资换取长期内较少的失业。

（3）对劳动力市场上工人谈判地位的演变和产品市场价格加成上升的经验事实的考察，初步印证了近年来中国劳动报酬份额显著下降，是劳动力市场工人谈判力量下

---

① 参见李文溥、王燕武、郑建清：《劳动力市场分化与行业间工资差距变动趋势研究》，《山东大学学报（哲学社会科学版）》2013 年第 5 期。

② 此处定义的内资企业与外资企业价格加成的缺口 =（内资企业价格加成 - 外资企业价格加成）/外资企业价格加成。

③ 李文溥、郑建清、林金霞：《制造业劳动报酬水平与产业竞争力变动趋势探析》，《经济学动态》2011 年第 8 期。

降和产品市场价格加成上升共同作用的结果。

由此得到的政策推论是：第一，对产品市场管制而言，既要立足当下，保护市场公平竞争，又要着眼长远，切实降低各类所有制企业的市场进入门槛和经营障碍，允许更多的市场主体参与竞争，尤其要让民营经济真正成为公平参与竞争的市场主体之一，成为金融、能源、交通、基础设施、保障性住房等领域平等的参与者和竞争者，推动扩大就业，提高劳动者的实际工资。第二，对劳动力市场管制而言，由于在竞争性领域就业的劳动者不仅无缘分享经济租金相对上涨的收益，还要承受消费价格总水平上升的压力，因而处于弱势地位。因此，要深化垄断性行业改革，消除劳动力市场在部门间的进入门槛，促进劳动力市场的统一。在此基础上，加快建立和完善劳资双方劳动报酬的集体谈判机制，强化法律和工会对企业职工劳动权益的保护，实现劳动力市场上劳资双方的力量对比平衡。

〔作者谢攀，厦门大学宏观经济研究中心博士后；李文溥，厦门大学特聘教授、厦门大学宏观经济研究中心主任；刘榆，厦门大学宏观经济研究中心教授。本文刊发于《中国高校社会科学》2013年第4期，责任编辑汪立峰。人大复印资料《劳动经济与劳动关系》2014年第5期转载〕

企业内部收入差距的激励效应研究

罗楚亮

一、引言

随着居民收入差距的逐渐拉大,人们对于收入差距可能产生的消极效应越来越担忧。然而,我国收入分配制度之所以能够摆脱计划经济体制下的平均主义倾向,其中的重要原因在于人们普遍认识到原有的高度平均主义的收入分配结果不利于形成对经济主体的有效激励,从而不利于经济效率的提高。基于个体生产性特征差异所形成的收入差距,如果强调了相关经济主体在生产过程中的贡献差异,那么将会促进经济效率的改善。以收入差距形成激励从而促进经济绩效的改善,成为我国经济体制改革的重要方式。收入差距在一定程度上成为改善绩效和促进增长的手段,这也是收入分配体制改革中曾经强调的"效率优先"的基本含义。然而,对于收入差距究竟在多大程度上满足了这种功能需要,以及是否具有这种属性,则缺乏相应的经验检验和经验证据。在多数情形中,人们只是依据改革开放以来的高速经济增长来推测收入分配体制改革具有政策上所宣称的"效率优先"特征。而另一方面,针对改革开放以来的居民收入分配状况变迁的研究表明,不仅居民收入差距在快速扩大,收入分配机制也发生了深刻的改变。在居民收入差距扩大的过程中,一些因素被认为是不合理的,如城乡差距、地区差距、行业差距的扩大,也有一些因素被认为是合理的,如教育回报率的上升以及由此导致的教育在居民收入差距中影响力的上升。然而,这些关于导致收入差距扩大的因素的合理性判断,可能更多地依赖于研究者的主观价值评价。

在宏观经济层面上,由于经济增长通常被视为福利改进的标志,收入差距与经济增长之间的关系一直是研究者所热衷的重要话题。但现有关于收入差距与经济增长之间联系机制的研究主要集中在四个方面(Barro,2000)[1]:高收入差距的经济体更倾向于采用缩小收入差距的再分配政策,从而对经济决策产生扭曲性的影响;如果信贷市场是不完善的,收入差距过大意味着低收入人群不能进行有效的人力资本投资;

---

[1] Barro R.,"Inequality and Growth in a Panel of Countries", *Journal of Economic Growth*, Vol. 5, 2000, pp. 5~32.

在收入差距较为严重的经济体中更容易产生社会动乱和政策上的不稳定性，从而对经济体的长期决策行为带来不确定性；按照凯恩斯关于居民消费行为存在边际消费倾向递减的假说，高收入人群将具有更强的储蓄倾向，因此收入差距将会有利于提高储蓄率水平，从而有利于资本积累。应当看到，前三个机制表明收入差距是不利于经济增长的，而这一结果难以解释中国经济增长与收入差距扩大相伴而生的现象；而后一个机制中，收入差距则可能对经济增长产生积极效应，收入差距所可能导致的消费不足恰恰成为人们担忧经济增长在长期是否具有可持续性的重要因素。因此这些机制对于理解我国收入差距与经济增长长期并存的现象是不充分的，某些机制甚至可能是不合适的。

在中国经济的转型过程中，经济增长与收入差距之间的正向关联，或许在一定程度上表明收入差距所可能具有的激励效应。至少在社会价值和观念意识上，人们一直认为收入差距可能存在这种激励效应。在实践中，这也成为人们不得不接受收入差距扩大事实的慰藉因素，并被认为是经济增长所必须承受的代价。然而，分配结构的改变是否对经济行为或经济绩效产生了显著的影响，更应当从微观角度寻求相应的经验证据。事实上，已有某些类似的研究，如相当数量的文献对高管薪酬、薪酬结构等分配特征与企业经营绩效之间的关联性进行经验检验，但其结论也是有分歧的[①]。对于收入分配所具有的激励效应，多数研究强调的是企业治理的视角，并且通常只关注于某一特定群体，如高管薪酬对于企业经营绩效的影响。魏刚（2000）[②] 对上市公司的研究发现，高层管理人员的薪酬与公司经营业绩之间不存在正相关关系。

对于团队内部的收入差距所可能产生的激励效应，多数研究主要集中在三个方面，一是高层管理人员之间的收入差距对经营绩效的影响。林浚清等（2003）[③] 研究发现，高管之间的薪酬差距对企业经营绩效具有正向影响。而张正堂和李欣（2007）[④]、张正堂（2008）[⑤] 等则给出了相反的结果，巫强（2011）[⑥] 也发现高管团队内部薪酬与企业

---

① 从理论上说，企业内部薪酬差距与经营绩效之间同时存在两种不同的作用机制。强调竞争的锦标赛机制和强调合作的行为理论分别为企业内部薪酬差距与经营绩效之间所可能存在的正向关联和负向关联提供了相应的解释。

② 魏刚：《高级管理人员激励与上市公司经营绩效》，《经济研究》2000 年第 1 期。

③ 林浚清、黄祖辉、孙永祥：《高管团队内薪酬差距、公司绩效和治理结构》，《经济研究》2003 年第 4 期。

④ 张正堂、李欣：《高层管理团队核心成员薪酬差距与企业绩效的关系》，《经济管理》2007 年第 2 期。

⑤ 张正堂：《企业内部薪酬差距对组织未来绩效影响的实证研究》，《会计研究》2008 年第 9 期。

⑥ 巫强：《薪酬差距、企业绩效与晋升机制——高管薪酬锦标赛的再检验》，《世界经济文汇》2011 年第 5 期。

绩效之间是负相关的。陈丁和张顺（2010）①则发现这种关系是倒U型的，即高管团队内部收入差距扩大会提高企业绩效，但到一定程度后则产生相反的影响。二是高管与员工之间的薪酬差距对企业绩效的影响。刘春和孙亮（2010）②发现，在国有企业内部，高管与员工薪酬差距同企业绩效显著正相关。赵睿（2012）③基于制造业上市公司数据，发现高管与员工之间的薪酬差距对企业绩效会产生倒U型曲线的影响：在薪酬差距较低时，企业绩效会随着薪酬差距的扩大而改善，然而到一定程度后，则表现出相反的关系。卢锐（2007）④认为，高管内部薪酬差距有利于提升绩效，但核心高管与员工之间的薪酬差距并没有带来业绩的显著提升。三是针对特定企业内部薪酬差异对经营绩效影响的案例性研究。白锋和程德俊（2006）⑤通过对美国职业篮球联盟统计信息的分析，发现较大的薪酬差距对于个人和团队绩效都具有显著的积极影响。

值得注意的是，上述关于企业内部薪酬结构与经营绩效关联性的讨论，通常局限于特定的企业类型，对内部薪酬结构的研究也常常局限于特定的人群，特别是高层管理人员之间或高层管理人员与一般员工之间的类属差异，但对于企业内部总体分配状况以及相应分配机制的关注则明显不够。在市场化改革过程中，企业被逐渐赋予了更多的经营自主权，而市场竞争压力也迫使企业的经营行为具有更强的盈利动机。寻求有效的分配机制，将成为企业经营中的重要经济行为。然而，相关文献较少从微观角度探讨企业内部的分配规则及其效应。本文试图从企业盈利能力的角度，在微观企业数据的基础上探讨收入差距及其相应的分配机制是否具有激励效应，并对企业内部收入分配机制的激励效应进行经验分析。基本的研究思路是，在企业—雇员匹配数据的基础上，探讨企业内部雇员的工资收入差距以及从收入差距影响因素中所推演的分配机制，进而分析其对企业经营绩效究竟产生怎样的影响。此外，本文还将从产出和成本两个角度讨论企业内部分配的效应。本文其余部分包括，第二部分描述本文所使用的数据基本特征；第三部分对企业内部的收入差距及其分配机制进行描述性说明；第四部分对企业内部的工资收入分配与经营绩效之间的关联性进行计量分析；第五部分是全文的总结。

---

① 陈丁、张顺：《薪酬差距与企业绩效的倒U型关系研究——理论模型与实证探索》，《南开经济研究》2010年第5期。
② 刘春、孙亮：《薪酬差距与企业绩效：来自国企上市公司的经验证据》，《南开管理评论》2010年第2期。
③ 赵睿：《高管—员工薪酬差距与企业绩效——基于中国制造业上市公司面板数据的实证研究》，《经济管理》2012年第5期。
④ 卢锐：《管理层管理、薪酬差距与绩效》，《南方经济》2007年第7期。
⑤ 白锋、程德俊：《团队薪酬差距对个人和团队绩效的影响》，《经济科学》2006年第6期。

二、数据说明

本文所使用的数据来自北京师范大学中国居民收入分配研究院最低工资课题组2009年搜集的"企业—雇员"匹配数据，涵盖北京、吉林、江苏、山东、湖北、广东、四川和陕西的2443家企业[①]，共涉及777619个雇员。本文所采用数据的基本特征如表1（见下页）所示。男性样本占多数，为全部样本的61.52%[②]。平均受教育年限[③]为9.89年，从学历构成来看，在全部被调查个体样本中，"高中、中专或技校"所占比重最高，达40.82%；其次为"初中及以下学历"，达30.41%；高等教育所占比重不到30%。个人样本的平均年龄为35.58岁。

关于工资水平，需要说明的是，本文所使用样本的人均工资为30377.63元，要低于全国水平。根据《中国统计年鉴2012》，2009年城镇人均工资为32244元，高于本文样本数据中的计算结果。工资总额中包括基本工资、绩效工资、津补贴和加班工资四项。工资总额与这些分项工资收入之间存在1348.16元的差异，占全部工资收入的4.44%。在后面的分项收入分析中，我们把这些差异归为"其他"。

企业层面中反映经营绩效的变量包括成本利润率[④]、人均企业增加值和人均成本费用总额，其均值和标准差也在表1中列示。企业层面的相关信息都以企业为计算单位，未根据企业内的就业者数量或其他规模指标进行加权处理。基于本文所使用的样本，企业成本利润率的均值为7.01%。值得注意的是，前述三个变量也存在不同程度的缺失，特别是企业增加值指标。对于这些缺失值样本，本文没有进行替代补充。

关于企业隶属关系、所处行业、所有制类型、企业规模和所在省份这些企业特征变量，表1也报告了相应的结构。这种结构在企业层面和雇员层面都有所讨论，两者之间略有差异。例如从表1中可以看出，中央及省属类型企业占企业总数的13.06%，但就业于这些企业的个人样本则占21%；其他所属的企业类型占企业数量的42.2%，但就业数量只占33.75%。这意味着前者类型企业的规模通常要更大一些。从行业分布中可以看到，大部分的样本来自于制造业，占企业数量的57.1%，个人样本的64.4%。

---

① 为了便于对企业内部分配特征进行分析，本文只保留了企业内部被调查个人数量在50人以上的样本。这样做主要是考虑到在缺乏充足的样本量时，不便于计算相应的不均等指数以及后文在企业内部通过回归的方式识别企业内部的分配规则。

② 根据《中国统计年鉴》，2009年城镇单位就业人员中女性就业人数占37.21%。

③ 受教育年限是根据被调查所回答的"学历"赋值得到。回答"初中及以下学历"的赋值为7，"高中、中专或技校"的赋值为10，"大学专科"的赋值为12，"大学本科"的赋值为14，"研究生及以上"的赋值为17。

④ 由利润除以成本费用总额得到。

表1 企业与雇员特征

	企业		雇员	
	均值	标准差	均值	标准差
性别(男性%)			61.52	
受教育年限(年)			9.89	2.33
研究生			0.70	
大学本科			10.04	
大学专科			17.83	
高中、中专或技校			40.82	
初中及以下学历			30.41	
年龄(年)			35.58	9.06
工资总额(元)			30377.63	23120.35
基本工资(元)			17612.83	14514.47
绩效工资(元)			8131.51	13791.35
津补贴(元)			2037.36	4828.45
加班工资(元)			1247.77	2829.00
成本利润率(%)(N=2408)	7.01	1.41		
人均企业增加值(万元,对数)(N=1606)	1.91	1.65		
人均成本费用总额(万元,对数)(N=2442)	1.37	1.17		
隶属:中央省属(%)	13.06		21.00	
县市属(%)	44.74		45.25	
其他所属(%)	42.20		33.75	
行业:制造业(%)	57.10		64.40	
水电煤生产与供应(%)	7.12		6.20	
建筑业(%)	10.81		8.02	
交通运输仓储和邮政(%)	6.88		7.44	
批发和零售业(%)	13.10		9.49	
金融业(%)	4.99		4.45	
所有制:国有(%)	13.71		18.24	
其他内资(%)	65.50		63.01	
港澳台资(%)	8.02		7.14	
外商投资(%)	12.77		11.61	
规模:大型(%)	9.33		32.96	
中型(%)	33.16		40.77	
小型(%)	52.52		21.82	
微型(%)	4.99		4.45	
地区:北京(%)	10.97		9.12	
吉林(%)	10.23		7.88	
江苏(%)	21.82		18.05	
山东(%)	18.87		20.58	
湖北(%)	8.56		11.32	
广东(%)	11.01		8.50	
四川(%)	13.96		21.48	
陕西(%)	4.58		3.07	

在所有制类型中，国有的只占13.71%（企业数）或18.24%（个人数），外资及港澳台资占20%左右，所占比重最大的是其他内资。从企业规模来看，大型企业在企业总数中所占比重不到10%，但个人样本占1/3；小型和微型企业在企业总数中所占比重接近于60%，但个人样本比重略高于1/4。

三、企业内部工资分配的基本特征

随着经济体制改革的步伐加快，劳动力市场的竞争性有了较大程度改善，劳动力在不同企业之间的流动性将会有所增强，因此企业之间的收入不均等对于总体不均等程度的影响理应会有所下降，但由于缺乏历史上可比的信息①，因此对于这一特征，我们难以验证。从表2来看，企业之间的不均等程度在总体不均等中占有比较高的解释份额。从泰尔指数和平均对数离差来看，企业之间的差距占总体差距的2/3左右。

表2 年工资的总体不均等与企业间不均等

	总体不均等	企业间不均等	两者比率(%)
变异系数	0.76110	0.56211	73.85
基尼系数	0.34840	0.28831	82.75
泰尔指数	0.21393	0.13642	63.77
平均对数离差	0.19599	0.13242	67.56

当然，企业内部的收入差距也是不可忽略的。表2给出了本文所使用样本中，雇员工资的总体不均等程度以及不同企业之间雇员平均工资的不均等程度。从前述常用的不均等指数来看，企业内的收入差距都占有比较重要的份额。利用泰尔指数和平均对数离差可以将整体差距分解为组内差距和组间差距的特征，可以从表2中看到，组内差距（企业内部收入差距）占总体差距的36%（泰尔指数）或32%（平均对数离差）。也就是说，在本文所使用的样本中，1/3的总体差距是由企业内部造成的。尽管变异系数与基尼系数不具有类似的分解性质，但也不难从中发现，组内不均等程度在总体不均等中仍占有较高的解释份额。

进一步地，我们讨论企业内部的工资分布，包括企业内部的工资差距总体状况，以及从收入决定机制和工资收入结构两个角度对内部分配特征的描述。收入决定机制是指雇员收入与其个体特征之间的关联形式，它通过估计收入函数来反映。在每个企业内部，我们估计了工资决定方程，被解释变量为工资报酬总额，解释变量为教育、

---

① 在2004年第一次全国经济普查数据的基础上，罗楚亮和李实（2007）发现企业之间的人均应付工资基尼系数为0.35，但该结果所对应的样本范围、数据采集方式以及工资收入的定义等都存在比较大的差异性，因此不能确定两个结果之间的关系。

工作年限和性别这三类可观测的个体特征。工资收入结构中，我们主要关注的是绩效工资所占比例的大小。

表3给出了企业内部工资差距的基本特征[①]以及教育收益率和收入函数中不可解释残差份额的总体状况。度量企业内部工资分布不均等程度主要采用了三个指标：基尼系数、变异系数、80%和20%分位点上收入的比率。对于企业内部的分配机制，主要关注了绩效工资在工资总额中所占份额、教育收益率、性别差异和收入函数中不可解释的残差份额。其中后三个变量是基于各个企业内部收入函数的估计结果。教育收益率和性别差距分别为教育变量和性别（男性）变量的估计系数。不难理解，教育收益率反映不同企业间的人力资本回报差异性，而"1 – 收入函数可决系数 R2"则度量了不可观测的特征在收入决定中的相对重要性。图1（见下页）给出了企业间"教育收益率"和"1 – 收入函数可决系数 R2"的核密度分布图。描述企业内部工资分配特征相关变量的均值与标准差可参见表3的前两行。表3的下半部分给出的是上述变量之间的相关性。在衡量工资分布总体不均等程度的三个变量之间，存在着比较强的正相关性，特别是在基尼系数与变异系数、基尼系数与80/20分位点比率之间，相关系数分别达 0.9020 和 0.7984；而在变异系数与 80/20 分位点比率之间，相关系数为 0.5796，略低一些。教育收益率与工资不均等指数之间具有较强的正相关性，也就是说，教育收益率越高的企业，内部工资的不均等程度也相对更高。而收入函数中不可解释的残差份额与不均等指数之间则是负相关的。教育收益率与不可解释残差份额之间的负相关程度最高，不难理解，在收入决定过程中，教育收益率越高意味着教育对个体之间收入差距的解释作用会越强，因而收入函数中不可解释的份额会下降。

表3 各工资收入分配指标的描述性统计量及其相关性

	基尼系数	变异系数	80/20 分位点比率	绩效工资所占份额	教育收益率	性别差距	不可解释残差份额
均值	0.1689	0.3874	1.6154	0.2092	0.0625	0.1132	0.6867
标准差	0.0889	0.2167	0.5954	0.2406	0.0563	0.1421	0.1840
相关系数矩阵							
变异系数	0.9020						
80/20 分位点比率	0.7984	0.5796					
绩效工资所占份额	0.1195	0.0685	0.0899				
教育收益率	0.6120	0.5909	0.4569	0.0181			
性别差距	0.3298	0.2736	0.2483	0.0614	0.1138		
不可解释残差份额	–0.2237	–0.1726	–0.2035	0.0625	–0.4641	–0.1602	1

---

① 企业内部工资分布的基尼系数的核密度分布参见后文图2。

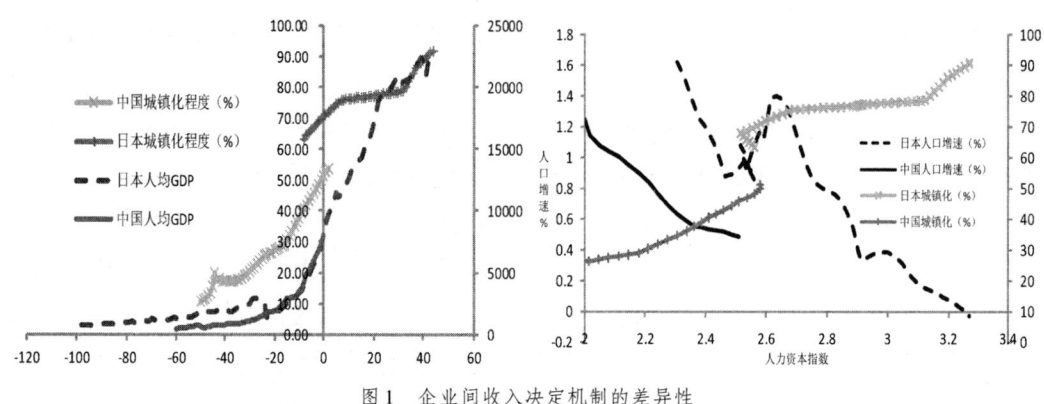

图1 企业间收入决定机制的差异性

企业内部收入分配特征也可以通过收入结构来体现。在本文所使用的数据中，收入结构是指雇员工资报酬的内部构成，调查中设计了基本工资、绩效工资、津补贴和加班加点工资四项。我们将绩效工资与加班加点工资合并，仍称为绩效工资，其共同特征在于通常都取决于个人的努力程度；津补贴则通常取决于工作岗位特征。这样，全部工资被划分为三种类型。从表3可以看出，企业之间绩效工资所占比率均值为20.92%。从表3下半部分的相关系数矩阵中可以看到，绩效工资在全部工资中所占份额与其他衡量企业内部工资分配状况的指标之间相关程度是比较低的。

根据基尼系数可按收入来源构成进行分解的性质，表4给出了个人层面和企业层面工资收入差距不均等性的分解结果。在工资收入构成中，平均而言，基本工资约占57.98%，并且其分布的不均等程度是最低的，分项基尼系数只有0.3623，远远低于其他分项构成工资收入的不均等程度。基本工资所占份额较大，因此与全部工资收入的基尼相关性以及对总体基尼系数的解释份额比较高，且高于其他两个分项收入。基本工资对于总体工资收入具有较强的均等化效应，最后一列的边际效应表明，所有个体基本工资上升1个百分点，总体工资收入的基尼系数将下降0.1268个百分点。绩效工资所占份额平均约为30.88%，其分配的不均等程度比基本工资高很多，与全部工资收入的基尼相关性约为0.6627，对全部工资收入基尼系数的解释份额约为42.71%。从边际效应来看，绩效工资具有明显的扩大工资差距的效应，绩效工资普遍上升1个百分点，总体工资基尼系数将上升0.1184个百分点。津补贴及其他来源的分项工资在总体工资收入中所占份额最低，只有11.14%，但其分项基尼系数是最高的，而与总体工资收入差距的基尼相关性是最低的。总体上来说，津补贴及其他工资收入对总体工资收入基尼系数的解释份额比较低，不到12%，其边际效应虽然为正，但数值非常小。

如果考虑按照来源构成对企业层面的工资不均等性进行分解，不难发现，在不同企业之间，基本工资分布的不均等程度是最低的，但从对基尼系数的贡献份额来看，企业之间总体工资不均等主要是由绩效工资的差异造成的。绩效工资对于总体工资基尼系数的解释份额为45.69%，高于基本工资的解释份额。通过比较基本工资与绩效工资的收入份额、分项基尼系数以及基尼相关性可以看出，基本工资对基尼系数的解释程度，主要是由其在工资收入构成中占有较高的份额所致；绩效工资对基尼系数具有较高的解释程度，主要是由企业之间绩效工资的分布本身具有非常强的不均等性造成的。值得注意的是，基本工资与绩效工资的基尼相关性非常接近，也就是说，基本工资、绩效工资与总体工资之间的排序关系是高度相关的，并且差异不明显。从边际效应来看，基本工资与绩效工资的作用基本抵消。基本工资普遍上升1个百分点，会导致企业之间的工资基尼系数下降0.1581个百分点；而绩效工资则相反，基于现有的分配特征，绩效工资普遍上涨1个百分点会导致企业之间的工资基尼系数上升0.1508个百分点。

表4 工资结构

	收入份额	分项基尼系数	基尼相关性	基尼份额	边际效应
个人层面					
基本工资	0.5798	0.3623	0.7513	0.4530	-0.1268
绩效工资（含加班加点工资）	0.3088	0.6627	0.7273	0.4271	0.1184
津补贴及其他	0.1114	0.7563	0.4955	0.1199	0.0084
企业层面					
基本工资	0.5798	0.2982	0.7031	0.4217	-0.1581
绩效工资（含加班加点工资）	0.3088	0.6039	0.7106	0.4569	0.1508
津补贴及其他	0.1114	0.7074	0.4341	0.1187	0.0073

从表4可以看出，无论是在个人层面还是在企业层面上，基本工资在全部工资收入中占有较高的份额，并且分布具有较强的均等性，对于总体工资收入分布的不均等程度具有缩小的作用；而绩效工资则相反，尽管其所占份额并不高，但其分布具有非常强的不均等性，并且具有扩大总体工资分布不均等程度的效应。在企业内部，全部工资基尼系数的分布更为集中，而绩效工资基尼系数的分布则较为发散（图2）。这表明，对于绩效工资的分配，在企业之间具有更强的异质性。

在个人层面上，不同工资类型的工资决定机制也存有比较明显的差异性。表5（见下页）分别以全部工资、绩效工资和基本工资作为被解释变量，讨论了教育、年龄和性别在工资决定中所起的效应。在全部工资对数方程中，教育年限的估计系数表明，若增加一年教育程度，工资收入总额将上升10.54%左右；而在绩效工资与基本工资方程中，教育变量的估计系数则

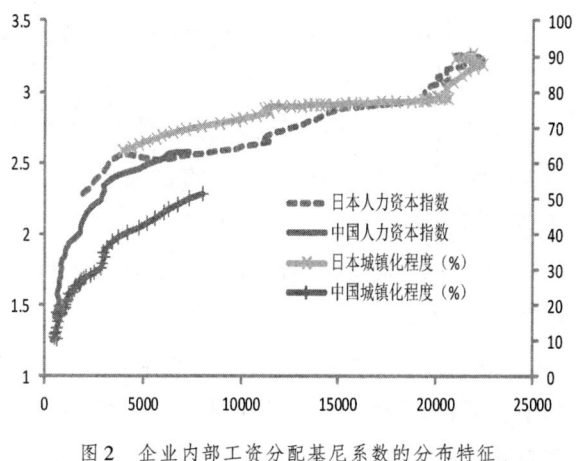

图2 企业内部工资分配基尼系数的分布特征

有非常大的差异，分别为 0.2441 和 0.1371，也就是说，增加一年受教育程度对于绩效工资的增长效应要高得多。在加入企业特征的控制变量以后，教育年限的估计系数在绩效工资方程和基本工资方程中的变化特征存在着非常大的差异性：在绩效工资方程中，教育年限的估计系数由于企业控制变量的引入而从 0.2441 下降到 0.0943；而对于基本工资方程来说，是否引入企业特征变量，教育年限的估计系数没有明显的改变，只是略微下降了约 1.7 个百分点。控制企业特征，绩效工资方程中的年龄变量相应估计系数也有较大幅度的下降，类似变化在基本工资方程中则没有那么明显。教育和年龄通常被视为人力资本的两种不同积累形式，前者来自于学校教育而后者来自于工作经验积累的干中学效应，但都是以可观测的方式来度量人力资本。而在绩效工资中，由于强调了回报与行为结果之间的联系，生产性特征是否具有可观测性在收入决定中的重要性便有所下降。

表5 不同工资类型的决定机制差异

	全部工资对数		绩效工资对数		基本工资对数	
教育年限	0.1054	0.0890	0.2441	0.0943	0.1371	0.1202
	[395.06]***	[352.58]***	[78.74]***	[33.97]***	[142.29]***	[117.24]***
年龄	0.0267	0.0292	0.0755	0.0023	-0.0074	0.0088
	[55.53]***	[68.33]***	[13.48]***	[0.48]	[4.23]***	[5.07]***
年龄平方/100	-0.0259	-0.0286	-0.0861	-0.0166	0.0144	-0.0059
	[39.77]***	[49.85]***	[11.38]***	[2.63]***	[6.13]***	[2.54]**
男性	0.1665	0.1690	0.1769	0.3744	0.1699	0.1885
	[130.86]***	[148.44]***	[11.95]***	[29.89]***	[241.00]***	[40.76]***
其他控制变量	否	是	否	是	否	是
F统计量	46037.31	20497.87	1648.57	15676.64	5614.40	1845.09
调整R2	0.1915	0.3774	0.0084	0.3168	0.0281	0.0517
样本量	777619	777619	777619	777619	777619	777619

注：常数项未列出；其他控制变量包括表1中所列的企业属性变量；[ ]内为t统计量绝对值；***、**、*分别表示在1%、5%、10%的水平下显著。

性别变量同样存在类似的差异性。在绩效工资对数方程中，不加入企业特征控制变量的结果表明，男性比女性的收入水平大约高出18%，然而控制了企业特征变量后，性别之间的工资差距大幅度上升到37%，上升了1倍以上；而在基本工资方程中，尽管控制企业特征也会导致男性的相对收入优势更为明显，但变动的幅度相对而言却是极其微小的。

回归方程调整R2的变化表明，企业特征对于绩效工资具有更为重要的影响。在控制了企业特征后，绩效工资对数方程的调整R2从0.0084上升到了0.3168，而基本工资对数方程的调整R2仅从0.0281上升到0.0517。这表明，在不同类型的企业之间，绩效工资具有更强的差异性。由此带来一个问题：企业之间的绩效工资差异以及绩效工资分配机制的差异性，对于企业绩效改善是否具有正向的激励效应？

四、企业内部工资分配与经营绩效的关系

在市场化转型过程中，利润最大化成为企业经营越来越重要的目标定位，企业（雇主）对其员工（雇员）在收入分配上的自主权也被不断强化。企业在内部选择适当的分配方式，与其利润最大化的目标模式相适应。本部分将通过回归分析的方式，讨论企业内部的分配特征与企业经营绩效之间的关系。

（一）收入差距与企业绩效

在本文的计量分析中，主要考虑企业内部的分配特征如何影响以下四个因变量：成本利润率、人均增加值、人均劳动报酬以及人均总成本。后三个变量都取了对数形式。之所以选择这四个因变量，主要是考虑到盈利动机构成市场经济条件下企业的基本行为动因，从理论上说，企业都应当以追求利润最大化为目标，因此一种有效的激励方式，其结果应当表现为有利于企业利润最大化目标的实现——我们以"成本利润率"来度量。然而，利润的大小是由产值和成本两方面的因素所共同决定的。企业内部的分配方式，在生产过程中实现效率提升的同时，也可能导致成本的增加。在信息不对称情形下，对生产过程中的监督可能不是充分有效的，这样基于效率工资思路而形成差异性的分配结构，可能会带来额外的成本。因此，在因变量的选择上，我们还分别考虑了企业内部收入差距对于产出（人均增加值）和成本（人均劳动报酬和人均总成本）所可能产生的影响。

在企业内部收入差距与经营绩效关系的讨论中，自变量分别采用了企业内部工资差距的基尼系数、变异系数和80/20百分位点比率这三类指标。考虑到其中可能存在的非线性形式，所有收入差距变量都包含了一次项和二次项。对于每种估计情形，我们都给出了是否控制其他企业特征的结果，其中企业特征主要包括表1中所列示的隶属关系、行业、所有制、规模以及省份变量。相关估计结果如表6（见下页）所示。

从对成本利润率的解释来看，无论是否控制企业的其他特征，变异系数和80/20分位点比率对成本利润率的影响都不显著，基尼系数对成本利润率的影响显著。但一次项与平方项估计系数的符号却显示出，在基尼系数与成本利润率之间表现出U型关系，U型的转折点大约出现在0.186（不控制企业特征）或0.2（控制企业特征），即在转折点之前，成本利润率随着基尼系数的上升而有下降的倾向，此后则随着基尼系数的上升而上升。比较"人均增加值对数"方程和"人均总成本对数"方程的估计结果，可以看出，基尼系数对两者都具有显著的正效应，即企业内部的工资差距在具有促进产出增加的激励效应的同时，也带来了额外的成本，而产出增加和成本上升对于

利润率的影响方向是相反的。企业内部收入差距所导致的成本增加可以从人均劳动报酬方程中看到，此外，基尼系数对人均劳动报酬也具有显著的正效应。

表6 企业内部工资差距与经营绩效的关系

	成本利润率		人均增加值对数		人均劳动报酬对数		人均总成本对数	
基尼系数	-1.9686	-2.4679	3.6447	1.8748	2.6769	2.0469	0.3936	-0.6639
	[1.75]*	[2.14]**	[2.24]***	[1.16]	[7.51]***	[6.42]***	[0.43]	[0.74]
基尼系数平方	5.2920	6.1521	-2.2210	0.1250	-0.9070	-1.1000	4.4382	4.7593
	[1.85]*	[2.12]**	[0.53]	[0.03]	[1.00]	[1.37]	[1.92]*	[2.09]**
其他控制变量	否	是	否	是	否	是	否	是
F统计量	1.72	1.61	17.74	9.41	259.23	70.10	32.98	12.08
R2	0.0006	0.0140	0.0217	0.1109	0.1752	0.3781	0.0263	0.0949
变异系数	-0.2673	-0.5096	2.6904	1.5948	1.7928	1.2862	1.4542	0.7410
	[0.69]	[1.26]	[4.50]***	[2.66]***	[14.01]***	[11.22]***	[4.58]***	[2.32]**
变异系数平方	0.2981	0.4895	-2.0751	-1.1923	-1.1836	-0.8953	-1.0183	-0.5749
	[0.78]	[1.26]	[3.46]***	[2.02]**	[9.39]***	[8.08]***	[3.26]***	[1.86]*
其他控制变量	否	是	否	是	否	是	否	是
F统计量	0.31	1.47	13.15	9.10	159.40	62.58	15.21	11.28
R2	0.0003	0.0128	0.0161	0.1077	0.1156	0.3518	0.0123	0.0892
80/20百分位点比率	-0.0126	-0.0793	0.8883	0.5270	0.6707	0.4543	0.631	0.3513
	[0.09]	[0.56]	[4.84]***	[2.85]***	[15.56]***	[11.59]***	[5.74]***	[3.16]***
80/20百分位点比率平方	0.0074	0.0173	-0.1022	-0.0521	-0.0682	-0.0444	-0.0560	-0.0257
	[0.29]	[0.67]	[3.15]***	[1.63]	[8.46]***	[6.19]***	[2.73]***	[1.27]
其他控制变量	否	是	否	是	否	是	否	是
F统计量	0.17	1.41	17.63	9.38	271.19	71.01	44.79	12.63
R2	0.0001	0.0123	0.215	0.1106	0.1819	0.3812	0.0354	0.0988
样本数	2408	2408	1606	1606	2446	2443	2442	2442

注：其他控制变量包括表1中所列的企业属性变量。[ ]内为t统计量绝对值，＊＊＊、＊＊、＊分别表示统计量在1%、5%、10%的水平上显著。

作为衡量企业内部工资差距的另外两个指标，变异系数和80/20百分位点比率对于人均增加值和人均总成本的影响都表现为倒U型特征。是否增加企业特征变量虽然会影响到估计系数的大小，但并不改变相关估计系数所显示的企业内部工资差距对于增加值和总成本变化的趋势性特征。企业内部工资差距所同时具有的促进产生增加和带来额外成本的作用，使得其对成本利润率的净效应可能变得不显著。

(二) 分配规则与企业绩效

表7反映了分配规则与企业绩效之间的关系。如前所述,本文以四个变量来表征企业内部分配规则:绩效工资相对于全部工资的比率、基于企业内部收入函数所得到的教育收益率、性别差距和不可解释的残差份额。从表3中的相关系数矩阵中也可以看出,除了教育收益率与不可解释的残差份额之间具有较高的负相关性以外,这四个变量之间的相关程度并不高。

从表7中可以看到,在成本利润率方程中,在没有控制企业特征时,反映企业内部分配规则的上述变量的效应都不显著;在控制企业属性后,绩效工资比率的估计系数显著,但符号为负。这一结果表明,实际支配企业内部工资差距的分配规则对于成本利润率并没有起到应有的积极效应。

表7 企业内部分配规则与经营绩效的关系

	成本利润率		人均增加值对数		人均劳动报酬对数		人均总成本对数	
绩效工资比率	-0.1802	-0.2946	0.9687	0.5444	0.6544	0.4131	0.5877	0.2219
	[1.50]	[2.22]**	[5.74]***	[3.03]***	[16.88]***	[11.24]***	[6.01]***	[2.13]**
教育收益率	0.2568	-0.1190	2.6737	1.4645	1.8638	0.9508	1.2325	0.0316
	[0.44]	[0.20]	[2.99]***	[1.63]	[10.00]***	[5.70]***	[2.62]***	[0.07]
性别差距	0.0422	-0.0026	-0.1130	-0.1314	0.0789	0.1510	-0.3178	-0.2597
	[0.21]	[0.01]	[0.39]	[0.46]	[1.19]	[2.60]***	[1.90]*	[1.58]
不可解释残差份额	0.1544	0.0456	-0.2999	0.3945	-0.1340	-0.1802	-0.3198	-0.3774
	[0.86]	[0.24]	[1.12]	[1.48]	[2.33]**	[3.50]***	[2.20]**	[2.59]***
其他控制变量	否	是	否	是	否	是	否	是
F统计量	0.70	1.34	12.69	7.99	115.19	56.37	14.19	10.13
R2	0.0012	0.0150	0.0307	0.1201	0.1592	0.3871	0.0228	0.1020
样本数	2406	2405	1610	1609	2439	2438	2438	2437

注:其他控制变量包括表1中所列的企业属性变量。[ ]内为t统计量绝对值,***、**、*分别表示统计量在1%、5%、10%的水平上显著。

在人均增加值对数方程的估计结果中,绩效工资比率的增长显著地促进了人均产出的增加。不难理解,这是因为实践中的绩效工资通常以产出数量作为衡量绩效的基础。基于企业内部收入函数估计所获得的分配规则对于人均增加值的影响是不显著的,教育收益率对于人均增加值对数的估计系数也因为估计方程中控制了企业属性变量而变得不再显著。

在以人均劳动报酬对数为被解释变量的估计结果中,除了收入函数中不可解释的残差份额以外,相关变量都具有显著的正效应。人均总成本对数方程中的结果总体上也与此类似。在绩效工资比率和教育收益率越高的企业,人均劳动报酬会更高,而人均总成本通常也会更高。企业内部男性的收入优势对于人均劳动报酬和人均总成本所具有的效应是相反的:在人均劳动报酬方程中,男性在收入分配中的相对优势具有显著的正效应;而在人均总成本对数方程中,男性的收入获取优势对于降低人均总成本是显著的,但这种效应在控制了企业其他属性特征后变得不显著。值得注意的是,不可解释残差份额的估计系数对人均劳动报酬对数和人均总成本对数的影响都是显著为负的,这意味着企业收入分配机制决定中的不可观测因素①有利于降低成本。

(三) 收入差距、分配规则对企业影响的差异性

在不同类型企业中,激励的效应可能存有差别。在本部分中,我们按照企业规模(雇工人数)和所处行业特征分别考虑两种不同情形,以考察不同类型企业中,内部收入差距及分配规则对经营绩效的影响。企业类型划分如表8所示。在规模较大的企业中,雇员行为相对于雇主而言具有更强的不可监督特性,设计适当的收入分配机制就显得更为重要。市场竞争程度越高,企业形成适当的分配机制以实现利润最大化目标的压力就越大,而在垄断企业中,由于垄断租金的存在,其分配机制也可能更倾向于如何分享垄断租金。

表8 不同类型企业相关特征比较

	企业人数		竞争程度	
	人数多	人数少	竞争行业	垄断行业
样本数量	610	616	1664	299
经营状况				
成本利润率(%)	8.63	11.61	9.04	16.04
人均增加值对数	2.10	1.84	1.98	2.09
人均劳动报酬对数	10.22	9.97	10.08	10.24
人均年总成本对数	1.44	1.38	1.34	1.59
工资分配不均等性				
基尼系数	0.1748	0.1611	0.1713	0.1540
变异系数	0.3986	0.3699	0.3956	0.3475
80/20 分位点	1.6145	1.6126	1.6050	1.5929
分配规则				
绩效工资比率	0.2895	0.1613	0.2023	0.2111
教育收益率	0.0611	0.0640	0.0641	0.0533
性别差距	0.1120	0.1051	0.1223	0.0744
不可解释残差份额	0.7186	0.6523	0.6893	0.6927

注:企业人数系全部企业按照就业人数排序,分别取人数最少和最多的1/4企业;竞争程度按照行业进行初步分类,竞争企业包括制造业和建筑业,垄断企业包括水电煤气生产和金融业。

---

① 对于计量回归分析而言是不可观测的,但对于企业而言则未必。

不同类型企业的基本特征差异如表8所示。从企业人数来看，人数少的企业的成本利润率更高，人均增加值和人均劳动报酬相对较低，人均年总成本的差异则不甚明显。从竞争程度来看，显然垄断行业中的成本利润率要大大高于竞争行业，而人均增加值、人均劳动报酬等指标在垄断性企业中也要更高一些，但两者之间的差异则没有成本利润率那么明显。对于工资分配总体不均等程度指标来说，人数较少企业中的均等化程度更高；垄断行业中的收入分布均等化程度也要更高一些，如垄断行业的企业平均基尼系数比竞争行业要低1.7个百分点，变异系数则要低近5个百分点。

从分配规则来看，人数较少企业的绩效工资比率较低，平均大约占工资总额的16%，而人数较多企业中这一比率则高达29%。不难理解，人数较多的企业中监督通常更缺乏效率，因而这些企业更加强调从结果来评价其努力程度；而人数较少企业中，雇员行为具有更强的可观测性。教育收益率和性别差距在不同人数规模企业之间的差异也不明显，但在人数较多企业中，收入决定机制中不可解释的残差份额要高很多。从行业竞争程度来看，绩效工资比率和收入决定机制中不可解释的残差份额在垄断和竞争企业中没有明显的差异，但竞争性企业的教育收益率更高，并且性别差距更大。在竞争性企业中，男性相对于女性的收入通常高出12%，而在垄断行业中这一比率只有7%，即在垄断行业的工资分配结构中具有更强的性别平等效应。

表9（见下页）反映了不同类型企业内部分配与经济绩效的关系。(1) 企业内部工资总体不均等在成本利润率方程中的解释作用通常都比较低，无论是按人数规模划分还是按竞争程度划分，相应估计方程的F统计量通常都是不显著的。从估计系数来看，企业内部工资基尼系数对于人数较少企业以及竞争性企业的成本利润率具有显著的非线性效应，基尼系数及其平方项的估计系数都是显著的。(2) 企业内部工资基尼系数对于增加值的影响无论在人数较多还是人数较少的企业中都是不显著的；从竞争程度来看，企业内部工资基尼系数对于竞争性企业具有正的效应，而对垄断企业的影响则表现出倒U型特征。(3) 企业内部工资基尼系数对于人均劳动报酬的影响在人数较少企业以及竞争性企业都是显著为正的，而在人数多、垄断企业中则表现出倒U型关系。(4) 企业内部工资基尼系数对人数少和垄断企业的人均总成本没有显著的影响，但会增加竞争性企业成本；在人数多的企业中，企业内部工资基尼系数具有U型效应。

从分配机制来看，在不同人数规模的企业之间，相关收入分配机制变量对于成本利润率都没有显著的影响；对于人数少企业的增加值的影响也不显著，但在人数多的企业中，绩效工资比率则对增加值有显著的正效应；对劳动报酬来说，除了不可解释的残差份额外，其他各收入分配机制变量通常都具有显著的正效应；绩效工资比率会增加人数少企业的人均总成本。在不同竞争程度的企业之间，各收入分配机制变量对于竞争性企业的成本利润率没有显著的效应，而在垄断企业中，教育收益率与成本利润率之间具有显著的负效应，尽管其对增加值的影响是显著为正的。分配机制相关变量

表9 不同类型企业内部分配与经济绩效的关系

	成本利润率		人均增加值对数		人均劳动报酬对数		人均总成本对数	
企业人数	人数多	人数少	人数多	人数少	人数多	人数少	人数多	人数少
基尼系数	0.8494	−5.0306	−0.0568	0.1386	3.2322	1.2516	−3.3384	0.0322
	[1.44]	[3.23]***	[0.02]	[0.05]	[4.37]***	[2.03]**	[1.92]*	[0.02]
基尼系数平方	−2.3737	9.7835	5.4706	3.6105	−5.0012	1.2252	11.8679	2.0579
	[1.56]	[2.54]**	[0.66]	[0.52]	[2.62]***	[0.80]	[2.65]***	[0.43]
F统计量	1.26	1.20	3.99	3.84	16.43	12.63	6.95	3.50
R^2	0.0508	0.0502	0.1819	0.2317	0.4109	0.3509	0.2278	0.1302
绩效工资比率	0.0064	0.0781	0.6363	0.2844	0.3305	0.5396	0.0590	0.5055
	[0.11]	[0.38]	[2.16]**	[0.76]	[4.80]***	[6.63]***	[0.36]	[2.00]**
教育收益率	−0.3192	−0.7607	1.8373	2.0459	0.6738	1.2401	0.4976	−0.3929
	[1.04]	[0.94]	[1.02]	[1.10]	[1.85]*	[3.87]***	[0.57]	[0.39]
性别差距	−0.0553	−0.1540	0.1009	−0.1919	0.2563	0.1521	−0.1120	−0.2437
	[0.49]	[0.56]	[0.17]	[0.37]	[1.86]*	[1.39]	[0.34]	[0.72]
不可解释残差份额	−0.1001	0.2333	−0.8054	0.5282	−0.5131	−0.0496	−0.6464	−0.3234
	[1.17]	[0.81]	[1.66]*	[0.88]	[4.92]***	[0.44]	[2.58]***	[0.93]
F统计量	1.14	0.74	3.98	3.49	16.86	11.11	6.42	3.44
R^2	0.0498	0.0342	0.1942	0.2298	0.4367	0.3409	0.2280	0.1380
竞争程度	竞争	垄断	竞争	垄断	竞争	垄断	竞争	垄断
基尼系数	−2.200	−0.6458	−1.1211	22.6186	1.5320	2.6602	−0.7314	0.6473
	[3.23]***	[0.38]	[0.61]	[3.28]***	[4.24]***	[2.49]**	[0.70]	[0.35]
基尼系数平方	5.8673	−1.6508	7.9518	−61.8883	0.1178	−4.8442	5.3150	−0.8165
	[3.34]***	[0.41]	[1.67]*	[2.87]***	[0.13]	[1.92]**	[1.98]**	[0.19]
F统计量	1.17	1.90	7.29	2.82	56.28	10.77	12.48	3.87
R^2	0.0149	0.1305	0.1122	0.3212	0.4185	0.4496	0.1377	0.2267
绩效工资比率	−0.0039	−0.0653	0.3171	0.8335	0.2255	0.6982	0.0400	0.3962
	[0.05]	[0.34]	[1.59]	[1.45]	[5.40]***	[5.85]***	[0.34]	[1.84]*
教育收益率	0.1668	−2.3721	−0.0087	8.2811	0.8966	−0.2350	0.2650	1.3245
	[0.48]	[2.43]**	[0.01]	[2.63]***	[4.80]***	[0.39]	[0.51]	[1.22]
性别差距	−0.0676	−0.5356	0.1026	−0.6899	0.1132	0.5945	−0.1110	−0.0830
	[0.56]	[1.24]	[0.33]	[0.59]	[1.71]*	[2.22]**	[0.60]	[0.17]
不可解释残差份额	0.0419	−0.4273	−1.0113	0.8073	−0.1944	−0.3183	−0.4728	−0.2653
	[0.39]	[1.54]	[3.40]***	[1.06]	[3.33]***	[1.88]*	[2.89]***	[0.87]
F统计量	0.60	1.86	6.84	2.30	43.57	12.18	11.06	3.73
R^2	0.0084	0.1396	0.1152	0.3029	0.3796	0.5056	0.1345	0.2386

注：各估计方程中都包括了企业属性的控制变量。[ ]内为t统计量绝对值，***、**、*分别表示统计量在1%、5%、10%的水平上显著。

对竞争性和垄断性企业的人均劳动报酬多具有显著的正效应，而不可观测的残差份额则显著为负。对于总成本，垄断企业中的绩效工资比率具有正的影响，但在竞争企业中这一效应不显著。

从上述分析结果中可以看出，不同类型企业之间的内部工资差距及其分配机制与企业经营绩效之间并没有表现出有规律性的联系形式。总体而言，企业内部的工资差距及其分配机制，通常对于人均劳动报酬具有显著的影响，在某些情形下，也能对增加值产生正向的效应。这一结果与表6和表7中所显示的结果是类似的，即企业内部工资差距及其分配规则在对产出形成激励效应的同时，也产生了额外的成本。

五、总结

本文在企业—雇员匹配数据的基础上，讨论了企业内部工资收入差距及其分配机制对于企业经营绩效的影响，发现企业内部的工资差距具有促进产出增加的激励效应，同时也导致了额外的成本，因而其对利润的影响是不确定的。企业内部收入分配机制包括绩效工资比率、通过估计企业内部的收入函数而得到的教育收益率、性别差距以及收入函数中不可解释的残差份额。研究发现，这些度量分配机制的变量在提升人均增加值的同时，通常也导致了人均成本的上升。在对企业类型做进一步区分的估计结果中，也显示了类似的结论。

总体而言，企业内部收入分配机制存在促进产出增长的正向激励效应，但也带来了成本的额外增长；企业内部收入差距及其分配机制，并没有能够成为促进成本利润率改善的有效途径。从这种意义上说，企业内部的工资收入差距及其分配机制仍有待于优化改善，以适应企业追求利润最大化的行为目标。当然，企业内部收入差距及其分配机制可能是企业追求利润最大化目标所内生选择的结果。由于本文所用数据的信息制约，我们并没有对这种内生性选择行为做进一步探讨，而是希望通过尽可能地控制企业属性变量，以减少由于变量遗漏所可能造成的估计结果偏差。

〔作者罗楚亮，北京师范大学经济与工商管理学院教授，教育部新世纪优秀人才（NECT-12-0062）。本文刊发于《中国高校社会科学》2014年第5期，责任编辑汪立峰。人大复印资料《劳动经济与劳动关系》2014年第12期转载〕

第五部分

中国法律职业：成就、问题和反思

——数据分析的视角

朱景文

改革开放以来，随着越来越多的案件涌向法院，出现了越来越多的诉讼、法官、律师和法学院，这已经成为无论法律界内还是界外都感觉到的一种趋势。过去西方人在谈论中国法时所描述的"没有律师的法"① 即法律职业短缺的状态已经成为历史。

但是，随着法律职业的发展，又带来了新的问题：

首先，法律职业的发展，已经具有相当的规模，但它们在全国的分布如何，在不同地区、不同群体中人民是否能够分享法律职业发展的成果？

其次，法律职业，法官、检察官、律师的发展对其他法律工作者，如人民调解员、基层法律服务工作者、仲裁员有何影响，他们过去在我国承担了大量的纠纷解决工作，服务于特定的人群，法律职业的发展是否使这些职业萎缩，因而影响他们对这些群体，特别是打不起官司、付不起律师费的弱势群体提供法律服务？

再次，法律职业数量的发展和学历的提高是否增加了他们的职业声望，是否带来司法公信力的提高？

本文试图从数据出发，首先分析我国法律工作者职业化所取得的成就，然后就法律职业发展中所出现的新问题作出剖析和解释，最后在上述分析的基础上提出解决问题的思路，求教于学界同人。

一、中国法律工作者职业化的发展趋势

改革开放前，中国法律工作者远非职业化，法院在解决纠纷中的作用很有限。由于商品经济不发达，个人财产关系简单，当时的民事案件主要是婚姻家庭纠纷；国民经济计划调整着国有企业之间的关系；刑事案件受到历次政治运动的影响；行政案件，即所谓民告官的案件，几乎不存在。这就决定了法律在解决这些案件中的作用有限。

---

① 参见 Victor H. Li, *Law without Lawyers, A Comparative View of Law in China and the United States*, Boulder: Westview Press, 1978。

由于案件的性质简单，几乎不需要什么专门的法律知识，审判人员受过大学法律教育的比例很小。社会纠纷主要通过人们所工作的单位或者所居住的居民委员会或村民委员会解决，如果不同单位的人员之间发生纠纷，则通过双方共同的主管部门解决。

改革开放给中国社会带来的重要变化之一，是社会关系的复杂化和利益的多元化。如果说，在社会关系相对简单的时期，依靠没有受过专门法律训练的法官、检察官和律师，审判工作、检察工作和法律服务还能够维系，大量的纠纷依靠单位或人民调解，通过法院之外的途径解决是一件很自然的事，那么，在社会关系复杂化、利益多元化的条件下，不论是从人们的活动范围讲，即人们活动的领域已远远超出单位或所居住的地区，还是从争端的复杂性程度讲，刑事、民事或行政纠纷，都只有受过专门法律训练、具有专门法律知识的人才能成为纠纷的仲裁者。这就是我国改革开放初期法律工作者队伍所面临的基本情况。早在1980年邓小平就指出，我国目前干部队伍既缺乏数量，更缺乏专业知识和专业能力。"现在我们能担任司法工作的干部，包括法官、律师、审判官、检察官、专业警察，起码缺一百万。可以当律师的，当法官的，学过法律、懂得法律，而且执法公正、品德合格的专业干部很少。"① 他说，"一般资本主义国家考法官、考警察，条件很严格，我们更应该严格，除了必须通晓各项法律、政策、条例、程序、案例和有关的社会知识以外，特别要求大公无私、作风正派。"② 邓小平特别强调发展法学教育，1985年他在同彭真的谈话中提出：法律院校要扩大，要发展，我们从建国以来就对法律学校注意不够。在一些国家，大学毕业以后还要学习法律专科。经济发达的国家领导人当中，许多是学过法律的。建设一个社会主义法制国家，没有大批法律院校怎么行呢？所以要大力扩大、发展法律院校。③ 这些讲话为此后开展的推进法律职业建设、实行职业准入制度——司法考试和大力发展法学教育奠定了基础。改革开放以来中国法律工作者职业化的进程，正是按照邓小平当年所提出的这些要求前进的。下面我们将分别从改革开放以来法官、检察官、律师和公证员数量和学历的变化，分析我国法律职业的发展。

1. 法官

我国法官（包括院长、副院长、庭长、副庭长、审判员、助理审判员）数量1979年为59 000人，2002年增加到248 000人。后来随着法官制度改革，法官精减，但2004年法官数量仍然有190 961人，2004年以后法官数量一直保持在19万人的水平。2011年为195 000人，比1979年增长了2.31倍，年均增长率为7.2%。

在我国法官数量迅速增加的同时，法官的文化素质、专业素质也获得了很大的提高。由于历史的原因，我国法官的文化和专业素质一直不高，受过高等教育的只占很

---

① 《邓小平文选》第2卷，人民出版社，1994年，第263页。
② 《邓小平文选》第2卷，人民出版社，1994年，第286页。
③ 参见彭真：《论新时期的社会主义民主与法制建设》，中央文献出版社，1989年，第288页。

小的比例，许多审判人员来自其他行业，复转军人占相当大的比例，他们在担任审判工作以前并未受过法律教育。从法律规定看，法官准入的条件越来越明确、越来越高。1979年的《人民法院组织法》规定，只要年满23周岁，没有被剥夺政治权利的公民，都可以被选举或任命为法官。1983年修改后的《人民法院组织法》开始对法官任职资格做出一定限制："人民法院的审判人员必须有法律专业知识。"1989年最高人民法院提出"八五"期间法院人才培训的"七八九"规划，即到1995年法院70%的干部，80%的审判人员和90%的院长、副院长要具有大专以上的法律专业水平。1995年的《法官法》进一步规定，大专以上的法律专业和非法律专业具有法律知识为职业准入的条件。2001年修改的《法官法》把准入条件提高到大学本科法律专业和非法律专业具有法律知识，必须通过全国统一的司法考试。从实际情况看，自20世纪80年代中期起，最高人民法院开始注重法官的专业教育，我国大专以上学历的法官比例从1987年的17.1%，在很短的时间内发展到1992年的66.6%，1995年达到84.1%，2000年全部法官基本都达到大专以上的学历水平。1995年的《法官法》规定，成为法官的学历要求是大专以上，2001年修改后的《法官法》将这项学历要求改为大学本科以上。我国大学本科以上学历的法官1995年《法官法》颁布时为1万余人、占法官总数的6.9%，10年后的2005年增长到11.5万人、占法官总数的60.8%。①

  法官数量与素质的提高，促进了审判效率的提高。1979年我国拥有法官59 000人，每10万人口法官数量为6.1人，每名法官年均一审结案8.8件。2011年我国法官为195 000人，每10万人口法官数量为14.5人，每名法官年均一审结案38.6件。由此可见，改革开放以来，我国法官数量虽然增加了2.31倍，但是每10万人口法官数量只增加了1.38倍。另一方面，一审结案量增加了13.52倍，远远超过法官增长率，每名法官一审结案量增加了3.39倍，如果再加上二审、再审和执行案件的数量，2011年结案量已经达到1147.8万件，每名法官年均结案58.9件，而1978年一审、二审、再审案件的总量只有61万件，只相当于2011年的5.3%。② 这种提高与法官素质的提高、法官队伍建设的加强有着直接的关系。

---

  ① 2005年7月17日《人民日报》报道："法官法、检察官法实施10年来，全国法官中具有大学本科以上学历的，从1万余人增至9万余人，占法官总数的比例从6.9%提高到51.6%"（记者吴兢：《我国法官整体素质不断提高，出现三大转变》）；2006年2月26日《人民法院报》报道："2001年，全国各级法院法官中具有本科学历的6.93万人，具有博士、硕士学位的2579人；截止2005年底，全国法官中具有本科学历的人数已经达到11.5万人，具有博士、硕士学位的6216人，占法官总数的比例分别比'十五'前上升了37.6%和2.5%"（记者陈冰：《历史和战略性的转变——全国法院教育培训工作综述》）。按此计算，2005年我国法官大学本科以上学历的百分比应为60.8%。

  ② 参见《中国法律年鉴》1987~2012年各年版本。

表 1　中国法官数量、一审结案量、每名法官年均结案量（1979/2011 年）

	法官数量（人）	每10万人口法官数量（人）	一审结案量（件）	每名法官年均结案量（件）
1979 年	59000	6.1	518 842	8.8
2011 年	195000	14.5	7 534 955	38.6
增长率（倍）	2.31	1.38	13.52	3.39
年均增长率	7.2%	4.3%	42.3%	10.6%

资料来源：朱景文主编《中国法律发展报告2012》表0-1，中国人民大学出版社，2013年，第4页。

2. 检察官

中国检察官（包括检察长、检察员、助理检察员）数量1986年为97 730人，2000年为171 189人。此后在检察制度改革中检察官精减，2011年我国检察官数量为151 092人，比1986年增长了54.6%。①

我国检察官中大专以上学历的1985年为10.1%，2000年上升到76%。2001年我国修改《检察官法》，检察官的职业准入要求从大专变为大学本科学历。我国大学本科以上学历的检察官1998年为15.14%，2006年为67%。

从1988年到2011年，我国检察官数量由11.2万人增长到15.1万人，增长了34%；每10万人口检察官数量由10.2人增长到11.21人，只增长了10%；同期检察院审查批捕、决定逮捕案件量却增加了1.19倍，提起公诉的案件数量增加了2.13倍。检察官数量的增长远远小于其承担的工作量的增长，这显然与检察官素质的提高、办案效率的提高有直接关系。

表 2　中国检察官数量，审查批准、决定逮捕案件量，提起公诉案件量（1988/2011 年）

	检察官数量（人）	每10万人口检察官数量（人）	审查批准、决定逮捕案件量（件）	提起公诉案件量（件）
1988 年	112 379	10.2	422 108	262 896
2011 年	151 092	11.21	923 510	824 052
增长率（倍）	0.34	0.1	1.19	2.13
年均增长率	1.5%	0.4%	5.2%	9.2%

资料来源：朱景文主编《中国法律发展报告2012》表0-2，中国人民大学出版社，2013年，第4页。

3. 律师

改革开放前，我国律师最多的时期是1957年，当时全国共有3 000余名律师。后来在"左"的思想影响下取消了律师职业，直到1981年才恢复，当年我国共有律师8 571人。此后律师数量逐年增长，2011年我国律师数量已经超过21万人，② 比1981

---

① 参见《中国法律年鉴》1987~2012年各年版本。
② 参见《中国法律年鉴》1987~2012年各年版本。

年增长了 24.08 倍,平均每年增长 80%。我国律师数量是所有法律职业中增长最快、最稳定的。法官和检察官数量虽然也在增长,但是有一个调整过程,而律师的数量一直在稳步增长,自从恢复律师职业以来从来没有减少过。

我国律师的学历水平在各项法律职业中一直是最高的。律师准入的条件为大学本科学历,2000 年达到这一要求的占 49.1%,2011 年为 92%。①

1981~2011 年间,我国律师数量增长了 24.08 倍,年均增长率达到 80%;而每 10 万人口律师数量由 0.86 人增加到 15.95 人,增长了 17.55 倍,年均增长率为 58.5%。期间,律师的诉讼业务量增长了 30.58 倍,年均增长率超过 100%;非讼业务量增长了 136.41 倍,年均增长率超过 450%。这表明虽然律师数量是我国所有法律职业中发展最快的,但是律师工作量增长的幅度更大,远远超过律师数量的增长。

表 3　中国律师数量、诉讼业务量与非讼业务量（1981/2011 年）

	律师数量(人)	每 10 万人口律师数量(人)	诉讼业务量(件)	非讼业务量(件)
1981 年	8 571	0.86	73 302	4 550
2011 年	214 968	15.95	2 315 101	625 229
增长率(倍)	24.08	17.55%	30.58	136.41
年均增长率	80%	58.5%	101.9%	454.7%

资料来源:朱景文主编《中国法律发展报告 2012》表 0-3,中国人民大学出版社,2013 年,第 5 页。

4. 公证员

我国公证员制度自 1979 年恢复以来也获得了较快的发展。1986 年我国共有公证员 6 286 人,每 10 万人口公证员 0.59 人;2008 年公证员最多的时期曾经达到 22 284 人;2011 年我国公证员数量为 12 163 人,每 10 万人口公证员 0.9 人。②

我国《公证法》规定,担任公证员需要通过国家统一司法考试。司法部 2004 年公布的数字显示,达到大学本科学历的公证员的比例为 51.12%。

表 4　中国公证员数量、公证数量（1986/2011 年）

	公证员数量(人)	每 10 万人口公证员数量(人)	公证数量(万件)	每名公证员公证数量(件)
1986 年	6 286	0.59	237.53	377.87
2011 年	12 163	0.9	1 076.64	885.18
增长率(倍)	0.93	0.53	3.53	1.34
年均增长率	3.7%	2.1%	14.2%	5.4%

资料来源:朱景文主编《中国法律发展报告 2012》表 0-4,中国人民大学出版社,2013 年,第 6 页。

---

① 参见《中国律师年鉴》2001~2012 年各年版本。
② 《中国法律年鉴》1987~2012 年各年版本。

1986～2011 年间公证员数量增加了 0.93 倍，年均增长率为 3.7%；每 10 万人口公务员数量增加了 0.53 倍，年均增长率为 2.1%。同期公证数量由 237.53 万件增加到 1 076.64 万件，增加了 3.53 倍，年均增长率为 14.2%；每名公证员公证数量由 377.87 件增加到 885.18 件，增加了 1.34 倍，年均增长率为 5.4%。工作量的增加与工作效率的提高显然也与公证员素质的提高有密切关系。

5. 职业准入

中国法律职业经过 30 多年的发展，到 2011 年底已经有了相当的规模。该年共拥有 19.5 万名法官、15.1 万名检察官、21.5 万名律师和 1.2 万名公证员，法律职业的总数已经达到 57.3 万名的规模；每 10 万人口拥有法官 14.5 人、检察官 11.21 人、律师 15.95 人、公证员 0.9 人，也就是说，每 10 万人口我国法律职业的拥有量为 42.56 人。

表 5 中国法律职业的规模（2011 年）

	法官	检察官	律师	公证员	法律职业总数
数量（人）	195 000	151 092	214 968	12 163	573 223
每 10 万人口数量（人）	14.5	11.21	15.95	0.9	42.56

资料来源：朱景文主编《中国法律发展报告 2012》表 0-5，中国人民大学出版社，2013 年，第 6 页。

改革开放以来，我国法官、检察官、律师和公证员数量的增加与专业素质的提高和职业准入考试制度有着直接的关系。在法律职业中，最早实行职业准入考试的是律师。从 1986 年起，司法部开始实行律师资格考试制度，每两年举行一次；从 1993 年起，改为每年举行一次。参加律师资格考试的学历要求是大专以上。2001 年第九届全国人大常委会第 22 次、25 次会议修改、通过的《法官法》、《检察官法》和《律师法》规定，"国家对初任法官、检察官和取得律师资格实行统一的司法考试制度，国务院司

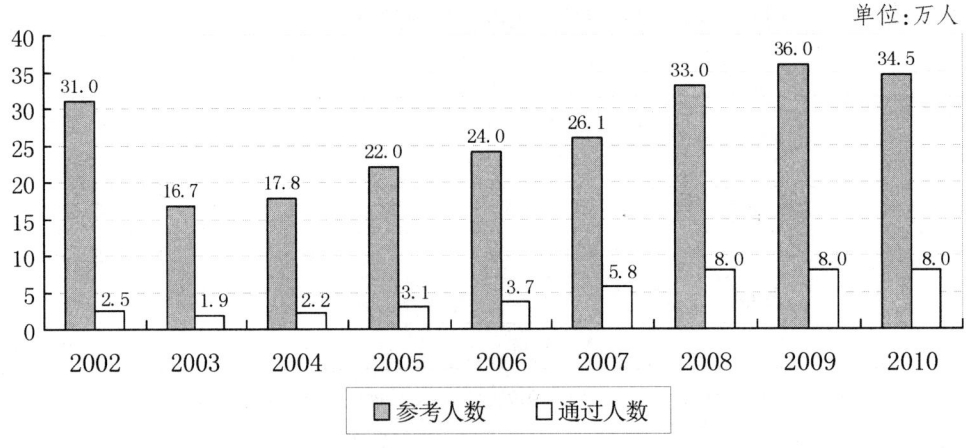

图 1 全国统一司法考试的参考人数和通过人数（2002～2010 年）

资料来源：《中国司法行政年鉴》，法律出版社，2001～2011 年各年版本。

法行政部门会同最高人民法院、最高人民检察院共同制定司法考试实施办法,由国务院司法行政部门负责实施",参加司法考试的学历要求也相应改为大学本科。2005年通过的《公证法》对公证员的准入条件也做出了规定,要求担任公证员必须通过国家统一司法考试。到目前为止,要求通过国家司法考试的职业包括律师、法官、检察官和公证员。与此同时,《基层法律服务条例》和《企业法律服务条例》也分别对基层法律工作者和企业法律顾问的准入条件做出规定:参加基层法律服务人员执业资格考试的学历要求是高中或中专,企业法律顾问执业资格考试的学历要求是大学本科。

我国统一司法考试的参考通过率2002年为8.06%,2007年上升到22.39%,此后一直保持在23%左右的水平,2010年的通过率为23.19%。①

二、法律职业发展的不平衡性

法律工作者的职业化对于中国法治发展无疑具有巨大的推动作用,它提高了法律工作者的专业化水平,适应了法律纠纷和法律服务大规模化、多样化、复杂化的社会需求。今天人们经常怀念改革开放前五六十年代社会生活简单、民风朴实、很少诉讼的时光,在那个时候大量的纠纷不用通过受过专门训练的法官、律师,仅通过人们朴素的正义观念就能解决。但是,改革开放以后,社会生活的各个领域发生了很大的变化,如果没有受过专门训练的法律工作者,根本应付不了越来越多、越来越复杂、越来越类型化的纠纷。因此,在改革开放刚刚起步时邓小平提出法律工作者专业化问题是完全正确和十分及时的。通过30多年的努力,我国缺乏足够的职业化的法律工作者的局面已经得到了根本的改变。但是,法律职业化的发展是不平衡的。

以律师为例。2011年我国拥有21.5万名律师,每10万人口拥有15.95名律师,律师人均业务收入20万元。但是,我国律师数量和业务收入的分布是极其不平衡的。

按律师数量计算,排在前5名的北京、广东、山东、上海、江苏平均值为16 891.4人;最少的5个省份西藏、青海、海南、宁夏、甘肃的平均值为966人。前者是后者的17.5倍。

按每10万人口律师数量计算,排在前5名的北京、上海、天津、广东、重庆平均值为46.7人;最少的5个省份西藏、贵州、江西、甘肃、青海平均值为7人。前者是后者的6.7倍。

按律师业务收入计算,排在前5名的北京、上海、广东、浙江、江苏平均值为612 435.4万元;最少的5个省份西藏、黑龙江、青海、河南、甘肃平均值为3 825.7万元。前者是后者的160.1倍。

---

① 参见《中国司法行政年鉴》,法律出版社,2001~2011年各年版本。

按律师人均业务收入计算,排在前5名的北京、上海、浙江、广东、江苏平均值为37.38万元;最少的5个省份河南、黑龙江、西藏、甘肃、内蒙古平均值为1.92万元。前者是后者的19.5倍。

因此,无论从律师的数量,还是从律师所创造的财富和收入看,我国不同省份都有着极大的差别,最多与最少的5省的差距,在律师数量上相差17.5倍,在律师业务收入上相差160.1倍,考虑到人口因素,每10万人口律师数量相差6.7倍,每名律师业务收入相差19.5倍。

我们缺乏法官、检察官和公证员在各个省份分布的数字,没有办法对整个法律职业在各省份的状况做全面的分析。但是,律师的数量与业务是一个国家法制化程度的重要标志之一,也是衡量一个国家各个地区法治发达程度的重要标志。通过上述分析,我们基本上可以得出一个结论,即我国法治最发达的地区大体集中在几个直辖市,特别是北京和上海,以及经济较为发达的广东、浙江、江苏和山东;而西藏、青海、甘肃、贵州则属于法治欠发达地区;黑龙江和河南的律师数量不少,但律师业务收入却很低。其中的原因,包括统计的真实性都需要认真研究。

同时,我们也应注意到我国律师分布与人民调解员分布之间的关系。就全国而言,我国每10万人口拥有律师15.95人,拥有人民调解员321.8人。但他们在各个省份的分布比例是极不平衡的。

在我国法律职业较为不发达的省份,律师少,人民调解员较多。如西藏每10万人口律师拥有量4.6人,排名倒数第1,而人民调解员的拥有量为629.8人,排名第1;青海每10万人口律师拥有量8.3人,排名倒数第5,人民调解员459.1人,排名第4;云南每10万人口律师拥有量10.9人,排名第23,人民调解员507.7人,排名第3;贵州每10万人口律师拥有量7.1人,排名倒数第2,人民调解员333.5人,排名第12。而法律职业较为发达的一些省份,律师多,但人民调解员少。如上海每10万人口律师拥有量58.4人,排名第2,人民调解员146.4人,排名倒数第2;广东每10万人口律师拥有量20.5人,排名第4,人民调解员174.8人,排名倒数第3;天津每10万人口律师拥有量26.5人,排名第3,人民调解员264.7人,排名第26。这种状况反映了律师与人民调解员在不同地区分布的互补性,即律师活动的领域多为发达地区,而人民调解员在不发达地区较为活跃。

当然,也有许多地区律师和人民调解员都发达。如北京,每10万人口律师拥有量109.5人,排名第1,人民调解员610.4人,排名第2;重庆每10万人口律师拥有量18.7人,排名第5,人民调解员359.5人,排名第9;山东律师和人民调解员都排名第10。

还有一些地区律师和人民调解员都不发达。如黑龙江律师11.3人,排名第21,人民调解员112.9人,排名倒数第1;安徽律师9人,排名第26,人民调解员225.9人,

表6 中国律师数量和业务收入最多5省份与最少5省份的差距（2011年）

	最多5省份	最多5省份平均值	最少5省份	最少5省份平均值	最多5省份与最少5省份的比率
律师数量（人）	北京 22 100 广东 21 489 山东 14 137 上海 13 713 江苏 13 018	16 891.4	西藏 139 青海 470 海南 1 050 宁夏 1 120 甘肃 2 051	966	17.5：1
每10万人口律师（人）	北京 109.5 上海 58.4 天津 26.5 广东 20.5 重庆 18.7	46.7	西藏 4.6 贵州 7.1 江西 7.2 甘肃 8 青海 8.3	7.0	6.7：1
业务收入（万元）	北京 1 139 000 上海 700 000 广东 613 430.3 浙江 307 000 江苏 302 746.6	612 435.4	西藏 213 黑龙江 3 542.4 青海 3 976.9 河南 4 385.6 甘肃 7 010.6	3 825.7	160.1：1
每名律师业务收入（万元）	北京 51.5 上海 51 浙江 32.6 广东 28.5 江苏 23.3	37.38	河南 0.4 黑龙江 0.8 西藏 1.5 甘肃 3.4 内蒙古 3.5	1.92	19.5：1

资料来源：朱景文主编《中国法律发展报告2012》表0-12，中国人民大学出版社，2013年，第13页。

表7 中国每10万人口律师与人民调解员在各省份的分布（2011年） 单位：人

省份	每10万人口调解员数	每10万人口律师数	省份	每10万人口调解员数	每10万人口律师数
北京	610.4	109.5	湖北	281.8	11.9
天津	264.7	26.5	湖南	319.2	11.7
河北	458.5	11.7	广东	174.8	20.5
山西	368.6	10.8	广西	301.7	10.2
内蒙古	329.6	14.6	海南	284.4	12.0
辽宁	346.2	17.0	重庆	359.5	18.7
吉林	273.4	11.7	四川	517.4	12.5
黑龙江	112.9	11.3	贵州	333.5	7.1
上海	146.4	58.4	云南	507.7	10.9
江苏	254.2	16.5	西藏	629.8	4.6
浙江	319.5	17.2	陕西	325.6	13.0
安徽	225.9	9.0	甘肃	455.8	8.0
福建	315.7	14.5	青海	459.1	8.3
江西	274.9	7.2	宁夏	293.0	17.5
山东	354.1	14.7	新疆	315.7	12.6
河南	259.7	10.9	全国	321.8	16.0

资料来源：朱景文主编《中国法律发展报告2012》表0-13，中国人民大学出版社，2013年，第14页。

排名第 28；河南律师 10.9 人，排名第 22，人民调解员 259.7 人，排名第 26；江西律师 7.2 人，排名第 29，人民调解员 274.9 人，排名第 23。律师分布与人民调解员分布之间的关系还需要进一步深入研究。

三、职业化对其他法律工作者的影响

在法律职业迅速发展的同时，我国其他法律工作者，如仲裁员、基层法律服务工作者和人民调解员也受到了很大的影响。

1. 仲裁员

我国仲裁可以分为民商事仲裁、劳动仲裁和涉外仲裁三类。

民商事仲裁是解决民商事纠纷的一个主要途径。民商事仲裁的机构是仲裁委员会，它独立于行政机关，与行政机关没有隶属关系，仲裁委员会之间也没有隶属关系。但其前身是 1981 年国家工商行政管理局和地方各级工商行政管理局设立的经济合同仲裁委员会，从性质上说，经济合同仲裁委员会属于行政机关。仲裁委员会于 1995 年设立，当年共设立 11 个仲裁机构，收案 107 件，每个仲裁机构平均收案 9.73 件。2011 年设立仲裁机构 215 个，比 1995 年增加了 18.55 倍，年均增长率为 115.9%；收案 88 473 件，增加了 825.85 倍，年均增长率为 516.2%；每个仲裁机构年均收案 411.50 件，年均增长率为 258.1%。

表 8　中国民商事仲裁委员会数量、民商事仲裁收案数量（1995/2011 年）

	民商事仲裁委员会数量（个）	民商事仲裁收案数量（件）	每个民商事仲裁委员会收案数量（件）
1995 年	11	107	9.73
2011 年	215	88 473	411.50
增长率（倍）	18.55	825.85	41.29
年均增长率	115.9%	516.2%	258.1%

资料来源：朱景文主编《中国法律发展报告 2012》表 0-6，中国人民大学出版社，2013 年，第 8 页。

仲裁委员会虽然发展迅速，但是收案数量太少。无论从经济合同仲裁委员会和仲裁委员会收案的数量看，还是从它们与法院审理的合同案件相比，仲裁委员会的仲裁职能都有明显的下降。1983~1995 年的 13 年间，经济合同仲裁委员会收案 2 084 314 件，平均每年 160 332 件，而 1997~2009 年的 13 年间，仲裁委员会收案共 433 293 件，平均每年 33 330 件。就年均收案而言，后者只相当于前者的五分之一，民商业仲裁的作用明显下降。1983~1995 年，人民法院一审合同案件 12 192 538 件，经济合同仲裁委员会收案 2 084 314 件；而 1997~2009 年，人民法院一审合同案件 32 818 821 件，仲裁委员会收案 433 293 件。也就是说，在相同的 13 年间，官方仲裁期间仲裁总量是民间仲裁期间仲裁总量的4.81倍。就两个阶段的仲裁数量和法院一审合同案件的数量之比来看，前一个阶段仲裁数量占法院一审合同案件数量的17.09%，后一个阶段二者之比为1.32%。由此可以看出，在仲裁机构的性质去行政化之后，仲裁在解决纠纷中的作用大大减弱了。

表9　经济合同仲裁、民商事仲裁与法院一审合同案件数量对比

	经济合同仲裁委员会收案（件）（1983~1995年）（A）	法院一审合同案件（件）（1983~1995年）（B）	仲裁与审判之比例（A/B）	仲裁委员会收案（件）（1997~2009年）（C）	法院一审合同案件（件）（1997~2009年）（D）	仲裁与审判之比例（C/D）	经济合同仲裁与民商事仲裁之比例（A/C）
收案总数	2 084 314	12 192 538	17.09%	433 293	32 818 821	1.32%	4.81
年均收案	160 332	937 888	17.09%	33 330	2 524 525	1.32%	4.81

资料来源：朱景文主编《中国法律发展报告2012》表0-7，中国人民大学出版社，2013年，第8页。

劳动仲裁的机构是劳动仲裁委员会，始建于1987年，与劳动保障部门的劳动争议处理机构"合二为一"，1994年建立劳动仲裁委员会2 819个，截至2008年年底全国共建立3 515个劳动仲裁机构。自2008年以后，劳动仲裁委员会开始实体化，与劳动保障部门相对分离。

表10　中国劳动仲裁委员会数量、劳动仲裁量（1994/2010年）

	劳动仲裁委员会数量（个）	劳动仲裁量（万件）	每个劳动仲裁委员会仲裁量（件）
1994年	2 819	1.9	6.73
2010年	3 515	60.1	170.98
增长率（倍）	0.25	30.63	24.41
年均增长率	1.5%	191.4%	152.6%

资料来源：朱景文主编《中国法律发展报告2012》表0-8，中国人民大学出版社，2013年，第9页。

1994年劳动仲裁委员会仲裁案件1.9万件，2010年上升为60.1万件，增长了30.63倍，年均增长率为191.4%。每个劳动仲裁委员会受理的案件从6.73件增加到170.98件，增长了24.41倍，年均增长152.6%。

与民商事仲裁不同，劳动仲裁在解决劳动纠纷中起着重要的作用。2000~2009年人民法院一审劳动纠纷案件1 443 954件，平均每年144 395件，而劳动仲裁委员会受理的劳动纠纷3 319 900件，平均每年331 990件，是法院审理劳动纠纷的2.3倍。

表11　中国劳动仲裁案件与法院一审的劳动纠纷数量之比（2000~2009年）

（A/B）	劳动仲裁案件（件）（A）	法院一审劳动纠纷（件）（B）	劳动仲裁/劳动审判
受理总数	3 319 900	1 443 954	2.3
年均受理数	331 990	144 395	2.3

资料来源：朱景文主编《中国法律发展报告2012》表0-9，中国人民大学出版社，2013年，第9页。

涉外仲裁包括国际经济贸易仲裁和海事仲裁。中国国际贸易仲裁委员会近年来发展很快，1986年受理案件90件，2009年受理条件1 482件，增长15.47倍；中国海事仲裁委员会1986年受理案件30件，2009年受理案件79件，增长1.63倍。但由于每年受理的案件有限，这里不赘述。

2. 基层法律服务工作者

20世纪80年代，我国律师和公证员队伍人员不足，不能满足人们对法律服务的需求，在这种情况下，基层法律服务工作者填补了这一空白。1988年全国共有基层法律服务工作者81 520人，每10万人口7.4人；90年代，基层法律服务工作者的数量基本保持在10~12万名的水平；2000年基层法律服务工作者的数量最高达到121 904人。此后随着律师和公证员数量的增多，基层法律服务工作者数量开始下降，到2011年基层法律服务工作者数量降到7.3万人，每10万人口5.42人，与1988年相比，基层法律服务工作者数量下降了10%，年均增长率为－0.5%；每10万人口基层法律服务工作者下降了27%，年均增长率为－1.2%。

表12 中国基层法律服务工作者与律师的数量与比例（1988/2011年）

	基层法律服务工作者数量（人）(A)	每10万人口基层法律服务工作者数量（人）	律师数量(人)（B）	每10万人口律师数量（人）	基层法律服务工作者/律师（A/B）
1988年	81 520	7.40	32 412	2.94	2.52
2011年	73 000	5.42	214 968	15.95	0.34
增长率（倍）	－0.10	－0.27	5.63	4.43	－0.87
年均增长率	－0.5%	－1.2%	24.5%	19.2%	－3.8%

资料来源：朱景文主编《中国法律发展报告2012》表0－10，中国人民大学出版社，2013年，第10页。

基层法律服务工作者的业务与律师的业务有许多重合之处，包括诉讼代理、非诉讼事务、调解纠纷、法律咨询、代书、法律顾问等。当律师数量迅速增加时，过去基层法律服务工作者与律师之间的互补关系逐渐演变为竞争关系。为了保证法律服务的质量、规范法律服务市场，基层法律服务工作者队伍开始受到某些限制，他们更多的只在律师数量不足的地区和领域发展。1988年基层法律服务工作者的数量是律师数量的2.52倍，而2011年只为律师数量的34%。

律师与基层法律服务工作者数量和业务的此消彼长，一方面反映了法律工作者职业化的大趋势，显示人们越来越需要高质量的法律服务，但是另一方面也带来了新的问题。基层法律服务工作者主要活动在城乡基层，服务的对象是普通百姓，其中很多是打不起官司、付不起律师费的普通百姓；而律师活动的领域则集中在大城市、富裕地区，对城镇基层律师一般很少问津，而且律师收费一般要比基层法律服务工作者高得多。在限制基层法律服务工作者的活动领域之后，大城市、富裕地区居民的法律服务通过律师可以得到满足,而城镇基层特别是贫困人口的法律服务则会变成"被人遗忘的角落",在这里,改革开放的成果为全民共享的愿望和要求,难以落实。

3. 人民调解员

人民调解员的工作机构是村民委员会、居民委员会、乡镇(街道)和社会团体或者其他组织所设立的人民调解委员会。1981年我国共有各类人民调解员476.77万人,每10万人口人民调解员479.7人;2011年共有人民调解员433.55万人,每10万人口321.8人,分别减少了9%和33%。期间调解纠纷的数量从7 805 400件增加到8 935 341件,增加了14%,年均增长率为0.5%;每名调解员调解数量从1.64件增加到2.06件,增加了26%,年均增长率为0.9%。

表13 中国人民调解员数量和调解纠纷数量(1981/2011年)

	人民调解员数量 (万人)	每10万人口调解员数量 (人)	调解纠纷数量 (件)	每名调解员调解数量 (件)
1981年	476.77	479.7	7 805 400	1.64
2011年	433.55	321.8	8 935 341	2.06
增长率(倍)	-0.09	-0.33	0.14	0.26
年均增长率	-0.3%	1.1%	0.5%	0.9%

资料来源:朱景文主编《中国法律发展报告2012》表0-11,中国人民大学出版社,2013年,第11页。

人民调解曾经是解决我国民事纠纷的主要方式。1981~2011年人民法院民事一审结案共126 235 233件,平均每年4 072 104件;而人民调解的民事纠纷共192 644 933件,平均每年6 214 353件,人民调解的数量是法院民事一审结案数量的1.53倍。但是,改革开放以后人民调解的作用在弱化,1981年人民调解的数量为7 805 400件,人民法院民事一审结案894 782件,人民调解的数量是法院民事一审数量的8.72倍。2011年人民调解的数量为8 935 341件,人民法院民事一审结案7 534 955件,前者是后者的1.19倍。此后,二者的比率持续下降,到2011年下降了86.4%,年均下降率2.8%。

人民调解作用的下降是由多种因素造成的。一是由于人民调解效率低,每名调解员每年只调解一两件纠纷,很难应对现代社会的需求,从这一角度也可以看出职业化给法官带来的效率,每名法官年均审理几十件、上百件案件。二是由于人民调解以居民委员会或村民委员会为基础,以居住地为依托,这在人口流动较低的情况下可以发挥较大的作用,但是在人口流动较高的地区,人们之间的纠纷并不经常发生在居住地,人民调解的作用就会受到很大的限制。要改变这种状况,发挥人民调解在新形势下的作用,必须使人民调解寻找到新的市场。如在单位内部、在消费者权利保护、医患纠纷处理、交通事故处理等不是以居住地为基础的争端中,使人民调解发挥更大的作用。

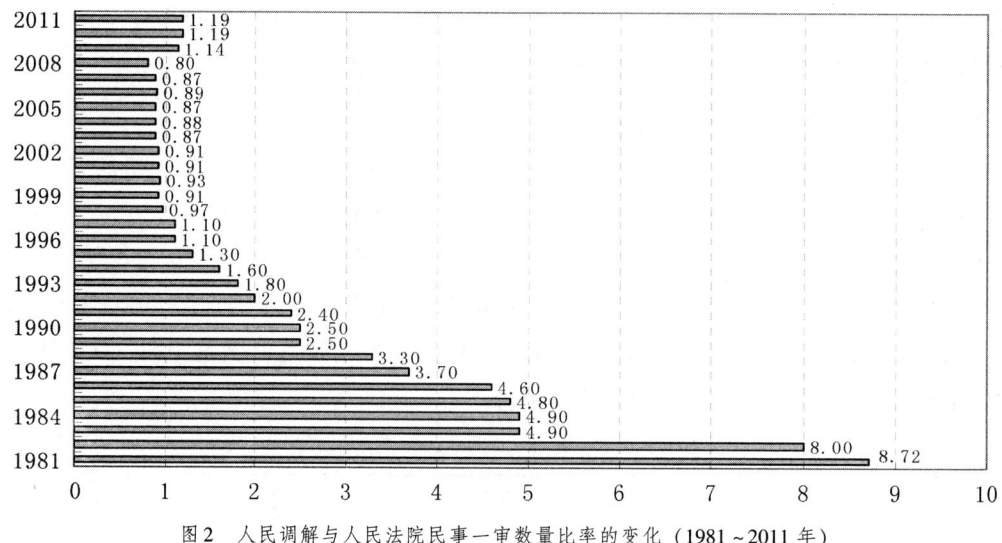

图2 人民调解与人民法院民事一审数量比率的变化（1981~2011年）

资料来源：朱景文主编《中国法律发展报告2012》图0-2，中国人民大学出版社，2013年，第12页。

四、司法腐败问题

1. 司法腐败的严重性

司法腐败有些是由于执法人员的素质造成的，通常表现为利用审判权和执行权徇私舞弊、贪赃枉法，这类司法腐败从改革开放以来一直是司法队伍整顿的重点，虽然人数不多，每年违法违纪受到惩处的人员平均864.6人，只占整个法院队伍的2.85‰，但是影响极其恶劣。今年披露并受到严肃处理的上海高级法院法官集体嫖娼事件，所引起的社会震惊和反思，就充分表明这点。特别是担任司法机关领导职务的官员的司法腐败，更会对司法机关的声誉造成极大的伤害。另外一些司法腐败则是由于制度因素造成的，即由于制度不健全使法院的公信力发生了变化，比如自收自支的司法政策，法院经商办企业、创收，地方保护主义和部门保护主义，缺乏回避制度等。这两种形式的腐败往往相互结合，推波助澜。

司法人员以权谋私在任何条件下都可能发生，无论制度是否健全，只不过在制度不健全的情况下以权谋私的现象可能更多一些，而在制度健全的情况下它们不可能大规模的蔓延。制度性因素所造成的腐败则可能是全局性的，它不仅改变了法院的性质，甚至使好人也可能在制度允许的情况下变坏。正是由于看到制度因素的重要性，从20世纪90年代中后期开始，最高人民法院的工作报告越来越重视从制度上堵塞漏洞，积极预防司法人员腐败的发生。具体措施包括：进一步规范诉讼费的管理；认真清理经商办企业问题；坚决消除容易影响司法公正的因素；等等。最高人民法院明令禁止法院与行政机关、企事业单位建立"法律服务关系"并设立机构，撤销了挂靠在法院的原有关公司的法律服务中心；多次重申审判人员除法律规定的情形外，禁止为当事人推荐、介绍、指定律师，禁止私下会见当事人及其律师，努力在审判人员与律师、当事人之间建立起一条维护司法公正的"隔离带"。地方各级人民法院进一步清理了设在行政机关的执行室、法庭，纠正了审判人员参与行政事务、行政人员参与审判活动的错误做法。[①] 2000年以来，最高人民法院提出严格执行回避制度，严格禁止审判人员的近亲属担任本院审理案件的诉讼代理人或辩护人；严格禁止领导干部的配偶、子女在其所辖地区开办律师事务所和在律师事务所从事诉讼代理活动。全国法院普遍建立回避人员档案，并向社会公布，接受当事人和群众的监督。

表14 法院违法违纪人员占法院工作人员的比例

年份	违法违纪人员（人）	法院工作人员（人）	违法违纪人员比例（‰）
1988	401	214 930	1.8
1989	690	234 000	2.9
1990	912	225 000	4.1
1993	850	250 000	3.4
1994	1 094		
1995	962	280 512	3.4
1996	1 051		
1998	2 512	280 000	9.0
1999	1 450		
2000	1 338		
2001	1 080		
2003	794	314 094	2.5
2004	461	294 597	1.6
2005	378	296 978	1.3
2006	292		
2007	218	309 000	0.7
2008	712	309 183	2.3
2009	795	321 711	2.5
2010	783		
2011	519	318 000	1.6
年均值	864.6	280 615.8	2.85

资料来源：朱景文主编《中国法律发展报告2012》表0-14，中国人民大学出版社，2013年，第16页。

由此可以看出，司法腐败所涉及的问题，无论是诉讼费收取、法院办公司，还是回避制度，都关系到法院自身的利益，关系到审判是否公正。人们之所以选择法院作为解决争端的机构，是因为除了法律，法院没有自身的利益，如果法院有自身的利益在其中，能够通过行使审判权或执行权谋取更多的利益，那么法院一定会选择使自己利益最大化的方式。这样一来，法院就不再是与当事人利益无关者，势必会导致法院

---

① 参见1999年最高人民法院工作报告。

公信力的降低。

2. 涉诉信访问题

改革开放以来出现过多次信访高潮，信访数量远远超过诉讼数量。信访所涉及的问题中，群众反映的热点、难点问题相对集中，涉及政策性、群体性的现实问题较多。有些信访所涉及的问题属于法院不受理的领域，涉及的往往是体制改革中政策性、全局性问题，通过诉讼很难得到解决；有些则属于与诉讼直接相关的问题，即所谓涉诉信访。到党政部门的信访包括涉诉信访，而到司法机关的信访则主要是涉诉信访。在某种程度上可以说，涉诉信访数量是人们对法院审判工作评价的风向标。我们可以把这些年到法院的信访数量与诉讼的数量做一个对比：

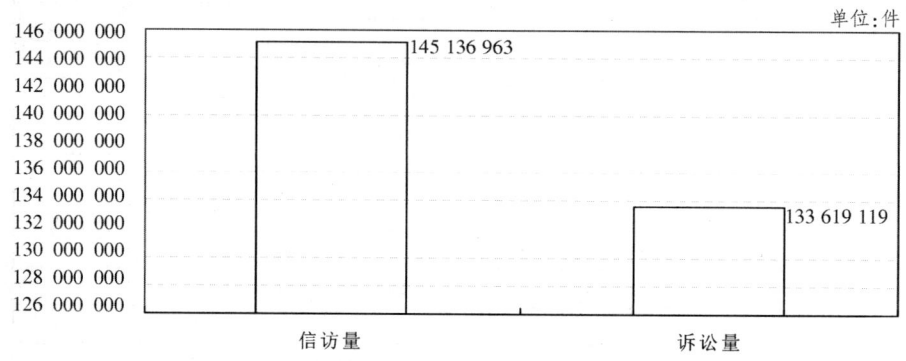

图3 法院涉诉信访总量与诉讼总量的对比（1986~2011年）

资料来源：《中国法律年鉴》1987~2012年各年版本。审判总量包括一审、二审、再审的数量。

1986~2011年法院一审、二审、再审的收案总量为1.34亿件，而到法院信访的总量为1.45亿件，比诉讼数量多1100万件。1998~2001年法院的涉诉信访数量每年都超过900万件，1999年甚至到了1069万件。这不能不引起人们对法院审判是否公正、有效的警惕。但是另一方面也应该看到，2002年以来法院的信访数量有了明显的下降，远远低于诉讼的数量。2002年降到300多万件，2008年又降到100多万件，2011年进一步降低到只有79万件。涉诉信访数量短期内这样大幅度的下降，当然和法院系统这些年改变工作作风、贯彻社会主义法治理念有着密切关系，也和法院把信访转变为告诉、申诉，纳入到二审、再审的审判程序中有着直接关系。这应该是处理信访问题的一个成功经验。但这只是就法院的信访而言，须知到党政部门、人大以及工青妇、新闻媒体的信访中还有相当大的比例属于涉诉信访的范围，数量可能远远大于法院的信访量。①

---

① 有报道说，涉诉信访的数量可能占信访总量的40%。参见曾庆伟、吴才：《妥善处理涉法上访案件的长效机制研究》，2007年8月26日，http://www.snzg.cn/article/show.php?itemid-6763/page-1.html。

单位：件

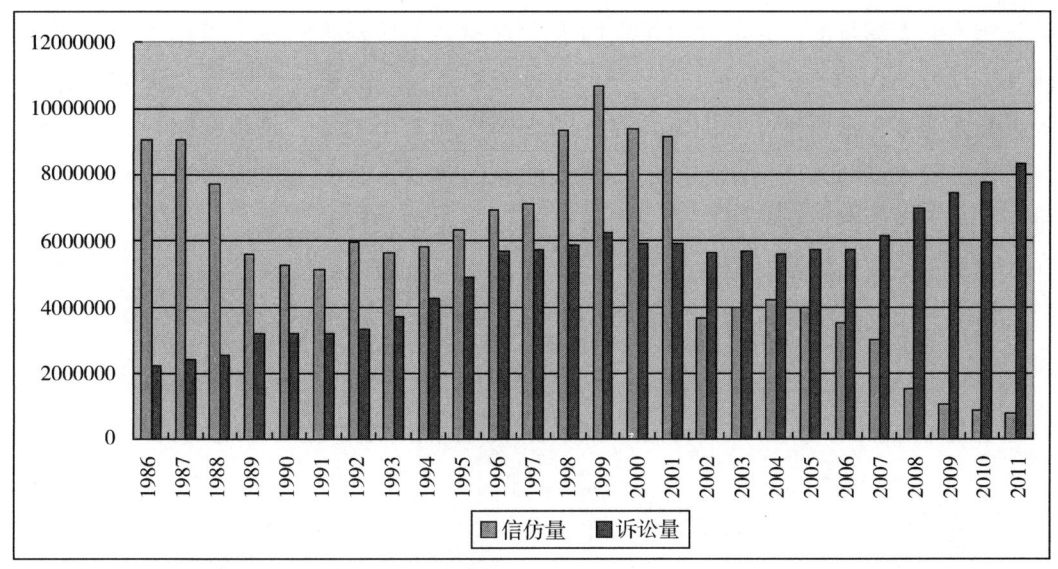

图4 诉讼和涉诉信访数量变化（1986～2011年）

资料来源：《中国法律年鉴》1987～2012年各年版本。审判总量包括一审、二审、再审的数量。

诚如法院系统分析的那样，涉诉信访是由两个方面的原因造成的：一方面，改革开放带来了经济文化的繁荣和人们生活的活跃，但同时，矛盾纠纷也成倍增加，利益冲突趋向激烈，社会处于矛盾多发期，不稳定因素增多。许多问题，如企业改制、破产、产权转让、职工安置、养老、保险、征地拆迁、土地调整等，在法院受理中确实容易产生信访。法院作出的终审裁判，许多当事人不愿意息诉服判，而选择上访，由此也带来了涉诉信访的增多。另一方面，在审判实践中，裁判不公、执行难、效率低，有的案件久诉不立、久审不结、久拖不决，执法方式简单、粗暴，重结案轻效果，一味强调当庭宣判率，重判轻调，执法不廉，在办案过程中滥用自由裁量权，办关系案、人情案、金钱案，吃喝当事人，所有这些现象也是造成涉诉信访数量居高不下的重要原因。①

3. 全国人大代表对最高人民法院工作报告的评价

司法的公信力还可以从全国人民代表大会代表对最高人民法院工作报告的评价中看出。根据宪法，我国的政治体制是全国人民代表大会下的一府两院。中央人民政府、最高人民法院和最高人民检察院都要对全国人民代表大会负责并报告工作，全国人大代表对一府两院的工作报告进行表决，体现全国人民对一府两院工作的评价。2006～2013年全国人大代表对最高人民法院工作报告投反对票和弃权票之和的比例平均为21.49%，对最高人民检察院投反对票和弃权票之和的比例平均为19.64%。

---

① 赵增元：《基层法院涉诉信访工作现状剖析》，2007年4月3日，http://www.chinacourt.org/public/detail.php? id=200488。

相对于同期其他报告,最高人民法院和最高人民检察院得到反对票和弃权票的比例是相当引人瞩目的,它远远超过全国人大常委会工作报告和政府工作报告所得反对票和弃权票的比例。对政府工作报告投反对票和弃权票的比例平均为2.56%,对全国人大常委会工作报告投反对票与弃权票的比例平均为4.02%。虽然全国人大代表对最高人民法院和最高人民检察院投不赞成票的原因多种多样,如像一些人所分析的包括全国人大代表涉案比例等等因素,但一个不可否认的原因是:这一现象确实和司法工作的状况,以及法官、检察官办案公正与否、公信力如何有着直接关系。不从自身去寻找原因,单纯地依靠沟通工作、公关,甚至埋怨人大代表的投票动机,无论如何是说不过去的。

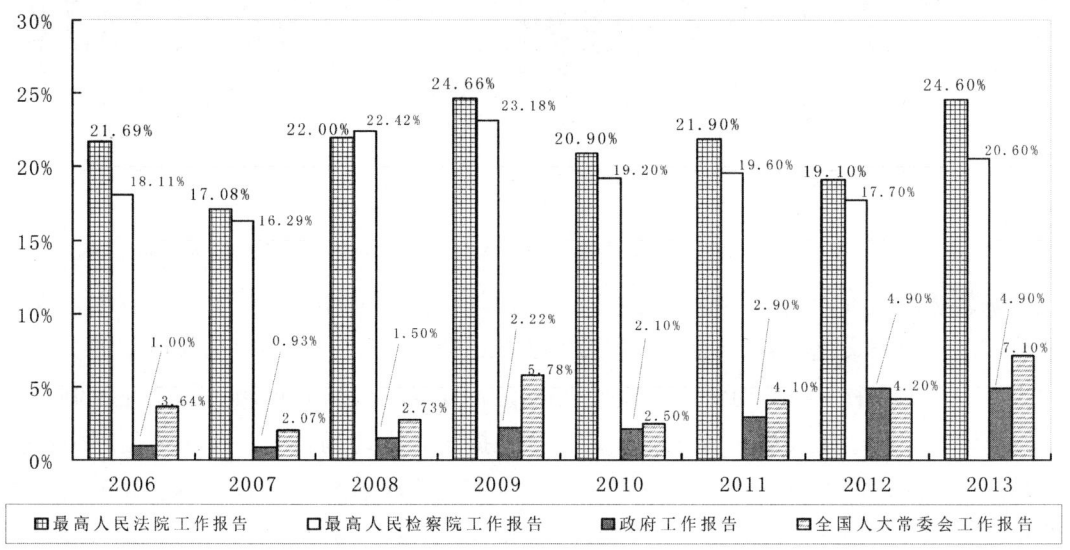

图5　全国人大代表对最高人民法院、最高人民检察院、国务院和全国人大常委会工作报告
投反对票和弃权票的比例(2006~2013年)

资料来源:http://www.npc.gov.cn/npc/oldarchives/dbdh/dbdh/xwzb/index.jsp@lmid=dh&pdmc=dh&dm=dh09&-hyid=011004.htm;http://news.sohu.com/20090313/n262773646.shtml;http://www.xinhuanet.com/2008lh/zb/0318a/-wz.htm;http://news.163.com/09/0313/12/549NACL1000120GR.html;http://news.sina.com.cn/c/2010-03-14/14071-9861809.sht-ml;http://money.163.com/11/0314/09/6V3K6OGG00254LJE.html;http://news.so-hu.com/20120314/n33-7696351.shtml;http://www.dzwww.com/2013/qglh/lhzbj/rdbmh/。

总之,改革开放以来,我国法律职业获得了很大的发展,无论在数量上还是在受教育程度,都上升到了一个新的阶段,从而适应了新的历史时期社会矛盾迅速增长,社会纠纷复杂化、多样化的特点。但是,在法律职业发展中也暴露了许多矛盾和问题,需要认真对待,加以解决:

第一,我国法律职业的发展是不平衡的,主要集中在城市和经济发达地区。各个地区律师的拥有量和业务收入,无论从总量上,还是每10万人口的数量上,都差距巨大。如何因地制宜,选择适合自己发展特点的纠纷解决方式和法律工作者,加大农村和贫穷地区法律职业的发展，增大对农民和贫困人口的法律服务力度，使法律改革的成果为广大人民所共享，是一个必须高度重视的问题。

第二，在我国法律职业发展的同时，必须注重我国纠纷解决的整体布局，在发展法官、检察官、律师职业的同时，不应使其他法律工作者边缘化。法律职业与仲裁员、基层法律服务工作者、人民调解员之间应该各自有自己适当的服务领域，尤其是在大量的诉讼集中在法院的情况下，更应该注意诉讼分流，在不同的法律工作者之间形成一种互补与合作的关系。

第三，正确处理司法独立与司法责任、司法监督之间的关系，是确保司法公正的重要方面。保证法院依法独立行使审判权、检察院依法独立行使检察权，确保司法权的行使不受行政机关、社会团体和个人的干涉，是司法工作正常运行必不可少的前提，是载入宪法的基本原则，必须从司法机关内部、司法机关之间、上下级机关之间以及司法机关与同级党委、人大、政府之间的关系方面加以落实。另一方面，司法独立必须伴随着司法责任，对于司法违法、犯罪行为，必须加以追究、问责，加强党内监督、民主监督、法律监督和舆论监督，提高司法公信力。没有司法独立，就谈不上司法公正；没有司法责任，缺乏监督，司法独立就会演变成司法专横，司法公信力就会荡然无存。

第四，在注重法律职业数量和专业素质发展的同时，必须高度重视司法腐败问题。涉诉信访情况和全国人大代表对最高人民法院和最高人民检察院工作报告的投票情况，足以表明司法腐败问题的严重性程度，司法腐败已经成为影响我国法律职业声誉、关系司法公信力的至关重要的问题。早在改革开放初期，邓小平就提出新时期对法律工作者的要求，一方面"学过法律、懂得法律"，另一方面"执法公正、品德合格"。经过30多年的发展，法律工作者的专业水准有了很大的提高，但是部分人的道德素质水准却存在不少问题。今后在法律职业发展的过程中，应把职业道德素质放到更加突出的地位。要加强法律工作者的执业纪律教育，加强党纪、政纪、法纪监督，建立健全行业自治机制，使法律工作者、法律职业在更加健康的环境中发展。

毫无疑问，一方面，我们不能因法律职业发展中存在的上述问题而否定法律工作者职业化所取得的成就，更不能因噎废食，进而主张回到非职业化的老路上；另一方面，我们也不能因为法律职业化所取得的成就而无视出现的问题，这样做不但不能提高法律职业的声誉，反而会使好不容易建立起来的司法公信力陷入更加尴尬的境地。须知老百姓看待职业声望和司法公信力，不是凭理论推理，不是靠应然，而是靠法官、检察官、律师实实在在的行为，靠老百姓在个案中体验到的公正。

〔作者朱景文，中国人民大学法学院教授。本文刊发于《中国高校社会科学》2013年第4期，责任编辑王群瑛。人大复印资料《法理学、法史学》2014年第4期转载〕

生态文明建设与环境法治

王树义　周　迪

2007 年，中国共产党十七大报告首次提出建设生态文明的问题。报告指出："建设生态文明，基本形成节约能源资源和保护生态环境的产业结构、增长方式、消费模式。循环经济形成较大规模，可再生能源比重显著上升。主要污染物排放得到有效控制，生态环境质量明显改善。生态文明观念在全社会牢固树立。"[①] 2012 年，党的十八大报告再提生态文明建设。报告认为："建设生态文明，是关系人民福祉、关乎民族未来的长远大计。面对资源约束趋紧、环境污染严重、生态系统退化的严峻形势，必须树立尊重自然、顺应自然、保护自然的生态文明理念，把生态文明建设放在突出地位，融入经济建设、政治建设、文化建设、社会建设各方面和全过程，努力建设美丽中国，实现中华民族永续发展。"[②] 2013 年 11 月，党的十八届三中全会通过的《中共中央关于全面深化改革若干重大问题的决定》（以下简称《决定》）则明确提出加快生态文明制度建设。《决定》要求，"建设生态文明，必须建立系统完整的生态文明制度体系，实行最严格的源头保护制度、损害赔偿制度、责任追究制度，完善环境治理和生态修复制度，用制度保护生态环境。"[③]

为什么中国共产党在其政治报告中反复提生态文明建设？何谓生态文明？为什么提到生态文明总与环境问题相联系？生态文明建设与环境保护之间有何关系？如何建设生态文明？本文就这些问题作一粗浅的探讨。

[①] 胡锦涛：《高举中国特色社会主义伟大旗帜为　争取全面建设小康社会新胜利而奋斗》，人民出版社，2007 年，第 20 页。

[②] 胡锦涛：《坚定不移沿着中国特色社会主义道路前进　为全面建成小康社会而奋斗》，人民出版社，2012 年，第 39 页。

[③]《中共中央关于全面深化改革若干重大问题的决定》，人民出版社，2013 年，第 52 页。

一、生态文明的概念、科学内涵及基本要求

何谓生态文明？从现有的研究看，学者的认识不尽一致。有学者认为，生态文明是指人们在改造客观物质世界的同时，不断克服改造过程中的负面效应，积极改善和优化人与自然、人与人的关系，创建有序的生态运行机制和良好的生态环境所取得的物质、精神、制度方面成果的总和。① 也有学者认为，生态文明是指人类遵循自然生态规律和社会经济发展规律，为实现人与自然和谐相处及以环境为中介的人与人和谐相处，而取得的物质成果、精神成果和其他有益成果的总和。这种生态文明，是特定时期和地区中的总体文明，既包括以人与自然及人与人和谐共生、良性循环、协调发展、持续繁荣为基本宗旨的文化伦理形态、理念与价值取向，也包括丰富多彩的环境生态保护活动及其物质成果。② 还有学者认为，生态文明与野蛮文明相对，是指在工业文明已经取得成果的基础上用更文明的态度对待自然，不野蛮开发，不粗暴对待大自然，努力改善和优化人与自然的关系，认真保护和积极建设良好的生态环境。③

尽管定义有别，但不难看出，学界对生态文明的认识在以下几个方面基本达成共识：生态文明要求人类从思想上正确认识人与自然共生共融的关系；生态文明要求人类从行为上遵循自然的客观规律，尊重和保护自然；生态文明是一种总体文明，是物质文明、精神文明、制度文明等文明类型的总和。

我们认为，所谓生态文明，是指人类在利用客观物质世界以满足自己日益增长的物质和文化需要的同时，尊重自然规律，尽量避免或克服其活动对自然界所造成的不良影响，在保护生态环境的良好品质，保障可更新自然资源的再生条件以及维护环境正义等方面所取得的物质、精神和制度成果的总和。

文明是人类文化发展的成果，是人类改造客观世界的物质和精神成果的总和。从人类的发展历程来看，一部人类文明的发展史，就是一部人与自然的关系史。

文明的主体是人，文明的递进反映的是人对自然的改造和对自身的反省。人类文明大致经历了三个阶段：第一个阶段是原始文明，人与自然的关系表现为人类盲从于自然，人类依靠集体的力量和简单的狩猎与采集活动维持生存。第二个阶段是农业文明，新的劳动工具的出现使得人改造自然的能力产生了质的飞跃，但人与自然的关系总体上还是人类顺从于自然。18世纪工业革命开启了人类的现代化，人类文明步入到第三个阶段——工业文明。三百年的工业文明以人类征服自然为主要特征，在这一阶

---

① 黄承梁主编：《生态文明简明知识读本》，中国环境科学出版社，2010年，第4页。
② 蔡守秋、敖安强：《生态文明建设对法治建设的影响》，《吉林大学社会科学学报》2011年第6期。
③ 刘爱军：《以生态文明理念为指导完善我国的环境立法》，《法制与社会》2007年第6期。

段,人类对自然的利用和改造达到极致。不过,就在工业文明给人类社会带来物质财富极大丰富的同时,生态危机不期而至。生态危机向人类敲响了警钟,它告诉我们,由于人类活动对自然界所造成的不良影响,人类现处的生态环境已无力继续支撑工业文明的发展。人类需要一个新的文明形态,这种文明形态应当调整以往人与自然相处的方式,以人与自然和谐发展为主要内容,实现人与自然、人与人、人与社会和谐共生、良性循环、全面发展、持续繁荣。由此,生态文明的概念应运而生。

可以说,生态文明源于对工业文明的反思,对人与自然关系的反思,对整个人类文明进程的反思。如果说农业文明是"黄色文明",工业文明是"黑色文明",那么生态文明则作为"绿色文明"代表着人类文明发展的更高层次和未来方向。

从前面对生态文明的简单描述可以看出,生态文明的科学内涵是要求人类正确认识和处理人与自然、人类社会与自然界的关系。人类不能仅仅把自然界当作自己的征服对象和经济活动的原料库,而应当将自然界当作人类的朋友予以精心呵护,为自然界自身的存在和发展留出足够的空间。人类的发展应当坚持科学发展。所谓科学发展,就是尊重自然规律、尊重经济和社会发展规律的发展。人类应当努力克服工业文明的弊端,正确处理经济、社会发展与保护自然环境、合理开发和利用自然资源之间的关系,反对掠夺式地开发和利用自然资源,反对将自然界作为消纳人类活动所产生的污染物质的场所,实现人类经济、社会的发展与生态环境的保护相协调。

生态文明相对于工业文明,最显著的特征是强调人类对自然界的尊重,要求人类的经济和社会活动顺应自然、保护自然;人与自然、人类社会与自然界相互依存、共处共融;人类在利用自然时必须遵循自然规律,不得随心所欲,要对自身的发展需求进行适当地限制。

在我国几千年的文明史中,"天人合一"的哲学思想无处不在,"天人合一"的实质就是人与自然的和谐。中华文明的基本精神与生态文明的内在要求有天然的契合性,为生态文明的实现提供了哲学基础和思想源泉。作为工业文明的迟到者,中华文明绝不能错过跨越式发展生态文明的契机。从上世纪 90 年代起,我国开始在生态文明、可持续发展道路上进行理论探索,1996 年《国民经济和社会发展"九五"计划》提出可持续发展战略及经济体制和经济增长方式的两个根本性转变。2002 年,党的十六大提出在科学发展观指导下,发展低碳经济、循环经济,建设"两型社会",建设创新型国家,建设生态文明等一系列新的理念。2007 年,党的十七大在深入分析基本国情、经济社会发展阶段、生态资源环境现状和我国现代化建设发展需求的基础上,明确提出建设生态文明的新要求,将到 2020 年把我国建设成为生态环境良好的国家作为全面建设小康社会的重要目标之一。2011 年《国民经济和社会发展"十二五"规划纲要》进一步指出,要加快"两型社会"建设,提高生态文明水平。党的十八大集大成地对过去二十年党和政府处理人与自然关系的理论作出了总结和升华,将生态文明建设上升到国家意志的战略高度,这是对人类文明发展走向的顺应,是对当前我国生态环境现状和人民群众期望的准确回应。

二、生态文明建设的主战场——环境保护

生态文明建设是一个与经济建设、政治建设、文化建设和社会建设融为一体的治国理念和治国方略,其所涵盖或涉及的领域范围十分广泛。不过,生态文明建设涉及的重点领域却在环境保护,这是由生态文明建设的基本目标所决定的。党的十七大报告指出,建设生态文明,要形成节约能源资源和保护生态环境的产业结构、增长方式、消费模式,发展循环经济,有效控制主要污染物排放,改善生态环境。党的十八大报告指出,要树立尊重自然、顺应自然、保护自然的生态文明理念。而党的十八届三中全会的《决定》则明确要求建立系统完整的生态文明制度体系,用制度保护生态环境。

生态文明建设要求在价值取向上树立先进的生态伦理观念,在物质基础上发展发达的生态经济,在必保底线上保障可靠的生态安全。其中,生态安全是生存和发展的基础性前提。生态文明建设的主要战场在于环境保护,这是生态文明建设根本目的的内在要求,也是我国环境现状和经济发展方式的现实需要。

当今我国的环境形势非常严峻,不仅长期积累的环境问题未得到有效解决,且新的环境问题又在不断产生。我国每年因环境污染造成的损失已占 GDP 的 3%,一些污染严重地区的环境污染损失已占到 GDP 的 7% 以上。① 主要污染物排放总量大,70% 的企业不能达到环境空气质量,一半城市市区地下水污染严重,环境风险继续增加,损害群众健康的环境问题比较突出。②

首先是水环境问题。主要包括水资源匮乏和水污染。全国年缺水总量约为 300 亿至 400 亿立方米,每年因缺水造成的直接经济损失达 2000 亿元。③ 此外,全国七大水系中约 26% 是五类和劣五类水,9 大湖泊中有 7 个是五类和劣五类水。④ 全国 118 个城市连续监测数据显示,约 64% 的城市地下水遭受严重污染,33% 的地下水受到轻度污染,基本清洁的地下水只有 3%。⑤

---

① 参见《中国能源中长期(2030、2050)发展战略研究:综合卷》,科学出版社,2011 年,第 12 页。
② 《深入贯彻党的十八大精神 大力推进生态文明建设 努力开创环保工作新局面——周生贤部长在 2013 年全国环境保护工作会议上的讲话》,2013 年 1 月 24 日,中华人民共和国环境保护部门户网:http://www.zhb.gov.cn/gkml/hbb/qt/201302/t20130204_245877.htm。
③ 任雪松:《探讨我国的水资源短缺问题》,《科技创新与应用》2012 年第 28 期。
④ 赵桂廷、赵倩、杨欣:《我国水污染概况及解决措施》,《现代农业科技》2011 年第 12 期。
⑤ 《深井排污法律还没准备好》,2013 年 2 月 20 日,法制网:http://www.legaldaily.com.cn/commentary/content/2013-02/20/content_4211134.htm?node=34251。

其次是大气环境问题。2013年以来，受空气中PM2.5含量严重超标的影响，我国中东部地区连续发生多次中度、重度、极重度雾霾天气。雾霾天气时间之长、面积之大、浓度之高（最高达1000mg）、受众人数之多（近6亿人口），堪称中国环境史上之最。

再次是土壤环境问题。2006年的有关监测和调查数据显示，全国受污染的耕地约有1.5亿亩，污水灌溉污染耕地3 250万亩，固体废弃物堆存占地和毁田200万亩，合计约占耕地总面积1/10以上。①

还有固体废物污染环境问题。以垃圾污染现状为例，目前，中国约有2/3的城市陷入垃圾围城的困境。② 年产出1.5亿吨的城市垃圾，垃圾增长率达10%以上。③

除环境污染以外，自然资源问题亦不乐观。

我国自然资源的禀赋较差。由于人口众多，我国的人均资源量明显低于世界平均水平。比如，我国人均水资源占有量仅为世界平均水平的1/4，而大多数矿产资源的人均占有量不到世界平均水平的一半。且自然资源的空间分布不均衡，资源分布与经济区域结构不匹配，部分地区自然资源的缺口日趋增大。

一方面是资源匮乏，而另一方面，长期沿用的以追求增长速度、大量消耗资源为特征的粗放型经济增长模式造成了自然资源的过度开发和资源浪费，使我国的自然资源现状雪上加霜。2012年，我国能源消费量为36.2亿吨标煤，成为世界上第一大能源消费国。与国际先进水平相比，我国2012年万元GDP能耗是世界平均水平的1.8倍，是美国的2.2倍，欧盟的3.1倍，日本的3.8倍。④ 我国118个资源型城市中，已有69个被划定为资源枯竭型城市⑤，它们的未来发展堪忧。

总体来看，当前的环境问题表现出以下特征：

1. 环境污染范围广，污染程度高，对公众的健康甚至基本生存条件构成威胁。从地域上看，环境污染迅速从经济发达的东部沿海地区向中西部和北部地区蔓延；从要素上看，从天空到海洋，从地表到地下，环境污染无孔不入。

2. 生态功能持续退化，自然资源状况形势严峻。表现为资源枯竭、耕地退化、自然灾害高发等等。

---

① 《我国投入10亿元调查土壤污染目前全国受污染耕地约1.5亿亩》，2006年7月20日，中华人民共和国国土资源部门户网：http://www.mlr.gov.cn/xwdt/jrxw/200607/t20060720_645304.htm。

② 蒋高明：《垃圾围城》，《环境与生活》2011年第7期。

③ 《城市垃圾年产1.5亿吨垃圾增长率达10%以上》，2009年8月21日，人民网：http://www.022net.com/2009/8-21/512143312918622.html。

④ 史立山：《转变能源发展思路势在必行》，《中国能源报》2013年12月9日。

⑤ 根据2013年11月12日国务院发布的《全国资源型城市可持续发展规划（2013—2020）》，全国有262个城市被划为资源型城市。其中，成长型城市31个，成熟型城市141个，衰退型城市67个，再生型城市23个。

3. 突发性、大规模环境事件和环境群体事件频发。自2008年以来,媒体关于重金属污染的报道大幅上升,仅2009年8、9两个月,就连续曝光了山西凤翔、湖南武冈、内蒙古赤峰、福建上杭等五起重金属污染事件。2013年1月,山西长治苯胺泄漏事故波及山西、河北、河南三省,引发公众强烈质疑。近年来频发的环境公共事件,如江苏启东事件、四川什邡事件、多地PX事件都反映了人民群众对环境问题关注度的提高,也显示出环境问题潜藏着严重的社会危机。

凸显的环境问题与生态文明建设的基本目标和要求背道而驰,形成令人震惊的反差。如何面对严峻的环保形势、回应公众对良好环境的强烈要求,成为当前我们建设生态文明的首要任务。

三、加强环境法治保障生态文明建设

环境问题的解决,取决于三个方面的工作。一是转变观念,尤其是政府和领导干部应当转变观念。所谓转变观念,即是转变对事物的定向或传统的思维模式。首先要转变对物质世界和自然资源的认识,彻底改变过去那种"取之不尽、用之不竭"的自然资源观,树立只有一个地球、地球资源有限的自然资源观,尊重自然规律,尊重自然、顺应自然、呵护自然,真正把自然作为人类的朋友,而不是人类的征服对象。其次要转变对经济发展和经济增长规律的认识,摆脱高污染、高能耗、高投入、低产出的增长模式,走实现清洁生产、发展循环经济的绿色发展之路。同时要转变对社会需求的认识,要认识到人民群众不仅有物质文化需要,还有对适宜的生态环境的需要。此外还要转变对政府职能和政绩观的认识,从追求传统GDP到追求绿色GDP,将环境保护作为政府的基本和重要职能,纳入政府政绩考核体系。

二是充分利用现代的环境保护科学技术。环境保护的实现需要最新的环保科学技术作为保障。科学技术的进化与选择是人类摆脱科技负效应的前提。只有通过生态科技的开发,实现清洁生产、发展循环经济,做到或努力做到生产过程中污染物质的最小排放甚至零排放,实现资源的最低消耗和最大利用才不是一纸空谈。如果没有革命性的技术进步来覆盖增长的环境保护成本,则会带来整体物价的上升,引起潜在的社会不稳定。

三是加强环境法治,用法律手段规制人们的环境行为,规范环境保护活动。不同的文明形态需要不同的法律制度作为支撑。庞德说,对过去,法是文明的产物;对现在,法是维持文明的工具;对将来,法是增进文明的工具。[①] 在人类向生态文明时代迈进的今天,生态文明作为以环境保护为主要内容的文明形态,将对环境法治产生深刻

---

① [美]罗斯科·庞德:《法律史解释》,邓正来译,中国法制出版社,2002年,第37页。

影响。反过来，环境法治又是生态文明的法律确认过程。面对当代日益严峻的环境危机，加强环境法治建设是利用法治推动环境拐点到来的必然安排。

当前，对于推进生态文明建设，我们只是提出了方向性、指导性的原则、方针、目标和任务，而要把生态文明建设落到实处，则需要具体的、可行的、定型化的生态文明法律制度来作保障。

（一）当前我国环境法治的基本状况

法治是相对于"人治"而言的，其基本涵义是指严格依据法律治理国家，它是一种治国的方略和方法。法治相对于"法制"来说是一个动态的过程，既包括静态的环境保护法律，也包括环境保护制度在社会生活中的动态运行。环境法治，要求将环境保护活动纳入法治的轨道，环境保护活动必须严格地按照法律的规定执行。环境法治的基本要求有三：第一，应当有较为完善的环境法律体系。第二，严格执行环境法律的规定。第三，严格追究环境法律责任。那么，当前我国环境法治的现状如何？是否符合建设生态文明的环境法治的要求？

自1989年第七届全国人大常委会通过《中华人民共和国环境保护法》以来，我国先后制定或修改了26部环境保护领域的专项法律，内容涉及污染防治、生态保护、资源利用与保护，还有《中华人民共和国环境影响评价法》、《中华人民共和国清洁生产促进法》、《中华人民共和国循环经济促进法》等几项综合管理类法律。此外，围绕环境保护相关问题制定的行政法规、地方法规、部门规章更是数不胜数。从立法形式和立法数量上看，我国环境保护领域初步形成了以《中华人民共和国宪法》的相关规定为指引、以《环境保护法》为"基本法"、以专项法律为主体支撑、以大量行政法律法规和其他部门立法中环境保护相关法律规范为辅助配合的环境法律体系。从立法数量上看，环境保护已经成为专项立法数量最多的领域之一。2008年国务院机构改革，国家环保总局升格为环境保护部之后，环境保护部门的整体权限扩大，环保部门的决策权和执行权在环境管理体制中得到加强。此外，近年来，伴随着环境诉讼案件的增多，以及环境司法专门化的理论和实践经验的积累，环境司法开始成为推动环境法治发展的新生力量。

然而，在环保法律数量"与日俱增"、环保行政部门"职权强化"、环境司法"方兴未艾"的同时，环境污染和生态破坏却未得到有效控制，甚至不降反增，环境危机仍然是制约生态文明建设的最不和谐因素。环境法治形式上的"蓬勃发展"与现实环境问题的巨大落差引发我们思考：当前我国环境法治的问题究竟出在哪里？

我们认为，当前我国环境法治的主要问题可以概括为：缺乏科学、全面、系统、前瞻性的立法内容，符合生态文明的行为"无法可依"，违背生态规律的行为"无法可治"，导致执行层面"法立而不行"，司法层面"有法而无罚"。

从法治运行的动态过程来看，法治首先是"良法之治"。环境法治的首要困境是环境立法问题。当前，我国环境立法整体上的立法理念、立法内容、立法模式没有顺应生态文明的要求进行及时的更新和转变，导致理论设计、制度构建和客观需求三者的不统一。立法的不科学直接导致行政执法依据不足、方式不当和司法保障不力。主要表现为：

第一，立法理念落后，法律没有确立生态环境的基础性地位和生态可持续发展观。我国的大部分环境保护法律制定于上世纪八九十年代，受改革开放后以经济建设为中心的思想观念的影响，当时的立法理念也强调以追求经济增长为主，环境准入标准较低，违法惩罚数额较小，法律责任追究机制不完善，难以起到规范环境行为的作用。

此外，先进的立法理念，例如清洁生产、循环经济理念没有及时在立法中得到体现。以污染防治立法为例，目前大部分污染防治法律仍然以单项的污染防止、污染处理为主导。《环境保护法》第26条规定的"三同时"制度是我国特有的一项环境保护法律制度，而它所关注的重心在于污染物的产生和处理，没有从循环经济的视角考虑资源的再利用。

第二，立法内容滞后，没有起到法律的确认和引导作用。立法应当具有超前性和前瞻性，而在环境立法领域，我们却易于陷入"吉登斯悖论"[①]。环境问题往往具有隐蔽性和累积性，在问题变得具体和可见之前，科学证据不易被发觉。当前环境立法的模式，例如正在进行的"气候法"、"土壤环境保护法"的制定，大体都是以环境问题凸显（例如环境事件频发）促成环境立法的适应性或应急性模式。由于缺乏法律与科学的预先联动机制，立法启动之时往往已经错过了主动解决危机的最佳时期。

环境立法对新生事物的回应也显得滞后和不足。例如，当前环境案件审判机构专门化在我国迅速发展，自2007年11月中国第一个环境法庭——贵阳市中级人民法院环境法庭诞生以来，至今全国已有百余个环境法庭相继出现，中国首个环境法院也在孕育之中。环境法庭的产生和发展为应对日益增多的环境事件、鼓励人们走环境司法救济的道路、推进环境法的正确执行起到了一定的积极作用，然而，环境司法专门化的探索目前仅停留在司法实践和地方层面，而没有在一些关键问题上，例如环境法庭（法院）的机构层级、人员编制、特殊的审判规则等方面予以明确。总体而言，现有的环境立法没有做到有效回应现实迫切需要，难以从司法保障上推动环境法治进步。

此外，立法的片面性、顾此失彼，也导致目标执行不畅。2010年，为了突击完成"十一五"规划分解到各地的节能减排指标，多地采取拉闸限电的方式，居民日常生活、农民灌溉、商户经营等无一不受影响。作为行政压力下产生的节能怪胎，拉闸限

---

① 吉登斯悖论（Giddens Paradox）是指：气候变化问题尽管是一个非常严重的问题，但对于大多数人来说，由于它们在日常生活中不可见、不直接，因此，在人们的日常生活计划中很少被纳入短期考虑的范围。悖论在于，一旦气候变化的后果变得严重、可见和具体，我们就不再有行动的余地了。因为一切都太晚了。环境问题亦如此。

电现象反映了我国在执行行政命令和法律规范过程中的固有弊病——规则的制定硬性化而非人性化,单一指标化而非多样具体化,行政力量主宰,忽略法律执行对象的基本生存和发展需求。

(二) 更新环境法治理念

在环境法治建设中,科学完备的法律体系是环境法遵守、执行和适用的前提。因此,环境法治理念的更新应首先着手于环境法立法理念的更新。

立法理念直接影响着立法活动和具体法律制度的设计,任何一项法律创制活动都必然受到一定立法理念的影响。立法理念是对法律的本质及其发展规律的宏观、整体性把握。对于环境法治建设而言,只有配合时代发展,将先进的指导思想融入立法理念之中,才能提高环境法律的正当性和有效性。

在建设生态文明的新背景下,环境法立法理念的更新应体现在两个方面:立法目标模式的更新和立法法体模式的更新。

1. 立法目标模式的更新。立法的目标模式表现为相关立法的宗旨、任务和目的。建设生态文明,必须重新审视环境法乃至整个法律体系的价值排序问题。没有立法的价值取向,也就没有法的思想依托,并最终导致立法目的的丧失。环境立法目标模式的更新体现在两个方面:

第一,树立生态基础制约观念,将维护生态安全作为环境立法的基础性价值观。生态文明建设必须在自然法则许可的范围内,遵循生态规律进行。生态文明在"五位一体"建设中的地位是基础性、保底性的。立法者应当认识到生态承载力的有限性,牢记生态安全底线,环境立法应做到将生态规律作为立法的准则和检验立法的标准,"以生态安全保底经济社会发展"。

第二,树立整体生态利益观念,通过环境与资源的综合管理实现多元利益的共同增进。生态系统具有要素和功能之间的关联性和整体性,强调物物相关和多样性共生。生态文明建设需要综合考虑政治、经济、社会和文化的需求与价值,将生态文明融入已有的文明建设中,让多元文明在互动中共生、共存、共进。立法者应当摒弃一元目标模式,突破法律部门界限,实现环境立法与整个立法体系的有机融合,以环境保护优化经济社会发展。

2. 立法法体模式的更新。立法的法体模式是指在既定的立法体制下创制的各种法律形态。环境立法法体模式的更新体现在三个方面:

一是"基本法"立法模式向政策型、规划型立法转变。环境保护"基本法"是相对于环境保护单行法而言的,是指在一国环境保护法律体系内"地位"最高、作用最大、起牵头作用的法律。它是包含国家环境政策、目标、基本原则和基本制度在内的综合性环境保护法律。目前,我国的环境保护"基本法"——《中华人民共和国环境保护法》——无论从法律位阶、立法内容和实施效果来看,都只能作为形式上的"基本法",没有起到"基本法"的统领作用,无力担当以法治保障生态文明建设"领头羊"的角色。生态文明建设强调"整体性",立足于文明建设的高度,因此,环境保护"基本法"的立法模式应当向政策型、规划型的立法转变,真正发挥"基本法"宣示国家基本环境政策,统一环境法基本目标、理念和原则的作用。

二是以自然要素、环境问题作为导向进行专项立法。从生态环境的整体性和关联性来看,环境立法应遵循自然要素的客观规律,以各类环境问题为导向,突破条块限制,有针对性地实现专项立法。目前,"长江法"、"土壤环境保护法"等立法尝试代表了这种立法趋势。

三是其它部门法立法的"生态化"。对自然环境的保护不仅需要制定专门的自然保护法律法规,而且还需要一切其他有关的法律也从各自的角度对生态保护作出相应规定,使生态学原理和生态保护要求渗透到各有关法律中,用整个法律来保护自然环境。

(三) 实行最严格的环境保护法律制度

2008年,环保部长周生贤在中国发展高层论坛上指出,未来一段时间是经济社会发展的重要机遇期,也是资源环境矛盾的凸显期,如果不能处理好环境与发展的关系,国家环境安全将受到威胁。因此,他强调,必须实行最严格的环境保护制度。十八届三中全会的《决定》指出,要实行最严格的源头保护制度、损害赔偿制度、责任追究制度,完善环境治理和生态修复制度。最严格的环境保护法律制度是近年来为加强环境与资源保护所提出来的一项新举措。

所谓"最严格",是相对于以往的环境保护法律制度而言的。"最严格的环境保护法律制度"的基本内涵应为:为应对环境污染与生态破坏的严峻形势,在资源利用,污染产生、转移和扩散,以及生态环境管理过程中,以自然规律为基础,坚持环保优先的原则,在一定的经济社会条件下,严格制定标准,严格保证执行,严格追究责任,最大限度地实现污染持续下降,自然资源利用率持续上升,生态环境持续改善。

最严格的环境保护法律制度是针对我国当前经济社会发展对环境产生严重破坏,环境问题已经威胁到人民群众的基本生存和发展的现状而提出来的。在环境危机凸显的今天,环保优先是最严格的环境保护法律制度应当坚持的基本原则。坚持环保优先的原则并不是要求一切经济社会活动都为环保让步,以经济停滞甚至经济后退换取环境保护,而是强调守住生态安全的基础性价值,明确生态红线,在发生突破生态红线的情形之时实行环境保护一票否决。

最严格的环境保护法律制度中"最严格"的标准,应当在充分尊重生态规律的基础上,综合考虑地区、经济社会发展水平等因素。另外,最严格的环境保护法律制度应当是有效的制度,既然是"最严格",就要求严格制定、严格监督、严格执行,建立一整套运行机制,并将"最严格"的标准贯穿其中,在各个环节保障制度的运行。

最严格的环境保护法律制度不是指某一项单独的环境保护法律制度,而是由一系列环境保护法律制度组成的制度群。因此,最严格的环境保护法律制度在运行过程中需要按照一定的需求进行分解和落实。从制度的设计上看，最严格的环境保护法律制度应当包括最严格的污染治理制度、最严格的环境质量目标制度、最严格的环境经济政策、最严格的政府目标考核制度、最严格的准入和退出制度、最严格的环境损害责任制度等。具体而言，包括：（1）环保优先制度；（2）政府环保目标考核制度；（3）战略环评制度；（4）总量控制制度；（5）区域限批制度；（6）环境税制度；（7）环境污染损害赔偿责任保险制度；（8）生态补偿制度等。

（四）在执行层面考虑主体的相对性

在立法内容上将最严格的环境保护法律制度进行固定仅仅是第一步，最严格环境保护法律制度运行成功的关键在于执行。最严格的环境保护法律制度，在立法标准上加大了环境保护力度，也从一定程度上增加了对主体行为的规范程度。因此，如何保证制度的实施是值得思考的重大问题。

环境危害行为的主体既可以是政府和公职人员，也可以是企业，还可以是公民个人或集体，针对不同主体执行环境保护法律制度时不能"一刀切"，要考虑到主体的相对性，顾全法律的目的和不同主体的需求。

针对作出行政行为的政府主体，要执行最严格的监督与考核机制。监督与考核机制主要针对当前环境行政执法不到位的状况，要配套出台政府环境保护目标考核制度，建立将环境保护纳入重要指标甚至基础性指标的政绩评价标准，健全环境质量技术监控体系，最终实现将环境保护法律制度融入生态文明建设的综合决策机制中，实现政府决策的绿色化和生态化。

针对实施生产行为的企业主体，则要考虑到生产主体在市场经济中的逐利性，在管制的基础上加强引导，实行"底线原则"与"顶线原则"并重。最严格的环境保护法律制度相当于为生产行为设定一个底线（横着的标尺），底线之下是法律不允许的，而底线之上则凭借企业的社会自觉，这是最严格的环境保护法律制度的基本思路。但是，如果仅仅依靠底线原则，作为市场经济主体的生产者难免会在逐利性的驱动下跨越法律红线，法律制度只管限制，不顾发展，"立而不行"，这也违背了立法的初衷。因此，在"底线原则"的基础上，还应配合"顶线原则"（竖着的标尺），即通过包括经济刺激制度在内的多元机制引导生产者在底线之上继续向上，越向上越好，让生产者的市场行为与环保行为互利互惠、相互促进，形成持久的良性循环。

而对公民主体而言，应当考虑到当前全社会的生态意识比较薄弱，对公民行为的引导应当以普法宣传、公众教育为主。

（五）严格追究环境法律责任

最严格环境保护法律制度运行的保障在于严格追究环境法律责任。目前，我国现行环境保护法律对违法行为的制裁与惩戒和威慑破坏环境行为的立法目标不符合，制约了环境保护法律制度的实施。追究环境法律责任的总体思路是严格化，在具体操作层面要求实现层次化和多样化。

环境法律责任追究的严格化体现在：

第一，严格追究环境行政管理失职人员的环境法律责任。

第二，加大对企业环境违法行为的行政处罚力度。具体而言：（1）对企业实行处罚的同时，对企业负责人或主要责任人进行处罚；①（2）提高处罚力度，特别是提高罚款数额；（3）创新处罚方式，对持续违法行为要将按日计罚作为执行处罚手段。

第三，加大打击环境违法犯罪的力度。2011年通过的《中华人民共和国刑法修正案（八）》将《中华人民共和国刑法》第338条规定的原"重大环境污染事故罪"改为"污染环境罪"，降低了环境犯罪的门槛。然而近年来，环境污染事件依旧频发，最终以"污染环境罪"被追究刑事法律责任的案件却少之又少，究其原因，首先是污染环境罪在实践中取证难、认定难，使得案件在侦查阶段就障碍重重；其次，环境行政违法行为与环境犯罪行为衔接不当，行政制裁与刑事制裁没有对接，影响了刑法打击环境犯罪的效果。最高人民法院、最高人民检察院在2013年6月18日公布的《关于办理环境污染刑事案件适用法律若干问题的解释》，细化了《刑法》的有关规定，明确了具体操作标准，反映了环境刑事法律责任追究严格化的思路。在今后的立法中，还应注意行政制裁与刑事制裁的对接，使不同层级的法律在违法情节、入罪门槛、处罚方式等方面形成一个严密的循序渐进的体系。

此外，环境法律责任的追究除了从行政执法机关和司法机关的角度进行加强以外，还应发动公众全方位的社会监督力量，开放公众进入环境司法的程序。实现环境司法专门化，以专门审判机关、专业审判人员、专项审判规则鼓励环境诉讼，是通过司法手段有效监督环境违法行为，追究环境法律责任的必由之路。

四、结语

在人类应对环境危机、寻找新的恒定价值的背景下，"美丽中国"和生态文明建设作为回应全球化趋势的中国答案，是适宜、明智和负责任的。改革开放初期，在以经济增长为中心的理念的影响下，我们形成了一种"不管黑猫白猫，抓到老鼠就是好猫"的"猫文化"，与西方世界工业化进程如出一辙，这种"猫文化"是一种增长的文化，如今我们已经尝到了一味增长的文化所带来的负面后果。如果将改革开放作为我们经济和文化转型的第一次革命，那么，如今我们已经处于第二次经济和文化转型的改革时刻，一种更为谨慎科学的适应性文化等待我们形成和践行。

美丽中国是生态文明建设的目标指向，生态文明建设是实现美丽中国的基本路径和必由之路。如果以法治推动理念的更新和保障制度的运行作为美丽中国与生态文明

---

① 汪劲：《完善环境违法制裁 强化环保法治机制》，《环境保护》2013年第16期。

建设的第一阶段、第一层次的目标，那么通过包括法治建设在内的一系列建设促进全社会生态文明价值观的形成则是更长远的、更深层次的诉求。法治是文明的一部分，因而环境法治文化也是生态文明的重要组成部分，通过法治规范行为，进而推动全社会生态忧患意识、生态责任意识和生态道德意识的形成，是生态文明法治建设的应有之义，也是美丽中国实现的有效途径和深远目标。

〔作者王树义，武汉大学环境法研究所所长、国家"2011计划"司法文明协同创新中心联席主任；周迪，武汉大学环境法研究所博士。本文刊发于《中国高校社会科学》2014年第2期，责任编辑王群瑛。人大复印资料《中国特色社会主义理论》2014年第6期转载〕

"气候正义"与中国气候变化立法的目标和制度选择

王灿发　陈贻健

引　言

对气候正义问题的关注可以视为环境正义运动向具体领域的延伸。环境正义运动于20世纪80年代初在美国出现,其起因是废物处理设施和肮脏工业在贫困有色人种社区的不均衡分布,最初以一种反环境种族主义的姿态出现,其实质是关注环境平等(environment equity),反对环境负担不成比例分配,[①] 这一精神实质继而逐步扩展到其他环保领域。大约在2000年前后,一些非政府组织承袭环境正义运动的精神,开始对气候变化的影响进行伦理审视,关注气候变化中的利益和负担分配的公平性问题,气候正义便应运而生。有的非政府组织直接以"气候正义"来命名,比如"国际气候正义网络"。该组织还于2002年提出共有27项内容的"气候正义巴厘原则"("巴厘原则")。[②] 这可以视为气候正义最早的正式文本表达。随后,围绕气候正义展开的相关研究也逐步增多,比较有代表性的论文有埃里克和孙斯坦合作的《气候变化的正义》,[③] 瑞士巴塞尔大学教授Christoph Stückelberger在其论文《为何故、为谁我们去看护——环境伦理、责任和气候正义》中则直接使用了"气候正义"一词,并对气候正义的原则进行了阐述。[④] "气候正义"逐渐成为讨论气候变化领域利益和负担设定问题时经常使

[①] Clifford Rechtschaffen, *Environment Justice: Law, Policy and Regulation*, Carolina Academic Press, p. 7.

[②] Susanne C. Moser and Lisa Dilling eds., *Creating a Climate for Change: Communicating Climate Change and Facilitating Social Change*, Cambridge University Press, 2008, p. 119, pp. 121～124. Also available at http://www.in diare source.org/issues/energycc/2003/baliprinciples.html.

[③] Eric A. Posner, Cass R. Sunstein, "Climate Change Justice", *Georgetown Law Journal*, Vol. 96, 2008. 该论文的观点后来部分体现于Eric A. Posner与David Weisbach合著的《Climate Change Justice》当中(see Eric A. Posner & David Weisbach, *Climate Change Justice*, Princeton University Press, 2010),该书中译本已在国内出版,参见[美]埃里克·波斯纳、戴维·韦斯巴赫:《气候变化的正义》,李智、张键译,社会科学文献出版社,2011年。

[④] 参见2008年《生态伦理与知识的责任国际学术研讨会会议论文集》。

用的一个规范概念和核心概念。① 气候正义是指在应对气候变化的整个过程和所有方面公平地对待所有实体和个人的价值体系，它是被作为一个价值论、方法论和实践论的综合概念来理解的。在价值论上，气候正义应当包括安全、平等、公平以及自由、效率等价值；在方法论上，气候正义应当提供一个自由居首，但首先受制于作为底限的安全价值，其次受制于公平和平等价值的价值序列；在实践论意义上，气候正义应当体现为可实施的法律规范。

中国是世界上最大的发展中国家，也是温室气体排放量最大的发展中国家。中国一直以一个负责任的大国的形象和态度积极参与国际社会应对气候变化的进程，同时也在国内积极开展应对气候变化的各项行动，包括为制定相关法律做准备。2007年，中国国务院颁布了《气候变化应对国家方案》，2008年8月全国人大常委会作出了《全国人民代表大会常务委员会关于积极应对气候变化的决议》，2010年制定的国家"十二五"规划设置了气候变化应对篇章。上述政策和法律性文件虽然总体上均为原则性规定，但为中国气候变化立法提供了基本的方向和依据。2013年，国家发改委、全国人大环资委、全国人大法工委、国务院法制办和有关部门联合成立了应对气候变化法律起草工作领导小组，着手《中华人民共和国应对气候变化法》的起草工作，并初步形成了立法框架。②

制定气候变化法律，正是对气候正义上述要求的集中化的制度体现，也是气候正义在实践论层面的要求。缺乏立法支撑的气候正义是不完整的气候正义。如前所述，气候正义包含了一些基本的要求，这些要求包括：在价值论上突出安全作为底限价值的地位，从公平和平等价值出发分担气候变化领域的利益和负担，在此基础上确保自由价值最大化的实现，并对效率等其他价值做出相应的考虑；在基本的立法原则上应当体现最脆弱者优先、排放权平等、传统使用维持、原因者负担原则；具体在分配和矫正环节，应当根据总量控制的目标要求确立排放权分配和责任分配的一致性客观标准，在交换环节应建立效率主导的排放权交易制度。中国在应对气候变化的过程中无疑也应当遵守气候正义的上述要求，并在立法目的、基本原则以及主要制度设计方面具体体现气候正义的要求。

---

① 例如，Gale Reference Team,"Four Principles for Climate Justice", *New Internationalist*, 2009; Rajendra Pachauri, "Climate Justice", *New Internationalist*, 2009.7.; Dan C. Shahar, "Justice and Climate Change: Toward a Libertarian Analysis", *Independent Review*, 2009; Alice Kaswan, "Greening the Grid and Climate Justice", *Environmental Law*, 2010; Daniel A. Farber, "Climate Justice and the China Fallacy", *Hastings West-Northwest Journal of Environmental Law and Policy* 15, 2009, p.15; 李春林:《气候变化与气候正义》，《福州大学学报（哲学社会科学版）》2010年第6期；黄之栋、黄瑞祺:《全球暖化与气候正义：一项科技与社会的分析——环境正义面面观之二》，《鄱阳湖学刊》2010年第5期。

② 参见国家发展和改革委员会2013年11月发布的《中国应对气候变化的政策与行动2013年度报告》，第7页。

一、中国在气候变化立法过程中面临的主要气候正义问题

气候正义在适用的范围上应当是全球性的,它要求所有国家根据一致性的客观标准承担应对气候变化的法律义务。部分国家之所以可以暂时承担道义上的减排义务,进行自愿减排,并非由于其身份,而是由于客观上它并未达到承担量化强制法律义务的一致性标准。基于这一基本认知,中国在气候变化立法过程中面临两个主要的问题:其一,中国应否承担量化强制减排义务;其二,在国际立法尚未要求中国承担量化强制减排义务的情况下,中国是否可以在国内法中明确量化的强制减排义务。

(一) 中国应否承担量化强制减排义务

关于第一个问题,即中国应否承担量化强制减排义务,实际上在对气候正义的内涵进行分析时已经给出了解答。我们在前面对气候正义的讨论中已经基本形成这样的共识:根据气候正义的要求,所有的国家均应根据一致性的客观标准确定各国在应对气候变化中的利益和负担分配,而不能根据主观的身份划分,这种一致性的标准应当是由"影响"而不是"能力"决定的,即应当根据各国对气候变化造成的实际影响决定,而不是由各国的经济发展水平和拥有的财政、技术等资源和能力决定,财政、技术等资源和能力只有作为造成气候变化影响的因素时才成为利益和负担分配的考虑因素。所以,对于中国而言,之所以在《联合国气候变化框架公约》(以下简称《公约》)及其《京都议定书》的框架下不承担强制减排义务,不能以"能力"作为解释理由,更不能简单地从"发展中国家"身份上获得支持,而只能根据一致性的客观标准。如果该种标准是"人均历史累积排放"和"人类发展指数"双指标或更多的综合指标,则任何国家达到这一指标即需承担强制减排义务,中国自然也不例外。基于对国际气候正义的这一认识,中国在未来应对气候变化的过程中,应根据国际立法确定的一致性客观标准承担量化的强制减排义务,除非是中国尚未达到"人均历史累积排放"和"人类发展指数"等综合指标的标准。

(二) 中国的应对气候变化立法是否应明确量化的强制减排义务

关于第二个问题,即在国际立法尚未要求中国承担量化强制减排义务的情况下,中国是否可以在国内法中明确量化的强制减排义务,则涉及气候正义在国家层面的落实问题。在《公约》及其《京都议定书》的框架下,这一问题已经在实证法层面得到解决,即中国并非"附件Ⅰ"国家,因而无需承担量化强制减排义务,只需进行自愿减排。但是这一实证法层面的规定并非是气候正义这一自然法层面的必然答案。因而,在德班平台启动后的新一轮国际气候谈判中,中国应对气候变化的过程中应承担的国际责任仍然是一个被继续讨论的问题。即便在未来的国际气候谈判中,中国仍然无需承担量化强制减排义务,但中国在气候变化立法过程中设定量化的强制减排目标,却并不与气候正义相悖。首先,中国在气候变化立法过程中设定量化的强制减排目标完

全是中国主权范围内的自决事项。从当前的国际气候立法的内容来看，并未给中国以及其他发展中国家设定量化强制减排义务，中国并没有在国内法层面落实量化强制减排目标的国际法律义务，但这并不妨碍中国在自己主权范围内，依据本国国情，在气候变化立法过程中为本国设定量化强制减排目标。这正是主权的应有之义，是国际法上强调的"主权独立"原则在对内事务上的具体体现。其次，中国在气候变化立法过程中为本国设定量化强制减排目标符合国内气候正义的要求。气候变化问题虽然在中国国内问题清单中并不排在最突出的位置，但中国目前正处于经济社会的转型期，建设生态文明已经成为民间和官方共同的迫切要求，由于长期片面追求经济增长而带来的环境污染和环境破坏已经严重影响了全体公民的生存权、健康权和财产权，通过制定强有力的应对气候变化国内法，借助公平适用的一致性管制标准减少碳排放，从而改变高污染、高消耗的粗放型生产方式，建设作为生态文明重要组成部分的气候文明，正是国内气候正义的要求。最后，中国在气候变化立法过程中设定量化强制减排目标有利于提前应对未来气候正义的一致性要求。气候正义的核心是要求所有相关主体根据一致性的客观标准承担应对气候变化的责任，就此国际社会已有共识，目前国际气候谈判的焦点主要在于"标准"问题，即何谓一致性的标准，对此问题，未来的趋势更可能是前面所述的综合性指标，如"人均历史累积排放量"和"人类发展指数"等。就人均历史累积排放量而言，中国1850～2004年的人均历史累积排放量为68.9吨，居全球第92位（见下页表1），但鉴于近年中国的碳排放总量增加迅猛，人均历史累积排放量也会继续增加，因而应当提前做好根据气候正义要求的一致性客观标准承担强制减排义务的准备，争取在未来的国际气候谈判中掌握主动。

二、中国在气候变化立法过程中应持有的气候正义观念

如前所述，气候正义是一个价值论、方法论、实践论层面的概念，其功能是协调不同主体间的正当性的价值冲突。气候正义的观念受到各个主体认识论上的背景信念的影响，更受到客观利益的影响。不同国家、同一国家不同区域和人群间的气候正义观念可能会受到各种因素影响从而偏离气候正义的要求。中国制定气候变化法律的过程，即是贯彻气候正义要求的过程，在此过程中，应当坚持如下观念。

（一）坚持气候正义在国际和国内两个层面的一致性

气候正义在空间领域上主要包括两个层面：一是国际层面的气候正义，本文前述所及的气候正义主要集中在国际层面；二是国内层面的气候正义，这方面目前的探讨较少。前面讨论的中国在气候变化立法过程中的主要气候正义问题，实际上就是气候正义在国际和国内两个层面的关系问题。对上述两个基本问题的解答也决定了中国在处理气候正义两个层面关系的基本观念，即在国际层面，各国均应按照一致性的客观标准承担量化强制减排义务，如果中国符合此标准，则不应逃避须承担的义务，如果

不符合此标准,中国亦不应承担不适当的义务。仅从"人均历史累积排放量"这一标准看,中国将呈逐步增长的趋势,但距离世界人均水平仍有差距,如1850~2004年全球人均历史累积排放量是173.5吨,而中国只有68.9吨(见表1),因而中国短期内承担量化强制减排义务的理由还不充分,亦不符合气候正义的要求。据此,在国内层面,中国可以有两种选择,一是仍然坚持自愿减排,在气候变化立法时不确定强制减排目标;二是尽管短期内根据气候正义的要求中国在国际层面无须承担量化强制减排义务,但自愿在国内法中采取强制模式。从气候正义的长期要求以及国内环境保护、经济社会转型需求等因素考虑,后一选择应该能更好地处理和协调国内气候正义以及国际气候正义的关系。

表1 1850~2030年16个国家及全球人均历史累积排放[①]

国别	人均历史累积及排名 (吨 CO_2) 1850~2004年	人均累积 (EIA 低排放情景) 1850~2030年	人均累积 (POLES 较高排放情景) 1850~2030年
全球	173.5	348.84	356.01
中国	68.9(92)	253.6	241.2
印度	23.3(122)	217.2	366.5
南非	286.3(43)	—	—
墨西哥	112.3(78)	287.0	297.8
巴西	49.7(99)	132.0	176.2
印尼	28.4(118)	—	—
韩国	187.3(60)	545.3	627.7
澳大利亚	598.0(17)	1253.7	—
美国	1105.4(3)	1828.8	1830.6
英国	1134.9(2)	—	1424.4
俄罗斯	626.6(15)	972.7	—
日本	334.2(36)	776.9	738.2
意大利	307.5(41)	—	535.3
德国	962.8(6)	—	1266.4
法国	525.0(23)	—	749.1
加拿大	748.1(9)	1395.2	1315.8

在此需要特别说明的是,中国在根据目前的国际气候法律以及气候正义的一致性标准尚不需要承担强制减排义务的情况下,在国内法中采取强制减排模式,并不意味

[①] 王伟光、郑国光主编:《应对气候变化报告(2010):坎昆的挑战与中国的行动》,社会科学文献出版社,2010年,第313页。

着国际气候正义与国内气候正义的冲突。中国无须承担量化强制减排义务，即意味着是"自愿"减排，而无论自愿选择不设定强制目标的"软法"模式还是设定强制目标的"硬法"模式，均是"自愿"，符合"自愿"减排的含义，亦符合气候正义的要求。这恰恰表明了国际气候正义和国内气候正义的协调和一致。减排是气候正义关注的核心领域，也是国际气候法律中设置的根本性义务，除了减排义务，气候正义还涉及其他义务，如编制和定期更新温室气体源和汇的国家清单，制定、执行、公布和定期更新应对气候变化国家方案，促进公众参与以及获得有关气候变化的信息①，制定、执行适应气候变化的措施和方案，等等。② 我们可以将减排义务之外的其他法律义务称为辅助性义务。③ 这些义务在国际层面的《公约》及其《京都议定书》中均有明确规定，也是发展中国家必须履行的义务，因而应当保持国际法和国内法两个层面的一致性。这也是处理气候正义两个层面关系时需要注意的一个方面。

（二）坚持气候正义在国内适用中的一致性

适用上的一致性是正义的内在要求。通过设置调整气候变化领域利益和负担的一致性客观标准，是气候正义得以实现的基础。气候正义要在国内法中得到实现，也必须解决标准的一致性问题。对于在国际层面需要承担强制减排义务的国家而言，气候正义在国内法上的实现主要是通过设置一致性的客观标准落实国际法确定的量化强制减排目标；而对于在国际层面无需承担强制减排义务的国家而言，气候正义在国内法上的实现则主要是通过设置一致性标准以分解国内法或国内政策上自定的目标。中国政府于2009年12月在哥本哈根气候大会上郑重承诺，到2020年我国单位国内生产总值二氧化碳排放比2005年要下降40%~45%，并将其作为约束性指标纳入国民经济和社会发展中长期规划中，而国务院2012年1月13日《关于印发"十二五"控制温室气体排放工作方案的通知》进一步明确了"到2015年全国单位国内生产总值二氧化碳排放比2010年下降17%"的近期目标，并将该目标在省级层面进行了分解（见下页表2）。这实际上涉及到气候正义在国内法层面落实时的一个关键问题，即适用的一致性问题。无论在何种层面，气候正义均要求按照一致性的客观标准得以实现。在国际层面，未来的趋势主要以"人均历史累积排放量"为基础结合其他指标作为标准；在国内层面，国内立法中既定减排目标如何在不同地区之间进行合理分配，同样需要一个符

---

① See Nina E. Bafundo, "Compliance with the Ozone Treaty: Weak States and the Principle of Common but Differentiated Responsibility", *American University International Law Review* 21, 2006, p.461.

② See: Kyoto Protocol to the United Nations Framework Convention on Climate Change, http://unfccc.int/essential_background/kyoto_protocd/items/1678.php.

③ Mary J. Bortscheller, "Equitable but Ineffective: How the Principle of Common but Differentiated Responsibilities Hobbles the Global Fight against Climate Change", *Sustainable Development Law & Policy*, Spring 2010, p.49.

表2 "十二五"各地区单位国内生产总值二氧化碳排放下降指标[①]

地区	单位国内生产总值二氧化碳排放下降(%)	备注:单位国内生产总值能源消耗下降(%)
北京	18	17
天津	19	18
河北	18	17
山西	17	16
内蒙古	16	15
辽宁	18	17
吉林	17	16
黑龙江	16	16
上海	19	18
江苏	19	18
浙江	19	18
安徽	17	16
福建	17.5	16
江西	17	16
山东	18	17
河南	17	16
湖北	17	16
湖南	17	16
广东	19.5	18
广西	16	15
海南	11	10
重庆	17	16
四川	17.5	16
贵州	16	15
云南	16.5	15
西藏	10	10
陕西	17	16
甘肃	16	15
青海	10	10
宁夏	16	15
新疆	11	10

---

① 《"十二五"各地区单位国内生产总值二氧化碳排放下降指标》,《节能与环保》2012年第2期。

合正义要求的一致性客观标准。既然国际层面的标准较符合气候正义要求的是一个以"人均历史累积排放量"为基础，结合其他平衡性指标的客观标准，那么在国内立法中，也应当确立一个类似标准，以保障气候正义在国内层面的贯彻。由于中国国内还没有碳排放量的直接监测数据，碳排放的计量大都是基于化石燃料的消费量计算得来。同时，目前国家统计部门只有地方分品种能源消耗的统计数据，地方温室气体排放清单统计核算工作的进展情况各不相同，全国尚没有针对地方碳排放的统一核算方法。① 在这样的情况下，各地约束性的碳排放指标只能根据预估的化石燃料消耗量确定，而化石燃料消耗量又往往以 GDP 增长预期确定。这种减排义务分解指标的准确性暂且勿论，其合理性就有可质疑之处：一方面，未考虑到历史累积因素。与国家之间的经济社会发展状况和对气候变化的贡献度的差异一样，国内各地区之间的经济社会发展状况和气候变化贡献度也是一个长期积累的结果，仅依据短期内的 GDP 增速和化石燃料消费量分解减排责任恐难保证公平。历史累积排放在国际层面是一个重要的考虑因素，在国内也无特殊理由排除这一标准的一致性适用。另一方面，未考虑人均因素。由于人权观念在气候变化领域的引入，将碳排放权作为一项重要的个人人权已经成为一种共识，个人之间拥有平等的碳排放权是气候正义的要求之一，因而在国内立法中，也不应排除人均标准的适用。

因此，中国在气候变化立法过程中，应该坚持气候正义在国际和国内层面的一致性适用，尤其是在确定减排义务的分担这一核心问题上，必须首先确立一个公平合理的一致性客观标准，如参照国际层面的做法，以人均历史累积排放量为基础，再根据各地的地理条件、资源禀赋等特殊情况适当调整。以行政手段简单分解碳减排义务的做法，不符合气候正义的要求，也无法保证气候正义在国际和国内层面的一致性适用。

（三）坚持应对气候变化法与无悔政策的结合

无悔政策（no regret policy）最初由科学家提出，用以说服政治家重视气候变化并采取全球减排行动，后来，经济学家对这一概念加以延伸，认为只要不影响近期和远期经济发展的任何减排措施，就是"无悔"的减排。之所以将无悔政策作为首要的应对策略，在于它对经济具有无害性或者说无成本性。这里的"无害性"是指它与经济社会发展是兼容的，在实现环保目的的同时也平衡和促进经济社会发展；"无成本"并非指没有任何成本，而是指一项基于经济发展而采取的措施其应支付的成本已在该项活动预算中列支，无需再为其产生应对气候变化效果支付额外成本。无悔减排政策的优势在于，它能够促进绿色产业的产生发展，比如节能减排政策，促进风能等可再生能源技术的发展和创新，推动碳排放捕捉和存储技术（CCS）研发，促进智能电网的运用等，不仅能够起到减少温室气体排放的作用，而且能够培植新的经济增长点。近

---

① 周丽、张希良：《关于地方碳强度下降目标考核的若干建议》，《科技导报》2013 年第 23 期。

年来，英国通过能源立法的方式，大力发展可再生能源技术，鼓励增加风力发电的比重，大力资助碳排放捕捉和存储示范项目，欧盟国家也在努力推行智能电网。所有这些举措，不仅能够起到减排的效果，而且能够推动经济结构的转变。对于中国这样一个发展中大国，既要保证经济社会发展以促进民生，又要通过可持续发展的方式应对气候变化促进环境保护，无悔政策正是协调这两个目标的最优策略。中国在气候变化立法过程中，各项制度均应尽可能与无悔政策结合，以最大限度地协调国家利益与气候正义之间的冲突。

三、气候正义视野下中国气候变化立法的基本框架

气候变化立法是气候正义从价值论到方法论再到实践论转化的过程。中国的气候变化立法，涉及诸多方面的内容，但其基本的框架应当由立法目的、基本原则和主要制度构成。气候正义在国内法上的落实，也主要通过这三个层面得到体现和保障。

（一）立法目的

立法目的是法律框架的核心。中国即将制定的应对气候变化法的目的如何表述，将对该法的基本原则和法律制度设计起到决定性的作用。虽然中国的《应对气候变化法》尚未形成完整的草案，但其立法目的的表述应该部分来源于中国已有的有关政策和法律，其中对气候变化立法有直接指导意义的主要是第十一届全国人大常委会第十次会议通过的《全国人大常委会关于积极应对气候变化的决议》。该决议提出"要把加强应对气候变化的相关立法作为形成和完善中国特色社会主义法律体系的一项重要任务，纳入立法工作议程"，但决议并未对今后气候变化立法的目的做出直接表述。决议的前言部分提到，"气候变化是环境问题，但归根到底是发展问题"，在开展应对气候变化的工作时应当按照党的十七大提出的"把建设资源节约型、环境友好型社会放在工业化、现代化发展战略的突出位置"和"加强应对气候变化能力建设，为保护全球气候作出新贡献"的要求，走可持续发展的道路；决议的第二部分特别指出，应对气候变化"必须深入贯彻落实科学发展观，坚持节约资源和保护环境的基本国策，以增强可持续发展能力为目标，以保障经济发展为核心"。这些表述的核心可以归结为三点：其一，要加强应对气候变化的能力建设，为保护全球气候做出新贡献；其二，通过应对气候变化保证经济发展；其三，气候变化问题在性质上归根到底是发展问题。

中国未来的气候变化立法的目的，是否是上述三者只择其一二，还是三者兼而有之或是兼容更多目标？哪一种情况更符合气候正义的要求？我们在前述的分析中提及，气候正义是在应对气候变化的整个过程和所有方面公平地对待所有实体和个人的价值体系。这一概念实际上蕴含着一个目的论的要求，即气候正义是产生于应对气候变化的过程中，并为促成应对气候变化的目的服务的，是否能促成应对气候变化的目的实

现,是判断气候正义正当性更深层次的标准。据此,中国应对气候变化法的目的必然也是多元的。一方面它要反映立法的直接目的,包括控制温室气体排放,提高适应气候变化能力;另一方面也应有间接目的,包括促进经济发展方式转变,推动生态文明建设;同时还应当有最终目的,那就是确保气候安全,增进人类福祉。在这些相互关联的不同目标追求中,最重要的应当是最终目的。因为目前人类社会所面临的气候变化风险,是对人类基本生存条件的威胁,而在气候正义涉及的安全、平等、自由等诸价值中,安全作为一个底限性价值应当具有优先性。正如2007年IPCC第四次评估报告所指出的,人类活动"很可能"是导致过去50年气候变暖的主要原因(信度为90%),而气候变暖已经对人类产生了巨大的现实危害,[①]从目前的情况来看,即将推出的IPCC第五次评估报告会进一步加强上述结论。在此情况下,应对气候变化以确保作为人类基本生活条件的气候系统的安全,是气候正义蕴含的根本目的。只有确保气候安全,才能确保人类处于正常的气候环境之中,气候安全是所有实体和个体平等拥有、行使自身正当权利,平等选择自身的生产、生活、消费方式的前提和基础。因此,应对气候变化,确保气候安全,是气候变化立法的唯一目的。低碳经济、循环经济、新能源等措施乃至经济发展、经济社会可持续发展等目标,不是气候变化立法的目的,而恰恰是实现应对气候变化、确保气候安全的手段。尽管在国际层面和国内层面,由于各种谈判主体和利益主体在立法过程中的博弈,使得气候变化立法出现了目的上的偏差,但这并不符合气候正义的内在要求;气候变化立法需要与环境保护法、能源法、产业法等进行协调,气候变化立法的目的实现过程中需要考虑的问题,也是任何一部法律在整个法律体系中需要面对的问题,这些问题自然由相关的实体规则和程序规则来调整,无需在气候变化的立法目的中做出考虑和妥协。基于此气候变化立法中的各项原则、制度均应围绕气候安全的目标展开,对于气候变化立法中可能会涉及其他相关法律的问题,应尽量在气候变化法律中做出规定,如与能源法、森林法、农业法、草原法、渔业法、水土保持法、防沙治沙法、海洋环境保护法等法律相关规定产生联系和交叉的,应尽量在气候变化立法时做出明确规定,待其他法律在修订过程中再根据气候变化法律的规定做出立法调整,因为其他法律在立法目的上并不以应对气候变化为目的,难以做出直接针对气候变化的规定。

(二)法律原则

法律原则在立法中处于中观层面,对上一层面而言,它是立法目的中强调的安全价值的具体化;对下一层面而言,它可以指导具体的制度设计。气候变化立法的法律原则既包括实体原则,也包括程序原则。从气候正义的角度看,中国应对气候变化立法,应坚持如下原则:

---

① 参见IPCC第四次评估报告(AR4),http://www.ipcc.ch/publications_and_data/ar4/wg2/zh/contents.html。

1. 风险预防原则

风险预防原则是指在环境保护领域，应当根据各国或各个主体的能力广泛采取预防措施，在遇有严重或不可逆转损害的威胁时，不得以缺乏科学充分确实证据为理由，延迟采取符合成本效益的措施防止环境恶化。① 基于环境破坏和环境污染后果的严重性和不可逆转性，风险预防已经作为一项基本原则在环境法中得到确立。环境法中很多法律制度的构建不是以现实的环境损害为调整对象的，而是基于风险预防原则，对于未知的环境风险做出应对，例如生物安全、危险废弃物处理等领域。气候变化正是一种典型的环境风险，且其危害性后果已经通过极端天气事件等自然灾害逐步显现。在气候变化领域国际层面的法律中，《公约》也对风险预防原则作出了规定："缔约方必须采取预防措施来预测、制止或尽量控制气候变化并缓和其负面影响。当存在'严重的或不可逆转的危害'的威胁时，缺乏足够的科学论证不应成为反对采取相应措施的理由，但同时也应考虑到针对气候变化所采取的政策和措施必须是符合成本效益的，这样才能以最小的代价来确保全球的利益。"② 而《京都议定书》确立的量化强制减排目标，无疑是对风险预防原则的具体化。中国在制定气候变化法律过程中，还需要特别考虑到中国总体上是一个高气候变化敏感度的国家，尤其需要提前应对气候变化风险：中国气候条件复杂，降水时空分布不均，生态环境比较脆弱，易受海平面上升带来的不利影响；同时，中国人口众多，经济发展水平较低，适应气候变化的基础和能力较差。随着全球气候变暖，极端天气气候事件发生频率加大，流域性特大洪涝、区域性严重干旱、高温热浪、极端低温、特大雪灾和冰冻等灾害出现的可能性增大。③ 因此，在国内法中确立风险预防原则，既是对上述国际法在应对气候变化过程中形成的经验的吸收和借鉴，同时也是中国作为一个高气候变化敏感度国家对待气候变化风险应采取的必然立场。

2. 减适并重原则

面对温室气体浓度增加而诱发的全球气候变化带来的各种潜在或显现的不利影响，人类社会采取的应对行动主要是在两大领域进行：减缓和适应。减缓侧重于通过对源的控制减少温室气体排放或通过增加汇促进碳的吸收、封存以期稳定大气中温室气体的浓度，减缓气候变化所造成的不利影响；适应则是自然或人类系统为应对现实的或预期的气候刺激或其影响而做出的调整，这种调整能够减轻损害或开发有利的机会。适应行动多种多样，包括预防性适应和反应性适应、个体性适应和集体性适应以及自

---

① 王曦：《国际环境法》，法律出版社，1998年，第116页。
② United Nations Framework Convention on Climate Change, May 9, 1992, art.3(3).
③ 曹格丽、姜彤：《中国适应气候变化的政策、行动与进展》，见王伟光、郑国光主编：《应对气候变化报告（2010）：坎昆的挑战与中国的行动》，社会科学文献出版社，2010年，第195页。

发性适应和计划性适应,等等。① 适应侧重于针对已经发生的气候变化后果尤其是其中极端气象灾害等采取各种尺度的措施,降低气候变化风险、减轻损失。

在国际气候谈判之初,减缓气候变化一直是一个重点,《公约》第一次缔约方会议虽然提及了适应问题,但未深入。《公约》第十三次缔约方会议（COP13）——巴厘岛会议决定通过加强国际合作促进实施适应气候变化的行动,这些行动包括气候变化影响和脆弱性评估,帮助发展中国家加强适应气候变化能力建设,以及为发展中国家提供技术、资金、灾害和风险分析、管理及减灾行动等方面的支持,将适应气候变化问题提上议事日程。适应受到国际社会的重视有其必然性,因为无论人类社会如何努力减排,由于气候系统的时滞效应,气候变化目前已经带来了一些客观的不利影响,况且自《公约》直至其《京都议定书》之后的整个气候变化应对过程的效果并不如预想的乐观。因此,适应气候变化也是应对气候变化不容忽视的一个领域。

在应对气候变化的大前提下,减缓和适应两种路径总体上有着内在的一致性。实际上,减缓内含了适应的要求并有助于长期的适应,减缓本身还意味着气候变化的影响已经存在,并在较长时期内仍将缓慢扩大,减缓措施只是对目前和未来排放进行限制,减少气候变化的进程和影响。而适应也内含了减缓的要求,因为适应首先要求气候变化必须在可适应的范围内,并且是可预期的,否则适应政策便无法制定,而且气候变化如果超出人类社会目前的能力和资源条件,适应便会没有太多的意义。减缓和适应路径的一致性决定了无论在国际层面还是国内层面的立法中,都必须坚持减适并重的原则。

3. 公平负担原则

气候正义的要旨是对应对气候变化过程中的利益和负担进行公平调整,因此公平负担是气候正义在气候变化立法原则层面的核心要求和体现。《公约》第3条第1款明确提到,"各缔约方应当在公平的基础上,并根据它们共同但有区别的责任和各自的能力,为人类当代和后代的利益保护气候系统。"② 因此,在《公约》的条文中,公平原则是一个比共同但有区别责任原则和各自能力原则更为基础性的原则。公平原则自然包含着对利益和负担的调整两个方面。公平负担只是公平原则的另一种表述,它意味着在应对气候变化领域,各个主体对以气候容量资源为基础的碳排放权以及应对气候变化的收益享有平等的权利,在此前提下,各个主体也须公平分担应对气候变化的负担。因此,公平负担实际上是包含作为前提的公平享有利益的内容,它与公平原则是一致的。应对气候变化过程中涉及的负担,主要是指与气候容量资源利用相关的碳减

---

① IPCC WGII, Climate Change 2001: *Impacts, Adaptation and Vulnerability*, Cambridge University Press,2001.

② United Nations Framework Convention on Climate Change, May 9, 1992, 1771 U. N. T. S. 165. art. 3(1).

排义务，以及为应对气候变化提供资金、技术和促进能力建设的义务。这些义务的公平负担对应对气候变化法律的实施至关重要。在国内立法中，必须根据公平负担的原则确定、分解减排义务，明确应对气候变化过程中的资金、技术投入由谁负担。因此，无论在国际还是国内层面的气候变化立法中，公平负担都是必须确立的基本原则。

4. 公众参与原则

公众参与是环境法的一项基本原则，这已在国际和国内的立法实践中得到具体体现和证明。如果说风险预防、减适并重、公平负担主要是涉及实体性权利和义务的法律原则的话，公众参与则更多地侧重于程序方面。公众在环境事务中有获得信息、参与决策和诉诸司法的权利，这是国际环境法和各国的国内环境法在新的历史条件下迅速发展起来的重要内容。表达这一内容的国际法律文件首见于1992年联合国环境与发展大会通过的《里约宣言》第10条，此外在1998年6月25日欧洲委员会的《公众在环境事务中获得信息，参与决策，诉诸司法权利的奥胡斯公约》（简称《奥胡斯公约》）中得到更具体和明确的表达。

公众参与同样是应对气候变化各个环节必须遵循的原则。在气候变化的国际立法过程中，无论是气候变化事实及其后果的评估，还是气候变化应对行动的决策和实施，都离不开公众参与。例如，国际社会对气候变化事实及其后果的认知虽经过 IPCC 历次气候变化评估报告的凝聚得以形成广泛共识，但由于在此过程中公众参与有限，这种共识仍然没有预想的牢固，正如 Patrick Michaels 指出的，"创造 IPCC 文件的那些人中，只有约 1/3 的人是真正的科学家，大部分人都是政府官僚"。[①] 因此，为了促进 IPCC 的公信力，就必须加强 IPCC 工作程序中的公众参与。应对气候变化立法中的程序设计，都面临着在各个环节适当扩大公众参加的问题。《公约》第6条第1款（i）项以及《京都议定书》第6条分别对公众知情、决策参与、培训等内容做了规定，《京都议定书》第10条（e）项还特别强调了要"在国家一级促进公众意识和促进公众获得有关气候变化的信息"，并"应发展适当方式通过《公约》的相关机构实施这些活动"。

中国在国内应对气候变化立法中，当然应当秉承国际层面的立法精神。越来越频繁的气候极端事件对公众生活产生了直接和经常性的影响，公众对气候变化问题的认识也因此越来越清晰。国际环保社会组织"气候组织"和北京市消费者协会所做的《气候变化消费者调查》报告显示，超过98%的消费者表示关注气候变化问题，且中国消费者对气候变化的关注程度高于美国和英国消费者，并愿意为应对全球气候变化采取行动，其中有69%的人愿意通过改变生活习惯来应对气候变化，说明应对气候变化意识已经渗入到人们的日常生活和消费中。中国零点研究咨询集团的调查还显示，有72.3%的公众认为应该由政府来主要负责解决气候变化问题，同时，74.1%的公众认

[①] 转引自曹荣湘主编：《全球大变暖：气候经济、政治与伦理》，社会科学文献出版社，2010年，第6页。

为政府确实在解决气候变化问题上发挥了主要作用（见附图）①。这一结果一方面显示出中国公众在解决气候变化问题上对政府的极大信任，另一方面也显示出中国公众在应对气候变化问题方面的不作为或对政府的严重依赖。② 所以，在中国制定应对气候变化法的过程中强调公众参与原则并促进其制度化尤其重要。

附图

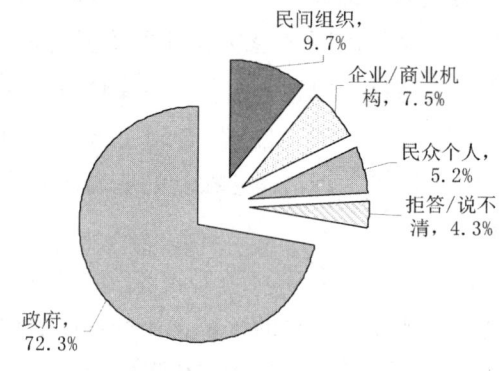

公众认为谁应该主要负责解决气候变化问题

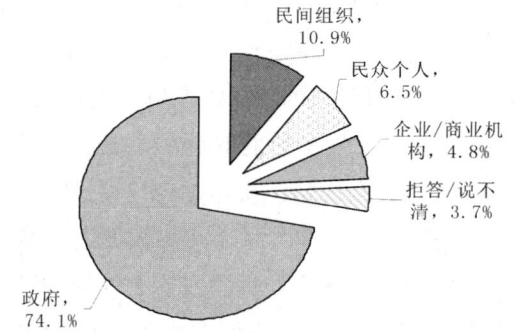

公众认为谁在解决气候变化问题上发挥了主要作用

（三）基本制度

在国际气候变化谈判中，应对气候变化的路径分为减缓和适应两大类，这已经形成一种共识。依次分类，中国气候变化立法中涉及的基本法律制度也与此对应，可分为减缓型制度和适应型制度。但除此外，还有些制度其实施目的和效果并不直接与减缓、适应相关，而只是为减缓和适应提供支持，因而我们将之称为支持型制度。这三

---

① 图片来自"气候组织"、北京市消费者协会：《气候变化消费者调查》。
② 徐相华、胡博：《如何推动中国公众参与应对气候变化》，中国气象局气象干部培训学院网站：http://www.cmatc.cma.gov.cn/www/res/index/index.shtml。

种类型的制度对气候正义的体现不是线性对应的，但均总体反映了气候正义的价值要求，均将公众、企业等气候变化领域相关主体的财产权利、人身权利等自由的基础放在首位，但同时规定对权利的保障又必须满足气候安全这一底线性的要求，以及为满足气候安全而对有关主体权利的调整（对应的是义务的分配）必须符合公平和平等价值的要求。中国气候变化立法中的制度框架正是由整体上融合了上述气候正义要求的减缓型、适应型以及支持型制度构成的。

1. 减缓型制度

以减少碳排放为目标的应对气候变化法律制度，其减少碳排放的途径主要有两个方面，一是减少"源"①的碳排放，二是通过"汇"②的增强减少碳排放。在此我们将通过减少"源"的碳排放实现减缓效果的制度称为源减排制度，将通过增强"汇"的吸收实现减缓效果的制度称为增汇制度。

源减排制度主要包括气候变化影响评价和"三同时"制度、碳预算制度、GDP碳强度控制制度以及碳排放标准制度、碳排放监测制度、超标排放限期治理制度。气候变化影响评价制度主要针对规划和建设项目，"三同时"则主要针对建设项目，它要求一切可能对气候变化产生影响的建设项目，其减排设施必须与主体工程同时设计、同时施工、同时投产，这两项制度处于源减排制度的最前端。碳预算制度源自英国《气候变化法》，是指为保持二氧化碳排放与生态容量之间的平衡而确定的相应周期内的碳排放量上限，碳预算水平由气候变化委员会提出，由政府决定提交代议机关进行审议，审议通过后，该碳预算水平即具有强制约束力。与碳预算配套的是碳排放总量控制、碳排放许可制度。碳预算制度需要通过碳排放总量控制制度和碳排放许可制度分解落实。GDP碳强度控制制度与碳预算制度的侧重点不同，前者通过控制单位产值的碳强度提高能源、资源的生产效率，后者控制碳排放总量确保气候安全，前者是后者的补充。碳排放标准制度、碳排放监测制度以及超标排放限期治理制度则是对前述各项制度的保障性手段。源减排制度通常指的是强制减排，但立法中还有一种类型的减排制度，即自愿减排制度。自愿减排（voluntary emission reduction，简称VER）是指个人或企业在没有受到外部压力的情况下，为中和自己生活或生产经营过程中产生的碳排放而主动从自愿减排市场购买碳减排指标的行为。③ 作为一种自愿参与减少CO_2排放的形式，自愿减排一直是全球碳市场的有效补充，同时也是中国开展碳交易的市场准备和

---

① 温室气体的源可理解为向大气中释放温室气体的系统或过程。参见刘强、刘嘉麒、贺怀宇：《温室气体浓度变化及其源与汇研究进展》，《地球科学进展》第15卷第4期。

② 温室气体的汇则可理解为从大气中清除温室气体、气溶胶或温室气体前体的系统、过程或机制。参见刘强、刘嘉麒、贺怀宇：《温室气体浓度变化及其源与汇研究进展》，《地球科学进展》第15卷第4期。

③ 参见丁丁：《开展国内自愿减排交易的理论与实践研究》，《中国能源》2011年第2期。

必要途径。① 在中国未来的气候变化立法中确立自愿减排制度，最关键的一环是要解决自愿减排的信用问题，必须同时建立一个核证、监管平台，使自愿减排指标具有"可衡量、可核实、可转换"的特征，从而实现其与国内法强制减排产生的指标在碳排放权交易市场中具有同等的信用。

增汇制度的功能在于增强各种系统或过程吸收或清除碳排放的能力。依据各种系统或过程作用的领域可将汇主要划分为林业碳汇、农业碳汇、渔业碳汇等，其中林业碳汇、农业碳汇的作用更为明显。由于在能源、工业等领域限制和减少碳排放所支付的成本往往高于汇清除的成本，因此增汇制度对发展中国家减缓气候变化具有特别重要的意义。增汇制度主要是通过加强植树造林，加强草地、湿地、海岸带保护等措施发挥林业碳汇、农业碳汇的作用。

2. 适应型制度

社会环境和生态环境是环境科学上根据环境的成因而对"环境"的一种分类，其中社会环境强调人为因素的作用，生态环境则主要强调自然因素的作用。根据环境的这两种类型划分，我们也可相应地将适应型制度分为社会适应能力增强型和生态适应能力增强型两类制度。② 其中社会适应能力增强型制度侧重于提高社会环境适应气候变化的能力，生态适应能力增强型制度则侧重于提高生态系统适应气候变化的能力。

社会适应能力增强型制度主要是指增强人类生活的社会环境对气候变化的适应能力。包括极端天气事件和气候灾害的预警和防范，尤其是海洋灾害预警与应急预案；气候灾害应急及救助制度；适应性基础设施建设，包括农业基础设施、水利基础设施、沿海防潮设施；产业结构调整制度，如调整农业种植结构；适应性技术研发，如利用生物技术快速有效地培育抗旱、抗涝、抗高温和抗低温的抗逆作物新品种。

生态适应能力增强型制度主要是通过生态环境保护措施增强生态系统对气候变化的适应能力。包括天然林保护制度，天然林的群落结构、遗传特征、物种丰度以及通过物质循环适于再生的特征，使其对于气候变化具有较强的适应性；③ 自然保护区制度；生态修复措施，如要针对海平面上升引起的红树林、珊瑚礁等生态系统破坏实施生态修复。

3. 支持型制度

除减缓型制度和适应型制度外，还有一类制度并不直接产生减排或适应的效果，

---

① 冷罗生：《中国自愿减排交易的现状、问题与对策》，《中国政法大学学报》2012年第3期。

② 这两类制度的划分来源于廖建凯博士对适应性气候变化立法的分类，他将适应性气候变化立法分为增强社会适应性立法、增强生态适应性立法。参见廖建凯：《我国气候变化立法研究——以减缓、适应及其综合为路径》，中国检察出版社，2012年，第240页。

③ 姜冬梅、张孟衡、陆根法主编：《应对气候变化》，中国环境科学出版社，2007年，第204页。

但对于通过减缓以及适应措施应对气候变化起到基础性的支持作用，这类制度我们称为支持型制度。支持型制度可以分别应用于减缓或适应环节，也可以作为一项综合制度同时应用于减缓和适应两个领域。这类制度主要包括：

（1）应对气候变化战略规划制度。这一制度确定应对气候变化的总体方略，规定国家应对气候变化的指导思想、基本目标、战略布局、重点领域和基本措施等重要事项。应对气候变化战略规划事关国家应对气候变化的根本性事项，应当由国务院组织制定并予以颁布。[①] 规划时间的长短，可以主要参考国际气候谈判中关于中期目标和长期目标的期限确定。

（2）共同参与制度。政府、企业和公众共同参与应对气候变化，是各项制度得以顺利运转的关键。这就要求气候变化法还要明确各个主体的责任、加强组织机构建设和相关人员教育培训。从上述国外气候变化法律的阐述中可以看到，各个国家尤其是日本对各级政府主体、企事业单位和国民都规定了非常详尽的应对气候变化的职责与义务。各国都非常重视应对气候变化组织机构的设置，例如，美国设立了气候变化技术委员会和顾问委员会，成立了国家气候服务中心；韩国设立了气候变化委员会；日本成立了由首相任部长的全球气候变暖对策推进本部，建立了气候变暖防止活动推进员制度，设立了各级全球气候变暖防止活动推进中心；英国成立了气候变化委员会和能源与气候变化部；菲律宾设立了由总统任主席的气候变化委员会、由相关部长组成的咨询委员会以及气候变化办公室等应对气候变化专门机构。此外，各国还通过气候变化立法加强应对气候变化知识的宣传教育、相关人员的培训，以提高公众和社区应对气候变化的能力。

（3）责任机制。鉴于气候变化立法以气候安全为目标，并确立了量化强制减排义务，相应地，也应建立强制性的法律责任机制以保障立法目标和法律义务的实现。相关责任机制应当由民事责任、行政责任、刑事责任构成，并应明确各种责任类型的构成要件和具体责任内容。

（4）市场机制。市场机制主要是指碳排放交易市场，我国"十二五"规划中提出逐步建立碳排放交易市场。当前，中国着手在七省市试点碳交易，其目的是获取区域市场交易经验，使之可以成功复制到全国，乃至最终与全球市场进行对接。未来的气候变化法中应对已有的国际经验与国内试点经验进行提升和总结，建立碳排放交易的市场机制，这一机制在交易方式上可以采取对存量排放实行总量控制而对增量排放实行基准控制的方式。

（5）资金机制。上述各项制度的落实离不开资金的支持和保障，在资金机制的规定上可以从其他国家的实践中获得一定的借鉴：如德国的生态税、碳税既从负面约束

[①] 廖建凯：《我国气候变化立法研究——以减缓、适应及其综合为路径》，中国检察出版社，2012年，第240页。

温室气体排放行为，又从正面筹集应对气候变化资金；美国更是十分重视通过政府的财政投入和补贴，促进节能改造、清洁能源和低碳技术的发展；韩国设立专门的气候变化基金，促进有利于气候变化的产业技术发展、人才培养和宣传教育等事宜；英国特别重视贫困弱势群体的保护，通过政府和企业对他们的用能支出予以补贴；菲律宾的《气候变化法》专门规定了应对气候变化资金的筹集分配和监督管理等内容。实际上，各国还通过温室气体排放交易制度、可再生能源证书交易制度、税收的减免和贷款优惠等各类制度和措施，为应对气候变化各项制度的落实直接或间接地提供资金支持。此外，资金机制还应对气候变化基金、财政补贴、信贷支持、政府采购、保险措施等作出规定。

〔作者王灿发，中国政法大学教授、中国环境科学学会副理事长；陈贻健，《中国法学》杂志社编辑。本文刊发于《中国高校社会科学》2014年第2期，责任编辑王群瑛。人大复印资料《经济法学、劳动法学》2014年第7期转载〕

从规范冲突到协同共生：
环境法治进程中的普适性难题及破解

钭晓东

一、"普适性难题"："十面霾伏"引发环境法治热议中的冷思考

2013年11月4日，中国社会科学院、中国气象局联合发布的《气候变化绿皮书：应对气候变化报告（2013）》（以下简称《绿皮书》）指出，近50年来中国雾霾天气总体呈增加趋势。其中，雾日数明显减少，霾日数明显增加，且持续性霾过程增加显著。2013年12月9日，一场罕见的大范围雾霾笼罩中国，陆续有25个省份、104个城市不同程度出现雾霾天气，覆盖将近一半的中国国土。环保部专家称，目前，我国正在经历发达国家二三十年前的阶段，即由于城市化进程和城市布局不合理而导致的区域性的雾霾高发。这种局面在中国至少将持续10～20年。近年来以"十面霾伏"为代表的系列生态危机的不断逼近，凸显了生态文明建设已是当前迫在眉睫、不容回避的重大议题，也进一步引发了社会各界对生态文明及其环境法治保障的关注与热议。十八大报告中的"美丽中国"、"绿色发展"、"五位一体"等系列话语，充分彰显了党和国家大力推进生态文明建设的决心，而十八届三中全会更是进一步强调了建立系统完整的生态文明制度体系的重要性。显然，这一系列现实及时代背景对生态文明的环境法治建构及其法律规则的功能发挥提出了进一步要求。为此，不少学者一直在为推进与深化环境法治建设鼓与呼。无疑，系列生态危机的步步逼近，已使生态文明演进中的环境法治议题再次成为当前各界热议的重大命题，从而不容回避。

事实表明，不仅仅在当下，其实近40年来，环境法治议题就不断引起关注。从立法速度看，环境立法居各部门法之首。近40年来，我国先后制定了《环境保护法》、《海洋环境保护法》、《水污染防治法》、《大气污染防治法》、《环境影响评价法》、《固体废物污染环境防治法》等环境保护方面的法律30余部，同时出台实施了《排污费征收使用管理条例》、《自然保护区条例》、《建设项目环境保护管理条例》、《野生动物保护条例》等行政法规90余部，以及一大批环境保护地方性法规。此外，我国还制定了国家环境标准近1500项。为此，有学者指出，生态文明与美丽中国的法治保障的条件正在不断成熟，环境法学也开始迎来发展的春天。但是我们又必须正视与冷思考这样

一个现实——一方面,环境法治在生态危机逼近中受到热议,进而是轰轰烈烈的立法场面,另一方面,环境法治的实效性却不尽如人意,甚至呈现"环境法律愈多,环境法律秩序愈少"的逆向发展状态。对此,孙佑海教授在2013年第三届环境司法论坛上指出,目前有49%的主要污染物未得到依法控制,有70%左右的环境法律法规未得到遵守。究其原因,既有民众环境法治意识还未跟上环境立法数量的增长速度的问题,也有环境法律自身的不够科学与执行力不足等方面的问题,更有环境法治进程中所不能回避的"普适性"难题——成文法的普适性特征是虚幻,其局限性决定了法律规则不是万能的。任何法律规则,都是相对于当下而言的,对于生态文明背景下的环境法治及其法律规则建构与运行亦是如此。蜂拥而至的新型环境问题、日益逼近的生态危机,使环境法治进程受到前所未有的挤压与挑战,也使原有的环境法体系及其规则运行因负担太重而面临"普适性"拷问。

二、环境法律规则的"普适性不能"与"普适性不宜"

(一)环境法律规则的"普适性不能"

复杂的环境问题、层出不穷的生态危机、新型环境问题爆发等诸多挑战,都决定了当下不可能存在环境法律规则的统一性权威,环境成文法的局限性决定了其"普适性的实现不能"。环境法律规则的"普适性不能"主要归因于下述系列因素:

1. 环境问题的复杂多变与环境法律规则应变的滞后性

一方面,保持相对的稳定性是"成文法的确定性"对环境法律规则提出的要求。环境法律规则作为一种不可朝令夕改的规则体系,一旦法律制度设定了一种权利和义务的方案,那么为了自由、安全和预见性,就应当尽可能地避免对该制度进行不断的变动。但另一方面,及时回应社会又是环境法功能运行的内在要求。社会并不是永恒不变的,法律调整的是活性的、变动的社会生活。随着社会的变革与相应问题的变化,有关的法律规定与体系会不可避免地出现漏洞及不完全性,法律制度的实施也不免出现困厄,而且会在法律制度的不同层面中表现出来。特别是随着人类社会进入风险社会,新型科技带来更多科学的不确定性,导致人类面临的环境问题更趋复杂,而且许多新型环境问题的影响范围之广、程度之深、规模之大也已远远超出人类想象。

因此,在这种"社会变化,从典型意义上讲,要比法律变化快"[①]的状态下,如果不对环境法功能作一个科学理性的定位,那么环境法功能运行的这种"时滞"问题在某些情形下就有可能成为社会进步和改革的羁绊。针对法律规则的稳定性要求与社会生活变动性之间的矛盾,梅因曾指出:"社会的需要和社会的意见常常是或多或少地走

---

① 转引自[美] E·博登海默:《法理学:法律哲学与法律方法》,邓正来译,中国政法大学出版社,2004年,第419页。

在法律的前面,我们可能非常接近地达到它们之间缺口的接合处,但永远存在的趋向是要把这缺口重新打开来。因为法律是稳定的,而我们谈到的社会是前进的。人民幸福的或大或小,完全取决于缺口缩小的快慢程度。"① 所以,在一定程度上可以说,存在环境法功能发挥与社会需求之间的缺口,也是环境法必须对法律规则的这种稳定性特点所付出的代价。

2. 人类认知能力的有限性与环境法律规则外延的不周延性

法律的确定性的另一个要求是法律应提供尽可能多的规则,也就是对社会各类现象都能够依据现有的法律规定进行调整,以求法律对调整社会生活内容最大的涵盖。法治的要求应当是周全的,应当提供详尽的规则以备遵循,避免出现法律盲区。然而作为人类,其认知能力毕竟是有限的,尽管根据人类大脑开发的思维可能具有无限认知世界的能力,但毕竟受外在诸多因素的影响,世上不存在唯贤唯能之人,作为立法者不可能预见一切将会发生的情况,尽管竭尽全力,也不可能全面、详尽地涵盖社会需求的全部,仍会在事实中留下不少的法律缺漏和盲区。

从这个意义上说,任何法律规则从产生之时起就注定是不完整的,立法机关在制定法律时,并不能预见所有现实社会中可能遇到的问题。故而亚里士多德有言:"完全按照成文法律统治的政体不会是最优良的政体,因为法律只能订立一些通则,不能完备无遗,不能规定一切细节,把所有的问题都包括进去,而一个城邦的事务又是非常复杂且经常变幻的,法律绝不可能及时地适应这个需要。"② 特别是对环境法而言,人与自然关系的变化,使环境法的功能运行从"自然最知"到"自然不知"的状态,诸多的科学不确定性、环境问题或风险的不可预测性、不可感知性更使人类认知能力的有限性进一步显现,从而造成了人们对环境法功能的全面性要求与环境法自身的不周延性之间的矛盾。

3. 语义的多重性与环境法律规则内涵的不确定性

法律规则最重要的特点就是将法律规定用文字的形式公布于众,其规定必定要尽可能明确,以便当事人能够准确地把握立法意图,从而准确地规范自己的行为。因此,法律的确定性是法律功能正常运行的内在要求,然而事实并不总能如意。

一方面,语义的多重性影响了法律文本本身意义的确定性。如在环境壁垒法律问题上,根据《关税及贸易总协定》第20条"一般例外"的(b)款和(g)款的规定,缔约方可实施"为保障人、动植物的生命或健康所必需的措施"(b款)和"与国内限制生产与消费的措施相配合,为有效保护可能用竭的天然资源的有关措施"(g款),但前提是"对情况相同的各国,实施的措施不得构成武断的或不合理的差别待遇,或构成国际贸易的限制"。毫无疑问,该条款赋予WTO各成员以"环保例外权",是其采

---

① [英]梅因:《古代法》,沈景一译,商务印书馆,1959年,第15页。
② [古希腊]亚里士多德:《政治学》,吴寿彭译,商务印书馆,1983年,第163页。

取限制贸易措施的依据。然而就条款自身而言,却存在法律语义的确定性问题。如:(1)何为"情况相同"、"武断的"、"不合理的",均无具体精确的衡量标准;而像"必要的措施"这样的关键词,其内涵和外延也未得到明确界定。(2) 20条(g)款中的"可能用竭"的资源含义模糊,而实际上若未被合理利用,所有资源都有可能被用竭,即使是可再生资源。(3) 环境损害的地点亦不明确,尽管看起来似乎是指进口国的环境。(4) 与自由贸易的目标相背离的社会目标(如保护健康)的确切地位难以界定,专家小组声称第20条明确准许成员国"赋予人类健康比贸易自由更优先的地位",但是第20条的前提要求是例外不得构成武断的或不合理的歧视,这种要求可能成为抬高自由贸易地位的依据。而在有关贸易限制措施的抗辩问题上,环境是否与健康具有同等地位,亦不明确。也正因法律条文规定的模糊性与例外性,使其在实际操作中有很大弹性,易被贸易保护主义者滥用。

另一方面,法律解释的利益取向性也影响了环境法律规则的不确定性。传统的法律观认为,法律是确定的,至少可以通过法律解释达到"唯一正确的答案"。然而,任何法律解释都是有利益取向性的。对此,贝卡利亚精辟地指出:"如果说解释法律是一种弊害,那么很显然,促使人们进行这种解释的法律的含混不清也是一种弊害,因为前者是后者的结果。如果法律用人民所不懂的语言写成,那么这种弊害将会更大,因为人民不知道他们自己行为的后果,就必须依靠少数解释法律者来解释法律。这样,本来是公共的和一般的法律,却变为私有和特殊的法律。"[①] 而环境法所调整的利益关系束(如流域与流域之间、部门与部门之间)都将因不同利益集团的力量对比及利益取舍而影响相关法律语义的界定与解释。

为此,后现代法学认为法律本身并无意义,而法律解释由于是通过人来进行的,因而实际上人可以有很大任意性去解释法律。正如福柯所指出的,规则本身是空无和没有定论的,没有基本的意义,它们没有人格性质,可以给予任何目的,所以,解释是对法律规则暴力式的、偷窃式的理解,其目的是强加一个方向,强加一个意志,强迫法律规则参与不同的游戏。[②] 因此,仅依靠法律解释很难赢得令众人皆满意的结果。在一定意义上,法律是不确定的,德沃金的"唯一正确答案"的说法仅仅是一种幻象,而这对环境法功能的正当运行来说,无疑是一个影响因素。

4. "地方性知识"与环境法功能运行的不合目的性

一方面,环境法功能的运行主要是围绕环境问题的解决而展开的。环境问题是指由于自然界或人类的活动,使环境质量下降或生态系统失调,对人类的社会经济发展、

---

① 转引自徐国栋:《民法基本原则解释——以诚实信用原则的法理分析为中心》,中国政法大学出版社,2004年,第183页。

② 转引自刘星:《法律是什么》,中国政法大学出版社,1998年,第225页。

健康和生命产生有害影响的现象。① 环境问题的产生与每个地方生态系统的整体状况及其构成要素的状况息息相关，因此，"地方性的生态系统状况"直接关系到环境问题的产生或严重程度，决定了环境法功能的定位与建构。用吉尔兹的话说，就是"法律是地方性知识"。对于其他一些地域相对狭仄的国家（如日本），"生态状况的地方差异"也许不是一个明显问题，但是这个问题在中国，却会变成一个"很中国的问题"，会被格外地凸现出来。就我国的地域构成而言，我国是一个地域广大、地形地貌复杂、气候类型多样、生物群落分布广袤、区域经济发展及污染技术防治水平各异的国家，显然，以整个国家或整个省份的环境状况、社会经济发展水平、生产技术水平等的平均量值作为制定依据的环境法律规范（特别是环境标准），将会使环境法的功能运行在情态各异的"地方性知识"面前面临"普适性不能"的难题。

另一方面，这种"地方性知识"的特性也反映在不同利益集团利益取向的不同及力量的对比上。在一定程度上，法律是利益争夺及利益妥协的产物。对此，马克思指出："社会上占统治地位的那部分人的利益，总是要把现状作为法律加以神圣化，并且要把习惯和传统对现状造成的各种限制，用法律固定下来。"② 因此，一定时期一定法律规则的形成与运行总是由一定利益取向所决定的，法律常常在维护特定集团利益的同时可能牺牲了另一集团的利益。或者本来对该现象的法律规定应当是符合逻辑的，然而对个别情况来说，法律的适用却表现为法不得体，甚至可能出现相反的意义，使法律规则在获得一般正义的同时又丧失了个别正义。因此，伊壁鸠鲁指出："在稍微具体地适用法律的时候，它对某些人是不利的、错误的，而对另一些人也可能是有利的、正确的，法律同样会因条件变为恶法"。③ 对于环境法而言，正如前面所论述的，环境法的产生与功能运行的基点是倾斜保护处于弱势的环境利益，以矫正失衡利益。然而，既得利益集团的阻碍，诸多利益取向的压力（如短期的政绩工程需求、眼前的经济利益追求等），都将影响环境法功能的实际运行，甚至出现运行不合目的性的状况。

由此看来，环境法的功能运行想要实现普适性是极为艰难的。为顾全环境治理效率与环境安全，个别环境利益维护的公正和环境问题解决的周延性便难免为之牺牲；若以个别环境利益公正为首要价值选择，那么环境法律规则将会失去普遍规范的意义而沦为具体命令，环境治理的效率问题便会凸现；若优先考虑周延性问题，则无异于向人类对环境问题的认知与治理能力提出不切实际的要求，而且环境法律规则所具有的惯性也将使法律规则应对环境问题的滞后性成为一个突出的矛盾；另外，我们为防范人性弱点、排除人为因素干扰而提出环境法律规则的确定性与成文性，但是环境问

---

① 韩德培主编：《环境保护法教程》（第三版），法律出版社，1998年，第3页。
② 《马克思恩格斯全集》第25卷，人民出版社，1974年，第894页。
③ 吕世伦、谷春德：《西方政治法律思想史》，辽宁人民出版社，1998年，第79页。

题的复杂性又使人为解释不得不涉入以避免法律规则的僵化。以上如此诸多的矛盾，既源起于环境法律规则身兼数职而这些职责又互相冲突的状况，更源起于环境法律规则的"滞后性、不周延性、模糊性及不合目的性"等局限本性。可以说，在一定程度上，环境法律规则的这种局限性表现，是环境法律规则在现实中付出的必然代价。为此，柏拉图在《政治家》中就深刻指出："法律绝不可能发布一种既约束所有人同时又对每个人都真正最有利的命令，法律在任何时候都不能完全准确地给社会的每个成员做出何谓善德、何谓正确的规定。人类个性的差异，人们行为的多样化，所有人类事务无休止的变化，使得无论是什么艺术在任何时候都不可能制定出可以绝对适用于所有问题的规则。"① 显然，若想凭借国家强制力将传统的环境成文法触角伸向生态文明建设的每一个角落，势必事与愿违。

（二）环境法律规则的"普适性不宜"

在正视环境法律规则"普适性不能"这一事实的同时，环境问题的特性还进一步决定了环境成文法的"普适性的追求不宜"。综合而言，其"普适性不宜"主要归因于下述两层因素：

1. 认知及问题判断的偏向性

（1）专家的来源及其意识取向的影响。相关环境问题的现状考查与研究、相关环境问题的应对政策及法律规则的制定，都是由相应的专家来进行的，而大多数专家都来自于经济发达地区或发达国家。因此，在专家的意识取向影响下，相应的应对政策及法律规则就难免多反映经济发达地区或发达国家的要求或利益取向。因此，当前的环境法律规则体现出"大城市利益中心"、"国有大中型企业利益中心"等特点也就不足为怪。

（2）调查研究区域的限制。我们不否认专家们为获得第一手资料而专门安排特定时间，专门蹲点进行实证研究的情况，然而，许多时候的现实情况是——专家们调查研究的范围往往集中在靠近城市的地区或其他容易到达的地方，而忽视了城市外围的偏远地区。但这些地区又时常既是重点生态保护区，又是环境保护的敏感区与脆弱区（如中国的三江源地区），而它们在总体生态安全中的作用又是毋庸置疑的。

（3）调查研究对象的筛选。就调查研究对象的选取而言，人们的注意力经常会不自觉地集中于官员和社会精英阶层，而不是处于生活、生境贫瘠状态下的弱势群体身上。

（4）调查研究项目的取向。相对于地方的、非正式的基础性项目，受官方或相关集团支持的调查研究项目更易受到重视与展开。而受官方或相关集团支持的研究项目将不能避免特定的利益取向，从而影响客观性与中立性。

---

① ［美］E·博登海默：《法理学：法律哲学与法律方法》，邓正来译，中国政法大学出版社，2004年，第11页。

（5）调查研究时间的选择。开展相应的调查研究的时间往往在气候较好的季节，然而许多时候，环境问题的产生或恶化却往往在气候恶劣的季节发生。

（6）调查问卷的局限。调查问卷是项目研究的一种重要方式，而在采取这一方式的过程中，经常会出现这样的情况：调查问卷是由对当地文化和语言并不十分了解的人设计，结果导致问卷里提出的观点难以甚至干脆就不能被当地居民所理解，而且答案的含义也常常在转换的过程中发生扭曲或改变。

综合而言，环境法律规则的建构与运行是建立在对一定地方环境问题考查的基础上的，否则，就会如同丹尼斯·罗伊德所指出的："法律的规定倘若不能表现特定社会里的风俗习惯或行为准则，尽管法律程序看来冠冕堂皇，仍旧很可能因为公民消极或者积极的违抗而形同具文。"① 然而，对于特定环境问题的认知及问题判断，却又不可避免地存在偏向性，如以上所反映出的"反贫困"偏向，而环境问题的发生，却又时常与贫困问题联系在一起，解决"贫困问题"常常会融合在"环境问题"的解决过程中。因此，这种偏向将不利于环境法治的"弱势倾斜保护、矫正失衡利益"功能的发挥，我们必须寻找相应的途径，尽量避免这种偏向对相关环境问题的应对政策及法律规则制定的影响。无疑，充分发挥更适应当地实情的民间规则的作用，将是一个很好的选择。

2. 运行成本分析

对于不同的环境问题，不同的规则在各自相应的环境法律治理中有着不同的运行成本，这也给环境法治走向实效化与高效化提供了选择。是选择传统成文的环境法律规则还是选择环境民间规则，一个重要标准是看哪种方式的交易费用更低。如果环境民间规则运作的交易成本低于环境法律规则，则应采用环境民间规则，反之，环境法律规则就有充足的适用理由。从此点可以看出，环境法律规则是调整和控制社会活动的重要手段，但并不一定是成本最低的方案。而环境民间规则常常表现出处理过程简洁、快速的特点，使得处理纠纷时，适用环境民间规则显得更加经济实惠，特别是相比于国家法律诉讼程序的拖沓、繁杂而言。这种经济性效果也引发了欧美各国时下风行的环境问题解决的 ADR 运动（Alternative Dispute Resolutions，即"替代纠纷解决方式"，典型的如民间调解、诉辩交易等）。

譬如，一般情况下人们会认为，产权私有化有利于提高资源的利用效率。然而追溯到环境资源的利用上，却并非尽是如此，并不是只要私有，那私有就值得，它最终还是取决于私有的成本，以及由此产生的收益之间的比较。如在意欲通过水资源的近似私有来提高利用效率时，就遇到了巨大的实际困难。不仅产权很难界定，而且即使可以通过用水计量、按量收费来促进利用效率，实际操作却仍困难重重：

---

① ［英］丹尼斯·罗伊德：《法律的理念》，张茂柏译，新星出版社，2005 年，第 114 页。

计量中的作假、对于自己的使用数量不予承认等因素都将导致制度效率低下,甚至无效。相反,却有例子表明,若与相应区域内的民间规则结合,会使私有的成本大大降低。因为,在相应区域内,人们生活在特定的"熟人社会"中,民间规则的处理方式简洁、快速,而且已经成为维护彼此共同利益、形成互相监督和相互照应关系的纽带。如人们耕种土地、收种庄稼的活动,就是在相应的民间规则的指引下,在彼此相互监督、合作、照应中完成的。山林也是如此,将产权分割分配到户不是难事,但谁能保证相互之间偷盗山林的行为不会毁掉这种私有制度?在传统社区中,通过长期形成的社区关系及其民间规则能够克服此种状况,从而在"你对他人制造损害,别人也会对你制造损害"的认识中,形成"一个村子的大家互相尊重"的民间秩序状态。这实际上体现的是一种"扯平规则"的功能。这是人们在熟人社会的交往过程中,彼此为了追求利益的共赢而形成的交往规范(或许是无意识的),人们在互相监督及"你帮我、我帮你"的互助中,实现"正其谊不谋其利,明其道不计其功"。在一定程度上,我们可以称之为"权利的储存"或"义务的自愿承担",为以后自己的私权保障储存相应的权利。由于这种内生的民间规则的运行往往来自个人之间的合作,能得到更大程度的普遍和自觉的认同,因此更可能是一种帕累托改进,而较少需要国家暴力强制执行。

在我国不少农村地区,这种模式非常普遍。而且,国家的环境法律规则要深入乡村社会,其推行过程本身是有成本的。因此通过求助于环境民间规则,将法律、法令的宣传与国家强制力执行裁判等成本分摊于环境民间规则的运行中,无疑是一个理性的明智之举。为此,劳伦斯·弗里德曼更是深刻指出这是法律规则善用文化的体现:"法律能善用文化时,可藉其力量使法律的效果益为显彰。力量需花费金钱(即使是示警性的力量),假使法则能善用一些顺从或支持力量的潜在资源,将使花在法律执行上的每一个铜板更具价值。"①

因此,对于相关的环境问题治理领域,传统的法律控制不是唯一手段,或者说不一定是最佳手段。若硬以法律进行控制,可能会导致社会成本过大,得不偿失,甚至造成法治暴政。历史上不乏此类教训,如"秦法繁于秋荼,而密于凝脂",结果招致天下仇怨。尤其是在复杂的环境危机应对中,环境民间规则作为一种社会非正式制度,是不可或缺的重要手段,是生态文明中不同利益需求整合的重要力量。

---

① [美] 劳伦斯·M·弗里德曼:《法律与社会》,郑哲民、吴锡堂、杨满郁译,巨流图书公司,1991年,第200页。

三、从冲突无效到协同共生：规则之间的填补、试错与契合

（一）徒法不能自行：环境民间规则的功能需要唤醒

从上述论证可以看出，环境法的"普适性"一定程度上是虚幻的。人事无常，法令有限，法律有其自身的局限性，不可能穷尽所有细节。我们不否认环境法律规则是现代社会所必需的，但也不能因此误以为社会秩序的建构必定要或总是要以环境法律规则为中心。社会中的习惯、道德、惯例、风俗等从来都是其中的组成部分。无疑，"以退为进"，借助成文环境法律规则之外的环境民间规则作为法治资源的填补与支撑，可能会为环境法走出"普适性"陷阱，充分发挥其功能带来新的思路。

所谓民间规则是指独立于国家法律规范之外的，是人们在社会中根据事实与经验，依据某种社会权威和组织确立的具有一定社会强制力的人们共信共行的行为规范。① 在环境治理中，它就是指与环境治理有关的相应的民间规则，包括那些源于本土生态、经过历史积淀而形成的传统知识（traditional knowledge）、本土知识（indigenous knowledge）、地方知识（local knowledge）、本土技术知识（indigenous technical knowledge）和本土生态知识（indigenous ecological knowledge）。②

在生态文明状态下，环境治理过程是否有序，并不一定要通过法律规则的形式体现，环境治理秩序在任何时候都不可能而且也不应当仅仅由国家制定的法律来达成。之所以如此，非不为也，乃不能也。而民间自治及民间规则之所以能长期发生作用，绝不仅仅是人们盲目崇拜传统的产物。它作为内生于社会的制度，可以说凝结了有关特定社会的环境特征、人的自然禀赋和人与人之间的冲突及其解决的信息，是反复博弈后形成的人们在日常生活中必须遵循的"定式"。如果没有这种内生于社会生活的自发秩序，没有这些非正式制度的支撑和配合，国家正式的环境法律制度的完善就会受到影响，甚至难以形成合理的、得到普遍和长期认可的正当秩序。

---

① 当然，也有许多学者将其称为"民间法"，但本书认为民间规则作为社会规则的一种，要进入"法"的序列，还需要国家特定机关制定和认可。因此，在此之前，仅以规则对之进行定性。同时，也是为了防止因为随意地、人为地、想当然地"加冕"为法，或把"法"作为标签任意贴于不同规范或规则之上，从而可能淡化人们的法治观念，本文在此用的是"民间规则"的提法。

② 国家法之外的民间规则（或称民间法）研究，是 20 世纪 90 年代以来的一个研究热点。这一研究热点的出现表明，法学理论研究已经逐渐走出价值呼唤和法条注释的阶段，日益摆脱对政治和意识形态的依附，脱离了单纯的"制定法中心主义"及"法治浪漫主义"的情节，开始从社会现实条件中找寻法律秩序的本土资源，解读社会生活秩序的文化意义，探求社会秩序及相应规则发展的客观规律，进入一个"权威推进秩序"与"社会自生性、自治性秩序"的同构阶段。这一现状表明，建构规则，并使之具有一定社会强制力已不再是国家独占物；也意味着法学视野已经从"国家法"、"条文法"拓展至对其他具有类式法之特征的规则的考查。

法律多元理论表明，在一个复杂多样的社会里，不可能存在一元法律规范或单一的社会秩序，任何社会秩序建构都不仅仅依靠单一的正式法律规则。若所有的关系冲突都只依赖法律规则，法律之负荷不难想象。为此，梁治平先生指出："事实上，国家法在任何社会里都不是唯一的和全部的法律，无论其作用多么重要，它们只能是整个法律秩序的一部分，在国家法之外、之下，还有各种各样其他类型的法律。"① 而孟德斯鸠也在《论法的精神》中表明："法有各种不同的体系，人类理性所以伟大崇高，在于它能够很好地认识到法律所要规定的事物应该和哪一个体系发生主要的关系，而不致搅乱了那些应该支配人类的原则。"② 因此，在环境治理过程中，在徒法难以独自力举起社会控制之千斤重担的情况下，承认民间规则的构成资格，正视民间规则的功能是一种社会的必然选择。

相对于国家法律规则的统一性、普遍性，民间规则因地域不同而有不同的行为模式和规范内容。就自发性而言，民间规则的功能彰显是社会秩序及相应规则发展进入到一个"权威推进秩序"与"社会自生性、自治性秩序"同构阶段的重要表现。民间规则是在自生自在状态中自然长成的，是在特定区域的本土资源中积淀而成的共信共行的行为规则。它寓于民间的日常生活中，富有浓厚的生活气息。它"以朴实、简洁、方便、合理、易操作的行为模式规范人们做什么、如何做，实体内容和程序内容混杂，与制定法相比缺少理性、严谨、周密的科学色彩"，"它的产生源于人们的社会需要，是人们适应自然环境、维持生存的文化模式。欠缺成文法规，无完整明确的条文体系。其产生后，主要通过口头、行为、心理进行传播和继承，不像国家法那样有严格的制定程序和文字表现形式"。③

而对于环境治理而言，环境问题有依附于"地方性的生态系统"的属性，生态系统的关联性、平衡性与系统的开放性，都要求保护生态系统的法律必须按照系统论的思想设立，要求克服各子系统之间规则运行的分歧和混乱，实现彼此之间的互助与协作，以符合系统运行的规律，从而形成整体效应。显然，环境民间规则作为一种特定的社会秩序规范，有其显著的特质，它的效力源自于民间对于"环境地方性知识的熟悉与信赖"，是在环境国家法之外自发生成的地方性环境规则体系，通常具有较为确定的行为模式和规范内容。其中地域性与自发性是环境民间规则的重要特征。就地域性而言，吉尔兹指出："法律就是地方性知识；地方在此不只是指空间、时间、阶级和各种问题，而且也指特色（accent），即把对所发生的事件的本地认识与对可能发生的事

---

① 梁治平：《清代习惯法：社会与国家》，中国政法大学出版社，1996年，第35页。
② [法]孟德斯鸠：《论法的精神》上，张雁深译，商务印书馆，1995年，第173页。
③ 梁治平：《清代习惯法：社会与国家》，中国政法大学出版社，1996年，第35页。

件的本地想象联系在一起。"① 因此，借用吉尔兹"地方性知识"的概念，环境民间规则是在特定地域范围内，人们借助于对"地方性环境知识的熟悉与信赖"而长期积淀形成的规则。环境民间规则作为一种传承、积淀、整合了数千年社会文明的规则形式，代表和满足了一定区域、一定社会关系网络中成员的环境利益需求。

而环境问题的"地方性的生态系统"的强烈依附属性，也决定了民间规则在环境治理中运用的必不可少。这在陶传进先生《环境治理：以社区为基础》中所举的印度尼西亚巴厘岛的例子中，就有有力的明证。巴厘岛人们的有限灌溉用水的合作是通过建于各级水渠之上的"神"来促使完成的。水是神所赋予的，合作也是神所要求的，神的力量就成了合作的力量。巴厘岛用水最大的特色就在于利用价值信仰的力量，来解决人类所面临的最难以解决的问题——即变冲突性的利益关系为合作性的利益关系。用作者的话来说则是："在灌溉中，每一村庄乃至于整个社会都高度依存，而庙宇则提供一个载体，使得自愿性的社会合作能够达成。……在缺乏'水利官员机构'对灌溉进行管理的情况下，庙宇系统必须起到维护'水利团结'的作用。"②

当然，在当前环境问题复杂化，环境问题具有时空易变性、环境侵害主体复合性、侵害权益多维性，环境问题的产生发展具有潜伏性、缓发性、流动性、复合性，人类环境问题日益严重等现状下，国家法律规则和民间规则都不是"包治百病"的灵丹妙药，正所谓"徒善不足以为政，徒法不足以自行"③。也正是由于国家法律规则和民间规则两者各有其特有的功能优势，给两者的功能互助提供了可能。因此，我们必须破除制定法中心主义，走出以往"民间规则与国家制定法强制性规定冲突，当然无效"的惯常作法，促进两者的良性互助与规范协同，进而推进环境法的运行。

（二）填补功能的发挥

罗伯特·C·埃里克森在其《无需法律的秩序》的开头与结尾有两句经典论述——"世界的偏僻角落发生的事可以说明有关社会生活组织的中心问题"，"法律制定者如果对那些会促成非正式合作的社会条件缺乏眼力，他们就可能造就一个法律更多但秩序更少的世界。"这两句经典论述为法律规则与民间规则的从"规范冲突无效"的简单结论到"规范协同共生"的优化转换提供了有力注脚。

民间规则产生和适用于熟人社会，其实施的保证是当地的舆论、道德等。国家法律规则的合理性在于它更适合法律普遍性的要求，能在更大的秩序调整中起主导作用。两者实质上是相互影响的，国家法律规则并不排斥民间规则，民间规则也并不完全拒绝国家法律规则，两者的作用模式是互助的。这种互助首先表现在民间规则对国家法

---

① ［美］吉尔兹：《地方性知识：事实与法律的比较透视》，邓正来译，见梁治平编：《法律的文化解释》，生活·读书·新知三联书店，1994年，第126页。
② 陶传进：《环境治理：以社区为基础》，社会科学文献出版社，2005年，第74页。
③ 朱熹注：《孟子》，上海古籍出版社，1987年，第51页。

律规则存在缺失时的功能填补。

面对复杂的环境问题及各地复杂的生态系统,现代科技及有关外来科学家经常会表现出力不从心,此时就非常需要本土居民"地方性知识及规则"的填补。因为通过多年的积淀,本土居民对当地的资源、环境和生态系统的理解力和洞察力远超出外人,在一定程度上我们可以说,"外来者的作用与其说是专家,不如说是一种催化剂"。本土居民的这种了解可能就是被科学家遗漏了的方面,因此,关注与地方知识有关的一些经验,注重地方知识体系对科学知识的填补与联合,是提高人类应对复杂环境问题能力的重要保证,也是提高环境法之事实运作功能的重要方面。

在这方面,人类有着诸多的经验教训。比如,加拿大大西洋鳕鱼渔场案中①渔业资源存量耗竭的原因有许多,包括本地和外来渔船的过度捕捞,环境条件的改变以及海豹的掠夺等,但需要引起足够重视的是:科学家在自己对当地渔场生态资源状况的掌握存在严重不足的情况下,忽视了当地渔民及其多年捕鱼经验的作用,忽视了渔民的早期警告,致使渔场管理规范制定者及相应管理者严重错估了渔业资源的形势,进而导致了有关渔业管理规范功能不彰。而科学家对有关渔场使用与管理的"地方性知识及规则"的填补功能的不重视,则是致使有关渔业管理规范功能不彰的一个重要原因。为此,加拿大政府1992年6月宣布了对加拿大大西洋沿岸北方鳕鱼渔场的《禁渔令》。②《禁渔令》的出台,实际上是对以往有关渔业管理规范功能不彰的一次承认与补救。

渔业科学家和规范制定者为何会犯下这样的错误?最为重要的原因是:科学家的模型以鱼类行为理论为基础,包含了许多假设,他们在应用这些模型时,数据也是来自科研用船,而极少来自于有捕鱼经验的渔民,从而使科学研究所得的数据往往不是渔民真正看到的(当然,对生境范围很大的迁移性资源的取样是一个挑战,这使得科学家们手中掌握的数据很少)。为此,一位被委任为指导渔场状况调查的专家对科学家、规范制定者及相应管理者对渔场了解是否充分表示了怀疑:"纽芬兰近岸的渔业持续衰退,对沿岸的渔民而言,原因显而易见:鱼已经很稀少,它们还未靠近海岸就被离岸的小型拖网渔船捕捞走了。科学家却说不一定。""我们无知到令人震惊的地步。我们几乎对鱼类行为的价值一无所知,甚至不知道是否有北方鳕鱼的存量,如何辨别,我们也不知道鱼类的迁移模式及其原因以及在食物链上的食性习惯等。我还可以继续

---

① 参见[加]布鲁斯·米切尔:《资源与环境管理》,蔡运龙等译,商务印书馆,2004年,第358~361页。

② 据预测,将会有高达2万名渔民和渔业加工工人失业,他们中的许多人生活在沿海小渔村,很难有机会找到其他工作。到1993年11月,随后的一些决策,使其他的一些渔场也被关闭了,结果导致了总计4万到5万人失业。

列举出我们对渔业的无知。"① 对此，尼斯也指出："纽芬兰近岸渔民的生态学知识范围和范畴从来不曾是科学或社会科学研究的直接焦点"。② 考虑到渔业存量与鱼类行为研究中的所有问题，很难理解为什么具有潜在价值的信息来源会被忽视或大打折扣，即使它能够通过合理的花费获得。不过尼斯也进一步指出，为了维持以前的捕鱼量就需要更长的捕鱼期和延长捕鱼季节，渔民后来创立了"纽芬兰沿岸渔场联合会"，并发挥了重要作用，该联合会一直对鳕鱼存量科学估价的正确性和有效性提出质疑。

环境法调整领域的特殊性，决定了法律规则制定需依据相应科学研究成果及科学技术规范。然而正是由于"地方性环境知识"的欠缺，致使环境法律规则的设计与实际不相符，这是正常的。不相符情况的出现，不管是因为"理论或模型正确，只是数据欠缺"，还是因为"假设的模型自身有缺陷"，我们所要做的是正视其中的欠缺，修改相应的模型或理论。显然，这里必须发挥环境地方性知识的填补功能，努力获得更好的数据，而不是犹豫或否认。正如富兰克林指出的：如果事实与理论不相符，"应该是经验不断改进知识，而非抽象知识推动人们获得对他们经验的不真实和错误理解"。③显然，借助环境民间规则的功能填补，借助其专业性、针对性、相对普适性以及信息上的相对优势，有助于矫正环境法律规则的缺陷，并使其成为环境法律规则的补充物或替代物，从而强化环境公共秩序的社会控制力。

（三）试错机制的运用

法律规则之制定和修改程序的严格性，决定了其不能朝令夕改，否则将影响其权威。然而作为一门"实践的技艺"，任何预设的法律都不可能尽善尽美，制定后出现规则运作与实践的错位实属正常。而缩小"环境法功能的应然与实然的缺口"则是我们一直努力在做的，其中一个重要的途径就是——环境民间规则试错机制的运用。我们可以通过赋予环境民间规则一定程度的效力，使其在一定范围内得到适用，在运行中发现问题并解决问题，从而为环境法律规则的出台、少走弯路以及进一步完善创造条件。

就民间规则而言，它的形成不是一蹴而就的，也存在"尝试—出错—再尝试"的过程。对此，叶俊荣教授曾以玻利维亚印第安村 Comarapa 的事件为例，对综合虫害管

---

① ［加］布鲁斯·米切尔：《资源与环境管理》，蔡运龙等译，商务印书馆，2004年，第359~360页。
② ［加］布鲁斯·米切尔：《资源与环境管理》，蔡运龙等译，商务印书馆，2004年，第360页。
③ ［加］布鲁斯·米切尔：《资源与环境管理》，蔡运龙等译，商务印书馆，2004年，第360页。

理（integrated pest management，IPM）的试错过程作了深入分析。① 在合成农药问世以前，Comarapa 村的农民一直以一些配合自然生态的措施（例如轮耕、培养天敌以及更换抗虫植种等）来防治蛾害，然而在合成农药问世后，由于其药效立见，再加上农药从业者的怂恿，采用合成农药成了一种新的选择。从此，广大的农民就如同"香烟之于瘾君子一般"，开始陷入恶性循环：农药→更多异种蛾的孳生→更多的新农药→更多具有抗体的害蛾→全球更多的农药使用量。所幸的是当前病虫防治技术与观念上已有相当的突破，尤其是综合虫害管理（IPM）的兴起。IPM 的目标是将多种防治技术（生物性、人工性、化学性）配合运用于生产体系中，以压抑害虫到可接受的程度，且将行动的成本与负同效果减至最低。依照 IPM，自然状态下足资引用的抗虫因素，例如天敌、生长周期、气候、植物抗虫性等均被充分考虑与利用。在不得不使用化学制剂时也是在必要的范围内相当审慎地使用，考虑的因素包括喷洒时机、适当的制剂等。IPM 虽非完全淘汰化学制剂的使用，但却能通过多因素的合理调和，而减少对其倚赖。

事实证明，民间规则试错机制的运用是改善法律规则功能的重要环节，特别是对环境法律规则而言。因为环境法律规则面临的两难境地（复杂的生态环境决定了法律调整避免错误所面临的难度，而环境损害的复杂性甚至不可逆转性又要求法律调整必须避免错误）更使民间规则之试错机制的重要性得以凸现。

（四）规范的协同与契合

回应法律多元理论的要求，一方面，我们要扫除"地方保护主义"和"胳膊肘向里拐"的现象，另一方面，我们也要防止"在对外扩张和殖民过程中，以武力为后盾的法律秩序的强制性移植（imposition）"②。为此，苏力教授进一步指出："当国家制定法和民间法发生冲突时，不能公式化地强调以国家制定法来同化民间法，而应当寻求国家法与民间法的妥协与合作。"③ 而正是通过妥协与合作，一方面，民间规则成为了一些法律规则的产生之源。国家的法典不断吸收在民间广为流传的规则成为国家正式法律规则已是历史事实。穗积陈重先生在将诸如民意、神意和君意称为无形法的基础上④指出，法律的进化，是一个无形法向有形法发展的过程，"法者，仅于潜势力状态

---

① 叶俊荣：《环境政策与法律》，中国政法大学出版社，2002 年，第 345 页。叶俊荣教授还提出："政府"除了应加强 IPM 观念、知识与技术的推广工作外，如何辅导农药业者多往 IPM 的技术服务发展，使业者不单"生产"农药，且"经营"以 IPM 为理念的虫害管理，是进一步的课题。参见叶俊荣：《环境政策与法律》，中国政法大学出版社，2002 年，第 355 页。
② 苏力、贺卫方：《20 世纪的中国：学术与社会》（法学卷），山东人民出版社，2001 年，第 39 页。
③ 苏力：《法治及其本土资源》，中国政法大学出版社，1996 年，第 61 页。
④ 穗积陈重先生认为无形法包括：a."潜势法"，体现在民意、神意和君意之中；b."规范法"，是民意、神意和君意依发见和宣言形成的一种规范。c."记忆法"通过长老、祭司的记忆相传。

之下而存在者也"①。梅因也认为:"罗马法典只是把罗马人的现存习惯表述于文字中。"②

而另一方面,妥协与合作也促进了两类不同规范之间运行的协同与契合。在环境管理及法律规制方面,加拿大的布鲁斯·米切尔指出,自20世纪70年代后期以来,地方知识体系(local knowledge system)、参与(participation)、参与性(participatory)等新名词表明了对"在资源和环境管理中整合地方知识,促进地方参与"方法的一种认可,也促进了快速乡村评估(rapid local appraisal,RRA)、乡村参与性评价(participatory rural appraisal,PRA)、地方参与性评价(participatory local appraisal,PLA)、综合资源管理(integrated resource management)思想及协同管理等不同方式的发展。作为地方环境与资源的重要管理方式,布鲁斯·米切尔还专门就"RRA与PRA"作了比较,见表1、2所示。③

表1 RRA与PRA的比较

	RRA	PRA
主要发展时期	20世纪70年代后期和80年代	20世纪80年代后期、90年代
主要开创者	大学	非政府组织
初期主要用户	援助机构、大学	非政府组织、政府部门机构
早期被低估的关键资源	地方居民知识	地方居民的分析能力
主要创新	方法、团队管理	行为、经验培训
主要方式	简略型、榨取性	推动型、参与性
理想目标	外来者学习	地方居民授权
长期的成果	计划、项目书	可持续的地方行动与制度

表2 RRA和PRA连续统一体

过程的性质	RRA……………………………………………PRA
方式	榨取………简略性………参与性………授权
外来者作用	调查者………………………………推动者
信息拥有分析和使用者	外来者………………………………地方居民
采用的方法	主要为RRA,时而加上PRA…………主要为PRA,时而加上RRA

其中,他们做(they do it)、共享(sharing)作为PRA的重要原则,是PRA区别于RRA的重要方面。他们做(they do it)经常是外来推动者先启动一个参与性分析的

---

① [日]穗积陈重:《法律进化论》,黄尊三等译,中国政法大学出版社,1997年,第4页。
② [英]梅因:《古代法》,沈景一译,商务印书馆,1959年,第11页。
③ [加]布鲁斯·米切尔:《资源与环境管理》,蔡运龙等译,商务印书馆,2004年,第329页。

进程，然后退出这个社区而让当地居民自己继续并完成工作。共享（sharing）追求的是在地方居民及外部推动者之间充分的信息、规则、成果的共享。

而协同管理（Co-management），则是一种合并地方环境监管系统和国家环境监管系统的方法，它寻求的是地方认识和科学认识的结合，而这种结合常常导致管理权力再分配。"一般说来，协同管理安排包含了在社区基础上的环境管理者和政府机构间的真正权利共享。"① 在国家层次上，由政府机构通过法律运行来实现法律规制，由中央制定规范，地方政府执行，其方法一般基于"科学"或"科学数据"以及以这些知识或数据为基础的计算或估计，其贯彻建立在法律和规章所提供的权威基础上。与之相对，在地方管理层次上，则以民间规则、文化传统和自我约束为基础，根据多数人的意见进行决策，并通过社会道德约束来执行。而这种方式的可持续性取决于两个关键因素：其一，当地的参与；其二，地方或本土规则体系纳入总体规则体系，地方的发展融入整体发展过程。为此，米特林和汤普森进一步指出，"协同管理通过应用参与性方法，是联系地方水平发展计划和更高水平计划构成的极好方法。这有两个原因：其一，合作安排给地方团体一个调度和规范土地权利、资助地方动议和使用参与性方法，以更好地理解地方需求和优先权的空间。其二，社区发展团体能够把参与性方法，作为一种创造地方意识和为社区行动动员地方资源的方法。当协同管理实践进展顺利时，每一个方面都应明确地接受环境地方知识的价值并把它纳入到环境监管中去。进而言之，当一些真正的权力或权威已分配给地方使用者或管理者时，这种动机就会非常成功。协同管理为未来资源和环境管理创造有效伙伴关系提供了一个振奋人心的机遇。"②

综上，要真正充分促进环境法的功能运行与发挥，除了仅仅关注与注重传统的环境成文法律规则之外，还应关注与思考是否还存在不同的实现路径，是否需要借助民间规则的填补、试错，来破除环境法的"普适性不能"与"普适性不宜"难题。

余论：以退为进的环境法治"简约"战略

综合而言，"普适性难题"的冷静思考与环境民间规则地位的认识与功能填补，正是在复杂环境问题下，以退为进，将环境法治真正推向优化，实现环境法治简约的重要战略选择。③ 正如理查德·A·爱波斯坦在《简约法律的力量》中所指出的："法律浩如烟海，律师多如牛毛，这是非常遗憾的事情。……随着时间的推移，我们全方位

---

① ［加］布鲁斯·米切尔：《资源与环境管理》，蔡运龙等译，商务印书馆，2004年，第352页。
② 转引自［加］布鲁斯·米切尔：《资源与环境管理》，蔡运龙等译，商务印书馆，2004年，第366～367页。
③ 当然，"简约不是简单"，正如《简约法律的力量》第15页所指出的：简约必定和成本问题、激励问题相关联，是在成本与激励的相互作用中表达自己的意义的。

地处理社会问题的雄心，使我们迷恋一个十分复杂的法律规则体系……对于我们来说，复杂的法律带来了一些便利，然而确定其中某种具体便利到底是什么、到底是怎么样的，却是十分困难的。相反，确定这种便利是如何被'冲抵'的，倒是比较容易。"①"在小型、自愿结合性质的集团中可以发挥作用的复杂管理形式，在更为大型的、非个体化的社会背景中，同样可以获得同样的效果。"② 因此，"对'复杂法律'提高警惕，并不意味着抛弃法律，而是建立一个对立参照以期阐发'简约法律'的思想"③。它将更有利于功能优化，避免因负担太沉重而导致迟到的正义或扭曲的正义。

在应对复杂环境问题过程中，环境法律规则和民间规则的关系应该是既各自分工，又相互依存、互助、契合与共生的，只有这样，才能有助于环境法走出停留在法典层面的"书本上的法"的状态，并进化为"浸透到地方生态系统中的活法"（living law）。正如著名法学家吴经熊所指出的："缺乏强有力的道德根基，被移植的制度与观念无从获得本地沃土和持续成长的养分，不管移植者技巧如何娴熟高妙，这样的法律都是不可能有效生长的——只有法律之树根植于价值观念能指明方向的沃土时，才有可能为后代结出希望之果。"④ 一方面，环境法律规则有其难以克服的障碍和局限性，而其能力所不及之处，恰恰是环境民间规则用武之所。环境民间规则不会因环境法律规则的发达而萎缩、消失，生态文明所带来的新问题正是环境民间规则成长、发展的肥沃土壤。另一方面，环境民间规则也将在环境法律规则的影响下，进一步走向完善。只有在彼此的互助共生中，才能使法律之树根植于社会需求的沃土，真正避免"橘生淮南为橘，生淮北为枳"故事的重复，而两者也正是在不断的互助与共生中，达成"援礼入法，融法于俗，浑然无外，包罗万有"⑤ 的礼法结构，推进美丽中国与环境法治建设，最终共同服务于人类社会的可持续发展。

〔作者钭晓东，温州大学法政学院教授。本文刊发于《中国高校社会科学》2014年第2期，责任编辑王群瑛。人大复印资料《经济法学、劳动法学》2014年第6期转载〕

---

① ［美］理查德·A·爱波斯坦：《简约法律的力量》，刘星译，中国政法大学出版社，2004年，第13~14页。

② ［美］理查德·A·爱波斯坦：《简约法律的力量》，刘星译，中国政法大学出版社，2004年，第2页。

③ ［美］理查德·A·爱波斯坦：《简约法律的力量》，刘星译，中国政法大学出版社，2004年，原书序第2、4页。

④ 安守廉、沈远远：《法律是我的明神：吴经熊及法律与信仰在中国现代化中的作用》，季美君译，《湘江法律评论》第2卷，湖南人民出版社，1998年，第201~215页。

⑤ 梁治平：《清代习惯法：社会与国家》，中国政法大学出版社，1996年，第26页。

市场主体法律制度的改革与完善

王利明

引 言

历史和现实经验已经证明，构建现代市场体系的关键在于激活市场主体的活力。有数据表明，2008年以来，我国的市场主体年平均发展速度保持在8%以上，与我国GDP的增长速度存在正相关关系。[1] 要确保市场主体成为参与和推动我国社会主义市场经济发展的动力，保持其蓬勃发展的活力，必须要有完备的法律制度给予保障，这也是党的十八届三中全会决议的要求。十八届三中全会决议提出，要推进国家治理体系和治理能力的现代化。寻找治国理政的新规则，首先要从经济层面建立一个公平、开放、透明、有序竞争的市场规则体系，而使市场主体充满活力、有序经营的法律制度正是这个体系不可或缺的部分。市场主体的形态很多，除了自然人，还有公司、合伙企业、个人独资企业、个体工商户等专门从事经营活动的组织体。在自然人方面，我国相关的法律制度基本齐备，能满足实践的需要，但在组织体方面，由于经济发展和观念更新不断提出的新命题和新需求，既有的市场主体法律制度已不能完全适应构建现代市场体系的需要，因此，有必要从类型、资本、准入、登记、退出等方面改革和完善市场主体法律制度。

一、市场主体的类型制度

根据对市场主体类型及其法律制度的整体认识，可以说，市场主体具有法定性、多样性、规范性、灵活性和一致性。深刻理解这几个特性，有助于市场主体类型制度的改革和完善。

---

[1] 《工商总局：推进工商登记制度改革　促市场主体发展》，中国网：http://www.china.com.cn/news/2013-11/07/content_30524056.htm，访问日期：2014年3月25日。

(一) 市场主体的法定性

在现代市场经济社会，市场主体的类型及其组织规则采用法定主义，只有符合法律规定的条件，才能成为适格的市场主体。① 这意味着，市场主体的类型不能通过当事人的约定来确定。虽然合伙等一些市场主体的成立基础是当事人的约定，但其前提仍在于法律规定。

市场主体的类型之所以法定，主要有以下原因：一是有助于维护交易安全。不同类型市场主体的责任形式存在一定的区别，法律明确规定市场主体的类型，有利于提高交易相对人的合理预期，维护交易安全。二是有助于降低交易费用。正如科斯所言，企业的本质目的在于降低交易成本，通过法律确认企业的治理结构等，将有助于实现这一目的。② 具体来说，交易者在从事交易时，总希望能便捷地获取相对方主体的基本信息，如企业的责任形式、责任财产、治理结构等等，以便于判断相对方的资信状况和交易前景。如果市场主体不采用法定的形式，那么，市场主体在开展交易时就需要为了解和确定相对方的属性而付出大量的时间成本和物质成本，这样就会大幅降低市场交易的效率。而采用市场主体法定原则，交易者只需了解相对方的法定类型，就能够便捷地知晓对方的各种信息，及时决定和实施交易互动，提高经济交易效率。③ 三是有助于落实主体责任。市场主体在从事交易和其他社会活动时，难免会与第三人发生法律关系，并对第三人承担法律责任，若不由法律明确规定市场主体类型，就无法有效厘定市场主体的责任形态，也无法确立有限责任、无限连带责任等责任制度。四是有助于鼓励投资。市场主体本身就是投资的工具，在其类型交由法律规定时，可增加投资者的预期，起到鼓励和保护投资的作用。

(二) 市场主体的多样性

概括现代各国的经济和法律实践情况来看，市场主体类型的发展趋势是，越来越多的市场主体类型得到法律的承认，市场主体的法定形式越来越丰富。比如，信托、基金等在初始阶段，仅仅是私人之间简单的合同安排，但随着其广泛融入市场，现已逐渐上升为组织形式，成为独立的市场主体。又如，不同层面的社会需求对应了不同的企业类型，以美国为例，其商事组织形式除了常见的合伙、有限合伙、有限公司（LLC）外，还包括商事信托（Business Trust）、公共公司（Public or Government Corporation）、社区公司（Municipal Corporation）、慈善公司（Charitable and other Nonprofit

---

① 参见徐学鹿：《论市场经济的立法原则》，《中国法学》1996 年第 1 期。
② R. H. Coase, "the Nature of Firm", *Economica*, New Series, Vol. 4, No. 16, 1937, pp. 386~405.
③ 参见赵万一：《商法的独立性与商事审判的独立化》，《法律科学（西北政法大学学报）》2012 年第 1 期。

Corporation)、一人公司（One-PersonCorporation）、家庭公司（Family Corporation）、职业公司（Professional Corporation）等多种形式。① 市场主体的类型之所以有如此多样性的发展和创新，主要源于其盈利模式和商业模式的不断变革，源于立法对社会发展的及时回应。在美国，企业主体的类型确立，主要由各州主导，而为了发展本州经济，吸引企业来本州注册，各州都努力创新和改进自己的企业类型。

限于市场主体类型的法定主义，我国市场主体类型的发展受到了一定限制。近年来虽然修改了《合伙企业法》，确立了有限合伙这一新型主体形态，但总体而言，我国法律认可的市场主体类型仍然比较简单，特别是与西方发达国家相比，我国的市场主体类型还不够丰富，不能满足我国当前经济发展的实际需要，有待进一步丰富和扩展。

（三）市场主体的规范性

市场主体类型要由法律规定，实际上也说明了法律对市场主体的组织架构等结构性调整，这体现了市场主体的规范性。从目前我国的实际情况来看，落实市场主体的规范性，重点是完善企业法人的治理结构。十八届三中全会决议明确提出，要健全协调运转、有效制衡的公司法人治理结构，还要建立职业经理人制度。健全公司法人的治理结构，就是要健全股东会、董事会、监事会、经理人制度，理顺投资者与管理者之间的关系，并通过不同机构间的相互制衡，确保公司科学决策。此外，在当今市场环境中，还应特别强调职业经理人的忠诚、勤勉义务，因为职业经理人通常不持有公司股份，一旦缺乏这些义务，就可能为谋取个人利益而损害公司利益，存在一定的道德风险。一些国企、上市公司中发生的内幕交易、关联交易、向第三人输送利益等行为，都反映了这方面的问题。

目前，除了进一步完善公司法人治理结构的法律规范，还要下力气增强和完善其他市场主体的规范性，其中，信托具有典型代表意义。中国信托业协会最新发布的数据显示，截至2013年三季度末，67家信托公司管理的信托资产规模突破了10万亿元大关，达到了10.13万亿元，同比增幅高达60.3%，信托业已经超过了保险业，成为仅次于银行业的第二大资产行业。② 有人还预计，10万亿元绝不是信托管理规模的顶

---

① James D. Cox and Thomas Lee Hazen eds., *Cox & Hazen on Corporations*, Second Edition, 2003, Vol.1, New York: Aspen Publishers, pp. 2ff.

② 参见《我国信托资产规模突破10万亿元》，新华网：http://news.xinhuanet.com/2013-11/05/c_118017111.htm，访问日期：2014年1月5日。

峰,未来十年会有更大的发展。① 但令人忧虑的是,目前在实践中,我国的信托行业所从事的业务,绝大部分并非真正意义上的信托业务,大多是与银行合作,为银行变相发放贷款提供通道,信托因此也被称为"影子银行"。这会引发集中度风险和政府融资平台违约风险。而且,信托规范性也存在种种问题,如信托公司治理结构不健全、管理人员违反忠实义务通过关联交易进行利益输送,等等,这些问题必然会产生巨大的交易风险,最终还可能需要银行为其兜底。2012年中诚信托30亿元信托项目到期无法偿还,引发了社会的广泛关注。② 虽然这一危机最终被有效化解,但其引起的震动已经说明了问题的严重性,也说明在法律上很有必要完善市场主体的规范性。

(四) 市场主体的灵活性

虽然市场主体的类型由法律规定,但随着市场的发展,市场主体类型越来越多样化,而且更加灵活。与这种大趋势相适应,就要求在保持市场主体规范经营的基础上,尽量扩大其灵活性,即在强化保护债权人和维护市场秩序的前提下,赋予投资者、管理者更多的自治权利,在法律上不必对其经营管理进行过多的干预。

以公司的治理结构为例。对于大型的、股东众多的股份公司来说,治理结构方面应有详细的法律规定,但对于中小公司而言,法律在治理结构上应更多适应公司自身的需求和投资者自己的设计,而不必作出太多的强制性规定。其组织内部的治理事项,如架构、财务和投资等,应允许当事人通过合同、章程、内部规章制度加以确定。

我国《公司法》在某些方面体现了市场主体灵活性的发展趋势,如该法第13条规定,法定代表人可以是董事长,也可以是总经理。但在某些方面又过于僵化,如第44条第1款规定,有限责任公司董事会成员为3人至13人。在实践中,有些公司如华为公司这样大型的、跨国的、非上市的有限责任公司,董事会需要处理的事务较为繁杂,13人的上限可能远远不够,但根据《公司法》这条规定又无法增加董事会人数,这显然不利于公司的发展。又如,根据《公司法》第44条、第50条、第51条规定,即使公司股东只有两三个人,也要设立董事会或执行董事,还要设置监事会或执行监事,这显然过于死板。综上所述,《公司法》的这些僵化规定脱离了实际,不能灵活应对实践需求,应予以改革和完善。

---

① 参见《今年信托资产规模或超10万亿元》,证券时报网:http://kuaixun.stcn.com/2013/0916/10757152.shtml,访问日期:2013年10月5日。
② 参见郑智:《中诚信托30亿矿产信托惊魂 来时路已风险随形》,《21世纪经济报道》2012年6月27日。

(五) 市场主体的统一性

十八届三中全会决议特别提出,要统一内外资法律法规,保持外资政策稳定、透明、可预期。这实际是强调了市场主体的统一性,要求不能根据投资者的身份而实行内外两套不同的市场主体制度。据此,下一步改革的基本思路,应当是将"三资企业法"与其他企业法放在一起通盘考虑,对于公司制的三资企业,一律适用《公司法》,其他的,则应适用《合伙企业法》或《个人独资企业法》。

"三资企业法"给予了三资企业超国民待遇,这在我国改革开放初期在吸引外资方面发挥了重要作用。但是,发展到今天,我国原来资本匮乏的情况已经得到了很大的缓解,目前不少民间资本甚至找不到投资的出路,已经没有必要再给三资企业超国民待遇。在这样的背景下,涉及三资企业的法律改革和完善的方向不再是能提供什么优惠,而在于着力营造良好的市场法治环境。这就需要强化市场主体的平等法律地位,统一市场准入的标准,适用相同的投资规则。

"三资企业法"与《公司法》等有不小的差异。例如,在中外合资经营企业和中外合作经营企业中,没有股东会和监事会的制度设计,董事会通常为公司的权力机构,这就导致国际通行的资本多数决规则无法在三资企业中贯彻执行。又如,在中外合资经营企业中,一方指派董事应经合资对方的同意,这很容易造成公司僵局,影响企业的正常经营。再如,三资企业的合资合同、合资协议、合资企业章程等均需审批,这在实践中也产生了不少问题,如有些合资企业已经开始运营,但一方却不想长期经营,就通过拖延审批的办法达到撤销企业的目的;还有的合资企业由于疏忽忘记审批,就股权比例等问题产生不必要的纠纷。要解决这些问题,就应在促进市场主体统一性的方向引导下,把"三资企业法"和《公司法》等企业法一体审视,一并修改和完善。

二、市场主体的资本制度

在此所说的市场主体资本制度,主要涉及公司的资本制度。公司的资本是公司的财产基础,也是公司作为法人而独立承担法律责任的保障。我国2005年修订的《公司法》采用了法定资本制,即在公司设立时,必须在公司章程中对公司的资本总额做出明确规定,并且在公司成立时由发起人或股东一次全部认足或募足的公司资本制度。[①]这主要表现为:一是要求最低注册资本,即对有限责任公司、一人有限责任公司和股份有限公司分别规定了3万元、10万元和500万元的最低注册资本。二是出资额实缴

---

① 参见王保树:《现代股份公司法发展中的几个趋势性问题》,《中国法学》1992年第6期。

制,即公司股东(发起人)应当自公司成立之日起两年内缴足出资,投资公司可以在五年内缴足出资,一人有限责任公司股东应当一次足额缴纳出资。三是有限责任公司的股东货币出资比例不得低于注册资本的30%。根据十八届三中全会决议中关于改革公司资本制度的精神,2013年12月28日第十二届全国人大常委会第六次会议审议通过了关于修改《公司法》的决定,在资本制度方面进行了较大的改革,主要表现为:

1. 原则上取消了法定最低注册资本制度

根据2013年修订的《公司法》第26条、第80条的规定,除法律、行政法规以及国务院决定对公司注册资本最低限额另有规定的外,公司原则上没有最低注册资本的限制。综合国内外的实践情况来看,取消公司法定最低注册资本的好处在于:

第一,鼓励投资,带动就业,促进竞争。有学者指出,最低注册资本要求在实践中发挥的唯一功能是妨碍个人开办公司的自由,设置这样的门槛,会限制充分的市场竞争。[1] 而废弃这样的门槛,无疑会极大地增加人们投资实业的兴趣,开办更多的公司,进而增加就业机会,促进市场竞争。从2013年《公司法》修改前的试点经验来看,取消最低注册资本的改革效果良好,有助于促进企业的设立,增强经济活力。

第二,拉动科技创新,推动科技企业的发展。科技创新经常被简单地理解为个人单枪匹马的智力发明活动,但实际上,现代科技创新已经进入了合作开发时代,每个人和每种要素都可能成为创新力量,投资投入无疑是其中之一。[2] 美国等科技强国的历史经验表明,虽然国家的强力推动和支持是科技发展的重要原因,但宽松自由的市场环境是科技进步和相应领域经济发展的核心要素。[3] 与此相比,我国的科技创新和科技经济对政府的依存度很高,市场主体的自主创新活力远远没有得到有效激发和释放,其中一个原因就在于,科技企业存在最低注册资本的限制。取消这种限制,无疑会扫清民间资本进入科技创新领域的障碍,推动科技创新企业的发展。

第三,实现立法本身的科学性。立法上对最低注册资本的规定,本身缺乏科学性。例如,零售业公司原本以3万元为最低注册资本,统一适用于大型连锁超市与小卖部,这显然没有考虑二者的实际差别。再如,在淘宝等新兴网络购物平台上,有大量从事各种小本经营的市场参与者,它们有的以有限责任公司的形式出现,对它们实行3万

---

[1] 参见于呐洋:《我国将取消公司最低注册资本限制 专家认为或将推动公司法等相关法律修改》,《法制日报》2013年11月20日。

[2] See John A. Alic, "Everyone an Innovator", in: Fred Block and Matthew R. Keller eds., *State of Innovation: the U. S. Government Role in Technology Development*, Paradigm Publishers, 2011, pp. 236~261.

[3] See Fred Block, "Introduction: Innovation and the Invisible Hand of Government", in: Fred Block and Matthew R. Keller eds., *State of Innovation: the U. S. Government Role in Technology Development*, Paradigm Publishers, 2011, pp. 1~27.

元最低注册资本要求,实在没有必要。故而,取消公司最低注册资本的要求,有利于实现立法本身的科学性。

2. 从实缴制到认缴制的转变

十八届三中全会决议明确要求,注册资本实缴登记制要逐步改为认缴登记制,即允许公司发起人分期分批缴纳出资。据此,2013年《公司法》允许公司股东(发起人)自主约定认缴出资额、出资方式、出资期限等,并记载于公司章程。从实缴制向认缴制的转变,有利于资金得到更有效的利用,避免资本浪费。从公司经营的角度看,在其经营初期,往往并不需要巨额的资金储备,而实缴制会导致一部分资金闲置不用,造成资金浪费。正因为如此,实践中抽逃出资的现象屡见不鲜,工商行政管理部门往往无法有效管控。认缴制的推行,不仅上述问题可迎刃而解,还能使公司的资本随着经营状况而弹性变化,有利于公司的经营发展。2013年新注册企业增加了27.6%,其中私营企业新增30%,这也表明,这一转变对促进企业发展是十分有利的。由于实缴制给投资者带来的经济负担要比认缴制高,在资本全球化流动的大背景下,这种转化还有利于提高中国公司在国际市场中的竞争力。①

这一改革也符合现代公司法的发展趋势。从世界范围来看,从实缴制向认缴制的转变是一个大趋势。以欧洲为例,在欧盟一体化进程的推动下,投资者往往会选择成本最低的国家注册公司,如在英国注册公司要求极低,很多德国投资者就选择在英国注册公司,然后以该公司的名义在德国经营,从而发生了欧盟范围内"公司法竞争"的问题,这迫使德国等国家对自己的公司法制度进行改革,包括允许分期缴纳、降低最低资本制、简化公司注册手续等。②可以说,认缴制具有强大的生命力和广泛的市场需求,我国从实缴制到认缴制的转变,符合现代法律发展的潮流,适应市场经济发展的内在需求。

3. 不再限制股东(发起人)的货币出资比例

2013年《公司法》删去了2005年《公司法》有关股东货币出资比例不得低于注册资本30%的规定,这大大降低了创办科技型创新企业的门槛,有利于社会财富的创造。在实践中,许多创业的科研人员有知识产权或技术,但没有足够的货币,在这种情况下,限制股东(发起人)的货币出资比例,可能会影响科技类企业的创办与发展。

需要指出的是,在理解当前的公司资本制改革时,不应忽视资本制度的意义。取消法定最低注册资本制度,并不等于没有注册资本,更不等于取消公司资本制度。如

---

① 参见王保树:《竞争与发展:公司法改革面临的主题》,《现代法学》2003年第3期。
② 参见蒋舸、吴一兴:《德国公司形式的最新变革及其启示》,《法商研究》2011年第1期。

果办公司不需要任何财产,公司在交易中势必无法取得对方的信任,市场秩序也很难得到维护和保障。无论何时,公司资本制度都是公司制度的核心。同时,由实缴制到认缴制的转变也不意味着开设公司不需要任何资本,甚至可以办皮包公司。社会上说的"一块钱办公司"只是一个形象的比喻,并不是说开办公司没有任何条件、无需出资。所谓认缴制,只是说发起人在公司设立时不需要实际缴付出资,而不是说之后也无需实际出资。实际上,只要认缴了资本,股东便对公司负担起出资的义务,该义务必须实际履行,若不履行,公司、公司的债权人都可以要求其履行。对此可形象地讲,是"可以零首付,但不得开办皮包公司"。这涉及对有限责任的认识问题。19 世纪至 20 世纪被称为第二次全球化时期,因为公司的融合、跨国公司的发展,推动了全球化的进程,在这一过程中,有限责任制度被认为是促进投资和财富增长最有效的法律形式。美国前哥伦比亚大学校长巴特勒(N. M. Butler)在 1911 年曾指出:"有限责任公司是当代最伟大的发明,其产生的意义甚至超过了蒸汽机和电的发明"。① 从有限责任的角度来看,责任财产是公司对外承担责任的基础,而责任财产源自股东的出资,也就是说,公司的股东要负有限责任,必须要有出资,否则,公司相当于没有财产,那么股东有限责任也就失去了存在的基础。在公司资本认缴制下,股东也不得任意抽逃出资,在法律上,投资者一经认缴出资,就应当按照约定的期限出资,而且在缴纳出资后,投资者也不能任意抽走,否则可能会损害债权人利益,危害交易安全。也就是说,投资者仍应遵守资本维持原则和资本不变原则,保证公司具有与其经营内容、经营风险相适应的资本额,这既是公司财产独立性的基本保障,是债权人保护的基础,也是股东享有有限责任制度保护的前提。与限制股东抽走出资密切相关的,是法律发展出揭开公司面纱制度(对此下文还要详述),以弥补有限责任制度适用的不足,实现权利与义务的平衡,这在两大法系均得到认可,我国也同样如此。

还需要指出的是,十八届三中全会决议不仅促进了公司资本制度的改革,也必将促使相关法律的修改完善。这意味着,2013 年《公司法》的修改要想在实践中切实发挥作用,还需要辅以相应的立法配套。国务院应修订完善公司登记等相关的行政法规,并主导清理、修改、废止相关规章、规范性文件。最高人民法院也应对相关司法解释进行修改和完善。尤其应当看到,《刑法》中关于抽逃资本罪和虚假出资罪的规定,应随着《公司法》的修改而被删改。原因在于,一方面,虚假出资已经没有实际意义。虚假出资的初衷主要在于规避最低注册资本和实缴出资的要求,一些资金不足的创业者,为了更快地设立公司,"打肿脸充胖子",往往采取虚假出资的方式设立公司。现

---

① Tony Orhnial ed., *Limited Liability and the Corporation*, London: Croom Helm, 1982, p.42.

在既然实缴制已经改为认缴制,就没有必要再为了规避公司设立的法律而虚假出资。而且在实缴制改为认缴制后,股东对于公司注册资本有了一定的决定权,不必将资金闲置在公司银行账户上,而可以根据公司发展的需要逐步增加或减少出资,从而也使抽逃资本罪失去了存在基础。① 另一方面,虽然在实行认缴制后仍应严格禁止抽逃资本的行为,但抽逃资本的行为可以通过民事责任、行政责任的方式予以规范,是否必须认定为犯罪,值得探讨。即使仍然保留抽逃资本罪,也应区分不同情况分别予以认定,在认定抽逃资本行为的法律责任时,尤其应当考虑该行为是否造成了债权人损失,危害了交易安全,是否给债权人造成重大损害。② 如果抽逃行为被及时发现,股东及时将资本充实,并没有给债权人造成损失,那么其行为就不应认定为犯罪。此外,实践中抽逃资本和虚假出资已成为一个口袋罪,有些经营者之间发生矛盾,一方就以该罪名举报他方。可以说,这两个罪名已经成为悬在企业家头上的达摩克利斯之剑。甚至个别司法机关以此为由违法介入经济案件,非法查封、扣押、没收企业财产。法律不应该为此种违法行为提供任何借口。

三、市场主体的准入制度

十八届三中全会决议指出,实行统一的市场准入制度,在制定负面清单基础上,各类市场主体可依法平等进入清单之外领域。据此,我国在市场主体的准入制度上实行了负面清单模式。

(一) 负面清单管理模式的优越性

负面清单(negative listings),又称"否定清单"、"负面列表"、"否定列表",是相对于正面清单的概念,是指仅列举法律法规禁止的事项。③ 对于列举以外的事项,法律法规不会进行干预,市场主体有行为的自由。可以说,负面清单符合"法不禁止即自由"的法治理念。上海自贸区率先在外商投资的准入领域实行负面清单制度,将原来的正面清单模式转变成"非禁即入"的负面清单模式,以期充分发挥市场作用,降低经济运行成本,这是转变经济和社会治理模式的积极探索,也是在新时期治国理政方法的重大转变。李克强总理近期就指出,在清单以外,一律不得实施行政审批,市

---

① 参见刘宪权:《中国(上海)自由贸易试验区成立对刑法适用之影响》,《法学》2013年第12期。
② 参见孙力:《虚假出资、抽逃资本罪研究》,《法学家》2000年第5期。
③ 参见龚柏华:《中国(上海)自由贸易试验区外资准入"负面清单"模式法律分析》,《世界贸易组织动态与研究》2013年第6期。

场主体"法无禁止即可为"。① 这实际上就是要求在整个经济管理中推行负面清单模式。与正面清单模式相比较，负面清单模式具有以下优越性：

第一，有助于激活市场主体的活力。在正面清单模式下，只有法律法规明确规定的事项，市场主体才有相应的行为自由。但社会经济生活纷繁复杂，法律列举的事项是极为有限的，在大量的经济生活领域，法律法规都没有明确作出规定。特别是随着社会的发展，各种新的业态不断出现，市场主体能否进入这些领域，必然成为法律调整的空白地带，成为"法律的沉默空间"。按照正面清单模式，市场主体无法自由进入这些空白领域，这就严格限制了市场主体的经济活动自由。而在负面清单模式下，只有法律法规明确禁止的领域，市场主体才无法进入，凡是清单没有列明的领域，市场主体均可以进入，因此，与正面清单模式相比，负面清单模式赋予了市场主体更充分的行为自由。即便在"法律的沉默空间"，政府机关也不得设置额外的审批程序，变相规避行政许可法定的原则。② 这说明，在负面清单模式下，除非法律有明确的限制，否则市场主体均可自由行为，且都属合法。从法治的层面上看，负面清单模式体现了"法无禁止即自由"这一私法自治的基本价值，体现了保障私权和尊重自由。我们知道，改革开放以来，中国经济的迅速发展是与市场主体自由的扩大紧密相连的，自由意味着机会，自由意味着创造，自由意味着潜能的发挥，故而，负面清单模式是一种激活主体活力、促进社会财富创造的法律机制。

第二，有助于规范政府的自由裁量权。正面清单模式的基本理念是由政府对社会经济活动进行较大程度的管理，政府因此享有极大的裁量权力。特别是对于大量的"法律的沉默空间"，市场主体能否进入，在很大程度上取决于政府的自由裁量，由此就不可避免地产生了权力寻租等社会问题。而负面清单模式在基本理念上发生了根本变化，对政府行为采取"法无授权不可为"的原则，从而使政府的权力能够得到有效的规范和约束，使其权力仅限于保证那些被列入清单的领域切实得到规范或禁止。而且，在负面清单模式下，"法律的沉默空间"原则上属于主体自由行为的空间，市场主体可以自由进入，行政机关不得设置额外的市场准入条件，③ 这就使得政府的自由裁量权受到规范和限制，从而能真正保障市场主体的行为自由。

第三，有助于促进行政行为的公开化、透明化。在正面清单模式下，市场主体是否可以进入"法律的沉默空间"，完全取决于政府的自由裁量，由于缺乏明确的法律依

---

① 《李克强畅谈改革方略：让市场主体法无禁止即可为》，《经济参考报》2014年3月14日。
② 参见龚柏华：《"法无禁止即可为"的法理与上海自贸区"负面清单"模式》，《东方法学》2013年第6期。
③ 参见魏琼：《简政放权背景下的行政审批改革》，《政治与法律》2013年第9期。

据,政府在审查和决策过程中主要采取非公开的自由裁量方式,这就难免会出现暗箱操作等现象。在负面清单模式下,需要行政机关审批的领域仅限于法律明确列举的事项,并要对市场准入的限制条件进行合理说明,这就有利于推动行政行为的公开化、透明化。

第四,有助于提高监管效率。在正面清单模式下,市场主体要进入特定的市场领域,需要经过行政机关的审批,进行事前的监管,这可能导致企业负担过重,且效率低下。据了解,有的地方从事餐饮业的小型个体工商户,办理开业过程中需要消防、环保、卫生防疫、公安以及房产等部门盖几十个公章。① 2005 年,美国哈佛大学、耶鲁大学和世界银行的四位教授曾经对 85 个国家和地区的创业环境进行调查,结果表明,从注册一家公司到平均开业,所必经的审批程序,加拿大需要 2 天,而中国需要 111 天;注册审批费在美国、加拿大、英国平均不到人均年薪的 1%,而在中国内地占到人均年薪的 11%。② 不仅如此,繁琐的审批程序也容易诱发权力寻租现象。同时,由于缺乏事后的监督机制,行政机关难以准确把握市场经济状况,因此,正面清单的管理模式效率比较低下。而在负面清单模式下,市场主体只要符合法定的准入条件,行政机关就应当许可和批准,相应地也会加强事后监管,即准入之后、运营之中的监管,这更有利于行政机关准确掌握市场主体的实际经济活动状况,并因时制宜地采取相应的管理措施,提高效率。从事前监管到事后监管的转变,必然要求政府形成一套高效而完善的备案体系和其他公示公信制度,如信息公示、信息共享、信息约束等制度,并加强事后监管力度,积极处理备案制度中可能产生的问题,以管控市场风险、保障市场秩序。

(二) 负面清单模式与政府职权法定原则的衔接配合

负面清单模式是法治理念和社会管理理念的根本转变,遵循了市民社会管理的基本规律,体现了市场经济内在发展的需要,它要想在实践中良性运作,离不开政府职权法定原则的支持和配合。所谓职权法定,是指政府的职权、机构设置、行为方式等都必须由法律明确规定。形象地说,职权法定的内涵就是"法无授权不可为"、"法无授权即禁止"(All is prohibited unless permissible),它与负面清单模式所体现的"法无禁止即可为"、"法无禁止即自由"(All is permissible unless prohibited) 有着相辅相成的

---

① 参见聂小军:《关于观上镇民营企业人力资源管理现状的调查报告》,《卷宗》2013 年第 4 期。
② 参见周天勇等:《处理好行政工商监管与服务和发展的关系》,《工商管理研究》2007 年第 4 期。

关系，体现了"规范公权、保障私权"的现代法治理念。①

对市场主体，是"法无禁止即可为"；而对政府，则是"法无授权不可为"②。负面清单模式与职权法定原则的衔接配合关系主要表现为：

第一，落实负面清单模式，需要结合职权法定原则来合理限制行政权，防止行政权的自我膨胀，妨碍市场主体的行为自由。负面清单模式旨在保障市场主体的行为自由，为此就要合理限制行政权的不当干涉，而职权法定原则的目的正在于限制和规范公权力，即要求公权力对任何民事权利的限制都必须有法律依据。19世纪曾经流行过"无法律则无行政"原则，虽然自20世纪以来，这一原则有放宽趋势，但职权法定仍然是一项基本原则，这主要是因为行政权力本身天然存在着自我膨胀和扩张的趋势，如果不对其依法进行规范，将可能导致对私权利的侵害。③孟德斯鸠所说的"绝对权力导致绝对的腐败"、"权力必然被滥用"等名言，均是对公权力特点的生动写照。这也提醒我们，现代法治的核心就是规范和限制公权。按照职权法定原则，政府的权力是依法规定的，即政府只能做法律授权它做的事，在法律规定范围之外，政府不得擅自行为，这也是负面清单模式得以有效实施的前提和基础。

第二，落实负面清单模式，需要结合职权法定原则合理规范政府的行政许可行为，减少政府对资源的直接配置。职权法定的一项重要内容就是许可法定。依据《行政许可法》第14条规定，企业登记前置许可，只能由法律法规和国务院决定设立。而这一点在我国实践中并未完全实现。据统计，我国目前在国务院层面的行政审批项目就有1700余项，2013年取消了221项，本届政府预计要再取消三分之一。④减少和规范行政许可，有利于减少负面清单实施中的障碍。除此之外，还要清除以核准、备案、达标、验收等形式存在的变相许可。例如，在某小区业主诉当地政府小区办的诉讼中，业主重新成立业主委员会，但小区办提出业主行为不符合政府指导性意见，因而作出对新业主委员会"不予备案"的决定，并认为设立行为无效。⑤笔者认为，依据《物权法》，只要业主经过法定程序成立业主委员会，该委员会即已经生效，该小区办作出

---

① 参见龚柏华：《"法无禁止即可为"的法理与上海自贸区"负面清单"模式》，《东方法学》2013年第6期。
② 《李克强畅谈改革方略：让市场主体法无禁止即可为》，《经济参考报》2014年3月14日。
③ 参见罗豪才、宋功德：《行政法的治理逻辑》，《中国法学》2011年第2期。
④ 到2010年底，国务院的行政审批项目大约在3600余项，各省区市的行政审批项目大约在54200余项。2012年9月，国务院决定取消的行政审批项目有171项，国务院决定调整的行政审批项目有143项。
⑤ 参见颜雪明：《业主自筹业委会，政府有无权力"不予备案"?》，《住宅与房地产》2010年第2期。

的"不予备案"决定是将备案作为一种前置审批程序。事实上,备案的主要目的并不是对备案事项的许可,而是向主管机关报告事由存案以备查考,同时借助备案以国家承认的形式使社会成员知晓并尊重备案事项业已取得的法律效力。换言之,备案的作用仅是告知备查,不需要备案机关回复。除非法律特别规定将备案作为从事某些行为的前置条件,否则在主体没有备案时,行政机关虽然可以依法对其作出处罚,但并不会影响设立行为的法律效力。① 总而言之,依据职权法定原则,除法律明确规定的情形外,备案、达标等形式不是行政许可,即便市场主体的行为不具备这些形式要件,也不影响设立行为的效力。这也有利于减少负面清单模式实施的障碍。

第三,落实负面清单管理模式,需用职权法定原则来确立依法行政的制度框架,理清市场和政府的关系。在正面清单模式下,对大量的法律空白地带,政府享有管理权,甚至可设定审批或者变相审批权,同时可能附带设置很多监管权力,比如以各种条件不符合为由进行罚款、查封或扣押,这会严重影响市场主体的正常经营,妨碍其经营自由。而负面清单模式是一个以市场机制发挥主导性作用的模式,清单本身就为市场行为和政府职权行为划出了一条界线,凡是未明文禁止的法律空白地带,市场主体即享有行为自由和经营自由,而无需政府机构的审批和干预。要实现这一点,就必须通过职权法定原则来确立依法行政的制度框架,进而有效规范政府权力,明确划定政府干预民事活动的边界。也就是说,通过职权法定,能够使政府真正从无限政府转变为有限政府或法治政府,并使政府划定私法活动范围的职权受到限制和规范,② 从而使市场主体对经营活动的后果和效力具有更强的可预期性。

第四,落实负面清单管理模式,需用职权法定原则来确立负面清单的制定、变更。负面清单制定和变更的方式,决定了负面清单的内容及其合理性,其本身就需要与职权法定原则相结合,即制定负面清单的公权力机构应自觉遵守开门决策、科学决策、民主决策、透明决策的执政理念,合理运用公共职权,必要时还可以召开由投资者代表、外商代表、消费者代表参加的听证会,制定科学合理的负面清单内容。负面清单在变更时也需同样如此,剔除无需再进行管制的内容,并及时吸纳社会经济发展所要求的新事项。只有这样,才能确保负面清单的合理性,并就政府对负面清单本身的管理提供明确的规则要求。

概括而言,我国市场经济发展到今天,公权绝对控制市场的治理模式已难以适应现代市场经济环境下的治理需求,但这并不是说应强调私权的无限膨胀和公权的极度控制,后者同样也不利于社会的高效治理。西方社会近30多年的发展趋势之

---

① 陈文曲、郑宁:《业主委员会成立备案制度研究》,《政治与法律》2009年第2期。
② 章剑生:《现代行政法基本原则之重构》,《中国法学》2003年第3期。

一，就是过多地受新自由主义的影响，过于强调私权的无限扩张甚至否认公共利益，结果在经济治理结构上出现了某种失衡，近年来的经济危机也有力地说明了这一点。[①] 强调通过行政机关职权法定，与保障市场主体行为自由的负面清单模式衔接配合，不仅能在规范和约束公权的同时，实现对私权的培育和强化，还能合理划分政府和市场的边界，这既是构建和谐社会和法治社会的要求，也是完善社会主义市场经济的必然要求。

四、市场主体的登记制度

十八届三中全会决议提出，要推进工商注册制度便利化，并建设法治化的营商环境。落实这一要求，关键在于改革和完善市场主体登记制度。由于信息披露是治理模式有效运转的基础性保障，因此，创新政府的监管方式，也要善于利用信息披露方式以维护市场秩序。

（一）转变对登记的观念认识

在传统观念认识中，无论企业登记还是财产登记，均被当成行政管理手段，当成是国家管理社会的工具。但随着政府职能的转变和人们认识的深化，登记的法律定位发生了变化，它不再是行政审批，功能也主要不是行政管理，而是一种将登记的事项向社会公开的公示制度。[②] 比如，企业登记就是要将企业的信息对外公布，物权登记就是要将不动产的信息对外公开。既然登记是一种公示手段，那么它就应当成为一项重要的信息提供和搜集工具。根据这一定位，建设高效、透明的登记制度，对于国家准确掌控国民经济运行态势，掌握宏观的企业经营信息，研究宏观调控的必要性和可行性方案等就至关重要，这也是建设法治化营商环境的必要措施。而且，建设高效的登记制度，也要求政府创新监管方式，通过真实全面的信息披露来维护市场秩序，督促市场主体合法经营，自主选择，择善而从，从而能更妥善地处理政府与市场主体的关系，确保新型社会治理模式的有效运转。

（二）建立统一的登记制度

实践中，人们常常将登记简单地等同于行政管理，政府从事何种管理事务，就相应地承担何种登记职责，从而导致登记机构与行政机关的设置与职能合一，且针对不同事项有不同的登记机制，由此在市场主体登记上形成了不统一、分散的特点。主要表现在：一是法律根据不统一，如既有按照企业所有制形式等标准运行的《企业法人

---

① 参见吕海霞：《论走向衰落的新自由主义》，《生产力研究》2010 年第 1 期。
② 参见姚辉：《不动产登记机构赔偿责任》，《法学》2009 年第 5 期。

登记管理条例》，又存在配合《公司法》实施的《公司登记管理条例》。二是登记程序不统一，不同的市场主体对应不同的登记程序，如公司、合伙企业、个人独资企业各有登记程序，它们互不相同。三是登记簿设置不统一，如《公司登记管理条例》要求建立公司登记簿，其他法律法规则不要求建立企业登记簿。四是登记事项不统一，因为不同的法律依据采用不同的登记标准，结果导致登记事项不统一。五是法律后果不统一，因为法律根据、登记程序之间的差异，不同市场主体从事同一性质的违法行为，所承担的法律后果有可能不同。① 市场主体登记的不统一，在实践中已经产生不良后果，改革和完善的途径就是确立统一的市场主体登记制度。目前，深圳、珠海等地方已经开始实行工商登记制度改革，积极探索市场主体登记制度的统一，将来我们应在这些实践经验的基础上，结合商事登记的理论积累，从法律依据、登记程序、登记簿、登记事项、法律后果等方面统一登记制度。②

（三）健全登记查询制度

登记是一种公示机制，除非法律另有规定，市场主体的财产经营状况、经营范围、组织形式、权益状况等登记信息向社会如实公开是其题中应有之义，利害关系人、权利人等均有权进行必要的查询，只有这样，才能充分发挥登记的信息交流平台作用。但是，登记查询在实践中存在一些较为严重的问题，比如，根据《企业登记档案资料查询办法》第7条规定，只有公安机关、检察机关、审判机关、国家安全机关、纪律检查机关持有关公函，并出示查询人员有效证件，才可以向工商部门查询完整的企业档案资料，这实际上关闭了社会公众查询企业完整信息的大门。在实践中，因为规则不明确，有些工商管理部门对于律师和公众的查询采取消极应对的态度，如要求律师提交人民法院的立案证明方可查询，而一些法院又以律师能够提供被告人详细的工商登记信息作为立案前提，结果相互"踢皮球"，查询人仍然无法查询，这对交易安全和权利保护都很不利。要解决这些问题，就必须在把登记作为公示机制的基础上，建立健全登记查询制度。

（四）建设信息共享制度

在市场主体的准入放宽后，市场秩序更加需要政府各个部门协同维护，全社会共同治理。目前，各部门之间的协同监管机制尚未完全建立，许多事情仍处于"铁路警察，各管一段"的阶段，这就导致"违法成本低，执法成本高"，监管效率低下。要改变这种情况，就应尽早建立协同监管机制，从单一部门、单一地区的监管执法，向跨

---

① 参见冯果、柴瑞娟：《我国商事登记制度的反思与重构——兼论我国的商事登记统一立法》，《甘肃社会科学》2005年第4期。

② 参见李国政：《深圳珠海正式实施商事登记改革》，《中国工商报》2013年3月2日。

部门、跨地区协同监管的综合执法转变,形成使违法行为人"一处违法、处处受限"的联合惩戒效果。① 与此相应,在信息平台建设方面,就有必要改变现在各部门信息平台孤立存在、信息分割的格局,尽快实现信息共享,市场主体登记也不例外。其实,改革和完善市场主体登记制度的目的,是把登记作为信息平台和公示机制,其中就包含了它不应是信息孤岛的意思。市场主体的登记应与银行、法院等其他社会管理中必要的信息平台进行共建、共享、联网、联动,只有这样,才能为产业发展方面的合理分工,为环境和社会管理方面的合作共治,提供坚实的信息基础。

五、市场主体的退出制度

十八届三中全会决议指出,要健全优胜劣汰的市场退出机制,完善企业破产制度。企业破产制度是否完善涉及市场交易秩序的稳定和对债权人的保护,故应予以重视。

(一) 促进《企业破产法》的有效实施

1986 年,全国人大常委会审议通过了《企业破产法(试行)》,这对市场经济改革、建立现代企业制度、规范企业的破产行为、保护债权人的合法权益等发挥了一定的积极作用。但随着市场经济的发展,该法逐渐无法适应市场的需求,因此,我国于 2006 年制定了规则相对完备的《企业破产法》。但是,该法的实践效果并不理想。根据国家工商行政管理总局的统计,2000~2012 年,生存时间在 5 年以下的企业占企业总量的 49.4%,生存时间 5~10 年的企业占企业总量的 32.9%,生存时间 10 年以上的企业仅占企业总量的 17.7%。② 也就是说,从设立登记开始,不到 5 年的时间,就有近一半的企业关闭,真正能够做大做强、持续发展的企业很少。这样算来,每年应有将近五百万家企业被注销或吊销,但实际上每年只有 4 千多件破产案件,近几年更是减少到年均 2 千多件。也就是说,企业退出市场很少通过破产程序。这可能会引发一系列不良后果,如企业无法清偿债权人债务,有些甚至连职工工资、社会保险金都不能支付,引发职工上访告状等影响社会稳定的行为。

之所以产生这种现象,主要原因在于,一方面,一些企业发生经营不善后,往往采用自生自灭的方法,如长期不办年检,任由工商行政管理部门吊销其营业执照,而不采用破产程序;另一方面,一些濒临破产的企业已经没有任何资产清偿债务。此外,

---

① 参见肖春飞等:《应形成"一处违法,处处受限"的联合惩戒》,《新华每日电讯》2014 年 3 月 7 日。
② 参见国家工商总局企业注册局、信息中心:《突破"瓶颈期"与"危险期"迎接成长关键期——全国内资企业生存时间分析报告》,《中国发展观察》2013 年第 9 期。

一些法院也不愿意受理破产案件,因为如果企业没有足够财产清偿职工工资和社会保险金,在没有政府介入的情况下,法院也无法解决相关纠纷,最终只能成为法院的包袱。显然,要化解破产案件受理难的问题,就应当从社会保障、法院内部管理等方面着手,为《企业破产法》的良好实施提供外部配合机制。对此,必须切实强化清算程序,只要企业资不抵债达到破产条件,就应当按照《企业破产法》的规定进入破产重整程序。

(二) 建立个人破产制度

个人破产,是指作为债务人的自然人不能清偿到期债务时,由法院依法宣告其破产,并对其财产进行清算、分配或者进行债务调整,对其债务进行豁免以及确定当事人在破产过程中的权利义务关系的法律规范。个人破产应当先从商个人开始适用,[①] 以个人名义从事商事经营的自然人主体,以及承担无限连带责任的合伙人、个人独资企业的投资人,都有可能因资不抵债而破产。

破产其实也是一种保护,善良的债务人可以通过破产得以免责,还有东山再起的机会。如果没有完备的个人破产制度,债务人就要长期背债,甚至父债子偿。温州等地出现的商人逃跑甚至跳楼等现象,均与此有一定关系。目前由于没有个人破产制度,法院等部门只能对拒不执行生效裁判的债务人实行"限制高消费"等措施,但这并不能从根本上督促此类债务人积极履行债务。在法律上仍有必要通过建立完善的个人破产制度,依法督促债务人清偿债务,并对善良的债务人提供破产保护。

(三) 妥善运用揭开公司面纱制度

揭开公司面纱,是指在股东滥用公司独立法人人格和股东有限责任时,法院根据具体情形,否认公司的法人人格,由股东对公司债务承担连带责任。正如前文所述,在公司资本制度改革后,注册资本制较为宽松,为了保护债权人的利益,债权人可依据《公司法》第20条规定提起公司人格否认之诉,请求由股东对公司债务承担责任。

在市场主体退出时,揭开公司面纱制度也能发挥积极作用。下列现象在实践中十分突出,即在公司盈利时,投资者把利润转移和分配掉;在公司亏损时,就任其自生自灭,将企业经营失败的后果推由公司的债权人承担,然后再投资经营其他公司。此种行为不仅损害债权人利益,而且也危害了交易安全和交易秩序。此时,应妥善运用揭开公司面纱制度,特别是在公司资本制度改革之后,更应重视该制度的运用,即在投资者利用准入门槛低的便利而设立公司并滥用公司法人人格时,将产生对公司债务承担连带责任的后果,从而提醒投资者审慎投资经营,不得滥用公司的独立人格和有

---

① 参见何骧:《文化语境下的我国个人破产制度建构之路——以美国相关立法为研究视角》,《贵州社会科学》2013年第1期。

限责任为自己谋利。由于在市场主体退出时,揭开公司面纱制度能起到有效保护债权人、维护正当交易秩序的重要作用,实践中应进一步完善该制度适用的具体条件。① 比如,工商行政管理部门、人民银行等监管部门应对公司等市场主体的资本状况、资金移转状况实施动态监测,确保公司在进行外部融资或从事相关交易时,有足够的资本承担相应的风险,并明晰公司与股东之间的资金往来关系。又如,对于投资者借用空壳公司与他人进行交易,在获得借款、货款等后立即转移的行为,相关监管部门也应当予以有效制裁。

结　语

十八届三中全会决议提出,全面深化改革的总目标是完善和发展中国特色社会主义制度,推进国家治理体系和治理能力现代化。国家治理体系的核心理念是依法治理,国家治理体系是以法治为基础建立的规范体系。国家治理体系包括规范行政行为、市场行为等的一系列制度和程序,政府治理、市场治理是现代国家治理体系中最重要的内容,而政府治理、市场治理的关键是要以保障市场主体行为自由为内容的负面清单管理与政府职权法定为原则。在此方面,交易实践为制度的改革和完善提供了素材和依据,党的政策为制度的改革和完善提供了方向和推力,公司资本制、负面清单模式等改革就是典型明证。这些改革初见成效,并已经法律制度化,体现了习近平总书记所强调的"凡属重大改革都要于法有据"。依据三中全会的总体设计,在市场主体的类型、资本、准入、登记、退出等方面将会实施进一步的改革,这必然促进法律制度的改革,也有利于为市场主体改革提供坚实的法制保障。

〔作者王利明,中国人民大学常务副校长、教授。本文刊发于《中国高校社会科学》2014年第4期,责任编辑王群瑛。人大复印资料《民商法学》2014年第11期转载〕

---

① 参见于呐洋:《健全诚信系统防"皮包公司"招摇撞骗》,《法制日报》2013年11月21日。

创新法治人才培养机制　全面推进依法治国

黄　进

党的十八届四中全会《决定》关于加强法治工作队伍建设的决策部署对法学教育与法治人才培养工作提出了新的要求。所以，创新法学人才培养机制，培养造就一批熟悉和坚持中国特色社会主义法治体系的法治人才及后备力量是法学教育肩负的重要的历史使命。

一、全面推进依法治国对法治人才培养提出的新要求

法治工作队伍是中国特色社会主义法治体系与社会主义法治国家重要的建设者，是实现全面推进依法治国总目标的强有力的人才保障。因此，《决定》要求建设高素质法治专门队伍，加强法律服务队伍建设，打造一支政治立场坚定、理论功底深厚、熟悉中国国情的高水平法学家和专家团队，建设高素质学术带头人、骨干教师、专兼职教师队伍。《决定》所讲的法治工作队伍主要由法治专门队伍（包括立法队伍、行政执法队伍、司法队伍）、法律服务队伍（包括律师、公证员、基层法律服务工作者、仲裁员、人民调解员等）以及法学教育与研究队伍等三支队伍组成。法治工作队伍的理想信念、职业伦理、专业知识与业务能力决定了立法、执法、司法、法律服务、法学教育与研究等各项工作质量与水平。全面推进依法治国，加强法治工作队伍建设，对于法治人才培养提出了全新的要求。

（一）法治工作队伍的理想信念要求

按照《决定》要求，高素质的法治工作队伍首先必须有坚定的理想信念，立法队伍、行政执法队伍、司法队伍、法律服务队伍、法学教育与研究队伍，都必须认同并自觉践行社会主义核心价值观和社会主义法治理念，坚持党的事业、人民利益、宪法法律至上。这就要求在法治人才培养过程中，必须把理想信念教育放在首位，高举中国特色社会主义旗帜，用马克思主义法学思想和中国特色社会主义法治理论全方位占领高校、科研机构法学教育和法学研究阵地。将社会主义核心价值观和中国特色社会主义法治理论融入、贯穿法治人才培养的各个环节之中，为法治人才的培养提供坚实的理想信念保障。

（二）法治工作队伍的职业要求

《决定》对法治专门队伍提出了"正规化、专业化、职业化"要求，要求提高职业素养和专业水平。对律师队伍提出了提高业务素质，完善执业保障机制的要求，同时要求加强律师事务所管理，发挥律师协会自律作用，规范律师执业行为，监督律师严格遵守职业道德和职业操守，强化准入、退出管理，严格执行违法违规执业惩戒制度。对法学教师队伍则提出了"政治立场坚定、理论功底深厚、熟悉中国国情"的要求。而且，《决定》还要求完善法律职业准入制度，健全国家统一法律职业资格考试制度，建立法律职业人员统一职前培训制度。

法治专门队伍的"正规化、专业化、职业化"是法治工作对于从业人员的基本要求，是由法律职业的基本特点以及法治工作在国家和社会生活中承担的重要职能与所处的重要地位决定的。推进法治专门队伍的"正规化、专业化、职业化"，提高法治专门队伍的职业素养和专业水平，要求在法治人才的培养过程中实现法学教育与法律职业之间的深度衔接：一方面，接受专业法学教育应当成为法律职业的准入门槛。只有系统的专业法学教育，方能保证法治专门队伍在理想信念、职业伦理、专业知识、思维方式与职业技能方面达到要求。另一方面，法律职业人才应当成为法学教育的培养目标。要将法学教育定位于法律职业教育，在法治人才培养过程中将法律职业伦理教育、法律职业技能教育与法学理论知识教育相结合，面向全面推进依法治国的现实需求实际设计人才培养方案，培养法律职业人才。同时，要实现高校与法治实务部门的协同育人，将法治实务部门丰富的法治实践教学的资源纳入法治人才培养过程中，强化法治实践教学，保障高素质法律职业人才培养目标的实现。

（三）法治工作队伍的综合素质要求

《决定》提出，"全面推进依法治国，必须大力提高法治工作队伍思想政治素质、业务工作能力、职业道德水准"。这实际上是对法治工作队伍的综合素质从三个方面提出了明确要求。可堪大用、能负重任的高素质的法治人才，必须兼具较高的思想政治素质、较强的业务工作能力与较高的职业道德水平。适应法治工作队伍建设对于法治人才综合素质的要求，就必须在法治人才培养中坚持立德树人、德育为先导向，在开展法学专业教育的同时，进一步强化通识教育，拓宽学生的知识视野，锤炼学生的公共品质，培养学生的人文情怀，养成学生的科学理性，着力培养信念执著、品德优良、知识丰富、本领过硬、智慧不凡、身心健康、人格健全，具有坚定的社会责任感的法治事业栋梁之材。

二、如何创新法治人才培养机制

法学教育在加强法治工作队伍建设工作中发挥着基础性、先导性的作用。适应全面推进依法治国对法治人才培养提出的新要求，法学教育必须实现两个关键性的转变：一是实现从以追求规模扩张为特征的外延式粗放发展向以追求质量提升为核心的内涵式精细发展转变；二是实现从法学专业教育向建立在法学专业教育和通识教育结合基础上的法律职业教育的转变。实现上述两个转变的重要抓手就是创新法治人才培养机制。法学教育改革要以建设中国特色社会主义法治体系与社会主义法治国家的现实需求为导向，将法学教育的各个环节与要素进行优化整合，深入推动法学教育的综合改革，实现法治人才培养质量的持续提升。

（一）优化法学师资队伍

法学师资队伍是法治人才培养工作中最为宝贵的资源。建设一支"有理想信念、有道德情操、有扎实知识、有仁爱之心"，而且政治立场坚定、理论功底深厚、熟悉中国国情的高水平法学师资队伍是实现法治人才培养质量提升的重要保障。优化法学师资队伍，首先要坚定法学师资队伍的理想信念，让法学专业的教师成为马克思主义法学思想和中国特色社会主义法治理论的坚定信仰者、积极传播者和模范践行者，保证法学教育综合改革旗帜、道路与方向的正确性。其次要优化法学师资队伍的结构，要根据中国特色社会主义法学理论体系、学科体系、课程体系的建设需求，从学科建设的龙头地位和教学工作的中心地位出发，培育高层次人才队伍和学术创新团队，推动法学理论研究的发展与法治人才培养机制的创新。加强培育建设法学基础理论、法律职业伦理与实践教学、国际法学等教学科研队伍。三是要鼓励支持法治实务部门有较高理论水平和丰富实践经验的专家到高校任教，鼓励支持高校教师到法治实务部门挂职，实现高校与法治实务部门的人员的双向交流机制，实现法治实践与法学教育之间协同发展，提升法学师资队伍的素质与水平。

（二）优化法治人才培养模式

法治人才培养模式的优化要与法治工作队伍建设的现实需求充分对接，在法律职业教育的总体目标与统一规格基础上，实现法治人才培养模式的类型化。要以"卓越法律人才教育培养计划"三个类型的人才培养基地为依托，以法治工作队伍建设需求为导向，夯实基础、强化重点、突出特色。其中应用型、复合型法律职业人才培养模式要进一步强化实践教学，重点突出与法治实务部门在联合培养人才过程中的常态化、规范化的体制机制建设。西部基层法律人才培养模式要切实符合中西部区域经济社会发展情况与中西部基层法治工作的特点和要求。涉外法律人才培养模式要适应世界多极化、经济全球化深入发展与中国和平崛起对于涉外法治人才的需要，借鉴国际先进理念和经验，充分利用国内、国际优质法学教育资源，着力为国家培养通晓国际法律规则、善于处理涉外法律事务的涉外法治人才。

（三）优化法学课程体系

创新法治人才培养机制，要逐步建立与高素质法治人才培养目标相适应的，具有"鲜明的中国特色、完整的知识结构、适度的学分要求、丰富的选择空间"的法学课程体系。首先，法学课程体系要与中国特色社会主义法学理论体系、学科体系相衔接，反映中国特色社会主义法学理论的最新研究成果，推动中国特色社会主义法治理论进教材进课堂进头脑。其次，要遵循教育教学的基本规律，压缩必修课程的学分要求，形成精炼的核心必修课程体系，保证法学专业知识结构的完整性，强化法学基础知识、基本理论的教育。第三，形成丰富的选修课程模块（课程组）供学生选择性修读，为法治人才的成长成才创造自主学习与个性发展的空间。专业选修课程应当与专业必修课程形成逻辑上的拓展与延续关系，重点开发建设一批实务技能选修课程模块（课程组）供学生修读。

（四）优化法学教材编写和选用

在法治人才培养中应当切实加强法学教材建设工作。按照《决定》的要求，首先是组织编写国家统一的法律类专业核心教材，为法治人才培养提供能够贯彻马克思主义法学思想和中国特色社会主义法治理论的优质教材。其次是各高校应当全面采用优质法学教材，使马克思主义法学思想和中国特色社会主义法治理论全方位占领法学教育阵地。在此基础上，鼓励各高校根据自身的人才培养实际，编写适合法治人才培养需要的多样化教材，形成既有思想共识，又有百花齐放、百家争鸣的局面。

（五）优化法治实践教学

全面推进依法治国，要求法治人才具有较强的法治实施能力。法学专业毕业生应当具备基本的法律职业技能和较强的实践能力，进一步优化法治实践教学成为法治人才培养的关键。首先，需要进一步提高实践教学学分比例，提高法治人才培养中的实践教学要求。其次，需要加强实践教学过程控制，切实提高实践教学的效果。第三，需要探索采用新的实践教学方式，更大范围地采用模拟法庭、模拟仲裁、模拟ADR、法律诊所等实践教学方式，惠及更多的学生。最后，需要创新实践教学模式，重点是将法治实务部门的优质实践教学资源引入到高校中，通过建立协同育人的长效机制，打破学校与社会的体制壁垒，加强校企、校府、校地、校所合作，引入政府部门、法院、检察院、律师事务所、企业等实务部门力量参与法治人才培养，真正实现法治人才培养中同步实践教学。

(六)优化法学教育方法

全面推进依法治国,要求法治人才能够主动适应时代要求,法治人才培养过程应当更加注重优化教育教学方法。首先要更新教育教学观念,更加注重落实学生主体地位,更加重视学生学习,更加注重教学为学习服务,充分调动学生学习的积极性和主动性。其次要充分利用现代信息技术,探索并推广利用现代信息技术的多样化教学模式和教学方法。优化教育教学方法还要推进小班教学,鼓励教师采用启发式、探究式、讨论式、参与式、交互式教学方法,尤其重视推广案例教学法,强调学生参与体验,培养学生自主学习能力、实践能力和创新能力。

(七)通过加强中国特色社会主义法学理论研究推进法治人才培养创新

全面推进依法治国,要求法治人才必须掌握扎实的中国特色社会主义法治理论、法学理论,要求法治人才培养更加注重中国特色社会主义法治理论、法学理论研究和教学。法学教育和法学研究工作者应当立足中国实际,扎根中国法治实践,放眼世界,借鉴继承人类一切法治文明成果,沉下心来深入研究,逐步形成具有中国特色、中国气派、中国风格的中国特色社会主义法学理论,为法治人才培养提供理论与学术的滋养,在法学学科专业建设、课程体系建设、教材建设、教学方法改革、实践教学改革等方面作出应有的贡献。

〔作者黄进,中国政法大学校长、教授。本文刊发于《中国高校社会科学》2014年第6期,责任编辑王群瑛。《新华文摘》2014年"全面推进依法治国专刊"增刊转载〕

依法治国理论的新拓展

何勤华

党的第十八届四中全会做出的《决定》,提出了依法治国的总目标,规划了加强依法治国全面推进的六大任务,并在社会主义核心价值体系,党的领导与依法治国的关系,依宪治国与依宪执政,以及加强立法工作、提高立法质量,加强行政执法、建设法治政府,进一步深化司法制度改革、确保司法公正,加强法治体系建设、营造法治文化氛围,加强法治工作队伍建设、确保依法治国方略的顺利实施等各个方面做出阐述规定,予以周密规划和部署,从而大大拓展了我国依法治国的理论和实践,成为人类法治文明史上的一个重要里程碑。

(一)四中全会关于法治的内涵,有许多新的提法,这是对我国依法治国理论的新阐释、新拓展

第一,确立了全面推进依法治国的总目标:建设中国特色社会主义法治体系,建设社会主义法治国家。这就是,在中国共产党领导下,坚持中国特色社会主义制度,贯彻中国特色社会主义法治理论,形成完备的法律规范体系、高效的法治实施体系、严密的法治监督体系、有力的法治保障体系,形成完善的党内法规体系,坚持依法治国、依法执政、依法行政共同推进,坚持法治国家、法治政府、法治社会一体建设,实现科学立法、严格执法、公正司法、全民守法,促进国家治理体系和治理能力现代化。这是对之前中央相关文件和习近平总书记讲话中有关法治思想的总结和提炼,是一个完整的、科学的、统一的定义,内容清晰,简单明了,便于全国人民学习、理解、把握和践行。

第二,提出了"法治体系"概念。这是一个新的提法,与以往我们所说的"法律体系"不同。"法律体系"是指一国所有法律、法规的总和。2010年吴邦国同志宣布我国社会主义法律体系形成,就是在这个意义上说的。而《决定》提出的法治体系,是对法律体系的进一步深化,即法律体系是平面的,是数量上的、静止的,而法治体系是立体的,是强调质量的、动态的。法治体系是法治国家的前提和基础,将"建设中国特色社会主义法治体系"作为总目标,大大提升了依法治国、建设社会主义法治国家的层次和力度。

第三，强调了全面推进依法治国的基本前提：良法之治。其包含的内容非常丰富，主要有：（1）立法先行，发挥其引领、推动作用。（2）提高立法质量。一是确保三个标准：符合宪法精神、反映人民意志、得到人民拥护；二是增强法律的三个属性：及时性、针对性、有效性；三是立法过程中的立、改、废、释并举（这里的"释"即法律解释是第一次提出）；四是加强和完善党对立法工作的领导；五是发挥人大在立法中的主导作用；六是立法权限进一步得到明晰，即三个层次的立法权：中央与各省、直辖市、自治区的立法权，单列市的立法权，以及设区的市的立法权；七是立法的科学化和民主化，立法技术水平的提高；八是社会、公民参与立法。（3）加强重点领域，如弱势群体保护，涉及群众切身利益的住房、入学、高考、医保、消费者保护、食品安全、环境保护等等的立法。"依法保障公民权利，加快完善体现权利公平、机会公平、规则公平的法律制度，保障公民人身权、财产权、基本政治权利等各项权利不受侵犯，保障公民经济、文化、社会等各方面权利得到落实，实现公民权利保障法治化。"

第四，诠释了法治政府的内涵，进一步推进依法行政。关于法治政府的内涵，《决定》阐述了6个方面：一是职能科学，二是权责法定，三是执法严明，四是公开公正，五是廉洁高效，六是守法诚信。为了规范政府行为，限制政府违法行为，《决定》提出了五条措施：（1）确定政府权力的边界，明确"权力清单"概念，强调"行政机关要坚持法定职责必须为、法无授权不可为，勇于负责、敢于担当，坚决纠正不作为、乱作为，坚决克服懒政、怠政，坚决惩处失职、渎职。行政机关不得法外设定权力，没有法律法规依据不得作出减损公民、法人和其他组织合法权益或者增加其义务的决定"。（2）健全依法决策机制。把公众参与、专家论证、风险评估、合法性审查、集体讨论决定确定为重大行政决策法定程序，确保决策制度科学、程序正当、过程公开、责任明确。建立行政机关内部重大决策合法性审查机制，未经合法性审查或经审查不合法的，不得提交讨论。（3）确定政府承担责任的审查机制：重大决策终身责任追究制度及责任倒查机制，对决策严重失误或者依法应该及时作出决策但久拖不决造成重大损失、恶劣影响的，严格追究行政首长、负有责任的其他领导人员和相关责任人员的法律责任。（4）强化对行政权力的制约和监督。加强党内监督、人大监督、民主监督、行政监督、司法监督、审计监督、社会监督、舆论监督制度建设，形成科学有效的权力运行制约和监督体系，增强监督合力和实效。尤其是要加强对政府内部权力的制约，包括对财政资金分配使用、国有资产监管、政府投资、政府采购、公共资源转让、公共工程建设等权力集中的部门和岗位实行分事行权、分岗设权、分级授权，定期轮岗，强化内部流程控制，防止权力滥用。（5）全面推行政务公开：决策公开、执行公开、管理公开、服务公开、结果公开。而且这种公开必须是刚性的,即"坚持以公开为常态、不公开为例外原则"。

第五,在推动司法制度改革方面提出了更加完善的新思路。一方面,《决定》将确保司法公正提升至一个新的高度:"公正是法治的生命线。司法公正对社会公正具有重要引领作用,司法不公对社会公正具有致命破坏作用。"为了确保司法公正,必须完善司法独立的体制和机制,保证审判独立和检察独立的制度和程序的正常贯彻。为此,《决定》做出了系统的规定和周密的部署:(1)《决定》强调了"完善确保依法独立公正行使审判权和检察权的制度。各级党政机关和领导干部要支持法院、检察院依法独立公正行使职权"。这是对各级党政机关及其领导干部的法律和纪律要求。(2)《决定》指出了"建立领导干部干预司法活动、插手具体案件处理的记录、通报和责任追究制度。任何党政机关和领导干部都不得让司法机关做违反法定职责、有碍司法公正的事情,任何司法机关都不得执行党政机关和领导干部违法干预司法活动的要求"。这里的"记录、通报和责任追究"以及"两个任何",是从体制和机制上杜绝党政机关和领导干部干预审判权和检察权独立行使的可能性。(3)如果有党政机关和领导干部,既不服从上述第一个方面规定的法纪,又违反上述第二个方面所确立的制度,那么就要承担由此而产生的严重处罚后果,即"对干预司法机关办案的,给予党纪政纪处分;造成冤假错案或者其他严重后果的,依法追究刑事责任"。(4)《决定》最后规定了与西方法治发达国家所规定的司法独立的保障机制相类似的"法官终身制"的内容:"建立健全司法人员履行法定职责保护机制。非因法定事由,非经法定程序,不得将法官、检察官调离、辞退或者作出免职、降级等处分"。应该说,《决定》的这一规定,对保障司法(审判权和检察权)独立的意义极为巨大,其影响在日后的司法体制改革中会进一步显现。

另一方面,《决定》提出了最高人民法院设立巡回法庭,探索设立跨行政区划的人民法院和人民检察院。此举对推动我国的司法体制改革、促进司法公正至少有五个方面的意义:一是克服地方的宗派主义和地方保护主义;二是使我们的司法机关更加亲民,解决基层疑难案件更加便捷、及时;三是更加有利于确保我国法治的统一和平等实施;四是可以解决地方党政领导干部干预司法的问题;五是可以提升案件审理的整体水平和质量。

此外,《决定》还提出推进以审判为中心的诉讼制度改革,确保侦查、审查起诉的案件事实证据经得起法律的检验。全面贯彻证据裁判规则,严格依法收集、固定、保存、审查、运用证据,完善证人、鉴定人出庭制度,保证庭审在查明事实、认定证据、保护诉权、公正裁判中发挥决定性作用。与此同时,对司法权力加强监督和制约,确保司法公正，实行办案质量终身负责制和错案责任倒查问责制。

最后，《决定》对保障人民群众参与司法也有许多新的提法，并对以往的一些实践经验做出了提炼。如在司法调解、司法听证、涉诉信访等司法活动中保障人民群众参与。完善人民陪审员制度，保障公民陪审权利，扩大参审范围，完善随机抽选方式，提高人民陪审制度公信度。逐步实行人民陪审员不再审理法律适用问题，只参与审理事实认定问题。又如构建开放、动态、透明、便民的阳光司法机制，推进审判公开、检务公开、警务公开、狱务公开，依法及时公开执法司法依据、程序、流程、结果和生效法律文书，杜绝暗箱操作。加强法律文书释法说理，建立生效法律文书统一上网和公开查询制度，等等。

（二）四中全会提出的依法治国理论，与西方资本主义法治相比，不仅在内容上有拓展、有超越，在体系上更加完善，而且更加适应中国当下的国情

西方社会的法治，起源于古代希腊社会雅典城邦国家的政治与法律实践，希腊著名思想家亚里士多德对此进行总结和提炼，归纳提出了著名的法治定理：一、城邦国家的运作必须严格按照法律的规定进行；二、城邦所遵守的法律必须是良好的法律。亚氏的法治定理此后成为西方法治传统的基石。

至中世纪，欧洲社会基本上为基督教思想一统的天下，教会思想家托马斯·阿奎那为了教会的利益，全面继承、吸收、阐释了亚里士多德的法治理论，并加以补充拓展。在《神学大全》一书中，阿奎那提出：第一，法律的目的就是追求绝大多数人的最大幸福，只有符合这样标准的法律才是良好的法律；第二，必须用法律来限制公权力的滥用，防止其对国民的侵害。

十七、十八世纪，资产阶级在争取自身权力和利益，开创资本主义社会的世界时，不仅追逐工人的剩余价值，全力投入科技创新和工业革命，诉诸武力夺取国家政权，也在法律领域鼓吹以法治、宪政为核心的资产阶级法学世界观，创建资本主义法律制度和法律体系。在此过程中，英国思想家洛克、法国思想家孟德斯鸠和卢梭以及美国联邦党人，对古代和中世纪的法治理论做出进一步补充、发展，提出了"法律是公意的体现"、"法律面前人人平等"、"司法独立"、"三权分立"、"主权在民"等。这些思想，丰富了亚里士多德和阿奎那等人的理论，使西方法治思想得以近代化并进一步发扬光大。

但是，上述近代资产阶级的法治理论，在实施过程中也出现了一些新的问题，一是没有解决形式法治和实质法治的冲突与矛盾，甚至出现为了追求形式法治的传统而伤害到了实质法治（美国辛普森案件是一个突出的例子）；二是法治的理论与实践并不一致（美国绕过联合国的法律规定和法律程序，在世界各地运用武力也是突出的一

例);三是法治中的核心问题公民的主体地位和平等权利的保障也没有能够很好地解决,美国、法国等西方国家存在的根深蒂固的种族歧视(如歧视吉卜赛人等)就是这方面的例证。

党的十八届四中全会《决定》阐述的法治理论,在吸收、借鉴西方法治传统学说的基础上,进一步将法治理论往前推进。尤其是结合中国的实际情况,做出了更加现实的本土化改造。比如,提出了党的领导是社会主义法治最根本的保证,把党的领导贯彻到依法治国全过程和各个方面。又如,提出了人民群众在法治中的主体地位,强调我们的立法、执法和司法的全过程都必须吸收人民群众参与。再如,在限制政府权力滥用方面,西方法治主要采用以权力制约权力的方式,提出了"三权分立"的模式,而在中国,我们根据自己的国情提出了"将权力关进制度的笼子里"的做法,为此四中全会确定了许多界定和措施,如规定了法治政府的具体内涵,规定了政府权力清单制度,规定了公众参与、专家论证、风险评估、合法性审查、集体讨论决定确定的行政决策机制,规定了重大决策终身责任追究制度及责任倒查机制,规定了领导干部干预司法活动、插手具体案件处理的记录、通报和责任追究制度,等等。最后,还将形式法治和实质法治结合在一起,强调了"让公民在每一个案件中感受到公平正义"这一实质性法治原则,以避免资本主义过于关注形式法治而伤害到实质正义、实质法治的结果。

因此,四中全会阐释的法治中国理论,不仅吸收、借鉴了西方法治中优秀的理论和实践成果,将人类的法治文明予以中国化、本土化,同时更把东方大国——中国的法律治理纳入自己的思考和实践范围,无论在深度上还是在难度上都超过了以往传统的法治,因而我们法治的成功,无疑会对人类法治文明的发展和丰富做出巨大的贡献。

〔作者何勤华,华东政法大学校长、教授。本文刊发于《中国高校社会科学》2014年第6期,责任编辑王群瑛。《新华文摘》2014年"全面推进依法治国专刊"增刊转载〕

第六部分

中国政府职能转变问题研究论纲

朱光磊

建设服务型政府,是中国政府发展方向的新定位,也是对二十多年政府职能转变工作的总结。它的全面推进,将引发新一轮关于加快政府职能转变的讨论,引发对政府职责定位的进一步思考。建设服务型政府与政府职能转变这两大历史进程具有内在联系。强化公共服务,加强社会建设,是中国政府为适应社会主义市场经济发展的要求和经济全球化所带来的压力而主动进行的战略选择。在经济、社会发展水平不断提高,现代化建设进入新阶段的情况下,中国需要深化和细化对政府职能定位的认识,并在此基础上把政府职能转变工作推向新的阶段。

一、政府职能转变工作的主要任务与突出问题

政府职能的转变肇始于上世纪 80 年代中期。但是,到目前为止,各方面对政府职能转变问题的认识依然存在一定的偏差和局限,政府在工作中对其职能职责的把握还有不少欠缺。深化对政府职能理论的认识依然是推动改革实践的起点和基础。

(一) 改革的深入要求对政府职能问题的认识趋于深化

政府职能转变是中国改革的核心内容之一,也是经济体制改革和政治体制改革的"结合部",是调整政企关系、建立现代企业制度、行政体制改革、机构改革、发展第三部门等多项改革的重要内容或重要基础。

从上世纪 80 年代中期起,在经济体制改革的推动和西方政治学说一定程度的影响下,学术界开始讨论在商品经济条件下,"政府应当做什么和怎么做"的问题。从那时起,政治学界和经济学界在论及经济体制改革中某些困难的根源和出路时,往往强调要"转变政府职能"。到 90 年代中期,学术界和政界对这一问题的认识已经达到了一定的水平,对政府应该做什么、不该做什么等重大问题已经达成了基本共识。但是,对有些问题的认识还不够准确、不太清晰,这主要表现在对政府职能的界说比较混乱,对有关问题缺乏必要的梳理。最典型的现象之一就是把有关国家机器的一切活动都解释为政府职能,比如,"正确处理社会中公平与效率的关系"是政府的重要职能的说法;"通过设置若干'警戒线'作为政府直接行使其职能的控制基本尺度"的观点;

处理好外交、国防、社保和宏观调控是政府的基本职能的观点；等等。这些说法固然都是对政府职能的大体合理的解释，但如果把这些都归纳为政府职能，那么这些解释之间就存在某些内在的矛盾。比如，"正确处理社会中公平与效率的关系"属于政府行为中的宏观层次，是在处理一种社会关系；外交、国防、社保等则是处于政府行为中的中观层次——它们之间的逻辑层次有明显差异。

（二）政府职能转变领域的两个主要认识局限

其一，把政府职能的转变和机制调整混为一谈。比如，人们常把政府活动方式的重要变化解释为政府职能转变。在工作接触中不难发现，许多干部习惯于把改善政府服务、改进工作态度，甚至把机构调整，都解释为转变政府职能。这导致政府职能转变的概念包含了过多的内容。

其二，政府职能转变与机构改革未能有效结合，使得机构改革长期停留在"精简"的水平。从新中国成立初期的"精兵简政"，一直到1998年，政府机构的增设和精简长期处于循环往复之中。这种"加减运算"是低层次的改革和无可奈何的反复，会造成资源浪费。党和政的大部分职能依然重叠，五级政府的职能也大部分重叠，也即"一马双跨"、"一根针穿到底"，这是政府机构设置上下同一和归口管理体制长期效益不明显的根本基础，根源是职能转变的工作长期不能真正到位。

能否切实转变政府职能，是检验政治发展能否做到为社会主义市场经济体制建设服务的关键性指标。目前在政府职能理论上还存在许多模糊的地方。对政府职能转变的细节内容，比如各个政府部门应该如何具体分工，中央、省、市、县、乡政府之间在职能配置方面如何分工等问题的认识还远谈不到清晰。切实转变政府职能，只在道理上和原则上清楚不行，要有可操作的方案，要有清楚的"职责配置表"。近年来，各方面对政府应有的职能已经认识得更为清楚，比如2003年中央再次强调，政府的主要职能是经济调节、市场监管、社会管理和公共服务[①]，然而，对于每项具体政府职责的执行主体、监督主体、执行程序等，还缺乏细节性的研究，许多说法过于原则，弹性有余，没有解决某项职责由政府中的"谁"去做的问题。

长期以来，政府职能转变一直遵循着为经济建设服务的原则，主题是"放权"、"简化"和"精简"。"放权"即管制经济的范围逐步放松，让市场和企业发挥越来越多的作用，坚持放权给下级政府和市场主体；"简化"主要指削减审批项目，简化程序、提高效率；"精简"即控制政府机构的规模，减员增效。这些改革都在一定程度上起到了转变政府职能的作用，但是，随着改革的不断深化，人们对于社会生活质量和政治发展有了更高的要求和期望，近年来日益凸显的环境问题与社会公平问题就是这种要求的体现。进一步深化改革，促进发展，政府不仅要着眼于继续为经

---

① 参见温家宝总理2004年的《政府工作报告》和2003年9月在国家行政学院的讲话。

济的持续健康发展保驾护航,而且要把更多的精力转到公共服务和协调社会关系上来。

(三)"建设服务型政府"提出的社会背景

2003年9月中央明确提出,"经济调节、市场监管、社会管理和公共服务,是社会主义市场经济条件下政府的四项基本职能";2004年2月温家宝总理在一次讲话中使用了"建设服务型政府"的概念①;十七大明确提出,把"建设服务型政府"作为行政管理体制改革的重要目标②。这首先是历史发展到一定阶段的产物,是经济、社会进一步发展的必然要求。随着中国经济发展阶段的变化,现代化水平的全面提高,政府在市场领域的活动基本上已经有了一个比较合理的定位,但是政府行使社会管理和公共服务职能,不论在理论上还是在实际操作中都还有很大不足。每一步稳健的经济发展必须通过每一步扎实的制度改革来换取、巩固,即"边开车,边铺路"。中国的发展已经从以经济发展为龙头来带动社会整体发展,逐渐过渡到必须通过促进社会、政治的发展来为经济发展铺平道路,实现真正意义上全面发展的阶段。现在,发展经济的任务依然很重,但为社会提供基本的公共服务已登堂入室,成为政府工作中越来越重要的内容。

其次,这是应对现实中出现的一系列问题,应对发展失衡的需要。新世纪以来,社会所凸显的问题,大部分与公共服务相关。公共服务不到位造成的问题,直接阻滞了现代化建设的整体步伐。事实上,社会发展的滞后已经开始影响到经济的发展和现代化的整体进程。改革三十年来积累下来的问题如果不通过政府实行有效的社会政策予以缓解和解决,进一步的发展就要受到威胁。

再次,这是"全面履行"与"重点调整"政府职能的需要。从逻辑上讲,这是政府职能转变前后相继的两个阶段。长期以来,政府职能履行存在缺位的情况,职能转变首先要使政府做到拓宽"作业面",消除"空白点"。改革初期,政府职能的设置过于偏重经济建设方面,一定程度上忽视了公共服务。职能转变就是要突破经济职能调整的局限,向着更广阔的范围发展。在此基础上,重点是通过调整工作重心使政府职能实现优化。服务型政府意味着政府职能的重心要逐渐转移到为公共服务上来。在政治实践中,逻辑上的这"两阶段"实际上是交织在一起的,即在职能转变工作中往往同时面临"全面履行"和"重点调整"的任务。"全面履行"政府职能的重要内容是政府更加重视社会公共服务领域,履行长期缺位的社会性公共服务职能;"重点调整"中的"重点"也是指政府在充分履行各项职能的前提下,逐渐把工作重心转到为社会提供优质服务上来。

---

① 温家宝:《深化行政管理体制改革 加快实现政府管理创新》,《人民日报》2004年3月1日。
② 胡锦涛:《高举中国特色社会主义伟大旗帜 为夺取全面建设小康社会新胜利而奋斗——在中国共产党第十七次全国代表大会上的报告》,人民出版社,2007年,第32页。

最后,经济全球化带来的外在压力也是重要原因。群众对各方面工作不可避免地、越来越直接地以发达国家的标准来要求。由于发达国家的公共服务体系建设相对完备、水平较高,中国的公共服务建设面临着与发达国家在同一平台上比较和竞争的压力。

总之,提出建设服务型政府,是"历史压力下的历史性选择"。建设服务型政府首先是一个历史性选择,意在促进经济社会更好更快地发展。同时,经济全球化带来的竞争压力,国内一系列问题的凸显,也促使中国政府在经济发展的新节点上反思其职能的定位。因此,提出建设服务型政府,既是中国应对各方面挑战的重要措施,也是为实现自身进一步发展而主动进行的战略性选择。

二、基本认识:建设服务型政府是政府职能转变的新阶段

(一)政府职能转变的历史前提

在现代化阶段到来之前,受生产力发展水平、文明进步程度和国家性质等因素的制约,政府只能提供水利、交通、度量衡等相当有限和简单的公共服务,统治者对于本就短缺的资源的提取需要以强大的暴力机关作为后盾。尽管古今中外都不乏聪明的统治者认识到加强公共服务可以有力地维护自身的统治,不过总体而言,古代社会中政府最主要的工作是维护统治。

工业革命以来,随着生产力的发展、社会生活的日益复杂化和工人阶级对国家施与的强大压力,政府所承担的职责越来越繁重,管理工作越来越复杂,政府规模也不断增大。在政府职能调整这个问题上,19世纪末的德国俾斯麦改革是一个基本标志。在劳工们积极的斗争下,欧洲各国不得不重新考虑政府的职能范围。劳动者"利用选举权和工会组织迫切要求实行社会改革……因此,西欧各国由德国带头,纷纷采纳了种种社会改革方案,其中包括老年养老金,最低工资法,疾病、事故和失业保险,以及有关工作时间和工作条件的法规。民主的自由主义的这些改革是已成为我们当今时代的标志的福利国家的前奏"[①]。尽管在原始积累阶段,阶级斗争十分激烈,但社会背景的转变使传统的、过度依赖统治职能的方式日趋不合时宜,统治者对使用统治职能的态度越来越谨慎。特别是二战以后,政府所承担的公共服务职责愈益增加。在这方面,"福利国家"的政策体现得最为典型。

社会主义国家本来应当是对传统国家性质的扬弃,但是,受"左"的思想影响,原苏联、改革前的中国都过分强调国家作为"专政工具"的性质。严酷的战争与艰苦的生存环境,导致从战争和贫困中走过来的新生政权倾向于把生存作为第一要务,对

---

① [美]斯塔夫里阿诺斯:《全球通史——1500年以后的世界》,吴象婴等译,上海社会科学院出版社,1999年,第360~361页。

于政府的公共权力属性基本上是否定的。

(二) 初步认识与改革启动阶段（1984—1998）

中国进入改革时期后，国家的社会职能理应得到重视，但是，70年代末到90年代初，中国面临着极其紧迫的经济建设任务，同时一股过于迷信市场作用的思想非常时兴，妨碍了对政府发展问题的深入思考。经历这样一个过程，出现某些问题就难以避免。

1984年中央正式把商品经济作为改革和发展的目标。那一年通过的《中共中央关于经济体制改革的决定》在谈到政企分开时，提出了政府职能转变的意思，但并没有作为一个独立的概念。① 1986年，中央"关于第七个五年计划的报告"中，正式提出了"政府机构管理经济的职能转变"的概念②；1988年在强调对机构、编制进行改革的同时，把职能转变作为重要目标，尤其是把重点放在将政府与企业的关系由直接管理逐步转变为间接管理。这可以看作是中国有意识地主动进行政府职能转变的开始。1993年新一轮政府机构改革仍然把适应建立社会主义市场经济体制和加快市场经济发展作为机构改革的目标。这一阶段，尽管开始探索适应市场经济框架的政府职能，但是由于对建立社会主义市场经济这一历史性转变的认识还处于初级阶段，因此政府职能转变尚没有清晰的思路和行动。这一时期政府职能转变的最大特点也就在于改革的被动性，往往是经济体制变化产生的需要推动政治体制的改革，经济逻辑统摄着政治逻辑，而且没有把机构与职能有效地整合起来，机构改革长期陷入在"精简"—"膨胀"—"精简"—"膨胀"的循环中；政府职能过度偏向经济建设领域。

(三) 调整认识与改革探索阶段（1998—2003）

第二阶段围绕职能转变的政府行政体制改革从1998年开始。这是在我国全面实行社会主义市场经济体制的条件下，集中进行的一次具有相当广度和深度的行政体制改革。经过近二十年的摸索，各方面对于政府职能的认识有了长足的进步，开始改变政府职能改革被动配合经济发展的情况，积极寻找政治体制改革与经济体制改革的结合点。1998年，九届人大一次会议《关于国务院机构改革方案》明确把政府职能定位为三项：宏观调控、社会管理和公共服务。这是对传统政治思维的一大突破。③

---

① 参见《中共中央关于经济体制改革的决定》，人民出版社，1984年，第12~15页。

② 在"关于第七个五年计划的报告"中有"充分认识政府机构转变管理职能和改进工作作风的重要性"的小标题，其中有"为了适应国家对企业的管理由直接控制为主转向间接控制为主的要求，政府机构管理经济的职能也要相应的转变"的内容。(参见《十二大以来重要文献选编（中）》，人民出版社，1986年，第958页)

③ 参见沈亚平主编：《转型社会中的系统变革：中国行政发展30年》，天津人民出版社，2008年，第95页。

这次机构改革的重点仍然延续了前一阶段偏重配合经济发展的原则，但政府经济职责有了相当程度的变化。在这一轮撤销的机构中，一半多是专业经济管理部门，若干个工业部被撤销，经济管理部门的主要职责也被确定为制定行业规划和行业政策，进行行业管理；引导本行业产品结构的调整；维护行业平等竞争秩序。此外，行政审批制度的深入改革开始成为职能转变的另一个重要内容和突破口。减少审批事项意味着政府可以把更多的精力从经济管理中转移出来，更好地实现对社会发展的全面指导。行政审批制度改革把政府自身角色和管理观念的转变在一个非常具体的层面上表现出来，其导向性意义也许至今还没有完全被人们认识到。

（四）深化认识与改革深入阶段（2003—）

"非典"的爆发、环境污染和弱势群体的显性化等问题的出现，促使中国以2003年为界，以突出公平因素和反思市场因素的作用为契机，开始集中地考虑建设服务型政府的课题。

问题的复杂性在于，中国是先有"政府职能转变"的提法，继而才展开对"政府职能"的系统研究。"改革开放以来，我国政府职能转变经历了从被动到主动，从不自觉到自觉，从偏重经济职能到全面转变职能，从就事论事的解决政府职能错位、越位、缺位问题到以科学发展观为指导的过程。"① 在这个相对被动的过程中，尽管出现了很多问题，但经过对不断出现的问题的反思与总结，对于政治体制改革本身的认识在逐渐深化，开始从政治发展自身的逻辑来思考政策问题。对于政府公共服务职责尤其是社会性公共服务职责的重视和提倡，就是这种变化的集中表现。

换言之，服务型政府就是以公共服务为主要职能的政府。建设服务型政府不是一个具体的工作和任务，而是对政府发展方向的新定位。从某种意义上讲，建设服务型政府是以更高级的形态将政府职能转变的历史延续了下去。如果把改革以来的政府职能转变看作是一个不断进化的过程，那么强调建设服务型政府，就是这一过程的新阶段。

三、改革的方向：细化职能定位与加快职能转变

近几年来，各方面对政府职能的总体认识已较为清楚，但是，这毕竟是在没有多少理论积累的条件下，在长时间实行计划经济和千百年来受中国传统政治文化影响颇深的背景下，来认识这样一个非常具有现代性的重大理论问题的，因此，对一些问题的认识还不够准确、不太清晰。现在的任务，是要细化对各级政府职责定位的认识，特别是要抓紧厘清省级以下各级政府的权责边界；加快对政府职能实现方式的调整的

---

① 唐铁汉：《我国政府职能转变的成效、特点和方向》，《国家行政学院学报》2007年第2期。

研究，为建立既有利于全面履行职责，又有利于加强部门协调的政府运作模式提供理论支撑；探讨在较短时间内实现政府从偏重经济活动到全面履责的转变的可能途径。

第一，要深化对国家本质等重要基础理论问题的认识。

由政府提供公共服务，是国家自身的内在规定性所要求的。完好的政府职能体系，是其三个主要方面，即统治职能、管理职能和服务职能之间的平衡。受"左"倾思想的影响和客观条件的制约，中国政府的管理、服务职责一直没有得到理论上的深层次确认。比如，直到最近还有人在问，我们一直强调政府是为人民服务的，为什么还要建设服务型政府？出现这样的疑问，与我们改革以来一直把"国家的本质"等重大问题"挂起来"有着直接关系。

在80年代之前形成的国家本质与基本职能学说，与当时整个社会政治背景和我国长期持有的"以阶级斗争为纲"的政治指导思想是有内在联系的。国家存在的社会经济与文化条件变化了，政府的主要职能就要发生相应的变化。国家和政府是一种"特殊的公共权力"。二战以来，政府的统治职能隐性化、管理职能刚性化和服务职能扩大化的趋势非常明显，人们更加注意统治、管理和服务三大职能之间的相互协调、配合。但是，现在仍存在一些问题，主要是对统治、管理和服务三方面关系的认识还不够清晰，对彼此在政治实践中结合的设计还不够细密，对统治职能的隐性化还不够关注，对管理工作的刚性化有模糊认识，为社会提供公共服务的范围还不够大，服务方式还较为单一。

进入21世纪，"三个代表"与"和谐社会"思想的提出，表明中国在国家本质等重要方面酝酿着重大理论突破，也反映了在治国理政思路方面的日趋成熟。学术界要在这些可喜变化的基础上积极做更为深入的理论工作。

第二，要细化对政府职能内部结构的认识。

政府职能是作为包含若干方面、若干层次的一个整体性结构而存在的。在"政府职能"一个大题目下笼统地论述几乎所有相关问题，对深度理解问题和有针对性地解决复杂的现实问题，是远远不够的。仅就现代政府职能而言，就至少应当划分为"政府的功能"与"政府的职责"两个层次。[①]

政府的功能，是政府职能的一部分，是指政府依托国家权力，为履行其社会角色而对各种重要的社会关系进行调控的活动。这也是统治集团在取得统治地位、执掌政府以后，所享有的最基本的社会政治权利。按照我们目前的理解，政府作为政治统治工具和公共管理机关的统一体，必须有效地处理好国家的阶级性与社会性的关系、公平与效率的关系、集中与分权的关系、国家之间的关系等重要社会关系。政府功能客观存在，政府对这些社会关系处理的娴熟程度反映了一个国家、一个统治领导集团的

---

① 参见朱光磊主编：《现代政府理论》，高等教育出版社，2006年。

成熟程度。政府在这些方面没有多大的选择和回旋余地，不以主观意志为转移，也就是说，政府没有做不做的问题，只有做多做少、做好做坏、主动被动的问题，政策选择和工作安排上的伸缩性不大。相应地在中国目前，在这些领域，一般不涉及转变职能的问题。

政府的职责，是政府职能的一部分，是政府作为国家当局应当完成的主要工作任务，是政府对社会必须履行的基本义务。也就是说，这是政府职能中比较"实"的一部分。比如，单一制国家的中央政府或联邦制国家的联邦政府一般负责的法制、财税、国防、外交、宏观调控、社会保障、情报与国家安全等，地方政府一般负责的公安、文化卫生、中小学、环保环卫、就业、市政与住房建设等。政府职责的主观色彩比较强，一个政府在选择其政府职责时，在做不做、做多少、怎么做、由哪个层次上的政府去做等问题上，有一定的灵活性，不同国家之间的差别也比较大。转变政府职能的重点是调整政府职责。同时，政府职责作为政府的工作任务，均为可操作性事项，横比便于逐项分解，纵比便于逐层次划分。处于社会经济转型期的国家，转变政府职能的幅度会更大一些。

政府尽可能系统、有力地实现其基本功能，是全面、有效地履行其各方面职责的政治基础，也是在政府职责方面不断实现政府职能转变的基本条件。我国在这方面的主要任务，是更加自觉、更加娴熟地处理好需要由政府调控的重大社会关系，不断提高领导水平和执政能力；同时根据客观条件，科学实现对政府职责的主观选择，就具体职责的承担与否，职责的承担主体，职责的分工组合，职责的实现方式作出因地制宜和因时制宜的组合型选择。建议政界和学术界在阐述和分析政府的具体工作任务时，不排除但少使用"政府职能"概念，多使用"政府职责"概念，引导方方面面对政府问题做具体的思考和界说。

第三，对政府纵向间的职责划分要具体落实到五个层级，同时各地政府和政府各部门的政府职责转变工作，要有具体化的操作方案。

在正常情况下，不同层级的政府抓的"事"应有所不同，不仅中央政府与地方政府要有分工，而且地方各级政府之间也要有明确的分工。但是，现在的一个突出问题是，我国政府在纵向间的职责划分很不明确，其基本特征是"职责同构"，也即在政府间关系中，不同层级的政府在纵向间职责和机构设置上高度统一。通俗地讲，就是在这一模式下，中国每一级政府都管理大体相同的事情，相应地在机构设置上表现为"上下对口，左右对齐"。① 这种模式不利于地方政府有效提供公共服务。

这种"职责同构"的政府纵向间关系模式，不利于地方政府履行职责。各个层次的政府都应当直接提供社会管理和公共服务，但各个层次的政府不应当提供相同的管

---

① 参见朱光磊、张志红：《"职责同构"批判》，《北京大学学报（哲学社会科学版）》2005年第1期。

理和服务。对不同层级的政府,职能转变的要求是不同的。例如,县级政府的职能转变,就不存在"放开微观抓宏观"之类的问题。高层政府在法制建设、宏观调控和市场监管方面的职责权重较大;地方和基层政府在社会管理和公共服务方面职责权重较大。在这些问题上,要改变管理思路,以服务型政府建设为契机,理顺各级政府之间的领导、决策、执行、监督关系,实行纵向间政府的合理分权,该谁做的事情,谁就负责到底。

建议:(1)针对某些指导意见和文件过于笼统,以及缺乏细致的针对不同层级政府具体指导的现象,中共中央、全国人大和国务院的重要报告、文件、讲话,在论及转变政府职能方面问题的时候,要区分不同的政府层次,至少要区分中央政府、省政府、市政府和县乡政府几种情况,分别提出要求。(2)切实转变政府职能,要有可操作的方案。职责划分,只在道理上和原则上清楚是不行的,需要有清楚的"政府职责配置表"。(3)在法定的职责范围内,中央的决策,中央政府要组建自己的执行系统执行,部分委托给适当层次的政府代理;应该由地方决策的事情,由地方政府自己去做,上级有监督权。建议中央政府部门不要再到各地"查卫生",安监局也不是"安监法院",到处去批评人,而是应当自己直接做一些事情,既是履行一级政府机关的职责,也是给地方示范;要通过法律和政策渠道,给省以下四级政府合理分工,包括就省以下分税制问题提出一些具体办法。(4)"十二五"期间,应在适当规模上调整行政区划,同时加强对不同层次、不同类型地方政府的特性的认识,以便它们各自更好地发挥作用。比如,市辖区是否属于一般意义上的行政区范畴?把这些问题研究清楚了,很多工作就会设计得更加科学。

第四,要深化和细化对"转变"概念的认识。

在强调"服务型政府"就是以提供公共服务为主要职能的政府的同时,也要避免这样的误解,即政府的职能从过去的促进经济发展为主马上完全地转换为提供公共服务为主,或者认为国家统治职能已让位于社会性因素。事实上,政府开展经济工作与强化公共服务是不矛盾的。之所以会出现类似的误解,是因为"转变政府职能"中所讲的"转变",既可以指工作重心的转移,也在某些环节上有替代的含义。政府职能的转变,更多的是指在并不完全放弃政府基本职能的基础上调整政府具体职责之间的位次关系和权重大小。

"转变"不等于"替代"。注意这一点,能够促使我们深化、细化对政府职能问题的认识,从而加快和做实相关工作。[①] 政府职能转变是不可间断的历史过程,任何具有积极政治态度的国家,都面临着转变政府职能的现实任务,也都在不断地以各种方式调整着政府职责。"转变"不是"从一个极端到另一个极端"。建设服务型政府,强调

---

① 参见朱光磊主编:《现代政府理论》,高等教育出版社,2006年,第73页。

的是政府要在全面履行政府职责的前提下,逐步做到以提供公共服务为主。谁来把握这个"度"?应当是执政党和政府。作为对政府职责模式的一个形象概括,"小政府,大社会"成为很多政治力量追求的"理想状态"。为了实现这个目标,有人总是鼓励所谓"转型国家"的政府从经济、社会领域中全面收缩,依靠社会的自我管理实现有序、高效的发展。但是,在现实中,这个理想状态很难达到,现代社会存在的诸多纷繁复杂的问题也需要政府加强管理和服务,借以弥补"市场失灵"带来的严重问题。

"大政府"、"小政府"主要是从政府规模和职责范围角度而言,"强政府"、"弱政府"则是从政府能力角度而言。在总体的政策导向和宣传导向上,要避开非此即彼的"大""小"政府之争,而应强调在现有条件下,关键是要有高质量运行的政府。因此,建设偏强一些的政府是比较务实的选择。政府与社会的良性互动、互相协作、互相弥补缺陷,可以更有效地实现政治、经济和社会发展的目标,但是,不能理想化地把解决问题的希望寄托在大规模的社会自治和第三部门的发展上。从比较的视野上看,即使是社会自治比较发达的国家,也远没有达到依靠自治组织而不是政府来维持经济发展和社会稳定的状态。事实上,管理与服务并不是矛盾的,"并不存在所谓'管制型'和'服务型'的截然对立,因为任何一个管制型的政府都要为公众提供必要的公共服务,而我们所说的服务型政府同样也需要一定的管制功能,具体到政府管理方式上亦是如此。"[1] 毋庸置疑,管理与服务的有效结合才符合国家现实发展的需要。政府职能转变的进程,既要重视现代政府公共服务职责不断扩展的普遍趋势,又要符合中国现代化建设的实际情况。

四、调整政府职责与重视国家的社会属性

不论是国家战略还是具体政策的制定,都不能仅仅是为了简单应付当前出现的社会问题,而应该立足于深层次的理论探讨。但是,目前理论界对政府职能定位调整问题的分析,大多是在公共行政和政府工作的层面展开,这是远远不够的。对于这样一个重大的历史进程,有必要通过考察其理论基础,来进一步深入认识它。

(一)高度重视和有效实现国家的社会性是中国特色社会主义的内在要求

调节各个利益群体之间的关系,已成为中国政治的主题。中国政治生活中的大部分内容具有显著的社会属性,我们已彻底抛弃了"以阶级斗争为纲"的治国思路,代之以建设"和谐社会";社会阶级阶层结构所发生的重大变化,为进一步的社会、政治发展积累了许多积极性的因素;现代化建设带来了许多新生的矛盾,但总体上都不属于过去含义上的那种社会冲突,而是不同利益群体之间的常态的社会关系。这些变化

---

[1] 刘雪华:《论服务型政府建设与政府职能转变》,《政治学研究》2008年第4期。

反映到政治生活中,一方面是政权中群众基础的扩大,另一方面是政府管理和服务职能的扩大。从这个角度上看,提出"和谐社会"理论是实现治国理政思路的重要发展,也是重要导向,它明确了要把国家生活的主要任务放到建设、管理中去体现,要努力把矛盾解决在行政、法律的层面。

(二)不断增强国家的社会性是把握"重要战略机遇期"的重要条件

中国的现代化道路是曲折的,通过对挫折与经验的总结和反思,我们终于探索出了一条符合国情的现代化道路:以构建社会主义市场经济体制为基础实现中国特色社会主义。

新世纪之初,中国的现代化进入了最关键的阶段。一方面,这个阶段是"重要战略机遇期":三十年来的高速发展积累了相当程度的物质财富;现有政治制度、机制框架通过不断的自我更新和调整,基本可以包容和适应改革所取得的社会、经济的进步;随着大规模的社会分化与重组,对于深化改革十分有利的社会结构正在形成。这是前所未有的良好机遇,对"中国道路"走向成熟,对实现全面小康都具有极其重要的意义。另一方面,这个阶段也是"矛盾凸显期":改革三十年乃至新中国成立六十年来积累下来的问题都会在这个阶段不断显现出来,例如社会公平问题,环境污染问题,弱势群体问题,市场经济的建设还不完善,央地关系、党政关系还需要进一步深入地调整,利益集团跨越潜伏期开始影响政治过程,[①] 民主建设面临双重挑战等。发展的过程,就是一个持续产生问题的过程。从历史来看,传统社会和已经实现了现代化的社会都是相对平稳的,但向现代化转变的过程则充满了艰险,即所谓"现代性产生稳定,而现代化导致不稳定"[②]。问题如果继续搁置下去得不到及时的缓解,最终将会危害整体改革。

增强国家的社会性是缓解乃至解决这些矛盾和问题的重要途径。首先,许多重要的经济、政治问题都是公共问题,爆发出来的社会矛盾多数并非"阶级矛盾",完全可以通过改善公共权力运用、强化社会管理予以解决。比如,社会反映强烈的医疗、住房、教育三大难题,尽管形式上表现得非常激烈,但本质上是社会性问题,是由于公共服务供给不足造成的,可以通过政策调整、制度完善和职能转变来解决。

在矛盾集中凸显的情况下,我们需要的是凝聚全社会的力量,而要使多数社会成员认同继续发展的目标,就需要通过更好地履行管理与服务职能来弥合社会冲突。调控发展速度与坚持发展方向往往同样重要,其关键在于把握社会对变化的承受度,"变迁的速度与变迁自身方向相比并不显得不重要,虽然后者常常是不依赖于我们意志的,

---

① 郭道久:《跨越潜伏期:对中国社会利益团体现象的初步认识》,《学术论坛》2008年第5期。
② [美]亨廷顿:《变动社会的政治秩序》,张岱云等译,上海译文出版社,1989年,第51页。

但我们所能承受的变迁发生的速度却是可以由我们来控制的。"① 因此，不断增强国家的社会属性，大力推行有效的公共政策，其实并非权宜之计，它也是现代化进程不可或缺的一部分，为完善现代化的政治经济制度做了十分重要的探索和铺垫。

中国的发展道路没有现成的经验可以照抄，但他国现代化道路的成功之处是可以借鉴的。西欧在现代化过程中曾出现过严重的社会、政治危机，阶级斗争十分尖锐，政权一度走到崩溃边缘。然而二战以来，它们利用积累的雄厚财力建立了"从摇篮到坟墓"的全面的社会保障，改善了社会成员的生活，一定程度上缩小了贫富差距，缓解了相关的社会矛盾，赢得了新的发展空间。反思这段历史可以发现，在社会矛盾最尖锐的时候，恰恰不能简单依靠强化政府的统治职能，而是要平衡统治职能、管理职能和服务职能的关系，特别注意通过有效行使管理和服务职能来缓解矛盾。建设服务型政府，不仅能够有效地舒缓由于利益关系调整而造成的压力，而且符合公平正义与和谐社会的理念。中国社会有利于民主化建设的各项因素已经开始显现，与其静待瓜熟蒂落或是因犹豫不决丧失有利时机，不如主动培育，这样才最有可能得到自己希望的果实。

（三）要善于对政治行为做"社会性处理"

中国应该学会对政治行为做"社会性"处理。新中国是从革命和战争中走来的，不可避免地使得自身的政治行为带有强烈的"斗争"色彩。部分人士的"革命后遗症"在改革时代依然明显，执政者对于"执政"角色的认识还存在不足。尽管多年来领导者已经认识到这一点，也在努力转变，但惯性使然，这样的转变至今还未达到理想效果。

成熟的领导集团总是善于整合社会中的不同意见表达。这一方面需要主政者具备足够的政治理性和政治智慧，很好地平衡社会关系，另一方面要求他们掌握相当程度的公共关系技巧，拥有足够的理论储备，建立完备的意识形态体系。当前中国应当改进意识形态建设工作，改善主流意识形态的传播方式、适应能力和争鸣能力，使其政治功能得到更好的发挥。应当把执政者的理念以更易于大众接受的形式表达出来，通过各种政治社会化途径渗透给社会成员，形成广泛共识，在政治文化和社会心理层面保证政权的巩固。对于一些特殊的价值和理念，比较策略的做法是做"社会性"的处理，努力将其与世界文明成果接轨。

要善于使用"公共"的名义。"公共"具有很强的现实性，它体现了人类社会生存、发展对社会管理的实际需要。不断强化国家的社会属性意识，高效地履行管理与服务职能，是巩固政权的重要方式。执政的绩效能够有力地维护政权的稳定。

---

① [英] 波兰尼：《大转型：我们时代的政治与经济起源》，冯钢等译，浙江人民出版社，2007年，第32页。

(四) 政府履行管理与服务职责要留有余地

为社会提供必要的公共服务是政府始终具有的职责，但提供服务的"必要程度"则是随着时代发展而不断变化的。现代国家不再是无所不包的"利维坦"，社会领域包含了前所未有的广阔空间和丰富内容，尽管社会自身的某些力量也已经能够为社会提供部分重要的服务，但政府在提供公共服务方面无疑仍处于主导地位，是重要的参与者和引导者。考虑到社会心理和政治稳定的因素，政府提供的服务不论面临何种困境，一般只能在保持"存量"的基础上扩大"增量"，即已经提供的服务很难再取消，现有的服务水平不能降低，也即"福利刚性"问题。这就决定了社会必然是需要维持一个相当规模的服务体系，而这个任务只能主要由政府承担。

作为发展中国家，为保持经济的快速、健康、持续的发展，政府需要承担相当繁重的发展经济的职责，特别是欠发达地区的地方政府，同时，还要协调好各种社会关系，维护社会公平，保证社会发展平稳有序，这就在客观上需要建设一个偏强一些的政府，同时也需要培育较为发达的社会组织。我们不能理想化地把解决问题的希望完全寄托在大幅度缩小政府职能和大强度提升社会自治上。中国政府职能的转变，首先要立足于政府具有充足的资源、高素质的人力配备和高效的运行机制上，只有这样才能去面对重大而复杂的发展和稳定问题，当然，前提是尊重法制与严格自律。

〔作者朱光磊，南开大学副校长、南开大学中国政府与政策研究中心教授。本文刊发于《中国高校社会科学》2013 年第 1 期，责任编辑王群瑛。《新华文摘》2013 年第 15 期转载〕

社会协商与社会建设：以区分社会管理与社会治理为分析视角

林尚立

协商是人类生活最基本的理性行为，在正常状况下，可以出现在人类生活的方方面面、各个领域。为了区别不同领域的协商，人们习惯从领域出发来界定协商，如军事协商、商务协商、社会协商、政治协商、国际协商等等。然而，本文所要研究的社会协商，并非简单地指社会生活领域中的协商，而主要指存在于国家与社会之间的，旨在平衡国家与社会关系、政府与民众关系的一种协商民主。在中国的官方文献中，它的源头是十三大报告中提到的社会协商对话制度。报告指出："正确处理和协调各种不同的社会利益和矛盾，是社会主义条件下的一个重大课题。各级领导机关的工作，只有建立在倾听群众意见的基础上，才能切合实际，避免失误。领导机关的活动和面临的困难，也只有为群众所了解，才能被群众所理解。群众的要求和呼声，必须有渠道经常地顺畅地反映上来，建议有地方提，委屈有地方说。这部分群众同那部分群众之间，具体利益和具体意见不尽相同，也需要有互相沟通的机会和渠道。因此，必须使社会协商对话形成制度，及时地、畅通地、准确地做到下情上达，上情下达，彼此沟通，互相理解。"显然，这里的社会协商对话制度主要是安排于国家与社会、政府与民众之间的协商对话，社会生活中的协商对话只是其中的一小部分。十三大之后的中国发展实践表明：中国发展越是走向纵深，越需要这种社会协商对话。在十八大明确提出建设社会主义协商民主制度的今天，社会协商不仅是社会主义协商民主制度建设不可缺少的组成部分，而且也是中国社会建设和社会管理的轴心机制。尽管十八大报告没有明确提"社会协商"这个概念，但不论对健全社会主义协商民主制度来说，还是对中国社会建设与社会管理来说，它的存在与发展都具有内在的必然性。本文将从社会协商的理论逻辑出发，区分社会管理与社会治理，探讨中国社会建设的战略布局以及社会协商在其中的重要作用。

一、秩序：社会管理与社会治理

对于人的生存与发展来说，秩序如空气一样，是最根本的，也是最重要的。人类的伟大之处就在于不仅能够适应秩序，认识和把握秩序，而且能够创造新的秩序，从而创造新的发展。可以说，秩序是人类文明成长的轴心。人类文明的所有成就，无不以尊重秩序、创造秩序为逻辑起点。

运动是生命的本质。有运动，必有交往，因而，交往是生命存在的根本形式。作为一个自然体，人类首先交往的是自然，于是，自然秩序就成为人类生存与发展的首要秩序；作为一个社会体，人类必然存在人与人之间的交往，社会秩序由此形成。人与自然交往孕育出人的生产活动，人与人交往孕育出人的社会生活。在马克思看来，生产是决定性的，有什么样的生产，就有什么样的生活。"个人怎样表现自己的生活，他们自己就是怎样"①。人在生产与生活中所建立的一切关系的总和，就构成人类赖以存在的社会。所以，人与社会具有内在的一致性：人是一切社会关系的总和，与此同时，社会是人的一切关系的总和。这种关系，既包含人与自然的关系，也包括人与人的关系。

社会无疑是一个秩序空间，其基础是人的生产与生活，体现为自然秩序与社会秩序的有机融合。不同族群的语言、信仰、习俗、礼仪等等就是这种融合的产物，起着定位个体、维系族群、创造生产、建构文化的作用。② 人的生产与生活，不仅渴望秩序，而且也渴望发展。秩序与发展都是人类生命的本质要求。人对发展的追求是无限的，而对于无限的追求来说，秩序无疑是一个限制力量。为了平衡秩序与发展，并使其成为相互促进的关系，人类就从自然秩序与社会秩序出发，建构一个能够在整体上平衡秩序与发展的公共力量，这就是国家。恩格斯认为，国家是源于社会，但同时又高于社会的力量，其使命就是将人类生产与生活因追求发展所产生的冲突控制在秩序

---

① 《马克思恩格斯选集》第1卷，人民出版社，1995年，第67~68页。
② 英国著名社会学家吉登斯用"社会系统"来概括这样的秩序，他在《社会的结构》中对"结构化"理论的阐述，提供了类似的论证逻辑。吉登斯认为："社会理论中的根本问题，即'秩序问题'，就是要解释清楚，人们如何可以借助社会关系跨越时空的'伸延'，超越个体'在场'的局限性。"由此，他进一步认为："所有的社会系统，无论其多么宏大，都体现着日常社会生活的惯例，扮演着人的身体的物质性与感觉性的中介，而这些惯例又反过来体现着社会系统。"在这"结构化"理论逻辑中，吉登斯认为，社会结构与秩序是在人的日常生活中形成的，而正是这种结构与秩序安排了人在时空中的位置与角色。任何社会一旦有了这样的秩序系统，人的生产和社会生活也就能正常进行，人与社会也就因此得以延续。参见［英］安东尼·吉登斯：《社会的结构：结构化理论大纲》，李康、李猛译，三联书店，1995年，第101~102页。

的范围之内,① 一方面避免人类赖以生存的社会解体,另一方面使社会所包含的各方面力量都获得最大限度的发展可能。国家由此与社会相伴而生。

由此可见,国家是社会的产物,没有社会,就没有国家;国家的使命是维护社会的秩序,保障社会的发展。然而,国家虽然是社会需求的产物,决定于社会,但它必须作为超越社会之上的力量才能起作用,这就使得国家往往会异化为奴役社会的力量。在这种奴役中,掌握国家权力的统治力量,会将自身的意志转化为国家意志,并强行地主宰社会,使社会内在的秩序发生变异,使社会失去自我协调与管理的基本功能。人类文明史发展一再证明,表现为极权专制的国家统治,摧毁的不仅是社会,而且包括国家本身,因而都不是常态,自然也不可能长久。②

恩格斯指出:国家是文明社会的概括。③虽然它以强力为基础,有消极的一面,但从积极的角度讲,国家是人类追求秩序与发展所形成的伟大创造,既是秩序的力量,也是发展的力量,其基础是社会,其使命是维护、保障和促进社会的进步与发展。而任何社会的进步与发展,都必然要创新社会秩序体系,深化社会建设。因而,社会建设是国家内在的使命,其现实任务就是创造合理的社会秩序,保证人与社会的共同发展。④ 在正常的历史发展进程中,不论是古代还是现代,不论是君主专制政体还是民主共和政体,国家都力图从社会现实出发,建立一个既能使社会发挥作用,又能保障国家地位、发挥国家作用的关系。以中国传统帝国为例。尽管中国传统帝国是君主专制国家,但中国传统的治国之道从一开始就很明确:国家乃集家而成,民为邦本,本固邦宁。所以,治国要护本。唐太宗由此悟出的治国之道是:"治国与养病无异也。病人觉愈,弥须将护,若有触犯,必至殒命。治国亦然,天下稍安,尤须兢慎,若便骄逸,必至丧败。"⑤ 所以,不论国家多强,都不能替代社会。实际上,失去了社会力量,国

---

① 《马克思恩格斯选集》第 4 卷,人民出版社,1995 年,第 170 页。

② 古希腊思想家亚里士多德认为,政体有常态与变态之分,其标准就看是否顾及国家和全体人民的共同利益,以创造优良的生活。参见 [古希腊] 亚里士多德:《政治学》,吴寿彭译,商务印书馆,1983 年,第 132~134 页。

③ 《马克思恩格斯选集》第 4 卷,人民出版社,1995 年,第 176 页。

④ 秩序是社会的根本,在社会发展的任何时候,建构社会秩序都应该是社会建设的根本与出发点。福山面对后工业社会所带来的社会的大分裂,就明确提出要重建社会秩序。他指出:"适合一个历史阶段的社会规范被技术的进步和经济的发展所打乱,而在业已发生变化的情况下,社会为了重新规范自身,就不得不奋起直追。"然而,重新"形成一套合理规范,这并不是一个自动的过程",既需要社会行动,也需要政府作为。"通过个人和社区分散的相互作用,社会秩序是不会简单地得到重建的;重建社会秩序也需要通过公共政策。这意味着政府方面既要采取行动,又无须采取行动。"参见 [美] 弗朗西斯·福山:《大分裂:人类本性与社会秩序的重建》,刘榜离等译,中国社会科学出版社,2002 年,第 13、340、341 页。

⑤ (唐) 吴兢编集:《贞观政要》第一卷,论政体二。

家力量再大，也是独木难支；相反，如果国家能够和社会共同发挥作用，国家就能借社会之力发挥更大的作用。这就需要国家的运行能够与社会内在秩序相协调，并充分发挥社会自身的作用，促进社会的协调与发展。历史与现实一再证明：真正强大的国家，都是在这方面有积极建树的国家。

但在前现代社会，由于人的独立与自主有限，所以，基于人的生产和生活所构成的社会无法形成对国家的自主性。在这样的情形下，国家与社会的关系就缺乏内在的制度性安排，往往取决于统治者的意志。进入现代，随着人的主体地位的逐渐确立，社会真正成为决定国家的力量，获得了稳定的自主地位，从而在民主条件下与国家形成了相对独立的关系。市场经济使社会的独立性和自主性获得了相应的经济基础和制度条件。社会对国家的相对独立，也就同时意味着国家对社会的相对自主[①]。国家与社会的二元结构，使社会独立性与自主性有了制度性保障，于是，体现为社会自我组织、自我管理与自我服务的社会自治成为现代国家必须具备的基本要素。这意味着在现代化和民主化的条件下，社会建设的力量，除了国家，还有社会本身，在一定条件下，社会力量作用的发挥更为基础和根本。为了区别这两种力量在社会建设、社会秩序建构中的作用，本文将从国家角度出发，基于国家权力建构社会秩序的努力，视为社会管理；相反，从社会角度出发，基于社会自身力量建构社会秩序的努力，视为社会治理。虽然两者出发点不同，但它们实际的运行，都离不开对方，换言之，不论社会管理还是社会治理，都内含有国家与社会的合作，只是各自的逻辑不同。因而，社会管理与社会治理是完全能够互动与合作的。

本文之所以要区别基于国家力量的社会管理与基于社会力量的社会治理，是因为在现代化的条件下，人们生产和生活所赖以存在的社会秩序体系，比任何时候都迫切需要国家力量与社会力量的共同作用。这与现代化条件下，人的生产与生活处于三重对立统一状态有密切关系：其一是独立与依赖的对立统一。现代化给每个人创造了独立自主发展的空间，人们不仅离开乡土，而且离开传统的家庭，成为自由的劳动者和社会个体。然而，这种自由是以失去自然与家族共同体所提供的生存保障为前提的，因而，在获得自由的同时，也产生了对政府提供社会保障的内在依赖，并在这种依赖中不得不接受政府的一定规范与限制。其二是多元与一体的对立统一。伴随着市场化以及个体化而来的一定是社会利益的多元分化。多元成为现代社会发展的基本特性。然而，这种多元趋势之所以能够持续进行，并能在一定条件下给社会带来活力与创造力，是因为这种多元是在现代国家一体结构中展开的。创造一体化是现代化国家的基本使命，体现为主权、宪法、制度、市场与认同的一体化。国家建设不能创造与维系

[①] 具体体现为国家对社会的统治与管理，必须超越特定利益群体的利益诉求，而应该从社会的整体利益出发，最大程度地满足社会整体需求。参见王沪宁主编：《政治的逻辑》，上海人民出版社，2004年，第151~158页。

一体化的现代国家体系，社会的多元分化就可能成为分裂与解体国家的力量。其三是全球化与本土化的对立统一。进入21世纪，市场的力量加上日益强大的网络力量，使得每个国家与社会都不可避免地卷入全球体系，它们的生产与生活的诸多领域被全球化，要么成为全球体系的一个环节，要么被全球模式化。全球化不可抗拒，但完全全球化则可能使特定的国家与社会失去内在的独立性与生命力。因而，在顺应全球化的同时，各国也都努力维护和开发本土化的资源，以维护国家的民族特性、文化力量以及制度优势，以激发特定民族的创造力和贡献力。

这三重对立统一，使人处在既需要社会又需要国家之中；使不论是社会还是国家，要有所作为，都必须以对方的有效作为为前提。这决定了创造新的生产与生活秩序的社会建设，仅仅依靠国家或社会的单方面力量，或者说仅仅遵循国家或社会的单方面意志是不够的，也是不现实的。要创造良好的社会秩序并促进相应的发展，就必须同时依靠国家与社会的双重意志与双重力量的共同努力。从国家出发，国家将通过社会管理创造社会秩序；从社会出发，社会将通过社会治理创造社会秩序。两者的合力是社会建设的基础与动力。社会管理就是国家基于法律、公共权力、政策、资源作用社会所创造的社会秩序，是国家积极组织社会、服务社会以及协调社会的过程与行动。社会治理与社会管理的差别不在于是否有政府在其中起作用，实际上，不论社会治理还是社会管理，都不能没有政府的作用，而在于社会治理中的政府作用，是基于社会的需求而形成的，社会管理中的政府作用，则主要是基于国家或政府对社会发展的要求而形成的。

必须指出的是，从英文的字面上看，"治理"（governance）与传统所说的"统治"（government）差别不大，这与它们本质上都需要通过政府实现有关。虽然治理离不开政府，但这并不意味着"治理"的轴心就是政府。从现代政治逻辑来看，治理的轴心完全可以是社会。其理由有三：其一，在民主的条件下，政府的统治权力是基于社会民众的授权而形成的，必须尊重社会的意志。其二，在市场经济条件下，市场赋予社会自主配备资源和创造生产的能力，市场体制与市场法则成为政府必须尊重的对象。其三，在现代产权结构下，生产的组织者不是政府，而是社会，于是，社会成为财富创造的主体。政府的财政从根本上讲是基于社会购买政府的保障与服务而形成的。基于这三个理由，社会在接受政府管理的同时，也完全可以从自己的内在需求与意愿出发，要求政府提供相应的服务和保障，社会治理由此形成。所以，治理理论主要创始人之一罗西瑙（J. N. Rosenau）指出："更明确地说，治理是只有被多数人接受（或者至少被它所影响的那些最有权势的人接受）才会生效的规则体系；然而，政府的政策即使受到普遍的反对，仍然能够付诸实施。……因此，没有政府的治理是可能的，即我们可以设想这样一种规章机制：尽管它们未被赋予正式的权力，但在其活动领域内也能够有效地发挥功能。"① 强调社会治理的现代意义及其重要性，丝毫不否定社会管理的必要性与意义。这是因为人类进入文明时代以来，国家与社会始终是相伴相生的。现代化使这种相伴相生进入到既各自自主又相互依赖的理性状态，所以，在创造生产和生活秩序的过程中，它们始终是共同发挥作用的。从国家出发的社会管理，不能没有社会的参与和支持；同样，从社会出发的社会治理，不能没有政府的参与和引导。正是通过这种双向运动，才能在复杂的现代社会建构起能够满足人们生产和生活，并保障社会协调发展的有效社会秩序。这种双向运动得以共存并产生合力的内在机制就是社会协商。

二、协商：社会建设的轴心机制

党的十三大虽然提出了"建立社会协商对话制度"的任务，但没有"社会建设"的意识与概念。十三大报告将其作为政治体制改革的一部分，主要是为了有效开辟利益表达与沟通渠道，疏解日益强烈的利益分化和利益表达所带来的压力，促进民主政治建设。党的十五大在建设法治国家的大框架下，提出了"社会治安综合治理"概念。在此之前，"综合治理"曾出现在党的十四大报告中，强调国家机关应与人民群众联合治理社会治安。五年之后，党的十六大第一次在"综合治理"、"社会治安综合治理"的基础上提出了"社会管理""民生"这两个概念，并在表述上将其列入政府职能范畴。再过了五年，2007年的党的十七大报告，第一次提出了"社会建设"这个概念，并将其与经济建设、政治建设和文化建设一起共同构成"四位一体"的国家建设框架。社会管理与改善民生是社会建设的主要内容，自然也就成为政府职能的核心内容。围绕着"社会管理"，十七大提出了三个概念，即"社会管理格局"、"社会管理体制"和"社会管理体系"。其中"健全党委领导、政府负责、社会协同、公众参与的社会管理格局"是核心，"社会管理体制"限定在基层，而"社会管理体系"虽被提到，但没有展开。十八大更加全面深入地部署社会建设，首先，第一次提出了"社会体制"概念，并将"社会体制改革"全面列入改革议程；其次，全面勾画了"社会管理体系"建设的取向与使命："要围绕构建中国特色社会主义社会管理体系，加快形成党委领导、政府负责、社会协同、公众参与、法治保障的社会管理体制，加快形成政府主导、覆盖城乡、可持续的基本公共服务体系，加快形成政社分开、权责明确、依法自治的现代社会组织体制，加快形成源头治理、动态管理、应急处置相结合的社会管理机制。"另外，十八大报告在更大的范围和更多的领域运用"治理"这个概念，出现了"国家治理"、"社区治理"以及"全球经济治理"等。从"治理"概念运用的范围和

---

① ［美］詹姆斯 N·罗西瑙主编：《没有政府的治理》，张胜军、刘小林等译，江西人民出版社，2001年，第5页。

领域来看,"治理"更多地体现为主体的自治性,如"国家治理"的主体是国家本身,"社区治理"的主体是社区本身,"全球经济治理"的主体还是全球经济本身。

综合上述对党代会报告文本考察所形成的历史分析,"社会建设"意识、概念、任务与战略体系的形成,是随着中国改革开放的不断深入而逐渐呈现出来的。在这个过程中,市场经济所带来的国家与社会关系的深刻变化,民主法治所带来的个体与社会权益体系的逐渐凸显,以及改革开放所带来的国家建设的全面深化和展开都起到了至关重要的推动作用,因而,十五大以来,每一次党代会报告都在"社会建设"上有新认识、新提法和新战略。仔细分析可以发现,这个发展过程呈现出这样的明显趋向:在社会管理与社会建设问题上,国家日益从单方面的行动,走向国家与社会共同的行动,这其中包括民众、社区、社会组织等等。例如十七大报告就明确提出:"发挥社会组织在扩大群众参与、反映群众诉求方面的积极作用,增强社会自治功能。"

然而,客观地讲,到目前为止,社会建设依然是以国家主导的方式展开的,并没有将社会本身作为一个主体力量。虽然相比十七大报告,十八大报告多了许多"治理"的概念,但总体基调依然是国家主导社会建设。这其中有理论和观念的问题,但更主要的是,中国国家建设的现实逻辑不是一下子就能改变的。今天的中国,既是改革开放发展所形成的中国,更是1949年之后基于社会主义建设逻辑所形成的中国。新中国建立后,为了快速进入社会主义社会,迈向现代化,国家通过计划经济体制将全部的社会资源和社会力量统合在国家体系之内,单位体制将这种统合延展到人们生产和生活的各个角落。这种统合一方面限制了社会自我管理体系、自我服务体系功能的发挥,另一方面也阻断了社会自我成长的进程,从而形成了国家单一力量组织和管理生产和生活的局面。改革开放之后,基于党政分开、政企分开以及政社分开,加上社会主义市场经济体制的全面推行,社会成长获得了新的动力与空间,各类社会力量、社会组织和社会机制开始发育,社会逐渐有了自主地位和作用于国家与政府的力量。然而,社会成长所凝聚的力量、组织和机制,目前尚未达到能够有效化解国家主导的局面。尽管如此,还是应该承认,在社会建设方面,作为主导方的国家已经充分意识到社会建设必须充分发挥社会力量、组织和机制的独特作用。

中国是一个大国,规模巨大,情况复杂,发展相当不平衡。改革开放之后,中国通过发挥地方政府的作用创造了单一制国家结构下的多样性发展格局。统一的中央政府和自主的地方政府的有机结合创造了中国全面进步和发展。[①] 这个成功的实践要延伸到社会建设,就应努力创造统一的国家主导与积极的社会担纲有机结合的局面。这意味着我们不能仅仅局限于国家主导与社会参与相结合的局面,而应该创造国家主导、社会参与格局与社会担纲、政府协助格局双向运行有机结合的局面。其实,人类文明

---

① 参见张军、周黎安编:《为增长而竞争:中国增长的政治经济学》,格致出版社、上海人民出版社,2008年。该书多篇文章讨论了地方分权对中国发展的价值与意义。

发展的历史与现实都表明，不论是古代国家还是现代国家，所有成功的建设和发展，都是确立在拥有强大的社会力量和成熟的社会自我组织和治理体系之上的。传统的中华帝国如此，现代西方发达国家也莫不如此，即便是走过弯路的德国，二战之后的成功也与其强大而成熟的社会力量作用密不可分。① 这其中的道理非常简单：社会是人的生产和生活的源与本，国家无论如何，在逻辑上都不过是社会的产物，其使命不外是保护社会，弥补社会之不足。所以，只有立足社会之本源的国家，才能得以健康成长，并创造巨大的文明成就。中国发展到今天，不仅有了自己的理论、制度与道路，而且有了相当的经济基础和发展空间，因而中国发展的下一步，关键在于能否使社会成为支撑国家全面发展的本与源。这决定了当下中国社会建设必须解决两个问题：第一，使社会力量凸显，成为能够担纲的力量；第二，从国家主导的单向社会建设结构向国家主导与社会担纲的双向社会建设结构转化。为此，我们应该在培育和建设社会管理体系的同时，重视社会治理体系的培育和成长。

前面分析充分表明，社会管理体系的建构与运行要真正推动社会建设，就必须同时发育社会，并催生社会治理体系的建构与成长。这意味着社会管理的过程应该是促进社会发育和社会治理体系成长的过程，与此同时，社会治理体系成长的过程也应该是政府管理与协调社会生产和生活能力不断提高的过程。换言之，社会建设必须在社会管理体系与社会治理体系共同成长的过程中展开，不仅需要政府管理社会能力和社会自治能力的全面提升，而且需要政府管理与社会自治的有机统一。从中国的政治逻辑来看，能够同时提升政府与社会治理能力，并促进它们协调、合作和融合的有效机制，就是社会协商。从这个角度讲，社会协商无疑是中国社会建设的轴心机制。

从社会建设角度看，社会协商就是国家与社会在建构与维护旨在促进社会进步与发展的社会秩序中所形成的沟通、协调与合作机制。这与在国家层面展开的政治协商不同，它是在社会层面展开，其主体不是政治协商中的各政治与社会力量，它是执政党、政府与社会、民众之间形成的协调与协商。因而，社会协商所创造的效应是双向的，对国家或政府来说，社会协商将为社会有效参与政府的社会管理提供机制和平台；对社会来说，社会协商将为政府顺应民意、关照民情、提高社会自治的能力与水平提供机制与平台。由于社会协商所产生的效应同时关照到国家与社会，关照到政府管理与公民参与，因而，它同时具有政治体制与社会体制的特征，其建立与健全自然也同时具有促进社会建设和政治发展的效应。

---

① [德] 何梦笔：《市场经济中社区的作用》，见 [德] 何梦笔主编：《德国秩序政策理论与实践文集》，虎健、冯兴元译，上海人民出版社，2000年，第390~438页。

三、界面：社会协商的公共空间

社会协商，既不简单是在社会领域展开的协商，更不是在国家层面展开的协商，而是国家与社会、政府与民众围绕着建构社会秩序、促进社会发展而展开的协商。因而，国家与社会、政府与民众的互动是其存在的前提，而这种互动所形成的国家与社会、政府与民众的交流与互动的公共空间，则成为社会协商的公共空间。本文将这种公共空间视为国家与社会、政府与民众共享的"界面"。

要说明"界面"，就必须将其与现代民主理论中的"公共空间"或"公共领域"（public space）概念区别开来。对于何谓"公共空间"或"公共领域"，因规范理论与经验观察的差异，有不同的界定且令人难以把握。相比较而言，德国社会学者克劳斯·埃德尔在《理解公共领域》一文中表达得比较清晰："所谓公共领域，乃是国家与社会之间的一块空间。它既不是一种政治制度，也不是一种社会制度，而是一种场合（instance），由此观察这些制度，沟通其意义（尤其是其合法性），而其方式可以是肯定的，也可以是批判的。因此，可以把公共空间描述成为国家与社会之间的第三空间。在这块空间里，一些言说者变成一群公众；而传媒则使得这些言说者即使没有一群公众在场也能被听到。大众传媒将公共空间转变成具有专门功能的公共沟通系统，确保了公众中的沟通能够持续，处理任何可能提出的论题。这种观念包含了分析上独立的两个要素：一种特定类型的行动，就是公共言说，一块使这种言说及其向其他行动者转播成为可能的空间。这两点要素是理解各种经验性和理论性公共领域观念的关键所在。"[①] 基于这种界定，可以提炼出"公共空间"或"公共领域"三大基本特性[②]：其一，它是不同的私人个体为评说公共权力和公共事务聚积而形成的公共空间；其二，它与舆论媒体紧密互动，从而成为公共舆论的空间；其三，它力图成为独立评说和评判公共权力与各类制度的公共力量，虽活跃在国家与社会之间，但又力图超越国家与社会，力图成为国家与社会之外的第三种力量，所以，这个公共空间又被称为"第三

---

① ［德］克劳斯·埃德尔：《理解公共领域》，见［英］古拉德·德朗蒂编：《当代欧洲社会理论指南》，李康译，上海人民出版社，2009年，第412页。

② "公共空间"理论的主要代表哈贝马斯的有关论说，能够为理解公共空间的特性提供帮助。他指出："由于社会是作为国家的对立面而出现的，它一方面明确划定一片私人领域不受公共权力管辖，另一方面在生活过程中又跨越个人家庭的局限，关注公共事务，因此，那个永远受契约支配的领域将成为一个'批判'的领域，这也就是说它要求公众对它进行合理批判。只要新闻媒体这样一个工具的功能有所转换，公众就完全能够接受这一挑战。借助于新闻媒体，政府当局已经把社会变成一个严格意义上的公共事务。"而"作为私人聚积以迫使公共权力在公共舆论面前获得合法化的场所，这个公共领域和公共权力领域又是相分离的。"于是，"政府当局的受众变成了其对立面"。参见曹卫东选译：《哈贝马斯精粹》，南京大学出版社，2004年，第59~60页。

空间"。西方学者所讨论的协商民主就是以这样的"公共空间"为背景展开的。德国学者哈贝马斯既是"公共空间"理论的创造者,同时也是"协商民主"(deliberative democracy)的倡导者,他将公共领域中的交流与沟通作为协商民主得以运行的机制和基础。①

显然,本文所考察的社会协商,不是存在于这种公共空间之中,尽管它处于国家与社会之间,而是存在于国家与社会、政府与民众相互延伸并交集而成的公共空间,其公共性首先体现为国家的公共权力和社会的公共力量能够同时参与其中;其次体现为国家与社会、政府与民众协商共议涉及公共利益的国家与社会问题;最后体现为国家与社会、政府与民众对这个空间的共建、共有与共享。由于这种公共空间处于国家与社会、政府与民众之间,同时又是国家与社会、政府与民众能够共有、共享,所以,它实际上是国家与社会、政府与民众保持互动、形成有机联系的共同"界面"。对国家来说,它是国家和政府深入社会、深入民众的工作界面;对社会和民众来说,它是社会与民众对话公共权力、整合和表达公众利益、引导国家和政府服务社会的工作界面。通过这个界面,国家与政府的社会管理能够得到社会的协同;同样,通过这个界面,社会与民众的社会治理能够得到政府的配合。在中国的政治逻辑中,这种"界面"得以形成和发展的内在动力来自两个方面:其一是人民民主,强调人民拥有当家做主的权力,政府必须为人民服务;其二是群众路线,强调政府与官员必须深入群众,听取群众意见,反映群众呼声。目前,这种"界面"在中国主要有三类:一是党、政府与基层社会互动所形成的界面,即基层群众自治。二是党、政府与各类人民团体互动所形成的界面,如工会、工商联、妇委会、青年联合会、留美同学会等等。三是党、政府与人民群众互动所形成的界面,其典型代表就是影响很大的"民主恳谈会"。第一种界面,既是社会协商的空间,也是基于自治所形成的公民协商的空间②。由于基层自治受到单位(如企业中的职工代表大会)或社区规模的限制,这个"界面"所形成的社会协商,不论在议题上还是在影响的范围上,都是比较有限的,所以,这个界面更多地用于"公民协商"。第二种界面,虽然党和政府对其有一定的主导作用,但其根在社会,因而,在实际的运行中,它既是社会相关力量参与政府的渠道,也是政府影响和协调社会相关力量的渠道,具有"双重代理"的功能和地位,③ 因而,是值得开发的社会协商领域。例如,工会既是进行劳资协商的空间,也是政府、劳方、资方共同协商

---

① 参见〔德〕哈贝马斯:《在事实与规范之间:关于法律和民主法治国的商谈理论》,童世骏译,三联书店,2003年。
② 林尚立:《建构民主:中国的理论、战略与议程》,复旦大学出版社,2012年,第381~394页。
③ 参见韩福国:《民营经济制度变迁中的工商联:组织的双重代理》,经济科学出版社,2006年。

的空间,因而,只要其组织规范、功能完善,不论党与政府,还是劳方与资方,都可以借助工会来协商解决一些重大的利益与政策问题。第三种界面是这些年发育起来的、比较纯粹的"社会协商"空间,因为它就是党、政府与社会为了商讨事关双方和全局的问题而形成的商谈和沟通机制。以温岭市温峤镇"民主恳谈"的实践为例,恳谈和协商的内容既包括政府管理社会的议题,如发展经济、学区校网调整等,也包括社会自我管理和发展所形成的议题,如村道拓宽、村庄规划调整等。① 所以,民主恳谈会"实际上是政府决策的公开听证会,官员和公民的平等对话会,也是不同利益群体之间的协调沟通会"②。

　　改革开放以来的中国发展历程表明,上述三个界面地位和作用的重要性是依次逐一显现出来的,而且这个过程与中国改革开放的逻辑紧密联系。基层群众自治作用重要性的显现,首先在农村,它与农村土地承包之后农村社会的权力关系和治理结构发生深刻变化有关;③ 其次在城市,与城市经济体系改革对传统单位体制的冲击直接相关。各类群众组织和人民团体作用重要性的显现,则与市场经济体制全面推行之后新社会阶层涌现及其所带来的社会结构和社会活动方式的变化有直接的关系。而以"民主恳谈会"为代表的第三种界面的发育和成长,则与社会主义市场经济和民主法治建设对政府民主决策提出更高要求有直接关系,其内在动力是:日益自主的个人与社会力图制度化地参与政府决策过程,表达意愿,维护权益。从这三个层面递进式的演进过程可以看出,改革开放越是在更深的层面理清国家与社会的关系,国家与社会的良性互动对能够衔接和协调其关系的共享界面的需求越是迫切。但是从总体上讲,目前这种界面的基础比较薄弱,既有的界面也没有充分发挥作用。以"民主恳谈会"形式出现的第三种界面为例,它既可以被视为是一种发展,也可以被视为是对既有界面的一种补足。实际上,在温岭,"民主恳谈会"的基础机制就是村民自治,而"民主恳谈会"的出现,并不完全是村民自治本身发育成熟的产物,而是为了党和政府实践村民自治本身所蕴含的基层民主。温岭"民主恳谈会"的发展历程能够证明这一点。它经历了三个阶段:发端于干群关系改善的需求;发育于民主决策功能的开发;成型于决策听证会形式与机制的出现。④ 所以,"民主恳谈会"的总体取向是协调干群关系,扩大民众参与政府决策范围,而不是村民自治本身的发展,虽然"民主恳谈会"对村民

---

① 台州市委宣传部编:《基层民主政治建设:浙江省台州市民主恳谈创新研究》,中国社会科学出版社,2003年,第42~43页。
② 郭宇宽:《聚焦浙江县级市温岭的"民主恳谈会"》,《南风窗》2004年2月18日。
③ 参见徐勇:《中国农村村民自治》,华中师范大学出版社,1997年。
④ 景跃进:《行政民主:意义与局限——温岭"民主恳谈会"的启示》,《浙江社会科学》2003年第1期。

自治有客观上的促进作用。可见,"民主恳谈会"的出现与村民自治本身没有得到有效的开发和运行具有一定的关联性。

国家与社会之间界面发育不足、运行有限的原因是多方面的,其中一个重要原因就是社会建设更多的是从社会管理的视角和理念出发,缺乏社会治理的视角与战略。社会治理不能发育,社会管理不仅增效困难,而且面临的压力会更大,久而久之,社会建设就可能陷入僵局。相反,如果社会治理能够发育,社会管理的压力就会缓解,国家与社会的界面就可能得到发育和拓展,从而为社会协商提供广阔的实践与运行空间。这种态势无疑能够创造出良性的社会建设和发展格局,既能增效社会管理,也能促进协商民主,更能紧密党群关系、干群关系,创造国家治理与社会管理的真正合力。

四、政党:社会协商运行的支点

基于区分社会管理与社会治理所形成的视角可以看出,社会协商,既是实践与深化中国协商民主的关键,更是整体撬动中国社会建设的杠杆。通过社会协商,社会管理能够深入到社会生产和生活的中心,与此同时,社会治理也能够凝聚社会力量与政府力量形成社会建设的合力,从而创造出社会管理与社会治理共强、国家与社会合作共治的格局。社会协商这个杠杆要真正撬动中国的社会建设,就必须有一个支点,这个支点就是党的领导。它体现为党的组织体系、工作体系、服务体系以及党员体系的有机统一。

中国共产党既是中国国家的领导核心,也是中国社会的领导核心,不论是国家建设还是社会建设,都离不开党在其中的独特作用。但由于党长期扮演着革命党的角色,有意识地从革命党转向执政党的实践还比较有限,所以,党、国家与社会之间的关系还处于转型之中,尚未形成良性的结构关系。在基层社会,其体现为两个方面:其一,在社会管理中,党与政府一体,党常常扮演政府管理者的角色,运行政府管理的职能;其二,在社会领域,党在失去了单位制依托之后,党发挥其核心作用的组织条件受到很大影响,进而影响到党在社会与民众中的影响力和凝聚力。在这样的情形下,虽然党的文件强调社会建设要以党的领导为前提,但社会建设中党的领导仅仅体现为党委的领导,并没有体现为党作为社会建设的主导者与实践者所应该发挥的作用。这既不利于党的建设,也不利于社会建设,因为这种情形使得社会建设实践往往将党的因素放在视野之外,要么熟视无睹,要么视其为影响社会自治发育的力量,以掩耳盗铃式的思路来推进社会建设,即力图建构脱出党的工作场域的社区自治与社会服务。最终的实践证明,这种努力所产生的实际成效是有限的。但是,也必须指出的是,如果不加强党创新建设工程,全面理顺党、国家与社会的关系,使党真正成为既能超越国家,又能深入社会的领导力量，并发挥其以民众为根、以社会为本、以国家为用的角色与使命，简单地强调党在社会建设中的作用，也是不利于社会建设与发展的。

所以，本文认为中国社会建设必须发挥党领导的独特作用，而党的领导要成为真正的社会建设推动力，就必须根据国家建设和社会建设的需要进行全面的创新和发展。社会协商为党的领导创新和发展提供了新的体制空间与活动舞台；反过来，党的有效领导所支撑的社会协商，将使党的资源真正成为主导和推动社会建设的关键性力量。这既是理论问题，也是战略问题，需要正视和关注。

社会协商通过党的领导这个支点来撬动中国社会建设的战略逻辑表明，党的领导要真正成为支点，就必须在以下方面做出努力，并取得成效：

第一，党融入社会大众，担当社会中坚的使命。党的根基在社会和民众之中。长期以来，这种根基是基于单位体制来保证的。但随着单位体制的松解、社会流动的加速以及社会分化的深刻，党在社会与民众中的根基也逐渐薄弱，以至于在许多团体、许多活动以及许多社会事件中，看不到党的组织，感受不到党的作用。这大大影响了党对社会的整合和协调能力。党不能有效整合与协调社会，党就无法成为社会自治的主导力量，结果，党只能更多地作为超越社会的力量来管理社会，而其所借助的往往不是自身的组织，而是其作为执政党所拥有的政治和行政资源。虽然党在这种管理中还有一定的力量，但其管理无法深入到社会的深处，因而，无法真正创造社会的内在秩序。这种状态如果长期存在，那么党的领导力和执政力所具有的实践效用和影响力就会逐渐减弱。这是十八大之后中国共产党要进行群众路线教育实践活动，重建党与群众关系的重要原因所在。党融入社会大众，不是简单地与群众融为一体，更为重要的是能够真正成为群众和社会的中坚力量。这就要求党融入社会大众的过程，应该是凝聚社会大众的过程，是服务和引导社会大众的过程。这个过程一旦形成，社会治理体系也就有了生长的动力与保障。为此，党必须重塑其组织形态，形成新的组织布局和功能体系，以保证其在日益民主化、市场化、网络化的社会中拥有强大的组织力量和组织影响，从而在担当起社会中坚的使命的同时，促进社会自治体系的发育和成长。

第二，党再塑组织形态，重构共识的组织基础。党融入社会，不仅需要观念、态度和行动，更需要新的组织布局、新的功能体系、新的工作形态以及新的党务干部。这一方面与党所面临的社会和群众已经发生深刻变化有关，另一方面与党长期以来是以革命党的逻辑来定位和运行有关。在这变与不变所形成的巨大反差之中，党的组织与党的工作无法有效渗透到社会与民众的生活与观念之中。这在削弱党对社会影响力的同时，也直接削弱了社会认同的权威体系和信任体系，而这两个体系正是创造社会共识所需要的基础。社会共识是社会和谐的基础，社会和谐是社会团结的前提。共识、和谐和团结是社会协商能够有效运行的社会前提与精神基础，而社会协商正是通过强化社会共识、和谐和团结来撬动社会建设的进步与发展的。理论和实践表明，任何社会要提升其社会共识、和谐和团结的水平，除了需要文化与政策基础之外，还需要特定的组织基础，如社区、教会、政党、阶级等等。可以想见，在今天的中国社会，社会共识、和谐和团结所需要的组织基础中，党的组织最为根本，也最为关键。为此，党的组织应该努力成为社会认可和信任的组织，成为能够协调社会利益关系、化解社会矛盾的权威力量。虽然中国共产党就是依靠社会高度认同、信任以及由此形成的权威和影响力赢得民众、赢得政权的，但时至今日，由于主客观原因，中国共产党在这方面的基础与资源与当年相比已不可同日而语，而今天的中国社会建设又迫切需要党的这方面优势能够重现与保持。这正是今天中国共产党要全面加强党的领导能力、执政能力和组织体系建设的原因所在。应该说，重建党的组织形态，使党成为社会共识的组织基础，已成为社会建设所迫切需要的战略基础。

第三，党超越政府行政，协调国家与社会利益。党要成为社会共识的基础，除了需要赢得社会的认同和信任之外，党在基层社会的工作和活动，必须在机制上超越政府行政一体化结构，在策略上超越对政府行政资源的依赖，从而成为既能表达国家和政府意愿，也能凝聚和表达社会利益的领导力量。党的十五大报告要求党始终发挥总揽全局、协调各方的领导核心作用，其中的深意就是要求党能够超越政府行政，在全局的高度协调国家与社会。对于社会协商来说，这种总揽全局、协调各方的能力，既是社会协商得以存在的前提，也是社会协商能够拓展和深入的保障。对于社会建设来说，党超越政府行政，就意味着党能够摆脱政府行政的羁绊和牵累，发挥其独特的政治使命和组织功能，同时，也解放了政府，使政府能够依法履职，自主运行，服务社会。由此，社会建设就可以形成四大力量推动的格局：即党的力量、政府力量、社会力量、市场力量。基于这四大力量，借助社会协商机制及其所形成的界面平台，中国的社会建设就能创造出社会管理与社会治理共存与合作的良性局面。

五、结论

社会建设应社会发展而起，其使命就是使社会在发展、变迁与转型之后，能够重建、保持社会内在协调、稳定与一体的秩序体系。因而，社会建设不仅需要国家的力量，而且更需要社会的力量。没有社会参与，国家力量所建立的社会秩序是没有内在生命力的，其存在与运行成本一定很高，而实际效益却相当有限。任何社会秩序之根都在社会，不论源于社会，还是源于国家，都必须有社会的源与本。因而，社会建设仅仅依靠党和政府所推行的社会管理是不够的，也是不全面的，它需要社会力量的主动参与和配合。这就需要社会治理体系的确立和健全。社会协商虽然是协商民主的实践形式,但其对社会主体性的肯定以及对社会参与的激励,客观上对社会治理体系的成长产生积极的推动作用。可以说,基于区分社会管理与社会治理之上开发和运行社会协商,社会协商就能成为全面撬动中国社会建设的重要机制与杠杆。

从党的十三大提出建立社会协商对话制度到党的十八大强调健全社会主义协商民主制度,历时二十五年,虽然都处于改革开放的大逻辑之中,但经历了两个经济与社会形态:实行社会主义市场经济前与实行社会主义市场经济后。这说明社会协商是中国内生的要求,不仅符合中国的政治逻辑,而且符合中国的社会结构与运行方式。与二十五年前相比,今天强调社会协商,已不仅仅是政治建设与政治民主的内在需求,同时也成为社会建设与治理的内在需求。社会协商要同时担当起政治建设与社会建设的任务,其着力点不在于社会协商体制与机制的确立,而在于发育社会,建构社会治理体系,并使之成为党和政府推进社会管理的配合机制和合作力量。社会治理能够与社会管理互动与开展合作,必然在国家与社会之间,党、政府与民众之间形成能够共存、共享的界面。社会协商需要这种界面,同时社会协商也能促进这种界面的发育和拓展。正如存在于陆地与大海之间的沙滩界面创造了自然界的和谐之美、浪漫之美一样,国家与社会之间、政府与民众之间基于社会协商所形成的互动、合作和协商界面,也将给中国发展带来和谐之美、整体之美。中国社会建设需要这片沙滩,而且只有形成了这片沙滩,中国这样超大规模的社会才能真正走向和谐、稳定与一体。

〔作者林尚立,复旦大学副校长、教授。本文刊发于《中国高校社会科学》2013年第4期,责任编辑王群瑛。人大复印资料《中国政治》2014年第3期转载〕

全面准确深入把握全面深化改革的总目标

王浦劬

中国共产党十八届三中全会公报和全会通过的《中共中央关于全面深化改革若干重大问题的决定》(以下简称《决定》),描绘了全面建设小康社会的崭新蓝图,制定了全面深化改革的总体战略,汇集了全面部署改革的重大举措,是新时期中国共产党的治国纲领和行动指南。

深入学习和落实公报和《决定》精神,是全党全国各族人民面临的重大现实责任和历史使命。公报和《决定》提出的全面深化改革的总目标,即"完善和发展中国特色社会主义制度,推进国家治理体系和治理能力现代化"[①],既是公报和《决定》内容的总纲提领,也是落实和推进改革开放的定向南针;既是中国特色社会主义道路的理论遵循,也是中国特色社会主义理论的实践体现。它深刻昭示了在中国特色社会主义制度条件下,中国共产党长期执政的强大动力和有力保障,揭示了发挥中国特色社会主义优势的实际路径,宣示了党领导人民科学、民主、依法和有效治理国家的关键选择。

因此,全面准确深入把握这一目标,实是学习和落实三中全会公报和《决定》精神与要求,巩固和强化中国特色社会主义理论、道路和制度自信的首要枢机。

一、全面准确深入把握总目标的内在逻辑

十八届三中全会确定的全面深化改革的总目标,指明了深化和推进改革开放和现代化的历史选择、根本出发点和性质方向,其中内含着中国特色社会主义改革创新的辩证逻辑。

1. 总目标蕴含着中国共产党执政与治政关系的辩证逻辑。作为中国社会主义事业的领导和核心力量,中国共产党是全面深化改革目标的制定和实施主体,总目标昭示着中国共产党确立中国特色社会主义制度之后而予以完善发展的执政党地位,彰显着

---

① 《中共中央关于全面深化改革若干重大问题的决定》,人民出版社,2013年,第3页。

中国共产党执掌政权、运行治权的执政思维和治国理政担当。按照中华民族伟大复兴和现代化的执政目标要求，以改革达成治政体制机制和方式方法的优化和创新，以优化和创新的治政体制机制和方式方法，来达成国家现代化的执政目标，构成了中国共产党执政与治政有机结合、相辅相成的辩证逻辑。

2. 总目标内含着国家政治统治与政治管理的辩证关系。马克思主义国家理论认为，国家具有政治统治和社会职能，在社会主义社会，政治统治集中体现为对于敌对社会主义、危害国家安全的势力和分子的专政，以确保国家安全和人民安宁；而社会职能则集中体现为政治管理职能，以此实现和发展社会主义国家的人民利益要求。因此，社会主义国家的国家治理，本质上既是政治统治之"治"与政治管理之"理"的有机结合，也是政治管理之"治"与"理"的有机结合。因此，在马克思主义国家理论话语体系中，"治理"是社会主义国家政治统治与政治管理的有机结合。在社会主义国家发展和改革过程中，政治统治与政治管理之间具有辩证关系。如果说政治统治确保的国家安全和秩序稳定是政治管理得以运行的必要条件，那么，政治管理达成的发展效率和公平正义则是政治统治得以实施的必要基础，"政治统治到处都是以执行某种社会职能为基础，而且政治统治只有在它执行了它的这种社会职能时才能持续下去。"①

3. 总目标包含着人民共和国政道与治道关系的辩证逻辑。国家治理的改革创新，是政权的巩固发展与治权的运行完善的有机结合。作为中国特色社会主义道路的政治体现，人民共和国的社会主义政治发展道路，是中华民族"独特的文化传统，独特的历史命运，独特的基本国情"② 决定的，是中国共产党领导人民经过长期艰苦卓绝的革命和探索过程而选择的。人民民主专政的共和国国体属性和人民主权至上的立国原则，既是文化传统、历史命运和基本国情的中国特色政治凝聚，也是权力归于人民的政道不可移易的属性规定。人民当家作主的人民民主政道，逻辑地要求不断优化、完善、开拓和发展有效治理国家、市场和社会的治道，使得人民当家作主的属性不仅在人民民主专政和人民主权的国体和性质上得以体现，而且在国家治理的实践和体制机制优化创新的过程中得到普遍、平等和真实的实现。全面深化改革内含的政道与治道的辩证逻辑，即由此中生发演进：以人民主权和人民民主的政道引领和规范共和国的治道，而不断改革创新优化的治党治国治军之道，则在运行和发展过程意义上稳步实现人民主权和人民民主政治的政道本质，由此达成人民民主政治与国家有效治理的辩证统一。

4. 总目标容含着坚持根本制度与释放制度活力的辩证关系。以人民代表大会制度、中国共产党领导的多党合作与政治协商制度、民族区域自治制度和基层民主制度为构成内容的根本和基本政治制度，以公有制为主体、多种所有制经济共同发展的基本经

---

① 《马克思恩格斯选集》第3卷，人民出版社，1995年，第523页。
② 《习近平：意识形态工作是党的一项极端重要的工作》，2013年8月20日，新华网：http://news.xinhuanet.com/politics/2013-08/20/c_117021464_2.htm。

济制度,是中国特色社会主义理论和道路的制度体现,是中国共产党治国理政的制度基础,也是中国特色社会主义改革创新和发展的制度依靠。中国特色社会主义政治经济制度蕴含着国家富强、民族振兴和人民幸福的价值内涵、巨大能量和潜在活力,全面深化改革,本质上就是坚决破除各方面体制机制弊端,创新、创设和优化各方面体制机制,极大地激发、释放和实现这些价值内涵、巨大能量和活力,"更好发挥中国特色社会主义制度优势"①,"加快发展社会主义市场经济、民主政治、先进文化、和谐社会、生态文明,让一切劳动、知识、技术、管理、资本的活力竞相迸发,让一切创造社会财富的源泉充分涌流,让发展成果更多更公平惠及全体人民。"②

由此可知,中国特色社会主义根本和基本制度是全面深化和落实改革创新之本,全面深化改革是释放根本和基本制度内含价值、能量和活力,解放和发展生产力,解放和增强社会活力,进而实现制度本质要求和价值要求之路,两者的相互促进和相互确证,恰恰是中国特色社会主义制度发展的辩证规律。

5. 总目标自含着制度完善发展与治理体系能力现代化的辩证关系。全面深化改革的总目标规定,完善和发展中国特色社会主义制度,推进国家治理体系和治理能力现代化。由此可见,"在总目标里谈到的其实是两句话,第一句话是关于坚持和发展完善中国特色的社会主义制度;第二句话是实现国家治理体系和治理能力的现代化。……这两者之间是互为因果、相互关联程度特别强的关系。"③ 在这其中,相对于完善和发展中国特色社会主义制度而言,推进国家治理体系和治理能力现代化具有工具理性价值,而相对于推进国家治理体系和治理能力现代化而言,完善和发展中国特色社会主义制度具有目标理性价值。在总体目标的自身结构性构成上,两者构成工具与目标的内在因果辩证。另一方面,相对于全面深化改革而言,完善和发展中国特色社会主义制度,推进国家治理体系和治理能力现代化,都具有目标理性价值。因此,在总体目标有机联系的自身内容之间,内在地自含着辩证关系;在全面深化改革的历史进程与总体目标之间,又外在地具有辩证逻辑联系。

二、全面准确深入理解"国家治理"的含义

中华人民共和国建立,中国共产党成为执政党和国家领导核心以后,代表人民执掌政权、领导人民治理社会主义新国家的历史任务就提上了议事日程。"怎样治理社会

---

① 《习近平:关于〈中共中央关于全面深化改革若干重大问题的决定〉的说明》,2013年11月15日,新华网:http://news.xinhuanet.com/politics/2013-11/15/c_118164294.htm。
② 《中共中央关于全面深化改革若干重大问题的决定》,人民出版社,2013年,第3页。
③ 《孙晓莉解读十八届三中全会决定》,2013年11月15日,新华网:http://www.news.cn/xhft/20131115/。

主义社会这样全新的社会，是一项前无古人的事业，没有先例可循。马克思、恩格斯未能进行这方面的实践，其他国家也没能很好解决这个问题。"① 一代又一代中国共产党人探索中国特色社会主义发展道路的历史过程，实际上也是探索社会主义中国治国理政之道的发展过程。改革开放以来，"从完善社会主义市场经济体制到形成中国特色社会主义法律体系，从实行基层群众自治到创新社会管理制度，在治理社会主义国家的探索历程中，我们积累了丰富的经验、取得了重大成果。"② 进入新世纪以来，社会主义市场经济的发展，社会结构、价值取向和社会矛盾复杂多样，需要中国共产党人在全面建设小康社会的现代化历史进程中，创新治理国家和社会的新的体制机制，以领导人民有效地治理国家。为此，新世纪初召开的中国共产党十六大的报告明确提出了"党领导人民治理国家"③ 的理念。十七大报告进一步提出，"要坚持党总揽全局、协调各方的领导核心作用，提高党科学执政、民主执政、依法执政水平，保证党领导人民有效治理国家"④。十八大报告多处采用"治理"的概念，并且在治理国家的意义上深入阐述，指出"坚持依法治国这个党领导人民治理国家的基本方略"、"要更加注重改进党的领导方式和执政方式，保证党领导人民有效治理国家"⑤ 等等。

从中国共产党人在国家治理意义上对于"治理"和"国家治理"概念的运用来看，其基本含义是指在中国共产党领导下，遵循人民民主专政的国体规定性，基于党和人民根本利益一致性，在社会主义市场经济发展和社会变化的新的历史条件下，按照科学、民主、依法和有效性来优化和创新领导方式和执政方式，优化和创新执政体制机制和国家管理体制机制，优化和提升执政能力，实现民主与法治的共融、国家与社会的共通、政府与公民的共治，由此达成国家与社会的和谐发展和长治久安。

中国共产党人对于"治理"和"国家治理"概念的运用，始终坚持和贯彻了党的领导、人民当家作主和依法治国有机结合的根本要求，"党领导人民有效治理国家"即是这种根本要求在国家治理意义上的典型体现和凝练表达。因此，中国共产党人的"治理"和"国家治理"，就是在中国特色社会主义道路的既定方向上，在中国特色社会主义理论的话语语境和话语系统中，在中国特色社会主义制度的完善和发展的改革

---

① 人民日报评论员：《把握全面深化改革总目标——二论认真贯彻落实十八届三中全会精神》，《人民日报》2013年11月15日。

② 人民日报评论员：《把握全面深化改革总目标——二论认真贯彻落实十八届三中全会精神》，《人民日报》2013年11月15日。

③ 江泽民：《全面建设小康社会，开创中国特色社会主义事业新局面——在中国共产党第十六次全国代表大会上的报告》，人民出版社，2002年。

④ 胡锦涛：《高举中国特色社会主义伟大旗帜　为夺取全面建设小康社会新胜利而奋斗——在中国共产党第十七次全国代表大会上的报告》，人民出版社，2007年。

⑤ 胡锦涛：《坚定不移沿着中国特色社会主义道路前进　为全面建成小康社会而奋斗——在中国共产党第十八次全国代表大会上的报告》，人民出版社，2012年。

意义上，中国共产党领导人民科学、民主、依法和有效的治国理政。

十八届三中全会把"推进国家治理体系和治理能力现代化"作为全面深化改革的总目标的内容，使得国家治理体系和治理能力现代化具有重要的战略意义和改革目标理性价值。对于其中的"国家治理"概念，应该历史地、全面地、准确地、深刻地加以把握。

1. 历史地把握。十八届三中全会公报中作为全面深化改革总目标提出的"国家治理"概念，实际上是中国共产党十六大以来治国理政理念的深化发展和完善，是改革开放历史任务的总体概括和提升，也是中国共产党人治国理政和改革开放理念的逻辑演进和必然。由此可见，从历史和逻辑的双重意义上讲，三中全会公报中"国家治理"的内在含义，既与中国共产党十六大以来的治理理念同出一辙，又是新时期中国共产党人全面深化改革的顶层目标设计。

2. 全面地把握。推进国家治理体系和治理能力现代化，是三中全会全面深化改革的总目标的内容，但是，并非其全部内容。全面深化改革的总目标的完整表述是"完善和发展中国特色社会主义制度，推进国家治理体系和治理能力现代化"。因此，应该从整体上全面地、联系地理解和把握"国家治理"的含义。

首先，推进国家治理体系和治理能力现代化的前提是完善和发展中国特色社会主义制度，这是对于全面深化改革和推进国家治理体系和能力现代化的性质和方向的定位。就是说，全面深化改革，推进国家治理体系和治理能力现代化，必须在坚持中国特色社会主义根本和基本制度的前提下进行，在完善和发展中国特色社会主义制度的方向上进行。

其次，推进国家治理体系和治理能力现代化，目的和归宿是完善和发展中国特色社会主义制度。"面对新形势新任务，我们必须通过全面深化改革，着力解决我国发展面临的一系列突出矛盾和问题，不断推进中国特色社会主义制度自我完善和发展"①，以全面建成小康社会，建成经济发达、共同富裕、公平正义、民主法治、自由平等、清正廉洁、诚信友善、文明和谐和天蓝水净的社会主义现代化强国，实现国家富强、民族振兴和人民幸福。

再次，推进国家治理体系和治理能力现代化既是全面深化改革达成的目标内容，也是完善和发展中国特色社会主义制度的题中之意。"全面深化改革，从根本上说是为了更好地坚持和发展中国特色社会主义。"②

3. 准确地把握。准确地理解全面深化改革的总目标，需要根据我国的国情和政情来切实把握。基于我国的国情和政情可知，全面深化改革的总目标中的"国家治理"，

---

① 《习近平：关于〈中共中央关于全面深化改革若干重大问题的决定〉的说明》，2013年11月15日，新华网：http://news.xinhuanet.com/politics/2013-11/15/c_118164294.htm。

② 刘云山：《加强和改善党对全面深化改革的领导》，《人民日报》2013年11月19日。

实际上是指在我国现行宪法规定的人民民主专政的国体的前提下，在中华人民共和国一切权力属于人民的人民主权原则下，中国共产党代表、组织和领导人民执掌政权、运行治权的体系和过程；是指在坚持、巩固和完善我国政治经济根本制度和基本制度的前提下，科学民主依法有效地进行国家和社会管理；是指在坚持中国共产党总揽全局、统筹各方的格局下的治国理政。

4. 深刻地把握。基于中国特色社会主义发展道路，基于中国特色社会主义制度发展规律和改革开放的内在辩证逻辑，深刻把握全面深化改革的总目标；从目标与工具、本质与现象、本体与用体、内容与方法的辩证联系中，把握全面深化改革总目标内在的相辅相成和政治辩证；从中国共产党执政与治政、社会主义国家政治统治与政治管理、人民共和国的政道与治道、中国特色社会主义根本基本制度与体制机制、制度完善发展与治理体系能力的因果联系中，把握全面深化改革总目标蕴含的改革创新的对立统一法则和辩证政治。

据此可知，作为全面深化改革的总目标的内容，推进国家治理体系和治理能力的现代化，就是在完善和发展中国特色社会主义制度的前提下，在中国共产党领导下，优化和创新国家治理的主体格局、体制机制和流程环节，提升治国理政的能力，把我国的根本制度与基本制度内含的价值内容、巨大能量和潜在活力充分释放出来，以解决改革中不断出现的问题和难题，又在不断解决问题中优化主体格局、体制机制、流程环节和治理能力，最终实现我国根本制度和基本制度内含的价值规范和主张要求，从而达成中国特色的社会主义现代化国家治理体系和治理能力。

需要指出的是，全面深化改革的总目标规定着改革的性质和方向，而"方向问题至关重要。坚持什么样的改革方向，决定着改革的性质和最终成败"[①]。因此，全面准确深入把握全面深化改革的总目标，需要注意避免两种认识偏差。

1. 简单运用西方"治理"概念来套解我国全面深化改革的目标。一般认为，英文中的"治理"（Governance）概念源于古典拉丁文和古希腊语中的"掌舵"一词，具有控制、引导和操纵之意。20世纪末，西方学者赋予"治理"以新的含义，主张政府放权和向社会授权，实现多主体、多中心治理等政治和治理多元化，强调弱化政治权力，甚至去除政治权威，企望实现政府与社会多元共治、社会的多元自我治理。

应该清楚认识的是，西方治理理论的产生基础是西方国家的政治经济社会结构和发展矛盾，具有强烈的西方社会属性，因此，西方治理理论蕴含的内涵，与中国共产党历史实践中形成的治国理政理念和中国特色社会主义理论话语语境中的"治理"概念，在基本语义内涵方面属于两套话语体系，其间具有很大区别。全面准确深刻把握全面深化改革总目标，有必要正确把握和区隔这些区别：

---

① 刘云山：《加强和改善党对全面深化改革的领导》，《人民日报》2013年11月19日。

(1) 西方的"治理"概念及其理论具有"社会中心主义"治理取向。西方治理理论是在西方国家经济政治发展过程中市场与政府双失灵的历史背景下孕育产生的，因此，其取向于"社会中心主义"，希图在政治管制和政府管理之外，超越市场和政府，通过第三种力量即社会组织和公民自治机制，达成理性有效的治理。但是，中国共产党人主张的"治理"和"国家治理"，则取向于在中国共产党领导下，尊重人民的主体地位，党与人民、国家与社会、政府与市场共同发挥积极作用，实现政府、市场、社会良性互补的共同治理。

(2) 西方的"治理"概念及其理论具有"多元主义治理"的结构取向。在对于社会治理的设计和论证中，西方治理理论遵循和采取的是"多元主义"政治逻辑，"传统上这样的民间社会当然应当被看作是免于国家干预和多元主义的与宽容为特征的领域"①，主张围绕经济政治社会问题和社会成员需求，构建理性经济人形成的治理群体，进而形成治理的多中心结构。而中国共产党人主张、贯彻和运行的治理结构，是中国共产党总揽全局、统筹各方的国家治理，是党委领导、政府负责、社会协同、公众参与、法治保障的社会治理格局，这一治理结构遵循的是"一元主导、多方协同、交互作用"的"一"与"多"有机结合的辩证逻辑。

(3) 西方的"治理"概念及其理论具有"去权威主义"的政治倾向。西方治理理论尽管提及"元治理"的理念，并且提出国家发挥元治理的多方面作用②，但是，其根本倾向却是主张弱化或者取消国家和政府权威的。"观察一下作为权威一般运用的治理，从长远来看，处于权力地位的那些绝对和不受限制的权力似乎明显下降。无论在国家试图影响社会广泛治理的宏观层面，还是在权威发生重要变化的企业和家庭微观层面，这一点都是明显的趋势。"③ 在西方治理学者看来，政府并不应是一切合法权力的垄断者，各种非政府组织、私人企业、利益集团、家庭和公民等其他的主体也能够自发生成治理权威，从事公共事务的治理。而中国共产党人主张的国家治理，则是以代表人民根本利益的党和国家的政治权威作为治理主导、凭借和保障，通过直接运行或者授权和赋权方式，调动各方面积极性，共同实施治国理政。显然，其中实际运行的是中国共产党作为领导核心，公共权力作为治理凭借，多方参与、各司其职的治理机制。

---

① [英]大卫·威廉姆斯、汤姆·杰克逊：《治理、世界银行与自由主义理论》，见俞可平主编：《治理与善治》，社会科学文献出版社，2000年，第168页。

② [英]鲍勃·杰索普：《治理的兴起及其失败的风险：以经济发展为例的论述》，见俞可平主编：《治理与善治》，社会科学文献出版社，2000年，第80页。

③ Wolfgang Michalski, Riel Miller and Barrie Stevens, "Governance in the 21st Century: Power in the Global Knowledge Economy and Society", in: *Governance in the 21st Century*, Paris: OECD Publications, 2001.

2. 简单认为"治理"的概念只是西方当代政治理论和管理理论的专利。从马克思主义国家理论和中国共产党人领导人民建立人民共和国、执掌政权、运行治权,探索中国特色社会主义道路和治国理政的长期历史过程可见,无论在理论意义上还是在历史政治实践意义上,中国共产党人的"治理"遵循的是马克思主义理论的原生含义,是中国共产党人政治历史和政治实践的体现。在长期的政治实践中,中国共产党人积累了丰富的治国理政经验,"治理"的概念并非西方理论的专利。十八届三中全会公报确定的全面深化改革的目标,在中国特色社会主义道路发展和全面深化改革的总目标层面上,总结历史经验,把国家治理体系和治理能力的现代化上升确定为全面深化改革的关键和目标。因此,其根本理论逻辑出自于马克思主义国家理论,其历史逻辑出自于中国共产党人建设中国特色社会主义的改革进程,其实践逻辑出自于中国改革开放和问题解决的历史过程。

三、系统准确深入认知"国家治理体系现代化"的意蕴

全面深化改革的总目标明确提出"推进国家治理体系的现代化",由此在国家治理体系的意义上,指出了全面深化改革的现代化重要内容。系统准确深入认知"国家治理体系现代化"的意蕴,需要清楚认识三个方面基本内容:

1. 国家治理体系的本质含义

关于国家治理体系的含义,可以从治理主体、组织、制度、法律、体制、机制、程序、流程、文化、价值等等不同层面进行界定。比如,有学者认为,国家治理体系是治理结构体系、治理功能体系、制度体系、方法体系、运行体系的综合体①。有学者从治理主体的角度提出,国家治理体系就是政党、政府、企业、政治团体、社会组织、公民等多方面主体有机构成的联系系统。② 有学者从公共问题解决出发,认为国家治理体系就是"政府民众一起面对问题"③。这些从不同角度对于国家治理体系具象意义上的理解和解读,为把握国家治理体系的含义提供了很大启发。

另一方面,对于国家治理体系本质含义的解读和把握,有必要在此具象意义基础上,进一步深入发掘其本质规定性,进行理论抽象和解读。有学者就此指出,"国家治理体系是指国家层面总的系统,这个治理体系的范围包含经济、政治、社会、文化、

---

① 陶希东:《国家治理体系应包括五大基本内容》,《学习时报》2013年12月30日。
② 参见吴兴人:《从国家统治到国家治理》,2013年11月13日,东方网:http://pinglun.eastday.com/p/20131113/ula7772485.html。
③ 《专家析国家治理体系:强调政府民众一起面对问题》,2013年11月21日,中国新闻网:http://www.chinanews.com/gn/2013/11-21/5529956.shtml。

生态等。更重要的是，国家治理体系是一个结构，实际上就是权利、责任和利益的统一。"① 这一看法为人们从抽象意义上把握国家治理体系提供了思路。沿着这一路径，笔者从社会政治的本质规定性及其内容出发，对于国家治理体系的本质含义作进一步解读。

历史唯物主义认为，包括国家治理在内的社会政治现象本质上是一种特定的社会关系，是"在特定社会经济关系及其所表现的利益关系基础上，社会成员通过社会公共权力确认和保障其政治权利，进而实现其利益要求的一种社会关系"②。在社会政治关系中，内含着利益、权力和权利三个层面的关系。③

（1）利益关系。在社会生活中，社会成员构成了经济和社会关系，而如同恩格斯指出的那样，"每一个社会的经济关系首先是作为利益表现出来。"④ 因此，社会经济关系及其衍生的社会关系，本质上都体现为社会成员之间的利益关系。

在社会生活中，社会成员的利益要求和利益关系，呈现结构性状况。社会成员不同的社会关系属性、内容、层次等，使得社会成员的利益要求呈现不同的结构性构成状态；在利益关系方面，社会成员利益要求和内容的不同联系，使得利益关系呈现结构性状况。因此，利益关系及其结构成为国家治理体系的基础。为此，"推进任何一项重大改革，都要站在人民立场上把握和处理好涉及改革的重大问题，都要从人民利益出发谋划改革思路、制定改革举措。"⑤

（2）政治权力关系。政治权力是国家治理的凭藉。在社会利益关系结构基础上，政治权力主体与客体构成特定的约束关系和权力结构，在现代社会生活中，形成政治权力与市场、社会之间的结构关系。同时，政治权力自身因其不同的功能而形成立法、行政、司法权力结构，因其不同的层级而形成中央与地方的权力结构。这些纵横交错的权力关系结构，统一构成了政治权力整体体系，由此成为系统化、科层化和结构化的国家治理体系的权力组成部件。

在社会政治和国家治理活动中，政治权力自身通常是权力、责任和职能的有机结合，权能与治理的匹配，是政治权力有效运行和实施治理的特性。同时，政治权力本质上是力量对比和制约关系，由此决定了政治权力关系在国家治理和运行中体现为权威体系和机制。

---

① 《建设国家治理体系核心是统一权责利》，2013年11月14日，中国广播网：http://finance.cnr.cn/txcj/201311/t20131114_514130306.shtml。
② 王浦劬等：《政治学基础》（第二版），北京大学出版社，2006年，第1页。
③ 王浦劬等：《政治学基础》（第二版），北京大学出版社，2006年，第44页。
④ 《马克思恩格斯全集》第18卷，人民出版社，1964年，第307页。
⑤ 《习近平：切实把思想统一到党的十八届三中全会精神上来》，2013年12月31日，新华网：http://news.xinhuanet.com/politics/2013-12/31/c_118787463.htm。

(3) 公民权利关系。公民权利是国家治理体系的法定基础。权利是在特定的经济社会关系及其体现的利益关系基础上,由社会公共权力确认和保障的社会成员和特定社会力量主张其利益的法定资格。权利的内容是对于利益实现和分配的主张,形式是社会成员和特定社会力量在社会生活中的法定资格,行为上表现为权利范围内作为与不作为的自主性。

公民权利是权利和义务的统一,包括经济、社会、政治、文化、人身自由、平等等多方面权利。现代国家中,公民权利体系是国家治理体系的有机构成内容。

由此可见,在本质意义上,国家治理体系是社会利益关系、政治权力关系和公民权利关系相互联系、整体构成的有机系统。

2. 国家治理体系的内容构成

在社会政治和治理实践中,国家治理体系的本质现实地体现为国家治理制度体系主导、国家治理行动体系和价值体系与之匹配、紧密相连、三位一体的系统。

所谓制度体系,实际是政治权力确立和运行的规则,也是政治权力与公民权利互动的规则和机制。在当今中国,它是指"在党领导下管理国家的制度体系,包括经济、政治、文化、社会、生态文明和党的建设等各领域体制机制、法律法规安排,也就是一整套紧密相连、相互协调的国家制度"①。显然,它既包含国家的政治经济根本制度和基本制度,包含国家的社会文化制度,也包含实现这些制度要求的体制机制和法律法规;既包含国家政治运行的规则体系,也包含国家治理运行的组织体系。

所谓行动体系,实际是政治权力主体与公民权利主体之间的双向互动体系。② 在国家治理活动中,其具体体现为政治统治、管理、教育、规制、领导、决策、协调、组织、协同、指挥和监督等政治权力指向公民权利的权力行为,也体现为政治选举、投票、参与、协商、沟通、表达、监督、诉愿等公民权利指向政治权力的行为。

所谓价值体系,是政治权力确立、维护和运行的思想理念、价值规范和道德规范的总体构成,也是公民权利得以确认和保障的价值体系。它首先是指国家治理的主导意识形态和核心价值体系,同时,也包括治理文化、公共伦理和社会心理。所有这些,构成了国家治理的思想和精神形态,成为国家治理的价值体系。

从现代社会生活和国家治理的实践来看,"领导制度、组织制度问题更带有根本性、全局性、稳定性和长期性。"③ 因此,制度具有至关重要的决定性意义和作用。同时,从全面深化改革的总目标出发,从完善和发展中国特色社会主义制度的实施出发,体制机制也具有改革的可操作性。"中国的治理及其发展的出发点和归宿常常指向制度

---

① 《习近平:切实把思想统一到党的十八届三中全会精神上来》,2013 年 12 月 31 日,新华网:http://news.xinhuanet.com/politics/2013-12/31/c_118787463.htm。
② 参见 [美] 戴维·伊斯顿:《政治生活的系统分析》,王浦劬主译,人民出版社,2012 年。
③ 《邓小平文选》第 2 卷,人民出版社,1994 年,第 333 页。

的变迁。因此,通过政策创新实现制度和机制创新,被视为治理的路径选择"①,也是改革的路径选择。因此,在全面深化改革,推进国家治理体系现代化的进程中,国家治理制度体系处于主要地位。

由上分析论述可知,国家治理体系的抽象本质是国家治理体系的利益、权力和权利关系以及结构体系,现实内容是国家治理制度体系,与此同时,它也包含与制度体系密切联系的国家治理行动体系和价值体系。推进国家治理体系的现代化,理当包含着推进所有这些体系的现代化。

3. 国家治理体系现代化的改革指向

在国家治理制度体系意义上,"推进国家治理体系和治理能力现代化,就是要适应时代变化,既改革不适应实践发展要求的体制机制、法律法规,又不断构建新的体制机制、法律法规,使各方面制度更加科学、更加完善,实现党、国家、社会各项事务治理制度化、规范化、程序化。"② "到二〇二〇年,在重要领域和关键环节改革上取得决定性成果……形成系统完备、科学规范、运行有效的制度体系,使各方面制度更加成熟更加定型。"③ 在行为取向和价值体系意义上,国家治理体系现代化是指国家治理体系达成富强、民主、文明、和谐、自由、平等、公正、法治、爱国、敬业、诚信、友善的行为取向和价值及其均衡和谐。

党的十八届三中全会公报和《决定》深刻指出和阐述了全面深化改革的六个"紧紧围绕"④。全会公报和《决定》还指出,经济体制改革是全面深化改革的重点,核心问题是处理好政府和市场的关系,使市场在资源配置中起决定性作用和更好发挥政府作用。在此基础上,牵引各方面体制机制的全面协同深化改革。

完善和发展中国特色社会主义制度,推进国家治理体系现代化的改革进程,就是在此前提下,以创新优化体制机制的问题解决为导向,通过国家治理制度体系的改革、创新和优化,推动国家治理体系本质内容的调整、改革、创新和优化,进而带动和推进国家治理行动体系和价值体系的创新优化和切实落实,从而实现国家治理体系的现代化。

分析公报和《决定》的内容可知,国家治理体系现代化的改革指向,主要体现在如下方面:

(1) 坚持和完善中国共产党领导。包括加强和改善党的领导,充分发挥党总揽全局、协调各方的领导核心作用,建设学习型、服务型、创新型的马克思主义执政党,

---

① 王浦劬:《政道与治道》,中国出版集团、中华书局,2013年,第66页。
② 《习近平:切实把思想统一到党的十八届三中全会精神上来》,2013年12月31日,新华网:http://news.xinhuanet.com/politics/2013-12/31/c_118787463.htm。
③ 《中共中央关于全面深化改革若干重大问题的决定》,人民出版社,2013年,第7页。
④ 参见《中共中央关于全面深化改革若干重大问题的决定》,人民出版社,2013年,第3~5页。

提高党的领导水平和执政能力,实现科学执政、民主执政和依法执政;强化有力的组织保证和人才支撑。

(2)坚持和完善我国的根本和基本经济政治制度以及文化价值体系。毫不动摇巩固和发展公有制经济,坚持公有制主体地位,发挥国有经济主导作用,不断增强国有经济活力、控制力、影响力;毫不动摇鼓励、支持、引导非公有制经济发展,激发非公有制经济活力和创造力;完善产权保护制度;积极发展混合所有制经济。

紧紧围绕党的领导、人民民主和依法治国的有机统一,以保证人民当家作主为根本,坚持和完善根本和基本政治制度,推动人民代表大会制度与时俱进;推进协商民主广泛多层制度化发展;发展基层民主。

坚持社会主义先进文化前进方向,坚持中国特色社会主义文化发展道路,培育和践行社会主义核心价值观,巩固马克思主义在意识形态领域的指导地位,巩固全党全国各族人民团结奋斗的共同思想基础。① 在国家、社会和公民个人层面,培育富强、民主、文明、和谐、自由、平等、公正、法治、爱国、敬业、诚信、友善的核心价值。

(3)实施全面协同改革,创新和优化国家治理的体制机制。《决定》关于体制机制的创新优化,涉及经济、政治、社会、文化、军事、生态等方方面面,内容丰富深刻。从国家治理制度体系现代化的角度来看,这些举措本质上是为了实现人民的利益要求和福祉,优化国家治理体系的利益基础结构,"如果不能给老百姓带来实实在在的利益,如果不能创造更加公平的社会环境,甚至导致更多不公平,改革就失去意义,也不可能持续"②,在现实性上,它们体现为国家治理制度体系现代化面临的问题和改革着力点,其内容可以归纳为两大方面:

第一,完善和发展一个中心、多方参与、协同治理的治理主体体系。在中国共产党总揽全局、统筹各方的领导体制下,构建政党、政府、企业、社会组织和公民多方共同参与、协同治理的多主体治理体系。在这其中,坚持党的领导地位,完善党的执政方式,同时,明确人民是改革的主体,是治国理政的主体,改革一切阻碍科学民主依法治理的体制机制,释放企业、市场和社会活力,使得企业、社会组织和公民积极参与国家治理,构建一元主导、多方参与的协同治理体系。

第二,围绕政治权力机制与公民权利机制的有机构成和整体联系,具体实现政治权力机制、市场交换机制、民主治理机制和社会自治机制的优化及其相互交叉创新,构建多重机制和方式交互复合作用的治理机制。

---

① 此为十八届三中全会公报和《中共中央关于全面深化改革若干重大问题的决定》权威性表述。参见《中共中央关于全面深化改革若干重大问题的决定》,人民出版社,2013年。
② 《习近平:切实把思想统一到党的十八届三中全会精神上来》,2013年12月31日,新华网:http://news.xinhuanet.com/politics/2013-12/31/c_118787463.htm。

首先,优化政治权力和权威机制。在这其中,重点是优化政治权力的权力、责任和职能合理配置,优化财政税收体制机制,优化权力的运行方式,优化权力相互制约而又相互协调的运行机制,优化反腐倡廉权力机制,把权力关进制度的笼子里;建设职能科学、结构优化、廉洁高效、人民满意的法治政府和服务型政府,包括责任政府、廉洁政府、简朴政府、透明政府、效能政府、协同政府、民生政府和创新政府。同时,加快完善互联网管理领导体制机制和安全工作体制机制。①

其次,创新和优化公民权利实现和维护机制。在这其中,重点是公民权利与义务的合理配置,创新和优化市场交换、民主治理和社会自治机制。在创新优化市场交换机制方面,包括完善现代市场体系、规则、机制;建立城乡统一的建设用地市场;完善金融市场体系;深化科技体制机制改革;建立健全现代文化市场体系。在创新优化民主治理机制方面,《决定》具有十分丰富的内容,涉及人大、政协、新型智库、基层民主治理,也涉及健全城乡发展一体化体制机制、健全自然资源资产产权制度和用途管制制度、合理有序的收入分配格局和更加公平可持续的社会保障制度等民生权利机制。② 为此,有学者认为,"可以用'治理民主'理论解读《决定》。"③ 在创新优化社会自治机制方面,包括创新社会治理,增强社会发展活力,提高社会治理水平,改进社会治理方式;激发社会组织活力;创新有效预防和化解社会矛盾体制;健全公共安全体系;构建现代公共文化服务体系等等。④

再次,构建和创设政治权力与公民权利良性协同交叉互动的混合机制。在政府、市场和社会治理方面,构建政治权力、市场和社会自治机制交叉组合形成的治理机制;在教育、医疗、就业等方面,以结合交叉互动的多种机制提供优质公共服务;在民主治理方面,形成国家治理、政府治理、社会治理和环境治理体系和过程中党内民主与人民民主、政治民主与社会民主、实质民主与程序民主、票决民主与协商民主、选举民主与治理民主、间接民主与直接民主有效治理结合的机制。

(4) 推进法治中国建设。国家治理体系的法治化,是建设法治中国的根本内容和目标,也是国家治理体系的现代化体现。为此,坚持依法治国、依法执政、依法行政共同推进,坚持法治国家、法治政府、法治社会一体建设,⑤ 由此使得国家治理体系的现代化,总体上体现为社会主义法治化和法治国家。

---

① 参见《中共中央关于全面深化改革若干重大问题的决定》,人民出版社,2013年。
② 参见《中共中央关于全面深化改革若干重大问题的决定》,人民出版社,2013年。
③ 杨光斌:《〈决定〉体现"治理民主"》,《环球时报》2013年11月19日。
④ 参见《中共中央关于全面深化改革若干重大问题的决定》,人民出版社,2013年。
⑤ 参见《中共中央关于全面深化改革若干重大问题的决定》,人民出版社,2013年,第31~32页。

四、准确切实深入领会"国家治理能力现代化"的精要

如果说相对于治理主体而言,国家治理体系,尤其是国家治理制度体系具有客观特性,那么,国家治理能力则集中体现着治理主体的素质和效能。准确切实深入领会"国家治理能力现代化"的精要,同样具有三方面基本问题:

1. 国家治理能力的内涵

国家治理能力,是国家治理主体制定国家治理目标、路径和战略,运行国家治理体系,领导和组织社会成员贯彻实施国家治理要求,驾驭和引领国家治理过程,实现国家治理目标的素养和本领的综合。国家治理能力是国家治理主体思想观念、智力和体力的总和,也是国家治理主体状况与国家治理客观要素的综合,是国家治理过程中所体现的人与制度规则相互作用、相互结合的效能,也是国家治理体系中行为体系、制度体系和价值体系有机结合、相互配合的动能。正如习近平总书记精辟指出的那样,"国家治理能力则是运用国家制度管理社会各方面事务的能力,包括改革发展稳定、内政外交国防、治党治国治军等各个方面。"①

在政治分析意义上,国家治理能力是由国家治理主体自身或者内化的多种主客观因素和变量构成的。由于我国国家治理主体包括政治权力主体和公民权利主体,因此,国家治理能力是这两方面主体能力的有机结合和融通,其构成要素包括主客观两个方面。

就主观要素而言,政治权力主体治理能力涉及政治权力主体的知识水平、法治思维、品德修养、经验、阅历、性格意志、教育素养、心理素养、体能素质、身份资格、资历、职位、威望、社会形象以及社会声誉等等,同时,还涉及其理论、战略与策略、政治组织。而公民权利主体治理能力涉及社会政治和组织、公民对于权利和义务的认知,品格修养、公共理性、公共道德、心理素养、文化教育、法治思维、权利资格以及行使和维护权利的方式。

就客观要素而言,主要包括主客体各自对于生产资料、社会财富、人力财力物力和技术信息等治理资源的有效拥有、汲取、运行和运用,对于合适有效的国家机器的运行,对于治理制度机制和公共政策的建构、制定和运行,对于社会文化传统和价值体系的有效运用和运行。

2. 国家治理能力的基本构成

就其本质而言,国家治理能力是国家治理主体基于国家和公共利益的实现要求,在治理过程和治理结果中体现出来的,把各方面制度优势转化为管理国家的效能的素

---

① 《习近平:切实把思想统一到党的十八届三中全会精神上来》,2013年12月31日,新华网: http://news.xinhuanet.com/politics/2013-12/31/c_118787463.htm。

养、素质和本领。因此，国家治理能力产生于国家治理利益需求，表现为国家治理需求的满足及其满足程度，就此而言，国家治理能力是政治权力和公民权利与国家治理需求之间关系及其状况的能力和绩效的体现。

在社会政治和国家治理活动中，国家治理能力的外延形态是多种多样的，根据当代中国国情和政情，国家治理体系中政治权力主体的国家治理能力主要包括：

（1）作为执政党的中国共产党的执政能力。主要是中国共产党执掌国家政权、运行国家治权的能力。中国共产党执政能力主要是指党在执政过程中驾驭社会主义市场经济的能力、发展社会主义民主政治的能力、建设社会主义先进文化的能力、构建社会主义和谐社会的能力、应对国际局势和处理国际事务的能力。[①]

（2）领导能力。政治权力主体在国家治理过程中的领导能力，集中体现为主导和有效运行国家意识形态和核心价值体系，引领人民群众实现国家利益要求，达成国家治理目标的能力。具体地讲，包括政治权力主体的公信力，即获得和深化社会成员和人民群众对于政治权力主体及其行为、政治制度和核心价值体系的认同和信任的能力；确定社会和国家发展方向和路径的能力；政治组织能力；政治动员和感召能力等等。除此之外，领导能力还包含创新改革能力，即随着治理环境和任务的变化，自觉主动适应变化和发展，改革和创设国家治理体制机制和相关政策的能力。

（3）决策能力。包括政治权力主体在国家治理过程中，分析判断和正确把握实际情况和矛盾问题的能力；确定国家治理的目标，制定实现目标的战略策略和政策方针的能力；针对各种问题和矛盾，完善、改革、创设和制定特定制度机制和政策方针并且加以解决的能力；应对突发情况和问题，制定对策和实施处置的能力；针对不同的权力功能要求决策，比如立法决策、行政决策和司法决策的能力以及选择性决策的能力。

（4）执行能力。国家治理中的权力执行能力，是把治理国家的指导思想、思想观念、价值取向、战略策略、制度机制、政策方针和实施方案转变成权力主体自身与人民群众的国家治理行为，进而把这种行动变成国家治理结果，实现国家治理目标的能力。国家治理的执行能力体现为贯彻治理决策的能力，涉及准确把握决策目标和意图，坚定实施决策的决心、信心和意志，明确执行治理的难点和重点，运作、调动和配置资源的能力；把决策转化为人民群众的自觉行动以及因时因地执行决策的权变能力。同时，还涉及协同不同的执行主体关系和行动，协调社会成员和市场主体政治经济社会关系，化解经济政治社会矛盾，排除威胁和干扰，使得国家朝着治理规划和决策目标前行发展的能力。在特定的制度条件下和制度创新过程中，政治权力的执行力则集

[①]《中共中央关于加强党的执政能力建设的决定》，人民出版社，2004年。

中体现为落实制度、执行制度的能力。"国家治理能力就是指执行这种制度、落实这种制度的能力。"① 由此可见，执行力本质上是落实决策和制度的能力。

（5）监督能力。国家治理中的权力主体监督能力，是指政治权力主体在国家治理过程中对于公职人员和社会成员监督和规范的能力。对于公职人员的监督包括对于公职人员和机构的行为及其结果的绩效评估，对于公职人员执行政治权力主体意志、实施治理的违规甚至腐败现象和行为的检查和控制。政治权力主体的监督能力体现在监督制度设置、标准制定、行为实施等等方面。对于社会成员的行为的监督和规范通常表现为对于社会成员的督导和规约，具体体现为政治权力主体的行政能力和司法能力。

在当今中国，国家治理体系中公民权利主体是多方面的，主要包括参政党、社会组织和公民等，它们的参与治理能力，在公民权利意义上构成了国家治理的能力。

（1）参政党的参政议政能力。我国民主党派和无党派人士的参政议政能力，是参政党整体素质的体现，它集中体现为在中国共产党领导的多党合作和政治协商过程中，"在坚持中国特色社会主义道路、理论体系、制度的共同思想政治基础上……平等议事，求同存异，通过不同意见的沟通、彼此的尊重促进团结，总的目标是增进共识、凝聚人心、形成合力，使政协这一爱国统一战线的组织始终充满生机和活力。"② 具体体现为围绕中心、服务大局，求真务实、深入调研，发现问题、解决问题，团结各方、形成合力，发扬民主、有效监督的能力。③

（2）社会组织参与治理能力。社会组织参与治理的能力，是社会组织多方面特性和素质的综合。有学者把社会组织参与治理的能力具体划分为 10 个一级指标、30 个二级指标，主要包括专业化程度、社会公信力、自我评估、项目规划、资源动员、管理、执行、协调、学习和创造性解决问题的能力，④ 由此细致地构建了社会组织参与治理的能力指标体系。不过，在国家治理意义和层面上，还应该首先强调社会组织对于国家治理指导思想、战略目标、方针政策和法律法规的理解、把握、贯彻和遵循能力，确

---

① 《建设国家治理体系核心是统一权责利》，2013 年 11 月 14 日，中国广播网：http://finance.cnr.cn/txcj/201311/t20131114_514130306.shtml。

② 《十二届全国政协第一期新任委员学习研讨班在京举办　俞正声出席并讲话》，2013 年 11 月 26 日，新华网：http://news.xinhuanet.com/politics/2013-11/26/c_118304962.htm。

③ 汤云燕：《加强能力建设　努力提高参政议政水平》，2011 年 7 月 5 日，政协广州市萝岗区委员会门户网：http://zhengxie.luogang.gov.cn/gz33cmsweb/CMShtml/gzcl/xxyt/2011-7/5/117415530086764.html。

④ 参见许源源、杨著：《公共治理中社会组织的参与能力研究》，豆丁网：http://www.docin.com/p-643439699.html。

定国家治理不同类型及其性质要求的能力，参与国家治理、提供公共服务过程中对于法定合同契约的遵循和执行能力。

（3）公民有序参与能力。公民有序参与国家治理，是公民通过各种合法方式参加国家治理过程和活动，影响国家治理体系的构成、运行方式、运行规则和国家治理能力的行为。公民有序参与能力，是公民政治和社会素养的综合体现。在国家治理活动中，其具体体现为公民主观认知能力与实际行动能力。

在主观认知方面，公民有序参与能力主要体现为公民对于国家和公共利益、不同利益关系的认知能力，对于社会公共价值及其个人价值关系的评价和觉悟能力，对于国家治理事务的认识能力，对于国家治理的战略、方针政策的识别判断能力，对于公民权利及其实现方式的知晓能力，对于参与国家治理的体制机制方式方法的了解能力以及对于参与国家治理效果效用的评价能力等等。在实际行动能力方面，公民有序参与能力主要体现为公民对于国家治理战略、方向、目标和方针政策的把握能力，遵循和运用国家法律法规和制度体制机制有序参与治理的能力，参与国家治理的方式和技能的把握和实施能力，按照法定治理程序和步骤实施行动的能力。

3. 国家治理能力现代化规范及其测量

国家治理能力的现代化，是国家治理中政治权力主体和公民权利主体运用国家制度法律的能力的现代化。

国家治理的目标是达成国家和公共利益、协调利益矛盾，因此，完善、发展、改革、创新、运用和落实制度体系和体制机制，确定、实现、维护和发展国家和公共利益要求，协调和解决利益矛盾和问题，是国家治理基本能力的集中体现，而实现国家利益和公共利益、解决利益矛盾的程度和结果，则是衡量国家治理能力的根本标尺。就此而言，国家治理能力的现代化，从根本上说，就是在现代化进程中，实现公共利益、协调和解决利益矛盾的能力。按照公报和《决定》的精神，对于当今中国来讲，就是中国的政治权力主体和公民权利主体在国家治理活动和过程中，全面、系统、协同地深化改革开放，加快发展社会主义市场经济、民主政治、先进文化、和谐社会、生态文明，全面建成小康社会，进而建成富强民主文明和谐的社会主义现代化国家、实现中华民族伟大复兴的中国梦的改革、发展、创新和稳定的能力。

与此同时，如前所述，在现代国家治理过程中，国家治理能力归属多重主体并且由多重要素构成，因此，国家治理能力的现代化，根本上取决于政治权力主体及其发展状况，取决于政治权力主体能力构成的主客观要素状况，取决于公民权利发育及其运行状况，取决于公民权利的主客观构成要素状况。就此而言，国家治理能力的现代化，实际上是构成国家治理主体治理能力的诸多相关要素的现代化。

另一方面，国家治理能力与国家治理体系，尤其是国家治理制度体系具有密切关联性。"国家治理体系和治理能力是一个有机整体，相辅相成，有了科学的国家治理体系才能孕育高水平的治理能力，不断提高国家治理能力才能充分发挥国家治理体系的效能。"① 因此，国家治理能力现代化，是政治权力主体、公民权利主体与治理制度体系按照现代化取向不断互动、相互促进的过程。同时，国家治理能力的现代化，也是政治权力主体、公民权利主体按照现代化取向，坚持和发展国家治理价值体系的文化和思想发展的过程，是这些主体在坚持、维护、创新和践行国家治理价值体系，落实和运行国家治理制度体系的过程中，不断改进、更新、提升和强化自身治理能力的发展过程。为此，国家治理制度体系、国家治理主体行动能力和国家治理价值体系，都是国家治理能力现代化的重要影响因素。

在现实性上，国家治理能力往往体现为国家治理的效能和结果，因此，对于国家治理效果的评估，既是对于国家治理结果状况的衡量，也是对于国家治理能力的测量。为此，确立科学合理适切的国家治理评估体系，是认识国家治理能力和状况的依据。在国际范围内，若干国际组织如联合国开发署（UNDP）、经合组织（OECD）、世界银行（WB）等较早建构国家治理评估指标。除此之外，一些大学、研究机构也先后建构了治理评估体系。据世界银行统计，目前经常使用的治理评估指标体系有140种左右。此外，若干国家还开发了本国治理评估体系。

在我国，中央编译局比较政治与经济研究中心在联合国开发计划署和商务部中国国际经济技术交流中心的支持下，于2008年研制发布了"中国治理评估框架"，包括12个方面的基本内容和指标，即公民参与；人权与公民权；党内民主；法治；合法性；社会公正；社会稳定；政务公开；行政效益；政府责任；公共服务；廉洁。② 2012年，中央编译局与清华大学合作，在北京联合发布"中国社会治理评价指标体系"，包括1个一级指标即中国社会治理指数，6个二级指标即人类发展、社会公平、公共服务、社会保障、公共安全和社会参与，以及35项三级指标，其中，三级指标包括29个客观指标和6个主观指标。③ 这些研究及其成果，对于衡量国家治理能力现代化，具有重要学术参考价值。

---

① 江必新：《推进国家治理体系和治理能力现代化》，《光明日报》2013年11月15日。
② 《"中国治理评估框架" 12个标准发布 推进中国善治》，2008年12月15日，人民网：http://politics.people.com.cn/GB/1026/8521114.html。其具体内容见中国政府创新网：http://www.chinainnovations.org/yanjiuhuicui/20131119/587.html。
③ 《中国发布社会治理评价指标体系》，2012年6月29日，人民网：http://politics.people.com.cn/n/2012/0629/c70731－18413170.html。

十八届三中全会公报和《决定》对于中国社会全面深化改革进行了总体部署，在经济、政治、社会、文化、生态体制机制和党的制度建设方面，体现着全面深化改革的指向。根据全会公报精神和《决定》内容，基于中国改革开放和现代化进程，进一步优化建构我国的国家治理能力评估指标体系，是社会科学工作者面临的重要课题。

〔作者王浦劬，北京大学政治发展与政府管理研究所所长、北京大学政府管理学院教授。本文刊发于《中国高校社会科学》2014年第1期，责任编辑王群瑛。《新华文摘》2014年第8期、人大复印资料《中国特色社会主义理论》2014年第4期、《体制改革》2014年第5期转载〕

"族群问题的去政治化"争论之我见

谢立中

2004年,北京大学社会学系的马戎教授在《北京大学学报》上发表了一篇题为《理解民族关系的新思路——少数族群问题的"去政治化"》[①]的文章。在这篇文章中,马戎教授对1949年以后中国政府实施的以"把族群问题政治化和制度化"为特征的民族政策明确进行了批评,提出以"把少数族群问题逐步'去政治化'"为特征的民族政策新思路。这篇文章发表后,在中国大陆民族学界引起了强烈的反响和激烈的争论,对马戎教授的观点赞成者有之,反对者也有之。在本文中,笔者拟从一个局外人(此前不曾参与这一争论)和行外人(不是民族或族群问题研究领域的专门学者)的角度对这场争论的内容和观点做一个简单的梳理和讨论,并对争论涉及到的一些主要问题冒昧地提出自己的一点看法。

一、马戎:"族群"问题为何要"去政治化"

虽然《理解民族关系的新思路——少数族群问题的"去政治化"》一文是马戎教授阐述自己观点的主要作品,但马戎用来阐述自己观点的文章并非仅限于这一篇。除了这篇文章之外,马戎还在其他许多相关文章中阐释过自己的观点。[②] 纵观这些文章,我们可以看到,马戎教授关于"族群问题去政治化"的主张,主要建立在以下两个方面的论据上。

[①] 马戎:《理解民族关系的新思路——少数族群问题的"去政治化"》,《北京大学学报(哲学社会科学版)》2004年第11期。另见谢立中主编:《理解民族关系的新思路——少数族群问题的去政治化》,社会科学文献出版社,2010年,第3~32页。

[②] 详见马戎教授的以下著作:《民族社会学——族群问题的社会学研究》,北京大学出版社,2004年;《族群、民族和国家构建——当代中国民族问题》,社会科学文献出版社,2012年;《中国民族史和中华共同文化》,社会科学文献出版社,2012年;等。

1. "民族"和"族群"概念之间的差异

按照马戎教授的意见,"民族"和"族群"是两个含义完全不同的中文词汇。"民族"的英文对应词是"Nation","族群"的英文对应词则是"Ethnic Group"或"Ethnicity"。马戎认为,在国外文献中,"Nation"和"Ethnic Group"是截然不同的两个概念。"从各自出现的时间和具有的内涵来看,这两个英文词代表着完全不同的人类群体,表现了不同的历史场景中人类社会所具有的不同的认同形式。'民族'(Nation)与17世纪出现于西欧的'民族主义'和'民族自决'政治运动相联系,'族群'(Ethnic Group)这个词则出现于20世纪并在美国使用较多,用于表示多族群国家内部具有不同发展历史、不同文化传统(包括语言、宗教等)甚至不同体质特征但保持[国家]内部认同的群体,这些族群在一定程度上也可以被归类于这些社会中的'亚文化群体'"。① 如果用更为简洁一点的话来说,那就是:"民族"(Nation)一词主要是用来指称自17世纪开始与首先在西方国家出现、然后逐渐传播到非西方国家的"民族主义"及"民族自决"运动相联系、由这些政治运动建构起来且往往以"民族国家"这种领土性政治实体为其边界的那样一些人类认同群体,而"族群"(Ethnic Group)一词则主要用来指称存在于"民族国家"内部、以文化或体质等方面的非政治因素为基础而形成的一些认同群体。因此,"'族群'作为具有一定文化传统与历史的群体,和作为与固定领土相联系的政治实体的'民族'之间,存在重要的差别。"②

由于"民族"和"族群"概念之间存在着上述重要差别,如果我们忽略这种差别,不加区分地混用这两个概念,或者是用其中的一个概念来代替另一个概念,就可能会在社会实践中造成一些非常不良的后果。例如,如果我们忽略了"民族"和"族群"概念之间的差别,既用"民族"概念来指称以"民族国家"这种领土性政治实体为边界的人类认同群体,又用"民族"概念来指称存在于"民族国家"内部、以文化或体质等方面的非政治因素为基础而形成的一些认同群体,那么,就可能在后一类认同群体的部分成员当中诱发出带有强烈政治意涵和领土要求的"民族自决"甚至"民族独立"意识。这正是多年来在中国大陆实际发生的情况。多年来,在中国大陆,人们既用"民族"一词来称呼以"中国"这个国家为边界的认同群体("中华民族"),又用"民族"一词来称呼共处于"中国"这个国家范围之内、基于文化或体质等方面的因素为基础而形成的一些认同群体(如"汉族"、"藏族"、"蒙古族"、"回族"、"瑶族"、"苗族"、"维吾尔族"等)。其结果就可能是既诱发了部分"族群"成员的"民族意识",又为"疆独"、"藏独"等分裂主义势力提供了口实。

---

① 谢立中主编:《理解民族关系的新思路——少数族群问题的去政治化》,社会科学文献出版社,2010年,第5页。

② 谢立中主编:《理解民族关系的新思路——少数族群问题的去政治化》,社会科学文献出版社,2010年,第6页。

马戎教授的"族群问题去政治化"理论,其首要任务就是试图提醒人们注意"民族"和"族群"概念之间的上述区别,提醒人们不要由于混淆这两个概念而把本来不具政治意涵的"族群"问题"政治化",从而为自己带来诸多本不应该产生的麻烦。

2. 引导族群关系的两种政策导向及其不同后果

马戎指出,从古今中外的历史经验来看,在族群关系演变发展的过程中,政府政策的引导作用是一个关键因素。但是,"从人类社会历史发展中各国的情况来看,政府在如何引导族群关系方面大致体现出两种不同的政策导向:一种把族群看作政治集团,强调其整体性、政治权力和'领土'疆域;另一种把族群主要视为文化群体,既承认其成员之间具有某些共性,但更愿意从分散个体的角度来处理族群关系,在强调少数族群的文化特点的同时淡化其政治利益,在人口自然流动的进程中淡化少数族群与其传统居住地之间的历史联系。"① 马戎将这两种不同的政策导向分别称为族群政策的"政治化"导向和"文化化"导向。前一种政策导向的实例有:欧洲近代以建立"民族国家"为目标的民族主义运动、苏联政府在处理国内族群关系时实行的政策、近年来有关国家实行的族群关系政策、1949 年后中国政府实行的"民族政策"等。后一种政策导向的实例有:古代中国所实行的族群政策、当代印度所实行的族群政策、美国对国内少数族群所实行的政策等。

马戎指出,这两种不同的政策导向对族群关系的演变会产生完全不同的实际效果。前一种政策导向的实际效果是导致各族群成员逐渐将自己所在的"族群"想像为一个具有政治和领土意涵的"民族",从而导致各族群成员"民族自决"或"民族独立"意识的逐渐增强,以建构"一个民族——一个国家"为目标的"民族主义运动"一波又一波地发生,最终结果则可能是一个接一个新的"民族国家"的形成,乃至原有由多族群组成的政治实体(近代世界史上的奥斯曼帝国、奥匈帝国,现代世界形成的各种殖民体系,以及当代世界的一些多族群国家如苏联、南斯拉夫等)的解体。后一种政策导向的实际效果则相反,它不但不会导致由多族群组成的政治实体的分裂瓦解,而且在一定条件下还会促进本属不同政治实体下的各个族群之间的融合或同化。譬如,在美国等现代国家中,由于它把各族群之间的差异主要当作文化差异来看待,因此就可以或者在允许和保持各族群之间差异的条件下来建构和维持一种由多族群所组成的政治实体——国家;而在古代中国,"'族群'在观念上和实际交往中被努力地'文化化'了。而'文化化'也正是相对发达的中原地区核心族群得以凝聚、融合周边族群的思想法宝。也正因为中国的思想传统是将族群差异主要作为'文化差异'来看待,从而得以实施'化夷为夏'的策略。不断融合吸收边疆各族人口,最终形成了以中原

---

① 谢立中主编:《理解民族关系的新思路——少数族群问题的去政治化》,社会科学文献出版社,2010 年,第 7 页。

汉人为凝聚核心的'中华民族多元一体'的格局。"①

很显然，对于一个已然存在但却包含着多个族群的国家来说，如果不想使国家陷于分裂瓦解的境地，在处理族群关系时就应该尽可能地采用以族群关系"文化化"为导向的政策，而不是相反。这也正是马戎教授致力于倡导"族群问题去政治化"理论的一个重要理据。

以上述论点为依据，马戎明确提出"族群问题去政治化"的主张，并以此为基础，对1949年后中国政府实行的"族群"政策提出批评。他认为，1949年新中国成立后，出于当时的国际政治形势，中国政府不得不与苏联结盟，在社会组织和经济制度等各方面都参照苏联的做法，在民族问题上也像苏联一样采取一整套把族群问题政治化的措施，具体包括组织大规模的"民族识别"、对所有少数族群都实行"民族区域自治"制度、在政治、经济、教育、文化等各方面对少数族群实行优惠政策等，这些措施对强化人们的民族意识、固化人们的民族身份、使族群问题政治化产生了重要作用。马戎认为，我们应该借鉴中外族群政策方面的经验教训，"把新中国成立以来在族群问题上的'政治化'趋势改变为'文化化'的新方向，把少数族群问题逐步'去政治化'。在'民族（国民）认同'和'族群认同'这两个层面，应当强化民族（国民）意识，逐步淡化族群意识。"② 在坚持"文化多元"的条件下建构一个"政治一体"的现代公民国家。

二、对马戎教授的批评："族群"问题能够或应该"去政治化"吗

马戎教授关于"族群问题去政治化"的观点发表后，很快就遭到一些学界同仁的批评。与上述两方面的论据相对应，这些学者对马戎观点的批评也主要集中在两个方面。

1. "民族"和"族群"两个概念之间存在实质性区别吗

通观批评者的文章，我们可以发现这些文章和马戎文章之间的一个首要区别就是：这些文章或有意或无意地忽略、甚至明确否定"民族"和"族群"这两个概念之间的区别。和马戎不同的是，在批评者如郝时远、陈建樾、王希恩等人的文章中，"民族"和"族群"两个概念基本上是混用的，甚至被明确地认为是两个"指涉同一事物的概念"。例如，郝时远等人就非常明确地认为 ethnos 和 nation 在词源和含义上没有根本区

---

① 谢立中主编：《理解民族关系的新思路——少数族群问题的去政治化》，社会科学文献出版社，2010年，第10页。

② 谢立中主编：《理解民族关系的新思路——少数族群问题的去政治化》，社会科学文献出版社，2010年，第31页。

别。① 陈建樾在《多民族国家和谐社会的构建与民族问题的解决》一文中，也明确地批评马戎用"族群"一词来替换现行中文文献中（在指称藏族、蒙古族、维吾尔族、瑶族等少数"民族"时）常用的"民族"一词，把"族群"和"民族"分别界定为文化的和政治的概念，然后从"族群"的文化意涵引申出"民族关系"就是文化关系，进而把"族群"和"民族"对立起来，得出"民族区域自治在一定环境下必然导致'民族独立'或'国家分裂'"等结论这样一种做法。陈建樾认为，马戎教授的这一论述链条中存在着"致命的逻辑错误"："首先，马戎教授在把'民族'等价代换为'族群'之后，根本没有强调这两个概念之间的同一性，反而把这两个原本指涉同一事物的概念人为地分别放置于'一个连续统（continuum）链条的不同位置上'；其次，在放置位置不同的条件下，马戎教授又把'民族'和'族群'割裂开来并使之对立，认为'族群作为具有一定文化传统与历史的群体，和作为与固定领土相联系的政治实体的"民族"之间，存在着重要差别'；再次，他把民族概念与民族自觉、民族国家等观念和民族主义理念连缀起来并使其污名化，认为它是'很容易（被）联想为有权利实行"民族自觉"并建立"民族国家"的某种政治实体和分裂主义运动'；最后，他将被污名化的'民族'彻底抛弃，借以确立原本被安置在同一个连续统链条上的族群的价值和意义：'我们今天之所以要讨论"民族"与"族群"这两个词汇的不同，就是因为不同的词汇用法实际上体现出人们在理解和引导族群关系时的不同导向。'"② 王希恩则提出在中国语境中用"族群"一词来替换"民族"一词可能导致一些实际困难。他认为："'族群'这个概念，的确应该与'民族'区别开来，但把它应用于中国的实际，试图用'少数族群'来取代'少数民族'，用'族群政策'来取代'民族政策'，用'族群理论'来取代'民族理论'，其中的困难和遇到的尴尬大家应该是很清楚的。其原因就在于，在中国，类似'少数民族'、'民族政策'和'民族理论'等话语已经深入人心，不但渗透在政策语言、社会语言，而且也在我们的学术语言中被广泛认可了。在能够清楚表达对象的情况下，它还不需要用另外的话语来取代。"③ 陈玉屏也在其相关文章中认为，无论是"民族"概念还是"族群"概念在国内外都有许多不同的界定，难以准确定义，因此在目前不宜试图去对它们进行准确定义，而应当特别注重各种说法之间的联系，以利于深化对于"族群"的研究工作。不过，为了方便起见，

---

① 郝时远：《中文"民族"与"少数民族"的英译问题》，《中国民族报》2013年3月22日。
② 陈建樾：《多民族国家和谐社会的构建与民族问题的解决》，《世界民族》2005年第5期。另见谢立中主编：《理解民族关系的新思路——少数族群问题的去政治化》，社会科学文献出版社，2010年，第84页。
③ 王希恩：《也谈在我国民族问题上的"反思"和"实事求是"》，《西南民族大学学报（人文社科版）》2009年第1期。另见谢立中主编：《理解民族关系的新思路——少数族群问题的去政治化》，社会科学文献出版社，2010年，第139~140页。

目前或许还是采用大家习惯使用的"民族"一词为好。①

马戎建议把以"国家"这种领土性政治实体为其边界的那样一些人类认同群体称为"民族",而把存在于一个"国家"内部、以文化或体质等方面的因素为基础形成的一些认同群体称为"族群"。按照这种建议,在中国边界范围以内,我们可以有"藏族"、"回族"等很多族群,但却只能有"中华民族"一个民族。与此不同,在上述批评者们的文章中,由于"藏族"、"回族"等认同群体和"中华民族"这种"国家"层面的认同群体都被称为"民族",因此在很多时候就不得不用"多民族国家"这样一个词汇来指称"中国"、"苏联"、"美国"等在马戎看来本应称为"多族群国家"的国家。

2. "族群"问题能够"去政治化"吗

不过,批评者们更多的批评意见还是集中在马戎关于"民族(族群)问题去政治化"的政策主张上。大致说来,批评者就此提出的批评意见主要是:

(1) 民族问题不应该也不可能只限于文化方面。

对此,郝时远就明确认为:"民族问题也罢,族群问题也罢,是多民族国家普遍存在的社会问题。其表现涉及政治、经济、文化和社会生活的各个方面,难以对其作出抽象的'政治化'或'文化化'认定。"②郝引用 D. 史密斯的话来批评认为可以把"族群"问题"文化化"的看法:"认为可以把民族主义放回到任何领域,即使是文化领域的想法,都不仅是天真的,而且是根本错误的。"③周大鸣也认为:虽然"目前学界达成的普遍共识是,族群主要是以文化进行彼此区别的人群集团,是一个具有文化传统与历史渊源的群体",但由于许多族群与其居住地之间历史地形成的那种千丝万缕的关系,也"使我们不能轻易地去否定或漠视族群潜在的政治主体性质"。④陈建樾从政治学角度出发,指出"民族"和其他人类共同体一样,也是一个利益共同体,而且是一种独特的利益共同体:"作为人类社会中较为稳定的群体形态,民族为其成员提供至少包括独特经济生活的延续、共同文化的传承和对政治权力的分享在内的且其他群

---

① 陈玉屏:《民族问题能否"去政治化"之我见》,《西南民族大学学报(人文社科版)》2008年第7期。另见谢立中主编:《理解民族关系的新思路——少数族群问题的去政治化》,社会科学文献出版社,2010年,第143~144页。

② 郝时远:《构建社会主义和谐社会与民族关系》,《民族研究》2005年第3期。另见谢立中主编:《理解民族关系的新思路——少数族群问题的去政治化》,社会科学文献出版社,2010年,第43页。

③ 谢立中主编:《理解民族关系的新思路——少数族群问题的去政治化》,社会科学文献出版社,2010年,第50页。

④ 周大鸣:《从族群视角评价民族政策需要两个准则》,《中国民族报》2009年2月13日。另见谢立中主编:《理解民族关系的新思路——少数族群问题的去政治化》,社会科学文献出版社,2010年,第60、61页。

体难以一并提供的利益前景。"① "民族"之间的关系实际上是一种利益关系:"一切族际交往都是族际利益的交往。"② 而"政治是人们在人类社会共同体中基于利益考量而作出的决策和使决策付诸实施的活动"③。因此,民族问题实际上就是一个政治问题,它不可避免地要通过政治制度和公共政策来解决,"试图将民族问题'非政治化'、'去政治化'和'文化化'显然是缘木求鱼"。④ 陈建樾认为,马戎教授关于"族群问题去政治化"的论证"皆肇因于他在研究起点上没有考虑到'利益'这个民族发展的基本动因"。⑤ 王希恩则认为,"文化化"和"政治化"并非是一对准确的民族政策导向分类。因为,"第一,正如马戎教授自己所言:'在任何年代和任何国家,民族和族群问题都必然带有政治性';第二,旨在解决这些具有'政治性'的民族和族群问题的政策和制度,仍然是由国家所制定和实施的政治行为;第三,这些政策即便是想把民族和族群问题限制在'文化'的范畴之内,最终也是为了政治稳定这一目的。"所以,"不能用'文化化'和'政治化'来区分民族政策,也不能依此来评价民族政策的好坏。"⑥ 陈玉屏也明确表示不同意马戎关于民族问题"去政治化"的提法,认为"这个提法从理论上讲站不住,在实践中既做不到,也不能这样做"。⑦ 因为,绝大多数民族问题都不可能不借助于国家力量和民族政策等政治平台去加以解决。

(2)苏联的解体和中国境内一些民族分裂势力出现的现象都不是"民族问题政治化"的结果。

郝时远认为,关于苏联在解决民族问题方面之所以失败的原因,可以有两种不同的解释。"一是认为苏联虽然确立了解决民族问题、实现民族平等的制度、法律和政策,但在实践中并没有真正有效地实行,高度的中央集权鼓励了大俄罗斯民族主义,造成了非俄罗斯民族的离心力;二是认为苏联以'政治化'的制度安排和政策导向处

---

① 陈建樾:《多民族国家和谐社会的构建与民族问题的解决》,见谢立中主编:《理解民族关系的新思路——少数族群问题的去政治化》,社会科学文献出版社,2010年,第77页。
② 陈建樾:《多民族国家和谐社会的构建与民族问题的解决》,见谢立中主编:《理解民族关系的新思路——少数族群问题的去政治化》,社会科学文献出版社,2010年,第76页。
③ 陈建樾:《多民族国家和谐社会的构建与民族问题的解决》,见谢立中主编:《理解民族关系的新思路——少数族群问题的去政治化》,社会科学文献出版社,2010年,第64页。
④ 陈建樾:《多民族国家和谐社会的构建与民族问题的解决》,见谢立中主编:《理解民族关系的新思路——少数族群问题的去政治化》,社会科学文献出版社,2010年,第82页。
⑤ 陈建樾:《多民族国家和谐社会的构建与民族问题的解决》,见谢立中主编:《理解民族关系的新思路——少数族群问题的去政治化》,社会科学文献出版社,2010年,第82页。
⑥ 王希恩:《也谈在我国民族问题上的"反思"和"实事求是"》,见谢立中主编:《理解民族关系的新思路——少数族群问题的去政治化》,社会科学文献出版社,2010年,第98页。
⑦ 陈玉屏:《民族问题能否"去政治化"论争之我见》,见谢立中主编:《理解民族关系的新思路——少数族群问题的去政治化》,社会科学文献出版社,2010年,第147页。

理民族问题，不仅强化了国内各民族的地位，甚至在法律中规定了分离的自由，从而培植了非俄罗斯民族的'民族自决''民族主义'并导致了分离运动。"① 虽然没有明确表达，但郝时远显然是赞同前一种解释，而反对后一种解释的（因为郝明确地认为没有充分的证据表明后一种解释要比前一种解释更为恰当）。换句话说，在郝时远看来，苏联之所以崩溃，原因主要在于其高度集权的政治体制鼓励了大俄罗斯民族主义，没有真正有效地实行民族平等的制度、法律和政策，而不在于其民族政策的"政治化"色彩。陈建樾也引用相关研究来表明苏联的接替并非源于民族政策的"政治化"，而是"源于没有真正实行民族区域自治"。②

至于中国境内出现的一些民族分裂势力，郝时远认为也与所谓民族问题的"政治化"思路无关。郝认为，相对于人口、贫困、就业等社会问题而言，民族问题具有普遍性、长期性、复杂性、国际性和重要性等特点。由于这些特点，使得"在解决民族问题方面很难形成一套独立的指标体系和可预期的时间表。这是包括当代西方发达国家在内的所有多民族国家普遍存在民族问题的原因"③。而中国"正处于社会主义初级阶段，人民日益增长的物质文化需要同落后的社会生产力之间的矛盾仍然是我国社会的主要矛盾。我国面临的几乎所有社会问题，都是在这一主要矛盾作用下产生或与此相关的，民族问题也不例外"。"我国的民族问题虽然表现复杂多样，但从根本上说是少数民族和民族地区迫切要求加快经济文化发展与自我发展能力不足的矛盾，这是我国民族问题的主题。"④ 在这一过程中，由于民族和地区之间发展的不平衡，就有可能导致民族矛盾的产生。而境外的民族分裂主义、宗教极端势力和国际恐怖势力也有可能"利用那些最广泛、最普遍的问题制造舆论、蛊惑人心、煽动不满、挑起事端"。"抵御这些主要来自外部的影响，从根本上说就是通过加快发展，解决好共同团结奋斗、共同繁荣发展的问题。"⑤

王希恩也认为，"把有无分裂主义作为解决民族问题好坏的主要标准并不一定合

---

① 郝时远：《构建社会主义和谐社会与民族关系》，见谢立中主编：《理解民族关系的新思路——少数族群问题的去政治化》，社会科学文献出版社，2010年，第42页。
② 陈建樾：《多民族国家和谐社会的构建与民族问题的解决》，见谢立中主编：《理解民族关系的新思路——少数族群问题的去政治化》，社会科学文献出版社，2010年，第80页。
③ 郝时远：《构建社会主义和谐社会与民族关系》，见谢立中主编：《理解民族关系的新思路——少数族群问题的去政治化》，社会科学文献出版社，2010年，第36页。
④ 郝时远：《构建社会主义和谐社会与民族关系》，见谢立中主编：《理解民族关系的新思路——少数族群问题的去政治化》，社会科学文献出版社，2010年，第36页。
⑤ 郝时远：《构建社会主义和谐社会与民族关系》，见谢立中主编：《理解民族关系的新思路——少数族群问题的去政治化》，社会科学文献出版社，2010年，第38页。

理"①；"当今世界，只要是存在'世居民族'的多民族国家，分裂思潮和运动都或隐或显地存在。这是由民族自觉仍在发生，'一族一国'的民族主义理念还在支配着这种自觉，各种社会力量和利益集团还在最大限度地利用这种自觉造成的。""平心而论，从世界范围来看，当今中国的西藏问题和新疆问题并不比其他国家的类似问题严重多少"，它们之所以受到高度关注，主要原因在于国际敌对势力的长期扶持、纵容和炒作。②

（3）美国、印度等国家实行的"民族问题文化化"政策并未取得马戎所说的那种理想效果。

马戎提倡"族群问题去政治化"观点的一个主要事实依据是美国以"文化化"导向处理种族问题取得的成功。郝时远对这一事实依据提出了质疑。郝时远认为，且不说美国实行的族群政策是否属于"文化化"导向，即使假设美国的族群政策是文化化导向，但其实际结果也并非像马戎所说的那样成功，而是"造成了亨廷顿、布热津斯基等人所忧虑的族群政治化后果及其对国家层面民族认同的挑战"。③

王希恩则从不同角度讨论了"美国为什么没有出现威胁国家统一的分裂主义"这一问题。他认为，虽然不能否认有政策因素在起作用，"但更重要的则在于它是一个立国仅200多年的移民国家。外来移民来美国以后，作为群体的民族或族群很快就被工业化和城市化分解、吞噬了，在新的社会环境中他们主要解决的是如何尽快融入当地社会，能够被当地社会接受的问题，而不是也没有条件去构建各自的'民族'，图谋分裂。换言之，美国绝大多数族群和种族的移民身份使他们没有进行民族分裂的历史和地域基础。如果不是这样，也难保不会出现问题。实际上，长期以来美国的一些土著印地安人也在闹'分裂'。"④

马戎还曾经把印度视为以"文化化"思路去处理族群关系的一个成功案例。陈建樾对此也表示质疑。他引用大量事例来表明，"印度在族际关系方面根本就不像马戎教授所说的那么和谐与美妙"；他还引用印度政治研究专家索姆捷（A. H. Scrnjee）的话来反驳马戎。索姆捷曾经明确指出："印度存在着令人惊奇的多样性和分裂，其程度远远超过荷兰、奥地利和加拿大的社会。当基于种姓、阶级、宗教和地区的分裂与冲突

---

① 王希恩：《也谈在我国民族问题上的"反思"和"实事求是"》，见谢立中主编：《理解民族关系的新思路——少数族群问题的去政治化》，社会科学文献出版社，2010年，第131页。
② 王希恩：《也谈在我国民族问题上的"反思"和"实事求是"》，见谢立中主编：《理解民族关系的新思路——少数族群问题的去政治化》，社会科学文献出版社，2010年，第133页。
③ 郝时远：《构建社会主义和谐社会与民族关系》，见谢立中主编：《理解民族关系的新思路——少数族群问题的去政治化》，社会科学文献出版社，2010年，第46页。
④ 王希恩：《也谈在我国民族问题上的"反思"和"实事求是"》，见谢立中主编：《理解民族关系的新思路——少数族群问题的去政治化》，社会科学文献出版社，2010年，第133页。

经受民族过程的洗礼时,这些分裂并不总是优先遵循以寻求一致为基础的权力共享这条道路,而是在纷争与妥协之间摇摆不定。"陈认为,"在如此血腥的族际暴力冲突事实面前,真的很难找到马戎教授所津津乐道的……'印度建国以后重要的成功经验'。"①

那么,我们到底该如何来理解和评价马戎教授及其批评者之间的上述争论呢?

三、初步评论

对于马戎教授及其批评者之间的上述争论,我目前的初步看法主要有三个方面。

1. "民族"和"族群"之间的区分应该得到认可

马戎建议将"民族"和"族群"两个概念加以区分,用来分别指称以"国家"这种政治实体为形式组建起来的人类认同群体和一个"国家"内部以文化、体质等方面的因素为基础而形成的那些认同群体。我认为,这一建议还是非常有价值的。主要理由还是马戎教授所说的那样,现有相关文献中无论是用"民族"还是用"族群"概念所表述的对象实际上确是包含有两个不同的类型或层面,一种是以国家这种政治实体组织起来的,另一种则是没有以国家这样政治实体组织起来的。如果我们不用两个含义有所不同的概念来分别指称它们,我们在表述上就会经常陷入窘境。例如,当我们说到"中华民族"时,我们用的是"民族"这个词,而当我们说到"藏族"、"回族"、"朝鲜族"这些群体时,我们如果也把它们说成是"民族",这就的确会令人感到困惑:"中华民族"和"藏族"、"回族"等"民族"到底是同样类型的认同群体呢,还是有所不同?如果是同样类型的,那么为什么后者不以或不可以以国家形式组织起来?如果有所不同,那么为什么不在概念上对它们加以区别?

事实上,这种窘境也确实出现在马戎教授批评者的文章里。例如,在郝时远的文章《构建社会主义和谐社会与民族关系》中,就有下面这样一些句子:

> "汉族离不开少数民族,少数民族也离不开汉族,少数民族之间也相互离不开,这既是中国形成统一多民族格局的历史动因,也是中国实现中华民族伟大复兴的现实动力。"②

---

① 陈建樾:《多民族国家和谐社会的构建与民族问题的解决》,见谢立中主编:《理解民族关系的新思路——少数族群问题的去政治化》,社会科学文献出版社,2010年,第86页。对于陈建樾的这一批评,马戎教授进行了反批评,见马戎《引用文献不能断章取义》一文(《中央民族大学学报(哲学社会科学版)》2006年第3期)。

② 郝时远:《构建社会主义和谐社会与民族关系》,见谢立中主编:《理解民族关系的新思路——少数族群问题的去政治化》,社会科学文献出版社,2010年,第39页。

"民族不分大小、历史长短、处于何种发展阶段，统一确认为中华民族（Chinese Nation）的成员（Nationalities），这是各民族真正平等的体现，也是推行民族区域自治制度的基本条件。"①

"我们构建的中华民族，是56个民族的有机整合和创新。"②

在这三个段落的有关句子当中，就存在着马戎所说的"中华民族"和"56个民族"两个不同层次的群体共用一个"民族"概念这样的逻辑问题。

这种窘境在其他批评者的文章里也存在，只不过作者对此有所察觉并试图加以摆脱。例如，在陈建樾的《多民族国家和谐社会的构建与民族问题的解决》一文中，我们可以看到如下说法："以调整多民族国家内部族际关系为目标的公共政策，可以大致分为以构建'国族'为主旨的共同体政策和优待少数民族的民族优惠政策两大类型。"③ 显然，在这里，作者正是遭遇到了不得不将两种不同类型的"民族"区分开来的困境，而且为了应对这一困境，作者不得不采用"国族"这一新概念来表示与"少数民族"中的"民族"一词所指不同的那种认同群体（也即马戎称为"民族"的那种群体）。类似地，在王希恩"也谈在我国民族问题上的'反思'和'实事求是'"一文中，作者也不得不采用"国家层面的中华民族"和"国家之下的基本民族"④ 这样两个概念来解决上述困境。由此可见，用不同的概念来分别表达以"国家"这种政治实体为形式组建起来的人类认同群体和一个"国家"内部以文化、体质等方面的因素为基础而形成的那些认同群体，从逻辑上说确有必要。

当然，这并不是说，只能像马戎建议的那样将这两类不同认同群体分别称为"民族"和"族群"，而不能采用别的概念对子。像上面述及的类似概念对子，如"国族"／"民族"、"民族"／"基本民族"等，以及20世纪初期在汉语文献中出现过的一些概念对子，如梁启超使用的"大民族主义"／"小民族主义"等，今天某些民族学家提到的"广义的民族"／"狭义的民族"等，在逻辑上应该具有等价性，没有是非对错之分，使用哪一对概念在逻辑上都没有问题。但从汉语文献已经习惯了用"民族"一词来表达英文中以Nation一词来表达的对象（即以"国家"这种政治实体为形

---

① 郝时远：《构建社会主义和谐社会与民族关系》，见谢立中主编：《理解民族关系的新思路——少数族群问题的去政治化》，社会科学文献出版社，2010年，第48页。

② 郝时远：《构建社会主义和谐社会与民族关系》，见谢立中主编：《理解民族关系的新思路——少数族群问题的去政治化》，社会科学文献出版社，2010年，第54页。

③ 陈建樾：《多民族国家和谐社会的构建与民族问题的解决》，见谢立中主编：《理解民族关系的新思路——少数族群问题的去政治化》，社会科学文献出版社，2010年，第73页。

④ 王希恩：《也谈在我国民族问题上的"反思"和"实事求是"》，见谢立中主编：《理解民族关系的新思路——少数族群问题的去政治化》，社会科学文献出版社，2010年，第104页。

式组建起来的人类认同群体)这一点来说,以"族群"一词来表达一个"国家"内部以文化、体质等方面的因素为基础而形成的那些认同群体,似乎应该是一个更为简便适当的选择。

有一些学者认为,"ethnic group"一词在西文语境中是指政治弱势、无民族地位、社会边缘的非主流的族裔群体,有歧视性意义,因此不应该应用于我国,更不应该用它来指称我国内部的各个民族。① 对于这种看法,我的意见是:第一,正如另一些学者已经指出的那样,虽然 ethnic group 一词在产生之初可能带有歧视性色彩,但主要反映的是人类历史上主流民族对少数民族的歧视,随着多元主义观念的传播,越来越多的人认识到每一种文化都拥有价值的尊严,ethnic group 早期所带有的歧视性含义就逐渐淡化或消失了。这从该词在国际组织及各国官方文件中被普遍使用可以得到说明。② 第二,即使大家感到 ethnic group 一词在英文语境中仍然带有一定的歧视性色彩,为了避嫌,我们或许最好像刚才提到的那些学者所建议的那样放弃使用这个词,但由此也并不能得出结论说,我们依然应该对上述两个不同层次上的认同群体不加区分地用一个词(如"民族"或 nation)来加以指称。如上所述,用不同的词汇来对这两个不同层次上的认同群体分别加以指称,确有逻辑上的必要性,尽管在用词方面我们或许仍有进一步讨论的余地。

2. "族群"问题不应该也难以"去政治化"

然而,接受把"民族"和"族群"视为两种不同认同群体的看法,并不意味着就一定也同时要接受"族群问题去政治化"的看法。在"族群问题能否及应否去政治化"这个问题上,我还是倾向于接受马戎教授批评者们的看法,这就是:"族群"问题不仅很难而且也不应该被"去政治化"。

"族群"问题难以而且也不应该被"去政治化"的主要原因,是因为族群或者族群关系的问题,的的确确是一种利益或利益关系的问题。因此,它不可避免地要借助于政治的手段(政治沟通、政治制度、公共政策等)来加以解决。关于这点,马戎教授的批评者们已经讲得很多了,我这里不再重复。我想补充的一点是,经济、社会、政治和文化从来都是分不开的,特定类型的文化总是要渗透或表现在特定类型的经济、社会和政治生活中,也总是要借助于特定类型的经济、社会和政治形式来实现。例如,一夫多妻制或一妻多夫制可以被视为一种文化,但它一旦落实就会导致与一夫一妻制

---

① 参见纳日碧力戈:《全球场景下的"族群"对话》(《世界民族》2001 年第 1 期);朱伦:《西方的"族体"概念系统——从"族群"概念的应用错位说起》(《中国社会科学》2005 年第 4 期)等。

② 翟胜德:《"民族"译谈》,《世界民族》1999 年第 2 期。

不同的社会形式和经济形式，而且其正当性在现代社会中也必须通过立法、行政和司法等多方面的"政治"活动来加以确立和保证；宗教信仰也是如此。因此，即使我们承认"族群"是一种和"民族"不同类型的、主要以文化为基础而形成的认同群体，也不意味着前者就不可能同时也是一种政治性质的群体，完全与"政治"无缘，而只能说，这些"族群"或"族群"之间关系方面产生的问题不能通过让各个族群都变成独立国家一类的政治途径，只能将它们视为一个"民族"（例如"中华民族"、"美利坚民族"等）内部不同亚群体（及亚群体之间关系方面）的问题来加以解决。

在讨论"族群"问题能否被"去政治化"这一问题时，还有一个相关问题需要做更深入的讨论。虽然像马戎所说的那样，我们以往习惯于以"民族"一词来加以讨论的对象，其实是包含两种不同的认同群体，它们之间的差别应该在概念上得到明确；然而，即使我们承认或接受马戎教授的这一建议，那也还有一个重要的问题需要得到澄清，这个问题就是：这两种不同群体之间的区别到底是一种由两类群体先天固有的属性所决定的客观实在，还是一种由两类群体的成员后天的意志和实践所决定的主观建构？

毫无疑问，对于这个问题的回答，我们可以有两种选择。第一种选择就是我们通常所说的传统"实在论"的选择，第二种选择则是通常所说的"社会建构论"的选择。

按照传统"实在论"的观点，我们可以形成以下有关"民族"和"族群"之间差别问题的理论：（1）无论是"民族"也好，还是"族群"也好，都是一种不以人们的意志为转移的、自然意义上的"客观实在"。（2）"族群"是前现代社会中逐步形成的一类人群共同体，其基本特征是：主要以血缘、体质和文化等因素为认同基础；没有固定的领土意识（一个"族群"可以散居于不同地域，即使集中在一起生活但也可以在不同地域之间迁移流动）；也没有将自己的族群与某个国家一类的政治实体固定联系起来（可以散居于不同国家之间，也可以与其他族群共居于一个国家之中）；等。"民族"则是随着现代化进程逐步形成的一种现代共同体，其基本特征是：主要以现代主权国家为认同基础；拥有相对明确的领土边界和主权意识；明确地将自己的族群和某个国家实体联系起来（"一个民族一个国家"）；等。（3）"族群"可以演变为"民族"，但这种演变需要确定的经济基础和社会历史条件，其中最重要的条件就是资本主义生产方式的形成和发展。资本主义生产方式的发展要求利用现代国家这种以垄断暴力工具为特征的政治机构来建构统一的市场经济、公民社会、法治秩序，维护自身的生命和财产的安全以及对外扩张等，从而促进以现代主权国家为认同基础的"民族"这类共同体的形成和发展（其形成既可以以前资本主义社会的"族群"为材料，也可以不以；在前一种情况下，既可以将一个"族群"演变为一个"民族"，也可以将多个"族群"结合起来演变为一个"民族")。因此,"族群"向"民族"的演变是一个不随族群成员的主观意愿为转移的自然历史过程(虽然需要有族群成员"民族意识"的形成为条件之一,但并不以"民族意识"的形成为转移)。(4)现代"民族"的形成和发展是一个永无终止的过程,它并不以目前我们所见的这些"国家—民族"的形成为终点。相反,随着资本主义生产方式在空间上的不断扩张,现有的"国家—民族"也会随着资本主义生产方式发展的需要而进一步融合,演变成为规模比现存"民族"更大、数量更少的一些"民族",其最终结局,在目前可以预见到的技术条件下,应该是"人类民族"(全人类同属一个Nationstate,即Global Nationstate)的形成。

假如我们愿意接受上述理论,那么,我们就可以说:"族群"和"民族"之间的差别是一种像水和水蒸汽之间的差别那样的"客观存在"(两者之间虽然可以有联系,但却完全依存于不同的客观条件)。如果没有资本主义生产方式一定程度的发展,即使有"民族意识"(即一种把"族群"这种非政治认同群体重新确认为"民族"这种政治群体的观念),"族群"这种非政治认同群体也难以或无法在实际上转变为"民族"这种政治认同群体。换句话说,按照这种理论,假如不具备必要的客观历史条件,"族群"问题是无法在实际上被"政治化"的(这也意味着,如果在观念上混淆"族群"和"民族"两个概念将会产生非常严重的政治恶果)。

相反,按照"社会建构论"的观点,我们则可以形成以下有关"民族"和"族群"之间差别问题的理论:(1)无论是"民族"也好,还是"族群"也好,都不是一种不以人们的意志为转移的、自然意义上的"客观实在",而是一种人们在特定话语体系(例如"民族主义")的引导下所建构起来的一种"话语性实在"。(2)虽然"族群"和"民族"之间的前述差异仍然存在,即:"族群"是在前现代社会中逐步形成起来的、非政治化的认同群体,"民族"则是随着现代化进程逐步形成的一种政治化、国家化的认同群体,但它们之间的这种差异也不是像水和水蒸气之间的差异一样是完全自然的,而是由建构它们的群体成员所属的话语体系之间的差异所造成的。(3)因此,"族群"和"民族"之间的演变完全不需要什么客观历史条件的变化,而只依群体成员所属话语体系的变化而成。只要原本只具"族群"色彩的群体其成员在某种"民族主义"话语的引导下产生强烈的"民族"意识,他们就可能在实际上将自己所属的认同群体从非政治化的"族群"转变为政治化的"民族"。同样,只要已被建构成为"民族"的群体成员放弃"民族主义"话语,而接受了一些新的话语(如"族群"文化化话语),他们也就有可能将自己所属的认同群体重新转变为非政治化的"族群"。(4)因此,并不存在形成"人类民族"的历史必然性。人类是否最终会结合成为一个统一的"民族"完全取决于世界上的绝大多数人们是否会形成并接受一种也许可以称为"全球（民族）主义"（Global Nationalism）的话语体系，而与资本主义生产方式（或像马克思主义者所期待的那样："社会主义生产方式"）的全球化扩张进程无关。

假如我们愿意接受上述理论，那么，我们就应该说：由于"族群"和"民族"之间的差别完全是话语建构的产物，在它们之间没有一道物理学意义上的"万里长城"将它们隔绝开来，因此，也就没有什么客观的制约力量来保证原本"文化化"的"族群"不会演变为"政治化"的"民族"。对于"族群"是否应该政治化一类问题的回答也就完全以话语体系的转移而转移，绝不会有什么唯一正确或适当的答案。处于"族群问题去政治化"一类话语体系引导下的人们可能会赞成"族群"问题的去政治化，而处于相反话语体系引导下的人们则会同样明确坚定地支持"族群"问题政治化。"族群"问题到底该不该"去政治化"，根本不会有一个唯一正确的、所有人都不得不接受的标准答案。因此，要想使"族群"问题"去政治化"，基本上就是一件非常困难甚至难以完成的任务，至多只会成为众多政策选择中的一种，而且是其合理性并无客观基础、完全依赖于特定话语体系的一种。

查看马戎教授的相关文章，我们可以看到，马戎关于"族群"和"民族"间关系的有些论述在一定程度上是和上述"社会建构论"立场颇为近似的。马戎曾经明确指出，在这两者之间，不存在着一道不可逾越的鸿沟，在一定内外条件（社会经济的发展、政府政策的引导和外部势力的推动等）的影响下，两者之间可以相互转化。① 假如"族群"和"民族"间关系真是如此，那么就如我们所说的那样，要想在现实生活中坚持使"族群"问题"去政治化"就会是一件成本畸高以致难以承受而无法实现的事情。

3. "族群"和"民族"之间的关系是"多元"和"一体"之间的关系

假如上面两点分析是可以被接受的，那么，很自然，我们就将得出以下结论："族群"和"民族"之间关系问题的核心不是"文化化"还是"政治化"之间的关系问题，而是"多元"和"一体"之间的关系问题。但这里所说的"多元"和"一体"之间的关系问题，不是马戎所提出的"多元文化"和"政治一体"之间的关系，而是包含经济、政治、社会、文化等多方面内容在内的"多元"与"一体"之间的关系（体现在个人身上，则是"国民［或公民］"身份和"族民"身份之间的关系）。或者如郝

---

① 马戎：《理解民族关系的新思路——少数族群问题的"去政治化"》，见谢立中主编：《理解民族关系的新思路——少数族群问题的去政治化》，社会科学文献出版社，2010年，第6、18页。

时远所说,是"差异"和"同一"之间的关系,"个性"和"共性"之间的关系。①换句话说,无论是在经济、政治、社会还是文化等领域,都至少存在着"民族—国家"和"民族—国家"内部的"族群"两个层面。在"民族—国家"这一层面上,必须建构起一种涵盖整个"民族—国家"范围的一体化的经济、政治、社会和文化形态;而与此同时,在"族群"这一层面上,也要为各个"族群"留下足够的空间,使各个"族群"能够依据自己本族群的历史和现实特点,在经济、政治、社会和文化领域形成自己差别化的形式和风格。经济、政治、社会和文化领域全方位的"一体化"(在"民族—国家"层次上)和"多元化"(在"族群"层面上),应该是合理处理"民族"和"族群"关系的基本方向。

结合马戎与其批评者之间的争论,这里有两个方面的要点需要加以强调:

第一,正如马戎在其文章的具体论述中所提到的那样,国家层面上的"一体化"工作并不能仅仅限于经济、社会和政治等领域,也必须包括文化领域。马戎在文章中反复写道:"在民族—国家的层面上,同样需要建立起某种'文化一体化',否则就很难在民族—国家层面上建立这种新的'集体认同'。一个民族—国家,非常需要从历史的发展和文化的传统中寻求一个各族共享的'共同文化'。""正如我们可以把'政治结构'划分为不同的层面一样,我们也可以把'文化'自身划分为不同的层面。哈贝马斯提醒我们,在国家层面也需要建立具有共同性的'文化'。所以,应当把一个国家内部的'文化'看作一个多层面的结构,至少具有'民族'(国家)和'族群'这两个重要的层面。""如果没有民族—国家层面上的共同文化与观念,在族群层面上的不同文化就难免会彼此冲突,无法和谐相处。因此,在国家层面单靠政治制度和行政约束还是不够的,还需要建立某种统一的文化认同。"②马戎还指出,即使在美国这样强调"文化多元主义"的国家,"实际上在文化层面也存在着强有力的'一体化'措施"。③对于马戎教授的这些论述,我完全认同。因此,和马戎教授一样,我也完全赞同努力建构一种为"中华民族"下含的各个族群所共享的"中华文化",包括对"中华民族"的认同观念,一种或几种为各个族群共享的语言,一套为各个族群成员共同接受的世界观、价值观和历史道统,一些为各个族群所共同遵从的信仰和习俗,等等。

---

① 郝时远:《构建社会主义和谐社会与民族关系》,见谢立中主编:《理解民族关系的新思路——少数族群问题的去政治化》,社会科学文献出版社,2010年,第43页。
② 马戎:《理解民族关系的新思路——少数族群问题的"去政治化"》,见谢立中主编:《理解民族关系的新思路——少数族群问题的去政治化》,社会科学文献出版社,2010年,第27~28页。
③ 马戎:《理解民族关系的新思路——少数族群问题的"去政治化"》,见谢立中主编:《理解民族关系的新思路——少数族群问题的去政治化》,社会科学文献出版社,2010年,第17页。

也正如马戎所说的那样,没有这种国家层面上的文化一体化,就不可能有稳固的经济、社会和政治一体化。

第二,则如马戎的批评者们所反复强调的那样,族群层面的"多元化"也不能仅仅限于文化领域,而必须涵盖经济、社会和政治等领域。要允许不同的族群根据自己的历史传统、现实条件和观念选择,在不妨碍或破坏民族—国家一体化机制的前提下,建构出有自己特色的经济、社会和政治形式。这里有三点意思需要加以说明。首先,在族群层面上可以多元化的领域不仅限于文化(宗教信仰、价值观念等)领域,而且在经济(产业结构、财产形式等)、社会(婚姻、家庭、社群等)乃至政治(立法、议事、行政、司法等)领域都应该允许一定程度或范围的多元化;至于为何要如此的理由,前面已经讲了很多,此处无须再重复。其次,族群层面上的多元化,无论是在经济、社会、政治还是文化领域,都必须以"不破坏民族—国家的一体化机制"为绝对前提。具体地说:经济领域的多元化不能妨碍或破坏"民族—国家"层面上的"国民经济"整体的运作,社会领域的多元化不能妨碍或破坏"民族—国家"层面上的社会团结或社会整合,政治领域的多元化不能妨碍或破坏"民族—国家"本身作为一个政治实体的存在和运行,① 文化领域的多元化也不能妨碍和破坏"民族—国家"层面上的认同和知识共享,等等。再次,族群层面上的这种全方位的但有限制条件的多元化并不能被理解为是一种在特定历史条件下不得已而采取的权宜之计,而必须被理解为是一种永恒的必要(除非一个族群由于这样或那样的原因自动消失了)。之所以应该被理解为是一种永恒的必要,也不仅仅是出于对各个族群历史传统的尊重,或出于对各个族群生存和发展所处不同内外条件的考虑,还应该是出于对"一元主义"真理观及其相关行为方式(如"一刀切"政策等)的质疑和放弃,出于对"多元主义"理念本身的一种理解和体认。

按照上述原则来处理"民族"和"族群"之间关系问题,最大的难点,仍是在于到底如何来恰当划分"民族—国家"和各"族群"之间在经济、政治、社会和文化事务方面的责任、权力和利益,即如何来确立"民族—国家"和"族群"之间在经济、政治、社会和文化方面责任、权力和利益的边界。这个问题,其实不过是现

---

① 借用 N. 麦考密克(Neil MacCormick)的话来说,这里必须遵守的一个基本原则就是:族群层面上的"自治"不允许也不需要拥有主权国家的形式(参见 N. 麦考密克:《民族需要国家吗?对自由民族主义的反思》,见莫迪默、法恩主编:《人民民族国家——族性与民族主义的含义》,刘泓、黄海慧译,中央民族大学出版社,2009 年,第 156 页)。从这个意义上说,我觉得马戎教授关于"族群问题去政治化"的提法如果被理解为是在提倡"族群问题的去民族(或国族)化"(Denationalization of Ethnic issues)则是非常准确和贴切的。

代历史上"国家—社会"之间关系问题的一个组成部分而已。正如在"国家—社会"之间关系问题上一样,这里也还是会有许多理念上的分歧和细节上无休止的争议。我们不能期待只要"多元一体"成为了人们的共识,一切问题就都迎刃而解了。不过,尽管如此,我们还是可以列出一些无论如何都必须要且只能由"民族—国家"来承担和行使的责任、权力,如垄断武装力量的责任和权力(除了国家之外,任何族群都不得拥有武装力量)、确定领土边界、捍卫领土安全、解决领土纠纷的责任和权力,对其他"民族—国家"进行对等交往的责任和权力,制定和实施国家内部所有公民都必须遵守的法律规则的责任和权力,对整个国家层面上的行政事务进行处理的责任和权力,等等。

从这个角度来看,当前中国族群政策方面存在的问题可能不是将本属于"文化群体"的"族群"事务及其"族群"关系"政治化"的问题,而是可能需要对"中华民族"和目前被确认的56个"族群"之间的(经济、社会、政治、文化)关系是否合理或适当进行检讨的问题。在这方面,我们还可以产生无穷的争论。我们依然任重而道远。

〔作者谢立中,北京大学社会学系主任、社会学人类学研究所所长、教授。本文刊发于《中国高校社会科学》2014年第2期,责任编辑毛殊凡。人大复印资料《民族问题研究》2014年第5期转载〕

国家转型与现代政治：从中国把握中国政治

林尚立

中国是一个拥有很长政治文明史的国家。迄今为止，它创造的政治形态大致有两种：一是古典的，二是现代的。古典政治形态，土生土长，创造了大一统的中央集权国家，绵延二千余年；同时，构筑了华夷秩序，创造了东亚文明圈。现代政治形态，源于西方，中国在经历了实验和探索之后，选择了社会主义制度；在综合现代西方政治文明、社会主义制度以及中国现代国家形态的基础上，创立了中国现代政治。这是价值取向完全不同的两种政治形态，它们之间没有直接的历史继承关系，唯一的联系是从古至今没有解体的中国社会。于是，面对现代中国政治，世人常常产生这样的困惑：中国现代政治，到底是西方的，还是中国的？是应该按照西方的逻辑走，还是按照中国的逻辑走？这种困惑使得人们无法全面、深入地把握中国现代政治及其未来的前途和方向。本文力图给出的答案是：应该从中国出发把握中国政治。

一、现代政治文明：从人类文明出发，还是从西方文明出发？

对于人类政治文明史，人们常常用由"民主"与"独裁"组成的一双眼睛来观察和透视，并由此来简单判定古代政治与现代政治、东方政治与西方政治的差别。从美国著名政治学家亨廷顿《第三波——20世纪后期民主化浪潮》的分析和判断来看，源于西方的民主化已成为现代政治文明的主流。面对起源于上世纪70年代的第三波民主化浪潮，他发出了这样感慨："今天，千百万以前曾在独裁专制统治者下受苦受难的人生活在自由之中。此外，由于历史上民主国家与民主国家之间不发生战争，和平地带也得到了大大地扩展，国家间冲突的可能性也大大地降低。民主制度在如此短的时间内急速成长，毫无疑问，是人类历史上最壮观的、也是最重要的政治变迁。"[①] 对于这种政治变迁的未来命运，亨廷顿给出了十分自信的回答："第三波的一个成就就是使西方文明中的民主获得了普遍性，并促进了民主在其他文明中的传播。如果第三波有一

---

① [美] 塞缪尔·亨廷顿：《第三波——20世纪后期民主化浪潮》，刘军宁译，上海三联书店，1998年，序言第3页。

个未来,这个未来就在于民主在非西方社会的扩展。"① "在正在兴起的经济发展的浪潮的推动下,每一波浪潮都比前一波进得更多,退得更少。套用一种比喻的说法,历史不是直线前进的,但是当有智慧有决心的领导人推动历史的时候,历史的确会前进。"② 在此,亨廷顿以非直接的方式表达了一个坚定的信念:民主最终一定战胜独裁,西方文明的民主一定会成为世界普遍的政治形式。然而,民主在当代人类文明发展中的理论与实践表明,亨廷顿坚定的信念一半是对的,另一半则是错的。民主最终一定能够战胜独裁,但战胜独裁的民主,并不都是"西方文明中的民主"。从实践上看,西方国家二战后所致力的民主输出实践,许多时候传播的是西方的民主理念与制度,种下的却是分裂、冲突与战争的种子,无数百姓不得不承受民主所带来的民不聊生的代价;从理论上看,民主虽然最先出现在西方,但其本质却是人类自我解放的历史必然,西方只是这种历史必然的第一个表现形式,但绝不是唯一的形式。民主在不同的国家,应该有不同的表现形式,其所蕴含的普遍性,不是西方民主形式的普遍性,而是民主所体现的人类自我解放的普遍性。

有一个事实是谁都否定不了的,即民主是现代文明的基本标志,自然也是现代政治文明的根本体现。至于为什么是这样,答案和理论多种多样,相对而言,马克思的回答更为深刻和科学,因为它是从人类发展的内在逻辑出发的。马克思认为,人与动物的基本区别就在于人拥有意识,而正是这种意识使得人所拥有的动物性欲望上升为追求自由的生命意志,这种生命意志决定了人类发展的历史过程是不断追求自由的过程,即人不断摆脱自然与他人(社会)所带来的束缚的过程。在人尚未有充分的能力摆脱其中任何束缚的时候,人为了生存,都依附于一定的共同体,其现实存在是作为共同体成员而存在的。人的这种存在塑造了人类的古代历史。但随着经济与社会的发展和个体独立生存能力的不断增强,人就逐渐摆脱了对特定共同体的依赖,获得了独立自主存在的经济与社会基础。这是人自我解放的一大飞跃,是人的类本质的重大变化。这种变化开辟了现代历史,形成了现代社会,建构了与现代社会相适应的现代国家。现代国家与古代国家的最大区别在于:随着个体独立所带来的私人生活的抽象,国家也从社会中抽象出来,与社会形成二元结构关系。现代政治制度就是二元存在的国家与社会相互适应的产物,以个体为单位组成的现代社会决定了现代政治制度形态选择必然是民主的。③

---

① [美]塞缪尔·亨廷顿:《第三波——20世纪后期民主化浪潮》,刘军宁译,上海三联书店,1998年,序言第5页。

② [美]塞缪尔·亨廷顿:《第三波——20世纪后期民主化浪潮》,刘军宁译,上海三联书店,1998年,第380页。

③ 参见林尚立:《建构民主——中国的理论与实践》,复旦大学出版社,2012年。该书第一章比较系统地阐述了马克思相关思想和理论。

西方思想家往往都是从个体独立及其所决定的市民社会来解释现代民主的由来与必然性的,但相比较而言,马克思的理论更加彻底,因为,马克思并没有因为肯定个体独立与现代社会是现代民主的基础,而将民主的内在必然性确立其上。马克思认为,人类建立国家的目的,是为了借助这第三种力量来解决自身的矛盾与冲突,因而,从根本上讲不希望作为人类的作品的国家异化为奴役人类的力量。这决定了人类在创立国家的时候,就天然地要解决人对国家的驾驭与控制,从而使国家真正掌握在其创立者,即人民手中。由此,马克思认为,国家制度是人的自由产物,这才是国家制度的本来面目。既然如此,体现和保障人的自由的民主制度,就不是作为一种国家制度形式而存在的,而是作为一切国家制度的本质属性而存在的。这样,在马克思理论中,"民主制是作为类概念的国家制度"①,存在于各国的国家制度,本质上都不过是民主制度在具体国家的具体体现,即使是君主制,其本质也不过是民主制度缺失而产生的一种变种。"民主制是君主制的真理,君主制却不是民主制的真理。君主制必然是本身不彻底的民主制,而君主环节却不是作为民主制的不彻底性而存在着。"② 基于此,马克思的结论是:"一切国家形式在民主制中都有自己的真理,正因为这样,所以它们有几分不同于民主制,就有几分不是真理,这是一目了然的。"③

分析至此,我们可以看到,现代政治文明的出现是人类自我解放和发展的内在必然。换言之,只要人的自我解放发展到一定程度,就必然将作为一切国家制度真理的民主制呈现为现实的制度形态。因而,现代民主之所以首先在西方出现,并不是西方文明创立了民主制度,而是西方社会相对超前的变化与发展,使民主制度首先在西方社会被呈现出来。

然而,西方在民主上的历史首创性,很快就扭曲了民主制与人类文明之间的关系,因为西方的思想家和政治家都普遍地要利用这种历史首创性,将西方创造的民主制度变为人类现代政治生活的普遍模式,其具体手段是将西方民主制度内含的价值和原则抽象为人类的普遍理性,使之成为放之四海而皆准的现代政治的精神与原则。在这种抽象中,不仅人从具体的人变成了抽象的人,而且使所有国家与社会的历史与文化都从具体的存在变为抽象的存在。于是,现实的政治实践,不是从现实出发,而是将带有先验性的西方政治精神与原则标准化地注入具体的国家与社会,改造每一个活生生的个体。借用恩格斯的话来说,这些西方的思想家与政治家将西方的民主视为"绝对真理、理性和正义的表现,只要把它发现出来,它就能用自己的力量征服世界;因为绝对真理是不依赖于时间、空间和人类的历史发展的,所以,它在什么时候和什么地

---

① 《马克思恩格斯全集》第1卷,人民出版社,1956年,第280页。
② 《马克思恩格斯全集》第1卷,人民出版社,1956年,第280页。
③ 《马克思恩格斯全集》第1卷,人民出版社,1956年,第282页。

方被发现,那纯粹是偶然的事情"①。于是,基于人类本质属性而发展出来的现代政治文明被彻底模式化为西方的政治文明,在这其中,其他国家与社会自然也就失去了主动性、创造性与发言权,只能等待缘起西方的民主浪潮的洗礼。亨廷顿的"第三波"概念就包含着这层意思。

民主是现代文明发展的必然要求,但这绝对不等于民主在现代文明中的发展是一种模式化的发展。这其中的道理很简单,国家依然是现代文明建构与发展的基本单位,而国家及其所对应的社会是具体的,有自己的历史与文化,有自己的发展方位与议程。然而,这很简单的道理并没有在现代政治文明的建设与发展中得到充分的尊重与遵守,不仅代表西方文明的西方社会如此,许多发展中国家在具体的实践中也会自觉不自觉地失去自我,依附在西方的模式之下。于是,西方的民主模式不仅成为现代政治文明的直接表达,而且成为各国现代政治建设与运行是否具有合法性的基本尺度。西方社会将这种局面视为理所当然,并为此骄傲自豪,然而,现代政治文明却因此而危机不断,因为,民主的模式化似乎加速了民主的推广,但实际上往往成为直接摧毁国家或社会内在结构或转型进程的力量。

由此可见,现代政治文明得以健康发展的关键,不应该寄托于源于西方的民主发展的第四波、第五波,而应该寄托于各种非西方模式的民主实践。民主生成方式、组织方式以及运行方式的多样性,是现代政治文明生命力和创造力的根本所在。从这个角度看,中国现代民主政治的建构实践及其所形成的中国特色社会主义民主政治,对人类现代政治文明的发展有重大的历史贡献,其理论意义和现实价值,值得世人关注和研究。

二、中国现代政治:是政治革命的产物,还是国家转型的产物?

现代政治文明是人类在寻求自我解放的实践中诞生和形成的。人类寻求自我解放的过程,除了经济与社会的发展过程之外,还需要一个非常重要的过程,即摧毁既有结构体系并创造全新的结构体系的过程,这就是历史上的革命过程。西方文明中的现代民主是在这种革命中诞生的,同样,中国现代政治也是在中国的民主革命中诞生的。于是,不论在西方,还是在中国,革命与现代政治之间有了天然的联系。很多人由此认为,中国和西方一样,其现代政治体系都是整个革命的产物。这个判断,也是一半是对的,另一半是错的。中国现代政治确实像西方现代政治文明一样,其形成和确立都经历了革命的过程,但西方现代政治文明是整个革命的直接产物,而中国则不是。准确地讲,中国现代政治是整个国家转型的产物,具体来说,国家转型所需要的政治

---

① 《马克思恩格斯选集》第 3 卷,人民出版社,1995 年,第 732 页。

革命启动了中国现代政治的成长，而成长中的中国现代政治则只有在有效推动和完成了社会革命之后才能得到真正的确立和发展。正是在这个意义上，本文认为，中国现代政治是国家转型的产物，因为国家转型最终是要通过社会革命来完成的。

在人类文明发展史中，革命是一个现代的概念，似乎是为迎接现代文明的诞生而创设，因为在西方的政治哲学中，革命本质上是人类为实现自我解放所形成的社会历史运动。阿伦特在其著名的《论革命》一书中就这样写道："革命这一现代概念与这样一种观念是息息相关的，这种观念认为，历史进程突然重新开始了，一个全新的故事，一个之前从不为人所知、为人所道的故事将要展开。十八世纪末两次伟大革命之前，革命这一现代概念并不为人所知。"① 这里所说的"两次伟大革命"，是指英国革命与法国革命。这两次革命都内生于各自的社会与历史，虽然形态与过程不同，但使命共同，即建立现代社会，创立现代国家。所以，阿伦特认为，对于革命者来说，革命"更重要的是改变社会的结构，而不是政治领域的结构"②，而其使命就是使全人类中受奴役者获得解放，从而享受自由与平等。正是在这个意义上，阿伦特认为："从理论上说，法国大革命意义最为深远的后果，就是黑格尔哲学中现代历史概念的诞生。"③

由此可见，对于人类文明来说，革命所意味着的不仅仅是推翻绝对君主统治，更是围绕着实现人类的自我解放而展开的全面性的社会结构变换。英国著名历史学家霍布斯鲍姆将发生在1789年至1848年之间的法国政治革命与英国工业革命视为"双元革命"，并将这个时代称为"革命的年代"。他认为"这种伟大革命，不仅仅是'工业'本身的巨大胜利，而且是资本主义工业的巨大胜利；不仅仅是一般意义上的自由和平等的巨大胜利，而且是中产阶级或资产阶级自由社会的大胜利；不仅仅是'现代经济'或'现代国家'的胜利，而且是世界上某个特定地域（欧洲部分地区和北美少数地方）内的经济和国家的巨大胜利"；"这场双元革命改变了世界，并且还在继续使整个世界发生变革"。④ 中国的近代革命就是在这样的革命浪潮冲击和裹挟下出现的，它属于近代以来世界革命浪潮的一部分，但这并不意味着现代政治在中国的出现和西方国家一样，都是革命的产物。

革命在行动上体现为用一个新的结构替代既有的旧结构，使革命的对象发生革命性的变化。但革命在本质上是人实现自我解放的行动实践，在这个过程中实现的新旧结构的更换，只不过是革命行动本身应该包含的内容与任务。由此，创新现代文明的革命应该至少包含三个基本要件：一是拥有寻求自我解放的主体力量；二是新的社会

---

① ［美］汉娜·阿伦特：《论革命》，陈周旺译，译林出版社，2007年，第17页。
② ［美］汉娜·阿伦特：《论革命》，陈周旺译，译林出版社，2007年，第14页。
③ ［美］汉娜·阿伦特：《论革命》，陈周旺译，译林出版社，2007年，第40页。
④ ［英］艾瑞克·霍布斯鲍姆：《革命的年代：1789—1848》，王章辉等译，江苏人民出版社，1999年，第2页。

和政治结构获得有效的成长;三是拥有促进新旧社会与政治结构彻底替代的历史行动。用这三个基本要件来衡量中国的近代革命,可以看出,中国近代革命虽然属于当时世界革命潮流的一部分,但革命过程所产生的中国现代政治,不像西方国家那样是整个革命的直接产物,而是整个国家转型的产物。这其中的关键点在于:中国革命不是爆发于内生的革命主体力量为实现自我解放而孕育的革命形势与革命行动,而是爆发于古代的国家与政权在现代化冲击下所深陷的全面危机。这决定了中国现代政治的建构,更多的不是从解放现代性的力量出发,而是从如何使古老的国家在现代化冲击下得以维持并力图再生出发,因而,它虽然诞生于革命过程之中,但其本质不是整个革命的直接产物即人实现自我解放的产物,而是实现国家现代转型的产物。

就国家转型来说,在马克思的理论中,它必须通过两个革命的有机统一来完成:政治革命与社会革命。近代西方所发生的开启现代历史的革命,内生于西方社会的新力量、新观念以及新制度的成长,因而爆发之后很快形成了政治革命与社会革命的相互激荡,即所谓的"双元革命"格局。然而,从中国近代革命的发生与展开来看,中国革命是世界革命浪潮冲击所导致的国家危机而引发的,一方面缺乏足够的内生性,另一方面主要局限于政治革命。这决定了中国革命的历史逻辑是政治革命在先,社会革命在后。中国的现代政治是在这个逻辑链条中选择、孕育与确立的,既要符合政治革命的规定性,也要符合推动社会革命的历史要求。正因为如此,毛泽东当年在考虑用于建立新社会、新国家的政治制度的时候,不是将其作为中国现代政治的终极形态来设计的,而是作为一种过渡形态来设计的。在1940年发表的《新民主主义论》中,毛泽东是这样考虑和设计的:①

"中国革命的历史特点是分为民主主义和社会主义两个步骤,而其第一步现在已不是一般的民主主义,而是中国式的、特殊的、新式的民主主义,而是新民主主义。"

"很清楚的,中国现时社会的性质,既然是殖民地、半殖民地、半封建的性质,它就决定了中国革命必须分为两个步骤。第一步,改变这个殖民地、半殖民地、半封建的社会形态,使之变成一个独立的民主主义的社会。第二步,使革命向前发展,建立一个社会主义的社会。中国现时的革命,是在走第一步。"

"这个革命的第一步、第一阶段,决不是也不能建立中国资产阶级专政的资本主义的社会,而是要建立以中国无产阶级为首领的中国各个革命阶级联合专政的新民主主义的社会,以完结其第一阶段。然后,再使之发展到第二阶段,以建立中国社会主义的社会。"

"在中国,事情非常明白,谁能领导人民推翻帝国主义和封建势力,谁就能取得人民的信仰,因为人民的死敌是帝国主义和封建势力、而特别是帝国主义的缘故。在今

---

① 《毛泽东选集》第2卷,人民出版社,1991年,第666、672~677页。

日,谁能领导人民驱逐日本帝国主义,并实施民主政治,谁就是人民的救星。历史已经证明:中国资产阶级是不能尽此责任的,这个责任就不得不落在无产阶级的肩上了。"

"现在所要建立的中华民主共和国,只能是在无产阶级领导下的一切反帝反封建的人们联合专政的民主共和国,这就是新民主主义的共和国,也就是真正革命的三大政策的新三民主义共和国。"

"这种新民主主义共和国,一方面和旧形式的、欧美式的、资产阶级专政的、资本主义的共和国相区别,那是旧民主主义的共和国,那种共和国已经过时了;另一方面,也和苏联式的、无产阶级专政的、社会主义的共和国相区别,那种社会主义的共和国已经在苏联兴盛起来,并且还要在各资本主义国家建立起来,无疑将成为一切工业先进国家的国家构成和政权构成的统治形式;但是那种共和国,在一定的历史时期中,还不适用于殖民地半殖民地国家的革命。因此,一切殖民地半殖民地国家的革命,在一定历史时期中所采取的国家形式,只能是第三种形式,这就是所谓新民主主义共和国。这是一定历史时期的形式,因而是过渡的形式,但是不可移易的必要的形式。"

"国体——各革命阶级联合专政。政体——民主集中制。这就是新民主主义的政治,这就是新民主主义的共和国,这就是抗日统一战线的共和国,这就是三大政策的新三民主义的共和国,这就是名副其实的中华民国。我们现在虽有中华民国之名,尚无中华民国之实,循名责实,这就是今天的工作。"

"这就是革命的中国、抗日的中国所应该建立和决不可不建立的内部政治关系,这就是今天'建国'工作的唯一正确的方向。"

由此可见,中国现代政治虽然诞生于中国革命的过程,但并不是整个革命的最终成果,因为,它自身实际上还要承担着推动第二步革命,即社会革命展开的任务与使命。而且,从中国革命得以发生的现实逻辑来看,这种政治革命所催生的现代政治体系,只有在有效推动了相应的社会革命之后,才能获得其相应的经济与社会基础。[①] 所以,从严格意义上讲,中国现代政治体系是基于国家整体实现现代转型的需要而确立的,以暴力方式展开的政治革命是这种转型的手段与方式,它催生了中国现代政治体系,并烙上自己的烙印,但丝毫改变不了中国现代政治的内在属性,即它不是政治革命的产物,而是国家转型的产物。如果把中国现代政治体系简单看作是中国政治革命的产物,那么中国现代政治体系仅仅是为实现和维护一种新的政治统治而建立的政治体系,可毛泽东一再强调,中国现代政治是要建立新社会、新国家的现代政治。

作为中国国家现代转型的产物,中国现代政治首先受益于国家转型过程中的一系列革命行动,既包含中国共产党领导的新民主主义革命行动,也包含中华民族近代以

---

① 林尚立:《当代中国政治形态研究》,天津人民出版社,2000年,第109~165页。

来为挽救民族危亡而进行的各种政治革命行动，因而，其选择和建构是中国人民与中华民族的共同行动。由于这种共同行动一开始就作为世界革命与发展行动的组成部分来进行的，所以，其历史取向自然是由世界革命与发展的潮流所决定。其次，它也意味着中国现代政治建构所围绕的轴心是国家的整体转型，以建立新社会、新国家来展开，因而，它尽管有现代政治价值与目标的追求，但其形态、结构与功能的布局与设计，最终都必须落实于中国特有的国家转型与发展的现实任务与内在要求，从而形成中国现代政治的建设逻辑与结构模式。最后，对于中国这样后发的现代化国家来说，国家转型是一个长期的过程，这决定了中国现代政治也将是一个不断发展的过程，既决定于国家转型发展，也服务于国家转型发展，因而，它能真正摆脱所谓的绝对真理、理性与正义的先验规定，在有效的自我发展中，创造出能够同时兼顾和推动人的发展、社会进步与国家治理的中国现代政治文明。

三、中国国家转型：基于内在逻辑，还是基于外在逻辑？

国家转型是现代化运动的重要组成部分。国家古已有之，但在马克思看来，随着创造国家这种政治组织形式的人类社会的发展，尤其是人对自然和社会的自主性程度的不断提高，出现了逐渐摆脱对共同体的依赖而独立的个人，国家有了现代国家与古代国家之分。所谓的国家转型，从政治哲学上讲，就是古代国家向现代国家转型。在马克思看来，古代国家与现代国家的主要区别在于：在古代国家，国家与社会是一体的，国家就是一切，国家决定人的现实存在，决定公民权的归宿；在现代国家，基于个体的独立自主，国家与社会是分开的，社会决定国家，人的现实存在决定国家现实存在，人权是公民权的基础。古代国家与现代国家的区别表明，任何迈向现代化的国家都必然要经历国家转型。

和现代民主起源于西方一样，国家转型也首先出现在西方。西方的现代民主就是在国家转型过程中随着现代国家的成长而出现的。国家转型和现代国家确立在前，现代民主出现在后，因为推动西方国家现代转型的制度安排恰恰不是现代民主，而是绝对专制主义。之所以出现这样的历史场景，是因为西方出现现代国家之前，是处在精神归于基督帝国，而生存归于高度分散的领地与城市的境遇之中。为了摆脱这种困境，欧洲社会以"民族"为单位整合地域与人民，为此发明了具有现实神圣性和至高无上性的主权。主权的出现，既能将分散的整合为一个整体，又能使现实的世俗国家从基督帝国中独立出来，获得充分的现实自主。西方现代的民族主权国家由此出现，配合这种民族主权国家建构的制度自然是绝对君主制。[①] 英国学者综合

---

① 对绝对君主制的性质与结构的研究可参见英国学者佩里·安德森的《绝对主义国家的系谱》（刘北成、龚晓庄译，上海人民出版社，2000年）。

各方的研究后认为，西方民族主权国家在形成和发展过程中，"形成了六个方面颇具意义的明显进步：（1）与统一的统治体系相一致的国家疆界的确定；（2）新的立法和执法机制的产生；（3）行政权力的集中；（4）财政管理活动的变化和拓展；（5）通过外交和外交机构的发展而出现的国家间关系的规范化；（6）常备军的引入。"①这样，西方的国家转型与现代国家建构，不仅有了自己的历史轨道，有了围绕人权、主权而形成的契约论的国家观，而且有了现代国家的架构形态以及稍晚形成的现代民主模式。由于"这些国家的兴起，凭借它们提供秩序、安全、法律和财产权的能力，构成了现代经济世界的萌生基础"②，所以，基于这些所提炼出来的模式化的国家转型与现代国家建构，和西方的现代民主政治一样，很快就成为非西方国家现代化过程中国家建构和政治发展的重要依据和样板。人们对西方现代民主神圣化，更加剧了西方国家现代转型模式的标杆性地位与作用。然而，西方殖民体系解体之后以及冷战结束之后，基于民族独立运动所进行的各种国家建设实践表明，西方的现代国家"根本不具有普遍意义"，那些为此而努力的国家，虽然形式不同，但结果往往是一样的，都以失败告终。③然而，尽管如此，西方对非西方国家的认知、考察与评判，依然是从他们的观念、经验与模式出发，这使得西方的国家转型与国家建构作为现代政治文明的重要范本，很自然地成为非西方国家推进国家转型和进行现代国家建设所不得不面对的外在逻辑。

中国是有自己漫长文明史的世界大国，其国家转型与现代国家建设，既是中国现象，也是世界现象。对于中国的实践，西方学者的观念与心态多少有点矛盾，既认为中国的历史与社会是特例，④但又希望中国能够按照西方的逻辑来走，实践西方的模式；既认为中国的国家转型与现代国家建设是比较成功的，⑤但又认为中国还没有真正成为标准的现代国家，存在诸多的变数。美国著名社会学家蒂利就认为，从历史事实

---

① [英]戴维·赫尔德：《民主与全球秩序：从现代国家到世界主义治理》，胡伟等译，上海人民出版社，2003年，第38页。

② [美]弗朗西斯·福山：《国家建构：21世纪的国家治理与世界秩序》，黄胜强、许铭原译，中国社会科学出版社，2007年，第1页。

③ [美]弗朗西斯·福山：《国家建构：21世纪的国家治理与世界秩序》，黄胜强、许铭原译，中国社会科学出版社，2007年，第2页。

④ 在这方面的思想观点很多，例如英国历史学家霍布斯鲍姆强调了中国思想、观念以及思考世界的概念体系的独特性与例外性（[英]艾瑞克·霍布斯鲍姆：《革命的年代：1789—1848》，王章辉等译，江苏人民出版社，1999年，第291页）。美国著名社会学家查尔斯·蒂利也认为"中国构成了一个特别的例外"（[美]查尔斯·蒂利：《强制、资本和欧洲国家（公元990—1992年）》，魏洪钟译，上海世纪出版集团，2007年，第3页）。

⑤ [美]弗朗西斯·福山：《国家建构：21世纪的国家治理与世界秩序》，黄胜强、许铭原译，中国社会科学出版社，2007年，第2页。

看，中国"有着近三千年的连续的民族国家的经验"，"但是，考虑到它众多的语言和民族，没有一年可以被看成一个民族—国家"①。这种矛盾心态多少也影响了中国人的自我认知与判断，使中国人对自身国家转型与现代化建设的实践道路和发展模式缺乏足够的信心，从而导致人们无法在理论上有效地为今天中国成功的实践和发展提供必要的合法性与合理性支撑。

其实，只要真正回到中国自身，科学地把握人类社会发展的基本规律，客观地比较中西之间的差异，任何人都会发现，同样是国家转型与现代国家建设，中国不可能按照西方的逻辑与议程来展开，因为中国的古代国家与西方的古代国家是完全不同的两种国家，其中央的整合力、制度的完备性、国家的规模与质量都大大优于转型前的西方古代国家，它们所处的实际状态更是天差地别。再者，就国家转型本身而言，一个是外在冲击引发的，一个是内生的。这些差异决定了中国国家转型有自己的任务、路径、议程、方式与最终目标，而这些都直接影响到中国在国家建构中的制度选择与发展方式。仅就国家转型与现代国家建构所面临的基础和任务来看，西方面临的是如何将高度的分散性整合为内在的一体化；而中国面临的则是如何使传统的大一统在国家转型中延续为现代国家的一体化。仅这一点就足以决定中国的国家转型与现代国家建设逻辑，无论如何不能基于来自西方的外在逻辑，而必须充分把握中国自己的逻辑。在这方面，中国面临的挑战是：由于这种国家转型与现代国家建设不是内生的，所以，就必须人为地将人类现代文明发展所要求的现代国家建设方向与中国的实际有机结合起来，创造性地探索其内在逻辑，走出中国的路。客观地讲，中国在这个过程中，至少经历过两次模式化的实践，一是以西方为样板的模式化实践；二是以苏联为样板的模式化实践。这两次实践都不成功，留下的唯一财富就是促使中国人真正回到自身，寻求自己的道路。但是，应该看到，中国毕竟是一个有自己历史、文化和智慧的国家，有较强的历史与文化的自觉性，有较强的国家自尊性与自主性，因而，即使在模式化实践的过程中，也时刻伴随着反模式化的思索与探索，从而能够在模式化实践受挫的时候，及时地找到自己应有的方向和路径。

所以，中国国家转型，既考虑内在的逻辑，也考虑外在的逻辑。经历了模式化实践的挫折之后，中国充分意识到：只有更加全面深入地把握中国国家转型的内在逻辑，才能超越模式化的简单模仿，从而能够更好地从人类社会发展的规律中把握自身，实现中国的内在逻辑与人类发展的基本逻辑有机结合。基于马克思主义的世界观以及中

---

① ［美］查尔斯·蒂利：《强制、资本和欧洲国家（公元990—1992年）》，魏洪钟译，上海世纪出版集团，2007年，第3页。

国天人合一、顺势而为的文化信仰,中国一直将探索发展规律、把握发展规律、按照规律推动发展作为其促进国家转型、进行现代国家建设的基本哲学思想,所以,主张各国应从全人类发展的基本规律认识世界、把握世界,并用于指导自身发展,进行各自有效的创新与发展;主张积极学习和借鉴他国的经验,最大限度地避免重复他国的错误。这是中国在上百年的国家转型与国家建设实践中形成的基本战略理念与行动方式。

正因为中国是在尊重人类发展规律的前提下,以非常开放的心态来把握自身的发展逻辑,所以,这决定了中国对自身内在逻辑的尊重,不仅有中国价值,而且有世界意义。它至少能够给丰富多彩的当今世界贡献一种新的文明发展景象:在前现代历史中创造了独特文明成就、形成了独特发展模式、建构了特别强大国家的中国,在现代化的历史运动中,实现了整体转型与整体发展,并以自己独特的方式,再造一个新的文明辉煌,贡献一套新的发展形态、制度形态和理论形态。

四、中国政治发展:是可持续的,还是不可持续的?

在现代国家建设中,政治发展是国家转型与现代国家建设的内在动力机制和外在表现形式。在现代的政治逻辑中,政治发展是以民主化为取向的国家成长、制度完善和民权实践的政治建设过程,有自己的逻辑,不能特立独行,因为它时刻离不开现实经济与社会发展所给予的现实规定性和发展基础。当然,现实的经济与社会发展离不开国家这个政治空间,所以,政治对经济与社会发展也能产生重要的作用。政治、经济与社会发展实际上构成了国家建设与发展的主体,它们之间的相互决定关系使得其中的任何一项发展出现问题,都可能直接影响到国家的建设与发展。在今天经济发展日益市场化、全球化、网络化的背景下,保障国家驾驭经济发展能力的政治建设与政治发展,愈发具有全局性和根本性的价值和意义。中国改革开放以来的实践证明,正是形成了中国政治、经济与社会的联动改革和联动发展,才创造了中国发展的成就和奇迹。换言之,中国的政治建设与政治发展保障了中国国家现代化发展的顺利展开。然而,尽管中国的政治处于有效的发展中,但中国特殊的国情、独特的发展道路以及国家制度形态,还是使得不少人无法从一般的经验和日常的常理中来把握中国政治发展的前景与可能。对于中国发展的未来,人们有这样的共识:如果中国能在巩固现实基础上持续发展下去,中国就一定有无比美好的未来;但是,在中国是否能够实现持续发展的问题上,人们是有不同疑虑的,其中的焦点之一,就是中国的政治发展是否具有可持续性。其实,中国政治发展是否具有可持续性的问题,不仅是人们把握中国未来的基本问题,也是中国国家转型与国家发展所面临的关键问题。一个国家政治发展是否可持续，不是先验性的问题，而是极为现实的问题，既取决于现实的条件，也取决于国家的正确作为和科学把握。因而，立于当下来应答这个问题，不是要给出一个确定无疑的答案，而是为中国政治实现可持续发展探索各种资源与战略。

有一点是可以肯定的，就是中国发展到今天，已经具备实现政治持续发展的基础与可能，其依据如下：第一，中国经济已经全面进入到市场化、全球化和网络化时代，在实在的空间中，中国经济与全球经济交融，全球性的市场经济机制与通则进入到中国经济生活领域；在虚拟的空间，网络经济已全面展开，汹涌澎湃，在赋予中国公民全新的自由空间的同时，也在深刻地改变着中国的经济、社会和文化生活。第二，市场经济所带来的经济生活、社会生活和政治生活的变化，已经深刻改变了中国社会的基本权力结构和权力关系，个体及其所构成的社会成为基本的权力主体，共同决定着国家与政府，影响着政党的政策方针和治理方略。这种权力结构使得民主与法治成为权力合法的根本来源。第三，随着中国的民主与法治建设尤其是法治国家建设的不断深入，法律已全面成为国家治理与权力运行的依据和准绳，制度已成为国家治理与运行的轴心，权威性日益提高。第四，严格的退休制度和任期制度，使得中国的国家权力不仅是开放的，而且实现了全面制度化的定期更替。权力的开放性以及权力更替的全面制度化，既保证了社会内部的有序流动和政治参与，也保证了治国理政权力的全社会配置以及治国理政者的职业化、专业化、任期化。第五，解放思想、改革开放的国家建设品质使得中国尽管有自己的理论、道路和制度的坚持，但从不故步自封，强调开放、学习和创新是中国成长的内在动力，这使得中国社会思想、战略谋划、体制创造、政策安排等都会积极地学习和借鉴一切有益的经验，从而保持思想理论以及战略观念的与时俱进。

以上分析表明，中国已经拥有保证政治持续发展的基础和可能。然而，这种基础与可能要转化为可持续的政治发展，在很大程度上取决于中国政治本身，其中最核心的是三个方面：一是国家权力属性；二是国家权力的制度安排；三是国家治理体系与能力。国家权力属性关系到未来国家掌握在谁的手中的问题。中国是实行人民民主的国家，国家权力掌握在全体人民手中，人民当家作主，其组织保障就是中国共产党领导，其制度保证就是人民代表大会制度。这种国家权力属性的最大特点就是能有效地避免经济与社会分化所带来的国家权力归宿的集团化、私有化，使国家权力能够时刻掌握在全体人民手中。领导全体人民、凝聚整个民族、服务整个国家的共产党通过其组织形式、干部制度、领导体制以及群众路线，能够有效地保证这种国家权力属性的长期不变。从这个角度讲，中国共产党的自身建设和发展就变得尤为重要。邓小平就道出了其中的真理：中国的关键在党。① 至于安排国家权力的政治制度，尽管有鲜明的中国特色，但其本质是现代的，是符合中国国情的，而且是有效的。虽然中国有两千多年的古典政治文明，其制度水平达到了那个时代的最高水平，但今天的中国制度根本就不是中国传统制度部件的现代组装，而是产生于西方的现代制度部件的中国组装。更为重要的是，中国组装这些制度部件的价值取向是民主共和。因而，无论如何，中国的现代政治制度是具有现代性和民主性的制度体系，只不过中国在组装其现代政治制度的时候，是从中国国家转型以及新国家的组织和运行的需要出发的，是从中国建设社会主义社会的要求出发的，在一定程度上超越了西方的经典原则与形态，有鲜明的中国特色。实践证明，正因为中国现代政治制度的建构充分考虑了中国的国情与需求，所以，在三十多年的改革开放中显示出高度的有效性。制度的现代性、适宜性以及有效性，必然为政治保持自身的持续发展提供强大的制度支撑与制度保障。

但是，客观地讲，中国政治制度的现代性、适宜性与有效性，并不意味着中国政治制度的规范性和完善性。从保障国家、整合国家和发展国家的角度看，中国现有的政治制度体系是适宜和有效的，但从治理国家、平衡国家与社会、提升国家组织与运行质量的角度讲，中国的政治制度还需要进行更为系统、更为规范、更为精细的规划与建设。正因为如此，中国在2013年开始的新一轮改革开放中，提出了"国家治理体系和治理能力现代化"的发展目标。如果这个目标能够实现，那么中国的政治也就拥有了巩固国家政权、巩固国家制度以及有效治理国家的能力，而这种能力恰恰是中国政治维持和保障其实现长期持续发展的关键所在。

五、结论

对中国来说，几乎现代政治的所有要素都是外来的，而且中国建构现代政治的动因也不是内生的，其最初的出发点就是为了挽救民族危亡、保住大一统的国家。但是，中国建构现代政治的过程与行动却是自主与自觉的，其核心体现就是将现代政治建构与救亡图存、民族复兴和人民幸福紧密结合，与建立一个能够超越西方自由资本主义社会的新社会、新国家紧密结合。这种自主与自觉，使得中国是从中国历史、社会与文化出发，从中国国家转型与国家建设的实际需要出发，用现代政治要素和政治原理来搭建中国的现代政治，形成了现代性与中国规定性的有机统一。所以，我们固然可以从现代的政治原理来分析和把握中国政治，但要真正把握中国政治的内在逻辑和精神实质，还是要回到中国自身。换言之，要从中国的角度和逻辑来把握中国的现代政

---

① 《邓小平文选》第3卷，人民出版社，1993年，第380、381页。

治。在这其中要牢牢把握一条主线,这就是中国现代政治一直是在力图解决拥有两千多年历史的古老大国实现整体转型、全体人民整体掌握国家权力这两个根本性的历史课题中建构起来的。到目前为止,中国现代政治以自己独特的形态和机能,基本上实现了国家的整体转型以及人民的整体掌权。这无疑是现代人类政治文明中的一大奇迹。至于国家的整体转型与人民的整体掌权是如何具体塑造中国现代政治的,则需要另一篇论文来探讨。

〔作者林尚立,复旦大学副校长、教授。本文刊发于《中国高校社会科学》2014年第6期,责任编辑王群瑛。《新华文摘》2015年第6期、人大复印资料《中国政治》2015年第2期转载〕

附录 1

《中国高校社会科学》2013 年总目录

本刊专稿

繁荣发展高校哲学社会科学 为实现中国梦作出新贡献 　　　　　　袁贵仁 1（4）
实施哲学社会科学创新工程 建设具有中国特色、中国风格、中国气派的哲学社会科学 　　　　　　王伟光 2（4）
学习研究宣传好党的历史和革命精神 　　　　　　李卫红 3（4）

马克思主义

论马克思主义理论教员的专业与信仰 　　　　　　陈先达 1（12）
谈谈文化传承创新 　　　　　　杨　河 1（19）
思想解放与话语方式转变 　　　　　　韩　震 1（32）
马克思经济思想的"历史路标"
　　——读马克思《1861—1863 年经济学手稿》 　　　　　　顾海良 2（9）
高举辩证唯物主义旗帜
　　——忆黄枬森老师教我学马列 　　　　　　陈志尚 2（24）
毛泽东与中国特色社会主义
　　——纪念毛泽东诞辰 120 周年 　　　　　　杨　河 3（10）
《资本论》再研究：文献、思想与当代性 　　　　　　聂锦芳 3（47）
试论马克思主义哲学的共产主义内核 　　　　　　侯惠勤 4（4）
一种批判性的审视："话语体系"何以能打造
　　——兼论中国特色社会主义理论创新中的一个方法论问题 　　　　　　叶险明 4（12）

哲学

中国文明的哲学基础 　　　　　　陈　来 1（37）
重估尼采哲学 　　　　　　赵敦华 1（51）

从必然王国向自由王国的转变与从片面的人向全面的人的发展	杨　耕 1（68）
关于黑格尔《精神现象学》的几个问题	邓晓芒 2（39）
现代中国美学的自我理解及其理论困境	张汝伦 2（55）
早期现象学运动中的特奥多尔·利普斯与埃德蒙德·胡塞尔	
——从移情心理学到同感现象学	倪梁康 3（65）
科学哲学史的结构和问题	刘大椿 3（74）
资本主义：全景敞视主义的治安—规训社会	
——福柯《规训与惩罚》解读	张一兵 4（20）
走进历史的分析哲学	江　怡 4（30）

史学·文学

《旧制度与大革命》探析（上）	高　毅 1（81）
文化传播的双向考察	
——名词的动词性与动词的交互性	杨慧林 1（92）
《旧制度与大革命》探析（下）	高　毅 2（66）
关于口述史的五个问题	岳庆平 2（81）
从"游于艺"到"求打通"	
——钱锺书文艺研究方法论例说	陈跃红 2（94）
释读清华简	
由清华简《系年》重释沬司徒疑簋	李学勤 3（83）
清华简中的诗与《诗》学新视野	李守奎 3（85）
清华简《良臣》的性质与时代辨析	韩宇娇 3（90）
清华简《良臣》所见三晋《书》学	马　楠 3（93）
由清华简论"颂"即"容"及其文化学意义	江林昌　孙　进 3（97）
中华海洋文明论发凡	杨国桢 4（43）
汉武帝时代的海洋探索与海洋开发	王子今 4（57）
晚明海洋意识的重构	
——"东矿西珍"与白银货币化研究	万　明 4（71）
从孙悟空的名号看《西游记》成书的"全真化"环节	陈　洪 4（86）

经济学

我国经济增长中的产业结构问题	刘　伟　张　辉 1（98）
发展与转型：中国经济十年	黄卫平　丁　凯 2（100）
我国经济增长趋势和政策选择	刘元春　陈彦斌 2（109）
证券性金融支持与中国资本市场的性质和作用	张　杰 2（126）

经济增长差异和外部失衡	姚　洋　柳庆刚 3（115）
投资增长与周期统一模型	白暴力　白瑞雪 3（125）
论世界经济的结构变革	王跃生 4（95）
谈判地位、价格加成与劳资博弈	
——我国劳动报酬份额下降的机制分析	谢　攀　李文溥　刘　榆 4（105）

法学·政治学

坚持走法治社会主义道路	黄　进 1（119）
社会法的调整范围及其理论扩展	张守文 1（135）
中国政府职能转变问题研究论纲	朱光磊 1（145）
党内法规制度体系建设的基本理论问题	王振民 2（136）
当代中国法律领域价值理念的国际传播问题浅析	吴志攀 3（133）
个人自由、社会公正、人际友善	
——论现代社会的和谐	张曙光　陈占友 3（141）
中国法律职业：成就、问题和反思	
——数据分析的视角	朱景文 4（117）
社会协商与社会建设：以区分社会管理与社会治理为分析视角	林尚立 4（135）

社科动态

继往开来，为繁荣发展高校哲学社会科学服务	
——《中国高校社会科学》出版座谈会召开	汪立峰 2（154）
经济全球化新形势下的中国对外经济安全	
——"中国经济安全论坛（2013）"综述	朱　立　唐柳洁 4（147）
《中国高校社会科学》杂志在中国人民大学召开读者作者座谈会	汪立峰 4（152）

附录 2

《中国高校社会科学》2014 年总目录

本刊专稿

全面准确深入把握全面深化改革的总目标	王浦劬 1 (4)
深化经济体制改革与加快转变政府职能	
政府与市场的关系	林毅夫 1 (19)
政府职能的转变	姚 洋 1 (22)
关于国民收入分配问题	宋国青 1 (23)
从改革史角度看宏观调控	卢 锋 1 (25)
肩负起培育和弘扬社会主义核心价值观的时代重任	李卫红 3 (4)
全面推进依法治国 加快建设社会主义法治国家	
"法治梦"是"中国梦"的基石和保障	吴志攀 6 (4)
党中央大战略大布局："三个全面"与"三个中国"	胡鞍钢 6 (6)
依法治国开启中国历史新纪元	王振民 6 (9)
坚定不移走中国特色社会主义法治道路	王利明 6 (11)
努力开创中国刑事法治发展新局面	赵秉志 6 (14)
创新法治人才培养机制 全面推进依法治国	黄 进 6 (17)
法治中国建设的制度丰碑	左海聪 6 (20)
法治中国的新格局	孙笑侠 6 (23)
依法治国理论的新拓展	何勤华 6 (26)

马克思主义

马克思主义群众观与中国共产党的群众路线	李 捷 1 (27)
哲学：思想的前提批判	孙正聿 2 (4)
现时代的教育变革与国家认同	韩 震 2 (20)
中国特色社会主义理论与实践问题研究	教育部中国特色社会主义理论体系研究中心 2 (26)

"德国古典哲学的终结"还是"全部哲学的终结" 赵家祥 3（7）
思想政治教育的根源探究 郑永廷 3（27）
邓小平晚年重要思想研究 梁 柱 4（4）
论马克思异化劳动理论与资本批判理论的统一
　　——《1844年经济学哲学手稿》与《资本论》比较研究 孙熙国 尉 浩 4（16）
我心中的文海同志 田心铭 4（151）
马克思"历史科学"的后黑格尔主义阐释 王南湜 5（4）
"转形"问题论争与20世纪马克思经济学在西方的命运
　　——纪念《资本论》第三卷发表120周年 顾海良 6（30）
完善双重调节体系：市场决定性作用与政府作用 程恩富 6（43）

哲学

海德格尔的形式显示方法和《存在与时间》 张祥龙 1（40）
古印度哲学考略 姚卫群 1（62）
经典、地域与思想传统
　　——以六世纪地论师与北方佛教中心为例 李四龙 1（72）
历史意识与解释学循环 何卫平 2（31）
论海德格尔的"Dasein"与其三个主要中文译名 王庆节 2（40）
中国文化的"变"与"常" 李存山 3（36）
再论皖派与吴派的学术关系
　　——以戴震与惠栋为例 吴根友 3（46）
海德格尔哲学思想与现代西方哲学的"转向" 杨寿堪 4（27）
国家社会主义、世界犹太集团与存在的历史
　　——关于海德格尔的黑色笔记本 理查德·沃林 4（37）
历史中的哲学与哲学中的历史 杨 河 于品海 4（47）
杜威的审美经验理论及其当代启示 汪堂家 5（26）
知行之辨：实用主义内部理性主义与实践主义的分歧与互补 陈亚军 5（34）
实用主义是相对主义吗？
　　——评威廉·詹姆斯的真理观 尚新建 5（50）
与生活者谈人生
　　——关于人生哲学的思考 李德顺 6（53）
论蒯因的逻辑哲学 陈 波 6（60）

史学·文学

《史记》对朝鲜王朝政治文化的影响
　　——以《史记英选》之编选与刊印为中心　　　　　　孙卫国　张光宇 1 (84)
严复看第一次世界大战　　　　　　　　　　　　　　　　　　欧阳哲生 1 (96)
中国文论的"问道"与"原道"　　　　　　　　　　　　　　　　袁济喜 1 (109)
清华简注释之商榷　　　　　　　　　　　　　　　　　　　　房德邻 2 (55)
论文艺"公转"与"自转"　　　　　　　　　　　　　　　　　　董学文 2 (71)
脆弱时代：全球视野下的生态与生存　　　　　　　　　　唐纳德·沃斯特 3 (62)
意大利与波河的变动关系　　　　　　　　　　　　　　　　彼得·寇茨 3 (71)
明代吴淞江中下游的旱情敏感　　　　　　　　　　　　　　　　王建革 3 (83)
互联网与集体记忆构建　　　　　　　　　　　　　　　　　　胡百精 3 (98)
北魏官宦贪腐与政府之对策　　　　　　　　　　　　　　　　张金龙 4 (82)
古代曲学中的"戏剧"概念　　　　　　　　　　　　　　　　　　李　简 4 (100)
论李焘的历史编纂学成就
　　——以《续资治通鉴长编》为中心　　　　　　　　　陈其泰　屈　宁 5 (65)
中国古代编年史对日本的影响　　　　　　　　　　　　乔治忠　刘文英 5 (77)
谈楔文文学的汉译　　　　　　　　　　　　　　　　　　　　拱玉书 5 (87)
明清江南士绅研究疏论　　　　　　　　　　　　　　　　　　冯贤亮 6 (85)
辛亥前后孙中山的救灾思想与实践　　　　　　　　　　　　　赵晓华 6 (97)
中国艺术公共领域的当代构建　　　　　　　　　　　　　　　王一川 6 (106)

经济学

中国人力资本的再估算及检验　　　　　　　　　　　　孙永强　徐滇庆 1 (125)
早期环境、健康不平等与健康人力资本代际传递效应述评　孙祁祥　彭晓博 1 (133)
论中国深化改革面临的四个转变　　　　　　　　　　　田国强　陈旭东 2 (95)
我国经济增长从投资驱动向创新驱动转型的政策选择　　龚六堂　严成樑 2 (102)
发展成果评价的现实基础和核算任务　　　　　　　　　　　　宋旭光 3 (107)
广义虚拟经济视角下的房地产泡沫及其经济治理　　　　　　　田利辉 3 (117)
中国人口转变、经济发展与慢性病增长　　　　　　　　郑晓瑛　宋新明 4 (109)
区域医疗信息化降低医疗费用的作用机制研究
　　——来自上海闵行某医院的证据　　　　　　　　　　李　玲　陈剑锋 4 (119)
对城镇化的新认识：人口转型的视角　　　　　　　　　刘　伟　李连发 5 (102)

企业内部收入差距的激励效应研究	罗楚亮 5（116）
中国的城市化进程与经济增长	
——基于 2000～2012 年省际面板数据	许文彬 6（120）
美国量化宽松货币政策的退出与当前国际金融形势	戴金平 6（133）

法学·政治学

"休谟问题"与近现代法学	蔡守秋 1（144）
生态文明建设与环境法治	王树义　周　迪 2（114）
"气候正义"与中国气候变化立法的目标和制度选择	王灿发　陈贻健 2（125）
从规范冲突到协同共生：环境法治进程中的普适性难题及破解	钭晓东 2（140）
文化与法	
——也谈贺麟先生的文化体用观	苏亦工 3（127）
论国家治理的财税法基石	刘剑文 3（145）
市场主体法律制度的改革与完善	王利明 4（130）
村民自治的问题背景及研究意义	李黄骏　张桂琳 4（144）
法律的人性基础论纲	严存生 5（131）
论检察机关的司法救济职能	陈卫东　林艺芳 5（149）
国家转型与现代政治：从中国把握中国政治	林尚立 6（142）

社会学

| "族群问题的去政治化"争论之我见 | 谢立中 2（81） |

社科动态

努力走在学术前沿　积极促进学科发展	
——《中国高校社会科学》复旦大学座谈会简述	李光伟 2（155）
《中国高校社会科学》读者作者座谈会在四川大学举行	汪立峰 4（156）

附录 3

《中国高校社会科学》投稿须知

《中国高校社会科学》是由教育部主管、教育部高等学校社会科学发展研究中心主办的国家社科基金资助期刊、全国中文核心期刊、中文社会科学引文索引来源期刊（CSSCI）、中国人文社会科学核心期刊。双月刊，大16开160页，逢单月10日出版。

本刊坚持正确办刊方向，反映我国高校哲学社会科学学术研究成果，重点刊载中国特色社会主义重大理论与实际问题研究、哲学社会科学基本学科学术问题研究、哲学社会科学动态研究等学术文章，为高校哲学社会科学学科建设服务。所设置的栏目，主要分为哲学社会科学学科理论研究、哲学社会科学动态分析和发展研究、综述及其他等三大类。

本刊注重原创研究成果，倡导扎实严谨学风，遵循严格学术规范，严格遵守国家相关法律法规，特对来稿及其他事项作出如下说明：

一、来稿须是符合国家法律法规、未曾在国内外公开出版物（含网络出版物）上发表的原创成果。

二、来稿须提供规范的中英文题名、摘要和关键词，以及作者简介和联系方式。

三、来稿题名原则上不超过15个字，研究性学术文章篇幅在1万字左右。

四、来稿引文出处标注须用脚注，另起页码时重新编码，脚注内容至少包括责任者（著者、译者或编者）、题名（含书名或刊名）、出版项（出版者、出版年份、页码或卷期）等。

五、来稿中同一作者的单位、省部级以上立项课题名称等的标注，若作者提供两个以上的，本刊刊用时原则上只选择其中第一项。

六、本刊对通过审稿的拟用来稿拥有最终删改权。

七、本刊不收取任何版面费，监督电话：010-63094651。

八、本刊全文资料已入网"中国学术期刊电子杂志社"和"万方数据—数字化期刊群"等，如作者不同意文章被收录，请在来稿时声明，本刊将作适当处理。

九、来稿一经刊用即付作者稿酬（含作者著作权使用费）及样刊两本。

十、来稿一律不退，作者投稿三个月后未收到用稿通知时可自行处理。

十一、来稿请以纸质稿寄至《中国高校社会科学》编辑部，同时发送电子邮件，勿投个人。

本刊地址：北京市海淀区中关村大街35号，邮编100080

联系电话：010-62514713，62514710

电子邮箱：zggxshkx@263.net

《中国高校社会科学》编辑部

后 记

为推动哲学社会科学大发展大繁荣，由教育部主管、教育部高等学校社会科学发展研究中心主办的《高校理论战线》于2013年2月更名为《中国高校社会科学》。作为综合性哲学社会科学期刊，我们致力于面向高校哲学社会科学学科建设和学术发展，展示高校哲学社会科学繁荣发展成果，引领高校哲学社会科学研究方向，为打造具有中国特色、中国风格、中国气派的哲学社会科学学术话语体系服务。

在教育部领导的关怀与学界的大力支持下，《中国高校社会科学》已刊发覆盖马克思主义、哲学、历史学、文学、经济学、法学、政治学、社会学等学科门类的学术论文百余篇，作者中既有造诣深厚、享誉海内外的学术名家，也有崭露头角、深具潜力的中青年学者。为集中展示刊物风貌，我们将2013—2014年被《新华文摘》、中国人民大学"复印报刊资料"、《中国社会科学文摘》转载的41篇文章汇编为《〈中国高校社会科学〉文萃》第一辑，奉献给学界。

"百尺竿头更进一步"，《中国高校社会科学》将以饱满的热情、百倍的努力为高校哲学社会科学工作者服务，为繁荣发展中国哲学社会科学贡献自己的力量。祈望广大读者作者继续关心和支持《中国高校社会科学》的成长与进步。

《中国高校社会科学》编辑部
2015年8月